MOLIÈRE

Molière, portrait attribué à Pierre Mignard.
(Comédie-Française, photo Giraudon.)

l'Intégrale

Collection dirigée par Luc Estang, assisté de Françoise Billotey

BALZAC
Préface de Pierre-Georges Castex
Présentation de Pierre Citron
LA COMÉDIE HUMAINE
1. Études de mœurs, Scènes de la vie privée (I). –
2. Scènes de la vie privée (II), Scènes de la vie de
province (I). – 3. Scènes de la vie de province (II).
– 4. Scènes de la vie parisienne (I). – 5. Scènes de
la vie parisienne (II), Scènes de la vie politique,
Scènes de la vie militaire. – 6. Scènes de la vie de
campagne. Études philosophiques (I). – 7. Études
philosophiques (II). Études analytiques.

BAUDELAIRE
Préface et présentation de Marcel Ruff

CORNEILLE
Préface de Raymond Lebègue
Présentation d'André Stegmann

FLAUBERT
Préface de Jean Bruneau
Présentation de Bernard Masson
1. Écrits de jeunesse, Premiers romans, La tentation de saint Antoine, Madame Bovary,
Salammbô. – 2. L'éducation sentimentale, Trois
contes, Bouvard et Pécuchet, Théâtre, Voyages.

VICTOR HUGO
ROMANS
Présentation d'Henri Guillemin
1. Han d'Islande, Bug-Jargal, Le dernier jour
d'un condamné, Notre-Dame de Paris, Claude
Gueux. – 2. Les misérables. – 3. Les travailleurs
de la mer, L'homme qui rit, Quatrevingt-
Treize.
POÉSIE
Préface de Jean Gaulmier
Présentation de Bernard Leuilliot
1. Des premières publications aux Contempla-
tions. – 2. De la Légende des Siècles aux der-
nières publications. – 3. Posthumes.

LA FONTAINE
Préface de Pierre Clarac
Présentation de Jean Marmier

MARIVAUX
Préface de Jacques Schérer
Présentation de Bernard Dort
THÉÂTRE COMPLET

MÉMORIAL DE SAINTE-HÉLÈNE
PAR LAS CASES
Préface de Jean Tulard
Présentation de Joël Schmidt

MOLIÈRE
Préface de Pierre-Aimé Touchard

MONTAIGNE
Préface d'André Maurois
Présentation de Robert Barral
en collaboration avec Pierre Michel

MONTESQUIEU
Préface de Georges Vedel
Présentation de Daniel Oster

MUSSET
Texte établi et présenté
par Philippe van Tieghem

PASCAL
Préface d'Henri Gouhier
Présentation de Louis Lafuma

RABELAIS
Présentation d'André Demerson
avec translation en français moderne.

RACINE
Préface de Pierre Clarac

ROUSSEAU
Préface de Jean Fabre
Présentation de Michel Launay
1. Œuvres autobiographiques.
2 et 3. Œuvres philosophiques et politiques.

STENDHAL
Préface et présentation
de Samuel S. de Sacy
ROMANS
1. Armance, Le rouge et le noir, Lucien Leu-
wen. – 2. La chartreuse de Parme, Chroniques
italiennes, Romans et Nouvelles, Lamiel.

VIGNY
Préface et présentation de Paul Viallaneix

ZOLA
Préface de Jean-Claude Le Blond-Zola
Présentation de Pierre Cogny
LES ROUGON-MACQUART
1. La fortune des Rougon, La curée, Le ventre
de Paris, La conquête de Plassans. – 2. La faute
de l'abbé Mouret, Son Excellence Eugène Rou-
gon, L'Assommoir. – 3. Une page d'amour,
Nana, Pot-Bouille. – 4. Au Bonheur des Dames,
La joie de vivre, Germinal. – 5. L'œuvre, La
terre, Le rêve, La bête humaine. – 6. L'argent,
La débâcle, Le docteur Pascal.

MOLIÈRE

ŒUVRES COMPLÈTES

PRÉFACE DE
PIERRE-AIMÉ TOUCHARD
ADMINISTRATEUR GÉNÉRAL HONORAIRE
DE LA COMÉDIE FRANÇAISE
INSPECTEUR GÉNÉRAL DES SPECTACLES

AUX ÉDITIONS DU SEUIL
27, rue Jacob, Paris-VIᵉ

ISBN 2-02-000709-6

MOLIÈRE

PAR PIERRE-AIMÉ TOUCHARD

Si l'on vous dit, ce qui est vrai, que Molière est le créateur de la Comédie classique française, qu'il a donné la vie à des personnages éternels dont les noms sont devenus des noms communs dans presque toutes les langues du monde, que son comique est le plus vigoureux et le plus profond, on n'aura cependant pas expliqué pourquoi, à l'admiration que l'univers lui manifeste, notre peuple joint un hommage infiniment plus personnel et troublant, unique peut-être dans toute l'histoire littéraire : celui de sa persistante tendresse.

Peu d'auteurs sont demeurés plus frémissants de vie que cet homme dont on n'a pas conservé une ligne manuscrite, plus prêts à la confidence que cet écrivain qui ne s'est jamais exprimé qu'à travers le déguisement de ses personnages. Il nous semble que la sensibilité de ce « farceur » qui nous fait tant rire soit toujours là, à vif, et tendue vers de nouvelles souffrances, et qu'elle appelle notre protection, et sans cesse nous découvrons chez cet être si viril et courageux, si noble et si lucide, un coin d'enfance demeurée fragile et rêveuse, et avide d'affection.

Molière avait dix ans quand sa mère est morte. A quatorze ans, il avait vu mourir également trois de ses frères et sœurs. Et Catherine Fleurette au joli nom, la jeune femme que son père avait épousée en secondes noces, était morte à son tour en accouchant d'un bébé qui ne lui survécut que quelques jours. Imagine-t-on les résonances de tous ces deuils, de toutes ces solitudes sans cesse aggravées, sur un adolescent ? On raconte que son grand-père, qui l'aimait passionnément, emmenait parfois le jeune garçon au théâtre, ou sur le Pont-Neuf où les successeurs de Tabarin faisaient leurs pitreries. On imagine le sourire, parfois les rires, que celles-ci arrachaient à sa tristesse : c'était déjà le rire de ses comédies, sur un fond de mélancolie.

Plus tard, Molière entre au collège des jésuites de la rue Saint-Jacques. Il y trouve des camarades plus riches que lui, dont les insolences et les goûts le rejettent à sa solitude. Les jésuites utilisaient le théâtre comme moyen d'action pédagogique, et les élèves jouaient eux-mêmes des pièces latines et grecques, le plus souvent des tragédies. Est-ce à ces spectacles que Molière prit le goût de la tra-

gédie ? Il est certain en tout cas que ce genre, alors en train de renaître en France, le passionna. Il avait pu assister, au théâtre de l'Hôtel de Bourgogne, aux succès triomphaux de la *Marianne* de Tristan L'Hermite et du *Cid* de Pierre Corneille, et il est plus que vraisemblable que les jeunes gens discutaient entre eux, au collège, des incidents de la fameuse querelle du *Cid*.

On s'explique ainsi que, lorsque Molière signa son premier contrat de comédien, dans la troupe de Madeleine Béjart, il réclamât de jouer, non les personnages comiques, mais les héros de tragédie. Et même, lorsque son tempérament comique se fut révélé, il continua à monter et à interpréter des tragédies, bien qu'il fût loin d'y rencontrer le même succès qu'en comédie. Il écrivit même au moins une tragi-comédie, *Dom Garcie de Navarre*, et son ambition de triompher dans la tragédie était telle que lorsqu'il risqua la partie décisive de sa carrière, en présentant au roi un spectacle dont le succès ou l'échec feraient de lui ou bien l'un des trois chefs de troupe autorisés à jouer dans la capitale, ou bien un éternel errant sur les routes de province, c'est d'abord par l'interprétation d'une tragédie de Corneille qu'il voulut engager la partie.

Cette obstination à s'engager dans le genre tragique s'explique évidemment par la mode littéraire de l'époque qui plaçait les auteurs et les interprètes de la tragédie au-dessus des autres : mais elle témoigne aussi de l'incontestable vocation tragique de Molière, et elle explique le caractère unique de son théâtre comique.

Comme les jeunes gens de son temps, Molière considérait que la tragédie était le plus haut des arts dramatiques. Sa noblesse naturelle, sa rude et précoce expérience de la vie, sa tendance profonde à la méditation, l'inclinaient également vers cette forme suprême de l'expression artistique. Sa solitude, ses contacts d'enfant relativement pauvre avec de jeunes nobles arrogants, son apparence physique elle-même, lourde et sans élégance, ses relatifs insuccès avec les femmes, le portaient également à chercher une revanche dans des rôles brillants et conquérants. A ces besoins profonds, à ces désirs qui le hanteraient jusqu'à la fin de ses jours, s'opposaient cependant des dons et un tempérament qui faisaient de lui, et comme malgré lui, un acteur comique, et un écrivain de comédie.

De ces contradictions, de cet écartèlement, tout autre que lui serait sorti dépité, amer, vaincu. Le génie de Molière lui permit, en les dominant, d'élever ses dons comiques à la hauteur des dons tragiques qui lui étaient refusés, de sortir la comédie de la basse condition où on la condamnait pour en faire un art aussi noble, par ses exigences et ses ambitions, que pouvait l'être la tragédie. Et c'est cette volonté qui donne à son théâtre son unité profonde, qui en éclaire la signification : c'est vraiment la clé de son œuvre.

Après avoir terminé ses études et conquis ses diplômes d'avocat, ce qui lui donnait une culture très supérieure à celle de ses compagnons de théâtre, Molière rencontre une jeune femme intelligente, adroite, et déjà pourvue de précieuses relations. Elle a créé une troupe, elle a un répertoire, elle est connue de divers auteurs célèbres : c'est elle, Madeleine Béjart, qui sera l'initiatrice. Elle montait surtout des tragédies, comme toute l'avant-garde de ce temps. Pour vivre, elle y ajoutait quelques farces et comédies plus populaires. Molière se joint à elle et à ses frères ; et, avec quelques autres comédiens, ils fondent une association sous le nom de *l'Illustre Théâtre*. Mais les dépenses sont lourdes et les recettes insuffisantes. Accablé de dettes, et même à deux reprises jeté en prison, Molière, au bout de trois ans, décide, avec sa compagne, d'aller jouer en province. Pendant treize ans ils vont errer de Dijon à Avignon, de Narbonne à Rouen, sollicitant des protections, complétant leur troupe, apprenant leur métier. Pendant ces treize années — seize en comptant l'étape parisienne — c'est-à-dire pendant la moitié de sa vie de théâtre, Molière joue la tragédie autant sinon plus que la comédie. Mais, si les auteurs de tragédies sont vivants, et fournissent un texte méticuleusement revu, la compagnie souvent doit monter des farces anciennes, transmises par tradition orale et qu'il est nécessaire de remettre en état. Il est vraisemblable que c'est par ce travail que Molière a été amené à prendre conscience de ses dons d'écrivain.

Un jour, il ne se contenta plus d'adapter, tant bien que mal, des canevas informes : s'inspirant des maîtres italiens qui, alors, régnaient en France sur la comédie, il écrivit deux œuvres de pure virtuosité, en vers, *l'Etourdi* et le *Dépit amoureux*. La première fut un brillant succès à la fois pour l'auteur et pour le comédien, que certains applaudirent méchamment d'avoir renoncé, pour une fois, à jouer la tragédie. La seconde manifestait plus d'ambition : la pièce n'était plus seulement un prétexte à mimiques et à acrobatie, fidèle à la formule italienne ; c'était déjà une comédie psychologique, plus proche de la tradition des farces françaises, moins artificielle, et pour tout dire, plus sincère.

Alors commence une étonnante course, que Molière soutiendra jusqu'à son dernier souffle, entre le métier et la sincérité, entre la conquête de la maîtrise technique, qui exige une objectivité lucide et obstinée, et l'expression passionnée des joies, des souffrances et des révoltes d'une sensibilité extrême, chacune se refusant à se laisser dominer par l'autre. Le théâtre de Molière est ainsi à la fois une suite d'exercices visant à la perfection dans les genres les plus divers et un bouleversant journal intime où se lisent les étapes douloureuses d'une recherche angoissée de la sérénité. Et le miracle de Molière c'est qu'au-delà de cette tension s'épanouit simultanément le rire le plus franc, le plus spontané et le plus joyeux, qui répand sa fraîcheur d'enfance comme un baume sur un front fiévreux. C'est pourquoi rien n'émeut plus que la fréquentation de cet homme dont la plainte même sait être un réconfort.

Les contemporains de Molière nous ont raconté que dans les jours qui précédèrent sa mort, comme il manifestait un grand épuisement de ses forces, il fut prié par ses compagnons de prendre enfin quelque repos : il s'y refusa, pour ne point priver ses comédiens du partage de quelques recettes. Cette anecdote est très significative de l'attitude de Molière, non seulement devant la vie, mais devant l'art. Ecrire une œuvre qui n'aurait pas été guidée par le souci d'aider et d'éclairer autrui lui aurait paru humiliant, même s'il éprouvait le pressant besoin d'y exprimer ses incertitudes et ses révoltes. C'était l'attitude même de l'auteur classique, qui s'oppose en cela à celle du romantique, lequel se contente de pousser son cri, en priant Dieu que ce merveilleux hasard qui s'appelle le génie donne à ce cri, par surcroît, quelque beauté.

A peine installé à Paris avec l'autorisation royale, Molière présente sa première œuvre significative : les *Précieuses ridicules*. Il y rompt courageusement avec l'imitation italienne à la mode pour revenir à la vieille tradition nationale de la farce en prose avec ses bastonnades et ses types conventionnels, mais en esquissant déjà des caractères qui seront repris dans de futures comédies et en prenant son sujet à vif dans la société contemporaine ; c'est la première étape de la métamorphose entreprise par Molière : sans rien perdre de sa verdeur, de sa gaieté, de sa vigueur technique, la farce se mue en comédie.

De cette comédie nouvelle, Molière donnera la définition dans l'*Impromptu de Versailles* : « *L'affaire de la Comédie est de représenter, en général, tous les défauts des hommes et principalement des hommes de notre siècle.* » Mais son génie le fera choisir parmi les défauts des hommes de son siècle les défauts de l'homme éternel.

Désormais assuré de la voie qu'il devra suivre, Molière y conservera cette démarche continue que nous venons de signaler et qui le pousse à multiplier les exercices de perfectionnement technique en même temps qu'il exprime avec une sensibilité toujours plus aiguë les réactions goguenardes ou irritées d'un honnête homme devant le spectacle des faiblesses humaines.

Toute une série de pièces, éparses dans son œuvre, peuvent donc être considérées comme des recherches de style, des études sur des genres différents, dans une atmosphère de libre comédie ou de farce, alors que les autres ont leur origine dans un mouvement de révolte ou dans le besoin d'expression d'une souffrance. Mais il y aura peu d'œuvres purement « gratuites ». Même lorsque Molière s'attache surtout à prouver sa virtuosité dans l'annexion d'un nouveau mode de divertissement, ses personnages gardent une vérité et un arrière-plan de mélancolie qui surprend.

Qu'il s'agisse de *Sganarelle ou le Cocu imaginaire*, où le retour à la technique italienne n'exclut pas quelques plongées saisissantes sur la condition tragique de l'homme, d'une comédie « à tiroirs » comme *les Fâcheux*, improvisée pour satisfaire un caprice du roi, de vagabondages vers les petits genres à la mode de la pastorale, de la comédie pastorale héroïque, de la comédie-ballet, la personnalité de Molière avec ses accès de joie débordante et ses brusques retours à la gravité ne cesse de s'y exprimer tout entière. Et lorsque tous ces essais trouvent leur accomplissement technique dans des chefs-d'œuvre de rire comme *Monsieur de Pourceaugnac* et *le Bourgeois gentilhomme*, il se fait qu'en même temps l'inconsciente cruauté des hommes, ou leur puérile vanité n'ont jamais été dénoncées d'une façon plus saisissante.

Réciproquement, si la sympathie de Molière à toute souffrance humaine se devinait même dans les farces les plus débridées, sa santé comique transparaît également en contrepoint dans ses œuvres les plus sévères ou les plus douloureuses. Il n'en est aucune parmi celles-ci qui ne puisse donner lieu aussi bien à une interprétation poussée vers le comique qu'à une sollicitation vers le drame. La vérité est qu'on ne peut pas plus voir en Molière un tempérament comique pur qu'un esprit purement mélancolique et pessimiste. Nous avons affaire à lui, comme avec beaucoup d'artistes, à un être relativement instable chez qui les phases d'excitation joyeuse alternent avec les phases de dépression, l'excès des unes conditionnant les autres : de telle sorte qu'il est aussi faux de ne considérer que les unes que de retenir seulement les autres.

Les œuvres à prédominance grave chez Molière sont inspirées par deux thèmes principaux, selon qu'elles expriment les inquiétudes de l'homme privé ou les révoltes de l'homme en société.

La vie sentimentale de Molière a été incontes-tablement dominée par la jalousie, et celle-ci s'explique, non seulement par le besoin de tendresse féminine exclusive que pouvait éprouver un être si tôt privé de l'affection de sa mère, mais aussi par le milieu où il vivait : personnages pleins d'élan qui vont chercher sur les planches à satisfaire une exigence d'absolu que la vie réelle déçoit, les comédiens se jettent à la tête des gens avec une passion réellement aveugle mais vite déçue, et vite oublieuse. Comédien lui-même, mais de nature plus profonde, Molière devait souffrir d'autant plus des abandons dont il fut fatalement la victime, et souvent aussi le responsable.

La conscience de ses propres faiblesses l'amenait à considérer l'homme trompé à la fois comme un objet de compassion et comme un objet de moquerie : il le voyait du dehors et du dedans, simultanément, et c'est cette complexité de l'analyse, caractéristique de l'attitude de Molière devant les hommes et devant lui-même, qui donne cette vérité si exceptionnelle, si bouleversante à son comique. Dès *le Cocu imaginaire*, il présente ce personnage à double face dont l'unité n'est réalisée que par la souffrance, mais d'œuvre en œuvre il va exprimer cette contradiction avec plus de vigueur, de lucidité et de délicatesse. Les héros de *l'Ecole des femmes* et du *Misanthrope* deviennent bouleversants à force de sincérité, et quand il quitte la scène, Alceste, dernière et suprême incarnation du Jaloux, condamne moins Célimène que lui-même, en constatant son inaptitude à accepter la vie avec les hommes tels qu'ils sont, c'est-à-dire la réalité sociale, c'est-à-dire la réalité tout court.

Cependant, ce refus de sa sensibilité à consentir, ou plutôt cette impuissance à dominer les souffrances nées de la nécessité de vivre des hommes imparfaits ne sont définitifs chez Molière que lorsqu'il s'agit d'amour. Pour le reste, il a assumé des responsabilités sociales considérables en partageant la vie d'une troupe de comédiens ; et même en prenant sur ses épaules le poids écrasant d'assurer leur existence. Et alors que son attitude en face de l'amour était celle d'un vaincu, il a combattu avec une passion souvent féroce et toujours noble, et avec un courage indomptable, les impostures et les trahisons de ceux qu'il considérait comme les ennemis les plus pernicieux de la société de son temps. Ses comédies sont souvent des réquisitoires violents et redoutables contre les puissances de l'Eglise et de la cour. En face de celles-ci l'attitude de Molière n'est pas ce qu'on pourrait appeler une hostilité politique : il ne combat ni la cour ni l'Eglise, mais il combat les grands et certains hommes d'Eglise qui usurpent la puissance des grands.

Ce qui exaspère d'abord Molière, c'est la médiocrité d'âme, l'inculture, la niaiserie, la prétention naïve et bornée de ces personnages à qui le hasard de la naissance et de la fortune permet de se conduire en dictateurs cyniques à la cour et à la ville. Il les a rencontrés partout sur son chemin, en province comme à Paris, barrant la route à son génie, l'humiliant avec une candide grossièreté, s'installant en maîtres où que ce soit, ignorant tout, jugeant de tout, incapables et venimeux. Contre leur triomphante sottise, une seule arme : le rire. Molière les peint au vrai et cela suffit à dénoncer leurs ridicules et leur puissance usurpée : le spectateur des premières comédies de Molière se sent délivré par ce rire qui lui fait découvrir des fantoches en ces maîtres odieux. Mais peut-être Molière a-t-il sous-estimé la méchanceté vaniteuse de ceux qu'il attaque : ces grands seigneurs se vengent comme des valets. Tout leur est bon : la calomnie, l'intrigue, les embuscades. Un jour, l'un d'eux s'était senti visé dans une scène de la *Critique de l'Ecole des femmes*, montrant un marquis incapable de répéter dans une discussion autre chose que les mots « tarte à la crème ». Il rencontre l'auteur à la cour, le saisit par les cheveux et lui frotte la tête contre les boutons de son habit, jusqu'à le faire saigner, en répétant rageusement : « *Tarte à la crème... tarte à la crème...* » D'autres l'attaquent sur les libertés conjugales de sa jeune femme ; d'autres enfin l'accusent d'irreligion, ce qui peut, à cette époque, lui valoir la prison ou la mort. Molière garde assez de maîtrise de soi pour continuer à rire ; sa gaieté devient plus vigoureuse encore, son attaque plus ferme et plus drôle, mais parfois, un cri d'homme blessé s'échappe : « *Je leur abandonne de bon cœur mes ouvrages, ma figure, mes gestes, mes paroles, mon ton de voix et ma façon de réciter, pour en faire et dire tout ce qui leur plaira. Mais, en leur abandonnant tout cela, ils doivent me faire la grâce de me laisser le reste et de ne point toucher à des matières de la nature de celles dont on m'a dit qu'ils m'attaquaient...* » Mais, précisément, c'est en ces matières-là qu'on veut l'atteindre, et la lutte qui n'était qu'une plaisante passe d'armes se transforme en lutte à mort.

Etrange combat où celui que l'on a contraint à la défensive n'a pour armes que des comédies. Le théâtre de Molière s'écoute désormais comme une véhémente plaidoirie où chaque œuvre nouvelle apporte une dénonciation plus convaincante et plus angoissée de l'ignominie de l'adversaire. De la *Critique de l'Ecole des femmes* à *Dom Juan*, le ton ne cesse de monter, toujours plus ardent et plus pathétique : ce ne sont plus les travers d'un milieu ridicule que Molière met à nu, mais les vices profonds, sans rédemption possible, d'une société corrompue et corruptrice, pour qui le mensonge, l'hypocrisie, le blasphème, le sacrilège sont des armes quotidiennes. Le spectacle est bouleversant de cet homme seul et faible, lui-même rongé d'inquiétude sur sa vie privée, terriblement incertain du lendemain pour cette équipe qu'il a rassemblée et qui ne vit que par lui, de cet homme fragile et tendre qui entreprend, avec une volonté patiente et obstinée, de faire entendre la vérité cachée, d'aller contre le consentement peureux de tous à l'injustice et au mensonge. Pourtant les contre-attaques se multiplient, tantôt cinglantes, tantôt — les plus périlleuses — sournoises et par personnes interposées. Tous les corps de l'Etat sont mobilisés pour faire taire cette voix qui ne se tait pas, cette voix de comédien méprisable, cette voix d'excommunié qui se permet de faire la morale à ceux dont le trône et l'Eglise consacrent la puissance.

Molière ne se tait pas. Si parfois, sur le conseil du roi, il temporise, et feint de reculer, c'est pour revenir à la charge jusqu'à ce qu'il ait tout dit : la *Critique*, l'*Impromptu*, le *Tartuffe*, *Dom Juan* rassemblent le plus extraordinaire, le plus complet, le plus éclatant réquisitoire contre l'orgueil et l'imposture des grands. Et ce n'est que lorsque tout aura été entendu de ce qu'il fallait faire entendre que Molière, invaincu, toujours là, reprend dans la sérénité son travail d'écrivain et, merveilleux de santé, d'équilibre, de générosité, revient à ses amis, les hommes de tous les jours, ses semblables, pour étudier avec la même sympathie bienveillante, avec le même humour apitoyé, avec les mêmes bourrades fraternelles, les drames, les faiblesses, les problèmes des hommes de bonne volonté : c'est l'heure du *Misanthrope*, de *Dandin*, de l'*Avare*, du *Bourgeois gentilhomme*, des *Femmes savantes*, du *Malade imaginaire*. Et il garde à cette tâche tant de bonne humeur, tant de gaieté franche où la confidence même paraît oublieuse de soi, que personne ne s'aperçoit que, tout doucement, à force de se donner, il donne sa vie. Il meurt en jouant, un soir, épuisé, à la surprise de tous...

Voilà l'homme, ou plutôt voilà l'un des visages de l'homme que ce recueil va vous apprendre à mieux connaître et à mieux admirer, car chaque pièce, chaque personnage vous y diront pourquoi Molière est, de tous nos auteurs, le plus populaire, c'est-à-dire, au sens le plus beau du mot, le plus près du peuple, celui qui exprimera encore pour des générations et des générations, le courage discret, la gaieté, le bon sens, mais aussi le poids de souffrance et la révolte des humbles.

PIERRE-AIMÉ TOUCHARD.

CHRONOLOGIE

1621. AVRIL. Mariage à Saint-Eustache de Jean Poquelin, vingt-sept ans, bourgeois de Paris, fils et petit-fils de marchands tapissiers et de Marie Cressé, fille et petite-fille de marchands tapissiers.

1622. 15 JANVIER. Naissance au 93 de la rue Saint-Honoré et baptême à Saint-Eustache de Jean-Baptiste, futur Molière, aîné de six enfants dont deux mourront en bas âge. Ont alors : Pierre Corneille seize ans, Rotrou treize, Scarron dix, Ménage et Benserade neuf, Madeleine Béjart quatre, Cyrano de Bergerac trois, La Fontaine un. L'Hôtel de Rambouillet fait florès depuis deux ans. On publie les œuvres de Tabarin.

1623. En librairie, les premières pièces de Hardy et le théâtre complet de Shakespeare. **19 JUIN.** Naissance de Pascal.

1629. Débuts de Corneille avec *Mélite*, une comédie, au Jeu de Paume Bertheau à Paris, sous les auspices de Mondory, futur directeur du Marais.

1630. Mort de Hardy.

1631. Jean Poquelin achète à son frère Nicolas la charge de « tapissier ordinaire du roi » comportant le titre d'écuyer et 337 livres de gages annuels. Rotrou fait jouer *l'Heureuse Inconstance* et *les Occasions perdues.*

1632. 11 MAI. Obsèques de Marie Cressé. Héritage (coquet) : cinq mille livres à chacun des quatre enfants. Au théâtre, *l'Hercule mourant* de Rotrou 'et *Clitandre* de Corneille. Naissance de Lulli et de Pradon.

1633. 30 MAI. Jean Poquelin se remarie avec Catherine Fleurette, fille d'un marchand. Installation de la famille sous les piliers des Halles. Le grand-père, Louis Cressé, emmène souvent Jean-Baptiste à l'Hôtel de Bourgogne, voir les farceurs italiens, Gaultier-Garguille, Gros-Guillaume, Turlupin et les « Grands Comédiens » (tragédiens) dont le fameux Bellerose. Mort de Tabarin. Deux comédies de Corneille : *la Veuve* et *la Galerie du Palais.*

1634. 15 MARS. Naissance de Catherine Poquelin, future religieuse. Mort (de chagrin) des farceurs Gros-Guillaume, Gaultier-Garguille et Turlupin à la suite de l'incarcération du premier pour avoir contrefait un magistrat. Fondation du théâtre du Marais, rue Vieille-du-Temple. *La Servante,* comédie de Corneille.

1635. Jean-Baptiste obtient de faire ses études comme externe au collège de Clermont tenu par les Jésuites. Il est établi qu'il n'a pu y recevoir les leçons de Gassendi, contrairement à l'opinion longtemps admise. Parmi ses condisciples on relève : le prince de Conti, frère du Grand Condé, Chapelle, le joyeux drille, auteur avec Bachaumont du *Voyage,* Bernier, célèbre par ses voyages en Extrême-Orient, Cyrano de Bergerac. Solides humanités. Plaute et Térence. Corneille donne sa première tragédie, *Médée* et, en collaboration avec Boisrobert, L'Estoile, Colletet et Rotrou, *la Comédie des Tuileries.* Naissance de Quinault. Mort de Lope de Vega. Création de l'Académie française.

1636. 12 NOVEMBRE. Mort de Catherine Fleurette, en couches d'une seconde fille qui ne vécut pas. Naissance de Boileau. Corneille donne l'*Illusion comique* et conquiert la célébrité avec *le Cid.* Le Palais Cardinal, cédé au roi par Richelieu, devient, théâtre compris, le Palais-Royal.

1637. 18 DÉCEMBRE. Jean-Baptiste prête serment pour la survivance de la charge paternelle de tapissier du roi. Querelle du *Cid.* Mort de Ben Jonson. Descartes *Discours de la méthode.*

1638. Mort du grand-père Louis Cressé. Naissance de Louis XIV. Mort de Mondory, au Marais, en jouant la *Marianne* de Tristan l'Hermite. *Antigone* de Rotrou.

1639. L'étudiant en philosophie continue à fréquenter l'Hôtel de Bourgogne, il muse aussi du côté des bateleurs du Pont-Neuf et de la Foire Saint-Germain-des-Prés. *Les Deux Alexandre,* tragi-comédie de Boisrobert. 24 DÉCEMBRE. Naissance de Jean Racine.

1640. Etudes de droit couronnées par le titre d'avocat. Arrivée à Paris de Tiberio Fiorelli, dit Scaramouche, rénovateur de la Comédie italienne. J.-B. Poquelin fait sa connaissance et, sans doute, reçoit ses leçons. Rotrou, après avoir fait représenter *Iphigénie,* se retire à Dreux. Mariage de Corneille, qui donne *Horace, Cinna, Polyeucte.*

1641. Réunions chez le conseiller Luillier, père naturel de Chapelle, avec Gassendi, Bernier, Cyrano de Bergerac, Hesnault. Projet perdu d'une traduction en vers du *De Natura rerum* de Lucrèce. Corneille : *la Mort de Pompée.* Louis XIII fait une déclaration favorable à la profession de comédien.

1642. La vocation théâtrale se précise pour le fils du tapissier. Il a rencontré une comédienne de vingt-quatre ans, Madeleine Béjart, fille d'un « huissier-audiencier », qui avait été acteur sous le nom de Sieur de Belleville, et « protégée » du duc de Modène. 1er AVRIL. Le père Poquelin, par précaution, délègue Jean-Baptiste pour remplir sa charge lors du voyage de Louis XIII à Narbonne... où il semble que Madeleine Béjart se soit trouvée. Eloignement de plusieurs mois. Mort de Richelieu. Avènement du cardinal Mazarin. *Le Menteur* de Corneille. *Le Page disgrâcié* de Tristan l'Hermite. *Esther* de Du Ryer.

1643. 6 JANVIER. J.-B. Poquelin renonce à la charge paternelle. Il reçoit une avance de 630 livres sur sa part d'héritage. Il a choisi définitivement le théâtre. Il s'installe rue de Thorigny, à proximité des Béjart. FÉVRIER. Naissance d'Armande, future Menou, fille de Madeleine Béjart. 30 JUIN. Signature de l'acte d'association de *l'Illustre-Théâtre* entre J.-B. Poquelin, Madeleine Béjart, sa sœur cadette Geneviève, son frère aîné Joseph et cinq autres comédiens plus ou moins amateurs. Principale contractante, Madeleine Béjart seule a le droit de « choisir le rôle qui lui plaira ». J.-B. Poquelin et deux membres de la troupe se partageront les rôles tragiques. 12 SEPTEMBRE. Location pour trois ans, moyennant garantie de la veuve Béjart, du Jeu de Paume des Métayers, à la porte de Nesle, actuellement n° 10-14 de la rue Mazarine, près de l'Institut. OCTOBRE. Pendant qu'on aménage la salle, la troupe va jouer à Rouen pour la foire du Pardon; on ignore quel répertoire. 28 DÉCEMBRE. Retour à Paris. Marché avec Léonard Aubry, paveur ordinaire des bâtiments du roi, qui rend les abords du Jeu de Paume praticables aux carrosses. Mort de Louis XIII. Louis XIV a cinq ans.

1644. 1er JANVIER. Ouverture de *l'Illustre-Théâtre* Au programme : Tristan l'Hermite, Du Ryer. C'est un four complet. 15 JANVIER. Incendie du théâtre du Marais. Mais *l'Illustre-Théâtre* n'en profite guère. 28 JUIN. J.-B. Poquelin, sous le nom de Molière (qui fut celui de l'auteur — longtemps comédien — d'un roman à la mode, *Polyzène*), prend la direction de la troupe. Celle-ci a l'appui de Tristan l'Hermite et se proclame, vainement, « entretenue par son Altesse royale » Gaston d'Orléans. 19 DÉCEMBRE. Molière endetté, privé de plusieurs de ses co-fondateurs, dont Catherine des Urlis, passée au Marais, dénonce le bail du Jeu de Paume des Métayers. Le dernier carré de l'association signe la location d'une nouvelle salle, le Jeu de Paume de la Croix Noire, au port Saint-Paul, actuellement 32 quai des Célestins. La troupe est à la merci du bailleur de fonds, François Pommier. Corneille donne une comédie, *la Suite du Menteur* et une tragédie, *Rodogune.* Lulli arrive d'Italie chez Mme de Montpensier.

1645. 8 JANVIER. Réouverture de *l'Illustre-Théâtre.* Insuccès persistant. 2 AOUT. Faute de cent quarante-deux livres, montant des factures du marchand de chandelles Antoine Fausser, Molière est emprisonné au Châtelet. D'autres créanciers se déclarent et s'opposent à sa libération qui n'aura lieu que le 5. Le paveur Léonard Aubry, devenu l'ami de la troupe (son fils épousera Geneviève Béjart), fournit la caution. Mais c'en est fini de *l'Illustre-Théâtre.* Hiver de la même année, les débris de l'association, Molière et les Béjart, quittent Paris par la route de Bordeaux. Ils se joindront à la troupe de Ch. Du Fresne, où se trouve déjà René Berthelot, dit Du Parc ou Gros-René, troupe de vingt à vingt-cinq comédiens que patronne l'aimable duc d'Epernon, gouverneur de Guyenne. Les pérégrinations commencent.

1646. Bordeaux, Agen, Toulouse. A Paris : *Heraclius* de Corneille, *Saint-Genest* de Rotrou.

1647. Toulouse, Albi, Carcassonne. A Paris : Scaramouche joue *Il Medico volante* en italien. Réception de Corneille à l'Académie française.

1648. Nantes, Poitiers, Angoulême. Traité de Westphalie. *La Fronde. Virgile travesti* de Scarron. Sonnets de *Job* et d'*Uranie* de Voiture et de Benserade.

1649. Toulouse, Montpellier, Narbonne, Cahors, Poitiers. *Don Sanche* de Corneille.

1650-1651. Agen, Pézenas ; le Languedoc pour les Etats généraux. Récemment entrée dans la troupe, Catherine Leclerc épouse l'acteur De Brie. Le duc d'Epernon quitte la Guyenne laissant la troupe sans protecteur. A Paris : *Andromède, Nicomède, Pertharite* de Corneille. Mort de Rotrou et de Descartes. Majorité de Louis XIV.

1652. Lyon, Grenoble. Scarron épouse Françoise d'Aubigné, future Madame de Maintenon.

1653-1655. Molière est devenu le véritable chef de la troupe, laquelle prend le nom de Monsieur le prince de Conti, gouverneur du Languedoc, qui la pensionne. On recrute Thérèse de Gorla et Du Parc son mari. Lyon, port d'attache, Montpellier, Avignon. Le poète d'Assoucy est du voyage. Répertoire : *le Médecin volant, la Jalousie du Barbouillé.* A Paris, Cyrano de Bergerac a fait jouer une tragédie, *la Mort d'Agrippine*, et une comédie, *le Pédant joué* ; Quinault, *l'Amant indiscret.* Lulli reçoit la consécration de la cour pour son *Ballet de la Nuit.*

1655. Rencontre à Lyon des Comédiens italiens. Première comédie de Molière : *l'Etourdi.* Madeleine Béjart s'est assez enrichie pour placer dix mille livres de rente. Conversion du prince de Conti. Mort de Cyrano, de Tristan l'Hermite, de Gassendi. Pascal à Port-Royal-des-Champs.

1656. Narbonne, Bordeaux, Béziers. Dans cette dernière ville, en décembre, création du *Dépit amoureux.* Corneille : traduction de *l'Imitation.* En librairie : *Voyage dans la lune* de Cyrano de Bergerac. Première des *Provinciales* de Pascal.

1657. Lyon, Dijon. MAI. Le prince de Conti retire son patronage à la troupe en attendant de devenir, dans la confrérie du Saint-Sacrement, l'adversaire acharné de celui qui avait été son comédien préféré. NOVEMBRE. Rencontre de Mignard à Avignon.

1658. Grenoble. ÉTÉ. Rouen, au Jeu de Paume des Braques. Corneille, amoureux, écrit les *Stances à Marquise* (Du Parc). 24 OCTOBRE. De retour à Paris, sous le patronage de Monsieur, frère du roi, représentation devant la cour, dans la salle des gardes du Louvre. Sa Majesté s'ennuie un peu à *Nicomède* de Corneille, mais Molière la déride dans la farce du *Docteur amoureux.* Pension allouée mais jamais payée : trois cents livres. Chance : « la troupe de Monsieur » obtient du bon plaisir royal de partager, avec les Italiens de Scaramouche, la salle du Petit-Bourbon. Débuts le 3 NOVEMBRE. L'alternance est au profit des Italiens qui se réservent les jours « ordinaires » : dimanche, mardi et vendredi.

1659. La troupe comprend six acteurs : outre Molière, Joseph et Louis Béjart, Du Parc, du Fresne, de Brie ; et quatre actrices : Madeleine et Geneviève Béjart, Marquise Du Parc, Catherine de Brie. A Pâques, départ de Du Fresne, suivi de celui des Du Parc qui vont au Marais, et en MAI mort de Joseph Béjart. En revanche, engagement de Jodelet et de son frère l'Espy, de La Grange et du ménage du Croisy. JUILLET. Les Italiens sont retournés dans leur pays. Molière dispose seul du Petit-Bourbon. Le public boude le répertoire tragique dans lequel brille l'officiel théâtre de Bourgogne où Corneille donne *Œdipe* ; mais il applaudit *l'Etourdi* et le *Dépit amoureux.* 18 NOVEMBRE. A la même représentation que *Cinna*, première triomphale des *Précieuses ridicules* au grand dépit des rivaux de l'Hôtel de Bourgogne. La Fontaine : *Adonis.* Paix des Pyrénées.

1660. Querelle des *Précieuses.* A PAQUES. Mort de Jodelet, le dernier « farceur » de Paris. 5 AVRIL. Mort de Jean Poquelin, frère de Molière qui, réconcilié avec son père, reprend la charge de tapissier du roi. 28 MAI. *Sganarelle* ou *le Cocu imaginaire.* Malgré ce succès ajouté à celui des *Précieuses,* les recettes sont à peine suffisantes. 11 OCTOBRE. A l'instigation de ses rivaux, Molière est chassé du Petit-Bourbon que M. de Ratabon, surintendant des bâtiments, fait démolir pour agrandir le Louvre. Molière obtient du roi la salle, petite et mal équipée, du Palais-Royal. Trois mois de chômage. Les comédiens sont restés fidèles. Les Du Parc réintègrent la troupe. Molière engage des poursuites contre le libraire Ribou qui a publié indûment *les Précieuses.* Première *Satire* de Boileau. Mort de Scarron. Mariage du roi.

1661. 20 JANVIER. Débuts au Palais-Royal. Echec de *Dom Garcie de Navarre,* compensé le 24 JUIN par le succès de *l'Ecole des maris.* Commande, par Fouquet, pour l'inauguration du théâtre de Vaux d'une comédie-ballet : ce seront *les Fâcheux,* joués le 17 AOUT devant le roi. 25 AOUT. *Les Fâcheux* devant la cour, à Fontainebleau, avec la scène du

Chasseur. 5 SEPTEMBRE. Arrestation de Fouquet. *Les Fâcheux* comme *l'Ecole des maris* n'en font pas moins carrière bénéfique à Paris. Molière loue une maison rue Saint-Thomas du Louvre, devant son théâtre. Mort de Mazarin. Louis XIV : « L'Etat c'est moi ! » Naissance du dauphin. On aménage Versailles. Carême de Bossuet chez les Carmélites du Faubourg Saint-Jacques. Racine à Uzès. Corneille : *la Toison d'or* au Marais.

1662. Retour définitif à Paris des Comédiens italiens avec Scaramouche et Domenico Biancolelli, vingt et un ans, le Grand Arlequin qui deviendra l'ami de Molière. 23 JANVIER. Contrat de mariage entre Molière (quarante ans) et Armande Béjart (« âgée de vingt ans ou environ ») fille, selon les contemporains, ou sœur, selon les actes notariés, de Madeleine. 20 FÉVRIER. Mariage religieux à Saint-Germain-l'Auxerrois. Du 8 AU 14 MAI. Premier séjour de la troupe à la cour. 26 DÉCEMBRE. *L'Ecole des femmes* ; sensation, onze mille livres de recettes en trois semaines. Engagement de deux transfuges du Marais : La Thorillière et Brécourt, un aventurier qui ne fera que passer. En librairie, une comédie satirique de Poisson, *le Baron de la Crasse*, paraît viser Molière et sa troupe. Sermons de Bossuet à la cour. Colbert ministre. *Mémoires* de La Rochefoucauld. Mort de Pascal. Corneille : *Sertorius* au Marais. Racine de retour à Paris.

1663. Querelle de *l'Ecole des femmes* qui durera deux ans, attisée par les jaloux de l'Hôtel de Bourgogne... et Corneille. 1ᵉʳ JANVIER. *Stances* de Boileau (vingt-six ans) à Molière : « Laisse gronder tes envieux. » 6 JANVIER. Représentation au Louvre. « Leurs Majestés rirent jusqu'à s'en tenir les côtes. » 17 MARS. Publication de la pièce avec une préface dans laquelle l'auteur annonce qu'il va porter la querelle sur la scène. Les attaques continuent jusque dans l'ordre privé. On tente de faire interdire la pièce. 3 AVRIL. Louis XIV octroie une pension de mille livres à Molière au titre « d'excellent poète comique ». *Remerciement au roi :* « Vous savez ce qu'il faut pour paraître marquis. » 1ᵉʳ JUIN. Première de la *Critique de l'Ecole des femmes* où Armande joue le rôle d'Elise. Molière est malmené dans la rue par le duc de La Feuillade : « Tarte à la crème, Molière ! » 7 AOUT. Publication de *la Critique* avec dédicace à la reine mère. FIN AOUT. Donneau de Visé, dans une comédie en prose, *Zélinde ou la véritable critique de l'Ecole,* accuse Molière d'impiété ; et, en octobre, Boursault, dans sa comédie en vers, *Portrait du peintre ou la Contre-Critique de l'Ecole des femmes,* à une représentation de

laquelle Molière assiste, à l'Hôtel de Bourgogne, récidive en traits plus venimeux. MI-OCTOBRE. Sur les instances du roi, *l'Impromptu de Versailles,* repris à Paris le 4 NOVEMBRE. Redoublement de la polémique avec Boursault (préface au *Portrait du peintre*) ; Donneau de Visé qui, dans *la Vengeance des marquis,* traite Molière de cocu ; et Montfleury, le fils de l'acteur de l'Hôtel de Bourgogne, qui dans *l'Impromptu de l'Hôtel de Condé* (DÉCEMBRE) ridiculise Molière jouant la tragédie. Montfleury, le père, accuse insidieusement Molière d'inceste et le dénonce au roi. Racine a terminé *la Thébaïde.*

1664. 19 JANVIER. Naissance de Louis, premier enfant de Molière. 29 JANVIER. Au Louvre, *le Mariage forcé,* où le roi danse costumé en Egyptien. Début de la collaboration Molière-Lulli, qui durera huit ans. 28 FÉVRIER. Baptême à Saint-Germain-l'Auxerrois du fils de Molière ; parrain le roi, marraine Madame. MAI. A Versailles : *les Plaisirs de l'Ile enchantée* offerts par Louis XIV officiellement à la reine, pratiquement à Mlle de La Vallière. La troupe de Molière est traitée royalement. Le 8 (deuxième journée des fêtes), succès de *la Princesse d'Elide.* Le 12 (sixième journée), représentation des trois premiers actes de *Tartuffe.* JUILLET-AOUT. Le roi est à Fontainebleau. Molière y multiplie les démarches. « L'affaire Tartuffe » a commencé. Avant achèvement, la pièce est interdite sur intervention de la Confrérie du Saint-Sacrement, appuyée par la reine mère, et dénonciation par le curé Pierre Roullé dans un libelle, *le Roi glorieux du monde,* qui voue Molière « homme ou plutôt un démon vêtu de chair et habillé en homme et le plus signalé impie et libertin qui fût jamais » au « dernier supplice exemplaire et public et le feu même ». 21 JUIN. Molière crée *la Thébaïde,* première tragédie de Racine. 4 AOUT. Lecture devant le cardinal Chigi, neveu et légat du pape Alexandre VII, qui donne une approbation platonique. 31 AOUT. *Premier placet* au roi qui reste inflexible. 25 SEPTEMBRE. Représentation des trois premiers actes chez Monsieur, à Villers-Cotterêts. 9 NOVEMBRE. *La Princesse d'Elide* au Palais-Royal. 10 NOVEMBRE. Mort de Louis, fils de Molière. 29 NOVEMBRE. Par ordre du prince de Condé, chez la princesse Palatine, au Raincy, représentation intégrale de *Tartuffe.* Cette même année : *Satire II* de Boileau dédiée à Molière « Rare et fameux esprit dont la fertile veine... ». Dans la troupe, Hubert a remplacé Brécourt, Du Parc-Gros-René est mort, la femme de Du Croisy partie et La Grange tient l'emploi d'*orateur.* Dissentiments conjugaux Molière-Armande.

1665. 15 FÉVRIER. Création avec succès de *Dom Juan ou le Festin de pierre* qui ne sera pas repris après la clôture pascale. 18 AVRIL. *Observations sur la comédie de Dom Juan*, pamphlet de Rochemont sans doute inspiré par Port-Royal. 18 MAI. Mort de la sœur de Molière. 3 AOUT. Naissance d'Esprit-Madeleine, fille de Molière, qui mourra sans postérité en 1723 : marraine Madeleine Béjart, parrain le duc de Modène. 14 AOUT. A Saint-Germain, la troupe reçoit le privilège de « Troupe du roi au Palais-Royal » et la pension de Molière est portée à six mille livres. 14 SEPTEMBRE. Création de *l'Amour médecin* à Versailles. Molière a des démêlés avec son propriétaire, Daquin... médecin fameux. 4 DÉCEMBRE. Création d'*Alexandre*, deuxième tragédie de Racine, qui la porte secrètement à l'Hôtel de Bourgogne où elle est représentée le 18. Brouille entre les deux auteurs. 27 DÉCEMBRE. Molière est pris de crachements de sang et doit s'arrêter de jouer. A l'Hôtel de Bourgogne, Quinault donne une comédie, *la Mère coquette*, et Corneille la tragédie *Othon*. Carême de Bossuet au Louvre. *Maximes* de La Rochefoucauld.

1666. 22 JANVIER. Mort d'Anne d'Autriche qui impose la fermeture du théâtre jusqu'au 21 février. Mais, même sans cette relâche protocolaire, Molière ne pourrait jouer : depuis le surlendemain de Noël, il est gravement malade. Il ne remonte sur la scène qu'à la fin de l'hiver. 10 FÉVRIER. Mort du prince de Conti ; l'affaire *Tartuffe* marque le pas. La mésentente conjugale est telle que Molière et Armande décident de vivre séparément. Molière loue une maison de campagne à Auteuil où il reçoit ses amis dont Chapelle et Boileau ; celui-ci tente en vain de le détourner du théâtre. 4 JUIN. Création du *Misanthrope,* prix de deux années de travail ; accueil mitigé. 6 AOUT. Succès du *Médecin malgré lui* qui fera affiche avec *le Misanthrope*. 2 DÉCEMBRE. Création à Saint-Germain, où la troupe restera trois mois, de *Mélicerte* dans le *Ballet des Muses* de Benserade, avec le petit Baron. A l'Hôtel de Bourgogne, Corneille : *Agésilas*. En librairie, Boileau : *Satires*.

1667. 5 JANVIER. A Saint-Germain, création de *la Pastorale comique* en remplacement de *Mélicerte*. 14 FÉVRIER. Toujours aux fêtes de Saint-Germain, *le Sicilien ou l'Amour peintre*. 4 MARS. Molière a soufflé Corneille à l'Hôtel de Bourgogne et crée *Attila*. 29 MARS. En manière de réplique, l'Hôtel de Bourgogne, avec l'aide de Racine, lui souffle la Du Parc. De nouveau malade, Molière cesse de jouer

pendant deux mois. *Tartuffe* l'obsède. Il croit obtenir enfin une autorisation du roi qui part rejoindre Turenne à la campagne des Flandres. 5 AOUT. Première représentation, au Palais-Royal, de *l'Imposteur*, version adoucie de *Tartuffe*. Sensation. 6 AOUT. Le président Lamoignon fait interdire la pièce. 8 AOUT. La Grange et La Thorillière présentent un *Second placet* au roi, au camp de Lille ; sans succès. Molière et Boileau font vainement une démarche auprès de Lamoignon. 11 AOUT. Un mandement de l'archevêque de Paris, Hardouin de Péréfixe, défend « de représenter, de lire ou d'entendre réciter la pièce, soit en public, soit en particulier sous peine d'excommunication. » 20 AOUT. *Lettre sur l'Imposteur* inspirée par Molière en sa maison d'Auteuil. Rechute de maladie jusqu'au 25 septembre. 22 NOVEMBRE. A l'Hôtel de Bourgogne, *Andromaque* de Racine, avec la Du Parc.

1668. 13 JANVIER. Première et succès d'*Amphitryon*. 4 MARS. *Tartuffe* à l'Hôtel de Condé. 25 MAI. Par vengeance contre Racine, représentation au Palais-Royal de *la Folle* (et mauvaise) *Querelle d'Andromaque* de Subligny. 18 JUILLET. A Versailles, accueil médiocre de *George Dandin*. 9 SEPTEMBRE. Echec, au Palais-Royal, de *l'Avare*. 20 SEPTEMBRE. *Tartuffe* à Chantilly. La santé de Molière est de plus en plus mauvaise. Le bruit a couru qu'il était mort. Il prête de l'argent à son père en difficulté d'affaires. 20 NOVEMBRE. *Les Plaideurs* de Racine, à l'Hôtel de Bourgogne. 11 DÉCEMBRE. Mort de la Du Parc. Louvois ministre de la guerre. Traité d'Aix-la-Chapelle. Amours secrètes du roi et de Mme de Montespan. Premier livre des *Fables* de La Fontaine.

1669. 5 FÉVRIER. Représentation publique de *Tartuffe*, sous son titre primitif et dans sa version définitive. L'autorisation royale a été accordée après un *Troisième placet*. La pièce ne quittera plus l'affiche jusqu'à la clôture de Pâques. 25 FÉVRIER. Mort du père de Molière. 23 MARS. Poème à *la Gloire du Dôme du Val-de-Grâce* et publication de *Tartuffe* avec une longue et victorieuse préface. SEPTEMBRE. La troupe suit la cour à Chambord où sera créé, le 7 OCTOBRE, *Monsieur de Pourceaugnac*, repris au Palais-Royal le 15 NOVEMBRE avec grand succès. 16 NOVEMBRE. Nouvelle brouille avec Donneau de Visé de qui Molière a créé plusieurs comédies, entre autres, cette même année, *les Maux sans remède*. Désormais l'auteur-acteur se contentera le plus souvent de ses propres œuvres. A l'Hôtel de Bourgogne : *Britannicus* de Racine. En librairie :

les *Amours de Psyché et de Cupidon* de La Fontaine. 16 NOVEMBRE. *Oraison funèbre d'Henriette de France* par Bossuet.

1670. JANVIER. Publication par Le Boulanger de Chalussay d'*Elomire* (anagramme de Molière) *hypocondre*, pièce violemment satirique. Molière reçoit la charge entière du divertissement royal prévu du 30 JANVIER au 18 FÉVRIER à Saint-Germain. 4 FÉVRIER. *Les Amants magnifiques*, thème suggéré par le roi. 29 JUIN. Mort d'Henriette d'Angleterre, la « Madame se meurt, Madame est morte » de Bossuet. 14 OCTOBRE. A Chambord, création du *Bourgeois gentilhomme*. 23 NOVEMBRE. Première triomphale du *Bourgeois* au Palais-Royal. 28 NOVEMBRE. Molière crée *Tite et Bérénice* de Corneille, à qui, pressé par le temps, il demande de collaborer à *Psyché*. La *Bérénice* de Racine a été présentée le 21 NOVEMBRE à l'Hôtel de Bourgogne. Dans la troupe : Louis Béjart a pris sa retraite avec une pension de mille livres ; Baron (dix-sept ans) a joué le retour de l'enfant prodigue ; ont été engagés le ménage Beauval et Châteauneuf. Grâce à des interventions amicales, Molière et Armande se sont rapprochés. En librairie : les *Pensées* de Pascal et *Critique de Bérénice* par l'abbé de Vilar.

1671. 17 JANVIER. Première de *Psyché*, salle des machines aux Tuileries. Idylle Baron-Armande. Molière engage de grands frais pour équiper le Palais-Royal à la convenance de *Psyché* ; il provoque ainsi l'humeur de Lulli qui vient de créer l'Opéra, rue Mazarine. 14 MAI. *Les Fourberies de Scapin*, succès médiocre. 24 JUILLET. *Psyché* au Palais-Royal. 2 DÉCEMBRE. A Saint-Germain, pour le mariage de Monsieur et de la Palatine : création de la *Comtesse d'Escarbagnas*. Molière travaille aux *Femmes savantes* dont il montre des fragments à Boileau.

1672. DU 9 AU 18 FÉVRIER. La troupe est à Saint-Germain où elle redonne *la Comtesse d'Escarbagnas*. 17 FÉVRIER. Mort à cinquante-quatre ans de Madeleine Béjart veillée par Molière qui a quitté précipitamment Saint-Germain. 11 MARS. Au Palais-Royal, *les Femmes savantes*, grand succès. 8 JUILLET. Au Palais-Royal, *la Comtesse d'Escarbagnas*, sans la musique de Lulli avec qui ce sera la brouille définitive, un privilège royal avantageant d'ailleurs le musicien. 26 JUILLET. Signature du bail de la maison, rue de Richelieu, où Molière demeurera jusqu'à sa mort. Réconciliation décisive avec Armande. 15 SEPTEMBRE. Naissance du troisième fils de Molière, Pierre, Jean-Baptiste, Armand : les prénoms des parents sont précédés de celui du parrain,

Pierre Boileau, frère du critique. L'enfant meurt le 10 OCTOBRE. 16 OCTOBRE. A une représentation de *la Comtesse* et de *l'Amour médecin*, tumulte provoqué par des gens du duc de Gramont. A l'Hôtel de Bourgogne : *Bajazet* de Racine.

1673. Gravement atteint dans sa santé, ses affections et son amour-propre, Molière, malgré les conseils de ses amis, s'épuise aux répétitions du *Malade imaginaire* avec musique de Charpentier. Dès avant Noël, il a su que la pièce ne serait pas créée à la cour, la faveur du roi réservant à Lulli l'exclusivité des spectacles musicaux. La première a lieu le 10 FÉVRIER ; grand succès. 17 FÉVRIER. Au cours de la quatrième représentation du *Malade imaginaire*, Molière, en scène, est pris de convulsions. On le transporte rue de Richelieu où il meurt d'hémorragie « ce même jour, sur les dix heures du soir », veillé par deux religieuses, après avoir vainement réclamé un prêtre. 21 FÉVRIER. Enterrement à neuf heures du soir, au cimetière Saint-Joseph ; le cercueil est recouvert du poêle des tapissiers. Se retranchant derrière le règlement, le curé de Saint-Eustache avait refusé l'inhumation en terre chrétienne. Sur les supplications d'Armande et de Baron, le roi recommanda à l'archevêque de Paris, M. de Harlay, d'éviter le « scandale » ; de là l'autorisation restrictive qui n'empêchera pas un cortège funèbre imposant. Armande a fait distribuer douze cents livres d'aumônes. 21 MARS. Lulli obtient du roi la salle du Palais-Royal pour y installer l'Opéra. MAI-JUIN. Dépossédée et divisée la troupe de Molière reste assez prestigieuse pour absorber celle du Marais ; conduite par La Grange et Armande, elle s'installe rue Guénégaud. A l'Hôtel de Bourgogne : *Mithridate* de Racine.

1674. Le bruit court, notamment dans un sonnet de Les Isles le Bas, que le corps de Molière a été exhumé et jeté à la fosse commune des interdits et non baptisés. On ne sera jamais assuré de l'authenticité des restes exhumés de cette fosse en 1792 et transférés, ainsi que ceux, pareillement *présumés*, de La Fontaine, à la mairie du IIIe arrondissement, puis au couvent des Petits-Augustins et enfin, en 1817, au Père-Lachaise.

1677. 29 MAI. Remariage d'Armande avec le comédien Guérin d'Estriché.

1680. 18 AOUT. Par ordre du roi, qui consacre ainsi une victoire posthume, la troupe de l'Hôtel de Bourgogne fusionne avec celle de l'Hôtel Guénégaud ; c'est la Comédie-Française, « la Maison de Molière ».

VIE DE MOLIÈRE

PAR GRIMAREST

Jean-Léonor Le Gallois, Sieur de Grimarest, littérateur et « maître de langues », né probablement à Paris, on ne sait au juste à quelle date, et mort en cette ville vers 1715, serait totalement oublié s'il n'était l'auteur de la Vie de M. de Molière (1705) *qu'il fit suivre, un an plus tard, des* Additions à la Vie de M. de Molière.
C'est la première source biographique. Rien moins que sûre ! Boileau l'a jugée avec sévérité : « Pour ce qui est de la Vie de Molière *par M. Grimarest, ce n'est pas un ouvrage qui mérite qu'on en parle.*

Il est fait par un homme qui ne savait rien de la vie de Molière et qui se trompe dans tout, ne sachant même pas les faits que tout le monde sait. » Sentence excessive. Les biographes postérieurs ont eu à rectifier nombre d'erreurs matérielles ; notre Chronologie en fait foi. Et beaucoup d'anecdotes que Grimarest assurait tenir du comédien Baron ne résistent pas à l'examen critique. Néanmoins, les travaux les plus sérieux restent tributaires d'un ouvrage dont les lacunes ou les fantaisies ne sont jamais malintentionnées.

Jean-Baptiste Poquelin de Molière était fils et petit-fils de tapissiers, valets de chambre du roi Louis XIII. Son père avait sa boutique sous les piliers des Halles, dans une maison qui lui appartenait en propre. Sa mère s'appelait Boudet, elle était aussi fille d'un tapissier, établi sous les mêmes piliers des Halles.

Les parents de Molière l'élevèrent pour être tapissier, et ils le firent recevoir en survivance de la charge du père, dans un âge peu avancé ; ils n'épargnèrent aucun soin pour le mettre en état de la bien exercer, ces bonnes gens n'ayant pas de sentiments qui dussent les engager à destiner leur enfant à des occupations plus élevées : de sorte qu'il resta dans la boutique jusqu'à l'âge de quatorze ans ; et ils se contentèrent de lui faire apprendre à lire et à écrire pour les besoins de sa profession.

Molière avait un grand-père qui l'aimait éperdûment ; et comme ce bon homme avait de la passion pour la comédie, il y menait souvent le petit Poquelin, à l'Hôtel de Bourgogne. Le père, qui appréhendait que ce plaisir ne dissipât son fils, et ne lui ôtât toute l'attention qu'il devait à son métier, demanda un jour à ce bon homme pourquoi il menait si souvent son petit-fils au spectacle. Avez-vous, lui dit-il avec un peu d'indignation, envie d'en faire un comédien ? Plût à Dieu, lui répondit le grand-père, qu'il fût aussi bon comédien que Bellerose (c'était un fameux acteur de ce temps-là) ! Cette réponse frappa le jeune homme ; et, sans pourtant qu'il eût d'inclination déterminée, elle lui fit naître du dégoût pour la profession de tapissier, s'imaginant que, puisque son grand-père souhaitait qu'il pût être comédien, il pouvait aspirer à quelque chose de plus qu'au métier de son père.

Cette prévention s'imprima tellement dans son esprit, qu'il ne restait dans la boutique qu'avec chagrin. De manière que, revenant un jour de la comédie, son père lui demanda pourquoi il était si mélancolique depuis quelque temps. Le petit Poquelin ne put tenir contre l'envie qu'il avait de déclarer ses sentiments à son père ; il lui avoua franchement qu'il ne pouvait s'accommoder de sa profession ; mais qu'il lui ferait un plaisir sensible de le faire étudier. Le grand-père, qui était présent à cet éclaircissement, appuya par de bonnes raisons l'inclinaison de son petit-fils ; le père s'y rendit, et se détermina à l'envoyer au collège des jésuites.

Le jeune Poquelin était né avec de si heureuses dispositions pour les études, qu'en cinq années de temps il fit non seulement ses humanités, mais encore sa philosophie.

Ce fut au collège qu'il fit connaissance avec deux hommes illustres de notre temps, M. Chapelle et M. Bernier.

Chapelle était fils de M. Luillier, sans pouvoir être son héritier de droit ; mais celui-ci aurait pu lui laisser les grands biens qu'il possédait, si, par la suite, il ne l'avait reconnu incapable de les gouverner. Il se contenta de lui laisser seulement huit mille livres de rente entre les mains de personnes qui les lui payaient régulièrement.

M. Luillier n'épargna rien pour donner une belle éducation à Chapelle, jusqu'à lui choisir pour précepteur le célèbre M. de Gassendi, qui, ayant remarqué dans Molière toute la docilité et toute la pénétration nécessaire pour prendre les connaissances de la philosophie, se fit un plaisir de la lui enseigner en même temps qu'à MM. Chapelle et Bernier.

Cyrano de Bergerac, que son père avait envoyé à Paris, sur sa propre conduite, pour achever ses études, qu'il avait assez mal commencées en Gascogne, se glissa dans la société des disciples de Gassendi, ayant remarqué l'avantage considérable qu'il en tirerait. Il y fut admis cependant avec répugnance : l'esprit turbulent de Cyrano ne convenait point à des jeunes gens qui avaient déjà toute la justesse d'esprit que l'on peut souhaiter dans des personnes toutes formées. Mais le moyen de se débarrasser d'un jeune homme aussi insinuant, aussi vif, aussi gascon que Cyrano ? Il fut donc reçu aux études et aux conversations que Gassendi conduisait avec les personnes que je viens de nommer. Et comme ce même Cyrano était très avide de savoir, et qu'il avait une mémoire fort heureuse, il profitait de tout ; et il se fit un fonds de bonnes choses, dont il tira avantage dans la suite. Molière aussi ne s'est pas fait un scrupule de placer dans ses ouvrages plusieurs pensées que Cyrano avait employées auparavant dans les siens. Il m'est permis, disait Molière, de reprendre mon bien où je le trouve.

Quand Molière eut achevé ses études, il fut obligé, à cause du grand âge de son père, d'exercer sa charge pendant quelque temps ; et même il fit le voyage de Narbonne à la suite de Louis XIII. La cour ne lui fit pas perdre le goût qu'il avait pris dès sa jeunesse pour la comédie ; ses études n'avaient même servi qu'à l'y entretenir. C'était assez la coutume dans ce temps-là de présenter des pièces entre amis. Quelques bourgeois de Paris formèrent une troupe dont Molière était ; ils jouèrent plusieurs fois pour se divertir. Mais ces bourgeois, ayant suffisamment rempli leur plaisir, et s'imaginant être de bons acteurs, s'avisèrent de tirer du profit de leurs représentations. Ils pensèrent bien sérieusement aux moyens d'exécuter leur dessein ; et, après avoir pris toutes leurs mesures, ils s'établirent dans le jeu de paume de la Croix-Blanche, au faubourg Saint-Germain. Ce fut alors que Molière prit le nom qu'il a toujours porté depuis. Mais lorsqu'on lui a demandé ce qui l'avait engagé à prendre celui-là plutôt qu'un autre, jamais il n'en a voulu dire la raison, même à ses meilleurs amis.

L'établissement de cette nouvelle troupe de comédiens n'eut point de succès, parce qu'ils ne voulurent pas suivre les avis de Molière, qui avait le discernement et les vues beaucoup plus justes que des gens qui n'avaient pas été cultivés avec autant de soins que lui.

Un auteur grave nous fait un conte au sujet du parti que Molière avait pris de jouer la comédie. Il avance que sa famille, alarmée de ce dangereux dessein, lui envoya un ecclésiastique [1] pour lui représenter qu'il perdait entièrement l'honneur de sa famille ; qu'il plongeait ses parents dans de douloureux déplaisirs, et qu'enfin il risquait son salut d'embrasser une profession contre les bonnes mœurs, et condamnée par l'Eglise ; mais qu'après avoir écouté tranquillement l'ecclésiastique, Molière parla à son tour avec tant de force en faveur du théâtre, qu'il séduisit l'esprit de celui qui le voulait convertir, et l'emmena avec lui pour jouer la comédie. Ce fait est absolument inventé par les personnes de qui M. Perrault peut l'avoir pris pour nous le donner ; et quand je n'en aurais pas de certitude, le lecteur, à la première réflexion, présumera avec moi que ce fait n'a aucune vraisemblance. Il est vrai que les parents de Molière essayèrent, par toutes sortes de voies, de le détourner de sa résolution ; mais ce fut inutilement : sa passion pour la comédie l'emportait sur toutes leurs raisons.

Quoique la troupe de Molière n'eût point réussi, cependant, pour peu qu'elle avait paru, elle lui avait donné occasion suffisamment de faire valoir dans le monde les dispositions extraordinaires qu'il avait pour le théâtre ; et M. le prince de Conti, qui l'avait fait venir plusieurs fois jouer dans son hôtel, l'encouragea ; et, voulant bien l'honorer de sa protection, il lui ordonna de le venir trouver en Languedoc avec sa troupe, pour y jouer la comédie.

Cette troupe était composée de la Béjart, de ses deux frères ; de Du Parc, dit Gros-René ; de sa femme ; d'un pâtissier de la rue Saint-Honoré, père de la demoiselle de La Grange, femme de chambre de la de Brie ; celle-ci était aussi de la troupe avec son mari, et quelques autres.

Molière, en formant sa troupe, lia une forte amitié avec la Béjart, qui qu'elle le connût, avait eu une petite fille de M. de Modène, gentilhomme d'Avignon, avec qui j'ai su, par des témoignages très assurés, que la mère avait contracté un mariage caché. Cette petite fille, accoutumée avec Molière, qu'elle voyait continuellement, l'appela son mari dès qu'elle sut parler ; et à mesure qu'elle croissait, ce nom déplaisait moins à Molière ; mais cela ne paraissait à personne tirer à aucune conséquence. La mère ne pensait à rien moins qu'à ce qui arriva dans la

1. Perrault, qui raconte cette anecdote, parle d'un maître de pension, et non d'un *ecclésiastique*. Le fait ainsi rétabli n'a rien d'invraisemblable. On peut croire au contraire que Molière composa le *Maître d'école*, le *Docteur amoureux*, les *Trois Docteurs rivaux*, et le rôle de *Métaphraste*, pour son maître de pension : on sait avec quel soin il appropriait ses rôles au caractère de ses acteurs.

suite ; et, occupée seulement de l'amitié qu'elle avait pour son prétendu gendre, elle ne voyait rien qui dût lui faire des réflexions.

Molière partit avec sa troupe, qui eut bien de l'applaudissement en passant à Lyon en 1653, où il donna au public *l'Etourdi*, la première de ses pièces, qui eut autant de succès qu'il en pouvait espérer. La troupe passa en Languedoc, où Molière fut reçu très favorablement de M. le prince de Conti, qui eut la bonté de donner des appointements à ces comédiens.

Molière s'acquit beaucoup de réputation dans cette province, par les deux premières pièces de sa façon qu'il fit paraître, *l'Etourdi* et *le Dépit amoureux* ; ce qui engagea d'autant plus M. le prince de Conti à l'honorer de sa bienveillance et de ses bienfaits : ce prince lui confia la conduite des plaisirs et des spectacles qu'il donnait à la province, pendant qu'il en tint les états ; et ayant remarqué en peu de temps toutes les bonnes qualités de Molière, son estime pour lui alla si loin qu'il le voulut faire son secrétaire : mais Molière aimait l'indépendance, et il était si rempli du désir de faire valoir le talent qu'il se connaissait, qu'il pria M. le prince de Conti de le laisser continuer la comédie ; et la place qu'il aurait remplie fut donnée à M. de Simoni. Ses amis le blâmèrent de n'avoir point accepté un emploi si avantageux. « Eh ! messieurs, leur dit-il, ne nous déplaçons jamais : Je suis passable auteur, si j'en crois la voix publique ; je puis être un fort mauvais secrétaire. Je divertis le prince par les spectacles que je lui donne ; je le rebuterai par un travail sérieux et mal conduit. Et pensez-vous d'ailleurs, ajouta-t-il, qu'un misanthrope comme moi, capricieux si vous voulez, soit propre auprès d'un grand ? Je n'ai pas les sentiments assez flexibles pour la domesticité : mais plus que tout cela, que deviendront ces pauvres gens que j'ai amenés si loin ? qui les conduira ? ils ont compté sur moi ; et je me reprocherais de les abandonner. » Cependant j'ai su que la Béjart (Madeleine) lui aurait fait le plus de peine à quitter ; et cette femme, qui avait tout pouvoir sur son esprit, l'empêcha de suivre M. le prince de Conti. De son côté, Molière était ravi de se voir le chef d'une troupe ; il se faisait un plaisir sensible de conduire sa petite république : il aimait à parler en public ; il n'en perdait jamais l'occasion ; jusque-là que s'il mourait quelque domestique de son théâtre, ce lui était un sujet de haranguer pour le premier jour de comédie. Tout cela lui aurait manqué chez M. le prince de Conti.

Après quatre ou cinq années de succès dans la province, la troupe résolut de venir à Paris. Molière sentit qu'il avait assez de force pour y soutenir un théâtre comique, et qu'il avait assez façonné ses comédiens pour espérer d'y avoir un plus heureux succès que la première fois. Il s'assura aussi sur la protection de M. le prince de Conti.

Molière quitta donc le Languedoc avec sa troupe ; mais il s'arrêta à Grenoble, où il joua pendant tout le carnaval ; après quoi ces comédiens vinrent à Rouen, afin qu'étant plus à portée de Paris, leur métier s'y répandît plus aisément. Pendant ce séjour, qui dura tout l'été, Molière fit plusieurs voyages à Paris, pour se préparer une entrée chez Monsieur, qui, lui ayant accordé sa protection, eut la bonté de le présenter au roi et à la reine mère.

Ces comédiens eurent l'honneur de représenter la pièce de *Nicomède* devant leurs majestés, au mois d'octobre 1658. Leur début fut heureux ; et les actrices surtout furent trouvées bonnes. Mais comme Molière sentait bien que sa troupe ne l'emporterait pas pour le sérieux sur celle de l'Hôtel de Bourgogne, après la pièce il s'avança sur le théâtre ; et après avoir remercié sa majesté en des termes très modestes de la bonté qu'elle avait eue d'excuser ses défauts et ceux de sa troupe, qui n'avait paru qu'en tremblant devant une assemblée si auguste, il ajouta « que l'envie qu'ils avaient d'avoir l'honneur de divertir le plus grand roi du monde leur avait fait oublier que sa majesté avait à son service d'excellents originaux, dont ils n'étaient que de très faibles copies ; mais que puisqu'elle avait bien voulu souffrir leur manière de campagne, il la suppliait très humblement d'avoir agréable qu'il lui donnât un de ces petits divertissements qui lui avaient acquis quelque réputation, et dont il régalait les provinces » ; en quoi il comptait bien réussir, parce qu'il avait accoutumé sa troupe à jouer sur-le-champ de petites comédies à la manière des Italiens. Il en avait deux entre autres que tout le monde en Languedoc, jusqu'aux personnes les plus sérieuses, ne se lassait point de voir représenter : c'étaient *les Trois Docteurs rivaux*, et *le Maître d'Ecole*, qui étaient entièrement dans le goût italien.

Le roi parut satisfait du compliment de Molière, qui l'avait travaillé avec soin ; et sa majesté voulut bien qu'il lui donnât la première de ces deux petites pièces, qui eut un succès favorable [2]. Le jeu de ces comédiens fut d'autant plus goûté, que depuis quelque temps on ne jouait plus que des pièces sérieuses à l'Hôtel de Bourgogne ; le plaisir des petites comédies était perdu.

Le divertissement que cette troupe venait de donner à sa majesté lui ayant plu, elle voulut qu'elle s'établît à Paris : et, pour faciliter cet établissement, le roi eut la bonté de donner le Petit-Bourbon à ces comédiens, pour jouer alternativement avec les Italiens. On sait qu'ils passèrent en 1660 au Palais-Royal, et qu'ils prirent le titre de *comédiens de Monsieur*.

Molière, qui, en homme de bon sens, se défiait toujours de ses forces, eut peur alors que ses ouvrages n'eussent pas du public de Paris autant

---

2. Ce ne fut point *les Trois Docteurs rivaux*, mais *le Docteur amoureux*.

d'applaudissements que dans les provinces. Il appréhendait de trouver, dans ce parterre, des esprits qui ne fussent pas plus contents de lui qu'il ne l'était lui-même : et si sa troupe, dans les commencements, ne l'avait excité à profiter des heureuses dispositions qu'elle lui connaissait pour le théâtre comique, peut-être ne se serait-il pas hasardé de livrer ses ouvrages au public. « Je ne comprends pas, disait-il à ses camarades en Languedoc, comment des personnes d'esprit prennent du plaisir à ce que je leur donne ; mais je sais bien qu'en leur place je n'y trouverais aucun goût. — Eh ! ne craignez rien, lui répondit un de ses amis ; l'homme qui veut rire se divertit de tout, le courtisan comme le peuple. » Les comédiens le rassurèrent à Paris, comme dans la province ; et ils commencèrent à représenter, dans cette grande ville, le 3 de novembre 1658. *L'Etourdi*, la première de ses pièces, qu'il fit paraître dans ce même mois, et le *Dépit amoureux*, qu'il donna au mois de décembre suivant, furent reçues avec applaudissements ; et Molière enleva tout à fait l'estime du public en 1659 par *les Précieuses ridicules*, ouvrage qui fit alors espérer de cet auteur les bonnes choses qu'il nous a données depuis. Cette pièce fut représentée au simple la première fois ; mais le jour suivant on fut obligé de la mettre au double, à cause de la foule incroyable qui y avait été le premier jour.

Les Précieuses furent jouées pendant quatre mois de suite. M. Ménage, qui était à la première représentation de cette pièce, en jugea favorablement. « Elle fut jouée, dit-il, avec un applaudissement général ; et j'en fus si satisfait en mon particulier, que je vis dès lors l'effet qu'il allait produire. Monsieur, dis-je à M. Chapelain en sortant de la comédie, nous approuvions, vous et moi, toutes les sottises qui viennent d'être critiquées si finement, et avec tant de bon sens ; mais, croyez-moi, il nous faudra brûler ce que nous avons adoré, et adorer ce que nous avons brûlé. Cela arriva comme je l'avais prédit, et dès cette première représentation l'on revint du galimatias et du style forcé. »

Un jour que l'on représentait cette pièce, un vieillard s'écria du milieu du parterre : *Courage, courage, Molière ! voilà la bonne comédie ;* ce qui fait bien connaître que le théâtre comique était alors bien négligé, et que l'on était fatigué de mauvais ouvrages avant Molière, comme nous l'avons été après l'avoir perdu.

Cette comédie eut cependant des critiques ; on disait que c'était une charge un peu forte : mais Molière connaissait déjà le point de vue du théâtre, qui demande de gros traits pour affecter le public, et ce principe lui a toujours réussi dans tous les caractères qu'il a voulu peindre.

Le 28 mars 1660, Molière donna pour la première fois *le Cocu imaginaire*, qui eut beaucoup de succès. Cependant les petits auteurs comiques

de ce temps-là, alarmés de la réputation que Molière commençait à se former, faisaient leur possible pour décrier sa pièce. Quelques personnes savantes et délicates répandaient aussi leur critique : le titre de cet ouvrage, disaient-ils, n'est pas noble ; et puisqu'il a pris presque toute cette pièce chez les étrangers, il pouvait choisir un sujet qui lui fît plus d'honneur. Le commun des gens ne lui tenait pas compte de cette pièce comme des *Précieuses ridicules ;* les caractères de celle-là ne les touchaient pas aussi vivement que ceux de l'autre. Cependant, malgré l'envie des troupes, des auteurs, et des personnes inquiètes, *le Cocu imaginaire* passa avec applaudissements dans le public. Un bon bourgeois de Paris, vivant bien noblement, mais dans les chagrins que l'humeur et la beauté de sa femme lui avaient assez publiquement causés, s'imagina que Molière l'avait pris pour l'original de son *Cocu imaginaire*. Ce bourgeois crut devoir s'en offenser ; il en marqua son ressentiment à un de ses amis. « Comment ! lui dit-il, un petit comédien aura l'audace de mettre impunément sur le théâtre un homme de ma sorte (car le bourgeois s'imagine être beaucoup plus au-dessus du comédien que le courtisan ne croit être élevé au-dessus de lui) ! Je m'en plaindrai, ajouta-t-il : en bonne police, on doit réprimer l'insolence de ces gens-là ; ce sont les pestes d'une ville ; ils observent tout, pour le tourner en ridicule. » L'ami, qui était homme de bon sens, et bien informé, lui dit : « Monsieur, si Molière a eu intention sur vous en faisant *le Cocu imaginaire*, de quoi vous plaignez-vous ? il vous a pris du beau côté ; et vous seriez bien heureux d'en être quitte pour l'imagination. » Le bourgeois, quoique peu satisfait de la réponse de son ami, ne laissa pas d'y faire quelque réflexion, et ne retourna plus au *Cocu imaginaire*.

Molière ne fut pas heureux dans la seconde pièce qu'il fit paraître à Paris le 4 février 1661 : *Dom Garcie de Navarre, ou le Prince jaloux*, n'eut point de succès. Molière sentit, comme le public, le faible de sa pièce : aussi ne la fit-il pas imprimer ; et on ne l'a ajoutée à ses ouvrages qu'après sa mort.

Ce peu de réussite releva ses ennemis ; ils espéraient qu'il tomberait de lui-même, et que, comme presque tous les auteurs comiques, il serait bientôt épuisé : mais il n'en connut que mieux le goût du temps ; il s'y accommoda entièrement dans *l'Ecole des maris*, qu'il donna le 24 juin 1661. Cette pièce, qui est une de ses meilleures, confirma le public dans la bonne opinion qu'il avait conçue de cet excellent auteur. On ne douta plus que Molière ne fût entièrement maître du théâtre dans le genre qu'il avait choisi ; ses envieux ne purent pourtant s'empêcher de parler mal de son ouvrage. « Je ne vois pas, disait un auteur contemporain qui ne réussissait point, où est le mérite de l'avoir fait : ce sont *les Adelphes* de Térence ;

il est aisé de travailler en y mettant si peu du sien, et c'est se donner de la réputation à peu de frais. » On n'écoutait point les personnes qui parlaient de la sorte ; et Molière eut lieu d'être satisfait du public, qui applaudit fort sa pièce ; c'est aussi une de celles que l'on verrait encore représenter aujourd'hui avec le plus de plaisir, si elle était jouée avec autant de feu et de délicatesse qu'elle l'était du temps de l'auteur.

Les Fâcheux, qui parurent à la cour au mois d'août 1661, et à Paris le 4 du mois de novembre suivant, achevèrent de donner à Molière la supériorité sur tous ceux de son temps qui travaillaient pour le théâtre comique. La diversité de caractères dont cette pièce est remplie, et la nature que l'on y voyait peinte avec des traits si vifs, enlevaient tous les applaudissements du public. On avoua que Molière avait trouvé la belle comédie ; il la rendait divertissante et utile. Cependant l'homme de cour, comme l'homme de ville, qui croyait voir le ridicule de son caractère sur le théâtre de Molière, attaquait l'auteur de tous côtés. Il outre tout, disait-on ; il est inégal dans ses peintures ; il dénoue mal. Toutes les dissertations malignes que l'on faisait sur ses pièces n'en empêchaient pourtant point le succès ; et le public était toujours de son côté.

On lit, dans la préface qui est à la tête des pièces de Molière, qu'elles n'avaient pas d'égales beautés, parce, dit-on, qu'il était obligé d'assujettir son génie à des sujets qu'on lui prescrivait, et de travailler avec une très grande précipitation. Mais je sais, par de très bons Mémoires, qu'on ne lui a jamais donné de sujets ; il en avait un magasin d'ébauchés par la quantité de petites farces qu'il avait hasardées dans les provinces ; et la cour et la ville lui présentaient tous les jours des originaux de tant de façons, qu'il ne pouvait s'empêcher de travailler de lui-même sur ceux qui frappaient le plus : et quoiqu'il dise, dans sa préface des *Fâcheux,* qu'il ait fait cette pièce en quinze jours, j'ai de la peine à le croire ; c'était l'homme du monde qui travaillait avec le plus de difficulté : et il s'est trouvé que des divertissements qu'on lui demandait étaient faits plus d'un an auparavant.

On voit, dans les remarques de M. Ménage, que « dans la comédie des *Fâcheux,* qui est, dit-il, une des plus belles de celles de M. de Molière, le fâcheux chasseur qu'il introduit sur la scène est M. de Soyecourt, que ce fut le roi qui lui donna ce sujet en sortant de la première représentation de cette pièce, qui se donna chez M. Fouquet. Sa majesté, voyant passer M. de Soyecourt, dit à Molière : Voilà un grand original que vous n'avez point encore copié. » Je n'ai pu savoir absolument si ce fait est véritable ; mais j'ai été mieux informé que M. Ménage de la manière dont cette belle scène du chasseur fut faite : Molière n'y a aucune part que pour la versification ; car, ne connaissant

point la chasse, il s'excusa d'y travailler ; de sorte qu'une personne, que j'ai des raisons de ne pas nommer, la lui dicta tout entière dans un jardin ; et M. de Molière l'ayant versifiée, en fit la plus belle scène de ses *Fâcheux,* et le roi prit beaucoup de plaisir à la voir représenter.

L'Ecole des femmes parut en 1662, avec peu de succès ; les gens de spectacle furent partagés ; les femmes outragées, à ce qu'elles croyaient, débauchaient autant de beaux esprits qu'elles le pouvaient pour juger de cette pièce comme elles en jugeaient. Mais que trouvez-vous à redire d'essentiel à cette pièce ? disait un connaisseur à un courtisan de distinction. Ah, parbleu ! ce que j'y trouve à redire est plaisant, s'écria l'homme de cour : *tarte à la crème,* morbleu ! *tarte à la crème.* Mais *tarte à la crème* n'est point un défaut, répondit le bon esprit, pour décrier une pièce comme vous le faites. *Tarte à la crème* est exécrable, répondit le courtisan. *Tarte à la crème,* bon Dieu ! avec du sens commun peut-on soutenir une pièce où l'on a mis *tarte à la crème ?* Cette expression se répétait par écho parmi tous les petits esprits de la cour et de la ville, qui ne se prêtent jamais à rien, et qui, incapables de sentir le bon d'un ouvrage, saisissent un trait faible pour attaquer un auteur beaucoup au-dessus de leur portée. Molière, outré à son tour des mauvais jugements que l'on portait sur sa pièce, les ramassa, et en fit *la Critique de l'Ecole des femmes,* qu'il donna en 1663. Cette pièce fit plaisir au public : elle était du temps, et ingénieusement travaillée.

L'Impromptu de Versailles, qui fut joué pour la première fois devant le roi le 14 octobre 1663, et à Paris le 4 de novembre de la même année, n'est qu'une conversation satirique entre les comédiens, dans laquelle Molière se donne carrière contre les courtisans dont les caractères lui déplaisaient, contre les comédiens de l'Hôtel de Bourgogne, et contre ses ennemis.

Molière, né avec des mœurs droites, Molière, dont les manières étaient simples et naturelles, souffrait impatiemment le courtisan empressé, flatteur, médisant, inquiet, incommode, faux ami. Il se déchaîne agréablement dans son *Impromptu* contre ces messieurs-là, qui ne lui pardonnent pas dans l'occasion. Il attaque leur mauvais goût pour les ouvrages ; il tâche d'ôter tout crédit au jugement qu'ils faisaient des siens.

Mais il s'attache surtout à tourner en ridicule une pièce intitulée *le Portrait du peintre,* que M. Boursault avait faite contre lui, et à faire voir l'ignorance des comédiens de l'Hôtel de Bourgogne dans la déclamation, en les contrefaisant tous si naturellement, qu'on les reconnaissait dans son jeu. Il épargna le seul Floridor. Il avait très grande raison de charger sur leur mauvais goût. Ils ne savaient aucun principe de leur art ; ils ignoraient même qu'il y en eût. Tout leur jeu ne consistait que dans une prononciation ampoulée et emphatique, avec laquelle ils récitaient également tous leurs rôles ; on n'y reconnaissait ni mouvements ni passions ; et cependant les Beauchâteau, les Mondory [3], étaient applaudis, parce qu'ils faisaient pompeusement ronfler un vers. Molière, qui connaissait l'action par principes, était indigné d'un jeu si mal réglé, et des applaudissements que le public ignorant lui donnait. De sorte qu'il s'appliquait à mettre ses acteurs dans le naturel ; et avant lui, pour le comique, et avant M. Baron, il forma dans le sérieux, le jeu des comédiens était pitoyable pour les personnes qui avaient le goût délicat ; et nous nous apercevons malheureusement que la plupart de ceux qui représentent aujourd'hui, destitués d'étude qui les soutienne dans la connaissance des principes de leur art, commencent à perdre ceux que Molière avait établis dans sa troupe.

La différence de jeu avait fait naître de la jalousie entre les deux troupes. On allait à celle de l'Hôtel de Bourgogne ; les auteurs tragiques y portaient presque tous leurs ouvrages : Molière en était fâché. De manière qu'ayant su qu'ils devaient représenter une pièce nouvelle dans deux mois, il se mit en tête d'en avoir une prête pour ce temps-là, afin de figurer avec l'ancienne troupe. Il se souvint qu'un an auparavant un jeune homme lui avait apporté une pièce intitulée *Théagène et Chariclée*, qui à la vérité ne valait rien, mais qui lui avait fait voir que ce jeune homme en travaillant pouvait devenir un excellent auteur. Il ne le rebuta point ; mais il l'exhorta à se perfectionner dans la poésie avant que de hasarder ses ouvrages au public, et il lui dit de revenir le trouver dans six mois. Pendant ce temps-là Molière fit le dessein des *Frères ennemis ;* mais le jeune homme n'avait point encore paru, et lorsque Molière en eut besoin, il ne savait où le prendre ; il dit à ses comédiens de le lui déterrer à quelque prix que ce fût. Ils le trouvèrent. Molière lui donna son projet, et le pria de lui en apporter un acte par semaine, s'il était possible. Le jeune auteur, ardent et de bonne volonté, répondit à l'empressement de Molière ; mais celui-ci remarqua qu'il avait pris presque tout son travail dans *la Thébaïde* de Rotrou [4]. On lui fit entendre qu'il n'y avait point d'honneur à remplir son ouvrage de celui d'autrui ; que la pièce de Rotrou était

assez récente pour être encore dans la mémoire des spectateurs ; et qu'avec les heureuses dispositions qu'il avait, il fallait qu'il se fît honneur de son premier ouvrage, pour disposer favorablement le public à en recevoir de meilleurs. Mais comme le temps pressait, Molière l'aida à changer ce qu'il avait emprunté, et à achever la pièce, qui fut prête dans le temps, et qui fut d'autant plus applaudie que le public se prêta à la jeunesse de M. Racine, qui fut animé par les applaudissements, et par le présent que Molière lui fit. Cependant ils ne furent pas longtemps en bonne intelligence, s'il est vrai que ce soit celui-ci qui ait fait la critique de l'*Andromaque,* comme M. Racine le croyait ; il estimait cet ouvrage comme un des meilleurs de l'auteur ; mais Molière n'eut point de part à cette critique ; elle est de M. de Subligny.

Le roi connaissant le mérite de Molière, et l'attachement particulier qu'il avait pour divertir sa majesté, daigna l'honorer d'une pension de mille livres. On voit dans ses ouvrages le remerciement qu'il en fit au roi. Ce bienfait rassura Molière dans son travail ; il crut après cela qu'il pouvait penser favorablement de ses ouvrages, et il forma le dessein de travailler sur de plus grands caractères, et de suivre le goût de Térence un peu plus qu'il n'avait fait : il se livra avec plus de fermeté aux courtisans et aux savants, qui le recherchaient avec empressement : on croyait trouver un homme aussi égayé, aussi juste dans la conversation qu'il l'était dans ses pièces, et l'on avait la satisfaction de trouver dans son commerce encore plus de solidité que dans ses ouvrages ; et ce qu'il y avait de plus agréable pour ses amis, c'est qu'il était d'une droiture de cœur inviolable, et d'une justesse d'esprit peu commune.

On ne pouvait souhaiter une situation plus heureuse que celle où il était à la cour et à Paris depuis quelques années. Cependant il avait cru que son bonheur serait plus vif et plus sensible s'il le partageait avec une femme ; il voulut remplir la passion que les charmes naissants de la fille de la Béjart avaient nourrie dans son cœur à mesure qu'elle avait crû. Cette jeune fille avait tous les agréments qui peuvent engager un homme, et tout l'esprit nécessaire pour le fixer. Molière avait passé, des amusements que l'on se fait avec un enfant, à l'amour le plus violent qu'une maîtresse puisse inspirer ; mais il savait que la mère avait d'autres vues qu'il aurait de la peine à déranger. C'était une femme altière, et peu raisonnable lorsqu'on n'adhérait pas à ses sentiments ; elle aimait mieux être l'amie de Molière que sa belle-mère : ainsi, il aurait tout gâté de lui déclarer le dessein qu'il avait d'épouser sa fille. Il prit le parti de le faire sans en rien dire à cette femme ; mais comme elle l'observait de fort près, il ne put consommer son mariage

---

3. *L'Impromptu de Versailles* fut joué en 1663. Il ne peut donc être ici question de Mondory, mort en 1651 : c'est Montfleury qu'il faut lire. Molière critiqua le jeu et la déclamation de cet acteur dans la scène première de l'*Impromptu,* critique que Montfleury ne pardonna pas.

4. Rotrou n'a point fait de *Thébaïde :* il est auteur d'*Antigone,* pièce à laquelle Racine fit en effet quelques emprunts. La Grange-Chancel disait avoir entendu dire à des amis particuliers de Racine que, pressé par le peu de temps que lui avait donné Molière pour composer cette pièce, il y avait fait entrer, sans presque aucun changement, deux récits entiers tirés de l'*Antigone* de Rotrou, jouée en 1638. Ces morceaux disparurent dans l'impression de *la Thébaïde,* jouée en 1664.

pendant plus de neuf mois : c'eût été risquer un éclat qu'il voulait éviter sur toutes choses, d'autant plus que la Béjart, qui le soupçonnait de quelque dessein sur sa fille, le menaçait souvent en femme furieuse et extravagante de le perdre, lui, sa fille, et elle-même, si jamais il pensait à l'épouser. Cependant la jeune fille ne s'accommodait point de l'emportement de sa mère, qui la tourmentait continuellement, et qui lui faisait essuyer tous les désagréments qu'elle pouvait inventer ; de sorte que cette jeune personne, plus lasse, peut-être, d'attendre le plaisir d'être femme, que de souffrir les duretés de sa mère, se détermina un matin de s'aller jeter dans l'appartement de Molière, fortement résolue de n'en point sortir qu'il ne l'eût reconnue pour sa femme, ce qu'il fut contraint de faire. Mais cet éclaircissement causa un vacarme terrible ; la mère donna des marques de fureur et de désespoir, comme si Molière avait épousé sa rivale, ou comme si sa fille fût tombée entre les mains d'un malheureux. Néanmoins, il fallut bien s'apaiser ; il n'y avait point de remède, et la raison fit entendre à la Béjart que le plus grand bonheur qui pût arriver à sa fille était d'avoir épousé Molière, qui perdit par ce mariage tout l'agrément que son mérite et sa fortune pouvaient lui procurer, s'il avait été assez philosophe pour se passer d'une femme.

Celle-ci ne fut pas plus tôt madame de Molière, qu'elle crut être au rang d'une duchesse ; et elle ne se fut pas donnée en spectacle à la comédie, que le courtisan désoccupé lui en conta. Il est bien difficile à une comédienne, belle et soigneuse de sa personne, d'observer si bien sa conduite que l'on ne puisse l'attaquer. Qu'une comédienne rende à un grand seigneur les devoirs qui lui sont dus, il n'y a plus de miséricorde ; c'est son amant. Molière s'imagina que toute la cour, toute la ville en voulaient à son épouse. Elle négligea de l'en désabuser ; au contraire, les soins extraordinaires qu'elle prenait de sa parure, à ce qu'il lui semblait, pour tout autre que pour lui, qui ne demandait point tant d'arrangement, ne firent qu'augmenter sa jalousie. Il avait beau représenter à sa femme la manière dont elle devait se conduire pour passer heureusement la vie ensemble, elle ne profitait point de ses leçons, qui lui paraissaient trop sévères pour une jeune personne, qui d'ailleurs n'avait rien à se reprocher. Ainsi, Molière, après avoir essuyé beaucoup de froideurs et de dissensions domestiques, fit son possible pour se renfermer dans son travail et dans ses amis, sans se mettre en peine de la conduite de sa femme.

A cette époque il donna successivement *la Princesse d'Elide, le Mariage forcé, le Festin de pierre,* qui lui attira une critique très violente, mais qui ne put nuire ni à sa réputation ni à ses succès.

Ce fut au mois d'août 1665 que le roi jugea à propos de fixer la troupe de Molière tout à fait à son service, en lui donnant une pension de sept mille livres. Elle prit alors le titre de *troupe du roi,* qu'elle a toujours conservé depuis ; et elle était de toutes les fêtes qui se faisaient partout où était sa majesté.

Molière, de son côté, n'épargnait ni soins ni veilles pour soutenir et augmenter la réputation qu'il s'était acquise, et pour répondre aux bontés que le roi avait pour lui. Il consultait ses amis, il examinait avec attention ce qu'il travaillait ; on sait même que lorsqu'il voulait que quelque scène prît le peuple des spectateurs comme les autres, il la lisait à sa servante, pour voir si elle en serait touchée. Cependant, il ne saisissait pas toujours le public d'abord ; il l'éprouva dans son *Avare.* A peine fut-il représenté sept fois. La prose dérouta les spectateurs. « Comment ! disait M. le duc de..., Molière est-il fou, et nous prend-il pour des benêts, de nous faire essuyer cinq actes de prose ? A-t-on jamais vu plus d'extravagance ? Le moyen d'être diverti par de la prose ! » Mais Molière fut bien vengé de ce public injuste et ignorant quelques années après ; il donna son *Avare* pour la seconde fois le 9 septembre 1668. On y courut en foule, et il fut joué presque toute l'année : tant il est vrai que le public goûte rarement les bonnes choses quand il est dépaysé ! Cinq actes de prose l'avaient révolté la première fois ; mais la lecture et la réflexion l'avaient ramené, et il alla voir avec empressement une pièce qu'il avait d'abord méprisée.

Quoique la troupe de Molière fût suivie, elle ne laissa pas de languir pendant quelque temps par le retour de Scaramouche. Ce comédien, après avoir gagné une somme assez considérable pour se faire dix ou douze mille livres de rente, qu'il avait placées à Florence, lieu de sa naissance, fit dessein d'aller s'y établir. Il commença par y envoyer sa femme et ses enfants ; et, quelque temps après, il demanda au roi la permission de se retirer en son pays. Sa majesté voulut bien la lui accorder ; mais elle lui dit en même temps qu'il ne fallait pas espérer de retour. Scaramouche, qui ne comptait pas de revenir, ne fit aucune attention à ce que le roi lui avait dit : il avait de quoi se passer du théâtre. Il part ; mais il trouva chez lui une femme et des enfants rebelles, qui le reçurent non seulement comme un étranger, mais encore qui le maltraitèrent. Il fut battu plusieurs fois par sa femme, aidée de ses enfants, qui ne voulaient point partager avec lui la jouissance du bien qu'il avait gagné ; et ces mauvais traitement alla si loin, qu'il ne put y résister ; de manière qu'il fit solliciter fortement son retour en France, pour se délivrer de la triste situation où il était en Italie. Le roi eut la bonté de lui permettre de revenir. Paris l'avait trouvé fort à redire, et son retour réjouit toute la ville. On alla avec empressement à la comédie italienne pendant plus de six mois, pour revoir Scaramouche : la troupe de Molière fut négligée pendant tout ce temps-là ; elle ne gagnait rien, et les comédiens étaient prêts à se révolter contre leur chef. Ils n'avaient point encore Baron pour rappeler le public, et l'on ne parlait point de son retour. Enfin, ces comédiens injustes murmuraient hautement contre Molière, et lui reprochaient qu'il laissait languir leur théâtre. « Pourquoi, lui disaient-ils, ne faites-vous pas des ouvrages qui nous soutiennent ? Faut-il que ces farceurs d'Italiens nous enlèvent tout Paris ? » En un mot, la troupe était un peu dérangée, et chacun des acteurs méditait de prendre son parti. Molière était lui-même embarrassé comment il les ramènerait ; et à la fin, fatigué des discours de ses comédiens, il dit à la Du Parc et à la Béjart, qui le tourmentaient le plus, qu'il ne savait qu'un moyen pour l'emporter sur Scaramouche, et de gagner de l'argent : que c'était d'aller bien loin pour quelque temps, pour s'en revenir comme ce comédien ; mais il ajouta qu'il n'était ni en son pouvoir, ni dans ses desseins, d'employer ce moyen, qui était trop long ; mais qu'elles étaient les maîtresses de s'en servir. Après s'être ainsi moqué d'elles, il leur dit sérieusement que Scaramouche ne serait pas toujours couru avec ce même empressement ; qu'on se lassait des bonnes choses comme des mauvaises, et qu'ils auraient leur tour ; ce qui arriva aussi par la première pièce que donna Molière.

Ce n'est pas là le seul désagrément que Molière ait eu avec ses comédiens : l'avidité du gain étouffait bien souvent leur reconnaissance, et ils le harcelaient toujours pour demander des grâces au roi. Les mousquetaires, les gardes du corps, les gendarmes et les chevau-légers, entraient à la comédie sans payer, et le parterre en était toujours rempli ; de sorte que les comédiens pressèrent Molière d'obtenir de sa majesté un ordre pour qu'aucune personne de la maison n'entrât à la comédie sans payer. Le roi le lui accorda. Mais ces messieurs ne trouvèrent pas bon que les comédiens leur fissent imposer une loi si dure, et ils prirent pour un affront qu'ils eussent eu la hardiesse de le demander : les plus mutins s'ameutèrent, et ils résolurent de forcer l'entrée. Ils furent en troupe à la comédie. Ils attaquèrent brusquement les gens qui gardaient les portes. Le portier se défendit pendant quelque temps : mais enfin, étant obligé de céder au nombre, il leur jeta son épée, se persuadant qu'étant désarmé, ils ne le tueraient pas. Le pauvre homme se trompa ; ces furieux, outrés de la résistance qu'il avait faite, le percèrent de cent coups d'épée ; et chacun d'eux, en entrant, lui donnait le sien. Ils cherchaient toute la troupe pour lui faire éprouver le même traitement qu'aux gens qui avaient voulu soutenir la porte. Mais Béjart, qui était habillé en vieillard pour la pièce qu'on allait jouer, se présenta sur le théâtre. « Eh ! messieurs, leur dit-il, épargnez du moins un pau-vre vieillard de soixante-quinze ans, qui n'a plus que quelques jours à vivre. » Le compliment de ce jeune comédien, qui avait profité de son habillement pour parler à ces mutins, calma leur fureur. Molière leur parla aussi très vivement sur l'ordre du roi ; de sorte que, réfléchissant sur la faute qu'ils venaient de faire, ils se retirèrent. Le bruit et les cris avaient causé une alarme terrible dans la troupe ; les femmes croyaient être mortes : chacun cherchait à se sauver, surtout Hubert et sa femme, qui avaient fait un trou dans le mur du Palais-Royal. Le mari voulut passer le premier ; mais parce que le trou n'était pas assez ouvert, il ne passa que la tête et les épaules ; jamais le reste ne put suivre. On avait beau le tirer de dedans le Palais-Royal, rien n'avançait ; et il criait comme un forcené par le mal qu'on lui faisait, et dans la peur qu'il avait que quelque gendarme ne lui donnât un coup d'épée dans le derrière. Mais le tumulte s'étant apaisé, il en fut quitte pour la peur, et l'on agrandit le trou pour le retirer de la torture où il était.

Quand tout ce vacarme fut passé, la troupe tint conseil, pour prendre une résolution dans une occasion périlleuse. Vous ne m'avez point donné de repos, dit Molière à l'assemblée, que je n'aie importuné le roi pour avoir l'ordre qui nous a mis à deux doigts de notre perte ; il est question présentement de voir ce que nous avons à faire. Hubert voulait qu'on laissât toujours entrer la maison du roi, tant il appréhendait une seconde rumeur. Plusieurs autres, qui ne craignaient pas moins que lui, furent du même avis. Mais Molière, qui était ferme dans ses résolutions, leur dit que puisque le roi avait daigné leur accorder cet ordre, il fallait en pousser l'exécution jusqu'au bout, si sa majesté le jugeait à propos : et je pars dans ce moment, leur dit-il, pour l'en informer. Ce dessein ne plut nullement à Hubert, qui tremblait encore.

Quand le roi fut instruit de ce désordre, sa majesté ordonna aux commandants des corps qui l'avaient fait de les faire mettre sous les armes le lendemain, pour connaître et faire punir les plus coupables, et pour leur réitérer ses défenses d'entrer à la comédie sans payer. Molière, qui aimait fort la harangue, fut en faire une à la tête des gendarmes, et leur dit que ce n'était point pour eux ni pour les autres personnes qui composaient la maison du roi, qu'il avait demandé à sa majesté un ordre pour les empêcher d'entrer à la comédie ; que la troupe serait toujours ravie de les recevoir quand ils voudraient les honorer de leur présence : mais qu'il y avait un nombre infini de malheureux qui tous les jours, abusant de leur nom et de la bandoulière de messieurs les gardes du corps, venaient remplir le parterre, et ôter injustement à la troupe le gain qu'elle devait faire ; qu'il ne croyait pas que des gentilshommes qui avaient l'honneur de servir le roi dussent favoriser ces misérables contre les comédiens de sa majesté ; que d'entrer à la comédie sans payer n'était point une prérogative que des personnes de leur caractère dussent si fort ambitionner, jusqu'à répandre du sang pour se la conserver ; qu'il fallait laisser ce petit avantage aux auteurs, et aux personnes qui, n'ayant pas le moyen de dépenser quinze sous, ne voyaient le spectacle que par charité, s'il m'est permis, dit-il, de parler de la sorte. Ce discours fit tout l'effet que Molière s'était promis ; et depuis ce temps-là la maison du roi n'est point entrée à la comédie sans payer.

En 1670, on joua une pièce intitulée *Don Quixote* (je n'ai pu savoir de quel auteur) : on l'avait prise dans le temps que don Quixote installe Sancho Pança dans son gouvernement. Molière faisait Sancho ; et comme il devait paraître sur le théâtre monté sur un âne, il se mit dans la coulisse pour être prêt à entrer dans le moment que la scène le demanderait. Mais l'âne, qui ne savait point le rôle par cœur, n'observa point ce moment ; et dès qu'il fut dans la coulisse, il voulut entrer, quelques efforts que Molière employât pour qu'il n'en fît rien. Il tirait le licou de toute sa force ; l'âne n'obéissait point, et voulait absolument paraître. Molière appelait, *Baron, Laforêt, à moi ! ce maudit âne veut entrer !* Laforêt était une servante qui faisait alors tout son domestique, quoiqu'il eût près de trente mille livres de rente. Cette femme était dans la coulisse opposée, d'où elle ne pouvait passer par-dessus le théâtre pour arrêter l'âne ; et elle riait de tout son cœur de voir son maître renversé sur le derrière de cet animal, tant il mettait de force à tirer son licou pour le retenir. Enfin, destitué de tout secours, et désespérant de pouvoir vaincre l'opiniâtreté de son âne, il prit le parti de se retenir aux ailes du théâtre, et de laisser glisser l'animal entre ses jambes pour aller faire telle scène qu'il jugerait à propos. Quand on fait réflexion au caractère d'esprit de Molière, à la gravité de sa conduite et de sa conversation, il est risible que ce philosophe fût exposé à de pareilles aventures, et prît sur lui les personnages les plus comiques. Il est vrai qu'il s'en est lassé plus d'une fois, et si ce n'avait été l'attachement inviolable qu'il avait pour sa troupe et pour les plaisirs du roi, il aurait tout quitté pour vivre dans une mollesse philosophique, dont son domestique, son travail, et sa troupe, l'empêchaient de jouir. Il y avait d'autant plus d'inclination, qu'il était devenu très valétudinaire ; et il était réduit à ne vivre que de lait. Une toux qu'il avait négligée lui avait causé une fluxion sur la poitrine, avec un crachement de sang, dont il était resté incommodé ; de sorte qu'il fut obligé de se mettre au lait pour se raccommoder, et pour être en état de continuer son travail. Il observa ce régime presque le reste de ses jours ; de manière qu'il n'avait plus de satisfaction que par

l'estime dont le roi l'honorait ; et du côté de ses amis, il en avait de choisis, à qui il ouvrait souvent son cœur.

L'amitié qu'ils avaient formée dès le collège, Chapelle et lui, dura jusqu'au dernier moment. Cependant celui-là n'était pas un ami consolant pour Molière, il était trop dissipé ; il aimait véritablement, mais il n'était point capable de rendre de ces devoirs empressés qui réveillent l'amitié. Il avait pourtant un appartement chez Molière, à Auteuil, où il allait fort souvent ; mais c'était plus pour se réjouir que pour entrer dans le sérieux. C'était un de ces génies supérieurs et réjouissants que l'on annonçait six mois avant que de le pouvoir donner pendant un repas. Mais pour être trop à tout le monde, il n'était point assez à un véritable ami, de sorte que Molière s'en fit deux plus solides dans la personne de MM. Rohault et Mignard, qui le dédommageaient de tous les chagrins qu'il avait d'ailleurs. C'était à ces deux messieurs qu'il se livrait sans réserve. « Ne me plaignez-vous pas, leur disait-il un jour, d'être d'une profession et dans une situation si opposées aux sentiments et à l'humeur que j'ai présentement ? J'aime la vie tranquille, et la mienne est agitée par une infinité de détails communs et turbulents, sur lesquels je n'avais pas compté dans les commencements, et auxquels il faut absolument que je me donne tout entier, malgré moi. Avec toutes les précautions dont un homme peut être capable, je n'ai pas laissé de tomber dans le désordre où tous ceux qui se marient sans réflexion ont accoutumé de tomber. — Oh ! oh ! dit M. Rohault. — Oui, mon cher monsieur Rohault, je suis le plus malheureux de tous les hommes, ajouta Molière, et je n'ai que ce que je mérite. Je n'ai pas pensé que j'étais trop austère pour une société domestique. J'ai cru que ma femme devait assujettir ses manières à sa vertu et à mes intentions ; et je sens bien que, dans la situation où elle est, elle eût encore été plus malheureuse que je ne le suis, si elle l'avait fait. Elle a de l'enjouement, de l'esprit ; elle est sensible au plaisir de le faire valoir ; tout cela m'ombrage malgré moi. J'y trouve à redire, je m'en plains. Cette femme, cent fois plus raisonnable que je ne le suis, veut jouir agréablement de la vie ; elle va son chemin ; et, assurée par son innocence, elle dédaigne de s'assujettir aux précautions que je lui demande. Je prends cette négligence pour du mépris ; je voudrais des marques d'amitié pour croire que l'on en a pour moi, et que l'on eût plus de justesse dans sa conduite pour que j'eusse l'esprit tranquille. Mais ma femme, toujours égale et libre dans la sienne, qui serait exempte de tout soupçon pour tout autre homme moins inquiet que je ne le suis, me laisse impitoyablement dans mes peines ; et occupée seulement du désir de plaire en général, comme toutes les femmes, sans avoir de dessein particulier, elle rit de ma faiblesse. Encore si je pouvais jouir de mes amis aussi souvent que je le souhaiterais pour m'étourdir sur mes chagrins et sur mon inquiétude : mais vos occupations indispensables et les miennes m'ôtent cette satisfaction. » M. Rohault étala à Molière toutes les maximes d'une saine philosophie, pour lui faire entendre qu'il avait tort de s'abandonner à ses déplaisirs. « Eh ! lui répondit Molière, je ne saurais être philosophe avec une femme aussi aimable que la mienne ; et peut-être qu'en ma place vous passeriez encore de plus mauvais quarts d'heure. »

Chapelle n'entrait pas si intimement dans les plaintes de Molière ; il était contrariant avec lui, et il s'occupait beaucoup plus de l'esprit et de l'enjouement que du cœur et des affaires domestiques, quoique ce fût un très honnête homme. Il aimait tellement le plaisir, qu'il s'en était fait une habitude. Mais Molière ne pouvait plus lui répondre de ce côté-là, à cause de son incommodité ; ainsi, quand Chapelle voulut se réjouir à Auteuil, il y menait des convives pour lui tenir tête ; et il n'y avait personne qui ne se fît un plaisir de le suivre. Connaître Molière était un mérite que l'on cherchait à se donner avec empressement : d'ailleurs M. Chapelle soutenait sa table avec honneur. Il fit un jour partie avec MM. de J..., de N..., et de L...[5], pour aller se réjouir à Auteuil avec leur ami. « Nous venons souper avec vous, dirent-ils à Molière. — J'en aurais, dit-il, plus de plaisir si je pouvais vous tenir compagnie ; mais ma santé ne me le permettant pas, je laisse à M. Chapelle le soin de vous régaler du mieux qu'il pourra. » Ils aimaient trop Molière pour le contraindre ; mais ils lui demandèrent du moins Baron. « Messieurs, leur répondit Molière, je vous vois en humeur de vous divertir toute la nuit ; le moyen que cet enfant puisse tenir ! il en serait incommodé : je vous prie de le laisser. — Oh parbleu ! dit M. de L..., la fête ne serait pas bonne sans lui, et vous nous le donnerez. » Il fallut l'abandonner ; et Molière prit son lait devant eux, et s'alla coucher.

Les convives se mirent à table : les commencements du repas furent froids ; c'est l'ordinaire entre gens qui savent ménager le plaisir ; et ces messieurs excellaient dans cette étude : mais le vin eut bientôt réveillé Chapelle, et le tourna du côté de la mauvaise humeur. « Parbleu, dit-il, je suis un grand fou de venir m'enivrer ici tous les jours pour faire honneur à Molière ; je suis bien las de ce train-là ; et ce qui me fâche, c'est qu'il croit que j'y suis obligé. » La troupe, presque tout ivre, approuva les plaintes de Chapelle. On continue de boire, et insensiblement on changea de discours. A force de raisonner sur les choses qui font ordinairement la matière de semblables repas entre gens de cette espèce, on tomba sur

la morale vers les trois heures du matin. « Que notre vie est peu de chose ! dit Chapelle ; qu'elle est remplie de traverses ! Nous sommes à l'affût pendant trente ou quarante années pour jouir d'un moment de plaisir, que nous ne trouvons jamais ! Notre jeunesse est harcelée par de maudits parents qui veulent que nous nous mettions un fatras de fariboles dans la tête. Je me soucie morbleu bien, ajouta-t-il, que la terre tourne, ou le soleil ; que ce fou de Descartes ait raison, ou cet extravagant d'Aristote. J'avais pourtant un enragé de précepteur qui me rebattait toujours ces fadaises-là, et qui me faisait sans cesse retomber sur son Epicure ; encore passe pour ce philosophe-là, c'était celui qui avait le plus de raison. Nous ne sommes pas débarrassés de ces fous-là, qu'on nous étourdit les oreilles d'un établissement. Toutes ces femmes, dit-il encore en haussant la voix, sont des animaux qui sont ennemis jurés de notre repos. Oui, morbleu ! chagrins, injustices, malheur de tous côtés dans cette vie ! — Tu as, parbleu, raison, mon cher ami, répondit J... en l'embrassant ; sans ce plaisir-ci, que ferions-nous ? La vie est un pauvre partage ; quittons-la, de peur que l'on ne sépare d'aussi bons amis que nous le sommes ; allons nous noyer de compagnie ; la rivière est à notre portée. — Cela est vrai, dit N..., nous ne pouvons jamais mieux prendre notre temps pour mourir bons amis et dans la joie, et notre mort fera du bruit. » Ainsi, ce glorieux dessein fut approuvé tout d'une voix. Ces ivrognes se lèvent, et vont gaiement à la rivière. Baron courut avertir du monde, et éveiller Molière, qui fut effrayé de cet extravagant projet, parce qu'il connaissait le vin de ses amis. Pendant qu'il se levait, les convives avaient gagné la rivière, et s'étaient déjà saisis d'un petit bateau pour prendre le large, afin de se noyer en plus grande eau. Des domestiques et des gens du lieu furent promptement à ces débauchés, qui étaient déjà dans l'eau, et les repêchèrent. Indignés du secours qu'on venait de leur donner, ils mirent l'épée à la main, coururent sur leurs ennemis, les poursuivirent jusque dans Auteuil, et les voulaient tuer. Ces pauvres gens se sauvent la plupart chez Molière, qui, voyant ce vacarme, dit à ces furieux : « Qu'est-ce donc, messieurs, que ces coquins-là vous ont fait ? — Comment, morbleu, dit J..., qui était le plus opiniâtre à se noyer, ces malheureux nous empêcheront de nous noyer ? Ecoute, mon cher Molière, tu as de l'esprit, vois si nous avons tort : fatigués des peines de ce monde, nous avons fait dessein de passer en l'autre pour être mieux ; la rivière nous a paru le plus court chemin pour nous y rendre ; ces marauds nous l'ont bouché. Pouvons-nous faire moins que de les en punir ? — Comment ! vous avez raison, répondit Molière. Sortez d'ici, coquins, que je ne vous assomme, dit-il à ces pauvres gens, paraissant en colère. Je vous trouve bien hardis de

5. Les initiales désignent *Jonsac, Nantouillet, Lulli.*

vous opposer à de si belles actions ! » Ils se retirèrent, marqués de quelques coups d'épée.

« Comment ! messieurs, poursuit Molière, que vous ai-je fait pour former un si beau projet sans m'en faire part ? Quoi ! vous voulez vous noyer sans moi ? Je vous croyais plus de mes amis. — Il a, parbleu, raison, dit Chapelle ; voilà une injustice que nous lui faisions. Viens donc te noyer avec nous. — Oh ! doucement, répondit Molière ; ce n'est point ici une affaire à entreprendre mal à propos : c'est la dernière action de notre vie, et il n'en faut pas manquer le mérite. On serait assez malin pour lui donner un mauvais jour, si nous nous noyions à l'heure qu'il est ; on dirait à coup sûr que nous l'aurions fait la nuit, comme des désespérés, ou comme des gens ivres. Saisissons le moment qui nous fasse le plus d'honneur, et qui réponde à notre conduite. Demain, sur les huit à neuf heures du matin, bien à jeun et devant tout le monde, nous irons nous jeter, la tête devant, dans la rivière. — J'approuve fort ses raisons, dit N..., et il n'y a pas le petit mot à dire. — Morbleu, j'enrage, dit L... ; Molière a toujours cent fois plus d'esprit que nous. Voilà qui est fait, remettons la partie à demain, et allons nous coucher, car je m'endors. » Sans la présence d'esprit de Molière, il serait infailliblement arrivé du malheur, tant ces messieurs étaient ivres, et animés contre ceux qui les avaient empêchés de se noyer. Mais rien ne le désolait plus que d'avoir affaire à de pareilles gens, et c'était cela qui bien souvent le dégoûtait de Chapelle ; cependant leur ancienne amitié prenait toujours le dessus.

On sait que les trois premiers actes de la comédie du *Tartuffe* de Molière furent représentés à Versailles dès le mois de mai de l'année 1664, et qu'au mois de septembre de la même année ces trois actes furent joués pour la seconde fois à Villers-Cotterêts, avec applaudissements. La pièce entière parut la première et la seconde fois au Raincy, au mois de novembre suivant, et en 1665 ; mais Paris ne l'avait point encore vue en 1667. Molière sentait la difficulté de la faire passer dans le public. Il le prévint par des lectures ; mais il n'en lisait que jusqu'au quatrième acte : de sorte que tout le monde était fort embarrassé comment il tirerait Orgon de dessous la table. Quand il crut avoir suffisamment préparé les esprits, le 5 août 1667, il fait afficher *le Tartuffe*. Mais il n'eut pas été représenté une fois, que les gens austères se révoltèrent contre cette pièce. On représenta au roi qu'il était de conséquence que le ridicule de l'hypocrisie ne parût point sur le théâtre. Molière, disait-on, n'était pas préposé pour reprendre les personnes qui se couvrent du manteau de la dévotion, pour enfreindre les lois les plus saintes, et pour troubler la tranquillité domestique des familles. Enfin ceux qui faisaient ces représentations au roi donnèrent de bonnes raisons, puisque sa majesté jugea à propos

de défendre *le Tartuffe*. Cet ordre fut un coup de foudre pour les comédiens et pour l'auteur. Ceux-là attendaient avec justice un gain considérable de cette pièce, et Molière croyait donner par cet ouvrage une dernière main à sa réputation. Il avait marqué le caractère de l'hypocrisie de traits si vifs et si délicats, qu'il s'était imaginé que, bien loin qu'on dût attaquer sa pièce, on lui saurait gré d'avoir donné de l'horreur pour un vice si odieux. Il le dit lui-même dans sa préface à la tête de cette pièce : mais il se trompa, et il devait savoir par sa propre expérience que le public n'est pas docile. Cependant Molière rendit compte au roi des bonnes intentions qu'il avait eues en travaillant à cette pièce. De sorte que sa majesté ayant vu par elle-même qu'il n'y avait rien dont les personnes de piété et de probité pussent se scandaliser, et qu'au contraire on y combattait un vice qu'elle a toujours eu soin elle-même de détruire par d'autres voies, elle permit apparemment à Molière de remettre sa pièce sur le théâtre.

Tous les connaisseurs en jugeaient favorablement ; et je rapporterai ici une remarque de M. Ménage, pour justifier ce que j'avance. « Je lisais hier *le Tartuffe* de Molière. Je lui en avais autrefois entendu lire trois actes chez M. de Montmort[6], où se trouvèrent aussi M. Chapelain, M. l'abbé de Marolles, et quelques autres personnes. Je dis à M..., lorsqu'il empêcha qu'on le jouât, que c'était une pièce dont la morale était excellente, et qu'il n'y avait rien qui ne pût être utile au public. »

Molière laissa passer quelque temps avant que de hasarder une seconde fois la représentation du *Tartuffe* ; et l'on donna pendant ce temps-là *Scaramouche ermite*, qui passa dans le public sans que personne s'en plaignît. Louis XIV ayant vu cette pièce, dit, en parlant au prince de Condé : « Je voudrais bien savoir pourquoi les gens qui se scandalisent si fort de la comédie de Molière ne disent pas un mot de celle de Scaramouche. — C'est, répondit le prince, que la comédie de Scaramouche joue le ciel et la religion, dont ces messieurs ne se soucient guère, tandis que celle de Molière les joue eux-mêmes ; et c'est ce qu'ils ne peuvent souffrir. »

Molière ne laissait point languir le public sans nouveauté ; toujours heureux dans le choix de ses caractères, il a aussi travaillé sur celui du *Misanthrope*, il le donna au public ; mais il sentit, dès la première représentation, que le peuple de Paris voulait plus rire qu'admirer, et que pour vingt personnes qui sont susceptibles de sentir les traits délicats et élevés, il y en a cent qui les rebutent faute de les connaître. Il ne fut pas plus tôt

---

6. Habert, seigneur de Montmort, conseiller au parlement, et membre de l'Académie française ; donna une édition des Œuvres de Gassendi, avec une préface latine ; lié avec Chapelain, et avec les hommes les plus célèbres de son temps, il mourut en 1679.

rentré dans son cabinet qu'il travailla au *Médecin malgré lui,* pour soutenir *le Misanthrope,* dont la seconde représentation fut encore plus faible que la première, ce qui l'obligea de se dépêcher de fabriquer son *Fagotier* ; en quoi il n'eut pas beaucoup de peine, puisque c'était une de ces petites pièces, ou approchant, que sa troupe avait représentées sur-le-champ dans les commencements ; il n'avait qu'à transcrire. La troisième représentation du *Misanthrope* fut encore moins heureuse que les précédentes. On n'aimait point tout ce sérieux qui est répandu dans cette pièce. D'ailleurs le marquis était la copie de plusieurs originaux de conséquence, qui décriaient l'ouvrage de toute leur force. « Je n'ai pu pourtant faire mieux, et sûrement je ne ferai pas mieux », disait Molière à tout le monde.

M. de Visé crut se faire un mérite auprès de Molière de défendre *le Misanthrope ;* il fit une longue lettre qu'il donna à Ribou pour mettre à la tête de cette pièce. Molière, qui en fut irrité, envoya chercher son libraire, le gronda de ce qu'il avait imprimé cette rapsodie sans sa participation, et lui défendit de vendre aucun exemplaire de sa pièce, où elle fût ; et il brûla tout ce qui en restait ; mais, après sa mort, on l'a réimprimée. M. de Visé, qui aimait fort à voir la Molière, vint souper chez elle le même jour. Molière le traita cavalièrement sur le sujet de sa lettre, en lui donnant de bonnes raisons pour souhaiter qu'il ne se fût point avisé de défendre sa pièce.

Les hypocrites avaient été tellement irrités par *le Tartuffe,* que l'on fit courir dans Paris un livre terrible, que l'on mettait sur le compte de Molière pour le perdre. C'est à cette occasion qu'il mit dans *le Misanthrope* les vers suivants :

Et, non content encor du tort que l'on me fait,
Il court parmi le monde un livre abominable,
Et de qui la lecture est même condamnable ;
Un livre à mériter la dernière rigueur,
Dont le fourbe a le front de me faire l'auteur.
Et là-dessus on voit Oronte qui murmure,
Et tâche méchamment d'appuyer l'imposture :
Lui, qui d'un honnête homme à la cour tient le rang.

On voit par cette remarque que *le Tartuffe* fut joué avant *le Misanthrope,* et avant *le Médecin malgré lui ;* et qu'ainsi la date de la première représentation de ces deux dernières pièces, que l'on a mise dans les *Œuvres* de Molière, n'est pas véritable, puisque l'on marque qu'elles ont été jouées dès le mois de mars et de juin de l'année 1666.

Molière avait lu son *Misanthrope* à toute la cour, avant que de le faire représenter ; chacun lui en disait son sentiment, mais il ne suivait que le sien ordinairement, parce qu'il aurait été souvent obligé de refondre ses pièces, s'il avait suivi tous les avis qu'on lui donnait ; et d'ailleurs il arrivait quelquefois que ces avis étaient intéres-

sés. Molière ne traitait point de caractères, il ne plaçait aucun trait, qu'il n'eût des vues fixes. C'est pourquoi il ne voulut point ôter du *Misanthrope,* « Ce grand flandrin qui crachait dans un puits pour faire des ronds », que madame Henriette d'Angleterre lui avait dit de supprimer lorsqu'il eut l'honneur de lire sa pièce à cette princesse. Elle regardait cet endroit comme un trait indigne d'un si bon ouvrage ; mais Molière avait son original, il voulait le mettre sur le théâtre.

Au mois de décembre de la même année, il donna au roi le divertissement des deux premiers actes d'une pastorale qu'il avait faite ; c'est *Mélicerte.* Mais il ne jugea à propos, avec raison, d'en faire le troisième acte, ni de faire imprimer les deux premiers, qui n'ont vu le jour qu'après sa mort.

Le Sicilien fut trouvé une agréable petite pièce à la cour et à la ville, en 1667 : et l'*Amphitryon* passa tout d'une voix au mois de janvier 1668. Cependant un savantasse n'en voulut point tenir compte à Molière. « Comment ! disait-il, il a tout pris sur Rotrou, et Rotrou sur Plaute. Je ne vois pas pourquoi on applaudit à des plagiaires. Ç'a toujours été, ajouta-t-il, le caractère de Molière : j'ai fait mes études avec lui ; et un jour qu'il apporta des vers à son régent, celui-ci reconnut qu'il les avait pillés, l'autre assura fortement qu'ils étaient de sa façon ; mais après que le régent lui eut reproché son mensonge, et qu'il lui eut dit qu'il les avait pris dans Théophile, Molière le lui avoua, et lui dit qu'il les avait pris avec d'autant plus d'assurance, qu'il ne croyait pas qu'un jésuite pût lire Théophile. Ainsi, disait ce pédant à mon ami, si l'on examinait bien les ouvrages de Molière, on les trouverait tous pillés de cette force-là ; et même quand il ne sait où prendre, il se répète sans précaution. » De semblables critiques n'empêchèrent pas le cours de l'*Amphitryon,* que tout Paris vit avec beaucoup de plaisir, comme un spectacle bien rendu en notre langue, et à notre goût.

Après que Molière eut repris avec succès son *Avare,* au mois de janvier 1668, comme je l'ai déjà dit, il projeta de donner son *George Dandin.* Mais un de ses amis lui fit entendre qu'il y avait dans le monde un Dandin qui pourrait bien se reconnaître dans sa pièce, et qui était en état par sa famille non seulement de le décrier, mais encore de le faire repentir d'y avoir travaillé. « Vous avez raison, dit Molière à son ami ; mais je sais un sûr moyen de me concilier l'homme dont vous me parlez : j'irai lui lire ma pièce. » Au spectacle, où il était assidu, Molière demanda une de ses heures perdues pour lui faire une lecture. L'homme en question se trouva si fort honoré de ce compliment, que, toutes affaires cessantes, il donna parole pour le lendemain ; et il courut tout Paris pour tirer vanité de la lecture de cette pièce. Molière, disait-il à tout le monde, me lit ce soir une comédie : voulez-vous en être ? Molière trouva une nombreuse assemblée, et son homme qui présidait. La pièce fut trouvée excellente ; et lorsqu'elle fut jouée, personne ne la faisait mieux valoir que celui dont je viens de parler, et qui pourtant aurait pu s'en fâcher, une partie des scènes que Molière avait traitées dans sa pièce étant arrivées à cette personne. Ce secret de faire passer sur le théâtre un caractère à son original a été trouvé si bon, que plusieurs auteurs l'ont mis en usage depuis avec succès. Le *George Dandin* fut donc bien reçu à la cour au mois de juillet 1668, et à Paris au mois de novembre suivant.

Quand Molière vit que les hypocrites, qui s'étaient si fort offensés de son *Imposteur,* étaient calmés, il se prépara à le faire paraître une seconde fois. Il demanda à sa troupe, plus par conversation que par intérêt, ce qu'elle lui donnerait s'il faisait renaître cette pièce. Les comédiens voulurent absolument qu'il y eût double part, sa vie durant, toutes les fois qu'on la jouerait ; ce qui a toujours été depuis très régulièrement exécuté. On affiche *le Tartuffe* : les hypocrites se réveillent ; ils courent de tous côtés pour aviser aux moyens d'éviter le ridicule que Molière allait leur donner sur le théâtre, malgré les défenses du roi. Rien ne leur paraissait plus effronté, rien plus criminel, que l'entreprise de cet auteur ; et, accoutumés à incommoder tout le monde et à n'être jamais incommodés, ils portèrent de toutes parts leurs plaintes importunes pour faire réprimer l'insolence de Molière, si son annonce avait son effet. L'assemblée fut si nombreuse que les personnes les plus distinguées furent heureuses d'avoir place aux troisièmes loges. On allume les lustres ; et l'on était près de commencer la pièce, quand il arrive de nouvelles défenses de la représenter, de la part des personnes préposées pour faire exécuter les ordres du roi. Les comédiens firent aussitôt éteindre les lumières, et rendre l'argent à tout le monde. Cette défense était judicieuse, parce que le roi était alors en Flandre ; et l'on devait présumer que, sa majesté ayant défendu la première fois qu'on jouât cette pièce, Molière voulait profiter de son absence pour la faire passer. Tout cela ne se fit pourtant pas sans un peu de rumeur de la part des spectateurs, et sans beaucoup de chagrin du côté des comédiens. La permission que Molière disait avoir de sa majesté pour jouer sa pièce n'était point par écrit ; on n'était pas obligé de s'en rapporter à lui. Au contraire, après les défenses du roi on pouvait prendre pour une témérité la hardiesse que Molière avait eue de remettre *le Tartuffe* sur le théâtre, et peu s'en fallut que cette affaire n'eût encore de plus mauvaises suites pour lui ; on le menaçait de tous côtés. Il en vit dans le moment les conséquences ; c'est pourquoi il dépêcha en poste sur-le-champ La Thorillière et La Grange

pour aller demander au roi la protection de sa majesté dans une si fâcheuse conjoncture. Les hypocrites triomphaient ; mais leur joie ne dura qu'autant de temps qu'il en fallut aux deux comédiens pour apporter l'ordre du roi, qui voulait qu'on jouât *le Tartuffe*.

Le lecteur jugera bien, sans que je lui en fasse la description, quel plaisir l'ordre du roi apporta dans la troupe, et parmi les personnes de spectacles ; mais surtout dans le cœur de Molière, qui se vit justifié de ce qu'il avait avancé. Si on avait connu sa droiture et sa soumission, on aurait été persuadé qu'il ne se serait point hasardé de représenter *le Tartuffe* une seconde fois, sans en avoir auparavant pris l'ordre de sa majesté. A dater de cette époque, les représentations se succédèrent sans interruption.

Molière n'était pas seulement bon acteur et excellent auteur, il avait toujours soin de cultiver la philosophie. Chapelle et lui ne se passaient rien sur cet article-là : celui-là pour Gassendi ; celui-ci pour Descartes. En revenant d'Auteuil un jour, dans le bateau de Molière, ils ne furent pas longtemps sans faire naître une dispute. Ils prirent un sujet grave pour se faire valoir devant un minime qu'ils trouvèrent dans leur bateau, et qui s'y était mis pour gagner les Bons-Hommes. « J'en fais juge le bon père, si le système de Descartes n'est pas cent fois mieux imaginé que tout ce que M. de Gassendi nous a ajusté au théâtre pour nous faire passer les rêveries d'Epicure. Passe pour sa morale ; mais le reste ne vaut pas la peine que l'on y fasse attention. N'est-il pas vrai, mon père ? » ajouta Molière au minime. Le religieux répondit par un *hom ! hom !* qui faisait entendre aux philosophes qu'il était connaisseur dans cette matière ; mais il eut la prudence de ne se point mêler dans une conversation si échauffée, surtout avec des gens qui ne paraissaient pas ménager leur adversaire. « Oh ! parbleu, mon père, dit Chapelle, qui se crut affaibli par l'apparente approbation du minime, il faut que Molière convienne que Descartes n'a formé son système que comme un mécanicien qui imagine une belle machine sans faire attention à l'exécution : le système de ce philosophe est contraire à une infinité de phénomènes de la nature, que le bon homme n'avait pas prévus. » Le minime sembla se ranger du côté de Chapelle par un second *hom ! hom !* Molière, outré de ce qu'il triomphait, redouble ses efforts avec une chaleur de philosophe, pour détruire Gassendi par de si bonnes raisons, que le religieux fut obligé de s'y rendre par un troisième *hom ! hom !* obligeant, qui semblait décider la question en sa faveur. Chapelle s'échauffe, et criant du haut de la tête pour convertir son juge, il ébranla son équité par la force de son raisonnement. « Je conviens que c'est l'homme du monde qui a le mieux rêvé, ajouta Chapelle ; mais morbleu ! il a pillé ses rêveries partout ; et cela n'est pas bien, n'est-il pas vrai, mon père ? » dit-il au minime. Le moine, qui convenait de tout obligeamment, donna aussitôt un signe d'approbation, sans proférer une seule parole. Molière, sans songer qu'il était au lait, saisit avec fureur le moment de rétorquer les arguments de Chapelle. Les deux philosophes en étaient aux convulsions et presque aux invectives d'une dispute philosophique, quand ils arrivèrent devant les Bons-Hommes. Le religieux les pria qu'on le mît à terre. Il les remercia gracieusement, et applaudit fort à leur profond savoir sans intéresser son mérite : mais avant que de sortir du bateau, il alla prendre sous les pieds du batelier sa besace, qu'il y avait mise en entrant ; c'était un frère-lai. Les deux philosophes n'avaient point vu son enseigne ; et, honteux d'avoir perdu le fruit de leur dispute devant un homme qui n'y entendait rien, ils se regardèrent l'un et l'autre sans se rien dire. Molière, revenu de son abattement, dit à Baron, qui était de la compagnie, mais d'un âge à négliger une pareille conversation : « Voyez, petit garçon, ce que fait le silence, quand il est observé avec conduite. — Voilà comme vous faites toujours, Molière, dit Chapelle, vous me commettez sans cesse avec des ânes qui ne peuvent savoir si j'ai raison. Il y a une heure que j'use mes poumons, et je n'en suis pas plus avancé. »

Chapelle reprochait toujours à Molière son humeur rêveuse ; il voulait qu'il fût d'une société aussi agréable que la sienne ; il le voulait en tout assujettir à son caractère, et que sans s'embarrasser de rien il fût toujours préparé à la joie. « Oh ! monsieur, lui répondit Molière, vous êtes bien plaisant. Il vous est aisé de vous faire ce système de vivre ; vous êtes isolé de tout, et vous pouvez penser quinze jours durant un bon mot, sans que personne vous trouble ; et aller après, toujours chaud de vin, le débiter partout aux dépens de vos amis ; vous n'avez que cela à faire. Mais si vous étiez, comme moi, occupé de plaire au roi, et si vous aviez quarante ou cinquante personnes qui n'entendent point raison, à faire vivre et à conduire, un théâtre à soutenir, et des ouvrages à faire pour ménager votre réputation, vous n'auriez pas envie de rire, sur ma parole ; et vous n'auriez point tant d'attention à votre bel esprit et à vos bons mots, qui ne laissent pas de vous faire bien des ennemis. — Mon pauvre Molière, répondit Chapelle, tous ces ennemis seront mes amis dès que je voudrai les estimer, parce que je suis d'humeur en état de ne les point craindre ; et si j'avais des ouvrages à faire, j'y travaillerais avec tranquillité, et peut-être seraient-ils moins remplis que les vôtres de choses basses et triviales ; car, vous avez beau faire, vous ne sauriez quitter le goût de la farce. — Si je travaillais pour l'honneur, répondit Molière, mes ouvrages seraient tournés tout autrement : mais il faut que je parle à une foule de peuple, et à

peu de gens d'esprit, pour soutenir ma troupe ; ces gens-là ne s'accommoderaient nullement de votre élévation dans le style et dans les sentiments ; et vous l'avez vu vous-même, quand j'ai hasardé quelque chose d'un peu passable, avec quelle peine il m'a fallu en arracher le succès. Je suis sûr que vous, qui me blâmez aujourd'hui, vous me louerez quand je serai mort. Mais vous, qui faites si fort l'habile homme, et qui passez, à cause de votre bel esprit, pour avoir beaucoup de part à mes pièces, je voudrais bien vous voir à l'ouvrage : je travaille présentement sur un caractère où j'ai besoin de telles scènes ; faites-les, vous m'obligerez, et je me ferai honneur d'avouer un secours comme le vôtre. » Chapelle accepta le défi ; mais lorsqu'il apporta son ouvrage à Molière, celui-ci, après la première lecture, le rendit à Chapelle. Il n'y avait aucun goût de théâtre ; rien n'y était dans la nature : c'était plutôt un recueil de bons mots que des scènes suivies. Cet ouvrage de M. Chapelle ne serait-il point l'original du *Tartuffe*, qu'une famille de Paris, jalouse avec justice de la réputation de Chapelle, se vante de posséder écrit et raturé de sa main ? Mais, à en venir à l'examen, on y trouverait sûrement de la différence avec celui de Molière [7].

Voici une scène très comique qui se passa entre Molière et un de ces courtisans qui marquent par la singularité. Celui-ci, sur le rapport de quelqu'un qui voulait apparemment se moquer de lui, fut trouver l'autre en grand seigneur. « Il m'est revenu, monsieur de Molière, dit-il avec hauteur dès la porte, qu'il vous prend fantaisie de m'ajuster au théâtre, sous le titre d'*Extravagant :* serait-il bien vrai ? — Moi, monsieur ! lui répondit Molière, je n'ai jamais eu dessein de travailler sur ce caractère, j'attaquerais trop de monde ; mais si j'avais à le faire, je vous avoue, monsieur, que je ne pourrais mieux faire que de prendre dans votre personne le contraste que j'ai accoutumé de donner au ridicule, pour le faire sentir davantage. — Ah ! je suis bien aise que vous me connaissiez un peu, lui dit le comte ; et j'étais étonné que vous m'eussiez si mal observé. Je venais arrêter votre travail, car je ne crois pas que vous eussiez passé outre. — Mais, monsieur, lui répartit Molière, qu'aviez-vous à craindre ? Vous eût-on reconnu dans un caractère si opposé au vôtre ? — Tubleu ! répondit le comte, il ne faut qu'un geste qui me ressemble pour me désigner, et c'en serait assez pour amener tout Paris à votre pièce : je sais l'attention que l'on a sur moi. — Non, monsieur, dit Molière ; le respect que je dois à une personne de votre rang doit vous être garant de mon silence. — Ah ! bon, répondit le comte, je suis bien aise que vous soyez de mes amis ; je vous estime de tout mon cœur, et je vous ferai plaisir dans les occasions. Je vous

---

7. L'anecdote connue de la scène des *Fâcheux*, confiée à Chapelle, et dont il se tira si mal, est sans doute l'origine de cette histoire inventée par Grimarest.

prie, ajouta-t-il, mettez-moi en contraste dans quelque pièce ; je vous donnerai un Mémoire de mes bons endroits. — Ils se présentent à la première vue, lui répliqua Molière ; mais pourquoi voulez-vous faire briller vos vertus sur le théâtre ? elles paraissent assez dans le monde, personne ne vous ignore. — Cela est vrai, répondit le comte ; mais je serais ravi que vous les rapprochassiez toutes dans leur point de vue ; on parlerait encore plus de moi. Ecoutez, ajouta-t-il, je tranche fort avec N... ; mettez-nous ensemble, cela fera une bonne pièce : quel titre lui donneriez-vous ? — Mais je ne pourrais, lui dit Molière, lui en donner d'autre que celui d'*Extravagant*. — Il serait excellent, par ma foi, répartit le comte, car le pauvre homme n'extravague pas mal : faites cela, je vous en prie ; je vous verrai souvent pour suivre votre travail. Adieu, monsieur de Molière, songez à notre pièce ; il me tarde qu'elle ne paraisse. » La fatuité de ce courtisan mit Molière de mauvaise humeur au lieu de le réjouir, et il ne perdit pas l'idée de le mettre bien sérieusement au théâtre ; mais il n'en a pas eu le temps.

Molière trouva mieux son compte dans la scène suivante que dans celle du courtisan ; il se mit dans le vrai à son aise, et donna des marques désintéressées d'une parfaite sincérité ; c'était où il triomphait. Un jeune homme de vingt-deux ans, beau et bien fait, le vint trouver un jour, et après les compliments lui découvrit qu'étant né avec toutes les dispositions nécessaires pour le théâtre, il n'avait point de passion plus forte que celle de s'y attacher ; qu'il venait le prier de lui en procurer les moyens, et lui faire connaître que ce qu'il avançait était véritable. Il déclama quelques scènes détachées, sérieuses et comiques, devant Molière, qui fut surpris de l'art avec lequel ce jeune homme faisait sentir les endroits touchants. Il semblait qu'il les eût travaillés vingt années, tant il était assuré dans ses tons ; ses gestes étaient ménagés avec esprit ; de sorte que Molière vit bien que ce jeune homme avait été élevé avec soin. Il lui demanda comment il avait appris la déclamation. « J'ai toujours eu inclination de paraître en public, lui dit-il, les régents sous qui j'ai étudié ont cultivé les dispositions que j'ai apportées en naissant ; j'ai tâché d'appliquer les règles à l'exécution, et je me suis fortifié en allant souvent à la comédie. — Et avez-vous du bien ? lui dit Molière. — Mon père est un avocat assez à son aise, lui répond le jeune homme. — Eh bien ! lui répliqua Molière, je vous conseille de prendre sa profession ; la nôtre ne vous convient point ; c'est la dernière ressource de ceux qui ne sauraient mieux faire, ou des libertins qui veulent se soustraire au travail. D'ailleurs, c'est enfoncer le poignard dans le cœur de vos parents que de monter sur le théâtre ; vous en savez les raisons : je me suis toujours reproché d'avoir donné ce déplaisir à ma famille ; et je vous avoue que si

c'était à recommencer, je ne choisirais jamais cette profession. Vous croyez peut-être, ajouta-t-il, qu'elle a ses agréments ; vous vous trompez. Il est vrai que nous sommes en apparence recherchés des grands seigneurs, mais ils nous assujettissent à leurs plaisirs, et c'est la plus triste de toutes les situations, que d'être l'esclave de leur fantaisie. Le reste du monde nous regarde comme des gens perdus, et nous méprise. Ainsi, monsieur, quittez un dessein si contraire à votre bonheur et à votre repos. Si vous étiez dans le besoin, je pourrais vous rendre mes services ; mais, je ne vous le cèle point, je vous serais plutôt un obstacle. » Le jeune homme donnait quelques raisons pour persister dans sa résolution, quand Chapelle entra, un peu pris de vin ; Molière lui fit entendre ce jeune homme. Chapelle en fut aussi étonné que son ami. « Ce sera là, dit-il, un excellent comédien ! — On ne vous consulte pas sur cela, répond Molière à Chapelle. Représentez-vous, ajouta-t-il, au jeune homme, la peine que nous avons : incommodés ou non, il faut être prêt à marcher au premier ordre, et à donner du plaisir quand nous sommes bien souvent accablés de chagrin ; à souffrir la rusticité de la plupart des gens avec qui nous avons à vivre, et à captiver les bonnes grâces d'un public qui est en droit de nous gourmander pour l'argent qu'il nous donne. Non, monsieur, croyez-moi encore une fois, dit-il au jeune homme, ne vous abandonnez point au dessein que vous avez pris ; faites-vous avocat ; je vous réponds du succès. — Avocat ! dit Chapelle ; eh fi ! il a trop de mérite pour brailler à un barreau ; et c'est un vol qu'il fait au public s'il ne se fait prédicateur ou comédien. — En vérité, lui répond Molière, il faut que vous soyez bien ivre pour parler de la sorte ; et vous avez mauvaise grâce de plaisanter sur une affaire aussi sérieuse que celle-ci, où il est question de l'honneur et de l'établissement de monsieur. — Ah ! puisque nous sommes sur le sérieux, répliqua Chapelle, je vais le prendre tout de bon. Aimez-vous le plaisir ? dit-il au jeune homme. — Je ne serais pas fâché de jouir de celui qui peut m'être permis, répondit le fils de l'avocat. — Eh bien donc, répondit Chapelle, mettez-vous dans la tête que, malgré tout ce que Molière vous a dit, vous en aurez plus en six mois de théâtre qu'en six années de barreau. » Molière, qui n'avait en vue que de convertir le jeune homme, redoubla ses raisons pour le faire ; et enfin il réussit à lui faire perdre la pensée de se mettre à la comédie. « Oh ! voilà mon harangueur qui triomphe, s'écria Chapelle ; mais, morbleu ! vous répondrez du peu de succès de monsieur dans le parti que vous lui faites embrasser. »

Chapelle avait de la sincérité, mais elle était fondée sur de faux principes, d'où on ne pouvait le faire revenir ; et quoiqu'il n'eût envie d'offenser personne, il ne pouvait résister au plaisir de dire sa pensée, et de faire valoir un bon mot aux dépens de ses amis. Un jour qu'il dînait en nombreuse compagnie avec M. le marquis de M..., dont le page, pour tout domestique, servait à boire, il souffrait de n'en point avoir aussi souvent que l'on avait accoutumé de lui en donner ailleurs ; la patience lui échappa à la fin. « Eh ! je vous prie, marquis, dit-il à M. de M..., donnez-nous la monnaie de votre page. »

Chapelle se serait fait un scrupule de refuser une partie de plaisir ; il se livrait au premier venu sur cet article-là ; il ne fallait pas être son ami pour l'engager dans ces repas qui se prolongent jusqu'à l'extrémité de la nuit : il suffisait de le connaître légèrement. Molière était désolé d'avoir un ami si agréable et si honnête homme, attaqué de ce défaut ; il lui en faisait souvent des reproches, et M. Chapelle lui promettait toujours merveilles, sans rien tenir. Molière n'était pas le seul de ses amis à qui sa conduite fît de la peine. M. des P...[8] le rencontrant un jour au Palais, lui en parla à cœur ouvert. « Eh quoi ! lui dit-il, ne reviendrez-vous point de cette fatigante crapule qui vous tuera à la fin ? Encore, si c'était toujours avec les mêmes personnes, vous pourriez espérer de la bonté de votre tempérament de tenir bon aussi longtemps qu'eux ; mais quand une troupe s'est outrée avec vous, elle s'écarte ; les uns vont à l'armée, les autres à la campagne, où ils se reposent, et pendant ce temps-là une autre compagnie les relève ; de manière que vous êtes nuit et jour à l'atelier. Croyez-vous, de bonne foi, pouvoir être toujours le plastron de ces gens-là sans succomber ? D'ailleurs, vous êtes tout agréable, ajouta M. des P... ; faut-il prodiguer cet agrément indifféremment à tout le monde ? Vos amis ne vous ont plus d'obligation quand vous leur donnez de votre temps pour se réjouir avec vous, puisque vous prenez le plaisir avec le premier venu qui vous le propose, comme avec le meilleur de vos amis. Je pourrais vous dire encore que la religion, votre réputation même, devraient vous arrêter, et vous faire faire de sérieuses réflexions sur votre dérangement. — Ah ! voilà qui est fait, mon cher ami, je vais entièrement me mettre en règle, répondit Chapelle la larme à l'œil, tant il était touché ; je suis charmé de vos raisons, elles sont excellentes, et je me fais un plaisir de les entendre ; redites-les-moi, je vous en conjure, afin qu'elles me fassent plus d'impression. Mais, dit-il, je vous écouterai plus commodément dans le cabaret qui est ici proche : entrons-y, mon cher ami, et me faites bien entendre raison, car je veux revenir de tout cela. » M. des P..., qui croyait être au moment de convertir Chapelle, le suit, et en buvant un coup de bon vin, lui étale une seconde fois sa rhétorique ; mais le vin venait toujours, de manière que ces messieurs, l'un en prêchant, et l'autre en écoutant, s'enivrèrent si bien qu'il fallut les reporter chez eux.

8. M. Despréaux (Boileau).

Si Chapelle était incommode à ses amis par son indifférence, Molière ne l'était pas moins dans son domestique par son exactitude et par son arrangement. Il n'y avait personne, quelque attention qu'il eût, qui y pût répondre : une fenêtre ouverte ou fermée un moment devant ou après le temps qu'il l'avait ordonné mettait Molière en convulsion ; il était petit dans ces occasions. Si on lui avait dérangé un livre, c'en était assez pour qu'il ne travaillât de quinze jours ; il y avait peu de domestiques qu'il ne trouvât en défaut ; et la vieille servante Laforêt y était prise aussi souvent que les autres, quoiqu'elle dût être accoutumée à cette fatigante régularité que Molière exigeait de tout le monde ; et même il était prévenu que c'était une vertu ; de sorte que celui de ses amis qui était le plus régulier et le plus arrangé était celui qu'il estimait le plus.

Il était très sensible au bien qu'il pouvait faire dire de tout ce qui le regardait : ainsi, il ne négligeait aucune occasion de tirer avantage dans les choses communes, et comme dans le sérieux ; et il n'épargnait pas la dépense pour se satisfaire, d'autant plus qu'il était naturellement très libéral ; et l'on a toujours remarqué qu'il donnait aux pauvres avec plaisir, et qu'il ne leur faisait jamais des aumônes ordinaires.

Il n'aimait point le jeu, mais il avait assez de penchant pour le sexe ; la de... l'amusait quand il ne travaillait pas. Un de ses amis, qui était surpris qu'un homme aussi délicat que Molière eût si mal placé son inclination, voulut le dégoûter de cette comédienne. « Est-ce la vertu, la beauté ou l'esprit, lui dit-il, qui vous font aimer cette femme-là ? Vous savez que La Barre et Florimont sont de ses amis, qu'elle n'est point belle, que c'est un vrai squelette, et qu'elle n'a pas le sens commun. — Je sais tout cela, monsieur, lui répondit Molière ; mais je suis accoutumé à ses défauts ; et il faudrait que je prisse trop sur moi pour m'accommoder aux imperfections d'une autre ; je n'en ai ni le temps ni la patience. » Peut-être aussi qu'une autre n'aurait pas voulu de l'attachement de Molière ; il traitait l'engagement avec négligence, et ses assiduités n'étaient pas trop fatigantes pour une femme ; en huit jours une petite conversation, c'en était assez pour lui, sans qu'il se mît en peine d'être aimé, excepté de sa femme, dont il aurait acheté la tendresse pour toute chose au monde. Mais ayant été malheureux de ce côté-là, il avait la prudence de n'en parler jamais qu'à ses amis ; encore fallait-il qu'il y fût indispensablement obligé.

C'était l'homme du monde qui se faisait le plus servir ; il fallait l'habiller comme un grand seigneur, et il n'aurait pas arrangé les plis de sa cravate. Il avait un valet, dont je n'ai pu savoir ni le nom, ni la famille, ni le pays ; mais je sais que c'était un domestique assez épais, et qu'il avait soin d'habiller Molière. Un matin qu'il le chaussait à Chambord, il mit un de ses bas à l'envers. « Un tel, dit gravement Molière, ce bas est à l'envers. » Aussitôt ce valet le prend par le haut, et en dépouillant la jambe de son maître, met ce bas à l'endroit : mais, comptant ce changement pour rien, il enfonce son bras dedans, le retourne pour chercher l'endroit, et l'envers revenu dessus, il rechausse Molière. « Un tel, lui dit-il encore froidement, ce bas est à l'envers. » Le stupide domestique, qui le vit avec surprise, reprend le bas, et fait le même exercice que la première fois ; et s'imaginant avoir réparé son peu d'intelligence, et avoir donné sûrement à ce bas le sens où il devait être, il chausse son maître avec confiance ; mais ce maudit envers se trouvant toujours dessus, la patience échappa à Molière. « Oh, parbleu ! c'en est trop, dit-il en lui donnant un coup de pied qui le fit tomber à la renverse ; ce maraud-là me chaussera éternellement à l'envers : ce ne sera jamais qu'un sot, quelque métier qu'il fasse. — Vous êtes philosophe ! vous êtes plutôt le diable », lui répondit ce pauvre garçon, qui fut plus de vingt-quatre heures à comprendre comment ce malheureux bas se trouvait toujours à l'envers.

On dit que le *Pourceaugnac* fut fait à l'occasion d'un gentilhomme limousin qui, un jour de spectacle, et dans une querelle qu'il eut sur le théâtre avec les comédiens, étala une partie du ridicule dont il était chargé. Il ne le porta pas loin ; Molière, pour se venger de ce campagnard, le mit en son jour sur le théâtre, et en fit un divertissement au goût du peuple, qui se réjouit fort à cette pièce, laquelle fut jouée à Chambord au mois de septembre de l'année 1669, et à Paris un mois après [9].

Au mois d'octobre 1670, l'on représenta *le Bourgeois gentilhomme* à Chambord, où elle obtint un grand succès. Au mois de novembre suivant, elle obtint le même succès à Paris. Chaque bourgeois y croyait trouver son voisin peint au naturel ; et il ne se lassait point d'aller voir ce portrait : le spectacle d'ailleurs, quoique outré et hors du vraisemblable, mais parfaitement bien exécuté, attirait les spectateurs ; et on laissait gronder les critiques sans faire attention à ce qu'ils disaient contre cette pièce.

Il y a des gens de ce temps-ci qui prétendent que Molière ait pris l'idée du *Bourgeois gentilhomme* dans la personne de Gandouin, chapelier, qui avait consommé cinquante mille écus avec une femme que Molière connaissait, et à qui ce Gandouin donna une belle maison qu'il avait à Meudon. Quand cet homme fut abîmé, dit-on, il voulut plaider pour rentrer en possession de son bien. Son neveu, qui était procureur, et de meilleur sens que lui, n'ayant pas voulu entrer dans son sentiment, cet oncle furieux lui donna

un coup de couteau, dont pourtant il ne mourut pas : mais on fit enfermer ce fou à Charenton, d'où il se sauva par-dessus les murs. Bien loin que ce bourgeois ait servi d'original à Molière pour sa pièce, il ne l'a connu ni devant ni après l'avoir faite ; et il est indifférent à mon sujet que l'aventure de ce chapelier soit arrivée, ou non, après la mort de Molière.

Les Femmes savantes obtinrent d'abord peu de succès. Ce divertissement, disait-on, était sec, peu intéressant, et ne convenait qu'à des gens de lecture. « Que m'importe, s'écriait M. le marquis..., de voir le ridicule d'un *pédant* ? est-ce un caractère à m'occuper ? Que Molière en prenne à la cour, s'il veut me faire plaisir. Où a-t-il été déterrer, ajoutait M. le comte de..., ces sottes femmes sur lesquelles il a travaillé, aussi sérieusement que sur un bon sujet ? Il n'y a pas le mot pour rire à tout cela pour l'homme de cour et pour le peuple. » Le roi n'avait point parlé à la première représentation de cette pièce ; mais à la seconde, qui se donna à Saint-Cloud ; sa majesté dit à Molière que la première fois elle avait dans l'esprit autre chose qui l'avait empêchée d'observer sa pièce ; mais qu'elle était très bonne, et qu'elle lui avait fait beaucoup de plaisir. Molière n'en demandait pas davantage, assuré que ce qui plaisait au roi était bien reçu des connaisseurs, et assujettissait les autres. Ainsi il donna sa pièce à Paris avec confiance le 11 mai 1672 [10].

J'ai assez fait connaître que Molière n'avait pas toujours vécu en intelligence avec sa femme, il n'est pas même nécessaire que j'entre dans de plus grands détails pour en faire voir la cause. Mais je prends ici occasion de dire que l'on a débité, et que l'on donne encore aujourd'hui dans le public, plusieurs mauvais Mémoires remplis de faussetés à l'égard de Molière et de sa femme. Il n'est pas jusqu'à M. Bayle qui, dans son *Dictionnaire historique*, et sur l'autorité d'un indigne mauvais roman, ne fasse faire un personnage à Molière et à sa femme, fort au-dessous de leurs sentiments, et éloigné de la vérité sur cet article-là. Il vivait en vrai philosophe, et, toujours occupé à plaire à son prince par ses ouvrages, et de s'assurer une réputation d'honnête homme, il se mettait peu en peine des humeurs de sa femme, qu'il laissait vivre à sa fantaisie, quoiqu'il conservât toujours pour elle une véritable tendresse. Cependant ses amis essayèrent de les raccommoder, ou, pour mieux dire, de les faire vivre avec plus de concert. Ils y réussirent ; et Molière, pour rendre leur union plus parfaite, quitta l'usage du lait, qu'il n'avait point discontinué jusqu'alors, et il se mit à la viande ; ce changement d'aliments redoubla sa toux et sa fluxion sur la poitrine. Cependant, il ne

---

9. Selon une autre opinion, Molière se serait vengé d'un mauvais accueil reçu à Limoges.

10. Peu de temps après la représentation des *Femmes savantes* Louis XIV demanda à Boileau quel était le plus grand écrivain qui eût illustré son règne. Boileau répondit : « Sire, Molière ». « Je ne le croyais pas, poursuivit le roi ; mais vous vous y connaissez mieux que moi. »

laissa pas d'achever *le Malade imaginaire,* qu'il avait commencé depuis du temps : car, comme je l'ai déjà dit, il ne travaillait pas vite, mais il n'était pas fâché qu'on le crût expéditif. Lorsque le roi lui demanda un divertissement, et qu'il donna *Psyché,* au mois de janvier 1672, il ne désabusa point le public que ce qui était de lui, dans cette pièce, ne fût fait ensuite des ordres du roi ; mais je sais qu'il était travaillé un an et demi auparavant ; et ne pouvant pas se résoudre d'achever la pièce en aussi peu de temps qu'il en avait, il eut recours à M. de Corneille pour lui aider. On sait que cette pièce eut à Paris, au mois de juillet 1672, tout le succès qu'elle méritait. Il n'y a pourtant pas lieu de s'étonner du temps que Molière mettait à ses ouvrages ; il conduisait sa troupe, il se chargeait toujours des plus grands rôles ; les visites de ses amis et des grands seigneurs étaient fréquentes, tout cela l'occupait suffisamment pour n'avoir pas beaucoup de temps à donner à son cabinet ; d'ailleurs sa santé était très faible, il était obligé de se ménager.

Dix mois après son raccommodement avec sa femme, il donna, le 10 de février 1673, *le Malade imaginaire,* dont on prétend qu'il était l'original. Cette pièce eut l'applaudissement ordinaire que l'on donnait à ses ouvrages, malgré les critiques qui s'élevèrent. C'était le sort de ses meilleures pièces d'en avoir, et de n'être goûtées qu'après la réflexion ; et l'on a remarqué qu'il n'y a guère eu que les *Précieuses ridicules* et l'*Amphitryon* qui aient pris tout d'un coup.

Le jour que l'on devait donner la troisième représentation du *Malade imaginaire,* Molière se trouva tourmenté de sa fluxion beaucoup plus qu'à l'ordinaire, ce qui l'engagea à faire appeler sa femme, à qui il dit, en présence de Baron : « Tant que ma vie a été mêlée également de douleur et de plaisir, je me suis cru heureux ; mais aujourd'hui que je suis accablé de peines sans pouvoir compter sur aucun moment de satisfaction et de douceur, je vois bien qu'il me faut quitter la partie : je ne puis plus tenir contre les douleurs et les déplaisirs, qui ne me donnent pas un instant de relâche. Mais, ajouta-t-il en réfléchissant, qu'un homme souffre avant de mourir ! Cependant je sens bien que je finis. » La Molière et Baron furent vivement touchés du discours de M. de Molière, auquel ils ne s'attendaient pas, quelque incommodé qu'il fût. Ils le conjurèrent, les larmes aux yeux, de ne point jouer ce jour-là, et de prendre du repos pour se remettre. « Comment voulez-vous que je fasse ? leur dit-il ; il y a cinquante pauvres ouvriers qui n'ont que leur journée pour vivre ; que feront-ils, si l'on ne joue pas ? Je me reprocherais d'avoir négligé de leur donner du pain un seul jour, le pouvant faire absolument. » Mais il envoya chercher les comédiens, à qui il dit que se sentant plus incommodé que de coutume, il ne jouerait point ce jour-là s'ils n'étaient prêts à quatre heures précises pour jouer la comédie ; « sans cela, leur dit-il, je ne puis m'y trouver, et vous pourrez rendre l'argent. » Les comédiens tinrent les lustres allumés et la toile levée précisément à quatre heures. Molière représenta avec beaucoup de difficulté, et la moitié des spectateurs s'aperçut qu'en prononçant *juro,* dans la cérémonie du *Malade imaginaire,* il lui prit une convulsion. Ayant remarqué lui-même que l'on s'en était aperçu, il se fit un effort, et cacha par un ris forcé ce qui venait de lui arriver.

Quand la pièce fut finie, il prit sa robe de chambre et fut dans la loge de Baron, et il lui demanda ce que l'on disait de sa pièce. M. Baron lui répondit que ses ouvrages avaient toujours une heureuse réussite à les examiner de près, et que plus on les représentait, plus on les goûtait. « Mais, ajouta-t-il, vous me paraissez plus mal que tantôt. — Cela est vrai, lui répondit Molière ; j'ai un froid qui me tue. » Baron, après lui avoir touché les mains, qu'il trouva glacées, les lui mit dans son manchon pour les lui réchauffer ; il envoya chercher ses porteurs pour le porter promptement chez lui, et il ne quitta point sa chaise, de peur qu'il ne lui arrivât quelque accident du Palais-Royal dans la rue de Richelieu, où il logeait. Quand il fut dans sa chambre, Baron voulut lui faire prendre du bouillon, dont la Molière avait toujours provision pour elle ; car on ne pouvait avoir plus de soin de sa personne qu'elle en avait. « Eh, non ! dit-il, les bouillons de ma femme sont de vraie eau-forte pour moi ; vous savez tous les ingrédients qu'elle y fait mettre : donnez-moi plutôt un petit morceau de fromage de Parmesan. » Laforest lui en rapporta ; il en mangea avec un peu de pain, et il se fit mettre au lit. Il n'y eut pas été un moment qu'il envoya demander à sa femme un oreiller rempli d'une drogue qu'elle lui avait promis pour dormir. « Tout ce qui n'entre point dans le corps, dit-il, je l'éprouve volontiers ; mais les remèdes qu'il faut prendre me font peur ; il ne faut rien pour me faire perdre ce qui me reste de vie. » Un instant après il lui prit une toux extrêmement forte, et après avoir craché il demanda de la lumière : « Voici, dit-il, du changement. » Baron ayant vu le sang qu'il venait de rendre s'écria avec frayeur. « Ne vous épouvantez point, lui dit Molière : vous m'en avez vu rendre bien davantage. Cependant, ajouta-t-il, allez dire à ma femme qu'elle monte. » Il resta assisté de deux sœurs religieuses, de celles qui viennent ordinairement à Paris quêter pendant le carême, et auxquelles il donnait l'hospitalité. Elles lui prodiguèrent à ce dernier moment de sa vie tout le secours édifiant que l'on pouvait attendre de leur charité, et il leur fit paraître tous les sentiments d'un bon chrétien, et toute la résignation qu'il devait à la volonté du Seigneur. Enfin il rendit l'esprit entre les bras de ces deux bonnes sœurs ;

le sang qui sortait par sa bouche en abondance l'étouffa. Ainsi, quand sa femme et Baron remontèrent, ils le trouvèrent mort. J'ai cru que je devais entrer dans le détail de la mort de Molière, pour désabuser le public de plusieurs histoires que l'on a faites à cette occasion. Il mourut le vendredi 17ᵉ mois de février de l'année 1673, âgé de cinquante-trois ans, regretté de tous les gens de lettres, des courtisans et du peuple. Il n'a laissé qu'une fille. Mademoiselle Poquelin fait connaître, par l'arrangement de sa conduite, et par la solidité et l'agrément de sa conversation, qu'elle a moins hérité des biens de son père, que de ses bonnes qualités.

Aussitôt que Molière fut mort, Baron fut à Saint-Germain en informer le roi ; sa majesté en fut touchée, et daigna le témoigner. C'était un homme de probité, et qui avait des sentiments peu communs parmi les personnes de sa naissance ; on doit l'avoir remarqué par les traits de sa vie que j'ai rapportés ; et ses ouvrages font juger de son esprit beaucoup mieux que mes expressions. Il avait un attachement inviolable à la personne du roi ; il était toujours occupé de plaire à sa majesté, sans cependant négliger l'estime du public, à laquelle il était fort sensible. Il était ferme dans son amitié, et il savait la placer. M. le maréchal de Vivonne était celui des grands seigneurs qui l'honorait le plus de la sienne. Chapelle fut saisi de douleur à la mort de son ami ; il crut avoir perdu toute consolation, tout secours, et il donna des marques d'une affliction si vive, que l'on doutait qu'il lui survécût longtemps.

Tout le monde sait les difficultés que l'on eut à faire enterrer Molière comme un chrétien catholique, et comment on obtint, en considération de son mérite et de la droiture de ses sentiments, dont on fit les informations, qu'il fût inhumé à Saint-Joseph [11]. Le jour qu'on le porta en terre, il s'amassa une foule incroyable de peuple devant sa porte. La Molière en fut épouvantée ; elle ne pouvait pénétrer l'intention de cette populace. On lui conseilla de répandre une centaine de pistoles par les fenêtres. Elle n'hésita point : elle les jeta au peuple amassé, en le priant, avec des termes si touchants, de donner des prières à son mari, qu'il n'y eut personne de ces gens-là qui ne priât Dieu de tout son cœur.

Le convoi se fit tranquillement, à la clarté de près de cent flambeaux, le mardi 21 de février. Comme il passait dans la rue Montmartre, on demanda à une femme qui était celui qu'on portait en terre. « Hé, c'est ce Molière », répondit-elle. Une autre femme qui était à sa fenêtre et qui l'entendit, s'écria : « Comment, malheureuse ! il est bien monsieur pour toi. »

---

11. Voici la supplication que la veuve de Molière adressa à l'archevêque de Paris, et l'ordonnance de ce dernier.

*A monseigneur l'illustrissime
et révérendissime archevêque de Paris.*

« Du 17 février 1673.

« Supplie humblement Elisabeth-Claire-Grasinde Béjart, veufve de Jean-Baptiste Poquelin de Molière, vivant valet de chambre et tapissier du roy, et l'un des comédiens de sa troupe, et en son absence Jean Aubryson beau-frère, disant que vendredy dernier, dix-septième du présent mois de febvrier mil six cent soixante-treize, sur les neuf heures du soir, ledict feu sieur de Molière s'estant trouvé malade de la maladie dont il décéda environ une heure après, il voulut dans le moment tesmoigner des marques de ses fautes et mourir en bon chrestien ; à l'effet de quoy instances il demanda un prestre pour recevoir les sacrements, et envoya par plusieurs fois son valet et servante à Sainct-Eustache sa paroisse, lesquels s'adressèrent à messieurs Lenfant et Lechat, deux prestres habituez en ladicte paroisse, qui refusèrent plusieurs fois de venir ; ce qui obligea le sieur Jean Aubry d'y aller luimesme pour en faire venir, et de faict fist lever le nommé Paysant, aussi prebstre habitué audict lieu ; et comme toutes ces allées et venues tardèrent plus d'une heure et demye, pendant lequel temps ledict feu Molière décéda, et ledict sieur Paysant arriva comme il venoit d'expirer ; et comme ledict sieur Molière est décédé sans avoir reçu le sacrement de confession dans un temps où il venait de représenter la comédie, monsieur le curé de Sainct-Eustache lui refuse la sépulture, ce qui oblige la suppliante vous présenter la présente requeste, pour luy estre sur ce pourvu.

« Ce considéré, monseigneur, et attendu ce que dessus, et que ledict défunct a demandé auparavant que de mourir un prestre pour estre confessé, qu'il est mort dans le sentiment d'un bon chrestien, ainsy qu'il l'a témoigné en présence de deux dames religieuses, demeurant en la mesme maison, d'un gentilhomme nommé B. Couton, entre les bras de qui il est mort, et de plusieurs autres personnes, et que Mᵉ Bernard, prestre habitué en l'église Sainct-Germain, lui a administré les sacrements à Pasque dernier, il vous plaise de grace spéciale accorder à ladicte suppliante que son dict feu mary soit inhumé et enterré dans ladicte église Sainct-Eustache sa paroisse, dans les voyes ordinaires et accoutumées, et ladicte suppliante continuera les prières à Dieu pour votre prospérité et santé, et ont signé. Ainsy signé,

« LE VASSEUR et AUBRY, *avecq paraphe.* »

« Et au-dessoubz est escript ce qui suit :

« Renvoyé au sieur abbé de Benjamin, nostre official, pour informer des faicts contenus en la présente requeste, pour information à nous rapportée estre enfinct ordonné ce que de raison. Faict à Paris, dans nostre palais archiépiscopal, le vingtiesme feburier mil six cent soixantetreize.

« *Signé*, ARCHEVESQUE DE PARIS. »

Extrait des registres de l'archevêché de Paris

« Veu ladicte requeste, ayant aucunement esgard aux preuves résultantes de l'enqueste faite par mon ordonnance, nous avons permis au sieur curé de Sainct-Eustache de donner la sépulture ecclésiastique au corps du défunct Molière dans le cimetière de la paroisse, à condition néantmoins que ce sera sans aucune pompe, et avec deux prestres seullement, et hors des heures du jour ; et qu'il ne se fera aucun service solennel pour luy, ny dans ladicte paroisse Sainct-Eustache ny ailleurs, mesme dans aucune église des réguliers, et la présente permission sera sans préjudice aux règles du rituel de nostre église, que nous voulons estre observées selon leur forme et teneur. Donné à Paris, ce vingtiesme feburier mil six cent soixante-treize. Ainsy signé,

« ARCHEVESQUE DE PARIS. »

« Et au-dessoubz,

« MONSEIGNEUR MORANGE, *avecq paraphe.* »

Il ne fut pas mort que les épitaphes furent répandues par tout Paris. Il n'y avait pas un poète qui n'en eût fait ; mais il y en eut peu qui réussirent.

M. Huet, évêque d'Avranches, à qui une source profonde d'érudition avait mérité un des emplois les plus précieux de la cour, et qui est un illustre prélat aujourd'hui, daigna honorer la mémoire de Molière par les vers suivants :

Plaudebat, Moleri, tibi plenis aula theatris ;
Nunc eadem mœrens post tua fata gemit.
Si risum nobis movisses parcius olim,
Parcius, heu ! lacrymis tingeret ora dolor.

« Molière, toute la cour, qui t'a toujours honoré de ses applaudissements sur ton théâtre comique, touchée aujourd'hui de ta mort, honore ta mémoire des regrets qui te sont dus : toute la France proportionne sa vive douleur au plaisir que tu lui as donné par ta fine et sage plaisanterie. »

Les personnes de probité et les gens de lettres sentirent tout d'un coup la perte que le théâtre comique avait faite par la mort de Molière. Mais ses ennemis, qui avaient fait tous leurs efforts inutilement pour rabaisser son mérite pendant sa vie, s'excitèrent encore après sa mort pour attaquer sa mémoire ; ils répétaient toutes les calomnies, toutes les faussetés, toutes les mauvaises plaisanteries que des poètes ignorants ou irrités avaient répandues quelques années auparavant dans deux pièces intitulées : *le Portrait du peintre*, dont j'ai parlé, et *Elomire hypocondre, ou les Médecins vengés*. C'était, disait-on, un homme sans mœurs, sans religion, mauvais auteur. L'envie et l'ignorance les soutenaient dans ces sentiments ; et ils n'omettaient rien pour les rendre publics par leurs discours, ou par leurs ouvrages. Il y en a même encore aujourd'hui de ces personnes toujours portées à juger mal d'un homme qu'ils ne sauraient imiter, qui soupçonnent la conduite de Molière, qui cherchent les traits faibles de ses ouvrages pour le décrier. Mais j'ai de bons garants de la vérité que j'ai rendue au public à l'avantage de cet auteur. L'estime, les bienfaits dont le roi l'a toujours honoré, les personnes avec qui il avait lié amitié, le soin qu'il a pris d'attaquer le vice et de relever la vertu dans ses ouvrages, l'attention que l'on a eue de le mettre au nombre des hommes illustres, ne doivent plus laisser lieu de douter que je ne vienne de le peindre tel qu'il était ; et plus les temps s'éloigneront, plus l'on travaillera, plus aussi on reconnaîtra que j'ai atteint la vérité,

et qu'il ne m'a manqué que de l'habileté pour la rendre.

J'avais fort à cœur de recouvrer les ouvrages de Molière qui n'ont jamais vu le jour. Je savais qu'il avait laissé quelques fragments de pièces qu'il devait achever ; je savais aussi qu'il en avait quelques-unes entières qui n'ont jamais paru. Mais sa femme, peu curieuse des ouvrages de son mari, les donna tous, quelque temps après sa mort, au sieur de La Grange, comédien, qui, connaissant tout le mérite de ce travail, le conserva avec grand soin jusqu'à sa mort. La femme de celui-ci ne fut pas plus soigneuse de ces ouvrages que la Molière : elle vendit toute la bibliothèque de son mari, où apparemment se trouvèrent les manuscrits qui étaient restés après la mort de Molière.

Cet auteur avait traduit presque tout Lucrèce ; et il aurait achevé ce travail, sans un malheur qui arriva à son ouvrage. Un de ses domestiques, à qui il avait ordonné de mettre sa perruque sous le papier, prit un cahier de sa traduction pour faire des papillotes. Molière n'était pas heureux en domestiques ; les siens étaient sujets aux étourderies, ou celle-ci doit être encore imputée à celui qui le chaussait à l'envers. Molière, qui était facile à s'indigner, fut si piqué de la destinée de son cahier de traduction, que, dans la colère, il jeta sur-le-champ le reste au feu. A mesure qu'il y avait travaillé, il avait lu son ouvrage à M. Rohault, qui en avait été très satisfait, comme il l'a témoigné à plusieurs personnes. Pour donner plus de goût à sa traduction, Molière avait rendu en prose toutes les matières philosophiques, et il avait mis en vers ces belles descriptions de Lucrèce.

On s'étonnera peut-être que je n'aie point fait M. de Molière avocat. Mais ce fait m'avait été absolument contesté par des personnes que je devais supposer en savoir mieux la vérité que le public ; et je devais me rendre à leurs bonnes raisons. Cependant sa famille m'a si positivement assuré du contraire, que je me crois obligé de dire que Molière fit son droit avec un de ses camarades d'étude ; que, dans le temps qu'il se fit recevoir avocat, ce camarade se fit comédien ; que l'un et l'autre eurent du succès chacun dans sa profession, et qu'enfin lorsqu'il prit fantaisie à Molière de quitter le barreau pour monter sur le théâtre, son camarade se fit avocat. Cette double cascade m'a paru assez singulière pour la donner au public telle qu'on me l'a assurée, comme une particularité qui prouve que Molière a été avocat.

GRIMAREST.

LA JALOUSIE DU BARBOUILLÉ

FARCE

Entre tant de farces, dont les titres figurent dans les registres de La Grange et de La Thorillière, et qui composaient le répertoire de la troupe de Molière, au temps des apprentissages provinciaux, seules les copies manuscrites de la Jalousie du Barbouillé et du Médecin volant nous sont parvenues. C'est la Bibliothèque Mazarine qui les possède. Le poète Jean-Baptiste Rousseau les détint, en 1731. Il jugea le style de ces œuvres trop grossier pour qu'elles fussent de l'auteur du Misanthrope. Depuis, le procès en suspicion de paternité reste ouvert, même quand les deux farces sont accueillies dans les Œuvres complètes de Molière.
Cependant de bons juges, de P.-A. Touchard à

Robert Jouanny, exerçant la critique interne, se font forts d'y percevoir un accent, ou à tout le moins un tour de main, moliéresque. Pourquoi non ? L'argument défavorable de Jean-Baptiste Rousseau « Ce sont des canevas... » n'est nullement péremptoire. Au contraire. Rien n'empêchait Molière, transcrivant l'un de ces canevas — nous dirions, aujourd'hui, scénario — inspiré de la tradition des tréteaux, et sur lequel les comédiens brodaient librement, de « fixer » certaines répliques de son cru, et d'imprimer tel mouvement neuf — et préfigurateur — à des scènes d'un comique éprouvé.
Créée, sans doute, vers 1646, la Jalousie du Barbouillé fut jouée encore sept fois entre 1660 et 1664.

Scène I : Le Barbouillé.

ACTEURS *

LE BARBOUILLÉ, *mari d'Angélique.*

LE DOCTEUR.

ANGÉLIQUE, *fille de Gorgibus.*

VALÈRE, *amant d'Angélique.*

CATHAU, *suivante d'Angélique.*

GORGIBUS, *père d'Angélique.*

VILLEBREQUIN.

LE BARBOUILLÉ

Il faut avouer que je suis le plus malheureux de tous les hommes. J'ai une femme qui me fait enrager : au lieu de me donner du soulagement et de faire les choses à mon souhait, elle me fait donner au diable vingt fois le jour ; au lieu de se tenir à la maison, elle aime la promenade, la bonne chère, et fréquente je ne sais quelle sorte de gens. Ah ! pauvre Barbouillé, que tu es misérable ! Il faut pourtant la punir. Si je la tuais... L'invention ne vaut rien, car tu serais pendu. Si tu la faisais mettre en prison... La carogne en sortirait avec son passe-partout. Que diable faire donc ? Mais voilà monsieur le docteur qui passe par ici : il faut que je lui demande un bon conseil sur ce que je dois faire.

Scène II : Le Docteur, Le Barbouillé.

LE BARBOUILLÉ

Je m'en allais vous chercher pour vous faire une prière sur une chose qui m'est d'importance.

LE DOCTEUR

Il faut que tu sois bien mal appris, bien lourdaud, et bien mal morigéné, mon ami, puisque tu m'abordes sans ôter ton chapeau, sans observer *rationem loci, temporis et personae* [1]. Quoi ? débuter

---

* *Acteurs, ce terme, à la mode du temps, signifie personnages, sans égard aux interprètes : on croit que le rôle du Barbouillé fut créé par Gros-René (le mari de la Marquise Du Parc).*

1. *La convenance de lieu, de temps, de personne.*

d'abord par un discours mal digéré, au lieu de dire : *Salve,* vel *Salvus sis, Doctor Doctorum eruditis-sime* [2] *!* Hé ! pour qui me prends-tu, mon ami ?

LE BARBOUILLÉ

Ma foi, excusez-moi : c'est que j'avais l'esprit en écharpe, et je ne songeais pas à ce que je faisais ; mais je sais bien que vous êtes galant homme.

LE DOCTEUR

Sais-tu bien d'où vient le mot de *galant homme ?*

LE BARBOUILLÉ

Qu'il vienne de Villejuif ou d'Aubervilliers, je ne m'en soucie guère.

LE DOCTEUR

Sache que le mot de *galant homme* vient d'*élégant ;* prenant le *g* et l'*a* de la dernière syllabe, cela fait *ga,* et puis prenant *l,* ajoutant un *a* et les deux dernières lettres, cela fait *galant,* et puis ajoutant *homme,* cela fait *galant homme.* Mais encore pour qui me prends-tu ?

LE BARBOUILLÉ

Je vous prends pour un docteur. Or çà, parlons un peu de l'affaire que je vous veux proposer. Il faut que vous sachiez...

LE DOCTEUR

Sache auparavant que je ne suis pas seulement un docteur, mais que je suis une, deux, trois, quatre, cinq, six, sept, huit, neuf, et dix fois docteur :

1° Parce que, comme l'unité est la base, le fonde-ment et le premier de tous les nombres, aussi, moi, je suis le premier de tous les docteurs, le docte des doctes.

2° Parce qu'il y a deux facultés nécessaires pour la parfaite connaissance de toutes choses : le sens et l'entendement ; et comme je suis tout sens et tout entendement, je suis deux fois docteur.

LE BARBOUILLÉ

D'accord. C'est que...

LE DOCTEUR

3° Parce que le nombre de trois est celui de la perfection, selon Aristote ; et comme je suis parfait, et que toutes mes productions le sont aussi, je suis trois fois docteur.

LE BARBOUILLÉ

Hé bien ! monsieur le docteur...

LE DOCTEUR

4° Parce que la philosophie a quatre parties : la logique, morale, physique et métaphysique ; et comme je les possède toutes quatre, et que j'y suis parfaitement versé en icelles, je suis quatre fois docteur.

LE BARBOUILLÉ

Que diable ! je n'en doute pas. Ecoutez-moi donc.

LE DOCTEUR

5° Parce qu'il y a cinq universelles : le genre, l'es-pèce, la différence, le propre et l'accident, sans la connaissance desquels il est impossible de faire aucun bon raisonnement ; et comme je m'en sers avec avantage, et que j'en connais l'utilité, je suis cinq fois docteur.

LE BARBOUILLÉ

Il faut que j'aie bonne patience.

LE DOCTEUR

6° Parce que le nombre de six est le nombre du travail ; et comme je travaille incessamment pour ma gloire, je suis six fois docteur.

LE BARBOUILLÉ

Ho ! parle tant que tu voudras.

LE DOCTEUR

7° Parce que le nombre de sept est le nombre de la félicité ; et comme je possède une parfaite connaissance de tout ce qui peut rendre heureux, et que je le suis en effet par mes talents, je me sens obligé de dire de moi-même : *O ter quatuorque beatum* [3] *!*

8° Parce que le nombre de huit est le nombre de la justice, à cause de l'égalité qui se rencontre en lui, et que la justice et la prudence avec laquelle je mesure et pèse toutes mes actions me rendent huit fois docteur.

9° Parce qu'il y a neuf Muses, et que je suis égale-ment chéri d'elles.

10° Parce que, comme on ne peut passer le nombre de dix sans faire une répétition des autres nombres, et qu'il est le nombre universel, aussi, aussi, quand on m'a trouvé, on a trouvé le docteur universel : je contiens en moi tous les autres docteurs. Ainsi tu vois par des raisons plausibles, vraies, démons-tratives et convaincantes, que je suis une, deux, trois, quatre, cinq, six, sept, huit, neuf, et dix fois docteur.

LE BARBOUILLÉ

Que diable est ceci ? je croyais trouver un homme bien savant, qui me donnerait un bon conseil, et je trouve un ramoneur de cheminée qui, au lieu de me parler, s'amuse à jouer à la mourre [4]. Un, deux, trois, quatre, ha, ha, ha ! — Oh bien ! ce n'est pas cela : c'est que je vous prie de m'écouter, et croyez que je ne suis pas un homme à vous faire perdre vos peines, et que si vous me satisfaisiez sur ce que je veux de vous, je vous donnerai ce que vous vou-drez ; de l'argent, si vous en voulez.

LE DOCTEUR

Hé ! de l'argent.

LE BARBOUILLÉ

Oui, de l'argent, et toute autre chose que vous pourriez demander.

LE DOCTEUR, *troussant sa robe derrière son cul.*

Tu me prends donc pour un homme à qui l'argent fait tout faire, pour un homme attaché à l'intérêt, pour une âme mercenaire ? Sache, mon ami, que quand tu me donnerais une bourse pleine de

2. *Salut* ou *Salut à toi, Docteur, le plus érudit des Docteurs.*

3. *O trois et quatre fois heureux.* (*Quatuor :* solécisme ou lapsus pour *quater.*)

4. Le manuscrit donne *à l'amour.* L'édition de 1819 corrige : *La mourre,* de l'italien *morra,* jeu dans lequel les adversaires doivent deviner immédiatement le nombre des doigts levés de la main qu'ils se montrent soudainement.

pistoles, et que cette bourse serait dans une riche boîte, cette boîte dans un étui précieux, cet étui dans un coffret admirable, ce coffret dans un cabinet curieux, ce cabinet dans une chambre magnifique, cette chambre dans un appartement agréable, cet appartement dans un château pompeux, ce château dans une citadelle incomparable, cette citadelle dans une ville célèbre, cette ville dans une île fertile, cette île dans une province opulente, cette province dans une monarchie florissante, cette monarchie dans tout le monde ; et que tu me donnerais le monde où serait cette monarchie florissante, où serait cette province opulente, où serait cette île fertile, où serait cette ville célèbre, où serait cette citadelle incomparable, où serait ce château pompeux, où serait cet appartement agréable, où serait cette chambre magnifique, où serait ce cabinet curieux, où serait ce coffret admirable, où serait cet étui précieux, où serait cette riche boîte dans laquelle serait enfermée la bourse pleine de pistoles, que je me soucierais aussi peu de ton argent et de toi que de cela.

LE BARBOUILLÉ

Ma foi, je m'y suis mépris : à cause qu'il est vêtu comme un médecin, j'ai cru qu'il lui fallait parler d'argent ; mais puisqu'il n'en veut point, il n'y a rien plus aisé que de le contenter. Je m'en vais courir après lui.

Scène III : Angélique, Valère, Cathau.

ANGÉLIQUE

Monsieur, je vous assure que vous m'obligez beaucoup de me tenir quelquefois compagnie : mon mari est si mal bâti, si débauché, si ivrogne, que ce m'est un supplice d'être avec lui, et je vous laisse à penser quelle satisfaction on peut avoir d'un rustre comme lui.

VALÈRE

Mademoiselle, vous me faites trop d'honneur de me vouloir souffrir, et je vous promets de contribuer de tout mon pouvoir à votre divertissement ; et que, puisque vous témoignez que ma compagnie ne vous est point désagréable, je vous ferai connaître combien j'ai de joie de la bonne nouvelle que vous m'apprenez, par mes empressements.

CATHAU

Ah ! changez de discours : voyez porte-guignon qui arrive.

Scène IV : Le Barbouillé, Valère, Angélique, Cathau.

VALÈRE

Mademoiselle, je suis au désespoir de vous apporter de si méchantes nouvelles, mais aussi bien les auriez-vous apprises de quelque autre : et puisque votre frère est fort malade...

ANGÉLIQUE

Monsieur, ne m'en dites pas davantage ; je suis

votre servante, et vous rends grâces de la peine que vous avez prise.

LE BARBOUILLÉ

Ma foi, sans aller chez le notaire, voilà le certificat de mon cocuage. Ha ! ha ! madame la carogne, je vous trouve avec un homme, après toutes les défenses que je vous ai faites, et vous me voulez envoyer de Gemini en Capricorne [5] !

ANGÉLIQUE

Hé bien ! faut-il gronder pour cela ? Ce monsieur vient de m'apprendre que mon frère est bien malade : où est le sujet de querelles ?

CATHAU

Ah ! le voilà venu : je m'étonnais bien si nous aurions longtemps du repos.

LE BARBOUILLÉ

Vous vous gâteriez, par ma foi, toutes deux, mesdames les carognes ; et toi, Cathau, tu corromps ma femme : depuis que tu la sers, elle ne vaut pas la moitié de ce qu'elle valait.

CATHAU

Vraiment oui, vous nous la baillez bonne.

ANGÉLIQUE

Laisse là cet ivrogne ; ne vois-tu pas qu'il est si soûl qu'il ne sait ce qu'il dit ?

Scène V : Gorgibus, Villebrequin, Angélique, Cathau, Le Barbouillé.

GORGIBUS

Ne voilà pas encore mon maudit gendre qui querelle ma fille ?

VILLEBREQUIN

Il faut savoir ce que c'est.

GORGIBUS

Hé quoi ? toujours se quereller ! vous n'aurez point la paix dans votre ménage ?

LE BARBOUILLÉ

Cette coquine-là m'appelle ivrogne. Tiens, je suis bien tenté de te bailler une quinte major, en présence de tes parents.

GORGIBUS

Je dédonne au diable l'escarcelle, si vous l'aviez fait.

ANGÉLIQUE

Mais aussi c'est lui qui commence toujours à...

CATHAU

Que maudite soit l'heure que vous avez choisi ce grigou !...

VILLEBREQUIN

Allons, taisez-vous, la paix !

Scène VI : Le Docteur, Villebrequin, Gorgibus, Cathau, Angélique, Le Barbouillé.

LE DOCTEUR

Qu'est ceci ? quel désordre ! quelle querelle ! quel grabuge ! quel vacarme ! quel bruit ! quel diffé-

---

5. *Gemini* : Les gémeaux, signe de concorde ; alors que le Capricorne... porte cornes.

rend ! quelle combustion ! Qu'y a-t-il, messieurs ? Qu'y a-t-il ? Qu'y a-t-il ? Çà, çà, voyons un peu s'il n'y a pas moyen de vous mettre d'accord, que je sois votre pacificateur, que j'apporte l'union chez vous.

GORGIBUS

C'est mon gendre et ma fille qui ont eu bruit ensemble.

LE DOCTEUR

Et qu'est-ce que c'est ? voyons, dites-moi un peu la cause de leur différend.

GORGIBUS

Monsieur...

LE DOCTEUR

Mais en peu de paroles.

GORGIBUS

Oui-da. Mettez donc votre bonnet.

LE DOCTEUR

Savez-vous d'où vient le mot bonnet ?

GORGIBUS

Nenni.

LE DOCTEUR

Cela vient de *bonum est,* « bon est, voilà qui est bon », parce qu'il garantit des catarrhes et fluxions.

GORGIBUS

Ma foi, je ne savais pas cela.

LE DOCTEUR

Dites donc vite cette querelle.

GORGIBUS

Voici ce qui est arrivé...

LE DOCTEUR

Je ne crois pas que vous soyez homme à me tenir longtemps, puisque je vous en prie. J'ai quelques affaires pressantes qui m'appellent à la ville ; mais pour remettre la paix dans votre famille, je veux bien m'arrêter un moment.

GORGIBUS

J'aurai fait en un moment.

LE DOCTEUR

Soyez donc bref.

GORGIBUS

Voilà qui est fait incontinent.

LE DOCTEUR

Il faut avouer, monsieur Gorgibus, que c'est une belle qualité que de dire les choses en peu de paroles, et que les grands parleurs, au lieu de se faire écouter, se rendent le plus souvent si importuns qu'on ne les entend point : *Virtutem primam esse puta compescere linguam* [6]. Oui, la plus belle qualité d'un honnête homme, c'est de parler peu.

GORGIBUS

Vous saurez donc...

LE DOCTEUR

Socrate recommandait trois choses fort soigneusement à ses disciples : la retenue dans les actions, la sobriété dans le manger, et de dire les choses

en peu de paroles. Commencez donc, monsieur Gorgibus.

GORGIBUS

C'est ce que je veux faire.

LE DOCTEUR

En peu de mots, sans façon, sans vous amuser à beaucoup de discours, tranchez-moi d'un apophthegme, vite, vite, monsieur Gorgibus, dépêchons, évitez la prolixité.

GORGIBUS

Laissez-moi donc parler.

LE DOCTEUR

Monsieur Gorgibus, touchez là : vous parlez trop ; il faut que quelque autre me dise la cause de leur querelle.

VILLEBREQUIN

Monsieur le docteur, vous saurez que...

LE DOCTEUR

Vous êtes un ignorant, un indocte, un homme ignare de toutes les bonnes disciplines, un âne en bon français. Hé quoi ? vous commencez la narration sans avoir fait un mot d'exorde ? Il faut que quelque autre me conte le désordre. Mademoiselle, contez-moi un peu le détail de ce vacarme.

ANGÉLIQUE

Voyez-vous bien là mon gros coquin, mon sac à vin de mari ?

LE DOCTEUR

Doucement, s'il vous plaît : parlez avec respect de votre époux, quand vous êtes devant la moustache d'un docteur comme moi.

ANGÉLIQUE

Ah ! vraiment oui, docteur ! Je me moque bien de vous et de votre doctrine, et je suis docteur quand je veux.

LE DOCTEUR

Tu es docteur quand tu veux, mais je pense que tu es un plaisant docteur. Tu as la mine de suivre fort ton caprice : des parties d'oraison [7], tu n'aimes que la conjonction ; des genres, le masculin ; des déclinaisons, le génitif ; de la syntaxe, *mobile cum fixo* [8] ; et enfin de la quantité, tu n'aimes que le dactyle, *quia constat ex una longa et duabus brevibus* [9]. Venez çà, vous, dites-moi un peu quelle est la cause, le sujet de votre combustion.

LE BARBOUILLÉ

Monsieur le docteur...

LE DOCTEUR

Voilà qui est bien commencé : « Monsieur le docteur ! » ce mot de docteur a quelque chose de doux à l'oreille, quelque chose plein d'emphase : « Monsieur le docteur ! »

LE BARBOUILLÉ

A la mienne volonté...

---

6. *Sache que la première vertu est de retenir sa langue.*

7. Parties du discours.
8. *Le mobile joint au fixe.*
9. *Parce qu'il se compose d'une longue et de deux brèves* (Aristophane, *Nuées,* vers 652-655) ; allusion obscène.

LE DOCTEUR

Voilà qui est bien : « à la mienne volonté ! » La volonté présuppose le souhait, le souhait présuppose des moyens pour arriver à ses fins, et la fin présuppose un objet : voilà qui est bien : « à la mienne volonté ! »

LE BARBOUILLÉ

J'enrage.

LE DOCTEUR

Otez-moi ce mot : « j'enrage » ; voilà un terme bas et populaire.

LE BARBOUILLÉ

Hé ! monsieur le docteur, écoutez-moi, de grâce.

LE DOCTEUR

Audi, quaeso [10], aurait dit Cicéron.

LE BARBOUILLÉ

Oh ! ma foi, si se rompt, si se casse, ou si se brise, je ne m'en mets guère en peine ; mais tu m'écouteras, ou je te vais casser ton museau doctoral ; et que diable donc est ceci ?

Le Barbouillé, Angélique, Gorgibus, Cathau, Villebrequin parlent tous à la fois, voulant dire la cause de la querelle, et le Docteur aussi, disant que la paix est une belle chose, et font un bruit confus de leurs voix ; et pendant tout le bruit, le Barbouillé attache le Docteur par le pied, et le fait tomber ; le Docteur se doit laisser tomber sur le dos ; le Barbouillé l'entraîne par la corde qu'il lui a attachée au pied, et, en l'entraînant, le Docteur doit toujours parler, et compter par ses doigts toutes ses raisons, comme s'il n'était point à terre, alors qu'il ne paraît plus.

GORGIBUS

Allons, ma fille, retirez-vous chez vous, et vivez bien avec votre mari.

VILLEBREQUIN

Adieu, serviteur et bonsoir.

Scène VII : Valère, La Vallée, Angélique s'en va.

VALÈRE

Monsieur, je vous suis obligé du soin que vous avez pris, et je vous promets de me rendre à l'assignation que vous me donnez, dans une heure.

LA VALLÉE

Cela ne peut se différer ; et si vous tardez un quart d'heure, le bal sera fini dans un moment, et vous n'aurez pas le bien d'y voir celle que vous aimez, si vous n'y venez tout présentement.

VALÈRE

Allons donc ensemble de ce pas.

Scène VIII : Angélique.

Cependant que mon mari n'y est pas, je vais faire un tour à un bal chez une de mes voisines. Je serai revenue auparavant lui, car il est quelque part au cabaret : il ne s'apercevra pas que je suis

10. *Ecoutez-moi, de grâce.*

sortie. Ce maroufle-là me laisse toute seule à la maison, comme si j'étais son chien.

Scène IX : Le Barbouillé.

Je savais bien que j'aurais raison de ce diable de docteur, et de toute sa fichue doctrine. Au diable l'ignorant ! j'ai bien renvoyé toute la science par terre. Il faut pourtant que j'aille un peu voir si notre bonne ménagère m'aura fait à souper.

Scène X : Angélique.

Que je suis malheureuse ! j'ai été trop tard, l'assemblée est finie : je suis arrivée justement comme tout le monde sortait ; mais il n'importe, ce sera pour une autre fois. Je m'en vais cependant au logis comme si de rien n'était. Mais la porte est fermée. Cathau ! Cathau !

Scène XI : Le Barbouillé, à la fenêtre, Angélique.

LE BARBOUILLÉ

Cathau, Cathau ! Hé bien ! qu'a-t-elle fait, Cathau ? et d'où venez-vous, madame la carogne, à l'heure qu'il est, et par le temps qu'il fait ?

ANGÉLIQUE

D'où je viens ? ouvre-moi seulement, et je te le dirai après.

LE BARBOUILLÉ

Oui ? Ah ! ma foi, tu peux aller coucher d'où tu viens, ou, si tu l'aimes mieux, dans la rue : je n'ouvre point à une coureuse comme toi. Comment, diable ! être toute seule à l'heure qu'il est ! Je ne sais si c'est imagination, mais mon front m'en paraît plus rude de moitié.

ANGÉLIQUE

Hé bien ! pour être toute seule, qu'en veux-tu dire ? Tu me querelles quand je suis en compagnie : comment faut-il donc faire ?

LE BARBOUILLÉ

Il faut être retiré à la maison, donner ordre au souper, avoir soin du ménage, des enfants ; mais sans tant de discours inutiles, adieu, bonsoir, va-t'en au diable et me laisse en repos.

ANGÉLIQUE

Tu ne veux pas m'ouvrir ?

LE BARBOUILLÉ

Non, je n'ouvrirai pas.

ANGÉLIQUE

Hé ! mon pauvre petit mari, je t'en prie, ouvre-moi, mon cher petit cœur !

LE BARBOUILLÉ

Ah, crocodile ! ah, serpent dangereux ! tu me caresses pour me trahir.

ANGÉLIQUE

Ouvre, ouvre donc !

LE BARBOUILLÉ

Adieu ! *Vade retro, Satanas* [11].

11. *Retire-toi, Satan.*

ANGÉLIQUE

Quoi ? tu ne m'ouvriras point ?

LE BARBOUILLÉ

Non.

ANGÉLIQUE

Tu n'as point de pitié de ta femme, qui t'aime tant ?

LE BARBOUILLÉ

Non, je suis inflexible : tu m'as offensé, je suis vindicatif comme tous les diables, c'est-à-dire bien fort ; je suis inexorable.

ANGÉLIQUE

Sais-tu bien que si tu me pousses à bout, et que tu me mettes en colère, je ferai quelque chose dont tu te repentiras ?

LE BARBOUILLÉ

Et que feras-tu, bonne chienne ?

ANGÉLIQUE

Tiens, si tu ne m'ouvres, je m'en vais me tuer devant la porte ; mes parents, qui sans doute viendront ici auparavant de se coucher, pour savoir si nous sommes bien ensemble, me trouveront morte, et tu seras pendu.

LE BARBOUILLÉ

Ah, ah, ah, ah, la bonne bête ! et qui y perdra le plus de nous deux ? Va, va, tu n'es pas si sotte que de faire ce coup-là.

ANGÉLIQUE

Tu ne le crois donc pas ? Tiens, tiens, voilà mon couteau tout prêt : si tu ne m'ouvres, je m'en vais tout à cette heure m'en donner dans le cœur.

LE BARBOUILLÉ

Prends garde, voilà qui est bien pointu.

ANGÉLIQUE

Tu ne veux donc pas m'ouvrir ?

LE BARBOUILLÉ

Je t'ai déjà dit vingt fois que je n'ouvrirai point ; tue-toi, crève, va-t'en au diable, je ne m'en soucie pas.

ANGÉLIQUE, *faisant semblant de se frapper*

Adieu donc !... Ay ! je suis morte.

LE BARBOUILLÉ

Serait-elle bien assez sotte pour avoir fait ce coup-là ? Il faut que je descende avec la chandelle pour aller voir.

ANGÉLIQUE

Il faut que je t'attrape. Si je peux entrer dans la maison subtilement, cependant que tu me chercheras, chacun aura bien son tour.

LE BARBOUILLÉ

Hé bien ! ne savais-je pas bien qu'elle n'était pas si sotte ? Elle est morte, et si elle court comme le cheval de Pacolet [12]. Ma foi, elle m'avait fait peur tout de bon. Elle a bien fait de gagner au pied ; car si je l'eusse trouvée en vie, après m'avoir fait cette frayeur-là, je lui aurais apostrophé cinq ou six clystères de coups de pied dans le cul, pour lui apprendre à faire la bête. Je m'en vais me

12. Cheval de bois volant du nain Pacolet, dans le roman de chevalerie : *Valentin et Orson*.

coucher cependant. Oh ! oh ! je pense que le vent a fermé la porte. Hé, Cathau, Cathau, ouvre-moi.

ANGÉLIQUE

Cathau, Cathau ! Hé bien ! qu'a-t-elle fait, Cathau ? Et d'où venez-vous, monsieur l'ivrogne ? Ah ! vraiment, va, mes parents, qui vont venir dans un moment, sauront tes vérités. Sac à vin infâme, tu ne bouges du cabaret, et tu laisses une pauvre femme avec des petits enfants, sans savoir s'ils ont besoin de quelque chose, à croquer le marmot tout le long du jour.

LE BARBOUILLÉ

Ouvre vite, diablesse que tu es, ou je te casserai la tête.

Scène XII : Gorgibus, Villebrequin,
Angélique, Le Barbouillé.

GORGIBUS

Qu'est ceci ? toujours de la dispute, de la querelle et de la dissension !

VILLEBREQUIN

Hé quoi ? vous ne serez jamais d'accord ?

ANGÉLIQUE

Mais voyez un peu, le voilà qui est soûl, et revient, à l'heure qu'il est, faire un vacarme horrible ; il me menace.

GORGIBUS

Mais aussi ce n'est pas là l'heure de revenir. Ne devriez-vous pas, comme un bon père de famille, vous retirer de bonne heure, et bien vivre avec votre femme ?

LE BARBOUILLÉ

Je me donne au diable, si j'ai sorti de la maison, et demandez plutôt à ces messieurs qui sont là-bas dans le parterre ; c'est elle qui ne fait que de revenir. Ah ! que l'innocence est opprimée !

VILLEBREQUIN

Çà, çà ; allons, accordez-vous ; demandez-lui pardon.

LE BARBOUILLÉ

Moi, pardon ! j'aimerais mieux que le diable l'eût emportée. Je suis dans une colère que je ne me sens pas.

GORGIBUS

Allons, ma fille, embrassez votre mari, et soyez bons amis.

Scène XIII : Le Docteur, à la fenêtre,
en bonnet de nuit et en camisole,
le Barbouillé, Villebrequin, Gorgibus, Angélique.

LE DOCTEUR

Hé quoi ? toujours du bruit, du désordre, de la dissension, des querelles, des débats, des différends, des combustions, des altercations éternelles. Qu'est-ce ? qu'y a-t-il donc ? On ne saurait avoir du repos.

VILLEBREQUIN

Ce n'est rien, monsieur le docteur ; tout le monde est d'accord.

LE DOCTEUR

A propos d'accord, voulez-vous que je vous lise un chapitre d'Aristote, où il prouve que toutes les parties de l'univers ne subsistent que par l'accord qui est entre elles ?

VILLEBREQUIN

Cela est-il bien long ?

LE DOCTEUR

Non, cela n'est pas long : cela contient environ soixante ou quatre-vingts pages.

VILLEBREQUIN

Adieu, bonsoir ! nous vous remercions.

GORGIBUS

Il n'en est pas de besoin.

LE DOCTEUR

Vous ne le voulez pas ?

GORGIBUS

Non.

LE DOCTEUR

Adieu donc ! puisqu'ainsi est ; bonsoir ! *latine, bona nox* [13].

VILLEBREQUIN

Allons-nous-en souper ensemble, nous autres.

13. *En latin, bonne nuit.*

LE MÉDECIN VOLANT

FARCE

D'origine italienne, cette farce était jouée à Paris, durant le carnaval de 1647, par Scaramouche.
Vers la même époque, Molière dut la « plagier » en province — dans le rôle de Sganarelle, croit-on, véritable exercice de comédien virtuose — avant de la représenter au Louvre, devant le roi,

le 18 *avril* 1659 *et d'en tirer* l'Amour médecin, le Médecin malgré lui, *voire le* Malade imaginaire.
La pièce a été reprise quinze fois de 1660 à 1664 et, depuis 1680, quarante-sept fois par la Comédie-Française.

ACTEURS

VALÈRE, *amant de Lucile.*

SABINE, *cousine de Lucile.*

SGANARELLE, *valet de Valère.*

GORGIBUS, *père de Lucile.*

GROS-RENÉ, *valet de Gorgibus.*

LUCILE, *fille de Gorgibus.*

UN AVOCAT.

Scène 1 : *Valère, Sabine.*

VALÈRE

Hé bien ! Sabine, quel conseil me donneras-tu ?

SABINE

Vraiment, il y a bien des nouvelles. Mon oncle veut résolument que ma cousine épouse Villebrequin, et les affaires sont tellement avancées que je crois qu'ils eussent été mariés dès aujourd'hui, si vous n'étiez aimé ; mais comme ma cousine m'a confié le secret de l'amour qu'elle vous porte, et que nous nous sommes vues à l'extrémité par l'avarice de mon vilain oncle, nous nous sommes avisées d'une bonne invention pour différer le mariage. C'est que ma cousine, dès l'heure que je vous parle, contrefait la malade ; et le bon vieillard, qui est assez crédule, m'envoie quérir un médecin. Si vous en pouviez envoyer quelqu'un qui fût de vos bons amis, et qui fût de notre intelligence, il conseillerait à la malade de prendre l'air à la campagne. Le bonhomme ne manquera pas de faire loger ma cousine à ce pavillon qui est au bout de notre jardin, et par ce moyen vous pourriez l'entretenir à l'insu de notre vieillard, l'épouser, et le laisser pester tout son soûl avec Villebrequin.

VALÈRE

Mais le moyen de trouver sitôt un médecin à ma poste, et qui voulût tant hasarder pour mon service ? Je te le dis franchement, je n'en connais pas un.

SABINE

Je songe une chose : si vous faisiez habiller votre valet en médecin ? Il n'y a rien de si facile à duper que le bonhomme.

VALÈRE

C'est un lourdaud qui gâtera tout ; mais il faut

s'en servir faute d'autre. Adieu, je le vais chercher. Où diable trouver ce maroufle à présent ? Mais le voici tout à propos.

Scène II : Valère, Sganarelle.

VALÈRE

Ah ! mon pauvre Sganarelle, que j'ai de joie de te voir ! J'ai besoin de toi dans une affaire de conséquence ; mais, comme je ne sais pas ce que tu sais faire...

SGANARELLE

Ce que je sais faire, monsieur ? Employez-moi seulement en vos affaires de conséquence, en quelque chose d'importance : par exemple, envoyez-moi voir quelle heure il est à une horloge, voir combien le beurre vaut au marché, abreuver un cheval ; c'est alors que vous connaîtrez ce que je sais faire.

VALÈRE

Ce n'est pas cela : c'est qu'il faut que tu contrefasses le médecin.

SGANARELLE

Moi, médecin, monsieur ! Je suis prêt à faire tout ce qu'il vous plaira ; mais pour faire le médecin, je suis assez votre serviteur pour n'en rien faire du tout ; et par quel bout m'y prendre, bon Dieu ? Ma foi ! monsieur, vous vous moquez de moi.

VALÈRE

Si tu veux entreprendre cela, va, je te donnerai dix pistoles.

SGANARELLE

Ah ! pour dix pistoles, je ne dis pas que je ne sois médecin ; car, voyez-vous bien, monsieur ? je n'ai pas l'esprit tant, tant subtil, pour vous dire la vérité ; mais, quand je serai médecin, où irais-je ?

VALÈRE

Chez le bonhomme Gorgibus, voir sa fille, qui est malade ; mais tu es un lourdaud qui, au lieu de bien faire, pourrais bien...

SGANARELLE

Hé ! mon Dieu, monsieur, ne soyez point en peine ; je vous réponds que je ferai aussi bien mourir une personne qu'aucun médecin qui soit dans la ville. On dit un proverbe, d'ordinaire : *Après la mort le médecin ;* mais vous verrez que, si je m'en mêle, on dira : *Après le médecin, gare la mort !* Mais néanmoins, quand je songe, cela est bien difficile de faire le médecin ; et si je ne fais rien qui vaille... ?

VALÈRE

Il n'y a rien de si facile en cette rencontre : Gorgibus est un homme simple, grossier, qui se laissera étourdir de ton discours, pourvu que tu parles d'Hippocrate et de Galien, et que tu sois un peu effronté.

SGANARELLE

C'est-à-dire qu'il lui faudra parler philosophie, mathématique. Laissez-moi faire ; s'il est un homme facile, comme vous le dites, je vous réponds de tout ; venez seulement me faire avoir un habit

de médecin, et m'instruire de ce qu'il faut faire, et me donner mes licences, qui sont les dix pistoles promises.

Scène III : Gorgibus, Gros-René.

GORGIBUS

Allez vitement chercher un médecin ; car ma fille est bien malade, et dépêchez-vous.

GROS-RENÉ

Que diable aussi ! pourquoi vouloir donner votre fille à un vieillard ? Croyez-vous que ce ne soit pas le désir qu'elle a d'avoir un jeune homme qui la travaille ? Voyez-vous la connexité qu'il y a, etc. (*Galimatias* [1].)

GORGIBUS

Va-t'en vite : je vois bien que cette maladie-là reculera bien les noces.

GROS-RENÉ

Et c'est ce qui me fait enrager : je croyais refaire mon ventre d'une bonne carrelure, et m'en voilà sevré. Je m'en vais chercher un médecin pour moi aussi bien que pour votre fille ; je suis désespéré.

Scène IV : Sabine, Gorgibus, Sganarelle.

SABINE

Je vous trouve à propos, mon oncle, pour vous apprendre une bonne nouvelle. Je vous amène le plus habile médecin du monde, un homme qui vient des pays étrangers, qui sait les plus beaux secrets, et qui sans doute guérira ma cousine. On me l'a indiqué par bonheur, et je vous l'amène. Il est si savant que je voudrais de bon cœur être malade, afin qu'il me guérît.

GORGIBUS

Où est-il donc ?

SABINE

Le voilà qui me suit ; tenez, le voilà.

GORGIBUS

Très humble serviteur à monsieur le médecin ! Je vous envoie quérir pour voir ma fille, qui est malade ; je mets toute mon espérance en vous.

SGANARELLE

Hippocrate dit, et Galien par vives raisons persuade qu'une personne ne se porte pas bien quand elle est malade. Vous avez raison de mettre votre espérance en moi ; car je suis le plus grand, le plus habile, le plus docte médecin qui soit dans la faculté végétale, sensitive et minérale.

GORGIBUS

J'en suis fort ravi.

SGANARELLE

Ne vous imaginez pas que je sois un médecin ordinaire, un médecin du commun. Tous les autres médecins ne sont, à mon égard, que des avortons de médecine. J'ai des talents particuliers,

1. C'est-à-dire, texte au canevas, suivant la verve de l'acteur.

j'ai des secrets. *Salamalec, salamalec.* « Rodrigue, as-tu du cœur ? » *Signor, si ; segnor, non. Per omnia saecula saeculorum*[2]. Mais encore voyons un peu. (*Il prend le pouls de Gorgibus.*)

SABINE

Hé ! ce n'est pas lui qui est malade, c'est sa fille.

SGANARELLE

Il n'importe : le sang du père et de la fille ne sont qu'une même chose ; et par l'altération de celui du père, je puis connaître la maladie de la fille. Monsieur Gorgibus, y aurait-il moyen de voir de l'urine de l'égrotante ?

GORGIBUS

Oui-da ; Sabine, vite allez querir de l'urine de ma fille. Monsieur le médecin, j'ai grand'peur qu'elle ne meure.

SGANARELLE

Ah ! qu'elle s'en garde bien ! il ne faut pas qu'elle s'amuse à se laisser mourir sans l'ordonnance du médecin. Voilà de l'urine qui marque grande chaleur, grande inflammation dans les intestins : elle n'est pas tant mauvaise pourtant.

GORGIBUS

Hé quoi ? monsieur, vous l'avalez ?

SGANARELLE

Ne vous étonnez pas de cela ; les médecins, d'ordinaire, se contentent de la regarder ; mais moi, qui suis un médecin hors du commun, je l'avale, parce qu'avec le goût je discerne bien mieux la cause et les suites de la maladie. Mais, à vous dire la vérité, il y en avait trop peu pour asseoir un bon jugement : qu'on la fasse encore pisser.

SABINE

J'ai bien eu de la peine à la faire pisser.

SGANARELLE

Que cela ? voilà bien de quoi ! Faites-la pisser copieusement, copieusement. Si tous les malades pissent de la sorte, je veux être médecin toute ma vie.

SABINE

Voilà tout ce qu'on peut avoir : elle ne peut pas pisser davantage.

SGANARELLE

Quoi ? monsieur Gorgibus, votre fille ne pisse que des gouttes ! voilà une pauvre pisseuse que votre fille ; je vois bien qu'il faudra que je lui ordonne une potion pissative. N'y aurait-il pas moyen de voir la malade ?

SABINE

Elle est levée ; si vous voulez, je la ferai venir.

Scène V : Lucile, Sabine, Gorgibus, Sganarelle.

SGANARELLE

Hé bien ! mademoiselle, vous êtes malade ?

LUCILE

Oui, monsieur.

SGANARELLE

Tant pis ! c'est une marque que vous ne vous portez pas bien. Sentez-vous de grandes douleurs à la tête, aux reins ?

LUCILE

Oui, monsieur.

SGANARELLE

C'est fort bien fait. Oui, ce grand médecin, au chapitre qu'il a fait de la nature des animaux, dit... cent belles choses ; et comme les humeurs qui ont de la connexité ont beaucoup de rapport ; car, par exemple, comme la mélancolie est ennemie de la joie, et que la bile, qui se répand par le corps nous fait devenir jaunes, et qu'il n'est rien plus contraire à la santé que la maladie, nous pouvons dire, avec ce grand homme, que votre fille est fort malade. Il faut que je vous fasse une ordonnance.

GORGIBUS

Vite une table, du papier, de l'encre.

SGANARELLE

Y a-t-il ici quelqu'un qui sache écrire ?

GORGIBUS

Est-ce que vous ne le savez point ?

SGANARELLE

Ah ! je ne m'en souvenais pas ; j'ai tant d'affaires dans la tête, que j'oublie la moitié... — Je crois qu'il serait nécessaire que votre fille prît un peu l'air, qu'elle se divertît à la campagne.

GORGIBUS

Nous avons un fort beau jardin, et quelques chambres qui y répondent ; si vous le trouvez à propos, je l'y ferai loger.

SGANARELLE

Allons, allons visiter les lieux.

Scène VI : L'Avocat.

J'ai ouï dire que la fille de monsieur Gorgibus était malade : il faut que je m'informe de sa santé, et que je lui offre mes services comme ami de toute sa famille. Holà ! holà ! Monsieur Gorgibus y est-il ?

Scène VII : Gorgibus, l'Avocat.

GORGIBUS

Monsieur, votre très humble, etc.

L'AVOCAT

Ayant appris la maladie de mademoiselle votre fille, je vous suis venu témoigner la part que j'y prends, et vous faire offre de tout ce qui dépend de moi.

GORGIBUS

J'étais là dedans avec le plus savant homme.

L'AVOCAT

N'y aurait-il pas moyen de l'entretenir un moment ?

2. *La paix soit avec vous* (arabe) — *citation du Cid de Corneille — Monsieur, oui ; monsieur, non* (italien de fantaisie) — *Dans tous les siècles des siècles* (latin liturgique).

Scène VIII : Gorgibus, l'Avocat, Sganarelle.

GORGIBUS

Monsieur, voilà un fort habile homme de mes amis qui souhaiterait de vous parler et vous entretenir.

SGANARELLE

Je n'ai pas le loisir, monsieur Gorgibus : il faut aller à mes malades. Je ne prendrai pas la droite avec vous, monsieur.

L'AVOCAT

Monsieur, après ce que m'a dit monsieur Gorgibus de votre mérite et de votre savoir, j'ai eu la plus grande passion du monde d'avoir l'honneur de votre connaissance, et j'ai pris la liberté de vous saluer à ce dessein : je crois que vous ne le trouverez pas mauvais. Il faut avouer que tous ceux qui excellent en quelque science sont dignes de grande louange, et particulièrement ceux qui font profession de la médecine, tant à cause de son utilité, que parce qu'elle contient en elle plusieurs autres sciences, ce qui rend sa parfaite connaissance fort difficile ; et c'est fort à propos qu'Hippocrate dit dans son premier aphorisme : *Vita brevis, ars vero longa, occasio autem praeceps, experimentum periculosum, judicium difficile* [3].

SGANARELLE, *à Gorgibus.*
Ficile tantina pota baril cambustibus [4].

L'AVOCAT

Vous n'êtes pas de ces médecins qui ne vous appliquez qu'à la médecine qu'on appelle rationale ou dogmatique, et je crois que vous l'exercez tous les jours avec beaucoup de succès : *experientia magistra rerum* [5]. Les premiers hommes qui firent profession de la médecine furent tellement estimés d'avoir cette belle science, qu'on les mit au nombre des Dieux pour les belles cures qu'ils faisaient tous les jours. Ce n'est pas qu'on doive mépriser un médecin qui n'aurait pas rendu la santé à son malade, parce qu'elle ne dépend pas absolument de ses remèdes, ni de son savoir :
Interdum docta plus valet arte malum [6].
Monsieur, j'ai peur de vous être importun : je prends congé de vous, dans l'espérance que j'ai qu'à la première vue j'aurai l'honneur de converser avec vous avec plus de loisir. Vos heures vous sont précieuses, etc. (*Il sort.*)

GORGIBUS

Que vous semble de cet homme-là ?

SGANARELLE

Il sait quelque petite chose. S'il fût demeuré tant soit peu davantage, je l'allais mettre sur une matière sublime et relevée. Cependant, je prends congé de vous. (*Gorgibus lui donne de l'argent.*) Hé ! que voulez-vous faire ?

GORGIBUS

Je sais bien ce que je vous dois.

SGANARELLE

Vous vous moquez, monsieur Gorgibus. Je n'en prendrai pas, je ne suis pas un homme mercenaire. (*Il prend l'argent.*) Votre très humble serviteur. (*Sganarelle sort et Gorgibus rentre dans sa maison.*)

Scène IX : Valère.

Je ne sais ce qu'aura fait Sganarelle : je n'ai point eu de ses nouvelles, et je suis fort en peine où je le pourrais rencontrer. (*Sganarelle revient en habit de valet.*) Mais bon, le voici. Hé bien ! Sganarelle, qu'as-tu fait depuis que je ne t'ai point vu ?

Scène X : Sganarelle, Valère.

SGANARELLE

Merveille sur merveille : j'ai si bien fait que Gorgibus me prend pour un habile médecin. Je me suis introduit chez lui, et lui ai conseillé de faire prendre l'air à sa fille, laquelle est à présent dans un appartement qui est au bout de leur jardin, tellement qu'elle est fort éloignée du vieillard, et que vous pouvez l'aller voir commodément.

VALÈRE

Ah ! que tu me donnes de joie ! Sans perdre de temps, je la vais trouver de ce pas.

SGANARELLE

Il faut avouer que ce bonhomme Gorgibus est un vrai lourdaud de se laisser tromper de la sorte. (*Apercevant Gorgibus.*) Ah ! ma foi, tout est perdu : c'est à ce coup que voilà la médecine renversée, mais il faut que je le trompe.

Scène XI : Sganarelle, Gorgibus.

GORGIBUS

Bonjour, monsieur.

SGANARELLE

Monsieur, votre serviteur. Vous voyez un pauvre garçon au désespoir ; ne connaissez-vous pas un médecin qui est arrivé depuis peu en cette ville, qui fait des cures admirables ?

GORGIBUS

Oui, je le connais : il vient de sortir de chez moi.

SGANARELLE

Je suis son frère, monsieur ; nous sommes gémeaux ; et comme nous nous ressemblons fort, on nous prend quelquefois l'un pour l'autre.

GORGIBUS

Je (me) dédonne au diable si je n'y ai été trompé. Et comme vous nommez-vous ?

---

3. *La vie est brève, et l'art long à venir ; l'occasion fugitive, l'expérimentation périlleuse, le diagnostic difficile.*
4. *Charabia pseudo-latin.*
5. *L'expérience enseigne toute chose* (Erasme).
6. *Parfois le mal l'emporte sur le savoir et l'art* (Ovide).

SGANARELLE

Narcisse, monsieur, pour vous rendre service. Il faut que vous sachiez qu'étant dans son cabinet, j'ai répandu deux fioles d'essence qui étaient sur le bout de sa table ; aussitôt il s'est mis dans une colère si étrange contre moi, qu'il m'a mis hors du logis, et ne me veut plus jamais voir, tellement que je suis un pauvre garçon à présent sans appui, sans support, sans aucune connaissance.

GORGIBUS

Allez, je ferai votre paix : je suis de ses amis, et je vous promets de vous remettre avec lui. Je lui parlerai d'abord que je le verrai.

SGANARELLE

Je vous serai bien obligé, monsieur Gorgibus. (*Sganarelle sort et rentre aussitôt avec sa robe de médecin.*)

Scène XII : Sganarelle, Gorgibus.

SGANARELLE

Il faut avouer que, quand les malades ne veulent pas suivre l'avis du médecin, et qu'ils s'abandonnent à la débauche que...

GORGIBUS

Monsieur le médecin, votre très humble serviteur. Je vous demande une grâce.

SGANARELLE

Qu'y a-t-il, monsieur ? est-il question de vous rendre service ?

GORGIBUS

Monsieur, je viens de rencontrer monsieur votre frère, qui est tout à fait fâché de...

SGANARELLE

C'est un coquin, monsieur Gorgibus.

GORGIBUS

Je vous réponds qu'il est tellement contrit de vous avoir mis en colère...

SGANARELLE

C'est un ivrogne, monsieur Gorgibus.

GORGIBUS

Hé ! monsieur, vous voulez désespérer ce pauvre garçon ?

SGANARELLE

Qu'on ne m'en parle plus ; mais voyez l'impudence de ce coquin-là, de vous aller trouver pour faire son accord ; je vous prie de ne m'en pas parler

GORGIBUS

Au nom de Dieu, monsieur le médecin ! et faites cela pour l'amour de moi. Si je suis capable de vous obliger en autre chose, je le ferai de bon cœur. Je m'y suis engagé, et...

SGANARELLE

Vous m'en priez avec tant d'insistance que, quoique j'eusse fait serment de ne lui pardonner jamais, allez, touchez là : je lui pardonne. Je vous assure que je me fais grande violence, et qu'il faut que j'aie bien de la complaisance pour vous. Adieu, monsieur Gorgibus.

GORGIBUS

Monsieur, votre très humble serviteur ; je m'en vais chercher ce pauvre garçon pour lui apprendre cette bonne nouvelle.

Scène XIII : Valère, Sganarelle.

VALÈRE

Il faut que j'avoue que je n'eusse jamais cru que Sganarelle se fût si bien acquitté de son devoir (*Sganarelle rentre avec ses habits de valet.*) Ah ! mon pauvre garçon, que je t'ai d'obligation ! que j'ai de joie ! et que...

SGANARELLE

Ma foi, vous parlez fort à votre aise. Gorgibus m'a rencontré ; et sans une invention que j'ai trouvée, toute la mèche était découverte. Mais fuyez-vous-en, le voici.

Scène XIV : Gorgibus, Sganarelle.

GORGIBUS

Je vous cherchais partout pour vous dire que j'ai parlé à votre frère : il m'a assuré qu'il vous pardonnait ; mais, pour en être plus assuré, je veux qu'il vous embrasse en ma présence ; entrez dans mon logis, et j'irai le chercher.

SGANARELLE

Ah ! monsieur Gorgibus, je ne crois pas que vous le trouviez à présent ; et puis je ne resterai pas chez vous ; je crains trop sa colère.

GORGIBUS

Ah ! vous demeurerez, car je vous enfermerai. Je m'en vais à présent chercher votre frère : ne craignez rien, je vous réponds qu'il n'est plus fâché. (*Il sort.*)

SGANARELLE, *de la fenêtre.*

Ma foi, me voilà attrapé ce coup-là ; il n'y a plus moyen de m'en échapper. Le nuage est fort épais, et j'ai bien peur que, s'il vient à crever, il ne grêle sur mon dos force coups de bâton, ou que, par quelque ordonnance plus forte que toutes celles des médecins, on m'applique tout au moins un cautère royal sur les épaules. Mes affaires vont mal ; mais pourquoi se désespérer ? Puisque j'ai tant fait, poussons la fourbe jusques au bout. Oui, oui, il en faut encore sortir, et faire voir que Sganarelle est le roi des fourbes. (*Il saute de la fenêtre et s'en va.*)

Scène XV : Gros-René, Gorgibus, Sganarelle.

GROS-RENÉ

Ah ! ma foi, voilà qui est drôle ! comme diable on saute ici par les fenêtres ! Il faut que je demeure ici, et que je voie à quoi tout cela aboutira.

GORGIBUS

Je ne saurais trouver ce médecin ; je ne sais où diable il s'est caché. (*Apercevant Sganarelle qui revient en habit de médecin.*) Mais le voici. Monsieur, ce n'est pas assez d'avoir pardonné à votre frère ; je vous prie, pour ma satisfaction, de l'embrasser : il est chez moi, et je vous cherchais partout pour vous prier de faire cet accord en ma présence.

SGANARELLE

Vous vous moquez, monsieur Gorgibus : n'est-ce pas assez que je lui pardonne ? Je ne le veux jamais voir.

GORGIBUS

Mais, monsieur, pour l'amour de moi.

SGANARELLE

Je ne vous saurais rien refuser : dites-lui qu'il descende. (*Pendant que Gorgibus rentre dans sa maison par la porte, Sganarelle y rentre par la fenêtre.*)

GORGIBUS, *à la fenêtre.*

Voilà votre frère qui vous attend là-bas : il m'a promis qu'il fera tout ce que je voudrai.

SGANARELLE, *à la fenêtre.*

Monsieur Gorgibus, je vous prie de le faire venir ici : je vous conjure que ce soit en particulier que je lui demande pardon, parce que sans doute il me ferait cent hontes et cent opprobres devant tout le monde. (*Gorgibus sort de sa maison par la porte, et Sganarelle par la fenêtre.*)

GORGIBUS

Oui-da, je m'en vais lui dire. Monsieur, il dit qu'il est honteux, et qu'il vous prie d'entrer, afin qu'il vous demande pardon en particulier. Voilà la clef, vous pouvez entrer ; je vous supplie de ne me pas refuser et de me donner ce contentement.

SGANARELLE

Il n'y a rien que je ne fasse pour votre satisfaction : vous allez entendre de quelle manière je le vais traiter. (*A la fenêtre.*) Ah ! te voilà, coquin. — Monsieur mon frère, je vous demande pardon, je vous promets qu'il n'y a point de ma faute. — Il n'y a point de ta faute, pilier de débauche, coquin ? Va, je t'apprendrai à vivre. Avoir la hardiesse d'importuner monsieur Gorgibus, de lui rompre la tête de tes sottises ! — Monsieur mon frère... — Tais-toi, te dis-je. — Je ne vous désoblig... — Tais-toi, coquin.

GROS-RENÉ

Qui diable pensez-vous qui soit chez vous à présent ?

GORGIBUS

C'est le médecin et Narcisse son frère ; ils avaient quelque différend, et ils font leur accord.

GROS-RENÉ

Le diable emporte ! ils ne sont qu'un.

SGANARELLE, *à la fenêtre.*

Ivrogne que tu es, je t'apprendrai à vivre. Comme il baisse la vue ! il voit bien qu'il a failli, le pendard. Ah ! l'hypocrite, comme il fait le bon apôtre !

GROS-RENÉ

Monsieur, dites-lui un peu par plaisir qu'il fasse mettre son frère à la fenêtre.

GORGIBUS

Oui da, monsieur le médecin, je vous prie de faire paraître votre frère à la fenêtre.

SGANARELLE, *de la fenêtre.*

Il est indigne de la vue des gens d'honneur, et puis je ne le saurais souffrir auprès de moi.

GORGIBUS

Monsieur, ne me refusez pas cette grâce, après toutes celles que vous m'avez faites.

SGANARELLE, *de la fenêtre.*

En vérité, monsieur Gorgibus, vous avez un tel pouvoir sur moi que je ne vous puis rien refuser. Montre, montre-toi, coquin. (*Après avoir disparu un moment, il se remontre en habit de valet.*) Monsieur Gorgibus, je suis votre obligé. (*Il disparaît encore, et reparaît aussitôt en robe de médecin.*) Hé bien ! avez-vous vu cette image de la débauche ?

GROS-RENÉ

Ma foi, ils ne sont qu'un, et, pour vous le prouver, dites-lui un peu que vous les voulez voir ensemble.

GORGIBUS

Mais faites-moi la grâce de le faire paraître avec vous, et de l'embrasser devant moi à la fenêtre.

SGANARELLE, *de la fenêtre.*

C'est une chose que je refuserais à tout autre qu'à vous : mais pour vous montrer que je veux tout faire pour l'amour de vous, je m'y résous, quoique avec peine, et veux auparavant qu'il vous demande pardon de toutes les peines qu'il vous a données. — Oui, monsieur Gorgibus, je vous demande pardon de vous avoir tant importuné, et vous promets, mon frère, en présence de monsieur Gorgibus que voilà, de faire si bien désormais, que vous n'aurez plus lieu de vous plaindre, vous priant de ne plus songer à ce qui s'est passé. (*Il embrasse son chapeau et sa fraise qu'il a mis au bout de son coude.*)

GORGIBUS

Hé bien ! ne les voilà pas tous deux ?

GROS-RENÉ

Ah ! par ma foi, il est sorcier.

SGANARELLE, *sortant de la maison,
en médecin.*

Monsieur, voilà la clef de votre maison que je vous rends ; je n'ai pas voulu que ce coquin soit descendu avec moi, parce qu'il me fait honte : je ne voudrais pas qu'on le vît en ma compagnie dans la ville, où je suis en quelque réputation. Vous irez le faire sortir quand bon vous semblera. Je vous donne le bonjour, et suis votre, etc. (*Il feint de s'en aller, et, après avoir mis bas sa robe, rentre dans la maison par la fenêtre.*)

GORGIBUS

Il faut que j'aille délivrer ce pauvre garçon ; en vérité, s'il lui a pardonné, ce n'a pas été sans le bien maltraiter. (*Il entre dans sa maison, et en sort avec Sganarelle, en habit de valet.*)

SGANARELLE

Monsieur, je vous remercie de la peine que vous

avez prise et de la bonté que vous avez eue :
je vous en serai obligé toute ma vie.

GROS-RENÉ

Où pensez-vous que soit à présent le médecin ?

GORGIBUS

Il s'en est allé.

GROS-RENÉ, *qui a ramassé la robe*
de Sganarelle.

Je le tiens sous mon bras. Voilà le coquin qui
faisait le médecin, et qui vous trompe. Cependant
qu'il vous trompe et joue la farce chez vous,
Valère et votre fille sont ensemble, qui s'en vont
à tous les diables.

GORGIBUS

Ah ! que je suis malheureux ! mais tu seras pendu,
fourbe, coquin.

SGANARELLE

Monsieur, qu'allez-vous faire de me pendre ?
Ecoutez un mot, s'il vous plaît : il est vrai que

c'est par mon invention que mon maître est avec
votre fille ; mais en le servant, je ne vous ai point
désobligé : c'est un parti sortable pour elle, tant
pour la naissance que pour les biens. Croyez-moi,
ne faites point un vacarme qui tournerait à votre
confusion, et envoyez à tous les diables ce coquin-
là, avec Villebrequin. Mais voici nos amants.

Scène XVI : Valère, Lucile,
Gorgibus, Sganarelle.

SGANARELLE

Nous nous jetons à vos pieds.

GORGIBUS

Je vous pardonne, et suis heureusement trompé
par Sganarelle, ayant un si brave gendre. Allons
tous faire noces, et boire à la santé de toute la
compagnie.

L'ÉTOURDI OU LES CONTRETEMPS

COMÉDIE

Première comédie en vers de Molière, inspirée principalement du Malavisé (1629) *de Beltrame et du* Parasite (1654) *de Tristan l'Hermite. Elle fut créée avec succès en 1655 à Lyon, à « la belle époque » de la* Troupe de Monsieur le Prince de Conti *et de son jeune chef. Reprise avec un non moindre succès à Paris, en novembre 1658, sur la scène du Petit-* Bourbon, *par la troupe devenue celle de Monsieur, frère du roi, elle devait, le 26 octobre 1660, faire sourire le cardinal Mazarin, bientôt agonisant. La pièce parut en librairie en 1663. Elle a été jouée 540 fois par la Comédie-Française entre 1680 et 1958. Se sont illustrés dans le rôle de Mascarille : Prévolle, Dugazon, Coquelin et récemment Sorano.*

PERSONNAGES

LÉLIE, *fils de Pandolfe.*

CÉLIE, *esclave de Trufaldin* (Mlle de Brie).

MASCARILLE, *valet de Lélie* (Molière).

HIPPOLYTE, *fille d'Anselme* (Mlle Du Parc).

ANSELME, *père d'Hippolyte.*

TRUFALDIN, *vieillard.*

PANDOLFE, *père de Lélie.*

LÉANDRE, *fils de famille.*

ANDRÈS, *cru égyptien.*

ERGASTE, *ami de Mascarille.*

UN COURRIER.

DEUX TROUPES DE MASQUES.

LA SCÈNE EST A MESSINE.

ACTE PREMIER

Scène I : Lélie.

Hé bien ! Léandre, hé bien ! il faudra contester ;
Nous verrons de nous deux qui pourra l'emporter ;
Qui, dans nos soins communs pour ce jeune miracle,
Aux vœux de son rival portera plus d'obstacle :
Préparez vos efforts, et vous défendez bien,   5
Sûr que de mon côté je n'épargnerai rien.

Scène II : Lélie, Mascarille.

LÉLIE

Ah ! Mascarille !

MASCARILLE

Quoi ?

LÉLIE

    Voici bien des affaires ;
J'ai dans ma passion toutes choses contraires :
Léandre aime Célie, et, par un trait fatal,
Malgré mon changement, est toujours mon rival.   10

MASCARILLE

Léandre aime Célie !

LÉLIE

    Il l'adore, te dis-je.

MASCARILLE

Tant pis.

LÉLIE

    Hé, oui, tant pis ; c'est là ce qui m'afflige.
Toutefois j'aurais tort de me désespérer ;
Puisque j'ai ton secours, je puis me rassurer ;
Je sais que ton esprit, en intrigues fertile,   15
N'a jamais rien trouvé qui lui fût difficile ;
Qu'on te peut appeler le roi des serviteurs ;
Et qu'en toute la terre...

47

MASCARILLE
Hé ! trêve de douceurs.
Quand nous faisons besoin, nous autres misérables,
20 Nous sommes les chéris et les incomparables ;
Et dans un autre temps, dès le moindre courroux,
Nous sommes les coquins qu'il faut rouer de coups.
LÉLIE
Ma foi ! tu me fais tort avec cette invective.
Mais enfin discourons un peu de ma captive :
25 Dis si les plus cruels et plus durs sentiments
Ont rien d'impénétrable à des traits si charmants.
Pour moi, dans ses discours, comme dans son visage,
Je vois pour sa naissance un noble témoignage ;
Et je crois que le ciel dedans un rang si bas
30 Cache son origine, et ne l'en tire pas.
MASCARILLE
Vous êtes romanesque avecque vos chimères.
Mais que fera Pandolfe en toutes ces affaires ?
C'est, monsieur, votre père, au moins à ce qu'il dit ;
Vous savez que sa bile assez souvent s'aigrit ;
35 Qu'il peste contre vous d'une belle manière,
Quand vos déportements lui blessent la visière.
Il est avec Anselme en parole pour vous
Que de son Hippolyte on vous fera l'époux,
S'imaginant que c'est dans le seul mariage
40 Qu'il pourra rencontrer de quoi vous faire sage ;
Et s'il vient à savoir que, rebutant son choix,
D'un objet inconnu vous recevez les lois,
Que de ce fol amour la fatale puissance
Vous soustrait aux devoirs de votre obéissance,
45 Dieu sait quelle tempête alors éclatera,
Et de quels beaux sermons on vous régalera.
LÉLIE
Ah ! trêve, je vous prie, à votre rhétorique !
MASCARILLE
Mais vous, trêve plutôt à votre politique !
Elle n'est pas fort bonne, et vous devriez tâcher...
LÉLIE
50 Sais-tu qu'on n'acquiert rien de bon à me fâcher,
Que chez moi les avis ont de tristes salaires,
Qu'un valet conseiller y fait mal ses affaires ?
MASCARILLE
Il se met en courroux. Tout ce que j'en ai dit
N'était rien que pour rire et vous sonder l'esprit.
55 D'un censeur de plaisirs ai-je fort l'encolure ?
Et Mascarille est-il ennemi de nature ?
Vous savez le contraire, et qu'il est très certain
Qu'on ne peut me taxer que d'être trop humain.
Moquez-vous des sermons d'un vieux barbon de père :
60 Poussez votre bidet, vous dis-je, et laissez faire.
Ma foi, j'en suis d'avis, que ces penards chagrins
Nous viennent étourdir de leurs contes badins,
Et, vertueux par force, espèrent, par envie,
Oter aux jeunes gens les plaisirs de la vie.
65 Vous savez mon talent, je m'offre à vous servir.
LÉLIE
Ah ! c'est par ces discours que tu peux me ravir.
Au reste, mon amour, quand je l'ai fait paraître,
N'a point été mal vu des yeux qui l'ont fait naître.
Mais Léandre, à l'instant, vient de me déclarer

Qu'à me ravir Célie il va se préparer :   7
C'est pourquoi dépêchons, et cherche dans ta tête
Les moyens les plus prompts d'en faire ma conquête.
Trouve ruses, détours, fourbes, inventions,
Pour frustrer un rival de ses prétentions.
MASCARILLE
Laissez-moi quelque temps rêver à cette affaire.   7
A part.
Que pourrais-je inventer pour ce coup nécessaire ?
LÉLIE
Hé bien ! le stratagème ?
MASCARILLE
                    Ah ! comme vous courez !
Ma cervelle toujours marche à pas mesurés.
J'ai trouvé votre fait : il faut... Non, je m'abuse.
Mais si vous alliez...
LÉLIE
                    Où ?
MASCARILLE
                         C'est une faible ruse.   8
J'en songeais une...
LÉLIE
                    Et quelle ?
MASCARILLE
                              Elle n'irait pas bien.
Mais ne pourriez-vous pas... ?
LÉLIE
                              Quoi ?
MASCARILLE
                                   Vous ne pourriez rien.
Parlez avec Anselme.
LÉLIE
                    Et que lui puis-je dire ?
MASCARILLE
Il est vrai, c'est tomber d'un mal dedans un pire.
Il faut pourtant l'avoir. Allez chez Trufaldin.   8
LÉLIE
Que faire ?
MASCARILLE
         Je ne sais.
LÉLIE
                    C'en est trop, à la fin,
Et tu me mets à bout par ces contes frivoles.
MASCARILLE
Monsieur, si vous aviez en main force pistoles,
Nous n'aurions pas besoin maintenant de rêver
A chercher les biais que nous devons trouver,   9
Et pourrions, par un prompt achat de cette esclave,
Empêcher qu'un rival vous prévienne et vous brave,
De ces Egyptiens qui la mirent ici,
Trufaldin, qui la garde, est en quelque souci ;
Et trouvant son argent qu'ils lui font trop attendre,   9
Je sais bien qu'il serait très ravi de la vendre :
Car enfin en vrai ladre il a toujours vécu ;
Il se ferait fesser pour moins d'un quart d'écu ;
Et l'argent est le dieu que surtout il révère :
Mais le mal, c'est...
LÉLIE
                    Quoi ? c'est...

MASCARILLE

00 Que monsieur votre père
Est un autre vilain qui ne vous laisse pas.
Comme vous voudriez bien, manier ses ducats ;
Qu'il n'est point de ressort qui, pour votre ressource,
Pût faire maintenant ouvrir la moindre bourse.
05 Mais tâchons de parler à Célie un moment :
Pour savoir là-dessus quel est son sentiment,
La fenêtre est ici.

LÉLIE

Mais Trufaldin, pour elle,
Fait de nuit et de jour exacte sentinelle.
Prends garde.

MASCARILLE

Dans ce coin demeurons en repos.
10 O bonheur ! la voilà qui paraît à propos.

Scène III : Célie, Lélie, Mascarille.

LÉLIE

Ah ! que le ciel m'oblige, en offrant à ma vue
Les célestes attraits dont vous êtes pourvue !
Et, quelque mal cuisant que m'aient causé vos yeux,
Que je prends de plaisir à les voir en ces lieux !

CÉLIE

15 Mon cœur, qu'avec raison votre discours étonne,
N'entend pas que mes yeux fassent mal à personne ;
Et, si dans quelque chose ils vous ont outragé,
Je puis vous assurer que c'est sans mon congé.

LÉLIE

Ah ! leurs coups sont trop beaux pour me faire une
20 Je mets toute ma gloire à chérir ma blessure, [injure ;
Et...

MASCARILLE

Vous le prenez là d'un ton un peu trop haut ;
Ce style maintenant n'est pas ce qu'il nous faut.
Profitons mieux du temps, et sachons vite d'elle
Ce que...

TRUFALDIN, *dans sa maison.*

Célie !

MASCARILLE, *à Lélie.*

Hé bien !

LÉLIE

O rencontre cruelle !
25 Ce malheureux vieillard devait-il nous troubler ?

MASCARILLE

Allez, retirez-vous ; je saurai lui parler.

*Scène IV : Trufaldin, Célie,
Lélie, retiré dans un coin, Mascarille.*

TRUFALDIN, *à Célie.*

Que faites-vous dehors ? et quel soin vous talonne,
Vous à qui je défends de parler à personne ?

CÉLIE

30 Autrefois j'ai connu cet honnête garçon ;
Et vous n'avez pas lieu d'en prendre aucun soupçon.

MASCARILLE

Est-ce là le seigneur Trufaldin ?

CÉLIE

Oui, lui-même.

MASCARILLE

Monsieur, je suis tout vôtre, et ma joie est extrême
De pouvoir saluer en toute humilité
Un homme dont le nom est partout si vanté

TRUFALDIN

Très humble serviteur.

MASCARILLE

J'incommode peut-être :   135
Mais je l'ai vue ailleurs, où m'ayant fait connaître
Les grands talents qu'elle a pour savoir l'avenir
Je voulais sur un point un peu l'entretenir.

TRUFALDIN

Quoi ! te mêlerais-tu d'un peu de diablerie ?

CÉLIE

Non, tout ce que je sais n'est que blanche magie.   140

MASCARILLE

Voici donc ce que c'est. Le maître que je sers
Languit pour un objet qui le tient dans ses fers ;
Il aurait bien voulu du feu qui le dévore
Pouvoir entretenir la beauté qu'il adore ;
Mais un dragon, veillant sur ce rare trésor,   145
N'a pu, quoi qu'il ait fait, le lui permettre encor ;
Et, ce qui plus le gêne et le rend misérable,
Il vient de découvrir un rival redoutable :
Si bien que, pour savoir si ses soins amoureux
Ont sujet d'espérer quelque succès heureux,   150
Je viens vous consulter, sûr que de votre bouche
Je puis apprendre au vrai le secret qui nous touche.

CÉLIE

Sous quel astre ton maître a-t-il reçu le jour ?

MASCARILLE

Sous un astre à jamais ne changer son amour.

CÉLIE

Sans me nommer l'objet pour qui son cœur soupire,   155
La science que j'ai m'en peut assez instruire.
Cette fille a du cœur, et, dans l'adversité,
Elle sait conserver une noble fierté ;
Elle n'est pas d'humeur à trop faire connaître
Les secrets sentiments qu'en son cœur on fait naître ;   160
Mais je les sais comme elle, et, d'un esprit plus doux,
Je vais en peu de mots vous les découvrir tous.

MASCARILLE

O merveilleux pouvoir de la vertu magique !

CÉLIE

Si ton maître en ce point de constance se pique,
Et que la vertu seule anime son dessein,   165
Qu'il n'appréhende pas de soupirer en vain ;
Il a lieu d'espérer, et le fort qu'il veut prendre
N'est pas sourd aux traités, et voudra bien se rendre.

MASCARILLE

C'est beaucoup ; mais ce fort dépend d'un gouverneur
Difficile à gagner.

CÉLIE

C'est là tout le malheur.   170

MASCARILLE, *à part, regardant Lélie.*

Au diable le fâcheux qui toujours nous éclaire !

CÉLIE

Je vais vous enseigner ce que vous devez faire.

49

LÉLIE, *les joignant.*
Cessez, ô Trufaldin, de vous inquiéter !
C'est par mon ordre seul qu'il vous vient visiter,
175 Et je vous l'envoyais, ce serviteur fidèle,
Vous offrir mon service, et vous parler pour elle,
Dont je vous veux dans peu payer la liberté,
Pourvu qu'entre nous deux le prix soit arrêté.

MASCARILLE
La peste soit la bête !

TRUFALDIN
Ho ! ho ! qui des deux croire ?
180 Ce discours au premier est fort contradictoire.

MASCARILLE
Monsieur, ce galant homme a le cerveau blessé ;
Ne le savez-vous pas ?

TRUFALDIN
Je sais ce que je sais.
J'ai crainte ici dessous de quelque manigance.
A Célie.
Rentrez, et ne prenez jamais cette licence.
185 Et vous, filous fieffés, ou je me trompe fort,
Mettez, pour me jouer, vos flûtes mieux d'accord.

MASCARILLE
C'est bien fait. Je voudrais qu'encor, sans flatterie,
Il nous eût d'un bâton chargés de compagnie.
A quoi bon se montrer, et, comme un étourdi,
190 Me venir démentir de tout ce que je dis ?

LÉLIE
Je pensais faire bien.

MASCARILLE
Oui, c'était fort l'entendre.
Mais quoi! cette action ne me doit point surprendre :
Vous êtes si fertile en pareils contretemps,
Que vos écarts d'esprit n'étonnent plus les gens.

LÉLIE
195 Ah ! mon Dieu ! pour un rien me voilà bien coupable !
Le mal est-il si grand qu'il soit irréparable ?
Enfin, si tu ne mets Célie entre mes mains,
Songe au moins de Léandre à rompre les desseins ;
Qu'il ne puisse acheter avant moi cette belle.
200 De peur que ma présence encor soit criminelle,
Je te laisse.

MASCARILLE, *seul.*
Fort bien. A dire vrai, l'argent
Serait dans notre affaire un sûr et fort agent :
Mais, ce ressort manquant, il faut user d'un autre.

Scène V : Anselme, Mascarille.

ANSELME
Par mon chef, c'est un siècle étrange que le nôtre !
205 J'en suis confus. Jamais tant d'amour pour le bien,
Et jamais tant de peine à retirer le sien !
Les dettes aujourd'hui, quelque soin qu'on emploie,
Sont comme les enfants, que l'on conçoit en joie,
Et dont avec peine on fait l'accouchement.
210 L'argent dans une bourse entre agréablement ;
Mais, le terme venu que nous devons le rendre, [dre.
C'est lors que les douleurs commencent à nous pren-
Baste ; ce n'est pas peu que deux mille francs, dus

Depuis deux ans entiers, me soient enfin rendus ;
Encore est-ce un bonheur.

MASCARILLE, *à part.*
O Dieu ! la belle proie
A tirer en volant ! Chut, il faut que je voie
Si je pourrais un peu de près le caresser.
Je sais bien les discours dont il le faut bercer...
Je viens de voir, Anselme...

ANSELME
Et qui ?

MASCARILLE
Votre Nérine.

ANSELME
Que dit-elle de moi, cette gente assassine ?

MASCARILLE
Pour vous elle est de flamme.

ANSELME
Elle ?

MASCARILLE
Et vous aime tant,
Que c'est grande pitié.

ANSELME
Que tu me rends content !

MASCARILLE
Peu s'en faut que d'amour la pauvrette ne meure.
Anselme, mon mignon, crie-t-elle à toute heure,
Quand est-ce que l'hymen unira nos deux cœurs,
Et que tu daigneras éteindre mes ardeurs ?

ANSELME
Mais pourquoi jusqu'ici me les avoir celées !
Les filles, par ma foi, sont bien dissimulées !
Mascarille, en effet, qu'en dis-tu ? quoique vieux,
J'ai de la mine encore assez pour plaire aux yeux.

MASCARILLE
Oui, vraiment, ce visage est encor fort mettable ;
S'il n'est pas des plus beaux, il est désagréable.

ANSELME
Si bien donc... ?

MASCARILLE, *veut prendre la bourse.*
Si bien donc qu'elle est sotte de vous,
Ne vous regarde plus...

ANSELME
Quoi ?

MASCARILLE
Que comme un époux ;

Et vous veut...

ANSELME
Et me veut... ?

MASCARILLE
Et vous veut, quoi qu'il tienne,
Prendre la bourse...

ANSELME
La ?

MASCARILLE *prend la bourse, et la laisse tomber.*
La bouche avec la sienne.

ANSELME
Ah ! je t'entends. Viens çà : lorsque tu la verras,
Vante-lui mon mérite autant que tu pourras.

MASCARILLE
Laissez-moi faire.

ANSELME

Adieu.

MASCARILLE, *à part.*

Que le ciel te conduise !

ANSELME, *revenant.*

240 Ah ! vraiment, je faisais une étrange sottise,
Et tu pouvais pour toi m'accuser de froideur.
Je t'engage à servir mon amoureuse ardeur,
Je reçois par ta bouche une bonne nouvelle,
Sans du moindre présent récompenser ton zèle !
245 Tiens, tu te souviendras...

MASCARILLE

Ah ! non pas, s'il vous plaît.

ANSELME

Laisse-moi...

MASCARILLE

Point du tout. J'agis sans intérêt.

ANSELME

Je le sais ; mais pourtant...

MASCARILLE

Non, Anselme, vous dis-je ;
Je suis homme d'honneur, cela me désoblige.

ANSELME

Adieu donc, Mascarille.

MASCARILLE, *à part.*

O long discours !

ANSELME, *revenant.*

Je veux
250 Régaler par tes mains cet objet de mes vœux ;
Et je vais te donner de quoi faire pour elle
L'achat de quelque bague, ou telle bagatelle
Que tu trouveras bon.

MASCARILLE

Non, laissez votre argent :
Sans vous mettre en souci, je ferai le présent ;
255 Et l'on m'a mis en main une bague à la mode,
Qu'après vous payerez, si cela l'accommode.

ANSELME

Soit ; donne-la pour moi ; mais surtout fais si bien
Qu'elle garde toujours l'ardeur de me voir sien.

Scène VI : Lélie, Anselme, Mascarille.

LÉLIE, *ramassant la bourse.*

A qui la bourse ?

ANSELME

Ah ! dieux ! elle m'était tombée !
260 Et j'aurais après cru qu'on me l'eût dérobée !
Je vous suis bien tenu de ce soin obligeant, [gent :
Qui m'épargne un grand trouble et me rend mon ar-
Je vais m'en décharger au logis tout à l'heure.

MASCARILLE

C'est être officieux, et très fort, ou je meure.

LÉLIE

65 Ma foi ! sans moi, l'argent était perdu pour lui.

MASCARILLE

Certes, vous faites rage, et payez aujourd'hui
D'un jugement très rare et d'un bonheur extrême ;
Nous avancerons fort, continuez de même.

LÉLIE

Qu'est-ce donc ? Qu'ai-je fait ?

MASCARILLE

Le sot, en bon français,
Puisque je puis le dire, et qu'enfin je le dois.   270
Il sait bien l'impuissance où son père le laisse ;
Qu'un rival qu'il doit craindre étrangement nous
[presse :
Cependant, quand je tente un coup pour l'obliger,
Dont je cours moi tout seul la honte et le danger...

LÉLIE

Quoi ! c'était... ?

MASCARILLE

Oui, bourreau, c'était pour la captive   275
Que j'attrapais l'argent dont votre soin nous prive.

LÉLIE

S'il est ainsi, j'ai tort ; mais qui l'eût deviné ?

MASCARILLE

Il fallait, en effet, être bien raffiné !

LÉLIE

Tu me devais par signe avertir de l'affaire.

MASCARILLE

Oui, je devais au dos avoir mon luminaire.   280
Au nom de Jupiter, laissez-nous en repos,
Et ne nous chantez plus d'impertinents propos !
Un autre, après cela, quitterait tout peut-être ;
Mais j'avais médité tantôt un coup de maître,
Dont tout présentement je veux voir les effets,   285
A la charge que si...

LÉLIE

Non, je te le promets,
De ne me mêler plus de rien dire ou rien faire.

MASCARILLE

Allez donc ; votre vue excite ma colère.

LÉLIE

Mais surtout hâte-toi, de peur qu'en ce dessein...

MASCARILLE

Allez, encore un coup, j'y vais mettre la main.   290
Lélie sort.
Menons bien ce projet ; la fourbe sera fine,
S'il faut qu'elle succède ainsi que j'imagine.
Allons voir... Bon, voici mon homme justement.

Scène VII : Pandolfe, Mascarille.

PANDOLFE

Mascarille.

MASCARILLE

Monsieur.

PANDOLFE

A parler franchement,
Je suis mal satisfait de mon fils.

MASCARILLE

De mon maître ?   295
Vous n'êtes pas le seul qui se plaigne de l'être :
Sa mauvaise conduite, insupportable en tout,
Met à chaque moment ma patience à bout.

PANDOLFE

Je vous croirais pourtant assez d'intelligence
Ensemble.

MASCARILLE

300   Moi, monsieur ! Perdez cette croyance ;
Toujours de son devoir je tâche à l'avertir,
Et l'on nous voit sans cesse avoir maille à partir.
A l'heure même encor nous avons eu querelle
Sur l'hymen d'Hippolyte, où je le vois rebelle,
305 Où, par l'indignité d'un refus criminel,
Je le vois offenser le respect paternel.

PANDOLFE

Querelle ?

MASCARILLE

     Oui, querelle, et bien avant poussée.

PANDOLFE

Je me trompais donc bien ; car j'avais la pensée
Qu'à tout ce qu'il faisait tu donnais de l'appui.

MASCARILLE

310 Moi? Voyez ce que c'est que du monde aujourd'hui,
Et comme l'innocence est toujours opprimée !
Si mon intégrité vous était confirmée,
Je suis auprès de lui gagé pour serviteur,
Vous me voudriez encor payer pour précepteur ;
315 Oui, vous ne pourriez pas lui dire davantage
Que ce que je lui dis pour le faire être sage.
Monsieur, au nom de Dieu, lui fais-je assez souvent,
Cessez de vous laisser conduire au premier vent ;
Réglez-vous ; regardez l'honnête homme de père
320 Que vous avez du ciel, comme on le considère ;
Cessez de lui vouloir donner la mort au cœur,
Et, comme lui, vivez en personne d'honneur.

PANDOLFE

C'est parler comme il faut. Et que peut-il répondre ?

MASCARILLE

Répondre? Des chansons dont il me vient confondre.
325 Ce n'est pas qu'en effet, dans le fond de son cœur,
Il ne tienne de vous des semences d'honneur ;
Mais sa raison n'est pas maintenant la maîtresse.
Si je pouvais parler avecque hardiesse,
Vous le verriez dans peu soumis sans nul effort.

PANDOLFE

Parle.

MASCARILLE

330   C'est un secret qui m'importerait fort
S'il était découvert ; mais à votre prudence
Je le puis confier avec toute assurance.

PANDOLFE

Tu dis bien.

MASCARILLE

     Sachez donc que vos vœux sont trahis
Par l'amour qu'une esclave imprime à votre fils.

PANDOLFE

335 On m'en avait parlé ; mais l'action me touche
De voir que je l'apprenne encore par ta bouche.

MASCARILLE

Vous voyez si je suis le secret confident...

PANDOLFE

Vraiment, je suis ravi de cela.

MASCARILLE

     Cependant
A son devoir, sans bruit, désirez-vous le rendre ?

Il faut... J'ai toujours peur qu'on nous vienne surpren- 340
Ce serait fait de moi, s'il savait ce discours... [dre :
Il faut, dis-je, pour rompre à toute chose cours,
Acheter sourdement l'esclave idolâtrée,
Et la faire passer en une autre contrée.
Anselme a grand accès auprès de Trufaldin ; 345
Qu'il aille l'acheter pour vous dès ce matin :
Après, si vous voulez en mes mains la remettre,
Je connais des marchands, et puis bien vous promet-
D'en retirer l'argent qu'elle pourra coûter,   [tre
Et, malgré votre fils, de la faire écarter ; 350
Car enfin, si l'on veut qu'à l'hymen il se range,
A cet amour naissant il faut donner le change ;
Et de plus, quand bien même il serait résolu,
Qu'il aurait pris le joug que vous avez voulu,
Cet autre objet, pouvant réveiller son caprice, 355
Au mariage encor peut porter préjudice.

PANDOLFE

C'est très bien raisonné ; ce conseil me plaît fort...
Je vois Anselme ; va, je m'en vais faire effort
Pour avoir promptement cette esclave funeste,
Et la mettre en tes mains pour achever le reste. 360

MASCARILLE, seul.

Bon ; allons avertir mon maître de ceci.
Vive la fourberie, et les fourbes aussi !

Scène VIII : Hippolyte, Mascarille.

HIPPOLYTE

Oui, traître, c'est ainsi que tu me rends service !
Je viens de tout entendre, et voir ton artifice :
A moins que de cela, l'eussé-je soupçonné ? 365
Tu couches d'imposture, et tu m'en as donné.
Tu m'avais promis, lâche, et j'avais lieu d'attendre
Qu'on te verrait servir mes ardeurs pour Léandre ;
Que du choix de Lélie, où l'on veut m'obliger,
Ton adresse et tes soins sauraient me dégager ; 370
Que tu m'affranchirais du projet de mon père :
Et cependant ici tu fais tout le contraire !
Mais tu t'abuseras ; je sais un sûr moyen
Pour rompre cet achat où tu pousses si bien ;
Et je vais de ce pas...

MASCARILLE

     Ah ! que vous êtes prompte ! 375
La mouche tout d'un coup à la tête vous monte,
Et, sans considérer s'il a raison ou non,
Votre esprit contre moi fait le petit démon.
J'ai tort, et je devrais, sans finir mon ouvrage,
Vous faire dire vrai, puisqu'ainsi l'on m'outrage. 380

HIPPOLYTE

Par quelle illusion penses-tu m'éblouir ?
Traître, peux-tu nier ce que je viens d'ouïr ?

MASCARILLE

Non. Mais il faut savoir que tout cet artifice
Ne va directement qu'à vous rendre service ;
Que ce conseil adroit, qui semble être sans fard, 385
Jette dans le panneau l'un et l'autre vieillard ;
Que mon soin par leurs mains ne veut avoir Célie
Qu'à dessein de la mettre au pouvoir de Lélie ;
Et faire que, l'effet de cette invention

90 Dans le dernier excès portant sa passion,
Anselme, rebuté de son prétendu gendre,
Puisse tourner son choix du côté de Léandre.

HIPPOLYTE

Quoi! tout ce grand projet, qui m'a mise en courroux,
Tu l'as formé pour moi, Mascarille?

MASCARILLE

Oui, pour vous.

95 Mais, puisqu'on reconnaît si mal mes bons offices ;
Qu'il me faut de la sorte essuyer vos caprices,
Et que, pour récompense, on s'en vient, de hauteur,
Me traiter de faquin, de lâche, d'imposteur,
Je m'en vais réparer l'erreur que j'ai commise,
00 Et, dès ce même pas, rompre mon entreprise.

HIPPOLYTE, *l'arrêtant.*

Hé ! ne me traite pas si rigoureusement,
Et pardonne aux transports d'un premier mouvement.

MASCARILLE

Non, non, laissez-moi faire ; il est en ma puissance
De détourner le coup qui si fort vous offense.
05 Vous ne vous plaindrez point de mes soins désormais ;
Oui, vous aurez mon maître, et je vous le promets.

HIPPOLYTE

Hé ! mon pauvre garçon, que ta colère cesse !
J'ai mal jugé de toi, j'ai tort, je le confesse.
Tirant sa bourse.
Mais je veux réparer ma faute avec ceci.
10 Pourrais-tu te résoudre à me quitter ainsi ?

MASCARILLE

Non, je ne le saurais, quelque effort que je fasse ;
Mais votre promptitude est de mauvaise grâce.
Apprenez qu'il n'est rien qui blesse un noble cœur
Comme quand il peut voir qu'on le touche en l'hon-

HIPPOLYTE   [neur.

15 Il est vrai, je t'ai dit de trop grosses injures :
Mais que ces deux louis guérissent tes blessures.

MASCARILLE

Hé ! tout cela n'est rien ; je suis tendre à ces coups.
Mais déjà je commence à perdre mon courroux ;
Il faut de ses amis endurer quelque chose.

HIPPOLYTE

20 Pourras-tu mettre à fin ce que je me propose,
Et crois-tu que l'effet de tes desseins hardis
Produise à mon amour le succès que tu dis ?

MASCARILLE

N'ayez point pour ce fait l'esprit sur des épines.
J'ai des ressorts tout prêts pour diverses machines ;
25 Et, quand ce stratagème à nos vœux manquerait,
Ce qu'il ne ferait pas, un autre le ferait.

HIPPOLYTE

Crois qu'Hippolyte au moins ne sera pas ingrate.

MASCARILLE

L'espérance du gain n'est pas ce qui me flatte.

HIPPOLYTE

Ton maître te fait signe, et veut parler à toi ;
30 Je te quitte ; mais songe à bien agir pour moi.

Scène IX : Lélie, Mascarille.

LÉLIE

Que diable fais-tu là ? Tu me promets merveille ;
Mais ta lenteur d'agir est pour moi sans pareille.
Sans que mon bon génie au-devant m'a poussé,
Déjà tout mon bonheur eût été renversé.
C'était fait de mon bien, c'était fait de ma joie,   435
D'un regret éternel je devenais la proie ;
Bref, si je ne me fusse en ce lieu rencontré,
Anselme avait l'esclave, et j'en étais frustré ;
Il l'emmenait chez lui : mais j'ai paré l'atteinte,
J'ai détourné le coup, et tant fait que, par crainte,   440
Le pauvre Trufaldin l'a retenue.

MASCARILLE

Et trois :

Quand nous serons à dix, nous ferons une croix.
C'était par mon adresse, ô cervelle incurable,
Qu'Anselme entreprenait cet achat favorable ;
Entre mes propres mains on le devait livrer ;   445
Et vos soins endiablés nous en viennent sevrer.
Et puis pour votre amour je m'emploierais encore !
J'aimerais mieux cent fois être grosse pécore,
Devenir cruche, chou, lanterne, loup-garou,
Et que monsieur Satan vous vînt tordre le cou.   450

LÉLIE, *seul.*

Il nous le faut mener en quelque hôtellerie,
Et faire sur les pots décharger sa furie.

ACTE SECOND

Scène I : Lélie, Mascarille.

MASCARILLE

A vos désirs enfin il a fallu se rendre :
Malgré tous mes serments, je n'ai pu m'en défendre,
Et pour vos intérêts, que je voulais laisser,   455
En de nouveaux périls viens de m'embarrasser.
Je suis ainsi facile ; et si de Mascarille
Madame la Nature avait fait une fille,
Je vous laisse à penser ce que ç'aurait été.
Toutefois n'allez pas, sur cette sûreté,   460
Donner de vos revers au projet que je tente,
Me faire une bévue, et rompre mon attente.
Auprès d'Anselme encor nous vous excuserons,
Pour en pouvoir tirer ce que nous désirons ;
Mais si dorénavant votre imprudence éclate,   465
Adieu vous dis mes soins pour l'objet qui vous flatte.

LÉLIE

Non, je serai prudent, te dis-je, ne crains rien :
Tu verras seulement...

MASCARILLE

Souvenez-vous-en bien ;

J'ai commencé pour vous un hardi stratagème.
Votre père fait voir une paresse extrême   470
A rendre par sa mort tous vos désirs contents ;
Je viens de le tuer (de parole, j'entends) :
Je fais courir le bruit que d'une apoplexie

Le bonhomme surpris a quitté cette vie.
475 Mais avant, pour pouvoir mieux feindre ce trépas,
J'ai fait que vers sa grange il a porté ses pas ;
On est venu lui dire, et par mon artifice,
Que les ouvriers qui sont après son édifice,
Parmi les fondements qu'ils en jettent encor,
480 Avaient fait par hasard rencontre d'un trésor.
Il a volé d'abord ; et comme à la campagne [pagne,
Tout son monde à présent, hors nous deux, l'accom-
Dans l'esprit d'un chacun je le tue aujourd'hui,
Et produis un fantôme enseveli pour lui.
485 Enfin je vous ai dit à quoi je vous engage,
Jouez bien votre rôle ; et pour mon personnage,
Si vous apercevez que j'y manque d'un mot,
Dites absolument que je ne suis qu'un sot.

LÉLIE, *seul.*

Son esprit, il est vrai, trouve une étrange voie
490 Pour adresser mes vœux au comble de leur joie ;
Mais quand d'un bel objet on est bien amoureux,
Que ne ferait-on pas pour devenir heureux ?
Si l'amour est au crime une assez belle excuse,
Il en peut bien servir à la petite ruse
495 Que sa flamme aujourd'hui me force d'approuver,
Par la douceur du bien qui m'en doit arriver.
Juste ciel ! qu'ils sont prompts ! je les vois en parole.
Allons nous préparer à jouer notre rôle.

Scène II : Anselme, Mascarille.

MASCARILLE

La nouvelle a sujet de vous surprendre fort.

ANSELME

500 Etre mort de la sorte !

MASCARILLE

Il a, certes, grand tort :
Je lui sais mauvais gré d'une telle incartade.

ANSELME

N'avoir pas seulement le temps d'être malade !

MASCARILLE

Non, jamais homme n'eut si hâte de mourir.

ANSELME

Et Lélie !

MASCARILLE

Il se bat, et ne peut rien souffrir :
505 Il s'est fait en maints lieux contusion et bosse,
Et veut accompagner son papa dans la fosse :
Enfin, pour achever, l'excès de son transport
M'a fait en grande hâte ensevelir le mort,
De peur que cet objet, qui le rend hypocondre,
510 A faire un vilain coup ne me l'allât semondre.

ANSELME

N'importe, tu devais attendre jusqu'au soir :
Outre qu'encore un coup j'aurais voulu le voir,
Qui tôt ensevelit bien souvent assassine,
Et tel est cru défunt qui n'en a que la mine.

MASCARILLE

515 Je vous le garantis trépassé comme il faut.
Au reste, pour venir au discours de tantôt,
Lélie (et l'action lui sera salutaire)
D'un bel enterrement veut régaler son père,

Et consoler un peu ce défunt de son sort,
Par le plaisir de voir faire honneur à sa mort.   5
Il hérite beaucoup ; mais, comme en ses affaires
Il se trouve assez neuf et ne voit encor guères,
Que son bien la plupart n'est point en ces quartiers,
Ou que ce qu'il y tient consiste en des papiers,
Il voudrait vous prier, ensuite de l'instance   5
D'excuser de tantôt son trop de violence,
De lui prêter au moins pour ce dernier devoir...

ANSELME

Tu me l'as déjà dit, et je m'en vais le voir.

MASCARILLE, *seul.*

Jusques ici du moins tout va le mieux du monde.
Tâchons à ce progrès que le reste réponde ;   5
Et, de peur de trouver dans le port un écueil,
Conduisons le vaisseau de la main et de l'œil.

Scène III : Anselme, Lélie, Mascarille.

ANSELME

Sortons ; je ne saurais qu'avec douleur très forte
Le voir empaqueté de cette étrange sorte.
Las ! en si peu de temps ! il vivait ce matin !   5

MASCARILLE

En peu de temps parfois on fait bien du chemin.

LÉLIE, *pleurant.*

Ah !

ANSELME

Mais quoi, cher Lélie ! enfin il était homme.
On n'a point pour la mort de dispense de Rome.

LÉLIE

Ah !

ANSELME

Sans leur dire gare, elle abat les humains,
Et contre eux de tout temps a de mauvais desseins.   5

LÉLIE

Ah !

ANSELME

Ce fier animal, pour toutes les prières,
Ne perdrait pas un coup de ses dents meurtrières ;
Tout le monde y passe.

LÉLIE

Ah !

MASCARILLE

Vous avez beau prêcher,
Ce deuil enraciné ne se peut arracher.

ANSELME

Si, malgré ces raisons, votre ennui persévère,   5
Mon cher Lélie, au moins faites qu'il se modère.

LÉLIE

Ah !

MASCARILLE

Il n'en fera rien, je connais son humeur.

ANSELME

Au reste, sur l'avis de votre serviteur,
J'apporte ici l'argent qui vous est nécessaire
Pour faire célébrer les obsèques d'un père.   5

LÉLIE

Ah ! ah !

MASCARILLE
Comme à ce mot s'augmente sa douleur!
Il ne peut, sans mourir, songer à ce malheur.

ANSELME
Je sais que vous verrez aux papiers du bonhomme
Que je suis débiteur d'une plus grande sommé ;
55 Mais, quand par ces raisons je ne vous devrais rien,
Vous pourriez librement disposer de mon bien.
Tenez, je suis tout vôtre, et le ferai paraître.

LÉLIE, s'en allant.
Ah !

MASCARILLE
Le grand déplaisir que sent monsieur mon maître !

ANSELME
Mascarille, je crois qu'il serait à propos
50 Qu'il me fît de sa main un reçu de deux mots.

MASCARILLE
Ah !

ANSELME
Des événements l'incertitude est grande.

MASCARILLE
Ah !

ANSELME
Faisons-lui signer le mot que je demande.

MASCARILLE
Las ! en l'état qu'il est, comment vous contenter ?
Donnez-lui le loisir de se désattrister ;
65 Et, quand ses déplaisirs prendront quelque allégeance,
J'aurai soin d'en tirer d'abord votre assurance.
Adieu. Je sens mon cœur qui se gonfle d'ennui,
Et m'en vais tout mon soûl pleurer avecque lui.
Ah !

ANSELME, seul.
Le monde est rempli de beaucoup de traverses :
70 Chaque homme tous les jours en ressent de diverses;
Et jamais ici-bas...

Scène IV : Pandolfe, Anselme.

ANSELME
Ah ! bon Dieu ! je frémis !
Pandolfe qui revient ! Fût-il bien endormi !
Comme depuis sa mort sa face est amaigrie !
Las ! ne m'approchez pas de plus près, je vous prie !
75 J'ai trop de répugnance à coudoyer un mort.

PANDOLFE
D'où peut donc provenir ce bizarre transport ?

ANSELME
Dites-moi de bien loin quel sujet vous amène.
Si pour me dire adieu vous prenez tant de peine,
C'est trop de courtoisie, et véritablement
80 Je me serais passé de votre compliment.
Si votre âme est en peine, et cherche des prières,
Las ! je vous en promets, et ne m'effrayez guères ;
Foi d'homme épouvanté, je vais faire à l'instant
Prier tant Dieu pour vous que vous serez content.
85   Disparaissez donc, je vous prie,
      Et que le ciel, par sa bonté,
      Comble de joie et de santé
      Votre défunte seigneurie !

PANDOLFE, riant.
Malgré tout mon dépit, il m'y faut prendre part.

ANSELME
Las ! pour un trépassé vous êtes bien gaillard.   590

PANDOLFE
Est-ce jeu, dites-nous, ou bien si c'est folie,
Qui traite de défunt une personne en vie ?

ANSELME
Hélas ! vous êtes mort, et je viens de vous voir.

PANDOLFE
Quoi ! j'aurais trépassé sans m'en apercevoir ?

ANSELME
Sitôt que Mascarille en a dit la nouvelle,   595
J'en ai senti dans l'âme une douleur mortelle.

PANDOLFE
Mais enfin, dormez-vous ? êtes-vous éveillé ?
Me connaissez-vous pas ?

ANSELME
                        Vous êtes habillé
D'un corps aérien qui contrefait le vôtre,
Mais qui dans un moment peut devenir tout autre.   600
Je crains fort de vous voir comme un géant grandir,
Et tout votre visage affreusement laidir.
Pour Dieu ! ne prenez point de vilaine figure ;
J'ai prou de ma frayeur en cette conjoncture.

PANDOLFE
En une autre saison, cette naïveté   605
Dont vous accompagnez votre crédulité,
Anselme, me serait un charmant badinage,
Et j'en prolongerais le plaisir davantage :
Mais, avec cette mort, un trésor supposé,
Dont parmi les chemins on m'a désabusé,   610
Fomente dans mon âme un soupçon légitime.
Mascarille est un fourbe, et fourbe fourbissime,
Sur qui ne peuvent rien la crainte et le remords,
Et qui pour ses desseins a d'étranges ressorts.

ANSELME
M'aurait-on joué pièce et fait supercherie ?   615
Ah ! vraiment, ma raison, vous seriez fort jolie !
Touchons un peu pour voir : en effet, c'est bien lui.
Malepeste du sot que je suis aujourd'hui !
De grâce, n'allez pas divulguer un tel conte ;
On en ferait jouer quelque farce à ma honte :   620
Mais, Pandolfe, aidez-moi vous-même à retirer
L'argent que j'ai donné pour vous faire enterrer.

PANDOLFE
De l'argent, dites-vous ? Ah ! c'est donc l'enclouure !
Voilà le nœud secret de toute l'aventure !
A votre dam. Pour moi, sans m'en mettre en souci,   625
Je vais faire informer de cette affaire ici
Contre ce Mascarille ; et si l'on peut le prendre,
Quoi qu'il puisse coûter, je veux le faire pendre.

ANSELME, seul.
Et moi, la bonne dupe à trop croire un vaurien,
Il faut donc qu'aujourd'hui je perde et sens et bien. 630
Il me sied bien, ma foi, de porter tête grise,
Et d'être encor si prompt à faire une sottise,
D'examiner si peu sur un premier rapport...
Mais je vois...

Scène V : Lélie, Anselme.

LÉLIE, *sans voir Anselme.*

Maintenant, avec ce passeport,
635 Je puis à Trufaldin rendre aisément visite.

ANSELME

A ce que je puis voir, votre douleur vous quitte ?

LÉLIE

Que dites-vous ? Jamais elle ne quittera
Un cœur qui chèrement toujours la nourrira.

ANSELME

Je reviens sur mes pas vous dire avec franchise
640 Que tantôt avec vous j'ai fait une méprise ;
Que parmi ces louis, quoiqu'ils semblent très beaux,
J'en ai, sans y penser, mêlé que je tiens faux ;
Et j'apporte sur moi de quoi mettre en leur place.
De nos faux-monnayeurs l'insupportable audace
645 Pullule en cet état d'une telle façon,
Qu'on ne reçoit plus rien qui soit hors de soupçon.
Mon Dieu! qu'on ferait bien de les faire tous pendre!

LÉLIE

Vous me faites plaisir de les vouloir reprendre ;
Mais je n'en ai point vu de faux, comme je crois.

ANSELME

650 Je les connaîtrai bien : montrez, montrez-les-moi.
Est-ce tout ?

LÉLIE

Oui.

ANSELME

Tant mieux. Enfin je vous raccroche,
Mon argent bien-aimé ; rentrez dedans ma poche ;
Et vous, mon brave escroc, vous ne tenez plus rien.
Vous tuez donc des gens qui se portent fort bien ?
655 Et qu'auriez-vous donc fait sur moi, chétif beau-père ?
Ma foi ! je m'engendrais d'une belle manière,
Et j'allais prendre en vous un beau-fils fort discret !
Allez, allez mourir de honte et de regret.

LÉLIE, *seul.*

Il faut dire : J'en tiens. Quelle surprise extrême !
660 D'où peut-il avoir su si tôt le stratagème ?

Scène VI : Lélie, Mascarille.

MASCARILLE

Quoi ! vous étiez sorti ? Je vous cherchais partout.
Hé bien ! en sommes-nous enfin venus à bout ?
Je le donne en six coups au fourbe le plus brave.
Çà, donnez-moi que j'aille acheter notre esclave,
665 Votre rival après sera bien étonné.

LÉLIE

Ah ! mon pauvre garçon, la chance a bien tourné !
Pourrais-tu de mon sort deviner l'injustice ?

MASCARILLE

Quoi ! que serait-ce ?

LÉLIE

Anselme, instruit de l'artifice,
M'a repris maintenant tout ce qu'il nous prêtait,
670 Sous couleur de changer de l'or que l'on doutait.

MASCARILLE

Vous vous moquez peut-être ?

LÉLIE

Il est trop véritable.

MASCARILLE

Tout de bon ?

LÉLIE

Tout de bon ; j'en suis inconsolable.
Tu te vas emporter d'un courroux sans égal.

MASCARILLE

Moi, monsieur ! Quelque sot : la colère fait mal,
Et je veux me choyer, quoi qu'enfin il arrive.   6
Que Célie, après tout, soit ou libre ou captive,
Que Léandre l'achète, ou qu'elle reste là,
Pour moi, je m'en soucie autant que de cela.

LÉLIE

Ah ! n'aie point pour moi si grande indifférence,
Et sois plus indulgent à ce peu d'imprudence !   6
Sans ce dernier malheur, ne m'avoueras-tu pas
Que j'avais fait merveille, et qu'en ce feint trépas
J'éludais un chacun d'un deuil si vraisemblable,
Que les plus clairvoyants l'auraient cru véritable ?

MASCARILLE

Vous avez en effet sujet de vous louer.   6

LÉLIE

Hé bien ! je suis coupable, et je veux l'avouer ;
Mais si jamais mon bien te fut considérable,
Répare ce malheur, et me sois secourable.

MASCARILLE

Je vous baise les mains ; je n'ai pas le loisir.

LÉLIE

Mascarille ! mon fils !

MASCARILLE

Point.

LÉLIE

Fais-moi ce plaisir.   6

MASCARILLE

Non, je n'en ferai rien.

LÉLIE

Si tu m'es inflexible,
Je m'en vais me tuer.

MASCARILLE

Soit ; il vous est loisible.

LÉLIE

Je ne te puis fléchir ?

MASCARILLE

Non.

LÉLIE

Vois-tu le fer prêt ?

MASCARILLE

Oui.

LÉLIE

Je vais le pousser.

MASCARILLE

Faites ce qu'il vous plaît.

LÉLIE

Tu n'auras pas regret de m'arracher la vie ?   6

MASCARILLE

Non.

LÉLIE

Adieu, Mascarille.

MASCARILLE
Adieu, monsieur Lélie.

LÉLIE

Quoi !...

MASCARILLE
Tuez-vous donc vite. Ah! que de longs devis !

LÉLIE
Tu voudrais bien, ma foi, pour avoir mes habits,
Que je fisse le sot, et que je me tuasse.

MASCARILLE
700 Savais-je pas qu'enfin ce n'était que grimace ;
Et, quoi que ces esprits jurent d'effectuer,
Qu'on n'est point aujourd'hui si prompt à se tuer ?

*Scène VII : Trufaldin, Léandre,
Lélie, Mascarille.*

Trufaldin parle bas à Léandre dans le fond du théâtre.

LÉLIE
Que vois-je ? mon rival et Trufaldin ensemble !
Il achète Célie : ah ! de frayeur je tremble !

MASCARILLE
705 Il ne faut point douter qu'il fera ce qu'il peut,
Et, s'il a de l'argent, qu'il pourra ce qu'il veut.
Pour moi, j'en suis ravi. Voilà la récompense
De vos brusques erreurs, de votre impatience.

LÉLIE
Que dois-je faire ? dis ; veuille me conseiller.

MASCARILLE
Je ne sais.

LÉLIE
710   Laisse-moi, je vais le quereller.

MASCARILLE
Qu'en arrivera-t-il ?

LÉLIE
           Que veux-tu que je fasse
Pour empêcher ce coup ?

MASCARILLE
           Allez, je vous fais grâce ;
Je jette encore un œil pitoyable sur vous.
Laissez-moi l'observer ; par des moyens plus doux,
715 Je vais, comme je crois, savoir ce qu'il projette.
Lélie sort.

TRUFALDIN, *à Léandre.*
Quand on viendra tantôt, c'est une affaire faite.
Trufaldin sort.

MASCARILLE, *à part, en s'en allant.*
Il faut que je l'attrape, et que de ses desseins
Je sois le confident, pour mieux les rendre vains.

LÉANDRE, *seul.*
720 Grâces au ciel, voilà mon bonheur hors d'atteinte ;
J'ai su me l'assurer, et je n'ai plus de crainte.
Quoi que désormais puisse entreprendre un rival,
Il n'est plus en pouvoir de me faire du mal.

MASCARILLE *dit ces deux vers dans la maison, et
entre sur le théâtre.*   [m'assomme !
Ahi ! ahi ! à l'aide ! au meurtre ! au secours ! on
Ah ! ah ! ah ! ah ! ah ! ah ! O traître ! ô bourreau
LÉANDRE   [d'homme !
725 D'où procède cela ? Qu'est-ce ? Que te fait-on ?

MASCARILLE.
On vient de me donner deux cents coups de bâton.

LÉANDRE
Qui ?

MASCARILLE
Lélie.

LÉANDRE
Et pourquoi ?

MASCARILLE
          Pour une bagatelle
Il me chasse et me bat d'une façon cruelle.

LÉANDRE
Ah ! vraiment il a tort.

MASCARILLE
          Mais, ou je ne pourrai,
730 Ou je jure bien fort que je m'en vengerai.
Oui, je te ferai voir, batteur que Dieu confonde,
Que ce n'est pas pour rien qu'il faut rouer le monde,
Que je suis un valet, mais fort homme d'honneur,
Et qu'après m'avoir eu quatre ans pour serviteur,
735 Il ne me fallait pas payer en coups de gaules,
Et me faire un affront si sensible aux épaules.
Je te le dis encor, je saurai m'en venger :
Une esclave te plaît, tu voulais m'engager
A la mettre en tes mains, et je veux faire en sorte
740 Qu'un autre te l'enlève, ou le diable m'emporte.

LÉANDRE.
Ecoute, Mascarille, et quitte ce transport.
Tu m'as plu de tout temps, et je souhaitais fort
Qu'un garçon comme toi, plein d'esprit et fidèle,
A mon service un jour pût attacher son zèle :
745 Enfin, si le parti te semble bon pour toi,
Si tu veux me servir, je t'arrête avec moi.

MASCARILLE
Oui, monsieur, d'autant mieux que le destin propice
M'offre à me bien venger, en vous rendant service ;
Et que, dans mes efforts pour vos contentements,
750 Je puis à mon brutal trouver des châtiments :
De Célie, en un mot, par mon adresse extrême...

LÉANDRE
Mon amour s'est rendu cet office lui-même.
Enflammé d'un objet qui n'a point de défaut,
Je viens de l'acheter moins encore qu'il ne vaut.

MASCARILLE
Quoi ! Célie est à vous ?

LÉANDRE
          Tu la verrais paraître,
755 Si de mes actions j'étais tout à fait maître :
Mais quoi ! mon père l'est : comme il a volonté,
Ainsi que je l'apprends d'un paquet apporté,
De me déterminer à l'hymen d'Hippolyte,
J'empêche qu'un rapport de tout ceci l'irrite.
760 Donc, avec Trufaldin (car je sors de chez lui)
J'ai voulu tout exprès agir au nom d'autrui,
Et l'achat fait, ma bague est la marque choisie
Sur laquelle au premier il doit livrer Célie.
Je songe auparavant à chercher les moyens
765 D'ôter aux yeux de tous ce qui charme les miens,
A trouver promptement un endroit favorable
Où puisse être en secret cette captive aimable.

MASCARILLE

Hors de la ville un peu, je puis avec raison
770 D'un vieux parent que j'ai vous offrir la maison ;
Là vous pourrez la mettre avec toute assurance,
Et de cette action nul n'aura connaissance.

LÉANDRE

Oui, ma foi, tu me fais un plaisir souhaité.
Tiens donc, et va pour moi prendre cette beauté.
775 Dès que par Trufaldin ma bague sera vue,
Aussitôt en tes mains elle sera rendue,
Et dans cette maison tu me la conduiras,
Quand... Mais chut, Hippolyte est ici sur nos pas.

Scène VIII : Hippolyte, Léandre, Mascarille.

HIPPOLYTE

Je dois vous annoncer, Léandre, une nouvelle ;
780 Mais la trouverez-vous agréable ou cruelle ?

LÉANDRE

Pour en pouvoir juger et répondre soudain,
Il faudrait la savoir.

HIPPOLYTE

                        Donnez-moi donc la main
Jusqu'au temple ; en marchant je pourrai vous l'ap-
LÉANDRE, *à Mascarille.*   [prendre.
Va, va-t'en me servir sans davantage attendre.

MASCARILLE

785 Oui, je vais te servir d'un plat de ma façon.
Fut-il jamais au monde un plus heureux garçon ?
Oh ! que dans un moment Lélie aura de joie !
Sa maîtresse en nos mains tomber par cette voie !
Recevoir tout son bien d'où l'on attend le mal !
790 Et devenir heureux par la main d'un rival !
Après ce rare exploit, je veux que l'on s'apprête
A me peindre en héros, un laurier sur la tête,
Et qu'au bas du portrait on mette en lettres d'or :
Vivat Mascarillus, fourbum imperator !

Scène IX : Trufaldin, Mascarille.

MASCARILLE

795 Holà !

TRUFALDIN

Que voulez-vous ?

MASCARILLE

                        Cette bague connue
Vous dira le sujet qui cause ma venue.

TRUFALDIN

Oui, je reconnais bien la bague que voilà.
Je vais quérir l'esclave ; arrêtez un peu là.

Scène X : Trufaldin, un courrier, Mascarille.

LE COURRIER, *à Trufaldin.*

Seigneur, obligez-moi de m'enseigner un homme...

TRUFALDIN

800 Et qui ?

LE COURRIER

Je crois que c'est Trufaldin qu'il se nomme.

TRUFALDIN

Et que lui voulez-vous ? Vous le voyez ici.

LE COURRIER

Lui rendre seulement la lettre que voici.

TRUFALDIN *lit.*

Le ciel, dont la bonté prend souci de ma vie,
Vient de me faire ouïr, par un bruit assez doux,
Que ma fille, à quatre ans, par des voleurs ravie,   8[0]
Sous le nom de Célie est esclave chez vous .
Si vous sûtes jamais ce que c'est qu'être père,
Et vous trouvez sensible aux tendresses du sang,
Conservez-moi chez vous cette fille si chère,
Comme si de la vôtre elle tenait le rang.   8[ ]
Pour l'aller retirer je pars d'ici moi-même,
Et vous vais de vos soins récompenser si bien,
Que par votre bonheur, que je veux rendre extrême,
Vous bénirez le jour où vous causez le mien.
De Madrid.

                        Dom Pedro de Gusman,
                        marquis de Montalcane.

Il continue.

Quoiqu'à leur nation bien peu de foi soit due,   8[ ]
Ils me l'avaient bien dit, ceux qui me l'ont vendue,
Que je verrais dans peu quelqu'un la retirer,
Et que je n'aurais pas sujet d'en murmurer ;
Et cependant j'allais, par mon impatience,
Perdre aujourd'hui les fruits d'une haute espérance.   8[2]
Au courrier.
Un seul moment plus tard, tous vos pas étaient vains,
J'allais mettre à l'instant cette fille en ses mains :
Mais suffit ; j'en aurai tout le soin qu'on désire.
Le courrier sort. A Mascarille.
Vous-même vous voyez ce que je viens de lire.
Vous direz à celui qui vous a fait venir,   8[2]
Que je ne lui saurais ma parole tenir ;
Qu'il vienne retirer son argent.

MASCARILLE

                        Mais l'outrage
Que vous lui faites...

TRUFALDIN

                        Va, sans causer davantage.

MASCARILLE, *seul.*

Ah ! le fâcheux paquet que nous venons d'avoir !
Le sort a bien donné la baie à mon espoir ;   8[3]
Et bien à la male heure est-il venu d'Espagne
Ce courrier que la foudre ou la grêle accompagne.
Jamais, certes, jamais plus beau commencement
N'eut en si peu de temps plus triste événement.

Scène XI : Lélie, riant, Mascarille.

MASCARILLE

Quel beau transport de joie à présent vous inspire ?   8[3]

LÉLIE

Laisse-m'en rire encore avant que te le dire.

MASCARILLE

Çà, rions donc bien fort, nous en avons sujet.

LÉLIE

Ah ! je ne serai plus de tes plaintes l'objet.
Tu ne me diras plus, toi qui toujours me cries,

340 Que je gâte en brouillon toutes tes fourberies :
J'ai bien joué moi-même un tour des plus adroits.
Il est vrai, je suis prompt, et m'emporte parfois :
Mais pourtant, quand je veux, j'ai l'imaginative
345 Aussi bonne, en effet, que personne qui vive ;
Et toi-même avoueras que ce que j'ai fait part
D'une pointe d'esprit où peu de monde a part.

MASCARILLE
Sachons donc ce qu'a fait cette imaginative.

LÉLIE
Tantôt, l'esprit ému d'une frayeur bien vive
350 D'avoir vu Trufaldin avec mon rival,
Je songeais à trouver un remède à ce mal,
Lorsque, me ramassant tout entier en moi-même,
J'ai conçu, digéré, produit un stratagème
Devant qui tous les tiens, dont tu fais tant de cas,
Doivent, sans contredit, mettre pavillon bas.

MASCARILLE
355 Mais qu'est-ce ?

LÉLIE
Ah ! s'il te plaît, donne-toi patience.
J'ai donc feint une lettre avec diligence,
Comme d'un grand seigneur écrite à Trufaldin,
Qui mande qu'ayant su, par un heureux destin
Qu'une esclave qu'il tient sous le nom de Célie
360 Est sa fille, autrefois par des voleurs ravie,
Il veut la venir prendre, et le conjure au moins
De la garder toujours, de lui rendre des soins ;
Qu'à ce sujet il part d'Espagne, et doit pour elle
Par de si grands présents reconnaître son zèle ;
365 Qu'il n'aura point regret de causer son bonheur.

MASCARILLE
Fort bien.

LÉLIE
Ecoute donc, voici bien le meilleur.
La lettre que je dis a donc été remise ;
Mais sais-tu bien comment ? En saison si bien prise,
370 Que le porteur m'a dit que, sans ce trait falot,
Un homme l'emmenait, qui s'est trouvé fort sot.

MASCARILLE
Vous avez fait ce coup sans vous donner au diable ?

LÉLIE
Oui. D'un tour si subtil m'aurais-tu cru capable ?
Loue au moins mon adresse, et la dextérité
Dont je romps d'un rival le dessein concerté.

MASCARILLE
375 A vous pouvoir louer selon votre mérite,
Je manque d'éloquence, et ma force est petite.
Oui, pour bien étaler cet effort relevé,
Ce bel exploit de guerre à nos yeux achevé,
Ce grand et rare effet d'une imaginative
380 Qui ne cède en vigueur à personne qui vive,
Ma langue est impuissante, et je voudrais avoir
Celles de tous les gens du plus exquis savoir,
Pour vous dire en beaux vers, ou bien en docte prose,
Que vous serez toujours, quoi que l'on se propose,
385 Tout ce que vous avez été durant vos jours,
C'est-à-dire un esprit chaussé tout à rebours,
Une raison malade et toujours en débauche,
Un envers du bon sens, un jugement à gauche,

Un brouillon, une bête, un brusque, un étourdi,
Que sais-je ? un... cent fois plus encor que je ne dis. 890
C'est faire en abrégé votre panégyrique.

LÉLIE
Apprends-moi le sujet qui contre moi te pique ;
Ai-je fait quelque chose ? Eclaircis-moi ce point.

MASCARILLE
Non, vous n'avez rien fait ; mais ne me suivez point.

LÉLIE
Je te suivrai partout pour savoir ce mystère.   895

MASCARILLE
Oui ? Sus donc, préparez vos jambes à bien faire ;
Car je vais vous fournir de quoi les exercer.

LÉLIE, seul.
Il m'échappe. O malheur qui ne se peut forcer !
Aux discours qu'il m'a faits que saurais-je comprendre,
Et quel mauvais office aurais-je pu me rendre ?   900

ACTE TROISIEME

Scène I : Mascarille.

Taisez-vous, ma bonté, cessez votre entretien ;
Vous êtes une sotte, et je n'en ferai rien.
Oui, vous avez raison, mon courroux, je l'avoue ;
Relier tant de fois ce qu'un brouillon dénoue,
C'est trop de patience ; et je dois en sortir,   905
Après de si beaux coups qu'il a su divertir.
Mais aussi raisonnons un peu sans violence.
Si je suis maintenant ma juste impatience,
On dira que je cède à la difficulté ;
Que je me trouve à bout de ma subtilité :   910
Et que deviendra lors cette publique estime
Qui te vante partout pour un fourbe sublime,
Et que tu t'es acquise en tant d'occasions,
A ne t'être jamais vu court d'inventions ?
L'honneur, ô Mascarille, est une belle chose !   915
A tes nobles travaux ne fais aucune pause ;
Et, quoi qu'un maître ait fait pour te faire enrager,
Achève pour ta gloire, et non pour l'obliger.
Mais quoi ! Que feras-tu, que de l'eau toute claire,
Traversé sans repos par ce démon contraire ?   920
Tu vois qu'à chaque instant il te fait déchanter,
Et que c'est battre l'eau de prétendre arrêter
Ce torrent effréné, qui de tes artifices
Renverse en un moment les plus beaux édifices.
Hé bien ! pour toute grâce, encore un coup du moins.   925
Au hasard du succès, sacrifions des soins ;
Et s'il poursuit encore à rompre notre chance,
J'y consens, ôtons-lui toute notre assistance.
Cependant notre affaire encor n'irait pas mal,
Si par là nous pouvions perdre notre rival ;   930
Et que Léandre enfin, lassé de sa poursuite,
Nous laissât jour entier pour ce que je médite.
Oui, je roule en ma tête un trait ingénieux,
Dont je promettrais bien un succès glorieux,
Si je puis n'avoir plus cet obstacle à combattre.   935
Bon, voyons si son feu se rend opiniâtre.

Scène II : Léandre, Mascarille.

MASCARILLE

Monsieur, j'ai perdu temps, votre homme se dédit.

LÉANDRE

De la chose lui-même il m'a fait un récit ;
Mais c'est bien plus : j'ai su que tout ce beau mystère
940 D'un rapt d'Egyptiens, d'un grand seigneur pour père
Qui doit partir d'Espagne et venir en ces lieux,
N'est qu'un pur stratagème, un trait facétieux,
Une histoire à plaisir, un conte dont Lélie
A voulu détourner notre achat de Célie.

MASCARILLE

945 Voyez un peu la fourbe !

LÉANDRE

Et pourtant Trufaldin
Est si bien imprimé de ce conte badin,
Mord si bien à l'appât de cette faible ruse,
Qu'il ne veut point souffrir que l'on le désabuse.

MASCARILLE

C'est pourquoi désormais il la gardera bien,
950 Et je ne vois pas lieu d'y prétendre plus rien.

LÉANDRE

Si d'abord à mes yeux elle parut aimable,
Je viens de la trouver tout à fait adorable ;
Et je suis en suspens si, pour me l'acquérir,
Aux extrêmes moyens je ne dois point courir,
955 Par le don de ma foi rompre sa destinée,
Et changer ses liens en ceux de l'hyménée.

MASCARILLE

Vous pourriez l'épouser ?

LÉANDRE

Je ne sais ; mais enfin,
Si quelque obscurité se trouve en son destin,
Sa grâce et sa vertu sont de douces amorces
960 Qui, pour tirer les cœurs, ont d'incroyables forces.

MASCARILLE

Sa vertu, dites-vous ?

LÉANDRE

Quoi ? que murmures-tu ?
Achève, explique-toi sur ce mot de vertu.

MASCARILLE

Monsieur, votre visage en un moment s'altère,
Et je ferai bien mieux peut-être de me taire.

LÉANDRE

Non, non, parle.

MASCARILLE

965 Hé bien donc, très charitablement
Je vous veux retirer de votre aveuglement.
Cette fille...

LÉANDRE

Poursuis.

MASCARILLE

N'est rien moins qu'inhumaine :
Dans le particulier elle oblige sans peine,
Et son cœur, croyez-moi, n'est point roche après tout
970 A quiconque la sait prendre par le bon bout ;
Elle fait la sucrée, et veut passer pour prude ;
Mais je puis en parler avec certitude.

Vous savez que je suis quelque peu d'un métier
A me devoir connaître en un pareil gibier.

LÉANDRE

Célie...

MASCARILLE

Oui, sa pudeur n'est que franche grimace, 975
Qu'une ombre de vertu qui garde mal sa place,
Et qui s'évanouit, comme l'on peut savoir,
Aux rayons du soleil qu'une bourse fait voir.

LÉANDRE

Las ! que dis-tu ? croirai-je un discours de la sorte !

MASCARILLE

Monsieur, les volontés sont libres : que m'importe ? 980
Non, ne me croyez pas, suivez votre dessein,
Prenez cette matoise, et lui donnez la main ;
Toute la ville en corps reconnaîtra ce zèle,
Et vous épouserez le bien public en elle.

LÉANDRE

Quelle surprise étrange !

MASCARILLE, *à part.*

Il a pris l'hameçon. 985
Courage ! s'il s'y peut enferrer tout de bon,
Nous nous ôtons du pied une fâcheuse épine.

LÉANDRE

Oui, d'un coup étonnant ce discours m'assassine.

MASCARILLE

Quoi ! vous pourriez...

LÉANDRE

Va-t'en jusqu'à la poste, et vois
Je ne sais quel paquet qui doit venir pour moi. 990
Seul, après avoir rêvé.
Qui ne s'y fût trompé ! Jamais l'air d'un visage,
Si ce qu'il dit est vrai, n'imposa davantage.

Scène III : Lélie, Léandre.

LÉLIE

Du chagrin qui vous tient quel peut être l'objet ?

LÉANDRE

Moi ?

LÉLIE

Vous-même.

LÉANDRE

Pourtant je n'en ai point sujet.

LÉLIE

Je vois bien ce que c'est, Célie en est la cause. 995

LÉANDRE

Mon esprit ne court pas après si peu de chose.

LÉLIE

Pour elle vous aviez pourtant de grands desseins :
Mais il faut dire ainsi, lorsqu'ils se trouvent vains.

LÉANDRE

Si j'étais assez sot pour chérir ses caresses,
Je me moquerais bien de toutes vos finesses. 1000

LÉLIE

Quelles finesses donc ?

LÉANDRE

Mon Dieu ! nous savons tout.

LÉLIE

Quoi ?

LÉANDRE
Votre procédé de l'un à l'autre bout.

LÉLIE
C'est de l'hébreu pour moi, je n'y puis rien comprendre.

LÉANDRE
Feignez, si vous voulez, de ne me pas entendre ;
05 Mais, croyez-moi, cessez de craindre pour un bien
Où je serais fâché de vous disputer rien.
J'aime fort la beauté qui n'est point profanée,
Et ne veux point brûler pour une abandonnée.

LÉLIE
Tout beau, tout beau, Léandre !

LÉANDRE
                                    Ah ! que vous êtes bon !
10 Allez, vous dis-je encor, servez-la sans soupçon ;
Vous pourrez vous nommer homme à bonnes fortunes.
Il est vrai, sa beauté n'est pas des plus communes ;
Mais en revanche aussi le reste est fort commun.

LÉLIE
Léandre, arrêtons là ce discours importun.
15 Contre moi tant d'efforts qu'il vous plaira pour elle ;
Mais, surtout, retenez cette atteinte mortelle.
Sachez que je m'impute à trop de lâcheté
D'entendre mal parler de ma divinité ;
Et que j'aurai toujours bien moins de répugnance
20 A souffrir votre amour, qu'un discours qui l'offense.

LÉANDRE
Ce que j'avance ici me vient de bonne part.

LÉLIE
Quiconque vous l'a dit est un lâche, un pendard.
On ne peut imposer de tache à cette fille,
Je connais bien son cœur.

LÉANDRE
                                    Mais enfin Mascarille
25 D'un semblable procès est juge compétent ;
C'est lui qui la condamne.

LÉLIE
                                    Oui !

LÉANDRE
                                          Lui-même.

LÉLIE
                                                    Il prétend
D'une fille d'honneur insolemment médire,
Et que peut-être encor je n'en ferai que rire !
Gage qu'il se dédit.

LÉANDRE
                          Et moi, gage que non.

LÉLIE
30 Parbleu ! je le ferais mourir sous le bâton,
S'il m'avait soutenu des faussetés pareilles.

LÉANDRE
Moi je lui couperais sur-le-champ les oreilles,
S'il n'était pas garant de tout ce qu'il m'a dit.

Scène IV : Lélie, Léandre, Mascarille.

LÉLIE
Ah ! bon, bon, le voilà. Venez çà, chien maudit !

MASCARILLE
Quoi ?

LÉLIE
Langue de serpent, fertile en impostures,   1035
Vous osez sur Célie attacher vos morsures,
Et lui calomnier la plus rare vertu
Qui puisse faire éclat sous un sort abattu ?

MASCARILLE, bas à Lélie.
Doucement, ce discours est de mon industrie.

LÉLIE
Non, non, point de clin d'œil et point de raillerie ; 1040
Je suis aveugle à tout, sourd à quoi que ce soit ;
Fût-ce mon propre frère, il me la payerait.
Et sur ce que j'adore oser porter le blâme,
C'est me faire une plaie au plus tendre de l'âme.
Tous ces signes sont vains. Quels discours as-tu faits ? 1045

MASCARILLE
Mon Dieu, ne cherchons point querelle, ou je m'en vais.

LÉLIE
Tu n'échapperas pas.

MASCARILLE
                          Ahi !

LÉLIE
                                Parle donc, confesse.

MASCARILLE, bas à Lélie.
Laissez-moi, je vous dis que c'est un tour d'adresse.

LÉLIE
Dépêche, qu'as-tu dit ? vide entre nous ce point.

MASCARILLE, bas à Lélie.
J'ai dit ce que j'ai dit : ne vous emportez point.   1050

LÉLIE, mettant l'épée à la main.
Ah ! je vous ferai bien parler d'une autre sorte !

LÉANDRE, l'arrêtant.
Halte un peu, retenez l'ardeur qui vous emporte.

MASCARILLE, à part.
Fut-il jamais au monde un esprit moins sensé ?

LÉLIE
Laissez-moi contenter mon courage offensé.

LÉANDRE
C'est trop que de vouloir le battre en ma présence. 1055

LÉLIE
Quoi ! châtier mes gens n'est pas en ma puissance ?

LÉANDRE
Comment, vos gens ?

MASCARILLE, à part.
                          Encore ! Il va tout découvrir.

LÉLIE
Quand j'aurais volonté de le battre à mourir,
Hé bien ! c'est mon valet.

LÉANDRE
                                C'est maintenant le nôtre.

LÉLIE
Le trait est admirable ! Et comment donc le vôtre ? 1060
Sans doute...

MASCARILLE, bas à Lélie.
                    Doucement.

LÉLIE
                                Hem ! que veux-tu conter ?

MASCARILLE, à part.
Ah ! le double bourreau, qui me va tout gâter,
Et qui ne comprend rien, quelque signe qu'on donne !

LÉLIE

Vous rêvez bien, Léandre, et me la baillez bonne.
1065 Il n'est pas mon valet ?

LÉANDRE

                Pour quelque mal commis,
Hors de votre service il n'a pas été mis ?

LÉLIE

Je ne sais ce que c'est.

LÉANDRE

                Et, plein de violence,
Vous n'avez pas chargé son dos avec outrance ?

LÉLIE

Point du tout. Moi l'avoir chassé, roué de coups ?
1070 Vous vous moquez de moi, Léandre, ou lui de vous.

MASCARILLE, à part.

Pousse, pousse, bourreau ; tu fais bien tes affaires.

LÉANDRE, à Mascarille.

Donc les coups de bâton ne sont qu'imaginaires !

MASCARILLE

Il ne sait ce qu'il dit ; sa mémoire...

LÉANDRE

                          Non, non,
Tous ces signes pour toi ne disent rien de bon.
1075 Oui, d'un tour délicat mon esprit te soupçonne.
Mais pour l'invention, va, je te le pardonne.
C'est bien assez pour moi qu'il m'a désabusé,
De voir par quels motifs tu m'avais imposé,
Et que m'étant commis à ton zèle hypocrite,
1080 A si bon compte encor je m'en sois trouvé quitte.
Ceci doit s'appeler *un avis au lecteur.*
Adieu, Lélie, adieu, très humble serviteur.

MASCARILLE

Courage, mon garçon, tout heur nous accompagne :
Mettons flamberge au vent et bravoure en campagne,
1085 Faisons *l'Olibrius, l'occiseur d'innocents.*

LÉLIE

Il t'avait accusé de discours médisants
Contre...

MASCARILLE

            Et vous ne pouviez souffrir mon artifice,
Lui laisser son erreur, qui vous rendait service,
Et par qui son amour s'en était presque allé ?
1090 Non, il a l'esprit franc, et point dissimulé.
Enfin chez son rival je m'ancre avec adresse,
Cette fourbe en mes mains va mettre sa maîtresse,
Il me la fait manquer avec de faux rapports.
Je veux de son rival ralentir les transports,
1095 Mon brave incontinent vient qui le désabuse ;
J'ai beau lui faire signe, et montrer que c'est ruse :
Point d'affaire : il poursuit sa pointe jusqu'au bout,
Et n'est point satisfait qu'il n'ait découvert tout.
Grand et sublime effort d'une imaginative
1100 Qui ne le cède point à personne qui vive !
C'est une rare pièce, et digne, sur ma foi,
Qu'on en fasse présent au cabinet d'un roi.

LÉLIE

Je ne m'étonne pas si je romps tes attentes ;
A moins d'être informé des choses que tu tentes,
1105 J'en ferais encor cent de la sorte.

MASCARILLE

                       Tant pis.

LÉLIE

Au moins, pour t'emporter à de justes dépits,
Fais-moi dans tes desseins entrer de quelque chose ;
Mais que de leurs ressorts la porte me soit close,
C'est ce qui fait toujours que je suis pris sans vert.

MASCARILLE

Je crois que vous seriez un maître d'arme expert ;   11
Vous savez à merveille, en toutes aventures,
Prendre les contretemps et rompre les mesures.

LÉLIE

Puisque la chose est faite, il n'y faut plus penser.
Mon rival, en tout cas, ne peut me traverser ;
Et pourvu que tes soins en qui je me repose...   11

MASCARILLE

Laissons là ce discours, et parlons d'autre chose.
Je ne m'apaise pas, non, si facilement ;
Je suis trop en colère. Il faut premièrement
Me rendre un bon office, et nous verrons ensuite
Si je dois de vos feux reprendre la conduite.   11

LÉLIE

S'il ne tient qu'à cela, je n'y résiste pas,
As-tu besoin, dis-moi, de mon sang, de mes bras ?

MASCARILLE

De quelle vision sa cervelle est frappée !
Vous êtes de l'humeur de ces amis d'épée
Que l'on trouve toujours plus prompts à dégainer   11
Qu'à tirer un teston, s'il fallait le donner.
Que puis-je donc pour toi ?

MASCARILLE

                    C'est que de votre père
Il faut absolument apaiser la colère.

LÉLIE

Nous avons fait la paix.

MASCARILLE

               Oui, mais non pas pour nous.
Je l'ai fait, ce matin, mort pour l'amour de vous ;   11
La vision le choque, et de pareilles feintes
Aux vieillards comme lui sont de dures atteintes,
Qui, sur l'état prochain de leur condition,
Leur font faire à regret triste réflexion.
Le bonhomme, tout vieux, chérit fort la lumière,   11
Et ne veut point de jeu dessus cette matière ;
Il craint le pronostic, et, contre moi fâché,
On m'a dit qu'en justice il m'avait recherché.
J'ai peur, si le logis du roi fait ma demeure,
De m'y trouver si bien dès le premier quart d'heure, 11
Que j'aie peine aussi d'en sortir par après.
Contre moi dès longtemps l'on a force décrets ;
Car enfin la vertu n'est jamais sans envie,
Et dans ce maudit siècle est toujours poursuivie.
Allez donc le fléchir.

LÉLIE

              Oui, nous le fléchirons :   11
Mais aussi tu promets...

MASCARILLE

            Ah ! mon Dieu ! nous verrons.

Lélie sort.

Ma foi, prenons haleine après tant de fatigues.
Cessons pour quelque temps le cours de nos intrigues,
Et de nous tourmenter de même qu'un lutin.
50 Léandre, pour nous nuire, est hors de garde enfin,
Et Célie arrêtée avecque l'artifice...

Scène V : Ergaste, Mascarille.

ERGASTE

Je te cherchais partout pour te rendre un service,
Pour te donner avis d'un secret important.

MASCARILLE

Quoi donc ?

ERGASTE

N'avons-nous point ici quelque écoutant ?

MASCARILLE

Non.

ERGASTE

55   Nous sommes amis autant qu'on le peut être,
Je sais bien tes desseins et l'amour de ton maître ;
Songez à vous tantôt. Léandre fait parti
Pour enlever Célie ; et j'en suis averti
Qu'il a mis ordre à tout, et qu'il se persuade
60 D'entrer chez Trufaldin par une mascarade,
Ayant su qu'en ce temps, assez souvent le soir
Des femmes du quartier en masque l'allaient voir.

MASCARILLE

Oui ? Suffit ; il n'est pas au comble de sa joie,
Je pourrai bien tantôt lui souffler cette proie ;
65 Et contre cet assaut je sais un coup fourré
Par qui je veux qu'il soit de lui-même enferré.
Il ne sait pas les dons dont mon âme est pourvue.
Adieu, nous boirons pinte à la première vue.
Il faut, il faut tirer à nous ce que d'heureux
70 Pourrait avoir en soi ce projet amoureux,
Et, par une surprise adroite et non commune,
Sans courir le danger, en tenter la fortune.
Si je vais me masquer pour devancer ses pas,
Léandre assurément ne nous bravera pas,
75 Et là, premier que lui, si nous faisons la prise,
Il aura fait pour nous les frais de l'entreprise,
Puisque par son dessein déjà presque éventé
Le soupçon tombera toujours de son côté,
Et que nous, à couvert de toutes ses poursuites,
80 De ce coup hasardeux ne craindrons point les suites.
C'est ne se point commettre à faire de l'éclat,
Et tirer les marrons de la patte du chat.
Allons donc nous masquer avec quelques bons frères ;
Pour prévenir nos gens, il ne faut tarder guères.
85 Je sais où gît le lièvre, et me puis, sans travail,
Fournir en un moment d'hommes et d'attirail.
Croyez que je mets bien mon adresse en usage ;
Si j'ai reçu du ciel les fourbes en partage,
Je ne suis point au rang de ces esprits mal nés
90 Qui cachent les talents que Dieu leur a donnés.

Scène VI : Lélie, Ergaste.

LÉLIE

Il prétend l'enlever avec sa mascarade ?

ERGASTE

Il n'est rien plus certain. Quelqu'un de sa brigade
M'ayant de ce dessein instruit, sans m'arrêter,
A Mascarille lors j'ai couru tout conter,
Qui s'en va, m'a-t-il dit, rompre cette partie   1195
Par une invention dessus le champ bâtie ;
Et, comme je vous ai rencontré par hasard,
J'ai cru que je devais de tout vous faire part.

LÉLIE

Tu m'obliges par trop avec cette nouvelle :
Va, je reconnaîtrai ce service fidèle.   1200
Mon drôle assurément leur jouera quelque trait ;
Mais je veux de ma part seconder son projet.
Il ne sera pas dit qu'en un fait qui me touche
Je ne me sois non plus remué qu'une souche.
Voici l'heure, ils seront surpris à mon aspect.   1205
Foin ! Que n'ai-je avec moi pris mon porte-respect ?
Mais vienne qui voudra contre notre personne,
J'ai deux bons pistolets, et mon·épée est bonne.
Holà ! quelqu'un, un mot.

Scène VII : Trufaldin, à sa fenêtre, Lélie.

TRUFALDIN

Qu'est-ce ? qui me vient voir ?

LÉLIE

Fermez soigneusement votre porte ce soir.   1210

TRUFALDIN

Pourquoi ?

LÉLIE

Certaines gens font une mascarade
Pour vous venir donner une fâcheuse aubade ;
Ils veulent enlever votre Célie.

TRUFALDIN

O dieux !

LÉLIE

Et sans doute bientôt ils viennent en ces lieux.
Demeurez ; vous pourrez voir tout de la fenêtre.   1215
Hé bien ! qu'avais-je dit ? Les voyez-vous paraître ?
Chut, je veux à vos yeux leur en faire l'affront.
Nous allons voir beau jeu si la corde ne rompt.

Scène VIII : Lélie, Trufaldin,
Mascarille et sa suite, masqués.

TRUFALDIN

Oh ! les plaisants robins, qui pensent me surprendre !

LÉLIE

Masques, où courez-vous ? le pourrait-on apprendre ?   1220
Trufaldin, ouvrez-leur pour jouer un momon.
A Mascarille, déguisé en femme.
Bon Dieu ! qu'elle est jolie, et qu'elle a l'air mignon !
Eh quoi ! vous murmurez ? mais, sans vous faire ou-
Peut-on lever le masque, et voir votre visage ? [trage,

TRUFALDIN

Allez, fourbes méchants, retirez-vous d'ici,   1225
Canaille ; et vous, seigneur, bonsoir et grand merci.
LÉLIE, *après avoir démasqué*
Mascarille.
Mascarille, est-ce toi ?

MASCARILLE
Nenni-da, c'est quelque autre.
LÉLIE
Hélas ! quelle surprise ! et quel sort est le nôtre !
L'aurais-je deviné, n'étant point averti
1230 Des secrètes raisons qui l'avaient travesti ?
Malheureux que je suis, d'avoir dessous ce masque
Eté, sans y penser, te faire cette frasque !
Il me prendrait envie, en ce juste courroux !
De me battre moi-même, et me donner cent coups.
MASCARILLE
1235 Adieu, sublime esprit, rare imaginative.
LÉLIE
Las ! si de ton secours ta colère me prive,
A quel saint me vouerai-je ?
MASCARILLE
·Au grand diable d'enfer !
LÉLIE
Ah ! si ton cœur pour moi n'est de bronze ou de fer,
Qu'encore un coup du moins mon imprudence ait
[grâce !
1240 S'il faut pour l'obtenir que tes genoux j'embrasse,
Vois-moi...
MASCARILLE
Tarare ; allons, camarades, allons :
J'entends venir des gens qui sont sur nos talons.

Scène IX : Léandre et sa suite, masqués,
Trufaldin à sa fenêtre.

LÉANDRE
Sans bruit ; ne faisons rien que de la bonne sorte.
TRUFALDIN
Quoi ! masques toute nuit assiégeront ma porte !
1245 Messieurs, ne gagnez point de rhumes à plaisir ;
Tout cerveau qui le fait est certes de loisir.
Il est un peu trop tard pour enlever Célie ;
Dispensez-l'en ce soir, elle vous en supplie ;
La belle est dans le lit, et ne peut vous parler ;
1250 J'en suis fâché pour vous. Mais pour vous régaler
Du souci qui pour elle ici vous inquiète,
Elle vous fait présent de cette cassolette.
LÉANDRE
Fi ! cela sent mauvais, et je suis tout gâté.
Nous sommes découverts ; tirons de ce côté.

ACTE QUATRIEME

Scène I : Lélie, déguisé en Arménien,
Mascarille.

MASCARILLE
1255 Vous voilà fagoté d'une plaisante sorte.
LÉLIE
Tu ranimes par là mon espérance morte.
MASCARILLE
Toujours de ma colère on me voit revenir ;
J'ai beau jurer, pester, je ne m'en puis tenir.

LÉLIE
Aussi crois, si jamais je suis dans la puissance,
Que tu seras content de ma reconnaissance,   12
Et que quand je n'aurais qu'un seul morceau de pain...
MASCARILLE
Baste ; songez à vous dans ce nouveau dessein.
Au moins, si l'on vous voit commettre une sottise,
Vous n'imputerez plus l'erreur à la surprise ;
Votre rôle en ce jeu par cœur doit être su.   12
LÉLIE
Mais comment Trufaldin chez lui t'a-t-il reçu ?
MASCARILLE
D'un zèle simulé j'ai bridé le bon sire ;
Avec empressement je suis venu lui dire,
S'il ne songeait à lui, que l'on le surprendrait ;
Que l'on couchait en joue, et de plus d'un endroit,   12
Celle dont il a vu qu'une lettre en avance
Avait si faussement divulgué la naissance ;
Qu'on avait bien voulu m'y mêler quelque peu ;
Mais que j'avais tiré mon épingle du jeu,
Et que, touché d'ardeur pour ce qui le regarde,   12
Je venais l'avertir de se donner de garde.
De là, moralisant, j'ai fait de grands discours
Sur les fourbes qu'on voit ici-bas tous les jours ;
Que, pour moi, las du monde et de sa vie infâme,
Je voulais travailler au salut de mon âme,   12
A m'éloigner du trouble, et pouvoir longuement
Près de quelque honnête homme être paisiblement ;
Que, s'il le trouvait bon, je n'aurais d'autre envie
Que de passer chez lui le reste de ma vie ;
Et que même à tel point il m'avait su ravir,   12
Que, sans lui demander gages pour le servir,
Je mettrais en ses mains, que je tenais certaines,
Quelque bien de mon père, et le fruit des peines
Dont, avenant que Dieu de ce monde m'ôtât,
J'entendais tout de bon que lui seul héritât.   12
C'était le vrai moyen d'acquérir sa tendresse.
Et comme, pour résoudre avec votre maîtresse
Des biais qu'on doit prendre à terminer vos vœux,
Je voulais en secret vous aboucher tous deux,
Lui-même a su m'ouvrir une voie assez belle,   12
De pouvoir hautement vous loger avec elle,
Venant m'entretenir d'un fils privé du jour,
Dont cette nuit en songe il a vu le retour.
A ce propos voici l'histoire qu'il m'a dite,
Et sur qui j'ai tantôt notre fourbe construite.   13
LÉLIE
C'est assez, je sais tout : tu me l'as dit deux fois.
MASCARILLE
Oui, oui ; mais quand j'aurais passé jusques à trois,
Peut-être encor qu'avec toute sa suffisance,
Votre esprit manquera dans quelque circonstance.
LÉLIE
Mais à tant différer je me fais de l'effort.   13
MASCARILLE
Ah ! de peur de tomber, ne courons pas si fort !
Voyez-vous ! vous avez la caboche un peu dure ;
Rendez-vous affermi dessus cette aventure.
Autrefois Trufaldin de Naples est sorti,
Et s'appelait alors Zanobio Ruberti ;   13

Un parti qui causa quelque émeute civile,
Dont il fut seulement soupçonné dans sa ville
(De fait il n'est pas homme à troubler un état),
L'obligea d'en sortir une nuit sans éclat.
315 Une fille fort jeune, et sa femme, laissées,
A quelque temps de là se trouvant trépassées,
Il en eut la nouvelle ; et, dans ce grand ennui,
Voulant dans quelque ville emmener avec lui,
Outre ses biens, l'espoir qui restait de sa race,
320 Un sien fils écolier, qui se nommait Horace,
Il écrit à Bologne, où, pour mieux être instruit,
Un certain maître Albert, jeune, l'avait conduit ;
Mais, pour se joindre tous, le rendez-vous qu'il donne
Durant deux ans entiers ne lui fit voir personne :
325 Si bien que, les jugeant morts après ce temps-là,
Il vint en cette ville, et prit le nom qu'il a,
Sans que de cet Albert, ni de ce fils Horace,
Douze ans aient découvert jamais la moindre trace.
Voilà l'histoire en gros, redite seulement
330 Afin de vous servir ici de fondement.
Maintenant vous serez un marchand d'Arménie,
Qui les aurez vus sains l'un et l'autre en Turquie.
Si j'ai, plutôt qu'aucun, un tel moyen trouvé,
Pour les ressusciter sur ce qu'il a rêvé,
335 C'est qu'en fait d'aventure il est très ordinaire
De voir gens pris sur mer par quelque Turc corsaire,
Puis être à leur famille à point nommé rendus,
Après quinze ou vingt ans qu'on les a crus perdus.
Pour moi, j'ai vu déjà cent contes de la sorte.
340 Sans nous alambiquer, servons-nous-en; qu'importe?
Vous leur aurez ouï leur disgrâce conter,
Et leur aurez fourni de quoi se racheter ;
Mais que, parti plus tôt pour chose nécessaire,
Horace vous chargea de voir ici son père,
345 Dont il a su le sort, et chez qui vous devez
Attendre quelques jours qu'ils seraient arrivés.
Je vous ai fait tantôt des leçons étendues.

LÉLIE

Ces répétitions ne sont que superflues ;
Dès l'abord mon esprit a compris tout le fait.

MASCARILLE

350 Je m'en vais là-dedans donner le premier trait.

LÉLIE

Ecoute, Mascarille, un seul point me chagrine.
S'il allait de son fils me demander la mine ?

MASCARILLE

Belle difficulté ? Devez-vous pas savoir
Qu'il était fort petit alors qu'il l'a pu voir ?
355 Et puis, outre cela, le temps et l'esclavage
Pourraient-ils pas avoir changé tout son visage ?

LÉLIE

Il est vrai. Mais dis-moi, s'il connaît qu'il m'a vu,
Que faire ?

MASCARILLE

De mémoire êtes-vous dépourvu ?
Nous avons dit tantôt qu'outre que votre image
360 N'avait dans son esprit pu faire qu'un passage,
Pour ne vous avoir vu que durant un moment,
Et le poil et l'habit déguisaient grandement.

LÉLIE

Fort bien. Mais à propos, cet endroit de Turquie... ?

MASCARILLE

Tout, vous dis-je, est égal, Turquie ou Barbarie.

LÉLIE

Mais le nom de la ville où j'aurai pu les voir ?   1365

MASCARILLE

Tunis. Il me tiendra, je crois, jusques au soir.
La répétition, dit-il, est inutile.
Et j'ai déjà nommé douze fois cette ville.

LÉLIE

Va, va-t'en commencer, il ne me faut plus rien.

MASCARILLE

Au moins soyez prudent, et vous conduisez bien ;   1370
Ne donnez point ici de l'imaginative.

LÉLIE

Laisse-moi gouverner. Que ton âme est craintive !

MASCARILLE

Horace, dans Bologne écolier ; Trufaldin,
Zanobio Ruberti, dans Naples citadin ;
Le précepteur Albert...

LÉLIE

                              Ah ! c'est me faire honte
Que de me tant prêcher ! Suis-je un sot, à ton compte ? 1375

MASCARILLE

Non pas du tout ; mais bien quelque chose approchant.

LÉLIE, seul.

Quand il m'est inutile, il fait le chien couchant ;
Mais, parce qu'il sent bien le secours qu'il me donne,
Sa familiarité jusque-là s'abandonne.   1380
Je vais être de près éclairé des beaux yeux
Dont la force m'impose un joug si précieux ;
Je m'en vais sans obstacle, avec des traits de flamme,
Peindre à cette beauté les tourments de mon âme ;
Je saurai quel arrêt je dois... Mais les voici.   1385

Scène II : Trufaldin, Lélie, Mascarille.

TRUFALDIN

Sois béni, juste ciel, de mon sort adouci !

MASCARILLE

C'est à vous de rêver et de faire des songes,
Puisqu'en vous il est faux que songes sont mensonges.

TRUFALDIN, à Lélie.

Quelle grâce, quels biens vous rendrai-je, seigneur,
Vous que je dois nommer l'ange de mon bonheur ?   1390

LÉLIE

Ce sont soins superflus, et je vous en dispense.

TRUFALDIN, à Mascarille.

J'ai, je ne sais pas où, vu quelque ressemblance
De cet Arménien.

MASCARILLE, à part.

                    C'est ce que je me disais ;
Mais on voit des rapports admirables parfois.

TRUFALDIN

Vous avez vu ce fils où mon espoir se fonde ?   1395

LÉLIE

Oui, seigneur Trufaldin, le plus gaillard du monde.

TRUFALDIN

Il vous a dit sa vie, et parlé fort de moi ?

LÉLIE

Plus de dix mille fois.

MASCARILLE

Quelque peu moins, je crois.

LÉLIE

Il vous a dépeint tel que je vous vois paraître,
1400 Le visage, le port...

TRUFALDIN

Cela pourrait-il être,
Si, lorsqu'il m'a pu voir, il n'avait que sept ans,
Et si son précepteur même, depuis ce temps,
Aurait peine à pouvoir connaître mon visage ?

MASCARILLE

Le sang, bien autrement, conserve cette image ;
1405 Par des traits si profonds ce portrait est tracé,
Que mon père...

TRUFALDIN

Suffit. Où l'avez-vous laissé ?

LÉLIE

En Turquie, à Turin.

TRUFALDIN

Turin ? Mais cette ville
Est, je pense, en Piémont.

MASCARILLE, à part.

O cerveau malhabile !
A Trufaldin.
Vous ne l'entendez pas, il veut dire Tunis,
1410 Et c'est en effet là qu'il laissa votre fils ;
Mais les Arméniens ont tous une habitude,
Certain vice de langue à nous autres fort rude :
C'est que dans tous les mots ils changent nis en rin,
Et pour dire Tunis, ils prononcent Turin.

TRUFALDIN

1415 Il fallait, pour l'entendre, avoir cette lumière.
Quel moyen vous dit-il de rencontrer son père ?

MASCARILLE

Voyez s'il répondra. Je repassais un peu
Quelque leçon d'escrime ; autrefois en ce jeu
Il n'était point d'adresse à mon adresse égale,
1420 Et j'ai battu le fer en mainte et mainte salle.

TRUFALDIN, à Mascarille.

Ce n'est pas maintenant ce que je veux savoir.
A Lélie.
Quel autre nom dit-il que je devais avoir ?

MASCARILLE

Ah ! seigneur Zanobio Ruberti, quelle joie
Est celle maintenant que le ciel vous envoie !

LÉLIE

1425 C'est là votre vrai nom, et l'autre est emprunté.

TRUFALDIN

Mais où vous a-t-il dit qu'il reçut la clarté ?

MASCARILLE

Naples est un séjour qui paraît agréable ;
Mais pour vous ce doit être un lieu fort haïssable.

TRUFALDIN

Ne peux-tu, sans parler, souffrir notre discours ?

LÉLIE

1430 Dans Naples son destin a commencé son cours.

TRUFALDIN

Où l'envoyai-je jeune, et sous quelle conduite ?

MASCARILLE

Ce pauvre maître Albert a beaucoup de mérite
D'avoir depuis Bologne accompagné ce fils,
Qu'à sa discrétion vos soins avaient commis.

TRUFALDIN

Ah !

MASCARILLE, à part.

Nous sommes perdus si cet entretien dure.   143

TRUFALDIN

Je voudrais bien savoir de vous leur aventure,
Sur quel vaisseau le sort qui m'a su travailler...

MASCARILLE

Je ne sais ce que c'est, je ne fais que bâiller.
Mais, seigneur Trufaldin, songez-vous que peut-être
Ce monsieur l'étranger a besoin de repaître,   144
Et qu'il est tard aussi ?

LÉLIE

Pour moi point de repas

MASCARILLE

Ah ! vous avez plus faim que vous ne pensez pas.

TRUFALDIN

Entrez donc.

LÉLIE

Après vous.

MASCARILLE, à Trufaldin.

Monsieur, en Arménie
Les maîtres du logis sont sans cérémonie.
A Lélie, après que Trufaldin est entré dans sa maison.
Pauvre esprit ! pas deux mots !

LÉLIE

D'abord, il m'a surpris ;   144
Mais n'appréhende plus, je reprends mes esprits,
Et m'en vais débiter avec hardiesse...

MASCARILLE

Voici notre rival, qui ne sait pas la pièce.
Ils entrent dans la maison de Trufaldin.

Scène III : Anselme, Léandre.

ANSELME

Arrêtez-vous, Léandre, et souffrez un discours
Qui cherche le repos et l'honneur de vos jours.   145
Je ne vous parle point en père de ma fille,
En homme intéressé pour ma propre famille,
Mais comme votre père ému pour votre bien,
Sans vouloir vous flatter et vous déguiser rien ;
Bref, comme je voudrais, d'une âme franche et pure,   145
Que l'on fît à mon sang en pareille aventure.
Savez-vous de quel œil chacun voit cet amour,
Qui dedans une nuit vient d'éclater au jour ?
A combien de discours et de traits de risée
Votre entreprise d'hier est partout exposée ?   146
Quel jugement on fait du choix capricieux
Qui pour femme, dit-on, vous désigne en ces lieux
Un rebut de l'Egypte, une fille coureuse,
De qui le noble emploi n'est qu'un métier de gueuse?
J'en ai rougi pour vous encor plus que pour moi,   146
Qui me trouve compris dans l'éclat que je vois :
Moi, dis-je, dont la fille, à vos ardeurs promise,

Ne peut, sans quelque affront, souffrir qu'on la mé-
Ah ! Léandre, sortez de cet abaissement ! [prise.
470 Ouvrez un peu les yeux sur votre aveuglement.
Si notre esprit n'est pas sage à toutes les heures,
Les plus courtes erreurs sont toujours les meilleures.
Quand on ne prend en dot que la seule beauté,
Le remords est bien près de la solennité ;
475 Et la plus belle femme a très peu de défense
Contre cette tiédeur qui suit la jouissance.
Je vous le dis encor, ces bouillants mouvements,
Ces ardeurs de jeunesse et ces emportements
Nous font trouver d'abord quelques nuits agréables ;
480 Mais ces félicités ne sont guère durables,
Et notre passion, ralentissant son cours,
Après ces bonnes nuits donne de mauvais jours :
De là viennent les soins, les soucis, les misères,
Les fils déshérités par le courroux des pères.

                    LÉANDRE
485 Dans tout votre discours je n'ai rien écouté
Que mon esprit déjà ne m'ait représenté.
Je sais combien je dois à cet honneur insigne
Que vous me voulez faire, et dont je suis indigne ;
Et vois, malgré l'effort dont je suis combattu,
490 Ce que vaut votre fille, et quelle est sa vertu :
Aussi veux-je tâcher...

                    ANSELME
                    On ouvre cette porte :
Retirons-nous plus loin, de crainte qu'il n'en sorte
Quelque secret poison dont vous seriez surpris !

          Scène IV : Lélie, Mascarille.

                    MASCARILLE
Bientôt de notre fourbe on verra le débris,
495 Si vous continuez des sottises si grandes.
                    LÉLIE
Dois-je éternellement ouïr tes réprimandes ?
De quoi te peux-tu plaindre ? Ai-je pas réussi
En tout ce que j'ai dit depuis ?
                    MASCARILLE
                    Couci-couci.
Témoin les Turcs par vous appelés hérétiques,
500 Et que vous assurez, par serments authentiques,
Adorer pour leurs dieux la lune et le soleil.
Passe. Ce qui me donne un dépit non pareil,
C'est qu'ici votre amour étrangement s'oublie ;
Près de Célie, il est ainsi que la bouillie,
505 Qui par un trop grand feu s'enfle, croît jusqu'aux
Et de tous les côtés se répand au dehors.   [bords,
                    LÉLIE
Pourrait-on se forcer à plus de retenue ?
Je ne l'ai presque point encore entretenue.
                    MASCARILLE
Oui, mais ce n'est pas tout que de ne parler pas ;
510 Par vos gestes, durant un moment de repas,
Vous avez aux soupçons donné plus de matière
Que d'autres ne feraient dans une année entière.
                    LÉLIE
Et comment donc ?

                    MASCARILLE
          Comment ? chacun a pu le voir.
A table, où Trufaldin l'oblige de s'asseoir,
Vous n'avez toujours fait qu'avoir les yeux sur elle, 1515
Rouge, tout interdit, jouant de la prunelle,
Sans prendre jamais garde à ce qu'on vous servait.
Vous n'aviez point de soif qu'alors qu'elle buvait ;
Et dans ses propres mains vous saisissant du verre,
Sans le vouloir rincer, sans rien jeter à terre,   1520
Vous buviez sur son reste, et montriez d'affecter
Le côté qu'à sa bouche elle avait su porter.
Sur les morceaux touchés de sa main délicate,
Ou mordus de ses dents, vous étendiez la patte
Plus brusquement qu'un chat dessus une souris,   1525
Et les avaliez tout ainsi que des pois gris.
Puis, outre tout cela, vous faisiez sous la table
Un bruit, un triquetrac de pieds insupportable,
Dont Trufaldin, heurté de deux coups trop pressants,
A puni par deux fois deux chiens très innocents,   1530
Qui, s'ils eussent osé, vous eussent fait querelle,
Et puis après cela votre conduite est belle ?
Pour moi, j'en ai souffert la gêne sur mon corps.
Malgré le froid, je sue encor de mes efforts.
Attaché dessus vous comme un joueur de boule   1535
Après le mouvement de la sienne qui roule,
Je pensais retenir toutes vos actions,
En faisant de mon corps mille contorsions.
                    LÉLIE
Mon Dieu ! qu'il t'est aisé de condamner des choses
Dont tu ne ressens point les agréables causes !   1540
Je veux bien néanmoins, pour te plaire une fois,
Faire force à l'amour qui m'impose des lois.
Désormais...

          Scène V : Trufaldin, Lélie, Mascarille.

                    MASCARILLE
          Nous parlions des fortunes d'Horace.
                    TRUFALDIN, *à Lélie.*
C'est bien fait. Cependant me ferez-vous la grâce
Que je puisse lui dire un seul mot en secret ?   1545
                    LÉLIE
Il faudrait autrement être fort indiscret.
Lélie entre dans la maison de Trufaldin.
                    TRUFALDIN
Ecoute : sais-tu bien ce que je viens de faire ?
                    MASCARILLE
Non, mais si vous voulez, je ne tarderai guère
Sans doute à le savoir.
                    TRUFALDIN
                    D'un chêne grand et fort,
Dont près de deux cents ans ont fait déjà le sort, 1550
Je viens de détacher une branche admirable,
Choisie expressément de grosseur raisonnable,
Dont j'ai fait sur-le-champ, avec beaucoup d'ardeur,
Il montre son bras.
Un bâton à peu près... oui, de cette grandeur,
Moins gros par l'un des bouts, mais, plus que trente 1555
Propre, comme je pense, à rosser les épaules. [gaules,
Car il est bien en main, vert, noueux et massif.

MASCARILLE

Mais pour qui, je vous prie, un tel préparatif ?

TRUFALDIN

Pour toi, premièrement ; puis pour ce bon apôtre
1560 Qui veut m'en donner d'une et m'en jouer d'une autre,
Pour cet Arménien, ce marchand déguisé,
Introduit sous l'appât d'un conte supposé.

MASCARILLE

Quoi ! vous ne croyez pas...?

TRUFALDIN

            Ne cherche point d'excuse :
Lui-même heureusement a découvert sa ruse ;
1565 En disant à Célie, en lui serrant la main,
Que pour elle il venait sous ce prétexte vain,
Il n'a pas aperçu Jeannette, ma fillole,
Laquelle a tout ouï, parole pour parole ;
Et je ne doute point, quoiqu'il n'en ait rien dit,
1570 Que tu ne sois de tout le complice maudit.

MASCARILLE

Ah! vous me faites tort. S'il faut qu'on vous affronte,
Croyez qu'il m'a trompé le premier à ce conte.

TRUFALDIN

Veux-tu me faire voir que tu dis vérité ?
Qu'à le chasser mon bras soit du tien assisté ;
1575 Donnons-en à ce fourbe et du long et du large,
Et de tout crime après mon esprit te décharge.

MASCARILLE

Oui-da, très volontiers, je l'épousterai bien,
Et par-là vous verrez que je n'y trempe en rien.
A part.
Ah! vous serez rossé, monsieur de l'Arménie,
1580 Qui toujours gâtez tout !

Scène VI : Lélie, Trufaldin, Mascarille.

TRUFALDIN, à Lélie, après avoir
heurté à sa porte.

            Un mot, je vous supplie.
Donc, monsieur l'imposteur, vous osez aujourd'hui
Duper un honnête homme, et vous jouer de lui ?

MASCARILLE

Feindre avoir vu son fils en une autre contrée,
Pour vous donner chez lui plus aisément entrée !
TRUFALDIN bat Lélie.
1585 Vidons, vidons, sur l'heure.

LÉLIE, à Mascarille qui le bat aussi.

            Ah ! coquin !

MASCARILLE

            C'est ainsi
Que les fourbes...

LÉLIE

Bourreau !

MASCARILLE

            Sont ajustés ici.
Gardez-moi bien cela.

LÉLIE

            Quoi donc ! je serais homme...
MASCARILLE, le battant toujours
en le chassant.
Tirez, tirez, vous dis-je, ou bien je vous assomme.

TRUFALDIN

Voilà qui me plaît fort ; rentre, je suis content.
Mascarille suit Trufaldin, qui rentre dans sa maison.

LÉLIE, revenant.

A moi, par un valet, cet affront éclatant !   15[
L'aurait-on pu prévoir l'action de ce traître,
Qui vient insolemment de maltraiter son maître ?

MASCARILLE, à la fenêtre de Trufaldin.

Peut-on vous demander comme va votre dos ?

LÉLIE

Quoi ! tu m'oses encor tenir un tel propos ?

MASCARILLE

Voilà, voilà que c'est de ne voir pas Jeannette,   15[
Et d'avoir en tout temps une langue indiscrète.
Mais, pour cette fois-ci, je n'ai point de courroux,
Je cesse d'éclater, de pester contre vous ;
Quoique de l'action l'imprudence soit haute,
Ma main sur votre échine a lavé votre faute.   16(

LÉLIE

Ah ! je me vengerai de ce trait déloyal !

MASCARILLE

Vous vous êtes causé vous-même tout le mal.

LÉLIE

Moi ?

MASCARILLE

   Si vous n'étiez pas une cervelle folle,
Quand vous avez parlé naguère à votre idole,
Vous auriez aperçu Jeannette sur vos pas,   160
Dont l'oreille subtile a découvert le cas.

LÉLIE

On aurait pu surprendre un mot dit à Célie ?

MASCARILLE

Et d'où doncques viendrait cette prompte sortie ?
Oui, vous n'êtes dehors que par votre caquet.
Je ne sais si souvent vous jouez au piquet :   161
Mais au moins faites-vous des écarts admirables.

LÉLIE

O le plus malheureux de tous les misérables !
Mais encore, pourquoi me voir chassé par toi ?

MASCARILLE

Je ne fis jamais mieux que d'en prendre l'emploi ;
Par là, j'empêche au moins que de cet artifice   161
Je ne sois soupçonné d'être auteur ou complice.

LÉLIE

Tu devais donc, pour toi, frapper plus doucement.

MASCARILLE

Quelque sot. Trufaldin lorgnait exactement :
Et puis, je vous dirai, sous ce prétexte utile
Je n'étais point fâché d'évaporer ma bile.   162
Enfin la chose est faite ; et, si j'ai votre foi
Qu'on ne vous verra point vouloir venger sur moi,
Soit ou directement, ou par quelque autre voie,
Les coups sur votre râble assénés avec joie,
Je vous promets, aidé par le poste où je suis,   162
De contenter vos vœux avant qu'il soit deux nuits.

LÉLIE

Quoique ton traitement ait eu trop de rudesse,
Qu'est-ce que dessus moi ne peut cette promesse ?

MASCARILLE

Vous le promettez donc ?

LÉLIE
Oui, je te le promets.
MASCARILLE
30 Ce n'est pas encor tout. Promettez que jamais
Vous ne vous mêlerez dans quoi que j'entreprenne.
LÉLIE
Soit.
MASCARILLE
Si vous y manquez, votre fièvre quartaine !
LÉLIE
Mais tiens-moi donc parole, et songe à mon repos.
MASCARILLE
Allez quitter l'habit, et graisser votre dos.
LÉLIE, seul.
35 Faut-il que le malheur, qui me suit à la trace,
Me fasse voir toujours disgrâce sur disgrâce !
MASCARILLE, sortant de chez Trufaldin.
Quoi ! vous n'êtes pas loin ? Sortez vite d'ici ;
Mais surtout gardez-vous de prendre aucun souci :
Puisque je fais pour vous, que cela vous suffise ;
40 N'aidez point mon projet de la moindre entreprise ;
Demeurez en repos.
LÉLIE, en sortant.
Oui, va, je m'y tiendrai.
MASCARILLE, seul.
Il faut voir maintenant quel biais je prendrai.

Scène VII : Ergaste, Mascarille.

ERGASTE
Mascarille, je viens te dire une nouvelle
Qui donne à tes desseins une atteinte cruelle.
45 A l'heure que je parle, un jeune Egyptien,
Qui n'est pas noir pourtant et sent assez son bien,
Arrive, accompagné d'une vieille fort hâve,
Et vient chez Trufaldin racheter cette esclave
Que vous vouliez ; pour elle il paraît fort zélé.
MASCARILLE
50 Sans doute c'est l'amant dont Célie a parlé.
Fut-il jamais destin plus brouillé que le nôtre !
Sortant d'un embarras, nous entrons dans un autre.
En vain nous apprenons que Léandre est au point
De quitter la partie, et ne nous troubler point ;
55 Que son père, arrivé contre toute espérance,
Du côté d'Hippolyte emporte la balance,
Qu'il a tout fait changer par son autorité,
Et va dès aujourd'hui conclure le traité ;
Lorsqu'un rival s'éloigne, un autre plus funeste
60 S'en vient nous enlever tout l'espoir qui nous reste.
Toutefois, par un trait merveilleux de mon art,
Je crois que je pourrai retarder leur départ,
Et me donner le temps qui sera nécessaire
Pour tâcher de finir cette fameuse affaire.
65 Il s'est fait un grand vol ; par qui ? l'on n'en sait rien :
Eux autres rarement passent pour gens de bien ;
Je veux adroitement, sur un soupçon frivole,
Faire pour quelques jours emprisonner ce drôle.
Je sais des officiers, de justice altérés,
70 Qui sont pour de tels coups de vrais délibérés ;
Dessus l'avide espoir de quelque paraguante,

Il n'est rien que leur art aveuglément ne tente ;
Et du plus innocent, toujours à leur profit
La bourse est criminelle, et paye son délit.

ACTE CINQUIEME

Scène I : Mascarille, Ergaste.

MASCARILLE
Ah ! chien ! ah ! double chien ! mâtine de cervelle ! 1675
Ta persécution sera-t-elle éternelle ?
ERGASTE
Par les soins vigilants de l'exempt Balafré,
Ton affaire allait bien, le drôle était coffré,
Si ton maître au moment ne fût venu lui-même,
En vrai désespéré, rompre ton stratagème : 1680
Je ne saurais souffrir, a-t-il dit hautement,
Qu'un honnête homme soit traîné honteusement ;
J'en réponds sur sa mine, et je le cautionne :
Et, comme on résistait à lâcher sa personne,
D'abord il a chargé si bien sur les recors, 1685
Qui sont gens d'ordinaire à craindre pour leur corps,
Qu'à l'heure que je parle ils sont encore en fuite,
Et pensent tous avoir un Lélie à leur suite.
MASCARILLE
Le traître ne sait pas que cet Egyptien
Est déjà là-dedans pour lui ravir son bien. 1690
ERGASTE
Adieu. Certaine affaire à te quitter m'oblige.
MASCARILLE
Oui, je suis stupéfait de ce dernier prodige.
On dirait (et pour moi j'en suis persuadé)
Que ce démon brouillon dont il est possédé
Se plaise à me braver, et me l'aille conduire 1695
Partout où sa présence est capable de nuire.
Pourtant je veux poursuivre, et, malgré tous ses coups,
Voir qui l'emportera de ce diable ou de nous.
Célie est quelque peu de notre intelligence,
Et ne voit son départ qu'avec répugnance. 1700
Je tâche à profiter de cette occasion.
Mais ils viennent ; songeons à l'exécution.
Cette maison meublée est ma bienséance,
Je puis en disposer avec grande licence :
Si le sort nous en dit, tout sera bien réglé ; 1705
Nul que moi ne s'y tient, et j'en garde la clé.
O Dieu ! qu'en peu de temps on a vu d'aventures,
Et qu'un fourbe est contraint de prendre de figures !

Scène II : Célie, Andrès.

ANDRÈS
Vous le savez, Célie, il n'est rien que mon cœur
N'ait fait pour vous prouver l'excès de son ardeur. 1710
Chez les Vénitiens, dès un assez jeune âge,
La guerre en quelque estime avait mis mon courage,
Et j'y pouvais un jour, sans trop croire de moi,
Prétendre, en les servant, un honorable emploi ;
Lorsqu'on me vit pour vous oublier toute chose, 1715

Et que le prompt effet d'une métamorphose,
Qui suivit de mon cœur le soudain changement,
Parmi vos compagnons sut ranger votre amant,
Sans que mille accidents, ni votre indifférence,
1720 Aient pu me détacher de ma persévérance.
Depuis, par un hasard, d'avec vous séparé
Pour beaucoup plus de temps que je n'eusse auguré,
Je n'ai, pour vous rejoindre, épargné temps ni peine ;
Enfin, ayant trouvé la vieille Egyptienne,
1725 Et plein d'impatience apprenant votre sort,
Que pour certain argent qui leur importait fort,
Et qui de tous vos gens détourna le naufrage,
Vous aviez en ces lieux été mise en otage,
J'accours vite y briser ces chaînes d'intérêt,
1730 Et recevoir de vous les ordres qu'il vous plaît :
Cependant on vous voit une morne tristesse
Alors que dans vos yeux doit briller l'allégresse.
Si pour vous la retraite avait quelques appas,
Venise, du butin fait parmi les combats,
1735 Me garde pour tous deux de quoi pouvoir y vivre ;
Que si, comme devant, il vous faut encor suivre,
J'y consens, et mon cœur n'ambitionnera
Que d'être auprès de vous tout ce qu'il vous plaira.

          CÉLIE
Votre zèle pour moi visiblement éclate :
1740 Pour en paraître triste, il faudrait être ingrate ;
Et mon visage aussi, par son émotion,
N'explique point mon cœur en cette occasion.
Une douleur de tête y peint sa violence ;
Et, si j'avais sur vous quelque peu de puissance,
1745 Notre voyage, au moins pour trois ou quatre jours,
Attendrait que ce mal eût pris un autre cours.

          ANDRÈS
Autant que vous voudrez, faites qu'il se diffère.
Toutes mes volontés ne butent qu'à vous plaire.
Cherchons une maison à vous mettre en repos.
1750 L'écriteau que voici s'offre tout à propos.

     Scène III : Célie, Andrès,
     Mascarille, déguisé en Suisse.

          ANDRÈS
Seigneur Suisse, êtes-vous de ce logis le maître ?

          MASCARILLE
Moi pour serfir à fous.

          ANDRÈS
        Pourrons-nous y bien être ?

          MASCARILLE
Oui ; moi pour d'étrancher chafons champre carni.
Ma che non point locher te chans de méchant vi.

          ANDRÈS
1755 Je crois votre maison franche de tout ombrage.

          MASCARILLE
Fous noufeau dans sti fil, moi foir à la fissage.

          ANDRÈS
Oui.

          MASCARILLE
   La matame est-il mariage al monsieur ?

          ANDRÈS
Quoi !

          MASCARILLE
S'il être son fame, ou s'il être son sœur ?

          ANDRÈS
Non.

          MASCARILLE
 Mon foi, pien choli ; fenir pour marchantisse,
Ou pien pour temanter à la palais choustice ?   176
La procès il faut rien, il coûter tant t'archant !
La procurair larron, l'afocat pien méchant.

          ANDRÈS
Ce n'est pas pour cela.

          MASCARILLE
        Fous tonc mener sti file
Pour fenir pourmener et recarter la file ?

          ANDRÈS, *à Célie.*
Il m'importe. Je suis à vous dans un moment.   176
Je vais faire venir la vieille promptement,
Contremander aussi notre voiture prête.

          MASCARILLE
Li ne porte pas pien.

          ANDRÈS
        Elle a mal à la tête.

          MASCARILLE
Moi chafoir te bon vin, et te fromage pon.
Entre fous, entre fous tans mon petit maisson.   177
Célie, Andrès et Mascarille entrent dans la maison.

     Scène IV : Lélie, Andrès.

          LÉLIE
Quel que soit le transport d'une âme impatiente,
Ma parole m'engage à rester en attente,
A laisser faire un autre, et voir sans rien oser,
Comme de mes destins le ciel veut disposer.
A Andrès qui sort de la maison.
Demandiez-vous quelqu'un dedans cette demeure ?   177

          ANDRÈS
C'est un logis garni que j'ai pris tout à l'heure.

          LÉLIE
A mon père pourtant la maison appartient,
Et mon valet la nuit pour la garder s'y tient.

          ANDRÈS
Je ne sais; l'écriteau marque au moins qu'on la loue;
Lisez.

          LÉLIE
    Certes, ceci me surprend, je l'avoue   178
Qui diantre l'aurait mis ? et par quel intérêt... ?
Ah ! ma foi, je devine à peu près ce que c'est !
Cela ne peut venir que de ce que j'augure.

          ANDRÈS
Peut-on vous demander quelle est cette aventure ?

          LÉLIE
Je voudrais à tout autre en faire un grand secret !   178
Mais pour vous il n'importe, et vous serez discret.
Sans doute l'écriteau que vous voyez paraître,
Comme je conjecture, au moins ne saurait être
Que quelque invention du valet que je dis,
Que quelque nœud subtil qu'il doit avoir ourdi   179
Pour mettre en mon pouvoir certaine Egyptienne
Dont j'ai l'âme piquée, et qu'il faut que j'obtienne.

Je l'ai déjà manquée, et même plusieurs coups.

ANDRÈS

Vous l'appelez ?

LÉLIE

Célie.

ANDRÈS

Hé ! que ne disiez-vous ?

795 Vous n'aviez qu'à parler, je vous aurais sans doute
Epargné tous les soins que ce projet vous coûte.

LÉLIE

Quoi ! vous la connaissez ?

ANDRÈS

C'est moi qui maintenant
Viens de la racheter.

LÉLIE

O discours surprenant !

ANDRÈS

Sa santé de partir ne nous pouvant permettre,
300 Au logis que voilà je venais de la mettre :
Et je suis très ravi, dans cette occasion,
Que vous m'ayez instruit de votre intention.

LÉLIE

Ouoi ! j'obtiendrais de vous le bonheur que j'espère?
Vous pourriez...

ANDRÈS, *allant frapper à la porte.*

Tout à l'heure on va vous satisfaire.

LÉLIE

305 Que pourrai-je vous dire ? Et quel remerciement...

ANDRÈS

Non, ne m'en faites point, je n'en veux nullement.

Scène V : Lélie, Andrès, Mascarille.

MASCARILLE, *à part*

Hé bien ! ne voilà pas mon enragé de maître !
Il nous va faire encor quelque nouveau bissêtre.

LÉLIE

Sous ce grotesque habit qui l'aurait reconnu ?
310 Approche, Mascarille, et sois le bienvenu.

MASCARILLE

Moi souis ein chant t'honneur, moi non point Maque-
Chai point fentre chamais le fame ni le fille.   [rille:

LÉLIE

Le plaisant baragouin ! il est bon, sur ma foi !

MASCARILLE

Allez fous pourmener, sans toi rire de moi.

LÉLIE

315 Va, va, lève le masque, et reconnais ton maître.

MASCARILLE

Partié, tiable, mon foi chamais toi chai connaître.

LÉLIE

Tout est accommodé, ne te déguise point.

MASCARILLE

Si toi point t'en aller, che paille ein coup te poing.

LÉLIE

Ton jargon allemand est superflu, te dis-je,
320 Car nous sommes d'accord, et sa bonté m'oblige.
J'ai tout ce que mes vœux lui pouvaient demander,
Et tu n'as pas sujet de rien appréhender.

MASCARILLE

Si vous êtes d'accord par un bonheur extrême,
Je me dessuisse donc, et redeviens moi-même.

ANDRÈS

Ce valet vous servait avec beaucoup de feu.   1825
Mais je reviens à vous, demeurez quelque peu.

LÉLIE

Hé bien ! que diras-tu ?

MASCARILLE

Que j'ai l'âme ravie
De voir d'un beau succès notre peine suivie.

LÉLIE

Tu feignais à sortir de ton déguisement,
Et ne pouvais me croire en cet événement.   1830

MASCARILLE

Comme je vous connais, j'étais dans l'épouvante,
Et trouve l'aventure aussi fort surprenante.

LÉLIE

Mais confesse qu'enfin c'est avoir fait beaucoup.
Au moins j'ai réparé mes fautes à ce coup,
Et j'aurai cet honneur d'avoir fini l'ouvrage.   1835

MASCARILLE

Soit ; vous aurez été bien plus heureux que sage.

Scène VI : Célie, Andrès, Lélie, Mascarille.

ANDRÈS

N'est-ce pas là l'objet dont vous m'avez parlé ?

LÉLIE

Ah ! quel bonheur au mien pourrait être égalé !

ANDRÈS

Il est vrai, d'un bienfait je vous suis redevable ;
Si je ne l'avouais, je serais condamnable :   1840
Mais enfin ce bienfait aurait trop de rigueur,
S'il fallait le payer aux dépens de mon cœur.
Jugez, dans le transport où sa beauté me jette,
Si je dois à ce prix vous acquitter ma dette ;
Vous êtes généreux, vous ne le voudriez pas :   1845
Adieu. Pour quelques jours retournons sur nos pas.

MASCARILLE, *après avoir chanté.*

Je ris, et toutefois je n'en ai guère envie ;
Vous voilà bien d'accord, il vous donne Célie,
Et... Vous m'entendez bien.

LÉLIE

C'est trop ; je ne veux plus
Te demander pour moi de secours superflus   1850
Je suis un chien, un traître, un bourreau détestable.
Indigne d'aucun soin, de rien faire incapable.
Va, cesse tes efforts pour un malencontreux,
Qui ne saurait souffrir que l'on le rende heureux.
Après tant de malheurs, après mon imprudence,   1855
Le trépas me doit seul prêter son assistance.

MASCARILLE

Voilà le vrai moyen d'achever son destin ;
Il ne lui manque plus que de mourir enfin,
Pour le couronnement de toutes ses sottises.
Mais en vain son dépit pour ses fautes commises   1860
Lui fait licencier mes soins et mon appui,
Je veux, quoi qu'il en soit, le servir malgré lui,
Et dessus son lutin obtenir la victoire.

Plus l'obstacle est puissant, plus on reçoit de gloire ;
1865 Et les difficultés dont on est combattu
Sont les dames d'atour qui parent la vertu.

Scène VII : Célie, Mascarille.

CÉLIE, à Mascarille qui lui a parlé bas
Quoi que tu veuilles dire, et que l'on se propose,
De ce retardement j'attends fort peu de chose.
Ce qu'on voit de succès peut bien persuader
1870 Qu'ils ne sont pas encor fort près de s'accorder :
Et je t'ai déjà dit qu'un cœur comme le nôtre
Ne voudrait pas pour l'un faire injustice à l'autre ;
Et que très fortement, par de différents nœuds,
Je me trouve attachée au parti de tous deux.
1875 Si Lélie a pour lui l'amour et sa puissance,
Andrès pour son partage a la reconnaissance,
Qui ne souffrira point que mes pensers secrets
Consultent jamais rien contre ses intérêts.
Oui, s'il ne peut avoir plus de place en mon âme,
1880 Si le don de mon cœur ne couronne sa flamme,
Au moins dois-je ce prix à ce qu'il fait pour moi
De n'en choisir point d'autre, au mépris de sa foi,
Et de faire à mes vœux autant de violence
Que j'en fais aux désirs qu'il met en évidence.
1885 Sur ces difficultés qu'oppose mon devoir,
Juge ce que tu peux te permettre d'espoir.

MASCARILLE
Ce sont, à dire vrai, de très fâcheux obstacles ;
Et je ne sais point l'art de faire des miracles ;
Mais je vais employer mes efforts plus puissants,
1890 Remuer terre et ciel, m'y prendre de tous sens
Pour tâcher de trouver un biais salutaire,
Et vous dirai bientôt ce qui se pourra faire.

Scène VIII : Hippolyte, Célie.

HIPPOLYTE
Depuis votre séjour, les dames de ces lieux
Se plaignent justement des larcins de vos yeux,
1895 Si vous leur dérobez leurs conquêtes plus belles,
Et de tous leurs amants faites des infidèles :
Il n'est guère de cœurs qui puissent échapper
Aux traits dont à l'abord vous savez les frapper ;
Et mille libertés, à vos chaînes offertes,
1900 Semblent vous enrichir chaque jour de nos pertes.
Quant à moi, toutefois je ne me plaindrais pas
Du pouvoir absolu de vos rares appas,
Si, lorsque mes amants sont devenus les vôtres,
Un seul m'eût consolé de la perte des autres ;
1905 Mais qu'inhumainement vous me les ôtiez tous,
C'est un dur procédé dont je me plains à vous.

CÉLIE
Voilà d'un air galant faire une raillerie ;
Mais épargnez un peu celle qui vous en prie.
Vos yeux, vos propres yeux se connaissent trop bien,
1910 Pour pouvoir de ma part redouter jamais rien ;
Ils sont fort assurés du pouvoir de leurs charmes,
Et ne prendront jamais de pareilles alarmes.

HIPPOLYTE
Pourtant en ce discours je n'ai rien avancé
Qui dans tous les esprits ne soit déjà passé ;
Et sans parler du reste, on sait bien que Célie   19
A causé des désirs à Léandre et Lélie.

CÉLIE
Je crois qu'étant tombés dans cet aveuglement,
Vous vous consoleriez de leur perte aisément,
Et trouveriez pour vous l'amant peu souhaitable
Qui d'un si mauvais choix se trouverait capable.   19:

HIPPOLYTE
Au contraire, j'agis d'un air tout différent,
Et trouve en vos beautés un mérite si grand ;
J'y vois tant de raisons capables de défendre
L'inconstance de ceux qui s'en laissent surprendre,
Que je ne puis blâmer la nouveauté des feux   19
Dont envers moi Léandre a parjuré ses vœux,
Et le vais voir tantôt, sans haine et sans colère,
Ramené sous mes lois par le pouvoir d'un père.

Scène IX : Célie, Hippolyte, Mascarille.

MASCARILLE
Grande, grande nouvelle, et succès surprenant,
Que ma bouche vous vient annoncer maintenant !   19

CÉLIE
Qu'est-ce donc ?

MASCARILLE
Ecoutez ; voici sans flatterie...

CÉLIE
Quoi ?

MASCARILLE
La fin d'une vraie et pure comédie.
La vieille Egyptienne à l'heure même...

CÉLIE
Hé bien ?

MASCARILLE
Passait dedans la place et ne songeait à rien,
Alors qu'une autre vieille assez défigurée   19
L'ayant de près au nez longtemps considérée,
Par un bruit enroué de mots injurieux,
A donné le signal d'un combat furieux.   [flèches,
Qui pour armes pourtant, mousquets, dagues ou
Ne faisait voir en l'air que quatre griffes sèches,   19
Dont ces deux combattants s'efforçaient d'arracher
Ce peu que sur leurs os les ans laissent de chair.
On n'entend que ces mots, chienne, louve, bagasse.
D'abord leurs scoffions ont volé par la place,
Et, laissant voir à nu leurs têtes sans cheveux,   19
Ont rendu le combat risiblement affreux.
Andrès et Trufaldin, à l'éclat du murmure,
Ainsi que force monde, accourus d'aventure,
Ont à les décharpir eu de la peine assez,
Tant leurs esprits étaient par la fureur poussés.   19
Cependant que chacune, après cette tempête,
Songe à cacher aux yeux la honte de sa tête,
Et que l'on veut savoir qui causait cette humeur,
Celle qui la première avait fait la rumeur,
Malgré la passion dont elle était émue,   19
Ayant sur Trufaldin tenu longtemps la vue :

« C'est vous, si quelque erreur n'abuse ici mes yeux,
Qu'on m'a dit qui viviez inconnu dans ces lieux,
A-t-elle dit tout haut, ô rencontre opportune !
960 Oui, seigneur Zanobio Ruberti, la fortune
Me fait vous reconnaître, et dans le même instant
Que pour votre intérêt je me tourmentais tant.
Lorsque Naples vous vit quitter votre famille,
J'avais, vous le savez, en mes mains votre fille.
965 Dont j'élevais l'enfancę, et qui, par mille traits,
Faisait voir, dès quatre ans, sa grâce et ses attraits.
Celle que vous voyez, cette infâme sorcière,
Dedans notre maison se rendant familière,
Me vola ce trésor. Hélas ! de ce malheur
970 Votre femme, je crois, conçut tant de douleur,
Que cela servit fort pour avancer sa vie :
Si bien qu'entre mes mains cette fille ravie
Me faisant redouter un reproche fâcheux,
Je vous fis annoncer la mort de toutes deux.
975 Mais il faut maintenant, puisque je l'ai connue,
Qu'elle fasse savoir ce qu'elle est devenue. »
Au nom de Zanobio Ruberti, que sa voix,
Pendant tout ce récit, répétait plusieurs fois,
Andrès, ayant changé quelque temps de visage,
980 A Trufaldin surpris a tenu ce langage :
« Quoi donc ! le ciel me fait trouver heureusement
Celui que jusqu'ici j'ai cherché vainement,
Et que j'avais pu voir, sans pourtant reconnaître
La source de mon sang et l'auteur de mon être !
985 Oui, mon père, je suis Horace votre fils.
D'Albert, qui me gardait, les jours étant finis,
Me sentant naître au cœur d'autres inquiétudes,
Je sortis de Bologne, et, quittant mes études,
Portai durant six ans mes pas en divers lieux,
990 Selon que me poussait un désir curieux :
Pourtant, après ce temps, une secrète envie
Me pressa de revoir les miens et ma patrie ;
Mais dans Naples, hélas ! je ne vous trouvai plus,
Et n'y sus votre sort que par des bruits confus :
995 Si bien qu'à votre quête ayant perdu mes peines,
Venise pour un temps borna mes courses vaines ;
Et j'ai vécu depuis, sans que de ma maison
J'eusse d'autres clartés que d'en savoir le nom. »
Je vous laisse à juger ⹁si, pendant ces affaires,
1000 Trufaldin ressentait des transports ordinaires.
Enfin, pour retrancher ce que plus à loisir
Vous aurez le moyen de vous faire éclaircir
Par la confession de votre Egyptienne,
Trufaldin maintenant vous reconnaît pour sienne ;
1005 Andrès est votre frère ; et comme de sa sœur
Il ne peut plus songer à se voir possesseur,
Une obligation qu'il prétend reconnaître
A fait qu'il vous obtient pour épouse à mon maître,
Dont ile père, témoin de tout l'événement,
1010 Donne à cet hyménée un plein consentement,
Et, pour mettre une joie entière en sa famille,
Pour le nouvel Horace a proposé sa fille.
Voyez que d'incidents à la fois enfantés !

CÉLIE

Je demeure immobile à tant de nouveautés.

MASCARILLE

Tous viennent sur mes pas, hors les deux championnes, 2015
Qui du combat encor remettent leurs personnes.
Léandre est de la troupe, et votre père aussi.
Moi, je vais avertir mon maître de ceci,
Et que, lorsqu'à ses vœux on croit le plus d'obstacle,
Le ciel en sa faveur produit comme un miracle. 2020
Mascarille sort.

HIPPOLYTE

Un tel ravissement rend mes esprits confus,
Que pour mon propre sort je n'en aurais pas plus.
Mais les voici venir.

Scène X : Trufaldin, Anselme, Pandolfe,
Célie, Hippolyte, Léandre, Andrès.

TRUFALDIN

Ah ! ma fille !

CÉLIE

                 Ah ! mon père !

TRUFALDIN

Sais-tu déjà comment le ciel nous est prospère ?

CÉLIE

Je viens d'entendre ici ce succès merveilleux. 2025

HIPPOLYTE, *à Léandre.*

En vain vous parleriez pour excuser vos feux,
Si j'ai devant les yeux ce que vous pouvez dire.

LÉANDRE

Un généreux pardon est ce que je désire :
Mais j'atteste les cieux qu'en ce retour soudain
Mon père fait bien moins que mon propre dessein. 2030

ANDRÈS, *à Célie.*

Qui l'aurait jamais cru que cette ardeur si pure
Pût être condamnée un jour par la nature !
Toutefois tant d'honneur la sut toujours régir,
Qu'en y changeant fort peu je puis la retenir.

CÉLIE

Pour moi, je me blâmais, et croyais faire faute 2035
Quand je n'avais pour vous qu'une estime très haute.
Je ne pouvais savoir quel obstacle puissant
M'arrêtait sur un pas si doux et si glissant,
Et détournait mon cœur de l'aveu d'une flamme
Que mes sens s'efforçaient d'introduire en mon âme. 2040

TRUFALDIN, *à Célie.*

Mais en te recouvrant, que diras-tu de moi,
Si je songe aussitôt à me priver de toi,
Et t'engage à son fils sous les lois d'hyménée ?

CÉLIE

Que de vous maintenant dépend ma destinée.

Scène XI : Trufaldin, Anselme, Pandolfe,
Célie, Hippolyte, Lélie, Léandre,
Andrès, Mascarille.

MASCARILLE, *à Lélie.*

Voyons si votre diable aura bien le pouvoir 2045
De détruire à ce coup un si solide espoir ;
Et si, contre l'excès du bien qui vous arrive,
Vous armerez encor votre imaginative.
Par un coup imprévu des destins les plus doux.

2050 Vos vœux sont couronnés, et Célie est à vous.
                    LÉLIE
Croirai-je que du ciel la puissance absolue... ?
                    TRUFALDIN
Oui, mon gendre, il est vrai.
                    PANDOLFE
                              La chose est résolue.
                    ANDRÈS, à Lélie.
Je m'acquitte par là de ce que je vous dois.
                    LÉLIE, à Mascarille.
Il faut que je t'embrasse et mille et mille fois
2055 Dans cette joie...
                    MASCARILLE
                    Ah ! ah ! doucement, je vous prie.
Il m'a presque étouffé. Je crains fort pour Célie,
Si vous la caressez avec tant de transport :

De vos embrassements on se passerait fort.
                    TRUFALDIN, à Lélie.
Vous savez le bonheur que le ciel me renvoie ;
Mais puisqu'un même jour nous met tous dans la joie, 2060
Ne nous séparons point qu'il ne soit terminé,
Et que son père aussi nous soit vite amené.
                    MASCARILLE
Vous voilà tous pourvus. N'est-il point quelque fille
Qui pût accommoder le pauvre Mascarille ?
A voir chacun se joindre à sa chacune ici,   2065
J'ai des démangeaisons de mariage aussi.
                    ANSELME
J'ai ton fait.
                    MASCARILLE
              Allons donc ; et que les cieux prospères
Nous donnent des enfants dont nous soyons les pères !

DÉPIT AMOUREUX

COMÉDIE

Démarquée, encore, d'une pièce italienne, l'Interesse (1585), de Secchi, cette comédie fut créée — et jugée bien « embrouillée » — à Béziers, « ville lettrée », en 1656.
Reprise en décembre 1658 au Petit-Bourbon, elle réussit, selon Donneau de Visé, grâce à « un tableau naturellement représenté de certains dépits qui prennent souvent ceux qui s'aiment le mieux ». C'est le duo Eraste-Lucile et sa réplique Gros-René-Mari-

nette, à l'acte IV, épisode qui donne son titre à la pièce et qui, lui, est entièrement du cru moliéresque.
Depuis 1821, la Comédie-Française ne joue plus le Dépit amoureux (540 représentations) que dans une version réduite à deux actes (acte I complet, plus raccords avec la scène 2 de l'acte II et les scènes 2, 3, 4 de l'acte IV), accommodée en 1773 par l'acteur Valville.

PERSONNAGES

ERASTE, *amant de Lucile* (Louis Béjart).

ALBERT, *père de Lucile et d'Ascagne* (Molière).

GROS-RENÉ, *valet d'Eraste* (Du Parc).

VALÈRE, *fils de Polidore*

LUCILE, *fille d'Albert* (Mlle de Brie).

MARINETTE, *suivante de Lucile* (Mlle Béjart).

POLIDORE, *père de Valère.*

FROSINE, *confidente d'Ascagne.*

ASCAGNE, *fille d'Albert, déguisée en homme.*

MASCARILLE, *valet de Valère.*

MÉTAPHRASTE (*traducteur*, en grec).

LA RAPIÈRE, *bretteur.*

LA SCÈNE EST A PARIS.

ACTE PREMIER

Scène I : Eraste, Gros-René.

ÉRASTE

Veux-tu que je te dise ? une atteinte secrète
Ne laisse point mon âme en une bonne assiette.
Oui, quoi qu'à mon amour tu puisses repartir,
Il craint d'être la dupe, à ne te point mentir ;
Qu'en faveur d'un rival ta foi ne se corrompe,   5
Ou du moins qu'avec moi toi-même on ne te trompe.

GROS-RENÉ

Pour moi, me soupçonner de quelque mauvais tour,
Je dirai (n'en déplaise à monsieur votre amour)
Que c'est injustement blesser ma prud'homie,
Et se connaître mal en physionomie.   10
Les gens de mon minois ne sont point accusés
D'être, grâces à Dieu, ni fourbes, ni rusés.
Cet honneur qu'on nous fait, je ne le démens guères,
Et suis homme fort rond de toutes les manières.
Pour que l'on me trompât, cela se pourrait bien ;   15
Le doute est mieux fondé ; pourtant je n'en crois rien.
Je ne vois point encore, ou je suis une bête,
Sur quoi vous avez pu prendre martel en tête.
Lucile, à mon avis, vous montre assez d'amour ;
Elle vous voit, vous parle à toute heure du jour ;   20
Et Valère, après tout, qui cause votre crainte,
Semble n'être à présent souffert que par contrainte.

ÉRASTE

Souvent d'un faux espoir un amant est nourri :
Le mieux reçu toujours n'est pas le plus chéri ;
Et tout ce qu'avec ardeur font paraître les femmes   25
Parfois n'est qu'un beau voile à couvrir d'autres
Valère enfin, pour être un amant rebuté,   [flammes.

Montre depuis un temps trop de tranquillité ;
Et ce qu'à ces faveurs, dont tu crois l'apparence,
30 Il témoigne de joie ou bien d'indifférence, [appas,
M'empoisonne à tous coups leurs plus charmants
Me donne ce chagrin que tu ne comprends pas,
Tient mon bonheur en doute, et me rend difficile
Une entière croyance aux propos de Lucile.
35 Je voudrais, pour trouver un tel destin plus doux,
Y voir entrer un peu de son transport jaloux,
Et, sur ses déplaisirs et son impatience,
Mon âme prendrait lors une pleine assurance.
Toi-même penses-tu qu'on puisse, comme il fait,
40 Voir chérir un rival d'un esprit satisfait ?
Et, si tu n'en crois rien, dis-moi, je t'en conjure,
Si j'ai lieu de rêver dessus cette aventure ?

GROS-RENÉ

Peut-être que son cœur a changé de désirs,
Connaissant qu'il poussait d'inutiles soupirs.

ÉRASTE

45 Lorsque par les rebuts une âme est détachée,
Elle veut fuir l'objet dont elle fut touchée,
Et ne rompt point sa chaîne avec si peu d'éclat
Qu'elle puisse rester en un paisible état.
De ce qu'on a chéri la fatale présence
50 Ne nous laisse jamais dedans l'indifférence ;
Et, si de cette vue on n'accroît son dédain,
Notre amour est bien près de nous rentrer au sein :
Enfin, crois-moi, si bien qu'on éteigne une flamme,
Un peu de jalousie occupe encore une âme ;
55 Et l'on ne saurait voir, sans en être piqué,
Posséder par un autre un cœur qu'on a manqué.

GROS-RENÉ

Pour moi, je ne sais point tant de philosophie :
Ce que voient mes yeux, franchement je m'y fie ;
Et ne suis point de moi si mortel ennemi,
60 Que je m'aille affliger sans sujet ni demi.
Pourquoi subtiliser, et faire le capable
A chercher des raisons pour être misérable ?
Sur des soupçons en l'air je m'irais alarmer !
Laissons venir la fête avant que la chômer.
65 Le chagrin me paraît une incommode chose ;
Je n'en prends point pour moi sans bonne et juste cause,
Et mêmes à mes yeux cent sujets d'en avoir
S'offrent le plus souvent, que je ne veux pas voir.
Avec vous en amour je cours même fortune,
70 Celle que vous aurez me doit être commune ;
La maîtresse ne peut abuser votre foi,
A moins que la suivante en fasse autant pour moi :
Mais j'en fuis la pensée avec un soin extrême.
Je veux croire les gens, quand on me dit : Je t'aime ;
75 Et ne vais point chercher, pour m'estimer heureux,
Si Mascarille ou non s'arrache les cheveux.
Que tantôt Marinette endure qu'à son aise
Jodelet par plaisir la caresse et la baise,
Et que ce beau rival en rie ainsi qu'un fou,
80 A son exemple aussi j'en rirai tout mon soûl ;
Et l'on verra qui rit avec meilleure grâce.

ÉRASTE

Voilà de tes discours.

GROS-RENÉ

                        Mais je la vois qui passe.

Scène II : Eraste, Marinette, Gros-René.

GROS-RENÉ

St, Marinette !

MARINETTE

            Ho ! ho ! Que fais-tu là ?

GROS-RENÉ

                                        Ma foi,
Demande, nous étions tout à l'heure sur toi.

MARINETTE

Vous êtes aussi là, monsieur ! Depuis une heure   8
Vous m'avez fait trotter comme un Basque, je meure.

ÉRASTE

Comment ?

MARINETTE

        Pour vous chercher, j'ai fait dix mille pas,
Et vous promets, ma foi...

ÉRASTE

                        Quoi ?

MARINETTE

                        Que vous n'êtes pas
Au temple, au cours, chez vous, ni dans la grande

GROS-RENÉ   [place.

Il fallait en jurer.

ÉRASTE

            Apprends-moi donc, de grâce,   9
Qui te fait me chercher ?

MARINETTE

                    Quelqu'un, en vérité,
Qui pour vous n'a pas trop mauvaise volonté ;
Ma maîtresse, en un mot.

ÉRASTE

                    Ah ! chère Marinette,
Ton discours de son cœur est-il bien l'interprète ?
Ne me déguise point un mystère fatal,   9
Je ne t'en voudrais pas pour cela plus de mal :
Au nom des dieux, dis-moi si ta belle maîtresse
N'abuse point mes vœux d'une fausse tendresse.

MARINETTE

Hé ! Hé ! d'où vous vient donc ce plaisant mouve-
Elle ne fait pas voir assez son sentiment ? [ment ?   10
Quel garant est-ce encore que votre amour demande ?
Que lui faut-il ?

GROS-RENÉ

                A moins que Valère se pende,
Bagatelle, son cœur ne s'assurera point.

MARINETTE

Comment ?

GROS-RENÉ

        Il est jaloux jusques en un tel point.

MARINETTE

De Valère ? Ah ! vraiment la pensée est bien belle !   10
Elle peut seulement naître en votre cervelle.
Je vous croyais du sens, et jusqu'à ce moment
J'avais de votre esprit quelque bon sentiment ;
Mais, à ce que je vois, je m'étais fort trompée.
Ta tête de ce mal est-elle aussi frappée ?   1

GROS-RENÉ

Moi, jaloux ? Dieu m'en garde, et d'être assez badin
Pour m'aller emmaigrir avec un tel chagrin !
Outre que de ton cœur ta foi me cautionne,
115 L'opinion que j'ai de moi-même est trop bonne
Pour croire auprès de moi que quelque autre te plût.
Où diantre pourrais-tu trouver qui me valût ?

MARINETTE

En effet, tu dis bien : voilà comme il faut être :
Jamais de ces soupçons qu'un jaloux fait paraître !
120 Tout le fruit qu'on en cueille est de se mettre mal,
Et d'avancer par là les desseins d'un rival.
Au mérite souvent de qui l'éclat vous blesse,
Vos chagrins font ouvrir les yeux d'une maîtresse ;
Et j'en sais tel, qui doit son destin le plus doux
Aux soins trop inquiets de son rival jaloux.
125 Enfin, quoi qu'il en soit, témoigner de l'ombrage,
C'est jouer en amour un mauvais personnage,
Et se rendre, après tout, misérable à crédit.
Cela, seigneur Eraste, en passant vous soit dit.

ÉRASTE

Hé bien ! n'en parlons plus. Que venais-tu m'appren-
                                                    [dre ?
MARINETTE

130 Vous mériteriez bien que l'on vous fît attendre ;
Qu'afin de vous punir je vous tinsse caché
Le grand secret pourquoi je vous ai tant cherché.
Tenez, voyez ce mot, et sortez hors de doute :
Lisez-le donc tout haut, personne ici n'écoute.

ÉRASTE lit.

135   *Vous m'avez dit que votre amour*
        Etait capable de tout faire ;
        Il se couronnera lui-même dans ce jour,
        S'il peut avoir l'aveu d'un père.
        Faites parler les droits qu'on a dessus mon cœur,
140   *Je vous en donne la licence ;*
        Et, si c'est en votre faveur,
        Je vous réponds de mon obéissance.
Ah ! quel bonheur ! O toi ! qui me l'as apporté,
Je te dois regarder comme une déité !

GROS-RENÉ

145 Je vous le disais bien : contre votre croyance,
Je ne me trompe guère aux choses que je pense.

ÉRASTE relit.

        Faites parler les droits qu'on a dessus mon cœur,
        Je vous en donne la licence ;
        Et, si c'est en votre faveur,
150   *Je vous réponds de mon obéissance.*

MARINETTE

Si je lui rapportais vos faiblesses d'esprit,
Elle désavouerait bientôt un tel écrit.

ÉRASTE

Ah ! cache-lui, de grâce, une peur passagère,
Où mon âme a cru voir quelque peu de lumière :
155 Ou si tu la lui dis, ajoute que ma mort
Est prête d'expier l'erreur de ce transport ;
Que je vais à ses pieds, si j'ai pu lui déplaire,
Sacrifier ma vie à sa juste colère.

MARINETTE

Ne parlons point de mort, ce n'en est pas le temps.

Au reste, je te dois beaucoup, et je prétends   160
Reconnaître dans peu, de la bonne manière,
Les soins d'une si noble et si belle courrière.

MARINETTE

A propos, savez-vous où je vous ai cherché
Tantôt encore ?

ÉRASTE

Hé bien ?

MARINETTE

                    Tout proche du marché,
Où vous savez.

ÉRASTE

Où donc ?

MARINETTE

                    Là... dans cette boutique   165
Où, dès le mois passé, votre cœur magnifique
Me promit, de sa grâce, une bague.

ÉRASTE

                                    Ah ! j'entends.

GROS-RENÉ

La matoise !

ÉRASTE

            Il est vrai, j'ai tardé trop longtemps
A m'acquitter vers toi d'une telle promesse :
Mais...

MARINETTE

        Ce que j'en ai dit n'est pas que je vous presse.   170

GROS-RENÉ

Ho ! que non !

ÉRASTE lui donne sa bague.

                    Celle-ci peut-être aura de quoi
Te plaire; accepte-la pour celle que je dois.

MARINETTE

Monsieur, vous vous moquez, j'aurais honte à la
GROS-RENÉ   [prendre.
Pauvre honteuse ! prends sans davantage attendre :
Refuser ce qu'on donne est bon à faire aux fous.   175

MARINETTE

Ce sera pour garder quelque chose de vous.

ÉRASTE

Quand puis-je rendre grâce à cet ange adorable ?

MARINETTE

Travaillez à vous rendre un père favorable.

ÉRASTE

Mais, s'il me rebutait, dois-je... ?

MARINETTE

                            Alors comme alors,
Pour vous on emploiera toutes sortes d'efforts.   180
D'une façon ou d'autre il faut qu'elle soit vôtre :
Faites votre pouvoir, et nous ferons le nôtre.

ÉRASTE

Adieu, nous en saurons le succès dans ce jour.
Eraste relit la lettre tout bas.

MARINETTE, à Gros-René.

Et nous, que dirons-nous aussi de notre amour ?
Tu ne m'en parles point.

GROS-RENÉ

                    Un hymen qu'on souhaite   185
Entre gens comme nous, est chose bientôt faite.

Je te veux ; me veux-tu de même ?

MARINETTE

Avec plaisir.

GROS-RENÉ

Touche, il suffit.

MARINETTE

Adieu, Gros-René, mon désir.

GROS-RENÉ

Adieu, mon astre.

MARINETTE

Adieu, beau tison de ma flamme.

GROS-RENÉ

190 Adieu, chère comète, arc-en-ciel de mon âme.
Marinette sort.
Le bon Dieu soit loué ! nos affaires vont bien ;
Albert n'est pas un homme à vous refuser rien.

ÉRASTE

Valère vient à nous.

GROS-RENÉ

Je plains le pauvre hère,
Sachant ce qui se passe.

Scène III : Valère, Eraste, Gros-René.

ÉRASTE

Hé bien ! seigneur Valère ?

VALÈRE

195 Hé bien ! seigneur Eraste ?

ÉRASTE

En quel état l'amour ?

VALÈRE

En quel état vos feux ?

ÉRASTE

Plus forts de jour en jour.

VALÈRE

Et mon amour plus fort.

ÉRASTE

Pour Lucile ?

VALÈRE

Pour elle.

ÉRASTE

Certes, je l'avouerai, vous êtes le modèle
D'une rare constance.

VALÈRE

Et votre fermeté

200 Doit être un rare exemple à la postérité.

ÉRASTE

Pour moi, je suis peu fait à cet amour austère
Qui dans les seuls regards trouve à se satisfaire ;
Et je ne forme point d'assez beaux sentiments
Pour souffrir constamment les mauvais traitements :
205 Enfin, quand j'aime bien, j'aime fort que l'on m'aime.

VALÈRE

Il est très naturel, et j'en suis bien de même.
Le plus parfait objet dont je serais charmé
N'aurait pas mes tributs, n'en étant point aimé.

ÉRASTE

Lucile cependant...

VALÈRE

Lucile, dans son âme,

Rend tout ce que je veux qu'elle rende à ma flamme. 21

ÉRASTE

Vous êtes donc facile à contenter ?

VALÈRE

Pas tant.

Que vous pourriez penser.

ÉRASTE

Je puis croire pourtant,
Sans trop de vanité, que je suis en sa grâce.

VALÈRE

Moi, je sais que j'y tiens une assez bonne place.

ÉRASTE

Ne vous abusez point, croyez-moi.

VALÈRE

Croyez-moi, 21

Ne laissez point duper vos yeux à trop de foi.

ÉRASTE

Si j'osais vous montrer une preuve assurée
Que son cœur... Non, votre âme en serait altérée.

VALÈRE

Si je vous osais, moi, découvrir en secret...
Mais je vous fâcherais, et veux être discret. 220

ÉRASTE

Vraiment, vous me poussez, et, contre mon envie,
Votre présomption veut que je l'humilie.
Lisez.

VALÈRE, *après avoir lu.*

Ces mots sont doux.

ÉRASTE

Vous connaissez la main ?

VALÈRE

Oui, de Lucile.

ÉRASTE

Hé bien ? cet espoir si certain...

VALÈRE, *riant et s'en allant.*

Adieu, seigneur Eraste.

GROS-RENÉ

Il est fou, le bon sire, 22

Où vient-il donc pour lui de voir le mot pour rire ?

ÉRASTE

Certes, il me surprend ; et j'ignore, entre nous,
Quel diable de mystère est caché là-dessous.

GROS-RENÉ

Son valet vient, je pense.

ÉRASTE

Oui, je le vois paraître.

Feignons, pour le jeter sur l'amour de son maître. 230

Scène IV : Eraste, Mascarille, Gros-René.

MASCARILLE, *à part.*

Non, je ne trouve point d'état plus malheureux
Que d'avoir un patron jeune et fort amoureux.

GROS-RENÉ

Bonjour.

MASCARILLE

Bonjour.

GROS-RENÉ

Où tend Mascarille à cette heure ?

Que fait-il ? revient-il ? va-t-il ? ou s'il demeure ?

MASCARILLE

235 Non, je ne reviens pas, car je n'ai pas été ;
Je ne vais pas aussi, car je suis arrêté ;
Et ne demeure point, car, tout de ce pas même,
Je prétends m'en aller.

ÉRASTE

La rigueur est extrême ;
Doucement Mascarille.

MASCARILLE

Ah ! monsieur, serviteur.

ÉRASTE

240 Vous nous fuyez bien vite ! hé quoi ! vous fais-je peur ?

MASCARILLE

Je ne crois pas cela de votre courtoisie.

ÉRASTE

Touche ; nous n'avons plus sujet de jalousie,
Nous devenons amis, et mes feux que j'éteins
Laissent la place libre à vos heureux desseins.

MASCARILLE

Plût à Dieu !

ÉRASTE

245 Gros-René sait qu'ailleurs je me jette.

GROS-RENÉ

Sans doute ; et je te cède aussi la Marinette.

MASCARILLE

Passons sur ce point-là ; notre rivalité
N'est pas pour en venir à grande extrémité :
Mais est-ce un coup bien sûr que votre seigneurie
250 Soit désenamourée ? ou si c'est raillerie ?

ÉRASTE

J'ai su qu'en ses amours ton maître était trop bien,
Et je serais un fou de prétendre plus rien
Aux étroites faveurs qu'il a de cette belle.

MASCARILLE

Certes, vous me plaisez avec cette nouvelle.
255 Outre qu'en nos projets je vous craignais un peu,
Vous tirez sagement votre épingle du jeu.
Oui, vous avez bien fait de quitter une place
Où l'on vous caressait pour la seule grimace ;
Et mille fois, sachant tout ce qui se passait,
260 J'ai plaint le faux espoir dont on vous repaissait.
On offense un brave homme alors que l'on l'abuse.
Mais d'où diantre, après tout, avez-vous su la ruse ?
Car cet engagement mutuel de leur foi
N'eut pour témoins, la nuit, que deux autres et moi,
265 Et l'on croit jusqu'ici la chaîne fort secrète
Qui rend de nos amants la flamme satisfaite.

ÉRASTE

Hé ! que dis-tu ?

MASCARILLE

Je dis que je suis interdit,
Et ne sais pas, monsieur, qui peut vous avoir dit
Que, sous ce faux semblant qui trompe tout le monde,
270 En vous trompant aussi, leur ardeur sans seconde
D'un secret mariage a serré le lien.

ÉRASTE

Vous en avez menti.

MASCARILLE

Monsieur, je le veux bien.

ÉRASTE

Vous êtes un coquin.

MASCARILLE

D'accord.

ÉRASTE

Et cette audace
Mériterait cent coups de bâton sur la place.

MASCARILLE

Vous avez tout pouvoir.

ÉRASTE

Ah ! Gros-René !

GROS-RENÉ

Monsieur. 275

ÉRASTE

Je démens un discours dont je n'ai que trop peur.
A Mascarille.
Tu penses fuir.

MASCARILLE

Nenni.

ÉRASTE

Quoi ! Lucile est la femme... ?

MASCARILLE

Non, monsieur, je raillais.

ÉRASTE

Ah ! vous railliez, infâme !

MASCARILLE

Non, je ne raillais point.

ÉRASTE

Il est donc vrai ?

MASCARILLE

Non pas,
Je ne dis pas cela.

ÉRASTE

Que dis-tu donc ?

MASCARILLE

Hélas ! 280
Je ne dis rien, de peur de mal parler.

ÉRASTE

Assure
Ou si c'est chose vraie, ou si c'est imposture.

MASCARILLE

C'est ce qu'il vous plaira : je ne suis pas ici
Pour vous rien contester.

ÉRASTE, *tirant son épée.*

Veux-tu dire ? Voici,
Sans marchander, de quoi te délier la langue. 285

MASCARILLE

Elle ira faire encore quelque sotte harangue.
Hé ! de grâce, plutôt, si vous le trouvez bon,
Donnez-moi vivement quelques coups de bâton,
Et me laissez tirer mes chausses sans murmure.

ÉRASTE

Tu mourras, ou je veux que la vérité pure 290
S'exprime par ta bouche.

MASCARILLE

Hélas ! je la dirai :
Mais peut-être, monsieur, que je vous fâcherai.

ÉRASTE

Parle ; mais prends bien garde à ce que tu vas faire.
A ma juste fureur rien ne te peut soustraire,

295 Si tu mens d'un seul mot en ce que tu diras.
MASCARILLE
J'y consens, rompez-moi les jambes et les bras,
Faites-moi pis encore, tuez-moi, si j'impose,
En tout ce que j'ai dit ici, la moindre chose.
ÉRASTE
Ce mariage est vrai ?
MASCARILLE
Ma langue, en cet endroit,
300 A fait un pas de clerc, dont elle s'aperçoit :
Mais enfin cette affaire est comme vous la dites,
Et c'est après cinq jours de nocturnes visites,
Tandis que vous serviez à mieux couvrir leur jeu,
Que depuis avant-hier ils sont joints de ce nœud ;
305 Et Lucile depuis fait encor moins paraître
La violente amour qu'elle porte à mon maître,
Et veut absolument que tout ce qu'il verra,
Et qu'en votre faveur son cœur témoignera,
Il l'impute à l'effet d'une haute prudence
310 Qui veut de leurs secrets ôter la connaissance.
Si, malgré mes serments, vous doutez de ma foi,
Gros-René peut venir une nuit avec moi,
Et je lui ferai voir, étant en sentinelle,
Que nous avons dans l'ombre un libre accès chez elle.
ÉRASTE
315 Ote-toi de mes yeux, maraud !
MASCARILLE
Et de grand cœur.
C'est ce que je demande.
ÉRASTE
Hé bien !
GROS-RENÉ
Hé bien, monsieur ?
Nous en tenons tous deux, si l'autre est véritable.
ÉRASTE
Las ! il ne l'est que trop, le bourreau détestable !
Je vois trop d'apparence à tout ce qu'il a dit ;
320 Et ce qu'a fait Valère, en voyant cet écrit,
Marque bien leur concert, et que c'est une baie
Qui sert, sans doute, aux feux dont l'ingrate le paie.

Scène V : Eraste, Marinette, Gros-René.

MARINETTE
Je viens vous avertir que tantôt sur le soir
Ma maîtresse au jardin vous permet de la voir.
ÉRASTE
325 Oses-tu me parler ? âme double et traîtresse !
Va, sors de ma présence ; et dis à ta maîtresse
Qu'avecque ses écrits elle me laisse en paix,
Et que voilà l'état, infâme, que j'en fais.
Il déchire la lettre et sort.
MARINETTE
Gros-René, dis-moi donc quelle mouche le pique.
GROS-RENÉ
330 M'oses-tu bien encor parler ? femelle inique,
Crocodile trompeur, de qui le cœur félon
Est pire qu'un satrape, ou bien qu'un Lestrigon !
Va, va rendre réponse à ta bonne maîtresse,
Et dis-lui bien et beau que, malgré sa souplesse,

Nous ne sommes plus sots, ni mon maître ni moi ; 33
Et désormais qu'elle aille au diable avecque toi.
MARINETTE, *seule.*
Ma pauvre Marinette, es-tu bien éveillée ?
De quel démon est donc leur âme travaillée ?
Quoi ! faire un tel accueil à nos soins obligeants !
Oh ! que ceci chez nous va surprendre les gens !   34

ACTE SECOND

Scène I : Ascagne, Frosine.

FROSINE
Ascagne, je suis fille à secret, Dieu merci.
ASCAGNE
Mais, pour un tel discours, sommes-nous bien ici ?
Prenons garde qu'aucun ne nous vienne surprendre,
Ou que de quelque endroit on ne nous puisse enten-
FROSINE   [dre.
Nous serions au logis beaucoup moins sûrement :   34
Ici de tous côtés on découvre aisément ;
Et nous pouvons parler avec toute assurance.
ASCAGNE
Hélas ! que j'ai de peine à rompre mon silence !
FROSINE
Ouais ! ceci doit donc être un important secret ?
ASCAGNE
Trop, puisque je le fie à vous-même à regret,   35
Et que, si je pouvais le cacher davantage,
Vous ne le sauriez point.
FROSINE
Ah ! c'est me faire outrage !
Feindre à s'ouvrir à moi, dont vous avez connu
Dans tous vos intérêts l'esprit si retenu !
Moi, nourrie avec vous, et qui tiens sous silence   35
Des choses qui vous sont de si grande importance ;
Qui sais...
ASCAGNE
Oui, vous savez la secrète raison
Qui cache aux yeux de tous mon sexe et ma maison;
Vous savez que dans celle où passa mon bas âge
Je suis pour y pouvoir retenir l'héritage   36
Que relâchait ailleurs le jeune Ascagne mort,
Dont mon déguisement fait revivre le sort ;
Et c'est aussi pourquoi ma bouche se dispense
A vous ouvrir mon cœur avec plus d'assurance.
Mais avant que passer, Frosine, à ce discours,   36
Eclaircissez un doute où je tombe toujours.
Se pourrait-il qu'Albert ne sût rien du mystère
Qui masque ainsi mon sexe, et l'a rendu mon père ?
FROSINE
En bonne foi, ce point sur quoi vous me pressez
Est une affaire aussi qui m'embarrasse assez :   37
Le fond de cette intrigue est pour moi lettre close ;
Et ma mère ne put m'éclaircir mieux la chose.
Quand il mourut ce fils, l'objet de tant d'amour,
Au destin de qui, même avant qu'il vînt au jour,
Le testament d'un oncle abondant en richesses   37

D'un soin particulier avait fait des largesses ;
Et que sa mère fit un secret de sa mort,
De son époux absent redoutant le transport,
S'il voyait chez un autre aller tout l'héritage
80 Dont sa maison tirait un si grand avantage ;
Quand, dis-je, pour cacher un tel événement,
La supposition fut de son sentiment,
Et qu'on vous prit chez nous, où vous étiez nourrie
(Votre mère d'accord de cette tromperie
85 Qui remplaçait ce fils à sa garde commis),
En faveur des présents le secret fut promis.
Albert ne l'a point su de nous ; et pour sa femme,
L'ayant plus de douze ans conservé dans son âme,
Comme le mal fut prompt dont on la vit mourir,
90 Son trépas imprévu ne put rien découvrir ;
Mais cependant je vois qu'il garde intelligence
Avec celle de qui vous tenez la naissance.
J'ai su qu'en secret même il lui faisait du bien,
Et peut-être cela ne se fait pas pour rien.
95 D'autre part, il vous veut porter au mariage ;
Et, comme il le prétend, c'est un mauvais langage.
Je ne sais s'il saurait la supposition
Sans le déguisement. Mais la digression
Tout insensiblement pourrait trop loin s'étendre :
100 Revenons au secret que je brûle d'apprendre.

                    ASCAGNE
Sachez donc que l'Amour ne sait point s'abuser,
Que mon sexe à ses yeux n'a pu se déguiser,
Et que ses traits subtils, sous l'habit que je porte,
Ont su trouver le cœur d'une fille peu forte :
105 J'aime enfin.
                    FROSINE
              Vous aimez !
                    ASCAGNE
                        Frosine, doucement.
N'entrez pas tout à fait dedans l'étonnement ;
Il n'est pas temps encore ; et ce cœur qui soupire
A bien, pour vous surprendre, autre chose à vous dire.
                    FROSINE
410 Et quoi ?
                    ASCAGNE
         J'aime Valère.
                    FROSINE
                    Ah ! vous avez raison.
L'objet de votre amour, lui, dont à la maison
Votre imposture enlève un puissant héritage,
Et qui, de votre sexe ayant le moindre ombrage,
Verrait incontinent ce bien lui retourner !
C'est encore un plus grand sujet de s'étonner.
                    ASCAGNE
415 J'ai de quoi toutefois surprendre plus votre âme :
Je suis sa femme.
                    FROSINE
            Oh ! dieux. Sa femme !
                    ASCAGNE
                              Oui, sa femme.
                    FROSINE
Ah ! certes celui-là l'emporte, et vient à bout.
De toute ma raison.

                    ASCAGNE
              Ce n'est pas encor tout.
                    FROSINE
Encore ?
                    ASCAGNE
     Je la suis, dis-je, sans qu'il le pense,
Ni qu'il ait de mon sort la moindre connaissance.   420
                    FROSINE
Ho ! poussez ; je le quitte, et ne raisonne plus,
Tant mes sens coup sur coup se trouvent confondus.
A ces énigmes-là je ne puis rien comprendre.
                    ASCAGNE
Je vais vous l'expliquer, si vous voulez m'entendre.
Valère, dans les fers de ma sœur arrêté,   425
Me semblait un amant digne d'être écouté ;
Et je ne pouvais voir qu'on rebutât sa flamme,
Sans qu'un peu d'intérêt touchât pour lui mon âme.
Je voulais que Lucile aimât son entretien ;
Je blâmais ses rigueurs, et les blâmai si bien,   430
Que moi-même j'entrai, sans pouvoir m'en défendre,
Dans tous les sentiments qu'elle ne pouvait prendre.
C'était, en lui parlant, moi qu'il persuadait ;
Je me laissais gagner aux soupirs qu'il perdait ;
Et ses vœux, rejetés de l'objet qui l'enflamme,   435
Etaient, comme vainqueurs, reçus dedans mon âme.
Ainsi mon cœur, Frosine, un peu trop faible, hélas !
Se rendit à des soins qu'on ne lui rendait pas,
Par un coup réfléchi reçut une blessure,
Et paya pour un autre avec beaucoup d'usure.   440
Enfin, ma chère, enfin, l'amour que j'eus pour lui
Se voulut expliquer, mais sous le nom d'autrui.
Dans ma bouche, une nuit, cet amant trop aimable
Crut rencontrer Lucile à ses vœux favorable ;
Et je sus ménager si bien cet entretien,   445
Que du déguisement il ne reconnut rien.
Sous ce voile trompeur, qui flattait sa pensée,
Je lui dis que pour lui mon âme était blessée,
Mais que, voyant mon père en d'autres sentiments,
Je devais une feinte à ses commandements ;   450
Qu'ainsi de notre amour nous ferions un mystère
Dont la nuit seulement serait dépositaire ;
Et qu'entre nous, de jour, de peur de rien gâter,
Tout entretien secret se devait éviter ;
Qu'il me verrait alors la même indifférence   455
Qu'avant que nous eussions aucune intelligence ;
Et que de son côté, de même que du mien,
Geste, parole, écrit, ne m'en dît jamais rien.
Enfin, sans m'arrêter sur toute l'industrie
Dont j'ai conduit le fil de cette tromperie,   460
J'ai poussé jusqu'au bout un projet si hardi,
Et me suis assuré l'époux que je vous dis.
                    FROSINE
Peste ! les grands talents que votre esprit possède !
Dirait-on qu'elle y touche, avec sa mine froide ?
Cependant vous avez été bien vite ici ;   465
Car, je veux que la chose ait d'abord réussi,
Ne jugez-vous pas bien, à regarder l'issue,
Qu'elle ne peut longtemps éviter d'être sue ?
                    ASCAGNE
Quand l'amour est bien fort, rien ne peut l'arrêter ; 470

Ses projets seulement vont à se contenter ;
Et, pourvu qu'il arrive au but qu'il se propose,
Il croit que tout le reste après est peu de chose.
Mais enfin, aujourd'hui, je me découvre à vous,
Afin que vos conseils... Mais voici cet époux.

Scène II : Valère, Ascagne, Frosine.

VALÈRE

475 Si vous êtes tous deux en quelque conférence
Où je vous fasse tort de mêler ma présence,
Je me retirerai.

ASCAGNE

           Non, non, vous pouvez bien,
Puisque vous le faisiez, rompre notre entretien.

VALÈRE

Moi ?

ASCAGNE

      Vous-même.

VALÈRE

           Et comment ?

ASCAGNE

                    Je disais que Valère
480 Aurait, si j'étais fille, un peu trop su me plaire ;
Et que, si je faisais tous les vœux de son cœur,
Je ne tarderais guère à faire son bonheur.

VALÈRE

Ces protestations ne coûtent pas grand-chose,
Alors qu'à leur effet un pareil si s'oppose ;
485 Mais vous seriez bien pris, si quelque événement
Allait mettre à l'épreuve un si doux compliment.

ASCAGNE

Point du tout ; je vous dis que, régnant dans votre âme,
Je voudrais de bon cœur couronner votre flamme.

VALÈRE

Et si c'était quelqu'une où par votre secours
490 Vous pussiez être utile au bonheur de mes jours ?

ASCAGNE

Je pourrais assez mal répondre à votre attente.

VALÈRE

Cette confession n'est pas fort obligeante.

ASCAGNE

Hé quoi ! vous voudriez, Valère, injustement,
Qu'étant fille, et mon cœur vous aimant tendrement,
495 Je m'allasse engager avec une promesse
De servir vos ardeurs pour quelque autre maîtresse ?
Un si pénible effort, pour moi, m'est interdit.

VALÈRE

Mais cela n'étant pas ?

ASCAGNE

               Ce que je vous ai dit,
Je l'ai dit comme fille, et vous le devez prendre
500 Tout de même.

VALÈRE

           Ainsi donc il ne faut rien prétendre,
Ascagne, à des bontés que vous auriez pour nous,
A moins que le ciel fasse un grand miracle en vous ;
Bref, si vous n'êtes fille, adieu votre tendresse,
Il ne vous reste rien qui pour nous s'intéresse.

ASCAGNE

J'ai l'esprit délicat plus qu'on ne peut penser, 505
Et le moindre scrupule a de quoi m'offenser
Quand il s'agit d'aimer. Enfin je suis sincère ;
Je ne m'engage point à vous servir, Valère,
Si vous ne m'assurez, au moins absolument,
Que vous gardez pour moi le même sentiment ; 510
Que pareille chaleur d'amitié vous transporte,
Et que, si j'étais fille, une flamme plus forte
N'outragerait point celle où je vivrais pour vous.

VALÈRE

Je n'avais jamais vu ce scrupule jaloux ;
Mais, tout nouveau qu'il est, ce mouvement m'oblige, 515
Et je vous fais ici tout l'aveu qu'il exige.

ASCAGNE

Mais sans fard ?

VALÈRE

              Oui, sans fard.

ASCAGNE

                   S'il est vrai, désormais
Vos intérêts seront les miens, je vous promets.

VALÈRE

J'ai bientôt à vous dire un important mystère,
Où l'effet de ces mots me sera nécessaire. 520

ASCAGNE

Et j'ai quelque secret de même à vous ouvrir,
Où votre cœur pour moi se pourra découvrir.

VALÈRE

Eh ! de quelle façon cela pourrait-il être ?

ASCAGNE

C'est que j'ai de l'amour qui n'oserait paraître ;
Et vous pourriez avoir sur l'objet de mes vœux 525
Un empire à pouvoir rendre mon sort heureux.

VALÈRE

Expliquez-vous, Ascagne ; et croyez, par avance,
Que votre heur est certain, s'il est en ma puissance.

ASCAGNE

Vous promettez ici plus que vous ne croyez.

VALÈRE

Non, non ; dites l'objet pour qui vous m'employez. 530

ASCAGNE

Il n'est pas encore temps ; mais c'est une personne
Qui vous touche de près.

VALÈRE

               Votre discours m'étonne.
Plût à Dieu que ma sœur... !

ASCAGNE

               Ce n'est pas la saison
De m'expliquer, vous dis-je.

VALÈRE

              Et pourquoi ?

ASCAGNE

                Pour raison
Vous saurez mon secret quand je saurai le vôtre. 535

VALÈRE

J'ai besoin pour cela de l'aveu de quelque autre.

ASCAGNE

Ayez-le donc ; et alors, nous expliquant nos vœux,
Nous verrons qui tiendra mieux parole des deux.

VALÈRE
Adieu, j'en suis content.
ASCAGNE
Et moi content, Valère.

Valère sort.

FROSINE
540 Il croit trouver en vous l'assistance d'un frère.

Scène III : Lucile, Ascagne,
Frosine, Marinette.

LUCILE, *à Marinette, les trois premiers vers.*
C'en est fait ; c'est ainsi que je me puis venger ;
Et si cette action à quoi je l'afflige,
C'est toute la douceur que mon cœur s'y propose.
Mon frère, vous voyez une métamorphose.
545 Je veux chérir Valère après tant de fierté,
Et mes vœux maintenant tournent de son côté.
ASCAGNE
Que dites-vous, ma sœur ? Comment ! courir au change !
Cette inégalité me semble trop étrange.
LUCILE
La vôtre me surprend avec plus de sujet.
550 De vos soins autrefois Valère était l'objet :
Je vous ai vu pour lui m'accuser de caprice,
D'aveugle cruauté, d'orgueil et d'injustice ;
Et, quand je veux l'aimer, mon dessein vous déplaît !
Et je vous vois parler contre son intérêt !
ASCAGNE
555 Je le quitte, ma sœur, pour embrasser le vôtre ;
Je sais qu'il est rangé dessous les lois d'une autre ;
Et ce serait un trait honteux à vos appas,
Si vous le rappeliez et qu'il ne revînt pas.
LUCILE
Si ce n'est que cela, j'aurai soin de ma gloire,
560 Et je sais, pour son cœur, tout ce que j'en dois croire ;
Il s'explique à mes yeux intelligiblement ;
Ainsi découvrez-lui, sans peur, mon sentiment.
Ou, si vous refusez de le faire, ma bouche
Lui va faire savoir que son ardeur me touche.
565 Quoi ! mon frère, à ces mots vous restez interdit ?
ASCAGNE
Ah ! ma sœur ! si sur vous je puis avoir crédit,
Si vous êtes sensible aux prières d'un frère,
Quittez un tel dessein, et n'ôtez point Valère
Aux vœux d'un jeune objet dont l'intérêt m'est cher,
570 Et qui, sur ma parole, a droit de vous toucher.
La pauvre infortunée aime avec violence,
A moi seul de ses feux elle fait confidence,
Et je vois dans son cœur de tendres mouvements
A dompter la fierté des plus durs sentiments.
575 Oui, vous auriez pitié de l'état de son âme,
Connaissant de quel coup vous menacez sa flamme ;
Et je ressens si bien la douleur qu'elle aura,
Que je suis assuré, ma sœur, qu'elle en mourra,
Si vous lui dérobez l'amant qui peut lui plaire.
580 Eraste est un parti qui doit vous satisfaire,
Et des feux mutuels...
LUCILE
Mon frère, c'est assez.

Je ne sais point pour qui vous vous intéressez ;
Mais, de grâce, cessons ce discours, je vous prie,
Et me laissez un peu dans quelque rêverie.
ASCAGNE
Allez, cruelle sœur, vous me désespérez,   585
Si vous effectuez vos desseins déclarés.

Scène IV : Lucile, Marinette.

MARINETTE
La résolution, madame, est assez prompte.
LUCILE
Un cœur né pèse rien alors que l'on l'affronte ;
Il court à sa vengeance, et saisit promptement
Tout ce qu'il croit servir à son ressentiment.   590
Le traître ! faire voir cette insolence extrême !
MARINETTE
Vous m'en voyez encor toute hors de moi-même ;
Et quoique là-dessus je rumine sans fin,
L'aventure me passe, et j'y perds mon latin.
Car enfin aux transports d'une bonne nouvelle   595
Jamais cœur ne s'ouvrit d'une façon plus belle ;
De l'écrit obligeant le sien tout transporté
Ne me donnait pas moins que de la déité ;
Et cependant jamais, à cet autre message,
Fille ne fut traitée avecque tant d'outrage :   600
Je ne sais, pour causer de si grands changements,
Ce qui s'est pu passer entre ces courts moments.
LUCILE
Rien ne s'est pu passer dont il faille être en peine,
Puisque rien ne le doit défendre de ma haine.
Quoi ! tu voudrais chercher hors de sa lâcheté   605
La secrète raison de cette indignité ?
Cet écrit malheureux, dont mon âme s'accuse,
Peut-il à son transport souffrir la moindre excuse ?
MARINETTE
En effet, je comprends que vous avez raison,
Et que cette querelle est pure trahison.   610
Nous en tenons, madame : et puis prêtons l'oreille
Aux bons chiens de pendards qui nous chantent mer-
                                              [veille,
Qui, pour nous accrocher, feignent tant de langueur ;
Laissons à leurs beaux mots fondre notre rigueur ;
Rendons-nous à leurs vœux, trop faibles que nous
                                              [sommes ! 615
Foin de notre sottise, et peste soit des hommes !
LUCILE
Hé bien ! bien ! qu'il s'en vante et rie à nos dépens,
Il n'aura pas sujet d'en triompher longtemps ;
Et je lui ferai voir qu'en une âme bien faite
Le mépris suit de près la faveur qu'on rejette.   620
MARINETTE
Au moins, en pareil cas, est-ce un bonheur bien doux
Quand on sait qu'on n'a point d'avantage sur vous.
Marinette eut bon nez, quoi qu'on en puisse dire,
De ne permettre rien un soir qu'on voulait rire.
Quelque autre, sous espoir de *matrimonion*,   625
Aurait ouvert l'oreille à la tentation ;
Mais moi, *nescio vos.*

LUCILE

Que tu dis de folies,
Et choisis mal ton temps pour de telles saillies !
Enfin je suis touchée au cœur sensiblement ;
630 Et si jamais celui de ce perfide amant,
Par un coup de bonheur dont j'aurais tort, je pense,
De vouloir à présent concevoir l'espérance
(Car le ciel a trop pris plaisir à m'affliger,
Pour me donner celui de me pouvoir venger) ;
635 Quand, dis-je, par un sort à mes désirs propice,
Il reviendrait m'offrir sa vie en sacrifice
Détester à mes pieds l'action d'aujourd'hui,
Je te défends surtout de me parler pour lui.
Au contraire, je veux que ton zèle s'exprime
640 A me bien mettre aux yeux la grandeur de son crime;
Et même si mon cœur était pour lui tenté
De descendre jamais à quelque lâcheté,
Que ton affection me soit alors sévère,
Et tienne comme il faut la main à ma colère.

MARINETTE

645 Vraiment n'ayez point peur, et laissez faire à nous ;
J'ai pour le moins autant de colère que vous ;
Et je serais plutôt fille toute ma vie,
Que mon gros traître aussi me redonnât envie.
S'il vient...

Scène V : Albert, Lucile, Marinette.

ALBERT

Rentrez, Lucile, et me faites venir
650 Le précepteur ; je veux un peu l'entretenir,
Et m'informer de lui, qui me gouverne Ascagne,
S'il sait point quel ennui depuis peu l'accompagne.
Il continue seul.
En quel gouffre de soins et de perplexité
Nous jette une action faite sans équité !
655 D'un enfant supposé par mon trop d'avarice
Mon cœur depuis longtemps souffre bien le supplice ;
Et quand je vois les maux où je me suis plongé,
Je voudrais à ce bien n'avoir jamais songé.
Tantôt je crains de voir, par la fourbe éventée,
660 Ma famille en opprobre et misère jetée ;
Tantôt pour ce fils-là, qu'il me faut conserver,
Je crains cent accidents qui peuvent arriver.
S'il advient que dehors quelque affaire m'appelle,
J'appréhende au retour cette triste nouvelle :
665 Las ! vous ne savez pas ? vous l'a-t-on annoncé ?
Votre fils a la fièvre, ou jambe, ou bras cassé ;
Enfin, à tous moments, sur quoi que je m'arrête,
Cent sortes de chagrins me roulent par la tête.
Ah !...

Scène VI : Albert, Métaphraste.

MÉTAPHRASTE

Mandatum tuum curo diligenter[1].

ALBERT

Maître, j'ai voulu...

1. *Je me hâte d'obéir à votre commandement.*

MÉTAPHRASTE

Maître est dit *a magister* :   67
C'est comme qui dirait trois fois plus grand.

ALBERT

Je meure,
Si je savais cela. Mais, soit, à la bonne heure.
Maître, donc...

MÉTAPHRASTE

Poursuivez.

ALBERT

Je veux poursuivre aussi,
Mais ne poursuivez point, vous, d'interrompre ainsi.
Donc, encore une fois, maître, c'est la troisième,   67
Mon fils me rend chagrin : vous savez que je l'aime,
Et que soigneusement je l'ai toujours nourri.

MÉTAPHRASTE

Il est vrai : *Filio non potest praeferri
Nisi filius*[2].

ALBERT

Maître, en discourant ensemble,
Ce jargon n'est pas fort nécessaire, me semble.   68
Je vous crois grand latin et grand docteur juré ;
Je m'en rapporte à ceux qui m'en ont assuré :
Mais dans un entretien qu'avec vous je destine,
N'allez point déployer toute votre doctrine,
Faire le pédagogue, et cent mots me cracher,   68
Comme si vous étiez en chaire pour prêcher.
Mon père, quoiqu'il eût la tête des meilleures,
Ne m'a jamais rien fait apprendre que mes heures,
Qui, depuis cinquante ans, dites journellement,
Ne sont encor pour moi que du haut allemand.   69
Laissez donc en repos votre science auguste,
Et que votre langage à mon faible s'ajuste.

MÉTAPHRASTE

Soit.

ALBERT

A mon fils l'hymen semble lui faire peur ;
Et, sur quelque parti que je sonde son cœur,
Pour un pareil lien il est froid, et recule.   69

MÉTAPHRASTE

Peut-être a-t-il l'humeur du frère de Marc-Tulle,
Dont avec Atticus le même fait sermon ;
Et comme aussi les Grecs disent *Atanaton*[3]...

ALBERT

Mon Dieu ! maître éternel, laissez là, je vous prie,
Les Grecs, les Albanais, avec l'Esclavonie,   700
Et tous ces autres gens dont vous venez parler :
Eux et mon fils n'ont rien ensemble à démêler.

MÉTAPHRASTE

Hé bien donc, votre fils ?

ALBERT

Je ne sais si dans l'âme
Il ne sentirait point une secrète flamme :
Quelque chose le trouble, ou je suis fort déçu ;   705
Et je l'aperçus hier, sans en être aperçu,
Dans un recoin du bois où nul ne se retire.

2. *A un fils on ne saurait préférer qu'un fils.*
3. Mot dépourvu de sens. Quelques éditeurs ont écrit *athanaton, immortel.*

MÉTAPHRASTE

Dans un lieu reculé du bois, voulez-vous dire,
Un endroit écarté, *latine, secessus* ;
710 Virgile l'a dit : *Est in secessu... locus* [4]...

ALBERT

Comment aurait-il pu l'avoir dit, ce Virgile,
Puisque je suis certain que, dans ce lieu tranquille,
Ame du monde enfin n'était lors que nous deux ?

MÉTAPHRASTE

Virgile est nommé là comme un auteur fameux
715 D'un terme plus choisi que le mot que vous dites,
Et non comme témoin de ce qu'hier vous vîtes.

ALBERT

Et moi, je vous dis, moi, que je n'ai pas besoin
De terme plus choisi, d'auteur, ni de témoin ;
Et qu'il suffit ici de mon seul témoignage.

MÉTAPHRASTE

720 Il faut choisir pourtant les mots mis en usage
Par les meilleurs auteurs. *Tu vivendo, bonos,*
Comme on dit, *scribendo sequare peritos* [5].

ALBERT

Homme ou démon, veux-tu m'entendre sans conteste ?

MÉTAPHRASTE

Quintilien en fait le précepte.

ALBERT

La peste
725 Soit du causeur !

MÉTAPHRASTE

Et dit là-dessus doctement
Un mot que vous serez bien aise assurément
D'entendre.

ALBERT

Je serai le diable qui t'emporte,
Chien d'homme ! Oh ! que je suis tenté d'étrange sorte
De faire sur ce mufle une application !

MÉTAPHRASTE

730 Mais qui cause, seigneur, votre inflammation ?
Que voulez-vous de moi ?

ALBERT

Je veux que l'on m'écoute,
Vous ai-je dit vingt fois, quand je parle.

MÉTAPHRASTE

Ah ! sans doute ;
Vous serez satisfait, s'il ne tient qu'à cela :
Je me tais.

ALBERT

Vous ferez sagement.

MÉTAPHRASTE

Me voilà
735 Tout prêt de vous ouïr.

ALBERT

Tant mieux.

MÉTAPHRASTE

Que je trépasse,
Si je dis plus mot !

ALBERT

Dieu vous en fasse la grâce !

MÉTAPHRASTE

Vous n'accuserez point mon caquet désormais.

ALBERT

Ainsi soit-il !

MÉTAPHRASTE

Parlez quand vous voudrez.

ALBERT

J'y vais.

MÉTAPHRASTE

Et n'appréhendez plus l'interruption nôtre.

ALBERT

C'est assez dit.

MÉTAPHRASTE

Je suis exact plus qu'aucun autre.   740

ALBERT

Je le crois.

MÉTAPHRASTE

J'ai promis que je ne dirais rien.

ALBERT

Suffit.

MÉTAPHRASTE

Dès à présent je suis muet.

ALBERT

Fort bien.

MÉTAPHRASTE

Parlez ; courage ; au moins je vous donne audience.
Vous ne vous plaindrez pas de mon peu de silence :
Je ne desserre pas la bouche seulement.   745

ALBERT, *à part.*

Le traître !

MÉTAPHRASTE

Mais, de grâce, achevez vitement.
Depuis longtemps j'écoute ; il est bien raisonnable
Que je parle à mon tour.

ALBERT

Donc, bourreau détestable...

MÉTAPHRASTE

Hé ! bon Dieu ! voulez-vous que j'écoute à jamais ?
Partageons le parler au moins, ou je m'en vais.   750

ALBERT

Ma patience est bien...

MÉTAPHRASTE

Quoi ! voulez-vous poursuivre ?
Ce n'est pas encor fait ? *Per Jovem* ! je suis ivre !

ALBERT

Je n'ai pas dit...

MÉTAPHRASTE

Encor ? Bon Dieu ! que de discours !
Rien n'est-il suffisant d'en arrêter le cours ?

ALBERT

J'enrage.

MÉTAPHRASTE

Derechef ? O l'étrange torture !   755
Hé ! laissez-moi parler un peu, je vous conjure.
Un sot qui ne dit mot se distingue pas
D'un savant qui se tait.

---

4. Citation du premier livre de l'*Enéide*.
5. « *Tu vivendo bonos, scribendo sequare peritos.* »
Vers de Despautères : *Règle tes mœurs sur les gens de
bien, et tes écrits sur les bons auteurs.*

ALBERT
Parbleu ! tu te tairas.

MÉTAPHRASTE
D'où vient fort à propos cette sentence expresse
760 D'un philosophe : Parle, afin qu'on te connaisse.
Donc, si de parler le pouvoir m'est ôté,
Pour moi, j'aime autant perdre aussi l'humanité,
Et changer mon essence en celle d'une bête.
Me voilà pour huit jours avec un mal de tête...
765 Oh ! que les grands parleurs sont par moi détestés !
Mais quoi ! si les savants ne sont point écoutés,
Si l'on veut que toujours ils aient la bouche close,
Il faut donc renverser l'ordre de chaque chose ;
Que les poules dans peu dévorent les renards ;
770 Que les jeunes enfants remontent aux vieillards ;
Qu'à poursuivre les loups les agnelets s'ébattent ;
Qu'un fou fasse les lois; que les femmes combattent;
Que par les criminels les juges soient jugés,
Et par les écoliers les maîtres fustigés ;
775 Que le malade au sain présente le remède ;
Que le lièvre craintif...

                    Miséricorde ! à l'aide !
*Albert sonne aux oreilles de Métaphraste une cloche
de mulet qui le fait fuir.*

ACTE TROISIEME

Scène I : Mascarille.

Le ciel parfois seconde un dessein téméraire,
Et l'on sort, comme on peut, d'une méchante affaire.
Pour moi, qu'une imprudence a trop fait discourir,
780 Le remède plus prompt où j'ai su recourir,
C'est de pousser ma pointe, et dire en diligence
A notre vieux patron toute la manigance.
Son fils, qui m'embarrasse, est un évaporé :
L'autre, diable ! disant que j'ai déclaré,
785 Gare une irruption sur notre friperie !
Au moins, avant qu'on puisse échauffer sa furie,
Quelque chose de bon nous pourra succéder,
Et les vieillards entre eux se pourront accorder.
C'est ce qu'on va tenter ; et, de la part du nôtre,
790 Sans perdre un seul moment, je m'en vais trouver
Il frappe à la porte d'Albert.   [l'autre.

Scène II : Albert, Mascarille.

ALBERT
Qui frappe ?

MASCARILLE
Amis.

ALBERT
Oh ! oh ! qui te peut amener,
Mascarille ?

MASCARILLE
Je viens, monsieur, pour vous donner
Le bonjour.

ALBERT
Ah ! vraiment, tu prends beaucoup de peine :
De tout mon cœur, bonjour.
Il s'en va.

MASCARILLE
La réplique est soudaine.
Quel homme brusque !
Il heurte.

ALBERT
Encor ?

MASCARILLE
Vous n'avez pas ouï. 7
Monsieur.

ALBERT
Ne m'as-tu pas donné le bonjour ?

MASCARILLE
Oui.

ALBERT
Hé bien ! bonjour, te dis-je.
Il s'en va, Mascarille l'arrête.

MASCARILLE
Oui ; mais je viens encore
Vous saluer au nom du seigneur Polidore.

ALBERT
Ah ! c'est un autre fait. Ton maître t'a chargé
De me saluer ?

MASCARILLE
Oui.

ALBERT
Je lui suis obligé ;   8
Va, que je lui souhaite une joie infinie.
Il s'en va.

MASCARILLE
Cet homme est ennemi de la cérémonie.
Il heurte.
Je n'ai pas achevé, monsieur, son compliment ;
Il voudrait vous prier d'une chose instamment.

ALBERT
Hé bien ! quand il voudra, je suis à son service.   8

MASCARILLE, *l'arrêtant.*
Attendez, et souffrez qu'en deux mots je finisse.
Il souhaite un moment, pour vous entretenir
D'une affaire importante, et doit ici venir.

ALBERT
Et quelle est-elle encor l'affaire qui l'oblige
A me vouloir parler ?

MASCARILLE
Un grand secret, vous dis-je, 8
Qu'il vient de découvrir en ce même moment,
Et qui, sans doute, importe à tous deux grandement.
Voilà mon ambassade.

Scène III : Albert.

O juste ciel ! je tremble :
Car enfin nous avons peu de commerce ensemble.
Quelque tempête va renverser mes desseins,   8
Et ce secret, sans doute, est celui que je crains.
L'espoir de l'intérêt m'a fait quelque infidèle,

Et voilà sur ma vie une tache éternelle.
Ma fourbe est découverte. Oh ! que la vérité
320 Se peut cacher longtemps avec difficulté !
Et qu'il eût mieux valu pour moi, pour mon estime,
Suivre les mouvements d'une peur légitime,
Par qui je me suis vu tenté plus de vingt fois
De rendre à Polidore un bien que je lui dois,
325 De prévenir l'éclat où ce coup-ci m'expose,
Et faire qu'en douceur passât toute la chose !
Mais, hélas ! c'en est fait, il n'est plus de saison ;
Et ce bien, par la fraude entré dans ma maison,
N'en sera point tiré, que dans cette sortie
330 Il n'entraîne du mien la meilleure partie.

Scène IV : Albert, Polidore.

POLIDORE, *les quatre premiers vers*
sans voir Albert.

S'être ainsi marié sans qu'on en ait su rien !
Puisse cette action se terminer à bien !
Je ne sais qu'en attendre ; et je crains fort du père
Et la grande richesse, et la juste colère.
335 Mais je l'aperçois seul.

ALBERT
Dieu ! Polidore vient !

POLIDORE
Je tremble à l'aborder.

ALBERT
La crainte me retient.

POLIDORE
Par où lui débuter ?

ALBERT
Quel sera mon langage ?

POLIDORE
Son âme est tout émue.

ALBERT
Il change de visage.

POLIDORE
Je vois, seigneur Albert, au trouble de vos yeux,
340 Que vous savez déjà qui m'amène en ces lieux.

ALBERT
Hélas ! oui.

POLIDORE
La nouvelle a droit de vous surprendre,
Et je n'eusse pas cru ce que je viens d'apprendre.

ALBERT
J'en dois rougir de honte et de confusion.

POLIDORE
Je trouve condamnable une telle action,
345 Et je ne prétends point excuser le coupable.

ALBERT
Dieu fait miséricorde au pécheur misérable.

POLIDORE
C'est ce qui doit par vous être considéré.

ALBERT
Il faut être chrétien.

POLIDORE
Il est très assuré.

ALBERT
Grâce, au nom de Dieu ! grâce, ô seigneur Polidore !

POLIDORE
Hé ! c'est moi qui de vous présentement l'implore.   850

ALBERT
Afin de l'obtenir je me jette à genoux.

POLIDORE
Je dois en cet état être plutôt que vous.

ALBERT
Prenez quelque pitié de ma triste aventure.

POLIDORE
Je suis le suppliant dans une telle injure.

ALBERT
Vous me fendez le cœur avec cette bonté.   855

POLIDORE
Vous me rendez confus de tant d'humilité.

ALBERT
Pardon, encore un coup !

POLIDORE
Hélas ! pardon vous-même !

ALBERT
J'ai de cette action une douleur extrême.

POLIDORE
Et moi, j'en suis touché de même au dernier point.   860

ALBERT
J'ose vous convier qu'elle n'éclate point.

POLIDORE
Hélas ! seigneur Albert, je ne veux autre chose.

ALBERT
Conservons mon honneur.

POLIDORE
Hé ! oui, je m'y dispose.

ALBERT
Quant au bien qu'il faudra, vous-même en résoudrez.

POLIDORE
Je ne veux de vos biens que ce que vous voudrez :
De tous ces intérêts je vous ferai le maître ;   865
Et je suis trop content si vous le pouvez être.

ALBERT
Ah ! quel homme de Dieu ! Quel excès de douceur !

POLIDORE
Quelle douceur, vous-même, après un tel malheur !

ALBERT
Que puissiez-vous avoir toutes choses prospères !

POLIDORE
Le bon Dieu vous maintienne !

ALBERT
Embrassons-nous en frères.   870

POLIDORE
J'y consens de grand cœur, et me réjouis fort
Que tout soit terminé par un heureux accord.

ALBERT
J'en rends grâces au ciel.

POLIDORE
Il ne vous faut rien feindre,
Votre ressentiment me donnait lieu de craindre ;
Et Lucile tombée en faute avec mon fils,   875
Comme on vous voit puissant et de biens et d'amis...

ALBERT

Heu ! que parlez-vous là de faute et de Lucile ?

POLIDORE

Soit, ne commençons point un discours inutile.
Je veux bien que mon fils y trempe grandement :
880 Même, si cela fait à votre allégement,
J'avouerai qu'à lui seul en est toute la faute ;
Que votre fille avait une vertu trop haute
Pour avoir jamais fait ce pas contre l'honneur,
Sans l'incitation d'un méchant suborneur ;
885 Que le traître a séduit sa pudeur innocente,
Et de votre conduite ainsi détruit l'attente.
Puisque la chose est faite, et que, selon mes vœux,
Un esprit de douceur nous met d'accord tous deux,
Ne ramentevons rien, et réparons l'offense
890 Par la solennité d'une heureuse alliance.

ALBERT, à part.

O Dieu! quelle méprise! et qu'est-ce qu'il m'apprend!
Je rentre ici d'un trouble en un autre aussi grand.
Dans ces divers transports je ne sais que répondre,
Et, si je dis un mot, j'ai peur de me confondre.

POLIDORE

895 A quoi pensez-vous là, seigneur Albert ?

ALBERT

                             A rien.
Remettons, je vous prie, à tantôt l'entretien.
Un mal subit me prend, qui veut que je vous laisse.

Scène V : Polidore.

Je lis dedans son âme, et vois ce qui le presse.
A quoi que sa raison l'eût déjà disposé,
900 Son déplaisir n'est pas encor tout apaisé.
L'image de l'affront lui revient, et sa fuite
Tâche à me déguiser le trouble qui l'agite.
Je prends part à sa honte, et son deuil m'attendrit.
Il faut qu'un peu de temps remette son esprit.
905 La douleur trop contrainte aisément se redouble.
Voici, mon jeune fou, d'où nous vient tout ce trouble.

Scène VI : Polidore, Valère.

POLIDORE

Enfin, le beau mignon, vos bons déportements
Troubleront les vieux jours d'un père à tous moments;
Tous les jours vous ferez de nouvelles merveilles,
910 Et nous n'aurons jamais autre chose aux oreilles.

VALÈRE

Que fais-je tous les jours qui soit si criminel ?
En quoi mériter tant le courroux paternel ?

POLIDORE

Je suis un étrange homme, et d'une humeur terrible,
D'accuser un enfant si sage et si paisible !
915 Las ! il vit comme un saint, et dedans la maison
Du matin jusqu'au soir il est en oraison !
Dire qu'il pervertit l'ordre de la nature,
Et fait du jour la nuit, ô la grande imposture !
Qu'il n'a considéré père ni parenté
920 En vingt occasions, horrible fausseté !

Que de fraîche mémoire un furtif hyménée
A la fille d'Albert a joint sa destinée,
Sans craindre de la suite un désordre puissant ;
On le prend pour un autre, et le pauvre innocent
Ne sait pas seulement ce que je lui veux dire.
Ah ! chien, que j'ai reçu du ciel pour mon martyre,
Te croiras-tu toujours ? et ne pourrai-je pas
Te voir être une fois sage avant mon trépas ?

VALÈRE, seul.

D'où peut venir ce coup ? Mon âme embarrassée
Ne voit que Mascarille où jeter sa pensée.
Il ne sera pas homme à m'en faire un aveu.
Il faut user d'adresse, et me contraindre un peu
Dans ce juste courroux.

Scène VII : Valère, Mascarille.

VALÈRE

             Mascarille, mon père,
Que je viens de trouver, sait toute notre affaire.

MASCARILLE

Il la sait ?

VALÈRE

       Oui.

MASCARILLE

              D'où diantre a-t-il pu la savoir ?

VALÈRE

Je ne sais point sur qui ma conjecture asseoir ;
Mais enfin d'un succès cette affaire est suivie,
Dont j'ai tous les sujets d'avoir l'âme ravie.
Il ne m'en a pas dit un mot qui fût fâcheux ;
Il excuse ma faute, il approuve mes feux,
Et je voudrais savoir qui peut être capable
D'avoir pu rendre ainsi son esprit si traitable.
Je ne puis t'exprimer l'aise que j'en reçois.

MASCARILLE

Et que me diriez-vous, monsieur, si c'était moi
Qui vous eût procuré cette heureuse fortune ?

VALÈRE

Bon ! bon ! tu voudrais bien ici m'en donner d'une.

MASCARILLE

C'est moi, vous dis-je, moi, dont le patron le sait,
Et qui vous ai produit ce favorable effet.

VALÈRE

Mais, là, sans te railler ?

MASCARILLE

             Que le diable m'emporte
Si je fais raillerie, et s'il n'est de la sorte !

VALÈRE, mettant l'épée à la main.

Et qu'il m'entraîne, moi, si tout présentement
Tu n'en vas recevoir le juste payement !

MASCARILLE

Ah ! monsieur, qu'est-ce ci ? je défends la surprise.

VALÈRE

C'est la fidélité que tu m'avais promise ?
Sans ma feinte, jamais tu n'eusses avoué
Le trait que j'ai bien cru que tu m'avais joué.
Traître ! de qui la langue à causer trop habile
D'un père contre moi vient d'échauffer la bile,

Qui me perd tout à fait, il faut, sans discourir,
Que tu meures.

MASCARILLE

60   Tout beau. Mon âme, pour mourir,
N'est pas en bon état. Daignez, je vous conjure,
Attendre le succès qu'aura cette aventure.
J'ai de fortes raisons qui m'ont fait révéler
Un hymen que vous-même aviez peine à celer :
65 C'était un coup d'état, et vous verrez l'issue
Condamner la fureur que vous avez conçue.
De quoi vous fâchez-vous, pourvu que vos souhaits
Se trouvent par mes soins pleinement satisfaits,
Et voient mettre à fin la contrainte où vous êtes ?

VALÈRE

70 Et si tous ces discours ne sont que des sornettes ?

MASCARILLE

Toujours serez-vous lors à temps pour me tuer.
Mais enfin mes projets pourront s'effectuer.
Dieu fera pour les siens, et, content dans la suite,
Vous me remercierez de ma rare conduite.

VALÈRE

75 Nous verrons ; mais Lucile...

MASCARILLE

          Halte ! son père sort.

Scène VIII : Albert, Valère, Mascarille.

ALBERT, les cinq premiers vers
sans voir Valère.

Plus je reviens du trouble où j'ai donné d'abord,
Plus je me sens piqué de ce discours étrange,
Sur qui ma peur prenait un si dangereux change :
Car Lucile soutient que c'est une chanson,
80 Et m'a parlé d'un air à m'ôter tout soupçon.
Ah ! monsieur, est-ce vous de qui l'audace insigne
Met en jeu mon honneur, et fait ce conte indigne ?

MASCARILLE

Seigneur Albert, prenez un ton un peu plus doux,
Et contre votre gendre ayez moins de courroux.

ALBERT

85 Comment, gendre ? coquin ! tu portes bien la mine
De pousser les ressorts d'une telle machine,
Et d'en avoir été le premier inventeur.

MASCARILLE

Je ne vois ici rien à vous mettre en fureur.

ALBERT

Trouves-tu beau, dis-moi, de diffamer ma fille,
90 Et faire un tel scandale à toute une famille ?

MASCARILLE

Le voilà prêt de faire en tout vos volontés.

ALBERT

Que voudrais-je, sinon qu'il dît des vérités ?
Si quelque intention le pressait pour Lucile,
La recherche en pouvait être honnête et civile ;
95 Il fallait l'attaquer du côté du devoir,
Il fallait de son père implorer le pouvoir,
Et non pas recourir à cette lâche feinte,
Qui porte à la pudeur une sensible atteinte.

MASCARILLE

Quoi ! Lucile n'est pas, sous des liens secrets,
A mon maître ?

ALBERT

       Non, traître, et n'y sera jamais.   1000

MASCARILLE

Tout doux : et s'il est vrai que ce soit chose faite,
Voulez-vous l'approuver, cette chaîne secrète ?

ALBERT

Et, s'il est constant, toi, que cela ne soit pas,
Veux-tu te voir casser les jambes et les bras ?

VALÈRE

Monsieur, il est aisé de vous faire paraître   1005
Qu'il dit vrai.

ALBERT

       Bon ! voilà l'autre encor, digne maître
D'un semblable valet ! O les menteurs hardis !

MASCARILLE

D'homme d'honneur, il est ainsi que je le dis.

VALÈRE

Quel serait notre but de vous en faire accroire ?

ALBERT, à part.

Ils s'entendent tous deux comme larrons en foire.   1010

MASCARILLE

Mais venons à la preuve ; et, sans nous quereller,
Faites sortir Lucile, et la laissez parler.

ALBERT

Et si le démenti par elle vous en reste ?

MASCARILLE

Elle n'en fera rien, monsieur, je vous proteste.
Promettez à leurs vœux votre consentement,   1015
Et je veux m'exposer au plus dur châtiment,
Si de sa propre bouche elle ne vous confesse
Et la foi qui l'engage, et l'ardeur qui la presse.

ALBERT

Il faut voir cette affaire.
Il va frapper à sa porte.

MASCARILLE, à Valère.

       Allez, tout ira bien.

ALBERT

Holà ! Lucile, un mot.

VALÈRE, à Mascarille.

       Je crains...

MASCARILLE

          Ne craignez rien.   1020

Scène IX : Lucile, Albert,
Valère, Mascarille.

MASCARILLE

Seigneur Albert, au moins silence. Enfin, madame,
Toute chose conspire au bonheur de votre âme ;
Et monsieur votre père, averti de vos feux,
Vous laisse votre époux, et confirme vos vœux,
Pourvu que, bannissant toutes craintes frivoles,   1025
Deux mots de votre aveu confirment nos paroles.

LUCILE

Que me vient donc conter ce coquin assuré ?

MASCARILLE

Bon ! me voilà déjà d'un beau titre honoré.

LUCILE

Sachons un peu, monsieur, quelle belle saillie
1030 Fait ce conte galant qu'aujourd'hui l'on publie ?

VALÈRE

Pardon, charmant objet ! un valet a parlé,
Et j'ai vu, malgré moi, notre hymen révélé.

LUCILE

Notre hymen ?

VALÈRE

On sait tout, adorable Lucile,
Et vouloir déguiser est un soin inutile.

LUCILE

1035 Quoi ! l'ardeur de mes feux vous a fait mon époux ?

VALÈRE

C'est un bien qui me doit faire mille jaloux :
Mais j'impute bien moins ce bonheur de ma flamme
A l'ardeur de vos feux qu'aux bontés de votre âme.
Je sais que vous avez sujet de vous fâcher,
1040 Que c'était un secret que vous vouliez cacher,
Et j'ai de mes transports forcé la violence
A ne point violer votre expresse défense ;
Mais...

MASCARILLE

Hé bien! oui, c'est moi; le grand mal que voilà!

LUCILE

Est-il une imposture égale à celle-là ?
1045 Vous l'osez soutenir en ma présence même,
Et pensez m'obtenir par ce beau stratagème ?
O le plaisant amant, dont la galante ardeur
Veut blesser mon honneur au défaut de mon cœur,
Et que mon père, ému de l'éclat d'un sot conte,
1050 Paye avec mon hymen qui me couvre de honte !
Quand tout contribuerait à votre passion,
Mon père, les destins, mon inclination,
On me verrait combattre, en ma juste colère,
Mon inclination, les destins, et mon père,
1055 Perdre même le jour, avant que de m'unir
A qui par ce moyen aurait cru m'obtenir.
Allez ; et si mon sexe avec bienséance
Se pouvait emporter à quelque violence,
Je vous apprendrais bien à me traiter ainsi.

VALÈRE, *à Mascarille.*

1060 C'en est fait, son courroux ne peut être adouci.

MASCARILLE

Laissez-moi lui parler. Eh ! madame, de grâce.
A quoi bon maintenant toute cette grimace ?
Quelle est votre pensée, et quel bourru transport
Contre vos propres vœux vous fait raidir si fort ?
1065 Si monsieur votre père était homme farouche,
Passe ; mais il permet que la raison le touche ;
Et lui-même m'a dit qu'une confession
Vous va tout obtenir de son affection.
Vous sentez, je crois bien, quelque petite honte
1070 A faire un libre aveu de l'amour qui vous dompte ;
Mais s'il vous a fait perdre un peu de liberté,
Par un bon mariage on voit tout rajusté ;
Et quoi que l'on reproche au feu qui vous consomme,

Le mal n'est pas si grand que de tuer un homme.
On sait que la chair est fragile quelquefois. 1090
Et qu'une fille, enfin, n'est ni caillou ni bois.
Vous n'avez pas été, sans doute, la première,
Et vous ne serez pas, que je crois, la dernière.

LUCILE

Quoi ! vous pouvez ouïr ces discours effrontés ?
Et vous ne dites mot à ces indignités ? 1095

ALBERT

Que veux-tu que je dise ? une telle aventure
Me met tout hors de moi.

MASCARILLE

Madame, je vous jure
Que déjà vous devriez avoir tout confessé.

LUCILE

Et quoi donc confesser ?

MASCARILLE

Quoi ? ce qui s'est passé
Entre mon maître et vous. La belle raillerie ! 1100

LUCILE

Et que s'est-il passé, monstre d'effronterie,
Entre ton maître et moi ?

MASCARILLE

Vous devez, que je crois,
En savoir un peu plus de nouvelles que moi ;
Et pour vous cette nuit fut trop douce pour croire
Que vous puissiez si vite en perdre la mémoire. 1105

LUCILE

C'est trop souffrir, mon père, un impudent valet !
Elle lui donne un soufflet.

Scène X : Albert, Valère, Mascarille.

MASCARILLE

Je crois qu'elle me vient de donner un soufflet.

ALBERT

Va, coquin, scélérat, sa main vient sur ta joue
De faire une action dont son père la loue.

MASCARILLE

Et nonobstant cela, qu'un diable en cet instant 1110
M'emporte, si j'ai dit rien que de très constant !

ALBERT

Et nonobstant cela, qu'on me coupe une oreille,
Si tu portes fort loin une audace pareille !

MASCARILLE

Voulez-vous deux témoins qui me justifieront ?

ALBERT

Veux-tu deux de mes gens qui te bâtonneront ? 1115

MASCARILLE

Leur rapport doit au mien donner toute créance.

ALBERT

Leurs bras peuvent du mien réparer l'impuissance.

MASCARILLE

Je vous dis que Lucile agit par honte ainsi.

ALBERT

Je te dis que j'aurai raison de tout ceci.

MASCARILLE

Connaissez-vous Ormin, ce gros notaire habile ? 1120

ALBERT
Connais-tu bien Grimpant, le bourreau de la ville ?

MASCARILLE
Et Simon le tailleur, jadis si recherché ?

ALBERT
Et la potence mise au milieu du marché ?

MASCARILLE
Vous verrez confirmer par eux cet hyménée.

ALBERT
10 Tu verras achever par eux ta destinée.

MASCARILLE
Ce sont eux qu'ils ont pris pour témoins de leur foi.

ALBERT
Ce sont eux qui dans peu me vengeront de toi.

MASCARILLE
Et ces yeux les ont vus s'entre-donner parole.

ALBERT
Et ces yeux te verront faire la cabriole.

MASCARILLE
115 Et, pour signe, Lucile avait un voile noir.

ALBERT
Et, pour signe, ton front nous le fait assez voir.

MASCARILLE
O l'obstiné vieillard !

ALBERT
O le fourbe damnable !
Va, rends grâce à mes ans, qui me font incapable
De punir sur-le-champ l'affront que tu me fais ;
120 Tu n'en perds que l'attente, et je te le promets.

Scène XI : Valère, Mascarille.

VALÈRE
Hé bien ! ce beau succès que tu devais produire...

MASCARILLE
J'entends à demi-mot ce que vous voulez dire :
Tout s'arme contre moi ; pour moi de tous côtés
Je vois coups de bâton et gibets apprêtés.
125 Aussi, pour être en paix dans ce désordre extrême,
Je me vais d'un rocher précipiter moi-même,
Si, dans le désespoir dont mon cœur est outré,
Je puis en rencontrer d'assez haut à mon gré.
Adieu, monsieur.

VALÈRE
Non, non, ta fuite est superflue ;
130 Si tu meurs, je prétends que ce soit à ma vue.

MASCARILLE
Je ne saurais mourir quand je suis regardé,
Et mon trépas ainsi se verrait retardé.

VALÈRE
Suis-moi, traître, suis-moi ; mon amour en furie
Te fera voir si c'est matière à raillerie.

MASCARILLE, *seul.*
135 Malheureux Mascarille, à quels maux aujourd'hui
Te vois-tu condamné pour le péché d'autrui !

ACTE QUATRIEME

Scène I : Ascagne, Frosine.

FROSINE
L'aventure est fâcheuse.

ASCAGNE
Ah ! ma chère Frosine,
Le sort absolument a conclu ma ruine.
Cette affaire venue au point où la voilà
N'est pas assurément pour en demeurer là ; 1140
Il faut qu'elle passe outre ; et Lucile et Valère,
Surpris des nouveautés d'un semblable mystère,
Voudront chercher un jour dans ces obscurités,
Par qui tous mes projets se verront avortés.
Car enfin, soit qu'Albert ait part au stratagème, 1145
Ou qu'avec tout le monde on l'ait trompé lui-même,
S'il arrive une fois que mon sort éclairci
Mette ailleurs tout le bien dont le sien a grossi,
Jugez s'il aura lieu de souffrir ma présence :
Son intérêt me laisse à ma naissance ; 1150
C'est fait de sa tendresse ; et, quelque sentiment
Où pour ma fourbe alors pût être mon amant,
Voudra-t-il avouer pour épouse une fille
Qu'il verra sans appui de biens et de famille ?

FROSINE
Je trouve que c'est là raisonner comme il faut ; 1155
Mais ces réflexions devaient venir plus tôt.
Qui vous a jusqu'ici caché cette lumière ?
Il ne fallait pas être une grande sorcière
Pour voir, dès le moment de vos desseins pour lui,
Tout ce que votre esprit ne voit que d'aujourd'hui ; 1160
L'action le disait ; et, dès que je l'ai sue,
Je n'en ai prévu guère une meilleure issue.

ASCAGNE
Que dois-je faire enfin ? Mon trouble est sans pareil :
Mettez-vous en ma place, et me donnez conseil.

FROSINE
Ce doit être à vous-même, en prenant votre place, 1165
A me donner conseil dessus cette disgrâce :
Car je suis maintenant vous, et vous êtes moi :
Conseillez-moi, Frosine ; au point où je me vois,
Quel remède trouver ? Dites, je vous en prie.

ASCAGNE
Hélas ! ne traitez point ceci de raillerie ; 1170
C'est prendre peu de part à mes cuisants ennuis
Que de rire, et de voir les termes où j'en suis.

FROSINE
Non, vraiment, tout de bon, votre ennui m'est sensible,
Et pour vous en tirer je ferais mon possible.
Mais que puis-je après tout ? Je vois fort peu de jour 1175
A tourner cette affaire au gré de votre amour.

ASCAGNE
Si rien ne peut m'aider, il faut donc que je meure.

FROSINE
Ah ! pour cela, toujours il est assez bonne heure :
La mort est un remède à trouver quand on veut ;
Et l'on s'en doit servir le plus tard que l'on peut. 1180

ASCAGNE

Non, non, Frosine, non : si vos conseils propices
Ne conduisent mon sort parmi ces précipices,
Je m'abandonne toute aux traits du désespoir.

FROSINE

Savez-vous ma pensée ? Il faut que j'aille voir
1185 La... Mais Eraste vient, qui pourrait nous distraire.
Nous pourrons, en marchant, parler de cette affaire.
Allons, retirons-nous.

Scène II : Eraste, Gros-René.

ÉRASTE

Encore rebuté ?

GROS-RENÉ

Jamais ambassadeur ne fut moins écouté.
A peine ai-je voulu lui porter la nouvelle
1190 Du moment d'entretien que vous souhaitiez d'elle,
Qu'elle m'a répondu, tenant son quant-à-moi :
« Va, va, je fais état de lui comme de toi ;
Dis-lui qu'il se promène » ; et, sur ce beau langage,
Pour suivre son chemin, m'a tourné le visage ;
1195 Et Marinette aussi, d'un dédaigneux museau,
Lâchant un « Laisse-nous, beau valet de carreau »,
M'a planté là comme elle ; et mon sort et le vôtre
N'ont rien à se pouvoir reprocher l'un à l'autre.

ÉRASTE

L'ingrate ! recevoir avec tant de fierté
1200 Le prompt retour d'un cœur justement emporté !
Quoi ! le premier transport d'un amour qu'on abuse
Sous tant de vraisemblance est indigne d'excuse ?
Et ma plus vive ardeur, en ce moment fatal,
Devait être insensible au bonheur d'un rival ?
1205 Tout autre n'eût pas fait même chose en ma place,
Et se fût moins laissé surprendre à tant d'audace ?
De mes justes soupçons suis-je sorti trop tard ?
Je n'ai point attendu de serments de sa part ;
Et, lorsque tout le monde encor ne sait qu'en croire,
1210 Ce cœur impatient lui rend toute sa gloire ;
Il cherche à s'excuser ; et le sien voit si peu
Dans ce profond respect la grandeur de mon feu !
Loin d'assurer une âme, et lui fournir des armes
Contre ce qu'un rival lui veut donner d'alarmes,
1215 L'ingrate m'abandonne à mon jaloux transport,
Et rejette de moi message, écrit, abord !
Ah ! sans doute un amour a peu de violence,
Qu'est capable d'éteindre une si faible offense ;
Et ce désir si prompt à s'armer de rigueur
1220 Découvre assez pour moi tout le fond de son cœur,
Et de quel prix doit être à présent à mon âme
Tout ce dont son caprice a pu flatter ma flamme.
Non, je ne prétends plus demeurer engagé
Pour un cœur où je vois le peu de part que j'ai ;
1225 Et, puisque l'on témoigne une froideur extrême
A conserver les gens, je veux faire de même.

GROS-RENÉ

Et moi de même aussi. Soyons tous deux fâchés,
Et mettons notre amour au rang des vieux péchés.
Il faut apprendre à vivre à ce sexe volage,
Et lui faire sentir que l'on a du courage.   12
Qui souffre ses mépris les veut bien recevoir.
Si nous avions l'esprit de nous faire valoir,
Les femmes n'auraient pas la parole si haute.
Oh ! qu'elles nous sont bien fières par notre faute !
Je veux être pendu, si nous ne les verrions   12
Sauter à notre cou plus que nous ne voudrions,
Sans tous ces vils devoirs dont la plupart des hommes
Les gâtent tous les jours dans le siècle où nous sommes,

ÉRASTE

Pour moi, sur toute chose, un mépris me surprend ;
Et, pour punir le sien par un autre aussi grand,   12
Je veux mettre en mon cœur une nouvelle flamme.

GROS-RENÉ

Et moi, je ne veux plus m'embarrasser de femme ;
A toutes je renonce, et crois, en bonne foi,
Que vous feriez fort bien de faire comme moi.
Car, voyez-vous, la femme est, comme on dit, mon 12
Un certain animal difficile à connaître,   [maître,
Et de qui la nature est fort encline au mal :
Et comme un animal est toujours animal,
Et ne sera jamais qu'animal, quand sa vie
Durerait cent mille ans ; aussi, sans repartie,   12
La femme est toujours femme, et jamais ne sera
Que femme, tant qu'entier le monde durera :
D'où vient qu'un certain Grec dit que sa tête passe
Pour un sable mouvant. Car, goûtez bien, de grâce,
Ce raisonnement-ci, lequel est des plus forts :   12
Ainsi que la tête est comme le chef du corps,
Et que le corps sans chef est pire qu'une bête ;
Si le chef n'est pas bien d'accord avec la tête,
Que tout ne soit pas bien réglé par le compas,
Nous voyons arriver de certains embarras,   12
La partie brutale alors veut prendre empire
Dessus la sensitive, et l'on voit que l'un tire
A dia, l'autre à hurhaut ; l'un demande du mou,
L'autre du dur ; enfin tout va sans savoir où,
Pour montrer qu'ici-bas, ainsi qu'on l'interprète,   12
La tête d'une femme est comme la girouette
Au haut d'une maison, qui tourne au premier vent :
C'est pourquoi le cousin Aristote souvent   [monde
La compare à la mer ; d'où vient qu'on dit qu'au
On ne peut rien trouver de si stable que l'onde.   12
Or, par comparaison (car la comparaison
Nous fait distinctement comprendre une raison,
Et nous aimons bien mieux, nous autres gens d'étude,
Une comparaison qu'une similitude) ;
Par comparaison donc, mon maître, s'il vous plaît,   12
Comme on voit que la mer, quand l'orage s'accroît,
Vient à se courroucer, le vent souffle et ravage,
Les flots contre les flots font un remue-ménage
Horrible ; et le vaisseau, malgré le nautonier,
Va tantôt à la cave, et tantôt au grenier :   12
Ainsi, quand une femme a sa tête fantasque,
On voit une tempête en forme de bourrasque,
Qui veut compéter par de certains propos ;
Et lors un... certain vent, qui par... de certains flots,
De... certaine façon, ainsi qu'un banc de sable...   12
Quand... Les femmes enfin ne valent pas le diable.

ÉRASTE
C'est fort bien raisonner.
GROS-RENÉ
Assez bien, Dieu merci.
Mais je les vois, monsieur, qui passent par ici.
Tenez-vous ferme au moins !
ÉRASTE
Ne te mets pas en peine.
GROS-RENÉ
290 J'ai bien peur que ses yeux resserrent votre chaîne.

Scène III : Lucile, Eraste,
Marinette, Gros-René.

MARINETTE
Je l'aperçois encor ; mais ne vous rendez point.
LUCILE
Ne me soupçonne pas d'être faible à ce point.
MARINETTE
Il vient à nous.
ÉRASTE
Non, non, ne croyez pas, madame,
Que je revienne encor vous parler de ma flamme.
295 C'en est fait ; je me veux guérir, et connais bien
Ce que de votre cœur a possédé le mien.
Un courroux si constant pour l'ombre d'une offense
M'a trop bien éclairé de votre indifférence,
Et je dois vous montrer que les traits du mépris
300 Sont sensibles surtout aux généreux esprits.
Je l'avouerai, mes yeux observaient dans les vôtres
Des charmes qu'ils n'ont point trouvés dans tous les
Et le ravissement où j'étais de mes fers [autres,
Les aurait préférés à des sceptres offerts.
305 Oui, mon amour pour vous sans doute était extrême,
Je vivais tout en vous ; et je l'avouerai même,
Peut-être qu'après tout j'aurai, quoique outragé,
Assez de peine encore à m'en voir dégagé :
Possible que, malgré la cure qu'elle essaie,
310 Mon âme saignera longtemps de cette plaie,
Et qu'affranchi d'un joug qui faisait tout mon bien
Il faudra se résoudre à n'aimer jamais rien.
Mais enfin il n'importe ; et puisque votre haine
Chasse un cœur tant de fois que l'amour vous ramène,
315 C'est la dernière ici des importunités
Que vous aurez jamais de mes vœux rebutés.
LUCILE
Vous pouvez faire aux miens là grâce tout entière,
Monsieur, et m'épargner encor cette dernière.
ÉRASTE
Hé bien ! madame, hé bien ! ils seront satisfaits.
320 Je romps avec vous, et j'y romps pour jamais,
Puisque vous le voulez. Que je perde la vie
Lorsque de vous parler je reprendrai l'envie !
LUCILE
Tant mieux ; c'est m'obliger.
ÉRASTE
Non, non, n'ayez pas peur
Que je fausse parole ; eussé-je un faible cœur
Jusques à n'en pouvoir effacer votre image.

Croyez que vous n'aurez jamais cet avantage 1325
De me voir revenir.
LUCILE
Ce serait bien en vain.
ÉRASTE
Moi-même de cent coups je percerais mon sein,
Si j'avais jamais fait cette bassesse insigne
De vous revoir après ce traitement indigne. 1330
LUCILE
Soit, n'en parlons donc plus.
ÉRASTE
Oui, oui, n'en parlons plus ;
Et, pour trancher ici tous propos superflus,
Et vous donner, ingrate, une preuve certaine
Que je veux sans retour sortir de votre chaîne,
Je ne veux rien garder qui puisse retracer 1335
Ce que de mon esprit il me faut effacer.
Voici votre portrait ; il présente à la vue
Cent charmes merveilleux dont vous êtes pourvue ;
Mais ils cachent sous eux cent défauts aussi grands,
Et c'est un imposteur enfin que je vous rends. 1340
GROS-RENÉ
Bon !
LUCILE
Et moi, pour vous suivre au dessein de tout rendre,
Voilà le diamant que vous m'aviez fait prendre.
MARINETTE
Fort bien !
ÉRASTE
Il est à vous encor ce bracelet
LUCILE
Et cette agate à vous, qu'on fit mettre en cachet.
ÉRASTE *lit.*
Vous m'aimez d'une amour extrême, 1345
Eraste, et de mon cœur voulez être éclairci ;
Si je n'aime Eraste de même,
Au moins aimai-je fort qu'Eraste m'aime ainsi.
Lucile.
Vous m'assuriez par là d'agréer mon service,
C'est une fausseté digne de ce supplice. 1350
Il déchire la lettre.
LUCILE *lit.*
J'ignore le destin de mon amour ardente,
Et jusqu'à quand je souffrirai ;
Mais je sais, ô beauté charmante,
Que toujours je vous aimerai.
Eraste.
Voilà qui m'assurait à jamais de vos feux ; 1355
Et la main et la lettre ont menti toutes deux.
Elle déchire la lettre.
GROS-RENÉ
Poussez.
ÉRASTE
Elle est de vous. Suffit, même fortune.
MARINETTE, *à Lucile.*
Ferme.
LUCILE
J'aurais regret d'en épargner aucune.
GROS-RENÉ, *à Eraste.*
N'ayez pas le dernier.

MARINETTE, *à Lucile.*
Tenez bon jusqu'au bout.
LUCILE
1360 Enfin voilà le reste.

ÉRASTE
Et, grâce au Ciel, c'est tout.
Que sois-je exterminé, si je ne tiens parole !
LUCILE
Me confonde le Ciel, si la mienne est frivole !
ÉRASTE
Adieu donc.

LUCILE
Adieu donc.
MARINETTE, *à Lucile.*
Voilà qui va des mieux.
GROS-RENÉ, *à Eraste.*
Vous triomphez.

MARINETTE, *à Lucile.*
Allons, ôtez-vous de ses yeux.
GROS-RENÉ, *à Eraste.*
1365 Retirez-vous après cet effort de courage.
MARINETTE, *à Lucile.*
Qu'attendez-vous encor ?
GROS-RENÉ, *à Eraste.*
Que faut-il davantage ?
ÉRASTE
Ah ! Lucile, Lucile, un cœur comme le mien
Se fera regretter, et je le sais fort bien.
LUCILE
Eraste, Eraste, un cœur fait comme est fait le vôtre
1370 Se peut facilement réparer par un autre.
ÉRASTE
Non, non, cherchez partout, vous n'en aurez jamais
De si passionné pour vous, je vous promets.
Je ne dis pas cela pour vous rendre attendrie ;
J'aurais tort d'en former encore quelque envie.
1375 Mes plus ardents respects n'ont pu vous obliger :
Vous avez voulu rompre ; il n'y faut plus songer.
Mais personne après moi, quoi qu'on vous fasse en-
N'aura jamais pour vous de passion si tendre. [tendre,
LUCILE
Quand on aime les gens, on les traite autrement ;
1380 On fait de leur personne un meilleur jugement.
ÉRASTE
Quand on aime les gens, on peut, de jalousie,
Sur beaucoup d'apparence avoir l'âme saisie ;
Mais alors qu'on les aime, on ne peut en effet
Se résoudre à les perdre ; et vous, vous l'avez fait.
LUCILE
1385 La pure jalousie est plus respectueuse.
ÉRASTE
On voit d'un œil plus doux une offense amoureuse.
LUCILE
Non, votre cœur, Eraste, était mal enflammé.
ÉRASTE
Non, Lucile, jamais vous ne m'avez aimé.
LUCILE
Hé ! je crois que cela faiblement vous soucie
1390 Peut-être en serait-il beaucoup mieux pour ma vie,
Si je... Mais laissons là ces discours superflus :

Je ne dis point quels sont mes pensers là-dessus.
ÉRASTE
Pourquoi ?
LUCILE
Par la raison que nous rompons ensemble,
Et que cela n'est plus de saison, ce me semble.
ÉRASTE
Nous rompons ?
LUCILE
Oui, vraiment ; quoi ! n'en est-ce pas fait ?
ÉRASTE
Et vous voyez cela d'un esprit satisfait ?
LUCILE
Comme vous.

ÉRASTE
Comme moi ?
LUCILE
Sans doute. C'est faiblesse
De faire voir aux gens que leur perte nous blesse.
ÉRASTE
Mais, cruelle, c'est vous qui l'avez bien voulu.
LUCILE
Moi ? point du tout. C'est vous qui l'avez résolu.
ÉRASTE
Moi ? Je vous ai cru là faire un plaisir extrême.
LUCILE
Point, vous avez voulu vous contenter vous-même.
ÉRASTE
Mais si mon cœur encor revoulait sa prison ;
Si, tout fâché qu'il est, il demandait pardon ?
LUCILE [grande,
Non, non, n'en faites rien ; ma faiblesse est trop
J'aurais peur d'accorder trop tôt votre demande.
ÉRASTE
Ah ! vous ne pouvez pas trop tôt me l'accorder,
Ni moi sur cette peur trop tôt le demander :
Consentez-y, madame ; une flamme si belle
Doit, pour votre intérêt, demeurer immortelle.
Je le demande enfin, me l'accorderez-vous
Ce pardon obligeant ?
LUCILE
Remenez-moi chez nous.

Scène IV : Marinette, Gros-René.

MARINETTE
O la lâche personne !
GROS-RENÉ
Ah ! le faible courage !
MARINETTE
J'en rougis de dépit.
GROS-RENÉ
J'en suis gonflé de rage.
Ne t'imagine pas que je me rende ainsi.
MARINETTE
Et ne pense pas, toi, trouver ta dupe aussi.
GROS-RENÉ
Viens, viens frotter ton nez auprès de ma colère.
MARINETTE
Tu nous prends pour une autre, et tu n'as pas affaire

A ma sotte maîtresse. Ardez le beau museau,
420 Pour nous donner envie encore de sa peau !
Moi, j'aurais de l'amour pour ta chienne de face ?
Moi, je te chercherais ? Ma foi ! l'on t'en fricasse
Des filles comme nous !

GROS-RENÉ
Oui, tu le prends par là ?
Tiens, tiens, sans y chercher tant de façon, voilà
425 Ton beau galant de neige, avec ta nonpareille ;
Il n'aura plus l'honneur d'être sur mon oreille.

MARINETTE
Et toi, pour te montrer que tu m'es à mépris,
Voilà ton demi-cent d'épingles de Paris,
Que tu me donnas hier avec tant de fanfare.

GROS-RENÉ
430 Tiens encor ton couteau. La pièce est riche et rare ;
Il te coûta six blancs lorsque tu m'en fis don.

MARINETTE
Tiens tes ciseaux, avec ta chaîne de laiton.

GROS-RENÉ
J'oubliais d'avant-hier ton morceau de fromage.
Tiens. Je voudrais pouvoir rejeter le potage
435 Que tu me fis manger, pour n'avoir rien à toi.

MARINETTE
Je n'ai point maintenant de tes lettres sur moi ;
Mais j'en ferai du feu jusques à la dernière.

GROS-RENÉ
Et des tiennes tu sais ce que j'en saurai faire ?

MARINETTE
Prends garde à ne venir jamais me reprier.

GROS-RENÉ
440 Pour couper tout chemin à nous rapatrier,
Il faut rompre la paille. Une paille rompue
Rend, entre gens d'honneur, une affaire conclue.
Ne fais point les doux yeux ; je veux être fâché.

MARINETTE
Ne me lorgne point, toi ; j'ai l'esprit trop touché.

GROS-RENÉ
445 Romps ! voilà le moyen de ne s'en plus dédire ;
Romps. Tu ris, bonne bête !

MARINETTE
Oui, car tu me fais rire.

GROS-RENÉ
La peste soit ton ris ! voilà tout mon courroux
Déjà dulcifié. Qu'en dis-tu ? romprons-nous,
Ou ne romprons-nous pas ?

MARINETTE
Vois.

GROS-RENÉ
Vois, toi.

MARINETTE
Vois toi-même.

GROS-RENÉ
450 Est-ce que tu consens que jamais je ne t'aime ?

MARINETTE
Moi ? Ce que tu voudras.

GROS-RENÉ
Ce que tu voudras, toi.
Dis.

MARINETTE
Je ne dirai rien.

GROS-RENÉ
Ni moi non plus.

MARINETTE
Ni moi.

GROS-RENÉ
Ma foi, nous ferons mieux de quitter la grimace.
Touche, je te pardonne.

MARINETTE
Et moi, je te fais grâce.

GROS-RENÉ
Mon Dieu ! qu'à tes appas je suis acoquiné !   1455

MARINETTE
Que Marinette est sotte après son Gros-René !

ACTE CINQUIEME

Scène I : Mascarille.

« Dès que l'obscurité régnera dans la ville,
Je me veux introduire au logis de Lucile ;
Va vite de ce pas préparer pour tantôt,
Et la lanterne sourde, et les armes qu'il faut. »   1460
Quand il m'a dit ces mots, il m'a semblé d'entendre :
Va vitement chercher un licou pour te pendre.
Venez ça, mon patron : car, dans l'étonnement
Où m'a jeté d'abord un tel commandement,
Je n'ai pas eu le temps de vous pouvoir répondre ;   1465
Mais je vous veux ici parler, et vous confondre :
Défendez-vous donc bien, et raisonnons sans bruit.
Vous voulez, dites-vous, aller voir cette nuit
Lucile. «Oui, Mascarille.» Et que pensez-vous faire?
« Une action d'amant qui se veut satisfaire. »   1470
Une action d'un homme à fort petit cerveau,
Que d'aller sans besoin risquer ainsi sa peau.
« Mais tu sais quel motif à ce dessein m'appelle ;
Lucile est irritée. » Eh bien ! tant pis pour elle.
« Mais l'amour veut que j'aille apaiser son esprit. » 1475
Mais l'amour est un sot qui ne sait ce qu'il dit.
Nous garantira-t-il, cet amour, je vous prie,
D'un rival, ou d'un père, ou d'un frère en furie ?
« Penses-tu qu'aucun d'eux songe à nous faire mal? »
Oui vraiment, je le pense ; et surtout ce rival.   1480
« Mascarille, en tout cas, l'espoir où je me fonde,
Nous irons bien armés ; et, si quelqu'un nous gronde,
Nous nous chamaillerons. » Oui ? Voilà justement
Ce que votre valet ne prétend nullement.   [maître,
Moi, chamailler, bon Dieu ! Suis-je un Roland, mon 1485
Ou quelque Ferragus ? C'est fort mal me connaître.
Quand je viens à songer, moi qui me suis si cher,
Qu'il ne faut que deux doigts d'un misérable fer
Dans le corps, pour vous mettre un humain dans la
Je suis scandalisé d'une étrange manière.   [bière, 1490
« Mais tu seras armé de pied en cap. » Tant pis,
J'en serai moins léger à gagner le taillis ;
Et de plus il n'est point d'armure si bien jointe

Où ne puisse glisser une vilaine pointe.
1495 « Oh ! tu seras ainsi tenu pour un poltron ! »
Soit, pourvu que toujours je branle le menton.
A table comptez-moi, si vous voulez, pour quatre,
Mais comptez-moi pour rien s'il s'agit de se battre.
Enfin, si l'autre monde a des charmes pour vous,
1500 Pour moi, je trouve l'air de celui-ci fort doux.
Je n'ai pas grande faim de mort ni de blessure,
Et vous ferez le sot tout seul, je vous assure.

Scène II : Valère, Mascarille.

VALÈRE

Je n'ai jamais trouvé de jour plus ennuyeux.
Le soleil semble s'être oublié dans les cieux ;
1505 Et jusqu'au lit qui doit recevoir sa lumière,
Je vois rester encore une telle carrière,
Que je crois que jamais il ne l'achèvera,
Et que de sa lenteur mon âme enragera.

MASCARILLE

Et cet empressement pour s'en aller dans l'ombre
1510 Pêcher vite à tâtons quelque sinistre encombre...
Vous voyez que Lucile, entière en ses rebuts...

VALÈRE

Ne me fais point ici de contes superflus.
Quand j'y devrais trouver cent embûches mortelles,
Je sens de son courroux des gênes trop cruelles ;
1515 Et je veux l'adoucir, ou terminer mon sort.
C'est un point résolu.

MASCARILLE

          J'approuve ce transport :
Mais le mal est, monsieur, qu'il faudra s'introduire
En cachette.

VALÈRE

          Fort bien.

MASCARILLE

               Et j'ai peur de vous nuire.

VALÈRE

Et comment ?

MASCARILLE

          Une toux me tourmente à mourir,
1520 Dont le bruit importun vous fera découvrir :
Il tousse.
De moment en moment... Vous voyez le supplice.

VALÈRE

Ce mal te passera, prends du jus de réglisse.

MASCARILLE

Je ne crois pas, monsieur, qu'il se veuille passer.
Je serais ravi, moi, de ne vous point laisser ;
1525 Mais j'aurais un regret mortel, si j'étais cause
Qu'il fût à mon cher maître arrivé quelque chose.

Scène III : Valère, La Rapière, Mascarille.

LA RAPIÈRE

Monsieur, de bonne part je viens d'être informé
Qu'Eraste est contre vous fortement animé,
Et qu'Albert parle aussi de faire pour sa fille
1530 Rouer jambes et bras à votre Mascarille.

MASCARILLE

Moi, je ne suis pour rien dans tout cet embarras.
Qu'ai-je fait pour me voir rouer jambes et bras ?
Suis-je donc gardien, pour employer ce style,
De la virginité des filles de la ville ?
Sur la tentation ai-je quelque crédit ?   1535
Et puis-je mais, chétif, si le cœur leur en dit ?

VALÈRE

Oh ! qu'ils ne seront pas si méchants qu'ils le disent !
Et, quelque belle ardeur que ses feux lui produisent,
Eraste n'aura pas si bon marché de nous.

LA RAPIÈRE

S'il vous faisait besoin, mon bras est tout à vous.   1540
Vous savez de tout temps que je suis un bon frère.

VALÈRE

Je vous suis obligé, monsieur de La Rapière.

LA RAPIÈRE

J'ai deux amis aussi que je vous puis donner,
Qui contre tout venant sont gens à dégainer,
Et sur qui vous pourrez prendre toute assurance.   1545

MASCARILLE

Acceptez-les, monsieur.

VALÈRE

               C'est trop de complaisance.

LA RAPIÈRE

Le petit Gille encore eût pu nous assister,
Sans le triste accident qui vient de nous l'ôter.
Monsieur, le grand dommage ! et l'homme de service !
Vous avez su le tour que lui fit la justice ;   1550
Il mourut en César, et, lui cassant les os,
Le bourreau ne lui put faire lâcher deux mots.

VALÈRE

Monsieur de La Rapière, un homme de la sorte
Doit être regretté ; mais, quant à votre escorte,
Je vous rends grâces.

LA RAPIÈRE

          Soit ; mais soyez averti   1555
Qu'il vous cherche, et vous peut faire un mauvais parti.

VALÈRE

Et moi, pour vous montrer combien je l'appréhende,
Je lui veux, s'il me cherche, offrir ce qu'il demande,
Et par toute la ville aller présentement,
Sans être accompagné que de lui seulement.   1560

MASCARILLE   [dace !

Quoi ! monsieur, vous voulez tenter Dieu ? Quelle au-
Las ! vous voyez tous deux comme l'on nous menace ;
Combien de tous côtés...

VALÈRE

          Que regardes-tu là ?

MASCARILLE

C'est qu'il sent le bâton du côté que voilà.
Enfin, si maintenant ma prudence en est crue,   1565
Ne nous obstinons point à rester dans la rue ;
Allons nous renfermer.

VALÈRE

          Nous renfermer, faquin !
Tu m'oses proposer un acte de coquin ?
Sus, sans plus de discours, résous-toi de me suivre.

MASCARILLE

Hé ! monsieur mon cher maître, il est si doux de vivre ! 1570

On ne meurt qu'une fois, et c'est pour si longtemps!...
VALÈRE
Je m'en vais t'assommer de coups, si je t'entends.
Ascagne vient ici, laissons-le ; il faut attendre
Quel parti de lui-même il résoudra de prendre.
75 Cependant avec moi viens prendre à la maison
Pour nous frotter.
MASCARILLE
Je n'ai nulle démangeaison.
Que maudit soit l'amour, et les filles maudites
Qui veulent en tâter, puis font les chattemites !

Scène IV : Ascagne, Frosine.

ASCAGNE
80 Est-il bien vrai, Frosine, et ne rêvé-je point ?
De grâce, contez-moi bien tout de point en point.
FROSINE
Vous en saurez assez le détail, laissez faire.
Ces sortes d'incidents ne sont, pour l'ordinaire,
Que redits trop de fois de moment en moment.
85 Suffit que vous sachiez qu'après ce testament
Qui voulait un garçon pour tenir sa promesse,
De la femme d'Albert la dernière grossesse
N'accoucha que de vous, et que lui, dessous main,
Ayant depuis longtemps concerté son dessein,
90 Fit son fils de celui d'Ignès la bouquetière,
Qui vous donna pour sienne à nourrir à ma mère.
La mort ayant ravi ce petit innocent
Quelque dix mois après, Albert étant absent,
La crainte d'un époux et l'amour maternelle
95 Firent l'événement d'une ruse nouvelle.
Sa femme en secret lors se rendit son vrai sang,
Vous devîntes celui qui tenait votre rang,
Et la mort de ce fils mis dans votre famille
Se couvrit pour Albert de celle de sa fille.
00 Voilà de votre sort un mystère éclairci,
Que votre feinte mère a caché jusqu'ici ;
Elle en dit des raisons, et peut en avoir d'autres,
Par qui ses intérêts n'étaient pas tous les vôtres.
Enfin cette visite, où j'espérais si peu,
05 Cette Ignès vous relâche, et, par votre autre affaire,
L'éclat de son secret devenu nécessaire,
Nous en avons nous deux votre père informé ;
Un billet de sa femme a le tout confirmé ;
Et, poussant plus avant encore notre pointe,
10 Quelque peu de fortune à notre adresse jointe,
Aux intérêts d'Albert, de Polidore, après,
Nous avons ajusté si bien les intérêts,
Si doucement à lui déplié ces mystères,
Pour n'effaroucher pas d'abord trop les affaires ;
15 Enfin, pour dire tout, mené si prudemment
Son esprit pas à pas à l'accommodement,
Qu'autant que votre père il montre de tendresse
A confirmer les nœuds qui font votre allégresse.
ASCAGNE
Ah ! Frosine, la joie où vous m'acheminez...
20 Eh ! que ne dois-je point à vos soins fortunés !

FROSINE
Au reste, le bon homme est en humeur de rire,
Et pour son fils encor nous défend de rien dire.

Scène V : Polidore, Ascagne, Frosine.

POLIDORE
Approchez-vous, ma fille, un tel nom m'est permis,
Et j'ai su le secret que cachaient ces habits.
Vous avez fait un trait qui, dans sa hardiesse,   1625
Fait briller tant d'esprit et tant de gentillesse,
Que je vous en excuse, et tiens mon fils heureux
Quand il saura l'objet de ses soins amoureux.
Vous valez tout un monde, et c'est moi qui l'assure.
Mais le voici ; prenons plaisir de l'aventure.   1630
Allez faire venir tous vos gens promptement.
ASCAGNE
Vous obéir sera mon premier compliment.

Scène VI : Polidore, Valère, Mascarille.

MASCARILLE, *à Valère.*
Les disgrâces souvent sont du Ciel révélées.
J'ai songé cette nuit de perles défilées,
Et d'œufs cassés ; monsieur, un tel songe m'abat.   1635
VALÈRE
Chien de poltron !
POLIDORE
Valère, il s'apprête un combat
Où toute ta valeur te sera nécessaire.
Tu vas avoir en tête un puissant adversaire.
MASCARILLE
Et personne, monsieur, qui se veuille bouger
Pour retenir des gens qui se vont égorger ?   1640
Pour moi, je le veux bien; mais au moins s'il arrive
Qu'un funeste accident de votre fils vous prive,
Ne m'en accusez point.
POLIDORE
Non, non, en cet endroit
Je le pousse moi-même à faire ce qu'il doit.
MASCARILLE
Père dénaturé !
VALÈRE
Ce sentiment, mon père.   1645
Est d'un homme de cœur, et je vous en révère.
J'ai dû vous offenser, et je suis criminel
D'avoir fait tout ceci sans l'aveu paternel ;
Mais, à quelque dépit que ma faute vous porte,
La nature toujours se montre la plus forte,   1650
Et votre honneur fait bien, quand il ne veut pas voir
Que le transport d'Eraste ait de quoi m'émouvoir.
POLIDORE
On me faisait tantôt redouter sa menace ;
Mais les choses depuis ont bien changé de face ;
Et, sans le pouvoir fuir, d'un ennemi plus fort   1655
Tu vas être attaqué.
MASCARILLE
Point de moyen d'accord ?
VALÈRE   [ce être ?
Moi, le fuir ! Dieu m'en garde. Et qui donc pourrait-

POLIDORE

Ascagne.

VALÈRE

Ascagne ?

POLIDORE

Oui, tu le vas voir paraître.

VALÈRE

Lui, qui de me servir m'avait donné sa foi !

POLIDORE

1660 Oui, c'est lui qui prétend avoir affaire à toi,
Et qui veut, dans le champ où l'honneur vous appelle,
Qu'un combat seul à seul vide votre querelle.

MASCARILLE

C'est un brave homme ; il sait que les cœurs généreux
Ne mettent point les gens en compromis pour eux.

POLIDORE

1665 Enfin, d'une imposture ils te rendent coupable,
Dont le ressentiment m'a paru raisonnable :
Si bien qu'Albert et moi sommes tombés d'accord
Que tu satisferais Ascagne sur ce tort ;
Mais aux yeux d'un chacun, et sans nulles remises,
1670 Dans les formalités en pareil cas requises.

VALÈRE

Et Lucile, mon père, a, d'un cœur endurci...

POLIDORE

Lucile épouse Eraste, et te condamne aussi ;
Et, pour convaincre mieux tes discours d'injustice,
Veut qu'à tes propres yeux cet hymen s'accomplisse.

VALÈRE

1675 Ah ! c'est une impudence à me mettre en fureur.
Elle a donc perdu sens, foi, conscience, honneur ?

Scène VII : Albert, Polidore, Lucile,
Eraste, Valère, Mascarille.

ALBERT

Hé bien ! les combattants ? On amène le nôtre.
Avez-vous disposé le courage du vôtre ?

VALÈRE

Oui, oui, me voilà prêt, puisqu'on m'y veut forcer ;
1680 Et, si j'ai pu trouver sujet de balancer,
Un reste de respect en pouvait être cause,
Et non pas la valeur du bras que l'on m'oppose ;
Mais c'est trop me pousser, ce respect est à bout,
A toute extrémité mon esprit se résout,
1685 Et l'on fait voir un trait de perfidie étrange,
Dont il faut hautement que mon amour se venge.
A Lucile.
Non pas que cet amour prétende encore à vous :
Tout son feu se résout en ardeur de courroux ;
Et, quand j'aurai rendu votre honte publique,
1690 Votre coupable hymen n'aura rien qui me pique.
Allez, ce procédé, Lucile, est odieux :
A peine en puis-je croire au rapport de mes yeux ;
C'est de toute pudeur se montrer ennemie,
Et vous devriez mourir d'une telle infamie.

LUCILE

1695 Un semblable discours me pourrait affliger,
Si je n'avais en main qui m'en saura venger.
Voici venir Ascagne, il aura l'avantage

De vous faire changer bien vite de langage,
Et sans beaucoup d'effort.

Scène VIII : Albert, Polidore, Ascagne, Lucile,
Eraste, Valère, Frosine, Marinette,
Gros-René, Mascarille.

VALÈRE

Il ne le fera pas,
Quand il joindrait au sien encor vingt autres bras. 170
Je le plains de défendre une sœur criminelle ;
Mais, puisque son erreur me veut faire querelle,
Nous le satisferons, et vous, mon brave, aussi.

ÉRASTE

Je prenais intérêt tantôt à tout ceci ;
Mais enfin, comme Ascagne a pris sur lui l'affaire, 170
Je ne veux plus en prendre, et je le laisse faire.

VALÈRE

C'est bien fait ; la prudence est toujours de saison.
Mais...

ÉRASTE

Il saura pour tous vous mettre à la raison.

VALÈRE

Lui ?

POLIDORE

Ne t'y trompe pas ; tu ne sais pas encore
Quel étrange garçon est Ascagne.

ALBERT

Il l'ignore ; 17
Mais il pourra dans peu le lui faire savoir.

VALÈRE

Sus donc, que maintenant il me le fasse voir.

MARINETTE

Aux yeux de tous ?

GROS-RENÉ

Cela ne serait pas honnête.

VALÈRE

Se moque-t-on de moi ? Je casserai la tête
A quelqu'un des rieurs. Enfin, voyons l'effet. 17

ASCAGNE

Non, non, je ne suis pas si méchant qu'on me fait ;
Et, dans cette aventure où chacun m'intéresse,
Vous allez voir plutôt éclater ma faiblesse,
Connaître que le Ciel, qui dispose de nous,
Ne me fit pas un cœur pour tenir contre vous, 17
Et qu'il vous réservait, pour victoire facile,
De finir le destin du frère de Lucile.
Oui, bien loin de vanter le pouvoir de mon bras,
Ascagne va par vous recevoir le trépas :
Mais il veut bien mourir, si sa mort nécessaire 17
Peut avoir maintenant de quoi vous satisfaire,
En vous donnant pour femme, en présence de tous,
Celle qui justement ne peut être qu'à vous.

VALÈRE

Non, quand toute la terre, après sa perfidie
Et les traits effrontés... 17

ASCAGNE

Ah ! souffrez que je die,
Valère, que le cœur qui vous est engagé
D'aucun crime envers vous ne peut être chargé :

Sa flamme est toujours pure et sa constance extrême;
Et j'en prends à témoin votre père lui-même.

POLIDORE

735 Oui, mon fils, c'est assez rire de ta fureur,
Et je vois qu'il est temps de te tirer d'erreur.
Celle à qui par serment ton âme est attachée
Sous l'habit que tu vois à tes yeux est cachée ;
Un intérêt de bien, dès ses plus jeunes ans,
740 Fit ce déguisement qui trompe tant de gens,
Et depuis peu l'amour en a su faire un autre
Qui t'abusa, joignant leur famille à la nôtre.
Ne va point regarder à tout le monde aux yeux.
Je te fais maintenant un discours sérieux.
745 Oui, c'est elle, en un mot, dont l'adresse subtile,
La nuit, reçut ta foi sous le nom de Lucile,
Et qui, par ce ressort qu'on ne comprenait pas,
A semé parmi vous un si grand embarras.
Mais, puisque Ascagne ici fait place à Dorothée,
750 Il faut voir de vos feux toute imposture ôtée,
Et qu'un nœud plus sacré donne force au premier.

ALBERT

Et c'est là justement ce combat singulier
Qui devait envers nous réparer votre offense,
Et pour qui les édits n'ont point fait de défense.

POLIDORE

755 Un tel événement rend tes esprits confus :
Mais en vain tu voudrais balancer là-dessus.

VALÈRE

Non, non, je ne veux pas songer à m'en défendre ;
Et si cette aventure a lieu de me surprendre,
La surprise me flatte, et je me sens saisir
760 De merveille à la fois, d'amour et de plaisir :
Se peut-il que ces yeux... ?

ALBERT

                              Cet habit, cher Valère,
Souffre mal les discours que vous lui pourriez faire.
Allons lui faire en prendre un autre, et cependant
Vous saurez le détail de tout cet incident.

VALÈRE

765 Vous, Lucile, pardon, si mon âme abusée...

LUCILE

L'oubli de cette injure est une chose aisée.

ALBERT

Allons, ce compliment se fera bien chez nous,

Et nous aurons loisir de nous en faire tous.

ÉRASTE

Mais vous ne songez pas, en tenant ce langage,
Qu'il reste encore ici des sujets de carnage.   1770
Voilà bien à tous deux notre amour couronné ;
Mais de son Mascarille et de mon Gros-René,
Par qui doit Marinette être ici possédée ?
Il faut que par le sang l'affaire soit vidée.

MASCARILLE

Nenni, nenni, mon sang dans mon corps sied trop bien; 1775
Qu'il l'épouse en repos, cela ne me fait rien.
De l'humeur que je sais la chère Marinette,
L'hymen ne ferme pas la porte à la fleurette.

MARINETTE

Et tu crois que de toi je ferais mon galant ?
Un mari, passe encor ; tel qu'il est, on le prend ;   1780
On n'y va pas chercher tant de cérémonie :
Mais il faut qu'un galant soit fait à faire envie.

GROS-RENÉ

Ecoute, quand l'hymen aura joint nos deux peaux,
Je prétends qu'on soit sourde à tous les damoiseaux.

MASCARILLE

Tu crois te marier pour toi tout seul, compère ?   1785

GROS-RENÉ

Bien entendu ; je veux une femme sévère,
Ou je ferai beau bruit.

MASCARILLE

                          Hé ! mon Dieu, tu feras
Comme les autres font, et tu t'adouciras.
Ces gens, avant l'hymen, si fâcheux et critiques,
Dégénèrent souvent en maris pacifiques.   1790

MARINETTE

Va, va, petit mari, ne crains rien de ma foi ;
Les douceurs ne feront que blanchir contre moi ;
Et je te dirai tout.

MASCARILLE

                      Oh ! las ! fine pratique !
Un mari confident !

MARINETTE

                      Taisez-vous, as de pique !

ALBERT

Pour la troisième fois, allons-nous-en chez nous   1795
Poursuivre en liberté des entretiens si doux.

LES PRÉCIEUSES RIDICULES
COMÉDIE

« *Représentée pour la première fois sur le théâtre du Petit-Bourbon le 18ᵉ novembre 1659, par la Troupe de Monsieur, frère unique du roi.* » *Cette représentation faisait suite à celle de Cinna, de Corneille. Ce fut un triomphe. Et un événement dans l'histoire du théâtre : cette pièce que la « vile prose » vouait à n'être qu'une farce — Somaize ne croira-t-il pas l'ennoblir et se donner du lustre en la « traduisant » en vers ! — crée, par le biais de la satire, la grande comédie de mœurs et de caractère telle que Molière lui-même, dans l'Impromptu de Versailles, la définira. « L'affaire de la Comédie est de représenter en général tous les défauts des hommes et principalement des hommes de notre siècle. » Encore que les Précieuses de l'Hôtel de Rambouillet se sentissent moins visées que leurs émules provinciales — elles auraient plutôt ri, même jaune — « un alcoviste de qualité » (Somaize dixit) fit interdire la pièce. Ce qui lui valut un surcroît de succès, après l'intervention du roi, alors dans les Pyrénées, en faveur de Molière : à la reprise, le 2 décembre, les spectateurs payèrent double tarif. La pièce compte plus de quinze cents représentations à la Comédie-Française.*

PERSONNAGES

LA GRANGE, *amant rebuté* (La Grange).

DU CROISY, *amant rebuté* (Du Croisy).

GORGIBUS, *bon bourgeois* (L'Espy).

MADELON, *fille de Gorgibus, précieuse ridicule* (Mlle Béjart.)

CATHOS, *nièce de Gorgibus, précieuse ridicule* (Mlle de Brie).

MAROTTE, *servante des précieuses ridicules* (Marie Ragueneau).

ALMANZOR, *laquais des précieuses ridicules.*

LE MARQUIS DE MASCARILLE, *valet de La Grange* (Molière).

LE VICOMTE DE JODELET, *valet de Du Croisy* (Jodelet).

DEUX PORTEURS DE CHAISE.

VOISINES.

VIOLONS.

PREFACE

C'est une chose étrange qu'on imprime les gens malgré eux ! Je ne vois rien de si injuste, et je pardonnerais toute autre violence plutôt que celle-là.

Ce n'est pas que je veuille faire ici l'auteur modeste, et mépriser par honneur ma comédie. J'offenserais mal à propos tout Paris, si je l'accusais d'avoir pu applaudir à une sottise : comme le public est le juge absolu de ces sortes d'ouvrages, il y aurait de l'impertinence à moi de le démentir ; et quand j'aurais eu la plus mauvaise opinion du monde de mes *Précieuses ridicules* avant leur représentation, je dois croire maintenant qu'elles valent quelque chose, puisque tant de gens ensemble en ont dit du bien. Mais comme une grande partie des grâces qu'on y a trouvées dépendent de l'action et du ton de voix, il m'importait qu'on ne les dépouillât pas de ces ornements, et je trouvais que le succès qu'elles avaient eu dans la représentation était assez beau pour en demeurer là. J'avais résolu, dis-je, de ne les faire voir qu'à la chandelle, pour ne point donner lieu à quelqu'un de dire le proverbe [1] ; et je ne voulais pas qu'elles sautassent du théâtre de Bourbon dans la galerie du Palais. Cependant je n'ai pu l'éviter, et je suis tombé dans la disgrâce de voir une copie dérobée de ma pièce entre les mains des libraires,

[1]. « Elle est belle à la chandelle ; mais le grand jour gâte tout. »

accompagnée d'un privilège obtenu par surprise.
J'ai eu beau crier : O temps ! ô mœurs ! on m'a
fait voir une nécessité pour moi d'être imprimé,
ou d'avoir un procès ; et le dernier mal est encore
pire que le premier. Il faut donc se laisser aller
à la destinée, et consentir à une chose qu'on
ne laisserait pas de faire sans moi.
Mon Dieu ! l'étrange embarras qu'un livre à
mettre au jour ; et qu'un auteur est neuf la première fois qu'on l'imprime ! Encore si l'on m'avait
donné du temps, j'aurais pu mieux songer à moi,
et j'aurais pris toutes les précautions que messieurs
les auteurs, à présent mes confrères, ont coutume
de prendre en semblables occasions. Outre quelque
grand seigneur que j'aurais été prendre malgré
lui pour protecteur de mon ouvrage, et dont
j'aurais tenté la libéralité par une épître dédicatoire bien fleurie, j'aurais tâché de faire une belle
et docte préface ; et je ne manque point de
livres qui m'auraient fourni tout ce qu'on peut
dire de savant sur la tragédie et la comédie, l'étymologie de toutes deux, leur origine, leur définition, et le reste.
J'aurais parlé aussi à mes amis, qui, pour la
recommandation de ma pièce, ne m'auraient pas
refusé ou des vers français ou des vers latins.
J'en ai même qui m'auraient loué en grec ; et l'on
n'ignore pas qu'une louange en grec est d'une
merveilleuse efficace à la tête d'un livre. Mais
on me met au jour sans me donner le loisir de
me reconnaître ; et je ne puis même obtenir la
liberté de dire deux mots pour justifier mes intentions sur le sujet de cette comédie. J'aurais voulu
faire voir qu'elle se tient partout dans les bornes
de la satire honnête et permise ; que les plus
excellentes choses sont sujettes à être copiées par
de mauvais singes qui méritent d'être bernés ; que
ces vicieuses imitations de ce qu'il y a de plus
parfait ont été de tout temps la matière de la
comédie ; et que, par la même raison que les véritables savants et les vrais braves ne se sont point
encore avisés de s'offenser du Docteur de la
comédie, et du Capitan, non plus que les juges,
les princes et les rois de voir Trivelin [2], ou quelque autre, sur le théâtre, faire ridiculement le
juge, le prince ou le roi, aussi les véritables précieuses auraient tort de se piquer, lorsqu'on joue
les ridicules qui les imitent mal. Mais enfin, comme j'ai dit, on ne me laisse pas le temps de
respirer, et M. de Luynes [3] veut m'aller relier de
ce pas : à la bonne heure, puisque Dieu l'a
voulu.

2. Le *Docteur*, le *Capitan*, et *Trivelin*, personnages et acteur
de la farce italienne.
3. Libraire qui avait sa boutique dans la galerie du
Palais.

Scène I : La Grange, Du Croisy.

DU CROISY
Seigneur La Grange.

LA GRANGE
Quoi ?

DU CROISY
Regardez-moi un peu sans rire.

LA GRANGE
Hé bien ?

DU CROISY
Que dites-vous de notre visite ? En êtes-vous fort
satisfait ?

LA GRANGE
A votre avis, avons-nous sujet de l'être tous
deux ?

DU CROISY
Pas tout à fait, à dire vrai.

LA GRANGE
Pour moi, je vous avoue que j'en suis tout scandalisé. A-t-on jamais vu, dites-moi, deux pecques
provinciales faire plus les renchéries que celles-là,
et deux hommes traités avec plus de mépris que
nous ? A peine ont-elles pu se résoudre à nous
faire donner des sièges. Je n'ai jamais vu tant
parler à l'oreille qu'elles ont fait entre elles, tant
bâiller, tant se frotter les yeux, et demander tant
de fois : Quelle heure est-il ? Ont-elles répondu
oui et non à tout ce que nous avons pu leur
dire ? Et ne m'avouerez-vous pas enfin que, quand
nous aurions été les dernières personnes du
monde, on ne pouvait nous faire pis qu'elles ont
fait ?

DU CROISY
Il me semble que vous prenez la chose fort à
cœur.

LA GRANGE
Sans doute je l'y prends, et de telle façon, que
je me veux venger de cette impertinence. Je
connais ce qui nous a fait mépriser. L'air précieux
n'a pas seulement infecté Paris, il s'est aussi
répandu dans les provinces, et nos donzelles ridicules en ont humé leur bonne part. En un mot,
c'est un ambigu de précieuse et de coquette que
leur personne. Je vois ce qu'il faut être pour en
être bien reçu ; et, si vous m'en croyez, nous
leur jouerons tous deux une pièce qui leur fera
voir leur sottise, et pourra leur apprendre à
connaître un peu mieux leur monde.

DU CROISY
Et comment, encore ?

LA GRANGE
J'ai un certain valet, nommé Mascarille, qui passe,
au sentiment de beaucoup de gens, pour une
manière de bel esprit ; car il n'y a rien à meilleur
marché que le bel esprit maintenant. C'est un
extravagant qui s'est mis dans la tête de vouloir
faire l'homme de condition. Il se pique ordinairement de galanterie et de vers, et dédaigne les
autres valets, jusqu'à les appeler brutaux.

DU CROISY

Hé bien ! qu'en prétendez-vous faire ?

LA GRANGE

Ce que j'en prétends faire ? Il faut... Mais sortons d'ici auparavant.

Scène II : Gorgibus, Du Croisy, La Grange.

GORGIBUS

Hé bien ! vous avez vu ma nièce et ma fille ? Les affaires iront-elles bien ? Quel est le résultat de cette visite ?

LA GRANGE

C'est une chose que vous pourrez mieux apprendre d'elles que de nous. Tout ce que nous pouvons vous dire, c'est que nous vous rendons grâce de la faveur que vous nous avez faite, et demeurons vos très humbles serviteurs.

DU CROISY

Vos très humbles serviteurs.

GORGIBUS, seul.

Ouais ! il semble qu'ils sortent mal satisfaits d'ici. D'où pourrait venir leur mécontentement ? Il faut savoir un peu ce que c'est. Holà !

Scène III : Gorgibus, Marotte.

MAROTTE

Que désirez-vous, monsieur ?

GORGIBUS

Où sont vos maîtresses ?

MAROTTE

Dans leur cabinet.

GORGIBUS

Que font-elles ?

MAROTTE

De la pommade pour les lèvres.

GORGIBUS

C'est trop pommadé : dites-leur qu'elles descendent. (Seul.) Ces pendardes-là, avec leur pommade, ont, je pense, envie de me ruiner. Je ne vois partout que blancs d'œufs, lait virginal, et mille autres brimborions que je ne connais point. Elles ont usé, depuis que nous sommes ici, le lard d'une douzaine de cochons, pour le moins ; et quatre valets vivraient tous les jours des pieds de moutons qu'elles emploient.

Scène IV : Madelon, Cathos, Gorgibus.

GORGIBUS

Il est bien nécessaire vraiment de faire tant de dépense pour vous graisser le museau ! Dites-moi un peu ce que vous avez fait à ces messieurs, que je les vois sortir avec tant de froideur ? Vous avais-je pas commandé de les recevoir comme des personnes que je voulais vous donner pour maris ?

MADELON

Et quelle estime, mon père, voulez-vous que nous fassions du procédé irrégulier de ces gens-là ?

CATHOS

Le moyen, mon oncle, qu'une fille un peu raisonnable se pût accommoder de leur personne ?

GORGIBUS

Et qu'y trouvez-vous à redire ?

MADELON

La belle galanterie que la leur ! Quoi ! débuter d'abord par le mariage ?

GORGIBUS

Et par où veux-tu donc qu'ils débutent ? par le concubinage ? N'est-ce pas un procédé dont vous avez sujet toutes deux de vous louer, aussi bien que moi ? Est-il rien de plus obligeant que cela ? Et ce lien sacré où ils aspirent n'est-il pas un témoignage de l'honnêteté de leurs intentions ?

MADELON

Ah ! mon père, ce que vous dites là est du dernier bourgeois. Cela me fait honte de vous ouïr parler de la sorte, et vous devriez un peu vous faire apprendre le bel air des choses.

GORGIBUS

Je n'ai que faire ni d'air ni de chanson. Je te dis que le mariage est une chose sainte et sacrée, et que c'est faire en honnêtes gens que de débuter par là.

MADELON

Mon Dieu ! que si tout le monde vous ressemblait, un roman serait bientôt fini ! La belle chose que ce serait, si d'abord Cyrus épousait Mandane, et qu'Aronce de plain-pied fût marié à Clélie [4] !

GORGIBUS

Que me vient conter celle-ci ?

MADELON

Mon père, voilà ma cousine qui vous dira aussi bien que moi que le mariage ne doit jamais arriver qu'après les autres aventures. Il faut qu'un amant, pour être agréable, sache débiter les beaux sentiments, pousser le doux, le tendre et le passionné, et que sa recherche soit dans les formes. Premièrement, il doit voir au temple, ou à la promenade, ou dans quelque cérémonie publique, la personne dont il devient amoureux : ou bien être conduit fatalement chez elle par un parent ou un ami, et sortir de là tout rêveur et mélancolique. Il cache, un temps, sa passion à l'objet aimé, et cependant lui rend plusieurs visites, où l'on ne manque jamais de mettre sur le tapis une question galante qui exerce les esprits de l'assemblée. Le jour de la déclaration arrive, qui se doit faire ordinairement dans une allée de quelque jardin, tandis que la compagnie s'est un peu éloignée : et cette déclaration est suivie d'un prompt courroux, qui paraît à notre rougeur, et qui, pour un temps, bannit l'amant de notre présence. Ensuite il trouve moyen de nous apaiser, de nous

4. Principaux personnages d'*Artamène* et de *Clélie* romans alors à la mode.

accoutumer insensiblement au discours de sa passion, et de tirer de nous cet aveu qui fait tant de peine. Après cela viennent les aventures, les rivaux qui se jettent à la traverse d'une inclination établie, les persécutions des pères, les jalousies conçues sur de fausses apparences, les plaintes, les désespoirs, les enlèvements, et ce qui s'ensuit. Voilà comme les choses se traitent dans les belles manières, et ce sont des règles dont, en bonne galanterie, on ne saurait se dispenser. Mais en venir de but en blanc à l'union conjugale, ne faire l'amour qu'en faisant le contrat du mariage, et prendre justement le roman par la queue ; encore un coup, mon père, il ne se peut rien de plus marchand que ce procédé ; et j'ai mal au cœur de la seule vision que cela me fait.

GORGIBUS

Quel diable de jargon entends-je ici ? Voici bien du haut style.

CATHOS

En effet, mon oncle, ma cousine donne dans le vrai de la chose. Le moyen de bien recevoir des gens qui sont tout à fait incongrus en galanterie ! Je m'en vais gager qu'ils n'ont jamais vu la carte de Tendre, et que Billets-doux, Petits-soins, Billets-galants, et Jolis-vers, sont des terres inconnues pour eux [5]. Ne voyez-vous pas que toute leur personne marque cela, et qu'ils n'ont pas cet air qui donne d'abord bonne opinion des gens ? Venir en visite amoureuse avec une jambe tout unie, un chapeau désarmé de plumes, une tête irrégulière en cheveux, et un habit qui souffre une indigence de rubans ; mon Dieu, quels amants sont-ce là ! Quelle frugalité d'ajustement, et quelle sécheresse de conversation ! On n'y dure point, on n'y tient pas. J'ai remarqué encore que leurs rabats ne sont pas de la bonne faiseuse, et qu'il s'en faut plus d'un grand demi-pied que leurs hauts-de-chausses ne soient assez larges.

GORGIBUS

Je pense qu'elles sont folles toutes deux, et je ne puis rien comprendre à ce baragouin. Cathos, et vous, Madelon...

MADELON

Hé ! de grâce, mon père, défaites-vous de ces noms étranges, et nous appelez autrement.

GORGIBUS

Comment, ces noms étranges ? Ne sont-ce pas vos noms de baptême ?

MADELON

Mon Dieu, que vous êtes vulgaire ! Pour moi, un de mes étonnements, c'est que vous ayez pu faire une fille si spirituelle que moi. A-t-on jamais parlé dans le beau style de Cathos ni de Madelon,

5. La carte de *Tendre* est une allégorie du roman de *Clélie*. On voit sur cette carte un fleuve d'*Inclination*, une mer d'*Inimitié*, un lac d'*Indifférence*, et une multitude d'autres inventions semblables. Pour parvenir à la ville de *Tendre*, il fallait assiéger le village de *Billets-galants*, forcer le hameau de *Billets-doux*, et s'emparer ensuite du château de *Petits-soins*. (Voir *Clélie*, tome I.)

et ne m'avouerez-vous pas que ce serait assez d'un de ces noms pour décrier le plus beau roman du monde ?

CATHOS

Il est vrai, mon oncle, qu'une oreille un peu délicate pâtit furieusement à entendre prononcer ces mots-là ; et le nom de Polixène que ma cousine a choisi, et celui d'Aminte que je me suis donné, ont une grâce dont il faut que vous demeuriez d'accord.

GORGIBUS

Ecoutez : il n'y a qu'un mot qui serve. Je n'entends point que vous ayez d'autres noms que ceux qui vous ont été donnés par vos parrains et marraines ; et pour ces messieurs dont il est question, je connais leurs familles et leurs biens, et je veux résolument que vous vous disposiez à les recevoir pour maris. Je me lasse de vous avoir sur les bras, et la garde de deux filles est une chose un peu trop pesante pour un homme de mon âge.

CATHOS

Pour moi, mon oncle, tout ce que je puis vous dire, c'est que je trouve le mariage une chose tout à fait choquante. Comment est-ce qu'on peut souffrir la pensée de coucher contre un homme vraiment nu ?

MADELON

Souffrez que nous prenions un peu haleine parmi le beau monde de Paris, où nous ne faisons que d'arriver. Laissez-nous faire à loisir le tissu de notre roman, et n'en pressez point tant la conclusion.

GORGIBUS, *à part.*

Il n'en faut point douter, elles sont achevées. (*Haut.*) Encore un coup, je n'entends rien à toutes ces balivernes : je veux être maître absolu ; et, pour trancher toutes sortes de discours, ou vous serez mariées toutes deux avant qu'il soit peu, ou, ma foi, vous serez religieuses ; j'en fais un bon serment.

Scène V : Cathos, Madelon.

CATHOS

Mon Dieu, ma chère, que ton père a la forme enfoncée dans la matière ! que son intelligence est épaisse, et qu'il fait sombre dans son âme !

MADELON

Que veux-tu, ma chère ? j'en suis en confusion pour lui. J'ai peine à me persuader que je puisse être véritablement sa fille, et je crois que quelque aventure un jour viendra développer une naissance plus illustre.

CATHOS

Je le croirais bien ; oui, il y a toutes les apparences du monde ; et, pour moi, quand je me regarde aussi...

Scène VI : *Cathos, Madelon, Marotte.*

MAROTTE

Voilà un laquais qui demande si vous êtes au logis, et dit que son maître vous veut venir voir.

MADELON

Apprenez, sotte, à vous énoncer moins vulgairement. Dites : Voilà un nécessaire qui demande si vous êtes en commodité d'être visibles.

MAROTTE

Dame ! je n'entends point le latin, et je n'ai pas appris, comme vous, la filofie dans le grand Cyre.

MADELON

L'impertinente ! Le moyen de souffrir cela ! Et qui est-il, le maître de ce laquais ?

MAROTTE

Il me l'a nommé le marquis de Mascarille.

MADELON

Ah ! ma chère, un marquis ! Oui, allez dire qu'on nous peut voir. C'est sans doute un bel esprit qui aura ouï parler de nous.

CATHOS

Assurément, ma chère.

MADELON

Il faut le recevoir dans cette salle basse plutôt qu'en notre chambre. Ajustons un peu nos cheveux au moins, et soutenons notre réputation. Vite, venez nous tendre ici dedans le conseiller des grâces.

MAROTTE

Par ma foi ! je ne sais point quelle bête c'est là ; il faut parler chrétien, si vous voulez que je vous entende.

CATHOS

Apportez-nous le miroir, ignorante que vous êtes, et gardez-vous bien d'en salir la glace par la communication de votre image.
Elles sortent.

Scène VII : *Mascarille, deux porteurs.*

MASCARILLE

Holà ! porteurs, holà ! Là, là, là, là, là, là. Je pense que ces marauds-là ont dessein de me briser, à force de heurter contre les murailles et les pavés.

PREMIER PORTEUR

Dame ! c'est que la porte est étroite. Vous avez voulu aussi que nous soyons entrés jusqu'ici.

MASCARILLE

Je le crois bien. Voudriez-vous, faquins, que j'exposasse l'embonpoint de mes plumes aux inclémences de la saison pluvieuse, et que j'allasse imprimer mes souliers en boue ? Allez, ôtez votre chaise d'ici.

DEUXIÈME PORTEUR

Payez-nous donc, s'il vous plaît, monsieur.

MASCARILLE

Hem ?

DEUXIÈME PORTEUR

Je dis, monsieur, que vous nous donniez de l'argent, s'il vous plaît.

MASCARILLE, *lui donnant un soufflet.*

Comment, coquin ! demander de l'argent à une personne de ma qualité !

DEUXIÈME PORTEUR

Est-ce ainsi qu'on paie les pauvres gens ; et votre qualité nous donne-t-elle à dîner ?

MASCARILLE

Ah ! ah ! ah ! je vous apprendrai à vous connaître ! Ces canailles-là s'osent jouer à moi !

PREMIER PORTEUR, *prenant un des bâtons de sa chaise.*

Çà, payez-nous vitement.

MASCARILLE

Quoi ?

PREMIER PORTEUR

Je dis que je veux avoir de l'argent tout à l'heure.

MASCARILLE

Il est raisonnable.

PREMIER PORTEUR

Vite donc !

MASCARILLE

Oui-da ! tu parles comme il faut, toi ; mais l'autre est un coquin qui ne sait ce qu'il dit. Tiens, es-tu content ?

PREMIER PORTEUR

Non, je ne suis pas content ; vous avez donné un soufflet à mon camarade, et...
Levant son bâton.

MASCARILLE

Doucement ; tiens, voilà pour le soufflet. On obtient tout de moi quand on s'y prend de la bonne façon. Allez, venez me reprendre tantôt pour aller au Louvre, au petit coucher.

Scène VIII : *Marotte, Mascarille.*

MAROTTE

Monsieur, voilà mes maîtresses qui vont venir tout à l'heure.

MASCARILLE

Qu'elles ne se pressent point, je suis ici posté commodément pour attendre.

MAROTTE

Les voici.

Scène IX : *Madelon, Cathos, Mascarille, Almanzor.*

MASCARILLE, *après avoir salué.*

Mesdames, vous serez surprises sans doute de l'audace de ma visite ; mais votre réputation vous attire cette méchante affaire, et le mérite a pour moi des charmes si puissants, que je cours partout après lui.

MADELON

Si vous poursuivez le mérite, ce n'est pas sur nos terres que vous devez chasser.

CATHOS

Pour voir chez nous le mérite, il a fallu que vous l'y ayez amené.

MASCARILLE

Ah ! je m'inscris en faux contre vos paroles. La renommée accuse juste en contant ce que vous valez ; et vous allez faire pic, repic et capot tout ce qu'il y a de galant dans Paris.

MADELON

Votre complaisance pousse un peu trop avant la libéralité de ses louanges ; et nous n'avons garde, ma cousine et moi, de donner de notre sérieux dans le doux de votre flatterie.

CATHOS

Ma chère, il faudrait faire donner des sièges.

MADELON

Holà ! Almanzor.

ALMANZOR

Madame ?

MADELON

Vite, voiturez-nous ici les commodités de la conversation.

MASCARILLE

Mais, au moins, y a-t-il sûreté ici pour moi ? *Almanzor sort.*

CATHOS

Que craignez-vous ?

MASCARILLE

Quelque vol de mon cœur, quelque assassinat de ma franchise. Je vois ici des yeux qui ont la mine d'être de fort mauvais garçons, de faire insulte aux libertés, et de traiter une âme de Turc à More. Comment, diable ! d'abord qu'on les approche, ils se mettent sur leur garde meurtrière. Ah ! par ma foi, je m'en défie ! et je m'en vais gagner au pied, ou je veux caution bourgeoise qu'ils ne me feront point de mal.

MADELON

Ma chère, c'est le caractère enjoué.

CATHOS

Je vois bien que c'est un Amilcar [6].

MADELON

Ne craignez rien, nos yeux n'ont point de mauvais desseins, et votre cœur peut dormir en assurance sur leur prud'homie.

CATHOS

Mais, de grâce, monsieur, ne soyez pas inexorable à ce fauteuil qui vous tend les bras il y a un quart d'heure ; contentez un peu l'envie qu'il a de vous embrasser.

MASCARILLE, *après s'être peigné, et avoir ajusté ses canons.*

Hé bien ! mesdames, que dites-vous de Paris ?

MADELON

Hélas ! qu'en pourrions-nous dire ? Il faudrait être l'antipode de la raison, pour ne pas confesser que Paris est le grand bureau des merveilles, le

centre du bon goût, du bel esprit, et de la galanterie.

MASCARILLE

Pour moi, je tiens que hors de Paris il n'y a point de salut pour les honnêtes gens.

CATHOS

C'est une vérité incontestable.

MASCARILLE

Il y fait un peu crotté ; mais nous avons la chaise.

MADELON

Il est vrai que la chaise est un retranchement merveilleux contre les insultes de la boue et du mauvais temps.

MASCARILLE

Vous recevez beaucoup de visites ? Quel bel esprit est des vôtres ?

MADELON

Hélas ! nous ne sommes pas encore connues ; mais nous sommes en passe de l'être ; et nous avons une amie particulière qui nous a promis d'amener ici tous ces messieurs du Recueil des pièces choisies.

CATHOS

Et certains autres qu'on nous a nommés aussi pour être les arbitres souverains des belles choses.

MASCARILLE

C'est moi qui ferai votre affaire mieux que personne ; ils me rendent tous visite ; et je puis dire que je ne me lève jamais sans une demi-douzaine de beaux esprits.

MADELON

Hé ! mon Dieu ! nous vous serons obligées de la dernière obligation, si vous nous faites cette amitié ; car enfin il faut avoir la connaissance de tous ces messieurs-là, si l'on veut être du beau monde. Ce sont ceux qui donnent le branle à la réputation dans Paris ; et vous savez qu'il y en a un tel dont il ne faut que la seule fréquentation pour vous donner bruit de connaisseuse, quand il n'y aurait rien autre chose que cela. Mais, pour moi, ce que je considère particulièrement, c'est que, par le moyen de ces visites spirituelles, on est instruite de cent choses qu'il faut savoir de nécessité, et qui sont de l'essence d'un bel esprit. On apprend par là chaque jour les petites nouvelles galantes, les jolis commerces de prose et de vers. On sait à point nommé : un tel a composé la plus jolie pièce du monde sur un tel sujet ; une telle a fait des paroles sur un tel air ; celui-ci a fait un madrigal sur une jouissance ; celui-là a composé des stances sur une infidélité : monsieur un tel écrivit hier au soir un sixain à mademoiselle une telle, dont elle lui a envoyé la réponse ce matin vers les huit heures ; un tel auteur a fait un tel dessein ; celui-là en est à la troisième partie de son roman ; cet autre met ses ouvrages sous la presse. C'est là ce qui vous fait valoir dans les compagnies, et si l'on ignore ces choses, je ne

6. Personnage du roman de *Clélie,* un caractère enjoué et plaisant.

donnerais pas un clou de tout l'esprit qu'on peut avoir.

CATHOS

En effet, je trouve que c'est renchérir sur le ridicule, qu'une personne se pique d'esprit, et ne sache pas jusqu'au moindre petit quatrain qui se fait chaque jour ; et pour moi, j'aurais toutes les hontes du monde, s'il fallait qu'on vînt à me demander si j'aurais vu quelque chose de nouveau que je n'aurais pas vu.

MASCARILLE

Il est vrai qu'il est honteux de n'avoir pas des premiers tout ce qui se fait ; mais ne vous mettez pas en peine : je veux établir chez vous une académie de beaux esprits, et je vous promets qu'il ne se fera pas un bout de vers dans Paris, que vous ne sachiez par cœur avant tous les autres. Pour moi, tel que vous me voyez, je m'en escrime un peu quand je veux ; et vous verrez courir de ma façon, dans les belles ruelles de Paris, deux cents chansons, autant de sonnets, quatre cents épigrammes et plus de mille madrigaux, sans compter les énigmes et les portraits.

MADELON

Je vous avoue que je suis furieusement pour les portraits : je ne vois rien de si galant que cela.

MASCARILLE

Les portraits sont difficiles, et demandent un esprit profond : vous en verrez de ma manière qui ne vous déplairont pas.

CATHOS

Pour moi, j'aime terriblement les énigmes.

MASCARILLE

Cela exerce l'esprit, et j'en ai fait quatre encore ce matin, que je vous donnerai à deviner.

MADELON

Les madrigaux sont agréables, quand ils sont bien tournés.

MASCARILLE

C'est mon talent particulier ; et je travaille à mettre en madrigaux toute l'histoire romaine.

MADELON

Ah ! certes, cela sera du dernier beau ; j'en retiens un exemplaire au moins, si vous le faites imprimer.

MASCARILLE

Je vous en promets à chacune un, et des mieux reliés. Cela est au-dessous de ma condition ; mais je le fais seulement pour donner à gagner aux libraires qui me persécutent.

MADELON

Je m'imagine que le plaisir est grand de se voir imprimé.

MASCARILLE

Sans doute. Mais, à propos, il faut que je vous dise un impromptu que je fis hier chez une duchesse de mes amies que je fus visiter ; car je suis diablement fort sur les impromptus.

CATHOS

L'impromptu est justement la pierre de touche de l'esprit.

MASCARILLE

Ecoutez donc.

MADELON

Nous y sommes de toutes nos oreilles.

MASCARILLE

Oh ! oh ! je n'y prenais pas garde ;
Tandis que, sans songer à mal, je vous regarde
Votre œil en tapinois me dérobe mon cœur ;
Au voleur ! au voleur ! au voleur ! au voleur !

CATHOS

Ah ! mon Dieu voilà qui est poussé dans le dernier galant.

MASCARILLE

Tout ce que je fais a l'air cavalier ; cela ne sent point le pédant.

MADELON

Il en est éloigné de plus de deux mille lieues.

MASCARILLE

Avez-vous remarqué ce commencement, *Oh ! oh !* voilà qui est extraordinaire, *oh ! oh !* comme un homme qui s'avise tout d'un coup, *oh ! oh !* La surprise, *oh ! oh !*

MADELON

Oui, je trouve ce *oh ! oh !* admirable.

MASCARILLE

Il semble que cela ne soit rien.

CATHOS

Ah ! mon Dieu, que dites-vous ? Ce sont là de ces sortes de choses qui ne se peuvent payer.

MADELON

Sans doute ; et j'aimerais mieux avoir fait ce *oh ! oh !* qu'un poème épique.

MASCARILLE

Tudieu ! vous avez le goût bon.

MADELON

Hé ! je ne l'ai pas tout à fait mauvais.

MASCARILLE

Mais n'admirez-vous pas aussi *je n'y prenais pas garde ? je n'y prenais pas garde,* je ne m'apercevais pas de cela ; façon de parler naturelle, *je n'y prenais pas garde. Tandis que, sans songer à mal,* tandis qu'innocemment, sans malice comme un pauvre mouton, *je vous regarde,* c'est-à-dire je m'amuse à vous considérer, je vous observe, je vous contemple ; *votre œil en tapinois...* Que vous semble de ce mot *tapinois ?* n'est-il pas bien choisi ?

CATHOS

Tout à fait bien.

MASCARILLE

Tapinois, en cachette ; il semble que ce soit un chat qui vienne de prendre une souris, *tapinois.*

MADELON

Il ne se peut rien de mieux.

MASCARILLE

Me dérobe mon cœur, me l'emporte, me le ravit ;

au voleur ! au voleur ! au voleur ! au voleur ! Ne diriez-vous pas que c'est un homme qui crie et court après un voleur pour le faire arrêter ! *Au voleur ! au voleur ! au voleur ! au voleur !*

MADELON

Il faut avouer que cela a un tour spirituel et galant.

MASCARILLE

Je veux vous dire l'air que j'ai fait dessus.

CATHOS

Vous avez appris la musique ?

MASCARILLE

Moi ? Point du tout.

CATHOS

Et comment donc cela se peut-il ?

MASCARILLE

Les gens de qualité savent tout sans avoir jamais rien appris.

MADELON

Assurément, ma chère.

MASCARILLE

Ecoutez si vous trouverez l'air à votre goût : *Hem, hem, la, la, la, la, la.* La brutalité de la saison a furieusement outragé la délicatesse de ma voix ; mais il n'importe, c'est à la cavalière. (*Il chante.*)

Oh ! oh ! je n'y prenais pas, etc.

CATHOS

Ah ! que voilà un air qui est passionné ! Est-ce qu'on n'en meurt point ?

MADELON

Il y a de la chromatique là-dedans.

MASCARILLE

Ne trouvez-vous pas la pensée bien exprimée dans le chant ? *Au voleur !...* Et puis, comme si l'on criait bien fort, *au, au, au, au, au, au voleur !* Et tout d'un coup, comme une personne essoufflée, *au voleur !*

MADELON

C'est là savoir le fin des choses, le grand fin, le fin du fin. Tout est merveilleux, je vous assure ; je suis enthousiasmée de l'air et des paroles.

CATHOS

Je n'ai encore rien vu de cette force-là.

MASCARILLE

Tout ce que je fais me vient naturellement, c'est sans étude.

MADELON

La nature vous a traité en vraie mère passionnée, et vous en êtes l'enfant gâté.

MASCARILLE

A quoi donc passez-vous le temps ?

CATHOS

A rien du tout.

MADELON

Nous avons été jusqu'ici dans un jeûne effroyable de divertissements.

MASCARILLE

Je m'offre à vous mener l'un de ces jours à la comédie, si vous voulez ; aussi bien on en doit jouer une nouvelle que je serai bien aise que nous voyions ensemble.

MADELON

Cela n'est pas de refus.

MASCARILLE

Mais je vous demande d'applaudir comme il faut, quand nous serons là ; car je me suis engagé de faire valoir la pièce, et l'auteur m'en est venu prier encore ce matin. C'est la coutume ici, qu'à nous autres gens de condition les auteurs viennent lire leurs pièces nouvelles, pour nous engager à les trouver belles, et leur donner de la réputation : et je vous laisse à penser si, quand nous disons quelque chose, le parterre ose nous contredire ! Pour moi, j'y suis fort exact ; et quand j'ai promis à quelque poète, je crie toujours : Voilà qui est beau ! devant que les chandelles soient allumées.

MADELON

Ne m'en parlez point : c'est un admirable lieu que Paris ; il s'y passe cent choses tous les jours, qu'on ignore dans les provinces, quelque spirituelle qu'on puisse être.

CATHOS

C'est assez : puisque nous sommes instruites, nous ferons notre devoir de nous écrier comme il faut sur tout ce qu'on dira.

MASCARILLE

Je ne sais si je me trompe ; mais vous avez toute la mine d'avoir fait quelque comédie.

MADELON

Hé ! il pourrait être quelque chose de ce que vous dites.

MASCARILLE

Ah ! ma foi, il faudra que nous la voyions. Entre nous, j'en ai composé une que je veux faire représenter.

CATHOS

Hé ! à quels comédiens la donnerez-vous ?

MASCARILLE

Belle demande ! Aux grands comédiens ; il n'y a qu'eux qui soient capables de faire valoir les choses ; les autres sont des ignorants qui récitent comme l'on parle ; ils ne savent pas faire ronfler les vers, et s'arrêter au bel endroit : eh ! le moyen de connaître où est le beau vers, si le comédien ne s'y arrête, et ne vous avertit par là qu'il faut faire le brouhaha ?

CATHOS

En effet, il y a manière de faire sentir aux auditeurs les beautés d'un ouvrage ; et les choses ne valent que ce qu'on les fait valoir.

MASCARILLE

Que vous semble de ma petite-oie ? La trouvez-vous congruente à l'habit ?

CATHOS

Tout à fait.

MASCARILLE

Le ruban est bien choisi.

MADELON

Furieusement bien. C'est Perdrigeon tout pur [7].

MASCARILLE

Que dites-vous de mes canons ?

MADELON

Ils ont tout à fait bon air.

MASCARILLE

Je puis me vanter au moins qu'ils ont un grand quartier plus que tous ceux qu'on fait.

MADELON

Il faut avouer que je n'ai jamais vu porter si haut l'élégance de l'ajustement.

MASCARILLE

Attachez un peu sur ces gants la réflexion de votre odorat.

MADELON

Ils sentent terriblement bon.

CATHOS

Je n'ai jamais respiré une odeur mieux conditionnée.

MASCARILLE

Et celle-là ?

Il donne à sentir les cheveux poudrés de sa perruque.

MADELON

Elle est tout à fait de qualité ; le sublime en est touché délicieusement.

MASCARILLE

Vous ne me dites rien de mes plumes ! Comment les trouvez-vous ?

CATHOS

Effroyablement belles.

MASCARILLE

Savez-vous que le brin me coûte un louis d'or ? Pour moi, j'ai cette manie de vouloir donner généralement sur tout ce qu'il y a de plus beau.

MADELON

Je vous assure que nous sympathisons vous et moi. J'ai une délicatesse furieuse pour tout ce que je porte ; et, jusqu'à mes chaussettes, je ne puis rien souffrir qui ne soit de la bonne ouvrière.

MASCARILLE, *s'écriant brusquement.*

Ahi ! ahi ! ahi ! doucement. Dieu me damne, mesdames, c'est fort mal en user ; j'ai à me plaindre de votre procédé ; cela n'est pas honnête.

CATHOS

Qu'est-ce donc ? qu'avez-vous ?

MASCARILLE

Quoi ! toutes deux contre mon cœur en même temps ! M'attaquer à droit et à gauche ! Ah ! c'est contre le droit des gens : la partie n'est pas égale ; et je m'en vais crier au meurtre.

CATHOS

Il faut avouer qu'il dit les choses d'une manière particulière.

MADELON

Il a un tour admirable dans l'esprit.

7. Marchand en vogue qui fournissait les gens du bel air, sans rapport avec la couleur violette dont le nom est emprunté d'une prune dite *perdrigon.*

CATHOS

Vous avez plus de peur que de mal, et votre cœur crie avant qu'on l'écorche.

MASCARILLE

Comment, diable ! il est écorché depuis la tête jusqu'aux pieds.

Scène X : *Cathos, Madelon, Mascarille, Marotte.*

MAROTTE

Madame, on demande à vous voir.

MADELON

Qui ?

MAROTTE

Le vicomte de Jodelet.

MASCARILLE

Le vicomte de Jodelet ?

MAROTTE

Oui, monsieur.

CATHOS

Le connaissez-vous ?

MASCARILLE

C'est mon meilleur ami.

MADELON

Faites entrer vitement.

MASCARILLE

Il y a quelque temps que nous ne nous sommes vus, et je suis ravi de cette aventure.

CATHOS

Le voici.

Scène XI : *Cathos, Madelon, Jodelet, Mascarille, Marotte, Almanzor.*

MASCARILLE

Ah, vicomte !

JODELET, *s'embrassant l'un l'autre.*

Ah, marquis !

MASCARILLE

Que je suis aise de te rencontrer !

JODELET

Que j'ai de joie de te voir ici !

MASCARILLE

Baise-moi donc encore un peu, je te prie.

MADELON, *à Cathos.*

Ma toute bonne, nous commençons d'être connues ; voilà le beau monde qui prend le chemin de nous venir voir.

MASCARILLE

Mesdames, agréez que je vous présente ce gentilhomme-ci : sur ma parole, il est digne d'être connu de vous.

JODELET

Il est juste de venir vous rendre ce qu'on vous doit ; et vos attraits exigent leurs droits seigneuriaux sur toutes sortes de personnes.

MADELON

C'est pousser vos civilités jusqu'aux derniers confins de la flatterie.

CATHOS

Cette journée doit être marquée dans notre almanach comme une journée bienheureuse.

MADELON, *à Almanzor.*

Allons, petit garçon, faut-il toujours vous répéter
les choses ? Voyez-vous pas qu'il faut le surcroît
d'un fauteuil ?

MASCARILLE

Ne vous étonnez pas de voir le vicomte de la
sorte ; il ne fait que sortir d'une maladie qui lui a
rendu le visage pâle comme vous le voyez.

JODELET

Ce sont fruits des veilles de la cour, et des
fatigues de la guerre.

MASCARILLE

Savez-vous, mesdames, que vous voyez dans le
vicomte un des vaillants hommes du siècle ? C'est
un brave à trois poils.

JODELET

Vous ne m'en devez rien, marquis, et nous savons
ce que vous savez faire aussi.

MASCARILLE

Il est vrai que nous nous sommes vus tous deux
dans l'occasion.

JODELET

Et dans des lieux où il faisait fort chaud.

MASCARILLE, *regardant Cathos et Madelon.*

Oui ; mais non pas si chaud qu'ici. Hai, hai, hai.

JODELET

Notre connaissance s'est faite à l'armée ; et la première fois que nous nous vîmes, il commandait
un régiment de cavalerie sur les galères de Malte.

MASCARILLE

Il est vrai : mais vous étiez pourtant dans l'emploi
avant que j'y fusse ; et je me souviens que je
n'étais que petit officier encore, que vous comman-
diez deux mille chevaux.

JODELET

La guerre est une belle chose ; mais, ma foi, la
cour récompense bien mal aujourd'hui les gens de
service comme nous.

MASCARILLE

C'est ce qui fait que je veux pendre l'épée au croc.

CATHOS

Pour moi, j'ai un furieux tendre pour les hommes
d'épée.

MADELON

Je les aime aussi ; mais je veux que l'esprit assaisonne la bravoure.

MASCARILLE

Te souvient-il, vicomte, de cette demi-lune que
nous emportâmes sur les ennemis au siège d'Ar-
ras ?

JODELET

Que veux-tu dire avec ta demi-lune ? C'était bien
une lune tout entière.

MASCARILLE

Je pense que tu as raison.

JODELET

Il m'en doit bien souvenir, ma foi, j'y fus blessé à
la jambe d'un coup de grenade, dont je porte
encore les marques. Tâtez un peu, de grâce, vous
sentirez quelque coup, c'était là.

CATHOS, *après avoir touché l'endroit.*

Il est vrai que la cicatrice est grande.

MASCARILLE

Donnez-moi un peu votre main, et tâtez celui-ci ;
là, justement au derrière de la tête. Y êtes-vous ?

MADELON

Oui, je sens quelque chose.

MASCARILLE

C'est un coup de mousquet que je reçus, la dernière campagne que j'ai faite.

JODELET, *découvrant sa poitrine.*

Voici un autre coup qui me perça de part en part
à l'attaque de Gravelines.

MASCARILLE, *mettant la main
sur le bouton de son haut-de-chausse.*

Je vais vous montrer une furieuse plaie.

MADELON

Il n'est pas nécessaire : nous le croyons sans y
regarder.

MASCARILLE

Ce sont des marques honorables qui font voir ce
qu'on est.

CATHOS

Nous ne doutons pas de ce que vous êtes.

MASCARILLE

Vicomte, as-tu là ton carrosse ?

JODELET

Pourquoi ?

MASCARILLE

Nous mènerions promener ces dames hors des
portes, et leur donnerions un cadeau.

MADELON

Nous ne saurions sortir aujourd'hui.

MASCARILLE

Ayons donc les violons pour danser.

JODELET

Ma foi, c'est bien avisé.

MADELON

Pour cela, nous y consentons : mais il faut donc
quelque surcroît de compagnie.

MASCARILLE

Holà ! Champagne, Picard, Bourguignon, Casquá-
ret, Basque, la Verdure, Lorrain, Provençal, la
Violette ! Au diable soient tous les laquais ! Je ne
pense pas qu'il y ait gentilhomme en France plus
mal servi que moi. Ces canailles me laissent
toujours seul.

MADELON

Almanzor, dites aux gens de monsieur qu'ils aillent quérir des violons, et nous faire venir ces
messieurs et ces dames d'ici près, pour peupler la
solitude de notre bal.

Almanzor sort.

MASCARILLE

Vicomte, que dis-tu de ces yeux ?

JODELET

Mais toi-même, marquis, que t'en semble ?

MASCARILLE

Moi, je dis que nos libertés auront peine à sortir d'ici les braies nettes. Au moins, pour moi, je reçois d'étranges secousses, et mon cœur ne tient plus qu'à un filet.

MADELON

Que tout ce qu'il dit est naturel ! Il tourne les choses le plus agréablement du monde.

CATHOS

Il est vrai qu'il fait une furieuse dépense en esprit.

MASCARILLE

Pour vous montrer que je suis véritable, je veux faire un impromptu là-dessus. (*Il médite.*)

CATHOS

Hé ! je vous en conjure de toute la dévotion de mon cœur, que nous ayons quelque chose qu'on ait fait pour nous.

JODELET

J'aurais envie d'en faire autant ; mais je me trouve un peu incommodé de la veine poétique, pour la quantité des saignées que j'y ai faites ces jours passés.

MASCARILLE

Que diable est cela ? Je fais toujours bien le premier vers ; mais j'ai peine à faire les autres. Ma foi ! ceci est un peu trop pressé ; je vous ferai un impromptu à loisir, que vous trouverez le plus beau du monde.

JODELET

Il a de l'esprit comme un démon.

MADELON

Et du galant, et du bien tourné.

MASCARILLE

Vicomte, dis-moi un peu, y a-t-il longtemps que tu n'as vu la comtesse ?

JODELET

Il y a plus de trois semaines que je ne lui ai rendu visite.

MASCARILLE

Sais-tu bien que le duc m'est venu voir ce matin, et m'a voulu mener à la campagne courir un cerf avec lui ?

MADELON

Voici nos amies qui viennent.

Scène XII : Lucile, Célimène, Cathos, Madelon, Mascarille, Jodelet, Marotte, Almanzor, Violons.

MADELON

Mon Dieu, mes chères ! nous vous demandons pardon. Ces messieurs ont eu fantaisie de nous donner les âmes des pieds ; et nous vous avons envoyé quérir pour remplir les vides de notre assemblée.

LUCILE

Vous nous avez obligées, sans doute.

MASCARILLE

Ce n'est ici qu'un bal à la hâte ; mais l'un de ces

jours, nous vous en donnerons un dans les formes. Les violons sont-ils venus ?

ALMANZOR

Oui, monsieur ; ils sont ici.

CATHOS

Allons donc, mes chères, prenez place.

MASCARILLE, *dansant lui seul comme par prélude.*

La, la, la, la, la, la, la, la.

MADELON

Il a tout à fait la taille élégante.

CATHOS

Et a la mine de danser proprement.

MASCARILLE, *ayant pris Madelon pour danser.*

Ma franchise va danser la courante aussi bien que mes pieds. En cadence, violons, en cadence. Oh ! quels ignorants ! Il n'y a pas moyen de danser avec eux. Le diable vous emporte ! ne sauriez-vous jouer en mesure ? La, la, la, la, la, la, la, la. Ferme, ô violons de village !

JODELET, *dansant ensuite.*

Holà ! ne pressez pas si fort la cadence : je ne fais que sortir de maladie.

Scène XIII : Du Croisy, La Grange, Cathos, Madelon, Lucile, Célimène, Jodelet, Mascarille, Marotte, Violons.

LA GRANGE, *un bâton à la main.*

Ah ! ah ! coquins, que faites-vous ici ? Il y a trois heures que nous vous cherchons.

MASCARILLE, *se sentant battre.*

Ahi ! ahi ! ahi, vous ne m'aviez pas dit que les coups en seraient aussi.

JODELET

Ahi ! ahi ! ahi !

LA GRANGE

C'est bien à vous, infâme que vous êtes, à vouloir faire l'homme d'importance !

DU CROISY

Voilà qui vous apprendra à vous connaître.

Scène XIV : Cathos, Madelon, Lucile, Célimène, Mascarille, Jodelet, Marotte, Violons.

MADELON

Que veut donc dire ceci ?

JODELET

C'est une gageure.

CATHOS

Quoi ! vous laisser battre de la sorte !

MASCARILLE

Mon Dieu ! je n'ai pas voulu faire semblant de rien ; car je suis violent, et je me serais emporté.

MADELON

Endurer un affront comme celui-là, en notre présence !

MASCARILLE

Ce n'est rien : ne laissons pas d'achever. Nous

nous connaissons il y a longtemps, et entre amis on ne va pas se piquer pour si peu de chose.

Scène XV : Du Croisy, La Grange, Madelon, Cathos, Célimène, Lucile, Mascarille, Jodelet, Marotte, Violons.

LA GRANGE

Ma foi, marauds, vous ne vous rirez pas de nous, je vous promets. Entrez, vous autres.
Trois ou quatre spadassins entrent.

MADELON

Quelle est donc cette audace, de venir nous troubler de la sorte dans notre maison ?

DU CROISY

Comment, mesdames, nous endurerons que nos laquais soient mieux reçus que nous ; qu'ils viennent vous faire l'amour à nos dépens, et vous donnent le bal ?

MADELON

Vos laquais ?

LA GRANGE

Oui, nos laquais : et cela n'est ni beau ni honnête de nous les débaucher comme vous faites.

MADELON

O ciel ! quelle insolence !

LA GRANGE

Mais ils n'auront pas l'avantage de se servir de nos habits pour vous donner dans la vue ; et si vous les voulez aimer, ce sera, ma foi, pour leurs beaux yeux. Vite, qu'on les dépouille sur-le-champ.

JODELET

Adieu notre braverie.

MASCARILLE

Voilà le marquisat et la vicomté à bas.

DU CROISY

Ah ! ah ! coquins, vous avez l'audace d'aller sur nos brisées ! vous irez chercher autre part de quoi vous rendre agréables aux yeux de vos belles, je vous en assure.

LA GRANGE

C'est trop que de nous supplanter, et de nous supplanter avec nos propres habits.

MASCARILLE

O fortune ! quelle est ton inconstance !

DU CROISY

Vite, qu'on leur ôte jusqu'à la moindre chose.

LA GRANGE

Qu'on emporte toutes ces hardes, dépêchez. Maintenant, mesdames, en l'état qu'ils sont, vous pouvez continuer vos amours avec eux tant qu'il vous plaira ; nous vous laissons toute sorte de liberté pour cela, et nous vous protestons, monsieur et moi, que nous n'en serons aucunement jaloux.
Du Croisy, La Grange, Lucile, Célimène et Marotte sortent.

CATHOS

Ah ! quelle confusion !

MADELON

Je crève de dépit.

UN DES VIOLONS, *à Mascarille.*

Qu'est-ce donc que ceci ? Qui nous paiera, nous autres ?

MASCARILLE

Demandez à monsieur le vicomte.

UN DES VIOLONS, *à Jodelet.*

Qui est-ce qui nous donnera de l'argent ?

JODELET

Demandez à monsieur le marquis.

Scène XVI : Gorgibus, Madelon, Cathos, Jodelet, Mascarille, Violons.

GORGIBUS

Ah ! coquines que vous êtes, vous nous mettez dans de beaux draps blancs, à ce que je vois, et je viens d'apprendre de belles affaires, vraiment, de ces messieurs qui sortent !

MADELON

Ah ! mon père, c'est une pièce sanglante qu'ils nous ont faite !

GORGIBUS

Oui, c'est une pièce sanglante, mais qui est un effet de votre impertinence, infâmes ! ils se sont ressentis du traitement que vous leur avez fait, et cependant, malheureux que je suis ! il faut que je boive l'affront.

MADELON

Ah ! je jure que nous en serons vengées, ou que je mourrai en la peine. Et vous, marauds, osez-vous vous tenir ici après votre insolence ?

MASCARILLE

Traiter comme cela un marquis ! Voilà ce que c'est que du monde, la moindre disgrâce nous fait mépriser de ceux qui nous chérissaient. Allons, camarade, allons chercher fortune autre part ; je vois bien qu'on n'aime ici que la vaine apparence, et qu'on n'y considère point la vertu toute nue.
Sortie de Mascarille et de Jodelet.

Scène XVII : Gorgibus, Madelon, Cathos, Violons.

UN DES VIOLONS

Monsieur, nous entendons que vous nous contentiez, à leur défaut, pour ce que nous avons joué ici.

GORGIBUS, *les battant.*

Oui, oui, je vais vous contenter, et voici la monnaie dont je vous veux payer. Et vous, pendardes, je ne sais qui me tient que je ne vous en fasse autant ; nous allons servir de fable et de risée à tout le monde, et voilà ce que vous vous êtes attiré par vos extravagances. Allez vous cacher, vilaines ; allez vous cacher pour jamais. (*Seul.*) Et vous, qui êtes cause de leur folie, sottes billevesées, pernicieux amusements des esprits oisifs, romans, vers, chansons, sonnets et sonnettes, puissiez-vous être à tous les diables !

SGANARELLE
OU LE COCU IMAGINAIRE

COMÉDIE

« *Représentée pour la première fois sur le théâtre du Petit-Bourbon, le 28e mai 1660, par la Troupe de Monsieur, frère unique du roi.* » *Succès aussi grand que celui des* Précieuses, *voire plus grand, puisque sans controverse. S'il fallait en croire les critiques contemporains de Molière ce serait « la meilleure de toutes ses pièces et la mieux écrite », peut-être parce qu'elle plaisait tout particulièrement au roi et n'indisposait personne. Sauf « un bon bourgeois de Paris » qui voulut se reconnaître en... « imaginaire », qualité dont on l'assura qu'il n'avait pas à se plaindre ! Un gage du succès que la postérité* n'a pas ratifié, outre le nombre record de représentations (cent vingt-deux), furent les plagiats qui d'ailleurs encensèrent l'œuvre originale, et l'édition pirate du libraire Ribou sous le nom d'un sieur de Neufvillenaine, lequel aurait retenu par cœur le texte de Molière tellement il l'admirait. C'est le même sieur de Neufvillenaine qui explique l'engouement du public. Le triomphe allait à l'acteur Molière, créateur de Sganarelle : « Jamais personne ne sut si bien démonter son visage et l'on peut dire que dans cette pièce il en change plus de vingt fois. »*

PERSONNAGES

GORGIBUS, *bourgeois de Paris* (L'Espy).

CÉLIE, *sa fille* (Mlle Du Parc).

LÉLIE, *amant de Célie* (La Grange).

GROS-RENÉ, *valet de Lélie* (Du Parc).

SGANARELLE, *bourgeois de Paris
et cocu imaginaire* (Molière).

LA FEMME *de Sganarelle* (Mlle de Brie).

VILLEBREQUIN, *père de Valère* (De Brie).

LA SUIVANTE *de Célie* (Mad. Béjart).

UN PARENT *de la femme
de Sganarelle.*

LA SCÈNE EST A PARIS.

Scène 1 : *Gorgibus, Célie,
la Suivante de Célie.*

CÉLIE, *sortant tout éplorée, et
son père la suivant.*
Ah ! n'espérez jamais que mon cœur y consente.

GORGIBUS
Que marmottez-vous là, petite impertinente ?
Vous prétendez choquer ce que j'ai résolu ?
Je n'aurai pas sur vous un pouvoir absolu ?
Et, par sottes raisons, votre jeune cervelle
Voudrait régler ici la raison paternelle ?
Qui de nous deux à l'autre a droit de faire loi ?
A votre avis, qui mieux, ou de vous, ou de moi,
O sotte ! peut juger ce qui vous est utile ?
Par la corbleu ! gardez d'échauffer trop ma bile ;
Vous pourriez éprouver, sans beaucoup de longueur,
Si mon bras peut encor montrer quelque vigueur.
Votre plus court sera, madame la mutine,
D'accepter sans façons l'époux qu'on vous destine.
J'ignore, dites-vous, de quelle humeur il est,
Et dois auparavant consulter s'il vous plaît :
Informé du grand bien qui lui tombe en partage,
Dois-je prendre le soin d'en savoir davantage ?
Et cet époux, ayant vingt mille bons ducats,
Pour être aimé de vous doit-il manquer d'appas ?
Allez, tel qu'il puisse être, avecque cette somme
Je vous suis caution qu'il est très honnête homme.

CÉLIE
Hélas !

GORGIBUS
Hé bien, « hélas ! » Que veut dire ceci ?

Voyez le bel hélas qu'elle nous donne ici !
25 Hé ! que si la colère une fois me transporte,
Je vous ferai chanter hélas de belle sorte !
Voilà, voilà le fruit de ces empressements
Qu'on vous voit nuit et jour à lire vos romans ;
De quolibets d'amour votre tête est remplie ;
30 Et vous parlez de Dieu bien moins que de Clélie [1].
Jetez-moi dans le feu tous ces méchants écrits
Qui gâtent tous les jours tant de jeunes esprits ;
Lisez-moi, comme il faut, au lieu de ces sornettes,
Les Quatrains de Pybrac, et les doctes Tablettes
35 Du conseiller Matthieu, ouvrage de valeur [2]
Et plein de beaux dictons à réciter par cœur.
La Guide des pécheurs est encore un bon livre [3] ;
C'est là qu'en peu de temps on apprend à bien vivre ;
Et si vous n'aviez lu que ces moralités,
40 Vous sauriez un peu mieux suivre mes volontés.

CÉLIE

Quoi ! vous prétendez donc, mon père, que j'oublie
La constante amitié que je dois à Lélie ?
J'aurais tort si, sans vous, je disposais de moi ;
Mais vous-même à ses vœux engageâtes ma foi.

GORGIBUS

45 Lui fût-elle engagée encore davantage,
Un autre est survenu, dont le bien l'en dégage.
Lélie est fort bien fait ; mais apprends qu'il n'est rien
Qui ne doive céder au soin d'avoir du bien ;
Que l'or donne aux plus laids certain charme pour
50 Et que sans lui le reste est une triste affaire. [plaire,
Valère, je crois bien, n'est pas de toi chéri ;
Mais, s'il ne l'est amant, il le sera mari.
Plus que l'on ne le croit, ce nom d'époux engage,
Et l'amour est souvent un fruit du mariage.
55 Mais suis-je pas bien fat de vouloir raisonner
Où de droit absolu j'ai pouvoir d'ordonner ?
Trêve donc, je vous prie, à vos impertinences.
Que je n'entende plus vos sottes doléances.
Ce gendre doit venir vous visiter ce soir ;
60 Manquez un peu, manquez à le bien recevoir :
Si je ne vous lui vois faire un fort bon visage,
Je vous... Je ne veux pas en dire davantage.

Scène II : Célie, la Suivante de Célie.

LA SUIVANTE

Quoi ! refuser, madame, avec cette rigueur, [cœur !
Ce que tant d'autres gens voudraient de tout leur
65 A des offres d'hymen répondre par des larmes,
Et tarder tant à dire un oui si plein de charmes !
Hélas ! que ne veut-on aussi me marier !
Ce ne serait pas moi qui se ferait prier :
Et, loin qu'un pareil oui me donnât de la peine,
70 Croyez que j'en dirais bien vite une douzaine.
Le précepteur qui fait répéter la leçon

---

1. Roman de Mlle de Scudéry.
2. Ces deux ouvrages tenaient dans l'éducation de la jeunesse
la place que les fables de La Fontaine y tiennent aujourd'hui.
3. Livre de dévotion, dû à Louis de Grenade, dominicain
espagnol, mort en 1588.

A votre jeune frère a fort bonne raison
Lorsque, nous discourant des choses de la terre,
Il dit que la femelle est ainsi que le lierre,
Qui croît beau tant qu'à l'arbre il se tient bien serré, 75
Et ne profite point s'il en est séparé.
Il n'est rien de plus vrai, ma très chère maîtresse,
Et je l'éprouve en moi, chétive pécheresse.
Le bon Dieu fasse paix à mon pauvre Martin !
Mais j'avais, lui vivant, le teint d'un chérubin, 80
L'embonpoint merveilleux, l'œil gai, l'âme contente,
Et je suis maintenant ma commère dolente.
Pendant cet heureux temps, passé comme un éclair,
Je me couchais sans feu dans le fort de l'hiver ;
Sécher même les draps me semblait ridicule, 85
Et je tremble à présent dedans la canicule.
Enfin il n'est rien tel, madame, croyez-moi,
Que d'avoir un mari la nuit auprès de soi,
Ne fût-ce que pour l'heur d'avoir qui vous salue
D'un, Dieu vous soit en aide, alors qu'on éternue. 90

CÉLIE

Peux-tu me conseiller de commettre un forfait,
D'abandonner Lélie, et prendre ce mal fait ?

LA SUIVANTE

Votre Lélie aussi n'est, ma foi, qu'une bête,
Puisque si hors de temps son voyage l'arrête ;
Et la grande longueur de son éloignement 95
Me fait soupçonner de quelque changement.

CÉLIE, *lui montrant le portrait de Lélie.*

Ah ! ne m'accable point par ce triste présage.
Vois attentivement les traits de ce visage,
Ils jurent à mon cœur d'éternelles ardeurs,
Je veux croire, après tout, qu'ils ne sont pas menteurs, 100
Et comme c'est celui que l'art y représente.
Il conserve à mes feux une amitié constante.

LA SUIVANTE

Il est vrai que ces traits marquent un digne amant,
Et que vous avez lieu de l'aimer tendrement.

CÉLIE

Et cependant il faut... Ah ! soutiens-moi.
Laissant tomber le portrait de Lélie.

LA SUIVANTE

                                        Madame, 105
D'où vous pourrait venir... Ah ! bons dieux ! elle
Hé ! vite, holà ! quelqu'un.   [pâme !

*Scène III : Célie, Sganarelle,
la Suivante de Célie.*

SGANARELLE

                    Qu'est-ce donc ? me voilà.

LA SUIVANTE

Ma maîtresse se meurt.

SGANARELLE

                    Quoi ! ce n'est que cela ?
Je croyais tout perdu, de crier de la sorte.
Mais approchons pourtant. Madame, êtes-vous morte ? 110
Hays ! Elle ne dit mot.

LA SUIVANTE

                    Je vais faire venir
Quelqu'un pour l'emporter ; veuillez la soutenir.

Scène IV : Célie, Sganarelle, sa femme.

SGANARELLE, *en passant la main*
sur le sein de Célie.

Elle est froide partout, et je ne sais qu'en dire.
Approchons-nous pour voir si sa bouche respire.
115 Ma foi ! je ne sais pas ; mais j'y trouve encor, moi,
Quelque signe de vie.

LA FEMME DE SGANARELLE, *regardant*
par la fenêtre.

Ah ! qu'est-ce que je vois ?
Mon mari dans ses bras... Mais je m'en vais descendre ;
Il me trahit sans doute, et je veux le surprendre.

SGANARELLE

Il faut se dépêcher de l'aller secourir ;
120 Certes, elle aurait tort de se laisser mourir.
Aller en l'autre monde est très grande sottise,
Tant que dans celui-ci l'on peut être de mise.
Il la porte chez elle avec un homme que la suivante
amène.

Scène V : La Femme de Sganarelle.

Il s'est subitement éloigné de ces lieux,
Et sa fuite a trompé mon désir curieux :
125 Mais de sa trahison je ne fais plus de doute,
Et le peu que j'ai vu me la découvre toute.
Je ne m'étonne plus de l'étrange froideur
Dont je le vois répondre à ma pudique ardeur :
Il réserve, l'ingrat, ses caresses à d'autres,
130 Et nourrit leurs plaisirs par le jeûne des nôtres.
Voilà de nos maris le procédé commun :
Ce qui leur est permis leur devient importun.
Dans les commencements ce sont toutes merveilles ;
Ils témoignent pour nous des ardeurs non pareilles ;
135 Mais les traîtres bientôt se lassent de nos feux,
Et portent autre part ce qu'ils doivent chez eux.
Ah ! que j'ai de dépit que la loi n'autorise
A changer de mari comme on fait de chemise !
Cela serait commode ; et j'en sais telle ici
140 Qui, comme moi, ma foi, le voudrait bien aussi.
En ramassant le portrait que Célie avait laissé tomber.
Mais quel est ce bijou que le sort me présente ?
L'émail en est fort beau, la gravure charmante.
Ouvrons.

Scène VI : Sganarelle et sa femme.

SGANARELLE, *se croyant seul.*
On la croyait morte, et ce n'était rien.
Il n'en faut plus qu'autant, elle se porte bien.
145 Mais j'aperçois ma femme.

SA FEMME, *se croyant seule.*
O ciel ! c'est miniature !
Et voilà d'un bel homme une vive peinture !

SGANARELLE, *à part, et regardant par-dessus*
l'épaule de sa femme.
Que considère-t-elle avec attention ?
Ce portrait, mon honneur, ne nous dit rien de bon.
D'un fort vilain soupçon je me sens l'âme émue.

SA FEMME, *sans apercevoir son mari.*
Jamais rien de plus beau ne s'offrit à ma vue ;   1
Le travail plus que l'or s'en doit encor priser.
Oh ! que cela sent bon !

SGANARELLE, *à part.*
Quoi ! peste le baiser !
Ah ! j'en tiens !

SA FEMME *poursuit.*
Avouons qu'on doit être ravie
Quand d'un homme ainsi fait on se peut voir servie,
Et que, s'il en contait avec attention,   1
Le penchant serait grand à la tentation.
Ah ! que n'ai-je un mari d'une aussi bonne mine !
Au lieu de mon pelé, de mon rustre...

SGANARELLE, *lui arrachant le portrait.*
Ah, mâtine !
Nous vous y surprenons en faute contre nous,
En diffamant l'honneur de votre cher époux.   1
Donc, à votre calcul, ô ma trop digne femme,
Monsieur, tout bien compté, ne vaut pas bien madame !
Et, de par Belzébut, qui vous puisse emporter,
Quel plus rare parti pourriez-vous souhaiter ?
Peut-on trouver en moi quelque chose à redire ?   1
Cette taille, ce port que tout le monde admire,
Ce visage, si propre à donner de l'amour,
Pour qui mille beautés soupirent nuit et jour ;
Bref, en tout et partout, ma personne charmante
N'est donc pas un morceau dont vous soyez contente ? 1
Et, pour rassasier votre appétit gourmand,
Il faut à son mari le ragoût d'un galant ?

SA FEMME
J'entends à demi-mot où va la raillerie.
Tu crois par ce moyen...

SGANARELLE
A d'autres, je vous prie :
La chose est avérée, et je tiens dans mes mains   1
Un bon certificat du mal dont je me plains.

SA FEMME
Mon courroux n'a déjà que trop de violence,
Sans le charger encor d'une nouvelle offense.
Ecoute, ne crois pas retenir mon bijou,
Et songe un peu...

SGANARELLE
Je songe à te rompre le cou.   1
Que ne puis-je, aussi bien que je tiens la copie,
Tenir l'original !

SA FEMME
Pourquoi ?

SGANARELLE
Pour rien, ma mie.
Doux objet de mes vœux, j'ai grand tort de crier,
Et mon front de vos dons vous doit remercier.
Regardant le portrait de Lélie.
Le voilà, le beau fils, le mignon de couchette,   1
Le malheureux tison de ta flamme secrète,
Le drôle avec lequel...

SA FEMME
Avec lequel... Poursuis.

SGANARELLE
Avec lequel, te dis-je... et j'en crève d'ennuis.

SA FEMME

Que me veut donc par là conter ce maître ivrogne ?

SGANARELLE

90 Tu ne m'entends que trop, madame la carogne.
Sganarelle est un nom qu'on ne me dira plus,
Et l'on va m'appeler seigneur Cornelius :
J'en suis pour mon honneur; mais à toi, qui me l'ôtes,
Je t'en ferai du moins pour un bras ou deux côtes.

SA FEMME

95 Et tu m'oses tenir de semblables discours ?

SGANARELLE

Et tu m'oses jouer de ces diables de tours ?

SA FEMME

Et quels diables de tours ? Parle donc sans rien feindre.

SGANARELLE

Ah ! cela ne vaut pas la peine de se plaindre !
D'un panache de cerf sur le front me pourvoir,
00 Hélas ! voilà vraiment un beau venez-y-voir !

SA FEMME

Donc, après m'avoir fait la plus sensible offense
Qui puisse d'une femme exciter la vengeance,
Tu prends d'un feint courroux le vain amusement
Pour prévenir l'effet de mon ressentiment ?
05 D'un pareil procédé l'insolence est nouvelle !
Celui qui fait l'offense est celui qui querelle.

SGANARELLE

Hé ! la bonne effrontée ! A voir ce fier maintien,
Ne la croirait-on pas une femme de bien ?

SA FEMME

Va, poursuis ton chemin, cajole tes maîtresses,
10 Adresse-leur tes vœux, et fais-leur des caresses :
Mais rends-moi mon portrait sans te jouer de moi.
Elle lui arrache le portrait, et s'enfuit.

SGANARELLE, *courant après elle.*

Oui, tu crois m'échapper... je l'aurai malgré toi.

Scène VII : Lélie, Gros-René.

GROS-RENÉ

Enfin nous y voici. Mais, monsieur, si je l'ose,
Je voudrais vous prier de me dire une chose.

LÉLIE

15 Hé bien ! parle.

GROS-RENÉ

Avez-vous le diable dans le corps,
Pour ne pas succomber à de pareils efforts ?
Depuis huit jours entiers, avec vos longues traites,
Nous sommes à piquer de chiennes de mazettes,
De qui le train maudit nous a tant secoués
20 Que je m'en sens pour moi tous les membres roués,
Sans préjudice encor d'un accident bien pire,
Qui m'afflige un endroit que je ne veux pas dire :
Cependant arrivé, vous sortez bien et beau,
Sans prendre de repos ni manger un morceau.

LÉLIE

25 Ce grand empressement n'est point digne de blâme ;
De l'hymen de Célie on alarme mon âme ;
Tu sais que je l'adore ; et je veux être instruit,
Avant tout autre soin, de ce funeste bruit.

GROS-RENÉ

Oui, mais un bon repas vous serait nécessaire
Pour s'aller éclaircir, monsieur, de cette affaire ;   230
Et votre cœur, sans doute, en deviendrait plus fort
Pour pouvoir résister aux attaques du sort :
J'en juge par moi-même, et la moindre disgrâce,
Lorsque je suis à jeun, me saisit, me terrasse ;
Mais quand j'ai bien mangé, mon âme est ferme à tout,   235
Et les plus grands revers n'en viendraient pas à bout.
Croyez-moi, bourrez-vous, et sans réserve aucune,
Contre les coups que peut vous porter la fortune ;
Et, pour fermer chez vous l'entrée à la douleur,
De vingt verres de vin entourez votre cœur.   240

LÉLIE

Je ne saurais manger.

GROS-RENÉ, *bas, à part.*

Si ferai bien, je meure !

Haut.

Votre dîner pourtant serait prêt tout à l'heure.

LÉLIE

Tais-toi, je te l'ordonne.

GROS-RENÉ

Ah ! quel ordre inhumain !

LÉLIE

J'ai de l'inquiétude, et non pas de la faim.

GROS-RENÉ

Et moi, j'ai de la faim, et de l'inquiétude   245
De voir qu'un sot amour fait toute votre étude.

LÉLIE

Laisse-moi m'informer de l'objet de mes vœux,
Et, sans m'importuner, va manger si tu veux.

GROS-RENÉ

Je ne réplique point à ce qu'un maître ordonne.

Scène VIII : Lélie.

Non, non, à trop de peur mon âme s'abandonne ;   250
Le père m'a promis, et la fille a fait voir
Des preuves d'un amour qui soutient mon espoir.

Scène IX : Sganarelle, Lélie.

SGANARELLE, *sans voir Lélie,
et tenant dans ses mains le portrait.*

Nous l'avons, et je puis voir à l'aise la trogne
Du malheureux pendard qui cause ma vergogne ;
Il ne m'est point connu.

LÉLIE, *à part.*

Dieux ! qu'aperçois-je ici ?   255
Et, si c'est mon portrait, que dois-je en croire aussi ?

SGANARELLE, *sans voir Lélie.*

Ah ! pauvre Sganarelle, à quelle destinée
Ta réputation est-elle condamnée !
Faut...
*Apercevant Lélie qui le regarde, il se retourne d'un
autre côté.*

LÉLIE, *à part.*

Ce gage ne peut, sans alarmer ma foi,
Etre sorti des mains qui le tenaient de moi.   260

SGANARELLE, *à part.*

Faut-il que désormais à deux doigts l'on te montre,
Qu'on te mette en chansons, et qu'en toute rencontre
On te rejette au nez le scandaleux affront
Qu'une femme mal née imprime sur ton front ?

LÉLIE, *à part.*

265 Me trompé-je ?

SGANARELLE, *à part.*

Ah, truande ! as-tu bien le courage
De m'avoir fait cocu dans la fleur de mon âge ?
Et, femme d'un mari qui peut passer pour beau,
Faut-il qu'un marmouset, un maudit étourneau...

LÉLIE, *à part, et regardant encore le
portrait que tient Sganarelle.*

Je ne m'abuse point ; c'est mon portrait lui-même.

SGANARELLE *lui tourne le dos.*

270 Cet homme est curieux.

LÉLIE, *à part.*

Ma surprise est extrême !

SGANARELLE, *à part.*

A qui donc en a-t-il ?

LÉLIE, *à part.*

Je le veux accoster.

Sganarelle veut s'éloigner.

Puis-je ?... Hé ! de grâce, un mot.

SGANARELLE, *à part, s'éloignant encore.*

Que me veut-il conter ?

LÉLIE

Puis-je obtenir de vous de savoir l'aventure.
Qui fait dedans vos mains trouver cette peinture ?

SGANARELLE, *à part.*

275 D'où lui vient ce désir ? mais je m'avise ici...
Il examine Lélie et le portrait qu'il tient.
Ah ! ma foi, me voilà de son trouble éclairci !
Sa surprise à présent n'étonne plus mon âme ;
C'est mon homme; ou plutôt c'est celui de ma femme.

LÉLIE

Retirez-moi de peine, et dites d'où vous vient...

SGANARELLE

280 Nous savons, Dieu merci, le souci qui vous tient ;
Ce portrait qui vous fâche est votre ressemblance ;
Il était en des mains de votre connaissance ;
Et ce n'est pas un fait qui soit secret pour nous
Que les douces ardeurs de la dame et de vous.

285 Je ne sais pas si j'ai, dans sa galanterie,
L'honneur d'être connu de votre seigneurie ;
Mais faites-moi celui de cesser désormais
Un amour qu'un mari peut trouver fort mauvais ;
Et songez que les nœuds du sacré mariage...

LÉLIE

290 Quoi ! celle, dites-vous, dont vous tenez ce gage...

SGANARELLE

Est ma femme, et je suis son mari.

LÉLIE

Son mari ?

SGANARELLE

Oui, son mari, vous dis-je, et mari très marri ;
Vous en savez la cause, et je m'en vais l'apprendre
Sur l'heure à ses parents.

Scène X : Lélie.

Ah! que viens-je d'entendre !
L'on me l'avait bien dit, et que c'était de tous   2
L'homme le plus mal fait qu'elle avait pour époux.
Ah ! quand mille serments de ta bouche infidèle
Ne m'auraient point promis une flamme éternelle,
Le seul mépris d'un choix si bas et si honteux
Devait bien soutenir l'intérêt de mes feux,   3
Ingrate ! et quelque bien... Mais ce sensible outrage,
Se mêlant aux travaux d'un assez long voyage,
Me donne tout à coup un choc si violent,
Que mon cœur devient faible, et mon corps chancelant.

Scène XI : Lélie, la Femme de Sganarelle.

LA FEMME DE SGANARELLE, *se croyant
seule, puis apercevant Lélie.*

Malgré moi, mon perfide... Hélas! quel mal vous presse?   3
Je vous vois prêt, monsieur, à tomber en faiblesse.

LÉLIE

C'est un mal qui m'a pris assez subitement.

LA FEMME DE SGANARELLE

Je crains ici pour vous l'évanouissement ;
Entrez dans cette salle, en attendant qu'il passe.

LÉLIE

Pour un moment ou deux j'accepte cette grâce.   3

*Scène XII : Sganarelle,
un Parent de la femme de Sganarelle.*

LE PARENT

D'un mari sur ce point j'approuve le souci ;
Mais c'est prendre la chèvre un peu bien vite aussi :
Et tout ce que de vous je viens d'ouïr contre elle
Ne conclut point, parent, qu'elle soit criminelle :
C'est un point délicat ; et de pareils forfaits,   3
Sans les bien avérer, ne s'imputent jamais.

SGANARELLE

C'est-à-dire qu'il faut toucher au doigt la chose.

LE PARENT

Le trop de promptitude à l'erreur nous expose.
Qui sait comme en ces mains ce portrait est venu,
Et si l'homme, après tout, lui peut être connu ?   3
Informez-vous-en donc ; et, si c'est ce qu'on pense,
Nous serons les premiers à punir son offense.

Scène XIII : Sganarelle.

On ne peut pas mieux dire ; en effet, il est bon
D'aller tout doucement. Peut-être, sans raison,
Me suis-je en tête mis ces visions cornues,   3
Et les sueurs au front m'en sont trop tôt venues.
Par ce portrait enfin dont je suis alarmé
Mon déshonneur n'est pas tout à fait confirmé.
Tâchons donc par nos soins...

Scène XIV : Sganarelle,
la Femme de Sganarelle sur la porte de sa
maison, reconduisant Lélie, Lélie.

SGANARELLE, *à part, les voyant.*
     Ah ! que vois-je ! Je meure !
430 Il n'est plus question de portrait à cette heure ;
Voici, ma foi, la chose en propre original.

LA FEMME DE SGANARELLE
C'est par trop vous hâter, monsieur ; et votre mal,
Si vous sortez si tôt, pourra bien vous reprendre.
    LÉLIE   [rendre,
Non, non, je vous rends grâce, autant qu'on puisse
435 De l'obligeant secours que vous m'avez prêté.

SGANARELLE, *à part.*
La masque encore après lui fait civilité !
La femme de Sganarelle rentre dans sa maison.

Scène XV : Sganarelle, Lélie.

SGANARELLE, *à part.*
Il m'aperçoit ; voyons ce qu'il me pourra dire.

LÉLIE, *à part.*
Ah ! mon âme s'émeut, et cet objet m'inspire...
340 Mais je dois condamner cet injuste transport,
Et n'imputer mes maux qu'aux rigueurs de mon sort.
Envions seulement le bonheur de sa flamme.
En s'approchant de Sganarelle.
Oh ! trop heureux d'avoir une si belle femme !

Scène XVI : Sganarelle, Célie,
à sa fenêtre, voyant Lélie qui s'en va.

SGANARELLE, *seul.*
Ce n'est point s'expliquer en termes ambigus.
Cet étrange propos me rend aussi confus
345 Que s'il m'était venu des cornes à la tête.
Regardant le côté par où Lélie est sorti.
Allez, ce procédé n'est point du tout honnête.

CÉLIE, *à part en entrant.*
Quoi ! Lélie a paru tout à l'heure à mes yeux !
Qui pourrait me cacher son retour en ces lieux ?

SGANARELLE, *sans voir Célie.*
Oh ! trop heureux d'avoir une si belle femme !
350 Malheureux bien plutôt de l'avoir cette infâme,
Dont le coupable feu, trop bien vérifié,
Sans respect ni demi nous a cocufié !
Mais je le laisse aller après un tel indice,
Et demeure les bras croisés comme un jocrisse !
355 Ah ! je devais du moins lui jeter son chapeau,
Lui ruer quelque pierre, ou crotter son manteau,
Et sur lui hautement, pour contenter ma rage,
Faire au larron d'honneur crier le voisinage.
Pendant le discours de Sganarelle, Célie s'approche
peu à peu et attend, pour lui parler, que son trans-
port soit fini.

CÉLIE, *à Sganarelle.*
Celui qui maintenant devers vous est venu,
360 Et qui vous a parlé, d'où vous est-il connu ?

SGANARELLE
Hélas ! ce n'est pas moi qui le connaît, madame :
C'est ma femme.

CÉLIE
    Quel trouble agite ainsi votre âme ?

SGANARELLE
Ne me condamnez point d'un deuil hors de saison,
Et laissez-moi pousser des soupirs à foison.

CÉLIE
D'où vous peuvent venir ces douleurs non commu- 365
    SGANARELLE   [nes ?
Si je suis affligé, ce n'est pas pour des prunes,
Et je le donnerais à bien d'autres qu'à moi
De se voir sans chagrin au point où je me vois.
Des maris malheureux vous voyez le modèle :
On dérobe l'honneur au pauvre Sganarelle ; 370
Mais c'est peu que l'honneur dans mon affliction ;
L'on me dérobe encor la réputation.

CÉLIE
Comment ?

SGANARELLE
    Ce damoiseau, parlant par révérence,
Me fait cocu, madame, avec toute licence ;
Et j'ai su par mes yeux avérer aujourd'hui 375
Le commerce secret de ma femme et de lui.

CÉLIE
Celui qui maintenant...

SGANARELLE
     Oui, oui, me déshonore ;
Il adore ma femme, et ma femme l'adore.

CÉLIE
Ah ! j'avais bien jugé que ce secret retour
Ne pouvait me couvrir que quelque lâche tour ; 380
Et j'ai tremblé d'abord en le voyant paraître,
Par un pressentiment de ce qui devait être.

SGANARELLE
Vous prenez ma défense avec trop de bonté :
Tout le monde n'a pas la même charité ;
Et plusieurs qui tantôt ont appris mon martyre, 385
Bien loin d'y prendre part, n'en ont rien fait que rire.

CÉLIE
Est-il rien de plus noir que ta lâche action ?
Et peut-on lui trouver une punition ?
Dois-tu ne te pas croire indigne de la vie,
Après t'être souillé de cette perfidie ? 390
O ciel ! est-il possible ?

SGANARELLE
    Il est trop vrai pour moi.

CÉLIE
Ah, traître ! scélérat ! âme double et sans foi !

SGANARELLE
La bonne âme !

CÉLIE
    Non, non, l'enfer n'a point de gêne
Qui ne soit pour ton crime une trop douce peine.

SGANARELLE
Que voilà bien parler !

CÉLIE
    Avoir ainsi traité 395
Et la même innocence et la même bonté !

SGANARELLE *soupire haut.*

Hai !

CÉLIE

Un cœur qui jamais n'a fait la moindre chose
A mérité l'affront où ton mépris l'expose !

SGANARELLE

Il est vrai.

CÉLIE

Qui bien loin... Mais c'est trop, et ce cœur
400 Ne saurait y songer sans mourir de douleur.

SGANARELLE

Ne vous fâchez pas tant, ma très chère madame ;
Mon mal vous touche trop, et vous me percez l'âme.

CÉLIE

Mais ne t'abuse pas jusqu'à te figurer
Qu'à des plaintes sans fruit j'en veuille demeurer :
405 Mon cœur, pour se venger, sait ce qu'il te faut faire,
Et j'y cours de ce pas ; rien ne m'en peut distraire.

Scène XVII : Sganarelle.

Que le Ciel la préserve à jamais de danger !
Voyez quelle bonté de vouloir me venger !
En effet, son courroux, qu'excite ma disgrâce,
410 M'enseigne hautement ce qu'il faut que je fasse ;
Et l'on ne doit jamais souffrir, sans dire mot,
De semblables affronts, à moins qu'être un vrai sot.
Courons donc le chercher, ce pendard qui m'affron-
Montrons notre courage à venger notre honte. [te ;
415 Vous apprendrez, maroufle, à rire à nos dépens,
Et, sans aucun respect, faire cocus les gens.
Il revient après avoir fait quelques pas.
Doucement, s'il vous plaît, cet homme a bien la mine
D'avoir le sang bouillant et l'âme un peu mutine ;
Il pourrait bien, mettant affront dessus affront,
420 Charger de bois mon dos comme il a fait mon front.
Je hais de tout mon cœur les esprits colériques,
Et porte grand amour aux hommes pacifiques ;
Je ne suis point battant, de peur d'être battu,
Et l'humeur débonnaire est ma grande vertu.
425 Mais mon honneur me dit que d'une telle offense
Il faut absolument que je prenne vengeance :
Ma foi ! laissons-le dire autant qu'il lui plaira ;
Au diantre qui pourtant rien du tout en fera !
Quand j'aurai fait le brave, et qu'un fer, pour ma pei-
430 M'aura d'un vilain coup transpercé la bedaine, [ne,
Que par la ville ira le bruit de mon trépas,
Dites-moi, mon honneur, en serez-vous plus gras ?
La bière est un séjour par trop mélancolique,
Et trop malsain pour ceux qui craignent la colique,
435 Et quant à moi, je trouve, ayant tout compensé,
Qu'il vaut mieux être encor cocu que trépassé.
Quel mal cela fait-il ? la jambe en devient-elle
Plus tortue, après tout, et la taille moins belle ?
Peste soit qui premier trouva l'invention
440 De s'affliger l'esprit de cette vision,
Et d'attacher l'honneur de l'homme le plus sage
Aux choses que peut faire une femme volage !
Puisqu'on tient, à bon droit, tout crime personnel,
Que fait là notre honneur pour être criminel ?

Des actions d'autrui l'on nous donne le blâme :
Si nos femmes sans nous ont un commerce infâme,
Il faut que tout le mal tombe sur notre dos :
Elles font la sottise, et nous sommes les sots.
C'est un vilain abus, et les gens de police
Nous devraient bien régler une telle injustice.
N'avons-nous pas assez des autres accidents
Qui nous viennent happer en dépit de nos dents ?
Les querelles, procès, faim, soif et maladie
Troublent-ils pas assez le repos de la vie,
Sans s'aller, de surcroît, aviser sottement
De se faire un chagrin qui n'a nul fondement ?
Moquons-nous de cela, méprisons les alarmes,
Et mettons sous nos pieds les soupirs et les larmes.
Si ma femme a failli, qu'elle pleure bien fort ;
Mais pourquoi, moi, pleurer, puisque je n'ai point
En tout cas, ce qui peut m'ôter ma fâcherie, [tort ?
C'est que je ne suis pas seul de ma confrérie.
Voir cajoler sa femme, et n'en témoigner rien,
Se pratique aujourd'hui par force gens de bien.
N'allons donc point chercher à faire une querelle
Pour un affront qui n'est que pure bagatelle.
L'on m'appellera sot, de ne me venger pas ;
Mais je le serais fort de courir au trépas.
Mettant la main sur sa poitrine.
Je me sens là pourtant remuer une bile
Qui veut me conseiller quelque action virile :
Oui, le courroux me prend ; c'est trop être poltron ;
Je veux résolument me venger du larron :   [me,
Déjà, pour commencer, dans l'ardeur qui m'enflam-
Je vais dire partout qu'il couche avec ma femme.

Scène XVIII : Gorgibus, Célie,
la Suivante de Célie.

CÉLIE

Oui, je veux bien subir une si juste loi :
Mon père, disposez de mes vœux et de moi ;
Faites, quand vous voudrez, signer cet hyménée :
A suivre mon devoir je suis déterminée ;
Je prétends gourmander mes propres sentiments,
Et me soumettre en tout à vos commandements.

GORGIBUS

Ah ! voilà qui me plaît, de parler de la sorte.
Parbleu ! si grande joie à l'heure me transporte,
Que mes jambes sur l'heure en cabrioleraient,
Si nous n'étions point vus de gens qui s'en riraient !
Approche-toi de moi ; viens çà, que je t'embrasse.
Une telle action n'a pas mauvaise grâce ;
Un père, quand il veut, peut sa fille baiser,
Sans que l'on ait sujet de s'en scandaliser.
Va, le contentement de te voir si bien née
Me fera rajeunir de dix fois une année.

Scène XIX : Célie, la Suivante de Célie.

LA SUIVANTE

Ce changement m'étonne.

CÉLIE

Et lorsque tu sauras

Par quel motif j'agis, tu m'en estimeras.

LA SUIVANTE

Cela pourrait bien être.

CÉLIE

Apprends donc que Lélie

A pu blesser mon cœur par une perfidie ;

495 Qu'il était en ces lieux sans...

LA SUIVANTE

Mais il vient à nous.

Scène XX : Lélie, Célie,
la Suivante de Célie.

LÉLIE

Avant que pour jamais je m'éloigne de vous,

Je veux vous reprocher au moins en cette place...

CÉLIE

Quoi ! me parler encore ! Avez-vous cette audace ?

LÉLIE

Il est vrai qu'elle est grande ; et votre choix est tel,

500 Qu'à vous rien reprocher je serais criminel.

Vivez, vivez contente, et bravez ma mémoire.

Avec le digne époux qui vous comble de gloire.

CÉLIE

Oui, traître, j'y veux vivre ; et mon plus grand désir

Ce serait que ton cœur en eût du déplaisir.

LÉLIE

505 Qui rend donc contre moi ce courroux légitime ?

CÉLIE

Quoi ! tu fais le surpris et demandes ton crime ?

Scène XXI : Célie, Lélie,
Sganarelle, armé de pied en cap ;
la Suivante de Célie.

SGANARELLE

Guerre ! guerre mortelle à ce larron d'honneur

Qui, sans miséricorde, a souillé notre honneur !

CÉLIE, *à Lélie, lui montrant Sganarelle.*

Tourne, tourne les yeux sans me faire répondre.

LÉLIE

510 Ah ! je vois...

CÉLIE

Cet objet suffit pour te confondre.

LÉLIE

Mais pour vous obliger bien plutôt à rougir.

SGANARELLE, *à part.*

Ma colère à présent est en état d'agir ;

Dessus ses grands chevaux est monté mon courage ;

Et, si je le rencontre, on verra du carnage.

515 Oui, j'ai juré sa mort ; rien ne peut l'empêcher.

Où je le trouverai, je le veux dépêcher.

Tirant son épée à demi, il approche de Lélie.

Au beau milieu du cœur il faut que je lui donne...

LÉLIE, *se retournant.*

A qui donc en veut-on ?

SGANARELLE

Je n'en veux à personne.

LÉLIE

Pourquoi ces armes-là ?

SGANARELLE

C'est un habillement

Que j'ai pris pour la pluie.   *A part.*

Ah ! quel contentement 520

J'aurais à le tuer ! Prenons-en le courage.

LÉLIE, *se retournant encore.*

Haï ?

SGANARELLE

Je ne parle pas.

A part, après s'être donné des soufflets pour s'exciter.

Ah ! poltron, dont j'enrage,

Lâche, vrai cœur de poule !

CÉLIE, *à Lélie.*

Il t'en doit dire assez,

Cet objet dont tes yeux nous paraissent blessés.

LÉLIE

Oui, je connais par là que vous êtes coupable 525

De l'infidélité la plus inexcusable,

Qui jamais d'un amant puisse outrager la foi.

SGANARELLE, *à part.*

Que n'ai-je un peu de cœur !

CÉLIE

Ah ! cesse devant moi,

Traître, de ce discours l'insolence cruelle !

SGANARELLE, *à part.*

Sganarelle, tu vois qu'elle prend ta querelle ! 530

Courage, mon enfant, sois un peu vigoureux.

Là, hardi ! tâche à faire un effort généreux,

En le tuant tandis qu'il tourne le derrière.

LÉLIE, *faisant deux ou trois pas sans*
dessein, fait retourner Sganarelle
qui s'approchait pour le tuer.

Puisqu'un pareil discours émeut votre colère,

Je dois de votre cœur me montrer satisfait, 535

Et l'applaudir ici du beau choix qu'il a fait.

CÉLIE

Oui, oui, mon choix est tel qu'on n'y peut rien re-

LÉLIE   [prendre

Allez, vous faites bien de le vouloir défendre.

SGANARELLE

Sans doute, elle fait bien de défendre mes droits.

Cette action, monsieur, n'est point selon les lois : 540

J'ai raison de m'en plaindre, et, si je n'étais sage,

On verrait arriver un étrange carnage.

LÉLIE

D'où vous naît cette plainte, et quel chagrin bru-

SGANARELLE   [tal ?...

Suffit. Vous savez bien où le bois me fait mal ;

Mais votre conscience et le soin de votre âme 545

Vous devraient mettre aux yeux que ma femme est ma

Et vouloir, à ma barbe, en faire votre bien. [femme,

Que ce n'est pas du tout agir en bon chrétien.

LÉLIE

Un semblable soupçon est bas et ridicule.

Allez, dessus ce point n'ayez aucun scrupule : 550

Je sais qu'elle est à vous ; et, bien loin de brûler...

CÉLIE

Ah ! qu'ici tu sais bien, traître, dissimuler !

LÉLIE

Quoi ! me soupçonnez-vous d'avoir une pensée

De qui son âme ait lieu de se croire offensée ?
555 De cette lâcheté voulez-vous me noircir ?
CÉLIE
Parle, parle à lui-même, il pourra t'éclaircir.
SGANARELLE, à Célie.
Vous me défendez mieux que je ne saurais faire,
Et du biais qu'il faut vous prenez cette affaire.

Scène XXII : Célie, Lélie, Sganarelle,
sa femme, la Suivante de Célie.

LA FEMME DE SGANARELLE, à Célie.
Je ne suis point d'humeur à vouloir contre vous
560 Faire éclater, madame, un esprit trop jaloux ;
Mais je ne suis point dupe, et vois ce qui se passe :
Il est de certains feux de fort mauvaise grâce ;
Et votre âme devrait prendre un meilleur emploi,
Que de séduire un cœur qui ne doit n'être qu'à moi.
CÉLIE
565 La déclaration est assez ingénue.
SGANARELLE, à sa femme.
L'on ne demandait pas, carogne, ta venue :
Tu la viens quereller lorsqu'elle me défend,
Et tu trembles de peur qu'on t'ôte ton galant.
CÉLIE
Allez, ne croyez pas que l'on en ait envie.
Se tournant vers Lélie.
570 Tu vois si c'est mensonge ; et j'en suis fort ravie.
LÉLIE
Que me veut-on conter ?
LA SUIVANTE
Ma foi, je ne sais pas
Quand on verra finir ce galimatias ;
Déjà depuis longtemps je tâche à le comprendre,
Et si, plus je l'écoute, et moins je puis l'entendre ;
575 Je vois bien à la fin que je dois m'en mêler.
Elle se met entre Lélie et sa maîtresse.
Répondez-moi par ordre, et me laissez parler.
A Lélie.
Vous, qu'est-ce qu'à son cœur peut reprocher le vô-
LÉLIE   [tre ?
Que l'infidèle a pu me quitter pour un autre ;
Que lorsque, sur le bruit de son hymen fatal,
580 J'accours tout transporté d'un amour sans égal,
Dont l'ardeur résistait à se croire oubliée,
Mon abord en ces lieux la trouve mariée.
LA SUIVANTE
Mariée ! à qui donc ?
LÉLIE, montrant Sganarelle.
A lui.
LA SUIVANTE
Comment, à lui ?
LÉLIE
Oui-da !
LA SUIVANTE
Qui vous l'a dit ?
LÉLIE
C'est lui-même, aujourd'hui.
LA SUIVANTE, à Sganarelle.
Est-il vrai ?

SGANARELLE
Moi ? J'ai dit que c'était à ma femme 5
Que j'étais marié.
LÉLIE
Dans un grand trouble d'âme,
Tantôt de mon portrait je vous ai vu saisi.
SGANARELLE
Il est vrai : le voilà.
LÉLIE, à Sganarelle.
Vous m'avez dit aussi
Que celle aux mains de qui vous aviez pris ce gage
Etait liée à vous des nœuds du mariage. 5
SGANARELLE, montrant sa femme.
Sans doute. Et je l'avais de ses mains arraché ;
Et n'eusse pas sans lui découvert son péché.
LA FEMME DE SGANARELLE
Que me viens-tu conter par ta plainte importune ?
Je l'avais sous mes pieds rencontré par fortune ;
Et même, quand, après ton injuste courroux, 5
Montrant Lélie.
J'ai fait dans sa faiblesse entrer monsieur chez nous,
Je n'ai pas reconnu les traits de sa peinture.
CÉLIE
C'est moi qui du portrait ai causé l'aventure ;
Et je l'ai laissé choir en cette pâmoison
A Sganarelle.
Qui m'a fait par vos soins remettre à la maison. 60
LA SUIVANTE
Vous voyez que sans moi vous y seriez encore,
Et vous aviez besoin de mon peu d'ellébore.
SGANARELLE, à part.
Prendrons-nous tout ceci pour de l'argent comptant?
Mon front l'a, sur mon âme, eu bien chaude pourtant!
LA FEMME DE SGANARELLE
Ma crainte toutefois n'est pas trop dissipée, 60
Et doux que soit le mal, je crains d'être trompée.
SGANARELLE, à sa femme.
Hé ! mutuellement, croyons-nous gens de bien ;
Je risque plus du mien que tu ne fais du tien.
Accepte sans façon le marché qu'on propose.
LA FEMME DE SGANARELLE
Soit. Mais gare le bois si j'apprends quelque chose ! 61
CÉLIE, à Lélie, après avoir parlé
bas ensemble.
Ah ! dieux, s'il est ainsi, qu'est-ce donc que j'ai fait ?
Je dois de mon courroux appréhender l'effet.
Oui, vous croyant sans foi, j'ai pris pour ma vengean-
Le malheureux secours de mon obéissance, [ce
Et, depuis un moment, mon cœur vient d'accepter 61
Un hymen que toujours j'eus lieu de rebuter.
J'ai promis à mon père ; et ce qui me désole...
Mais je le vois venir.
LÉLIE
Il me tiendra parole.

Scène XXIII : Gorgibus, Célie, Lélie,
Sganarelle, sa femme, la Suivante de Célie.

LÉLIE
Monsieur, vous me voyez en ces lieux de retour,

20 Brûlant des mêmes feux ; et mon ardent amour
Verra, comme je crois, la promesse accomplie
Qui me donna l'espoir de l'hymen de Célie.

GORGIBUS

Monsieur, que je revois en ces lieux de retour,
Brûlant des mêmes feux, et dont l'ardent amour
25 Verra, que vous croyez, la promesse accomplie
Qui vous donna l'espoir de l'hymen de Célie,
Très humble serviteur à votre seigneurie.

LÉLIE

Quoi! monsieur, est-ce ainsi qu'on trahit mon espoir?

GORGIBUS

Oui, monsieur, c'est ainsi que je fais mon devoir :
30 Ma fille en suit les lois.

CÉLIE

                          Mon devoir m'intéresse,
Mon père, à dégager vers lui votre promesse.

GORGIBUS

Est-ce répondre en fille à mes commandements ?
Tu te démens bien tôt de tes bons sentiments.
Pour Valère, tantôt... Mais j'aperçois son père :
35 Il vient assurément pour conclure l'affaire.

*Scène XXIV : Villebrequin, Gorgibus, Célie,
Lélie, Sganarelle, sa femme,
la Suivante de Célie.*

GORGIBUS

Qui vous amène ici, seigneur Villebrequin ?

VILLEBREQUIN

Un secret important que j'ai su ce matin,
Qui rompt absolument ma parole donnée.
Mon fils, dont votre fille acceptait l'hyménée,
Sous des liens cachés trompant les yeux de tous,   640
Vit depuis quatre mois avec Lise en époux ;
Et, comme des parents le bien et la naissance
M'ôtent tout le pouvoir d'en casser l'alliance,
Je vous viens...

GORGIBUS

                          Brisons là. Si, sans votre congé,
Valère votre fils ailleurs s'est engagé,   645
Je ne vous puis celer que ma fille Célie
Dès longtemps par moi-même est promise à Lélie ;
Et que, riche en vertus, son retour aujourd'hui
M'empêche d'agréer un autre époux que lui.

VILLEBREQUIN

Un tel choix me plaît fort.

LÉLIE

                          Et cette juste envie   650
D'un bonheur éternel va couronner ma vie...

GORGIBUS

Allons choisir le jour pour se donner là foi.

SGANARELLE, *seul.*

A-t-on mieux cru jamais être cocu que moi ?
Vous voyez qu'en ce fait la plus forte apparence
Peut jeter dans l'esprit une fausse créance.   655
De cet exemple-ci ressouvenez-vous bien ;
Et, quand vous verriez tout, ne croyez jamais rien.

DOM GARCIE DE NAVARRE
OU LE PRINCE JALOUX

COMÉDIE HÉROIQUE

« *Représentée pour la premières fois sur le théâtre de la salle du Palais-Royal le 4e février 1661 par la Troupe de Monsieur, frère unique du roi* », cette comédie héroïque inspirée de l'*Heureuse Jalousie du prince Rodrigue*, de l'Italien Cicognini, fut « un four » comme le consigna La Grange dans son registre, le plus retentissant échec de Molière. Echec dû en majeure partie, comme le succès de *Sgana-relle*, à l'acteur ; dans le rôle de Dom Garcie, il se veut tragédien, mais son naturel de grand comédien revient au galop de la mimique et de la diction et prête à rire. La même mésaventure est arrivée à des acteurs d'aujourd'hui. Molière en eut conscience et quand, essayant de faire appel du premier échec, il redonna la pièce au Palais-Royal en novembre 1663, il abandonna le rôle. Ce ne fut pas suffisant pour la cause de Dom Garcie dont l'auteur devait, toute sa vie, refuser la publication. Sauvés du naufrage : des vers, de-ci de-là dans *Tartuffe*, *Amphitryon*, les *Femmes savantes* et des tirades entières dans le *Misanthrope* où « le prince jaloux » trouve sa vraie voix : celle d'*Alceste*.

ACTE PREMIER

Scène I : Done Elvire, Elise.

DONE ELVIRE [amants,
Non, ce n'est point un choix qui, pour ces deux
Sut régler de mon cœur les secrets sentiments ;
Et le prince n'a point, dans tout ce qu'il peut être,
Ce qui fit préférer l'amour qu'il fait paraître.
Dom Sylve, comme lui, fit briller à mes yeux
Toutes les qualités d'un héros glorieux ;
Même éclat de vertus, joint à même naissance,
Me parlait en tous deux pour cette préférence ;
Et je serais encore à nommer le vainqueur,
Si le mérite seul prenait droit sur un cœur :
Mais ces chaînes du ciel qui tombent sur nos âmes
Décidèrent en moi le destin de leurs flammes ;
Et toute mon estime, égale entre les deux,
Laissa vers dom Garcie entraîner tous mes vœux.

ÉLISE
Cet amour que pour lui votre astre vous inspire
N'a sur vos actions pris que bien peu d'empire,
Puisque nos yeux, madame, ont pu longtemps douter
Qui de ces deux amants vous vouliez mieux traiter.

DONE ELVIRE
De ces nobles rivaux l'amoureuse poursuite
A de fâcheux combats, Elise, m'a réduite.
Quand je regardais l'un, rien ne me reprochait
Le tendre mouvement où mon âme penchait ;
Mais je me l'imputais à beaucoup d'injustice,
Quand de l'autre à mes yeux s'offrait le sacrifice :
Et dom Sylve, après tout, dans ses soins amoureux,

PERSONNAGES

DOM GARCIE, *prince de Navarre, amant de done Elvire* (Molière).

DONE ELVIRE, *princesse de Léon* (Mlle Mad. Béjart).

DOM ALPHONSE, *prince de Léon, cru prince de Castille, sous le nom de dom Sylve* (La Grange).

DONE IGNÈS, *comtesse, amante de dom Sylve, aimée par Mauregat, usurpateur de l'Etat de Léon*,

ELISE, *confidente de done Elvire* (Mlle de Brie)

DOM ALVAR, *confident de dom Garcie, amant d'Elise.*

DOM LOPE, *autre confident de dom Garcie, amant d'Elise.*

DOM PÈDRE, *écuyer d'Ignès.*

UN PAGE *de done Elvire.*

LA SCÈNE EST DANS ASTORGUE,
VILLE D'ESPAGNE,
DANS LE ROYAUME DE LÉON.

Me semblait mériter un destin plus heureux.
Je m'opposais encor ce qu'au sang de Castille
Du feu roi de Léon semble devoir la fille ;
Et la longue amitié qui, d'un étroit lien,
30 Joignit les intérêts de son père et du mien.
Ainsi, plus dans mon âme un autre prenait place,
Plus de tous ses respects je plaignais la disgrâce :
Ma pitié, complaisante à ses brûlants soupirs,
D'un dehors favorable amusait ses désirs,
35 Et voulait réparer, par ce faible avantage,
Ce qu'au fond de mon cœur je lui faisais d'outrage.

ÉLISE

Mais son premier amour que vous avez appris
Doit de cette contrainte affranchir vos esprits ;
Et, puisque avant ces soins, où pour vous il s'engage,
40 Done Ignès de son cœur avait reçu l'hommage,
Et que, par des liens aussi fermes que doux,
L'amitié vous unit, cette comtesse et vous,
Son secret révélé vous est une matière
A donner à vos vœux liberté tout entière ;
45 Et vous pouvez sans crainte. à cet amant confus,
D'un devoir d'amitié couvrir tous vos refus.

DONE ELVIRE

Il est vrai que j'ai lieu de chérir la nouvelle
Qui m'apprit que dom Sylve était un infidèle,
Puisque par ses ardeurs mon cœur tyrannisé
50 Contre elles à présent se voit autorisé ;
Qu'il en peut justement combattre les hommages,
Et, sans scrupule, ailleurs donner tous ses suffrages.
Mais enfin quelle joie en peut prendre ce cœur,
Si d'une autre contrainte il souffre la rigueur ?
55 Si d'un prince jaloux l'éternelle faiblesse
Reçoit indignement les soins de ma tendresse,
Et semble préparer, dans mon juste courroux,
Un éclat à briser tout commerce entre nous ?

ÉLISE

Mais si de votre bouche il n'a point su sa gloire,
60 Est-ce un crime pour lui que de n'oser la croire ?
Et ce qui d'un rival a pu flatter les feux
L'autorise-t-il pas à douter de vos vœux ?

DONE ELVIRE

Non, non, de cette sombre et lâche jalousie
Rien ne peut excuser l'étrange frénésie ;
65 Et, par mes actions, je l'ai trop informé
Qu'il peut bien se flatter du bonheur d'être aimé.
Sans employer la langue, il est des interprètes
Qui parlent clairement des atteintes secrètes.
Un soupir, un regard, une simple rougeur,
70 Un silence est assez pour expliquer un cœur.
Tout parle dans l'amour ; et, sur cette matière,
Le moindre jour doit être une grande lumière,
Puisque chez notre sexe, où l'honneur est puissant,
On ne montre jamais tout ce que l'on ressent.
75 J'ai voulu, je l'avoue, ajuster ma conduite,
Et voir d'un œil égal l'un et l'autre mérite :
Mais que contre ses vœux on combat vainement,
Et que la différence est connue aisément
De toutes ces faveurs qu'on fait avec étude,
80 A celles où du cœur fait pencher l'habitude !
Dans les unes toujours on paraît se forcer ;

Mais les autres, hélas ! se font sans y penser :
Semblables à ces eaux si pures et si belles,
Qui coulent sans effort des sources naturelles.
Ma pitié pour dom Sylve avait beau l'émouvoir,   85
J'en trahissais les soins sans m'en apercevoir ;
Et mes regards au prince, en un pareil martyre,
En disaient toujours plus que je n'en voulais dire.

ÉLISE

Enfin si les soupçons de cet illustre amant,
Puisque vous le voulez, n'ont point de fondement,   90
Pour le moins font-ils foi d'une âme bien atteinte ;
Et d'autres chériraient ce qui fait votre plainte.
De jaloux mouvements doivent être odieux,
S'ils partent d'un amour qui déplaise à nos yeux :
Mais tout ce qu'un amant nous peut montrer d'alar-   95
                                          [mes
Doit, lorsque nous l'aimons, avoir pour nous des
                                          [charmes ;
C'est par là que son feu se peut mieux exprimer ;
Et, plus il est jaloux, plus nous devons l'aimer.
Ainsi, puisqu'en votre âme un prince magnanime...

DONE ELVIRE

Ah ! ne m'avancez point cette étrange maxime.   100
Partout la jalousie est un monstre odieux :
Rien n'en peut adoucir les traits injurieux ;
Et plus l'amour est cher qui lui donne naissance,
Plus on doit ressentir les coups de cette offense.
Voir un prince emporté, qui perd à tous moments   105
Le respect que l'amour inspire aux vrais amants ;
Qui, dans les soins jaloux où son âme se noie,
Querelle également mon chagrin et ma joie,
Et dans tous mes regards ne peut rien remarquer,
Qu'en faveur d'un rival il ne veuille expliquer :   110
Non, non, par ces soupçons je suis trop offensée,
Et, sans déguisement, je te dis ma pensée.
Le prince dom Garcie est cher à mes désirs ;
Il peut d'un cœur illustre échauffer les soupirs ;
Au milieu de Léon on a vu son courage   115
Me donner de sa flamme un noble témoignage,
Braver en ma faveur des périls les plus grands,
M'enlever aux desseins de nos lâches tyrans,
Et, dans ces murs forcés, mettre ma destinée
A couvert des horreurs d'un indigne hyménée ;   120
Et je ne cèle point que j'aurais de l'ennui
Que la gloire en fût due à quelque autre qu'à lui ;
Car un cœur amoureux prend un plaisir extrême
A se voir redevable, Elise, à ce qu'il aime ;
Et sa flamme timide ose mieux éclater   125
Lorsqu'en favorisant elle croit s'acquitter.
Oui, j'aime qu'un secours, qui hasarde sa tête,
Semble à sa passion donner droit de conquête ;
J'aime que mon péril m'ait jetée en ses mains :
Et, si les bruits communs ne sont pas des bruits vains, 130
Si la bonté du Ciel nous ramène mon frère,
Les vœux les plus ardents que mon cœur puisse faire,
C'est que son bras encor sur un perfide sang
Puisse aider à ce frère à reprendre son rang,
Et, par d'heureux succès d'une haute vaillance,   135
Mériter tous les soins de sa reconnaissance :
Mais, avec tout cela, s'il pousse mon courroux,

S'il ne purge ses feux de leurs transports jaloux,
Et ne les range aux lois que je lui veux prescrire,
140 C'est inutilement qu'il prétend done Elvire :
L'hymen ne peut nous joindre, et j'abhorre des nœuds
Qui deviendraient sans doute un enfer pour tous

ÉLISE   [deux.
Bien que l'on pût avoir des sentiments tout autres,
C'est au prince, madame, à se régler aux vôtres ;
145 Et dans votre billet ils sont si bien marqués,
Que quand il les verra de la sorte expliqués...

DONE ELVIRE
Je n'y veux point, Elise, employer cette lettre :
C'est un soin qu'à ma bouche il me vaut mieux
      [commettre.
La faveur d'un écrit laisse aux mains d'un amant
150 Des témoins trop constants de notre attachement :
Ainsi donc empêchez qu'au prince on ne la livre.

ÉLISE
Toutes vos volontés sont des lois qu'on doit suivre.
J'admire cependant que le Ciel ait jeté
Dans le goût des esprits tant de diversité,
155 Et que ce que les uns regardent comme outrage
Soit vu par d'autres yeux sous un autre visage.
Pour moi, je trouverais mon sort tout à fait doux,
Si j'avais un amant qui pût être jaloux,
Je saurais m'applaudir de son inquiétude ;
160 Et ce qui pour mon âme est souvent un peu rude,
C'est de voir dom Alvar ne prendre aucun souci.

DONE ELVIRE
Nous ne le croyions pas si proche ; le voici.

Scène II : Done Elvire, Dom Alvar, Elise.

DONE ELVIRE
Votre retour surprend; qu'avez-vous à m'apprendre?
Dom Alphonse vient-il ? a-t-on lieu de l'attendre ?

DOM ALVAR
165 Oui, madame ; et ce frère en Castille élevé,
De rentrer dans ses droits voit le temps arrivé.
Jusqu'ici dom Louis, qui vit à sa prudence
Par le feu roi mourant commettre son enfance,
A caché ses destins aux yeux de tout l'Etat ;
170 Pour l'ôter aux fureurs du traître Mauregat ;
Et bien que le tyran, depuis sa lâche audace,
L'ait souvent demandé pour lui rendre sa place,
Jamais son zèle ardent n'a pris de sûreté
A l'appât dangereux de sa fausse équité :
175 Mais les peuples émus par cette violence
Que vous a voulu faire une injuste puissance,
Ce généreux vieillard a cru qu'il était temps
D'éprouver le succès d'un espoir de vingt ans :
Il a tenté Léon, et ses fidèles trames,
180 Des grands, comme du peuple, ont pratiqué les âmes,
Tandis que la Castille armait dix mille bras
Pour redonner ce prince aux vœux de ses Etats ;
Il fait auparavant semer sa renommée,
Et ne veut le montrer qu'en tête d'une armée,
185 Que tout prêt à lancer le foudre punisseur,
Sous qui doit succomber un lâche ravisseur.
On investit Léon, et dom Sylve en personne

Commande le secours que son père vous donne.

DONE ELVIRE
Un secours si puissant doit flatter notre espoir ;
Mais je crains que mon frère y puisse trop devoir.

DOM ALVAR
Mais, madame, admirez que, malgré la tempête
Que votre usurpateur oit gronder sur sa tête,
Tous les bruits de Léon annoncent pour certain
Qu'à la comtesse Ignès il va donner la main.

DONE ELVIRE
Il cherche dans l'hymen de cette illustre fille
L'appui du grand crédit où se voit sa famille ;
Je ne reçois rien d'elle, et j'en suis en souci.
Mais son cœur au tyran fut toujours endurci.

ÉLISE
De trop puissants motifs d'honneur et de tendresse
Opposent ses refus aux nœuds dont on la presse
Pour...

DOM ALVAR
      Le prince entre ici.

*Scène III : Dom Garcie, Done Elvire,
Dom Alvar, Elise.*

DOM GARCIE
      Je viens m'intéresser,
Madame, au doux espoir qu'il vous vient d'annoncer.
Ce frère, qui menace un tyran plein de crimes,
Flatte de mon amour les transports légitimes :
Son sort offre à mon bras des périls glorieux
Dont je puis faire hommage à l'éclat de vos yeux,
Et par eux m'acquérir, si le Ciel m'est propice,
La gloire d'un revers que vous doit sa justice,
Qui va faire à vos pieds choir l'infidélité,
Et rendre à votre sang toute sa dignité,
Mais ce qui plus me plaît d'une attente si chère,
C'est que pour être roi le Ciel vous rend ce frère ;
Et qu'ainsi mon amour peut éclater au moins
Sans qu'à d'autres motifs on impute ses soins,
Et qu'il soit soupçonné que dans votre personne
Il cherche à me gagner les droits d'une couronne.
Oui, tout mon cœur voudrait montrer aux yeux de
      [tous,
Qu'il ne regarde en vous autre chose que vous;
Et cent fois, si je puis le dire sans offense,
Ses vœux se sont armés contre votre naissance ;
Leur chaleur indiscrète a d'un destin plus bas
Souhaité le partage à vos divins appas,
Afin que de ce noble sacrifice
Pût du Ciel envers vous réparer l'injustice,
Et votre sort tenir des mains de mon amour
Tout ce qu'il doit au sang dont vous tenez le jour.
Mais puisqu'enfin les Cieux, de tout ce juste hom-
      [mage,
A mes feux prévenus dérobent l'avantage,
Trouvez bon que ces feux prennent un peu d'espoir
Sur la mort que mon bras s'apprête à faire voir,
Et qu'ils osent briguer, par d'illustres services,
D'un frère et d'un état les suffrages propices.

DONE ELVIRE
      [droits,
Je sais que pour vous pouvez, prince, en vengeant nos
Faire pour votre amour parler cent beaux exploits :

35 Mais ce n'est pas assez pour le prix qu'il espère,
Que l'aveu d'un état et la faveur d'un frère.
Done Elvire n'est pas au bout de cet effort,
Et je vous vois à vaincre un obstacle plus fort.

DOM GARCIE

Oui, madame, j'entends ce que vous voulez dire.
40 Je sais bien que pour vous mon cœur en vain soupire;
Et l'obstacle puissant qui s'oppose à mes feux,
Sans que vous le nommiez, n'est pas secret pour eux.

DONE ELVIRE

Souvent on entend mal ce qu'on croit bien entendre;
Et par trop de chaleur, prince, on se peut méprendre.
45 Mais, puisqu'il faut parler, désirez-vous savoir
Quand vous pourrez me plaire, et prendre quelque

DOM GARCIE   [espoir ?

Ce me sera, madame, une faveur extrême.

DONE ELVIRE

Quand vous saurez m'aimer comme il faut que l'on

DOM GARCIE   [aime.

Eh ! que peut-on, hélas ! observer sous les cieux
50 Qui ne cède à l'ardeur que m'inspirent vos yeux ?

DONE ELVIRE

Quand votre passion ne fera rien paraître
Dont se puisse indigner celle qui l'a fait naître.

DOM GARCIE

C'est là son plus grand soin.

DONE ELVIRE

                              Quand tous ses mouvements
Ne prendront point de moi de trop bas sentiments.

DOM GARCIE

55 Ils vous révèrent trop.

DONE ELVIRE

                          Quand d'un injuste ombrage
Votre raison saura me réparer l'outrage,
Et que vous bannirez enfin ce monstre affreux
Qui de son noir venin empoisonne vos feux,
Cette jalouse humeur dont l'importun caprice
60 Aux vœux que vous m'offrez rend un mauvais office,
S'oppose à leur attente, et contre eux, à tous coups,
Arme les mouvements de mon juste courroux.

DOM GARCIE

Ah ! madame, il est vrai, quelque effort que je fasse,
Qu'un peu de jalousie en mon cœur trouve place,
65 Et qu'un rival, absent de vos divins appas,
Au repos de ce cœur vient livrer des combats.
Soit caprice ou raison, j'ai toujours la croyance
Que votre âme en ces lieux souffre de son absence,
Et que, malgré mes soins, vos soupirs amoureux
70 Vont trouver à tous coups ce rival trop heureux.
Mais si de tels soupçons ont de quoi vous déplaire,
Il vous est bien facile, hélas ! de m'y soustraire ;
Et leur bannissement, dont j'accepte la loi,
Dépend bien plus de vous qu'il ne dépend de moi ;
75 Oui, c'est vous qui pouvez, par deux mots pleins de
Contre la jalousie armer toute mon âme   [flamme,
Et, des pleines clartés d'un glorieux espoir,
Dissiper les horreurs que ce monstre y fait choir.
Daignez donc étouffer le doute qui m'accable,
80 Et faites qu'un aveu d'une bouche adorable
Me donne l'assurance, au fort de tant d'assauts,

Que je ne puis trouver dans le peu que je vaux.

DONE ELVIRE

Prince, de vos soupçons la tyrannie est grande :
Au moindre mot qu'il dit, un cœur veut qu'on l'en-
Et n'aime pas ces feux dont l'importunité [tende, 285
Demande qu'on s'explique avec tant de clarté.
Le premier mouvement qui découvre notre âme
Doit d'un amant discret satisfaire la flamme ;
Et c'est à s'en dédire autoriser nos vœux,
Que vouloir plus avant pousser de tels aveux.   290
Je ne dis point quel choix, s'il m'était volontaire,
Entre dom Sylve et vous mon âme pourrait faire ;
Mais vouloir vous contraindre à n'être point jaloux
Aurait dit quelque chose à tout autre que vous ;
Et je croyais cet ordre un assez doux langage,   295
Pour n'avoir pas besoin d'en dire davantage.
Cependant votre amour n'est pas encor content ;
Il demande un aveu qui soit plus éclatant ;
Pour l'ôter de scrupule, il me faut à vous-même,
En des termes exprès, dire que je vous aime ;   300
Et peut-être qu'encor, pour vous en assurer,
Vous vous obstineriez à m'en faire jurer.

DOM GARCIE

Hé bien ! madame, hé bien ! je suis trop téméraire :
De tout ce qui vous plaît je dois me satisfaire.
Je ne demande point de plus grande clarté ;   305
Je crois que vous avez pour moi quelque bonté,
Que d'un peu de pitié mon feu vous sollicite,
Et je me vois heureux plus que je ne mérite.
C'en est fait, je renonce à mes soupçons jaloux ;
L'arrêt qui les condamne est un arrêt bien doux,   310
Et je reçois la loi qu'il daigne me prescrire,
Pour affranchir mon cœur de leur injuste empire.

DONE ELVIRE

Vous promettez beaucoup, prince, et je doute fort
Si vous pourrez sur vous faire ce grand effort.

DOM GARCIE

Ah ! madame, il suffit, pour me rendre croyable,   315
Que ce qu'on vous promet doit être inviolable,
Et que l'heur d'obéir à sa divinité
Ouvre aux plus grands efforts trop de facilité.
Que le Ciel me déclare une éternelle guerre,
Que je tombe à vos pieds d'un éclat de tonnerre ;   320
Ou, pour périr encor par de plus rudes coups,
Puissé-je voir sur moi fondre votre courroux,
Si jamais mon amour descend à la faiblesse
De manquer au devoir d'une telle promesse ;
Si jamais dans mon âme aucun jaloux transport   325
Fait...

Dom Pèdre apporte un billet.

DONE ELVIRE

          J'en étais en peine, et tu m'obliges fort.
Que le courrier attende. A ces regards qu'il jette,
Vois-je pas que déjà lui est écrit l'inquiète ?
Prodigieux effet de son tempérament !
Qui vous arrête, prince, au milieu du serment ?   330

DOM GARCIE

J'ai cru que vous aviez quelque secret ensemble,
Et je ne voulais pas l'interrompre.

DONE ELVIRE

Il me semble
Que vous me répondez d'un ton fort altéré.
Je vous vois tout à coup le visage égaré.
335 Ce changement soudain a lieu de me surprendre :
D'où peut-il provenir ? le pourrait-on apprendre ?

DOM GARCIE

D'un mal qui tout à coup vient d'attaquer mon cœur.

DONE ELVIRE

Souvent plus qu'on ne croit ces maux ont de rigueur;
Et quelque prompt secours vous serait nécessaire.
340 Mais encor, dites-moi, vous prend-il d'ordinaire ?

DOM GARCIE

Parfois.

DONE ELVIRE

Ah ! prince faible ! Hé bien ! par cet écrit,
Guérissez-le, ce mal ; il n'est que dans l'esprit.

DOM GARCIE

Par cet écrit, madame ? Ah ! ma main le refuse !
Je vois votre pensée, et de quoi l'on m'accuse.
345 Si...

DONE ELVIRE

Lisez-le, vous dis-je, et satisfaites-vous.

DOM GARCIE

Pour me traiter après de faible, de jaloux ?
Non, non. Je dois ici vous rendre un témoignage
Qu'à mon cœur cet écrit n'a point donné d'ombrage ;
Et, bien que vos bontés m'en laissent le pouvoir,
350 Pour me justifier je ne veux point le voir.

DONE ELVIRE

Si vous vous obstinez à cette résistance,
J'aurais tort de vouloir vous faire violence ;
Et c'est assez enfin que vous avez pressé
De voir de quelle main ce billet m'est tracé.

DOM GARCIE

355 Ma volonté toujours vous doit être soumise :
Si c'est votre plaisir que pour vous je le lise,
Je consens volontiers à prendre cet emploi.

DONE ELVIRE

Oui, oui, prince, tenez, vous le lirez pour moi.

DOM GARCIE

C'est pour vous obéir, au moins ; et je puis dire...

DONE ELVIRE

360 C'est ce que vous voudrez : dépêchez-vous de lire.

DOM GARCIE

Il est de done Ignès, à ce que je connais.

DONE ELVIRE

Oui. Je m'en réjouis et pour vous et pour moi.

DOM GARCIE *lit.*

Malgré l'effort d'un long mépris,
Le tyran toujours m'aime, et, depuis votre absence,
365 *Vers moi, pour me porter au dessein qu'il a pris,*
Il semble avoir tourné toute sa violence,
Dont il poursuit l'alliance
De vous et de son fils.
Ceux qui sur moi peuvent avoir empire,
370 *Par de lâches motifs qu'un faux honneur inspire,*
Approuvent tous cet indigne lien.
J'ignore encore par où finira mon martyre ;
Mais je mourrai plutôt que de consentir rien.

Puissiez-vous jouir, belle Elvire,
D'un destin plus doux que le mien !

Done Ignès.

Il continue.
Dans la haute vertu son âme est affermie.

DONE ELVIRE

Je vais faire réponse à cette illustre amie.
Cependant, apprenez, prince, à vous mieux armer
Contre ce qui prend droit de vous trop alarmer.
J'ai calmé votre trouble avec cette lumière,
Et la chose a passé d'une douce manière :
Mais, à n'en point mentir, il serait des moments
Où je pourrais entrer dans d'autres sentiments.

DOM GARCIE

Hé quoi ! vous croyez donc ?...

DONE ELVIRE

Je crois ce qu'il faut croire.
Adieu. De mes avis conservez la mémoire ;
Et s'il est vrai pour moi que votre amour soit grand,
Donnez-en à mon cœur les preuves qu'il prétend.

DOM GARCIE

Croyez que désormais c'est toute mon envie,
Et qu'avant qu'y manquer je veux perdre la vie.

ACTE SECOND

Scène 1 : Elise, Dom Lope.

ÉLISE

Tout ce que fait le prince, à parler franchement,
N'est pas ce qui me donne un grand étonnement ;
Car que d'un noble amour une âme bien saisie
En pousse les transports jusqu'à la jalousie,
Que de doutes fréquents ses vœux soient traversés,
Il est fort naturel, et je l'approuve assez :
Mais ce qui me surprend, dom Lope, c'est d'entendre
Que vous lui préparez les soupçons qu'il doit prendre ;
Que votre âme les forme, et qu'il n'est en ces lieux
Fâcheux que par vos soins, jaloux que par vos yeux.
Encore un coup, dom Lope, une âme bien éprise
Des soupçons qu'elle prend ne me rend point surprise;
Mais qu'on ait sans amour tous les soins d'un jaloux,
C'est une nouveauté qui n'appartient qu'à vous.

DOM LOPE

Que sur cette conduite à son aise l'on glose,
Chacun règle la sienne au but qu'il se propose ;
Et, rebuté par vous des soins de mon amour,
Je songe auprès du prince à bien faire ma cour.

ÉLISE

Mais savez-vous qu'enfin il fera mal la sienne,
S'il faut qu'en cette humeur votre esprit l'entre-
[tienne ?

DOM LOPE

Et quand, charmante Elise, a-t-on vu, s'il vous plaît,
Qu'on cherche auprès des grands que leur son propre
[intérêt?
Qu'un parfait courtisan veuille charger leur suite
D'un censeur des défauts qu'on trouve en leur con-
Et s'aille inquiéter si son discours leur nuit, [duite,
Pourvu que sa fortune en tire quelque fruit ?

Tout ce qu'on fait ne va qu'à se mettre en leur grâce ;
Par la plus courte voie on y cherche une place ;
Et les plus prompts moyens de gagner leur faveur,
C'est de flatter toujours le faible de leur cœur,
20 D'applaudir en aveugle à ce qu'ils veulent faire,
Et n'appuyer jamais ce qui peut leur déplaire :
C'est là le vrai secret d'être bien auprès d'eux.
Les utiles conseils font passer pour fâcheux,
Et vous laissent toujours hors de la confidence
25 Où vous jette d'abord l'adroite complaisance.
Enfin, on voit partout que l'art des courtisans
Ne tend qu'à profiter des faiblesses des grands,
A nourrir leurs erreurs, et jamais dans leur âme
Ne porter les avis des choses qu'on y blâme.

ÉLISE

30 Ces maximes un temps leur peuvent succéder ;
Mais il est des revers qu'on doit appréhender ;
Et dans l'esprit des grands, qu'on tâche de surpren-
Un rayon de lumière à la fin peut descendre, [dre,
Qui sur tous ces flatteurs venge équitablement
35 Ce qu'a fait à leur gloire un long aveuglement.
Cependant je dirai que votre âme s'explique
Un peu bien librement sur votre politique ;
Et ces nobles motifs, au prince rapportés,
Serviraient assez mal vos assiduités.

DOM LOPE

40 Outre que je pourrais désavouer sans blâme
Ces libres vérités sur quoi s'ouvre mon âme,
Je sais fort bien qu'Elise a l'esprit trop discret
Pour aller divulguer cet entretien secret.
Qu'ai-je dit, après tout, que sans moi l'on ne sache ?
45 Et dans mon procédé que faut-il que je cache ?
On peut craindre une chute avec quelque raison,
Quand on met en usage ou ruse ou trahison.
Mais qu'ai-je à redouter, moi, qui partout n'avance
Que les soins approuvés d'un peu de complaisance ?
50 Et qui suis seulement par d'utiles leçons
La pente qu'a le prince à de jaloux soupçons ?
Son âme semble en vivre, et je mets mon étude
A trouver des raisons à son inquiétude,
A voir de tous côtés s'il ne se passe rien
55 A fournir le sujet d'un secret entretien ;
Et quand je puis venir, enflé d'une nouvelle,
Donner à son repos une atteinte mortelle,
C'est lors que plus il m'aime, et je vois sa raison
D'une audience avide avaler ce poison,
60 Et, m'en remercier comme d'une victoire
Qui comblerait ses jours de bonheur et de gloire.
Mais mon rival paraît, je vous laisse tous deux ;
Et, bien que je renonce à l'espoir de vos vœux,
J'aurais un peu de peine à voir qu'en ma présence
65 Il reçût des effets de quelque préférence,
Et je veux, si je puis, m'épargner ce souci.

ÉLISE

Tout amant de bon sens en doit user ainsi.

Scène II : Dom Alvar, Elise.

DOM ALVAR

Enfin nous apprenons que le roi de Navarre

Pour les désirs du prince aujourd'hui se déclare ;
Et qu'un nouveau renfort de troupes nous attend 470
Pour le fameux service où son amour prétend.
Je suis surpris, pour moi, qu'avec tant de vitesse
On ait fait avancer... Mais...

Scène III : Dom Garcie, Elise, Dom Alvar.

DOM GARCIE
Que fait la princesse ?

ÉLISE

Quelques lettres, seigneur ; je le présume ainsi.
Mais elle va savoir que vous êtes ici. 475

Scène IV : Dom Garcie.

J'attendrai qu'elle ait fait. Près de souffrir sa vue,
D'un trouble tout nouveau je me sens l'âme émue ;
Et la crainte, mêlée à mon ressentiment,
Jette par tout mon corps un soudain tremblement.
Prince, prends garde au moins qu'un aveugle caprice 480
Ne te conduise ici dans quelque précipice,
Et que de ton esprit les désordres puissants
Ne donnent un peu trop au rapport de tes sens :
Consulte ta raison, prends sa clarté pour guide ;
Vois si de tes soupçons l'apparence est solide ! 485
Ne démens pas leur voix, mais aussi garde bien
Que, pour les croire trop, ils ne t'imposent rien,
Qu'à tes premiers transports ils n'osent trop per-
Et relis posément cette moitié de lettre. [mettre,
Ah ! qu'est-ce que mon cœur, trop digne de pitié ! 490
Ne voudrait pas donner pour son autre moitié !
Mais, après tout, que dis-je ? il suffit bien de l'une,
Et n'en voilà que trop pour voir mon infortune.

Quoique votre rival...
Vous devez toutefois vous...   495
Et vous avez en vous à...
L'obstacle le plus grand...

Je chéris tendrement ce...
Pour me tirer des mains de...
Son amour, ses devoirs...   500
Mais il m'est odieux avec...

Otez donc à vos feux ce...
Méritez les regards que l'on...
Et lorsqu'on vous oblige...
Ne vous obstinez point à...   505

Oui, mon sort par ces mots est assez éclairci ;
Son cœur, comme sa main, se fait connaître ici ;
Et les sens imparfaits de cet écrit funeste,
Pour s'expliquer à moi, n'ont pas besoin du reste.
Toutefois, dans l'abord agissons doucement ; 510
Couvrons à l'infidèle un vif ressentiment ;
Et, de ce que je tiens, ne donnant point d'indice,
Confondons son esprit par son propre artifice.
La voici. Ma raison, renferme mes transports,
Et rends-toi pour un temps maîtresse du dehors. 515

Scène V : Done Elvire, Dom Garcie.

DONE ELVIRE

Vous avez bien voulu que je vous fisse attendre ?

DOM GARCIE, *bas, à part.*

Ah ! qu'elle cache bien...

DONE ELVIRE

On vient de nous apprendre

Que le roi votre père approuve vos projets,

Et veut bien que son fils nous rende nos sujets ;

520 Et mon âme en a pris une allégresse extrême.

DOM GARCIE

Oui, madame, et mon cœur s'en réjouit de même ;

Mais...

DONE ELVIRE

Le tyran sans doute aura peine à parer

Les foudres que partout il entend murmurer ;

Et j'ose me flatter que le même courage

525 Qui put bien me soustraire à sa brutale rage,

Et dans les murs d'Astorgue, arrachés de ses mains,

Me faire un sûr asile à braver ses desseins,

Pourra, de tout Léon achevant la conquête,

Sous ses nobles efforts faire choir cette tête.

DOM GARCIE

530 Le succès en pourra parler dans quelques jours.

Mais, de grâce, passons à quelque autre discours.

Puis-je, sans trop oser, vous prier de me dire

A qui vous avez pris, madame, soin d'écrire,

Depuis que le destin nous a conduits ici ?

DONE ELVIRE

535 Pourquoi cette demande, et d'où vient ce souci ?

DOM GARCIE

D'un désir curieux de pure fantaisie.

DONE ELVIRE

La curiosité naît de la jalousie.

DOM GARCIE

Non, ce n'est rien du tout de ce que vous pensez ;

Vos ordres de ce mal me défendent assez.

DONE ELVIRE

540 Sans chercher plus avant quel intérêt vous presse,

J'ai deux fois à Léon écrit à la comtesse,

Et deux fois au marquis dom Louis, à Burgos.

Avec cette réponse êtes-vous en repos ?

DOM GARCIE

Vous n'avez point écrit à quelque autre personne,

Madame ?

DONE ELVIRE

545 Non, sans doute, et ce discours m'étonne.

DOM GARCIE

De grâce, songez bien, avant que d'assurer.

En manquant de mémoire, on peut se parjurer.

DONE ELVIRE

Ma bouche, sur ce point, ne peut être parjure.

DOM GARCIE

Elle a dit toutefois une haute imposture.

DONE ELVIRE

550 Prince !

DOM GARCIE

Madame !

DONE ELVIRE

O ciel ! quel est ce mouvement ?

Avez-vous, dites-moi, perdu le jugement ?

DOM GARCIE

Oui, oui, je l'ai perdu, lorsque dans votre vue

J'ai pris, pour mon malheur, le poison qui me tue,

Et que j'ai cru trouver quelque sincérité

Dans les traîtres appas dont je fus enchanté.

DONE ELVIRE

De quelle trahison pouvez-vous donc vous plaindre ?

DOM GARCIE   [dre !

Ah ! que ce cœur est double et sait bien l'art de fein-

Mais tous moyens de fuir lui vont être soustraits.

Jetez ici les yeux, et connaissez vos traits :

Sans avoir vu le reste, il m'est assez facile

De découvrir pour qui vous employez ce style.

DONE ELVIRE

Voilà donc le sujet qui vous trouble l'esprit ?

DOM GARCIE

Vous ne rougissez pas en voyant cet écrit ?

DONE ELVIRE

L'innocence à rougir n'est point accoutumée.

DOM GARCIE

Il est vrai qu'en ces lieux on la voit opprimée.

Ce billet démenti pour n'avoir point de seing...

DONE ELVIRE

Pourquoi le démentir, puisqu'il est de ma main ?

DOM GARCIE

Encore est-ce beaucoup que, de franchise pure,

Vous demeuriez d'accord que c'est votre écriture ;

Mais ce sera, sans doute, et j'en serais garant,

Un billet qu'on envoie à quelque indifférent ;

Ou du moins ce qu'il a de tendresse évidente

Sera pour une amie, ou pour quelque parente.

DONE ELVIRE

Non, c'est pour un amant que ma main l'a formé :

Et, j'ajoute de plus, pour un amant aimé.

DOM GARCIE

Et je puis, ô perfide ...!

DONE ELVIRE

Arrêtez, prince indigne,

De ce lâche transport l'égarement insigne,

Bien que de vous mon cœur ne prenne point de loi,

Et ne doive en ces lieux aucun compte qu'à soi,

Je veux bien me purger, pour votre seul supplice,

Du crime que m'impose un insolent caprice.

Vous serez éclairci, n'en doutez nullement.

J'ai ma défense prête en ce même moment.

Vous allez recevoir une pleine lumière.

Mon innocence ici paraîtra tout entière ;

Et je veux, vous mettant juge en votre intérêt,

Vous faire prononcer vous-même votre arrêt.

DOM GARCIE

Ce sont propos obscurs qu'on ne saurait comprendre.

DONE ELVIRE

Bientôt à vos dépens vous me pourrez entendre.

Elise, holà !

Scène VI : Dom Garcie, Done Elvire, Elise.

ÉLISE

Madame.

DONE ELVIRE, *à dom Garcie.*

590 Observez bien au moins
Si j'ose à vous tromper employer quelques soins ;
Si par un seul coup d'œil, ou geste qui l'instruise,
Je cherche de ce coup à parer la surprise.
A Elise.
Le billet que tantôt ma main avait tracé,
595 Répondez promptement, où l'avez-vous laissé ?

ÉLISE

Madame, j'ai sujet de m'avouer coupable.
Je ne sais comme il est demeuré sur ma table ;
Mais on vient de m'apprendre en ce même moment
Que dom Lope, venant dans mon appartement,
600 Par une liberté qu'on lui voit se permettre,
A fureté partout, et trouvé cette lettre.
Comme il la dépliait, Léonor a voulu
S'en saisir promptement, avant qu'il eût rien lu ;
Et, se jetant sur lui, la lettre contestée
605 En deux justes moitiés dans leurs mains est restée ;
Et dom Lope, aussitôt prenant un prompt essor,
A dérobé la sienne aux soins de Léonor.

DONE ELVIRE

Avez-vous ici l'autre ?

ÉLISE

Oui, la voilà madame.

DONE ELVIRE, *à dom Garcie.*

Donnez. Nous allons voir qui mérite le blâme.
610 Avec votre moitié rassemblez celle-ci,
Lisez, et hautement ; je veux l'entendre aussi.

DOM GARCIE

Au prince dom Garcie. Ah !

DONE ELVIRE

Achevez de lire :
Votre âme pour ce mot ne doit pas s'interdire.

DOM GARCIE *lit.*

Quoique votre rival, prince, alarme votre âme,
615 *Vous devez toutefois vous craindre plus que lui ;*
Et vous avez en vous à détruire aujourd'hui
L'obstacle le plus grand que trouve votre flamme.

Je chéris tendrement ce qu'a fait dom Garcie
Pour me tirer des mains de nos fiers ravisseurs.
620 *Son amour, ses devoirs, ont pour moi des douceurs ;*
Mais il m'est odieux avec sa jalousie.

Otez donc à vos feux ce qu'ils en font paraître,
Méritez les regards que l'on jette sur eux ;
Et, lorsqu'on vous oblige à vous tenir heureux,
625 *Ne vous obstinez point à ne pas vouloir l'être.*

DONE ELVIRE

Hé bien ! que dites-vous ?

DOM GARCIE

Ah, madame ! je dis
Qu'à cet objet mes sens demeurent interdits ;
Que je vois dans ma plainte une horrible injustice,
Et qu'il n'est point pour moi d'assez cruel supplice.

DONE ELVIRE

Il suffit. Apprenez que si j'ai souhaité   630
Qu'à vos yeux cet écrit pût être présenté,
C'est pour le démentir, et cent fois me dédire
De tout ce que pour vous vous y venez de lire.
Adieu, prince.

DOM GARCIE

Madame, hélas ! où fuyez-vous ?

DONE ELVIRE

Où vous ne serez point, trop odieux jaloux !   635

DOM GARCIE

Ah ! madame, excusez un amant misérable,
Qu'un sort prodigieux a fait vers vous coupable,
Et qui, bien qu'il vous cause un courroux si puissant,
Eût été plus blâmable à rester innocent.
Car enfin, peut-il être une âme bien atteinte   640
Dont l'espoir le plus doux ne soit mêlé de crainte ?
Et pourriez-vous penser que mon cœur eût aimé,
Si ce billet fatal ne l'eût point alarmé,
S'il n'avait point frémi des coups de cette foudre,
Dont je me figurais tout mon bonheur en poudre ?   645
Vous-même, dites-moi si cet événement
N'eût pas dans mon erreur jeté tout autre amant ;
Si d'une preuve, hélas ! qui me semblait si claire,
Je pouvais démentir...

DONE ELVIRE

Oui, vous le pouviez faire ;
Et dans mes sentiments, assez bien déclarés,   650
Vos doutes rencontraient des garants assurés :
Vous n'aviez rien à craindre ; et d'autres, sur ce gage,
Auraient du monde entier bravé le témoignage.

DOM GARCIE

Moins on mérite un bien qu'on nous fait espérer,
Plus notre âme a de peine à pouvoir s'assurer.   655
Un sort trop plein de gloire à nos yeux est fragile,
Et nous laisse aux soupçons une pente facile.
Pour moi, qui crois si peu mériter vos bontés,
J'ai douté du bonheur de mes témérités ;
J'ai cru que dans ces lieux rangés sous ma puissance,   660
Votre âme se forçait à quelque complaisance,
Que, déguisant pour moi votre sévérité...

DONE ELVIRE

Et je pourrais descendre à cette lâcheté ?
Moi, prendre le parti d'une honteuse feinte !
Agir par les motifs d'une servile crainte !   665
Trahir mes sentiments ! et, pour être en vos mains,
D'un masque de faveur vous couvrir mes dédains ?
La gloire sur mon cœur aurait si peu d'empire !
Vous pouvez le penser, et vous me l'osez dire ?
Apprenez que ce cœur ne sait point s'abaisser ;   670
Qu'il n'est rien sous les cieux qui puisse l'y forcer ;
Et s'il vous a fait voir, par une erreur insigne,
Des marques de bonté dont vous n'étiez pas digne,
Qu'il saura bien montrer, malgré votre pouvoir,
La haine que pour vous il se résout d'avoir ;   675
Braver votre furie, et vous faire connaître
Qu'il n'a point été lâche, et ne veut jamais l'être.

DOM GARCIE

Hé bien ! je suis coupable, et ne m'en défends pas.
Mais je demande grâce à vos divins appas ;

680 Je la demande au nom de la plus vive flamme
    Dont jamais deux beaux yeux aient fait brûler une âme.
    Que si votre courroux ne peut être apaisé,
    Si mon crime est trop grand pour se voir excusé,
    Si vous ne regardez ni l'amour qui le cause,
685 Ni le vif repentir que mon cœur vous expose,
    Il faut qu'un coup heureux, en me faisant mourir,
    M'arrache à des tourments que je ne puis souffrir.
    Non, ne présumez pas qu'ayant su vous déplaire,
    Je puisse vivre une heure avec votre colère.
690 Déjà de ce moment la barbare longueur
    Sous ces cuisants remords fait succomber mon cœur,
    Et de mille vautours les blessures cruelles
    N'ont rien de comparable à ses douleurs mortelles.
    Madame, vous n'avez qu'à me le déclarer :
695 S'il n'est point de pardon que je doive espérer,
    Cette épée aussitôt, par un coup favorable,
    Va percer, à vos yeux, le cœur d'un misérable,
    Ce cœur, ce traître cœur, dont les perplexités
    Ont si fort outragé vos extrêmes bontés :
700 Trop heureux, en mourant, si ce coup légitime
    Efface en votre esprit l'image de mon crime,
    Et ne laisse aucuns traits de votre aversion
    Au faible souvenir de mon affection !
    C'est l'unique faveur que demande ma flamme.

DONE ELVIRE

705 Ah, prince trop cruel !

DOM GARCIE

        Dites, parlez madame.

DONE ELVIRE

Faut-il encor pour vous conserver des bontés,
Et vous voir m'outrager par tant d'indignités ?

DOM GARCIE

Un cœur ne peut jamais outrager quand il aime,
Et ce que fait l'amour, il l'excuse lui-même.

DONE ELVIRE

710 L'amour n'excuse point de tels emportements.

DOM GARCIE

Tout ce qu'il a d'ardeur passe en ses mouvements ;
Et plus il devient fort, plus il trouve de peine...

DONE ELVIRE

Non, ne m'en parlez point, vous méritez ma haine.

DOM GARCIE

Vous me haïssez donc ?

DONE ELVIRE

            J'y veux tâcher, au moins.

715 Mais, hélas ! je crains bien que j'y perde mes soins,
    Et que tout le courroux qu'excite votre offense
    Ne puisse jusque-là faire aller ma vengeance.

DOM GARCIE

D'un supplice si grand ne tentez point l'effort,
Puisque pour vous venger je vous offre ma mort ;
720 Prononcez-en l'arrêt, et j'obéis sur l'heure.

DONE ELVIRE

Qui ne saurait haïr ne peut vouloir qu'on meure.

Et moi, je ne puis vivre, à moins que vos bontés
Accordent un pardon à mes témérités.
Résolvez l'un des deux, de punir ou d'absoudre.

DONE ELVIRE

Hélas ! j'ai trop fait voir ce que je puis résoudre.   725
Par l'aveu d'un pardon n'est-ce pas se trahir,
Que dire au criminel qu'on ne le peut haïr ?

DOM GARCIE

Ah ! c'en est trop ; souffrez, adorable princesse...

DONE ELVIRE

Laissez : je me veux mal d'une telle faiblesse.

DOM GARCIE, *seul.*

Enfin je suis...

Scène VII : Dom Garcie, Dom Lope.

DOM LOPE

        Seigneur, je viens vous informer   730
D'un secret dont vos feux ont droit de s'alarmer.

DOM GARCIE

Ne me viens point parler de secret ni d'alarme
Dans les doux mouvements du transport qui me char-
Après ce qu'à mes yeux on vient de présenter, [me.
Il n'est point de soupçons que je doive écouter ;   735
Et d'un divin objet la bonté sans pareille
A tous ces vains rapports doit fermer mon oreille :
Ne m'en fais plus.

DOM LOPE

        Seigneur, je veux ce qu'il vous plaît ;
Mes soins en tout ceci n'ont que votre intérêt.
J'ai cru que le secret que je viens de surprendre   740
Méritait bien qu'en hâte on vous le vînt apprendre ;
Mais puisque vous voulez que je n'en touche rien,
Je vous dirai, seigneur, pour changer d'entretien,
Que déjà dans Léon on voit chaque famille
Lever le masque au bruit des troupes de Castille,   745
Et que surtout le peuple y fait pour son vrai roi
Un éclat à donner au tyran de l'effroi.

DOM GARCIE

La Castille du moins n'aura pas la victoire,
Sans que nous essayions d'en partager la gloire ;
Et nos troupes aussi peuvent être en état   750
D'imprimer quelque crainte au cœur de Mauregat.
Mais quel est ce secret dont tu voulais m'instruire ?
Voyons un peu.

DOM LOPE

        Seigneur, je n'ai rien à vous dire.

DOM GARCIE

Va, va, parle ; mon cœur t'en donne le pouvoir.

DOM LOPE

Vos paroles, seigneur, m'en ont trop fait savoir,   755
Et, puisque mes avis ont de quoi vous déplaire,
Je saurai désormais trouver l'art de me taire.

DOM GARCIE

Enfin, je veux savoir la chose absolument.

DOM LOPE

Je ne réplique point à ce commandement.
Mais, seigneur, en ce lieu le devoir de mon zèle   760
Trahirait le secret d'une telle nouvelle.
Sortons pour vous l'apprendre ; et, sans rien embrasser,
Vous-même vous verrez ce qu'on en doit penser.

ACTE TROISIEME

Scène I : Done Elvire, Elise.

DONE ELVIRE

Elise, que dis-tu de l'étrange faiblesse
765 Que vient de témoigner le cœur d'une princesse ?
Que dis-tu de me voir tomber si promptement
De toute la chaleur de mon ressentiment ?
Et, malgré tant d'éclat, relâcher mon courage
Au pardon trop honteux d'un si cruel outrage ?

ÉLISE

770 Moi, je dis que d'un cœur que nous pouvons chérir,
Une injure sans doute est bien dure à souffrir ;
Mais que, s'il n'en est point qui davantage irrite,
Il n'en est point aussi qu'on pardonne si vite.
Et qu'un coupable aimé triomphe à nos genoux
775 De tous les prompts transports du plus brillant cour-
[roux ;
D'autant plus aisément, madame, quand l'offense
Dans un excès d'amour peut trouver sa naissance.
Ainsi, quelque dépit que l'on vous ait causé,
Je ne m'étonne point de le voir apaisé ;
780 Et je sais quel pouvoir, malgré votre menace,
A de pareils forfaits donnera toujours grâce.

DONE ELVIRE

Ah ! sache, quelque ardeur qui m'impose des lois,
Que mon front a rougi pour la dernière fois ;
Et que, si désormais on pousse ma colère,
785 Il n'est point de retour qu'il faille qu'on espère.
Quand je pourrais reprendre un tendre sentiment,
C'est assez contre lui que l'éclat d'un serment :
Car enfin, un esprit qu'un peu d'orgueil inspire
Trouve beaucoup de honte à se pouvoir dédire ;
790 Et souvent, aux dépens d'un pénible combat,
Fait sur ses propres vœux un illustre attentat,
S'obstine par honneur, et n'a rien qu'il n'immole
A la noble fierté de tenir sa parole.
Ainsi, dans le pardon que l'on vient d'obtenir,
795 Ne prends point de clartés pour régler l'avenir ;
Et, quoi qu'à mes destins la fortune prépare,
Crois que je ne puis être au prince de Navarre
Que de ces noirs accès qui troublent sa raison
Il n'ait fait éclater l'entière guérison,
800 Et réduit tout mon cœur, que ce mal persécute,
A n'en plus redouter l'affront d'une rechute.

ÉLISE

Mais quel affront nous fait le transport d'un jaloux ?

DONE ELVIRE

En est-il un qui soit plus digne de courroux ?
Et, puisque notre cœur fait un effort extrême
805 Lorsqu'il se peut résoudre à confesser qu'il aime,
Puisque l'honneur du sexe, en tout temps rigoureux,
Oppose un fort obstacle à de pareils aveux,
L'amant qui voit pour lui franchir un tel obstacle
Doit-il impunément douter de cet oracle ?
810 Et n'est-il pas coupable, alors qu'il ne croit pas
Ce qu'on ne dit jamais qu'après de grands combats ?

ÉLISE

Moi, je tiens que toujours un peu de défiance

En ces occasions n'a rien qui nous offense ;
Et qu'il est dangereux qu'un cœur qu'on a charmé
Soit trop persuadé, madame, d'être aimé.　　　815
Si...

DONE ELVIRE

N'en disputons plus. Chacun a sa pensée.
C'est un scrupule enfin dont mon âme est blessée ;
Et, contre mes désirs, je sens je ne sais quoi
Me prédire un éclat entre le prince et moi,
Qui, malgré ce qu'on doit aux vertus dont il brille...　820
Mais, ô ciel ! en ces lieux dom Sylve de Castille !
Ah ! seigneur, par quel sort vous vois-je maintenant ?

Scène II : Dom Sylve, Done Elvire, Elise.

DOM SYLVE

Je sais que mon abord, madame, est surprenant,
Et qu'être sans éclat entré dans cette ville,
Dont l'ordre d'un rival rend l'accès difficile ;　　　825
Qu'avoir pu me soustraire aux yeux de ses soldats,
C'est un événement que vous n'attendiez pas.
Mais si j'ai dans ces lieux franchi quelques obstacles,
L'ardeur de vous revoir peut bien d'autres miracles ;
Tout mon cœur a senti par de trop rudes coups　　830
Le rigoureux destin d'être éloigné de vous,
Et je n'ai pu nier au tourment qui le tue,
Quelques moments secrets d'une si chère vue.
Je viens vous dire donc que je rends grâce aux cieux
De vous voir hors des mains d'un tyran odieux ;　　835
Mais, parmi les douceurs d'une telle aventure,
Ce qui m'est un sujet d'éternelle torture,
C'est de voir qu'à mon bras les rigueurs de mon sort
Ont envié l'honneur de cet illustre effort,
Et fait à mon rival, avec trop d'injustice,　　　　840
Offrir les doux périls d'un si fameux service.
Oui, madame, j'avais, pour rompre vos liens,
Des sentiments sans doute aussi beaux que les siens ;
Et je pouvais pour vous gagner cette victoire,
Si le Ciel n'eût voulu m'en dérober la gloire.　　　845

DONE ELVIRE

Je sais, seigneur, je sais que vous avez un cœur
Qui des plus grands périls vous peut rendre vain-
Et je ne doute point que ce généreux zèle, [queur ;
Dont la chaleur vous pousse à venger ma querelle,
N'eût, contre les efforts d'un indigne projet,　　　850
Pu faire en ma faveur tout ce qu'un autre a fait.
Mais, sans cette action dont vous étiez capable,
Mon sort à la Castille est assez redevable.
On sait ce qu'en ami plein d'ardeur et de foi,
Le comte votre père a fait pour feu le roi :　　　855
Après l'avoir aidé jusqu'à l'heure dernière,
Il donne en ses Etats un asile à mon frère ;
Quatre lustres entiers il y cache son sort
Aux barbares fureurs de quelque lâche effort ;
Et, pour rendre à son front l'éclat d'une couronne,　860
Contre nos ravisseurs vous marchez en personne.
N'êtes-vous pas content ? Et ces soins généreux
Ne m'attachent-ils point par d'assez puissants nœuds ?
Quoi ! votre âme, seigneur, serait-elle obstinée
A vouloir asservir toute ma destinée ?　　　　　865

Et faut-il que jamais il ne tombe sur nous
L'ombre d'un seul bienfait, qu'il ne vienne de vous ?
Ah ! souffrez, dans les maux où mon destin m'expose,
Qu'aux soins d'un autre aussi je doive quelque chose;
870 Et ne vous plaignez point de voir un autre bras
Acquérir de la gloire où le vôtre n'est pas.

DOM SYLVE

Oui, madame, mon cœur doit cesser de s'en plaindre ;
Avec trop de raison vous voulez m'y contraindre ;
Et c'est injustement qu'on se plaint d'un malheur,
875 Quand un autre plus grand s'offre à notre douleur.
Ce secours d'un rival m'est un cruel martyre ;
Mais, hélas ! de mes maux ce n'est pas là le pire :
Le coup, le rude coup dont je suis atterré,
C'est de me voir par vous ce rival préféré.
880 Oui, je ne vois que trop que ses feux pleins de gloire
Sur les miens dans votre âme emportent la victoire ;
Et cette occasion de servir vos appas,
Cet avantage offert de signaler son bras,
Cet éclatant exploit qui vous fut salutaire,
885 N'est que le pur effet du bonheur qui vous plaire,
Que le secret pouvoir d'un astre merveilleux,
Qui fait tomber la gloire où s'attachent vos vœux.
Ainsi, tous mes efforts ne seront que fumée.
Contre vos fiers tyrans je conduis une armée ;
890 Mais je marche en tremblant à cet illustre emploi,
Assuré que vos vœux ne seront pas pour moi,
Et que, s'ils sont suivis, la fortune prépare
L'heur des plus beaux succès aux soins de la Navarre.
Ah ! madame, faut-il me voir précipité
895 De l'espoir glorieux dont je m'étais flatté !
Et ne puis-je savoir quels crimes on m'impute,
Pour avoir mérité cette effroyable chute ?

DONE ELVIRE

Ne me demandez rien avant que regarder
Ce qu'à mes sentiments vous devez demander ;
900 Et, sur cette froideur qui semble vous confondre,
Répondez-vous, seigneur, ce que je puis répondre ;
Car enfin tous vos soins ne sauraient ignorer
Quels secrets de votre âme on m'a su déclarer ;
Et je la crois, cette âme, et trop noble et trop haute
905 Pour vouloir m'obliger à commettre une faute.
Vous-même dites-vous s'il est de l'équité
De me voir couronner une infidélité ;
Si vous pouviez m'offrir, sans beaucoup d'injustice,
Un cœur à d'autres yeux offert en sacrifice,
910 Vous plaindre avec raison, et blâmer mes refus,
Lorsqu'ils veulent d'un crime affranchir vos vertus.
Oui, seigneur, c'est un crime ; et les premières flam-
Ont des droits si sacrés sur les illustres âmes, [mes
Qu'il faut perdre grandeurs, et renoncer au jour,
915 Plutôt que de pencher vers un second amour.
J'ai pour vous cette ardeur que peut prendre l'estime
Pour un courage haut, pour un cœur magnanime ;
Mais n'exigez de moi que ce que je vous dois,
Et soutenez l'honneur de votre premier choix.
920 Malgré vos feux nouveaux, voyez quelle tendresse
Vous conserve le cœur de l'aimable comtesse ;
Ce que pour un ingrat (car vous l'êtes, seigneur),
Elle a d'un choix constant refusé de bonheur !

Quel mépris généreux, dans son ardeur extrême,
Elle a fait de l'éclat que donne un diadème ! 92
Voyez combien d'efforts pour vous elle a bravés !
Et rendez à son cœur ce que vous lui devez.

DOM SYLVE

Ah ! madame, à mes yeux n'offrez point son mérite :
Il n'est que trop présent à l'ingrat qui la quitte ;
Et si mon cœur vous dit ce que pour elle il sent, 93
J'ai peur qu'il ne soit pas envers vous innocent.
Oui, ce cœur l'ose plaindre, et ne suit pas sans peine
L'impérieux effort de l'amour qui l'entraîne :
Aucun espoir pour vous n'a flatté mes désirs,
Qui ne m'ait arraché pour elle des soupirs ; 93
Qui n'ait, dans ses douceurs, fait jeter à mon âme
Quelques tristes regards vers sa première flamme,
Se reprocher l'effet de vos divins attraits,
Et mêler des remords à mes plus chers souhaits.
J'ai fait plus que cela, puisqu'il vous faut tout dire : 94
Oui, j'ai voulu sur moi vous ôter votre empire,
Sortir de votre chaîne, et rejeter mon cœur
Sous le joug innocent de son premier vainqueur.
Mais, après mes efforts, ma constance abattue
Voit un cours nécessaire à ce mal qui me tue ; 94
Et, dût être mon sort à jamais malheureux,
Je ne puis renoncer à l'espoir de mes vœux.
Je ne saurais souffrir l'épouvantable idée
De vous voir par un autre à mes yeux possédée ;
Et le flambeau du jour, qui m'offre vos appas, 95
Doit avant cet hymen éclairer mon trépas.
Je sais que je trahis une princesse aimable ;
Mais, madame, après tout mon cœur est-il coupable ?
Et le fort ascendant que prend votre beauté
Laisse-t-il aux esprits aucune liberté ? 95
Hélas ! je suis ici bien plus à plaindre qu'elle :
Son cœur, en me perdant, ne perd qu'un infidèle :
D'un pareil déplaisir on se peut consoler ;
Mais moi, par un malheur qui ne peut s'égaler,
J'ai celui de quitter une aimable personne, 96
Et tous les maux encor que mon amour me donne.

DONE ELVIRE

Vous n'avez que les maux que vous voulez avoir,
Et toujours notre cœur est en notre pouvoir.
Il peut bien quelquefois montrer quelque faiblesse ;
Mais enfin sur nos sens la raison, la maîtresse... 96

Scène III : Dom Garcie, Done Elvire, Dom Sylve.

DOM GARCIE

Madame, mon abord, comme je connais bien,
Assez mal à propos trouble votre entretien ;
Et mes pas en ce lieu, s'il faut que je le die,
Ne croyaient pas trouver si bonne compagnie.

DONE ELVIRE

Cette vue, en effet, surprend au dernier point, 97
Et, de même que vous, je ne l'attendais point.

DOM GARCIE

Oui, madame, je crois que de cette visite,
Comme vous l'assurez, vous n'étiez point instruite.
A dom Sylve.   [l'honneur
Mais, seigneur, vous deviez nous faire au moins

975 De nous donner avis de ce rare bonheur,
Et nous mettre en état, sans nous vouloir surprendre,
De vous rendre en ces lieux ce qu'on voudrait vous
                    DOM SYLVE   [rendre.
Les héroïques soins vous occupent si fort,
Que de vous en tirer, seigneur, j'aurais eu tort ;
980 Et des grands conquérants les sublimes pensées
Sont aux civilités avec peine abaissées.
                    DOM GARCIE
Mais les grands conquérants, dont on vante les soins,
Loin d'aimer le secret, affectent les témoins :
Leur âme, dès l'enfance à la gloire élevée,
985 Les fait dans leurs projets aller tête levée ;
Et, s'appuyant toujours sur des hauts sentiments,
Ne s'abaisse jamais à des déguisements.
Ne commettez-vous point vos vertus héroïques,
En passant dans ces lieux par des sourdes pratiques ;
990 Et ne craignez-vous point qu'on puisse, aux yeux de
Trouver cette action trop indigne de vous ?   [tous,
                    DOM SYLVE
Je ne sais si quelqu'un blâmera ma conduite,
Au secret que j'ai fait d'une telle visite ;
Mais je sais qu'aux projets qui veulent la clarté,
995 Prince, je n'ai jamais cherché l'obscurité ;
Et, quand j'aurai sur vous à faire une entreprise,
Vous n'aurez pas sujet de blâmer la surprise :
Il ne tiendra qu'à vous de vous en garantir,
Et l'on prendra le soin de vous en avertir.
1000 Cependant demeurons aux termes ordinaires,
Remettons nos débats après d'autres affaires ;
Et, d'un sang un peu chaud, réprimant les bouillons,
N'oublions pas tous deux devant qui nous parlons.
                DONE ELVIRE, à dom Garcie.
Prince, vous avez tort, et sa visite est telle
1005 Que vous...
                    DOM GARCIE
                Ah ! c'en est trop que prendre sa querelle,
Madame ; et votre esprit devrait feindre un peu mieux,
Lorsqu'il veut ignorer sa venue en ces lieux.
Cette chaleur si prompte à vouloir la défendre
Persuade assez mal qu'elle ait pu vous surprendre.
                    DONE ELVIRE
1010 Quoi que vous soupçonniez, il m'importe si peu,
Que j'aurais du regret d'en faire un désaveu.
                    DOM GARCIE
Poussez donc jusqu'au bout cet orgueil héroïque ;
Et que, sans hésiter, tout votre cœur s'explique :
C'est au déguisement donner trop de crédit.
1015 Ne désavouez rien, puisque vous l'avez dit.
Tranchez, tranchez le mot, forcez toute contrainte ;
Dites que de ses feux vous ressentez l'atteinte,
Que, pour vous sa présence a des charmes si doux...
                    DONE ELVIRE
Et si je veux l'aimer, m'en empêcherez-vous ? [dre ?
1020 Avez-vous sur mon cœur quelque empire à préten-
Et, pour régler mes vœux, ai-je votre ordre à prendre ?
Sachez que trop d'orgueil a pu vous décevoir,
Si votre cœur sur moi s'est cru quelque pouvoir ;
Et que mes sentiments sont d'une âme trop grande
1025 Pour vouloir les cacher, lorsqu'on me le demande.

Je ne vous dirai point si le comte est aimé :
Mais apprenez de moi qu'il est fort estimé ;
Que ses hautes vertus, pour qui je m'intéresse,
Méritent mieux que vous les vœux d'une princesse ;
Que je garde aux ardeurs, aux soins qu'il me fait voir, 1030
Tout le ressentiment qu'une âme puisse avoir ;
Et que, si des destins la fatale puissance
M'ôte la liberté d'être sa récompense,
Au moins est-il en moi de promettre à ses vœux
Qu'on ne me verra point le butin de vos feux ;   1035
Et, sans vous amuser d'une atteinte frivole,
C'est à quoi je m'engage, et je tiendrai parole.
Voilà mon cœur ouvert, puisque vous le voulez,
Et mes vrais sentiments à vos yeux étalés.
Etes-vous satisfait ? et mon âme attaquée   1040
S'est-elle, à votre avis, assez bien expliquée ?
Voyez, pour vous ôter tout lieu de soupçonner,
S'il reste quelque jour encore à vous donner.
A dom Sylve.
Cependant, si vos soins s'attachent à me plaire,
Songez que votre bras, comte, m'est nécessaire ;   1045
Et, d'un capricieux quels que soient les transports,
Qu'à punir nos tyrans il doit tous ses efforts.
Fermez l'oreille enfin à toute sa furie ;
Et, pour vous y porter, c'est moi qui vous en prie.

Scène IV : Dom Garcie, Dom Sylve.

                    DOM GARCIE
Tout vous rit, et votre âme en cette occasion   1050
Jouit superbement de ma confusion.
Il vous est doux de voir un aveu plein de gloire
Sur les feux d'un rival marquer votre victoire :
Mais c'est à votre joie un surcroît sans égal
D'en avoir pour témoins les yeux de ce rival ;   1055
Et mes prétentions hautement étouffées
A vos vœux triomphants sont d'illustres trophées.
Goûtez à pleins transports ce bonheur éclatant ;
Mais sachez qu'on n'est pas encore où l'on prétend.
La fureur qui m'anime a de trop justes causes,   1060
Et l'on verra peut-être arriver bien des choses.
Un désespoir va loin quand il est échappé,
Et tout est pardonnable à qui se voit trompé.
Si l'ingrate à mes yeux, pour flatter votre flamme,
A jamais n'être à moi vient d'engager son âme,   1065
Je saurai bien trouver, dans mon juste courroux,
Les moyens d'empêcher qu'elle ne soit à vous.
                    DOM SYLVE
Cet obstacle n'est pas ce qui me met en peine.
Nous verrons quelle attente en tout cas sera vaine ;
Et chacun, de ses feux, pourra par sa valeur   1070
Ou défendre la gloire, ou venger le malheur.
Mais comme, entre rivaux, l'âme la plus posée
A des termes d'aigreur trouve une pente aisée,
Et que je ne veux point qu'un pareil entretien
Puisse trop échauffer votre esprit et le mien,   1075
Prince, affranchissez-moi d'une gêne secrète,
Et me donnez moyen de faire ma retraite.
                    DOM GARCIE
Non, non, ne craignez point qu'on pousse votre esprit

A violer ici l'ordre qu'on vous prescrit.
1080 Quelque juste fureur qui me presse et vous flatte,
Je sais, comte, je sais quand il faut qu'elle éclate.
Ces lieux vous sont ouverts : oui, sortez-en, sortez
Glorieux des douceurs que vous en remportez ;
Mais, encore une fois, apprenez que ma tête
1085 Peut seule dans vos mains mettre votre conquête.

DOM SYLVE

Quand nous en serons là, le sort en notre bras
De tous nos intérêts videra les débats.

ACTE QUATRIEME

Scène I : Done Elvire, Dom Alvar.

DONE ELVIRE

Retournez, dom Alvar, et perdez l'espérance
De me persuader l'oubli de cette offense.
1090 Cette plaie en mon cœur ne saurait se guérir ;
Et les soins qu'on en prend ne font rien que l'aigrir.
A quelques faux respects croit-il que je défère ?
Non, non : il a poussé trop avant ma colère ;
Et son vain repentir, qui porte ici vos pas,
1095 Sollicite un pardon que vous n'obtiendrez pas.

DOM ALVAR

Madame, il fait pitié. Jamais cœur, que je pense,
Par un plus vif remords n'expia son offense ;
Et, si dans sa douleur vous le considériez,
Il toucherait votre âme, et vous l'excuseriez.
1100 On sait bien que le prince est dans un âge à suivre
Les premiers mouvements où son âme se livre,
Et qu'en un sang bouillant toutes les passions
Ne laissent guère place à des réflexions.
Dom Lope, prévenu d'une fausse lumière,
1105 De l'erreur de son maître a fourni la matière.
Un bruit assez confus, dont le zèle indiscret
A de l'abord du comte éventé le secret,
Vous avait mise aussi de cette intelligence
Qui, dans ces lieux gardés, a donné sa présence.
1110 Le prince a cru l'avis, et son amour séduit
Sur une fausse alarme a fait tout ce grand bruit ;
Mais d'une telle erreur son âme est revenue :
Votre innocence enfin lui vient d'être connue,
Et dom Lope, qu'il chasse, est un visible effet
1115 Du vif remords qu'il sent de l'éclat qu'il a fait.

DONE ELVIRE

Ah ! c'est trop promptement qu'il croit mon inno-
Il n'en a pas encore une entière assurance : [cence ;
Dites-lui, dites-lui qu'il doit bien tout peser,
Et ne se hâter point, de peur de s'abuser.

DOM ALVAR

1120 Madame, il sait trop bien...

DONE ELVIRE

                    Mais, dom Alvar, de grâce,
N'étendons pas plus loin un discours qui me lasse :
Il réveille un chagrin qui vient à contre-temps
En troubler de mon cœur d'autres plus importants.
Oui, d'un trop grand malheur la surprise me presse ;

Et le bruit du trépas de l'illustre comtesse   112
Doit s'emparer si bien de tout mon déplaisir,
Qu'aucun autre souci n'a droit de me saisir.

DOM ALVAR

Madame, ce peut être une fausse nouvelle,
Mais mon retour au prince en porte une cruelle.

DONE ELVIRE

De quelque grand ennui qu'il puisse être agité,   113
Il en aura toujours moins qu'il n'a mérité.

Scène II : Done Elvire, Elise.

ÉLISE

J'attendais qu'il sortît, madame, pour vous dire
Ce qui veut maintenant que votre âme respire,
Puisque votre chagrin, dans un moment d'ici,
Du sort de done Ignès peut se voir éclairci.   113
Un inconnu, qui vient pour cette confidence,
Vous fait, par un des siens, demander audience.

DONE ELVIRE

Elise, il faut le voir ; qu'il vienne promptement.

ÉLISE

Mais il veut n'être vu que de vous seulement ;
Et, par cet envoyé, madame, il sollicite   114
Qu'il puisse, sans témoins, vous rendre sa visite.

DONE ELVIRE

Hé bien ! nous serons seuls ; et je vais l'ordonner,
Tandis que tu prendras le soin de l'amener.
Que mon impatience en ce moment est forte !
O destin ! est-ce joie ou douleur qu'on m'apporte ? 114

Scène III : Dom Pèdre, Elise.

ÉLISE

Où...

DOM PÈDRE

        Si vous me cherchez, madame, me voici.

ÉLISE

En quel lieu votre maître ?

DOM PÈDRE

                    Il est proche d'ici.

Le ferai-je venir ?

ÉLISE

                Dites-lui qu'il s'avance,
Assuré qu'on l'attend avec impatience,
Et qu'il ne se verra d'aucuns yeux éclairé.   115
Seule.
Je ne sais quel secret en doit être auguré.
Tant de précautions qu'il affecte de prendre...
Mais le voici déjà.

*Scène IV : Done Ignès,
déguisée en homme, Elise.*

ÉLISE

                Seigneur, pour vous attendre
On a fait... Mais que vois-je ! Ah, madame ! mes
DONE IGNÈS   [yeux...
Ne me découvrez point, Elise, dans ces lieux,   115
Et laissez respirer ma triste destinée

Sous une feinte mort que je me suis donnée.
C'est elle qui m'arrache à tous mes fiers tyrans,
Car je puis sous ce nom comprendre mes parents.
1160 J'ai par elle évité cet hymen redoutable,
Pour qui j'aurais souffert une mort véritable ;
Et, sous cet équipage et le bruit de ma mort,
Il faut cacher à tous le secret de mon sort,
Pour me voir à l'abri de l'injuste poursuite
1165 Qui pourrait dans ces lieux persécuter ma fuite.

ÉLISE

Ma surprise en public eût trahi vos désirs :
Mais allez là-dedans étouffer des soupirs,
Et, des charmants transports d'une pleine allégresse,
Saisir à votre aspect le cœur de la princesse ;
1170 Vous la trouverez seule : elle-même a pris soin
Que votre abord fût libre et n'eût aucun témoin.
Vois-je pas dom Alvar ?

Scène V : Dom Alvar, Elise.

DOM ALVAR

    Le prince me renvoie
Vous prier que pour lui votre crédit s'emploie.
De ses jours, belle Elise, on doit n'espérer rien,
1175 S'il n'obtient par vos soins un moment d'entretien.
Son âme a des transports... Mais le voici lui-même.

Scène VI : Dom Garcie, Dom Alvar, Elise.

DOM GARCIE

Ah ! sois un peu sensible à ma disgrâce extrême,
Elise, et prends pitié d'un cœur infortuné
Qu'aux plus vives douleurs tu vois abandonné.

ÉLISE

1180 C'est avec d'autres yeux que ne fait la princesse
Seigneur, que je verrais le tourment qui vous presse ;
Mais nous avons du ciel, ou du tempérament,
Que nous jugeons de tout chacun diversement :
Et puisqu'elle vous blâme, et que sa fantaisie
1185 Lui fait un monstre affreux de votre jalousie,
Je serais complaisant, je voudrais m'efforcer
De cacher à ses yeux ce qui peut les blesser.
Un amant suit sans doute une utile méthode,
S'il fait qu'à notre humeur la sienne s'accommode ;
1190 Et cent devoirs font moins que ces ajustements
Qui font croire en deux cœurs les mêmes sentiments.
L'art de ces deux rapports fortement les assemble,
Et nous n'aimons rien tant que ce qui nous ressemble.

DOM GARCIE

Je le sais : mais, hélas ! les destins inhumains
1195 S'opposent à l'effet de ces justes desseins ;
Et, malgré tous mes soins, viennent toujours me ten-
Un piège dont mon cœur ne saurait se défendre. [dre
Ce n'est pas que l'ingrate aux yeux de mon rival
N'ait fait contre mes feux un aveu trop fatal,
1200 Et témoigné pour lui des excès de tendresse,
Dont le cruel objet me reviendra sans cesse :
Mais comme trop d'ardeur enfin m'avait séduit,
Quand j'ai cru qu'en ces lieux elle l'ait introduit,
D'un trop cuisant ennui je sentirais l'atteinte

A lui laisser sur moi quelque sujet de plainte. 1205
Oui, je veux faire au moins, si je m'en vois quitté,
Que ce soit de son cœur pure infidélité ;
Et, venant m'excuser d'un trait de promptitude,
Dérober tout prétexte à son ingratitude.

ÉLISE

Laissez un peu de temps à son ressentiment, 1210
Et ne la voyez point, seigneur, si promptement.

DOM GARCIE

Ah ! si tu me chéris, obtiens que je la voie ;
C'est une liberté qu'il faut qu'elle m'octroie ;
Je ne pars point d'ici qu'au moins son fier dédain...

ÉLISE

De grâce, différez l'effet de ce dessein. 1215

DOM GARCIE

Non, ne m'oppose point une excuse frivole.

ÉLISE, *à part.*

Il faut que ce soit elle, avec une parole,
Qui trouve les moyens de le faire en aller.
A dom Garcie.
Demeurez donc, seigneur ; je m'en vais lui parler.

DOM GARCIE

Dis-lui que j'ai d'abord banni de ma présence 1220
Celui dont les avis ont causé mon offense ;
Que dom Lope jamais...

Scène VII : Dom Garcie, Dom Alvar.

DOM GARCIE, *regardant par la porte
qu'Elise a laissée entrouverte.*

    Que vois-je ! ô justes dieux !
Faut-il que je m'assure au rapport de mes yeux ?
Ah ! sans doute ils me sont des témoins trop fidèles !
Voilà le comble affreux de mes peines mortelles ! 1225
Voici le coup fatal qui devait m'accabler !
Et quand par des soupçons je me sentais troubler,
C'était, c'était le Ciel dont la sourde menace
Présageait à mon cœur cette horrible disgrâce.

DOM ALVAR

Qu'avez-vous vu, seigneur, qui vous puisse émouvoir ? 1230

DOM GARCIE

J'ai vu ce que mon âme a peine à concevoir ;
Et le renversement de toute la nature
Ne m'étonnerait pas comme cette aventure !
C'en est fait... le destin... Je ne saurais parler.

DOM ALVAR

Seigneur, que votre esprit tâche à se rappeler. 1235

DOM GARCIE

J'ai vu... Vengeance ! ô ciel !

DOM ALVAR

    Quelle atteinte soudaine...

DOM GARCIE

J'en mourrai, dom Alvar, la chose est bien certaine.

DOM ALVAR

Mais, seigneur, qui pourrait...

DOM GARCIE

    Ah ! tout est ruiné ;
Je suis, je suis trahi, je suis assassiné :
Un homme (sans mourir te le puis-je bien dire ?), 1240
Un homme dans les bras de l'infidèle Elvire !

DOM ALVAR

Ah ! seigneur, la princesse est vertueuse au point...

DOM GARCIE

Ah ! sur ce que j'ai vu ne me contestez point,
Dom Alvar ; c'en est trop de soutenir sa gloire,
1245 Lorsque mes yeux font foi d'une action si noire.

DOM ALVAR

Seigneur, nos passions nous font prendre souvent
Pour chose véritable un objet décevant ;
Et de croire qu'une âme à la vertu nourrie
Se puisse...

DOM GARCIE

Dom Alvar, laissez-moi, je vous prie :
1250 Un conseiller me choque en cette occasion,
Et je ne prends avis que de ma passion.

DOM ALVAR, à part.

Il ne faut rien répondre à cet esprit farouche.

DOM GARCIE

Ah ! que sensiblement cette atteinte me touche !
Mais il faut voir qui c'est, et de ma main punir...
1255 La voici... Ma fureur, te peux-tu retenir ?

Scène VIII : Done Elvire,
Dom Garcie, Dom Alvar.

DONE ELVIRE

Hé bien ! que voulez-vous ? et quel espoir de grâce,
Après vos procédés, peut flatter votre audace ?
Osez-vous à mes yeux encor vous présenter ?
Et que me direz-vous que je doive écouter ?

DOM GARCIE

1260 Que toutes les horreurs dont une âme est capable
A vos déloyautés n'ont rien de comparable ;
Que le sort, les démons, et le ciel en courroux,
N'ont jamais rien produit de si méchant que vous.

DONE ELVIRE

Ah ! vraiment, j'attendais l'excuse d'un outrage ;
1265 Mais, à ce que je vois, c'est un autre langage.

DOM GARCIE

Oui, oui, c'en est un autre, et vous n'attendiez pas
Que j'eusse découvert le traître dans vos bras ;
Qu'un funeste hasard, par la porte entrouverte,
Eût offert à mes yeux votre honte et ma perte.
1270 Est-ce l'heureux amant sur ses pas revenu,
Ou quelque autre rival qui m'était inconnu ?
O Ciel ! donne à mon cœur des forces suffisantes
Pour pouvoir supporter des douleurs si cuisantes !
Rougissez maintenant, vous en avez raison :
1275 Et le masque est levé de votre trahison ;
Voilà ce que marquaient les troubles de mon âme ;
Ce n'était pas en vain que s'alarmait ma flamme ;
Par ces fréquents soupçons qu'on trouvait odieux,
Je cherchais le malheur qu'ont rencontré mes yeux ;
1280 Et, malgré tous vos soins et votre adresse à feindre,
Mon astre me disait ce que j'avais à craindre ;
Mais ne présumez pas que, sans être vengé,
Je souffre le dépit de me voir outragé.
Je sais que sur les vœux on n'a point de puissance ;
1285 Que l'amour veut partout naître sans dépendance ;
Que jamais par la force on n'entra dans un cœur ;

Et que toute âme est libre à nommer son vainqueur:
Aussi ne trouverais-je aucun sujet de plainte,
Si pour moi votre bouche avait parlé sans feinte ;
Et, son arrêt livrant mon espoir à la mort,   1290
Mon cœur n'aurait eu droit de s'en prendre qu'au sort.
Mais d'un aveu trompeur voir ma flamme applaudie,
C'est une trahison, c'est une perfidie
Qui ne saurait trouver de trop grands châtiments ;
Et je puis tout permettre à mes ressentiments ;   1295
Non, non, n'espérez rien après un tel outrage ;
Je ne suis plus à moi, je suis tout à la rage.
Trahi de tous côtés, mis dans un triste état,
Il faut que mon amour se venge avec éclat ;
Qu'ici j'immole tout à ma fureur extrême,   1300
Et que mon désespoir achève par moi-même.

DONE ELVIRE

Assez paisiblement vous a-t-on écouté ?
Et pourrai-je à mon tour parler en liberté ?

DOM GARCIE

Et par quels beaux discours, que l'artifice inspire...

DONE ELVIRE

Si vous avez encor quelque chose à me dire,   1305
Vous pouvez l'ajouter, je suis prête à l'ouïr ;
Sinon, faites au moins que je puisse jouir
De deux ou trois moments de paisible audience.

DOM GARCIE

Hé bien ! j'écoute. O ciel ! quelle est ma patience !

DONE ELVIRE

Je force ma colère, et veux, sans nulle aigreur,   1310
Répondre à ce discours si rempli de fureur.

DOM GARCIE

C'est que vous voyez bien...

DONE ELVIRE

Ah ! j'ai prêté l'oreille
Autant qu'il vous a plu ; rendez-moi la pareille.
J'admire mon destin, et jamais sous les cieux
Il ne fut rien, je crois, de si prodigieux,   1315
Rien dont la nouveauté soit plus inconcevable,
Et rien que la raison rende moins supportable.
Je me vois un amant qui, sans se rebuter,
Applique tous ses soins à me persécuter ;
Qui, dans tout cet amour que sa bouche m'exprime,   1320
Ne conserve pour moi nul sentiment d'estime ;
Rien, au fond de ce cœur qu'ont pu blesser mes yeux,
Qui fasse droit au sang que j'ai reçu des cieux,
Et de mes actions défende l'innocence
Contre le moindre effort d'une fausse apparence.   1325
Oui, je vois...

Dom Garcie montre de l'impatience pour parler.

Ah ! surtout ne m'interrompez point.
Je vois, dis-je, mon sort malheureux à ce point, [croire
Qu'un cœur qui dit qu'il m'aime, et qui doit faire
Que, quand tout l'univers douterait de ma gloire,
Il voudrait contre tous en être le garant,   1330
Est celui qui s'en fait l'ennemi le plus grand.
On ne voit échapper aux soins que prend sa flamme
Aucune occasion de soupçonner mon âme :
Mais c'est peu des soupçons, il en fait des éclats
Que, sans être blessé, l'amour ne souffre pas.   1335
Loin d'agir en amant qui, plus que la mort même,

Appréhende toujours d'offenser ce qu'il aime,
Qui se plaint doucement, et cherche avec respect
A pouvoir s'éclaircir de ce qu'il croit suspect,
40 A toute extrémité dans ses doutes il passe ;
Et ce n'est que fureur, qu'injure et que menace.
Cependant aujourd'hui je veux fermer les yeux
Sur tout ce qui devait me le rendre odieux,
Et lui donner moyen, par une bonté pure,
45 De tirer son salut d'une nouvelle injure.
Ce grand emportement qu'il m'a fallu souffrir
Part de ce qu'à vos yeux le hasard vient d'offrir.
J'aurais tort de vouloir démentir votre vue,
Et votre âme sans doute a dû paraître émue.
        DOM GARCIE
50 Et n'est-ce pas...
        DONE ELVIRE
             Encore un peu d'attention,
Et vous allez savoir ma résolution.
Il faut que de nous deux le destin s'accomplisse.
Vous êtes maintenant sur un grand précipice ;
Et ce que votre cœur pourra délibérer
55 Va vous y faire choir, ou bien vous en tirer.
Si, malgré cet objet qui vous a pu surprendre,
Prince, vous me rendez ce que vous devez rendre,
Et ne demandez point d'autre preuve que moi
Pour condamner l'erreur du trouble où je vous vois,
60 Si de vos sentiments la prompte déférence
Veut sur ma seule foi croire mon innocence,
Et de tous vos soupçons démentir le crédit,
Pour croire aveuglément ce que mon cœur vous dit,
Cette soumission, cette marque d'estime,
65 Du passé dans ce cœur efface tout le crime ;
Je rétracte à l'instant ce qu'un juste courroux
M'a fait, dans la chaleur, prononcer contre vous ;
Et, si je puis un jour choisir ma destinée
Sans choquer les devoirs du rang où je suis née,
70 Mon honneur, satisfait par ce respect soudain,
Promet à votre amour et mes vœux et ma main,
Mais prêtez bien l'oreille à ce que je vais dire :
Si cet offre sur vous obtient si peu d'empire,
Que vous me refusiez de me faire entre nous
75 Un sacrifice entier de vos soupçons jaloux ;
S'il ne vous suffit pas de toute l'assurance
Que vous peuvent donner mon cœur et ma naissance,
Et que de votre esprit les ombrages puissants
Forcent mon innocence à convaincre vos sens,
80 Et porter à vos yeux l'éclatant témoignage
D'une vertu sincère à qui l'on fait outrage ;
Je suis prête à le faire, et vous serez content :
Mais il vous faut de moi détacher à l'instant,
A mes vœux pour jamais renoncer de vous-même ;
85 Et j'atteste du Ciel la puissance suprême
Que, quoi que le destin puisse ordonner de nous,
Je choisirai plutôt d'être à la mort qu'à vous.
Voilà dans ces deux choix de quoi vous satisfaire :
Avisez maintenant celui qui peut vous plaire.
        DOM GARCIE
90 Juste Ciel ! jamais rien peut-il être inventé
Avec plus d'artifice et de déloyauté ?
Tout ce que des enfers la malice étudie

A-t-il rien de si noir que cette perfidie ?
Et peut-elle trouver dans toute sa rigueur
Un plus cruel moyen d'embarrasser un cœur ?   1395
Ah ! que vous savez bien ici contre moi-même,
Ingrate, vous servir de ma faiblesse extrême,
Et ménager pour vous l'effort prodigieux
De ce fatal amour né de vos traîtres yeux !
Parce qu'on est surprise, et qu'on manque d'excuse, 1400
D'un offre de pardon on emprunte la ruse :
Votre feinte douceur forge un amusement
Pour divertir l'effet de mon ressentiment ;
Et, par le nœud subtil du choix qu'elle embarrasse,
Veut soustraire un perfide au coup qui le menace.   1405
Oui, vos dextérités veulent me détourner
D'un éclaircissement qui vous doit condamner ;
Et votre âme, feignant une innocence entière,
Ne s'offre à m'en donner une pleine lumière
Qu'à des conditions qu'après d'ardents souhaits   1410
Vous pensez que mon cœur n'acceptera jamais ;
Mais vous serez trompée en me croyant surprendre.
Oui, oui, je prétends voir ce qui doit vous défendre,
Et quel fameux prodige, accusant ma fureur,
Peut de ce que j'ai vu justifier l'horreur.   1415
        DONE ELVIRE
Songez que par ce choix vous allez vous prescrire
De ne plus rien prétendre au cœur de done Elvire.
        DOM GARCIE
Soit. Je souscris à tout ; et mes vœux aussi bien,
En l'état où je suis, ne prétendent plus rien.
        DONE ELVIRE
Vous vous repentirez de l'éclat que vous faites.   1420
        DOM GARCIE
Non, non, tous ces discours sont de vaines défaites ;
Et c'est moi bien plutôt qui dois vous avertir
Que quelque autre dans peu se pourra repentir ;
Le traître, quel qu'il soit, n'aura pas l'avantage
De dérober sa vie à l'effort de ma rage.   1425
        DONE ELVIRE
Ah ! c'est trop en souffrir, et mon cœur irrité
Ne doit plus conserver une sotte bonté ;
Abandonnons l'ingrat à son propre caprice ;
Et, puisqu'il veut périr, consentons qu'il périsse.
A dom Garcie.
Elise... A cet éclat vous voulez me forcer ;   1430
Mais je vous apprendrai que c'est trop m'offenser.
Elise entre.
Faites un peu sortir la personne chérie...
Allez, vous m'entendez ; dites que je l'en prie.
        DOM GARCIE
Et je puis...
        DONE ELVIRE
           Attendez, vous serez satisfait.
        ÉLISE, *à part en sortant.*
Voici de son jaloux sans doute un nouveau trait.   1435
        DONE ELVIRE
Prenez garde qu'au moins cette noble colère
Dans la même fierté jusqu'au bout persévère ;
Et surtout désormais songez bien à quel prix
Vous avez voulu voir vos soupçons éclaircis.
Montrant done Ignès.

1440 Voici, grâces au ciel, ce qui les a fait naître
Ces soupçons obligeants que l'on me fait paraître ;
Voyez bien ce visage et si de done Ignès
Vos yeux au même instant n'y connaissent les traits.

Scène IX : Dom Garcie, Done Elvire,
Done Ignès, Dom Alvar, Elise.

DOM GARCIE

O ciel !

DONE ELVIRE

Si la fureur dont votre âme est émue
1445 Vous trouble jusque-là l'usage de la vue,
Vous avez d'autres yeux à pouvoir consulter,
Qui ne vous laisseront aucun lieu de douter.
Sa mort est une adresse au besoin inventée
Pour fuir l'autorité qui l'a persécutée :
1450 Et, sous un tel habit, elle cachait son sort,
Pour mieux jouir du fruit de cette feinte mort.
A done Ignès.
Madame, pardonnez, s'il faut que je consente
A trahir vos secrets et tromper votre attente ;
Je me vois exposée à sa témérité,
1455 Toutes mes actions n'ont plus de liberté ; [prendre,
Et mon honneur, en butte aux soupçons qu'il peut
Est réduit à toute heure aux soins de se défendre:
Nos doux embrassements, qu'a surpris ce jaloux,
De cent indignités m'ont fait souffrir les coups.
1460 Oui, voilà le sujet d'une fureur si prompte,
Et l'assuré témoin qu'on produit de ma honte.
A dom Garcie.
Jouissez à cette heure en tyran absolu
De l'éclaircissement que vous avez voulu ;
Mais sachez que j'aurai sans cesse la mémoire
1465 De l'outrage sanglant qu'on a fait à ma gloire ;
Et, si je puis jamais oublier mes serments,
Tombent sur moi du ciel les plus grands châtiments,
Qu'un tonnerre éclatant mette ma tête en poudre,
Lorsqu'à souffrir vos feux je pourrai me résoudre !
1470 Allons, madame, allons, ôtons-nous de ces lieux
Qu'infectent les regards d'un monstre furieux ;
Fuyons-en promptement l'atteinte envenimée ;
Evitons les effets de sa rage animée ;
Et ne faisons des vœux, dans nos justes desseins,
1475 Que pour nous voir bientôt affranchir de ses mains.
DONE IGNÈS, à dom Garcie.
Seigneur, de vos soupçons l'injuste violence
A la même vertu vient de faire une offense.
DOM GARCIE
Quelles tristes clartés dissipent mon erreur,
Enveloppent mes sens d'une profonde horreur,
1480 Et ne laissent plus voir à mon âme abattue
Que l'effroyable objet d'un remords qui me tue !
Ah ! dom Alvar, je vois que vous avez raison ;
Mais l'enfer dans mon cœur a soufflé son poison ;
Et, par un trait fatal d'une rigueur extrême,
1485 Mon plus grand ennemi se rencontre en moi-même.
Que me sert-il d'aimer du plus ardent amour
Qu'une âme consumée ait jamais mis au jour,
Si, par ses mouvements qui font toute ma peine,

Cet amour à tout coup se rend digne de haine ?
Il faut, il faut venger par mon juste trépas   1490
L'outrage que j'ai fait à ses divins appas :
Aussi bien quels conseils aujourd'hui puis-je suivre ?
Ah ! j'ai perdu l'objet pour qui j'aimais à vivre.
Si j'ai pu renoncer à l'espoir de ses vœux,
Renoncer à la vie est beaucoup moins fâcheux.   1495
DOM ALVAR
Seigneur...
DOM GARCIE
Non, dom Alvar, ma mort est nécessaire ;
Il n'est soins ni raisons qui m'en puissent distraire ;
Mais il faut que mon sort, en se précipitant,
Rende à cette princesse un service éclatant,
Et je veux me chercher, dans cette illustre envie,   1500
Les moyens glorieux de sortir de la vie ;
Faire, par un grand coup qui signale ma foi,
Qu'en expirant pour elle elle ait regret à moi,
Et qu'elle puisse dire, en se voyant vengée :
C'est par son trop d'amour qu'il m'avait outragée.   1505
Il faut que de ma main un illustre attentat
Porte une mort trop due au sein de Mauregat ;
Que j'aille prévenir, par une belle audace,
Le coup dont la Castille avec bruit le menace ;
Et j'aurai des douceurs, dans mon instant fatal,   1510
De ravir cette gloire à l'espoir d'un rival.
DOM ALVAR
Un service, seigneur, de cette conséquence
Aurait bien le pouvoir d'effacer votre offense ;
Mais hasarder...
DOM GARCIE
Allons, par un juste devoir,
Faire à ce noble effort servir mon désespoir.   1515

ACTE CINQUIEME

Scène I : Dom Alvar, Elise.

DOM ALVAR
Oui, jamais il ne fut de si rude surprise.
Il venait de former cette haute entreprise ;
A l'avide désir d'immoler Mauregat,
De son prompt désespoir il tournait tout l'éclat ;
Ses soins précipités voulaient à son courage   1520
De cette juste mort assurer l'avantage,
Y chercher son pardon, et prévenir l'ennui
Qu'un rival partageât cette gloire avec lui.
Il sortait de ces murs, quand un bruit trop fidèle
Est venu lui porter la fâcheuse nouvelle   1525
Que ce même rival, qu'il voulait prévenir,
A remporté l'honneur qu'il pensait obtenir,
L'a prévenu lui-même en immolant le traître,
Et pousse dans ce jour dom Alphonse à paraître,
Qui d'un si prompt succès va goûter la douceur,   1530
Et vient prendre en ces lieux la princesse sa sœur.
Et, ce qui n'a pas peine à gagner la croyance,
On entend publier que c'est la récompense
Dont il prétend payer le service éclatant

535 Du bras qui lui fait jour au trône qui l'attend.

ÉLISE

Oui, done Elvire a su ces nouvelles semées,
Et du vieux dom Louis les trouve confirmées,
Qui vient de lui mander de Léon, dans ce jour,
De dom Alphonse et d'elle attend l'heureux retour;
540 Et que c'est là qu'on doit, par un revers prospère,
Lui voir prendre un époux de la main de ce frère.
Dans ce peu qu'il en dit, il donne assez à voir
Que dom Sylve est l'époux qu'elle doit recevoir.

DOM ALVAR

Ce coup au cœur du prince...

ÉLISE

Est sans doute bien rude,
545 Et je le trouve à plaindre en son inquiétude.
Son intérêt pourtant, si j'en ai bien jugé,
Est encor cher au cœur qu'il a tant outragé ;
Et je n'ai point connu qu'à ce succès qu'on vante,
La princesse ait fait voir une âme fort contente
550 De ce frère qui vient, et de la lettre aussi :
Mais...

*Scène II : Done Elvire, Done Ignès,
déguisée en homme, Elise, Dom Alvar.*

DONE ELVIRE

Faites, dom Alvar, venir le prince ici.
Dom Alvar sort.
Souffrez que devant vous je lui parle, madame,
Sur cet événement dont on surprend mon âme ;
Et ne m'accusez point d'un trop prompt changement,
555 Si je perds contre lui tout mon ressentiment.
Sa disgrâce imprévue a pris droit de l'éteindre ;
Sans lui laisser ma haine, il est assez à plaindre ;
Et le Ciel, qui l'expose à ce trait de rigueur,
N'a que trop bien servi les serments de mon cœur.
560 Un éclatant arrêt de ma gloire outragée
A jamais n'être à lui me tenait engagée ;
Mais quand par les destins il est exécuté,
J'y vois pour son amour trop de sévérité ;
Et le triste succès de tout ce qu'il m'adresse
565 M'efface son offense et lui rend ma tendresse :
Oui, mon cœur, trop vengé par de si rudes coups,
Laisse à leur cruauté désarmer son courroux,
Et cherche maintenant, par un soin pitoyable,
A consoler le sort d'un amant misérable ;
570 Et je crois que sa flamme a bien pu mériter
Cette compassion que je lui veux prêter.

DONE IGNÈS

Madame, on aurait tort de trouver à redire
Aux tendres sentiments qu'on voit qu'il vous inspire ;
Ce qu'il a fait pour vous... Il vient, et sa pâleur
575 De ce coup surprenant marque assez la douleur.

*Scène III : Dom Garcie, Done Elvire,
Done Ignès, déguisée en homme, Elise.*

DOM GARCIE

Madame, avec quel front faut-il que je m'avance,
Quand je viens vous offrir l'odieuse présence...

DONE ELVIRE

Prince, ne parlons plus de mon ressentiment.
Votre sort dans mon âme a fait du changement ;
Et, par le triste état où sa rigueur vous jette, 1580
Ma colère est éteinte, et notre paix est faite.
Oui, bien que votre amour ait mérité les coups
Que fait sur lui du ciel éclater le courroux ;
Bien que ces noirs soupçons aient offensé ma gloire
Par des indignités qu'on aurait peine à croire, 1585
J'avouerai toutefois que je plains son malheur
Jusqu'à voir nos succès avec quelque douleur ;
Que je hais les faveurs de ce fameux service,
Lorsqu'on veut de mon cœur lui faire un sacrifice ;
Et voudrais bien pouvoir racheter les moments 1590
Où le sort contre vous n'armait que mes serments :
Mais enfin vous savez comme nos destinées
Aux intérêts publics sont toujours enchaînées,
Et que l'ordre des cieux, pour disposer de moi,
Dans mon frère qui vient me va montrer mon roi. 1595
Cédez comme moi, prince, à cette violence
Où la grandeur soumet celles de ma naissance,
Et, si de votre amour les déplaisirs sont grands,
Qu'il se fasse un secours de la part que j'y prends,
Et ne se serve point, contre un coup qui l'étonne, 1600
Du pouvoir qu'en ces lieux votre valeur vous donne :
Ce vous serait, sans doute, un indigne transport
De vouloir dans vos maux lutter contre le sort ;
Et, lorsque c'est en vain qu'on s'oppose à sa rage,
La soumission prompte est grandeur de courage. 1605
Ne résistez donc point à ses coups éclatants ;
Ouvrez les murs d'Astorgue au frère que j'attends ;
Laissez-moi rendre aux droits qu'il peut sur moi pré-
Ce que mon triste cœur a résolu de rendre ; [tendre
Et ce fatal hommage, où mes vœux sont forcés, 1610
Peut-être n'ira pas si loin que vous pensez.

DOM GARCIE

C'est faire voir, madame, une bonté trop rare,
Que vouloir adoucir le coup qu'on me prépare ;
Sur moi sans de tels soins vous pouvez laisser choir
Le foudre rigoureux de tout votre devoir. 1615
En l'état où je suis je n'ai rien à vous dire.
J'ai mérité du sort tout ce qu'il a de pire ;
Et je sais, quelques maux qu'il me faille endurer,
Que je me suis ôté le droit d'en murmurer.
Par où pourrai-je, hélas ! dans ma vaste disgrâce, 1620
Vers vous de quelque plainte autoriser l'audace ?
Mon amour s'est rendu mille fois odieux,
Il n'a fait qu'outrager vos attraits glorieux ;
Et, lorsque par un juste et fameux sacrifice
Mon bras à votre sang cherche à rendre un service, 1625
Mon astre m'abandonne au déplaisir fatal
De me voir prévenu par le bras d'un rival.
Madame, après cela je n'ai rien à prétendre,
Je suis digne du coup que l'on me fait attendre ;
Et je le vois venir, sans oser contre lui 1630
Tenter de votre cœur le favorable appui.
Ce qui peut me rester dans mon malheur extrême,
C'est de chercher alors mon remède en moi-même,
Et faire que ma mort, propice à mes désirs,
Affranchisse mon cœur de tous ses déplaisirs. 1635

Oui, bientôt dans ces lieux dom Alphonse doit être,
Et déjà mon rival commence de paraître ;
De Léon vers ces murs il semble avoir volé
Pour recevoir le prix du tyran immolé.
1640 Ne craignez point du tout qu'aucune résistance
Fasse valoir ici ce que j'ai de puissance ;
Il n'est effort humain que, pour vous conserver,
Si vous y consentiez, je ne pusse braver ;
Mais ce n'est pas à moi, dont on hait la mémoire,
1645 A pouvoir espérer cet aveu plein de gloire ;
Et je ne voudrais pas, par des efforts trop vains,
Jeter le moindre obstacle à vos justes desseins.
Non, je ne contrains point vos sentiments, madame ;
Je vais en liberté laisser toute votre âme
1650 Ouvrir les murs d'Astorgue à cet heureux vainqueur,
Et subir de mon sort la dernière rigueur.

Scène IV : Done Elvire, Done Ignès,
déguisée en homme, Elise.

DONE ELVIRE

Madame, au désespoir où son destin l'expose
De tous mes déplaisirs n'imputez pas la cause.
Vous me rendrez justice en croyant que mon cœur
1655 Fait de vos intérêts sa plus vive douleur ;
Que bien plus que l'amour l'amitié m'est sensible,
Et que si je me plains d'une disgrâce horrible,
C'est de voir que du ciel le funeste courroux
Ait pris chez moi les traits qu'il lance contre vous,
1660 Et rendu mes regards coupables d'une flamme
Qui traite indignement les bontés de votre âme.

DONE IGNÈS

C'est un événement dont sans doute vos yeux
N'ont point pour moi, madame, à quereller les cieux.
Si les faibles attraits qu'étale mon visage
1665 M'exposaient au destin de souffrir un volage,
Le Ciel ne pouvait mieux m'adoucir de tels coups,
Quand, pour m'ôter ce cœur, il s'est servi de vous ;
Et mon front ne doit point rougir d'une inconstance
Qui de vos traits aux miens marque la différence.
1670 Si pour ce changement je pousse des soupirs,
Ils viennent de le voir fatal à vos désirs ;
Et, dans cette douleur que l'amitié m'excite,
Je m'accuse pour vous de mon peu de mérite,
Qui n'a pu retenir un cœur dont les tributs
1675 Causent un si grand trouble à vos vœux combattus.

DONE ELVIRE

Accusez-vous plutôt de l'injuste silence
Qui m'a de vos deux cœurs caché l'intelligence.
Ce secret, plus tôt su, peut-être à toutes deux
Nous aurait épargné des troubles si fâcheux ;
1680 Et mes justes froideurs, des désirs d'un volage
Au point de leur naissance ayant banni l'hommage,
Eussent pu renvoyer...

DONE IGNÈS

Madame, le voici.

DONE ELVIRE

Sans rencontrer ses yeux vous pouvez être ici ;
Ne sortez point, madame ; et, dans un tel martyre,
1685 Veuillez être témoin de ce que je vais dire.

DONE IGNÈS

Madame, j'y consens, quoique je sache bien
Qu'on fuirait en ma place un pareil entretien.

DONE ELVIRE

Son succès, si le Ciel seconde ma pensée,
Madame, n'aura rien dont vous soyez blessée.

Scène V : Dom Sylve, Done Elvire,
Done Ignès, déguisée en homme, Elise.

DONE ELVIRE

Avant que vous parliez, je demande instamment   169
Que vous daigniez, seigneur, m'écouter un moment.
Déjà la renommée a jusqu'à nos oreilles
Porté de votre bras les soudaines merveilles ;
Et j'admire avec tous comme en si peu de temps
Il donne à nos destins ces succès éclatants.   169
Je sais bien qu'un bienfait de cette conséquence
Ne saurait demander trop de reconnaissance,
Et qu'on doit toute chose à l'exploit immortel
Qui replace mon frère au trône paternel.
Mais quoi que de son cœur vous offrent les homma- 170
Usez en généreux de tous vos avantages,   [ges,
Et ne permettez pas que ce coup glorieux
Jette sur moi, seigneur, un joug impérieux ;
Que votre amour, qui sait quel intérêt m'anime,
S'obstine à triompher d'un refus légitime,   170
Et veuille que ce frère, où l'on va m'exposer,
Commence d'être roi pour me tyranniser.
Léon a d'autres prix dont, en cette occurrence,
Il peut mieux honorer votre haute vaillance ;
Et c'est à vos vertus faire un présent trop bas,   171
Que vous donner un cœur qui ne se donne pas.
Peut-on être jamais satisfait en soi-même,
Lorsque par la contrainte on obtient ce qu'on aime ?
C'est un triste avantage ; et l'amant généreux
A ces conditions refuse d'être heureux ;   171
Il ne veut rien devoir à cette violence
Qu'exercent sur nos cœurs les droits de la naissance,
Et pour l'objet qu'il aime est toujours trop zélé,
Pour souffrir qu'en victime il lui soit immolé.
Ce n'est pas que ce cœur, au mérite d'un autre,   172
Prétende réserver ce qu'il refuse au vôtre ;
Non, seigneur, j'en réponds, et vous donne ma foi
Que personne jamais n'aura pouvoir sur moi ;
Qu'une sainte retraite à toute autre poursuite...

DOM SYLVE

J'ai de votre discours assez souffert la suite,   172
Madame ; et par deux mots je vous l'eusse épargné,
Si votre fausse alarme eût sur vous moins gagné.
Je sais qu'un bruit commun, qui partout se fait croire,
De la mort du tyran me veut donner la gloire ;
Mais le seul peuple enfin, comme on nous fait savoir, 173
Laissant par dom Louis échauffer son devoir,
A remporté l'honneur de cet acte héroïque
Dont mon nom est chargé par la rumeur publique ;
Et ce qui d'un tel bruit a fourni le sujet,
C'est que, pour appuyer son illustre projet,   1735
Dom Louis fit semer, par une feinte utile,
Que, secondé des miens, j'avais saisi la ville ;

Et, par cette nouvelle, il a poussé les bras
Qui d'un usurpateur ont hâté le trépas.
740 Par son zèle prudent il a su tout conduire,
Et c'est par un des siens qu'il vient de m'en instruire;
Mais dans le même instant un secret m'est appris,
Qui va vous étonner autant qu'il m'a surpris.
Vous attendez un frère, et Léon son vrai maître ;
745 A vos yeux maintenant le Ciel le fait paraître :
Oui, je suis dom Alphonse, et mon sort conservé,
Et sous le nom du sang de Castille élevé,
Est un fameux effet de l'amitié sincère
Qui fut entre son prince et le roi notre père.
750 Dom Louis du secret a toutes les clartés,
Et doit aux yeux de tous prouver ces vérités.
D'autres soins maintenant occupent ma pensée :
Non qu'à votre sujet elle soit traversée,
Que ma flamme querelle un tel événement,
755 Et qu'en mon cœur le frère importune l'amant.
Mes feux par ce secret ont reçu sans murmure
Le changement qu'en eux a prescrit la nature ;
Et le sang qui nous joint m'a si bien détaché
De l'amour dont pour vous mon cœur était touché,
760 Qu'il ne respire plus, pour faveur souveraine,
Que les chères douceurs de sa première chaîne,
Et le moyen de rendre à l'adorable Ignès
Ce que de ses bontés a mérité l'excès ;
Mais son sort incertain rend le mien misérable ;
765 Et, si ce qu'on en dit se trouvait véritable,
En vain Léon m'appelle et le trône m'attend ;
La couronne n'a rien à me rendre content,
Et je n'en veux l'éclat que pour goûter la joie
D'en couronner l'objet où le Ciel me renvoie,
770 Et pouvoir réparer, par ces justes tributs,
L'outrage que j'ai fait à ses rares vertus.
Madame, c'est de vous que j'ai raison d'attendre
Ce que de son destin mon âme peut apprendre ;
Instruisez-m'en, de grâce, et par votre discours
775 Hâtez mon désespoir, ou le bien de mes jours.

DONE ELVIRE

Ne vous étonnez pas si je tarde à répondre,
Seigneur ; ces nouveautés ont droit de me confondre.
Je n'entreprendrai point de dire à votre amour
Si done Ignès est morte, ou respire le jour ;
780 Mais par ce cavalier, l'un de ses plus fidèles,
Vous en pourrez sans doute apprendre des nouvelles.

DOM ALPHONSE, reconnaissant done Ignès.

Ah ! madame ! il m'est doux en ces perplexités
De voir ici briller vos célestes beautés.
Mais vous, avec quels yeux verrez-vous un volage
Dont le crime...

DONF IGNÈS

785   Ah ! gardez de me faire un outrage,
Et de vous hasarder de dire que vers moi
Un cœur dont je fais cas ait pu manquer de foi.
J'en refuse l'idée, et l'excuse me blesse ;
Rien n'a pu m'offenser auprès de la princesse ;
790 Et tout ce que d'ardeur elle vous a causé
Par un si haut mérite est assez excusé.
Cette flamme vers moi ne vous rend point coupable ;
Et, dans le noble orgueil dont je me sens capable,

Sachez, si vous l'étiez, que ce serait en vain
Que vous présumeriez de fléchir mon dédain ;   1795
Et qu'il n'est repentir, ni suprême puissance,
Qui gagnât sur mon cœur d'oublier cette offense.

DONE ELVIRE

Mon frère (d'un tel nom souffrez-moi la douceur),
De quel ravissement comblez-vous une sœur !
Que j'aime votre choix, et bénis l'aventure   1800
Qui vous fait couronner une amitié si pure !
Et, de deux nobles cœurs que j'aime tendrement...

Scène VI : Dom Garcie, Done Elvire,
Done Ignès, déguisée en homme,
Dom Sylve, Elise.

DOM GARCIE

De grâce, cachez-moi votre contentement,
Madame, et me laissez mourir dans la croyance
Que le devoir vous fait un peu de violence.   1805
Je sais que de vos vœux vous pouvez disposer,
Et mon dessein n'est pas de leur rien opposer ;
Vous le voyez assez, et quelle obéissance
De vos commandements m'arrache la puissance ;
Mais je vous avouerai que cette gaieté   1810
Surprend au dépourvu toute ma fermeté,
Et qu'un pareil objet dans mon âme fait naître
Un transport dont j'ai peur que je ne sois pas maître;
Et je me punirais, s'il m'avait pu tirer
De ce respect soumis où je veux demeurer.   1815
Oui, vos commandements ont prescrit à mon âme
De souffrir sans éclat le malheur de ma flamme :
Cet ordre sur mon cœur doit être tout-puissant,
Et je prétends mourir en vous obéissant :
Mais, encore une fois, la joie où je vous treuve   1820
M'expose à la rigueur d'une trop rude épreuve ;
Et l'âme la plus sage, en ces occasions,
Répond malaisément de ces émotions.
Madame, épargnez-moi cette cruelle atteinte ;
Donnez-moi, par pitié, deux moments de contrainte; 1825
Et, quoi que d'un rival vous inspirent les soins,
N'en rendez pas mes yeux les malheureux témoins :
C'est la moindre faveur qu'on peut, je crois, prétendre,
Lorsque dans ma disgrâce un amant peut descendre.
Je ne l'exige pas, madame, pour longtemps ;   1830
Et bientôt mon départ rendra vos vœux contents :
Je vais où de ses feux mon âme consumée
N'apprendra votre hymen que par la renommée ;
Ce n'est pas un spectacle où je doive courir :
Madame, sans le voir, j'en saurai bien mourir.   1835

DONE IGNÈS

Seigneur, permettez-moi de blâmer votre plainte.
De vos maux la princesse a su paraître atteinte ;
Et cette joie encor, de quoi vous murmurez,
Ne lui vient que des biens qui vous sont préparés.
Elle goûte un succès à vos désirs prospère,   1840
Et dans votre rival elle trouve son frère ;
C'est dom Alphonse enfin dont on a tant parlé,
Et ce fameux secret vient d'être dévoilé.

DOM SYLVE

Mon cœur, grâces au Ciel, après un long martyre,

1845 Seigneur, sans vous rien prendre, a tout ce qu'il désire,
Et goûte d'autant mieux son bonheur en ce jour,
Qu'il se voit en état de servir votre amour.

DOM GARCIE

Hélas ! cette bonté, seigneur, doit me confondre.
A mes plus chers désirs elle daigne répondre ;
1850 Le coup que je craignais, le Ciel l'a détourné,
Et tout autre que moi se verrait fortuné ;
Mais ces douces clartés d'un secret favorable
Vers l'objet adoré me découvrent coupable ;
Et, tombé de nouveau dans ces traîtres soupçons,
1855 Sur quoi l'on m'a tant fait d'inutiles leçons,
Et par qui mon ardeur, si souvent odieuse,
Doit perdre tout espoir d'être jamais heureuse ;
Oui, l'on doit me haïr avec trop de raison ;
Moi-même je me trouve indigne de pardon :
1860 Et, quelque heureux succès que le sort me présente,
La mort, la seule mort est toute mon attente.

DONE ELVIRE

Non, non ; de ce transport le soumis mouvement,

Prince, jette en mon âme un plus doux sentiment.
Par lui de mes serments je me sens détachée ;
Vos plaintes, vos respects, vos douleurs, m'ont touchée : 1865
J'y vois partout briller un excès d'amitié,
Et votre maladie est digne de pitié.
Je vois, prince, je vois qu'on doit quelque indulgence
Aux défauts où du Ciel fait pencher l'influence ;
Et, pour tout dire enfin, jaloux ou non jaloux,   1870
Mon roi, sans me gêner, peut me donner à vous.

DOM GARCIE

Ciel ! dans l'excès des biens que cet aveu m'octroie,
Rends capable mon cœur de supporter sa joie !

DOM SYLVE

Je veux que cet hymen, après nos vains débats,
Seigneur, joigne à jamais nos cœurs et nos états.   1875
Mais ici le temps presse, et Léon nous appelle ;
Allons dans nos plaisirs satisfaire son zèle,
Et, par notre présence et nos soins différents,
Donner le dernier coup au parti des tyrans.

L'ÉCOLE DES MARIS

COMÉDIE

« *Représentée pour la première fois à Paris sur le théâtre du Palais-Royal, le 24ᵉ juin 1661, par la Troupe de Monsieur, frère unique du roi.* » *Succès immédiat tant à la ville qu'à la cour (Fontainebleau) et à Vaux chez Fouquet. Succès pour l'acteur Molière, en qui le public retrouva un Sganarelle étourdissant de brio, et succès pour l'auteur Molière*

dans l'œuvre de qui cette pièce dessine un tournant, parce qu'elle tient à la fois de la farce par la bouffonnerie, de l'intrigue et de la comédie par la vérité des caractères. Certains ont fait un rapprochement entre le thème de cette pièce et le mariage, six mois plus tard, de Molière avec Armande Béjart.

PERSONNAGES

SGANARELLE, *frère d'Ariste* (Molière).

ARISTE, *frère de Sganarelle* (L'Espy).

ISABELLE, *sœur de Léonor* (Mlle de Brie).

LÉONOR, *sœur d'Isabelle* (Mlle Du Parc).

LISETTE, *suivante de Léonor* (Mad. Béjart).

VALÈRE, *amant d'Isabelle* (La Grange).

ERGASTE, *valet de Valère* (Du Parc).

UN COMMISSAIRE.

UN NOTAIRE.

LA SCÈNE EST A PARIS.

A MONSEIGNEUR LE DUC D'ORLEANS,
FRÈRE UNIQUE DU ROI.

MONSEIGNEUR,

Je fais voir ici à la France des choses bien peu proportionnées. Il n'est rien de si grand et de si superbe que le nom que je mets à la tête de ce livre, et rien de plus bas que ce qu'il contient. Tout le monde trouvera cet assemblage étrange ; et quelques-uns pourront bien dire, pour en exprimer l'inégalité, que c'est poser une couronne de perles et de diamants sur une statue de terre, et faire entrer par des portiques magnifiques et des arcs triomphaux superbes dans une méchante cabane. Mais, MONSEIGNEUR, ce qui doit me servir d'excuse, c'est qu'en cette aventure je n'ai eu aucun choix à faire, et que l'honneur que j'ai d'être à VOTRE ALTESSE ROYALE m'a imposé une nécessité absolue de lui dédier le premier ouvrage que je mets de moi-même au jour. Ce n'est pas un présent que je lui fais, c'est un devoir dont je m'acquitte : et les hommages ne sont jamais regardés par les choses qu'ils portent. J'ai donc osé, MONSEIGNEUR, dédier une bagatelle à VOTRE ALTESSE ROYALE, parce que je n'ai pu m'en dispenser ; et si je me dispense ici de m'étendre sur les belles et glorieuses vérités qu'on pourrait dire d'Elle, c'est par la juste appréhension que ces grandes idées ne fissent éclater encore davantage la bassesse de mon offrande. Je me suis imposé silence pour trouver un endroit plus propre à placer de si belles choses ; et tout ce que j'ai prétendu dans cette épître, c'est de justifier mon action à toute la France, et d'avoir cette gloire de vous dire à vous-même, MONSEIGNEUR, avec toute la soumission possible, que je suis, DE VOTRE ALTESSE ROYALE,

Le très humble, très obéissant,
et très fidèle serviteur,
J.-B. P. MOLIÈRE.

143

ACTE PREMIER

Scène I : Sganarelle, Ariste.

SGANARELLE

Mon frère, s'il vous plaît, ne discourons point tant,
Et que chacun de nous vive comme il l'entend.
Bien que sur moi des ans vous ayez l'avantage,
Et soyez assez vieux pour devoir être sage,
5 Je vous dirai pourtant que mes intentions
Sont de ne prendre point de vos corrections ;
Que j'ai pour tout conseil ma fantaisie à suivre,
Et me trouve fort bien de ma façon de vivre.

ARISTE

Mais chacun la condamne.

SGANARELLE

               Oui, des fous comme v̄ous,
10 Mon frère.

ARISTE

       Grand merci ; le compliment est doux !

SGANARELLE

Je voudrais bien savoir, puisqu'il faut tout entendre,
Ce que ces beaux censeurs en moi peuvent reprendre.

ARISTE

Cette farouche humeur, dont la sévérité
Fuit toutes les douceurs de la société,
15 A tous vos procédés inspire un air bizarre,
Et, jusques à l'habit, vous rend chez vous barbare.

SGANARELLE

Il est vrai qu'à la mode il faut m'assujettir,
Et ce n'est pas pour moi que je me dois vêtir.
Ne voudriez-vous point, par vos belles sornettes,
20 Monsieur mon frère aîné, car, Dieu merci, vous l'êtes
D'une vingtaine d'ans, à ne vous rien celer,
Et cela ne vaut point la peine d'en parler,
Ne voudriez-vous point, dis-je, sur ces matières,
De vos jeunes muguets m'inspirer les manières ?
25 M'obliger à porter de ces petits chapeaux
Qui laissent éventer leurs débiles cerveaux,
Et de ces blonds cheveux, de qui la vaste enflure
Des visages humains offusque la figure ?
De ces petits pourpoints sous les bras se perdant,
30 Et de ces grands collets jusqu'au nombril pendant ?
De ces manches qu'à table on voit tâter les sauces ?
Et de ces cotillons appelés hauts-de-chausses ?
De ces souliers mignons, de rubans revêtus,
Qui vous font ressembler à des pigeons pattus ?
35 Et de ces grands canons où, comme en des entraves,
On met tous les matins ses deux jambes esclaves,
Et par qui nous voyons ces messieurs les galants
Marcher écarquillés ainsi que des volants ?
Je vous plairais, sans doute, équipé de la sorte ?
40 Et je vous vois porter les sottises qu'on porte.

ARISTE

Toujours au plus grand nombre on doit s'accommoder
Et jamais il ne faut se faire regarder.
L'un et l'autre excès choque, et tout homme bien sage
Doit faire des habits ainsi que du langage,
45 N'y rien trop affecter, et, sans empressement,
Suivre ce que l'usage y fait de changement.

Mon sentiment n'est pas qu'on prenne la méthode
De ceux qu'on voit toujours renchérir sur la mode,
Et qui, dans ses excès dont ils sont amoureux,
Seraient fâchés qu'un autre eût été plus loin qu'eux ; 50
Mais je tiens qu'il est mal, sur quoi que l'on .e fonde,
De fuir obstinément ce que suit tout le monde,
Et qu'il vaut mieux souffrir d'être au nombre des fous
Que du sage parti se voir seul contre tous.

SGANARELLE

Cela sent son vieillard qui, pour en faire accroire, 5
Cache ses cheveux blancs d'une perruque noire.

ARISTE

C'est un étrange fait du soin que vous prenez
A me venir toujours jeter mon âge au nez ;
Et qu'il faille qu'en moi sans cesse je vous voie
Blâmer l'ajustement, aussi bien que la joie : 6
Comme si, condamnée à ne plus rien chérir,
La vieillesse devait ne songer qu'à mourir,
Et d'assez de laideur n'est pas accompagnée,
Sans se tenir encor malpropre et rechignée.

SGANARELLE

Quoi qu'il en soit, je suis attaché fortement 6
A ne démordre point de mon habillement.
Je veux une coiffure, en dépit de la mode,
Sous qui toute ma tête ait un abri commode ;
Un beau pourpoint bien long, et fermé comme il faut,
Qui, pour bien digérer, tienne l'estomac chaud ; 7
Un haut-de-chausses fait justement pour ma cuisse ;
Des souliers où mes pieds ne soient point au supplice,
Ainsi qu'en ont usé sagement nos aïeux :
Et qui me trouve mal n'a qu'à fermer les yeux.

Scène II : Léonor, Isabelle, Lisette,
Ariste et Sganarelle, parlant ensemble
sur le devant du théâtre sans être aperçus.

LÉONOR, *à Isabelle.*

Je me charge de tout, en cas que l'on vous gronde. 7

LISETTE, *à Isabelle.*

Toujours dans une chambre à ne point voir le monde ?

ISABELLE

Il est ainsi bâti.

LÉONOR

Je vous en plains, ma sœur.

LISETTE, *à Léonor.*

Bien vous prend que son frère ait toute une autre hu-
Madame ; et le destin vous fut bien favorable [meur,
En vous faisant tomber aux mains du raisonnable. 8

ISABELLE

C'est un miracle encor qu'il ne m'ait aujourd'hui
Enfermée à la clef, ou menée avec lui.

LISETTE

Ma foi, je l'enverrais au diable avec sa fraise,
Et...

SGANARELLE, *heurté par Lisette.*

Où donc allez-vous, qu'il ne vous en déplaise ?

LÉONOR

Nous ne savons encore, et je pressais ma sœur 8
De venir du beau temps respirer la douceur :
Mais...

SGANARELLE, *à Léonor.*
Pour vous, vous pouvez aller où bon vous semble;
Montrant Lisette.
Vous n'avez qu'à courir, vous voilà deux ensemble.
A Isabelle.
Mais vous, je vous défends, s'il vous plaît, de sortir.
ARISTE
90 Hé ! laissez-les, mon frère, aller se divertir.
SGANARELLE
Je suis votre valet, mon frère.
ARISTE
                    La jeunesse
Veut...
SGANARELLE
        La jeunesse est sotte, et parfois la vieillesse.
ARISTE
Croyez-vous qu'elle est mal d'être avec Léonor ?
SGANARELLE
Non pas ; mais avec moi je la crois mieux encor.
ARISTE
95 Mais...
SGANARELLE
        Mais ses actions de moi doivent dépendre,
Et je sais l'intérêt enfin que j'y dois prendre.
ARISTE
A celles de sa sœur ai-je un moindre intérêt ?
SGANARELLE
Mon Dieu! chacun raisonne et fait comme il lui plaît.
Elles sont sans parents, et notre ami leur père
100 Nous commit leur conduite à son heure dernière ;
Et nous chargeant tous deux, ou de les épouser,
Ou, sur notre refus, un jour d'en disposer,
Sur elles, par contrat, nous sut, dès leur enfance,
Et de père et d'époux donner pleine puissance :
105 D'élever celle-là vous prîtes le souci,
Et moi je me chargeai du soin de celle-ci ;
Selon vos volontés vous gouvernez la vôtre ;
Laissez-moi, je vous prie, à mon gré régir l'autre.
ARISTE
Il me semble...
SGANARELLE
        Il me semble, et je le dis tout haut,
110 Que sur un tel sujet c'est parler comme il faut.
Vous souffrez que la vôtre aille leste et pimpante,
Je le veux bien : qu'elle ait et laquais et suivante,
J'y consens : qu'elle coure, aime l'oisiveté,
Et soit des damoiseaux fleurée en liberté,
115 J'en suis fort satisfait ; mais j'entends que la mienne
Vive à ma fantaisie, et non pas à la sienne ;
Que d'une serge honnête elle ait son vêtement,
Et ne porte le noir.qu'aux bons jours seulement ;
Qu'enfermée au logis, en personne bien sage,
120 Elle s'applique toute aux choses du ménage,
A recoudre mon linge aux heures de loisir,
Ou bien à tricoter quelque bas par plaisir ;
Qu'aux discours des muguets elle ferme l'oreille,
Et ne sorte jamais sans avoir qui la veille.
125 Enfin la chair est faible, et j'entends tous les bruits.
Je ne veux point porter de cornes, si je puis ;
Et comme à m'épouser sa fortune l'appelle,

Je prétends, corps pour corps, pouvoir répondre d'elle.
ISABELLE
Vous n'avez pas sujet, que je crois...
SGANARELLE
                    Taisez-vous.
Je vous apprendrai bien s'il faut sortir sans nous.   130
LÉONOR
Quoi donc, monsieur ?
SGANARELLE
            Mon Dieu ! madame, sans langage,
Je ne vous parle pas, car vous êtes trop sage.
LÉONOR
Voyez-vous Isabelle avec nous à regret ?
SGANARELLE
Oui, vous me la gâtez, puisqu'il faut parler net.
Vos visites ici ne font que me déplaire,   135
Et vous m'obligerez de ne nous en plus faire.
LÉONOR
Voulez-vous que mon cœur vous parle net aussi ?
J'ignore de quel œil elle voit tout ceci :
Mais je sais ce qu'en moi ferait la défiance ;
Et, quoiqu'un même sang nous ait donné naissance,   140
Nous sommes bien peu sœurs, s'il faut que chaque jour
Vos manières d'agir lui donnent de l'amour.
LISETTE
En effet, tous ces soins sont des choses infâmes.
Sommes-nous chez les Turcs, pour renfermer les fem-
Car on dit qu'on les tient esclaves en ce lieu, [mes ?   145
Et que c'est pour cela qu'ils sont maudits de Dieu.
Notre honneur est, monsieur, bien sujet à faiblesse,
S'il faut qu'il ait besoin qu'on le garde sans cesse.
Pensez-vous, après tout, que ces précautions
Servent de quelque obstacle à nos intentions ?   150
Et, quand nous nous mettons quelque chose à la tête,
Que l'homme le plus fin ne soit pas une bête ?
Toutes ces gardes-là sont visions de fous ;
Le plus sûr est, ma foi, de se fier en nous ;
Qui nous gêne se met en un péril extrême,   155
Et toujours notre honneur veut se garder lui-même.
C'est nous inspirer presque un désir de pécher,
Que montrer tant de soins de nous en empêcher ;
Et, si par un mari je me voyais contrainte,
J'aurais fort grande pente à confirmer sa crainte.   160
SGANARELLE, *à Ariste.*
Voilà, beau précepteur, votre éducation ;
Et vous souffrez cela sans nulle émotion ?
ARISTE
Mon frère, son discours ne doit que faire rire ;
Elle a quelque raison en ce qu'elle veut dire.
Leur sexe aime à jouir d'un peu de liberté ;   165
On le retient fort mal par tant d'austérité ;
Et les soins défiants, les verrous et les grilles,
Ne font pas la vertu des femmes ni des filles ;
C'est l'honneur qui les doit tenir dans le devoir,
Non la sévérité que nous leur faisons voir.   170
C'est une étrange chose, à vous parler sans feinte,
Qu'une femme qui n'est sage que par contrainte.
En vain sur tous ses pas nous prétendons régner ;
Je trouve que le cœur est ce qu'il faut gagner :
Et je ne tiendrais, moi, quelque soin qu'on se donne,   175

Mon honneur guère sûr aux mains d'une personne
A qui, dans les désirs qui pourraient l'assaillir,
Il ne manquerait rien qu'un moyen de faillir.

SGANARELLE

Chansons que tout cela !

ARISTE

Soit ; mais je tiens sans cesse
180 Qu'il nous faut en riant instruire la jeunesse,
Reprendre ses défauts avec grande douceur,
Et du nom de vertu ne lui point faire peur.
Mes soins pour Léonor ont suivi ces maximes ;
Des moindres libertés je n'ai point fait des crimes,
185 A ses jeunes désirs j'ai toujours consenti,
Et je ne m'en suis point, grâce au ciel, repenti.
J'ai souffert qu'elle ait vu les belles compagnies,
Les divertissements, les bals, les comédies ;
Ce sont choses, pour moi, que je tiens de tout temps
190 Fort propres à former l'esprit des jeunes gens ;
Et l'école du monde, en l'air dont il faut vivre,
Instruit mieux, à mon gré, que ne fait aucun livre.
Elle aime à dépenser en habits, linge, et nœuds ;
Que voulez-vous ? Je tâche à contenter ses vœux ;
195 Et ce sont des plaisirs qu'on peut, dans nos familles,
Lorsque l'on a du bien, permettre aux jeunes filles.
Un ordre paternel l'oblige à m'épouser ;
Mais mon dessein n'est pas de la tyranniser.
Je sais bien que nos ans ne se rapportent guère,
200 Et je laisse à son choix liberté tout entière.
Si quatre mille écus de rente bien venants,
Une grande tendresse et des soins complaisants,
Peuvent, à son avis, pour un tel mariage,
Réparer entre nous l'inégalité d'âge,
205 Elle peut m'épouser ; sinon, choisir ailleurs.
Je consens que sans moi ses destins soient meilleurs ;
Et j'aime mieux la voir sous un autre hyménée,
Que si contre son gré sa main m'était donnée.

SGANARELLE

Hé ! qu'il est doucereux ! c'est tout sucre et tout miel !

ARISTE

210 Enfin, c'est mon humeur, et j'en rends grâce au ciel.
Je ne suivrais jamais ces maximes sévères,
Qui font que les enfants comptent les jours des pères.

SGANARELLE

Mais ce qu'en la jeunesse on prend de liberté
Ne se retranche pas avec facilité ;
21 Et tous ses sentiments suivront mal votre envie,
Quand il faudra changer sa manière de vie.

ARISTE

Et pourquoi la changer ?

SGANARELLE

Pourquoi ?

ARISTE

Oui.

SGANARELLE

Je ne sais.

ARISTE

Y voit-on quelque chose où l'honneur soit blessé ?

SGANARELLE

Quoi ! si vous l'épousez, elle pourra prétendre
220 Les mêmes libertés que fille on lui voit prendre ?

ARISTE

Pourquoi non ?

SGANARELLE

Vos désirs lui seront complaisants,
Jusques à lui laisser et mouches et rubans ?

ARISTE

Sans doute.

SGANARELLE

A lui souffrir, en cervelle troublée,
De courir tous les bals et les lieux d'assemblée ?

ARISTE

Oui, vraiment.

SGANARELLE

Et chez vous iront les damoiseaux ?

ARISTE

Et quoi donc ?

SGANARELLE

Qui joueront et donneront cadeaux [1] ?

ARISTE

D'accord.

SGANARELLE

Et votre femme entendra les fleurettes ?

ARISTE

Fort bien.

SGANARELLE

Et vous verrez ces visites muguettes
D'un œil à témoigner de n'en être point saoul ?

ARISTE

Cela s'entend.

SGANARELLE

Allez, vous êtes un vieux fou.

A Isabelle.

Rentrez, pour n'ouïr point cette pratique infâme.

ARISTE

Je veux m'abandonner à la foi de ma femme,
Et prétends toujours vivre ainsi que j'ai vécu.

SGANARELLE

Que j'aurai de plaisir si l'on le fait cocu !

ARISTE

J'ignore pour quel sort mon astre m'a fait naître ;
Mais je sais que pour vous, si vous manquez de l'être,
On ne vous en doit point imputer le défaut,
Car vos soins pour cela font bien tout ce qu'il faut.

SGANARELLE

Riez donc, beau rieur. Oh ! que cela doit plaire
De voir un goguenard presque sexagénaire !

LÉONOR

Du sort dont vous parlez, je le garantis, moi,
S'il faut que par l'hymen il reçoive ma foi ;
Il s'y peut assurer ; mais sachez que mon âme
Ne répondrait de rien, si j'étais votre femme.

LISETTE

C'est conscience à ceux qui s'assurent en nous ;
Mais c'est pain bénit, certe, à des gens comme vous.

SGANARELLE

Allez, langue maudite, et des plus mal apprises.

---

1. *Donner un cadeau* signifiait, du temps de Molière, *donner un repas.*

ARISTE

Vous vous êtes, mon frère, attiré ces sottises.
Adieu. Changez d'humeur, et soyez averti
250 Que renfermer sa femme est le mauvais parti :
Je suis votre valet.

SGANARELLE

Je ne suis pas le vôtre.
Oh! que les voilà bien tous formés l'un pour l'autre!
Quelle belle famille ! Un vieillard insensé
Qui fait le dameret dans un corps tout cassé ;
255 Une fille maîtresse et coquette suprême;
Des valets impudents : non, la Sagesse même
N'en viendrait pas à bout, perdrait sens et raison
A vouloir corriger une telle maison.
Isabelle pourrait perdre dans ces hantises
260 Les semences d'honneur qu'avec nous elle a prises ;
Et, pour l'en empêcher, dans peu nous prétendons
Lui faire aller revoir nos choux et nos dindons.

Scène III : Valère, Sganarelle, Ergaste.

VALÈRE, *dans le fond du théâtre.*

Ergaste, le voilà cet argus que j'abhorre,
Le sévère tuteur de celle que j'adore.

SGANARELLE, *se croyant seul.*

265 N'est-ce pas quelque chose enfin de surprenant
Que la corruption des mœurs de maintenant ?

VALÈRE

Je voudrais l'accoster, s'il est en ma puissance,
Et tâcher de lier avec lui connaissance.

SGANARELLE, *se croyant seul.*

Au lieu de voir régner cette sévérité
270 Qui composait si bien l'ancienne honnêteté,
La jeunesse en ces lieux, libertine, absolue,
Ne prend...
Valère salue Sganarelle de loin.

VALÈRE

Il ne voit pas que c'est lui qu'on salue

ERGASTE

Son mauvais œil peut-être est de ce côté-ci.
Passons du côté droit.

SGANARELLE, *se croyant seul.*

Il faut sortir d'ici.
275 Le séjour de la ville en moi ne peut produire
Que des...

VALÈRE, *en s'approchant peu à peu.*

Il faut chez lui tâcher de m'introduire.

SGANARELLE, *entendant quelque bruit.*

Hé ! j'ai cru qu'on parlait.
Se croyant seul.

Aux champs, grâces aux cieux,
Les sottises du temps ne blessent point mes yeux.

ERGASTE, *à Valère.*

Abordez-le.

SGANARELLE, *entendant encore du bruit.*

Plaît-il ?
N'entendant plus rien.

Les oreilles me cornent.
Se croyant seul.

280 Là, tous les passe-temps de nos filles se bornent...

Il aperçoit Valère, qui le salue.
Est-ce à nous ?

ERGASTE, *à Valère.*

Approchez.

SGANARELLE, *sans perdre garde
à Valère.*

Là, nul godelureau
Valère le salue encore.
Ne vient... Que diable !...
Il se retourne et voit Ergaste qui le salue de l'autre côté.

Encor? Que de coups de chapeau!

VALÈRE

Monsieur, un tel abord vous interrompt peut-être ?

SGANARELLE

Cela se peut.

VALÈRE

Mais quoi! l'honneur de vous connaître
Est un si grand bonheur, est un si doux plaisir,   285
Que de vous saluer j'avais un grand désir.

SGANARELLE

Soit.

VALÈRE

Et de vous venir, mais sans nul artifice,
Assurer que je suis tout à votre service.

SGANARELLE

Je le crois.

VALÈRE

J'ai le bien d'être de vos voisins,
Et j'en dois rendre grâce à mes heureux destins.   290

SGANARELLE

C'est bien fait.

VALÈRE

Mais, monsieur, savez-vous les nouvelles
Que l'on dit à la cour, et qu'on tient pour fidèles ?

SGANARELLE

Que m'importe ?

VALÈRE

Il est vrai ; mais pour les nouveautés
On peut avoir parfois des curiosités.
Vous irez voir, monsieur, cette magnificence   295
Que de notre dauphin prépare la naissance ?

SGANARELLE

Si je veux.

VALÈRE

Avouons que Paris nous fait part
De cent plaisirs charmants qu'on n'a point autre part.
Les provinces auprès sont des lieux solitaires.
A quoi donc passez-vous le temps ?

SGANARELLE

A mes affaires.   300

VALÈRE

L'esprit veut du relâche, et succombe parfois
Par trop d'attachement aux sérieux emplois.
Que faites-vous les soirs avant qu'on se retire ?

SGANARELLE

Ce qui me plaît.

VALÈRE

Sans doute : on ne peut pas mieux dire,
Cette réponse est juste, et le bon sens paraît   305
A ne vouloir jamais faire que ce qui plaît.

Si je ne vous croyais l'âme trop occupée,
J'irais parfois chez vous passer l'après-soupée.

SGANARELLE

Serviteur.

Scène IV : Valère, Ergaste.

VALÈRE

Que dis-tu de ce bizarre fou ?

ERGASTE

310 Il a le repart brusque, et l'accueil loup-garou.

VALÈRE

Ah ! j'enrage !

ERGASTE

Et de quoi ?

VALÈRE

De quoi ? C'est que j'enrage
De voir celle que j'aime au pouvoir d'un sauvage,
D'un dragon surveillant, dont la sévérité
Ne lui laisse jouir d'aucune liberté.

ERGASTE

315 C'est ce qui fait pour vous, et sur ces conséquences
Votre amour doit fonder de grandes espérances.
Apprenez, pour avoir votre esprit raffermi,
Qu'une femme qu'on garde est gagnée à demi,
Et que les noirs chagrins des maris ou des pères
320 Ont toujours du galant avancé les affaires.
Je coquette fort peu, c'est mon moindre talent,
Et de profession je ne suis point galant :
Mais j'ai servi vingt de ces chercheurs de proie,
Qui disaient fort souvent que leur plus grande joie
325 Etait de rencontrer de ces maris fâcheux,
Qui jamais sans gronder ne reviennent chez eux ;
De ces brutaux fieffés, qui, sans raison ni suite,
De leurs femmes en tout contrôlent la conduite,
Et, du nom de mari fièrement se parant,
330 Leur rompent en visière aux yeux des soupirants.
« On en sait, disent-ils, prendre ses avantages ;
Et l'aigreur de la dame à ces sortes d'outrages,
Dont la plaint doucement le complaisant témoin,
Est un champ à pousser les choses assez loin. »
335 En un mot, ce vous est une attente assez belle
Que la sévérité du tuteur d'Isabelle.

VALÈRE

Mais, depuis quatre mois que je l'aime ardemment,
Je n'ai pour lui parler pu trouver un moment.

ERGASTE

L'amour rend inventif ; mais vous ne l'êtes guère :
340 Et si j'avais été...

VALÈRE

Mais qu'aurais-tu pu faire,
Puisque sans ce brutal on ne la voit jamais ;
Et qu'il n'est là-dedans servantes ni valets
Dont, par l'appât flatteur de quelque récompense,
Je puisse pour mes feux ménager l'assistance ?

ERGASTE

345 Elle ne sait donc pas encor que vous l'aimez ?

VALÈRE

C'est un point dont mes vœux ne sont pas informés.
Partout où ce farouche a conduit cette belle,

Elle m'a toujours vu comme une ombre après elle,
Et mes regards aux siens ont tâché chaque jour
De pouvoir expliquer l'excès de mon amour.   3
Mes yeux ont fort parlé ; mais qui me peut apprendre
Si leur langage enfin a pu se faire entendre ?

ERGASTE

Ce langage, il est vrai, peut être obscur parfois,
S'il n'a pour truchement l'écriture ou la voix.

VALÈRE

Que faire pour sortir de cette peine extrême,   3
Et savoir si la belle a connu que je l'aime ?
Dis-m'en quelque moyen.

ERGASTE

C'est ce qu'il faut trouver :
Entrons un peu chez vous, afin d'y mieux rêver.

ACTE SECOND

Scène I : Isabelle, Sganarelle.

SGANARELLE

Va, je sais la maison, et connais la personne
Aux marques seulement que ta bouche me donne.   3

ISABELLE, à part.

O Ciel ! sois-moi propice, et seconde en ce jour
Le stratagème adroit d'une innocente amour !

SGANARELLE

Dis-tu pas qu'on t'a dit qu'il s'appelle Valère ?

ISABELLE

Oui.

SGANARELLE

Va, sois en repos, rentre, et me laisse faire ;
Je vais parler sur l'heure à ce jeune étourdi.   3

ISABELLE, en s'en allant.

Je fais, pour une fille, un projet bien hardi ;
Mais l'injuste rigueur dont envers moi l'on use
Dans tout esprit bien fait me servira d'excuse.

Scène II : Sganarelle, Ergaste, Valère.

SGANARELLE

Ne perdons point de temps ; c'est ici. Qui va là ?
Bon, je rêve. Holà ! dis-je, holà, quelqu'un ! holà !   3
Je ne m'étonne pas, après cette lumière,
S'il y venait tantôt de si douce manière ;
Mais je veux me hâter, et de son fol espoir...
A Ergaste.
Peste soit du gros bœuf, qui, pour me faire choir,
Se vient devant mes pas planter comme une perche !   3

VALÈRE.

Monsieur, j'ai du regret...

SGANARELLE

Ah ! c'est vous que je cherche.

VALÈRE.

Moi, monsieur ?

SGANARELLE

Vous. Valère est-il pas votre nom ?

VALÈRE

Oui.

SGANARELLE

Je viens vous parler, si vous le trouvez bon.

VALÈRE

Puis-je être assez heureux pour vous rendre service ?

SGANARELLE

380 Non. Mais je prétends, moi, vous rendre un bon office ;
Et c'est ce qui chez vous prend droit de m'amener.

VALÈRE

Chez moi, monsieur ?

SGANARELLE

Chez vous. Faut-il tant s'étonner ?

VALÈRE

J'en ai bien du sujet ; et mon âme ravie
De l'honneur...

SGANARELLE

Laissons là cet honneur, je vous prie.

VALÈRE

385 Voulez-vous pas entrer ?

SGANARELLE

Il n'en est pas besoin.

VALÈRE

Monsieur, de grâce.

SGANARELLE

Non, je n'irai pas plus loin.

VALÈRE

Tant que vous serez là, je ne puis vous entendre.

SGANARELLE

Moi, je n'en veux bouger.

VALÈRE

Hé bien ! il faut se rendre :
Vite, puisque monsieur à cela se résout,

390 Donnez un siège ici.

SGANARELLE

Je veux parler debout.

VALÈRE

Vous souffrir de la sorte !...

SGANARELLE

Ah ! contrainte effroyable !

VALÈRE

Cette incivilité serait trop condamnable.

SGANARELLE

C'en est une que rien ne saurait égaler,
De n'ouïr pas les gens qui veulent nous parler.

VALÈRE

395 Je vous obéis donc.

SGANARELLE

Vous ne sauriez mieux faire.
Ils font de grandes cérémonies pour se couvrir.
Tant de cérémonie est fort peu nécessaire.
Voulez-vous m'écouter ?

VALÈRE

Sans doute, et de grand cœur.

SGANARELLE

Savez-vous, dites-moi, que je suis le tuteur
D'une fille assez jeune et passablement belle,

400 Qui loge en ce quartier, et qu'on nomme Isabelle ?

VALÈRE

Oui.

SGANARELLE

Si vous le savez, je ne vous l'apprends pas.
Mais savez-vous aussi, lui trouvant des appas,
Qu'autrement qu'en tuteur sa personne me touche,
Et qu'elle est destinée à l'honneur de ma couche ?

VALÈRE

Non.

SGANARELLE

Je vous l'apprends donc ; et qu'il est à propos   405
Que vos vœux, s'il vous plaît, la laissent en repos.

VALÈRE

Qui ? moi, monsieur !

SGANARELLE

Oui, vous. Mettons bas toute

VALÈRE   [feinte.

Qui vous a dit que j'ai pour elle l'âme atteinte ?

SGANARELLE

Des gens à qui l'on peut donner quelque crédit.

VALÈRE

Mais encore ?

SGANARELLE

Elle-même.

VALÈRE

Elle ?

SGANARELLE

Elle. Est-ce assez dit ?   410
Comme une fille honnête, et qui m'aime d'enfance,
Elle vient de m'en faire entière confidence ;
Et, de plus, m'a chargé de vous donner avis
Que, depuis que par vous tous ses pas sont suivis,
Son cœur, qu'avec excès votre poursuite outrage,   415
N'a que trop de vos yeux entendu le langage ;
Que vos secrets désirs lui sont assez connus,
Et que c'est vous donner des soucis superflus
De vouloir davantage expliquer une flamme
Qui choque l'amitié que me garde son âme.   420

VALÈRE

C'est elle, dites-vous, qui de sa part vous fait...

SGANARELLE

Oui, vous venir donner cet avis franc et net ;
Et, qu'ayant vu l'ardeur dont votre âme est blessée,
Elle vous eût plus tôt fait savoir sa pensée,
Si son cœur avait eu, dans son émotion,   425
A qui pouvoir donner cette commission ;
Mais qu'enfin les douleurs d'une contrainte extrême
L'ont réduite à vouloir se servir de moi-même,
Pour vous rendre averti, comme je vous ai dit,
Qu'à tout autre que moi son cœur est interdit,   430
Que vous avez assez joué de la prunelle,
Et que, si vous avez tant soit peu de cervelle,
Vous prendrez d'autres soins. Adieu, jusqu'au revoir.
Voilà ce que j'avais à vous faire savoir.

VALÈRE, *bas*

Ergaste, que dis-tu d'une telle aventure ?   435

SGANARELLE, *bas, à part.*

Le voilà bien surpris !

ERGASTE, *bas, à Valère.*

Selon ma conjecture,
Je tiens qu'elle n'a rien de déplaisant pour vous,
Qu'un mystère assez fin est caché là-dessous,

Et qu'enfin cet avis n'est pas d'une personne
440 Qui veuille voir cesser l'amour qu'elle vous donne.
                    SGANARELLE, *à part.*
Il en tient comme il faut.
                    VALÈRE, *bas, à Ergaste.*
                            Tu crois mystérieux...
                    ERGASTE, *bas.*
Oui... Mais il nous observe, ôtons-nous de ses yeux.
                    SGANARELLE
Que sa confusion paraît sur son visage !
Il ne s'attendait pas, sans doute, à ce message.
445 Appelons Isabelle, elle montre le fruit
Que l'éducation dans une âme produit.
La vertu fait ses soins, et son cœur s'y consomme
Jusques à s'offenser des seuls regards d'un homme.

                Scène III : Isabelle, Sganarelle.

                    ISABELLE, *bas, en entrant.*
J'ai peur que cet amant, plein de sa passion,
450 N'ait pas de mon avis compris l'intention ;
Et j'en veux, dans les fers où je suis prisonnière,
Hasarder un qui parle avec plus de lumière.
                    SGANARELLE
Me voilà de retour.
                    ISABELLE
                    Hé bien ?
                    SGANARELLE
                            Un plein effet
A suivi tes discours, et ton homme a son fait.
455 Il me voulait nier que son cœur fût malade ;
Mais, lorsque de ta part j'ai marqué l'ambassade,
Il est resté d'abord et muet et confus,
Et je ne pense pas qu'il y revienne plus.
                    ISABELLE
Ah ! que me dites-vous ? J'ai bien peur du contraire,
460 Et qu'il ne nous prépare encor plus d'une affaire.
                    SGANARELLE
Et sur quoi fondes-tu cette peur que tu dis ?
                    ISABELLE
Vous n'avez pas été plus tôt hors du logis,
Qu'ayant, pour prendre l'air, la tête à ma fenêtre,
J'ai vu dans ce détour un jeune homme paraître,
465 Qui d'abord, de la part de cet impertinent,
Est venu me donner un bonjour surprenant,
Et m'a, droit dans ma chambre, une boîte jetée,
Qui renferme une lettre en poulet cachetée.
J'ai voulu sans tarder lui rejeter le tout ;
470 Mais ses pas de la rue avaient gagné le bout,
Et je m'en sens le cœur tout gros de fâcherie.
                    SGANARELLE
Voyez un peu la ruse et la friponnerie !
                    ISABELLE
Il est de mon devoir de faire promptement
Reporter boîte et lettre à ce maudit amant ;
475 Et j'aurais pour cela besoin d'une personne...
Car d'oser à vous-même...
                    SGANARELLE
                            Au contraire, mignonne,
C'est me faire mieux voir ton amour et ta foi,

Et mon cœur avec joie accepte cet emploi ;
Tu m'obliges par là plus que je ne puis dire
                    ISABELLE
Tenez donc.
                    SGANARELLE
                    Bon. Voyons ce qu'il a pu t'écrire.
                    ISABELLE
Ah ! ciel, gardez-vous bien de l'ouvrir.
                    SGANARELLE
                                        Et pourquoi ?
                    ISABELLE
Lui voulez-vous donner à croire que c'est moi ?
Une fille d'honneur doit toujours se défendre
De lire les billets qu'un homme lui fait rendre.
La curiosité qu'on fait lors éclater
Marque un secret plaisir de s'en ouïr conter ;
Et je trouve à propos que, toute cachetée,
Cette lettre lui soit promptement reportée,
Afin que d'autant mieux il connaisse aujourd'hui
Le mépris éclatant que mon cœur fait de lui,
Que ses feux désormais perdent toute espérance,
Et n'entreprennent plus pareille extravagance.
                    SGANARELLE
Certes, elle a raison lorsqu'elle parle ainsi.
Va, ta vertu me charme, et ta prudence aussi :
Je vois que mes leçons ont germé dans ton âme,
Et tu te montres digne enfin d'être ma femme.
                    ISABELLE
Je ne veux pas pourtant gêner votre désir.
La lettre est en vos mains, et vous pouvez l'ouvrir.
                    SGANARELLE
Non, je n'ai garde ; hélas ! tes raisons sont trop bonnes ;
Et je vais m'acquitter du soin que tu me donnes ;
A quatre pas de là dire ensuite deux mots,
Et revenir ici te remettre en repos.

                Scène IV : Sganarelle, Ergaste.

                    SGANARELLE
Dans quel ravissement est-ce que mon cœur nage,
Lorsque je vois en elle une fille si sage !
C'est un trésor d'honneur que j'ai dans ma maison.
Prendre un regard d'amour pour une trahison !
Recevoir un poulet comme une injure extrême,
Et le faire au galant reporter par moi-même !
Je voudrais bien savoir, en voyant tout ceci,
Si celle de mon frère en userait ainsi.
Ma foi, les filles sont ce que l'on les fait être.
Holà !
Il frappe à la porte de Valère.
                    ERGASTE
        Qu'est-ce ?
                    SGANARELLE
                    Tenez, dites à votre maître
Qu'il ne s'ingère pas d'oser écrire encor
Des lettres qu'il envoie avec des boîtes d'or,
Et qu'Isabelle en est puissamment irritée.
Voyez, on ne l'a pas au moins décachetée ;
Il connaîtra l'état que l'on fait de ses feux,
Et quel heureux succès il doit espérer d'eux.

Scène V : Valère, Ergaste.

VALÈRE

Que vient de te donner cette farouche bête ?

ERGASTE

Cette lettre, monsieur, qu'avecque cette boîte
On prétend qu'ait reçue Isabelle de vous,
Et dont elle est, dit-il, en un fort grand courroux.
C'est sans vouloir l'ouvrir qu'elle vous la fait rendre.
Lisez vite, et voyons si je me puis méprendre.

VALÈRE *lit.*

« *Cette lettre vous surprendra sans doute, et l'on peut trouver bien hardi pour moi, et le dessein de vous l'écrire, et la manière de vous la faire tenir ; mais je me vois dans un état à ne plus garder de mesures. La juste horreur d'un mariage dont je suis menacée dans six jours me fait hasarder toutes choses ; et, dans la résolution de m'en affranchir par quelque voie que ce soit, j'ai cru que je devais plutôt vous choisir que le désespoir. Ne croyez pas pourtant que vous soyez redevable de tout à ma mauvaise destinée ; ce n'est pas la contrainte où je me trouve qui a fait naître les sentiments que j'ai pour vous ; mais c'est elle qui en précipite le témoignage, et qui me fait passer sur des formalités où la bienséance du sexe oblige. Il ne tiendra qu'à vous que je sois à vous bientôt, et j'attends seulement que vous m'ayez marqué les intentions de votre amour, pour vous faire savoir la résolution que j'ai prise ; mais, surtout, songez que le temps presse, et que deux cœurs qui s'aiment doivent s'entendre à demi-mot.* »

ERGASTE

Hé bien ! monsieur, le tour est-il d'original ?
Pour une jeune fille elle n'en sait pas mal !
De ces ruses d'amour la croirait-on capable ?

VALÈRE

Ah ! je la trouve là tout à fait adorable.
Ce trait de son esprit et de son amitié
Accroît pour elle encor mon amour de moitié,
Et joint aux sentiments que sa beauté m'inspire...

ERGASTE

La dupe vient ; songez à ce qu'il vous faut dire.

Scène VI : Sganarelle, Valère, Ergaste.

SGANARELLE, *se croyant seul.*

Oh ! trois et quatre fois béni soit cet édit
Par qui des vêtements le luxe est interdit !
Les peines des maris ne seront plus si grandes,
Et les femmes auront un frein à leurs demandes.
Oh ! que je sais au roi bon gré de ces décris !
Et que, pour le repos de ces mêmes maris,
Je voudrais bien qu'on fît de la coquetterie
Comme de la guipure et de la broderie !
J'ai voulu l'acheter, l'édit, expressément,
Afin que d'Isabelle il soit lu hautement ;
Et ce sera tantôt, n'étant plus occupée,
Le divertissement de notre après-soupée.

Apercevant Valère.

Enverrez-vous encor, monsieur aux blonds cheveux, 545
Avec des boîtes d'or des billets amoureux ?
Vous pensiez bien trouver quelque jeune coquette,
Friande de l'intrigue, et tendre à la fleurette ?
Vous voyez de quel air on reçoit vos joyaux ?
Croyez-moi, c'est tirer votre poudre aux moineaux. 550
Elle est sage, elle m'aime, et votre amour l'outrage ;
Prenez visée ailleurs, et troussez-moi bagage.

VALÈRE

Oui, oui, votre mérite, à qui chacun se rend,
Est à mes yeux, monsieur, un obstacle trop grand ;
Et c'est folie à moi, dans son ardeur fidèle, 555
De prétendre avec vous à l'amour d'Isabelle.

SGANARELLE

Il est vrai, c'est folie.

VALÈRE

　　　　　　Aussi n'aurais-je pas
Abandonné mon cœur à suivre ses appas,
Si j'avais pu savoir que ce cœur misérable
Dût trouver un rival comme vous redoutable. 560

SGANARELLE

Je le crois.

VALÈRE

　　　Je n'ai garde à présent d'espérer ;
Je vous cède, monsieur, et c'est sans murmurer.

SGANARELLE

Vous faites bien.

VALÈRE

　　　　Le droit de la sorte l'ordonne ;
Et de tant de vertus brille votre personne,
Que j'aurais tort de voir d'un regard de courroux 565
Les tendres sentiments qu'Isabelle a pour vous.

SGANARELLE

Cela s'entend.

VALÈRE

　　　Oui, oui, je vous quitte la place :
Mais je vous prie au moins, et c'est la seule grâce,
Monsieur, que vous demande un misérable amant,
Dont vous seul aujourd'hui causez tout le tourment, 570
Je vous conjure donc d'assurer Isabelle
Que, si depuis trois mois mon cœur brûle pour elle,
Cet amour est sans tache, et n'a jamais pensé
A rien dont son honneur ait lieu d'être offensé.

SGANARELLE

Oui. 575

VALÈRE

　　　Que, ne dépendant que du choix de mon âme,
Tous mes desseins étaient de l'obtenir pour femme,
Si les destins, en vous qui captivez son cœur,
N'opposaient un obstacle à cette juste ardeur.

SGANARELLE

Fort bien.

VALÈRE

　　　Que, quoi qu'on fasse, il ne lui faut pas croire
Que jamais ses appas sortent de ma mémoire ; 580
Que, quelque arrêt des cieux qu'il me faille subir,
Mon sort est de l'aimer jusqu'au dernier soupir ;
Et que, si quelque chose étouffe mes poursuites,
C'est le juste respect que j'ai pour vos mérites.

SGANARELLE

585 C'est parler sagement ; et je vais de ce pas
Lui faire ce discours, qui ne la choque pas ;
Mais, si vous me croyez, tâchez de faire en sorte
Que de votre cerveau cette passion sorte.
Adieu.

ERGASTE, *à Valère.*

La dupe est bonne !

SGANARELLE

Il me fait grand pitié,

590 Ce pauvre malheureux trop rempli d'amitié ;
Mais c'est un mal pour lui de s'être mis en tête
De vouloir prendre un fort qui se voit ma conquête.
Sganarelle heurte à sa porte.

Scène VII : *Sganarelle, Isabelle.*

SGANARELLE

Jamais amant n'a fait tant de trouble éclater
Au poulet renvoyé sans se décacheter ;

595 Il perd toute espérance, enfin, et se retire ;
Mais il m'a tendrement conjuré de te dire :
« Que du moins en t'aimant il n'a jamais pensé
A rien dont ton honneur ait lieu d'être offensé,
Et que, ne dépendant que du choix de son âme,

600 Tous ses désirs étaient de t'obtenir pour femme,
Si les destins, en moi, qui captive ton cœur,
N'opposaient un obstacle à cette juste ardeur ;
Que, quoi qu'on puisse faire, il ne te faut pas croire
Que jamais tes appas sortent de sa mémoire ;

605 Que, quelque arrêt des cieux qu'il lui faille subir,
Son sort est de t'aimer jusqu'au dernier soupir ;
Et que, si quelque chose étouffe sa poursuite,
C'est le juste respect qu'il a pour mon mérite. »
Ce sont ses propres mots ; et, loin de le blâmer,

610 Je le trouve honnête homme, et le plains de t'aimer.

ISABELLE, *bas.*

Ses feux ne trompent point ma secrète croyance,
Et toujours ses regards m'en ont dit l'innocence.

SGANARELLE

Que dis-tu ?

ISABELLE

Qu'il m'est dur que vous vous plaigniez si fort
Un homme que je hais à l'égal de la mort ;

615 Et que, si vous m'aimiez autant que vous le dites,
Vous sentiriez l'affront que me font ses poursuites.

SGANARELLE

Mais il ne savait pas tes inclinations ;
Et, par l'honnêteté de ses intentions,
Son amour ne mérite...

ISABELLE

Est-ce les avoir bonnes,

620 Dites-moi, de vouloir enlever les personnes ?
Est-ce être homme d'honneur de former des desseins
Pour m'épouser de force en m'ôtant de vos mains ?
Comme si j'étais fille à supporter la vie
Après qu'on m'aurait fait une telle infamie.

SGANARELLE

625 Comment ?

ISABELLE

Oui, oui ; j'ai su que ce traître d'amant
Parle de m'obtenir par un enlèvement ;
Et j'ignore, pour moi, les pratiques secrètes
Qui l'ont instruit si tôt du dessein que vous faites
De me donner la main dans huit jours au plus tard,
Puisque ce n'est que d'hier que vous m'en fîtes part ;
Mais il veut prévenir, dit-on, cette journée
Qui doit à votre sort unir ma destinée.

SGANARELLE

Voilà qui ne vaut rien.

ISABELLE

Oh ! que pardonnez-moi !
C'est un fort honnête homme, et qui ne sent pour moi...

SGANARELLE

Il a tort, et ceci passe la raillerie.

ISABELLE

Allez, votre douceur entretient sa folie ;
S'il vous eût vu tantôt lui parler vertement,
Il craindrait vos transports et mon ressentiment,
Car c'est encor depuis sa lettre méprisée
Qu'il a dit ce dessein qui m'a scandalisée :
Et son amour conserve, ainsi que je l'ai su,
La croyance qu'il est dans mon cœur bien reçu ;
Que je fuis votre hymen, quoi que le monde en croie,
Et me verrais tirer de vos mains avec joie.

SGANARELLE

Il est fou.

ISABELLE

Devant vous il sait se déguiser,
Et son intention est de vous amuser.
Croyez par ces beaux mots que le traître vous joue.
Je suis bien malheureuse, il faut que je l'avoue,
Qu'avecque tous mes soins pour vivre dans l'honneur
Et rebuter les vœux d'un lâche suborneur,
Il faille être exposée aux fâcheuses surprises
De voir faire sur moi d'infâmes entreprises !

SGANARELLE

Va, ne redoute rien.

ISABELLE

Pour moi, je vous le dis,
Si vous n'éclatez fort contre un trait si hardi,
Et ne trouvez bientôt moyen de me défaire
Des persécutions d'un pareil téméraire,
J'abandonnerai tout, et renonce à l'ennui
De souffrir les affronts que je reçois de lui.

SGANARELLE

Ne t'afflige point tant ; va, ma petite femme,
Je m'en vais le trouver, et lui chanter sa gamme.

ISABELLE

Dites-lui bien au moins qu'il le nierait en vain.
Que c'est de bonne part qu'on m'a dit son dessein ;
Et qu'après cet avis quoi qu'il puisse entreprendre,
J'ose le défier de me pouvoir surprendre ;
Enfin, que, sans plus perdre et soupirs et moments,
Il doit savoir pour vous quels sont mes sentiments ;
Et que, si d'un malheur il ne veut être cause,
Il ne se fasse pas deux fois dire une chose.

SGANARELLE

Je dirai ce qu'il faut.

ISABELLE

Mais tout cela d'un ton
570 Qui marque que mon cœur lui parle tout de bon.

SGANARELLE

Va, je n'oublierai rien, je t'en donne assurance.

ISABELLE

J'attends votre retour avec impatience ;
Hâtez-le, s'il vous plaît, de tout votre pouvoir.
Je languis quand je suis un moment sans vous voir.

SGANARELLE

575 Va, pouponne, mon cœur, je reviens tout à l'heure.
Est-il une personne et plus sage et meilleure ?
Ah ! que je suis heureux : et que j'ai de plaisir
De trouver une femme au gré de mon désir !
Oui, voilà comme il faut que les femmes soient faites ;
580 Et non comme j'en sais, de ces franches coquettes
Qui s'en laissent conter, et font dans tout Paris
Montrer au bout du doigt leurs honnêtes maris.
Il frappe à la porte de Valère.
Holà ! notre galant aux belles entreprises !

Scène VIII : Valère, Sganarelle, Ergaste.

VALÈRE

Monsieur, qui vous ramène en ces lieux ?

SGANARELLE

Vos sottises.

VALÈRE

585 Comment ?

SGANARELLE

Vous savez bien de quoi je veux parler ;
Je vous croyais plus sage, à ne vous rien celer.
Vous venez m'amuser de vos belles paroles,
Et conservez sous main des espérances folles.
Voyez-vous, j'ai voulu doucement vous traiter ;
590 Mais vous m'obligerez à la fin d'éclater.
N'avez-vous point de honte, étant ce que vous êtes,
De faire en votre esprit les projets que vous faites ?
De prétendre enlever une fille d'honneur,
Et troubler un hymen qui fait tout son bonheur ?

VALÈRE

595 Qui vous a dit, monsieur, cette étrange nouvelle ?

SGANARELLE

Ne dissimulons point, je la tiens d'Isabelle,
Qui vous mande par moi, pour la dernière fois,
Qu'elle vous a fait voir assez quel est son choix ;
Que son cœur, tout à moi, d'un tel projet s'offense ;
600 Qu'elle mourrait plutôt qu'en souffrir l'insolence ;
Et que vous causerez de terribles éclats,
Si vous ne mettez fin à tout cet embarras.

VALÈRE

S'il est vrai qu'elle ait dit ce que je viens d'entendre,
J'avouerai que mes feux n'ont plus rien à prétendre ;
605 Par ces mots assez clairs je vois tout terminé,
Et je dois révérer l'arrêt qu'elle a donné.

SGANARELLE

Si... Vous en doutez donc, et prenez pour des feintes
Tout ce que de sa part je vous ai fait de plaintes ?
Voulez-vous qu'elle-même elle explique son cœur ?
610 J'y consens volontiers pour vous tirer d'erreur.

Suivez-moi, vous verrez s'il est rien que j'avance,
Et si son jeune cœur entre nous deux balance.
Il va frapper à sa porte.

Scène IX : Isabelle, Sganarelle, Valère.

ISABELLE

Quoi ! vous me l'amenez ! Quel est votre dessein ?
Prenez-vous contre moi ses intérêts en main ?
615 Et voulez-vous, charmé de ses rares mérites,
M'obliger à l'aimer, et souffrir ses visites ?

SGANARELLE

Non, mamie, et ton cœur pour cela m'est trop cher :
Mais il prend mes avis pour des contes en l'air,
Croit que c'est moi qui parle, et te fais, par adresse,
620 Pleine pour lui de haine, et pour moi de tendresse ;
Et par toi-même enfin j'ai voulu sans retour
Le tirer d'une erreur qui nourrit son amour.

ISABELLE, *à Valère.*

Quoi ! mon âme à vos yeux ne se montre pas toute,
Et de mes vœux encor vous pouvez être en doute ?

VALÈRE

625 Oui, tout ce que monsieur de votre part m'a dit,
Madame, a bien pouvoir de surprendre un esprit :
J'ai douté, je l'avoue ; et cet arrêt suprême,
Qui décide du sort de mon amour extrême,
Doit m'être assez touchant pour ne pas s'offenser
630 Que mon cœur par deux fois le fasse prononcer.

ISABELLE

Non, non, un tel arrêt ne doit pas vous surprendre :
Ce sont mes sentiments qu'il vous a fait entendre :
Et je les tiens fondés sur assez d'équité,
Pour en faire éclater toute la vérité.
635 Oui, je veux bien qu'on sache, et j'en dois être crue,
Que le sort offre ici deux objets à ma vue,
Qui, m'inspirant pour eux différents sentiments,
De mon cœur agité font tous les mouvements.
L'un, par un juste choix où l'honneur m'intéresse,
640 A toute mon estime et toute ma tendresse ;
Et l'autre, pour le prix de son affection,
A toute ma colère et mon aversion.
La présence de l'un m'est agréable et chère,
J'en reçois dans mon âme une allégresse entière ;
645 Et l'autre, par sa vue, inspire dans mon cœur
De secrets mouvements et de haine et d'horreur.
Me voir femme de l'un est toute mon envie ;
Et plutôt qu'être à l'autre on m'ôterait la vie.
Mais c'est assez montrer mes justes sentiments,
650 Et trop longtemps languir dans ces rudes tourments ;
Il faut que ce que j'aime, usant de diligence,
Fasse à ce que je hais perdre toute espérance,
Et qu'un heureux hymen affranchisse mon sort
D'un supplice pour moi plus affreux que la mort.

SGANARELLE

655 Oui, mignonne, je songe à remplir ton attente.

ISABELLE

C'est l'unique moyen de me rendre contente.

SGANARELLE

Tu le seras dans peu.

SGANARELLE

Pauvre garçon, sa douleur est extrême !
Tenez, embrassez-moi, c'est un autre elle-même.
Il embrasse Valère.

ISABELLE

Je sais qu'il est honteux
Aux filles d'expliquer si librement leurs vœux.

SGANARELLE

Point, point.

ISABELLE

Mais, en l'état où sont mes destinées,
760 De telles libertés doivent m'être données ;
Et je puis, sans rougir, faire un aveu si doux
A celui que déjà je regarde en époux.

SGANARELLE

Oui, ma pauvre fanfan, pouponne de mon âme !

ISABELLE

Qu'il songe donc, de grâce, à me prouver sa flamme !

SGANARELLE

765 Oui, tiens, baise ma main.

ISABELLE

Que sans plus de soupirs
Il conclue un hymen qui fait tous mes désirs,
Et reçoive en ce lieu la foi que je lui donne
De n'écouter jamais les vœux d'autre personne.
*Elle fait semblant d'embrasser Sganarelle,
et donne sa main à baiser à Valère.*

SGANARELLE

Hai ! hai ! mon petit nez, pauvre petit bouchon,
770 Tu ne languiras pas longtemps, je t'en réponds.
A Valère.
Va, chut ! Vous le voyez, je ne lui fais pas dire,
Ce n'est qu'après moi seul que son âme respire.

VALÈRE

Hé bien ! madame, hé bien ! c'est s'expliquer assez ;
Je vois, par ce discours, de quoi vous me pressez,
775 Et je saurai dans peu vous ôter la présence
De celui qui vous fait si grande violence.

ISABELLE

Vous ne me sauriez faire un plus charmant plaisir ;
Car enfin cette vue est fâcheuse à souffrir,
Elle m'est odieuse ; et l'horreur est si forte...

SGANARELLE

780 Hé ! hé !

ISABELLE

Vous offensé-je en parlant de la sorte ?
Fais-je...

SGANARELLE

Mon Dieu ! nenni, je ne dis pas cela ;
Mais je plains, sans mentir, l'état où le voilà ;
Et c'est trop hautement que ta haine se montre.

ISABELLE

Je n'en puis trop montrer en pareille rencontre.

VALÈRE

785 Oui, vous serez contente, et dans trois jours vos yeux
Ne verront plus l'objet qui vous est odieux.

ISABELLE

A la bonne heure. Adieu.

SGANARELLE, *à Valère.*

Je plains votre infortune ;
Mais...

VALÈRE

Non, vous n'entendrez de mon cœur plainte au-
Madame assurément rend justice à tous deux, [cune ;

Et je vais travailler à contenter ses vœux.
Adieu.

SGANARELLE

Pauvre garçon, sa douleur est extrême !   75
Tenez, embrassez-moi, c'est un autre elle-même.
Il embrasse Valère.

Scène X : *Isabelle, Sganarelle.*

SGANARELLE

Je le tiens fort à plaindre.

ISABELLE

Allez, il ne l'est point.

SGANARELLE

Au reste, ton amour me touche au dernier point,
Mignonnette, et je veux qu'il ait sa récompense.   75
C'est trop que de huit jours pour ton impatience ;
Dès demain je t'épouse, et n'y veux appeler...

ISABELLE

Dès demain ?

SGANARELLE

Par pudeur tu feins d'y reculer :
Mais je sais bien la joie où ce discours te jette,
Et tu voudrais déjà que la chose fût faite.   80

ISABELLE

Mais...

SGANARELLE

Pour ce mariage, allons tout préparer.

ISABELLE, *à part.*

O Ciel ! inspire-moi ce qui peut le parer.

ACTE TROISIEME.

Scène I : *Isabelle.*

Oui, le trépas cent fois me semble moins à craindre
Que cet hymen fatal où l'on veut me contraindre ;
Et tout ce que je fais pour en fuir les rigueurs   8
Doit trouver quelque grâce auprès de mes censeurs.
Le temps presse, il fait nuit ; allons, sans crainte au-
A la foi d'un amant commettre ma fortune.   [cune,

Scène II : *Sganarelle, Isabelle.*

SGANARELLE, *parlant à ceux qui
sont dans sa maison.*

Je reviens, et l'on va pour demain de ma part...

ISABELLE

O Ciel !

SGANARELLE

C'est toi, mignonne ! Où vas-tu donc si tard ?   8
Tu disais qu'en ta chambre, étant un peu lassée,
Tu t'allais renfermer, lorsque je t'ai laissée ;
Et tu m'avais prié même que mon retour
T'y souffrît en repos jusques à demain jour.

ISABELLE

Il est vrai ; mais...   8

SGANARELLE

Hé quoi ?

ISABELLE

Vous me voyez confuse,
Et je ne sais comment vous en dire l'excuse.

SGANARELLE

Quoi donc ? Que pourrait-ce être ?

ISABELLE

Un secret surprenant :
C'est ma sœur qui m'oblige à sortir maintenant,
Et qui, pour un dessein dont je l'ai fort blâmée,
20 M'a demandé ma chambre, où je l'ai renfermée.

SGANARELLE

Comment ?

ISABELLE

L'eût-on pu croire ? Elle aime cet amant
Que nous avons banni.

SGANARELLE

Valère ?

ISABELLE

Eperdument. [même :
C'est un transport si grand qu'il n'en est point de
Et vous pouvez juger de sa puissance extrême,
25 Puisque seule, à cette heure, elle est venue ici
Me découvrir à moi son amoureux souci,
Me dire absolument qu'elle perdra la vie
Si son âme n'obtient l'effet de son envie ;
Que, depuis plus d'un an, d'assez vives ardeurs
30 Dans un secret commerce entretenaient leurs cœurs ;
Et que même ils s'étaient, leur flamme étant nouvelle,
Donné de s'épouser une foi mutuelle...

SGANARELLE

La vilaine !

ISABELLE

Qu'ayant appris le désespoir
Où j'ai précipité celui qu'elle aime à voir,
35 Elle vient me prier de souffrir que sa flamme
Puisse rompre un départ qui lui percerait l'âme ;
Entretenir ce soir cet amant sous mon nom
Par la petite rue où ma chambre répond ;
Lui peindre, d'une voix qui contrefait la mienne,
40 Quelques doux sentiments dont l'appât le retienne
Et ménager enfin pour elle adroitement
Ce que pour moi l'on sait qu'il a d'attachement.

SGANARELLE

Et tu trouves cela...

ISABELLE

Moi ? J'en suis courroucée.
Quoi ! ma sœur, ai-je dit, êtes-vous insensée ?
45 Ne rougissez-vous point d'avoir pris tant d'amour
Pour ces sortes de gens qui changent chaque jour ;
D'oublier votre sexe, et tromper l'espérance
D'un homme dont le Ciel vous donnait l'alliance ?

SGANARELLE

Il le mérite bien ; et j'en suis fort ravi.

ISABELLE

50 Enfin de cent raisons mon dépit s'est servi
Pour lui bien reprocher des bassesses si grandes,
Et pouvoir cette nuit rejeter ses demandes :

Mais elle m'a fait voir de si pressants désirs,
A tant versé de pleurs, tant poussé de soupirs,
Tant dit qu'au désespoir je porterais son âme   855
Si je lui refusais ce qu'exige sa flamme,
Qu'à céder malgré moi mon cœur s'est vu réduit ;
Et, pour justifier cette intrigue de nuit,
Où me faisait du sang relâcher la tendresse,
J'allais-faire avec moi venir coucher Lucrèce,   860
Dont vous me vantez tant les vertus chaque jour ;
Mais vous m'avez surprise avec ce prompt retour.

SGANARELLE

Non, non, je ne veux point chez moi tout ce mystère.
J'y pourrais consentir à l'égard de mon frère :
Mais on peut être vu de quelqu'un du dehors ;   865
Et celle que je dois honorer de mon corps
Non seulement doit être et pudique et bien née,
Il ne faut pas que même elle soit soupçonnée.
Allons chasser l'infâme ; et de sa passion...

ISABELLE

Ah ! vous lui donneriez trop de confusion ;   870
Et c'est avec raison qu'elle pourrait se plaindre
Du peu de retenue où j'ai su me contraindre :
Puisque de son dessein je dois me départir,
Attendez que du moins je la fasse sortir.

SGANARELLE

Hé bien ! fais

ISABELLE

Mais surtout cachez-vous, je vous prie,   875
Et, sans lui dire rien, daignez voir sa sortie.

SGANARELLE

Oui, pour l'amour de toi je retiens mes transports :
Mais, dès le même instant qu'elle sera dehors,
Je veux, sans différer, aller trouver mon frère :
J'aurai joie à courir lui dire cette affaire.   880

ISABELLE

Je vous conjure donc de ne me point nommer.
Bonsoir ; car tout d'un temps je vais me renfermer.

SGANARELLE, *seul.*

Jusqu'à demain, mamie... En quelle impatience
Suis-je de voir mon frère, et lui conter sa chance !
Il en tient, le bonhomme, avec tout son phébus,   885
Et je n'en voudrais pas tenir vingt bons écus.

ISABELLE, *dans la maison.*

Oui, de vos déplaisirs l'atteinte m'est sensible :
Mais ce que vous voulez, ma sœur, m'est impossible :
Mon honneur, qui m'est cher, y court trop de hasard.
Adieu. Retirez-vous avant qu'il soit plus tard.   890

SGANARELLE

La voilà qui, je crois, peste de belle sorte :
De peur qu'elle revînt, fermons à clef la porte.

ISABELLE, *en sortant.*

O Ciel ! dans mes desseins ne m'abandonnez pas !

SGANARELLE

Où pourra-t-elle aller ? Suivons un peu ses pas.

ISABELLE, *à part.*

Dans mon trouble, du moins, la nuit me favorise.   895

SGANARELLE, *à part.*

Au logis du galant ! Quelle est son entreprise ?

Scène III. Valère, Isabelle, Sganarelle.

VALÈRE, *sortant brusquement.*
Oui, oui, je veux tenter quelque effort cette nuit
Pour parler... Qui va là ?

ISABELLE, *à Valère.*
               Ne faites point de bruit,
Valère ; on vous prévient, et je suis Isabelle.

SGANARELLE
900 Vous en avez menti, chienne ; ce n'est pas elle.
De l'honneur que tu fuis elle suit trop les lois ;
Et tu prends faussement et son nom et sa voix.

ISABELLE, *à Valère.*
Mais à moins de vous voir par un saint hyménée...

VALÈRE
Oui, c'est l'unique but où tend ma destinée ;
905 Et je vous donne ici ma foi que dès demain
Je vais où vous voudrez recevoir votre main.

SGANARELLE, *à part.*
Pauvre sot qui s'abuse !

VALÈRE
              Entrez en assurance.
De votre Argus dupé je brave la puissance ;
Et, devant qu'il vous pût ôter à mon ardeur,
910 Mon bras de mille coups lui percerait le cœur.

SGANARELLE
Ah ! je te promets bien que je n'ai pas envie
De te l'ôter, l'infâme à ses feux asservie ;
Que du don de ta foi je ne suis point jaloux
Et que, si j'en suis cru, tu seras son époux.
915 Oui, faisons-le surprendre avec cette effrontée :
La mémoire du père à bon droit respectée,
Jointe au grand intérêt que je prends à la sœur,
Veut que du moins on tâche à lui rendre l'honneur.
Holà !
Il frappe à la porte d'un commissaire.

*Scène IV : Sganarelle, un commissaire,
un notaire, un laquais, avec un flambeau.*

LE COMMISSAIRE
Qu'est-ce ?

SGANARELLE
        Salut, monsieur le commissaire.
920 Votre présence en robe est ici nécessaire ;
Suivez-moi, s'il vous plaît, avec votre clarté.

LE COMMISSAIRE
Nous sortions...

SGANARELLE
          Il s'agit d'un fait assez hâté.

LE COMMISSAIRE
Quoi ?

SGANARELLE
      D'aller là-dedans, et d'y surprendre ensemble
Deux personnes qu'il faut qu'un bon hymen assemble:
925 C'est une fille à nous, que, sous un don de foi,
Un Valère a séduite et fait entrer chez soi.
Elle sort de famille et noble et vertueuse ;
Mais...

LE COMMISSAIRE
Si c'est pour cela, la rencontre est heureuse,
Puisqu'ici nous avons un notaire.

SGANARELLE
                     Monsieur ?

LE NOTAIRE
Oui, notaire royal.

LE COMMISSAIRE
             De plus, homme d'honneur.   9

SGANARELLE
Cela s'en va sans dire. Entrez dans cette porte,
Et, sans bruit, ayez l'œil que personne n'en sorte :
Vous serez pleinement contenté de vos soins ;
Mais ne vous laissez point graisser la patte, au moins.

LE COMMISSAIRE
Comment ! vous croyez donc qu'un homme de justice...   9

SGANARELLE
Ce que j'en dis n'est pas pour taxer votre office.
Je vais faire venir mon frère promptement :
Faites que le flambeau m'éclaire seulement.
A part.
Je vais le réjouir cet homme sans colère.
Holà !
Il frappe à la porte d'Ariste.

Scène V : Ariste, Sganarelle.

ARISTE
Qui frappe? Ah! Ah! que voulez-vous mon frère ?   9

SGANARELLE
Venez, beau directeur, suranné damoiseau !
On veut vous faire voir quelque chose de beau.

ARISTE
Comment ?

SGANARELLE
        Je vous apporte une bonne nouvelle.

ARISTE
Quoi ?

SGANARELLE
      Votre Léonor, où, je vous prie, est-elle ?

ARISTE
Pourquoi cette demande ? Elle est, comme je crois, 9
Au bal chez son amie.

SGANARELLE
             Eh ! oui, oui ; suivez-moi,
Vous verrez à quel bal la donzelle est allée.

ARISTE
Que voulez-vous conter ?

SGANARELLE
              Vous l'avez bien stylée :
Il n'est pas bon de vivre en sévère censeur ;
On gagne les esprits par beaucoup de douceur ;   9
Et les soins défiants, les verrous, et les grilles,
Ne font pas la vertu des femmes ni des filles ;
Nous les portons au mal par tant d'austérité,
Et leur sexe demande un peu de liberté.
Vraiment ! elle en a pris tout son soûl, la rusée ;
Et la vertu chez elle est fort humanisée.

ARISTE
Où veut donc aboutir un pareil entretien ?

SGANARELLE

Allez, mon frère aîné, cela vous sied fort bien ;
Et je ne voudrais pas pour vingt bonnes pistoles
Que vous n'eussiez ce fruit de vos maximes folles :
On voit ce qu'en deux sœurs nos leçons ont produit ;
L'une fuit le galant, et l'autre le poursuit.

ARISTE

Si vous ne me rendez cette énigme plus claire...

SGANARELLE

L'énigme est que son bal est chez monsieur Valère ;
Que, de nuit, je l'ai vue y conduire ses pas ;
Et qu'à l'heure présente elle est entre ses bras.

Qui ?

SGANARELLE

Léonor.

ARISTE

Cessons de railler, je vous prie.

SGANARELLE

Je raille... Il est fort bon avec sa raillerie !
Pauvre esprit ! je vous dis, et vous redis encor
Que Valère chez lui tient votre Léonor,
Et qu'ils s'étaient promis une foi mutuelle
Avant qu'il eût songé de poursuivre Isabelle.

ARISTE

Ce discours d'apparence est si fort dépourvu...

SGANARELLE

Il ne le croira pas encore en l'ayant vu :
J'enrage. Par ma foi, l'âge ne sert de guère
Quand on n'a pas cela.
Il met le doigt sur son front.

ARISTE

Quoi ! vous voulez, mon frère... ?

SGANARELLE

Mon Dieu ! je ne veux rien. Suivez-moi seulement ;
Votre esprit tout à l'heure aura contentement,
Vous verrez si j'impose, et si leur foi donnée
N'avait pas joint leurs cœurs depuis plus d'une année.

ARISTE

L'apparence qu'ainsi, sans m'en faire avertir,
A cet engagement elle eût pu consentir !
Moi, qui dans toute chose ai, depuis son enfance,
Montré toujours pour elle entière complaisance,
Et qui cent fois ai fait des protestations
De ne jamais gêner ses inclinations !

SGANARELLE

Enfin vos propres yeux jugeront de l'affaire.
J'ai fait venir déjà commissaire et notaire :
Nous avons intérêt que l'hymen prétendu
Répare sur-le-champ l'honneur qu'elle a perdu ;
Car je ne pense pas que vous soyez si lâche
De vouloir l'épouser avecque cette tache,
Si vous n'avez encor quelques raisonnements
Pour vous mettre au-dessus de tous les bernements.

ARISTE

Moi je n'aurai jamais cette faiblesse extrême
De vouloir posséder un cœur malgré lui-même.
Mais je ne saurais croire enfin...

SGANARELLE

Que de discours !

Allons, ce procès-là continuerait toujours.

*Scène VI : Sganarelle, Ariste,
un commissaire, un notaire.*

LE COMMISSAIRE

Il ne faut mettre ici nulle force en usage,
Messieurs ; et, si vos vœux ne vont qu'au mariage,   1000
Vos transports en ce lieu se peuvent apaiser ;
Tous deux également tendent à s'épouser ;
Et Valère déjà, sur ce qui vous regarde,
A signé que pour femme il tient celle qu'il garde.

ARISTE

La fille... ?

LE COMMISSAIRE

Est renfermée, et ne veut point sortir   1005
Que vos désirs aux leurs ne veuillent consentir.

*Scène VII : Valère, un commissaire,
un notaire, Sganarelle, Ariste.*

VALÈRE, *à la fenêtre de sa maison.*

Non, messieurs ; et personne ici n'aura l'entrée
Que cette volonté ne m'ait été montrée.
Vous savez qui je suis, et j'ai fait mon devoir
En vous signant l'aveu qu'on peut vous faire voir.   1010
Si c'est votre dessein d'approuver l'alliance,
Votre main peut aussi m'en signer l'assurance ;
Sinon, faites état de m'arracher le jour,
Plutôt que de m'ôter l'objet de mon amour.

SGANARELLE

Non, nous ne songeons pas à vous séparer d'elle.   1015
Bas, à part.
Il ne s'est point encor détrompé d'Isabelle :
Profitons de l'erreur.

ARISTE, *à Valère.*

Mais est-ce Léonor ?

SGANARELLE, *à Ariste.*

Taisez-vous.

ARISTE

Mais...

SGANARELLE

Paix donc.

ARISTE

Je veux savoir...

SGANARELLE

Encor ?

Vous tairez-vous ? vous dis-je.

VALÈRE

Enfin, quoi qu'il advienne,
Isabelle a ma foi ; j'ai de même la sienne,   1020
Et ne suis point un choix, à tout examiner,
Que vous soyez reçus à faire condamner.

ARISTE, *à Sganarelle.*

Ce qu'il dit là n'est pas...

SGANARELLE

Taisez-vous, et pour cause ;
Vous saurez le secret. Oui, sans dire autre chose,
Nous consentons tous deux que vous soyez l'époux   1025
De celle qu'à présent on trouvera chez vous.

LE COMMISSAIRE

C'est dans ces termes-là que la chose est conçue,
Et le nom est en blanc pour ne l'avoir point vue.
Signez. La fille après vous mettra tous d'accord.

VALÈRE

1030 J'y consens de la sorte.

SGANARELLE

Et moi, je le veux fort.
Nous rirons bien tantôt. Là, signez donc, mon frère;
L'honneur vous appartient.

ARISTE

Mais quoi ! tout ce mystère...

SGANARELLE

Diantre ! que de façons ! Signez, pauvre butor.

ARISTE

Il parle d'Isabelle, et vous de Léonor.

SGANARELLE

1035 N'êtes-vous point d'accord, mon frère, si c'est elle,
De les laisser tous deux à leur foi mutuelle ?

ARISTE

Sans doute.

SGANARELLE

Signez donc, j'en fais de même aussi.

ARISTE

Soit. Je n'y comprends rien.

SGANARELLE

Vous serez éclairci.

LE COMMISSAIRE

Nous allons revenir.

SGANARELLE, à Ariste.

Or çà, je vais vous dire
1040 La fin de cette intrigue.
Ils se retirent dans le fond du théâtre.

*Scène VIII : Léonor, Sganarelle,
Ariste, Lisette.*

LÉONOR

O l'étrange martyre !
Que tous ces jeunes fous me paraissent fâcheux !
Je me suis dérobée au bal pour l'amour d'eux.

LISETTE

Chacun d'eux près de vous veut se rendre agréable.

LÉONOR

Et moi, je n'ai rien vu de plus insupportable ;
1045 Et je préférerais le plus simple entretien
A tous les contes bleus de ces discours de rien.
Ils croyent que tout cède à leur perruque blonde,
Et pensent avoir dit le meilleur mot du monde,
Lorsqu'ils viennent, d'un ton de mauvais goguenard,
1050 Vous railler sottement sur l'amour d'un vieillard ;
Et moi, d'un tel vieillard je prise plus le zèle
Que tous les beaux transports d'une jeune cervelle.
Mais n'aperçois-je pas...

SGANARELLE, à Ariste.

Oui, l'affaire est ainsi.

Apercevant Léonor.

Ah ! je la vois paraître, et sa suivante aussi.

ARISTE

1055 Léonor, sans courroux, j'ai sujet de me plaindre.

Vous savez si jamais j'ai voulu vous contraindre,
Et si plus de cent fois je n'ai pas protesté
De laisser à vos vœux leur pleine liberté :
Cependant votre cœur, méprisant mon suffrage,
De foi comme d'amour à mon insu s'engage.   10
Je ne me repens pas de mon doux traitement ;
Mais votre procédé me touche assurément ;
Et c'est une action que n'a pas méritée
Cette tendre amitié que je vous ai portée.

LÉONOR

Je ne sais pas sur quoi vous tenez ce discours ;   10
Mais croyez que je suis de même que toujours,
Que rien ne peut pour vous altérer mon estime,
Que toute autre amitié me paraîtrait un crime,
Et que, si vous voulez satisfaire mes vœux,
Un saint nœud dès demain nous unira tous deux.   10

ARISTE

Dessus quel fondement venez-vous donc, mon frère...?

SGANARELLE

Quoi ! vous ne sortez pas du logis de Valère ?
Vous n'avez point conté vos amours aujourd'hui ?
Et vous ne brûlez pas depuis un an pour lui ?

LÉONOR

Qui vous a fait de moi de si belles peintures,   10
Et prend soin de forger de telles impostures ?

*Scène IX : Isabelle, Valère, Léonor,
Ariste, Sganarelle, un commissaire,
un notaire, Lisette, Ergaste.*

ISABELLE

Ma sœur, je vous demande un généreux pardon,
Si de mes libertés j'ai taché votre nom.
Le pressant embarras d'une surprise extrême
M'a tantôt inspiré ce honteux stratagème :   10
Votre exemple condamne un tel emportement ;
Mais le sort nous traita nous deux diversement.
A Sganarelle.
Pour vous, je ne veux point, monsieur, vous faire ex-
Je vous sers beaucoup plus que je ne vous abuse. [cuse :
Le Ciel pour être joints ne nous fit pas tous deux :   10
Je me suis reconnue indigne de vos vœux ;
Et j'ai bien mieux aimé me voir aux mains d'un autre,
Que ne pas mériter un cœur comme le vôtre.

VALÈRE, à Sganarelle.

Pour moi, je mets ma gloire et mon bien souverain
A la pouvoir, monsieur, tenir de votre main.   10

ARISTE

Mon frère, doucement il faut boire la chose :
D'une telle action vos procédés sont cause ;
Et je vois votre sort malheureux à ce point
Que, vous sachant dupé, l'on ne vous plaindra point.

LISETTE

Par ma foi, je lui sais bon gré de cette affaire :   10
Et ce prix de ses soins est un trait exemplaire.

LÉONOR

Je ne sais si ce trait se doit faire estimer ;
Mais je sais bien qu'au moins je ne le puis blâmer.

ERGASTE

Au sort d'être cocu son ascendant l'expose ;

1100 Et ne l'être qu'en herbe est pour lui douce chose.

SGANARELLE, *sortant de l'accablement*
dans lequel il était plongé.

Non, je ne puis sortir de mon étonnement.
Cette déloyauté confond mon jugement ;
Et je ne pense pas que Satan en personne
Puisse être si méchant qu'une telle friponne.
1105 J'aurais pour elle au feu mis la main que voilà.
Malheureux qui se fie à femme après cela !
La meilleure est toujours en malice féconde ;
C'est un sexe engendré pour damner tout le monde.

J'y renonce à jamais, à ce sexe trompeur,
Et je le donne tout au diable de bon cœur.   1110

ERGASTE

Bon.

ARISTE

Allons tous chez moi. Venez, seigneur Valère ;
Nous tâcherons demain d'apaiser sa colère.

LISETTE, *au parterre.*

Vous, si vous connaissez des maris loups-garous,
Envoyez-les au moins à l'école chez nous.

LES FÂCHEUX

COMÉDIE-BALLET

« Faite pour les divertissements du roi au mois d'août 1661 et représentée pour la première fois en public à Paris sur le théâtre du Palais-Royal le 4ᵉ novembre de la même année 1661, par la Troupe de Monsieur, frère unique du roi. » Commandé à Molière le 2 août par le surintendant Fouquet, comme s'il eût voulu ajouter l'auteur et comédien à la mode à ses « insolentes acquisitions » (Mémoires de Louis XIV), ce spectacle fut conçu, écrit et appris en quinze jours (Avertissement de l'auteur) pour être donné le 17, à Vaux. Mis à part le Prologue de Pellisson (bientôt embastillé pour sa fidélité à Fouquet), c'est plus de huit cents vers que Molière aura dû quasiment improviser, après avoir renoncé à la collaboration de Chapelle. Exercice tout nouveau (d'ailleurs premier du genre) propre à donner confiance en soi au futur fournisseur des plaisirs de Sa Majesté... Car cette série de sketches hâtifs, de portraits plus ou moins « à clé », plut, sinon aux victimes — qui sans doute grossirent les rangs des ennemis — au roi. Celui-ci, gage de faveur, en regagnant son carrosse à l'issue de la fête dont l'ordonnateur allait payer les fastes d'une disgrâce fameuse, désigna de sa canne le marquis de Soyecourt, enragé chasseur : « Voilà un grand original que tu n'as pas encore copié », dit-il à Molière. Lequel s'empressa d'exécuter cet « ordre » comme il s'exprime dans l'épître dédicatoire, dès la deuxième représentation, le 25 août, à Fontainebleau, où Dorante et sa tirade sur la vénerie complète les Fâcheux. C'est dans sa lettre à Maucroix sur les fêtes de Vaux que La Fontaine, parlant du succès de Molière, écrit :

> J'en suis ravi car c'est mon homme.

et encore : Et maintenant il ne faut pas
Quitter la nature d'un pas.

Un chroniqueur contemporain, Robinet, assure que Molière à lui seul tint l'emploi de sept fâcheux. Aucun comédien, depuis, n'a recommencé. La petite histoire du théâtre garde mémoire de Delaunay en Eraste et de Coquelin l'aîné en Dorante.

PERSONNAGES

DAMIS, tuteur d'Orphise.
ORPHISE (Mlle Molière).
ERASTE, amoureux d'Orphise (La Grange).
ALCIDOR
LYSANDRE (La Grange).
ALCANDRE, ALCIPPE.
ORANTE (Mlle de Brie).
CLIMÈNE (Mlle Du Parc).
DORANTE, CARITIDÈS, ORMIN, FILINTE.
LA MONTAGNE.
L'EPINE, valet de Damis.
LA RIVIÈRE, et deux camarades.

LA SCÈNE EST A PARIS.

AU ROI

SIRE,

J'ajoute une scène à la comédie ; et c'est une espèce de fâcheux assez insupportable qu'un homme qui dédie un livre. VOTRE MAJESTÉ en sait des nouvelles plus que personne de son royaume, et ce n'est pas d'aujourd'hui qu'ELLE se voit en butte à la furie des épîtres dédicatoires. Mais, bien que je suive l'exemple des autres, et me mette moi-même au rang de ceux que j'ai joués, j'ose dire toutefois à VOTRE MAJESTÉ que ce que j'en ai fait n'est pas tant pour lui présenter un livre, que pour avoir lieu de lui rendre grâces du succès de cette comédie. Je le dois, SIRE ; ce succès qui a passé mon attente, non seulement à cette glorieuse approbation dont VOTRE MAJESTÉ honora d'abord la pièce, et qui a entraîné si hautement celle de tout le monde, mais encore à l'ordre qu'ELLE me donna d'y ajouter un caractère de fâcheux, dont elle eut la bonté de m'ouvrir les idées ELLE-MÊME, et qui a été trouvé partout le plus beau morceau de l'ouvrage. Il faut avouer, SIRE, que je n'ai jamais rien fait avec tant de facilité, ni si promptement, que cet endroit où VOTRE MAJESTÉ me commanda de travailler. J'avais une joie à lui obéir qui me valait bien mieux qu'Apollon et toutes les Muses ; et je conçois par là ce que je serais capable d'exécuter pour une comédie entière, si j'étais inspiré par de pareils commandements. Ceux qui sont nés en un rang élevé peuvent se proposer l'honneur de servir VOTRE MAJESTÉ dans les grands emplois ; mais, pour moi, toute la gloire où je puis aspirer, c'est de la réjouir. Je borne là l'ambition de mes souhaits ; et je crois qu'en quelque façon ce n'est pas être inutile à la France que de contribuer quelque chose au divertissement de son roi. Quand je n'y réussirai pas, ce ne sera jamais par un défaut de zèle ni d'étude, mais seulement par un mauvais destin qui suit assez souvent les meilleures intentions, et qui sans doute affligerait sensiblement,

SIRE, DE VOTRE MAJESTÉ,

Le très humble, très obéissant,
et très fidèle serviteur et sujet,

J.-B. P. MOLIÈRE.

AVERTISSEMENT

Jamais entreprise au théâtre ne fut si précipitée que celle-ci, et c'est une chose, je crois, toute nouvelle, qu'une comédie ait été conçue, faite, apprise, et représentée en quinze jours. Je ne dis pas cela pour me piquer de l'*impromptu,* et en prétendre de la gloire, mais seulement pour prévenir certaines gens, qui pourraient trouver à redire que je n'aie pas mis ici toutes les espèces de fâcheux qui se trouvent. Je sais que le nombre en est grand, et à la cour et dans la ville ; et que, sans épisodes, j'eusse bien pu en composer une comédie de cinq actes bien fournis, et avoir encore de la matière de reste. Mais, dans le peu de temps qui me fut donné, il m'était impossible de faire un grand dessein, et de rêver beaucoup sur le choix de mes personnages, et sur la disposition de mon sujet. Je me réduisis donc à ne toucher qu'un petit nombre d'importuns ; et je pris ceux qui s'offrirent d'abord à mon esprit, et que je crus les plus propres à réjouir les augustes personnes devant qui j'avais à paraître ; et, pour lier promptement toutes ces choses ensemble, je me servis du premier nœud que je pus trouver. Ce n'est pas mon dessein d'examiner maintenant si tout cela pouvait être mieux, et si tous ceux qui s'y sont divertis ont ri selon les règles. Le temps viendra de faire imprimer mes remarques sur les pièces que j'aurai faites, et je ne désespère pas de faire voir un jour, en grand auteur, que je puis citer Aristote et Horace. En attendant cet examen, qui peut-être ne viendra point, je m'en remets assez aux décisions de la multitude et je tiens aussi difficile de combattre un ouvrage que le public approuve, que d'en défendre un qu'il condamne.

Il n'y a personne qui ne sache pour quelle réjouissance la pièce fut composée ; et cette fête a fait un tel éclat qu'il n'est pas nécessaire d'en parler : mais il ne sera pas hors de propos de dire deux paroles des ornements qu'on a mêlés avec la comédie.

Le dessein était de donner un ballet aussi ; et comme il n'y avait qu'un petit nombre choisi de danseurs excellents, on fut contraint de séparer les entrées de ce ballet, et l'avis fut de les jeter dans les entractes de la comédie, afin que ces intervalles donnassent temps aux mêmes baladins de revenir sous d'autres habits ; de sorte que, pour ne point rompre aussi le fil de la pièce par ces manières d'intermèdes, on s'avisa de les coudre au sujet du mieux que l'on put, et de ne faire qu'une seule chose du ballet et de la comédie : mais comme le temps était fort précipité, et que tout cela ne fut pas réglé entièrement par une même tête, on trouvera peut-être quelques endroits du ballet qui n'entrent pas dans la comédie aussi naturellement que d'autres. Quoi qu'il en soit, c'est un mélange qui est nouveau pour nos théâtres, et dont on pourrait chercher quelques autorités dans l'antiquité ; et comme tout le monde l'a trouvé agréable, il peut servir d'idée à d'autres choses qui pourraient être méditées avec plus de loisir.

D'abord que la toile fut levée, un des acteurs, comme vous pourriez dire moi, parut sur le théâtre en habit de ville, et s'adressant au roi avec le visage d'un homme surpris, fit des excuses en désordre sur ce qu'il se trouvait là seul, et manquait de temps et d'acteurs pour donner à Sa Majesté le divertissement qu'elle semblait attendre. En même temps, au milieu de vingt jets d'eau naturels, s'ouvrit cette coquille que tout le monde a vue ; et l'agréable Naïade qui parut dedans s'avança au bord du théâtre, et d'un air héroïque prononça les vers que M. Pellisson avait faits, et qui servent de prologue.

PROLOGUE

Le théâtre représente un jardin orné
de termes et de plusieurs jets d'eau.
UNE NAÏADE (Madeleine Béjart), *sortant*
des eaux dans une coquille   [monde,
Pour voir en ces beaux lieux le plus grand roi du
Mortels, je viens à vous de ma grotte profonde.
Faut-il, en sa faveur, que la terre ou que l'eau
Produisent à vos yeux un spectacle nouveau ?
Qu'il parle ou qu'il souhaite, il n'est rien d'impos-
Lui-même n'est-il pas un miracle visible ?   [sible ;
Son règne si fertile en miracles divers,
N'en demande-t-il pas à tout cet univers ?
Jeune, victorieux, sage, vaillant, auguste,
Aussi doux que sévère, aussi puissant que juste :
Régler et ses Etats et ses propres désirs ;
Joindre aux nobles travaux les plus nobles plaisirs ;
En ses justes projets jamais ne se méprendre ;
Agir incessamment, tout voir et tout entendre :
Qui peut cela peut tout : il n'a qu'à tout oser,
Et le Ciel à ses vœux ne peut rien refuser.
Ces termes marcheront, et si Louis l'ordonne,

Ces arbres parleront mieux que ceux de Dodone.
Hôtesses de leurs troncs, moindres divinités,
C'est LOUIS qui le veut, sortez, Nymphes, sortez,
Je vous montre l'exemple, il s'agit de lui plaire.
Quittez pour quelque temps votre forme ordinaire,
Et paraissez ensemble aux yeux des spectateurs,
Pour ce nouveau théâtre, autant de vrais acteurs.
Plusieurs Dryades, accompagnées de Faunes et de
Satyres, sortent des arbres et des termes.
Vous, soin de ses sujets, sa plus charmante étude,
Héroïque souci, royale inquiétude,
Laissez-le respirer, et souffrez qu'un moment
Son grand cœur s'abandonne au divertissement :
Vous le verrez demain, d'une force nouvelle,
Sous le fardeau pénible où votre voix l'appelle,
Faire obéir les lois, partager les bienfaits,
Par ses propres conseils prévenir nos souhaits,
Maintenir l'univers dans une paix profonde,
Et s'ôter le repos pour le donner au monde.
Qu'aujourd'hui tout lui plaise, et semble consentir
A l'unique dessein de le bien divertir !
Fâcheux, retirez-vous, ou, s'il faut qu'il vous voie,
Que ce soit seulement pour exciter sa joie.
La Naïade emmène avec elle, pour la comédie, une
partie des gens qu'elle a fait paraître, pendant que le
reste se met à danser au son des hautbois, qui se joi-
gnent aux violons.

ACTE PREMIER.

Scène I : Eraste, La Montagne.

ÉRASTE

Sous quel astre, bon Dieu ! faut-il que je sois né,
Pour être de fâcheux toujours assassiné !
Il semble que partout le sort me les adresse,
Et j'en vois chaque jour quelque nouvelle espèce ;
5 Mais il n'est rien d'égal au fâcheux d'aujourd'hui ;
J'ai cru n'être jamais débarrassé de lui,
Et cent fois j'ai maudit cette innocente envie
Qui m'a pris à dîner de voir la comédie,
Où, pensant m'égayer, j'ai misérablement
10 Trouvé de mes péchés le rude châtiment.
Il faut que je te fasse un récit de l'affaire,
Car je m'en sens encor tout ému de colère.
J'étais sur le théâtre en humeur d'écouter
La pièce, qu'à plusieurs j'avais ouï vanter ;
15 Les acteurs commençaient, chacun prêtait silence ;
Lorsque, d'un air bruyant et plein d'extravagance,
Un homme à grands canons est entré brusquement
En criant : « Holà ! ho ! un siège promptement ! »
Et, de son grand fracas surprenant l'assemblée,
20 Dans le plus bel endroit a la pièce troublée.
Hé ! mon Dieu ! nos Français, si souvent redressés,
Ne prendront-ils jamais un air de gens sensés,
Ai-je dit ; et faut-il sur nos défauts extrêmes
Qu'en théâtre public nous nous jouions nous-mêmes,
25 Et confirmions ainsi, par des éclats de fous,

Ce que chez nos voisins on dit partout de nous !
Tandis que là-dessus je haussais les épaules,
Les acteurs ont voulu continuer leurs rôles ;
Mais l'homme pour s'asseoir a fait nouveau fracas,
Et traversant encor le théâtre à grands pas,   30
Bien que dans les côtés il pût être à son aise,
Au milieu du devant il a planté sa chaise,
Et de son large dos morguant les spectateurs,
Aux trois quarts du parterre a caché les acteurs.
Un bruit s'est élevé, dont un autre eût eu honte ;   35
Mais lui, ferme et constant, n'en a fait aucun compte,
Et se serait tenu comme il s'était posé,
Si, pour mon infortune, il ne m'eût avisé.
« Ah ! marquis, m'a-t-il dit, prenant près de moi place,
Comment te portes-tu ? Souffre que je t'embrasse. »   40
Au visage, sur l'heure, un rouge m'est monté
Que l'on me vît connu d'un pareil éventé.
Je l'étais peu pourtant ; mais on en voit paraître
De ces gens qui de rien veulent fort vous connaître,
Dont il faut au salut les baisers essuyer   45
Et qui sont familiers jusqu'à vous tutoyer.
Il m'a fait à l'abord cent questions frivoles,
Plus haut que les acteurs élevant ses paroles.
Chacun le maudissait ; et moi, pour l'arrêter,
« Je serais, ai-je dit, bien aise d'écouter.   [damne !   50
— Tu n'as point vu ceci, marquis ? Ah ! Dieu me
Je le trouve assez drôle, et je ne suis pas âne ;
Je sais par quelles lois un ouvrage est parfait,
Et Corneille me vient lire tout ce qu'il fait. »
Là-dessus de la pièce il m'a fait un sommaire,   55
Scène à scène averti de ce qui s'allait faire,
Et jusques à des vers qu'il en savait par cœur,
Il me les récitait tout haut avant l'acteur.
J'avais beau m'en défendre, il a poussé sa chance,
Et s'est devers la fin longtemps d'avance ;   60
Car les gens du bel air, pour agir galamment,
Se gardent bien surtout d'ouïr le dénouement.
Je rendais grâce au Ciel, et croyais de justice
Qu'avec la comédie eût fini mon supplice ;
Mais, comme si c'en eût été trop bon marché,   65
Sur nouveaux frais mon homme à moi s'est attaché,
M'a conté ses exploits, ses vertus non communes,
Parlé de ses chevaux, de ses bonnes fortunes,
Et de ce qu'à la cour il avait de faveur,
Disant qu'à m'y servir il s'offrait de grand cœur.   70
Je le remerciais doucement de la tête,
Minutant à tous coups quelque retraite honnête ;
Mais lui, pour le quitter, me voyant ébranlé :
« Sortons, ce m'a-t-il dit, le monde est écoulé. »
Et, sortis de ce lieu, me la donnant plus sèche :   75
« Marquis, allons au cours faire voir ma calèche,
Elle est bien entendue, et plus d'un duc et pair
En fait à mon faiseur faire une du même air. »
Moi, de lui rendre grâce, et, pour mieux m'en défendre,
De dire que j'avais certain repas à rendre.   80
« Ah ! parbleu ! j'en veux être, étant de tes amis,
Et manque au maréchal à qui j'avais promis.
— De la chère, ai-je fait, la dose est trop peu forte
Pour oser y prier des gens de votre sorte.
— Non, m'a-t-il répondu, je suis sans compliment,   85

Et j'y vais pour causer avec toi seulement :
Je suis des grands repas fatigué, je te jure,
— Mais si l'on vous attend, ai-je dit, c'est injure.
— Tu te moques, marquis, nous nous connaissons tous,
90 Et je trouve avec toi des passe-temps plus doux. »
Je pestais contre moi, l'âme triste et confuse
Du funeste succès qu'avait eu mon excuse,
Et ne savais à quoi je devais recourir,
Pour sortir d'une peine à me faire mourir :
95 Lorsqu'un carrosse fait de superbe manière,
Et comblé de laquais et devant et derrière,
S'est, avec un grand bruit, devant nous arrêté,
D'où sautant un jeune homme amplement ajusté,
Mon importun et lui courant à l'embrassade,
100 Ont surpris les passants de leur brusque incartade :
Et, tandis que tous deux étaient précipités
Dans les convulsions de leurs civilités,
Je me suis doucement esquivé sans rien dire ;
Non sans avoir longtemps gémi d'un tel martyre,
105 Et maudit le fâcheux dont le zèle obstiné
M'ôtait au rendez-vous qui m'est ici donné.

LA MONTAGNE

Ce sont chagrins mêlés aux plaisirs de la vie.
Tout ne va pas, monsieur, au gré de notre envie.
Le Ciel veut qu'ici-bas chacun ait ses fâcheux,
110 Et les hommes seraient sans cela trop heureux.

ÉRASTE

Mais de tous mes fâcheux le plus fâcheux encore
C'est Damis, le tuteur de celle que j'adore,
Qui rompt ce qu'à mes vœux elle donne d'espoir,
Et fait qu'en sa présence elle n'ose me voir.
115 Je crains d'avoir déjà passé l'heure promise,
Et c'est dans cette allée où devait être Orphise.

LA MONTAGNE

L'heure d'un rendez-vous d'ordinaire s'étend,
Et n'est pas resserrée aux bornes d'un instant.

ÉRASTE

Il est vrai ; mais je tremble, et mon amour extrême
120 D'un rien se fait un crime envers celle que j'aime.

LA MONTAGNE

Si ce parfait amour, que vous prouvez si bien,
Se fait vers votre objet un grand crime de rien,
Ce que son cœur pour vous sent de feux légitimes,
En revanche, lui fait un rien de tous vos crimes.

ÉRASTE

125 Mais, tout de bon, crois-tu que je sois d'elle aimé ?

LA MONTAGNE

Quoi ! vous doutez encor d'un amour confirmé ?

ÉRASTE

Ah ! c'est malaisément qu'en pareille matière
Un cœur bien enflammé prend assurance entière ;
Il craint de se flatter ; et, dans ses divers soins,
130 Ce que plus il souhaite est ce qu'il croit le moins.
Mais songeons à trouver une beauté si rare.

LA MONTAGNE

Monsieur, votre rabat par devant se sépare.

ÉRASTE

N'importe.

LA MONTAGNE

Laissez-moi l'ajuster, s'il vous plaît.

ÉRASTE

Ouf ! tu m'étrangles ! fat, laisse-le comme il est.

LA MONTAGNE

Souffrez qu'on peigne un peu...

ÉRASTE

Sottise sans pareille ! 135
Tu m'as d'un coup de dent presque emporté l'oreille.

LA MONTAGNE

Vos canons...

ÉRASTE

Laisse-les, tu prends trop de souci.

LA MONTAGNE

Ils sont tout chiffonnés.

ÉRASTE

Je veux qu'ils soient ainsi.

LA MONTAGNE

Accordez-moi du moins, pour grâce singulière,
De frotter ce chapeau, qu'on voit plein de poussière. 140

ÉRASTE

Frotte donc, puisqu'il faut que j'en passe par là.

LA MONTAGNE

Le voulez-vous porter fait comme le voilà ?

ÉRASTE

Mon Dieu ! dépêche-toi.

LA MONTAGNE

Ce serait conscience.

ÉRASTE, *après avoir attendu.*

C'est assez.

LA MONTAGNE

Donnez-vous un peu de patience.

ÉRASTE

Il me tue.

LA MONTAGNE

En quel lieu vous êtes-vous fourré ? 145

ÉRASTE

T'es-tu de ce chapeau pour toujours emparé ?

LA MONTAGNE

C'est fait.

ÉRASTE

Donne-moi donc.

LA MONTAGNE, *laissant tomber le chapeau.*

Hai !

ÉRASTE

Le voilà par terre !
Je suis fort avancé. Que la fièvre te serre !

LA MONTAGNE

Permettez qu'en deux coups j'ôte...

ÉRASTE

Il ne me plaît pas.
Au diantre tout valet qui vous est sur les bras, 150
Qui fatigue son maître, et ne fait que déplaire
A force de vouloir trancher du nécessaire !

Scène II : *Orphise, Alcidor,
Eraste, La Montagne.*

*Orphise traverse le fond du théâtre, Alcidor lui
donne la main.*

ÉRASTE

Mais, vois-je pas Orphise ? Oui, c'est elle qui vient.

Où va-t-elle si vite, et quel homme la tient ?
Il la salue comme elle passe, et elle en passant
détourne la tête.
155 Quoi ! me voir en ces lieux devant elle paraître,
Et passer en feignant de ne me pas connaître !
Que croire ? Qu'en dis-tu ? Parle donc, si tu veux.

LA MONTAGNE

Monsieur, je ne dis rien, de peur d'être fâcheux.

ÉRASTE

Et c'est l'être en effet que de ne me rien dire
160 Dans les extrémités d'un si cruel martyre.
Fais donc quelque réponse à mon cœur abattu.
Que dois-je présumer ? Parle, qu'en penses-tu ?
Dis-moi ton sentiment.

LA MONTAGNE

            Monsieur, je veux me taire,
Et ne désire point trancher du nécessaire.

ÉRASTE

165 Peste l'impertinent ! Va-t'en suivre leurs pas,
Vois ce qu'ils deviendront, et ne les quitte pas.

LA MONTAGNE, *revenant sur ses pas.*

Il faut suivre de loin ?

ÉRASTE

            Oui.

LA MONTAGNE, *revenant sur ses pas.*

                Sans que l'on me voie,
Ou faire aucun semblant qu'après eux on m'envoie ?

ÉRASTE

Non, tu feras bien mieux de leur donner avis
170 Que par mon ordre exprès ils sont de toi suivis.

LA MONTAGNE, *revenant sur ses pas.*

Vous trouverai-je ici ?

ÉRASTE

                Que le Ciel te confonde,
Homme, à mon sentiment, le plus fâcheux du monde !
La Montagne s'en va.
Ah ! que je sens de trouble, et qu'il m'eût été doux
Qu'on me l'eût fait manquer, ce fatal rendez-vous !
175 Je pensais y trouver toutes choses propices,
Et mes yeux pour mon cœur y trouvent des supplices.

Scène III : Lysandre, Eraste.

LYSANDRE

Sous ces arbres de loin mes yeux t'ont reconnu,
Cher marquis, et d'abord je suis à toi venu.
Comme à de mes amis, il faut que je te chante
180 Certain air que j'ai fait de petite courante,
Qui de toute la cour contente les experts,
Et sur qui plus de vingt ont déjà fait des vers.
J'ai le bien, la naissance, et quelque emploi passable,
Et fais figure en France assez considérable ;
185 Mais je ne voudrais pas, pour tout ce que je suis,
N'avoir point fait cet air qu'ici je te produis.
Il prélude.
La, la, hem, hem, écoute avec soin, je te prie.
Il chante sa courante.
N'est-elle pas belle ?

ÉRASTE

Ah !

LYSANDRE

            Cette fin est jolie.
Il rechante la fin quatre ou cinq fois de suite.
Comment la trouves-tu ?

ÉRASTE

            Fort belle, assurément.

LYSANDRE

Les pas que j'en ai faits n'ont pas moins d'agrément, 19
Et surtout la figure a merveilleuse grâce.
Il chante, parle et danse tout ensemble, et fait faire
à Eraste les figures de la femme.
Tiens, l'homme passe ainsi ; puis la femme repasse :
Ensemble ; puis on quitte, et la femme vient là.
Vois-tu ce petit trait de feinte que voilà ?
Ce fleuret ? ces coupés courant après la belle ?   19
Dos à dos, face à face, en se pressant sur elle.
Que t'en semble, marquis ?

ÉRASTE

            Tous ces pas-là sont fins.

LYSANDRE

Je me moque, pour moi, des maîtres baladins.

ÉRASTE

On le voit.

LYSANDRE

    Les pas donc ?

ÉRASTE

            N'ont rien qui ne surprenne.

LYSANDRE

Veux-tu, par amitié, que je te les apprenne ?   20

ÉRASTE

Ma foi, pour le présent, j'ai certain embarras.

LYSANDRE

Hé bien donc ! ce sera lorsque tu le voudras.
Si j'avais dessus moi ces paroles nouvelles,
Nous les lirions ensemble, et verrions les plus belles.

ÉRASTE

Une autre fois.

LYSANDRE

            Adieu. Baptiste le très cher   20
N'a point vu ma courante, et je le vais chercher [1] :
Nous avons pour les airs de grandes sympathies,
Et je veux le prier d'y faire des parties.
Il s'en va toujours en chantant.

ÉRASTE

Ciel ! faut-il que le rang dont on veut tout couvrir
De cent sots tous les jours nous oblige à souffrir,   21
Et nous fasse abaisser jusques aux complaisances
D'applaudir bien souvent à leurs impertinences !

Scène IV : Eraste, La Montagne.

LA MONTAGNE

Monsieur, Orphise est seule, et vient de ce côté.

ÉRASTE

Ah ! d'un trouble bien grand je me sens agité !
J'ai de l'amour encor pour la belle inhumaine,   21
Et ma raison voudrait que j'eusse de la haine.

_____

1. Jean-Baptiste Lulli.

LA MONTAGNE

Monsieur, votre raison ne sait ce qu'elle veut,
Ni ce que sur un cœur une maîtresse peut.
Bien que de s'emporter on ait de justes causes,
220 Une belle, d'un mot, rajuste bien des choses.

ÉRASTE

Hélas ! je te l'avoue, et déjà cet aspect
A toute ma colère imprime le respect.

Scène V : Orphise, Eraste, La Montagne.

ORPHISE

Votre front à mes yeux montre peu d'allégresse ;
Serait-ce ma présence, Eraste, qui vous blesse ?
225 Qu'est-ce donc? qu'avez-vous? et sur quels déplaisirs
Lorsque vous me voyez, poussez-vous des soupirs ?

ÉRASTE

Hélas ! pouvez-vous bien me demander, cruelle,
Ce qui fait de mon cœur la tristesse mortelle ?
Et d'un esprit méchant n'est-ce pas un effet,
230 Que feindre d'ignorer ce que vous m'avez fait ?
Celui dont l'entretien vous a fait à ma vue
Passer...

ORPHISE, *riant.*

C'est de cela que votre âme est émue ?

ÉRASTE

Insultez, inhumaine, encore à mon malheur !
Allez, il vous sied mal de railler ma douleur,
235 Et d'abuser, ingrate, à maltraiter ma flamme,
Du faible que pour vous vous savez qu'a mon âme.

ORPHISE

Certes, il en faut rire, et confesser ici
Que vous êtes bien fou de vous troubler ainsi.
L'homme dont vous parlez, loin qu'il puisse me plaire,
240 Est un homme fâcheux dont j'ai su me défaire ;
Un de ces importuns et sots officieux
Qui ne sauraient souffrir qu'on soit seule en des lieux,
Et viennent aussitôt, avec un doux langage,
Vous donner une main contre qui l'on enrage.
245 J'ai feint de m'en aller, pour cacher mon dessein ;
Et jusqu'à mon carrosse il m'a prêté la main.
Je m'en suis promptement défaite de la sorte ;
Et j'ai, pour vous trouver, rentré par l'autre porte.

ÉRASTE

A vos discours, Orphise, ajouterai-je foi,
250 Et votre cœur est-il tout sincère pour moi ?

ORPHISE

Je vous trouve fort bon de tenir ces paroles,
Quand je me justifie à vos plaintes frivoles !
Je suis bien simple encore, et ma sotte bonté...

ÉRASTE

Ah ! ne vous fâchez pas, trop sévère beauté !
255 Je veux croire en aveugle, étant sous votre empire,
Tout ce que vous aurez la bonté de me dire.
Trompez, si vous voulez, un malheureux amant ;
J'aurai pour vous respect jusques au monument...
Maltraitez mon amour, refusez-moi le vôtre ;
260 Exposez à mes yeux le triomphe d'un autre ;
Oui, je souffrirai tout de vos divins appas.
J'en mourrai ; mais enfin je ne m'en plaindrai pas.

ORPHISE

Quand de tels sentiments régneront dans votre âme,
Je saurai de ma part...

*Scène VI : Alcandre, Orphise,
Eraste, La Montagne.*

ALCANDRE, *à Orphise.*

Marquis, un mot. Madame,
De grâce, pardonnez si je suis indiscret,   265
En osant, devant vous, lui parler en secret.
Orphise sort.
Avec peine, marquis, je te fais la prière :
Mais un homme vient là de me rompre en visière,
Et je souhaite fort, pour ne rien reculer,
Qu'à l'heure, de ma part, tu l'ailles appeler.   270
Tu sais qu'en pareil cas ce serait avec joie
Que je te le rendrais en la même monnoie.

ÉRASTE, *après avoir été quelque
temps sans parler.*

Je ne veux point ici faire le capitan ;
Mais on m'a vu soldat avant que courtisan :
J'ai servi quatorze ans, et je crois être en passe   275
De pouvoir d'un tel pas me tirer avec grâce,
Et de ne craindre point qu'à quelque lâcheté
Le refus de mon bras me puisse être imputé.
Un duel met les gens en mauvaise posture ;
Et notre roi n'est pas un monarque en peinture.   280
Il sait faire obéir les plus grands de l'état,
Et je trouve qu'il fait en digne potentat.
Quand il faut le servir j'ai le cœur pour le faire ;
Mais je ne m'en sens point quand il faut lui déplaire.
Je me fais de son ordre une suprême loi :   285
Pour lui désobéir, cherche un autre que moi.
Je te parle, vicomte, avec franchise entière,
Et suis ton serviteur en toute autre matière.
Adieu. Cinquante fois au diable les fâcheux !
Où donc s'est retiré cet objet de mes vœux ?   290

LA MONTAGNE

Je ne sais.

ÉRASTE

Pour savoir où la belle est allée,
Va-t'en chercher partout : j'attends dans cette allée.

BALLET DU PREMIER ACTE

PREMIÈRE ENTRÉE

*Des joueurs de mail, en criant gare ! l'obligent à se
retirer ; et, comme il veut revenir lorsqu'ils ont fait,*

SECONDE ENTRÉE

*des curieux viennent, qui tournent autour de lui
pour le connaître, et font qu'il se retire encore pour
un moment.*

ACTE SECOND

Scène I : Eraste.

Les fâcheux à la fin se sont-ils écartés ?
Je pense qu'il en pleut ici de tous côtés.
295 Je les fuis, et les trouve ; et, pour second martyre,
Je ne saurais trouver celle que je désire.
Le tonnerre et la pluie ont promptement passé,
Et n'ont point de ces lieux le beau monde chassé.
Plût au Ciel, dans les dons que ces soins y prodiguent,
300 Qu'ils en eussent chassé tous les gens qui fatiguent !
Le soleil baisse fort, et je suis étonné
Que mon valet encor ne soit point retourné.

Scène II : Alcippe, Eraste.

ALCIPPE

Bonjour.

ÉRASTE, à part.

      Hé quoi ! toujours ma flamme divertie !

ALCIPPE

Console-moi, marquis, d'une étrange partie
305 Qu'au piquet je perdis hier contre un Saint-Bouvain
A qui je donnerais quinze points et la main.
C'est un coup enragé, qui depuis hier m'accable,
Et qui ferait donner tous les joueurs au diable ;
Un coup assurément à se pendre en public.
310 Il ne m'en faut que deux, l'autre a besoin d'un pic :
Je donne, il en prend six, et demande à refaire ;
Moi, me voyant de tout, je n'en voulus rien faire.
Je porte l'as de trèfle (admire mon malheur !),
L'as, le roi, le valet, le huit et dix de cœur,
315 Et quitte, comme au point allait la politique,
Dame et roi de carreau, dix et dame de pique.
Sur mes cinq cœurs portés la dame arrive encor,
Qui me fait justement une quinte major ;
Mais mon homme avec l'as, non sans surprise extrême,
320 Des bas carreaux sur table étale une sixième.
J'en avais écarté la dame avec le roi ;
Mais lui fallant un pic, je sortis hors d'effroi,
Et croyais bien du moins faire deux points uniques.
Avec les sept carreaux il avait quatre piques,
325 Et, jetant le dernier, m'a mis dans l'embarras
De ne savoir lequel garder de mes deux as.
J'ai jeté l'as de cœur, avec raison, me semble ;
Mais il avait quitté quatre trèfles ensemble,
Et par un six de cœur je me suis vu capot.
330 Sans pouvoir, de dépit, proférer un seul mot.
Morbleu ! fais-moi raison de ce coup effroyable :
A moins que l'avoir vu, peut-il être croyable ?

ÉRASTE

C'est dans le jeu qu'on voit les plus grands coups du

             ALCIPPE   [sort.

Parbleu ! tu jugeras toi-même si j'ai tort,
335 Et si c'est sans raison que ce coup me transporte ;
Car voici nos deux jeux, qu'exprès sur moi je porte.
Tiens, c'est ici mon port, comme je te l'ai dit ;
Et voici...

ÉRASTE

J'ai compris le tout par ton récit,
Et vois de la justice au transport qui t'agite,
Mais pour certaine affaire il faut que je te quitte. 340
Adieu. Console-toi pourtant de ton malheur.

ALCIPPE

Qui, moi ? J'aurai toujours ce coup-là sur le cœur ;
Et c'est, pour ma raison, pis qu'un coup de tonnerre.
Je le veux faire, moi, voir à toute la terre.
Il s'en va, et rentre en disant.
Un six de cœur ! deux points !

ÉRASTE

         En quel lieu sommes-nous ? 345
De quelque part qu'on tourne, on ne voit que des fous.
Ah ! que tu fais languir ma juste impatience !

Scène III : Eraste, La Montagne.

LA MONTAGNE

Monsieur, je n'ai pu faire une autre diligence.

ÉRASTE

Mais me rapportes-tu quelque nouvelle, enfin ?

LA MONTAGNE

Sans doute ; et de l'objet qui fait votre destin, 350
J'ai, par un ordre exprès, quelque chose à vous dire.

ÉRASTE

Et quoi ? Déjà mon cœur après ce mot soupire.
Parle.

LA MONTAGNE

     Souhaitez-vous de savoir ce que c'est ?

ÉRASTE

Oui, dis vite.

LA MONTAGNE

      Monsieur, attendez, s'il vous plaît.
Je me suis, à courir, presque mis hors d'haleine. 355

ÉRASTE

Prends-tu quelque plaisir à me tenir en peine ?

LA MONTAGNE

Puisque vous désirez de savoir promptement
L'ordre que j'ai reçu de cet objet charmant,
Je vous dirai... Ma foi, sans vous vanter mon zèle,
J'ai bien fait du chemin pour trouver cette belle ; 360
Et si...

ÉRASTE

     Peste soit fait de tes digressions !

LA MONTAGNE

Ah ! il faut modérer un peu ses passions ;
Et Sénèque...

ÉRASTE

      Sénèque est un sot dans ta bouche,
Puisqu'il ne me dit rien de tout ce qui me touche.
Dis-moi ton ordre, tôt.

LA MONTAGNE

       Pour contenter vos vœux, 365
Votre Orphise... Une bête est là dans vos cheveux.

ÉRASTE

Laisse.

LA MONTAGNE

    Cette beauté, de sa part, vous fait dire...

ÉRASTE

Quoi ?

LA MONTAGNE

Devinez.

ÉRASTE

Sais-tu que je ne veux pas rire ?

LA MONTAGNE

Son ordre est qu'en ce lieu vous devez vous tenir,
370 Assuré que dans peu vous l'y verrez venir,
Lorsqu'elle aura quitté quelques provinciales,
Aux personnes de cour fâcheuses animales.

ÉRASTE

Tenons-nous donc au lieu qu'elle a voulu choisir.
Mais, puisque l'ordre ici m'offre quelque loisir,
375 Laisse-moi méditer.

La Montagne sort.

J'ai dessein de lui faire
Quelques vers sur un air où je la vois se plaire.

Il rêve.

Scène IV : Orante, Climène,
Eraste, dans un coin du théâtre,
sans être aperçu.

ORANTE

Tout le monde sera de mon opinion.

CLIMÈNE

Croyez-vous l'emporter par obstination ?

ORANTE

Je pense mes raisons meilleures que les vôtres.

CLIMÈNE

380 Je voudrais qu'on ouît les unes et les autres.

ORANTE, *apercevant Eraste.*

J'avise un homme ici qui n'est pas ignorant ;
Il pourra nous juger sur notre différend.
Marquis, de grâce, un mot, souffrez qu'on vous ap-
Pour être entre nous deux juge d'une querelle, [pelle
385 D'un débat qu'ont ému nos divers sentiments
Sur ce qui peut marquer les plus parfaits amants.

ÉRASTE

C'est une question à vider difficile,
Et vous devez chercher un juge plus habile.

ORANTE

Non : vous nous dites là d'inutiles chansons.
390 Votre esprit fait du bruit, et nous vous connaissons ;
Nous savons que chacun vous donne à juste titre...

ÉRASTE

Hé ! de grâce...

ORANTE

En un mot, vous serez notre arbitre,
Et ce sont deux moments qu'il vous faut nous donner.

CLIMÈNE, *à Orante.*

Vous retenez ici qui vous doit condamner ;
395 Car enfin, s'il est vrai ce que j'en ose croire,
Monsieur à mes raisons donnera la victoire.

ÉRASTE, *à part.*

Que ne puis-je à mon traître inspirer le souci
D'inventer quelque chose à me tirer d'ici !

ORANTE, *à Climène.*

Pour moi, de son esprit j'ai trop bon témoignage,

Pour craindre qu'il prononce à mon désavantage. 400

A Eraste.

Enfin, ce grand débat qui s'allume entre nous
Est de savoir s'il faut qu'un amant soit jaloux.

CLIMÈNE

Ou, pour mieux expliquer ma pensée et la vôtre,
Lequel doit plaire plus d'un jaloux ou d'un autre.

ORANTE

Pour moi, sans contredit, je suis pour le dernier. 405

CLIMÈNE

Et, dans mon sentiment, je tiens pour le premier.

ORANTE

Je crois que notre cœur doit donner son suffrage
A qui fait éclater du respect davantage.

CLIMÈNE

Et moi, que si nos vœux doivent paraître au jour,
C'est pour celui qui fait éclater plus d'amour. 410

ORANTE

Oui ; mais on voit l'ardeur dont une âme est saisie
Bien mieux dans le respect que dans la jalousie.

CLIMÈNE

Et c'est mon sentiment, que qui s'attache à nous
Nous aime d'autant plus qu'il se montre jaloux.

ORANTE

Fi ! ne me parlez point, pour être amants, Climène, 415
De ces gens dont l'amour est fait comme la haine,
Et qui, pour tous respects et toute offre de vœux,
Ne s'appliquent jamais qu'à se rendre fâcheux ;
Dont l'âme, que sans cesse un noir transport anime,
Des moindres actions cherche à nous faire un crime, 420
En soumet l'innocence à son aveuglement,
Et veut sur un coup d'œil un éclaircissement ;
Qui, de quelque chagrin nous voyant l'apparence,
Se plaignent aussitôt qu'il naît de leur présence,
Et, lorsque dans nos yeux brille un peu d'enjouement, 425
Veulent que leurs rivaux en soient le fondement ;
Enfin, qui, prenant droit des fureurs de leur zèle,
Ne nous parlent jamais que pour faire querelle,
Osent défendre à tous l'approche de nos cœurs,
Et se font les tyrans de leurs propres vainqueurs. 430
Moi, je veux des amants que le respect inspire ;
Et leur soumission marque mieux notre empire.

CLIMÈNE

Fi ! ne me parlez point, pour être vrais amants,
De ces gens qui pour nous n'ont nuls emportements;
De ces tièdes galants, de qui les cœurs paisibles 435
Tiennent déjà pour eux les choses infaillibles,
N'ont point peur de nous perdre, et laissent chaque
Sur trop de confiance endormir leur amour ; [jour
Sont avec leurs rivaux en bonne intelligence,
Et laissent un champ libre à leur persévérance. 440
Un amour si tranquille excite mon courroux.
C'est aimer froidement, que n'être point jaloux ;
Et je veux qu'un amant, pour me prouver sa flamme,
Sur d'éternels soupçons laisse flotter son âme,
Et par de prompts transports donne un signe éclatant 445
De l'estime qu'il fait de celle qu'il prétend.
On s'applaudit alors de son inquiétude ;
Et, s'il nous fait parfois un traitement trop rude,
Le plaisir de le voir, soumis, à nos genoux,

450 S'excuser de l'éclat qu'il a fait contre nous,
Ses pleurs, son désespoir d'avoir pu nous déplaire,
Est un charme à calmer toute notre colère.

ORANTE

Si, pour vous plaire, il faut beaucoup d'emportement,
Je sais qui vous pourrait donner contentement ;
455 Et je connais des gens dans Paris plus de quatre
Qui, comme ils le font voir, aiment jusques à battre.

CLIMÈNE

Si, pour vous plaire, il faut n'être jamais jaloux,
Je sais certaines gens fort commodes pour vous ;
Des hommes en amour d'une humeur si souffrante,
460 Qu'ils vous verraient sans peine entre les bras de trente.

ORANTE

Enfin, par votre arrêt, vous devez déclarer
Celui de qui l'amour vous semble à préférer.
Orphise paraît dans le fond du théâtre, et voit Eraste
entre Orante et Climène.

ÉRASTE

Puisqu'à moins d'un arrêt je ne m'en puis défaire,
Toutes deux à la fois je vous veux satisfaire :
465 Et, pour ne point blâmer ce qui plaît à vos yeux,
Le jaloux aime plus, et l'autre aime bien mieux.

CLIMÈNE

L'arrêt est plein d'esprit ; mais...

ÉRASTE

Suffit. J'en suis quitte.
Après ce que j'ai dit, souffrez que je vous quitte.

Scène V : Orphise, Eraste.

ÉRASTE, *apercevant Orphise, et allant*
au-devant d'elle.

Que vous tardez, madame, et que j'éprouve bien...

ORPHISE

470 Non, non, ne quittez pas un si doux entretien.
A tort vous m'accusez d'être trop tard venue,
Montrant Orante et Climène, qui viennent de sortir.
Et vous avez de quoi vous passer de ma vue.

ÉRASTE

Sans sujet contre moi voulez-vous vous aigrir,
Et me reprochez-vous ce qu'on me fait souffrir ?
475 Ah ! de grâce, attendez...

ORPHISE

Laissez-moi, je vous prie,
Et courez vous rejoindre à votre compagnie.
Elle sort.

ÉRASTE

Ciel ! faut-il qu'aujourd'hui fâcheuses et fâcheux
Conspirent à troubler les plus chers de mes vœux !
Mais allons sur ses pas, malgré sa résistance,
480 Et faisons à ses yeux briller notre innocence.

Scène VI : Dorante, Eraste.

DORANTE

Ah ! marquis, que l'on voit de fâcheux tous les jours
Venir de nos plaisirs interrompre le cours !
Tu me vois enragé d'une assez belle chasse
Qu'un fat... C'est un récit qu'il faut que je te fasse.

ÉRASTE

Je cherche ici quelqu'un, et ne puis m'arrêter.

DORANTE, *le retenant.*

Parbleu ! chemin faisant, je te le veux conter.
Nous étions une troupe assez bien assortie,
Qui, pour courir un cerf, avions hier fait partie ;
Et nous fûmes coucher sur le pays exprès,
C'est-à-dire, mon cher, en fin fond de forêts.
Comme cet exercice est mon plaisir suprême,
Je voulus, pour bien faire, aller au bois moi-même,
Et nous conclûmes tous d'attacher nos efforts
Sur un cerf qu'un chacun nous disait cerf dix-cors ;
Mais, moi, mon jugement, sans qu'aux marques j'ar- [rête,
Fut qu'il n'était que cerf à sa seconde tête.
Nous avions, comme il faut, séparé nos relais,
Et déjeûnions en hâte, avec quelques œufs frais,
Lorsqu'un franc campagnard, avec longue rapière,
Montant superbement sa jument poulinière,
Qu'il honorait du nom de sa bonne jument,
S'en est venu nous faire un mauvais compliment,
Nous présentant aussi, pour surcroît de colère,
Un grand benêt de fils aussi sot que son père.
Il s'est dit grand chasseur, et nous a priés tous
Qu'il pût avoir le bien de courir avec nous.
Dieu préserve, en chassant, toute sage personne
D'un porteur de huchet, qui mal à propos sonne ;
De ces gens qui, suivis de dix hourets galeux,
Disent, ma meute, et font les chasseurs merveilleux !
Sa demande reçue, et ses vertus prisées,
Nous avons été tous frapper à nos brisées.
A trois longueurs de trait, tayaut, voilà d'abord
Le cerf donné aux chiens. J'appuie, et sonne fort.
Mon cerf débouche et passe une assez longue plaine,
Et mes chiens après lui, mais si bien en haleine,
Qu'on les aurait couverts tous d'un seul justaucorps.
Il vient à la forêt. Nous lui donnons alors
La vieille meute ; et moi, je prends en diligence
Mon cheval alezan. Tu l'as vu ?

ÉRASTE

Non, je pense.

DORANTE

Comment ! C'est un cheval aussi bon qu'il est beau
Et que, ces jours passés, j'achetai de Gaveau [2].
Je te laisse à penser si, sur cette matière,
Il voudrait me tromper, lui qui me considère :
Aussi je m'en contente ; et jamais, en effet,
Il n'a vendu cheval ni meilleur ni mieux fait.
Une tête de barbe, avec l'étoile nette,
L'encolure d'un cygne, effilée et bien droite ;
Point d'épaules non plus qu'un lièvre, court-jointé,
Et qui fait, dans son port, voir sa vivacité ;
Des pieds, morbleu ! des pieds ! le rein double : à vrai
J'ai trouvé le moyen, moi seul, de le réduire ; [dire,
Et sur lui, quoiqu'aux yeux il montrât beau semblant,
Petit-Jean de Gaveau ne montait qu'en tremblant.
Une croupe, en largeur à nulle autre pareille,
Et des gigots, Dieu sait ! Bref, c'est une merveille ;

2. Marchand de chevaux, célèbre à la cour. (*Note de Mo-*
lière.)

Et j'en ai refusé cent pistoles, crois-moi,
Au retour d'un cheval amené pour le roi.
Je monte donc dessus, et ma joie était pleine
540 De voir filer de loin les coupeurs dans la plaine ;
Je pousse, et je me trouve en un fort à l'écart,
A la queue de nos chiens, moi seul avec Drécar [3].
Une heure là-dedans notre cerf se fait battre.
J'appuie alors mes chiens, et fais le diable à quatre ;
545 Enfin jamais chasseur ne se vit plus joyeux.
Je le relance seul, et tout allait des mieux,
Lorsque d'un jeune cerf s'accompagne le nôtre ;
Une part de mes chiens se sépare de l'autre ;
Et je les vois, marquis, comme tu peux penser,
550 Chasser tous avec crainte, et Finaut balancer :
Il se rabat soudain, dont j'eus l'âme ravie ;
Il empaume la voie ; et moi, je sonne et crie :
« A Finaut ! à Finaut ! » j'en revois à plaisir
Sur une taupinière, et resonne à loisir.   [grâce,
555 Quelques chiens revenaient à moi, quand, pour dis-
Le jeune cerf, marquis, à mon campagnard passe.
Mon étourdi se met à sonner comme il faut,
Et crie à pleine voix : « Tayaut ! tayaut ! tayaut ! »
Mes chiens me quittent tous, et vont à ma pécore ;
560 J'y pousse ; et j'en revois dans le chemin encore ;
Mais à terre, mon cher, je n'eus pas jeté l'œil,
Que je connus le change et sentis un grand deuil.
J'ai beau lui faire voir toutes les différences
Des pinces de mon cerf et de ses connaissances,
565 Il me soutient toujours, en chasseur ignorant,
Que c'est le cerf de meute ; et, par ce différend,
Il donne temps aux chiens d'aller loin. J'en enrage,
Et, pestant de bon cœur contre le personnage,
Je pousse mon cheval et par haut et par bas,
570 Qui pliait des gaulis aussi gros que les bras :
Je ramène les chiens à ma première voie,
Qui vont, en me donnant une excessive joie,
Requérir notre cerf, comme s'ils l'eussent vu.
Ils le relancent ; mais ce coup est-il prévu ?
575 A te dire le vrai, cher marquis, il m'assomme ;
Notre cerf relancé va passer à notre homme,
Qui, croyant faire un trait de chasseur fort vanté,
D'un pistolet d'arçon qu'il avait apporté,
Lui donne justement au milieu de la tête,
580 Et de fort loin me crie : « Ah ! j'ai mis bas la bête ! »
A-t-on jamais parlé de pistolets, bon Dieu !
Pour courre un cerf ? Pour moi, venant dessus le lieu,
J'ai trouvé l'action tellement hors d'usage,
Que j'ai donné des deux à mon cheval, de rage,
585 Et m'en suis revenu chez moi, toujours courant,
Sans vouloir dire un mot à ce sot ignorant.

ÉRASTE

Tu ne pouvais mieux faire, et ta prudence est rare :
C'est ainsi des fâcheux qu'il faut qu'on se sépare.
Adieu.

DORANTE

Quand tu voudras nous irons quelque part,
590 Où nous ne craindrons point de chasseur campagnard.

ÉRASTE, *seul.*

Fort bien. Je crois qu'enfin je perdrai patience.
Cherchons à m'excuser avecque diligence.

BALLET DU SECOND ACTE

PREMIÈRE ENTRÉE

Des joueurs de boule l'arrêtent pour mesurer un coup dont ils sont en dispute. Il se défait d'eux avec peine, et leur laisse danser un pas composé de toutes les postures qui sont ordinaires à ce jeu.

SECONDE ENTRÉE

De petits frondeurs les viennent interrompre, qui sont chassés ensuite.

TROISIÈME ENTRÉE

par des savetiers et des savetières, leurs pères, et autres, qui sont aussi chassés à leur tour.

QUATRIÈME ENTRÉE

par un jardinier qui danse seul, et se retire pour faire place au troisième acte.

ACTE TROISIEME

Scène 1 : Eraste, La Montagne.

ÉRASTE

Il est vrai, d'un côté mes soins ont réussi,
Cet adorable objet enfin s'est adouci ;
Mais d'un autre on m'accable, et les astres sévères   595
Ont contre mon amour redoublé leurs colères.
Oui, Damis son tuteur, mon plus rude fâcheux,
Tout de nouveau s'oppose aux plus doux de mes   [vœux,
A son aimable nièce a défendu ma vue,
Et veut d'un autre époux la voir demain pourvue.   600
Orphise toutefois, malgré son désaveu,
Daigne accorder ce soir une grâce à mon feu ;
Et j'ai fait consentir l'esprit de cette belle
A souffrir qu'en secret je la visse chez elle.
L'amour aime surtout les secrètes faveurs.   605
Dans l'obstacle qu'on force il trouve des douceurs,
Et le moindre entretien de la beauté qu'on aime,
Lorsqu'il est défendu, devient grâce suprême.
Je vais au rendez-vous ; c'en est l'heure à peu près.
Puis je veux m'y trouver plutôt avant qu'après.   610

LA MONTAGNE

Suivrai-je vos pas ?

ÉRASTE

Non. Je craindrais que peut-être
A quelques yeux suspects tu me fisses connaître.

LA MONTAGNE

Mais...

ÉRASTE

Je ne le veux pas.

---

3. Piqueur renommé. (*Note de Molière.*)

LA MONTAGNE
Je dois suivre vos lois :
Mais au moins, si de loin...
ÉRASTE
Te tairas-tu, vingt fois ?
615 Et ne veux-tu jamais quitter cette méthode
De te rendre à toute heure un valet incommode ?

Scène II : Caritidès, Eraste.

CARITIDÈS
Monsieur, le temps répugne à l'honneur de vous voir;
Le matin est plus propre à rendre un tel devoir :
Mais de vous rencontrer il n'est pas bien facile.
620 Car vous dormez toujours, ou vous êtes en ville :
Au moins, monsieur, vos gens me l'assurent ainsi ;
Et j'ai, pour vous trouver, pris l'heure que voici.
Encore est-ce grand heur dont le destin m'honore ;
Car, deux moments plus tard, je vous manquais encore.
ÉRASTE
625 Monsieur, souhaitez-vous quelque chose de moi ?
CARITIDÈS
Je m'acquitte, monsieur, de ce que je vous dois ;
Et vous viens... Excusez l'audace qui m'inspire,
Si...
ÉRASTE
Sans tant de façons, qu'avez-vous à me dire ?
CARITIDÈS
Comme le rang, l'esprit, la générosité,
630 Que chacun vante en vous...
ÉRASTE
Oui, je suis fort vanté.
Passons, monsieur.
CARITIDÈS
Monsieur, c'est une peine extrême
Lorsqu'il faut à quelqu'un se produire soi-même ;
Et toujours près des grands on doit être introduit
Par des gens qui de nous fassent un peu de bruit,
635 Dont la bouche écoutée avecque poids débite
Ce qui peut faire voir notre petit mérite.
Enfin, j'aurais voulu que des gens bien instruits
Vous eussent pu, monsieur, dire ce que je suis.
ÉRASTE
Je vois assez, monsieur, ce que vous pouvez être,
640 Et votre seul abord le peut faire connaître.
CARITIDÈS
Oui, je suis un savant charmé de vos vertus,
Non pas de ces savants dont le nom n'est qu'en *us,*
Il n'est rien si commun qu'un nom à la latine :
Ceux qu'on habille en grec ont bien meilleure mine ;
645 Et, pour en avoir un qui se termine en *ès,*
Je me fais appeler monsieur Caritidès [4].
ÉRASTE
Monsieur Caritidès, soit. Qu'avez-vous à dire ?
CARITIDÈS
C'est un placet, monsieur, que je voudrais vous lire,
Et que, dans la posture où vous met votre emploi,

4. De *charis,* « grâce », et de la terminaison patronymique
idès : fils des Grâces.

J'ose vous conjurer de présenter au roi.   65
ÉRASTE
Hé ! monsieur, vous pouvez le présenter vous-même.
CARITIDÈS
Il est vrai que le roi fait cette grâce extrême ;
Mais, par ce même excès de ses rares bontés,
Tant de méchants placets, monsieur, sont présentés,
Qu'ils étouffent les bons ; et l'espoir où je fonde   65
Est qu'on donne le mien quand le prince est sans
ÉRASTE   [monde.
Hé bien ! vous le pouvez, et prendre votre temps.
CARITIDÈS
Ah ! monsieur, les huissiers sont de terribles gens !
Ils traitent les savants de faquins à nasardes,
Et je n'en puis venir qu'à la salle des gardes.   66
Les mauvais traitements qu'il me faut endurer
Pour jamais de la cour me feraient retirer,
Si je n'avais conçu l'espérance certaine
Qu'auprès de notre roi vous serez mon Mécène.
Oui, votre crédit m'est un moyen assuré...   66
ÉRASTE
Hé bien ! donnez-moi donc, je le présenterai.
CARITIDÈS
Le voici. Mais au moins oyez-en la lecture.
ÉRASTE
Non...
CARITIDÈS
C'est pour être instruit, monsieur : je vous conjure.
AU ROI
SIRE,
*Votre très humble, très obéissant, très fidèle, et très
savant sujet et serviteur, Caritidès, Français de na-
tion, Grec de profession, ayant considéré les grands
et notables abus qui se commettent aux inscriptions
des enseignes des maisons, boutiques, cabarets, jeux
de boule, et autres lieux de votre bonne ville de
Paris, en ce que certains ignorants, compositeurs
desdites inscriptions, renversent, par une barbare,
pernicieuse, et détestable orthographe, toute sorte de
sens et raison, sans aucun égard d'étymologie, ana-
logie, énergie, ni allégorie quelconque, au grand
scandale de la république des lettres, et de la nation
française, qui se décrie et déshonore par lesdits abus
et fautes grossières, envers les étrangers, et notamment envers les Allemands, curieux lecteurs et ins-
pectateurs desdites inscriptions...*
ÉRASTE
Ce placet est fort long, et pourrait bien fâcher...
CARITIDÈS
Ah ! monsieur, pas un mot ne s'en peut retrancher.   670
ÉRASTE
Achevez promptement.
CARITIDÈS *continue.*
Supplie humblement VOTRE MAJESTÉ *de créer, pour
le bien de son Etat et la gloire de son empire, une
charge de contrôleur, intendant, correcteur, révi-
seur, et restaurateur général desdites inscriptions, et
d'icelle honorer le suppliant, tant en considération
de son rare et éminent savoir, que des grands et
signalés services qu'il a rendus à l'Etat et à* VOTRE

MAJESTÉ, *en faisant l'anagramme de* VOTREDITE
MAJESTÉ *en français, latin, grec, hébreu, syriaque,*
chaldéen, arabe...

                    ÉRASTE, *l'interrompant.*
Fort bien. Donnez-le vite, et faites la retraite :
Il sera vu du roi ; c'est une affaire faite.

                    CARITIDÈS
Hélas ! monsieur, c'est tout que montrer mon placet.
Si le roi le peut voir, je suis sûr de mon fait ;
675 Car, comme sa justice en toute chose est grande,
Il ne pourra jamais refuser ma demande.
Au reste, pour porter au ciel votre renom,
Donnez-moi par écrit votre nom et surnom ;
J'en veux faire un poème en forme d'acrostiche
680 Dans les deux bouts du vers et dans chaque hémis-
                    ÉRASTE   [tiche.
Oui, vous l'aurez demain, monsieur Caritidès.
Seul.
Ma foi, de tels savants sont des ânes bien faits.
J'aurais dans d'autres temps bien ri de sa sottise.

          Scène III : Ormin, Eraste.

                    ORMIN
Bien qu'une grande affaire en ce lieu me conduise,
685 J'ai voulu qu'il sortît avant que vous parler.
                    ÉRASTE
Fort bien. Mais dépêchons, car je veux m'en aller.
                    ORMIN
Je me doute à peu près que l'homme qui vous quitte
Vous a fort ennuyé, monsieur, par sa visite.
C'est un vieil importun qui n'a pas l'esprit sain,
690 Et pour qui j'ai toujours quelque défaite en main.
Au Mail, à Luxembourg, et dans les Tuileries,
Il fatigue le monde avec ses rêveries ;
Et des gens comme vous doivent fuir l'entretien
De tous ces savantas qui ne sont bons à rien.
695 Pour moi, je ne crains pas que je vous importune,
Puisque je viens, monsieur, faire votre fortune.
                    ÉRASTE, *bas à part.*
Voici quelque souffleur, de ces gens qui n'ont rien,
Et vous viennent toujours promettre tant de bien.
Haut.
Vous avez fait, monsieur, cette bénite pierre
700 Qui peut seule enrichir tous les rois de la terre ?
                    ORMIN
La plaisante pensée, hélas ! où vous voilà !
Dieu me garde, monsieur, d'être de ces fous-là !
Je ne me repais point de visions frivoles,
Et je vous porte ici les solides paroles
705 D'un avis que par vous je veux donner au roi,
Et que tout cacheté je conserve sur moi :
Non de ces sots projets, de ces chimères vaines,
Dont les surintendants ont les oreilles pleines ;
Non de ces gueux d'avis, dont les prétentions
710 Ne parlent que de vingt ou trente millions ;
Mais un qui, tous les ans, à si peu qu'on le monte,
En peut donner au roi quatre cents de bon compte,
Avec facilité, sans risque, ni soupçon,
Et sans fouler le peuple en aucune façon ;

Enfin c'est un avis d'un gain inconcevable,   715
Et que du premier mot on trouvera faisable.
Oui, pourvu que par vous je puisse être poussé...
                    ÉRASTE
Soit, nous en parlerons. Je suis un peu pressé.
                    ORMIN
Si vous me promettiez de garder le silence,
Je vous découvrirais cet avis d'importance   720
                    ÉRASTE
Non, non, je ne veux point savoir votre secret.
                    ORMIN
Monsieur, pour le trahir je vous crois trop discret,
Et veux avec franchise en deux mots vous l'apprendre.
Il faut voir si quelqu'un ne peut point nous entendre.
Après avoir regardé si personne ne l'écoute,
il s'approche de l'oreille d'Eraste.
Cet avis merveilleux dont je suis l'inventeur   725
Est que...
                    ÉRASTE
          D'un peu plus loin, et pour cause, monsieur.
                    ORMIN
Vous voyez le grand gain, sans qu'il faille le dire,
Que de ses ports de mer le roi tous les ans tire ;
Or, l'avis dont encor nul ne s'est avisé
Est qu'il faut de la France, et c'est un coup aisé, 730
En fameux ports de mer mettre toutes les côtes.
Ce serait pour monter à des sommes très hautes ;
Et si...
                    ÉRASTE
          L'avis est bon, et plaira fort au roi.
Adieu. Nous nous verrons.
                    ORMIN
                    Au moins, appuyez-moi
Pour en avoir ouvert les premières paroles.   735
                    ÉRASTE
Oui, oui,
                    ORMIN
          Si vous vouliez me prêter deux pistoles,
Que vous reprendriez sur le droit de l'avis,
Monsieur,
                    ÉRASTE
          Oui, volontiers. Plût à Dieu qu'à ce prix
De tous les importuns je pusse me voir quitte !
Voyez quel contre-temps prend ici leur visite !   740
Je pense qu'à la fin je pourrai bien sortir.
Viendra-t-il point quelqu'un encor me divertir ?

          Scène IV : Filinte, Eraste.

                    FILINTE
Marquis, je viens d'apprendre une étrange nouvelle.
                    ÉRASTE
Quoi ?
                    FILINTE
          Qu'un homme tantôt t'a fait une querelle.
                    ÉRASTE
A moi ?
                    FILINTE
          Que te sert-il de le dissimuler ?   745
Je sais de bonne part qu'on t'a fait appeler ;

Et comme ton ami, quoi qu'il en réussisse,
Je te viens contre tous faire offre de service.

ÉRASTE

Je te suis obligé ; mais crois que tu me fais...

FILINTE

750 Tu ne l'avoueras pas : mais tu sors sans valets.
Demeure dans la ville, ou gagne la campagne,
Tu n'iras nulle part que je ne t'accompagne.

ÉRASTE, *à part.*

Ah ! j'enrage !

FILINTE

A quoi bon de te cacher de moi ?

ÉRASTE

Je te jure, marquis, qu'on s'est moqué de toi.

FILINTE

755 En vain tu t'en défends.

ÉRASTE

Que le Ciel me foudroie,
Si d'aucun démêlé...

FILINTE

Tu penses qu'on te croie ?

ÉRASTE

Hé ! mon Dieu ! je te dis, et ne déguise point
Que...

FILINTE

Ne me crois pas dupe et crédule à ce point.

ÉRASTE

Veux-tu m'obliger ?

FILINTE

Non.

ÉRASTE

Laisse-moi, je te prie.

FILINTE

760 Point d'affaire, marquis.

ÉRASTE

Une galanterie
En certain lieu ce soir...

FILINTE

Je ne te quitte pas :
En quel lieu que ce soit, je veux suivre tes pas

ÉRASTE

Parbleu ! puisque tu veux que j'aie une querelle,
Je consens à l'avoir pour contenter ton zèle ;
765 Ce sera contre toi, qui me fais enrager,
Et dont je ne me puis par douceur dégager.

FILINTE

C'est fort mal d'un ami recevoir le service ;
Mais puisque je vous rends un si mauvais office,
Adieu. Videz sans moi tout ce que vous aurez.

ÉRASTE

770 Vous serez mon ami quand vous me quitterez.
Seul.
Mais voyez quels malheurs suivent ma destinée !
Ils m'auront fait passer l'heure qu'on m'a donnée.

*Scène V : Damis, L'Epine, Eraste,
La Rivière et ses compagnons.*

DAMIS, *à part.*

Quoi ! malgré moi le traître espère l'obtenir !

Ah ! mon juste courroux le saura prévenir.

ÉRASTE, *à part.*

J'entrevois là quelqu'un sur la porte d'Orphise.
Quoi ! toujours quelque obstacle aux feux qu'elle

DAMIS, *à L'Epine.* [autorise !

Oui, j'ai su que ma nièce, en dépit de mes soins,
Doit voir ce soir chez elle Eraste sans témoins.

LA RIVIÈRE, *à ses compagnons.*

Qu'entends-je à ces gens-là dire de notre maître ?
Approchons doucement, sans nous faire connaître.

DAMIS, *à L'Epine.*

Mais avant qu'il ait lieu d'achever son dessein,
Il faut de mille coups percer son traître sein.
Va-t'en faire venir ceux que je viens de dire,
Pour les mettre en embûche aux lieux que je désire,
Afin qu'au nom d'Eraste on soit prêt à venger
Mon honneur que ses feux ont l'orgueil d'outrager,
A rompre un rendez-vous qui dans ce lieu l'appelle,
Et noyer dans son sang sa flamme criminelle.

LA RIVIÈRE, *attaquant Damis
avec ses compagnons.*

Avant qu'à tes fureurs on puisse l'immoler,
Traître, tu trouveras en nous à qui parler.

ÉRASTE

Bien qu'il m'ait voulu perdre, un point d'honneur me
De secourir ici l'oncle de ma maîtresse. [presse
A Damis.
Je suis à vous, monsieur.
*Il met l'épée à la main contre La Rivière
et ses compagnons, qu'il met en fuite.*

DAMIS

O ! ciel ; par quel secours
D'un trépas assuré vois-je sauver mes jours ?
A qui suis-je obligé d'un si rare service ?

ÉRASTE, *revenant.*

Je n'ai fait, vous servant, qu'un acte de justice.

DAMIS

Ciel ! puis-je à mon oreille ajouter quelque foi ?
Est-ce la main d'Eraste... ?

ÉRASTE

Oui, oui, monsieur, c'est moi.
Trop heureux que ma main vous ait tiré de peine,
Trop malheureux d'avoir mérité votre haine.

DAMIS

Quoi ! celui dont j'avais résolu le trépas
Est celui qui pour moi vient d'employer son bras !
Ah ! c'en est trop ; mon cœur est contraint de se rendre ;
Et, quoi que votre amour ce soir ait pu prétendre,
Ce trait si surprenant de générosité
Doit étouffer en moi toute animosité.
Je rougis de ma faute, et blâme mon caprice.
Ma haine trop longtemps vous a fait injustice ;
Et, pour la condamner par un éclat fameux,
Je vous joins dès ce soir à l'objet de vos vœux.

Scène VI : Orphise, Damis, Eraste.

ORPHISE, *sortant de chez elle
avec un flambeau.*

Monsieur, quelle aventure a d'un trouble effroyable...

DAMIS

Ma nièce, elle n'a rien que de très agréable,
Puisqu'après tant de vœux que j'ai blâmés en vous,
C'est elle qui vous donne Eraste pour époux.
15 Son bras a repoussé le trépas que j'évite,
Et je veux envers lui que votre main m'acquitte.

ORPHISE

Si c'est pour lui payer ce que vous lui devez,
J'y consens, devant tout aux jours qu'il a sauvés.

ÉRASTE

Mon cœur est si surpris d'une telle merveille,
20 Qu'en ce ravissement je doute si je veille.

DAMIS

Célébrons l'heureux sort dont vous allez jouir,
Et que nos violons viennent nous réjouir !
On frappe à la porte de Damis.

ÉRASTE

Qui frappe là si fort ?

L'ÉPINE

Monsieur, ce sont des masques

Qui portent des crincrins et des tambours de Basques.
Les masques entrent, qui occupent toute la place.

ÉRASTE

Quoi ; toujours des fâcheux ! Holà ! Suisses, ici ; 825
Qu'on me fasse sortir ces gredins que voici.

BALLET DU TROISIEME ACTE.

PREMIÈRE ENTRÉE

*Des Suisses, avec des hallebardes, chassent tous les
masques fâcheux, et se retirent ensuite, pour laisser
danser à leur aise*

DERNIÈRE ENTRÉE

*quatre bergers, et une bergère qui, au sentiment de
tous ceux qui l'ont vue, ferme le divertissement d'assez bonne grâce.*

L'ÉCOLE DES FEMMES

COMÉDIE

« *Représentée pour la première fois à Paris sur le théâtre du Palais-Royal le 26ᵉ décembre 1662.* » *Enorme succès : le plus grand qu'ait connu Molière. Pour les contemporains, cette fois encore, il semble avoir été dû autant à la qualité de l'interprétation qu'à la valeur de l'œuvre. Donneau de Visé loue la mise en scène :* « *Jamais comédie ne fut si bien représentée ni avec tant d'art : chaque acteur sait combien il doit faire de pas et toutes les œillades sont comptées.* » *Ce sera pour mieux ironiser sur la pièce elle-même :* « *Tout le monde l'a trouvée méchante et tout le monde y a couru.* » *Car la rivalité de tréteaux, la jalousie d'auteurs, le ressentiment de* « *sots esprits* » *(Boileau dixit), le scandale de cagots, tentent de ruiner le succès.* « *Ris donc, parterre !* » *s'écrie, dépité, un spectateur hostile nommé Plapisson. C'est la* « *Querelle de l'Ecole des femmes* » *entretenue malgré la prise de position favorable de Leurs Majestés que la pièce — 6 janvier 1663, au Louvre — fit rire, rapporte Loret,* « *jusqu'à s'en tenir les côtés* ». *Boileau, on le sait, s'engagea à fond :*

En vain, mille jaloux esprits
Molière, osent avec mépris
Censurer ton plus bel ouvrage,
Sa charmante naïveté
S'en va pour jamais d'âge en âge
Divertir la postérité.

La postérité ratifie la lucidité de Boileau, quitte à s'émouvoir, plutôt que de s'en divertir, de ce qui ne lui paraît pas tellement « *charmante naïveté* ». *La publication en librairie, avec dédicace à Madame (Henriette d'Angleterre, première femme de Monsieur, dont la mort à vingt-six ans, le 29 juin 1670, devait plonger la cour et le peuple dans l'affliction) et la préface annonçant la Critique de l'Ecole des femmes, eut lieu le 17 mars 1663. On remarquera que le rôle d'Agnès ne fut pas créé par Armande Béjart qui l'inspira et qui en avait l'âge. Pudeur conjugale, peut-être. Catherine de Brie, si fraîche qu'elle demeurât, avait dépassé largement la trentaine. Et d'ailleurs, on assure qu'elle conserva l'emploi jusqu'à soixante-cinq ans ! Molière jouait Arnolphe en grotesque. Lucien Guitry dramatisait le personnage, Fernand Ledoux le ramena vers la farce, Louis Jouvet en fit un bouffon tragique.*

PERSONNAGES

ARNOLPHE, *autrement M. de La Souche* (Molière).

AGNÈS, *jeune fille innocente, élevée par Arnolphe* (Mlle de Brie).

HORACE, *amant d'Agnès* (La Grange).

ALAIN, *paysan, valet d'Arnolphe* (Brécourt).

GEORGETTE, *paysanne, servante d'Arnolphe.*

CHRYSALDE, *ami d'Arnolphe* (L'Espy).

ENRIQUE, *beau-frère de Chrysalde.*

ORONTE, *père d'Horace et grand ami d'Arnolphe.*

UN NOTAIRE (De Brie).

LA SCÈNE EST DANS UNE PLACE DE VILLE.

A MADAME

MADAME,

Je suis le plus embarrassé homme du monde lorsqu'il me faut dédier un livre ; et je me trouve si peu fait au style d'épître dédicatoire, que je ne sais par où sortir de celle-ci. Un autre auteur, qui serait en ma place, trouverait d'abord cent belles choses à dire de VOTRE ALTESSE ROYALE, sur ce titre de *l'Ecole des femmes*, et l'offre qu'il vous en ferait. Mais, pour moi, MADAME, je vous avoue mon faible. Je ne sais point cet art de trouver des rapports entre des choses si peu proportionnées ; et, quelque belles lumières que mes confrères les auteurs me donnent tous les jours sur de pareils sujets, je ne vois point ce que VOTRE ALTESSE ROYALE pourrait avoir à démêler avec la comédie que je lui présente. On n'est pas en peine, sans doute, comment il faut faire pour vous louer. La matière, MADAME, ne saute que trop aux yeux ; et, de quelque côté qu'on vous regarde, on rencontre gloire sur gloire et qualités sur qualités. Vous en avez, MADAME, du côté du rang et de la naissance, qui vous font respecter de toute la terre ; vous en avez du côté des grâces, et de l'esprit, et du corps, qui vous font admirer de toutes les personnes qui vous voient ; vous en avez du côté de l'âme, qui, si l'on ose parler ainsi, vous font aimer de tous ceux qui ont l'honneur d'approcher de vous : je veux dire cette douceur pleine de charmes dont vous daignez tempérer la fierté des grands titres que vous portez ; cette bonté tout obligeante, cette affabilité généreuse que vous faites paraître pour tout le monde. Et ce sont particulièrement ces dernières pour qui je suis, et dont je sens fort bien que je ne me pourrai taire quelque jour. Mais encore une fois, MADAME, je ne sais point le biais de faire entrer ici des vérités si éclatantes ; et ce sont choses, à mon avis, et d'une trop vaste étendue, et d'un mérite trop relevé pour les vouloir renfermer dans une épître, et les mêler avec des bagatelles. Tout bien considéré, MADAME, je ne vois rien à faire ici pour moi que de vous dédier simplement ma comédie, et de vous assurer, avec tout le respect qu'il m'est possible, que je suis, MADAME, DE VOTRE ALTESSE ROYALE,

Le très humble, très obéissant,
et très obligé serviteur,
J.-B. P. MOLIÈRE.

PREFACE

Bien des gens ont frondé d'abord cette comédie ; mais les rieurs ont été pour elle, et tout le mal qu'on en a pu dire n'a pu faire qu'elle n'ait eu un succès dont je me contente.
Je sais qu'on attend de moi dans cette impression quelque préface qui réponde aux censeurs, et rende raison de mon ouvrage ; et sans doute que je suis assez redevable à toutes les personnes qui lui ont donné leur approbation, pour me croire obligé de défendre leur jugement contre celui des autres ; mais il se trouve qu'une grande partie des choses que j'aurais à dire sur ce sujet est déjà dans une dissertation que j'ai faite en dialogue, et dont je ne sais encore ce que je ferai.
L'idée de ce dialogue, ou, si l'on veut, de cette petite comédie, me vint après les deux ou trois premières représentations de ma pièce.
Je la dis, cette idée, dans une maison où je me trouvai un soir ; et d'abord une personne de qualité, dont l'esprit est assez connu dans le monde [1], et qui me fait l'honneur de m'aimer, trouva le projet assez à son gré, non seulement pour me solliciter d'y mettre la main, mais encore pour me l'y mettre lui-même ; et je fus étonné que deux jours après il me montrât toute l'affaire exécutée d'une manière, à la vérité, beaucoup plus galante et spirituelle que je ne puis

faire, mais où je trouvai des choses trop avantageuses pour moi ; et j'eus peur que, si je produisais cet ouvrage sur notre théâtre, on ne m'accusât d'abord d'avoir mendié les louanges qu'on m'y donnait. Cependant, cela m'empêcha, par quelque considération, d'achever ce que j'avais commencé. Mais tant de gens me pressent tous les jours de le faire, que je ne sais ce qui en sera ; et cette incertitude est cause que je ne mets point dans cette préface ce qu'on verra dans *la Critique,* en cas que je me résolve à la faire paraître. S'il faut que cela soit, je le dis encore, ce sera seulement pour venger le public du chagrin délicat de certaines gens ; car, pour moi, je m'en tiens assez vengé par la réussite de ma comédie ; et je souhaite que toutes celles que je pourrai faire soient traitées par eux comme celleci, pourvu que le reste suive de même.

ACTE PREMIER

Scène I : Chrysalde, Arnolphe.

CHRYSALDE
Vous venez, dites-vous, pour lui donner la main ?
ARNOLPHE
Oui. Je veux terminer la chose dans demain.
CHRYSALDE
Nous sommes ici seuls ; et l'on peut, ce me semble,
Sans craindre d'être ouïs, y discourir ensemble.
Voulez-vous qu'en ami je vous ouvre mon cœur ?   5
Votre dessein, pour vous, me fait trembler de peur ;
Et, de quelque façon que vous tourniez l'affaire,
Prendre femme est à vous un coup bien téméraire.
ARNOLPHE
Il est vrai, notre ami. Peut-être que, chez vous,
Vous trouvez des sujets de craindre pour chez nous ;   10
Et votre front, je crois, veut que du mariage
Les cornes soient partout l'infaillible apanage.
CHRYSALDE
Ce sont coups du hasard, dont on n'est point garant ;
Et bien soit, ce me semble, est le soin qu'on en prend.
Mais quand je crains pour vous, c'est cette raillerie   15
Dont cent pauvres maris ont souffert la furie :
Car enfin vous savez qu'il n'est grands, ni petits,
Que de votre critique on ait vus garantis ;
Que vos plus grands plaisirs sont, partout où vous êtes,
De faire cent éclats des intrigues secrètes...   20
ARNOLPHE
Fort bien. Est-il au monde une autre ville aussi
Où l'on ait des maris si patients qu'ici ?
Est-ce qu'on n'en voit pas de toutes les espèces,
Qui sont accommodés chez eux de toutes pièces ?
L'un amasse du bien, dont sa femme fait part   25
A ceux qui prennent soin de le faire cornard : [fâme,
L'autre, un peu plus heureux, mais non pas moins in-
Voit faire tous les jours des présents à sa femme,
Et d'aucun soin jaloux n'a l'esprit combattu,
Parce qu'elle lui dit que c'est pour sa vertu.   30

---

1. L'abbé Dubuisson, *grand introducteur des ruelles.* Il est probable que sa pièce est celle qui fut imprimée sous le titre de *Panégyrique de l'Ecole des femmes.*

L'un fait beaucoup de bruit qui ne lui sert de guères:
L'autre en toute douceur laisse aller les affaires ;
Et, voyant arriver chez lui le damoiseau,
Prend fort honnêtement ses gants et son manteau.
35 L'une, de son galant, en adroite femelle,
Fait fausse confidence à son époux fidèle,
Qui dort en sûreté sur un pareil appas,
Et le plaint, ce galant, des soins qu'il ne perd pas :
L'autre, pour se purger de sa magnificence,
40 Dit qu'elle gagne au jeu l'argent qu'elle dépense ;
Et le mari benêt, sans songer à quel jeu,
Sur les gains qu'elle fait rend des grâces à Dieu.
Enfin, ce sont partout des sujets de satire ;
Et, comme spectateur, ne puis-je pas en rire ?
Puis-je pas de nos sots... ?

          CHRYSALDE
45   Oui : mais qui rit d'autrui
Doit craindre qu'en revanche on rie aussi de lui.
J'entends parler le monde : et des gens se délassent
A venir débiter les choses qui se passent ;
Mais, quoi que l'on divulgue aux endroits où je suis,
50 Jamais on ne m'a vu triompher de ces bruits.
J'y suis assez modeste ; et, bien qu'aux occurrences
Je puisse condamner certaines tolérances,
Que mon dessein ne soit de souffrir nullement
Ce que d'aucuns maris·souffrent paisiblement,
55 Pourtant je n'ai jamais affecté de le dire ;
Car enfin il faut craindre un revers de satire,
Et l'on ne doit jamais jurer sur de tels cas
De ce qu'on pourra faire, ou bien ne faire pas.
Ainsi, quand à mon front, par un sort qui tout mène,
60 Il serait arrivé quelque disgrâce humaine,
Après mon procédé, je suis presque certain
Qu'on se contentera de s'en rire sous main :
Et peut-être qu'encor j'aurai cet avantage   [mage !
Que quelques bonnes gens diront : Que c'est dom-
65 Mais de vous, cher compère, il en est autrement ;
Je vous le dis encor, vous risquez diablement ;
Comme sur les maris accusés de souffrance
De tout temps votre langue a daubé d'importance,
Qu'on vous a vu contre eux un diable déchaîné,
70 Vous devez marcher droit pour n'être point berné ;
Et, s'il faut que sur vous on ait la moindre prise,
Gare qu'aux carrefours on ne vous tympanise,
Et...

          ARNOLPHE
      Mon Dieu ! notre ami, ne vous tourmentez point.
Bien huppé qui pourra m'attraper sur ce point.
75 Je sais les tours rusés et les subtiles trames
Dont pour nous en planter savent user les femmes,
Et comme on est dupé par leurs dextérités.
Contre cet accident j'ai pris mes sûretés ;
Et celle que j'épouse a toute l'innocence
80 Qui peut sauver mon front de maligne influence.

          CHRYSALDE
Et que prétendez-vous qu'une sotte, en un mot...

          ARNOLPHE
Epouser une sotte est pour n'être point sot.
Je crois, en bon chrétien, votre moitié fort sage ;
Mais une femme habile est un mauvais présage ;

Et je sais ce qu'il coûte à de certaines gens
Pour avoir pris les leurs avec trop de talents.
Moi, j'irais me charger d'une spirituelle
Qui ne parlerait rien que cercle et que ruelle,
Qui de prose et de vers ferait de doux écrits,
Et que visiteraient marquis et beaux esprits,
Tandis que, sous le nom du mari de madame,
Je serais comme un saint que pas un ne réclame !
Non, non, je ne veux point d'un esprit qui soit haut ;
Et femme qui compose en sait plus qu'il ne faut.
Je prétends que la mienne, en clartés peu sublime,
Même ne sache pas ce que c'est qu'une rime ;
Et, s'il faut qu'avec elle on joue au corbillon,
Et qu'on vienne à lui dire à son tour : Qu'y met-on ?
Je veux qu'elle réponde : Une tarte à la crème ;
En un mot, qu'elle soit d'une ignorance extrême :   1
Et c'est assez pour elle, à vous en bien parler,
De savoir prier Dieu, m'aimer, coudre, et filer.

          CHRYSALDE
Une femme stupide est donc votre marotte ?

          ARNOLPHE
Tant, que j'aimerais mieux une laide bien sotte,
Qu'une femme fort belle avec beaucoup d'esprit.   1

          CHRYSALDE
L'esprit et la beauté...

          ARNOLPHE
            L'honnêteté suffit.

          CHRYSALDE
Mais comment voulez-vous, après tout, qu'une bête
Puisse jamais savoir ce que c'est qu'être honnête ?
Outre qu'il est assez ennuyeux, que je crois,
D'avoir toute sa vie une bête avec soi,   1
Pensez-vous le bien prendre, et que sur votre idée
La sûreté d'un front puisse être bien fondée ?
Une femme d'esprit peut trahir son devoir ;
Mais il faut, pour le moins, qu'elle ose le vouloir :   1
Et la stupide au sien peut manquer d'ordinaire,
Sans en avoir l'envie et sans penser le faire.

          ARNOLPHE
A ce bel argument, à ce discours profond,
Ce que Pantagruel à Panurge répond :
Pressez-moi de me joindre à femme autre que sotte,
Prêchez, patrocinez jusqu'à la Pentecôte ;
Vous serez ébahi, quand vous serez au bout,
Que vous ne m'aurez rien persuadé du tout.

          CHRYSALDE
Je ne vous dis plus mot.

          ARNOLPHE
            Chacun a sa méthode.
En femme, comme en tout, je veux suivre ma mode :
Je me vois riche assez pour pouvoir, que je crois   1
Choisir une moitié qui tienne tout de moi,
Et de qui la soumise et pleine dépendance
N'ait à me reprocher aucun bien ni naissance.
Un air doux et posé, parmi d'autres enfants,
M'inspira de l'amour pour elle dès quatre ans :
Sa mère se trouvant de pauvreté pressée,
De la lui demander il me vint en pensée ;
Et la bonne paysanne, apprenant mon désir,
A s'ôter cette charge eut beaucoup de plaisir.

35 Dans un petit couvent, loin de toute pratique,
    Je la fis élever selon ma politique ;
    C'est-à-dire ordonnant quels soins on emploierait
    Pour la rendre idiote autant qu'il se pourrait.
    Dieu merci, le succès a suivi mon attente.
40 Et grande, je l'ai vue à tel point innocente,
    Que j'ai béni le ciel d'avoir trouvé mon fait,
    Pour me faire une femme au gré de mon souhait.
    Je l'ai donc retirée ; et, comme ma demeure
    A cent sortes de monde est ouverte à toute heure,
45 Je l'ai mise à l'écart, comme il faut tout prévoir,
    Dans cette autre maison où nul ne me vient voir ;
    Et, pour ne point gâter sa bonté naturelle,
    Je n'y tiens que des gens tout aussi simples qu'elle.
    Vous me direz : Pourquoi cette narration ?
50 C'est pour vous rendre instruit de ma précaution.
    Le résultat de tout est qu'en ami fidèle
    Ce soir je vous invite à souper avec elle ;
    Je veux que vous puissiez un peu l'examiner,
    Et voir si de mon choix on me doit condamner.

                CHRYSALDE
55 J'y consens.

                ARNOLPHE
            Vous pourrez, dans cette conférence,
    Juger de sa personne et de son innocence.

                CHRYSALDE
    Pour cet article-là, ce que vous m'avez dit
    Ne peut...

                ARNOLPHE
            La vérité passe encor mon récit.
    Dans ses simplicités à tous coups je l'admire,
160 Et parfois elle en dit dont je pâme de rire.
    L'autre jour (pourrait-on se le persuader ?),
    Elle était fort en peine, et me vint demander,
    Avec une innocence à nulle autre pareille,
    Si les enfants qu'on fait se faisaient par l'oreille.

                CHRYSALDE
165 Je me réjouis fort, seigneur Arnolphe...

                ARNOLPHE
                        Bon !
    Me voulez-vous toujours appeler de ce nom ?

                CHRYSALDE
    Ah ! malgré que j'en aie, il me vient à la bouche,
    Et jamais je ne songe à monsieur de La Souche.
    Qui diable vous a fait aussi vous aviser,
170 A quarante et deux ans, de vous débaptiser,
    Et d'un vieux tronc pourri de votre métairie
    Vous faire dans le monde un nom de seigneurie ?

                ARNOLPHE
    Outre que la maison par ce nom se connaît,
    La Souche plus qu'Arnolphe à mes oreilles plaît.

                CHRYSALDE
175 Quel abus de quitter le vrai nom de ses pères,
    Pour en vouloir prendre un bâti sur des chimères !
    De la plupart des gens c'est la démangeaison ;
    Et, sans vous embrasser dans la comparaison,
    Je sais un paysan qu'on appelait Gros-Pierre,
180 Qui, n'ayant pour tout bien qu'un seul quartier de terre,
    Y fit tout à l'entour faire un fossé bourbeux,
    Et de monsieur de l'Isle en prit le nom pompeux.

                ARNOLPHE
Vous pourriez vous passer d'exemples de la sorte.
Mais enfin de La Souche est le nom que je porte :
J'y vois de la raison, j'y trouve des appas ;   185
Et m'appeler de l'autre est ne m'obliger pas.

                CHRYSALDE
Cependant la plupart ont peine à s'y soumettre ;
Et je vois même encor des adresses de lettre...

                ARNOLPHE
Je le souffre aisément de qui n'est pas instruit ;
Mais vous...

                CHRYSALDE
        Soit : là-dessus nous n'aurons point de bruit : 190
Et je prendrai le soin d'accoutumer ma bouche
A ne plus vous nommer que monsieur de La Souche.

                ARNOLPHE
Adieu. Je frappe ici pour donner le bonjour,
Et dire seulement que je suis de retour.

        CHRYSALDE, à part, en s'en allant.
Ma foi, je le tiens fou de toutes les manières.   195

                ARNOLPHE, seul.
Il est un peu blessé sur certaines matières.
Chose étrange de voir comme avec passion
Un chacun est chaussé de son opinion.
    Il frappe à sa porte.
Holà !

        Scène II : Arnolphe, Alain,
            Georgette, dans la maison.

                ALAIN
    Qui heurte.

                ARNOLPHE
            Ouvrez. On aura, que je pense,
Grande joie à me voir après dix jours d'absence.   200

                ALAIN
Qui va là ?

                ARNOLPHE
            Moi.

                ALAIN
            Georgette !

                GEORGETTE
                    Hé bien ?

                ALAIN
                        Ouvre là-bas.

                GEORGETTE
Vas-y, toi.

                ALAIN
        Vas-y, toi.

                GEORGETTE
                Ma foi, je n'irai pas.

                ALAIN
Je n'irai pas aussi.

                ARNOLPHE
                Belle cérémonie
Pour me laisser dehors ! Holà ! ho ! je vous prie.

                GEORGETTE
Qui frappe ?   205

                ARNOLPHE
            Votre maître.

GEORGETTE
Alain !
ALAIN
Quoi ?
GEORGETTE
C'est monsieur.
Ouvre vite.
ALAIN
Ouvre, toi.
GEORGETTE
Je souffle notre feu.
ALAIN
J'empêche, peur du chat, que mon moineau ne sorte.
ARNOLPHE
Quiconque de vous deux n'ouvrira pas la porte
N'aura point à manger de plus de quatre jours.
210 Ah !
GEORGETTE
Par quelle raison y venir, quand j'y cours ?
ALAIN
Pourquoi plutôt que moi ? Le plaisant strodagème !
GEORGETTE
Ote-toi donc de là.
ALAIN
Non, ôte-toi, toi-même.
GEORGETTE
Je veux ouvrir la porte.
ALAIN
Et je veux l'ouvrir, moi.
GEORGETTE
Tu ne l'ouvriras pas.
ALAIN
Ni toi non plus.
GEORGETTE
Ni toi.
ARNOLPHE
215 Il faut que j'aie ici l'âme bien patiente !
ALAIN, *en entrant.*
Au moins, c'est moi, monsieur.
GEORGETTE, *en entrant.*
Je suis votre servante,
C'est moi.
ALAIN
Sans le respect de monsieur que voilà,
Je te...
ARNOLPHE, *recevant un coup d'Alain.*
Peste !
ALAIN
Pardon.
ARNOLPHE
Voyez ce lourdaud-là !
ALAIN
C'est elle aussi, monsieur...
ARNOLPHE
Que tous deux on se taise.
220 Songez à me répondre, et laissons la fadaise.
Hé bien ! Alain, comment se porte-t-on ici ?
ALAIN
Monsieur, nous nous...
Arnolphe ôte le chapeau de dessus la tête d'Alain.

Monsieur, nous nous por...
Arnolphe l'ôte encore.
Dieu merci.
Nous nous...
ARNOLPHE, *ôtant le chapeau d'Alain pour la troisième fois, et le jetant par terre.*
Qui vous apprend, impertinente bête,
A parler devant moi le chapeau sur la tête ?
ALAIN
Vous faites bien, j'ai tort.
ARNOLPHE, *à Alain.*
Faites descendre Agnès. 22
ARNOLPHE, *à Georgette.*
Lorsque je m'en allai, fut-elle triste après ?
GEORGETTE
Triste ? Non.
ARNOLPHE
Non !
GEORGETTE
Si fait.
ARNOLPHE
Pourquoi donc ? ...
GEORGETTE
Oui, je meure.
Elle vous croyait voir de retour à toute heure ;
Et nous n'oyions jamais passer devant chez nous
Cheval, âne ou mulet, qu'elle ne prît pour vous. 23

Scène III : Arnolphe, Agnès,
Alain, Georgette.

ARNOLPHE
La besogne à la main ! c'est un bon témoignage.
Hé bien ! Agnès, je suis de retour du voyage :
En êtes-vous bien aise ?
AGNÈS
Oui, monsieur, Dieu merci.
ARNOLPHE
Et moi, de vous revoir je suis bien aise aussi.
Vous vous êtes toujours, comme on voit, bien por- [tée ? 23
AGNÈS
Hors les puces, qui m'ont la nuit inquiétée.
ARNOLPHE
Ah ! vous aurez dans peu quelqu'un pour les chasser.
AGNÈS
Vous me ferez plaisir.
ARNOLPHE
Je le puis bien penser.
Que faites-vous donc là ?
AGNÈS
Je me fais des cornettes.
Vos chemises de nuit et vos coiffes sont faites. 24
ARNOLPHE
Ah ! voilà qui va bien ! Allez, montez là-haut :
Ne vous ennuyez point, je reviendrai tantôt,
Et je vous parlerai d'affaires importantes.
Tous étant rentrés.
Héroïnes du temps, mesdames les savantes,
Pousseuses de tendresse et de beaux sentiments, 24
Je défie à la fois tous vos vers, vos romans,

Vos lettres, billets doux, toute votre science,
De valoir cette honnête et pudique ignorance.

Scène IV : Horace, Arnolphe.

ARNOLPHE

Ce n'est point par le bien qu'il faut être ébloui :[Oui.
50 Et pourvu que l'honneur soit... Que vois-je ? Est-ce...
Je me trompe. Nenni. Si fait. Non, c'est lui-même,
Hor...

HORACE

Seigneur Ar...

ARNOLPHE

Horace.

HORACE

Arnolphe.

ARNOLPHE

Ah ! joie extrême !

Et depuis quand ici ?

HORACE

Depuis neuf jours.

ARNOLPHE

Vraiment !

HORACE

Je fus d'abord chez vous ; mais inutilement.

ARNOLPHE

55 J'étais à la campagne.

HORACE

Oui, depuis deux journées.

ARNOLPHE

Oh ! comme les enfants croissent en peu d'années !
J'admire de le voir au point où le voilà,
Après que je l'ai vu pas plus grand que cela.

HORACE

Vous voyez.

ARNOLPHE

Mais, de grâce, Oronte votre père,
60 Mon bon et cher ami, que j'estime et révère,
Que fait-il ? que dit-il ? Est-il toujours gaillard ?
A tout ce qui le touche il sait que je prends part :
Nous ne nous sommes vus depuis quatre ans ensemble.

HORACE

Ni, qui plus est, écrit l'un à l'autre, me semble.
65 Il est, seigneur Arnolphe, encor plus gai que nous :
Et j'avais de sa part une lettre pour vous ;
Mais depuis, par une autre, il m'apprend sa venue ;
Et la raison encor ne m'en est pas connue.
Savez-vous qui peut être un de vos citoyens
70 Qui retourne en ces lieux avec beaucoup de biens
Qu'il s'est en quatorze ans acquis dans l'Amérique ?

ARNOLPHE

Non. Vous a-t-on point dit comme on le nomme ?

HORACE

Enrique.

ARNOLPHE

Non.

HORACE

Mon père m'en parle, et qu'il est revenu,
Comme s'il devait m'être entièrement connu,
75 Et m'écrit qu'en chemin ensemble ils se vont mettre

Pour un fait important que ne dit point sa lettre.
Horace remet la lettre d'Oronte à Arnolphe.

ARNOLPHE

J'aurai certainement grande joie à le voir,
Et pour le régaler je ferai mon pouvoir.
Après avoir lu la lettre.
Il faut pour des amis des lettres moins civiles,
Et tous ces compliments sont choses inutiles.   280
Sans qu'il prît le souci de m'en écrire rien,
Vous pouvez librement disposer de mon bien.

HORACE

Je suis homme à saisir les gens par leurs paroles,
Et j'ai présentement besoin de cent pistoles.

ARNOLPHE

Ma foi, c'est m'obliger que d'en user ainsi,   285
Et je me réjouis de les avoir ici.
Gardez aussi la bourse.

HORACE

Il faut...

ARNOLPHE

Laissons ce style.
Hé bien ! comment encor trouvez-vous cette ville ?

HORACE

Nombreuse en citoyens, superbe en bâtiments ;
Et j'en crois merveilleux les divertissements.   290

ARNOLPHE

Chacun a ses plaisirs, qu'il se fait à sa guise ;
Mais pour ceux que du nom de galants on baptise,
Ils ont dans ce pays de quoi se contenter,
Car les femmes y sont faites à coqueter :
On trouve d'humeur douce et la brune et la blonde,   295
Et les maris aussi les plus bénins du monde ;
C'est un plaisir de prince ; et des tours que je vois
Je me donne souvent la comédie à moi.
Peut-être en avez-vous déjà féru quelqu'une.
Vous est-il point encore arrivé de fortune ?   300
Les gens faits comme vous font plus que les écus,
Et vous êtes de taille à faire des cocus.

HORACE

A ne vous rien cacher de la vérité pure,
J'ai d'amour en ces lieux eu certaine aventure ;
Et l'amitié m'oblige à vous en faire part.   305

ARNOLPHE, *à part.*

Bon ! voici de nouveau quelque conte gaillard ;
Et ce sera de quoi mettre sur mes tablettes.

HORACE

Mais, de grâce, qu'au moins ces choses soient secrètes !

ARNOLPHE

Oh !

HORACE

Vous n'ignorez pas qu'en ces occasions
Un secret éventé rompt nos prétentions.   310
Je vous avouerai donc avec pleine franchise
Qu'ici d'une beauté mon âme s'est éprise.
Mes petits soins d'abord ont eu tant de succès,
Que je me suis chez elle ouvert un doux accès ;
Et, sans trop me vanter ni lui faire une injure,   315
Mes affaires y sont en fort bonne posture.

ARNOLPHE, *en riant.*

Et c'est ?

HORACE, *lui montrant le logis d'Agnès.*
Un jeune objet qui loge en ce logis
Dont vous voyez d'ici que les murs sont rougis ;
Simple, à la vérité, par l'erreur sans seconde
320 D'un homme qui la cache au commerce du monde,
Mais qui, dans l'ignorance où l'on veut l'asservir,
Fait briller des attraits capables de ravir ;
Un air tout engageant, je ne sais quoi de tendre
Dont il n'est point de cœur qui se puisse défendre ;
325 Mais peut-être il n'est pas que vous n'ayez bien vu
Ce jeune astre d'amour de tant d'attraits pourvu :
C'est Agnès qu'on l'appelle.
ARNOLPHE, *à part.*
Ah ! je crève !
HORACE
Pour l'homme,
C'est, je crois, de la Zousse, ou Source, qu'on le nomme;
Je ne me suis pas fort arrêté sur le nom :
330 Riche, à ce qu'on m'a dit, mais des plus sensés, non ;
Et l'on m'en a parlé comme d'un ridicule.
Le connaissez-vous point ?
ARNOLPHE
La fâcheuse pilule !
HORACE
Hé ! vous ne dites mot ?
ARNOLPHE
Eh ! oui, je le connois.
HORACE
C'est un fou, n'est-ce pas ?
ARNOLPHE
Hé...
HORACE
Qu'en dites-vous ? Quoi ?
335 Hé ! c'est-à-dire oui ? Jaloux à faire rire ?
Sot ? Je vois qu'il en est ce que l'on m'a pu dire.
Enfin l'aimable Agnès a su m'assujettir.
C'est un joli bijou, pour ne vous point mentir ;
Et ce serait péché qu'une beauté si rare
340 Fût laissée au pouvoir de cet homme bizarre.
Pour moi, tous mes efforts, tous mes vœux les plus doux
Vont à m'en rendre maître en dépit du jaloux ;
Et l'argent que de vous j'emprunte avec franchise
N'est que pour mettre à bout cette juste entreprise.
345 Vous savez mieux que moi, quels que soient nos efforts,
Que l'argent est la clef de tous les grands ressorts,
Et que ce doux métal qui frappe tant de têtes,
En amour, comme en guerre, avance les conquêtes.
Vous me semblez chagrin ? Serait-ce qu'en effet
350 Vous désapprouveriez le dessein que j'ai fait ?
ARNOLPHE
Non, c'est que je songeais...
HORACE
Cet entretien vous lasse.
Adieu. J'irai chez vous tantôt vous rendre grâce.
ARNOLPHE, *se croyant seul.*
Ah ! faut-il...
HORACE, *revenant.*
Derechef, veuillez être discret ;
Et n'allez pas, de grâce, éventer mon secret.

ARNOLPHE, *se croyant seul.*
Que je sens dans mon âme... !
HORACE, *revenant.*
Et surtout à mon père,
Qui s'en ferait peut-être un sujet de colère.
ARNOLPHE, *croyant qu'Horace*
revient encore.
Oh ! Oh ! que j'ai souffert durant cet entretien !
Jamais trouble d'esprit ne fut égal au mien.
Avec quelle imprudence et quelle hâte extrême
Il m'est venu conter cette affaire à moi-même !
Bien que mon autre nom le tienne dans l'erreur,
Etourdi montra-t-il jamais tant de fureur ;
Mais, ayant tant souffert, je devais me contraindre
Jusques à m'éclaircir de ce que je dois craindre,
A pousser jusqu'au bout son caquet indiscret,
Et savoir pleinement leur commerce secret.
Tâchons à le rejoindre ; il n'est pas loin, je pense ;
Tirons-en de ce fait l'entière confidence.
Je tremble du malheur qui m'en peut arriver,
Et l'on cherche souvent plus qu'on ne veut trouver.

ACTE SECOND

Scène I : Arnolphe.

Il m'est, lorsque j'y pense, avantageux sans doute
D'avoir perdu mes pas, et pu manquer sa route :
Car enfin de mon cœur le trouble impérieux
N'eût pu se renfermer tout entier à ses yeux ;
Il eût fait éclater l'ennui qui me dévore,
Et je ne voudrais pas qu'il sût ce qu'il ignore,
Mais je ne suis homme à gober le morceau,
Et laisser un champ libre aux vœux du damoiseau.
J'en veux rompre le cours, et, sans tarder, apprendre
Jusqu'où l'intelligence entre eux a pu s'étendre :
J'y prends pour mon honneur un notable intérêt ;
Je la regarde en femme aux termes qu'elle en est ;
Elle n'a pu faillir sans me couvrir de honte,
Et tout ce qu'elle a fait enfin est sur mon compte.
Eloignement fatal ! voyage malheureux !
Il frappe à sa porte.

Scène II : Arnolphe, Alain, Georgette.

ALAIN
Ah ! monsieur, cette fois...
ARNOLPHE
Paix. Venez çà, tous deux.
Passez là, passez là. Venez là, venez, dis-je.
GEORGETTE
Ah ! vous me faites peur, et tout mon sang se fige.
ARNOLPHE
C'est donc ainsi qu'absent vous m'avez obéi ?
Et tous deux de concert, vous m'avez donc trahi ?
GEORGETTE, *tombant aux*
genoux d'Arnolphe.
Hé, ne me mangez pas, monsieur, je vous conjure.

ALAIN, *à part.*
Quelque chien enragé l'a mordu, je m'assure.

ARNOLPHE, *à part.*
Ouf ! je ne puis parler, tant je suis prévenu ;
Je suffoque, et voudrais me pouvoir mettre nu.
A Alain et à Georgette.
95 Vous avez donc souffert, ô canaille maudite,
Qu'un homme soit venu ?... Tu veux prendre la fuite !
Il faut que sur-le-champ... Si tu bouges... Je veux
Que vous me disiez... Euh ! oui, je veux que tous deux...
Alain et Georgette se lèvent et veulent encore s'enfuir.
Quiconque remuera, par la mort ! je l'assomme.
00 Comme est-ce que chez moi s'est introduit cet homme ?
Hé ! parlez. Dépêchez, vite, promptement, tôt,
Sans rêver. Veut-on dire ?

ALAIN et GEORGETTE
Ah ! ah !

GEORGETTE, *retombant aux
genoux d'Arnolphe.*
Le cœur me faut.

ALAIN, *retombant aux
genoux d'Arnolphe.*
Je meurs.

ARNOLPHE, *à part.*
Je suis en eau : prenons un peu d'haleine ;
Il faut que je m'évente et que je me promène.
05 Aurais-je deviné, quand je l'ai vu petit,
Qu'il croîtrait pour cela ? Ciel ! que mon cœur pâtit !
Je pense qu'il vaut mieux que de sa propre bouche
Je tire avec douceur l'affaire qui me touche.
Tâchons à modérer notre ressentiment.
10 Patience, mon cœur, doucement, doucement.
A Alain et à Georgette.
Levez-vous, et, rentrant, faites qu'Agnès descende.
A part.
Arrêtez. Sa surprise en deviendrait moins grande :
Du chagrin qui me trouble ils iraient l'avertir,
Et moi-même je veux l'aller faire sortir.
A Alain et à Georgette.
15 Que l'on m'attende ici.

Scène III : Alain, Georgette.

GEORGETTE
Mon Dieu ! qu'il est terrible !
Ses regards m'ont fait peur, mais une peur horrible ;
Et jamais je ne vis un plus hideux chrétien.

ALAIN
Ce monsieur l'a fâché ; je te le disais bien.

GEORGETTE
Mais que diantre est-ce là, qu'avec tant de rudesse
20 Il nous fait au logis garder notre maîtresse ?
D'où vient qu'à tout le monde il veut tant la cacher,
Et qu'il ne saurait voir personne en approcher ?

ALAIN
C'est que cette action le met en jalousie.

GEORGETTE
Mais d'où vient qu'il est pris de cette fantaisie ?

ALAIN
25 Cela vient... Cela vient de ce qu'il est jaloux.

GEORGETTE
Oui ; mais pourquoi l'est-il ? et pourquoi ce courroux ?

ALAIN
C'est que la jalousie... entends-tu bien, Georgette,
Est une chose... là... qui fait qu'on s'inquiète...
Et qui chasse les gens d'autour d'une maison.
Je m'en vais te bailler une comparaison,   430
Afin de concevoir la chose davantage.
Dis-moi, n'est-il pas vrai, quand tu tiens ton potage,
Que, si quelque affamé venait pour en manger,
Tu serais en colère, et voudrais le charger ?

GEORGETTE
Oui, je comprends cela.

ALAIN
C'est justement tout comme.   435
La femme est en effet le potage de l'homme ;
Et quand un homme voit d'autres hommes parfois
Qui veulent dans sa soupe aller tremper leurs doigts,
Il en montre aussitôt une colère extrême.

GEORGETTE
Oui ; mais pourquoi chacun n'en fait-il pas de même,   440
Et que nous en voyons qui paraissent joyeux
Lorsque leurs femmes sont avec les biaux monsieux ?

ALAIN
C'est que chacun n'a pas cette amitié goulue
Qui n'en veut que pour soi.

GEORGETTE
Si je n'ai la berlue,
Je le vois qui revient.

ALAIN
Tes yeux sont bons, c'est lui.   445

GEORGETTE
Vois comme il est chagrin.

ALAIN
C'est qu'il a de l'ennui.

*Scène IV : Arnolphe, Agnès,
Alain, Georgette.*

ARNOLPHE, *à part.*
Un certain Grec disait à l'empereur Auguste,
Comme une instruction utile autant que juste,
Que, lorsqu'une aventure en colère nous met,
Nous devons, avant tout, dire notre alphabet,   450
Afin que dans ce temps la bile se tempère,
Et qu'on ne fasse rien que l'on ne doive faire.
J'ai suivi sa leçon sur le sujet d'Agnès,
Et je la fais venir dans ce lieu tout exprès,
Sous prétexte d'y faire un tour de promenade,   455
Afin que les soupçons de mon esprit malade
Puissent sur le discours la mettre adroitement,
Et, lui sondant le cœur, s'éclaircir doucement .
Venez, Agnès. Rentrez.

Scène V : Arnolphe, Agnès.

ARNOLPHE
La promenade est belle.

AGNÈS
Fort belle.

ARNOLPHE

460   Le beau jour !

AGNÈS

Fort beau.

ARNOLPHE

                Quelle nouvelle ?

AGNÈS

Le petit chat est mort.

ARNOLPHE

            C'est dommage ; mais quoi !
Nous sommes tous mortels, et chacun est pour soi.
Lorsque j'étais aux champs, n'a-t-il point fait de pluie ?

AGNÈS

Non.

ARNOLPHE

     Vous ennuyait-il ?

AGNÈS

               Jamais je ne m'ennuie.

ARNOLPHE

465 Qu'avez-vous fait encor ces neuf ou dix jours-ci ?

AGNÈS

Six chemises, je pense, et six coiffes aussi.

ARNOLPHE, après avoir un peu rêvé.

Le monde, chère Agnès, est une étrange chose !
Voyez la médisance, et comme chacun cause !
Quelques voisins m'ont dit qu'un jeune homme in-
470 Etait en' mon absence à la maison venu ;   [connu
Que vous aviez souffert sa vue et ses harangues ;
Mais je n'ai point pris foi sur ces méchantes langues,
Et j'ai voulu gager que c'était faussement...

AGNÈS

Mon Dieu ! ne gagez pas, vous perdriez vraiment.

ARNOLPHE

475 Quoi ! c'est la vérité qu'un homme... ?

AGNÈS

                     Chose sûre.
Il n'a presque bougé de chez nous, je vous jure.

ARNOLPHE, bas, à part.

Cet aveu qu'elle fait avec sincérité
Me marque pour le moins son ingénuité.
Haut.
Mais il me semble, Agnès, si ma mémoire est bonne,
480 Que j'avais défendu que vous vissiez personne.

AGNÈS

Oui ; mais, quand je l'ai vu, vous ignorez pourquoi ;
Et vous en auriez fait, sans doute, autant que moi.

ARNOLPHE

Peut-être. Mais enfin contez-moi cette histoire.

AGNÈS

Elle est fort étonnante, et difficile à croire.
485 J'étais sur le balcon à travailler au frais,
Lorsque je vis passer sous les arbres d'auprès
Un jeune homme bien fait, qui, rencontrant ma vue,
D'une humble révérence aussitôt me salue :
Moi, pour ne point manquer à la civilité,
490 Je fis la révérence aussi de mon côté.
Soudain il me refait une autre révérence ;
Moi, j'en refais de même une autre en diligence ;
Et lui d'une troisième aussitôt repartant,
D'une troisième aussi j'y repars à l'instant.

Il passe, vient, repasse, et toujours, de plus belle,
Me fait à chaque fois révérence nouvelle ;
Et moi, qui tous ces tours fixement regardais,
Nouvelle révérence aussi je lui rendais :
Tant que, si sur ce point la nuit ne fût venue,
Toujours comme cela je me serais tenue,
Ne voulant point céder, et recevoir l'ennui
Qu'il me pût estimer moins civile que lui.

ARNOLPHE

Fort bien.

AGNÈS

       Le lendemain, étant sur notre porte,
Une vieille m'aborde, en parlant de la sorte :
« Mon enfant, le bon Dieu puisse-t-il vous bénir,
Et dans tous vos attraits longtemps vous maintenir !
Il ne vous a pas faite une belle personne
Afin de mal user des choses qu'il vous donne ;
Et vous devez savoir que vous avez blessé
Un cœur qui de s'en plaindre est aujourd'hui forcé. »

ARNOLPHE, à part.

Ah ! suppôt de Satan ! exécrable damnée !

AGNÈS

« Moi, j'ai blessé quelqu'un ! fis-je tout étonnée.
— Oui, dit-elle, blessé, mais blessé tout de bon ;
Et c'est l'homme qu'hier vous vîtes du balcon.
— Hélas ! qui pourrait, dis-je, en avoir été cause ?
Sur lui, sans y penser, fis-je choir quelque chose ?
— Non, dit-elle, vos yeux ont fait ce coup fatal ;
Et c'est de leurs regards qu'est venu tout son mal.
— Hé ! mon Dieu ! ma surprise est, fis-je, sans seconde ;
Mes yeux ont-ils du mal, pour en donner au monde ?
— Oui, fit-elle, vos yeux, pour causer le trépas,
Ma fille, ont un venin que vous ne savez pas.
En un mot, il languit, le pauvre misérable ;
Et, s'il faut, poursuivit la vieille charitable,
Que votre cruauté lui refuse un secours,
C'est un homme à porter en terre dans deux jours.
— Mon Dieu ! j'en aurais, dis-je, une douleur bien
                             [grande.
Mais pour le secourir qu'est-ce qu'il me demande ?
— Mon enfant, me dit-elle, il ne veut obtenir
Que le bien de vous voir et vous entretenir ;
Vos yeux peuvent eux seuls empêcher sa ruine,
Et du mal qu'ils ont fait être la médecine.
— Hélas ! volontiers, dis-je ; et, puisqu'il est ainsi,
Il peut, tant qu'il voudra, me venir voir ici. »

ARNOLPHE, à part.

Ah ! sorcière maudite, empoisonneuse d'âmes,
Puisse l'enfer payer tes charitables trames !

AGNÈS

Voilà comme il me vit, et reçut guérison.
Vous-même, à votre avis, n'ai-je pas eu raison ?
Et pouvais-je, après tout, avoir la conscience
De le laisser mourir faute d'une assistance ?
Moi qui compatis tant aux gens qu'on fait souffrir,
Et ne puis, sans pleurer, voir un poulet mourir !

ARNOLPHE, bas, à part.

Tout cela n'est parti que d'une âme innocente.
Et j'en dois accuser mon absence imprudente,
Qui sans guide a laissé cette bonté de mœurs

Exposée aux aguets des rusés séducteurs.
Je crains que le pendard, dans ses vœux téméraires,
Un peu plus fort que jeu n'ait poussé les affaires.

AGNÈS

Qu'avez-vous? Vous grondez, ce me semble, un petit?
50 Est-ce que c'est mal fait ce que je vous ai dit ?

ARNOLPHE

Non. Mais de cette vue apprenez-moi les suites,
Et comme le jeune homme a passé ses visites.

AGNÈS

Hélas ! si vous saviez comme il était ravi,
Comme il perdit son mal sitôt que je le vis,
55 Le présent qu'il m'a fait d'une belle cassette,
Et l'argent qu'en ont eu notre Alain et Georgette,
Vous l'aimeriez sans doute, et diriez comme nous...

ARNOLPHE

Oui. Mais que faisait-il étant seul avec vous ?

AGNÈS

Il jurait qu'il m'aimait d'une amour sans seconde,
0 Et me disait des mots les plus gentils du monde,
Des choses que jamais rien ne peut égaler,
Et dont, toutes les fois que je l'entends parler,
La douceur me chatouille, et là-dedans remue
Certain je ne sais quoi dont je suis tout émue.

ARNOLPHE, bas, à part.

55 O fâcheux examen d'un mystère fatal,
Où l'examinateur souffre seul tout le mal !
Haut.
Outre tous ces discours, toutes ces gentillesses,
Ne vous faisait-il point aussi quelques caresses ?

AGNÈS

Oh tant ! il me prenait et les mains et les bras,
70 Et de me les baiser il n'était jamais las.

ARNOLPHE

Ne vous a-t-il point dit, Agnès, quelque autre chose?
La voyant interdite.
Ouf !

AGNÈS

Hé ! il m'a...

ARNOLPHE

Quoi ?

AGNÈS

Pris...

ARNOLPHE

Euh !

AGNÈS

Le...

ARNOLPHE

Plaît-il ?

AGNÈS

Je n'ose ;
Et vous vous fâcherez peut-être contre moi.

ARNOLPHE

Non.

AGNÈS

Si fait.

ARNOLPHE

Mon Dieu ! non.

AGNÈS

Jurez donc votre foi.

ARNOLPHE

Ma foi, soit.

AGNÈS

Il m'a pris... Vous serez en colère.   575

ARNOLPHE

Non.

AGNÈS

Si.

ARNOLPHE

Non, non, non, non. Diantre ! que de mystère !
Qu'est-ce qu'il vous a pris ?

AGNÈS

Il...

ARNOLPHE, à part.

Je souffre en damné.

AGNÈS

Il m'a pris le ruban que vous m'aviez donné.
A vous dire le vrai, je n'ai pu m'en défendre.

ARNOLPHE, reprenant haleine.

Passe pour le ruban. Mais je voulais apprendre   580
S'il ne vous a rien fait que vous baiser les bras.

AGNÈS

Comment ! est-ce qu'on fait d'autres choses ?

ARNOLPHE

Non pas.
Mais, pour guérir du mal qu'il dit qui le possède,
N'a-t-il point exigé de vous d'autre remède ?

AGNÈS

Non. Vous pouvez juger, s'il en eût demandé,   585
Que pour le secourir j'aurais tout accordé.

ARNOLPHE, bas, à part.   [compte !
Grâce aux bontés du Ciel, j'en suis quitte à bon
Si j'y retombe plus, je veux bien qu'on m'affronte.
Haut.
Chut. De votre innocence, Agnès, c'est un effet ;
Je ne vous en dis mot. Ce qui s'est fait est fait.   590
Je sais qu'en vous flattant le galant ne désire
Que de vous abuser, et puis après s'en rire.

AGNÈS

Oh ! point. Il me l'a dit plus de vingt fois à moi.

ARNOLPHE

Ah ! vous ne savez pas ce que c'est que sa foi.
Mais enfin apprenez qu'accepter des cassettes,   595
Et de ces beaux blondins écouter les sornettes ;
Que se laisser par eux, à force de langueur,
Baiser ainsi les mains et chatouiller le cœur,
Est un péché mortel des plus gros qu'il se fasse.

AGNÈS

Un péché, dites-vous ? Et la raison, de grâce ?   600

ARNOLPHE

La raison ? La raison est l'arrêt prononcé
Que par ces actions le Ciel est courroucé.

AGNÈS

Courroucé! Mais pourquoi faut-il qu'il s'en courrouce?
C'est une chose, hélas ! si plaisante et si douce.
J'admire quelle joie on goûte à tout cela ;   605
Et je ne savais point encor ces choses-là.

ARNOLPHE

Oui, c'est un grand plaisir que toutes ces tendresses
Ces propos si gentils, et ces douces caresses ;

Mais il faut le goûter en toute honnêteté,
610 Et qu'en se mariant le crime en soit ôté.

ARNOLPHE

Dût le mettre au tombeau le mal dont il vous berce,
Qu'avec lui désormais vous rompiez tout commerce ;
Que, venant au logis, pour votre compliment,
Vous lui fermiez au nez la porte honnêtement ;
Et lui jetant, s'il heurte, un grès par la fenêtre,   6
L'obligiez tout de bon à ne plus y paraître.
M'entendez-vous, Agnès ? Moi, caché dans un coin,
De votre procédé je serai le témoin.

ARNOLPHE

N'est-ce plus un péché lorsque l'on se marie ?

AGNÈS

Non.

AGNÈS

Las ! il est si bien fait ! C'est...

ARNOLPHE

Ah ! que de langage !

AGNÈS

Mariez-moi donc promptement, je vous prie.

ARNOLPHE

Si vous le souhaitez, je le souhaite aussi,
Et pour vous marier on me revoit ici.

AGNÈS

Je n'aurai pas le cœur...

ARNOLPHE

Point de bruit davantage.   6
Montez là-haut.

AGNÈS

615 Est-il possible ?

ARNOLPHE

Oui.

AGNÈS

Mais quoi ! voulez-vous...

ARNOLPHE

C'est assez.
Je suis maître, je parle ; allez, obéissez.

AGNÈS

Que vous me ferez aise !

ARNOLPHE

Oui, je ne doute point que l'hymen ne vous plaise.

AGNÈS

Vous nous voulez nous deux...

ARNOLPHE

Rien de plus assuré.

AGNÈS

Que, si cela se fait, je vous caresserai !

ARNOLPHE

Hé ! la chose sera de ma part réciproque.

AGNÈS

620 Je ne reconnais point, pour moi, quand on se moque.
Parlez-vous tout de bon ?

ACTE TROISIEME

Scène I : Arnolphe, Agnès,
Alain, Georgette.

ARNOLPHE

Oui, vous le pourrez voir.

AGNÈS

Nous serons mariés ?

ARNOLPHE

Oui.

AGNÈS

Mais quand ?

ARNOLPHE

Dès ce soir.

AGNÈS, riant.

Dès ce soir ?

ARNOLPHE

Dès ce soir. Cela vous fait donc rire ?

AGNÈS

Oui.

ARNOLPHE

Oui, tout a bien été, ma joie est sans pareille :
Vous avez là suivi mes ordres à merveille,
Confondu de tout point le blondin séducteur ;   6
Et voilà de quoi sert un sage directeur.
Votre innocence, Agnès, avait été surprise :
Voyez, sans y penser, où vous vous étiez mise.
Vous enfiliez tout droit, sans mon instruction,   6
Le grand chemin d'enfer et de perdition.
De tous ces damoiseaux on sait trop les coutumes :
Ils ont de beaux canons, force rubans et plumes,
Grands cheveux, belles dents, et des propos fort doux ;
Mais, comme je vous dis, la griffe est là-dessous ;
Et ce sont vrais satans, dont la gueule altérée   6
De l'honneur féminin cherche à faire curée ;
Mais, encore une fois, grâce au soin apporté,
Vous en êtes sortie avec honnêteté.
L'air dont je vous ai vu lui jeter cette pierre,
Qui de tous ses desseins a mis l'espoir par terre,   6
Me confirme encor mieux à ne point différer
Les noces où je dis qu'il vous faut préparer.
Mais, avant toute chose, il est bon de vous faire
Quelque petit discours qui vous soit salutaire.
A Georgette et à Alain.
Un siège au frais ici. Vous, si jamais en rien...   6

GEORGETTE

De toutes vos leçons nous nous souviendrons bien.
Cet autre monsieur-là nous en faisait accroire :
Mais...

ARNOLPHE

Vous voir bien contente est ce que je désire.

AGNÈS

625 Hélas ! que je vous ai grande obligation,
Et qu'avec lui j'aurai de satisfaction !

ARNOLPHE

Avec qui ?

AGNÈS

Avec... là...

ARNOLPHE

Là... là n'est pas mon compte.
A choisir un mari vous êtes un peu prompte.
C'est un autre, en un mot, que je vous tiens tout prêt.
630 Et quant au monsieur, là, je prétends, s'il vous plaît,

ALAIN

S'il entre jamais, je veux jamais ne boire.
Aussi bien est-ce un sot ; il nous a l'autre fois
70 Donné deux écus d'or qui n'étaient pas de poids.

ARNOLPHE

Ayez donc pour souper tout ce que je désire ;
Et pour notre contrat, comme je viens de dire,
Faites venir ici, l'un ou l'autre, au retour,
Le notaire qui loge au coin de ce carfour.

Scène II : Arnolphe, Agnès.

ARNOLPHE, *assis.*

75 Agnès, pour m'écouter, laissez là votre ouvrage :
Levez un peu la tête, et tournez le visage :
Mettant le doigt sur son front.
Là, regardez-moi là durant cet entretien ;
Et, jusqu'au moindre mot, imprimez-le-vous bien.
Je vous épouse, Agnès ; et, cent fois la journée,
80 Vous devez bénir l'heur de votre destinée,
Contempler la bassesse où vous avez été,
Et dans le même temps admirer ma bonté,
Qui, de ce vil état de pauvre villageoise,
Vous fait monter au rang d'honorable bourgeoise,
85 Et jouir de la couche et des embrassements
D'un homme qui fuyait tous ces engagements,
Et dont à vingt partis, fort capables de plaire,
Le cœur a refusé l'honneur qu'il vous veut faire.
Vous devez toujours, dis-je, avoir devant les yeux
90 Le peu que vous étiez sans ce nœud glorieux,
Afin que cet objet d'autant mieux vous instruise
A mériter l'état où je vous aurai mise,
A toujours vous connaître, et faire qu'à jamais
Je puisse me louer de l'acte que je fais.
95 Le mariage, Agnès, n'est pas un badinage :
A d'austères devoirs le rang de femme engage ;
Et vous n'y montez pas, à ce que je prétends,
Pour être libertine et prendre du bon temps.
Votre sexe n'est là que pour la dépendance :
00 Du côté de la barbe est la toute-puissance.
Bien qu'on soit deux moitiés de la société,
Ces deux moitiés pourtant n'ont point d'égalité :
L'une est moitié suprême, et l'autre subalterne ;
L'une en tout est soumise à l'autre qui gouverne ;
05 Et ce que le soldat, dans son devoir instruit,
Montre d'obéissance au chef qui le conduit,
Le valet à son maître, un enfant à son père,
A son supérieur le moindre petit frère,
N'approche point encor de la docilité,
10 Et de l'obéissance, et de l'humilité,
Et du profond respect où la femme doit être
Pour son mari, son chef, son seigneur, et son maître.
Lorsqu'il jette sur elle un regard sérieux,
Son devoir aussitôt est de baisser les yeux,
15 Et de n'oser jamais le regarder en face,
Que quand d'un doux regard il lui veut faire grâce.
C'est ce qu'entendent mal les femmes d'aujourd'hui ;
Mais ne vous gâtez pas sur l'exemple d'autrui.
Gardez-vous d'imiter ces coquettes vilaines
20 Dont par toute la ville on chante les fredaines,

Et de vous laisser prendre aux assauts du malin,
C'est-à-dire d'ouïr aucun jeune blondin.
Songez qu'en vous faisant moitié de ma personne,
C'est mon honneur, Agnès, que je vous abandonne ;
Que cet honneur est tendre, et se blesse de peu ;   725
Que sur un tel sujet il ne faut point de jeu ;
Et qu'il est aux enfers des chaudières bouillantes
Où l'on plonge à jamais les femmes mal vivantes.
Ce que je vous dis là ne sont pas des chansons ;
Et vous devez du cœur dévorer ces leçons.   730
Si votre âme les suit, et fuit d'être coquette,
Elle sera toujours, comme un lis, blanche et nette ;
Mais s'il faut qu'à l'honneur elle fasse un faux bond,
Elle deviendra lors noire comme un charbon ;
Vous paraîtrez à tous un objet effroyable,   735
Et vous irez un jour, vrai partage du diable,
Bouillir dans les enfers à toute éternité,
Dont vous veuille garder la céleste bonté !
Faites la révérence. Ainsi qu'une novice
Par cœur dans le couvent doit savoir son office,   740
Entrant au mariage il en faut faire autant ;
Et voici dans ma poche un écrit important
Qui vous enseignera l'office de la femme.
J'en ignore l'auteur : mais c'est quelque bonne âme ;
Et je veux que ce soit votre unique entretien.   745
Il se lève.
Tenez. Voyons un peu si vous le lirez bien.

AGNÈS *lit.*

LES MAXIMES DU MARIAGE,
OU LES DEVOIRS DE LA FEMME MARIÉE,
AVEC SON EXERCICE JOURNALIER.
Première maxime.
Celle qu'un lien honnête
Fait entrer au lit d'autrui
Doit se mettre dans la tête,
Malgré le train d'aujourd'hui,   750
Que l'homme qui la prend ne la prend que pour lui.

ARNOLPHE

Je vous expliquerai ce que cela veut dire ;
Mais pour l'heure présente il ne faut rien que lire.

AGNÈS *poursuit.*

Deuxième maxime.
Elle ne se doit parer
Qu'autant que peut désirer   755
Le mari qui la possède :
C'est lui que touche seul le soin de sa beauté ;
Et pour rien doit être compté
Que les autres la trouvent laide.
Troisième maxime.
Loin ces études d'œillades,   760
Ces eaux, ces blancs, ces pommades,
Et mille ingrédients qui font des teints fleuris :
A l'honneur, tous les jours, ce sont drogues mortelles,
Et les soins de paraître belles
Se prennent peu pour les maris.   765
Quatrième maxime.
Sous sa coiffe, en sortant, comme l'honneur l'ordonne,
Il faut que de ses yeux elle étouffe les coups ;
Car, pour bien plaire à son époux,
Elle ne doit plaire à personne.

Cinquième maxime.

770 Hors ceux dont au mari la visite se rend,
   La bonne règle défend
   De recevoir aucune âme :
   Ceux qui de galante humeur
775 N'ont affaire qu'à madame
   N'accommodent pas monsieur.

Sixième maxime.

   Il faut des présents des hommes
   Qu'elle se défende bien ;
   Car, dans le siècle où nous sommes,
   On ne donne rien pour rien.

Septième maxime.

780 Dans ses meubles, dût-elle en avoir de l'ennui,
   Il ne faut écritoire, encre, papier, ni plumes :
   Le mari doit, dans les bonnes coutumes,
   Ecrire tout ce qui s'écrit chez lui.

Huitième maxime.

   Ces sociétés déréglées,
785 Qu'on nomme belles assemblées,
   Des femmes tous les jours corrompent les esprits :
   En bonne politique on les doit interdire ;
   Car c'est là que l'on conspire
   Contre les pauvres maris.

Neuvième maxime.

790 Toute femme qui veut à l'honneur se vouer
   Doit se défendre de jouer,
   Comme d'une chose funeste.
   Car le jeu, fort décevant,
   Pousse une femme souvent
795 A jouer de tout son reste.

Dixième maxime.

   Des promenades du temps,
   Ou repas qu'on donne aux champs,
   Il ne faut point qu'elle essaie.
   Selon les prudents cerveaux,
800 Le mari dans ces cadeaux,
   Est toujours celui qui paie.

Onzième maxime...

ARNOLPHE

Vous achèverez seule ; et, pas à pas, tantôt
Je vous expliquerai ces choses comme il faut.
Je me suis souvenu d'une petite affaire :
805 Je n'ai qu'un mot à dire, et ne tarderai guère.
Rentrez ; et conservez ce livre chèrement.
Si le notaire vient, qu'il m'attende un moment.

Scène III : Arnolphe.

Je ne puis faire mieux que d'en faire ma femme.
Ainsi que je voudrai je tournerai cette âme ;
810 Comme un morceau de cire entre mes mains elle est,
Et je lui puis donner la forme qui me plaît.
Il s'en est peu fallu que, durant mon absence,
On ne m'ait attrapé par son trop d'innocence ;
Mais il vaut beaucoup mieux, à dire vérité,
815 Que la femme qu'on a pèche de ce côté.
De ces sortes d'erreurs le remède est facile.
Toute personne simple aux leçons est docile ;
Et, si du bon chemin on l'a fait écarter,

Deux mots incontinent l'y peuvent rejeter.
Mais une femme habile est bien une autre bête :
Notre sort ne dépend que de sa seule tête ;
De ce qu'elle s'y met, rien ne la fait gauchir,
Et nos enseignements ne font là que blanchir ;
Son bel esprit lui sert à railler nos maximes,
A se faire souvent des vertus de ses crimes,
Et trouver, pour venir à ses coupables fins,
Des détours à duper l'adresse des plus fins.
Pour se parer du coup en vain on se fatigue :
Une femme d'esprit est un diable en intrigue ;
Et, dès que son caprice a prononcé tout bas
L'arrêt de notre honneur, il faut passer le pas.
Beaucoup d'honnêtes gens en pourraient bien que dire.
Enfin mon étourdi n'aura pas lieu d'en rire ;
Par son trop de caquet il a ce qu'il lui faut.
Voilà de nos Français l'ordinaire défaut :
Dans la possession d'une bonne fortune,
Le secret est toujours ce qui les importune ;
Et la vanité sotte a pour eux tant d'appas,
Qu'ils se pendraient plutôt que de ne causer pas.
Oh ! que les femmes sont du diable bien tentées
Lorsqu'elles vont choisir ces têtes éventées ;
Et que... Mais le voici... Cachons-nous toujours bien,
Et découvrons un peu quel chagrin est le sien.

Scène IV : Horace, Arnolphe.

HORACE

Je reviens de chez vous, et le destin me montre
Qu'il n'a pas résolu que je vous y rencontre.
Mais j'irai tant de fois qu'enfin quelque moment...

ARNOLPHE

Hé! mon Dieu! n'entrons point dans ce vain compli-
Rien ne me fâche tant que ces cérémonies ;   [ment :
Et si l'on m'en croyait, elles seraient bannies.
C'est un maudit usage ; et la plupart des gens
Y perdent sottement les deux tiers de leur temps.
Il se couvre.
Mettons donc sans façons. Hé bien! vos amourettes?
Puis-je, seigneur Horace, apprendre où vous en êtes?
J'étais tantôt distrait par quelque vision ;
Mais depuis là-dessus j'ai fait réflexion.
De vos premiers progrès j'admire la vitesse,
Et dans l'événement mon âme s'intéresse.

HORACE

Ma foi, depuis qu'à vous s'est découvert mon cœur,
Il est à mon amour arrivé du malheur.

ARNOLPHE

Oh ! oh ! comment cela ?

HORACE

                         La fortune cruelle
A ramené des champs le patron de la belle.

ARNOLPHE

Quel malheur !

HORACE

              Et de plus, à mon très grand regret,
Il a su de nous deux le commerce secret.

ARNOLPHE

D'où diantre a-t-il si tôt appris cette aventure ?

HORACE

65 Je ne sais ; mais enfin c'est une chose sûre.
Je pensais aller rendre, à mon heure à peu près,
Ma petite visite à ses jeunes attraits,
Lorsque, changeant pour moi de ton et de visage,
Et servante et valet m'ont bouché le passage,
70 Et d'un « Retirez-vous, vous nous importunez »,
M'ont assez rudement fermé la porte au nez.

ARNOLPHE

La porte au nez !

HORACE

Au nez.

ARNOLPHE

La chose est un peu forte.

J'ai voulu leur parler au travers de la porte ;
Mais à tous mes propos ce qu'ils ont répondu,
75 C'est: « Vous n'entrerez point, monsieur l'a défendu. »

ARNOLPHE

Ils n'ont donc point ouvert ?

HORACE

Non. Et de la fenêtre
Agnès m'a confirmé le retour de ce maître,
En me chassant de là d'un ton plein de fierté,
Accompagné d'un grès que sa main a jeté.

ARNOLPHE

80 Comment ! d'un grès ?

HORACE

D'un grès de taille non petite,
Dont on a par ses mains régalé ma visite.

ARNOLPHE

Diantre ! ce ne sont pas des prunes que cela !
Et je trouve fâcheux l'état où vous voilà.

HORACE

Il est vrai, je suis mal par ce retour funeste.

ARNOLPHE

85 Certes, j'en suis fâché pour vous, je vous proteste.

HORACE

Cet homme me rompt tout.

ARNOLPHE

Oui ; mais cela n'est rien,
Et de vous raccrocher vous trouverez moyen.

HORACE

Il faut bien essayer, par quelque intelligence,
De vaincre du jaloux l'exacte vigilance.

ARNOLPHE

90 Cela vous est facile ; et la fille, après tout,
Vous aime.

HORACE

Assurément.

ARNOLPHE

Vous en viendrez à bout.

HORACE

Je l'espère.

ARNOLPHE

Le grès vous a mis en déroute ;
Mais cela ne doit pas vous étonner.

HORACE

Sans doute ;
Et j'ai compris d'abord que mon homme était là,

Qui, sans se faire voir, conduisait tout cela. 895
Mais ce qui m'a surpris, et qui va vous surprendre,
C'est un autre incident que vous allez entendre ;
Un trait hardi qu'a fait cette jeune beauté,
Et qu'on n'attendrait point de sa simplicité.
Il le faut avouer, l'amour est un grand maître : 900
Ce qu'on ne fut jamais, il nous enseigne à l'être ;
Et souvent de nos mœurs l'absolu changement
Devient par ses leçons l'ouvrage d'un moment.
De la nature en nous il force les obstacles,
Et ses effets soudains ont de l'air des miracles. 905
D'un avare à l'instant il fait un libéral,
Un vaillant d'un poltron, un civil d'un brutal ;
Il rend agile à tout l'âme la plus pesante,
Et donne de l'esprit à la plus innocente.
Oui, ce dernier miracle éclate dans Agnès ; 910
Car, tranchant avec moi par ces termes exprès :
« Retirez-vous, mon âme aux visites renonce ;
Je sais tous vos discours, et voilà ma réponse »,
Cette pierre ou ce grès dont vous vous étonniez
Avec un mot de lettre est tombée à mes pieds ; 915
Et j'admire de voir cette lettre ajustée
Avec le sens des mots, et la pierre jetée.
D'une telle action n'êtes-vous pas surpris ?
L'amour sait-il pas l'art d'aiguiser les esprits ?
Et peut-on me nier que ses flammes puissantes 920
Ne fassent dans un cœur des choses étonnantes ?
Que dites-vous du tour et de ce mot d'écrit ?
Euh ! n'admirez-vous point cette adresse d'esprit ?
Trouvez-vous pas plaisant de voir quel personnage
A joué mon jaloux dans tout ce badinage ? 925
Dites.

ARNOLPHE

Oui, fort plaisant.

HORACE

Riez-en donc un peu.

Arnolphe rit d'un air forcé.

Cet homme, gendarmé d'abord contre mon feu,
Qui chez lui se retranche, et de grès fait parade,
Comme si j'y voulais entrer par escalade ;
Qui, pour me repousser, dans son bizarre effroi 930
Anime du dedans tous ses gens contre moi,
Et qu'abuse à ses yeux, par sa machine même,
Celle qu'il veut tenir dans l'ignorance extrême !
Pour moi, je vous l'avoue, encor que son retour
En un grand embarras jette ici mon amour, 935
Je tiens cela plaisant autant qu'on saurait dire ;
Je ne puis y songer sans de bon cœur en rire ;
Et vous n'en riez pas assez, à mon avis.

ARNOLPHE, avec un ris forcé.

Pardonnez-moi, j'en ris tout autant que je puis.

HORACE

Mais il faut qu'en ami je vous montre la lettre. 940
Tout ce que son cœur sent, sa main a su l'y mettre,
Mais en termes touchants et tout pleins de bonté,
De tendresse innocente et d'ingénuité,
De la manière enfin que la pure nature
Exprime de l'amour la première blessure. 945

ARNOLPHE, bas, à part.

Voilà, friponne, à quoi l'écriture te sert ;

Et, contre mon dessein, l'art t'en fut découvert.

HORACE *lit.*

Je veux vous écrire, et je suis bien en peine par
où je m'y prendrai. J'ai des pensées que je désire-
rais que vous sussiez ; mais je ne sais comment faire
pour vous les dire, et je me défie de mes paroles.
Comme je commence à connaître qu'on m'a tou-
jours tenue dans l'ignorance, j'ai peur de mettre
quelque chose qui ne soit pas bien, et d'en dire
plus que je ne devrais. En vérité, je ne sais ce que
vous m'avez fait ; mais je sens que je suis fâchée à
mourir de ce qu'on me fait faire contre vous, que
j'aurai toutes les peines du monde à me passer de
vous, et que je serais bien aise d'être à vous. Peut-
être qu'il y a du mal à dire cela ; mais enfin je ne
puis m'empêcher de le dire, et je voudrais que cela
se pût faire sans qu'il y en eût. On me dit fort que
tous les jeunes hommes sont des trompeurs, qu'il
ne les faut point écouter, et que tout ce que vous
me dites n'est que pour m'abuser ; mais je vous as-
sure que je n'ai pu encore me figurer cela de vous,
et je suis si touchée de vos paroles, que je ne saurais
croire qu'elles soient menteuses. Dites-moi franche-
ment ce qui en est ; car enfin, comme je suis sans
malice, vous auriez le plus grand tort du monde si
vous me trompiez ; et je pense que j'en mourrais de
déplaisir.

ARNOLPHE, *à part.*

Hon ! chienne !

HORACE

Qu'avez-vous ?

ARNOLPHE

Moi ? Rien. C'est que je tousse.

HORACE

Avez-vous jamais vu d'expression plus douce ?
950 Malgré les soins maudits d'un injuste pouvoir,
Un plus beau naturel peut-il se faire voir ?
Et n'est-ce pas sans doute un crime punissable
De gâter méchamment ce fonds d'âme admirable ;
D'avoir, dans l'ignorance et la stupidité,
955 Voulu de cet esprit étouffer la clarté ?
L'amour a commencé d'en déchirer le voile ;
Et si, par la faveur de quelque bonne étoile,
Je puis, comme j'espère, à ce franc animal,
Ce traître, ce bourreau, ce faquin, ce brutal...

ARNOLPHE

960 Adieu.

HORACE

Comment ! si vite !

ARNOLPHE

Il m'est dans la pensée
Venu tout maintenant une affaire pressée.

HORACE

Mais ne sauriez-vous point, comme on la tient de près,
Qui dans cette maison pourrait avoir accès ?
J'en use sans scrupule ; et ce n'est pas merveille
965 Qu'on se puisse, entre amis, servir à la pareille.
Je n'ai plus là-dedans que gens pour m'observer ;
Et servante et valet, que je viens de trouver,   [dre,
N'ont jamais, de quelque air que je m'y sois pu pren-

Adouci leur rudesse à me vouloir entendre.
J'avais pour de tels coups certaine vieille en main, 9
D'un génie, à vrai dire, au-dessus de l'humain :
Elle m'a dans l'abord servi de bonne sorte ;
Mais, depuis quatre jours, la pauvre femme est morte.
Ne me pourriez-vous point ouvrir quelque moyen ?

ARNOLPHE

Non, vraiment ; et sans moi vous en trouverez bien. 9

HORACE

Adieu donc. Vous voyez ce que je vous confie.

Scène V : Arnolphe.

Comme il faut devant lui que je me mortifie !
Quelle peine à cacher mon déplaisir cuisant !
Quoi ! pour une innocente un esprit si présent !
Elle a feint d'être telle à mes yeux, la traîtresse,   9
Ou le diable à son âme a soufflé cette adresse.
Enfin me voilà mort par ce funeste écrit.
Je vois qu'il a, le traître, empaumé son esprit,
Qu'à ma suppression il s'est ancré chez elle ;
Et c'est mon désespoir et ma peine mortelle,   9
Je souffre doublement dans le vol de son cœur ;
Et l'amour y pâtit aussi bien que l'honneur.
J'enrage de trouver cette place usurpée,
Et j'enrage de voir ma prudence trompée.
Je sais que, pour punir son amour libertin,   9
Je n'ai qu'à laisser faire à son mauvais destin,
Que je serai vengé d'elle par elle-même :
Mais il est bien fâcheux de perdre ce qu'on aime.
Ciel ! puisque pour un choix j'ai tant philosophé,
Faut-il de ses appas m'être si fort coiffé !   9
Elle n'a ni parents, ni support, ni richesse ;
Elle trahit mes soins, mes bontés, ma tendresse ;
Et cependant je l'aime, après ce lâche tour,
Jusqu'à ne me pouvoir passer de cet amour.
Sot, n'as-tu point de honte ? Ah ! je crève, j'enrage, 10
Et je souffletterais mille fois mon visage.
Je veux entrer un peu, mais seulement pour voir
Quelle est sa contenance après un trait si noir.
Ciel, faites que mon front soit exempt de disgrâce ;
Ou bien, s'il est écrit qu'il faille que j'y passe,   10
Donnez-moi tout au moins, pour de tels accidents,
La constance qu'on voit à de certaines gens !

ACTE QUATRIEME

Scène I : Arnolphe.

J'ai peine, je l'avoue, à demeurer en place,
Et de mille soucis mon esprit s'embarrasse,
Pour pouvoir mettre un ordre et dedans et dehors, 10
Qui du godelureau rompe tous les efforts.
De quel œil la traîtresse a soutenu ma vue !
De tout ce qu'elle a fait elle n'est point émue ;
Et, bien qu'elle me mette à deux doigts du trépas,
On dirait, à la voir, qu'elle n'y touche pas.   10
Plus, en la regardant, je la voyais tranquille,

Plus je sentais en moi s'échauffer une bile ;   [cœur
Et ces bouillants transports dont s'enflammait mon
Y semblaient redoubler mon amoureuse ardeur.
20 J'étais aigri, fâché, désespéré contre elle ;
Et cependant jamais je ne la vis si belle,
Jamais ses yeux aux miens n'ont paru si perçants,
Jamais je n'eus pour eux des désirs si pressants ;
Et je sens là-dedans qu'il faudra que je crève,
25 Si de mon triste sort la disgrâce s'achève.
Quoi ! j'aurai dirigé son éducation
Avec tant de tendresse et de précaution ;
Je l'aurai fait passer chez moi dès son enfance,
Et j'en aurai chéri la plus tendre espérance ;
30 Mon cœur aura bâti sur ses attraits naissants,
Et cru la mitonner pour moi durant treize ans,
Afin qu'un jeune fou dont elle s'amourache
Me la vienne enlever jusque sur la moustache,
Lorsqu'elle est avec moi mariée à demi !
35 Non, parbleu ! non, parbleu ! Petit sot, mon ami,
Vous aurez beau tourner, ou j'y perdrai mes peines,
Ou je rendrai, ma foi, vos espérances vaines,
Et de moi tout à fait vous ne vous rirez point.

Scène II : Le Notaire, Arnolphe.

LE NOTAIRE

Ah ! le voilà ! Bonjour. Me voici tout à point
40 Pour dresser le contrat que vous souhaitez faire.

ARNOLPHE, *se croyant seul, et sans voir
ni entendre le notaire.*

Comment faire ?

LE NOTAIRE

Il le faut dans la forme ordinaire.

ARNOLPHE, *se croyant seul.*

A mes précautions je veux songer de près.

LE NOTAIRE

Je ne passerai rien contre vos intérêts.

ARNOLPHE, *se croyant seul.*

Il se faut garantir de toutes les surprises.

LE NOTAIRE

45 Suffit qu'entre mes mains vos affaires soient mises.
Il ne vous faudra point, de peur d'être déçu,
Quittancer le contrat que vous n'ayez reçu.

ARNOLPHE, *se croyant seul.*

J'ai peur, si je vais faire éclater quelque chose,
Que de cet incident par la ville on ne cause.

LE NOTAIRE

50 Hé bien ! il est aisé d'empêcher cet éclat,
Et l'on peut en secret faire votre contrat.

ARNOLPHE, *se croyant seul.*

Mais comment faudra-t-il qu'avec elle j'en sorte ?

LE NOTAIRE

Le douaire se règle au bien qu'on vous apporte.

ARNOLPHE, *se croyant seul.*

Je l'aime, et cet amour est mon grand embarras.

LE NOTAIRE

55 On peut avantager une femme en ce cas.

ARNOLPHE, *se croyant seul.*

Quel traitement lui faire en pareille aventure ?

LE NOTAIRE

L'ordre est que le futur doit douer la future
Du tiers du dot qu'elle a ; mais cet ordre n'est rien,
Et l'on va plus avant lorsque l'on le veut bien.

ARNOLPHE, *se croyant seul.*

Si...
Il aperçoit le notaire.

LE NOTAIRE

Pour le préciput, il les regarde ensemble.   1060
Je dis que le futur peut, comme bon lui semble,
Douer la future.

ARNOLPHE

Euh !

LE NOTAIRE

Il peut l'avantager
Lorsqu'il l'aime beaucoup et qu'il veut l'obliger ;
Et cela par douaire, ou préfix qu'on appelle,
Qui demeure perdu par le trépas d'icelle ;   1065
Ou sans retour, qui va de ladite à ses hoirs ;
Ou coutumier, selon les différents vouloirs ;
Ou par donation dans le contrat formelle,
Qu'on fait ou pure et simple, ou qu'on fait mutuelle.
Pourquoi hausser le dos ? Est-ce qu'on parle en fat, 1070
Et que l'on ne sait pas les formes d'un contrat ?
Qui me les apprendra ? Personne, je présume.
Sais-je pas qu'étant joints on est par la coutume
Communs en meubles, biens immeubles et conquêts,
A moins que par un acte on y renonce exprès ?   1075
Sais-je pas que le tiers du bien de la future
Entre en communauté pour... ?

ARNOLPHE

Oui, c'est chose sûre,
Vous savez tout cela ; mais qui vous en dit mot ?

LE NOTAIRE

Vous, qui me prétendez faire passer pour sot,
En me haussant l'épaule et faisant la grimace.   1080

ARNOLPHE

La peste soit fait l'homme, et sa chienne de face !
Adieu. C'est le moyen de vous faire finir.

LE NOTAIRE

Pour dresser un contrat m'a-t-on pas fait venir ?

ARNOLPHE

Oui, je vous ai mandé ; mais la chose est remise,
Et l'on vous mandera quand l'heure sera prise.   1085
Voyez quel diable d'homme avec son entretien !

LE NOTAIRE, *seul.*

Je pense qu'il en tient ; et je crois penser bien.

Scène III : Le Notaire, Alain, Georgette.

LE NOTAIRE, *allant au-devant d'Alain
et de Georgette.*

M'êtes-vous pas venu querir pour votre maître ?

ALAIN

Oui.

LE NOTAIRE

J'ignore pour qui vous le pouvez connaître ;
Mais allez de ma part lui dire de ce pas   1090
Que c'est un fou fieffé.

GEORGETTE
Nous n'y manquerons pas.

Scène IV : Arnolphe, Alain, Georgette.

ALAIN
Monsieur...
ARNOLPHE
Approchez-vous ; vous êtes mes fidèles,
Mes bons, mes vrais amis, et j'en sais des nouvelles.
ALAIN
Le notaire...
ARNOLPHE
Laissons, c'est pour quelque autre jour.
1095 On veut à mon honneur jouer d'un mauvais tour ;
Et quel affront pour vous, mes enfants, pourrait-ce
Si l'on avait ôté l'honneur à votre maître !   [être,
Vous n'oseriez après paraître en nul endroit ;
Et chacun, vous voyant, vous montrerait au doigt.
1100 Donc, puisqu'autant que moi l'affaire vous regarde,
Il faut de votre part faire une telle garde,
Que ce galant ne puisse en aucune façon...
GEORGETTE
Vous nous avez tantôt montré notre leçon.
ARNOLPHE
Mais à ses beaux discours gardez bien de vous rendre.
ALAIN
1105 Oh vraiment !...
GEORGETTE
Nous savons comme il faut s'en défendre.
ARNOLPHE
S'il venait doucement : « Alain, mon pauvre cœur,
Par un peu de secours soulage ma langueur. »
ALAIN
Vous êtes un sot.
ARNOLPHE, à Georgette.
Bon. « Georgette, ma mignonne,
Tu me parais si douce et si bonne personne... »
GEORGETTE
1110 Vous êtes un nigaud.
ARNOLPHE, à Alain.
Bon. « Quel mal trouves-tu
Dans un dessein honnête et tout plein de vertu ? »
ALAIN
Vous êtes un fripon.
ARNOLPHE, à Georgette.
Fort bien. « Ma mort est sûre,
Si tu ne prends pitié des peines que j'endure. »
GEORGETTE
Vous êtes un benêt, un impudent.
ARNOLPHE
Fort bien.
A Alain.
1115 « Je ne suis pas un homme à vouloir rien pour rien ;
Je sais, quand on me sert, en garder la mémoire :
Cependant, par avance, Alain, voilà pour boire ;
Et voilà pour t'avoir, Georgette, un cotillon.
Ils tendent tous deux la main, et prennent l'argent.
Ce n'est de mes bienfaits qu'un simple échantillon.
1120 Toute la courtoisie enfin dont je vous presse,

C'est que je puisse voir votre belle maîtresse. »
GEORGETTE, le poussant.
A d'autres.
ARNOLPHE
Bon cela.
ALAIN, le poussant.
Hors d'ici.
ARNOLPHE
Bon.
GEORGETTE, le poussant.
Mais tôt.
ARNOLPHE
Bon. Holà ! c'est assez.
GEORGETTE
Fais-je pas comme il faut ?
ALAIN
Est-ce de la façon que vous voulez l'entendre ?
ARNOLPHE
Oui, fort bien, hors l'argent qu'il ne fallait pas pren- 1
GEORGETTE   [dre.
Nous ne nous sommes pas souvenus de ce point.
ALAIN
Voulez-vous qu'à l'instant nous recommencions ?
ARNOLPHE
Point :
Suffit. Rentrez tous deux.
ALAIN
Vous n'avez rien qu'à dire.
ARNOLPHE
Non, vous dis-je ; rentrez, puisque je le désire ;
Je vous laisse l'argent. Allez : je vous rejoins.   11
Ayez bien l'œil à tout, et secondez mes soins.

Scène V : Arnolphe.

Je veux, pour espion qui soit d'exacte vue,
Prendre le savetier du coin de notre rue.
Dans la maison toujours je prétends la tenir,
Y faire bonne garde, et surtout en bannir   11
Vendeuses de rubans, perruquières, coiffeuses,
Faiseuses de mouchoirs, gantières, revendeuses,
Tous ces gens qui sous main travaillent chaque jour
A faire réussir les mystères d'amour.
Enfin j'ai vu le monde, et j'en sais les finesses.   11
Il faudra que mon homme ait de grandes adresses,
Si message ou poulet de sa part peut entrer.

Scène VI : Horace, Arnolphe.

HORACE
La place m'est heureuse à vous y rencontrer.
Je viens de l'échapper bien belle, je vous jure.
Au sortir d'avec vous, sans prévoir l'aventure,   11
Seule dans son balcon j'ai vu paraître Agnès,
Qui des arbres prochains prenait un peu le frais.
Après m'avoir fait signe, elle a su faire en sorte,
Descendant au jardin, de m'en ouvrir la porte ;
Mais à peine tous deux dans sa chambre étions-nous 11
Qu'elle a sur les degrés entendu son jaloux ;
Et tout ce qu'elle a pu, dans un tel accessoire,

C'est de me renfermer dans une grande armoire.
Il est entré d'abord : je ne le voyais pas,
55 Mais je l'oyais marcher, sans rien dire, à grands pas,
Poussant de temps en temps des soupirs pitoyables,
Et donnant quelquefois de grands coups sur les tables,
Frappant un petit chien qui pour lui s'émouvait,
Et jetant brusquement les hardes qu'il trouvait.
60 Il a même cassé, d'une main mutinée,
Des vases dont la belle ornait sa cheminée ;
Et sans doute il faut bien qu'à ce becque cornu
Du trait qu'elle a joué quelque jour soit venu.
Enfin, après cent tours, ayant de la manière
65 Sur ce qui n'en peut mais déchargé sa colère,
Mon jaloux inquiet, sans dire son ennui,
Est sorti de la chambre, et moi de mon étui.
Nous n'avons point voulu, de peur du personnage,
Risquer à nous tenir ensemble davantage ;
70 C'était trop hasarder : mais je dois, cette nuit,
Dans sa chambre un peu tard m'introduire sans bruit.
En toussant par trois fois je me ferai connaître ;
Et je dois au signal voir ouvrir la fenêtre,
Dont, avec une échelle, et secondé d'Agnès,
75 Mon amour tâchera de me gagner l'accès.
Comme à mon seul ami je veux bien vous l'apprendre.
L'allégresse du cœur s'augmente à la répandre ;
Et goûtât-on cent fois un bonheur trop parfait,
On n'en est pas content, si quelqu'un ne le sait.
80 Vous prendrez part, je pense, à l'heur de mes affaires.
Adieu. Je vais songer aux choses nécessaires.

Scène VII : Arnolphe.

Quoi ! l'astre qui s'obstine à me désespérer
Ne me donnera pas le temps de respirer !
Coup sur coup je verrai, par leur intelligence,
85 De mes soins vigilants confondre la prudence !
Et je serai la dupe, en ma maturité,
D'une jeune innocente et d'un jeune éventé !
En sage philosophe on m'a vu, vingt années,
Contempler des maris les tristes destinées,
90 Et m'instruire avec soin de tous les accidents
Qui font dans le malheur tomber les plus prudents ;
Des disgrâces d'autrui, profitant dans mon âme,
J'ai cherché les moyens, voulant prendre une femme,
De pouvoir garantir mon front de tous affronts,
95 Et le tirer de pair d'avec les autres fronts ;
Pour ce noble dessein j'ai cru mettre en pratique
Tout ce que peut trouver l'humaine politique ;
Et, comme si du sort il était arrêté
Que nul homme ici-bas n'en serait exempté,
00 Après l'expérience et toutes les lumières
Que j'ai pu m'acquérir sur de telles matières,
Après vingt ans et plus de méditation
Pour me conduire en tout avec précaution,
De tant d'autres maris j'aurais quitté la trace,
05 Pour me trouver après dans la même disgrâce !
Ah ! bourreau de destin, vous en aurez menti.
De l'objet qu'on poursuit je suis encor nanti ;
Si son cœur m'est volé par ce blondin funeste,
J'empêcherai du moins qu'on s'empare du reste ;

Et cette nuit, qu'on prend pour le galant exploit,   1210
Ne se passera pas si doucement qu'on croit.
Ce m'est quelque plaisir, parmi tant de tristesse,
Que l'on me donne avis du piège qu'on me dresse,
Et que cet étourdi, qui veut m'être fatal,
Fasse son confident de son propre rival.   1215

Scène VIII : Chrysalde, Arnolphe.

CHRYSALDE
Hé bien ! souperons-nous avant la promenade ?
                ARNOLPHE
Non. Je jeûne ce soir.
                CHRYSALDE
                    D'où vient cette boutade ?
                ARNOLPHE
De grâce, excusez-moi, j'ai quelque autre embarras.
                CHRYSALDE
Votre hymen résolu ne se fera-t-il pas ?
                ARNOLPHE
C'est trop s'inquiéter des affaires des autres.   1220
                CHRYSALDE
Oh, oh ! si brusquement ! Quels chagrins sont les
Serait-il point, compère, à votre passion   [vôtres ?
Arrivé quelque peu de tribulation ?
Je le jurerais presque, à voir votre visage.
                ARNOLPHE
Quoi qu'il m'arrive, au moins aurai-je l'avantage   1225
De ne pas ressembler à de certaines gens
Qui souffrent doucement l'approche des galants.
                CHRYSALDE
C'est un étrange fait, qu'avec tant de lumières
Vous vous effarouchiez toujours sur ces matières ;
Qu'en cela vous mettiez le souverain bonheur,   1230
Et ne conceviez point au monde d'autre honneur.
Etre avare, brutal, fourbe, méchant et lâche,
N'est rien, à votre avis, auprès de cette tache ;
Et, de quelque façon qu'on puisse avoir vécu,
On est homme d'honneur quand on n'est point cocu. 1235
A le bien prendre au fond, pourquoi voulez-vous croire
Que de ce cas fortuit dépende notre gloire,
Et qu'une âme bien née ait à se reprocher
L'injustice d'un mal qu'on ne peut empêcher ?
Pourquoi voulez-vous, dis-je, en prenant une femme, 1240
Qu'on soit digne, à son choix, de louange ou de blâme,
Et qu'on s'aille former un monstre plein d'effroi
De l'affront que nous fait son manquement de foi ?
Mettez-vous dans l'esprit qu'on peut du cocuage
Se faire en galant homme une plus douce image ;   1245
Que, des coups du hasard aucun n'étant garant,
Cet accident de soi doit être indifférent ;
Et qu'enfin tout le mal, quoi que le monde glose,
N'est que dans la façon de recevoir la chose :
Car, pour se bien conduire en ces difficultés,   1250
Il y faut, comme en tout, fuir les extrémités,
N'imiter pas ces gens un peu trop débonnaires
Qui tirent vanité de ces sortes d'affaires,
De leurs femmes toujours vont citant les galants,
En font partout l'éloge, et prônent leurs talents,   1255
Témoignent avec eux d'étroites sympathies,

Sont de tous leurs cadeaux, de toutes leurs parties,
Et font qu'avec raison les gens sont étonnés
De voir leur hardiesse à montrer là leur nez.
1260 Ce procédé, sans doute, est tout à fait blâmable ;
Mais l'autre extrémité n'est pas moins condamnable.
Si je n'approuve pas ces amis des galants,
Je ne suis pas aussi pour ces gens turbulents
Dont l'imprudent chagrin, qui tempête et qui gronde,
1265 Attire au bruit qu'il fait les yeux de tout le monde,
Et qui, par cet éclat, semblent ne pas vouloir
Qu'aucun puisse ignorer ce qu'ils peuvent avoir.
Entre ces deux partis il en est un honnête,
Où, dans l'occasion, l'homme prudent s'arrête ;
1270 Et, quand on le sait prendre, on n'a point à rougir
Du pis dont une femme avec nous puisse agir.
Quoi qu'on en puisse dire enfin, le cocuage
Sous des traits moins affreux aisément s'envisage ;
Et, comme je vous dis, toute l'habileté
1275 Ne va qu'à le savoir tourner du bon côté.

ARNOLPHE

Après ce beau discours, toute la confrérie
Doit un remerciement à votre seigneurie ;
Et quiconque voudra vous entendre parler
Montrera de la joie à s'y voir enrôler.

CHRYSALDE

1280 Je ne dis pas cela ; car c'est ce que je blâme ;
Mais, comme c'est le sort qui nous donne une femme,
Je dis que l'on doit faire ainsi qu'au jeu de dés,
Où, s'il ne vous vient pas ce que vous demandez,
Il faut jouer d'adresse, et, d'une âme réduite,
1285 Corriger le hasard par la bonne conduite.

ARNOLPHE

C'est-à-dire dormir et manger toujours bien,
Et se persuader que tout cela n'est rien.

CHRYSALDE

Vous pensez vous moquer ; mais, à ne vous rien feindre,
Dans le monde je vois cent choses plus à craindre,
1290 Et dont je me ferais un bien plus grand malheur
Que de cet accident qui vous fait tant de peur.
Pensez-vous qu'à choisir de deux choses prescrites,
Je n'aimasse pas mieux être ce que vous dites,
Que de me voir mari de ces femmes de bien,
1295 Dont la mauvaise humeur fait un procès sur rien,
Ces dragons de vertu, ces honnêtes diablesses,
Se retranchant toujours sur leurs sages prouesses,
Qui, pour un petit tort qu'elles ne nous font pas,
Prennent droit de traiter les gens de haut en bas,
1300 Et veulent, sur le pied de nous être fidèles,
Que nous soyons tenus à tout endurer d'elles ?
Encore un coup, compère, apprenez qu'en effet
Le cocuage n'est que ce que l'on le fait ;
Qu'on peut le souhaiter pour de certaines causes,
1305 Et qu'il a ses plaisirs comme les autres choses.

ARNOLPHE

Si vous êtes d'humeur à vous en contenter,
Quant à moi, ce n'est pas la mienne d'en tâter ;
Et plutôt que subir une telle aventure...

CHRYSALDE

Mon Dieu ! ne jurez point, de peur d'être parjure.
1310 Si le sort l'a réglé, vos soins sont superflus ;

Et l'on ne prendra pas votre avis là-dessus.

ARNOLPHE

Moi, je serais cocu ?

CHRYSALDE

Vous voilà bien malade !
Mille gens le sont bien, sans vous faire bravade,
Qui de mine, de cœur, de biens, et de maison,
Ne feraient avec vous nulle comparaison.   13

ARNOLPHE

Et moi, je n'en voudrais avec eux faire aucune.
Mais cette raillerie, en un mot, m'importune ;
Brisons là, s'il vous plaît.

CHRYSALDE

Vous êtes en courroux !
Nous en saurons la cause. Adieu. Souvenez-vous,
Quoi que sur ce sujet votre honneur vous inspire,   13
Que c'est être à demi ce que l'on vient de dire,
Que de vouloir jurer qu'on ne le sera pas.

ARNOLPHE

Moi, je le jure encore, et je vais de ce pas
Contre cet accident trouver un bon remède.
Il court heurter à sa porte.

*Scène IX : Arnolphe,
Alain, Georgette.*

ARNOLPHE

Mes amis, c'est ici que j'implore votre aide.   13
Je suis édifié de votre affection ;
Mais il faut qu'elle éclate en cette occasion ;
Et, si vous m'y servez selon ma confiance,
Vous êtes assurés de votre récompense.
L'homme que vous savez (n'en faites point de bruit)   13
Veut, comme je l'ai su, m'attraper cette nuit,
Dans la chambre d'Agnès entrer par escalade ;
Mais il lui faut, nous trois, dresser une embuscade,
Je veux que vous preniez chacun un bon bâton,
Et, quand il sera près du dernier échelon   13
(Car dans le temps qu'il faut j'ouvrirai la fenêtre),
Que tous deux à l'envi vous me chargiez ce traître,
Mais d'un air dont son dos garde le souvenir,
Et qui lui puisse apprendre à n'y plus revenir ;
Sans me nommer pourtant en aucune manière,   13
Ni faire aucun semblant que je serai derrière.
Aurez-vous bien l'esprit de servir mon courroux ?

ALAIN

S'il ne tient qu'à frapper, monsieur, tout est à nous :
Vous verrez, quand je bats, si j'y vais de main morte.

GEORGETTE

La mienne, quoique aux yeux elle n'est pas si forte,   13
N'en quitte pas sa part à le bien étriller.

ARNOLPHE

Rentrez donc ; et surtout gardez de babiller.
Seul.
Voilà pour le prochain une leçon utile ;
Et si tous les maris qui sont en cette ville
De leurs femmes ainsi recevaient le galant,   13
Le nombre des cocus ne serait pas si grand.

ACTE CINQUIEME

Scène I : Arnolphe, Alain, Georgette.

ARNOLPHE

Traîtres ! qu'avez-vous fait par cette violence ?

ALAIN

Nous vous avons rendu, monsieur, obéissance.

ARNOLPHE

De cette excuse en vain vous voulez vous armer,
355 L'ordre était de le battre, et non de l'assommer ;
Et c'était sur le dos, et non pas sur la tête,
Que j'avais commandé qu'on fît choir la tempête.
Ciel ! dans quel accident me jette ici le sort !
Et que puis-je résoudre à voir cet homme mort ?
360 Rentrez dans la maison, et gardez de rien dire
De cet ordre innocent que j'ai pu vous prescrire.
Seul.
Le jour s'en va paraître, et je vais consulter
Comment dans ce malheur je me dois comporter,
Hélas ! que deviendrai-je ? et que dira le père,
365 Lorsque inopinément il saura cette affaire ?

Scène II : Horace, Arnolphe.

HORACE, *à part.*

Il faut que j'aille un peu reconnaître qui c'est.

ARNOLPHE, *se croyant seul.*

Eût-on jamais prévu...
Heurté par Horace, qu'il ne reconnaît pas.
                    Qui va là, s'il vous plaît ?

HORACE

C'est vous, seigneur Arnolphe ?

ARNOLPHE

                    Oui. Mais vous... ?

HORACE

                    C'est Horace.
Je m'en allais chez vous vous prier d'une grâce.
370 Vous sortez bien matin !

ARNOLPHE

                    Quelle confusion !
Est-ce un enchantement ? est-ce une illusion ?

HORACE

J'étais à dire vrai, dans une grande peine ;
Et je bénis du ciel la bonté souveraine
Qui fait qu'à point nommé je vous rencontre ainsi.
375 Je viens vous avertir que tout a réussi,
Et même beaucoup plus que je n'eusse osé dire,
Et par un incident qui devait tout détruire.
Je ne sais point par où l'on a pu soupçonner
Cette assignation qu'on m'avait su donner ;
380 Mais, étant sur le point d'atteindre à la fenêtre,
J'ai, contre mon espoir, vu quelques gens paraître,
Qui, sur moi brusquement levant chacun le bras,
M'ont fait manquer le pied et tomber jusqu'en bas ;
Et ma chute, aux dépens de quelque meurtrissure,
385 De vingt coups de bâton m'a sauvé l'aventure.
Ces gens-là, dont était, je pense, mon jaloux,
Ont imputé ma chute à l'effort de leurs coups ;
Et comme la douleur, un assez long espace,

M'a fait sans remuer demeurer sur la place,
Ils ont cru tout de bon qu'ils m'avaient assommé, 1390
Et chacun d'eux s'en est aussitôt alarmé.
J'entendais tout leur bruit dans le profond silence :
L'un l'autre ils s'accusaient de cette violence ;
Et, sans lumière aucune, en querellant le sort,
Sont venus doucement tâter si j'étais mort. 1395
Je vous laisse à penser si, dans la nuit obscure,
J'ai d'un vrai trépassé su tenir la figure.
Ils se sont retirés avec beaucoup d'effroi ;
Et, comme je songeais à me retirer, moi,
De cette feinte mort la jeune Agnès émue 1400
Avec empressement est devers moi venue :
Car les discours qu'entre eux ces gens avaient tenus
Jusques à son oreille étaient d'abord venus ;
Et, pendant tout ce trouble étant moins observée,
Du logis aisément elle s'était sauvée ; 1405
Mais, me trouvant sans mal, elle a fait éclater
Un transport difficile à bien représenter.
Que vous dirai-je ? Enfin cette aimable personne
A suivi les conseils que son amour lui donne,
N'a plus voulu songer à retourner chez soi, 1410
Et de tout son destin s'est commise à ma foi.
Considérez un peu, par ce trait d'innocence,
Où l'expose d'un fou la haute impertinence,
Et quels fâcheux périls elle pourrait courir
Si j'étais maintenant homme à la moins chérir. 1415
Mais d'un trop pur amour mon âme est embrasée ;
J'aimerais mieux mourir que l'avoir abusée :
Je lui vois des appas dignes d'un autre sort,
Et rien ne m'en saurait séparer que la mort.
Je prévois là-dessus l'emportement d'un père ; 1420
Mais nous prendrons le temps d'apaiser sa colère.
A des charmes si doux je me laisse emporter ;
Et dans la vie, enfin, il se faut contenter.
Ce que je veux de vous, sous un secret fidèle,
C'est que je puisse mettre en vos mains cette belle ; 1425
Que dans votre maison, en faveur de mes feux,
Vous lui donniez retraite au moins un jour ou deux.
Outre qu'aux yeux du monde il faut cacher sa fuite,
Et qu'on en pourra faire une exacte poursuite,
Vous savez qu'une fille aussi de sa façon 1430
Donne avec un jeune homme un étrange soupçon ;
Et comme c'est à vous, sûr de votre prudence,
Que j'ai fait de mes feux entière confidence,
C'est à vous seul aussi, comme ami généreux,
Que je puis confier ce dépôt amoureux. 1435

ARNOLPHE

Je suis, n'en doutez point, tout à votre service.

HORACE

Vous voulez bien me rendre un si charmant office ?

ARNOLPHE

Très volontiers, vous dis-je ; et je me sens ravir
De cette occasion que j'ai de vous servir.
Je rends grâces au ciel de ce qu'il me l'envoie, 1440
Et n'ai jamais rien fait avec si grande joie.

HORACE

Que je suis redevable à toutes vos bontés !
J'avais de votre part craint des difficultés :
Mais vous êtes du monde ; et, dans votre sagesse,

1445 Vous savez excuser le feu de la jeunesse.
Un de mes gens la garde au coin de ce détour.

ARNOLPHE

Mais comment ferons-nous ? car il fait un peu jour.
Si je la prends ici, l'on me verra peut-être ;
Et, s'il faut que chez moi vous veniez à paraître,
1450 Des valets causeront. Pour jouer au plus sûr,
Il faut me l'amener dans un lieu plus obscur.
Mon allée est commode, et je l'y vais attendre.

HORACE

Ce sont précautions qu'il est fort bon de prendre.
Pour moi, je ne ferai que vous la mettre en main,
1455 Et chez moi, sans éclat, je retourne soudain.

ARNOLPHE, seul.

Ah ! fortune, ce trait d'aventure propice
Répare tous les maux que m'a faits ton caprice !
Il s'enveloppe le nez de son manteau.

Scène III : Agnès, Arnolphe, Horace.

HORACE, à Agnès.

Ne soyez point en peine où je vais vous mener ;
C'est un logement sûr que je vous fais donner.
1460 Vous loger avec moi, ce serait tout détruire :
Entrez dans cette porte, et laissez-vous conduire.
Arnolphe lui prend la main sans qu'elle le reconnaisse.

AGNÈS, à Horace.

Pourquoi me quittez-vous ?

HORACE

Chère Agnès, il le faut.

AGNÈS

Songez donc, je vous prie, à revenir bientôt.

HORACE

J'en suis assez pressé par ma flamme amoureuse.

AGNÈS

1465 Quand je ne vous vois point, je ne suis point joyeuse.

HORACE

Hors de votre présence, on me voit triste aussi.

AGNÈS

Hélas ! s'il était vrai, vous resteriez ici.

HORACE

Quoi ! vous pourriez douter de mon amour extrême !

AGNÈS

Non, vous ne m'aimez pas autant que je vous aime.
Arnolphe la tire.
1470 Ah ! l'on me tire trop.

HORACE

C'est qu'il est dangereux,
Chère Agnès, qu'en ce lieu nous soyons vus tous deux ;
Et le parfait ami de qui la main vous presse
Suit le zèle prudent qui pour nous l'intéresse.

AGNÈS

Mais suivre un inconnu que...

HORACE

N'appréhendez rien :
1475 Entre de telles mains vous ne serez que bien.

AGNÈS

Je me trouverais mieux entre celles d'Horace,
Et j'aurais...

A Arnolphe qui la tire encore.
Attendez.

HORACE

Adieu, le jour me chasse.

AGNÈS

Quand vous verrai-je donc ?

HORACE

Bientôt assurément.

AGNÈS

Que je vais m'ennuyer jusques à ce moment !

HORACE, *en s'en allant*

Grâce au ciel, mon bonheur n'est plus en concurrence ; 1480
Et je puis maintenant dormir en assurance.

Scène IV : Arnolphe, Agnès.

ARNOLPHE, *caché dans son manteau,*
et déguisant sa voix.

Venez, ce n'est pas là que je vous logerai,
Et votre gîte ailleurs est par moi préparé,
Je prétends en lieu sûr mettre votre personne.
Se faisant connaître.
Me connaissez-vous ?

AGNÈS

Hai !

ARNOLPHE

Mon visage, friponne, 1485
Dans cette occasion rend vos sens effrayés,
Et c'est à contre-cœur qu'ici vous me voyez ;
Je trouble en ses projets l'amour qui vous possède.
Agnès regarde si elle ne verra point Horace.
N'appelez point des yeux le galant à votre aide ;
Il est trop éloigné pour vous donner secours. 1490
Ah ! ah ! si jeune encor, vous jouez de ces tours !
Votre simplicité, qui semble sans pareille,
Demande si l'on fait les enfants par l'oreille ;
Et vous savez donner des rendez-vous la nuit,
Et pour suivre un galant vous évader sans bruit ! 1495
Tudieu ! comme avec lui votre langue cajole !
Il faut qu'on vous ait mise à quelque bonne école !
Qui diantre tout d'un coup vous en a tant appris ?
Vous ne craignez donc plus de trouver des esprits ?
Et ce galant, la nuit, vous a donc enhardie ? 1500
Ah ! coquine, en venir à cette perfidie !
Malgré tous mes bienfaits former un tel dessein !
Petit serpent que j'ai réchauffé dans mon sein,
Et qui, dès qu'il se sent, par une humeur ingrate
Cherche à faire du mal à celui qui le flatte ! 1505

AGNÈS

Pourquoi me criez-vous ?

ARNOLPHE

J'ai grand tort en effet !

AGNÈS

Je n'entends point de mal dans tout ce que j'ai fait.

ARNOLPHE

Suivre un galant n'est pas une action infâme ?

AGNÈS

C'est un homme qui dit qu'il me veut pour sa femme :
J'ai suivi vos leçons, et vous m'avez prêché 1510
Qu'il se faut marier pour ôter le péché.

ARNOLPHE

Oui. Mais, pour femme, moi, je prétendais vous pren-
Et je vous l'avais fait, me semble, assez entendre. [dre ;

AGNÈS

515 Oui. Mais, à vous parler franchement entre nous,
Il est plus pour cela selon mon goût que vous.
Chez vous le mariage est fâcheux et pénible,
Et vos discours en font une image terrible ;
Mais, las ! il le fait, lui, si rempli de plaisirs,
Que de se marier il donne des désirs.

ARNOLPHE

520 Ah ! c'est que vous l'aimez, traîtresse !

AGNÈS

Oui, je l'aime.

ARNOLPHE

Et vous avez le front de le dire à moi-même !

AGNÈS

Et pourquoi, s'il est vrai, ne le dirais-je pas ?

ARNOLPHE

Le deviez-vous aimer, impertinente ?

AGNÈS

Hélas !

Est-ce que j'en puis mais ? Lui seul en est la cause ;
525 Et je n'y songeais pas lorsque se fit la chose.

ARNOLPHE

Mais il fallait chasser cet amoureux désir.

AGNÈS

Le moyen de chasser ce qui fait du plaisir ?

ARNOLPHE

Et ne saviez-vous pas que c'était me déplaire ?

AGNÈS

Moi ? point du tout. Quel mal cela vous peut-il faire ?

ARNOLPHE

530 Il est vrai, j'ai sujet d'en être réjoui !
Vous ne m'aimez donc pas, à ce compte ?

AGNÈS

Vous ?

ARNOLPHE

Oui.

AGNÈS

Hélas ! non.

ARNOLPHE

Comment, non ?

AGNÈS

Voulez-vous que je mente ?

ARNOLPHE

Pourquoi ne m'aimer pas, madame l'impudente ?

AGNÈS

Mon Dieu ! ce n'est pas moi que vous devez blâmer :
35 Que ne vous êtes-vous, comme lui, fait aimer !
Je ne vous en ai pas empêché, que je pense.

ARNOLPHE

Je m'y suis efforcé de toute ma puissance ;
Mais les soins que j'ai pris, je les ai perdus tous.

AGNÈS

Vraiment, il en sait donc là-dessus plus que vous !
540 Car à se faire aimer il n'a point eu de peine.

ARNOLPHE, à part.

Voyez comme raisonne et répond la vilaine !
Peste ! une précieuse en dirait-elle plus ?

Ah ! je l'ai mal connue ; ou ma foi, là-dessus
Une sotte en sait plus que le plus habile homme.

A Agnès.

Puisqu'en raisonnement votre esprit se consomme,   1545
La belle raisonneuse, est-ce qu'un si long temps
Je vous aurai pour lui nourrie à mes dépens ?

AGNÈS

Non. Il vous rendra tout jusques au dernier double.

ARNOLPHE, bas, à part.

Elle a de certains mots où mon dépit redouble.

Haut.

Me rendra-t-il, coquine, avec tout son pouvoir,   1550
Les obligations que vous pouvez m'avoir ?

AGNÈS

Je ne vous en ai pas d'aussi grandes qu'on pense.

ARNOLPHE

N'est-ce rien que les soins d'élever votre enfance ?

AGNÈS

Vous avez là-dedans bien opéré vraiment,
Et m'avez fait en tout instruire joliment !   1555
Croit-on que je me flatte, et qu'enfin, dans ma tête,
Je ne juge pas bien que je suis une bête ?
Moi-même j'en ai honte ; et, dans l'âge où je suis,
Je ne veux plus passer pour sotte, si je puis.

ARNOLPHE

Vous fuyez l'ignorance, et voulez, quoi qu'il coûte,   1560
Apprendre du blondin quelque chose ?

AGNÈS

Sans doute.

C'est de lui que je sais ce que je puis savoir ;
Et beaucoup plus qu'à vous je pense lui devoir.

ARNOLPHE

Je ne sais qui me tient qu'avec une gourmade
Ma main de ce discours ne venge la bravade.   1565
J'enrage quand je vois sa piquante froideur ;
Et quelques coups de poing satisferaient mon cœur.

AGNÈS

Hélas ! vous le pouvez, si cela peut vous plaire.

ARNOLPHE, à part.

Ce mot et ce regard désarme ma colère,
Et produit un retour de tendresse de cœur   1570
Qui de son action m'efface la noirceur.
Chose étrange d'aimer, et que, pour ces traîtresses,
Les hommes soient sujets à de telles faiblesses !
Tout le monde connaît leur imperfection ;
Ce n'est qu'extravagance et qu'indiscrétion ;   1575
Leur esprit est méchant, et leur âme fragile ;
Il n'est rien de plus faible et de plus imbécile,
Rien de plus infidèle : et, malgré tout cela,
Dans le monde on fait tout pour ces animaux-là.

A Agnès.

Hé bien ! faisons la paix. Va, petite traîtresse,   1580
Je te pardonne tout, et te rends ma tendresse ;
Considère par là l'amour que j'ai pour toi,
Et, me voyant si bon, en revanche aime-moi.

AGNÈS

Du meilleur de mon cœur je voudrais vous com-
Que me coûterait-il si je le pouvais faire ?   [plaire :   1585

ARNOLPHE

Mon pauvre petit bec, tu le peux, si tu veux.

Ecoute seulement ce soupir amoureux,
Vois ce regard mourant, contemple ma personne,
Et quitte ce morveux et l'amour qu'il te donne.
1590 C'est quelque sort qu'il faut qu'il ait jeté sur toi,
Et tu seras cent fois plus heureuse avec moi,
Ta forte passion est d'être brave et leste,
Tu le seras toujours, va, je te le proteste ;
Sans cesse, nuit et jour, je te caresserai,
1595 Je te bouchonnerai, baiserai, mangerai ;
Tout comme tu voudras, tu pourras te conduire :
Je ne m'explique point, et cela c'est tout dire.

Bas, à part.

Jusqu'où la passion peut-elle faire aller !

Haut.

Enfin, à mon amour rien ne peut s'égaler :
1600 Quelle preuve veux-tu que je t'en donne, ingrate ?
Me veux-tu voir pleurer ? Veux-tu que je me batte ?
Veux-tu que je m'arrache un côté de cheveux ?
Veux-tu que je me tue ? Oui, dis si tu le veux,
Je suis tout prêt, cruelle, à te prouver ma flamme.

AGNÈS

1605 Tenez, tous vos discours ne me touchent point l'âme :
Horace avec deux mots en ferait plus que vous.

ARNOLPHE

Ah ! c'est trop me braver, trop pousser mon courroux.
Je suivrai mon dessein, bête trop indocile,
Et vous dénicherez à l'instant de la ville.
1610 Vous rebutez mes vœux et me mettez à bout ;
Mais un cul de couvent me vengera de tout.

Scène V : Arnolphe, Alain.

ALAIN

Je ne sais ce que c'est, monsieur, mais il me semble
Qu'Agnès et le corps mort s'en sont allés ensemble.

ARNOLPHE

La voici. Dans ma chambre allez me la nicher.

A part.

1615 Ce ne sera pas là qu'il la viendra chercher ;
Et puis, c'est seulement pour une demi-heure.
Je vais, pour lui donner une sûre demeure,
Trouver une voiture. Enfermez-vous des mieux,
Et surtout gardez-vous de la quitter des yeux.

Seul.

1620 Peut-être que son âme, étant dépaysée,
Pourra de cet amour être désabusée.

Scène VI : Arnolphe, Horace.

HORACE

Ah ! je viens vous trouver, accablé de douleur.
Le ciel, seigneur Arnolphe, a conclu mon malheur ;
Et par un trait fatal d'une injustice extrême,
1625 On me veut arracher de la beauté que j'aime.
Pour arriver ici mon père a pris le frais :
J'ai trouvé qu'il mettait pied à terre ici près :
Et la cause, en un mot, d'une telle venue,
Qui, comme je vous disais, ne m'était pas connue,
1630 C'est qu'il m'a marié sans m'en récrire rien,
Et qu'il vient en ces lieux célébrer ce lien.

Jugez, en prenant part à mon inquiétude.
S'il pouvait m'arriver un contre-temps plus rude.
Cet Enrique, dont hier je m'informais à vous,
Cause tout le malheur dont je ressens les coups ; 16.
Il vient avec mon père achever ma ruine,
Et c'est sa fille unique à qui l'on me destine.
J'ai dès leurs premiers mots pensé m'évanouir,
Et d'abord, sans vouloir plus longtemps les ouïr,
Mon père ayant parlé de vous rendre visite, 16
L'esprit plein de frayeur, je l'ai devancé vite.
De grâce, gardez-vous de lui rien découvrir
De mon engagement qui le pourrait aigrir ;
Et tâchez, comme en vous il prend grande créance,
De le dissuader de cette autre alliance. 16

ARNOLPHE

Oui-da.

HORACE

Conseillez-lui de différer un peu,
Et rendez, en ami, ce service à mon feu.

ARNOLPHE

Je n'y manquerai pas.

HORACE

C'est en vous que j'espère.

ARNOLPHE

Fort bien.

HORACE

Et je vous tiens mon véritable père.
Dites-lui que mon âge... Ah ! je le vois venir ! 16.
Ecoutez les raisons que je vous puis fournir.

*Scène VII : Enrique, Oronte,
Chrysalde, Horace, Arnolphe.*

*Horace et Arnolphe se retirent dans un coin du théâ-
tre, et parlent bas ensemble.*

ENRIQUE, *à Chrysalde.*

Aussitôt qu'à mes yeux je vous ai vu paraître,
Quand on ne m'eût rien dit, j'aurais su vous connaître.
Je vous vois tous les traits de cette aimable sœur
Dont l'hymen autrefois m'avait fait possesseur ; 165
Et je serais heureux si la Parque cruelle
M'eût laissé ramener cette épouse fidèle,
Pour jouir avec moi des sensibles douceurs
De revoir tous les siens après nos longs malheurs.
Mais, puisque du destin la fatale puissance 166
Nous prive pour jamais de sa chère présence,
Tâchons de nous résoudre, et de nous contenter
Du seul fruit amoureux qui m'en est pu rester.
Il vous touche de près ; et, sans votre suffrage,
J'aurais tort de vouloir disposer de ce gage. 166
Le choix du fils d'Oronte est glorieux de soi ;
Mais il faut que ce choix vous plaise comme à moi.

CHRYSALDE

C'est de mon jugement avoir mauvaise estime,
Que douter si j'approuve un choix si légitime.

ARNOLPHE, *à part, à Horace.*

Oui, je vais vous servir de la bonne façon. 167

HORACE, *à part, à Arnolphe.*

Gardez, encore un coup...

ARNOLPHE, *à Horace.*
N'ayez aucun soupçon.
Arnolphe quitte Horace pour aller embrasser Oronte.
ORONTE, *à Arnolphe.*
Ah ! que cette embrassade est pleine de tendresse !
ARNOLPHE
Que je sens à vous voir une grande allégresse !
ORONTE
Je suis ici venu...
ARNOLPHE
Sans m'en faire récit,
1675 Je sais ce qui vous mène.
ORONTE
On vous l'a déjà dit ?
ARNOLPHE
Oui.
ORONTE
Tant mieux.
ARNOLPHE
Votre fils à cet hymen résiste,
Et son cœur prévenu n'y voit rien que de triste :
Il m'a même prié de vous en détourner ;
1680 Et moi, tout le conseil que je vous puis donner,
C'est de ne pas souffrir que ce nœud se diffère,
Et de faire valoir l'autorité de père.
Il faut avec vigueur ranger les jeunes gens,
Et nous faisons contre eux à leur être indulgents.
HORACE, *à part.*
Ah ! traître !
CHRYSALDE
Si son cœur a quelque répugnance,
1685 Je tiens qu'on ne doit pas lui faire violence.
Mon frère, que je crois, sera de mon avis.
ARNOLPHE
Quoi ! se laissera-t-il gouverner par son fils ?
Est-ce que vous voulez qu'un père ait la mollesse
De ne savoir pas faire obéir la jeunesse ?
1690 Il serait beau, vraiment, qu'on le vît aujourd'hui
Prendre loi de qui doit la recevoir de lui !
Non, non, c'est mon intime, et sa gloire est la mienne ;
Sa parole est donnée, il faut qu'il la maintienne,
Qu'il fasse voir ici de fermes sentiments,
1695 Et force de son fils tous les attachements
ORONTE
C'est parler comme il faut, et, dans cette alliance,
C'est moi qui vous réponds de son obéissance.
CHRYSALDE, *à Arnolphe.*
Je suis surpris, pour moi, du grand empressement,
Que vous nous faites voir pour cet engagement,
1700 Et ne puis deviner quel motif vous inspire...
ARNOLPHE
Je sais ce que je fais, et dis ce qu'il faut dire.
ORONTE
Oui, oui, seigneur Arnolphe, il est...
CHRYSALDE
Ce nom l'aigrit ;
C'est monsieur de La Souche, on vous l'a déjà dit.
ARNOLPHE
Il n'importe.

HORACE, *à part.*
Qu'entends-je ?
ARNOLPHE, *se retournant vers Horace.*
Oui, c'est là le mystère
Et vous pouvez juger ce que je devais faire   1705
HORACE, *à part.*
En quel trouble...

Scène VIII : Enrique, Oronte, Chrysalde,
Horace, Arnolphe, Georgette.

GEORGETTE
Monsieur, si vous n'êtes auprès,
Nous aurons de la peine à retenir Agnès ;
Elle veut à tous coups s'échapper, et peut-être
Qu'elle se pourrait bien jeter par la fenêtre.
ARNOLPHE
Faites-la-moi venir ; aussi bien de ce pas   1710
A Horace.
Prétends-je l'emmener. Ne vous en fâchez pas ;
Un bonheur continu rendrait l'homme superbe ;
Et chacun a son tour, comme dit le proverbe.
HORACE, *à part.*
Quels maux peuvent, ô ciel ! égaler mes ennuis ?
Et s'est-on jamais vu dans l'abîme où je suis ?   1715
ARNOLPHE, *à Oronte.*
Pressez vite le jour de la cérémonie,
J'y prends part ; et déjà moi-même je m'en prie.
ORONTE
C'est bien notre dessein.

Scène IX : Agnès, Oronte, Enrique, Arnolphe,
Horace, Chrysalde, Alain, Georgette.

ARNOLPHE, *à Agnès.*
Venez, belle, venez,
Qu'on ne saurait tenir, et qui vous mutinez.
Voici votre galant, à qui, pour récompense,   1720
Vous pouvez faire une humble et douce révérence.
A Horace.
Adieu. L'événement trompe un peu vos souhaits ;
Mais tous les amoureux ne sont pas satisfaits.
AGNÈS
Me laissez-vous, Horace, emmener de la sorte ?
HORACE
Je ne sais où j'en suis, tant ma douleur est forte.   1725
ARNOLPHE
Allons, causeuse, allons.
AGNÈS
Je veux rester ici.
ORONTE
Dites-nous ce que c'est que ce mystère-ci.
Nous nous regardons tous, sans le pouvoir compren-
ARNOLPHE   [dre.
Avec plus de loisir je pourrai vous l'apprendre.
Jusqu'au revoir.   1730
ORONTE
Où donc prétendez-vous aller ?
Vous ne nous parlez point comme il nous faut parler.

ARNOLPHE

Je vous ai conseillé, malgré tout son murmure,
D'achever l'hyménée.

ORONTE

        Oui. Mais pour le conclure,
Si l'on vous a dit tout, ne vous a-t-on pas dit
1735 Que vous avez chez vous celle dont il s'agit,
La fille qu'autrefois de l'aimable Angélique,
Sous des liens secrets, eut le seigneur Enrique ?
Sur quoi votre discours était-il donc fondé ?

CHRYSALDE

Je m'étonnais aussi de voir son procédé.

ARNOLPHE

1740 Quoi !...

CHRYSALDE

      D'un hymen secret ma sœur eut une fille,
Dont on cacha le sort à toute la famille.

ORONTE

Et qui, sous de feints noms, pour ne rien découvrir,
Par son époux aux champs fut donnée à nourrir.

CHRYSALDE

Et dans ce temps, le sort lui déclarant la guerre,
1745 L'obligea de sortir de sa natale terre.

ORONTE

Et d'aller essuyer mille périls divers
Dans ces lieux séparés de nous par tant de mers.

CHRYSALDE

Où ses soins ont gagné ce que dans sa patrie
Avaient pu lui ravir l'imposture et l'envie.

ORONTE

1750 Et, de retour en France, il a cherché d'abord
Celle à qui de sa fille il confia le sort.

CHRYSALDE

Et cette paysanne a dit avec franchise
Qu'en vos mains à quatre ans elle l'avait remise.

ORONTE

Et qu'elle l'avait fait, sur votre charité,
Par un accablement d'extrême pauvreté.   175

CHRYSALDE

Et lui, plein de transport et l'allégresse en l'âme,
A fait jusqu'en ces lieux conduire cette femme.

ORONTE

Et vous allez enfin la voir venir ici,
Pour rendre aux yeux de tous ce mystère éclairci.

CHRYSALDE, à Arnolphe.

Je devine à peu près quel est votre supplice ;   17
Mais le sort en cela ne vous est que propice.
Si n'être point cocu vous semble un si grand bien,
Ne vous point marier en est le vrai moyen.

ARNOLPHE, s'en allant tout transporté,
et ne pouvant parler.

Oh !

ORONTE

D'où vient qu'il s'enfuit sans rien dire ?

HORACE

                  Ah ! mon père,
Vous saurez pleinement ce surprenant mystère.   17
Le hasard en ces lieux avait exécuté
Ce que votre sagesse avait prémédité.
J'étais, par les doux nœuds d'une ardeur mutuelle,
Engagé de parole avecque cette belle ;
Et c'est elle, en un mot, que vous venez chercher,   17
Et pour qui mon refus a pensé vous fâcher.

ENRIQUE

Je n'en ai point douté d'abord que je l'ai vue,
Et mon âme depuis n'a cessé d'être émue.
Ah ! ma fille ! je cède à des transports si doux.

CHRYSALDE

J'en ferais de bon cœur, mon frère, autant que vous ;   17
Mais ces lieux et cela ne s'accommodent guère.
Allons dans la maison débrouiller ces mystères,
Payer à notre ami ces soins officieux,
Et rendre grâce au ciel, qui fait tout pour le mieux.

LA CRITIQUE
DE L'ÉCOLE DES FEMMES
COMÉDIE

« *Représentée pour la première fois à Paris sur le théâtre du Palais-Royal le vendredi 1ᵉʳ juin 1663 par la Troupe de Monsieur, frère unique du roi.* » Cette pièce de combat, riposte annoncée par Molière dans sa préface à l'Ecole, fut efficace puisqu'elle déchaîna la contre-attaque de ceux qu'elle visait ou qui se croyaient visés. Parmi ces derniers, le duc de La Feuillade prit pour lui le « Tarte à la crème » cinquante fois répété par le « Marquis de Mascarille ». Il se vengea ignominieusement : comme Molière qu'il avait abordé avec une feinte amabilité s'inclinait, il lui saisit la tête et la frotta contre les boutons tranchants de son habit : « Tarte à la crème, Molière, tarte à la crème ! » lui mettant le visage en sang. Le roi exprima son indignation au personnage. Mais Molière allait subir d'autres sortes d'outrages de la part d'auteurs stipendiés de l'Hôtel de Bour-gogne, tel Edme Boursault, débutant de vingt-cinq ans, qui écrit le Portrait du peintre ou la Contre-critique de l'Ecole des femmes ; Molière assista à une représentation. A des touches gros-sières se mêlaient des traits venimeux comme dans Zélinde ou la Véritable Critique de l'Ecole des femmes, non jouée mais publiée dès le mois de juillet, due à la collaboration de Donneau de Visé et du comédien de Villiers.
La plus grave est l'accusation d'irréligion :
Au seul mot de sermon nous devons du respect...
Un sermon touche l'âme et jamais ne fait rire.

(Boursault.)

D'où la dédicace habile — 7 août 1663 — à la reine-mère, protectrice du parti dévot mais fer-vente de théâtre.
La Critique *compte cent trente-sept représentations à la Comédie-Française.*

PERSONNAGES

URANIE (Mˡˡᵉ Béjart).

ELISE (Mˡˡᵉ Molière).

CLIMÈNE (Mˡˡᵉ Du Parc).

LE MARQUIS (La Grange).

DORANTE, *ou le* CHEVALIER (Brécourt).

LYSIDAS, *poète* (Du Croisy).

GALOPIN, *laquais.*

LA SCÈNE EST A PARIS, DANS LA MAISON D'URANIE.

A LA REINE MERE [1]

MADAME,

Je sais bien que VOTRE MAJESTÉ n'a que faire de toutes nos dédicaces, et que ces prétendus devoirs, dont on lui dit élégamment qu'on s'acquitte envers Elle, sont des hommages, à dire vrai, dont Elle nous dispenserait très volontiers. Mais je ne laisse pas d'avoir l'audace de lui dédier *la Cri-tique de l'Ecole des femmes*; et je n'ai pu refuser cette petite occasion de pouvoir témoi-gner ma joie à VOTRE MAJESTÉ sur cette heu-reuse convalescence, qui redonne à nos vœux la plus grande et la meilleure princesse du monde, et nous promet en Elle de longues années d'une santé vigoureuse. Comme chacun regarde les choses du côté de ce qui le touche, je me réjouis, dans cette allégresse générale, de pouvoir encore obtenir l'honneur de divertir VOTRE MAJESTÉ ; Elle, MADAME, qui prouve si bien que la véri-table dévotion n'est point contraire aux honnêtes divertissements ; qui, de ses hautes pensées et de

1. Anne d'Autriche, fille aînée de Philippe III, roi d'Espa-gne, femme de Louis XIII et mère de Louis XIV. Elle mou-rut le 20 janvier 1666, âgée de 64 ans.

ses importantes occupations, descend si humainement dans le plaisir de nos spectacles, et ne dédaigne pas de rire de cette même bouche dont Elle prie si bien Dieu. Je flatte, dis-je, mon esprit de l'espérance de cette gloire ; j'en attends le moment avec toutes les impatiences du monde ; et quand je jouirai de ce bonheur, ce sera la plus grande joie que puisse recevoir,

MADAME, DE VOTRE MAJESTÉ,

Le très humble, très obéissant,
et très fidèle serviteur et sujet,
J.-B. P. MOLIÈRE.

Scène I : Uranie, Elise.

URANIE
Quoi, cousine, personne ne t'est venu rendre visite ?

ÉLISE
Personne du monde.

URANIE
Vraiment, voilà qui m'étonne, que nous ayons été seules l'une et l'autre tout aujourd'hui.

ÉLISE
Cela m'étonne aussi, car ce n'est guère notre coutume ; et votre maison, Dieu merci, est le refuge ordinaire de tous les fainéants de la cour.

URANIE
L'après-dînée, à dire vrai, m'a semblé fort longue.

ÉLISE
Et moi, je l'ai trouvée fort courte.

URANIE
C'est que les beaux esprits, cousine, aiment la solitude.

ÉLISE
Ah ! très humble servante au bel esprit ; vous savez que ce n'est pas là que je vise.

URANIE
Pour moi, j'aime la compagnie, je l'avoue.

ÉLISE
Je l'aime aussi, mais je l'aime choisie ; et la quantité de sottes visites qu'il vous faut essuyer parmi les autres est cause bien souvent que je prends plaisir d'être seule.

URANIE
La délicatesse est trop grande, de ne pouvoir souffrir que des gens triés.

ÉLISE
Et la complaisance est trop générale, de souffrir indifféremment toutes sortes de personnes.

URANIE
Je goûte ceux qui sont raisonnables, et me divertis des extravagants.

ÉLISE
Ma foi, les extravagants ne vont guère loin sans vous ennuyer, et la plupart de ces gens-là ne sont plus plaisants dès la seconde visite. Mais, à propos d'extravagants, ne voulez-vous pas me défaire de votre marquis incommode ? Pensez-vous me le laisser toujours sur les bras, et que je puisse durer à ses turlupinades perpétuelles ?

URANIE
Ce langage est à la mode, et l'on le tourne en plaisanterie à la cour.

ÉLISE
Tant pis pour ceux qui le font, et qui se tuent tout le jour à parler ce jargon obscur. La belle chose de faire entrer, aux conversations du Louvre, de vieilles équivoques ramassées parmi les boues des Halles et de la place Maubert ! La jolie façon de plaisanter pour des courtisans ! et qu'un homme montre d'esprit lorsqu'il vient vous dire : « Madame, vous êtes sur la place Royale, et tout le monde vous voit de trois lieues de Paris, car chacun vous voit de bon œil », à cause que Boneuil est un village à trois lieues d'ici ! Cela n'est-il pas bien galant et bien spirituel ? Et ceux qui trouvent ces belles rencontres n'ont-ils pas lieu de s'en glorifier ?

URANIE
On ne dit pas cela aussi comme une chose spirituelle ; et la plupart de ceux qui affectent ce langage savent bien eux-mêmes qu'il est ridicule.

ÉLISE
Tant pis encore, de prendre peine à dire des sottises, et d'être mauvais plaisants de dessein formé. Je les en tiens moins excusables ; et si j'en étais juge, je sais bien à quoi je condamnerais tous ces messieurs les turlupins.

URANIE
Laissons cette matière qui t'échauffe un peu trop, et disons que Dorante vient bien tard, à mon avis, pour le souper que nous devons faire ensemble.

ÉLISE
Peut-être l'a-t-il oublié, et que...

Scène II : Uranie, Elise, Galopin.

GALOPIN
Voilà Climène, madame, qui vient ici pour vous voir.

URANIE
Hé, mon Dieu ! quelle visite !

ÉLISE
Vous vous plaigniez d'être seule, aussi : le ciel vous en punit.

URANIE
Vite, qu'on aille dire que je n'y suis pas.

GALOPIN
On a déjà dit que vous y étiez.

URANIE
Et qui est le sot qui l'a dit ?

GALOPIN
Moi, madame.

URANIE
Diantre soit le petit vilain ! Je vous apprendrai bien à faire vos réponses de vous-même.

GALOPIN
Je vais lui dire, madame, que vous voulez être sortie.

URANIE

Arrêtez, animal, et la laissez monter, puisque la sottise est faite.

GALOPIN

Elle parle encore à un homme dans la rue.

URANIE

Ah ! cousine, que cette visite m'embarrasse à l'heure qu'il est !

ÉLISE

Il est vrai que la dame est un peu embarrassante de son naturel ; j'ai toujours eu pour elle une furieuse aversion ; et, n'en déplaise à sa qualité, c'est la plus sotte bête qui se soit jamais mêlée de raisonner.

URANIE

L'épithète est un peu forte.

ÉLISE

Allez, allez, elle mérite bien cela, et quelque chose de plus si on lui faisait justice. Est-ce qu'il y a une personne qui soit plus véritablement qu'elle ce qu'on appelle précieuse, à prendre le mot dans sa plus mauvaise signification ?

URANIE

Elle se défend bien de ce nom, pourtant.

ÉLISE

Il est vrai ; elle se défend du nom, mais non pas de la chose ; car enfin elle l'est depuis les pieds jusqu'à la tête, et la plus grande façonnière du monde ; il semble que tout son corps soit démonté, et que les mouvements de ses hanches, de ses épaules et de sa tête, n'aillent que par ressorts ; elle affecte toujours un ton de voix languissant et niais, fait la moue pour montrer une petite bouche, et roule les yeux pour les faire paraître grands.

URANIE

Doucement donc. Si elle venait à entendre...

ÉLISE

Point, point, elle ne monte pas encore. Je me souviens toujours du soir qu'elle eut envie de voir Damon sur la réputation qu'on lui donne, et les choses que le public a vues de lui. Vous connaissez l'homme, et sa naturelle paresse à soutenir la conversation. Elle l'avait invité à souper comme bel esprit, et jamais il ne parut si sot, parmi une demi-douzaine de gens à qui elle avait fait fête de lui, et qui le regardaient avec de grands yeux, comme une personne qui ne devait pas être faite comme les autres ; ils pensaient tous qu'il était là pour défrayer la compagnie de bons mots ; que chaque parole qui sortait de sa bouche devait être extraordinaire ; qu'il devait faire des *Impromptus* sur tout ce qu'on disait, et ne demander à boire qu'avec une pointe ; mais il les trompa fort par son silence ; et la dame fut aussi mal satisfaite de lui que je le fus d'elle.

URANIE

Tais-toi. Je vais la recevoir à la porte de la chambre.

ÉLISE

Encore un mot. Je voudrais bien la voir mariée avec le marquis dont nous avons parlé. Le bel assemblage que ce serait d'une précieuse et d'un turlupin !

URANIE

Veux-tu te taire ? La voici.

Scène III : Climène, Uranie, Elise, Galopin.

URANIE

Vraiment, c'est bien tard que...

CLIMÈNE

Hé ! de grâce, ma chère, faites-moi vite donner un siège.

URANIE, *à Galopin*

Un fauteuil promptement.

CLIMÈNE

Ah ! mon Dieu !

URANIE

Qu'est-ce donc ?

CLIMÈNE

Je n'en puis plus.

URANIE

Qu'avez-vous ?

CLIMÈNE

Le cœur me manque.

URANIE

Sont-ce vapeurs qui vous ont prise ?

CLIMÈNE

Non.

URANIE

Voulez-vous que l'on vous délace ?

CLIMÈNE

Mon Dieu, non. Ah !

URANIE

Quel est donc votre mal ? et depuis quand vous a-t-il pris ?

CLIMÈNE

Il y a plus de trois heures, et je l'ai rapporté du Palais-Royal.

URANIE

Comment ?

CLIMÈNE

Je viens de voir, pour mes péchés, cette méchante rapsodie de *l'Ecole des femmes*. Je suis encore en défaillance du mal de cœur que cela m'a donné, et je pense que je n'en reviendrai de plus de quinze jours.

ÉLISE

Voyez un peu comme les maladies arrivent sans qu'on y songe.

URANIE

Je ne sais pas de quel tempérament nous sommes, ma cousine et moi ; mais nous fûmes avant-hier à la même pièce, et nous en revînmes toutes deux saines et gaillardes.

CLIMÈNE

Quoi ! vous l'avez vue ?

URANIE

Oui ; et écoutée d'un bout à l'autre.

CLIMÈNE

Et vous n'en avez pas été jusques aux convulsions, ma chère ?

URANIE

Je ne suis pas si délicate, Dieu merci ; et je trouve, pour moi, que cette comédie serait plutôt capable de guérir les gens que de les rendre malades.

CLIMÈNE

Ah, mon Dieu ! que dites-vous là ? Cette proposition peut-elle être avancée par une personne qui ait du revenu en sens commun ? Peut-on impunément, comme vous faites, rompre en visière à la raison ? et, dans le vrai de la chose, est-il un esprit si affamé de plaisanterie, qu'il puisse tâter des fadaises dont cette comédie est assaisonnée ? Pour moi, je vous avoue que je n'ai pas trouvé le moindre grain de sel dans tout cela. *Les enfants par l'oreille*, m'ont paru d'un goût détestable ; *la tarte à la crème* m'a affadi le cœur ; et j'ai pensé vomir *au potage*.

ÉLISE

Mon Dieu ! que tout cela est dit élégamment ! J'aurais cru que cette pièce était bonne ; mais madame a une éloquence si persuasive, elle tourne les choses d'une manière si agréable, qu'il faut être de son sentiment, malgré qu'on en ait.

URANIE

Pour moi, je n'ai pas tant de complaisance ; et, pour dire ma pensée, je tiens cette comédie une des plus plaisantes que l'auteur ait produites.

CLIMÈNE

Ah ! vous me faites pitié, de parler ainsi ; et je ne saurais vous souffrir cette obscurité de discernement. Peut-on, ayant de la vertu, trouver de l'agrément dans une pièce qui tient sans cesse la pudeur en alarme, et salit à tout moment l'imagination ?

ÉLISE

Les jolies façons de parler que voilà ! Que vous êtes, madame, une rude joueuse en critique, et que je plains le pauvre Molière de vous avoir pour ennemie !

CLIMÈNE

Croyez-moi, ma chère, corrigez de bonne foi votre jugement ; et, pour votre honneur, n'allez point dire par le monde que cette comédie vous ait plu.

URANIE

Moi, je ne sais pas ce que vous y avez trouvé qui blesse la pudeur.

CLIMÈNE

Hélas ! tout ; et je mets en fait qu'une honnête femme ne la saurait voir sans confusion, tant j'y ai découvert d'ordures et de saletés.

URANIE

Il faut donc que pour les ordures vous ayez des lumières que les autres n'ont pas ; car, pour moi, je n'y en ai point vu.

CLIMÈNE

C'est que vous ne voulez pas y en avoir vu, assurément ; car enfin toutes ces ordures, Dieu merci, y sont à visage découvert. Elles n'ont pas la moindre enveloppe qui les couvre, et les yeux les plus hardis sont effrayés de leur nudité.

ÉLISE

Ah !

CLIMÈNE

Hai, hai, hai.

URANIE

Mais encore, s'il vous plaît, marquez-moi une de ces ordures que vous dites.

CLIMÈNE

Hélas ! est-il nécessaire de vous les marquer ?

URANIE

Oui. Je vous demande seulement un endroit qui vous ait fort choquée.

CLIMÈNE

En faut-il d'autre que la scène de cette Agnès, lorsqu'elle dit ce que l'on lui a pris ?

URANIE

Eh bien ! que trouvez-vous là de sale ?

CLIMÈNE

Ah !

URANIE

De grâce.

CLIMÈNE

Fi !

URANIE

Mais encore ?

CLIMÈNE

Je n'ai rien à vous dire.

URANIE

Pour moi, je n'y entends point de mal.

CLIMÈNE

Tant pis pour vous.

URANIE

Tant mieux plutôt, ce me semble. Je regarde les choses du côté qu'on me les montre, et ne les tourne point pour y chercher ce qu'il ne faut pas voir.

CLIMÈNE

L'honnêteté d'une femme...

URANIE

L'honnêteté d'une femme n'est pas dans les grimaces. Il sied mal de vouloir être plus sage que celles qui sont sages. L'affectation en cette matière est pire qu'en toute autre, et je ne vois rien de si ridicule que cette délicatesse d'honneur qui prend tout en mauvaise part, donne un sens criminel aux plus innocentes paroles, et s'offense de l'ombre des choses. Croyez-moi, celles qui font tant de façons n'en sont pas estimées plus femmes de bien. Au contraire, leur sévérité mystérieuse, et leurs grimaces affectées, irritent la censure de tout le monde contre les actions de leur vie. On est ravi de découvrir ce qu'il peut y avoir à redire ; et, pour tomber dans l'exemple, il y avait l'autre jour des femmes à cette comédie, vis-à-vis de la loge où nous étions, qui, par les mines qu'elles affectèrent durant toute la pièce, leurs détournements de tête et leurs cachements de visage, firent dire de tous côtés cent sottises de leur conduite, que l'on n'aurait pas dites sans cela ; et quelqu'un même des laquais cria tout haut qu'elles étaient plus chastes des oreilles que de tout le reste du corps.

CLIMÈNE

Enfin il faut être aveugle dans cette pièce, et ne pas faire semblant d'y voir les choses.

URANIE

Il ne faut pas y vouloir voir ce qui n'y est pas.

CLIMÈNE

Ah ! je soutiens, encore un coup, que les saletés y crèvent les yeux.

URANIE

Et moi, je ne demeure pas d'accord de cela.

CLIMÈNE

Quoi ! la pudeur n'est pas visiblement blessée par ce que dit Agnès dans l'endroit dont nous parlons ?

URANIE

Non, vraiment. Elle ne dit pas un mot qui de soi ne soit fort honnête ; et, si vous voulez entendre dessous quelque autre chose, c'est vous qui faites l'ordure, et non pas elle, puisqu'elle parle seulement d'un ruban qu'on lui a pris.

CLIMÈNE

Ah ! ruban tant qu'il vous plaira ; mais ce *le*, où elle s'arrête, n'est pas mis pour des prunes. Il vient sur ce *le* d'étranges pensées. Ce *le* scandalise furieusement ; et, quoi que vous puissiez dire, vous ne sauriez défendre l'insolence de ce *le*.

ÉLISE

Il est vrai, ma cousine, je suis pour madame contre ce *le*. Ce *le* est insolent au dernier point, et vous avez tort de défendre ce *le*.

CLIMÈNE

Il a une obscénité qui n'est pas supportable.

ÉLISE

Comment dites-vous ce mot-là, madame ?

CLIMÈNE

Obscénité, madame.

ÉLISE

Ah ! mon Dieu, obscénité. Je ne sais ce que ce mot veut dire ; mais je le trouve le plus joli du monde.

CLIMÈNE

Enfin, vous voyez comme votre sang prend mon parti.

URANIE

Hé ! mon Dieu, c'est une causeuse qui ne dit pas ce qu'elle pense. Ne vous y fiez pas beaucoup, si vous m'en voulez croire.

ÉLISE

Ah ! que vous êtes méchante, de me vouloir rendre suspecte à madame ! Voyez un peu où j'en serais si elle allait croire ce que vous dites ! Serais-je si malheureuse, madame, que vous eussiez de moi cette pensée ?

CLIMÈNE

Non, non. Je ne m'arrête pas à ses paroles, et je vous crois plus sincère qu'elle ne dit.

ÉLISE

Ah ! que vous avez bien raison, madame, et que vous me rendrez justice, quand vous croirez que je vous trouve la plus engageante personne du monde, que j'entre dans tous vos sentiments, et suis charmée de toutes les expressions qui sortent de votre bouche !

CLIMÈNE

Hélas ! je parle sans affectation.

ÉLISE

On le voit bien madame, et que tout est naturel en vous. Vos paroles, le ton de votre voix, vos regards, vos pas, votre action, et votre ajustement, ont je ne sais quel air de qualité qui enchante les gens. Je vous étudie des yeux et des oreilles ; et je suis si remplie de vous, que je tâche d'être votre singe, et de vous contrefaire en tout.

CLIMÈNE

Vous vous moquez de moi, madame.

ÉLISE

Pardonnez-moi, madame. Qui voudrait se moquer de vous ?

CLIMÈNE

Je ne suis pas un bon modèle, madame.

ÉLISE

Oh que si, madame !

CLIMÈNE

Vous me flattez, madame.

ÉLISE

Point du tout, madame.

CLIMÈNE

Epargnez-moi, s'il vous plaît, madame.

ÉLISE

Je vous épargne aussi, madame, et je ne dis pas la moitié de ce que je pense, madame.

CLIMÈNE

Ah, mon Dieu ! brisons là, de grâce. Vous me jetteriez dans une confusion épouvantable. (*A Uranie*.) Enfin, nous voilà deux contre vous ; et l'opiniâtreté sied si mal aux personnes spirituelles...

Scène IV : Le Marquis, Climène, Uranie, Elise, Galopin.

GALOPIN, à la porte de la chambre.

Arrêtez, s'il vous plaît, monsieur.

LE MARQUIS

Tu ne me connais pas, sans doute ?

GALOPIN

Si fait, je vous connais ; mais vous n'entrerez pas.

LE MARQUIS

Ah ! que de bruit, petit laquais !

GALOPIN

Cela n'est pas bien de vouloir entrer malgré les gens.

LE MARQUIS

Je veux voir ta maîtresse.

GALOPIN

Elle n'y est pas, vous dis-je.

LE MARQUIS

La voilà dans la chambre.

GALOPIN

Il est vrai, la voilà ; mais elle n'y est pas.

URANIE

Qu'est-ce donc qu'il y a ?

LE MARQUIS

C'est votre laquais, madame, qui fait le sot.

GALOPIN

Je lui dis que vous n'y êtes pas, madame, et il ne veut pas laisser d'entrer.

URANIE

Et pourquoi dire à monsieur que je n'y suis pas ?

GALOPIN

Vous me grondâtes l'autre jour de lui avoir dit que vous y étiez.

URANIE

Voyez cet insolent ! Je vous prie, monsieur, de ne pas croire ce qu'il dit. C'est un petit écervelé, qui vous a pris pour un autre.

LE MARQUIS

Je l'ai bien vu, madame ; et, sans votre respect, je lui aurais appris à connaître les gens de qualité.

ÉLISE

Ma cousine vous est fort obligée de cette déférence.

URANIE, à Galopin.

Un siège donc, impertinent !

GALOPIN

N'en voilà-t-il pas un ?

URANIE

Approchez-le.

Galopin pousse le siège rudement, et sort.

LE MARQUIS

Votre petit laquais, madame, a du mépris pour ma personne.

ÉLISE

Il aurait tort, sans doute.

LE MARQUIS

C'est peut-être que je paie l'intérêt de ma mauvaise mine. (*Il rit.*) Hai, hai, hai, hai.

ÉLISE

L'âge le rendra plus éclairé en honnêtes gens.

LE MARQUIS

Sur quoi en étiez-vous, mesdames, lorsque je vous ai interrompues ?

URANIE

Sur la comédie de *l'Ecole des femmes.*

LE MARQUIS

Je ne fais que d'en sortir.

CLIMÈNE

Hé bien ! monsieur, comment la trouvez-vous, s'il vous plaît ?

LE MARQUIS

Tout à fait impertinente.

CLIMÈNE

Ah ! que j'en suis ravie !

LE MARQUIS

C'est la plus méchante chose du monde. Comment, diable ! à peine ai-je pu trouver place. J'ai pensé être étouffé à la porte, et jamais on ne m'a

tant marché sur les pieds. Voyez comme mes canons et mes rubans en sont ajustés, de grâce.

ÉLISE

Il est vrai que cela crie vengeance contre *l'Ecole des femmes*, et que vous la condamnez avec justice.

LE MARQUIS

Il ne s'est jamais fait, je pense, une si méchante comédie.

URANIE

Ah ! voici Dorante, que nous attendions.

Scène V : Dorante, Climène,
Uranie, Elise, le Marquis.

DORANTE

Ne bougez, de grâce, et n'interrompez point votre discours. Vous êtes là sur une matière qui, depuis quatre jours, fait presque l'entretien de toutes les maisons de Paris ; et jamais on n'a rien vu de si plaisant que la diversité des jugements qui se font là-dessus. Car enfin, j'ai ouï condamner cette comédie à certaines gens, par les mêmes choses que j'ai vu d'autres estimer le plus.

URANIE

Voilà monsieur le marquis qui en dit force mal.

LE MARQUIS

Il est vrai. Je la trouve détestable, morbleu ! détestable, du dernier détestable, ce qu'on appelle détestable.

DORANTE

Et moi, mon cher marquis, je trouve le jugement détestable.

LE MARQUIS

Quoi ! chevalier, est-ce que tu prétends soutenir cette pièce ?

DORANTE

Oui, je prétends la soutenir.

LE MARQUIS

Parbleu ! je la garantis détestable.

DORANTE

La caution n'est pas bourgeoise. Mais, marquis, par quelle raison, de grâce, cette comédie est-elle ce que tu dis ?

LE MARQUIS

Pourquoi est-elle détestable ?

DORANTE

Oui.

LE MARQUIS

Elle est détestable, parce qu'elle est détestable.

DORANTE

Après cela, il n'y a plus rien à dire ; voilà son procès fait. Mais encore, instruis-nous, et nous dis les défauts qui y sont.

LE MARQUIS

Que sais-je, moi ? je ne me suis pas seulement donné la peine de l'écouter. Mais enfin je sais bien que je n'ai jamais rien vu de si méchant, Dieu me damne ; et Dorilas, contre qui j'étais, a été de mon avis.

DORANTE

L'autorité est belle, et te voilà bien appuyé !

LE MARQUIS

Il ne faut que voir les continuels éclats de rire que le parterre y fait. Je ne veux point d'autre chose pour témoigner qu'elle ne vaut rien.

DORANTE

Tu es donc, marquis, de ces messieurs du bel air, qui ne veulent pas que le parterre ait du sens commun, et qui seraient fâchés d'avoir ri avec lui, fût-ce de la meilleure chose du monde ? Je vis l'autre jour sur le théâtre un de nos amis, qui se rendit ridicule par là. Il écouta toute la pièce avec un sérieux le plus sombre du monde ; et tout ce qui égayait les autres ridait son front. A tous les éclats de risée, il haussait les épaules, et regardait le parterre en pitié ; et quelquefois aussi le regardant avec dépit, il lui disait tout haut : *Ris donc, parterre, ris donc.* Ce fut une seconde comédie, que le chagrin de notre ami. Il la donna en galant homme à toute l'assemblée, et chacun demeura d'accord qu'on ne pouvait pas mieux jouer qu'il fit. Apprends, marquis, je te prie, et les autres aussi, que le bon sens n'a point de place déterminée à la comédie ; que la différence du demi-louis d'or, et de la pièce de quinze sols, ne fait rien du tout au bon goût ; que, debout et assis, l'on peut donner un mauvais jugement, et qu'enfin, à le prendre en général, je me fierais assez à l'approbation du parterre, par la raison qu'entre ceux qui le composent, il y en a plusieurs qui sont capables de juger d'une pièce selon les règles, et que les autres en jugent par la bonne façon d'en juger, qui est de se laisser prendre aux choses, et de n'avoir ni prévention aveugle, ni complaisance affectée, ni délicatesse ridicule.

LE MARQUIS

Te voilà donc, chevalier, le défenseur du parterre ? Parbleu ! je m'en réjouis, et je ne manquerai pas de l'avertir que tu es de ses amis. Hai, hai, hai, hai, hai, hai.

DORANTE

Ris tant que tu voudras. Je suis pour le bon sens, et ne saurais souffrir les ébullitions de cerveau de nos marquis de Mascarille. J'enrage de voir de ces gens qui se traduisent en ridicules, malgré leur qualité ; de ces gens qui décident toujours, et parlent hardiment de toutes choses, sans s'y connaître ; qui, dans une comédie, se récrieront aux méchants endroits, et ne branleront pas à ceux qui sont bons ; qui, voyant un tableau, ou écoutant un concert de musique, blâment de même et louent tout à contre-sens, prennent par où ils peuvent les termes de l'art qu'ils attrapent, et ne manquent jamais de les estropier, et de les mettre hors de place. Hé, morbleu ! messieurs, taisez-vous, quand Dieu ne vous a pas donné la connaissance d'une chose ; n'apprêtez point à rire à ceux qui vous entendent parler, et songez qu'en ne disant mot, on croira peut-être que vous êtes d'habiles gens.

LE MARQUIS

Parbleu ! chevalier, tu le prends là...

DORANTE

Mon Dieu, marquis, ce n'est pas à toi que je parle. C'est à une douzaine de messieurs qui déshonorent les gens de cour par leurs manières extravagantes, et font croire parmi le peuple que nous nous ressemblons tous. Pour moi, je m'en veux justifier le plus qu'il me sera possible ; et je les dauberai tant en toutes rencontres, qu'à la fin ils se rendront sages.

LE MARQUIS

Dis-moi un peu, chevalier, crois-tu que Lysandre ait de l'esprit ?

DORANTE

Oui, sans doute, et beaucoup.

URANIE

C'est une chose qu'on ne peut pas nier.

LE MARQUIS

Demandez-lui ce qu'il lui semble de l'*Ecole des femmes :* vous verrez qu'il vous dira qu'elle ne lui plaît pas.

DORANTE

Hé ! mon Dieu, il y en a beaucoup que le trop d'esprit gâte, qui voient mal les choses à force de lumière, et même qui seraient bien fâchés d'être de l'avis des autres, pour avoir la gloire de décider.

URANIE

Il est vrai. Notre ami est de ces gens-là, sans doute. Il veut être le premier de son opinion, et qu'on attende par respect son jugement. Toute approbation qui marche avant la sienne est un attentat sur ses lumières, dont il se venge hautement en prenant le contraire parti. Il veut qu'on le consulte sur toutes les affaires d'esprit ; et je suis sûre que, si l'auteur lui eût montré sa comédie avant que de la faire voir au public, il l'eût trouvée la plus belle du monde.

LE MARQUIS

Et que direz-vous de la marquise Araminte, qui la publie partout pour épouvantable, et dit qu'elle n'a pu jamais souffrir les ordures dont elle est pleine ?

DORANTE

Je dirai que cela est digne du caractère qu'elle a pris ; et qu'il y a des personnes qui se rendent ridicules, pour vouloir avoir trop d'honneur. Bien qu'elle ait de l'esprit, elle a suivi le mauvais exemple de celles qui, étant sur le retour de l'âge, veulent remplacer de quelque chose ce qu'elles voient qu'elles perdent, et prétendent que les grimaces d'une pruderie scrupuleuse leur tiendront lieu de jeunesse et de beauté. Celle-ci pousse l'affaire plus avant qu'aucune ; et l'habileté de son scrupule découvre des saletés, où jamais personne n'en avait vu. On tient qu'il va, ce scrupule, jusques à défigurer notre langue, et qu'il n'y a point presque de mots dont la sévérité de cette dame ne veuille retrancher ou la tête ou la queue, pour les syllabes déshonnêtes qu'elle y trouve.

URANIE

Vous êtes bien fou, chevalier.

LE MARQUIS

Enfin, chevalier, tu crois défendre ta comédie, en faisant la satire de ceux qui la condamnent.

DORANTE

Non pas ; mais je tiens que cette dame se scandalise à tort...

ÉLISE

Tout beau, monsieur le chevalier, il pourrait y en avoir d'autres qu'elle qui seraient dans les mêmes sentiments.

DORANTE

Je sais bien que ce n'est pas vous, au moins ; et que, lorsque vous avez vu cette représentation...

ÉLISE

Il est vrai, mais j'ai changé d'avis ; (*Montrant Climène.*) et madame sait appuyer le sien par des raisons si convaincantes, qu'elle m'a entraînée de son côté.

DORANTE, *à Climène.*

Ah ! madame, je vous demande pardon ; et, si vous le voulez, je me dédirai, pour l'amour de vous, de tout ce que j'ai dit.

CLIMÈNE

Je ne veux pas que ce soit pour l'amour de moi, mais pour l'amour de la raison : car enfin cette pièce, à le bien prendre, est tout à fait indéfendable ; et je ne conçois pas...

URANIE

Ah ! voici l'auteur, monsieur Lysidas. Il vient tout à propos pour cette matière. Monsieur Lysidas, prenez un siège vous-même, et vous mettez là.

Scène VI : Lysidas, Climène, Uranie, Elise, Dorante, le Marquis.

LYSIDAS

Madame, je viens un peu tard ; mais il m'a fallu lire ma pièce chez madame la marquise dont je vous avais parlé ; et les louanges qui lui ont été données m'ont retenu une heure plus que je ne croyais.

ÉLISE

C'est un grand charme que les louanges pour arrêter un auteur.

URANIE

Asseyez-vous donc, monsieur Lysidas ; nous lirons votre pièce après souper.

LYSIDAS

Tous ceux qui étaient là doivent venir à sa première représentation, et m'ont promis de faire leur devoir comme il faut.

URANIE

Je le crois. Mais, encore une fois, asseyez-vous, s'il vous plaît. Nous sommes ici sur une matière que je serai bien aise que nous poussions.

LYSIDAS

Je pense, madame, que vous retiendrez aussi une loge pour ce jour-là.

URANIE

Nous verrons. Poursuivons, de grâce, notre discours.

LYSIDAS

Je vous donne avis, madame, qu'elles sont presque toutes retenues.

URANIE

Voilà qui est bien. Enfin, j'avais besoin de vous lorsque vous êtes venu, et tout le monde était ici contre moi.

ÉLISE, *à Uranie, montrant Dorante.*

Il s'est mis d'abord de votre côté ; mais maintenant (*Montrant Climène.*) qu'il sait que madame est à la tête du parti contraire, je pense que vous n'avez qu'à chercher un autre secours.

CLIMÈNE

Non, non, je ne voudrais pas qu'il fît mal sa cour auprès de madame votre cousine, et je permets à son esprit d'être du parti de son cœur.

DORANTE

Avec cette permission, madame, je prendrai la hardiesse de me défendre.

URANIE

Mais auparavant, sachons un peu les sentiments de monsieur Lysidas.

LYSIDAS

Sur quoi, madame ?

URANIE

Sur le sujet de *l'Ecole des femmes.*

LYSIDAS

Ah, ah !

DORANTE

Que vous en semble ?

LYSIDAS

Je n'ai rien à dire là-dessus ; et vous savez qu'entre nous autres auteurs, nous devons parler des ouvrages les uns des autres avec beaucoup de circonspection.

DORANTE

Mais encore, entre nous, que pensez-vous de cette comédie ?

LYSIDAS

Moi, monsieur ?

URANIE

De bonne foi, dites-nous votre avis.

LYSIDAS

Je la trouve fort belle.

DORANTE

Assurément ?

LYSIDAS

Assurément. Pourquoi non ? N'est-elle pas en effet la plus belle du monde ?

DORANTE

Hon, hon, vous êtes un méchant diable, monsieur Lysidas ; vous ne dites pas ce que vous pensez.

LYSIDAS

Pardonnez-moi.

DORANTE

Mon Dieu, je vous connais, ne dissimulons point.

LYSIDAS

Moi, monsieur ?

DORANTE

Je vois bien que le bien que vous dites de cette pièce n'est que par honnêteté, et que, dans le fond du cœur, vous êtes de l'avis de beaucoup de gens qui la trouvent mauvaise.

LYSIDAS

Hai, hai, hai.

DORANTE

Avouez, ma foi, que c'est une méchante chose que cette comédie.

LYSIDAS

Il est vrai qu'elle n'est pas approuvée par les connaisseurs.

LE MARQUIS

Ma foi, chevalier, tu en tiens, et te voilà payé de ta raillerie. Ah, ah, ah, ah !

DORANTE

Pousse, mon cher marquis, pousse.

LE MARQUIS

Tu vois que nous avons les savants de notre côté.

DORANTE

Il est vrai. Le jugement de monsieur Lysidas est quelque chose de considérable. Mais monsieur Lysidas veut bien que je ne me rende pas pour cela ; et, puisque j'ai bien l'audace de me défendre (*Montrant Climène.*) contre les sentiments de madame, il ne trouvera pas mauvais que je combatte les siens.

ÉLISE

Quoi ! vous voyez contre vous madame, monsieur le marquis, et monsieur Lysidas, et vous osez résister encore ? Fi ! que cela est de mauvaise grâce !

CLIMÈNE

Voilà qui me confond, pour moi, que des personnes raisonnables se puissent mettre en tête de donner protection aux sottises de cette pièce.

LE MARQUIS

Dieu me damne ! madame, elle est misérable depuis le commencement jusqu'à la fin.

DORANTE

Cela est bientôt dit, marquis. Il n'est rien plus aisé que de trancher ainsi ; et je ne vois aucune chose qui puisse être à couvert de la souveraineté de tes décisions.

LE MARQUIS

Parbleu ! tous les autres comédiens qui étaient là pour la voir en ont dit tous les maux du monde [2].

DORANTE

Ah ! je ne dis plus mot ; tu as raison, marquis. Puisque les autres comédiens en disent du mal, il faut les en croire assurément. Ce sont tous gens éclairés, et qui parlent sans intérêt. Il n'y a plus rien à dire, je me rends.

CLIMÈNE

Rendez-vous, ou ne vous rendez pas, je sais fort bien que vous ne me persuaderez point de souffrir

les immodesties de cette pièce, non plus que les satires désobligeantes qu'on y voit contre les femmes.

URANIE

Pour moi, je me garderai bien de m'en offenser, et de prendre rien sur mon compte de tout ce qui s'y dit. Ces sortes de satires tombent directement sur les mœurs, et ne frappent les personnes que par réflexion. N'allons point nous appliquer nous-mêmes les traits d'une censure générale ; et profitons de la leçon, si nous pouvons, sans faire semblant qu'on parle à nous. Toutes les peintures ridicules qu'on expose sur les théâtres doivent être regardées sans chagrin de tout le monde. Ce sont miroirs publics, où il ne faut jamais témoigner qu'on se voie ; et c'est se taxer hautement d'un défaut, que se scandaliser qu'on le reprenne.

CLIMÈNE

Pour moi, je ne parle pas de ces choses par la part que j'y puisse avoir, et je pense que je vis d'un air dans le monde à ne pas craindre d'être cherchée dans les peintures qu'on fait là des femmes qui se gouvernent mal.

ÉLISE

Assurément, madame, on ne vous y cherchera point. Votre conduite est assez connue, et ce sont de ces sortes de choses qui ne sont contestées de personne.

URANIE, *à Climène.*

Aussi, madame, n'ai-je rien dit qui aille à vous ; et mes paroles, comme les satires de la comédie, demeurent dans la thèse générale.

CLIMÈNE

Je n'en doute pas, madame. Mais enfin passons sur ce chapitre. Je ne sais pas de quelle façon vous recevez les injures qu'on dit à notre sexe dans un certain endroit de la pièce ; et, pour moi, je vous avoue que je suis dans une colère épouvantable, de voir que cet auteur impertinent nous appelle *des animaux.*

URANIE

Ne voyez-vous pas que c'est un ridicule qu'il fait parler ?

DORANTE

Et puis, madame, ne savez-vous pas que les injures des amants n'offensent jamais ; qu'il est des amours emportés aussi bien que des doucereux ; et qu'en de pareilles occasions les paroles les plus étranges, et quelque chose de pis encore, se prennent bien souvent pour des marques d'affection, par celles mêmes qui les reçoivent ?

ÉLISE

Dites tout ce que vous voudrez, je ne saurais digérer cela, non plus que *le potage* et *la tarte à la crème,* dont madame a parlé tantôt.

LE MARQUIS

Ah ! ma foi, oui, *tarte à la crème !* voilà ce que j'avais remarqué tantôt ; *tarte à la crème !* Que je vous suis obligé, madame, de m'avoir fait souvenir de *tarte à la crème !* Y a-t-il assez de pommes en Normandie pour *tarte à la crème ? Tarte à la crème,* morbleu ! *tarte à la crème !*

ORANTE

Hé bien ! que veux-tu dire ? *Tarte à la crème !*

LE MARQUIS

Parbleu ! *tarte à la crème,* chevalier.

DORANTE

Mais encore ?

LE MARQUIS

Tarte à la crème !

DORANTE

Dis-nous un peu tes raisons.

LE MARQUIS

Tarte à la crème !

URANIE

Mais il faut expliquer sa pensée, ce me semble.

LE MARQUIS

Tarte à la crème, madame !

URANIE

Que trouvez-vous là à redire ?

LE MARQUIS

Moi, rien. *Tarte à la crème !*

URANIE

Ah ! je le quitte.

ÉLISE

Monsieur le marquis s'y prend bien, et vous bourre de la belle manière. Mais je voudrais bien que monsieur Lysidas voulût les achever, et leur donner quelques petits coups de sa façon.

LYSIDAS

Ce n'est pas ma coutume de rien blâmer, et je suis assez indulgent pour les ouvrages des autres. Mais, enfin, sans choquer l'amitié que monsieur le chevalier témoigne pour l'auteur, on m'avouera que ces sortes de comédies ne sont pas proprement des comédies, et qu'il y a une grande différence de toutes ces bagatelles, à la beauté des pièces sérieuses. Cependant tout le monde donne là-dedans aujourd'hui : on ne court plus qu'à cela, et l'on voit une solitude effroyable aux grands ouvrages, lorsque des sottises ont tout Paris. Je vous avoue que le cœur m'en saigne quelquefois, et cela est honteux pour la France.

CLIMÈNE

Il est vrai que le goût des gens est étrangement gâté là-dessus, et que le siècle s'encanaille furieusement.

ÉLISE

Celui-là est joli encore, s'encanaille ! Est-ce vous qui l'avez inventé, madame ?

CLIMÈNE

Hé !

ÉLISE

Je m'en suis bien doutée.

DORANTE

Vous croyez donc, monsieur Lysidas, que tout l'esprit et toute la beauté sont dans les poèmes sérieux, et que les pièces comiques sont des niaiseries qui ne méritent aucune louange ?

URANIE

Ce n'est pas mon sentiment, pour moi. La tragédie, sans doute, est quelque chose de beau quand elle est bien touchée ; mais la comédie a ses charmes, et je tiens que l'une n'est pas moins difficile à faire que l'autre.

DORANTE

Assurément, madame ; et quand, pour la difficulté, vous mettriez un peu plus du côté de la comédie, peut-être que vous ne vous abuseriez pas. Car enfin, je trouve qu'il est bien plus aisé de se guinder sur de grands sentiments, de braver en vers la fortune, accuser les destins, et dire des injures aux dieux, que d'entrer comme il faut dans le ridicule des hommes, et de rendre agréablement sur le théâtre les défauts de tout le monde. Lorsque vous peignez des héros, vous faites ce que vous voulez. Ce sont des portraits à plaisir, où l'on ne cherche point de ressemblance ; et vous n'avez qu'à suivre les traits d'une imagination qui se donne l'essor, et qui souvent laisse le vrai pour attraper le merveilleux. Mais lorsque vous peignez les hommes, il faut peindre d'après nature. On veut que ces portraits ressemblent ; et vous n'avez rien fait, si vous n'y faites reconnaître les gens de votre siècle. En un mot, dans les pièces sérieuses, il suffit, pour n'être point blâmé, de dire des choses qui soient de bon sens et bien écrites ; mais ce n'est pas assez dans les autres, il y faut plaisanter ; et c'est une étrange entreprise que celle de faire rire les honnêtes gens.

CLIMÈNE

Je crois être du nombre des honnêtes gens ; et cependant je n'ai pas trouvé le mot pour rire dans tout ce que j'ai vu.

LE MARQUIS

Ma foi, ni moi non plus.

DORANTE

Pour toi, marquis, je ne m'en étonne pas. C'est que tu n'y as point trouvé de turlupinades.

LYSIDAS

Ma foi, monsieur, ce qu'on y rencontre ne vaut guère mieux, et toutes les plaisanteries y sont assez froides, à mon avis.

DORANTE

La cour n'a pas trouvé cela.

LYSIDAS

Ah ! monsieur, la cour !

DORANTE

Achevez, monsieur Lysidas. Je vois bien que vous voulez dire que la cour ne se connaît pas à ces choses ; et c'est le refuge ordinaire de vous autres messieurs les auteurs, dans le mauvais succès de vos ouvrages, d'accuser l'injustice du siècle et le peu de lumière des courtisans. Sachez, s'il vous plaît, monsieur Lysidas, que les courtisans ont d'aussi bons yeux que d'autres ; qu'on peut être habile avec un point de Venise et des plumes, aussi bien qu'avec une perruque courte et un petit rabat uni ; que la grande épreuve de toutes vos comédies, c'est le jugement de la cour ; que c'est son goût qu'il faut étudier pour trouver l'art de réussir ; qu'il n'y a point de lieu où les décisions soient si justes ; et, sans mettre en ligne de compte tous les gens savants qui y sont, que, du simple bon sens naturel et du commerce de tout le beau monde, on s'y fait une manière d'esprit qui, sans comparaison, juge plus finement des choses que tout le savoir enrouillé des pédants.

URANIE

Il est vrai que, pour peu qu'on y demeure, il vous passe là tous les jours assez de choses devant les yeux, pour acquérir quelque habitude de les connaître, et surtout pour ce qui est de la bonne et mauvaise plaisanterie.

DORANTE

La cour a quelques ridicules, j'en demeure d'accord, et je suis, comme on voit, le premier à les fronder. Mais, ma foi, il y en a un grand nombre parmi les beaux esprits de profession ; et si l'on joue quelques marquis, je trouve qu'il y a bien plus de quoi jouer les auteurs, et que ce serait une chose plaisante à mettre sur le théâtre que leurs grimaces savantes et leurs raffinements ridicules, leur vicieuse coutume d'assassiner les gens de leurs ouvrages, leur friandise de louanges, leurs ménagements de pensées, leur trafic de réputation, et leurs ligues offensives et défensives, aussi bien que leurs guerres d'esprit, et leurs combats de prose et de vers.

LYSIDAS

Molière est bien heureux, monsieur, d'avoir un protecteur aussi chaud que vous. Mais enfin, pour venir au fait, il est question de savoir si la pièce est bonne, et je m'offre d'y montrer partout cent défauts visibles.

URANIE

C'est une étrange chose de vous autres messieurs les poètes, que vous condamniez toujours les pièces où tout le monde court, et ne disiez jamais du bien que de celles où personne ne va. Vous montrez pour les unes une haine invincible, et pour les autres une tendresse qui n'est pas concevable.

DORANTE

C'est qu'il est généreux de se ranger du côté des affligés.

URANIE

Mais, de grâce, monsieur Lysidas, faites-nous voir ces défauts, dont je ne me suis point aperçue.

LYSIDAS

Ceux qui possèdent Aristote et Horace voient d'abord, madame, que cette comédie pèche contre toutes les règles de l'art.

URANIE

Je vous avoue que je n'ai aucune habitude avec ces messieurs-là, et que je ne sais point les règles de l'art.

DORANTE

Vous êtes de plaisantes gens avec vos règles, dont vous embarrassez les ignorants, et nous étourdis-

sez tous les jours. Il semble, à vous ouïr parler, que ces règles de l'art soient les plus grands mystères du monde ; et cependant ce ne sont que quelques observations aisées, que le bon sens a faites sur ce qui peut ôter le plaisir que l'on prend à ces sortes de poèmes ; et le même bon sens qui a fait autrefois ces observations, les fait aisément tous les jours, sans le secours d'Horace et d'Aristote. Je voudrais bien savoir si la grande règle de toutes les règles n'est pas de plaire, et si une pièce de théâtre qui a attrapé son but n'a pas suivi un bon chemin. Veut-on que tout un public s'abuse sur ces sortes de choses, et que chacun n'y soit pas juge du plaisir qu'il y prend ?

URANIE

J'ai remarqué une chose de ces messieurs-là ; c'est que ceux qui parlent le plus des règles, et qui les savent mieux que les autres, font des comédies que personne ne trouve belles.

DORANTE

Et c'est ce qui marque, madame, comme on doit s'arrêter peu à leurs disputes embarrassées. Car enfin, si les pièces qui sont selon les règles ne plaisent pas, et que celles qui plaisent ne soient pas selon les règles, il faudrait, de nécessité, que les règles eussent été mal faites. Moquons-nous donc de cette chicane où ils veulent assujettir le goût du public, et ne consultons dans une comédie que l'effet qu'elle fait sur nous. Laissons-nous aller de bonne foi aux choses qui nous prennent par les entrailles, et ne cherchons point de raisonnements pour nous empêcher d'avoir du plaisir.

URANIE

Pour moi, quand je vois une comédie, je regarde seulement si les choses me touchent ; et, lorsque je m'y suis bien divertie, je ne vais point demander si j'ai eu tort, et si les règles d'Aristote me défendaient de rire.

DORANTE

C'est justement comme un homme qui aurait trouvé une sauce excellente, et qui voudrait examiner si elle est bonne, sur les préceptes du *Cuisinier français*.

URANIE

Il est vrai ; et j'admire les raffinements de certaines gens sur des choses que nous devons sentir par nous-mêmes.

DORANTE

Vous avez raison, madame, de les trouver étranges, tous ces raffinements mystérieux. Car enfin, s'ils ont lieu, nous voilà réduits à ne nous plus croire ; nos propres sens seront esclaves en toutes choses ; et, jusques au manger et au boire, nous n'oserons plus trouver rien de bon sans le congé de messieurs les experts.

LYSIDAS

Enfin, monsieur, toute votre raison, c'est que *l'Ecole des femmes* a plu, et vous ne vous souciez point qu'elle ne soit pas dans les règles, pourvu...

DORANTE

Tout beau, monsieur Lysidas, je ne vous accorde

pas cela. Je dis bien que le grand art est de plaire, et que cette comédie ayant plu à ceux pour qui elle est faite, je trouve que c'est assez pour elle, et qu'elle doit peu se soucier du reste. Mais, avec cela, je soutiens qu'elle ne pèche contre aucune des règles dont vous parlez. Je les ai lues, Dieu merci, autant qu'un autre ; et je ferais voir aisément que peut-être n'avons-nous point de pièce au théâtre plus régulière que celle-là.

ÉLISE

Courage, monsieur Lysidas ! nous sommes perdus si vous reculez.

LYSIDAS

Quoi ! monsieur, la protase, l'épitase, et la péripétie...

DORANTE

Ah ! monsieur Lysidas, vous nous assommez avec vos grands mots. Ne paraissez point si savant, de grâce. Humanisez votre discours, et parlez pour être entendu. Pensez-vous qu'un nom grec donne plus de poids à vos raisons ? Et ne trouveriez-vous pas qu'il fût aussi beau de dire l'exposition du sujet, que la protase ; le nœud, que l'épitase ; et le dénouement, que la péripétie ?

LYSIDAS

Ce sont termes de l'art, dont il est permis de se servir. Mais, puisque ces mots blessent vos oreilles, je m'expliquerai d'une autre façon, et je vous prie de répondre positivement à trois ou quatre choses que je vais dire. Peut-on souffrir une pièce qui pèche contre le nom propre des pièces de théâtre ? Car enfin le nom de poème dramatique vient d'un mot grec qui signifie agir, pour montrer que la nature de ce poème consiste dans l'action ; et dans cette comédie-là, il ne se passe point d'actions, et tout consiste en des récits que vient faire ou Agnès ou Horace.

LE MARQUIS

Ah ! ah ! chevalier.

CLIMÈNE

Voilà qui est spirituellement remarqué, et c'est prendre le fin des choses.

LYSIDAS

Est-il rien de si peu spirituel, ou, pour mieux dire, rien de si bas, que quelques mots où tout le monde rit, et surtout celui des *enfants par l'oreille* ?

CLIMÈNE

Fort bien.

ÉLISE

Ah !

LYSIDAS

La scène du valet et de la servante au-dedans de la maison n'est-elle pas d'une longueur ennuyeuse, et tout à fait impertinente ?

LE MARQUIS

Cela est vrai.

CLIMÈNE

Assurément.

ÉLISE

Il a raison.

LYSIDAS

Arnolphe ne donne-t-il pas trop librement son argent à Horace ? Et puisque c'est le personnage ridicule de la pièce, fallait-il lui faire faire l'action d'un honnête homme ?

LE MARQUIS

Bon. La remarque est encore bonne.

CLIMÈNE

Admirable.

ÉLISE

Merveilleuse.

LYSIDAS

Le sermon et les maximes ne sont-ils pas des choses ridicules, et qui choquent même le respect que l'on doit à nos mystères ?

LE MARQUIS

C'est bien dit.

CLIMÈNE

Voilà parlé comme il faut.

ÉLISE

Il ne se peut rien de mieux.

LYSIDAS

Et ce monsieur de La Souche, enfin, qu'on nous fait un homme d'esprit, et qui paraît si sérieux en tant d'endroits, ne descend-il point dans quelque chose de trop comique et de trop outré au cinquième acte, lorsqu'il explique à Agnès la violence de son amour avec ces roulements d'yeux extravagants, ces soupirs ridicules, et ces larmes niaises qui font rire tout le monde ?

LE MARQUIS

Morbleu ! merveille.

CLIMÈNE

Miracle !

ÉLISE

Vivat ! monsieur Lysidas.

LYSIDAS

Je laisse cent mille autres choses, de peur d'être ennuyeux.

LE MARQUIS

Parbleu ! chevalier, te voilà mal ajusté.

DORANTE

Il faut voir.

LE MARQUIS

Tu as trouvé ton homme, ma foi.

DORANTE

Peut-être.

LE MARQUIS

Réponds, réponds, réponds, réponds.

DORANTE

Volontiers. Il...

LE MARQUIS

Réponds donc, je te prie.

DORANTE

Laisse-moi donc faire. Si...

LE MARQUIS

Parbleu ! je te défie de répondre.

DORANTE

Oui, si tu parles toujours.

CLIMÈNE

De grâce, écoutons ses raisons.

DORANTE

Premièrement, il n'est pas vrai de dire que toute la pièce n'est qu'en récits. On y voit beaucoup d'actions qui se passent sur la scène : et les récits eux-mêmes y sont des actions, suivant la constitution du sujet, d'autant qu'ils sont tous faits innocemment, ces récits, à la personne intéressée, qui, par là, entre à tous coups dans une confusion à réjouir les spectateurs, et prend, à chaque nouvelle, toutes les mesures qu'il peut, pour se parer du malheur qu'il craint.

URANIE

Pour moi, je trouve que la beauté du sujet de l'Ecole des femmes consiste dans cette confidence perpétuelle ; et, ce qui me paraît assez plaisant, c'est qu'un homme qui a de l'esprit, et qui est averti de tout par une innocente qui est sa maîtresse, et par un étourdi qui est son rival, ne puisse avec cela éviter ce qui lui arrive.

LE MARQUIS

Bagatelle, bagatelle.

CLIMÈNE

Faible réponse.

ÉLISE

Mauvaises raisons.

DORANTE

Pour ce qui est des enfants par l'oreille, ils ne sont plaisants que par réflexion à Arnolphe ; et l'auteur n'a pas mis cela pour être de soi un bon mot, mais seulement pour une chose qui caractérise l'homme, et peint d'autant mieux son extravagance, puisqu'il rapporte une sottise triviale qu'a dite Agnès, comme la chose la plus belle du monde, et qui lui donne une joie inconcevable.

LE MARQUIS

C'est mal répondre.

CLIMÈNE

Cela ne satisfait point.

ÉLISE

C'est ne rien dire.

DORANTE

Quant à l'argent qu'il donne librement, outre que la lettre de son meilleur ami lui est une caution suffisante, il n'est pas incompatible qu'une personne soit ridicule en de certaines choses, et honnête homme en d'autres. Et pour la scène d'Alain et de Georgette dans le logis, que quelques-uns ont trouvée longue et froide, il est certain qu'elle n'est pas sans raison ; et de même qu'Arnolphe se trouve attrapé pendant son voyage par la pure innocence de sa maîtresse, il demeure au retour longtemps à sa porte par l'innocence de ses valets, afin qu'il soit partout puni par les choses qu'il a cru faire la sûreté de ses précautions.

LE MARQUIS

Voilà des raisons qui ne valent rien.

CLIMÈNE

Tout cela ne fait que blanchir.

ÉLISE

Cela fait pitié.

DORANTE

Pour le discours moral que vous appelez un sermon, il est certain que de vrais dévots qui l'ont ouï n'ont pas trouvé qu'il choquât ce que vous dites, et sans doute que ces paroles d'enfer et de chaudières bouillantes sont assez justifiées par l'extravagance d'Arnolphe, et par l'innocence de celle à qui il parle. Et quant au transport amoureux du cinquième acte, qu'on accuse d'être trop outré et trop comique, je voudrais bien savoir si ce n'est pas faire la satire des amants, et si les honnêtes gens même et les plus sérieux, en de pareilles occasions, ne font pas des choses...

LE MARQUIS

Ma foi, chevalier, tu ferais mieux de te taire.

DORANTE

Fort bien. Mais enfin si nous nous regardions nous-mêmes, quand nous sommes bien amoureux...

LE MARQUIS

Je ne veux pas seulement t'écouter.

DORANTE

Ecoute-moi si tu veux. Est-ce que dans la violence de la passion...

LE MARQUIS

La, la, la, la, lare, la, la, la, la, la, la.

Il chante.

DORANTE

Quoi !

LE MARQUIS

La, la, la, la, lare, la, la, la, la, la, la.

DORANTE

Je ne sais pas si...

LE MARQUIS

La, la, la, la, lare, la, la, la, la, la, la.

URANIE

Il me semble que...

LE MARQUIS

La, la, la, lare, la, la, la, la, la, la, la, la, la.

URANIE

Il se passe des choses assez plaisantes dans notre dispute. Je trouve qu'on en pourrait bien faire une petite comédie, et que cela ne serait pas trop mal à la queue de l'Ecole des femmes.

DORANTE

Vous avez raison.

LE MARQUIS

Parbleu ! chevalier, tu jouerais là-dedans un rôle qui ne te serait pas avantageux.

DORANTE

Il est vrai, marquis.

CLIMÈNE

Pour moi, je souhaiterais que cela se fît, pourvu qu'on traitât l'affaire comme elle s'est passée.

ÉLISE

Et moi, je fournirais de bon cœur mon personnage.

LYSIDAS

Je ne refuserais pas le mien, que je pense.

URANIE

Puisque chacun en serait content, chevalier, faites un mémoire de tout, et le donnez à Molière, que vous connaissez, pour le mettre en comédie.

CLIMÈNE

Il n'aurait garde, sans doute ; et ce ne serait pas des vers à sa louange.

URANIE

Point, point ; je connais son humeur ; il ne se soucie pas qu'on fronde ses pièces, pourvu qu'il y vienne du monde.

DORANTE

Oui. Mais quel dénouement pourrait-on trouver à ceci ? Car il ne saurait y avoir ni mariage, ni reconnaissance ; et je ne sais point par où l'on pourrait faire finir la dispute.

URANIE

Il faudrait rêver quelque incident pour cela.

Scène VII : Climène, Uranie, Elise, Dorante, le Marquis, Lysidas, Galopin.

GALOPIN

Madame, on a servi sur table.

DORANTE

Ah ! voilà justement ce qu'il faut pour le dénouement que nous cherchions, et l'on ne peut rien trouver de plus naturel. On disputera fort et ferme de part et d'autre, comme nous avons fait, sans que personne se rende ; un petit laquais viendra dire qu'on a servi, on se lèvera, et chacun ira souper.

URANIE

La comédie ne peut pas mieux finir, et nous ferons bien d'en demeurer là.

L'IMPROMPTU DE VERSAILLES
COMÉDIE

« *Représentée pour la première fois à Versailles pour le roi, le 14ᵉ octobre 1663 et donnée depuis au public dans la salle du Palais-Royal le 4ᵉ novembre de la même année 1663, par la Troupe de Monsieur, frère unique du roi.* » Interrogé, au sortir de l'Hôtel de Bourgogne, où il était venu assister à la représentation du Portrait du peintre, Molière aurait répondu : « *Admirable, morbleu, du dernier admirable ! — Et je me trouve là tellement bien tiré. — Qu'avant qu'il soit huit jours, certes, j'y répondrai.* » (d'après Chevalier, comédien du Marais, auteur d'une pièce favorable à Molière, les Amours de Calotin, *qui ne parut qu'en 1664*). Cette réponse c'est l'Impromptu de Versailles, *joué une dizaine de jours après la visite à l'Hôtel de Bourgogne. Le roi a encouragé le projet. Comédie de comédiens au travail, règlement de comptes entre deux troupes rivales, mais aussi règlement de comptes personnels : et Molière entend en rester là. Cependant les adversaires ne lâcheront pas prise tout de suite. Fin novembre, Donneau de Visé donne à l'Hôtel de Bourgogne la* Réponse à l'Impromptu de Versailles ou la Vengeance des marquis, *où les comédiens officiels parodient ceux de Monsieur, et où l'on traite, en clair, Molière de cocu. Le fils du comédien Montfleury venge son père, ridiculisé dans l'Impromptu, en écrivant, non sans verve, l'*Impromptu de l'Hôtel de Condé *(joué en décembre 1663). Il s'y moque de Sganarelle interprétant le rôle de César, ce qui est de bonne guerre. Mais Montfleury le père, en accréditant le bruit que Molière a épousé la fille de sa maîtresse, y insinue un soupçon d'inceste et, ignominie, adresse une dénonciation au roi. Celui-ci répliquera en acceptant, le 28 février 1664, d'être le parrain du premier fils de Molière.*
Enfin, *si le* Panégyrique de l'Ecole des femmes *ou conversation comique sur les œuvres de M. de Molière, par le publiciste Robinet, est un coup fourré, outre les* Amours de Calotin, *par Chevalier, l'œuvre d'un sieur Philippe de La Croix, auteur sans autre titre, la* Guerre comique ou Défense de l'Ecole des femmes *(février 1664) est une honnête apologie. Il y aura querelle plus dramatique : le* Tartuffe.

NOMS DES ACTEURS

MOLIÈRE, *marquis ridicule.*
BRÉCOURT, *homme de qualité.*
DE LA GRANGE, *marquis ridicule.*
DU CROISY, *poète.*
LA THORILLIÈRE, *marquis fâcheux.*
BÉJART, *homme qui fait le nécessaire.*
Mˡˡᵉ DU PARC, *marquise façonnière.*
Mˡˡᵉ BÉJART, *prude.*
Mˡˡᵉ DE BRIE, *sage coquette.*
Mˡˡᵉ MOLIÈRE, *satirique spirituelle.*
Mˡˡᵉ DU CROISY, *peste doucereuse.*
Mˡˡᵉ HERVÉ, *servante précieuse.*
QUATRE NÉCESSAIRES.

*LA SCÈNE EST A VERSAILLES,
DANS LA SALLE DE LA COMÉDIE.*

Scène I : Molière, Brécourt, la Grange, du Croisy, mesdemoiselles du Parc, Béjart, de Brie, Molière, du Croisy, Hervé.

MOLIÈRE, *seul, parlant à ses camarades
qui sont derrière le théâtre.*

Allons donc, messieurs et mesdames, vous moquez-vous avec votre longueur, et ne voulez-vous pas tous venir ici ? La peste soit des gens ! Holà, ho ! monsieur de Brécourt.

BRÉCOURT, *derrière le théâtre.*

Quoi ?

MOLIÈRE

Monsieur de la Grange !

LA GRANGE, *derrière le théâtre.*

Qu'est-ce ?

MOLIÈRE

Monsieur du Croisy !

DU CROISY, *derrière le théâtre.*

Plaît-il ?

MOLIÈRE

Mademoiselle du Parc.

MADEMOISELLE DU PARC, *derrière le théâtre.*

Hé bien ?

MOLIÈRE

Mademoiselle Béjart.

MADEMOISELLE BÉJART, *derrière le théâtre.*

Qu'y a-t-il ?

MOLIÈRE

Mademoiselle de Brie !

MADEMOISELLE DE BRIE, *derrière le théâtre.*

Que veut-on ?

MOLIÈRE

Mademoiselle du Croisy !

MADEMOISELLE DU CROISY, *derrière le théâtre.*

Qu'est-ce que c'est ?

MOLIÈRE

Mademoiselle Hervé !

MADEMOISELLE HERVÉ, *derrière le théâtre.*

On y va.

MOLIÈRE

Je crois que je deviendrai fou avec tous ces gens-ci. Hé ! (*Brécourt, la Grange, du Croisy, entrent.*) Têtebleu ! messieurs, me voulez-vous faire enrager aujourd'hui ?

BRÉCOURT

Que voulez-vous qu'on fasse ? Nous ne savons pas nos rôles, et c'est nous faire enrager vous-même, que de nous obliger à jouer de la sorte.

MOLIÈRE

Ah ! les étranges animaux à conduire, que des comédiens ! (*Mesdemoiselles Béjart, du Parc, de Brie, Molière, du Croisy et Hervé arrivent.*)

MADEMOISELLE BÉJART

Hé bien ! nous voilà. Que prétendez-vous faire !

MADEMOISELLE DU PARC

Quelle est votre pensée ?

MADEMOISELLE DE BRIE

De quoi est-il question ?

MOLIÈRE

De grâce, mettons-nous ici ; et puisque nous voilà tous habillés, et que le roi ne doit venir de deux heures, employons ce temps à répéter notre affaire, et voir la manière qu'il faut jouer la comédie.

LA GRANGE

Le moyen de jouer ce qu'on ne sait pas ?

MADEMOISELLE DU PARC

Pour moi, je vous déclare que je ne me souviens pas d'un mot de mon personnage.

MADEMOISELLE DE BRIE

Je sais bien qu'il me faudra souffler le mien d'un bout à l'autre.

MADEMOISELLE BÉJART

Et moi, je me prépare fort à tenir mon rôle à la main.

MADEMOISELLE MOLIÈRE

Et moi aussi.

MADEMOISELLE HERVÉ

Pour moi, je n'ai pas grand'chose à dire.

MADEMOISELLE DU CROISY

Ni moi non plus ; mais, avec cela, je ne répondrais pas de ne point manquer.

DU CROISY

J'en voudrais être quitte pour dix pistoles.

BRÉCOURT

Et moi, pour vingt bons coups de fouet, je vous assure.

MOLIÈRE

Vous voilà tous bien malades, d'avoir un méchant rôle à jouer ! Et que feriez-vous donc si vous étiez en ma place ?

MADEMOISELLE BÉJART

Qui, vous ? vous n'êtes pas à plaindre ; car, ayant fait la pièce, vous n'avez pas peur d'y manquer.

MOLIÈRE

Et n'ai-je à craindre que le manquement de mémoire ? Ne comptez-vous pour rien l'inquiétude d'un succès qui ne regarde que moi seul ? Et pensez-vous que ce soit une petite affaire que d'exposer quelque chose de comique devant une assemblée comme celle-ci ; que d'entreprendre de faire rire des personnes qui nous impriment le respect, et ne rient que quand ils veulent ? Est-il auteur qui ne doive trembler lorsqu'il en vient à cette épreuve ? Et n'est-ce pas à moi de dire que je voudrais en être quitte pour toutes les choses du monde ?

MADEMOISELLE BÉJART

Si cela vous faisait trembler, vous prendriez mieux vos précautions, et n'auriez pas entrepris en huit jours ce que vous avez fait.

MOLIÈRE

Le moyen de m'en défendre, quand un roi me l'a commandé ?

MADEMOISELLE BÉJART

Le moyen ? Une respectueuse excuse fondée sur l'impossibilité de la chose, dans le peu de temps qu'on vous donne ; et tout autre, en votre place, ménagerait mieux sa réputation, et se serait bien gardé de se commettre comme vous faites. Où en serez-vous, je vous prie, si l'affaire réussit mal ; et quel avantage pensez-vous qu'en prendront tous vos ennemis ?

MADEMOISELLE DE BRIE

En effet, il fallait s'excuser avec respect envers le roi, ou demander du temps davantage.

MOLIÈRE

Mon Dieu ! mademoiselle, les rois n'aiment rien tant qu'une prompte obéissance, et ne se plaisent point du tout à trouver des obstacles. Les choses ne sont bonnes que dans le temps qu'ils les souhaitent ; et leur en vouloir reculer le divertissement est en ôter pour eux toute la grâce. Ils veulent des plaisirs qui ne se fassent point attendre, et les moins préparés leur sont toujours les plus agréables. Nous ne devons jamais nous regarder dans ce qu'ils désirent de nous ; nous ne sommes que pour leur plaire ; et, lorsqu'ils nous ordonnent quelque chose, c'est à nous à profiter vite de l'envie où ils sont. Il vaut mieux s'acquitter mal de ce qu'ils nous demandent, que de ne s'en acquitter pas assez tôt ; et, si l'on a la honte de n'avoir pas bien réussi, on a toujours la gloire d'avoir obéi vite à leurs commandements. Mais songeons à répéter, s'il vous plaît.

MADEMOISELLE BÉJART

Comment prétendez-vous que nous fassions, si nous ne savons pas nos rôles ?

MOLIÈRE

Vous les saurez, vous dis-je, et, quand même vous ne les sauriez pas tout à fait, pouvez-vous pas y suppléer de votre esprit, puisque c'est de la prose, et que vous savez votre sujet ?

MADEMOISELLE BÉJART

Je suis votre servante. La prose est pis encore que les vers.

MADEMOISELLE MOLIÈRE

Voulez-vous que je vous dise ? vous deviez faire une comédie où vous auriez joué tout seul.

MOLIÈRE

Taisez-vous, ma femme, vous êtes une bête.

MADEMOISELLE MOLIÈRE

Grand merci, monsieur mon mari. Voilà ce que c'est ! Le mariage change bien les gens, et vous ne m'auriez pas dit cela il y a dix-huit mois.

MOLIÈRE

Taisez-vous, je vous prie.

MADEMOISELLE MOLIÈRE

C'est une chose étrange, qu'une petite cérémonie soit capable de nous ôter toutes nos belles qualités, et qu'un mari et un galant regardent la même personne avec des yeux si différents.

MOLIÈRE

Que de discours !

MADEMOISELLE MOLIÈRE

Ma foi, si je faisais une comédie, je la ferais sur ce sujet. Je justifierais les femmes de bien des choses dont on les accuse ; et je ferais craindre aux maris la différence qu'il y a de leurs manières brusques, aux civilités des galants.

MOLIÈRE

Ahy ! laissons cela. Il n'est pas question de causer maintenant : nous avons autre chose à faire.

MADEMOISELLE BÉJART

Mais, puisqu'on vous a commandé de travailler sur le sujet de la critique qu'on a faite contre vous, que n'avez-vous fait cette comédie des comédiens, dont nous avons parlé il y a longtemps ? C'était une affaire toute trouvée, et qui venait fort bien à la chose, et d'autant mieux, qu'ayant entrepris de vous peindre, ils vous ouvraient l'occasion de les peindre aussi, et que cela aurait pu s'appeler leur portrait, à bien plus juste titre que tout ce qu'ils ont fait ne peut être appelé le vôtre. Car vouloir contrefaire un comédien dans un rôle comique, ce n'est pas le peindre lui-même, c'est peindre d'après lui les personnages qu'il représente, et se servir des mêmes traits et des mêmes couleurs qu'il est obligé d'employer aux différents tableaux des caractères ridicules qu'il imite d'après nature ; mais contrefaire un comédien dans des rôles sérieux, c'est le peindre par des défauts qui sont entièrement de lui, puisque ces sortes de personnages ne veulent ni les gestes

ni les tons de voix ridicules dans lesquels on le reconnaît.

MOLIÈRE

Il est vrai ; mais j'ai mes raisons pour ne le pas faire, et je n'ai pas cru, entre nous, que la chose en valût la peine ; et puis il fallait plus de temps pour exécuter cette idée. Comme leurs jours de comédies sont les mêmes que les nôtres, à peine ai-je été les voir que trois ou quatre fois depuis que nous sommes à Paris ; je n'ai attrapé de leur manière de réciter que ce qui m'a d'abord sauté aux yeux, et j'aurais eu besoin de les étudier davantage pour faire des portraits bien ressemblants.

MADEMOISELLE DU PARC

Pour moi, j'en ai reconnu quelques-uns dans votre bouche.

MADEMOISELLE DE BRIE

Je n'ai jamais ouï parler de cela.

MOLIÈRE

C'est une idée qui m'avait passé une fois par la tête, et que j'ai laissée là comme une bagatelle, une badinerie, qui peut-être n'aurait pas fait rire.

MADEMOISELLE DE BRIE

Dites-la-moi un peu, puisque vous l'avez dite aux autres.

MOLIÈRE

Nous n'avons pas le temps maintenant.

MADEMOISELLE DE BRIE

Seulement deux mots.

MOLIÈRE

J'avais songé une comédie où il y aurait eu un poète, que j'aurais représenté moi-même, qui serait venu pour offrir une pièce à une troupe de comédiens nouvellement arrivés de la campagne. « Avez-vous, aurait-il dit, des acteurs et des actrices qui soient capables de bien faire valoir un ouvrage ? car ma pièce est une pièce... — Eh ! monsieur, auraient répondu les comédiens, nous avons des hommes et des femmes qui ont été trouvés raisonnables partout où nous avons passé. — Et qui fait les rois parmi vous ? — Voilà un acteur qui s'en démêle parfois. — Qui ? ce jeune homme bien fait ? Vous moquez-vous ? Il faut un roi qui soit gros et gras comme quatre ; un roi, morbleu ! qui soit entripaillé comme il faut ; un roi d'une vaste circonférence, et qui puisse remplir un trône de la belle manière. La belle chose qu'un roi d'une taille galante ! Voilà déjà un grand défaut. Mais que je l'entende un peu réciter une douzaine de vers. » Là-dessus le comédien aurait récité, par exemple, quelques vers du roi, de *Nicomède* :

Te le dirai-je, Araspe ? il m'a trop bien servi,
Augmentant mon pouvoir...

le plus naturellement qu'il lui aurait été possible. Et le poète : « Comment ! vous appelez cela réciter ? C'est se railler ; il faut dire les choses avec emphase. Ecoutez-moi. (*Il contrefait Montfleury, comédien de l'Hôtel de Bourgogne.*)

Te le dirai-je, Araspe ? etc.

Voyez-vous cette posture ? Remarquez bien cela. Là, appuyez comme il faut le dernier vers. Voilà ce qui attire l'approbation, et fait faire le brouhaha. — Mais, monsieur, aurait répondu le comédien, il me semble qu'un roi qui s'entretient tout seul avec son capitaine des gardes, parle un peu plus humainement, et ne prend guère ce ton de démoniaque. — Vous ne savez ce que c'est. Allez-vous-en réciter comme vous faites, vous verrez si vous ferez faire aucun ah ? Voyons un peu une scène d'amant et d'amante. » Là-dessus une comédienne et un comédien auraient fait une scène ensemble, qui est celle de Camille et de Curiace,

Iras-tu, ma chère âme ? et ce funeste honneur
Te plaît-il aux dépens de tout notre bonheur ?
Hélas ! je vois trop bien... etc.

tout de même que l'autre, et le plus naturellement qu'ils auraient pu. Et le poète aussitôt : « Vous vous moquez, vous ne faites rien qui vaille, et voici comme il faut réciter cela. (*Il imite mademoiselle Beauchâteau, comédienne de l'Hôtel de Bourgogne.*)

Iras-tu, ma chère âme ? etc.
Non, je te connais mieux, etc.

Voyez-vous comme cela est naturel et passionné ? Admirez ce visage riant qu'elle conserve dans les plus grandes afflictions. » Enfin, voilà l'idée ; et il aurait parcouru de même tous les acteurs et toutes les actrices.

MADEMOISELLE DE BRIE

Je trouve cette idée assez plaisante, et j'en ai reconnu là dès le premier vers. Continuez, je vous prie.

MOLIÈRE, *imitant Beauchâteau,*
comédien de l'Hôtel de Bourgogne,
dans les stances du Cid.

Percé jusques au fond du cœur, etc.

Et celui-ci, le reconnaîtrez-vous bien dans Pompée, de *Sertorius ?* (*Il contrefait Hauteroche, comédien de l'Hôtel de Bourgogne.*)

L'inimitié qui règne entre les deux partis
N'y rend pas de l'honneur..., etc.

MADEMOISELLE DE BRIE

Je le reconnais un peu, je pense.

MOLIÈRE

Et celui-ci ? (*Imitant de Villiers, comédien de l'Hôtel de Bourgogne.*)

Seigneur, Polybe est mort..., etc.

MADEMOISELLE DE BRIE

Oui, je sais qui c'est ; mais il y en a quelques-uns d'entre eux, je crois, que vous auriez peine à contrefaire.

MOLIÈRE

Mon Dieu ! il n'y en a point qu'on ne pût attraper par quelque endroit, si je les avais bien étudiés. Mais vous me faites perdre un temps qui nous est cher. Songeons à nous, de grâce, et ne nous amusons point davantage à discourir. (*A de la Grange.*) Vous, prenez garde à bien représenter avec moi votre rôle de marquis.

MADEMOISELLE MOLIÈRE

Toujours des marquis !

MOLIÈRE

Oui, toujours des marquis. Que diable voulez-vous qu'on prenne pour un caractère agréable de théâtre ? Le marquis aujourd'hui est le plaisant de la comédie ; et, comme dans toutes les comédies anciennes, on voit toujours un valet bouffon qui fait rire les auditeurs, de même, dans toutes nos pièces de maintenant, il faut toujours un marquis ridicule qui divertisse la compagnie.

MADEMOISELLE BÉJART

Il est vrai, on ne s'en saurait passer.

MOLIÈRE

Pour vous, mademoiselle...

MADEMOISELLE DU PARC

Mon Dieu ! pour moi, je m'acquitterai fort mal de mon personnage, et je ne sais pas pourquoi vous m'avez donné ce rôle de façonnière.

MOLIÈRE

Mon Dieu ! mademoiselle, voilà comme vous disiez, lorsque l'on vous donna celui de *la Critique de l'Ecole des femmes ;* cependant vous vous en êtes acquittée à merveille, et tout le monde est demeuré d'accord qu'on ne peut pas mieux faire que vous avez fait. Croyez-moi, celui-ci sera de même, et vous le jouerez mieux que vous ne pensez.

MADEMOISELLE DU PARC

Comment cela se pourrait-il faire ? Car il n'y a point de personne au monde qui soit moins façonnière que moi.

MOLIÈRE

Cela est vrai ; et c'est en quoi vous faites mieux voir que vous êtes excellente comédienne, de bien représenter un personnage qui est si contraire à votre humeur. Tâchez donc de bien prendre tous le caractère de vos rôles, et de vous figurer que vous êtes ce que vous représentez. (*A du Croisy.*) Vous faites le poète, vous, et vous devez vous remplir de ce personnage, marquer cet air pédant qui se conserve parmi le commerce du beau monde, ce ton de voix sentencieux, et cette exactitude de prononciation qui appuie sur toutes les syllabes, et ne laisse échapper aucune lettre de la plus sévère orthographe. (*A Brécourt.*) Pour vous, vous faites un honnête homme de cour, comme vous avez déjà fait dans *la Critique de l'Ecole des femmes,* c'est-à-dire que vous devez prendre un air posé, un ton de voix naturel, et gesticuler le moins qu'il vous sera possible. (*A de la Grange.*) Pour vous, je n'ai rien à vous dire. (*A mademoiselle Béjart.*) Vous, vous représentez une de ces femmes qui, pourvu qu'elles ne fassent point l'amour, croient que tout le reste leur est permis ; de ces femmes qui se retranchent toujours fièrement sur leur pruderie, regardent un chacun de haut en bas, et veulent que toutes les plus belles qualités que possèdent les autres ne soient rien en comparaison d'un misérable honneur dont personne ne se soucie. Ayez toujours ce caractère devant les yeux, pour en bien faire les grimaces. (*A mademoiselle de Brie.*) Pour vous, vous faites une de ces femmes qui pensent être les plus vertueuses personnes du monde, pourvu qu'elles sauvent les apparences ; de ces femmes qui croient que le péché n'est que dans le scandale, qui veulent conduire doucement les affaires qu'elles ont sur le pied d'attachement honnête, et appellent amis ce que les autres nomment galants. Entrez bien dans ce caractère. (*A mademoiselle Molière.*) Vous, vous faites le même personnage que dans *la Critique,* et je n'ai rien à vous dire, non plus qu'à mademoiselle du Parc. (*A mademoiselle du Croisy.*) Pour vous, vous représentez une de ces personnes qui prêtent doucement des charités à tout le monde, de ces femmes qui donnent toujours le petit coup de langue en passant, et seraient bien fâchées d'avoir souffert qu'on eût dit du bien du prochain. Je crois que vous ne vous acquitterez pas mal de ce rôle. (*A mademoiselle Hervé.*) Et pour vous, vous êtes la soubrette de la précieuse qui se mêle de temps en temps dans la conversation, et attrape, comme elle peut, tous les termes de sa maîtresse. Je vous dis tous vos caractères, afin que vous vous les imprimiez fortement dans l'esprit. Commençons maintenant à répéter, et voyons comme cela ira. Ah ! voici justement un fâcheux ! Il ne nous fallait plus que cela.

Scène II : La Thorillière, Molière, etc.

LA THORILLIÈRE
Bonjour, monsieur Molière.
MOLIÈRE
Monsieur, votre serviteur. (*A part.*) La peste soit de l'homme !
LA THORILLIÈRE
Comment vous en va ?
MOLIÈRE
Fort bien, pour vous servir. (*Aux actrices.*) Mesdemoiselles, ne...
LA THORILLIÈRE
Je viens d'un lieu où j'ai bien dit du bien de vous.
MOLIÈRE
Je vous suis obligé. (*A part.*) Que le diable l'emporte ! (*Aux acteurs.*) Ayez un peu soin...
LA THORILLIÈRE
Vous jouez une pièce nouvelle aujourd'hui ?
MOLIÈRE
Oui, monsieur. (*Aux actrices.*) N'oubliez pas...
LA THORILLIÈRE
C'est le roi qui vous la fait faire ?
MOLIÈRE
Oui, monsieur. (*Aux acteurs.*) De grâce, songez...
LA THORILLIÈRE
Comment l'appelez-vous ?
MOLIÈRE
Oui, monsieur.
LA THORILLIÈRE
Je vous demande comment vous la nommez.

MOLIÈRE
Ah ! ma foi, je ne sais. (*Aux actrices.*) Il faut, s'il vous plaît, que vous...
LA THORILLIÈRE
Comment serez-vous habillés ?
MOLIÈRE
Comme vous voyez. (*Aux acteurs.*) Je vous prie...
LA THORILLIÈRE
Quand commencerez-vous ?
MOLIÈRE
Quand le roi sera venu. (*A part.*) Au diantre le questionneur !
LA THORILLIÈRE
Quand croyez-vous qu'il vienne ?
MOLIÈRE
La peste m'étouffe, monsieur, si je le sais.
LA THORILLIÈRE
Savez-vous point...
MOLIÈRE
Tenez, monsieur, je suis le plus ignorant homme du monde. Je ne sais rien de tout ce que vous pourrez me demander, je vous jure. (*A part.*) J'enrage ! Ce bourreau vient avec un air tranquille vous faire des questions, et ne se soucie pas qu'on ait en tête d'autres affaires.
LA THORILLIÈRE
Mesdemoiselles, votre serviteur.
MOLIÈRE
Ah ! bon, le voilà d'un autre côté.
LA THORILLIÈRE, *à mademoiselle du Croisy.*
Vous voilà belle comme un petit ange. Jouez-vous toutes deux aujourd'hui ? (*En regardant mademoiselle Hervé.*)
MADEMOISELLE DU CROISY
Oui, monsieur.
LA THORILLIÈRE
Sans vous, la comédie ne vaudrait pas grand'chose.
MOLIÈRE, *bas, aux actrices.*
Vous ne voulez pas faire en aller cet homme-là ?
MADEMOISELLE DE BRIE, *à la Thorillière.*
Monsieur, nous avons ici quelque chose à répéter ensemble.
LA THORILLIÈRE
Ah ! parbleu, je ne veux pas vous empêcher ; vous n'avez qu'à poursuivre.
MADEMOISELLE DE BRIE
Mais...
LA THORILLIÈRE
Non, non, je serais fâché d'incommoder personne. Faites librement ce que vous avez à faire.
MADEMOISELLE DE BRIE
Oui ; mais...
LA THORILLIÈRE
Je suis homme sans cérémonie, vous dis-je ; et vous pouvez répéter ce qui vous plaira.
MOLIÈRE
Monsieur, ces demoiselles ont peine à vous dire qu'elles souhaiteraient fort que personne ne fût ici pendant cette répétition.
LA THORILLIÈRE
Pourquoi ? il n'y a point de danger pour moi.

MOLIÈRE

Monsieur, c'est une coutume qu'elles observent, et vous aurez plus de plaisir quand les choses vous surprendront.

LA THORILLIÈRE

Je m'en vais donc dire que vous êtes prêts.

MOLIÈRE

Point du tout, monsieur, ne vous hâtez pas, de grâce.

Scène III : Molière, la Grange, etc.

MOLIÈRE

Ah ! que le monde est plein d'impertinents ! Or sus, commençons. Figurez-vous donc première- ment que la scène est dans l'antichambre du roi ; car c'est un lieu où il se passe tous les jours des choses assez plaisantes. Il est aisé de faire venir là toutes les personnes qu'on veut, et on peut trouver des raisons même pour y autoriser la venue des femmes que j'introduis. La comédie s'ouvre par deux marquis qui se rencontrent. (*A la Grange.*) Souvenez-vous bien, vous, de venir, comme je vous ai dit, là, avec cet air qu'on nomme le bel air, peignant votre perruque et grondant une petite chanson entre vos dents. La, la, la, la, la, la. Rangez-vous donc, vous autres, car il faut du terrain à deux marquis ; et ils ne sont pas gens à tenir leur personne dans un petit espace. (*A la Grange.*) Allons, parlez.

LA GRANGE

« Bonjour, marquis. »

MOLIÈRE

Mon Dieu ! ce n'est point là le ton d'un marquis ; il faut le prendre un peu plus haut ; et la plupart de ces messieurs affectent une manière de parler particulière, pour se distinguer du commun : *Bon- jour, marquis.* Recommencez donc.

LA GRANGE

« Bonjour, marquis. »

MOLIÈRE

« Ah ! marquis, ton serviteur. »

LA GRANGE

« Que fais-tu là ? »

MOLIÈRE

« Parbleu ! tu vois ; j'attends que tous ces mes- sieurs aient débouché la porte, pour présenter là mon visage. »

LA GRANGE

« Têtebleu ! quelle foule ! Je n'ai garde de m'y aller frotter, et j'aime bien mieux entrer des der- niers. »

MOLIÈRE

« Il y a là vingt gens qui sont fort assurés de n'entrer point, et qui ne laissent pas de se presser, et d'occuper toutes les avenues de la porte. »

LA GRANGE

« Crions nos deux noms à l'huissier, afin qu'il nous appelle. »

MOLIÈRE

« Cela est bon pour toi ; mais pour moi, je ne veux pas être joué par Molière. »

LA GRANGE

« Je pense pourtant, marquis, que c'est toi qu'il joue dans *la Critique*. »

MOLIÈRE

« Moi ? Je suis ton valet ; c'est toi-même en pro- pre personne. »

LA GRANGE

« Ah ! ma foi, tu es bon de m'appliquer ton per- sonnage. »

MOLIÈRE

« Parbleu ! je te trouve plaisant de me donner ce qui t'appartient. »

LA GRANGE, *riant.*

« Ah ! ah ! ah ! cela est drôle. »

MOLIÈRE, *riant.*

« Ah ! ah ! ah ! cela est bouffon. »

« Quoi ! tu veux soutenir que ce n'est pas toi qu'on joue dans le marquis de *la Critique ?* »

MOLIÈRE

« Il est vrai, c'est moi. *Détestable, morbleu ! dé- testable ! tarte à la crème !* C'est moi, c'est moi, assurément, c'est moi. »

LA GRANGE

« Oui, parbleu ! c'est toi, tu n'as que faire de rail- ler ; et, si tu veux, nous gagerons, et verrons qui a raison des deux. »

MOLIÈRE

« Et que veux-tu gager encore ? »

LA GRANGE

« Je gage cent pistoles que c'est toi. »

MOLIÈRE

« Et moi, cent pistoles que c'est toi. »

LA GRANGE

« Cent pistoles comptant. »

MOLIÈRE

« Comptant. Quatre-vingt-dix pistoles sur Amyn- tas, et dix pistoles comptant. »

LA GRANGE

« Je le veux. »

MOLIÈRE

« Cela est fait. »

LA GRANGE

« Ton argent court grand risque. »

MOLIÈRE

« Le tien est bien aventuré. »

LA GRANGE

« A qui nous en rapporter ? »

MOLIÈRE, *à Brécourt.*

« Voici un homme qui nous jugera. Chevalier... »

Scène IV : Molière, Brécourt.
la Grange, etc.

BRÉCOURT

« Quoi ? »

MOLIÈRE

Bon. Voilà l'autre qui prend le ton de marquis ; vous ai-je pas dit que vous faites un rôle où l'on doit parler naturellement ?

BRÉCOURT

Il est vrai.

MOLIÈRE

Allons donc. « Chevalier...

BRÉCOURT

« Quoi ?

MOLIÈRE

« Juge-nous un peu sur une gageure que nous avons faite.

BRÉCOURT

« Et quelle ?

MOLIÈRE

« Nous disputons qui est le marquis de *la Critique* de Molière ; il gage que c'est moi, et moi je gage que c'est lui.

BRÉCOURT

« Et moi, je juge que ce n'est ni l'un ni l'autre. Vous êtes tous deux, de vouloir vous appliquer ces sortes de choses ; et voilà de quoi j'ouïs l'autre jour se plaindre Molière, parlant à des personnes qui le chargeaient de même chose que vous. Il disait que rien ne lui donnait du déplaisir comme d'être accusé de regarder quelqu'un dans les portraits qu'il fait ; que son dessein est de peindre les mœurs sans vouloir toucher aux personnes, et que tous les personnages qu'il représente sont des personnages en l'air, et des fantômes proprement, qu'il habille à sa fantaisie, pour réjouir les spectateurs ; qu'il serait bien fâché d'y avoir jamais marqué qui que ce soit ; et que si quelque chose était capable de le dégoûter de faire des comédies, c'étaient les ressemblances qu'on y voulait toujours trouver, et dont ses ennemis tâchaient malicieusement d'appuyer la pensée pour lui rendre de mauvais offices auprès de certaines personnes à qui il n'a jamais pensé. Et, en effet, je trouve qu'il a raison ; car pourquoi vouloir, je vous prie, appliquer tous ses gestes et toutes ses paroles, et chercher à lui faire des affaires en disant hautement : Il joue un tel, lorsque ce sont des choses qui peuvent convenir à cent personnes ? Comme l'affaire de la comédie est de représenter en général tous les défauts des hommes, et principalement des hommes de notre siècle, il est impossible à Molière de faire aucun caractère qui ne rencontre quelqu'un dans le monde ; et s'il faut qu'on l'accuse d'avoir songé toutes les personnes où l'on peut trouver les défauts qu'il peint, il faut, sans doute, qu'il ne fasse plus de comédies.

MOLIÈRE

« Ma foi, chevalier, tu veux justifier Molière, et épargner notre ami que voilà.

LA GRANGE

« Point du tout. C'est toi qu'il épargne ; et nous trouverons d'autres juges.

MOLIÈRE

« Soit. Mais, dis-moi, chevalier, crois-tu pas que ton Molière est épuisé maintenant, et qu'il ne trouvera plus de matière pour...

BRÉCOURT

« Plus de matière ? Hé ! mon pauvre marquis, nous lui en fournirons toujours assez ; et nous ne prenons guère le chemin de nous rendre sages pour tout ce qu'il fait et tout ce qu'il dit. »

MOLIÈRE

Attendez ; il faut marquer davantage tout cet endroit. Écoutez-le-moi dire un peu. « Et qu'il ne trouvera plus de matière pour... — Plus de matière ? Hé ! mon pauvre marquis, nous lui en fournirons toujours assez, et nous ne prenons guère le chemin de nous rendre sages pour tout ce qu'il fait et tout ce qu'il dit. Crois-tu qu'il ait épuisé dans ses comédies tout le ridicule des hommes ? Et, sans sortir de la cour, n'a-t-il pas encore vingt caractères de gens où il n'a point touché ? N'a-t-il pas, par exemple, ceux qui se font les plus grandes amitiés du monde, et qui, le dos tourné, font galanterie de se déchirer l'un l'autre ? N'a-t-il pas ces adulateurs à outrance, ces flatteurs insipides, qui n'assaisonnent d'aucun sel les louanges qu'ils donnent, et dont toutes les flatteries ont une douceur fade qui fait mal au cœur à ceux qui les écoutent ? N'a-t-il pas ces lâches courtisans de la faveur, ces perfides adorateurs de la fortune, qui vous encensent dans la prospérité, et vous accablent dans la disgrâce ? N'a-t-il pas ceux qui sont toujours mécontents de la cour, ces suivants inutiles, ces incommodes assidus, ces gens, dis-je, qui, pour services, ne peuvent compter que des importunités, et qui veulent qu'on les récompense d'avoir obsédé le prince dix ans durant ? N'a-t-il pas ceux qui caressent également tout le monde, qui promènent leurs civilités à droit et à gauche, et courent à tous ceux qu'ils voient avec les mêmes embrassades et les mêmes protestations d'amitié ? Monsieur, votre très humble serviteur. Monsieur, je suis tout à votre service. Tenez-moi des vôtres, mon cher. Faites état de moi, monsieur, comme du plus chaud de vos amis. Monsieur, je suis ravi de vous embrasser. Ah ! monsieur, je ne vous voyais pas ! Faites-moi la grâce de m'employer. Soyez persuadé que je suis entièrement à vous. Vous êtes l'homme du monde que je révère le plus. Il n'y a personne que j'honore à l'égal de vous. Je vous conjure de le croire. Je vous supplie de n'en point douter. Serviteur. Très humble valet. Va, va, marquis, Molière aura toujours plus de sujets qu'il n'en voudra ; et tout ce qu'il a touché jusqu'ici n'est rien que bagatelle au prix de ce qui reste. » Voilà à peu près comme cela doit être joué.

BRÉCOURT

C'est assez.

MOLIÈRE

Poursuivez.

BRÉCOURT

« Voici Climène et Elise.»

MOLIÈRE, *à mesdemoiselles*
du Parc et Molière.

Là-dessus, vous arriverez toutes deux. (*A made-*

moiselle du Parc.) Prenez bien garde, vous, à vous déhancher comme il faut, et à faire bien des façons. Cela vous contraindra un peu ; mais qu'y faire ? Il faut parfois se faire violence.

MADEMOISELLE MOLIÈRE

« Certes, madame, je vous ai reconnue de loin, et j'ai bien vu à votre air que ce ne pouvait être une autre que vous.

MADEMOISELLE DU PARC

« Vous voyez. Je viens attendre ici la sortie d'un homme avec qui j'ai une affaire à démêler.

MADEMOISELLE MOLIÈRE

« Et moi de même. »

MOLIÈRE

Mesdames, voilà des coffres qui vous serviront de fauteuils.

MADEMOISELLE DU PARC

« Allons, madame, prenez place, s'il vous plaît

MADEMOISELLE MOLIÈRE

« Après vous, madame. »

MOLIÈRE

Bon. Après ces petites cérémonies muettes, chacun prendra place et parlera assis, hors les marquis, qui tantôt se lèveront, et tantôt s'assoieront, suivant leur inquiétude naturelle. « Parbleu ! chevalier, tu devrais faire prendre médecine à tes canons.

BRÉCOURT

« Comment ?

MOLIÈRE

« Ils se portent fort mal.

BRÉCOURT

« Serviteur à la turlupinade !

MADEMOISELLE MOLIÈRE

« Mon Dieu ! madame, que je vous trouve le teint d'une blancheur éblouissante, et les lèvres d'un couleur de feu surprenant !

MADEMOISELLE DU PARC

« Ah ! que dites-vous là, madame ? ne me regardez point, je suis du dernier laid aujourd'hui.

MADEMOISELLE MOLIÈRE

« Hé ! madame, levez un peu votre coiffe.

MADEMOISELLE DU PARC

« Fi ! je suis épouvantable, vous dis-je, et je me fais peur à moi-même.

MADEMOISELLE MOLIÈRE

« Vous êtes si belle !

MADEMOISELLE DU PARC

« Point, point.

MADEMOISELLE DU PARC

« Montrez-vous.

MADEMOISELLE DU PARC

« Ah ! fi donc, je vous prie.

MADEMOISELLE MOLIÈRE

« De grâce.

MADEMOISELLE DU PARC

« Mon Dieu, non.

MADEMOISELLE MOLIÈRE

« Si fait.

MADEMOISELLE DU PARC

« Vous me désespérez.

MADEMOISELLE MOLIÈRE

« Un moment.

MADEMOISELLE DU PARC

« Hai !

MADEMOISELLE MOLIÈRE

« Résolument, vous vous montrerez. On ne peut point se passer de vous voir.

MADEMOISELLE DU PARC

« Mon Dieu, que vous êtes une étrange personne ! vous voulez furieusement ce que vous voulez.

MADEMOISELLE MOLIÈRE

« Ah ! madame, vous n'avez aucun désavantage à paraître au grand jour, je vous jure ! Les méchantes gens, qui assuraient que vous mettiez quelque chose ! Vraiment, je les démentirai bien maintenant.

MADEMOISELLE DU PARC

« Hélas ! je ne sais pas seulement ce qu'on appelle mettre quelque chose. Mais où vont ces dames ?

*Scène V : Mesdemoiselles de Brie,
du Parc, etc.*

MADEMOISELLE DE BRIE

« Vous voulez bien, mesdames, que nous vous donnions en passant la plus agréable nouvelle du monde. Voilà monsieur Lysidas qui vient de nous avertir qu'on a fait une pièce contre Molière, que les grands comédiens vont jouer.

MOLIÈRE

« Il est vrai, on me l'a voulu lire ; et c'est un nommé Br... Brou... Brossaut qui l'a faite.

DU CROISY

« Monsieur, elle est affichée sous le nom de Boursault. Mais, à vous dire le secret, bien des gens ont mis la main à cet ouvrage, et l'on en doit concevoir une assez haute attente. Comme tous les auteurs et tous les comédiens regardent Molière comme leur plus grand ennemi, nous nous sommes tous unis pour le desservir. Chacun de nous a donné un coup de pinceau à son portrait ; mais nous nous sommes bien gardés d'y mettre nos noms ; il lui aurait été trop glorieux de succomber, aux yeux du monde, sous les efforts de tout le Parnasse ; et, pour rendre sa défaite plus ignominieuse, nous avons voulu choisir tout exprès un auteur sans réputation.

MADEMOISELLE DU PARC

« Pour moi, je vous avoue que j'en ai toutes les joies imaginables.

MOLIÈRE

« Et moi aussi. Par la sambleu ! le railleur sera raillé ; il aura sur les doigts, ma foi.

MADEMOISELLE DU PARC

« Cela lui apprendra à vouloir satiriser tout. Comment ! cet impertinent ne veut pas que les femmes aient de l'esprit ! Il condamne toutes nos expressions élevées, et prétend que nous parlions toujours terre à terre !

MADEMOISELLE DE BRIE

« Le langage n'est rien ; mais il censure tous nos

attachements, quelque innocents qu'ils puissent être ; et, de la façon qu'il en parle, c'est être criminelle que d'avoir du mérite.

MADEMOISELLE DU CROISY

« Cela est insupportable. Il n'y a pas une femme qui puisse plus rien faire. Que ne laisse-t-il en repos nos maris, sans leur ouvrir les yeux, et leur faire prendre garde à des choses dont ils ne s'avisent pas ?

MADEMOISELLE BÉJART

« Passe pour tout cela ; mais il satirise même les femmes de bien, et ce méchant plaisant leur donne le titre d'honnêtes diablesses.

MADEMOISELLE MOLIÈRE

« C'est un impertinent. Il faut qu'il en ait tout le soûl.

DU CROISY

« La représentation de cette comédie, madame, aura besoin d'être appuyée ; et les comédiens de l'Hôtel...

MADEMOISELLE DU PARC

« Mon Dieu ! qu'ils n'appréhendent rien. Je leur garantis le succès de leur pièce, corps pour corps.

MADEMOISELLE MOLIÈRE

« Vous avez raison, madame. Trop de gens sont intéressés à la trouver belle. Je vous laisse à penser si tous ceux qui se croient satirisés par Molière ne prendront pas l'occasion de se venger de lui en applaudissant à cette comédie.

BRÉCOURT, ironiquement.

« Sans doute ; et pour moi je réponds de douze marquis, de six précieuses, de vingt coquettes, et de trente cocus, qui ne manqueront pas d'y battre des mains.

MADEMOISELLE MOLIÈRE

« En effet. Pourquoi aller offenser toutes ces personnes-là, et particulièrement les cocus, qui sont les meilleures gens du monde ?

MOLIÈRE

« Par la sambleu ! on m'a dit qu'on le va dauber, lui, et toutes ses comédies, de la belle manière ; et que les comédiens et les auteurs, depuis le cèdre jusqu'à l'hysope, sont diablement animés contre lui.

MADEMOISELLE MOLIÈRE

« Cela lui sied fort bien. Pourquoi fait-il de méchantes pièces que tout Paris va voir, et où il peint si bien les gens que chacun s'y connaît ? Que ne fait-il des comédies comme celles de monsieur Lysidas ? Il n'aurait personne contre lui, et tous les auteurs en diraient du bien. Il est vrai que de semblables comédies n'ont pas ce grand concours de monde ; mais, en revanche, elles sont toujours bien écrites, personne n'écrit contre elles, et tous ceux qui les voient meurent d'envie de les trouver belles.

DU CROISY

« Il est vrai que j'ai l'avantage de ne me point faire d'ennemis, et que tous mes ouvrages ont l'approbation des savants.

MADEMOISELLE MOLIÈRE

« Vous faites bien d'être content de vous. Cela vaut mieux que tous les applaudissements du public, et que tout l'argent qu'on saurait gagner aux pièces de Molière. Que vous importe qu'il vienne du monde à vos comédies, pourvu qu'elles soient approuvées par messieurs vos confrères ?

LA GRANGE

« Mais quand jouera-t-on le Portrait du peintre ?

DU CROISY

« Je ne sais ; mais je me prépare fort à paraître des premiers sur les rangs, pour crier : « Voilà qui est beau ! »

MOLIÈRE

« Et moi de même, parbleu !

LA GRANGE

« Et moi aussi, Dieu me sauve !

MADEMOISELLE DU PARC

« Pour moi, j'y paierai de ma personne comme il faut ; et je réponds d'une bravoure d'approbation, qui mettra en déroute tous les jugements ennemis. C'est bien la moindre chose que nous devions faire, que d'épauler de nos louanges le vengeur de nos intérêts !

MADEMOISELLE MOLIÈRE

« C'est fort bien dit.

MADEMOISELLE DE BRIE

« Et ce qu'il nous faut faire toutes.

MADEMOISELLE BÉJART

« Assurément.

MADEMOISELLE DU CROISY

« Sans doute.

MADEMOISELLE HERVÉ

« Point de quartier à ce contrefaiseur de gens.

MOLIÈRE

« Ma foi, chevalier, mon ami, il faudra que ton Molière se cache.

BRÉCOURT

« Qui, lui ? Je te promets, marquis, qu'il fait dessein d'aller sur le théâtre rire, avec tous les autres, du portrait qu'on a fait de lui.

MOLIÈRE

« Parbleu ! ce sera donc du bout des dents qu'il rira.

BRÉCOURT

« Va, va, peut-être qu'il y trouvera plus de sujets de rire que tu ne penses. On m'a montré la pièce ; et, comme tout ce qu'il y a d'agréable sont effectivement les idées qui ont été prises de Molière, la joie que cela pourra donner n'aura pas lieu de lui déplaire, sans doute ; car, pour l'endroit où on s'efforce de le noircir, je suis le plus trompé du monde si cela est approuvé de personne ; et quant à tous les gens qu'ils ont tâché d'animer contre lui, sur ce qu'il fait, dit-on, des portraits trop ressemblants, outre que cela est de fort mauvaise grâce, je ne vois rien de plus ridicule et de plus mal repris ; et je n'avais pas cru jusqu'ici que ce fût un sujet de blâme pour un comédien que de peindre trop bien les hommes.

LA GRANGE

« Les comédiens m'ont dit qu'ils l'attendaient sur la réponse, et que... »

BRÉCOURT

« Sur la réponse ? Ma foi, je le trouverais un grand fou, s'il se mettait en peine de répondre à leurs invectives. Tout le monde sait assez de quel motif elles peuvent partir ; et la meilleure réponse qu'il leur puisse faire, c'est une comédie qui réussisse comme toutes ses autres. Voilà le vrai moyen de se venger d'eux comme il faut ; et, de l'humeur dont je les connais, je suis fort assuré qu'une pièce nouvelle qui leur enlèvera le monde, les fâchera bien plus que toutes les satires qu'on pourrait faire de leurs personnes. »

MOLIÈRE

« Mais, chevalier... »

MADEMOISELLE BÉJART

Souffrez que j'interrompe pour un peu la répétition. (A Molière.) Voulez-vous que je vous dise ? Si j'avais été en votre place, j'aurais poussé les choses autrement. Tout le monde attend de vous une réponse vigoureuse ; et, après la manière dont on m'a dit que vous étiez traité dans cette comédie, vous étiez en droit de tout dire contre les comédiens, et vous deviez n'en épargner aucun.

MOLIÈRE

J'enrage de vous ouïr parler de la sorte ; et voilà votre manie, à vous autres femmes. Vous voudriez que je prisse feu d'abord contre eux, et qu'à leur exemple j'allasse éclater promptement en invectives et en injures. Le bel honneur que j'en pourrais tirer, et le grand dépit que je leur ferais ! Ne se sont-ils pas préparés de bonne volonté à ces sortes de choses ? Et, lorsqu'ils ont délibéré s'ils joueraient le Portrait du peintre, sur la crainte d'une riposte, quelques-uns d'entre eux n'ont-ils pas répondu : « Qu'il nous rende toutes les injures qu'il voudra, pourvu que nous gagnions de l'argent ? » N'est-ce pas là la marque d'une âme fort sensible à la honte ? et ne me vengerais-je pas bien d'eux, en leur donnant ce qu'ils veulent bien recevoir ?

MADEMOISELLE DE BRIE

Ils se sont fort plaints, toutefois, de trois ou quatre mots que vous avez dits d'eux dans la Critique et dans vos Précieuses.

MOLIÈRE

Il est vrai, ces trois ou quatre mots sont fort offensants, et ils ont grande raison de les citer. Allez, allez, ce n'est pas cela : le plus grand mal que je leur aie fait, c'est que j'ai eu le bonheur de plaire un peu plus qu'ils n'auraient voulu ; et tout leur procédé, depuis que nous sommes venus à Paris, a trop marqué ce qui les touche. Mais laissons-les faire tant qu'ils voudront ; toutes leurs entreprises ne me doivent point m'inquiéter. Ils critiquent mes pièces, tant mieux ; et Dieu me garde d'en faire jamais qui leur plaise ! ce serait une mauvaise affaire pour moi.

MADEMOISELLE DE BRIE

Il n'y a pas grand plaisir pourtant à voir déchirer ses ouvrages.

MOLIÈRE

Et qu'est-ce que cela me fait ? N'ai-je pas obtenu de ma comédie tout ce que j'en voulais obtenir, puisqu'elle a eu le bonheur d'agréer aux augustes personnes à qui particulièrement je m'efforce de plaire ? N'ai-je pas lieu d'être satisfait de sa destinée, et toutes leurs censures ne viennent-elles pas trop tard ? Est-ce moi, je vous prie, que cela regarde maintenant ? et, lorsqu'on attaque une pièce qui a eu du succès, n'est-ce pas attaquer plutôt le jugement de ceux qui l'ont approuvée, que l'art de celui qui l'a faite ?

MADEMOISELLE DE BRIE

Ma foi, j'aurais joué ce petit monsieur l'auteur, qui se mêle d'écrire contre des gens qui ne songent pas à lui.

MOLIÈRE

Vous êtes folle. Le beau sujet à divertir la cour, que monsieur Boursault ! Je voudrais bien savoir de quelle façon on pourrait l'ajuster pour le rendre plaisant ; et si, quand on le bernerait sur un théâtre, il serait assez heureux pour faire rire le monde. Ce lui serait trop d'honneur que d'être joué devant une auguste assemblée ; il ne demanderait pas mieux, et il m'attaque de gaieté de cœur, pour se faire connaître, de quelque façon que ce soit. C'est un homme qui n'a rien à perdre, et les comédiens ne me l'ont déchaîné que pour m'engager à une sotte guerre, et me détourner, par cet artifice, des autres ouvrages que j'ai à faire ; et cependant vous êtes assez simples pour donner toutes dans ce panneau. Mais enfin, j'en ferai ma déclaration publiquement. Je ne prétends faire aucune réponse à toutes leurs critiques et leurs contre-critiques. Qu'ils disent tous les maux du monde de mes pièces, j'en suis d'accord. Qu'ils s'en saisissent après nous ; qu'ils les retournent comme un habit pour les mettre sur leur théâtre, et tâchent à profiter de quelque agrément qu'on y trouve, et d'un peu de bonheur que j'ai ; j'y consens, ils en ont besoin ; et je serai bien aise de contribuer à les faire subsister, pourvu qu'ils se contentent de ce que je puis leur accorder avec bienséance. La courtoisie doit avoir des bornes ; et il y a des choses qui ne font rire ni les spectateurs, ni celui dont on parle. Je leur abandonne de bon cœur mes ouvrages, ma figure, mes gestes, mes paroles, mon ton de voix, et ma façon de réciter, pour en faire et dire tout ce qu'il leur plaira, s'ils en peuvent tirer quelque avantage. Je ne m'oppose point à toutes ces choses, et je serai ravi que cela puisse réjouir le monde ; mais en leur abandonnant tout cela, ils me doivent faire la grâce de me laisser le reste, et de ne point toucher à des matières de la nature de celles sur lesquelles on m'a dit qu'ils m'attaquaient dans leurs comédies. C'est de quoi je prierai civilement cet honnête monsieur qui se mêle d'écrire pour eux, et voilà toute la réponse qu'ils auront de moi.

MADEMOISELLE BÉJART

Mais enfin...

MOLIÈRE

Mais enfin, vous me feriez devenir fou. Ne parlons point de c la davantage ; nous nous amusons à faire des discours, au lieu de répéter notre comédie. Où en étions-nous ? Je ne m'en souviens plus.

MADEMOISELLE DE BRIE

Vous en étiez à l'endroit...

MOLIÈRE

Mon Dieu ! j'entends du bruit ; c'est le roi qui arrive assurément ; et je vois bien que nous n'aurons pas le temps de passer outre. Voilà ce que c'est de s'amuser. Oh bien ! faites donc, pour le reste, du mieux qu'il vous sera possible.

MADEMOISELLE BÉJART

Par ma foi, la frayeur me prend ; et je ne saurais aller jouer mon rôle, si je ne le répète tout entier.

MOLIÈRE

Comment, vous ne sauriez aller jouer votre rôle ?

MADEMOISELLE BÉJART

Non.

MADEMOISELLE DU PARC

Ni moi, le mien.

MADEMOISELLE DE BRIE

Ni moi non plus.

MADEMOISELLE MOLIÈRE

Ni moi.

MADEMOISELLE HERVÉ

Ni moi.

MADEMOISELLE DU CROISY

Ni moi.

MOLIÈRE

Que pensez-vous donc faire ? Vous moquez-vous toutes de moi ?

Scène VI : Béjart, Molière, etc.

BÉJART

Messieurs, je viens vous avertir que le roi est venu, et qu'il attend que vous commenciez.

MOLIÈRE

Ah ! monsieur, vous me voyez dans la plus grande peine du monde ; je suis désespéré à l'heure que je vous parle ! Voici des femmes qui s'effraient, et qui disent qu'il leur faut répéter leurs rôles avant que d'aller commencer. Nous demandons, de grâce, encore un moment. Le roi a de la bonté, et il sait bien que la chose a été précipitée. Hé ! de grâce, tâchez de vous remettre ; prenez courage, je vous prie.

MADEMOISELLE DU PARC

Vous devez aller vous excuser.

MOLIÈRE

Comment m'excuser ?

*Scène VII : Molière,
mademoiselle Béjart, etc.*

UN NÉCESSAIRE

Messieurs, commencez donc.

MOLIÈRE

Tout à l'heure, monsieur. Je crois que je perdrai l'esprit de cette affaire-ci, et...

*Scène VIII : Molière,
mademoiselle Béjart, etc.*

LE SECOND NÉCESSAIRE

Messieurs, commencez donc.

MOLIÈRE

Dans un moment, monsieur. (*A ses camarades.*) Hé, quoi donc ! Voulez-vous que j'aie l'affront...

*Scène IX : Molière,
mademoiselle Béjart, etc.*

LE TROISIÈME NÉCESSAIRE

Messieurs, commencez donc.

MOLIÈRE

Oui, monsieur, nous y allons. Hé ! que de gens se font de fête, et viennent dire : Commencez donc, à qui le roi ne l'a pas commandé !

*Scène X : Molière,
mademoiselle Béjart, etc.*

LE QUATRIÈME NÉCESSAIRE

Messieurs, commencez donc.

MOLIÈRE

Voilà qui est fait, monsieur. (*A ses camarades.*) Quoi donc, recevrai-je la confusion... ?

Scène XI : Béjart, Molière, etc.

MOLIÈRE

Monsieur, vous venez pour nous dire de commencer, mais...

BÉJART

Non, messieurs ; je viens pour vous dire qu'on a dit au roi l'embarras où vous vous trouviez, et que, par une bonté toute particulière, il remet votre nouvelle comédie à une autre fois, et se contente, pour aujourd'hui, de la première que vous pourrez donner.

MOLIÈRE

Ah ! monsieur, vous me redonnez la vie ! Le roi nous fait la plus grande grâce du monde de nous donner du temps pour ce qu'il avait souhaité ; et nous allons tous le remercier des extrêmes bontés qu'il nous fait paraître.

LE MARIAGE FORCÉ

COMÉDIE

« *Représentée pour la première fois au Louvre, par ordre de Sa Majesté, le 29ᵉ du mois de janvier 1664, et donnée depuis au public sur le théâtre du Palais-Royal le 15ᵉ du mois de février de la même année 1664, par la Troupe de Monsieur, frère unique du roi.* » Cette commande royale, exécutée en quelques jours, comportait primitivement trois actes, chacun terminé par un ballet qui en prolongeait l'action. A la différence des Fâcheux où il put se plaindre que tout n'eût pas été « réglé entièrement par une même tête », Molière, ici, soumit la musique de Lulli et la chorégraphie de Beauchamps à sa conception d'ensemble. Du même coup il rompit avec les fades et mythologiques conventions du genre officiel et puisant dans le vieux répertoire, fit participer la cour aux joyeusetés du Pont-Neuf. Louis XIV en personne, qui alors raffolait de la danse, apparaissait au deuxième acte, costumé en « égyptien », autrement dit en « bohémien ». Tenaient aussi leur partie : le futur maréchal de Villeroy, le duc d'Enghien, le duc de Saint-Aignan, etc. Les femmes ne figuraient pas dans les ballets, remplacées par des travestis. La première représentation eut lieu dans l'appartement de la reine-mère. Mademoiselle Du Parc fut « remarquable » en Dorimène. Quant à Armande qui venait d'accoucher, elle ne joua pas de toute l'année ; elle est mentionnée, par la suite, dans un rôle d'Egyptienne. Le Mariage forcé, « avec les ornements », n'obtint guère de succès à la ville ; les recettes ne couvrirent pas les dépenses et le spectacle disparut de l'affiche avant Pâques. Il avait été joué deux fois au Louvre et deux autres fois chez Madame.

Pour une reprise au Palais-Royal en 1668, Molière fit l'économie des ballets dont on lira les indications à la suite de la comédie réduite à un acte. En 1672, ces intermèdes retrouveront place dans le Mariage forcé donné avec la Comtesse d'Escarbagnas ; mais la musique en sera d'un autre que Lulli avec qui Molière s'est brouillé.

PERSONNAGES

SGANARELLE (Molière).

GÉRONIMO (La Thorillière).

DORIMÈNE, *jeune coquette, promise à Sganarelle* (Mˡˡᵉ Du Parc).

ALCANTOR, *père de Dorimène* (Béjart).

ALCIDAS, *frère de Dorimène* (Lycante dans le ballet) (La Grange).

LYCASTE, *amant de Dorimène.*

PANCRACE, *docteur aristotélicien* (Brécourt).

MARPHURIUS, *docteur pyrrhonien* (Du Croisy).

DEUX EGYPTIENNES (Mˡˡᵉˢ Béjart, de Brie).

LA SCÈNE EST DANS UNE PLACE PUBLIQUE.

Scène I : Sganarelle, Géronimo.

SGANARELLE, *parlant à ceux qui sont dans sa maison.*

Je suis de retour dans un moment. Que l'on ait bien soin du logis, et que tout aille comme il faut. Si l'on m'apporte de l'argent, que l'on me vienne quérir vite chez le seigneur Géronimo ; et, si l'on vient m'en demander, qu'on dise que je suis sorti, et que je ne dois revenir de toute la journée.

GÉRONIMO, *ayant entendu les dernières paroles de Sganarelle.*

Voilà un ordre fort prudent.

SGANARELLE

Ah ! seigneur Géronimo, je vous trouve à propos ; et j'allais chez vous vous chercher.

GÉRONIMO

Et pour quel sujet, s'il vous plaît ?

SGANARELLE

Pour vous communiquer une affaire que j'ai en tête, et vous prier de m'en dire votre avis.

GÉRONIMO

Très volontiers. Je suis bien aise de cette rencontre, et nous pouvons parler ici en toute liberté.

SGANARELLE

Mettez donc dessus, s'il vous plaît. Il s'agit d'une chose de conséquence, que l'on m'a proposée ; et il est bon de ne rien faire sans le conseil de ses amis.

GÉRONIMO

Je vous suis obligé de m'avoir choisi pour cela. Vous n'avez qu'à me dire ce que c'est.

SGANARELLE

Mais, auparavant, je vous conjure de ne me point flatter du tout, et de me dire nettement votre pensée.

GÉRONIMO

Je le ferai, puisque vous le voulez.

SGANARELLE

Je ne vois rien de plus condamnable qu'un ami qui ne nous parle pas franchement.

GÉRONIMO

Vous avez raison.

SGANARELLE

Et, dans ce siècle, on trouve peu d'amis sincères.

GÉRONIMO

Cela est vrai.

SGANARELLE

Promettez-moi donc, seigneur Géronimo, de me parler avec toute sorte de franchise.

GÉRONIMO

Je vous le promets.

SGANARELLE

Jurez-en votre foi.

GÉRONIMO

Oui, foi d'ami. Dites-moi seulement votre affaire.

SGANARELLE

C'est que je veux savoir de vous si je ferai bien de me marier.

GÉRONIMO

Qui, vous ?

SGANARELLE

Oui, moi-même, en propre personne. Quel est votre avis là-dessus ?

GÉRONIMO

Je vous prie auparavant de me dire une chose.

SGANARELLE

Et quoi ?

GÉRONIMO

Quel âge pouvez-vous bien avoir maintenant ?

SGANARELLE

Moi ?

GÉRONIMO

Oui.

SGANARELLE

Ma foi, je ne sais ; mais je me porte bien.

GÉRONIMO

Quoi ! vous ne savez pas à peu près votre âge ?

SGANARELLE

Non : est-ce qu'on songe à cela ?

GÉRONIMO

Eh ! dites-moi un peu, s'il vous plaît : combien

aviez-vous d'années lorsque nous fîmes connaissance ?

SGANARELLE

Ma foi, je n'avais que vingt ans alors.

GÉRONIMO

Combien fûmes-nous ensemble à Rome ?

SGANARELLE

Huit ans.

GÉRONIMO

Quel temps avez-vous demeuré en Angleterre ?

SGANARELLE

Sept ans.

GÉRONIMO

Et en Hollande, où vous fûtes ensuite ?

SGANARELLE

Cinq ans et demi.

GÉRONIMO

Combien y a-t-il que vous êtes revenu ici ?

SGANARELLE

Je revins en cinquante-six.

GÉRONIMO

De cinquante-six à soixante-huit, il y a douze ans, ce me semble ; cinq ans en Hollande font dix-sept, sept ans en Angleterre font vingt-quatre, huit que notre séjour à Rome font trente-deux, et vingt que vous aviez lorsque nous nous connûmes, cela fait justement cinquante-deux. Si bien, seigneur Sganarelle, que, sur votre propre confession, vous êtes environ à votre cinquante-deuxième ou cinquante-troisième année.

SGANARELLE

Qui, moi ? cela ne se peut pas.

GÉRONIMO

Mon Dieu ! le calcul est juste ; et là-dessus je vous dirai franchement et en ami, comme vous m'avez fait promettre de vous parler, que le mariage n'est guère votre fait. C'est une chose à laquelle il faut que les jeunes gens pensent bien mûrement avant que de la faire : mais les gens de votre âge n'y doivent point penser du tout ; et, si l'on dit que la plus grande de toutes les folies est celle de se marier, je ne vois rien de plus mal à propos que de la faire, cette folie, dans la saison où nous devons être plus sages. Enfin, je vous en dis nettement ma pensée. Je ne vous conseille point de songer au mariage ; et je vous trouverais le plus ridicule du monde, si, ayant été libre jusqu'à cette heure, vous alliez vous charger maintenant de la plus pesante des chaînes.

SGANARELLE

Et moi, je vous dis que je suis résolu de me marier, et que je ne serai point ridicule en épousant la fille que je recherche.

GÉRONIMO

Ah ! c'est une autre chose ! Vous ne m'aviez pas dit cela.

SGANARELLE

C'est une fille qui me plaît, et que j'aime de tout mon cœur.

GÉRONIMO

Vous l'aimez de tout votre cœur ?

SGANARELLE

Sans doute ; et je l'ai demandée à son père.

GÉRONIMO

Vous l'avez demandée ?

SGANARELLE

Oui. C'est un mariage qui se doit conclure ce soir ; et j'ai donné ma parole.

GÉRONIMO

Oh ! mariez-vous donc. Je ne dis plus mot.

SGANARELLE

Je quitterais le dessein que j'ai fait ! Vous semble-t-il, seigneur Géronimo, que je ne sois plus propre à songer à une femme ? Ne parlons point de l'âge que je puis avoir ; mais regardons seulement les choses. Y a-t-il homme de trente ans qui paraisse plus frais et plus vigoureux que vous me voyez ? N'ai-je pas tous les mouvements de mon corps aussi bons que jamais ; et voit-on que j'aie besoin de carrosse ou de chaise pour cheminer ? N'ai-je pas encore toutes mes dents, les meilleures du monde ? (*Il montre ses dents.*) Ne fais-je pas vigoureusement mes quatre repas par jour, et peut-on voir un estomac qui ait plus de force que le mien ? (*Il tousse.*) Hem, hem, hem. Eh ! qu'en dites-vous ?

GÉRONIMO

Vous avez raison, je m'étais trompé. Vous ferez bien de vous marier.

SGANARELLE

J'y ai répugné autrefois ; mais j'ai maintenant de puissantes raisons pour cela. Outre la joie que j'aurai de posséder une belle femme, qui me fera mille caresses, qui me dorlotera, et me viendra frotter lorsque je serai las ; outre cette joie, dis-je, je considère qu'en demeurant comme je suis, je laisse périr dans le monde la race des Sganarelle ; et qu'en me mariant, je pourrai me voir revivre en d'autres moi-même ; que j'aurai le plaisir de voir des créatures qui seront sorties de moi, de petites figures qui me ressembleront comme deux gouttes d'eau, qui se joueront continuellement dans la maison, qui m'appelleront leur papa quand je reviendrai de la ville, et me diront de petites folies les plus agréables du monde. Tenez, il me semble déjà que j'y suis, et que j'en vois une demi-douzaine autour de moi.

GÉRONIMO

Il n'y a rien de plus agréable que cela ; et je vous conseille de vous marier le plus vite que vous pourrez.

SGANARELLE

Tout de bon, vous me le conseillez ?

GÉRONIMO

Assurément. Vous ne sauriez mieux faire.

SGANARELLE

Vraiment, je suis ravi que vous me donniez ce conseil en véritable ami.

GÉRONIMO

Hé ! quelle est la personne, s'il vous plaît, avec qui vous vous allez marier ?

SGANARELLE

Dorimène.

GÉRONIMO

Cette jeune Dorimène, si galante et si bien parée ?

SGANARELLE

Oui.

GÉRONIMO

Fille du seigneur Alcantor ?

SGANARELLE

Justement.

GÉRONIMO

Et sœur d'un certain Alcidas, qui se mêle de porter l'épée ?

SGANARELLE

C'est cela.

GÉRONIMO

Vertu de ma vie !

SGANARELLE

Qu'en dites-vous ?

GÉRONIMO

Bon parti ! Mariez-vous promptement.

SGANARELLE

N'ai-je pas raison d'avoir fait ce choix ?

GÉRONIMO

Sans doute. Ah ! que vous serez bien marié ! Dépêchez-vous de l'être.

SGANARELLE

Vous me comblez de joie de me dire cela. Je vous remercie de votre conseil, et je vous invite ce soir à mes noces.

GÉRONIMO

Je n'y manquerai pas ; et je veux y aller en masque, afin de les mieux honorer.

SGANARELLE

Serviteur.

GÉRONIMO, *à part.*

La jeune Dorimène, fille du seigneur Alcantor, avec le seigneur Sganarelle, qui n'a que cinquante-trois ans ! O le beau mariage ! O le beau mariage ! (*Ce qu'il répète plusieurs fois en s'en allant.*)

SGANARELLE

Ce mariage doit être heureux ; car il donne de la joie à tout le monde, et je fais rire tous ceux à qui j'en parle. Me voilà maintenant le plus content des hommes.

Scène II : *Dorimène, Sganarelle.*

DORIMÈNE, *dans le fond du théâtre,*
à un petit laquais qui la suit.

Allons, petit garçon, qu'on tienne bien ma queue, et qu'on ne s'amuse pas à badiner.

SGANARELLE, *à part, apercevant*
Dorimène.

Voici ma maîtresse qui vient. Ah ! qu'elle est agréable ! Quel air, et quelle taille ! Peut-il y avoir un homme qui n'ait, en la voyant, des démangeaisons de se marier ? (*A Dorimène.*) Où allez-vous, belle mignonne, chère épouse future de votre époux futur ?

DORIMÈNE

Je vais faire quelques emplettes.

SGANARELLE

Hé bien ! ma belle, c'est maintenant que nous allons être heureux l'un et l'autre. Vous ne serez plus en droit de me rien refuser ; et je pourrai faire avec vous tout ce qu'il me plaira, sans que personne s'en scandalise. Vous allez être à moi depuis la tête jusqu'aux pieds, et je serai maître de tout : de vos petits yeux éveillés, de votre petit nez fripon, de vos lèvres appétissantes, de vos oreilles amoureuses, de votre petit menton joli, de vos petits tétons rondelets, de votre... Enfin, toute votre personne sera à ma disposition, et je serai à même pour vous caresser comme je voudrai. N'êtes-vous pas bien aise de ce mariage, mon aimable pouponne ?

DORIMÈNE

Tout à fait aise, je vous jure. Car enfin la sévérité de mon père m'a tenue jusques ici dans une sujétion la plus fâcheuse du monde. Il y a je ne sais combien que j'enrage du peu de liberté qu'il me donne, et j'ai cent fois souhaité qu'il me mariât, pour sortir promptement de la contrainte où j'étais avec lui, et me voir en état de faire ce que je voudrai. Dieu merci, vous êtes venu heureusement pour cela, et je me prépare désormais à me donner du divertissement, et à réparer comme il faut le temps que j'ai perdu. Comme vous êtes un fort galant homme, et que vous savez comme il faut vivre, je crois que nous ferons le meilleur ménage du monde ensemble, et que vous ne serez point de ces maris incommodes qui veulent que leurs femmes vivent comme des loups-garous. Je vous avoue que je ne m'accommoderais pas de cela, et que la solitude me désespère. J'aime le jeu, les visites, les assemblées, les cadeaux, et les promenades ; en un mot, toutes les choses de plaisir : et vous devez être ravi d'avoir une femme de mon humeur. Nous n'aurons jamais aucun démêlé ensemble ; et je ne vous contraindrai point dans vos actions, comme j'espère que, de votre côté, vous ne me contraindrez point dans les miennes ; car, pour moi, je tiens qu'il faut avoir une complaisance mutuelle, et qu'on ne se doit point marier pour se faire enrager l'un l'autre. Enfin, nous vivrons, étant mariés, comme deux personnes qui savent leur monde. Aucun soupçon jaloux ne nous troublera la cervelle ; et c'est assez que vous serez assuré de ma fidélité, comme je serai persuadée de la vôtre. Mais qu'avez-vous ? je vous vois tout changé de visage.

SGANARELLE

Ce sont quelques vapeurs qui me viennent de monter à la tête.

DORIMÈNE

C'est un mal aujourd'hui qui attaque beaucoup de gens ; mais notre mariage vous dissipera tout cela. Adieu. Il me tarde déjà que je n'aie des habits raisonnables, pour quitter vite ces guenilles. Je m'en vais de ce pas achever d'acheter toutes les choses qu'il me faut, et je vous enverrai les marchands.

Scène III : Géronimo, Sganarelle.

GÉRONIMO

Ah ! seigneur Sganarelle, je suis ravi de vous trouver encore ici ; et j'ai rencontré un orfèvre qui, sur le bruit que vous cherchiez quelque beau diamant en bague pour faire un présent à votre épouse, m'a fort prié de vous venir parler pour lui, et de vous dire qu'il en a un à vendre, le plus parfait du monde.

SGANARELLE

Mon Dieu ! cela n'est pas pressé.

GÉRONIMO

Comment ! que veut dire cela ? Où est l'ardeur que vous montriez tout à l'heure ?

SGANARELLE

Il m'est venu, depuis un moment, de petits scrupules sur le mariage. Avant que de passer plus avant, je voudrais bien agiter à fond cette matière, et que l'on m'expliquât un songe que j'ai fait cette nuit, et qui vient tout à l'heure de me revenir dans l'esprit. Vous savez que les songes sont comme des miroirs, où l'on découvre quelquefois tout ce qui nous doit arriver. Il me semblait que j'étais dans un vaisseau, sur une mer bien agitée, et que...

GÉRONIMO

Seigneur Sganarelle, j'ai maintenant quelque petite affaire qui m'empêche de vous ouïr. Je n'entends rien du tout aux songes ; et quant au raisonnement du mariage, vous avez deux savants, deux philosophes, vos voisins, qui sont gens à vous débiter tout ce qu'on peut dire sur ce sujet. Comme ils sont de sectes différentes, vous pouvez examiner leurs diverses opinions là-dessus. Pour moi, je me contente de ce que je vous ai dit tantôt, et demeure votre serviteur.

SGANARELLE, *seul.*

Il a raison. Il faut que je consulte un peu ces gens-là sur l'incertitude où je suis.

Scène IV : Pancrace, Sganarelle.

PANCRACE, *se tournant du côté par où il est entré, et sans voir Sganarelle.*

Allez, vous êtes un impertinent, mon ami, un homme bannissable de la république des lettres.

SGANARELLE

Ah ! bon. En voici un fort à propos.

PANCRACE, *de même, sans voir Sganarelle.*

Oui, je te soutiendrai par vives raisons que tu es un ignorant, ignorantissime, ignorantifiant et ignorantifié, par tous les cas et modes imaginables.

SGANARELLE, *à part.*

Il a pris querelle contre quelqu'un. (*A Pancrace.*) Seigneur...

PANCRACE, *de même, sans*
voir Sganarelle.

Tu te veux mêler de raisonner, et tu ne sais pas seulement les éléments de la raison.

SGANARELLE, *à part.*

La colère l'empêche de me voir. (*A Pancrace.*) Seigneur...

PANCRACE, *de même, sans*
voir Sganarelle.

C'est une proposition condamnable dans toutes les terres de la philosophie.

SGANARELLE, *à part.*

Il faut qu'on l'ait fort irrité. (*A Pancrace.*) Je...

PANCRACE, *de même, sans*
voir Sganarelle.

Toto cœlo, tota via aberras [1].

SGANARELLE

Je baise les mains à monsieur le docteur.

PANCRACE

Serviteur.

SGANARELLE

Peut-on... ?

PANCRACE, *se retournant vers l'endroit*
par où il est entré.

Sais-tu bien ce que tu as fait ? un syllogisme *in balordo.*

SGANARELLE

Je vous...

PANCRACE, *de même.*

La majeure en est inepte, la mineure impertinente, et la conclusion ridicule.

SGANARELLE

Je...

PANCRACE, *de même.*

Je crèverais plutôt que d'avouer ce que tu dis ; et je soutiendrai mon opinion jusqu'à la dernière goutte de mon encre.

SGANARELLE

Puis-je... ?

PANCRACE, *de même.*

Oui, je défendrai cette proposition, *pugnis et calcibus, unguibus et rostro* [2].

SGANARELLE

Seigneur Aristote, peut-on savoir ce qui vous met si fort en colère ?

PANCRACE

Un sujet le plus juste du monde.

SGANARELLE

Et quoi, encore ?

PANCRACE

Un ignorant m'a voulu soutenir une proposition erronée, une proposition épouvantable, effroyable, exécrable.

SGANARELLE

Puis-je demander ce que c'est ?

PANCRACE

Ah ! seigneur Sganarelle, tout est renversé aujourd'hui, et le monde est tombé dans une corruption générale. Une licence épouvantable règne partout ; et les magistrats, qui sont établis pour maintenir l'ordre dans cet état, devraient rougir de honte, en souffrant un scandale aussi intolérable que celui dont je veux parler.

SGANARELLE

Quoi donc ?

PANCRACE

N'est-ce pas une chose horrible, une chose qui crie vengeance au ciel, que d'endurer qu'on dise publiquement la forme d'un chapeau ?

SGANARELLE

Comment ?

PANCRACE

Je soutiens qu'il faut dire la figure d'un chapeau, et non pas la forme ; d'autant qu'il y a cette différence entre la forme et la figure, que la forme est la disposition extérieure des corps qui sont animés ; et la figure, la disposition extérieure des corps qui sont inanimés : et puisque le chapeau est un corps inanimé, il faut dire la figure d'un chapeau, et non pas la forme. (*Se retournant encore du côté par où il est entré.*) Oui, ignorant que vous êtes, c'est comme il faut parler ; et ce sont les termes exprès d'Aristote dans le chapitre de la qualité.

SGANARELLE, *à part.*

Je pensais que tout fût perdu. (*A Pancrace.*) Seigneur docteur, ne songez plus à tout cela. Je...

PANCRACE

Je suis dans une colère, que je ne me sens pas.

SGANARELLE

Laissez la forme et le chapeau en paix. J'ai quelque chose à vous communiquer. Je...

PANCRACE

Impertinent fieffé !

SGANARELLE

De grâce, remettez-vous. Je...

PANCRACE

Ignorant !

SGANARELLE

Eh ! mon Dieu. Je...

PANCRACE

Me vouloir soutenir une proposition de la sorte !

SGANARELLE

Il a tort. Je...

PANCRACE

Une proposition condamnée par Aristote !

SGANARELLE

Cela est vrai. Je...

PANCRACE

En termes exprès !

SGANARELLE

Vous avez raison. (*Se tournant du côté par où Pancrace est entré.*) Oui, vous êtes un sot et un impudent, de vouloir disputer contre un docteur

---

1. Pancrace rassemble en une seule deux expressions proverbiales qu'Erasme a recueillies dans ses *Adages,* l'une de Térence, *tota errare via ;* l'autre de Macrobe, *toto cœlo errare,* qui ont le même sens : *se tromper, être on ne peut plus loin de la vérité.* Rabelais a traduit littéralement *toto cœlo errare :* « Qui aultrement la nomme *erre par tout le ciel.* »
2. Des poings, des pieds, des ongles et du bec.

qui sait lire et écrire. Voilà qui est fait : je vous prie de m'écouter. Je viens vous consulter sur une affaire qui m'embarrasse. J'ai dessein de prendre une femme, pour me tenir compagnie dans mon ménage. La personne est belle et bien faite ; elle me plaît beaucoup, et est ravie de m'épouser : son père me l'a accordée. Mais je crains un peu ce que vous savez, la disgrâce dont on ne plaint personne ; et je voudrais bien vous prier, comme philosophe, de me dire votre sentiment. Eh ! quel est votre avis là-dessus ?

PANCRACE

Plutôt que d'accorder qu'il faille dire la forme d'un chapeau, j'accorderais que *datur vacuum in rerum natura* [3], et que je ne suis qu'une bête.

SGANARELLE, *à part.*

La peste soit de l'homme ! (*A Pancrace.*) Eh ! monsieur le docteur, écoutez un peu les gens. On vous parle une heure durant, et vous ne répondez point à ce qu'on vous dit.

PANCRACE

Je vous demande pardon. Une juste colère m'occupe l'esprit.

SGANARELLE

Eh ! laissez tout cela, et prenez la peine de m'écouter.

PANCRACE

Soit. Que voulez-vous me dire ?

SGANARELLE

Je veux vous parler de quelque chose.

PANCRACE

Et de quelle langue voulez-vous vous servir avec moi ?

SGANARELLE

De quelle langue ?

PANCRACE

Oui.

SGANARELLE

Parbleu ! de la langue que j'ai dans la bouche. Je crois que je n'irai pas emprunter celle de mon voisin.

PANCRACE

Je vous dis, de quel idiome, de quel langage ?

SGANARELLE

Ah ! c'est une autre affaire.

PANCRACE

Voulez-vous me parler italien ?

SGANARELLE

Non.

PANCRACE

Espagnol ?

SGANARELLE

Non.

PANCRACE

Allemand ?

SGANARELLE

Non.

PANCRACE

Anglais ?

SGANARELLE

Non.

PANCRACE

Latin ?

SGANARELLE

Non.

PANCRACE

Grec ?

SGANARELLE

Non.

PANCRACE

Hébreu ?

SGANARELLE

Non.

PANCRACE

Syriaque ?

SGANARELLE

Non.

PANCRACE

Turc ?

SGANARELLE

Non.

PANCRACE

Arabe ?

SGANARELLE

Non, non ; français.

PANCRACE

Ah ! français.

SGANARELLE

Fort bien.

PANCRACE

Passez donc de l'autre côté ; car cette oreille-ci est destinée pour les langues scientifiques et étrangères, et l'autre est pour la maternelle.

SGANARELLE, *à part.*

Il faut bien des cérémonies avec ces sortes de gens-ci.

PANCRACE

Que voulez-vous ?

SGANARELLE

Vous consulter sur une petite difficulté.

PANCRACE

Sur une difficulté de philosophie, sans doute ?

SGANARELLE

Pardonnez-moi. Je...

PANCRACE

Vous voulez peut-être savoir si la substance et l'accident sont termes synonymes ou équivoques à l'égard de l'être ?

SGANARELLE

Point du tout. Je...

PANCRACE

Si la logique est un art ou une science ?

SGANARELLE

Ce n'est pas cela. Je...

PANCRACE

Si elle a pour objet les trois opérations de l'esprit. ou la troisième seulement ?

SGANARELLE

Non. Je...

3. *Le vide existe dans la nature.*

PANCRACE

S'il y a dix catégories, ou s'il n'y en a qu'une ?

SGANARELLE

Point. Je...

PANCRACE

Si la conclusion est de l'essence du syllogisme ?

SGANARELLE

Nenni. Je...

PANCRACE

Si l'essence du bien est mise dans l'appétibilité ou dans la convenance ?

SGANARELLE

Non. Je...

PANCRACE

Si le bien se réciproque avec la fin ?

SGANARELLE

Hé ! non. Je...

PANCRACE

Si la fin nous peut émouvoir par son être réel, ou par son être intentionnel ?

SGANARELLE

Non, non, non, non, non, de par tous les diables, non.

PANCRACE

Expliquez donc votre pensée, car je ne puis pas la deviner.

SGANARELLE

Je vous la veux expliquer aussi ; mais il faut m'écouter. (*Pendant que Sganarelle dit :*) L'affaire que j'ai à vous dire, c'est que j'ai envie de me marier avec une fille qui est jeune et belle. Je l'aime fort, et l'ai demandée à son père ; mais comme j'appréhende...

PANCRACE *dit en même temps, sans écouter Sganarelle :*

La parole a été donnée à l'homme pour expliquer sa pensée ; et tout ainsi que les pensées sont les portraits des choses, de même nos paroles sont-elles les portraits de nos pensées. (*Sganarelle, impatienté, ferme la bouche du docteur avec sa main à plusieurs reprises, et le docteur continue de parler d'abord que Sganarelle ôte sa main.*) Mais ces portraits diffèrent des autres portraits en ce que les autres portraits sont distingués partout de leurs originaux, et que la parole enferme en soi son original, puisqu'elle n'est autre chose que la pensée expliquée par un signe extérieur ; d'où vient que ceux qui pensent bien sont aussi ceux qui parlent le mieux. Expliquez-moi donc votre pensée par la parole, qui est le plus intelligible de tous les signes.

SGANARELLE *pousse le docteur dans sa maison, et tire la porte pour l'empêcher de sortir.*

Peste de l'homme !

PANCRACE *au dedans de sa maison.*

Oui, la parole est *animi index et speculum* [4]. C'est le truchement du cœur, c'est l'image de l'âme. (*Il monte à la fenêtre et continue.*) C'est un miroir

qui nous présente naïvement les secrets les plus *arcanes de nos individus :* et, puisque vous avez la faculté de ratiociner et de parler tout ensemble, à quoi tient-il que vous ne vous serviez de la parole pour me faire entendre votre pensée ?

SGANARELLE

C'est ce que je veux faire ; mais vous ne voulez pas m'écouter.

PANCRACE

Je vous écoute, parlez.

SGANARELLE

Je dis donc, monsieur le docteur, que...

PANCRACE

Mais surtout soyez bref.

SGANARELLE

Je le serai.

PANCRACE

Evitez la prolixité.

SGANARELLE

Hé ! monsi...

PANCRACE

Tranchez-moi votre discours d'un apophthegme à la laconienne.

SGANARELLE

Je vous...

PANCRACE

Point d'ambages, de circonlocution. (*Sganarelle, de dépit de ne point parler, ramasse des pierres pour en casser la tête du docteur.*) Hé quoi ! vous vous emportez au lieu de vous expliquer ! Allez, vous êtes plus impertinent que celui qui m'a voulu soutenir qu'il faut dire la forme d'un chapeau ; et je vous prouverai, en toute rencontre, par raisons démonstratives et convaincantes, et par arguments *in barbara*, que vous n'êtes et ne serez jamais qu'une pécore, et que je suis et serai toujours, *in utroque jure* [5], le docteur Pancrace.

SGANARELLE

Quel diable de babillard !

PANCRACE, *en rentrant sur le théâtre.*

Homme de lettre, homme d'érudition.

SGANARELLE

Encore ?

PANCRACE

Homme de suffisance, homme de capacité. (*S'en allant.*) Homme consommé dans toutes les sciences, naturelles, morales et politiques. (*Revenant.*) Homme savant, savantissime, *per omnes modos et casus* [6]. (*S'en allant.*) Homme qui possède, *superlative*, fables, mythologies et histoires, (*Revenant.*) grammaire, poésie, rhétorique, dialectique, et sophistique, (*S'en allant.*) mathématique, arithmétique, optique, onirocritique, physique et mathématique, (*Revenant.*) cosmimométrie, géométrie, architecture, spéculoire et spéculatoire, (*S'en allant.*) médecine, astronomie, astrologie, physionomie, métoposcopie, chiromancie, géomancie, etc.

SGANARELLE

Au diable les savants qui ne veulent point écou-

---

4. *L'indice et le miroir de l'âme.*

5. *Dans l'un et l'autre droits : le droit civil et le droit canon.*
6. *Par tous les cas et modes imaginables.*

ter les gens ! On me l'avait bien dit que son maître Aristote n'était rien qu'un bavard. Il faut que j'aille trouver l'autre ; il est plus posé et plus raisonnable. Holà !

> *Scène V : Marphurius, Sganarelle.*

MARPHURIUS

Que voulez-vous de moi, seigneur Sganarelle ?

SGANARELLE

Seigneur docteur, j'aurais besoin de votre conseil sur une petite affaire dont il s'agit, et je suis venu ici pour cela. (*A part.*) Ah ! voilà qui va bien. Il écoute le monde, celui-ci.

MARPHURIUS

Seigneur Sganarelle, changez, s'il vous plaît, cette façon de parler. Notre philosophie ordonne de ne point énoncer de proposition décisive, de parler de tout avec incertitude, de suspendre toujours son jugement ; et, par cette raison, vous ne pouvez pas dire, Je suis venu, mais : Il me semble que je suis venu.

SGANARELLE

Il me semble ?

MARPHURIUS

Oui.

SGANARELLE

Parbleu ! il faut bien qu'il me le semble, puisque cela est.

MARPHURIUS

Ce n'est pas une conséquence ; et il peut vous sembler, sans que la chose soit véritable.

SGANARELLE

Comment ! il n'est pas vrai que je suis venu ?

MARPHURIUS

Cela est incertain, et nous devons douter de tout.

SGANARELLE

Quoi ! je ne suis pas ici, et vous ne me parlez pas ?

MARPHURIUS

Il m'apparaît que vous êtes là, et il me semble que je vous parle ; mais il n'est pas assuré que cela soit.

SGANARELLE

Hé ! que diable ! vous vous moquez. Me voilà, et vous voilà bien nettement, et il n'y a point de *me semble* à tout cela. Laissons ces subtilités, je vous prie, et parlons de mon affaire. Je viens vous dire que j'ai envie de me marier.

MARPHURIUS

Je n'en sais rien.

SGANARELLE

Je vous le dis.

MARPHURIUS

Il se peut faire.

SGANARELLE

La fille que je veux prendre est fort jeune et fort belle.

MARPHURIUS

Il n'est pas impossible.

SGANARELLE

Ferai-je bien ou mal de l'épouser ?

MARPHURIUS

L'un ou l'autre.

SGANARELLE, *à part.*

Ah ! ah ! voici une autre musique. (*A Marphurius.*) Je vous demande si je ferai bien d'épouser la fille dont je vous parle.

MARPHURIUS

Selon la rencontre.

SGANARELLE

Ferai-je mal ?

MARPHURIUS

Par aventure.

SGANARELLE

De grâce, répondez-moi comme il faut.

MARPHURIUS

C'est mon dessein.

SGANARELLE

J'ai une grande inclination pour la fille.

MARPHURIUS

Cela peut être.

SGANARELLE

Le père me l'a accordée.

MARPHURIUS

Il se pourrait.

SGANARELLE

Mais, en l'épousant, je crains d'être cocu.

MARPHURIUS

La chose est faisable.

SGANARELLE

Qu'en pensez-vous ?

MARPHURIUS

Il n'y a pas d'impossibilité.

SGANARELLE

Mais que feriez-vous, si vous étiez en ma place ?

MARPHURIUS

Je ne sais.

SGANARELLE

Que me conseillez-vous de faire ?

MARPHURIUS

Ce qui vous plaira.

SGANARELLE

J'enrage.

MARPHURIUS

Je m'en lave les mains.

SGANARELLE

Au diable soit le vieux rêveur !

MARPHURIUS

Il en sera ce qui pourra.

SGANARELLE, *à part.*

La peste du bourreau ! Je te ferai changer de note, chien de philosophe enragé. (*Il donne des coups de bâton à Marphurius.*)

MARPHURIUS

Ah ! ah ! ah !

SGANARELLE

Te voilà payé de ton galimatias, et me voilà content.

MARPHURIUS

Comment ! Quelle insolence ! M'outrager de la sorte ! avoir eu l'audace de battre un philosophe comme moi !

SGANARELLE

Corrigez, s'il vous plaît, cette manière de parler. Il faut douter de toutes choses ; et vous ne devez pas dire que je vous ai battu, mais qu'il vous semble que je vous ai battu.

MARPHURIUS

Ah ! je m'en vais faire ma plainte au commissaire du quartier, des coups que j'ai reçus.

SGANARELLE

Je m'en lave les mains.

MARPHURIUS

J'en ai les marques sur ma personne.

SGANARELLE

Il se peut faire.

MARPHURIUS

C'est toi qui m'as traité ainsi.

SGANARELLE

Il n'y a pas d'impossibilité.

MARPHURIUS

J'aurai un décret contre toi.

SGANARELLE

Je n'en sais rien.

MARPHURIUS

Et tu seras condamné en justice.

SGANARELLE

Il en sera ce qui pourra.

MARPHURIUS

Laisse-moi faire.

SGANARELLE

Comment ! on ne saurait tirer une parole positive de ce chien d'homme-là, et l'on est aussi savant à la fin qu'au commencement. Que dois-je faire, dans l'incertitude des suites de mon mariage ? Jamais homme ne fut plus embarrassé que je suis. Ah ! voici des Egyptiennes ; il faut que je me fasse dire par elles ma bonne aventure.

Scène VI : Deux Egyptiennes, Sganarelle.

Les Egyptiennes avec leurs tambours de basque entrent en chantant et en dansant.

SGANARELLE

Elles sont gaillardes. Ecoutez, vous autres, y a-t-il moyen de me dire ma bonne fortune ?

PREMIÈRE ÉGYPTIENNE

Oui, mon bon monsieur ; nous voici deux qui te la dirons.

DEUXIÈME ÉGYPTIENNE

Tu n'as seulement qu'à nous donner ta main, avec la croix dedans [7], et nous te dirons quelque chose pour ton bon profit.

SGANARELLE

Tenez, les voilà toutes deux avec ce que vous demandez.

PREMIÈRE ÉGYPTIENNE

Tu as une bonne physionomie, mon bon monsieur, une bonne physionomie.

7. Une pièce *à la croix,* par allusion à la croix représentée sur certaines pièces de monnaie.

DEUXIÈME ÉGYPTIENNE

Oui, une bonne physionomie ; physionomie d'un homme qui sera un jour quelque chose.

PREMIÈRE ÉGYPTIENNE

Tu seras marié avant qu'il soit peu, mon bon monsieur, tu seras marié avant qu'il soit peu.

DEUXIÈME ÉGYPTIENNE

Tu épouseras une femme gentille, une femme gentille.

PREMIÈRE ÉGYPTIENNE

Oui, une femme qui sera chérie et aimée de tout le monde.

DEUXIÈME ÉGYPTIENNE

Une femme qui te fera beaucoup d'amis, mon bon monsieur, qui te fera beaucoup d'amis.

PREMIÈRE ÉGYPTIENNE

Une femme qui fera venir l'abondance chez toi.

DEUXIÈME ÉGYPTIENNE

Une femme qui te donnera une grande réputation.

PREMIÈRE ÉGYPTIENNE

Tu seras considéré par elle, mon bon monsieur, tu seras considéré par elle.

SGANARELLE

Voilà qui est bien. Mais dites-moi un peu, suis-je menacé d'être cocu ?

DEUXIÈME ÉGYPTIENNE

Cocu ?

SGANARELLE

Oui.

PREMIÈRE ÉGYPTIENNE

Cocu ?

SGANARELLE

Oui, si je suis menacé d'être cocu ?

Les deux Egyptiennes dansent et chantent. La, la, la...

SGANARELLE

Que diable, ce n'est pas là me répondre ! Venez çà. Je vous demande à toutes deux si je serai cocu ?

DEUXIÈME ÉGYPTIENNE

Cocu ? vous ?

SGANARELLE

Oui, si je serai cocu ?

PREMIÈRE ÉGYPTIENNE

Vous ? cocu ?

SGANARELLE

Oui, si je le serai ou non ?

Les deux Egyptiennes sortent en chantant et en dansant.

SGANARELLE

Peste soit des carognes qui me laissent dans l'inquiétude ! Il faut absolument que je sache la destinée de mon mariage ; et pour cela je veux aller trouver le grand magicien dont tout le monde parle tant, et qui, par son art admirable, fait voir tout ce que l'on souhaite. Ma foi, je crois que je n'ai que faire d'aller au magicien, et voici qui me montre tout ce que je puis demander.

*Scène VII : Dorimène, Lycaste,
Sganarelle, retiré dans un coin du théâtre,
sans être vu.*

LYCASTE

Quoi ! belle Dorimène, c'est sans raillerie que
vous parlez ?

DORIMÈNE

Sans raillerie.

LYCASTE

Vous vous mariez tout de bon ?

DORIMÈNE

Tout de bon.

LYCASTE

Et vos noces se feront dès ce soir ?

DORIMÈNE

Dès ce soir.

LYCASTE

Et vous pouvez, cruelle que vous êtes, oublier de
la sorte l'amour que j'ai pour vous, et les obligeantes paroles que vous m'aviez données ?

DORIMÈNE

Moi ? point du tout. Je vous considère toujours
de même, et ce mariage ne doit point vous inquiéter ; c'est un homme que je n'épouse point par
amour, et sa seule richesse me fait résoudre à
l'accepter. Je n'ai point de bien, vous n'en avez
point aussi, et vous savez que sans cela on passe
mal le temps au monde, et qu'à quelque prix que
ce soit il faut tâcher d'en avoir. J'ai embrassé
cette occasion-ci de me mettre à mon aise ; et je
l'ai fait sur l'espérance de me voir bientôt délivrée
du barbon que je prends. C'est un homme qui
mourra avant qu'il soit peu, et qui n'a point au
plus que six mois dans le ventre. Je vous le
garantis défunt dans le temps que je dis ; et je
n'aurai pas longuement à demander pour moi au
ciel l'heureux état de veuve. (*A Sganarelle qu'elle
aperçoit.*) Ah ! nous parlions de vous, et nous en
disions tout le bien qu'on en saurait dire.

LYCASTE

Est-ce là monsieur... ?

DORIMÈNE

Oui, c'est monsieur qui me prend pour femme.

LYCASTE

Agréez, monsieur, que je vous félicite de votre
mariage, et vous présente en même temps mes
très humbles services. Je vous assure que vous
épousez là une très honnête personne : et vous,
mademoiselle, je me réjouis avec vous aussi de
l'heureux choix que vous avez fait. Vous ne pouviez pas mieux trouver, et monsieur a toute la mine
d'être un fort bon mari. Oui, monsieur, je veux
faire amitié avec vous, et lier ensemble un petit
commerce de visites et de divertissements.

DORIMÈNE

C'est trop d'honneur que vous nous faites à tous
deux. Mais allons, le temps me presse, et nous
aurons tout le loisir de nous entretenir ensemble.

SGANARELLE

Me voilà tout à fait dégoûté de mon mariage ; et

je crois que je ne ferai pas mal de m'aller dégager
de ma parole. Il m'en a coûté quelque argent ;
mais il vaut mieux encore perdre cela que de
m'exposer à quelque chose de pis. Tâchons adroitement de nous débarrasser de cette affaire. Holà !
(*Il frappe à la porte de la maison d'Alcantor.*)

Scène VIII : Alcantor, Sganarelle.

ALCANTOR

Ah ! mon gendre, soyez le bienvenu !

SGANARELLE

Monsieur, votre serviteur.

ALCANTOR

Vous venez pour conclure le mariage ?

SGANARELLE

Excusez-moi.

ALCANTOR

Je vous promets que j'en ai autant d'impatience
que vous.

SGANARELLE

Je viens ici pour autre sujet.

ALCANTOR

J'ai donné ordre à toutes les choses nécessaires
pour cette fête.

SGANARELLE

Il n'est pas question de cela.

ALCANTOR

Les violons sont retenus, le festin est commandé,
et ma fille est parée pour vous recevoir.

SGANARELLE

Ce n'est pas ce qui m'amène.

ALCANTOR

Enfin, vous allez être satisfait ; et rien ne peut
retarder votre contentement.

SGANARELLE

Mon Dieu ! c'est autre chose.

ALCANTOR

Allons. Entrez donc, mon gendre.

SGANARELLE

J'ai un petit mot à vous dire.

ALCANTOR

Ah ! mon Dieu, ne faisons point de cérémonie !
Entrez vite, s'il vous plaît.

SGANARELLE

Non, vous dis-je. Je vous veux parler auparavant.

ALCANTOR

Vous voulez me dire quelque chose ?

SGANARELLE

Oui.

ALCANTOR

Et quoi ?

SGANARELLE

Seigneur Alcantor, j'ai demandé votre fille en
mariage, il est vrai, et vous me l'avez accordée :
mais je me trouve un peu avancé en âge pour
elle, et je considère que je ne suis point du tout
son fait.

ALCANTOR

Pardonnez-moi, ma fille vous trouve bien comme

vous êtes, et je suis sûr, qu'elle vivra fort contente avec vous.

SGANARELLE

Point. J'ai parfois des bizarreries épouvantables, et elle aurait trop à souffrir de ma mauvaise humeur.

ALCANTOR

Ma fille a de la complaisance, et vous verrez qu'elle s'accommodera entièrement à vous.

SGANARELLE

J'ai quelques infirmités sur mon corps qui pourraient la dégoûter.

ALCANTOR

Cela n'est rien. Une honnête femme ne se dégoûte jamais de son mari.

SGANARELLE

Enfin, voulez-vous que je vous dise ? Je ne vous conseille pas de me la donner.

ALCANTOR

Vous moquez-vous ? J'aimerais mieux mourir que d'avoir manqué à ma parole.

SGANARELLE

Mon Dieu, je vous en dispense, et je...

ALCANTOR

Point du tout. Je vous l'ai promise, et vous l'aurez, en dépit de tous ceux qui y prétendent.

SGANARELLE, *à part.*

Que diable !

ALCANTOR

Voyez-vous ? j'ai une estime et une amitié pour vous toute particulière, et je refuserais ma fille à un prince pour vous la donner.

SGANARELLE

Seigneur Alcantor, je vous suis obligé de l'honneur que vous me faites ; mais je vous déclare que je ne me veux point marier.

ALCANTOR

Qui, vous ?

SGANARELLE

Oui, moi.

ALCANTOR

Et la raison ?

SGANARELLE

La raison ? C'est que je ne me sens point propre pour le mariage, et que je veux imiter mon père, et tous ceux de ma race, qui ne se sont jamais voulu marier.

ALCANTOR

Ecoutez. Les volontés sont libres ; et je suis homme à ne contraindre jamais personne. Vous vous êtes engagé avec moi pour épouser ma fille, et tout est préparé pour cela ; mais, puisque vous voulez retirer votre parole, je vais voir ce qu'il y a à faire ; et vous aurez bientôt de mes nouvelles.

SGANARELLE

Encore est-il plus raisonnable que je ne pensais, et je croyais avoir bien plus de peine à m'en dégager. Ma foi, quand j'y songe, j'ai fait fort sagement de me tirer de cette affaire ; et j'allais faire un pas dont je me serais peut-être longtemps

repenti. Mais voici le fils qui me vient rendre réponse.

Scène IX : Alcidas, Sganarelle.

ALCIDAS, *parlant d'un ton doucereux.*

Monsieur, je suis votre serviteur très humble.

SGANARELLE

Monsieur, je suis le vôtre de tout mon cœur.

ALCIDAS, *toujours avec le même ton.*

Mon père m'a dit, monsieur, que vous vous étiez venu dégager de la parole que vous aviez donnée.

SGANARELLE

Oui, monsieur, c'est avec regret ; mais...

ALCIDAS

Oh ! monsieur, il n'y a pas de mal à cela.

SGANARELLE

J'en suis fâché, je vous assure ; et je souhaiterais...

ALCIDAS

Cela n'est rien, vous dis-je. (*Alcidas présente à Sganarelle deux épées.*) Monsieur, prenez la peine de choisir, de ces deux épées, laquelle vous voulez.

SGANARELLE

De ces deux épées ?

ALCIDAS

Oui, s'il vous plaît.

SGANARELLE

A quoi bon ?

ALCIDAS

Monsieur, comme vous refusez d'épouser ma sœur après la parole donnée, je crois que vous ne trouverez pas mauvais le petit compliment que je viens vous faire.

SGANARELLE

Comment ?

ALCIDAS

D'autres gens feraient du bruit, et s'emporteraient contre vous ; mais nous sommes personnes à traiter les choses dans la douceur ; et je viens vous dire civilement qu'il faut, si vous le trouvez bon, que nous nous coupions la gorge ensemble.

SGANARELLE

Voilà un compliment fort mal tourné.

ALCIDAS

Allons, monsieur, choisissez, je vous prie.

SGANARELLE

Je suis votre valet, je n'ai point de gorge à me couper. (*A part.*) La vilaine façon de parler que voilà !

ALCIDAS

Monsieur, il faut que cela soit, s'il vous plaît.

SGANARELLE

Hé ! monsieur, rengainez ce compliment, je vous prie.

ALCIDAS

Dépêchons vite, monsieur. J'ai une petite affaire qui m'attend.

SGANARELLE

Je ne veux point de cela, vous dis-je.

ALCIDAS

Vous ne voulez pas vous battre ?

SGANARELLE

Nenni, ma foi.

ALCIDAS

Tout de bon ?

SGANARELLE

Tout de bon.

ALCIDAS, *après lui avoir donné
des coups de bâton.*

Au moins, monsieur, vous n'avez pas lieu de vous
plaindre ; vous voyez que je fais les choses dans
l'ordre. Vous nous manquez de parole, je me veux
battre contre vous ; vous refusez de vous battre,
je vous donne des coups de bâton : tout cela est
dans les formes ; et vous êtes trop honnête homme
pour ne pas approuver mon procédé.

SGANARELLE, *à part.*

Quel diable d'homme est-ce ci ?

ALCIDAS *lui présente encore les deux épées.*

Allons, monsieur, faites les choses galamment, et
sans vous faire tirer l'oreille.

SGANARELLE

Encore ?

ALCIDAS

Monsieur, je ne contrains personne ; mais il faut
que vous vous battiez, ou que vous épousiez ma
sœur.

SGANARELLE

Monsieur, je ne puis faire ni l'un ni l'autre, je
vous assure.

ALCIDAS

Assurément ?

SGANARELLE

Assurément.

ALCIDAS

Avec votre permission donc... (*Alcidas lui donne
encore des coups de bâton.*)

SGANARELLE

Ah ! ah ! ah ! ah !

ALCIDAS

Monsieur, j'ai tous les regrets du monde d'être
obligé d'en user ainsi avec vous ; mais je ne ces-
serai point, s'il vous plaît, que vous n'ayez promis
de vous battre, ou d'épouser ma sœur. (*Alcidas
lève le bâton.*)

SGANARELLE

Hé bien ! j'épouserai, j'épouserai.

ALCIDAS

Ah ! monsieur, je suis ravi que vous vous mettiez
à la raison, et que les choses se passent doucement. Car enfin vous êtes l'homme du monde
que j'estime le plus, je vous jure ; et j'aurais été
au désespoir que vous m'eussiez contraint à vous
maltraiter. Je vais appeler mon père, pour lui
dire que tout est d'accord. (*Il va frapper à la
porte d'Alcantor.*)

*Scène X : Alcantor, Dorimène,
Alcidas, Sganarelle.*

ALCANTOR

Mon père, voilà monsieur qui est tout à fait rai-

sonnable. Il a voulu faire les choses de bonne
grâce et vous pouvez lui donner ma sœur.

ALCANTOR

Monsieur, voilà sa main, vous n'avez qu'à donner
la vôtre. Loué soit le ciel ! m'en voilà déchargé,
et c'est vous désormais que regarde le soin de sa
conduite. Allons nous réjouir, et célébrer cet
heureux mariage.

BALLET DU ROI

ARGUMENT

Comme il n'y a rien au monde qui soit si commun que le mariage, et que c'est une chose sur
laquelle les hommes ordinairement se tournent
le plus en ridicule, il n'est pas merveilleux que
ce soit toujours la matière de la plupart des comédies, aussi bien que des ballets, qui sont des
comédies muettes ; et c'est par là qu'on a pris
l'idée de cette comédie-mascarade.

ACTE PREMIER

Scène I

Sganarelle demande conseil au seigneur Géronimo
s'il doit se marier ou non : cet ami lui dit franchement que le mariage n'est guère le fait d'un
homme de cinquante ans ; mais Sganarelle lui
répond qu'il est résolu au mariage ; et l'autre,
voyant cette extravagance de demander conseil
après une résolution prise, lui conseille hautement
de se marier, et le quitte en riant.

Scène II

La maîtresse de Sganarelle arrive, qui lui dit
qu'elle est ravie de se marier avec lui, pour pouvoir sortir promptement de la sujétion de son
père, et avoir désormais toutes ses coudées franches ; et là-dessus elle lui conte la manière dont
elle prétend vivre avec lui, qui sera proprement
la naïve peinture d'une coquette achevée. Sganarelle reste seul assez étonné ; il se plaint, après
ce discours, d'une pesanteur de tête épouvantable ; et, se mettant en un coin du théâtre pour
dormir, il voit en songe une femme représentée
par Mlle Hilaire, qui chante ce récit :

RÉCIT DE LA BEAUTÉ

Si l'Amour vous soumet à ses lois inhumaines,
Choisissez, en aimant, un objet plein d'appas :
  Portez au moins de belles chaînes ;
Et, puisqu'il faut mourir, mourez d'un beau trépas.

Si l'objet de vos feux ne mérite vos peines,
Sous l'empire d'Amour ne vous engagez pas :

Portez au moins de belles chaînes ;
Et, puisqu'il faut mourir, mourez d'un beau trépas.

PREMIÈRE ENTRÉE :
La Jalousie, les Chagrins, et les Soupçons.

LA JALOUSIE, le sieur Dolivet.
LES CHAGRINS, les sieurs Saint-André et Desbrosses.
LES SOUPÇONS, les sieurs de Lorge et Le Chantre.

SECONDE ENTRÉE :
Quatre plaisants ou goguenards.

Le comte d'Armagnac, messieurs d'Heureux, Beauchamp, et des Airs le Jeune.

ACTE SECOND

Scène I.

Le seigneur Géronimo éveille Sganarelle, qui lui veut conter le songe qu'il vient de faire ; mais il lui répond qu'il n'entend rien aux songes, et que, sur le sujet du mariage, il peut consulter deux savants qui sont connus de lui, dont l'un suit la philosophie d'Aristote, et l'autre est pyrrhonien.

Scène II.

Il trouve le premier, qui l'étourdit de son caquet et ne le laisse point parler ; ce qui l'oblige à le maltraiter.

Scène III.

Ensuite il rencontre l'autre, qui ne lui répond, suivant sa doctrine, qu'en termes qui ne décident rien ; il le chasse avec colère, et là-dessus arrivent deux Egyptiens et quatre Egyptiennes.

TROISIÈME ENTRÉE :
Deux Egyptiens, quatre Egyptiennes.

DEUX ÉGYPTIENS : le Roi, le marquis de Villeroy.
EGYPTIENNES : le marquis de Rassan, les sieurs Raynal, Noblet, et La Pierre.

Il prend fantaisie à Sganarelle de se faire dire sa bonne aventure, et, rencontrant deux Bohémiennes, il leur demande s'il sera heureux en son mariage ; pour réponse, elles se mettent à danser, en se moquant de lui, ce qui l'oblige d'aller trouver un magicien.

RÉCIT D'UN MAGICIEN,
chanté par M. Destival.
Holà !
Qui va là ?

Dis-moi vite quel souci
Te peut amener ici.
Mariage.
Ce sont de grands mystères
Que ces sortes d'affaires.
Destinée.
Je te vais pour cela, par mes charmes profonds,
Faire venir quatre démons.
Ces gens-là.
Non, non, n'ayez aucune peur,
Je leur ôterai la laideur.
N'effrayez pas.
Des puissances invincibles
Rendent depuis longtemps tous les démons muets ;
Mais par signes intelligibles
Ils répondront à tes souhaits.

QUATRIÈME ENTRÉE :
Un magicien qui fait sortir quatre démons.

LE MAGICIEN, M. Beauchamp.
QUATRE DÉMONS, MM. d'Heureux, de Lorge, des Airs l'Aîné, et Le Mercier.

Sganarelle les interroge ; ils répondent par signes et sortent en lui faisant les cornes.

ACTE TROISIEME.

Scène I.

Sganarelle, effrayé de ce présage, veut s'aller dégager au père, qui, ayant ouï la proposition, lui répond qu'il n'a rien à lui dire, et qu'il lui va tout à l'heure envoyer sa réponse.

Scène II.

Cette réponse est un brave doucereux, son fils, qui vient avec civilité à Sganarelle, et lui fait un petit compliment pour se couper la gorge ensemble. Sganarelle l'ayant refusé, il lui donne quelques coups de bâton, le plus civilement du monde ; et ces coups de bâton le portent à demeurer d'accord d'épouser la fille.

Scène III.

Sganarelle touche les mains à la fille.

CINQUIÈME ENTRÉE :

Un maître à danser, représenté par M. Dolivet, qui vient enseigner une courante à Sganarelle.

Scène IV.

Le seigneur Géronimo vient se réjouir avec son ami, et lui dit que les jeunes gens de la ville ont préparé une mascarade pour honorer ses noces.

Concert espagnol,
chanté par la signora Anna Bergerotti,
Bordigoni, Chiarini, Jon, Agustin,
Taillavaca, Angelo Michael.
Ciego me tienes, Belisa,
Mas bien tus rigores veo,
Porque es tu desden tan claro,
Que pueden verle los ciegos.

Aunque mi amor es tan grande,
Como mi dolor no es menos,
Si calla el uno dormido,
Sé que ya es el otro despierto.

Favores, tuyos, Belisa,
Tuvieralos yo secretos ;
Mas ya de dolores mios
No puedo hacer lo que quiero [8].

8. *Tu prétends, Bélise, que je suis aveugle ; cependant je
vois bien tes rigueurs. Ton dédain est si sensible qu'il ne
faut pas d'yeux pour l'apercevoir.*
Mon amour est bien grand mais ma douleur n'est pas

SIXIÈME ENTRÉE :
Deux Espagnols et deux Espagnoles.

MM. du Pille et Tartas, ESPAGNOLS.
MM. de la Lanne et de Saint-André, ESPAGNOLES.

SEPTIÈME ENTRÉE :
Un charivari grotesque.

M. Lulli, les sieurs Balthasard, Vagnac, Bonnard,
La Pierre, Descousteaux, et les trois Opterres,
frères.

HUITIÈME ENTRÉE :
*Quatre galants, cajolant
la femme de Sganarelle.*

M. le Duc, M. le duc de Saint-Aignan, MM. Beauchamp et Raynal.

*moindre. Le sommeil calme celle-ci ; rien ne peut assoupir
l'autre.*
*Je saurai, Bélise, garder le secret de tes faveurs, mais
je ne suis pas le maître d'empêcher mes douleurs d'éclater.*

LA PRINCESSE D'ÉLIDE

COMÉDIE GALANTE

« Mêlée de musique et d'entrées de ballet, représentée pour la première fois à Versailles le 8e mai 1664 et donnée depuis au public sur le théâtre du Palais-Royal le 9e novembre de la même année 1664 par la Troupe de Monsieur, frère unique du roi. » Œuvre de circonstance, destinée à fournir le clou des Plaisirs de l'Ile enchantée, ces fêtes « si supérieures à celles qu'on invente dans les romans » (Voltaire) dont un roi de vingt-six ans, devant plus de six cents invités, faisait hommage, officiellement aux deux reines, sa mère Anne d'Autriche et son épouse Marie-Thérèse, mais secrètement (si tant est que personne n'y trompât) à Mademoiselle de La Vallière sa maîtresse. La circonstance pressait tellement que la comédie, commencée en vers, dut être achevée en prose. Comme le rapporte galamment Marigny, elle « n'avait eu le temps que de prendre un de ses brodequins et elle était venue donner des marques de son obéissance un pied chaussé et l'autre nu ». Marques d'obéissance d'autant plus grandes que Molière avait à rattacher tant bien que mal son invention au thème général des réjouissances imaginé par le duc de Saint-Aignan d'après un épisode du Roland furieux de l'Arioste et à la « régie » de l'Italien Vigarani, grand « machiniste » et intendant des menus plaisirs du roi. Lulli s'acquittait de la musique, Benserade et Périgny des couplets et madrigaux divers.

La Princesse d'Elide est une transposition d'une comédie espagnole — par égard, peut-être, à l'origine des deux reines — de Moreto : Dédain pour dédain. Molière menait le jeu dans le rôle du bouffon Moron ; Armande, en Princesse, fut révélée à elle-même et, semble-t-il, à son mari.

Créée le deuxième jour des fêtes qui allaient se prolonger au-delà des trois prévus — Molière en profitera pour présenter Tartuffe encore en cours d'élaboration — la pièce n'allait enchanter qu'à moitié la ville. Après 1757 elle ne fut plus jouée, jusqu'en 1946, à la Comédie-Française, par Jean-Louis Barrault.

PERSONNAGES

LA PRINCESSE D'ELIDE (Mlle Molière).

AGLANTE, *cousine de la princesse* (Mlle Du Parc).

CYNTHIE, *cousine de la princesse* (Mlle de Brie).

PHILIS, *suivante de la princesse* (Mlle Béjart).

IPHITAS, *père de la princesse* (Hubert).

EURYALE, *prince d'Ithaque* (La Grange).

ARISTOMÈNE, *prince de Messène* (Du Croisy).

THÉOCLE, *prince de Pylé* (Béjart).

ARBATE, *gouverneur du prince d'Ithaque* (La Thorillière).

MORON, *plaisant de la princesse* (Molière).

LYCAS, *suivant d'Iphitas* (Prévost).

Personnages des intermèdes
L'AURORE, LYCISCAS, *valet des chiens,* Trois valets de chiens, *Un satyre,* TIRCIS, CLIMÈNE.

LA SCÈNE EST EN ÉLIDE.

PREMIER INTERMEDE

Scène I : Récit de l'Aurore.

Quand l'amour à vos yeux offre un choix agréable,
   Jeunes beautés, laissez-vous enflammer ;
Moquez-vous d'affecter cet orgueil indomptable
   Dont on vous dit qu'il est beau de s'armer.
      Dans l'âge où l'on est aimable,
      Rien n'est si beau que d'aimer.

Soupirez librement pour un amant fidèle,
   Et bravez ceux qui voudraient vous blâmer.
Un cœur tendre est aimable, et le nom de cruelle
   N'est pas un nom à se faire estimer :
      Dans le temps où l'on est belle,
      Rien n'est si beau que d'aimer.

Scène II : Valets de chiens et musiciens.

   Holà ! holà ! Debout, debout, debout.
Pour la chasse ordonnée il faut préparer tout

238

   Holà ! oh ! debout, vite debout.

           PREMIER

Jusqu'aux plus sombres lieux le jour se commu-
          DEUXIÈME   [nique.

   L'air sur les fleurs en perles se résout.

           TROISIÈME

   Les rossignols commencent leur musique,
Et leurs petits concerts retentissent partout.

        TOUS ENSEMBLE

     Sus, sus, debout, vite debout.

A Lyciscas endormi.

Qu'est-ce ci, Lyciscas ? Quoi ! tu ronfles encore,
Toi, qui promettais tant de devancer l'Aurore !
      Allons, debout, vite debout.

Pour la chasse ordonnée il faut préparer tout.

   Debout, vite debout ; dépêchons, ho, debout.

      LYCISCAS, *en s'éveillant.*

Par la morbleu ! vous êtes de grands braillards,
vous autres, et vous avez la gueule ouverte de bon
matin.

          MUSICIENS

Ne vois-tu pas le jour qui se répand partout ?
     Allons, debout, Lyciscas, debout.

          LYCISCAS

Hé ! laissez-moi dormir encore un peu, je vous
conjure.

          MUSICIENS

   Non, non, debout, Lyciscas, debout.

          LYCISCAS

Je ne vous demande plus qu'un petit quart d'heure.

          MUSICIENS

   Point, point, debout, vite debout.

          LYCISCAS

Hé ! je vous prie.

          MUSICIENS

Debout.

          LYCISCAS

Un moment.

          MUSICIENS

Debout.

          LYCISCAS

De grâce !

          MUSICIENS

Debout.

          LYCISCAS

He !

          MUSICIENS

Debout.

          LYCISCAS

Je...

          MUSICIENS

Debout.

          LYCISCAS

J'aurai fait incontinent.

          MUSICIENS

   Non, non, debout, Lyciscas, debout.
Pour la chasse ordonnée il faut préparer tout.
    Vite debout, dépêchons, debout.

          LYCISCAS

Hé bien ! laissez-moi, je vais me lever. Vous êtes

d'étranges gens, de me tourmenter comme cela !
Vous serez cause que je ne me porterai pas bien
de toute la journée ; car, voyez-vous, le sommeil
est nécessaire à l'homme ; et, lorsqu'on ne dort
pas sa réfection, il arrive... que... on est... (*Il se
rendort.*)

          PREMIER

Lyciscas !

          DEUXIÈME

Lyciscas !

          TROISIÈME

Lyciscas !

        TOUS ENSEMBLE

Lyciscas !

          LYCISCAS

Diable soit les brailleurs ! Je voudrais que vous
eussiez la gueule pleine de bouillie bien chaude.

          MUSICIENS

Debout, debout,
   Vite debout, dépêchons, debout.

          LYCISCAS

Ah ! quelle fatigue, de ne pas dormir son soûl !

          PREMIER

Holà ! ho !

          DEUXIÈME

Holà ! ho !

          TROISIÈME

Holà ! ho !

        TOUS ENSEMBLE

   Ho ! ho ! ho ! ho !

          LYCISCAS

Ho ! ho ! ho ! oh ! La peste soit des gens, avec leurs
chiens de hurlements ! Je me donne au diable, si je ne
vous assomme. Mais voyez un peu quel diable
d'enthousiasme il leur prend, de me venir chanter
aux oreilles comme cela... Je...

          MUSICIENS

Debout.

          LYCISCAS

Encore ?

          MUSICIENS

Debout.

          LYCISCAS

Le diable vous emporte !

          MUSICIENS

Debout.

      LYCISCAS, *en se levant.*

Quoi ! toujours ! A-t-on jamais vu une pareille
furie de chanter ? Par la sambleu ! j'enrage. Puisque me voilà éveillé, il faut que j'éveille les autres,
et que je les tourmente comme on m'a fait. Allons,
ho ! messieurs, debout, debout, vite ; c'est trop
dormir. Je vais faire un bruit de diable partout.
(*Il crie de toute sa force.*) Debout, debout, debout !
Allons vite, ho ! ho ! ho ! debout, debout ! Pour
la chasse ordonnée, il faut préparer tout : debout,
debout ! Lyciscas, debout ! Ho ! ho ! ho ! ho ! ho !

ACTE PREMIER

Scène I : Euryale, Arbate.

ARBATE

Ce silence rêveur, dont la sombre habitude
Vous fait à tous moments chercher la solitude ;
Ces longs soupirs que laisse échapper votre cœur,
Et ces fixes regards si chargés de langueur,
5 Disent beaucoup, sans doute, à des gens de mon âge;
Et je pense, seigneur, entendre ce langage ;
Mais, sans votre congé, de peur de trop risquer,
Je n'ose m'enhardir jusques à l'expliquer.

EURYALE

Explique, explique, Arbate, avec toute licence
10 Ces soupirs, ces regards, et ce morne silence.
Je te permets ici de dire que l'Amour
M'a rangé sous ses lois, et me brave à son tour ;
Et je consens encor que tu me fasses honte
Des faiblesses d'un cœur qui souffre qu'on le dompte.

ARBATE

15 Moi, vous blâmer, seigneur, des tendres mouvements
Où vis qu'aujourd'hui penchent vos sentiments !
Le chagrin des vieux jours ne peut aigrir mon âme
Contre les doux transports de l'amoureuse flamme ;
Et bien que mon sort touche à ses derniers soleils,
20 Je dirai que l'amour sied bien à vos pareils ;
Que ce tribut qu'on rend aux traits d'un beau visage
De la beauté d'une âme est un clair témoignage,
Et qu'il est malaisé que, sans être amoureux,
Un jeune prince soit et grand et généreux.
25 C'est une qualité que j'aime en un monarque ;
La tendresse de cœur est une grande marque ;
Et je crois que d'un prince on peut tout présumer,
Dès qu'on voit que son âme est capable d'aimer.
Oui, cette passion, de toutes la plus belle,
30 Traîne dans un esprit cent vertus après elle ;
Aux nobles actions elle pousse les cœurs,
Et tous les grands héros ont senti ses ardeurs.
Devant mes yeux, seigneur, a passé votre enfance,
Et j'ai de vos vertus vu fleurir l'espérance ;
35 Mes regards observaient en vous des qualités
Où je reconnaissais le sang dont vous sortez ;
J'y découvrais un fonds d'esprit et de lumière ;
Je vous trouvais bien fait, l'air grand et l'âme fière ;
Votre cœur, votre adresse, éclataient chaque jour ;
40 Mais je m'inquiétais de ne point voir d'amour :
Et, puisque les langueurs d'une plaie invincible
Nous montrent que votre âme à ses traits est sensi-
Je triomphe, et mon cœur, d'allégresse rempli, [ble,
Vous regarde à présent comme un prince accompli.

EURYALE

45 Si de l'Amour un temps j'ai bravé la puissance,
Hélas ! mon cher Arbate, il en prend bien vengeance !
Et sachant dans quels maux mon cœur s'est abîmé,
Toi-même tu voudrais qu'il n'eût jamais aimé.
Car enfin, vois le sort où mon astre me guide :

J'aime, j'aime ardemment la princesse d'Elide ;
Et tu sais quel orgueil, sous des traits si charmants,
Arme contre l'amour ses jeunes sentiments,
Et comment elle fuit, dans cette illustre fête,
Cette foule d'amants qui briguent sa conquête.
Ah ! qu'il est bien peu vrai que ce qu'on doit aimer
Aussitôt qu'on le voit, prend droit de nous charmer,
Et qu'un premier coup d'œil allume en nous les
Où le ciel, en naissant, a destiné nos âmes! [flammes
A mon retour d'Argos, je passai dans ces lieux,
Et ce passage offrit la princesse à mes yeux ;
Je vis tous les appas dont elle est revêtue,
Mais de l'œil dont on voit une belle statue.
Leur brillante jeunesse observée à loisir
Ne porta dans mon âme aucun secret désir,
Et d'Ithaque en repos je revis le rivage,
Sans m'en être en deux ans rappelé nulle image.
Un bruit vient cependant à répandre à ma cour
Le célèbre mépris qu'elle fait de l'amour.
On publie en tous lieux que son âme hautaine
Garde pour l'hymenée une invincible haine,
Et qu'un arc à la main, sur l'épaule un carquois,
Comme une autre Diane elle hante les bois,
N'aime rien que la chasse, et de toute la Grèce
Fait soupirer en vain l'héroïque jeunesse.
Admire nos esprits, et la fatalité !
Ce que n'avait point fait sa vue et sa beauté,
Le bruit de ses fiertés en mon âme fit naître
Un transport inconnu dont je ne fus point maître :
Ce dédain si fameux eut des charmes secrets
A me faire avec soin rappeler tous ses traits ;
Et mon esprit, jetant de nouveaux yeux sur elle,
M'en refit une image et si noble et si belle,
Me peignit tant de gloire et de telles douceurs
A pouvoir triompher de toutes ses froideurs,
Que mon cœur, aux brillants d'une telle victoire,
Vit de sa liberté s'évanouir la gloire ;
Contre une telle amorce il eut beau s'indigner,
Sa douceur sur mes sens prit tel droit de régner,
Qu'entraîné par l'effort d'une occulte puissance,
J'ai d'Ithaque en ces lieux fait voile en diligence ;
Et je couvre un effet de mes vœux enflammés
Du désir de paraître à ces jeux renommés,
Où l'illustre Iphitas, père de la princesse,
Assemble la plupart des princes de la Grèce.

ARBATE   [nez ?
Mais à quoi bon, seigneur, les soins que vous pre-
Et pourquoi ce secret où vous vous obstinez ?
Vous aimez, dites-vous, cette illustre princesse,
Et venez à ses yeux signaler votre adresse ;
Et nuls empressements, paroles, ni soupirs,
Ne l'ont instruite encor de vos brûlants désirs ?
Pour moi, je n'entends rien à cette politique [que ;
Qui ne veut point souffrir que votre cœur s'expli-
Et je ne sais quel fruit peut prétendre un amour
Qui fuit tous les moyens de se produire au jour.

EURYALE

Et que ferai-je, Arbate, en déclarant ma peine,
Qu'attirer les dédains de cette âme hautaine,
Et me jeter au rang de ces princes soumis,

Que le titre d'amants lui peint en ennemis ?
Tu vois les souverains de Messène et de Pyle
10 Lui faire de leurs cœurs un hommage inutile,
Et de l'éclat pompeux des plus hautes vertus
En appuyer en vain les respects assidus :
Ce rebut de leurs soins, sous un triste silence,
Retient de mon amour toute la violence :
15 Je me tiens condamné dans ces rivaux fameux,
Et je lis mon arrêt au mépris qu'on fait d'eux.

ARBATE

Et c'est dans ce mépris, et dans cette humeur fière,
Que votre âme à ses vœux doit voir plus de lumière,
Puisque le sort vous donne à conquérir un cœur
20 Que défend seulement une jeune froideur,
Et qui n'impose point à l'ardeur qui vous presse
De quelque attachement l'invincible tendresse.
Un cœur préoccupé résiste puissamment ;
Mais, quand une âme est libre, on la force aisément;
25 Et toute la fierté de son indifférence
N'a rien dont ne triomphe un peu de patience.
Ne lui cachez donc plus le pouvoir de ses yeux ;
Faites de votre flamme un éclat glorieux ;
Et, bien loin de trembler de l'exemple des autres,
30 Du rebut de leurs vœux enflez l'espoir des vôtres.
Peut-être, pour toucher ses sévères appas,
Aurez-vous des secrets que ces princes n'ont pas ;
Et, si de ses fiertés l'impérieux caprice
Ne vous fait éprouver un destin plus propice,
35 Au moins est-ce un bonheur en ces extrémités
Que de voir avec soi ses rivaux rebutés.

EURYALE

J'aime à te voir presser cet aveu de ma flamme ;
Combattant mes raisons, tu chatouilles mon âme ;
Et, par ce que j'ai dit, je voulais pressentir
40 Si de ce que j'ai fait tu pourrais m'applaudir.
Car enfin, puisqu'il faut t'en faire confidence,
On doit à la princesse expliquer mon silence ;
Et peut-être, au moment que je t'en parle ici,
Le secret de mon cœur, Arbate, est éclairci.
45 Cette chasse, où, pour fuir la foule qui l'adore,
Tu sais qu'elle est allée au lever de l'aurore,
Est le temps que Moron, pour déclarer mon feu,
A pris...

ARBATE

Moron, seigneur ?

EURYALE

        Ce choix t'étonne un peu ;
Par son titre de fou tu crois bien le connaître ;
50 Mais sache qu'il l'est moins qu'il ne le veut paraître;
Et que, malgré l'emploi qu'il exerce aujourd'hui,
Il a plus de bon sens que tel qui rit de lui.
La princesse se plaît à ses bouffonneries :
Il s'en est fait aimer par cent plaisanteries,
55 Et peut, dans cet accès, dire et persuader
Ce que d'autres que lui n'oseraient hasarder ;
Je le vois propre enfin à ce que j'en souhaite :
Il a pour moi, dit-il, une amitié parfaite,
Et veut, dans mes états ayant reçu le jour,
60 Contre tous mes rivaux appuyer mon amour.
Quelque argent mis en main pour soutenir ce zèle...

Scène II : Euryale, Arbate, Moron.

MORON, *derrière le théâtre.*
Au secours ! sauvez-moi de la bête cruelle.

EURYALE
Je pense ouïr sa voix.

MORON, *derrière le théâtre.*
        A moi ! de grâce, à moi !

EURYALE
C'est lui-même. Où court-il avec un tel effroi ?

MORON, *entrant sans voir personne.*
Où pourrai-je éviter ce sanglier redoutable ?   165
Grands dieux ! préservez-moi de sa dent effroyable!
Je vous promets, pourvu qu'il ne m'attrape pas,
Quatre livres d'encens, et deux veaux des plus gras.
*Rencontrant Euryale, que dans sa frayeur il prend
pour le sanglier qu'il évite.*
Ah ! je suis mort.

EURYALE
        Qu'as-tu ?

MORON
             Je vous croyais la bête
Dont à me diffamer j'ai vu la gueule prête,   170
Seigneur, et je ne puis revenir de ma peur.

EURYALE
Qu'est-ce ?

MORON
Oh ! que la princesse est d'une étrange humeur!
Et qu'à suivre la chasse et ses extravagances,
Il nous faut essuyer de sottes complaisances !
Quel diable de plaisir trouvent tous les chasseurs   175
De se voir exposés à mille et mille peurs ?
Encore si c'était qu'on ne fût qu'à la chasse
Des lièvres, des lapins, et des jeunes daims, passe :
Ce sont des animaux d'un naturel fort doux,
Et qui prennent toujours la fuite devant nous.   180
Mais aller attaquer de ces bêtes vilaines,
Qui n'ont aucun respect pour les faces humaines,
Et qui courent les gens qui les veulent courir,
C'est un sot passe-temps que je ne puis souffrir.

EURYALE
Dis-nous donc ce que c'est.

MORON, *en se tournant.*
        Le pénible exercice   185
Où de notre princesse a volé le caprice !
J'en aurais bien juré qu'elle aurait fait le tour ;
Et, la course des chars se faisant en ce jour,
Il fallait affecter ce contre-temps de chasse
Pour mépriser ces jeux avec meilleure grâce,   190
Et faire voir... Mais chut. Achevons mon récit,
Et reprenons le fil de ce que j'avais dit.
Qu'ai-je dit ?

EURYALE
Tu parlais d'exercice pénible.

MORON
Ah ! oui. Succombant donc à ce travail horrible
(Car en chasseur fameux j'étais enharnaché,   195
Et dès le point du jour je m'étais découché),
Je me suis écarté de tous en galant homme.

Et, trouvant un lieu propre à dormir d'un bon somme,
J'essayais ma posture, et, m'ajustant bientôt,
200 Prenais déjà mon ton pour ronfler comme il faut,
Lorsqu'un murmure affreux m'a fait lever la vue,
Et j'ai, d'un vieux buisson de la forêt touffue,
Vu sortir un sanglier d'une énorme grandeur
Pour...

 EURYALE

Qu'est-ce ?

MORON

Ce n'est rien. N'ayez point de frayeur,
205 Mais laissez-moi passer entre vous deux, pour cause;
Je serai mieux en main pour vous conter la chose.
J'ai donc vu ce sanglier, qui, par nos gens chassé,
Avait d'un air affreux tout son poil hérissé ;
Ses deux yeux flamboyants ne lançaient que menace,
210 Et sa gueule faisait une laide grimace,
Qui, parmi de l'écume, à qui l'osait presser
Montrait de certains crocs... je vous laisse à penser,
A ce terrible aspect j'ai ramassé mes armes ;
Mais le faux animal, sans en prendre d'alarmes,
215 Est venu droit à moi, qui ne lui disais mot.

ARBATE

Et tu l'as de pied ferme attendu ?

MORON

Quelque sot !
J'ai jeté tout par terre, et couru comme quatre.

ARBATE

Fuir devant un sanglier ayant de quoi l'abattre !
Ce trait, Moron, n'est pas généreux...

MORON

J'y consens ;
220 Il n'est pas généreux, mais il est de bon sens.

ARBATE

Mais, par quelques exploits si l'on ne s'éternise...

MORON

Je suis brave valet, et j'aime mieux qu'on dise :
C'est ici qu'en fuyant, sans se faire prier,
Moron sauva ses jours des fureurs d'un sanglier,
225 Que si l'on y disait : Voilà l'illustre place
Où le brave Moron, signalant son audace,
Affrontant d'un sanglier l'impétueux effort,
Par un coup de ses dents vit terminer son sort.

EURYALE

Fort bien.

MORON

Oui. J'aime mieux, n'en déplaise à la gloire,
230 Vivre au monde deux jours, que mille ans dans l'his-

EURYALE   [toire.

En effet, ton trépas fâcherait tes amis.
Mais, si de ta frayeur ton esprit est remis,
Puis-je te demander si du feu qui me brûle... ?

MORON

Il ne faut point, seigneur, que je vous dissimule ;
235 Je n'ai rien fait encore, et n'ai point rencontré
De temps pour lui parler qui fût selon mon gré.
L'office de bouffon a des prérogatives ;
Mais souvent on rabat nos libres tentatives.
Le discours de vos feux est un peu délicat,
240 Et c'est chez la princesse une affaire d'Etat.

Vous savez de quel titre elle se glorifie,
Et qu'elle a dans la tête une philosophie
Qui déclare la guerre au conjugal lien,
Et vous traite l'Amour de déité de rien.
Pour n'effaroucher point son humeur de tigresse,   2
Il me faut manier la chose avec adresse ;
Car on doit regarder comme l'on parle aux grands,
Et vous êtes parfois d'assez fâcheuses gens.
Laissez-moi doucement conduire cette trame.
Je me sens là pour vous un zèle tout de flamme ;   2
Vous êtes né mon prince, et quelques autres nœuds
Pourraient contribuer au bien que je vous veux.
Ma mère, dans son temps, passait pour assez belle,
Et naturellement n'était pas fort cruelle ;
Feu votre père alors, ce prince généreux,   2
Sur la galanterie était fort dangereux ;
Et je sais qu'Elpénor, qu'on appelait mon père,
A cause qu'il était le mari de ma mère,
Contait pour grand honneur aux pasteurs d'aujour-
Que le prince autrefois était venu chez lui,   [d'hui   2
Et que, durant ce temps, il avait l'avantage
De se voir salué de tous ceux du village.
Baste. Quoi qu'il en soit, je veux par mes travaux...
Mais voici la princesse et deux de vos rivaux.

Scène III : La Princesse, Aglante, Cynthie,
Aristomène, Théocle, Euryale,
Philis, Arbate, Moron.

ARISTOMÈNE

Reprochez-vous, madame, à nos justes alarmes   2
Ce péril dont tous deux avons sauvé vos charmes ?
J'aurais pensé, pour moi, qu'abattre sous nos coups
Ce sanglier qui portait sa fureur jusqu'à vous,
Etait une aventure (ignorant votre chasse)
Dont à nos bons destins nous dussions rendre grâce; 2
Mais, à cette froideur, je connais clairement
Que je dois concevoir un autre sentiment,
Et quereller du sort la fatale puissance
Qui me fait avoir part à ce qui vous offense.

THÉOCLE

Pour moi, je tiens, madame, à sensible bonheur   2
L'action où pour vous a volé tout mon cœur,
Et ne puis consentir, malgré votre murmure,
A quereller le sort d'une telle aventure.
D'un objet odieux je sais que tout déplaît ;
Mais, dût votre courroux être plus grand qu'il n'est, 2
C'est extrême plaisir, quand l'amour est extrême,
De pouvoir d'un péril affranchir ce qu'on aime.

LA PRINCESSE

Et pensez-vous, seigneur, puisqu'il me faut parler,
Qu'il eût en ce péril de quoi tant m'ébranler ?
Que l'arc et que le dard, pour moi si pleins de charmes,
Ne soient entre mes mains que d'inutiles armes ?
Et que je fasse enfin mes plus fréquents emplois
De parcourir nos monts, nos plaines et nos bois,
Pour n'oser, en chassant, concevoir l'espérance
De suffire moi seule à ma propre défense ?   2
Certes, avec le temps, j'aurais bien profité
De ces soins assidus dont je fais vanité,

S'il fallait que mon bras, dans une telle quête,
Ne pût pas triompher d'une chétive bête !
295 Du moins, si, pour prétendre à de sensibles coups,
Le commun de mon sexe est trop mal avec vous,
D'un étage plus haut accordez-moi la gloire ;
Et me faites tous deux cette grâce de croire,
Seigneurs, que quel que fût le sanglier d'aujourd'hui,
300 J'en ai mis bas sans vous de plus méchants que lui.

THÉOCLE

Mais, madame...

LA PRINCESSE

Hé bien! soit. Je vois que votre envie
Est de persuader que je vous dois la vie ;
J'y consens. Oui, sans vous, c'était fait de mes jours.
Je rends de tout mon cœur grâce à ce grand secours;
305 Et je vais de ce pas au prince, pour lui dire
Les bontés que pour moi votre amour vous inspire.

Scène IV : Euryale, Arbate, Moron.

MORON

Heu ! a-t-on jamais vu de plus farouche esprit ?
De ce vilain sanglier l'heureux trépas l'aigrit.
Oh ! comme volontiers j'aurais d'un beau salaire
310 Récompensé tantôt qui m'en eût su défaire !

ARBATE, *à Euryale.*

Je vous vois tout pensif, seigneur, de ses dédains ;
Mais ils n'ont rien qui doive empêcher vos desseins.
Son heure doit venir, et c'est à vous, possible,
Qu'est réservé l'honneur de la rendre sensible.

MORON

315 Il faut qu'avant la course elle apprenne vos feux ;
Et je...

EURYALE

Non. Ce n'est plus, Moron, ce que je veux ;
Garde-toi de rien dire, et me laisse un peu faire ;
J'ai résolu de prendre un chemin tout contraire.
Je vois trop que son cœur s'obstine à dédaigner
320 Tous ces profonds respects qui pensent la gagner ;
Et le dieu qui m'engage à soupirer pour elle
M'inspire pour la vaincre une adresse nouvelle.
Oui, c'est lui d'où me vient ce soudain mouvement,
Et j'en attends de lui l'heureux événement.

ARBATE

325 Peut-on savoir, seigneur, par où votre espérance... ?

EURYALE

Tu vas le voir. Allons, et garde le silence.

DEUXIEME INTERMEDE

Scène I : Moron.

Jusqu'au revoir. Pour moi, je reste ici, et j'ai une
petite conversation à faire avec ces arbres et ces
rochers.

Bois, prés, fontaines, fleurs, qui voyez mon teint
[blême,

Si vous ne le savez, je vous apprends que j'aime.
    Philis est l'objet charmant
    Qui tient mon cœur à l'attache ;
    Et je devins son amant
    La voyant traire une vache.   [fois,
Ses doigts tout pleins de lait, et plus blancs mille
Pressaient les bouts du pis d'une grâce admirable.
    Ouf ! cette idée est capable
    De me réduire aux abois.

Ah ! Philis ! Philis ! Philis !
Ah, hem, ah, ah, ah, hi, hi, hi, oh, oh, oh, oh.
Voilà un écho qui est bouffon ! Hom, hom, hom,
ha, ha, ha, ha, ha.
Uh, uh, uh. Voilà un écho qui est bouffon !

Scène II : Un ours, Moron.

MORON, *apercevant un ours
qui vient à lui.*

Ah ! monsieur l'ours, je suis votre serviteur de
tout mon cœur. De grâce, épargnez-moi. Je vous
assure que je ne vaux rien du tout à manger,
je n'ai que la peau et les os, et je vois de certaines
gens là-bas qui seraient bien mieux votre affaire.
Eh ! eh ! eh ! monseigneur, tout doux, s'il vous
plaît. Là, (*Il caresse l'ours et tremble de frayeur.*)
là, là, là. Ah ! monseigneur, que votre altesse est
jolie et bien faite ! Elle a tout à fait l'air galant.
et la taille la plus mignonne du monde. Ah ! beau
poil, belle tête, beaux yeux brillants, et bien
fendus ! Ah ! beau petit nez ! belle petite bouche !
petites quenottes jolies ! Ah ! belle gorge ! belles
petites menottes ! petits ongles bien faits ! (*L'ours
se lève sur ses pattes de derrière.*) A l'aide ! au
secours ! je suis mort ! Miséricorde ! Pauvre Moron ! Ah ! mon Dieu ! Et vite, à moi, je suis
perdu. (*Les chasseurs paraissent.*) Hé, messieurs,
ayez pitié de moi. (*Les chasseurs combattent
l'ours.*) Bon ! messieurs, tuez-moi ce vilain animal-
là. O ciel ! daigne les assister ! Bon ! le voilà qui
fuit. Le voilà qui s'arrête, et qui se jette sur eux.
Bon ! en voilà un qui vient de lui donner un coup
dans la gueule. Les voilà tous à l'entour de lui.
Courage ! ferme ! allons, mes amis ! Bon ! poussez fort ! Encore ! Ah ! le voilà qui est à terre ;
c'en est fait, il est mort ! Descendons maintenant
pour lui donner cent coups. (*Moron descend de
l'arbre.*) Serviteur, messieurs, je vous rends grâce
de m'avoir délivré de cette bête. Maintenant que
vous l'avez tuée, je m'en vais l'achever, et en
triompher avec vous. (*Moron donne mille coups à
l'ours, qui est mort.*)

ENTRÉE DE BALLET

*Les chasseurs dansent pour témoigner leur joie
d'avoir remporté la victoire.*

ACTE SECOND

*Scène I : La Princesse, Aglante,
Cynthie, Philis.*

LA PRINCESSE

Oui, j'aime à demeurer dans ces paisibles lieux ;
On n'y découvre rien qui n'enchante les yeux ;
Et de tous nos palais la savante structure
330 Cède aux simples beautés qu'y forme la nature.
Ces arbres, ces rochers, cette eau, ces gazons frais,
Ont pour moi des appas à ne lasser jamais.

AGLANTE

Je chéris comme vous ces retraites tranquilles,
Où l'on se vient sauver de l'embarras des villes.
335 De mille objets charmants ces lieux sont embellis ;
Et ce qui doit surprendre est qu'aux portes d'Elis
La douce passion de fuir la multitude
Rencontre une si belle et vaste solitude.
Mais, à vous dire vrai, dans ces jours éclatants
340 Vos retraites ici me semblent hors de temps ;
Et c'est fort maltraiter l'appareil magnifique
Que chaque prince a fait pour la fête publique.
Ce spectacle pompeux de la course des chars
Devrait bien mériter l'honneur de vos regards.

LA PRINCESSE

345 Quel droit ont-ils chacun d'y vouloir ma présence,
Et que dois-je, après tout, à leur magnificence ?
Ce sont soins que produit l'ardeur de m'acquérir,
Et mon cœur est le prix qu'ils veulent tous courir.
Mais, quelque espoir qui flatte un projet de la sorte,
350 Je me tromperai fort, si pas un d'eux l'emporte.

CYNTHIE

Jusques à quand ce cœur veut-il s'effaroucher
Des innocents desseins qu'on a de le toucher,
Et regarder les soins que pour vous on se donne
Comme autant d'attentats contre votre personne ?
355 Je sais qu'en défendant le parti de l'amour,
On s'expose chez vous à faire mal sa cour ;
Mais ce que par le sang j'ai l'honneur de vous être
S'oppose aux duretés que vous faites paraître ;
Et je ne puis nourrir d'un flatteur entretien
360 Vos résolutions de n'aimer jamais rien.
Est-il rien de plus beau que l'innocente flamme
Qu'un mérite éclatant allume dans une âme ?
Et serait-ce un bonheur de respirer le jour,
Si d'entre les mortels on bannissait l'amour ?
365 Non, non, tous les plaisirs se goûtent à le suivre ;
Et vivre sans aimer n'est pas proprement vivre [1].

AGLANTE

Pour moi, je tiens que cette passion est la plus
agréable affaire de la vie ; qu'il est nécessaire
d'aimer pour vivre heureusement, et que tous les
plaisirs sont fades, s'il ne s'y mêle un peu d'amour.

[1]. Le dessein de l'auteur était de traiter ainsi toute la comédie. Mais un commandement du roi, qui pressa cette affaire,
l'obligea d'achever tout le reste en prose et de passer légèrement sur plusieurs scènes, qu'il aurait étendues davantage
s'il avait eu plus de loisir. (*Note de Molière.*)

LA PRINCESSE

Pouvez-vous bien toutes deux, étant ce que vous
êtes, prononcer ces paroles ? et ne devez-vous pas
rougir d'appuyer une passion qui n'est qu'erreur,
que faiblesse et qu'emportement, et dont tous
les désordres ont tant de répugnance avec la gloire
de notre sexe ? J'en prétends soutenir l'honneur
jusqu'au dernier moment de ma vie, et ne veux
point du tout me commettre à ces gens qui font
les esclaves auprès de nous, pour devenir un jour
nos tyrans. Toutes ces larmes, tous ces soupirs,
tous ces hommages, tous ces respects, sont des
embûches qu'on tend à notre cœur, et qui souvent
l'engagent à commettre des lâchetés. Pour moi,
quand je regarde certains exemples, et les bassesses
épouvantables où cette passion ravale les personnes
sur qui elle étend sa puissance, je sens tout mon
cœur qui s'émeut ; et je ne puis souffrir qu'une
âme, qui fait profession d'un peu de fierté, ne trouve
pas une honte horrible à de telles faiblesses.

CYNTHIE

Hé ! madame, il est de certaines faiblesses qui ne
sont point honteuses, et qu'il est beau même
d'avoir dans les plus hauts degrés de gloire. J'espère que vous changerez un jour de pensée ; et,
s'il plaît au ciel, nous verrons votre cœur avant
qu'il soit peu...

LA PRINCESSE

Arrêtez. N'achevez pas ce souhait étrange. J'ai
une horreur trop invincible pour ces sortes d'abaisse-
ments ; et si jamais j'étais capable d'y descendre, je serais personne, sans doute à ne me le point
pardonner.

AGLANTE

Prenez garde, madame ! l'Amour sait se venger
des mépris qu'on fait de lui, et peut-être...

LA PRINCESSE

Non, non. Je brave tous ses traits ; et le grand
pouvoir qu'on lui donne n'est rien qu'une chimère,
qu'une excuse des faibles cœurs, qui le font invincible pour autoriser leur faiblesse.

CYNTHIE

Mais enfin toute la terre reconnaît sa puissance,
et vous voyez que les dieux même sont assujettis
à son empire. On nous fait voir que Jupiter n'a
pas aimé pour une fois, et que Diane même, dont
vous affectez tant l'exemple, n'a pas rougi de
pousser des soupirs d'amour.

LA PRINCESSE

Les croyances publiques sont toujours mêlées d'erreur. Les dieux ne sont point faits comme se les fait
le vulgaire, et c'est leur manquer de respect que
de leur attribuer les faiblesses des hommes.

*Scène II : La Princesse, Aglante,
Cynthie, Philis, Moron.*

AGLANTE

Viens, approche, Moron ; viens nous aider à défendre l'amour contre les sentiments de la princesse

LA PRINCESSE

Voilà votre parti fortifié d'un grand défenseur !

MORON

Ma foi, madame, je crois qu'après mon exemple il n'y a plus rien à dire, et qu'il ne faut plus mettre en doute le pouvoir de l'amour. J'ai bravé ses armes assez longtemps, et fait de mon drôle comme un autre ; mais enfin ma fierté a baissé l'oreille, et vous (*Il montre Philis.*) avez une traîtresse qui m'a rendu plus doux qu'un agneau. Après cela, on ne doit plus faire aucun scrupule d'aimer ; et, puisque j'ai bien passé par là, il peut bien y en passer d'autres.

CYNTHIE

Quoi ! Moron se mêle d'aimer ?

MORON

Fort bien.

CYNTHIE

Et de vouloir être aimé ?

MORON

Et pourquoi non ? Est-ce qu'on n'est pas assez bien fait pour cela ? Je pense que ce visage est assez passable, et que pour le bel air, Dieu merci, nous ne le cédons à personne.

CYNTHIE

Sans doute, on aurait tort.

*Scène III : La Princesse, Aglante,
Cynthie, Philis, Moron, Lycas.*

LYCAS

Madame, le prince votre père vient vous trouver ici, et conduit avec lui les princes de Pyle et d'Ithaque, et celui de Messène.

LA PRINCESSE

O ciel! que prétend-il faire en me les amenant ? Aurait-il résolu ma perte, et voudrait-il bien me forcer au choix de quelqu'un d'eux ?

*Scène IV : Iphitas, Euryale, Aristomène,
Théocle, la Princesse, Aglante,
Cynthie, Philis, Moron.*

LA PRINCESSE, *à Iphitas.*

Seigneur, je vous demande la licence de prévenir par deux paroles la déclaration des pensées que vous pouvez avoir. Il y a deux vérités, seigneur, aussi constantes l'une que l'autre, et dont je puis vous assurer également : l'une, que vous avez un absolu pouvoir sur moi, et que vous ne sauriez m'ordonner rien où je ne réponde aussitôt par une obéissance aveugle ; l'autre, que je regarde l'hyménée ainsi que le trépas, et qu'il m'est impossible de forcer cette aversion naturelle. Me donner un mari, et me donner la mort, c'est une même chose ; mais votre volonté va la première, et mon obéissance m'est bien plus chère que ma vie. Après cela, parlez, seigneur ; prononcez librement ce que vous voulez.

IPHITAS

Ma fille, tu as tort de prendre de telles alarmes, et je me plains de toi, qui peux mettre dans ta pensée que je sois assez mauvais père pour vouloir faire violence à tes sentiments, et me servir tyranniquement de la puissance que le ciel me donne sur toi. Je souhaite, à la vérité, que ton cœur puisse aimer quelqu'un. Tous mes vœux seraient satisfaits, si cela pouvait arriver : et je n'ai proposé les fêtes et les jeux que je fais célébrer ici, qu'afin d'y pouvoir attirer tout ce que la Grèce a d'illustre, et que parmi cette noble jeunesse tu puisses enfin rencontrer où arrêter tes yeux et déterminer tes pensées. Je ne demande, dis-je, au ciel autre bonheur que celui de te voir un époux. J'ai, pour obtenir cette grâce, fait encore ce matin un sacrifice à Vénus ; et, si je sais bien expliquer le langage des dieux, elle m'a promis un miracle. Mais, quoi qu'il en soit, je veux en user avec toi en père qui chérit sa fille. Si tu trouves où attacher tes vœux, ton choix sera le mien, et je ne considérerai ni intérêt d'état, ni avantages d'alliance ; si ton cœur demeure insensible, je n'entreprendrai point de le forcer ; mais au moins sois complaisante aux civilités qu'on te rend, et ne m'oblige point à faire les excuses de ta froideur. Traite ces princes avec l'estime que tu leur dois, reçois avec reconnaissance les témoignages de leur zèle, et viens voir cette course où leur adresse va paraître.

THÉOCLE, *à la Princesse.*

Tout le monde va faire des efforts pour remporter le prix de cette course. Mais, à vous dire vrai, j'ai peu d'ardeur pour la victoire, puisque ce n'est pas votre cœur qu'on y doit disputer.

ARISTOMÈNE

Pour moi, madame, vous êtes le seul prix que je me propose partout. C'est vous que je crois disputer dans ces combats d'adresse, et je n'aspire maintenant à remporter l'honneur de cette course que pour obtenir un degré de gloire qui m'approche de votre cœur.

EURYALE

Pour moi, madame, je n'y vais point du tout avec cette pensée. Comme j'ai fait profession toute ma vie de ne rien aimer, tous les soins que je prends ne vont point où tendent les autres. Je n'ai aucune prétention sur votre cœur, et le seul honneur de la course est tout l'avantage où j'aspire.

Ils la quittent.

LA PRINCESSE

D'où sort cette fierté où l'on ne s'attendait point ? Princesses, que dites-vous de ce jeune prince ? Avez-vous remarqué de quel ton il l'a pris ?

AGLANTE

Il est vrai que cela est un peu fier.

MORON, *à part.*

Ah ! quelle brave botte il vient là de lui porter !

LA PRINCESSE

Ne trouvez-vous pas qu'il y aurait plaisir d'abaisser son orgueil, et de soumettre un peu ce cœur qui tranche tant du brave ?

CYNTHIE

Comme vous êtes accoutumée à ne jamais recevoir que des hommages et des adorations de tout le monde, un compliment pareil au sien doit vous surprendre, à la vérité.

LA PRINCESSE

Je vous avoue que cela m'a donné de l'émotion, et que je souhaiterais fort de trouver les moyens de châtier cette hauteur. Je n'avais pas beaucoup d'envie de me trouver à cette course ; mais j'y veux aller exprès, et employer toute chose pour lui donner de l'amour.

CYNTHIE

Prenez garde, madame. L'entreprise est périlleuse ; et lorsqu'on veut donner de l'amour, on court risque d'en recevoir.

LA PRINCESSE

Ah ! n'appréhendez rien, je vous prie. Allons, je vous réponds de moi.

TROISIEME INTERMEDE

Scène I : Philis, Moron.

MORON

Philis, demeure ici.

PHILIS

Non. Laisse-moi suivre les autres.

MORON

Ah, cruelle ! si c'était Tircis qui t'en priât, tu demeurerais bien vite.

PHILIS

Cela se pourrait faire, et je demeure d'accord que je trouve bien mieux mon compte avec l'un qu'avec l'autre ; car il me divertit avec sa voix, et toi, tu m'étourdis de ton caquet. Lorsque tu chanteras aussi bien que lui, je te promets de t'écouter.

MORON

Hé ! demeure un peu.

PHILIS

Je ne saurais.

MORON

De grâce !

PHILIS

Point, te dis-je.

MORON, *retenant Philis.*

Je ne te laisserai point aller...

PHILIS

Ah ! que de façons !

MORON

Je ne te demande qu'un moment à être avec toi.

PHILIS

Hé bien ! oui, j'y demeurerai, pourvu que tu me promettes une chose.

MORON

Et quelle ?

PHILIS

De ne me point parler du tout.

MORON

Hé ! Philis.

PHILIS

A moins que de cela, je ne demeurerai point avec toi.

MORON

Veux-tu me... ?

PHILIS

Laisse-moi aller.

MORON

Hé bien ! oui. demeure. Je ne te dirai mot.

PHILIS

Prends-y bien garde, au moins ; car, à la moindre parole, je prends la fuite.

MORON

Soit. (*Après avoir fait une scène de gestes.*) Ah ! Philis !... Hé !... Elle s'enfuit, et je ne saurais l'attraper. Voilà ce que c'est. Si je savais chanter, j'en ferais bien mieux mes affaires. La plupart des femmes aujourd'hui se laissent prendre par les oreilles ; elles sont cause que tout le monde se mêle de musique, et l'on ne réussit auprès d'elles que par les petites chansons et les petits vers qu'on leur fait entendre. Il faut que j'apprenne à chanter pour faire comme les autres. Bon, voici justement mon homme.

Scène II : Un satyre, Moron.

LE SATYRE *chante.*

La, la, la.

MORON

Ah ! Satyre, mon ami, tu sais bien ce que tu m'as promis, il y a longtemps. Apprends-moi à chanter, je te prie.

LE SATYRE

Je le veux. Mais auparavant, écoute une chanson que je viens de faire.

MORON, *bas, à part.*

Il est si accoutumé à chanter, qu'il ne saurait parler d'autre façon. (*Haut.*) Allons, chante, j'écoute.

LE SATYRE *chante.*

Je portais...

MORON

Une chanson, dis-tu ?

LE SATYRE

Je port...

MORON

Une chanson à chanter ?

LE SATYRE

Je port...

MORON

Chanson amoureuse ? Peste !

LE SATYRE

Je portais dans une cage
Deux moineaux que j'avais pris,
Lorsque la jeune Chloris
Fit, dans un sombre bocage,
Briller, à mes yeux surpris,
Les fleurs de son beau visage.

Hélas ! dis-je aux moineaux, en recevant les coups
De ses yeux si savants à faire des conquêtes,
  Consolez-vous, pauvres petites bêtes :
Celui qui vous a pris est bien plus pris que vous.
Moron demande au Satyre une chanson plus pas-
sionnée, et le prie de lui dire celle qu'il avait ouï
chanter quelques jours auparavant.

LE SATYRE *chante.*

  Dans vos chants si doux
  Chantez à ma belle,
  Oiseaux, chantez tous
  Ma peine mortelle.
  Mais si la cruelle
  Se met en courroux
  Au récit fidèle
  Des maux que je sens pour elle,
  Oiseaux, taisez-vous,
  Oiseaux, taisez-vous.

MORON

Ah ! qu'elle est belle ! Apprends-la-moi.

LE SATYRE

La, la, la, la.

MORON

La, la, la, la.

LE SATYRE

Fa, fa, fa, fa.

MORON

Fa toi-même.

ENTRÉE DE BALLET.

Le Satyre, en colère, menace Moron, et plusieurs
Satyres dansent une entrée plaisante.

ACTE TROISIEME

Scène I : La Princesse, Aglante,
Cynthie, Philis.

CYNTHIE

Il est vrai, madame, que ce jeune prince a fait
voir une adresse non commune, et que l'air dont
il a paru a été quelque chose de surprenant. Il
sort vainqueur de cette course. Mais je doute fort
qu'il en sorte avec le même cœur qu'il y a porté ;
car enfin vous lui avez tiré des traits dont il est
difficile de se défendre ; et, sans parler de tout
le reste, la grâce de votre danse et la douceur
de votre voix ont eu des charmes aujourd'hui à
toucher les plus insensibles.

LA PRINCESSE

Le voici qui s'entretient avec Moron ; nous saurons un peu de quoi il lui parle. Ne rompons point
encore leur entretien, et prenons cette route pour
revenir à leur rencontre.

Scène II : Euryale, Arbate, Moron.

EURYALE

Ah ! Moron, je te l'avoue, j'ai été enchanté ; et
jamais tant de charmes n'ont frappé tout ensemble mes yeux et mes oreilles ! Elle est adorable en
tout temps il est vrai ; mais ce moment l'a emporté sur tous les autres, et des grâces nouvelles
ont redoublé l'éclat de ses beautés. Jamais son
visage ne s'est paré de plus vives couleurs, ni
ses yeux ne se sont armés de traits plus vifs et
plus perçants. La douceur de sa voix a voulu se
faire paraître dans un air tout charmant qu'elle
a daigné chanter, et les sons merveilleux qu'elle
formait passaient jusqu'au fond de mon âme, et
tenaient tous mes sens dans un ravissement à ne
pouvoir en revenir. Elle a fait éclater ensuite une
disposition toute divine, et ses pieds amoureux
sur l'émail d'un tendre gazon traçaient d'aimables
caractères qui m'enlevaient hors de moi-même,
et m'attachaient par des nœuds invincibles aux
doux et justes mouvements dont tout son corps
suivait les mouvements de l'harmonie. Enfin,
jamais âme n'a eu de plus puissantes émotions
que la mienne ; et j'ai pensé plus de vingt fois
oublier ma résolution, pour me jeter à ses pieds
et lui faire un aveu sincère de l'ardeur que je sens
pour elle.

MORON

Donnez-vous-en bien de garde, seigneur, si vous
m'en voulez croire. Vous avez trouvé la meilleure
invention du monde, et je me trompe fort si elle
ne vous réussit. Les femmes sont des animaux
d'un naturel bizarre ; nous les gâtons par nos
douceurs ; et je crois tout de bon que nous les
verrions nous courir, sans tous ces respects et ces
soumissions où les hommes les acoquinent.

ARBATE

Seigneur, voici la princesse qui s'est un peu éloignée de sa suite.

MORON

Demeurez ferme, au moins, dans le chemin que
vous avez pris. Je m'en vais voir ce qu'elle me
dira. Cependant promenez-vous ici dans ces petites routes, sans faire aucun semblant d'avoir envie
de la joindre ; et, si vous l'abordez, demeurez avec
elle le moins qu'il vous sera possible.

Scène III : La Princesse, Moron.

LA PRINCESSE

Tu as donc familiarité, Moron, avec le prince
d'Ithaque ?

MORON

Ah ! madame, il y a longtemps que nous nous
connaissons.

LA PRINCESSE

D'où vient qu'il n'est pas venu jusqu'ici, et qu'il
a pris cette autre route quand il m'a vue ?

MORON

C'est un homme bizarre, qui ne se plaît qu'à
entretenir ses pensées.

LA PRINCESSE

Etais-tu tantôt au compliment qu'il m'a fait ?

MORON

Oui, madame, j'y étais ; et je l'ai trouvé un

peu impertinent, n'en déplaise à sa principauté.

LA PRINCESSE

Pour moi, je le confesse, Moron, cette fuite m'a choquée ; et j'ai toutes les envies du monde de l'engager, pour rabattre un peu son orgueil.

MORON

Ma foi, madame, vous ne feriez pas mal ; il le mériterait bien : mais, à vous dire vrai, je doute fort que vous y puissiez réussir.

LA PRINCESSE

Comment ?

MORON

Comment ? C'est le plus orgueilleux petit vilain que vous ayez jamais vu. Il lui semble qu'il n'y a personne au monde qui le mérite, et que la terre n'est pas digne de le porter.

LA PRINCESSE

Mais encore, ne t'a-t-il point parlé de moi ?

MORON

Lui ? Non.

LA PRINCESSE

Il ne t'a rien dit de ma voix et de ma danse ?

MORON

Pas le moindre mot.

LA PRINCESSE

Certes, ce mépris est choquant, et je ne puis souffrir cette hauteur étrange de ne rien estimer.

MORON

Il n'estime et n'aime que lui.

LA PRINCESSE

Il n'y a rien que je ne fasse pour le soumettre comme il faut.

MORON

Nous n'avons point de marbre dans nos montagnes qui soit plus dur et plus insensible que lui.

LA PRINCESSE

Le voilà.

MORON

Voyez-vous comme il passe, sans prendre garde à vous ?

LA PRINCESSE

De grâce, Moron, va le faire aviser que je suis ici, et l'oblige à me venir aborder.

Scène IV : La Princesse, Euryale,
Arbate, Moron.

MORON, allant au-devant d'Euryale,
et lui parlant bas.

Seigneur, je vous donne avis que tout va bien. La princesse souhaite que vous l'abordiez ; mais songez bien à continuer votre rôle ; et, de peur de l'oublier, ne soyez pas longtemps avec elle.

LA PRINCESSE

Vous êtes bien solitaire, seigneur ; et c'est une humeur bien extraordinaire que la vôtre, de renoncer ainsi à notre sexe, et de fuir, à votre âge, cette galanterie dont se piquent tous vos pareils.

EURYALE

Cette humeur, madame, n'est pas si extraordinaire qu'on n'en trouvât des exemples sans aller loin d'ici ; et vous ne sauriez condamner la résolution que j'ai prise de n'aimer jamais rien, sans condamner aussi vos sentiments.

LA PRINCESSE

Il y a grande différence ; et ce qui sied bien à un sexe ne sied pas bien à l'autre. Il est beau qu'une femme soit insensible, et conserve son cœur exempt des flammes de l'amour : mais ce qui est vertu en elle devient un crime dans un homme ; et, comme la beauté est le partage de notre sexe, vous ne sauriez ne nous point aimer sans nous dérober les hommages qui nous sont dus, et commettre une offense dont nous devons toutes nous ressentir.

EURYALE

Je ne vois pas, madame, que celles qui ne veulent point aimer doivent prendre aucun intérêt à ces sortes d'offenses.

LA PRINCESSE

Ce n'est pas une raison, seigneur ; et, sans vouloir aimer, on est toujours bien aise d'être aimée.

EURYALE

Pour moi, je ne suis pas de même ; et, dans le dessein où je suis de ne rien aimer, je serais fâché d'être aimé.

LA PRINCESSE

Et la raison ?

EURYALE

C'est qu'on a obligation à ceux qui nous aiment, et que je serais fâché d'être ingrat.

LA PRINCESSE

Si bien donc que, pour fuir l'ingratitude, vous aimeriez qui vous aimerait !

EURYALE

Moi, madame ? Point du tout. Je dis bien que je serais fâché d'être ingrat ; mais je me résoudrais plutôt de l'être que d'aimer.

LA PRINCESSE

Telle personne vous aimerait peut-être, que votre cœur...

EURYALE

Non, madame. Rien n'est capable de toucher mon cœur. Ma liberté est la seule maîtresse à qui je consacre mes vœux ; et, quand le ciel emploierait ses soins à composer une beauté parfaite, quand il assemblerait en elle tous les dons les plus merveilleux et du corps et de l'âme, enfin, quand il exposerait à mes yeux un miracle d'esprit, d'adresse et de beauté, et que cette personne m'aimerait avec toutes les tendresses imaginables, je vous l'avoue franchement, je ne l'aimerais pas.

LA PRINCESSE, à part.

A-t-on jamais rien vu de tel ?

MORON, à la Princesse.

Peste soit du petit brutal ! J'aurais bien envie de lui bailler un coup de poing.

LA PRINCESSE, à part.

Cet orgueil me confond, et j'ai un tel dépit, que je ne me sens pas.

MORON, *bas, au Prince.*

Bon courage, seigneur. Voilà qui va le mieux du monde.

EURYALE, *bas, à Moron.*

Ah ! Moron, je n'en puis plus ! et je me suis fait des efforts étranges.

LA PRINCESSE, *à Euryale.*

C'est avoir une insensibilité bien grande, que de parler comme vous faites.

EURYALE

Le ciel ne m'a pas fait d'une autre humeur. Mais, madame, j'interromps votre promenade, et mon respect doit m'avertir que vous aimez la solitude.

Scène V : La Princesse, Moron.

MORON

Il ne vous en doit rien, madame, en dureté de cœur.

LA PRINCESSE

Je donnerais volontiers tout ce que j'ai au monde, pour avoir l'avantage de triompher.

MORON

Je le crois.

LA PRINCESSE

Ne pourrais-tu, Moron, me servir dans un tel dessein ?

MORON

Vous savez bien, madame, que je suis tout à votre service.

LA PRINCESSE

Parle-lui de moi dans tes entretiens : vante-lui adroitement ma personne et les avantages de ma naissance, et tâche d'ébranler ses sentiments par la douceur de quelque espoir. Je te permets de dire tout ce que tu voudras, pour tâcher à me l'engager.

MORON

Laissez-moi faire.

LA PRINCESSE

C'est une chose qui me tient au cœur. Je souhaite ardemment qu'il m'aime.

MORON

Il est bien fait, oui, ce petit pendard-là ; il a bon air, bonne physionomie ; et je crois qu'il serait assez le fait d'une jeune princesse.

LA PRINCESSE

Enfin, tu peux tout espérer de moi, si tu trouves moyen d'enflammer pour moi son cœur.

MORON

Il n'y a rien qui ne se puisse faire. Mais, madame s'il venait à vous aimer, que refiez-vous, s'il vous plaît ?

LA PRINCESSE

Ah ! ce serait lors que je prendrais plaisir à triompher pleinement de sa vanité, à punir son mépris par mes froideurs, et exercer sur lui toutes les cruautés que je pourrais imaginer.

MORON

Il ne se rendra jamais.

LA PRINCESSE

Ah ! Moron, il faut faire en sorte qu'il se rende.

MORON

Non. Il n'en fera rien. Je le connais, ma peine serait inutile.

LA PRINCESSE

Si faut-il pourtant tenter toute chose, et éprouver si son âme est entièrement insensible. Allons. Je veux lui parler, et suivre une pensée qui vient de me venir.

QUATRIEME INTERMEDE

Scène I : Philis, Tircis.

PHILIS

Viens, Tircis ; laissons-les aller, et me dis un peu ton martyre de la façon que tu sais faire. Il y a longtemps que tes yeux me parlent ; mais je suis plus aise d'ouïr ta voix.

TIRCIS *chante.*

Tu m'écoutes, hélas ! dans ma triste langueur :
Mais je n'en suis pas mieux, ô beauté sans [pareille ;
Et je touche ton oreille,
Sans que je touche ton cœur.

PHILIS

Va, va, c'est déjà quelque chose que de toucher l'oreille, et le temps amène tout. Chante-moi cependant quelque plainte nouvelle que tu aies composée pour moi.

Scène II : Moron, Philis, Tircis.

MORON

Ah ! ah ! je vous y prends, cruelle ! Vous vous écartez des autres pour ouïr mon rival !

PHILIS

Oui, je m'écarte pour cela. Je te le dis encore, je me plais avec lui ; et l'on écoute volontiers les amants lorsqu'ils se plaignent aussi agréablement qu'il fait. Que ne chantes-tu comme lui ? Je prendrais plaisir à t'écouter.

MORON

Si je ne sais chanter, je sais faire autre chose ; et quand...

PHILIS

Tais-toi. Je veux l'entendre. Dis, Tircis, ce que tu voudras.

MORON

Ah, cruelle !

PHILIS

Silence, dis-je, ou je me mettrai en colère.

TIRCIS *chante.*

Arbres épais, et vous, prés émaillés,
La beauté dont l'hiver vous avait dépouillés
Par le printemps, vous est rendue.
Vous reprenez tous vos appas ;
Mais mon âme ne reprend pas
La joie, hélas ! que j'ai perdue !

MORON

Morbleu ! que n'ai-je de la voix ! Ah ! nature
marâtre, pourquoi ne m'as-tu pas donné de quoi
chanter comme à un autre ?

PHILIS

En vérité, Tircis, il ne se peut rien de plus agréable, et tu l'emportes sur tous les rivaux que tu as.

MORON

Mais pourquoi est-ce que je ne puis pas chanter ?
N'ai-je pas un estomac, un gosier et une langue
comme un autre ? Oui, oui, allons. Je veux chanter aussi, et te montrer que l'amour fait faire
toutes choses. Voici une chanson que j'ai faite
pour toi.

PHILIS

Oui, dis. Je veux bien t'écouter, pour la rareté du
fait.

MORON

Courage, Moron. Il n'y a qu'à avoir de la hardiesse.
Il chante.

> Ton extrême rigueur
> S'acharne sur mon cœur.
> Ah ! Philis, je trépasse ;
> Daigne me secourir.
> En seras-tu plus grasse
> De m'avoir fait mourir ?

Vivat ! Moron.

PHILIS

Voilà qui est le mieux du monde. Mais, Moron,
je souhaiterais bien d'avoir la gloire que quelque
amant fût mort pour moi. C'est un avantage dont
je n'ai point encore joui ; et je trouve que j'aimerais de tout mon cœur une personne qui m'aimerait assez pour se donner la mort.

MORON

Tu aimerais une personne qui se tuerait pour toi ?

PHILIS

Oui.

MORON

Il ne faut que cela pour te plaire ?

PHILIS

Non.

MORON

Voilà qui est fait. Je te veux montrer que je me
sais tuer quand je veux.

TIRCIS *chante.*

> Ah ! quelle douceur extrême
> De mourir pour ce qu'on aime !

MORON, *à Tircis.*

C'est un plaisir que vous aurez quand vous voudrez.

TIRCIS *chante.*

> Courage, Moron. Meurs promptement
> En généreux amant.

MORON, *à Tircis.*

Je vous prie de vous mêler de vos affaires, et de
me laisser tuer à ma fantaisie. Allons, je vais
faire honte à tous les amants. (*A Philis.*) Tiens,
je ne suis pas homme à faire tant de façons.

Vois ce poignard. Prends bien garde comme je
vais me percer le cœur. (*Se riant de Tircis.*) Je
suis votre serviteur. Quelque niais.

PHILIS

Allons, Tircis. Viens-t'en me redire à l'écho ce que
tu m'as chanté.

ACTE QUATRIEME

Scène I : La Princesse, Euryale, Moron.

LA PRINCESSE

Prince, comme jusqu'ici nous avons fait paraître
une conformité de sentiments, et que le ciel a
semblé mettre en nous mêmes attachements pour
notre liberté, et même aversion pour l'amour, je
suis bien aise de vous ouvrir mon cœur, et de
vous faire confidence d'un changement dont vous
serez surpris. J'ai toujours regardé l'hymen comme
une chose affreuse, et j'avais fait serment d'abandonner plutôt la vie que de me résoudre jamais à
perdre cette liberté, pour qui j'avais des tendresses
si grandes ; mais, enfin, un moment a dissipé toutes
ces résolutions. Le mérite d'un prince m'a frappé
aujourd'hui les yeux ; et mon âme tout d'un coup,
comme par un miracle, est devenue sensible aux
traits de cette passion que j'avais toujours méprisée. J'ai trouvé d'abord des raisons pour autoriser
ce changement, et je puis l'appuyer de la volonté
de répondre aux ardentes sollicitations d'un père,
et aux vœux de tout un état ; mais, à vous dire
vrai, je suis en peine du jugement que vous ferez
de moi, et je voudrais savoir si vous condamnerez,
ou non, le dessein que j'ai de me donner un époux.

EURYALE

Vous pourriez faire un tel choix, madame, que
je l'approuverais sans doute.

LA PRINCESSE

Qui croyez-vous, à votre avis, que je veuille
choisir ?

EURYALE

Si j'étais dans votre cœur, je pourrais vous le dire ;
mais, comme je n'y suis pas, je n'ai garde de vous
répondre.

LA PRINCESSE

Devinez pour voir, et nommez quelqu'un.

EURYALE

J'aurais trop peur de me tromper.

LA PRINCESSE

Mais encore, pour qui souhaiteriez-vous que je me
déclarasse ?

EURYALE

Je sais bien, à vous dire vrai, pour qui je le
souhaiterais ; mais, avant de m'expliquer, je dois
savoir votre pensée.

LA PRINCESSE

Hé bien ! prince, je veux bien vous la découvrir.
Je suis sûre que vous allez approuver mon choix ;
et, pour ne vous point tenir en suspens davantage,

le prince de Messène est celui de qui le mérite
s'est attiré mes vœux.

          EURYALE, *à part.*
O ciel !

          LA PRINCESSE, *bas, à Moron.*
Mon invention a réussi, Moron. Le voilà qui se
trouble.

          MORON, *à la Princesse.*
Bon, madame. (*Au Prince.*) Courage, seigneur.
(*A la Princesse.*) Il en tient. (*Au Prince.*) Ne vous
défaites pas.

          LA PRINCESSE, *à Euryale.*
Ne trouvez-vous pas que j'ai raison, et que ce
prince a tout le mérite qu'on peut avoir ?

          MORON, *bas, au Prince.*
Remettez-vous, et songez à répondre.

          LA PRINCESSE
D'où vient, prince, que vous ne dites mot, et
semblez interdit ?

          EURYALE
Je le suis, à la vérité ; et j'admire, madame, comme
le ciel a pu former deux âmes aussi semblables
en tout que les nôtres, deux âmes en qui l'on ait
vu une plus grande conformité de sentiments, qui
aient fait éclater dans le même temps une résolution à braver les traits de l'amour, et qui, dans
le même moment, aient fait paraître une égale
facilité à perdre le nom d'insensibles. Car enfin,
madame, puisque votre exemple m'autorise, je ne
feindrai point de vous dire que l'amour aujour-
d'hui s'est rendu maître de mon cœur, et qu'une
des princesses vos cousines, l'aimable et belle
Aglante, a renversé d'un coup d'œil tous les projets
de ma fierté. Je suis ravi, madame, que, par cette
égalité de défaite, nous n'ayons rien à nous reprocher l'un et l'autre ; et je ne doute point que,
comme je vous loue infiniment de votre choix,
vous n'approuviez aussi le mien. Il faut que ce
miracle éclate aux yeux de tout le monde, et nous
ne devons point différer à nous rendre tous deux
contents. Pour moi, madame, je vous sollicite
de vos suffrages, pour obtenir celle que je souhaite ; et vous trouverez bon que j'aille de ce pas
en faire la demande au prince votre père.

          MORON, *bas, à Euryale.*
Ah ! digne, ah ! brave cœur !

     Scène II : La Princesse, Moron.

          LA PRINCESSE
Ah ! Moron, je n'en puis plus ; et ce coup, que
je n'attendais pas, triomphe absolument de toute
ma fermeté.

          MORON
Il est vrai que le coup est surprenant, et j'avais
cru d'abord que votre stratagème avait fait son
effet.

          LA PRINCESSE
Ah ! ce m'est un dépit à me désespérer, qu'une
autre ait l'avantage de soumettre ce cœur que
je voulais soumettre.

     Scène III : La Princesse, Aglante, Moron.

          LA PRINCESSE
Princesse, j'ai à vous prier d'une chose qu'il faut
absolument que vous m'accordiez. Le prince
d'Ithaque vous aime, et veut vous demander au
prince mon père.

          AGLANTE
Le prince d'Ithaque, madame ?

          LA PRINCESSE
Oui. Il vient de m'en assurer lui-même, et m'a
demandé mon suffrage pour vous obtenir ; mais
je vous conjure de rejeter cette proposition, et
de ne point prêter l'oreille à tout ce qu'il pourra
vous dire.

          AGLANTE
Mais, madame, s'il était vrai que ce prince m'aimât effectivement, pourquoi, n'ayant aucun dessein
de vous engager, ne voudriez-vous pas souffrir... ?

          LA PRINCESSE
Non, Aglante. Je vous le demande. Faites-moi ce
plaisir, je vous prie, et trouvez bon que, n'ayant
pu avoir l'avantage de le soumettre, je lui dérobe
la joie de vous obtenir.

          AGLANTE
Madame, il faut vous obéir ; mais je croirais que
la conquête d'un tel cœur ne serait pas une victoire
à dédaigner.

          LA PRINCESSE
Non, non, il n'aura pas la joie de me braver entièrement !

     Scène IV : La Princesse, Aristomène,
              Aglante, Moron.

          ARISTOMÈNE
Madame, je viens à vos pieds rendre grâce à
l'amour de mes heureux destins, et vous témoigner, avec mes transports, le ressentiment où je
suis des bontés surprenantes dont vous daignez
favoriser le plus soumis de vos captifs.

          LA PRINCESSE
Comment ?

          ARISTOMÈNE
Le prince d'Ithaque, madame, vient de m'assurer
tout à l'heure que votre cœur avait eu la bonté de
s'expliquer en ma faveur, sur ce célèbre choix
qu'attend toute la Grèce.

          LA PRINCESSE
Il vous a dit qu'il tenait cela de ma bouche ?

          ARISTOMÈNE
Oui, madame.

          LA PRINCESSE
C'est un étourdi ; et vous êtes un peu trop crédule, prince, d'ajouter foi si promptement à ce
qu'il vous a dit. Une pareille nouvelle mériterait
bien, ce me semble, qu'on en doutât un peu de
temps ; et c'est tout ce que vous pourriez faire
de la croire, si je vous l'avais dite moi-même.

          ARISTOMÈNE
Madame, si j'ai été trop prompt à me persuader...

LA PRINCESSE

De grâce, prince, brisons là ce discours ; et, si vous voulez m'obliger, souffrez que je puisse jouir de deux moments de solitude.

Scène V : La Princesse, Aglante, Moron.

LA PRINCESSE

Ah ! qu'en cette aventure le ciel me traite avec une rigueur étrange ! Au moins, princesse, souvenez-vous de la prière que je vous ai faite.

AGLANTE

Je vous l'ai dit déjà, madame, il faut vous obéir.

MORON

Mais, madame, s'il vous aimait, vous n'en voudriez point, et cependant vous ne voulez pas qu'il soit à une autre. C'est faire justement comme le chien du jardinier [2].

LA PRINCESSE

Non, je ne puis souffrir qu'il soit heureux avec une autre ; et, si la chose était, je crois que j'en mourrais de déplaisir.

MORON

Ma foi, madame, avouons la dette, vous voudriez qu'il fût à vous ; et, dans toutes vos actions, il est aisé de voir que vous aimez un peu ce jeune prince.

LA PRINCESSE

Moi, je l'aime ? O ciel ! je l'aime ? Avez-vous l'insolence de prononcer ces paroles ? Sortez de ma vue, impudent, et ne vous présentez jamais devant moi.

MORON

Madame...

LA PRINCESSE

Retirez-vous d'ici, vous dis-je, ou je vous en ferai retirer d'une autre manière.

MORON, *bas, à part.*

Ma foi, son cœur en a sa provision, et... (*Il rencontre un regard de la princesse qui l'oblige à se retirer.*)

Scène VI : La Princesse.

De quelle émotion inconnue sens-je mon cœur atteint ? Et quelle inquiétude secrète est venue troubler tout d'un coup la tranquillité de mon âme ! Ne serait-ce point aussi ce qu'on vient de me dire ? et, sans en rien savoir, n'aimerais-je point ce jeune prince ? Ah ! si cela était, je serais personne à me désespérer ! mais il est impossible que cela soit, et je vois bien que je ne puis pas l'aimer. Quoi ! je serais capable de cette lâcheté ! J'ai vu toute la terre à mes pieds avec la plus grande insensibilité du monde ; les respects, les hommages et les soumissions n'ont jamais pu toucher mon âme, et la fierté et le dédain en

2. Proverbe italien : « Il est comme le chien du jardinier ; il ne mange point de choux et ne veut pas que les autres en mangent. »

auraient triomphé ! J'ai méprisé tous ceux qui m'ont aimée, et j'aimerais le seul qui me méprise ! Non, non, je sais bien que je ne l'aime pas. Il n'y a pas de raison à cela. Mais si ce n'est pas de l'amour que ce que je sens maintenant, qu'est-ce donc que ce peut être ? et d'où vient ce poison qui me court par toutes les veines, et ne me laisse point en repos avec moi-même ? Sors de mon cœur, qui que tu sois, ennemi qui te caches. Attaque-moi visiblement, et deviens à mes yeux la plus affreuse bête de tous nos bois, afin que mon dard et mes flèches me puissent défaire de toi. O vous ! admirables personnes, qui, par la douceur de vos chants, avez l'art d'adoucir les plus fâcheuses inquiétudes, approchez-vous d'ici, de grâce ; et tâchez de charmer, avec votre musique, le chagrin où je suis.

CINQUIEME INTERMEDE

Climène, Philis.

CLIMÈNE *chante.*

Chère Philis, dis-moi, que crois-tu de l'amour ?

PHILIS *chante.*

Toi-même, qu'en crois-tu, ma compagne fidèle ?

CLIMÈNE

On m'a dit que sa flamme est pire qu'un vautour,
Et qu'on souffre, en aimant, une peine cruelle.

PHILIS

On m'a dit qu'il n'est point de passion plus belle,
Et que ne pas aimer, c'est renoncer au jour.

CLIMÈNE

A qui des deux donnerons-nous victoire ?

PHILIS

Qu'en croirons-nous, ou le mal, ou le bien ?

TOUTES DEUX ENSEMBLE

Aimons, c'est le vrai moyen
De savoir ce qu'on en doit croire.

PHILIS

Chloris vante partout l'amour et ses ardeurs.

CLIMÈNE

Amarante pour lui verse en tous lieux des larmes.

PHILIS

Si de tant de tourments il accable les cœurs,
D'où vient qu'on aime à lui rendre les armes ?

CLIMÈNE

Si sa flamme, Philis, est si pleine de charmes,
Pourquoi nous défend-on d'en goûter les douceurs ?

PHILIS

A qui des deux donnerons-nous victoire ?

CLIMÈNE

Qu'en croirons-nous, ou le mal, ou le bien ?

TOUTES DEUX ENSEMBLE

Aimons, c'est le vrai moyen
De savoir ce qu'on en doit croire.

LA PRINCESSE *les interrompt en cet endroit et leur dit :*

Achevez seules, si vous voulez. Je ne saurais

demeurer en repos ; et, quelque douceur qu'aient vos chants, ils ne font que redoubler mon inquiétude.

ACTE CINQUIEME

Scène I : Iphitas, Euryale, Aglante, Cynthie, Moron.

MORON, *à Iphitas.*
Oui, seigneur, ce n'est point raillerie ; j'en suis ce qu'on appelle disgracié. Il m'a fallu tirer mes chausses au plus vite, et jamais vous n'avez vu un emportement aussi brusque que le sien.
IPHITAS, *à Euryale.*
Ah ! prince, que je devrai de grâces à ce stratagème amoureux, s'il faut qu'il ait trouvé le secret de toucher son cœur !
EURYALE
Quelque chose, seigneur, que l'on vienne de vous en dire, je n'ose encore, pour moi, me flatter de ce doux espoir ; mais enfin, si ce n'est pas à moi trop de témérité que d'oser aspirer à l'honneur de votre alliance, si ma personne et mes états...
IPHITAS
Prince, n'entrons point dans ces compliments. Je trouve en vous de quoi remplir tous les souhaits d'un père ; et, si vous avez le cœur de ma fille, il ne vous manque rien.

Scène II : La Princesse, Iphitas, Euryale, Aglante, Cynthie, Moron.

LA PRINCESSE
O ciel ! que vois-je ici ?
IPHITAS, *à Euryale.*
Oui, l'honneur de votre alliance m'est d'un prix très considérable. et je souscris aisément de tous mes suffrages à la demande que vous me faites.
LA PRINCESSE, *à Iphitas.*
Seigneur, je me jette à vos pieds pour vous demander une grâce. Vous m'avez toujours témoigné une tendresse extrême, et je crois vous devoir bien plus par les bontés que vous m'avez fait voir, que par le jour que vous m'avez donné. Mais si jamais, pour moi, vous avez eu de l'amitié, je vous en demande aujourd'hui la plus sensible preuve que vous me puissiez accorder : c'est de n'écouter point, seigneur, la demande de ce prince, et de ne pas souffrir que la princesse Aglante soit unie avec lui.
IPHITAS
Et par quelle raison, ma fille, voudrais-tu t'opposer à cette union ?
LA PRINCESSE
Par la raison que je hais ce prince, et que je veux, si je puis, traverser ses desseins.
IPHITAS
Tu le hais, ma fille !

LA PRINCESSE
Oui, et de tout mon cœur, je vous l'avoue.
IPHITAS
Et que t'a-t-il fait ?
LA PRINCESSE
Il m'a méprisée.
IPHITAS
Et comment ?
LA PRINCESSE
Il ne m'a pas trouvée assez bien faite pour m'adresser ses vœux.
IPHITAS
Et quelle offense te fait cela ? Tu ne veux accepter personne.
LA PRINCESSE
N'importe, il me devait aimer comme les autres, et me laisser au moins la gloire de le refuser. Sa déclaration me fait un affront ; et ce m'est une honte sensible qu'à mes yeux, et au milieu de votre cour, il a recherché une autre que moi.
IPHITAS
Mais quel intérêt dois-tu prendre à lui ?
LA PRINCESSE
J'en prends, seigneur, à me venger de son mépris ; et, comme je sais bien qu'il aime Aglante avec beaucoup d'ardeur, je veux empêcher, s'il vous plaît, qu'il ne soit heureux avec elle.
IPHITAS
Cela te tient donc bien au cœur ?
LA PRINCESSE
Oui, seigneur, sans doute ; et, s'il obtient ce qu'il demande, vous me verrez expirer à vos yeux.
IPHITAS
Va, va, ma fille, avoue franchement la chose. Le mérite de ce prince t'a fait ouvrir les yeux, et tu l'aimes enfin, quoi que tu puisses dire.
LA PRINCESSE
Moi, seigneur ?
IPHITAS
Oui, tu l'aimes.
LA PRINCESSE
Je l'aime, dites-vous ? et vous m'imputez cette lâcheté ! O ciel ! quelle est mon infortune ! Puis-je bien, sans mourir, entendre ces paroles ? Et faut-il que je sois si malheureuse, qu'on me soupçonne de l'aimer ? Ah ! si c'était un autre que vous, seigneur, qui me tînt ce discours, je ne sais pas ce que je ne ferais point !
IPHITAS
Hé bien ! oui, tu ne l'aimes pas. Tu le hais, j'y consens ; et je veux bien, pour te contenter, qu'il n'épouse pas la princesse Aglante.
LA PRINCESSE
Ah ! seigneur, vous me donnez la vie !
IPHITAS
Mais, afin d'empêcher qu'il ne puisse être jamais à elle, il faut que tu le prennes pour toi.
LA PRINCESSE
Vous vous moquez, seigneur, et ce n'est pas ce qu'il demande.

EURYALE

Pardonnez-moi, madame, je suis assez téméraire pour cela, et je prends à témoin le prince votre père si ce n'est pas vous que j'ai demandée. C'est trop vous tenir dans l'erreur ; il faut lever le masque, et, dussiez-vous vous en prévaloir contre moi, découvrir à vos yeux les véritables sentiments de mon cœur. Je n'ai jamais aimé que vous, et jamais je n'aimerai que vous. C'est vous, madame, qui m'avez enlevé cette qualité d'insensible que j'avais toujours affectée ; et tout ce que j'ai pu vous dire n'a été qu'une feinte qu'un mouvement secret m'a inspirée, et que je n'ai suivie qu'avec toutes les violences imaginables. Il fallait qu'elle cessât bientôt, sans doute, et je m'étonne seulement qu'elle ait pu durer la moitié d'un jour ; car enfin je mourais, je brûlais dans l'âme, quand je vous déguisais mes sentiments ; et jamais cœur n'a souffert une contrainte égale à la mienne. Que si cette feinte, madame, a quelque chose qui vous offense, je suis tout prêt de mourir pour vous en venger ; vous n'avez qu'à parler, et ma main sur-le-champ fera gloire d'exécuter l'arrêt que vous prononcerez.

LA PRINCESSE

Non, non, prince, je ne vous sais pas mauvais gré de m'avoir abusée ; et, tout ce que vous m'avez dit, je l'aime bien mieux une feinte que non pas une vérité.

IPHITAS

Si bien donc, ma fille, que tu veux bien accepter ce prince pour époux ?

LA PRINCESSE

Seigneur, je ne sais pas encore ce que je veux. Donnez-moi le temps d'y songer, je vous prie, et m'épargnez un peu la confusion où je suis.

IPHITAS

Vous jugez, prince, ce que cela veut dire, et vous pouvez vous fonder là-dessus.

EURYALE

Je l'attendrai tant qu'il vous plaira, madame, cet arrêt de ma destinée ; et, s'il me condamne à la mort, je le suivrai sans murmure.

IPHITAS

Viens, Moron. C'est ici un jour de paix, et je te remets en grâce avec la princesse.

MORON

Seigneur, je serai meilleur courtisan une autre fois, et je me garderai bien de dire ce que je pense.

Scène III : Aristomène, Théocle, Iphitas, la Princesse, Euryale, Aglante, Cynthie, Moron.

IPHITAS, *aux princes de Messène et de Pyle.*

Je crains bien, princes, que le choix de ma fille ne soit pas en votre faveur ; mais voilà deux princesses qui peuvent bien vous consoler de ce petit malheur.

ARISTOMÈNE

Seigneur, nous savons prendre notre parti ; et, si ces aimables princesses n'ont point trop de mépris pour les cœurs qu'on a rebutés, nous pouvons revenir par elles à l'honneur de votre alliance.

Scène IV : Iphitas, la Princesse, Aglante, Cynthie, Philis, Euryale, Aristomène, Théocle, Moron.

PHILIS, *à Iphitas.*

Seigneur, la déesse Vénus vient d'annoncer partout le changement du cœur de la princesse. Tous les pasteurs et toutes les bergères en témoignent leur joie par des danses et des chansons ; et, si ce n'est point un spectacle que vous méprisez, vous allez voir l'allégresse publique se répandre jusques ici.

SIXIEME INTERMEDE

Chœur de pasteurs et de bergères qui dansent.

Usez mieux, ô beautés fières,
Du pouvoir de tout charmer :
Aimez, aimables bergères ;
Nos cœurs sont faits pour aimer.
Quelque fort qu'on s'en défende,
Il y faut venir un jour ;
Il n'est rien qui ne se rende
Aux doux charmes de l'amour.

Songez de bonne heure à suivre
Le plaisir de s'enflammer.
Un cœur ne commence à vivre
Que du jour qu'il sait aimer.
Quelque fort qu'on s'en défende,
Il y faut venir un jour ;
Il n'est rien qui ne se rende
Aux doux charmes de l'amour.

LE TARTUFFE
OU L'IMPOSTEUR

COMÉDIE

« *Les trois premiers actes ont été représentés à Versailles pour le Roi, le 12ᵉ jour du mois de mai 1664, La Comédie entière et achevée en cinq actes a été représentée au château du Raincy près Paris pour S.A.S. Monseigneur le Prince (de Condé) le 29 novembre 1664 et donnée depuis au public dans la salle du Palais-Royal le 5 août 1667, puis le 5 février 1669, par la Troupe du Roi.* »
Cette « annonce » de librairie résume le combat dramatique dont ce chef-d'œuvre fut l'enjeu. De ce combat, la « chronologie » mentionne les phases assez en détail pour qu'il soit nécessaire de les récapituler. On notera seulement que l'idée du Tartuffe *s'imposa à Molière lors de la querelle de l'*Ecole des femmes *(1662-1663), quand il eut motif d'y sentir la vigilance hostile de la Compagnie du Saint-Sacrement, fondée en 1627, institution en principe hautement honorable, vouée à la Réforme catholique (saint Vincent de Paul, M. Olier, fondateur des Sulpiciens, le président Lamoignon, Bossuet en firent partie), mais qui paya la rançon de son caractère de société secrète et s'arrogea un pouvoir abusif. Molière avait pu, d'ailleurs, en pressentir la menace dès son entrée dans la profession décriée de comédien et notamment lors de la conversion, en 1655, de son protecteur, le prince de Conti. La querelle de l'Ecole, à propos du sermon d'Arnolphe à Agnès,* précisa cette menace. Le Tartuffe *est la grande riposte, et aux vrais ennemis, dont l'*Impromptu de Versailles *prétendait dispenser l'auteur à l'avenir.*
De la représentation partielle à Versailles, comme à la sauvette, la veille que « l'île enchantée » ne s'évanouisse, à celle, définitive, du 5 février 1669, au Palais-Royal (recette record : 2.860 livres), cinq années se seront écoulées.
*A noter encore que, dans l'intervalle, la version édulcorée offerte au public le 5 août 1667, et qui fut interdite dès le lendemain, s'intitulait l'*Imposteur *et changeait le nom de Tartuffe en celui de Panulphe. Deux mots célèbres : après la première du* Tartuffe, *Louis XIV à Molière : « N'irritez pas les dévots, ce sont gens implacables. » Et le président Lamoignon, interrompant le plaidoyer de Molière : « Monsieur, vous voyez qu'il est près de midi, je manquerais la messe si je m'arrêtais plus longtemps. »*
Ce n'est pas Molière qui créa le rôle de Tartuffe, mais Du Parc-Gros-René, relayé plus tard par Du Croisy, comme lui comique « de belle mine ». Depuis, les interprètes ont infléchi le personnage de diverses manières : « mystique » pour Coquelin, « auvergnat » pour Lucien Guitry, « brutal » pour Sylvain, « jésuitique » pour Jouvet, « libidineux » pour Fernand Ledoux, « tragique » pour Yonnel.

PERSONNAGES

MADAME PERNELLE, *mère d'Orgon* (Béjart).

ORGON, *mari d'Elmire* (Molière).

ELMIRE, *femme d'Orgon* (Mlle Molière).

DAMIS, *fils d'Orgon* (Hubert).

MARIANE, *fille d'Orgon et amante de Valère* (Mlle de Brie).

VALÈRE, *amant de Mariane* (La Grange).

CLÉANTE, *beau-frère d'Orgon* (La Thorillière).

TARTUFFE, *faux dévot* (Du Parc).

DORINE, *suivante de Marianne* (Madeleine Béjart).

M. LOYAL, *sergent* (De Brie).

UN EXEMPT.

FLIPOTE, *servante de madame Pernelle*.

LA SCÈNE EST A PARIS, DANS LA MAISON D'ORGON.

PREFACE

Voici une comédie dont on a fait beaucoup de bruit, qui a été longtemps persécutée ; et les gens qu'elle joue ont bien fait voir qu'ils étaient plus puissants en France que tous ceux que j'ai joués jusqu'ici. Les marquis, les précieuses, les cocus et les médecins, ont souffert doucement qu'on les ait représentés, et ils ont fait semblant de se divertir, avec tout le monde, des peintures que l'on a faites d'eux ; mais les hypocrites n'ont point entendu raillerie ; ils se sont effarouchés d'abord, et ont trouvé étrange que j'eusse la hardiesse de jouer leurs grimaces, et de vouloir décrier un métier dont tant d'honnêtes gens se mêlent. C'est un crime qu'ils ne sauraient me pardonner, et ils se sont tous armés contre ma comédie avec une fureur épouvantable. Ils n'ont eu garde de l'attaquer par le côté qui les a blessés ; ils sont trop politiques pour cela, et savent trop bien vivre pour découvrir le fond de leur âme. Suivant leur louable coutume, ils ont couvert leurs intérêts de la cause de Dieu ; et le Tartuffe, dans leur bouche, est une pièce qui offense la piété. Elle est, d'un bout à l'autre, pleine d'abominations, et l'on n'y trouve rien qui ne mérite le feu. Toutes les syllabes en sont impies ; les gestes mêmes y sont criminels ; et le moindre coup d'œil, le moindre branlement de tête, le moindre pas à droit ou à gauche, y cachent des mystères qu'ils trouvent moyen d'expliquer à mon désavantage.

J'ai eu beau la soumettre aux lumières de mes amis, et à la censure de tout le monde : les corrections que j'y ai pu faire ; le jugement du roi et de la reine, qui l'ont vue ; l'approbation des grands princes et de messieurs les ministres, qui l'ont honorée publiquement de leur présence ; le témoignage des gens de bien, qui l'ont trouvée profitable, tout cela n'a de rien servi. Ils n'en veulent point démordre, et, tous les jours encore, ils font crier en public des zélés indiscrets, qui me disent des injures pieusement, et me damnent par charité.

Je me soucierais fort peu de tout ce qu'ils peuvent dire, n'était l'artifice qu'ils ont de me faire des ennemis que je respecte, et de jeter dans leur parti de véritables gens de bien, dont ils préviennent la bonne foi, et qui, par la chaleur qu'ils ont pour les intérêts du ciel, sont faciles à recevoir les impressions qu'on veut leur donner. Voilà ce qui m'oblige à me défendre. C'est aux vrais dévots que je veux partout me justifier sur la conduite de ma comédie ; et je les conjure, de tout mon cœur, de ne point condamner les choses avant que de les voir, de se défaire de toute prévention, et de ne point servir la passion de ceux dont les grimaces les déshonorent. Si l'on prend la peine d'examiner de bonne foi ma comédie, on verra sans doute que mes intentions y sont partout innocentes, et qu'elle ne tend nullement à jouer les choses que l'on doit révérer ; que je l'ai traitée avec toutes les précautions que me demandait la délicatesse de la matière ; et que j'ai mis tout l'art et tous les soins qu'il m'a été possible pour bien distinguer le personnage de l'hypocrite d'avec celui du vrai dévot. J'ai employé pour cela deux actes entiers à préparer la venue de mon scélérat. Il ne tient pas un seul moment l'auditeur en balance ; on le connaît d'abord aux marques que je lui donne ; et, d'un bout à l'autre, il ne dit pas un mot, il ne fait pas une action, qui ne peigne aux spectateurs le caractère d'un méchant homme, et ne fasse éclater celui du véritable homme de bien que je lui oppose. Je sais bien que, pour réponse, ces messieurs tâchent d'insinuer que ce n'est point au théâtre à parler de ces matières ; mais je leur demande, avec leur permission, sur quoi ils fondent cette belle maxime. C'est une proposition qu'ils ne font que supposer, et qu'ils ne prouvent en aucune façon ; et, sans doute, il ne serait pas difficile de leur faire voir que la comédie, chez les anciens, a pris son origine de la religion, et faisait partie de leurs mystères ; que les Espagnols, nos voisins, ne célèbrent guère de fête où la comédie ne soit mêlée ; et que, même parmi nous, elle doit sa naissance aux soins d'une confrérie à qui appartient encore aujourd'hui l'Hôtel de Bourgogne ; que c'est un lieu qui fut donné pour y représenter les plus importants mystères de notre foi ; qu'on en voit encore des comédies imprimées en lettres gothiques, sous le nom d'un docteur de Sorbonne ; et, sans aller chercher si loin, que l'on a joué, de notre temps, des pièces saintes de M. Corneille [1], qui ont été l'admiration de toute la France. Si l'emploi de la comédie est de corriger les vices des hommes, je ne vois pas par quelle raison il y en aura de privilégiés. Celui-ci est, dans l'état, d'une conséquence bien plus dangereuse que tous les autres ; et nous avons vu que le théâtre a une grande vertu pour la correction. Les plus beaux traits d'une sérieuse morale sont moins puissants, le plus souvent, que ceux de la satire ; et rien ne reprend mieux la plupart des hommes que la peinture de leurs défauts. C'est une grande atteinte aux vices, que de les exposer à la risée de tout le monde. On souffre aisément des répréhensions ; mais on ne souffre point la raillerie. On veut bien être méchant ; mais on ne veut point être ridicule.

On me reproche d'avoir mis des termes de piété dans la bouche de mon imposteur. Hé ! pouvais-je m'en empêcher, pour bien représenter le caractère d'un hypocrite ? Il suffit, ce me semble, que je fasse connaître les motifs criminels qui lui font dire les choses ; et que j'en aie retranché les termes consacrés, dont on aurait eu peine à lui entendre faire un mauvais usage. — Mais il débite au quatrième acte une morale pernicieuse. — Mais cette morale est-elle quelque chose dont tout le monde n'eût les oreilles rebattues ? Dit-elle rien de nouveau dans ma comédie ? Et peut-on craindre que des choses si généralement détestées fassent quelque impression

1. *Polyeucte*, et *Théodore, vierge et martyre.*

dans les esprits ? que je les rende dangereuses en les faisant monter sur le théâtre ; qu'elles reçoivent quelque autorité de la bouche d'un scélérat ? Il n'y a nulle apparence à cela ; et l'on doit approuver la comédie du *Tartuffe,* ou condamner généralement toutes les comédies.

C'est à quoi l'on s'attache furieusement depuis un temps ; et jamais on ne s'était si fort déchaîné contre le théâtre. Je ne puis pas nier qu'il n'y ait eu des Pères de l'Eglise qui ont condamné la comédie ; mais on ne peut pas me nier aussi qu'il n'y ait eu quelques-uns qui l'ont traitée un peu plus doucement. Ainsi, l'autorité dont on prétend appuyer la censure est détruite par ce partage ; et toute la conséquence qu'on peut tirer de cette diversité d'opinions en des esprits éclairés des mêmes lumières, c'est qu'ils ont pris la comédie différemment, et que les uns l'ont considérée dans sa pureté, lorsque les autres l'ont regardée dans sa corruption, et confondue avec tous ces vilains spectacles qu'on a eu raison de nommer des spectacles de turpitude.

Et en effet, puisqu'on doit discourir des choses, et non pas des mots, et que la plupart des contrariétés viennent de ne se pas entendre, et d'envelopper dans un même mot des choses opposées, il ne faut qu'ôter le voile de l'équivoque, et regarder ce qu'est la comédie en soi, pour voir si elle est condamnable. On connaîtra sans doute que, n'étant autre chose qu'un poème ingénieux qui, par des leçons agréables, reprend les défauts des hommes, on ne saurait la censurer sans injustice ; et, si nous voulons ouïr là-dessus le témoignage de l'antiquité, elle nous dira que ses plus célèbres philosophes ont donné des louanges à la comédie, eux qui faisaient profession d'une sagesse si austère, et qui criaient sans cesse après les vices de leur siècle. Elle nous fera voir qu'Aristote a consacré des veilles au théâtre, et s'est donné le soin de réduire en préceptes l'art de faire des comédies. Elle nous apprendra que de ses plus grands hommes, et des premiers en dignité, ont fait gloire d'en composer eux-mêmes ; qu'il y en a eu d'autres qui n'ont pas dédaigné de réciter en public celles qu'ils avaient composées ; que la Grèce a fait pour cet art éclater son estime par les prix glorieux et par les superbes théâtres dont elle a voulu l'honorer ; et que, dans Rome enfin, ce même art a reçu aussi des honneurs extraordinaires : je ne dis pas dans Rome débauchée, et sous la licence des empereurs, mais dans Rome disciplinée, sous la sagesse des consuls, et dans le temps de la vigueur de la vertu romaine.

J'avoue qu'il y a eu des temps où la comédie s'est corrompue. Et qu'est-ce que dans le monde on ne corrompt point tous les jours ? Il n'y a chose si innocente où les hommes ne puissent porter du crime ; point d'art si salutaire dont ils ne soient capables de renverser les intentions ; rien de si bon en soi qu'ils ne puissent tourner à de mauvais usages. La médecine est un art profitable, et chacun la révère comme une des plus excellentes choses que nous ayons ; et ce-

pendant il y a eu des temps où elle s'est rendue odieuse, et souvent on en a fait un art d'empoisonner les hommes. La philosophie est un présent du ciel : elle nous a été donnée pour porter nos esprits à la connaissance d'un Dieu, par la contemplation des merveilles de la nature ; et pourtant on n'ignore pas que souvent on l'a détournée de son emploi, et qu'on l'a occupée publiquement à soutenir l'impiété. Les choses même les plus saintes ne sont point à couvert de la corruption des hommes ; et nous voyons des scélérats qui tous les jours abusent de la piété, et la font servir méchamment aux crimes les plus grands. Mais on ne laisse pas pour cela de faire les distinctions qu'il est besoin de faire ; on n'enveloppe point dans une fausse conséquence la bonté des choses que l'on corrompt, avec la malice des corrupteurs ; on sépare toujours le mauvais usage d'avec l'intention de l'art ; et, comme on ne s'avise point de défendre la médecine pour avoir été bannie de Rome, ni la philosophie pour avoir été condamnée publiquement dans Athènes, on ne doit point aussi vouloir interdire la comédie pour avoir été censurée en de certains temps. Cette censure a eu ses raisons, qui ne subsistent point ici. Elle s'est renfermée dans ce qu'elle a pu voir ; et nous ne devons point la tirer des bornes qu'elle s'est données, l'étendre plus loin qu'il ne faut, et lui faire embrasser l'innocent avec le coupable. La comédie qu'elle a eu dessein d'attaquer n'est point du tout la comédie que nous voulons défendre. Il se faut bien garder de confondre celle-là avec celle-ci. Ce sont deux personnes de qui les mœurs sont tout à fait opposées. Elles n'ont aucun rapport l'une avec l'autre que la ressemblance du nom ; et ce serait une injustice épouvantable que de vouloir condamner Olympe, qui est femme de bien, parce qu'il y a eu une Olympe qui a été une débauchée. De semblables arrêts, sans doute, feraient un grand désordre dans le monde. Il n'y aurait rien par là qui ne fût condamné : et, puisque l'on ne garde point cette rigueur à tant de choses dont on abuse tous les jours, on doit bien faire la même grâce à la comédie, et d'approuver les pièces de théâtre où l'on verra régner l'instruction et l'honnêteté.

Je sais qu'il y a des esprits dont la délicatesse ne peut souffrir aucune comédie ; qui disent que les plus honnêtes sont les plus dangereuses, que les passions que l'on y dépeint sont d'autant plus touchantes qu'elles sont pleines de vertu, et que les âmes sont attendries par ces sortes de représentations. Je ne vois pas quel grand crime c'est que de s'attendrir à la vue d'une passion honnête ; et c'est un haut étage de vertu que cette pleine insensibilité où ils veulent faire monter notre âme. Je doute qu'une si grande perfection soit dans les forces de la nature humaine ; et je ne sais s'il n'est pas mieux de travailler à rectifier et adoucir les passions des hommes, que de vouloir les retrancher entièrement. J'avoue qu'il y a des lieux qu'il vaut mieux fréquenter que le théâtre ; et si l'on veut blâmer toutes les choses qui ne regardent pas directement Dieu et notre salut, il est certain que la comédie en doit être, et je ne trouve point mauvais qu'elle soit condamnée avec le reste : mais supposé, comme il est vrai, que les exercices de la piété souffrent des intervalles, et que les hommes aient besoin de divertissement, je soutiens qu'on ne leur en peut trouver un qui soit plus innocent que la comédie. Je me suis étendu trop loin. Finissons par un mot d'un grand prince [2] sur la comédie du *Tartuffe*.

Huit jours après qu'elle eut été défendue, on représenta devant la cour une pièce intitulée *Scaramouche ermite ;* et le roi, en sortant, dit au grand prince que je veux dire : « Je voudrais bien savoir pourquoi les gens qui se scandalisent si fort de la comédie de Molière ne disent mot de celle de *Scaramouche ?* », à quoi le prince répondit : « La raison de cela, c'est que la comédie de *Scaramouche* joue le ciel et la religion, dont ces messieurs-là ne se soucient point : mais celle de Molière les joue eux-mêmes ; c'est ce qu'ils ne peuvent souffrir. »

PREMIER PLACET

PRÉSENTÉ AU ROI

Sur la comédie du Tartuffe, *qui n'avait pas encore été représentée en public.* (31 août 1664.)

SIRE,
Le devoir de la comédie étant de corriger les hommes en les divertissant, j'ai cru que, dans l'emploi où je me trouve, je n'avais rien de mieux à faire que d'attaquer par des peintures ridicules les vices de mon siècle ; et comme l'hypocrisie, sans doute, en est un des plus en usage, des plus incommodes et des plus dangereux, j'avais eu, SIRE, la pensée que je ne rendrais pas un petit service à tous les honnêtes gens de votre royaume, si je faisais une comédie qui décriât les hypocrites, et mît en vue, comme il faut, toutes les grimaces étudiées de ces gens de bien à outrance, toutes les friponneries couvertes de ces faux monnayeurs en dévotion, qui veulent attraper les hommes avec un zèle contrefait et une charité sophistique.

Je l'ai faite, SIRE, cette comédie, avec tout le soin, comme je crois, et toutes les circonspections que pouvait demander la délicatesse de la matière ; et pour mieux conserver l'estime et le respect qu'on doit aux vrais dévots, j'en ai distingué le plus que j'ai pu le caractère que j'avais à toucher. Je n'ai point laissé d'équivoque, j'ai ôté ce qui pouvait confondre le bien avec le mal, et ne me suis servi, dans cette peinture, que des couleurs expresses et des traits essentiels qui font reconnaître d'abord un véritable et franc hypocrite.

Cependant, toutes mes précautions ont été inutiles. On a profité, SIRE, de la délicatesse de votre âme sur les matières de religion, et l'on a su vous prendre par l'endroit seul que vous êtes prenable, je veux dire par le respect des choses saintes. Les tartuffes, sous main, ont eu l'adresse de trouver grâce auprès de VOTRE MAJESTÉ ; et les originaux enfin ont fait supprimer la copie, quelque innocente qu'elle fût, et quelque ressemblante qu'on la trouvât.

Bien que ce m'eût été un coup sensible que la suppression de cet ouvrage, mon malheur pourtant était adouci par la manière dont VOTRE MAJESTÉ s'était expliquée sur ce sujet : et j'ai cru, SIRE, qu'elle m'ôtait tout lieu de me plaindre, ayant eu la bonté de déclarer qu'elle ne trouvait rien à dire dans cette comédie, qu'elle me défendait de produire en public. Mais malgré cette glorieuse déclaration du plus grand roi du monde et du plus éclairé, malgré l'approbation encore de monsieur le légat, et de la plus grande partie de nos prélats, qui tous, dans les lectures particulières que je leur ai faites de mon ouvrage, se sont trouvés d'accord avec les sentiments de VOTRE MAJESTÉ ; malgré tout cela, dis-je, on voit un livre composé par le curé de..., qui donne hautement un démenti à tous ces augustes témoignages, VOTRE MAJESTÉ a beau dire, et M. le légat et MM. les prélats ont beau donner leur jugement, ma comédie, sans l'avoir vue, est diabolique, et diabolique mon cerveau ; je suis un démon vêtu de chair et habillé en homme ; un libertin, un impie digne d'un supplice exemplaire. Ce n'est pas assez que le feu expie en public mon offense, j'en serais quitte à trop bon marché ; le zèle charitable de ce galant homme de bien n'a garde de demeurer là ; il ne veut point que j'aie de miséricorde auprès de Dieu, il veut absolument que je sois damné ; c'est une affaire résolue.

Ce livre, SIRE, a été présenté à VOTRE MAJESTÉ : et, sans doute, elle juge bien elle-même combien il m'est fâcheux de me voir exposé tous les jours aux insultes de ces messieurs ; quel tort me feront dans le monde de telles calomnies, s'il faut qu'elles soient tolérées ; et quel intérêt j'ai enfin à me purger de son imposture, et à faire voir au public que ma comédie n'est rien moins que ce qu'on veut qu'elle soit. Je ne dirai point, SIRE, ce que j'aurais à demander pour ma réputation, et pour justifier à tout le monde l'innocence de mon ouvrage ; les rois éclairés, comme vous, n'ont pas besoin qu'on leur marque ce qu'on souhaite ; ils voient, comme Dieu, ce qu'il nous faut, et savent mieux que nous ce qu'ils nous doivent accorder. Il me suffit de mettre mes intérêts entre les mains de VOTRE MAJESTÉ ; et j'attends d'elle, avec respect, tout ce qu'il lui plaira d'ordonner là-dessus.

2. Le grand Condé.

SECOND PLACET

PRÉSENTÉ AU ROI

Dans son camp devant la ville de Lille en Flandre, par les sieurs LA THORILLIÈRE *et* LA GRANGE, *comédiens de* SA MAJESTÉ, *et compagnons du sieur* MOLIÈRE, *sur la défense qui fut faite, le 6 août 1667, de représenter le* Tartuffe *jusques à nouvel ordre de* SA MAJESTÉ. (*8 août 1667.*)

SIRE,

C'est une chose bien téméraire à moi que de venir importuner un grand monarque au milieu de ses glorieuses conquêtes ; mais, dans l'état où je me vois, où trouver, SIRE, une protection qu'au lieu où je la viens chercher ? Et qui puis-je solliciter contre l'autorité de la puissance qui m'accable, que la source de la puissance et de l'autorité, que le juste dispensateur des ordres absolus, que le souverain juge et le maître de toutes choses ?

Ma comédie, SIRE, n'a pu jouir ici des bontés de VOTRE MAJESTÉ. En vain je l'ai produite sous le titre de *l'Imposteur*, et déguisé le personnage sous l'ajustement d'un homme du monde ; j'ai eu beau lui donner un petit chapeau, de grands cheveux, un grand collet, une épée, et des dentelles sur tout l'habit, mettre en plusieurs endroits des adoucissements, et retrancher avec soin tout ce que j'ai jugé capable de fournir l'ombre d'un prétexte aux célèbres originaux d'un portrait que je voulais faire : tout cela n'a de rien servi. La cabale s'est réveillée aux simples conjectures qu'ils ont pu avoir de la chose. Ils ont trouvé moyen de surprendre des esprits qui, dans toute autre matière, font une haute profession de ne se point laisser surprendre. Ma comédie n'a pas plus tôt paru, qu'elle s'est vue foudroyée par le coup d'un pouvoir qui doit imposer le respect; et tout ce que j'ai pu faire en cette rencontre pour me sauver moi-même de l'éclat de cette tempête, c'est de dire que VOTRE MAJESTÉ avait eu la bonté de m'en permettre la représentation, et que je n'avais pas cru qu'il fût besoin de demander cette permission à d'autres, puisqu'il n'y avait qu'Elle seule qui me l'eût défendue.

Je ne doute point, SIRE, que les gens que je peins dans ma comédie ne remuent bien des ressorts auprès de VOTRE MAJESTÉ, et ne jettent dans leur parti, comme ils l'ont déjà fait, de véritables gens de bien, qui sont d'autant plus prompts à se laisser tromper qu'ils jugent d'autrui par eux-mêmes. Ils ont l'art de donner de belles couleurs à toutes leurs intentions. Quelque mine qu'ils fassent, ce n'est point du tout l'intérêt de Dieu qui les peut émouvoir : ils l'ont assez montré dans les comédies qu'ils ont souffert qu'on ait jouées tant de fois en public sans en dire le moindre mot. Celles-là n'attaquaient que la piété et la religion, dont ils se soucient fort peu : mais celle-ci les attaque et les joue eux-mêmes : et c'est ce qu'ils ne peuvent souffrir. Ils ne sauraient me par-

donner de dévoiler leurs impostures aux yeux de tout le monde ; et, sans doute, on ne manquera pas de dire à VOTRE MAJESTÉ que chacun s'est scandalisé de ma comédie. Mais la vérité pure, SIRE, c'est que tout Paris ne s'est scandalisé que de la défense qu'on en a faite ; que les plus scrupuleux en ont trouvé la représentation profitable ; et qu'on s'est étonné que des personnes d'une probité si connue aient eu une si grande déférence pour des gens qui devraient être l'horreur de tout le monde, et sont si opposés à la véritable piété dont elles font profession.

J'attends, avec respect, l'arrêt que VOTRE MAJESTÉ daignera prononcer sur cette matière : mais il est très assuré, SIRE, qu'il ne faut plus que je songe à faire des comédies, si les Tartuffes ont l'avantage ; qu'ils prendront droit par là de me persécuter plus que jamais, et voudront trouver à redire aux choses les plus innocentes qui pourront sortir de ma plume. Daignent vos bontés, SIRE, me donner une protection contre leur rage envenimée ! et puissé-je, au retour d'une campagne si glorieuse, délasser VOTRE MAJESTÉ des fatigues de ses conquêtes, lui donner d'innocents plaisirs après de si nobles travaux, et faire rire le monarque qui fait trembler toute l'Europe !

TROISIEME PLACET

PRÉSENTÉ AU ROI LE 5 FÉVRIER 1669

SIRE,

Un fort honnête médecin [3], dont j'ai l'honneur d'être le malade, me promet et veut s'obliger par-devant notaires de me faire vivre encore trente années, si je puis lui obtenir une grâce de VOTRE MAJESTÉ. Je lui ai dit, sur sa promesse, que je ne lui demandais pas tant, et que je serais satisfait de lui, pourvu qu'il s'obligeât de ne me point tuer. Cette grâce, SIRE, est un canonicat de votre chapelle royale de Vincennes, vacant par la mort de...

Oserais-je demander encore cette grâce à VOTRE MAJESTÉ le propre jour de la grande résurrection de Tartuffe, ressuscité par vos bontés ? Je suis, par cette première faveur, réconcilié avec les dévots ; et je le serais, par cette seconde, avec les médecins. C'est pour moi, sans doute, trop de grâces à la fois ; mais peut-être n'en est-ce pas trop pour VOTRE MAJESTÉ ; et j'attends, avec un peu d'espérance respectueuse, la réponse de mon placet.

---

3. Il se nommait Mauvillain. C'est en parlant de lui que Louis XIV dit un jour à Molière : « Vous avez un médecin, que vous fait-il ? — Sire, répondit Molière, nous causons ensemble ; il m'ordonne des remèdes, je ne les fais point et je guéris. » (GRIMAREST.) — Molière, obtint le canonicat qu'il demandait pour le fils de ce médecin.

ACTE PREMIER

Scène I : Madame Pernelle, Elmire,
Mariane, Cléante, Damis, Dorine, Flipote.

MADAME PERNELLE
Allons, Flipote, allons ; que d'eux je me délivre.
ELMIRE
Vous marchez d'un tel pas, qu'on a peine à vous sui-
MADAME PERNELLE   [vre.
Laissez, ma bru, laissez ; ne venez pas plus loin :
Ce sont toutes façons dont je n'ai pas besoin.
ELMIRE
5 De ce que l'on vous doit envers vous on s'acquitte.
Mais, ma mère, d'où vient que vous sortez si vite ?
MADAME PERNELLE
C'est que je ne puis voir tout ce ménage-ci,
Et que de me complaire on ne prend nul souci.
Oui, je sors de chez vous fort mal édifiée :
10 Dans toutes mes leçons j'y suis contrariée ;
On n'y respecte rien, chacun y parle haut,
Et c'est tout justement la cour du roi Pétaut.
DORINE
Si...
MADAME PERNELLE
Vous êtes, ma mie, une fille suivante,
Un peu trop forte en gueule, et fort impertinente ;
15 Vous vous mêlez sur tout de dire votre avis.
DAMIS
Mais...
MADAME PERNELLE
Vous êtes un sot, en trois lettres, mon fils ;
C'est moi qui vous le dis, qui suis votre grand-mère ;
Et j'ai prédit cent fois à mon fils, votre père,
Que vous preniez tout l'air d'un méchant garnement,
20 Et ne lui donneriez jamais que du tourment.
MARIANE
Je crois...
MADAME PERNELLE
Mon Dieu ! sa sœur, vous faites la discrète,
Et vous n'y touchez pas, tant vous semblez doucette !
Mais il n'est, comme on dit, pire eau que l'eau qui dort,
Et vous menez, sous chape, un train que je hais fort,
ELMIRE
25 Mais, ma mère...
MADAME PERNELLE
Ma bru, qu'il ne vous en déplaise,
Votre conduite en tout est tout à fait mauvaise ;
Vous devriez leur mettre un bon exemple aux yeux,
Et leur défunte mère en usait beaucoup mieux.
Vous êtes dépensière ; et cet état me blesse,
30 Que vous alliez vêtue ainsi qu'une princesse.
Quiconque à son mari veut plaire seulement,
Ma bru, n'a pas besoin de tant d'ajustement.
CLÉANTE
Mais, madame, après tout...
MADAME PERNELLE
Pour vous, monsieur son frère,
Je vous estime fort, vous aime et vous révère :
35 Mais, enfin, si j'étais de mon fils, son époux,

Je vous prierais bien fort de n'entrer point chez nous.
Sans cesse vous prêchez des maximes de vivre
Qui par d'honnêtes gens ne se doivent point suivre ;
Je vous parle un peu franc ; mais c'est là mon humeur,
Et je ne mâche point ce que j'ai sur le cœur.
DAMIS
Votre monsieur Tartuffe est bien heureux sans doute...
MADAME PERNELLE
C'est un homme de bien, qu'il faut que l'on écoute ;
Et je ne puis souffrir, sans me mettre en courroux,
De le voir querellé par un fou comme vous.
DAMIS
Quoi ! je souffrirai, moi, qu'un cagot de critique
Vienne usurper céans un pouvoir tyrannique !
Et que nous ne puissions à rien nous divertir,
Si ce beau monsieur-là n'y daigne consentir !
DORINE
S'il le faut écouter et croire à ses maximes,
On ne peut faire rien qu'on ne fasse des crimes ;
Car il contrôle tout, ce critique zélé.
MADAME PERNELLE
Et tout ce qu'il contrôle est fort bien contrôlé.
C'est au chemin du ciel qu'il prétend vous conduire :
Et mon fils à l'aimer vous devrait tous induire.
DAMIS
Non, voyez-vous, ma mère, il n'est père, ni rien,
Qui me puisse obliger à lui vouloir du bien ;
Je trahirais mon cœur de parler d'autre sorte.
Sur ses façons de faire à tous coups je m'emporte ;
J'en prévois une suite, et qu'avec ce pied plat
Il faudra que j'en vienne à quelque grand éclat.
DORINE
Certes, c'est une chose aussi qui scandalise,
De voir qu'un inconnu céans s'impatronise ;
Qu'un gueux, qui, quand il vint, n'avait pas de sou-
Et dont l'habit entier valait bien six deniers, [liers,
En vienne jusque-là que de se méconnaître,
De contrarier tout, et de faire le maître.
MADAME PERNELLE
Eh ! merci de ma vie ! il en irait bien mieux
Si tout se gouvernait par ses ordres pieux.
DORINE
Il passe pour un saint dans votre fantaisie :
Tout son fait, croyez-moi, n'est rien qu'hypocrisie.
MADAME PERNELLE
Voyez la langue !
DORINE
A lui, non plus qu'à son Laurent,
Je ne me fierais, moi, que sur un bon garant.
MADAME PERNELLE
J'ignore ce qu'au fond le serviteur peut être ;
Mais pour l'homme de bien je garantis le maître.
Vous ne lui voulez mal et ne le rebutez
Qu'à cause qu'il vous dit à tous vos vérités.
C'est contre le péché que son cœur se courrouce,
Et l'intérêt du ciel est tout ce qui le pousse.
DORINE
Oui ; mais pourquoi, surtout depuis un certain temps,
Ne saurait-il souffrir qu'aucun hante céans ?
En quoi blesse le ciel une visite honnête,

Pour en faire un vacarme à nous rompre la tête ?
Veut-on que là-dessus je m'explique entre nous ?
Montrant Elmire.
Je crois que de madame il est, ma foi, jaloux.

    MADAME PERNELLE

Taisez-vous, et songez aux choses que vous dites.
Ce n'est pas lui tout seul qui blâme ces visites ;
Tout ce tracas qui suit les gens que vous hantez,
Ces carrosses sans cesse à la porte plantés,
Et de tant de laquais le bruyant assemblage,
Font un éclat fâcheux dans tout le voisinage.
Je veux croire qu'au fond il ne se passe rien :
Mais enfin on en parle, et cela n'est pas bien.

    CLÉANTE

Hé! voulez-vous, madame, empêcher qu'on ne cause?
Ce serait dans la vie une fâcheuse chose,
Si, pour les sots discours où l'on peut être mis,
Il fallait renoncer à ses meilleurs amis.
Et quand même on pourrait se résoudre à le faire,
Croiriez-vous obliger tout le monde à se taire ?
Contre la médisance il n'est point de rempart.
A tous les sots caquets n'ayons donc nul égard ;
Efforçons-nous de vivre avec toute innocence,
Et laissons aux causeurs une pleine licence.

    DORINE

Daphné, notre voisine, et son petit époux,
Ne seraient-ils point ceux qui parlent mal de nous ?
Ceux de qui la conduite offre le plus à rire
Sont toujours sur autrui les premiers à médire ;
Ils ne manquent jamais de saisir promptement
L'apparente lueur du moindre attachement,
D'en semer la nouvelle avec beaucoup de joie,
Et d'y donner le tour qu'ils veulent qu'on y croie :
Des actions d'autrui, teintes de leurs couleurs,
Ils pensent dans le monde autoriser les leurs,
Et, sous le faux espoir de quelque ressemblance,
Aux intrigues qu'ils ont donner de l'innocence,
Ou faire ailleurs tomber quelques traits partagés
De ce blâme public dont ils sont trop chargés.

    MADAME PERNELLE

Tous ces raisonnements ne font rien à l'affaire.
On sait qu'Orante mène une vie exemplaire ;
Tous ses soins vont au ciel ; et j'ai su par des gens
Qu'elle condamne fort le train qui vient céans.

    DORINE

L'exemple est admirable, et cette dame est bonne !
Il est vrai qu'elle vit en austère personne ;
Mais l'âge dans son âme a mis ce zèle ardent,
Et l'on sait qu'elle est prude à son corps défendant.
Tant qu'elle a pu des cœurs attirer les hommages,
Elle a fort bien joui de tous ses avantages :
Mais, voyant de ses yeux tous les brillants baisser,
Au monde qui la quitte elle veut renoncer,
Et du voile pompeux d'une haute sagesse
De ses attraits usés déguiser la faiblesse.
Ce sont là les retours des coquettes du temps :
Il leur est dur de voir déserter les galants.
Dans un tel abandon, leur sombre inquiétude
Ne voit d'autre recours que le métier de prude ;
Et la sévérité de ces femmes de bien

Censure toute chose et ne pardonne à rien ;
Hautement d'un chacun elles blâment la vie,
Non point par charité, mais par un trait d'envie
Qui ne saurait souffrir qu'une autre ait ses plaisirs
Dont le penchant de l'âge a sevré leurs désirs.   140

    MADAME PERNELLE, *à Elmire.*

Voilà les contes bleus qu'il vous faut pour vous plaire.
Ma bru. L'on est chez vous contrainte de se taire :
Car madame, à jaser, tient le dé tout le jour.
Mais enfin je prétends discourir à mon tour :
Je vous dis que mon fils n'a rien fait de plus sage   145
Qu'en recueillant chez soi ce dévot personnage ;
Que le ciel au besoin l'a céans envoyé
Pour redresser à tous votre esprit fourvoyé ;
Que, pour votre salut, vous le devez entendre ;
Et qu'il ne reprend rien qui ne soit à reprendre.   150
Ces visites, ces bals, ces conversations,
Sont du malin esprit toutes inventions.
Là jamais on n'entend de pieuses paroles ;
Ce sont propos oisifs, chansons, et fariboles :
Bien souvent le prochain en a sa bonne part,   155
Et l'on y sait médire et du tiers et du quart.
Enfin les gens sensés ont leurs têtes troublées
De la confusion de telles assemblées :
Mille caquets divers s'y font en moins de rien ;
Et, comme l'autre jour un docteur dit fort bien,   160
C'est véritablement la tour de Babylone,
Car chacun y babille, et tout du long de l'aune :
Et pour conter l'histoire où ce point l'engagea...
Montrant Cléante.
Voilà-t-il pas monsieur qui ricane déjà !
Allez chercher vos fous qui vous donnent à rire,   165
A Elmire.
Et sans... Adieu, ma bru, je ne veux plus rien dire.
Sachez que pour céans j'en rabats de moitié,
Et qu'il fera beau temps quand j'y mettrai le pied.
Donnant un soufflet à Flipote.
Allons, vous, vous rêvez et bayez aux corneilles.
Jour de Dieu ! je saurai vous frotter les oreilles.   170
Marchons, gaupe, marchons.

    Scène II : Cléante, Dorine.

    CLÉANTE

            Je n'y veux point aller,
De peur qu'elle ne vînt encor me quereller ;
Que cette bonne femme...

    DORINE

            Ah! certes, c'est dommage
Qu'elle ne vous ouït tenir un tel langage :
Elle vous dirait bien qu'elle vous trouve bon,   175
Et qu'elle n'est point d'âge à lui donner ce nom.

    CLÉANTE

Comme elle s'est pour rien contre nous échauffée !
Et que de son Tartuffe elle paraît coiffée !

    DORINE

Oh ! vraiment, tout cela n'est rien au prix du fils :
Et, si vous l'aviez vu, vous diriez : « C'est bien pis !» 180
Nos troubles l'avaient mis sur le pied d'homme sage,
Et, pour servir son prince, il montra du courage :

Mais il est devenu comme un homme hébété,
Depuis que de Tartuffe on le voit entêté ;
185 Il l'appelle son frère, et l'aime dans son âme
Cent fois plus qu'il ne fait mère, fils, fille, et femme.
C'est de tous ses secrets l'unique confident,
Et de ses actions le directeur prudent ;
Il le choie, il l'embrasse : et pour une maîtresse
190 On ne saurait, je pense, avoir plus de tendresse :
A table, au plus haut bout il veut qu'il soit assis ;
Avec joie il l'y voit manger autant que six ;
Les bons morceaux de tout il fait qu'on les lui cède ;
Et, s'il vient à roter, il lui dit : « Dieu vous aide ! »
195 Enfin il en est fou ; c'est son tout, son héros ;
Il l'admire à tous coups, le cite à tout propos ;
Ses moindres actions lui semblent des miracles,
Et tous les mots qu'il dit sont pour lui des oracles.
Lui, qui connaît sa dupe, et qui veut en jouir,
200 Par cent dehors fardés à l'art de l'éblouir ;
Son cagotisme en tire à toute heure des sommes,
Et prend droit de gloser sur tous tant que nous som-
Il n'est pas jusqu'au fat qui lui sert de garçon   [mes.
Qui ne se mêle aussi de nous faire leçon ;
205 Il vient nous sermonner avec des yeux farouches,
Et jeter nos rubans, notre rouge, et nos mouches.
Le traître, l'autre jour, nous rompit de ses mains
Un mouchoir qu'il trouva dans une Fleur des Saints,
Disant que nous mêlions, par un crime effroyable,
210 Avec la sainteté les parures du diable.

Scène III : Elmire, Mariane, Damis,
Cléante, Dorine.

ELMIRE, *à Cléante.*
Vous êtes bien heureux de n'être point venu
Au discours qu'à la porte elle nous a tenu.
Mais j'ai vu mon mari ; comme il ne m'a point vue,
Je veux aller là-haut attendre sa venue.
CLÉANTE
215 Moi, je l'attends ici pour moins d'amusement ;
Et je vais lui donner le bonjour seulement.
DAMIS
De l'hymen de ma sœur touchez-lui quelque chose.
J'ai soupçon que Tartuffe à son effet s'oppose,
Qu'il oblige mon père à des détours si grands ;
220 Et vous n'ignorez pas quel intérêt j'y prends...
Si même ardeur enflamme et ma sœur et Valère,
La sœur de cet ami, vous le savez, m'est chère ;
Et s'il fallait...
DORINE
Il entre.

Scène IV : Orgon, Cléante, Dorine.

ORGON
Ah ! mon frère, bonjour.
CLÉANTE
Je sortais, et j'ai joie à vous voir de retour.
225 La campagne à présent n'est pas beaucoup fleurie.
ORGON
Dorine... Mon beau-frère, attendez, je vous prie.

Vous voulez bien souffrir, pour m'ôter de souci,
Que je m'informe un peu des nouvelles d'ici.
A Dorine.
Tout s'est-il, ces deux jours, passé de bonne sorte ?
Qu'est-ce qu'on fait céans ? comme est-ce qu'on s'y
DORINE   [porte ?
Madame eut avant-hier la fièvre jusqu'au soir,
Avec un mal de tête étrange à concevoir.
ORGON
Et Tartuffe ?
DORINE
Tartuffe ! il se porte à merveille,
Gros et gras, le teint frais, et la bouche vermeille.
ORGON
Le pauvre homme !
DORINE
Le soir elle eut un grand dégoût,
Et ne put, au souper, toucher à rien du tout,
Tant sa douleur de tête était encor cruelle !
ORGON
Et Tartuffe ?
DORINE
Il soupa, lui tout seul, devant elle ;
Et fort dévotement il mangea deux perdrix,
Avec une moitié de gigot en hachis.
ORGON
Le pauvre homme !
DORINE
La nuit se passa tout entière
Sans qu'elle pût fermer un moment la paupière ;
Des chaleurs l'empêchaient de pouvoir sommeiller,
Et jusqu'au jour, près d'elle, il nous fallut veiller.
ORGON
Et Tartuffe ?
DORINE
Pressé d'un sommeil agréable,
Il passa dans sa chambre au sortir de la table ;
Et dans son lit bien chaud il se mit tout soudain,
Où, sans trouble, il dormit jusques au lendemain.
ORGON
Le pauvre homme !
DORINE
A la fin, par nos raisons gagnée,
Elle se résolut à souffrir la saignée ;
Et le soulagement suivit tout aussitôt.
ORGON
Et Tartuffe ?
DORINE
Il reprit courage comme il faut ;
Et, contre tous les maux fortifiant son âme,
Pour réparer le sang qu'avait perdu madame,
But, à son déjeuner, quatre grands coups de vin.
ORGON
Le pauvre homme !
DORINE
Tous deux se portent bien enfin ;
Et je vais à madame annoncer par avance
La part que vous prenez à sa convalescence.

Scène V : Orgon, Cléante.

CLÉANTE

A votre nez, mon frère, elle se rit de vous :
60 Et, sans avoir dessein de vous mettre en courroux,
Je vous dirai tout franc que c'est avec justice.
A-t-on jamais parlé d'un semblable caprice ?
Et se peut-il qu'un homme ait un charme aujourd'hui
A vous faire oublier toutes choses pour lui ?
65 Qu'après avoir chez vous réparé sa misère,
Vous en veniez au point...

ORGON

Halte-là, mon beau-frère ;
Vous ne connaissez pas celui dont vous parlez.

CLÉANTE

Je ne le connais pas, puisque vous le voulez ;
Mais enfin, pour savoir quel homme ce peut être...

ORGON

70 Mon frère, vous seriez charmé de le connaître ;
Et vos ravissements ne prendraient point de fin. [enfin.
C'est un homme... qui... ah !... ah !... un homme... un homme
Qui suit bien ses leçons, goûte une paix profonde,
Et comme du fumier regarde tout le monde.
75 Oui, je deviens tout autre avec son entretien ;
Il m'enseigne à n'avoir affection pour rien,
De toutes amitiés il détache mon âme ;
Et je verrais mourir frère, enfants, mère et femme,
Que je m'en soucierais autant que de cela.

CLÉANTE

80 Les sentiments humains, mon frère, que voilà !

ORGON

Ah ! si vous aviez vu comme j'en fis rencontre,
Vous auriez pris pour lui l'amitié que je montre.
Chaque jour à l'église il venait, d'un air doux,
Tout vis-à-vis de moi se mettre à deux genoux.
85 Il attirait les yeux de l'assemblée entière
Par l'ardeur dont au ciel il poussait sa prière ;
Il faisait des soupirs, de grands élancements,
Et baisait humblement la terre à tous moments ;
Et, lorsque je sortais, il me devançait vite
90 Pour m'aller, à la porte, offrir de l'eau bénite.
Instruit par son garçon, qui dans tout l'imitait,
Et de son indigence, et de ce qu'il était,
Je lui faisais des dons : mais, avec modestie,
Il me voulait toujours en rendre une partie.
95 C'est trop, me disait-il, c'est trop de la moitié ;
Je ne mérite pas de vous faire pitié.
Et quand je refusais de le vouloir reprendre,
Aux pauvres, à mes yeux, il allait le répandre.
Enfin le ciel chez moi me le fit retirer,
100 Et depuis ce temps-là tout semble y prospérer.
Je vois qu'il reprend tout, et qu'à ma femme même
Il prend, pour mon honneur, un intérêt extrême ;
Il m'avertit des gens qui lui font les yeux doux,
Et plus que moi six fois il s'en montre jaloux.
105 Mais vous ne croiriez point jusqu'où monte son zèle :
Il s'impute à péché la moindre bagatelle ;
Un rien presque suffit pour le scandaliser,
Jusque-là qu'il se vint l'autre jour accuser
D'avoir pris une puce en faisant sa prière,

Et de l'avoir tuée avec trop de colère. 310

CLÉANTE

Parbleu, vous êtes fou, mon frère, que je crois.
Avec de tels discours, vous moquez-vous de moi ?
Et que prétendez-vous que tout ce badinage... ?

ORGON

Mon frère, ce discours sent le libertinage :
Vous en êtes un peu dans votre âme entiché ; 315
Et, comme je vous l'ai plus de dix fois prêché,
Vous vous attirerez quelque méchante affaire.

CLÉANTE

Voilà de vos pareils le discours ordinaire :
Ils veulent que chacun soit aveugle comme eux.
C'est être libertin que d'avoir de bons yeux ; 320
Et qui n'adore pas de vaines simagrées
N'a ni respect ni foi pour les choses sacrées.
Allez, tous vos discours ne me font point de peur ;
Je sais comme je parle, et le ciel voit mon cœur.
De tous vos façonniers on n'est point les esclaves. 325
Il est de faux dévots ainsi que de faux braves :
Et comme on ne voit pas qu'où l'honneur les conduit
Les vrais braves soient ceux qui font beaucoup de bruit,
Les bons et vrais dévots, qu'on doit suivre à la trace,
Ne sont pas ceux aussi qui font tant de grimace. 330
Hé quoi ! vous ne ferez nulle distinction
Entre l'hypocrisie et la dévotion ?
Vous les voulez traiter d'un semblable langage,
Et rendre même honneur au masque qu'au visage ;
Egaler l'artifice à la sincérité, 335
Confondre l'apparence avec la vérité,
Estimer le fantôme autant que la personne,
Et la fausse monnaie à l'égal de la bonne ?
Les hommes, la plupart, sont étrangement faits ;
Dans la juste nature on ne les voit jamais : 340
La raison a pour eux des bornes trop petites,
En chaque caractère ils passent ses limites ;
Et la plus noble chose, ils la gâtent souvent,
Pour la vouloir outrer et pousser trop avant.
Que cela vous soit dit en passant, mon beau-frère. 345

ORGON

Oui, vous êtes sans doute un docteur qu'on révère ;
Tout le savoir du monde est chez vous retiré ;
Vous êtes le seul sage et le seul éclairé,
Un oracle, un Caton, dans le siècle où nous sommes ;
Et près de vous ce sont des sots que tous les hommes. 350

CLÉANTE

Je ne suis point, mon frère, un docteur révéré ;
Et le savoir chez moi n'est pas tout retiré.
Mais, en un mot, je sais, pour toute ma science,
Du faux avec le vrai faire la différence.
Et comme je ne vois nul genre de héros 355
Qui soient plus à priser que les parfaits dévots,
Aucune chose au monde et plus noble et plus belle
Que la sainte ferveur d'un véritable zèle ;
Aussi ne vois-je rien qui soit plus odieux
Que le dehors plâtré d'un zèle spécieux, 360
Que ces francs charlatans, que ces dévots de place,
De qui la sacrilège et trompeuse grimace
Abuse impunément, et se joue, à leur gré,
De ce qu'ont les mortels de plus saint et sacré ;

365 Ces gens qui, par une âme à l'intérêt soumise,
Font de dévotion métier et marchandise,
Et veulent acheter crédit et dignités
A prix de faux clins d'yeux et d'élans affectés ;
Ces gens, dis-je, qu'on voit, d'une ardeur non com-
370 Par le chemin du ciel courir à leur fortune, [mune,
Qui, brûlants et priants, demandent chaque jour,
Et prêchent la retraite au milieu de la cour,
Qui savent ajuster leur zèle avec leurs vices,
Sont prompts, vindicatifs, sans foi, pleins d'artifices,
375 Et, pour perdre quelqu'un, couvrent insolemment
De l'intérêt du ciel leur fier ressentiment ;
D'autant plus dangereux dans leur âpre colère,
Qu'ils prennent contre nous des armes qu'on révère,
Et que leur passion, dont on leur sait bon gré,
380 Veut nous assassiner avec un fer sacré :
De ce faux caractère on en voit trop paraître,
Mais les dévots de cœur sont aisés à connaître.
Notre siècle, mon frère, en expose à nos yeux
Qui peuvent nous servir d'exemples glorieux.
385 Regardez Ariston, regardez Périandre,
Oronte, Alcidamas, Polydore, Clitandre ;
Ce titre par aucun ne leur est débattu ;
Ce ne sont point du tout fanfarons de vertu ;
On ne voit point en eux ce faste insupportable,
390 Et leur dévotion est humaine, est traitable :
Ils ne censurent point toutes nos actions,
Ils trouvent trop d'orgueil dans ces corrections :
Et, laissant la fierté des paroles aux autres,
C'est par leurs actions qu'ils reprennent les nôtres.
395 L'apparence du mal a chez eux peu d'appui,
Et leur âme est portée à juger bien d'autrui.
Point de cabale en eux, point d'intrigues à suivre ;
On les voit, pour tous soins, se mêler de bien vivre.
Jamais contre un pécheur ils n'ont d'acharnement,
400 Ils attachent leur haine au péché seulement,
Et ne veulent point prendre, avec un zèle extrême,
Les intérêts du ciel plus qu'il ne veut lui-même.
Voilà mes gens, voilà comme il en faut user,
Voilà l'exemple enfin qu'il se faut proposer.
405 Votre homme, à dire vrai, n'est pas de ce modèle :
C'est de fort bonne foi que vous vantez son zèle ;
Mais par un faux éclat je vous crois ébloui.

ORGON

Monsieur mon cher beau-frère, avez-vous tout dit ?

CLÉANTE

Oui.

ORGON, *s'en allant.*

Je suis votre valet.

CLÉANTE

De grâce, un mot, mon frère.

410 Laissons là ce discours. Vous savez que Valère,
Pour être votre gendre, a parole de vous.

ORGON

Oui.

CLÉANTE

Vous aviez pris jour pour un lien si doux.

ORGON

Il est vrai.

CLÉANTE

Pourquoi donc en différer la fête ?

ORGON

Je ne sais.

CLÉANTE

Auriez-vous autre pensée en tête ?

ORGON

Peut-être.

CLÉANTE

Vous voulez manquer à votre foi ?

ORGON

Je ne dis pas cela.

CLÉANTE

Nul obstacle, je crois,
Ne vous peut empêcher d'accomplir vos promesses.

ORGON

Selon.

CLÉANTE

Pour dire un mot faut-il tant de finesse ?
Valère, sur ce point, me fait vous visiter.

ORGON

Le ciel en soit loué !

CLÉANTE

Mais que lui reporter ?

ORGON

Tout ce qu'il vous plaira.

CLÉANTE

Mais il est nécessaire
De savoir vos desseins. Quels sont-ils donc ?

ORGON

De faire
Ce que le ciel voudra.

CLÉANTE

Mais parlons tout de bon.
Valère a votre foi : la tiendrez-vous, ou non ?

ORGON

Adieu.

CLÉANTE, *seul.*

Pour son amour je crains une disgrâce,
Et je dois l'avertir de tout ce qui se passe.

ACTE SECOND

Scène I : Orgon, Mariane.

ORGON

Mariane.

MARIANE

Mon père ?

ORGON

Approchez ; j'ai de quoi
Vous parlez en secret.

MARIANE, *à Orgon, qui regarde dans un cabinet.*

Que cherchez-vous ?

ORGON

Je vois
Si quelqu'un n'est point là qui pourrait nous entendre,
Car ce petit endroit est propre pour surprendre.

Or sus, nous voilà bien. J'ai, Mariane, en vous
Reconnu de tout temps un esprit assez doux,
Et de tout temps aussi vous m'avez été chère.

MARIANE

Je suis fort redevable à cet amour de père.

ORGON

35 C'est fort bien dit, ma fille ; et, pour le mériter,
Vous devez n'avoir soin que de me contenter.

MARIANE

C'est où je mets aussi ma gloire la plus haute.

ORGON

Fort bien. Que dites-vous de Tartuffe notre hôte ?

MARIANE

Qui, moi ?

ORGON

          Vous. Voyez bien comme vous répondrez.

MARIANE

40 Hélas ! j'en dirai, moi, tout ce que vous voudrez.

ORGON

C'est parler sagement... Dites-moi donc, ma fille,
Qu'en toute sa personne un haut mérite brille,
Qu'il touche votre cœur, et qu'il vous serait doux
De le voir, par mon choix, devenir votre époux.
45 Hé ?

MARIANE

    Hé !

ORGON

        Qu'est-ce ?

MARIANE

              Plaît-il ?

ORGON

                    Quoi ?

MARIANE

                        Me suis-je méprise ?

ORGON

Comment ?

MARIANE

        Qui voulez-vous, mon père, que je dise
Qui me touche le cœur, et qu'il me serait doux
De voir, par votre choix, devenir mon époux ?

ORGON

Tartuffe.

MARIANE

        Il n'en est rien, mon père, je vous jure.
50 Pourquoi me faire dire une telle imposture ?

ORGON

Mais je veux que cela soit une vérité ;
Et c'est assez pour vous que je l'aie arrêté.

MARIANE

Quoi ! vous voulez, mon père... ?

ORGON

                          Oui, je prétends, ma fille,
Unir, par votre hymen, Tartuffe à ma famille.
55 Il sera votre époux, j'ai résolu cela ;
Et comme sur vos vœux je...

Scène II : Dorine, Orgon, Mariane.

ORGON, *apercevant Dorine.*

                    Que faites-vous là ?

La curiosité qui vous presse est bien forte,
Ma mie, à nous venir écouter de la sorte.

DORINE

Vraiment, je ne sais pas si c'est un bruit qui part
De quelque conjecture, ou d'un coup de hasard ;   460
Mais de ce mariage on m'a dit la nouvelle,
Et j'ai traité cela de pure bagatelle.

ORGON

Quoi donc ! la chose est-elle incroyable ?

DORINE

                                  A tel point
Que vous-même, monsieur, je ne vous en crois point.

ORGON

Je sais bien le moyen de vous le faire croire.   465

DORINE

Oui, oui, vous nous contez une plaisante histoire !

ORGON

Je conte justement ce qu'on verra dans peu.

DORINE

Chansons !

ORGON

        Ce que je dis, ma fille, n'est point jeu.

DORINE

Allez, ne croyez point à monsieur votre père ;
Il raille.

ORGON

        Je vous dis...

DORINE

                    Non, vous avez beau faire,   470
On ne vous croira point.

ORGON

                      A la fin mon courroux...

DORINE

Hé bien! on vous croit donc ; et c'est tant pis pour vous.
Quoi! se peut-il, monsieur, qu'avec l'air d'homme sage,
Et cette large barbe au milieu du visage,
Vous soyez assez fou pour vouloir... ?

ORGON

                              Ecoutez :   475
Vous avez pris céans certaines privautés
Qui ne me plaisent point ; je vous le dis, ma mie.

DORINE

Parlons sans nous fâcher, monsieur, je vous supplie.
Vous moquez-vous des gens d'avoir fait ce complot ?
Votre fille n'est point l'affaire d'un bigot :   480
Il a d'autres emplois auxquels il faut qu'il pense.
Et puis, que vous apporte une telle alliance ?
A quel sujet aller, avec tout votre bien,
Choisir un gendre gueux ?...

ORGON

                      Taisez-vous. S'il n'a rien,
Sachez que c'est par là qu'il faut qu'on le révère ;   485
Sa misère est sans doute une honnête misère ;
Au-dessus des grandeurs elle doit l'élever,
Puisqu'enfin de son bien il s'est laissé priver
Par son trop peu de soin des choses temporelles,
Et sa puissante attache aux choses éternelles.   490
Mais mon secours pourra lui donner les moyens
De sortir d'embarras, et rentrer dans ses biens :
Ce sont fiefs qu'à bon titre au pays on renomme ;

Et, tel que l'on le voit, il est bien gentilhomme.

DORINE

495 Oui, c'est lui qui le dit ; et cette vanité,
Monsieur, ne sied pas bien avec la piété.
Qui d'une sainte vie embrasse l'innocence
Ne doit point tant prôner son nom et sa naissance ;
Et l'humble procédé de la dévotion
500 Souffre mal les éclats de cette ambition.
A quoi bon cet orgueil?... Mais ce discours vous blesse:
Parlons de sa personne, et laissons sa noblesse.
Ferez-vous possesseur, sans quelque peu d'ennui,
D'une fille comme elle un homme comme lui ?
505 Et ne devez-vous pas songer aux bienséances,
Et de cette union prévoir les conséquences ?
Sachez que d'une fille on risque la vertu,
Lorsque dans son hymen son goût est combattu ;
Que le dessein d'y vivre en honnête personne
510 Dépend des qualités du mari qu'on lui donne,
Et que ceux dont partout on montre au doigt le front
Font leurs femmes souvent ce qu'on voit qu'elles sont.
Il est bien difficile enfin d'être fidèle
A de certains maris faits d'un certain modèle ;
515 Et qui donne à sa fille un homme qu'elle hait
Est responsable au ciel des fautes qu'elle fait.
Songez à quels périls votre dessein vous livre.

ORGON

Je vous dis qu'il me faut apprendre d'elle à vivre !

DORINE

Vous n'en feriez que mieux de suivre mes leçons.

ORGON

520 Ne nous amusons point, ma fille, à ces chansons ;
Je sais ce qu'il vous faut, et je suis votre père.
J'avais donné pour vous ma parole à Valère ;
Mais, outre qu'à jouer on dit qu'il est enclin,
Je le soupçonne encor d'être un peu libertin ;
525 Je ne remarque point qu'il hante les églises.

DORINE

Voulez-vous qu'il y coure à vos heures précises,
Comme ceux qui n'y vont que pour être aperçus ?

ORGON

Je ne demande pas votre avis là-dessus.
Enfin avec le ciel l'autre est le mieux du monde,
530 Et c'est une richesse à nulle autre seconde.
Cet hymen de tous biens comblera vos désirs,
Il sera tout confit en douceurs et plaisirs.
Ensemble vous vivrez, dans vos ardeurs fidèles,
Comme deux vrais enfants, comme deux tourterelles:
535 A nul fâcheux débat jamais vous n'en viendrez ;
Et vous ferez de lui tout ce que vous voudrez.

DORINE

Elle ? Elle n'en fera qu'un sot, je vous assure.

ORGON

Ouais ! quels discours !

DORINE

Je dis qu'il en a l'encolure.
Et que son ascendant, monsieur, l'emportera
540 Sur toute la vertu que votre fille aura.

ORGON

Cessez de m'interrompre, et songez à vous taire,
Sans mettre votre nez où vous n'avez que faire.

DORINE

Je n'en parle, monsieur, que pour votre intérêt.

ORGON

C'est prendre trop de soin; taisez-vous, s'il vous plaît.

DORINE

Si l'on ne vous aimait...

ORGON

Je ne veux pas qu'on m'aime. 5

DORINE

Et je veux vous aimer, monsieur, malgré vous-même.

ORGON

Ah !

DORINE

Votre honneur m'est cher, et je ne puis souffrir
Qu'aux brocards d'un chacun vous alliez vous offrir.

ORGON

Vous ne vous tairez point !

DORINE

C'est une conscience
Que de vous laisser faire une telle alliance. 5

ORGON

Te tairas-tu, serpent, dont les traits effrontés... ?

DORINE

Ah ! vous êtes dévot, et vous vous emportez !

ORGON

Oui, ma bile s'échauffe à toutes ces fadaises,
Et tout résolument je veux que tu te taises.

DORINE

Soit. Mais, ne disant mot, je n'en pense pas moins. 5

ORGON

Pense, si tu le veux ; mais applique tes soins
A ne m'en point parler, ou... : suffit. Comme sage,
J'ai pesé mûrement toutes choses.

DORINE, à part.

J'enrage
De ne pouvoir parler.

ORGON

Sans être damoiseau,
Tartuffe est fait de sorte...

DORINE, à part.

Oui, c'est un beau museau. 5

ORGON

Que quand tu n'aurais même aucune sympathie
Pour tous les autres dons...

DORINE, à part.

La voilà bien lotie !

*Orgon se tourne du côté de Dorine et, les bras
croisés, l'écoute et la regarde en face.*
Si j'étais en sa place, un homme assurément
Ne m'épouserait pas de force impunément ;
Et je lui ferais voir, bientôt après la fête, 5
Qu'une femme a toujours une vengeance prête.

ORGON, à Dorine.

Donc de ce que je dis on ne fera nul cas ?

DORINE

De quoi vous plaignez-vous ? Je ne vous parle pas.

ORGON

Qu'est-ce que tu fais donc ?

DORINE

Je me parle à moi-même.

ORGON, *à part.*

570 Fort bien. Pour châtier son insolence extrême,
Il faut que je lui donne un revers de ma main.
Il se met en posture de donner un soufflet à Dorine ;
et, à chaque mot qu'il dit à sa fille, il se tourne pour
regarder Dorine, qui se tient droite sans parler.
Ma fille, vous devez approuver mon dessein...
Croire que le mari... que j'ai su vous élire...
A Dorine.
Que ne te parles-tu ?

DORINE

Je n'ai rien à me dire.

ORGON

575 Encore un petit mot.

DORINE

Il ne me plaît pas, moi.

ORGON

Certes, je t'y guettais.

DORINE

Quelque sotte, ma foi !...

ORGON

Enfin, ma fille, il faut payer d'obéissance,
Et montrer pour mon choix entière déférence.

DORINE, *en s'enfuyant.*

Je me moquerais fort de prendre un tel époux.

ORGON, *après avoir manqué de donner*
un soufflet à Dorine.

580 Vous avez là, ma fille, une peste avec vous,
Avec qui, sans péché, je ne saurais plus vivre.
Je me sens hors d'état maintenant de poursuivre ;
Ses discours insolents m'ont mis l'esprit en feu,
Et je vais prendre l'air pour me rasseoir un peu.

Scène III : Mariane, Dorine.

DORINE

585 Avez-vous donc perdu, dites-moi, la parole ?
Et faut-il qu'en ceci je fasse votre rôle ?
Souffrir qu'on vous propose un projet insensé,
Sans que du moindre mot vous l'ayez repoussé !

MARIANE

Contre un père absolu que veux-tu que je fasse ?

DORINE

590 Ce qu'il faut pour parer une telle menace.

MARIANE

Quoi ?

DORINE

Lui dire qu'un cœur n'aime point par autrui ;
Que vous vous mariez pour vous, non pas pour lui ;
Qu'étant celle pour qui se fait toute l'affaire,
C'est à vous, non à lui, que le mari doit plaire,
595 Et que si son Tartuffe est pour lui si charmant,
Il le peut épouser sans nul empêchement.

MARIANE

Un père, je l'avoue, a sur nous tant d'empire,
Que je n'ai jamais eu la force de rien dire.

DORINE

Mais raisonnons. Valère a fait pour vous des pas :
600 L'aimez-vous, je vous prie, ou ne l'aimez-vous pas ?

MARIANE

Ah ! qu'envers mon amour ton injustice est grande,
Dorine ! Me dois-tu faire cette demande ?
T'ai-je pas là-dessus ouvert cent fois mon cœur ?
Et sais-tu pas pour lui jusqu'où va mon ardeur ?

DORINE

Que sais-je si le cœur a parlé par la bouche,   605
Et si c'est tout de bon que cet amant vous touche ?

MARIANE

Tu me fais un grand tort, Dorine, d'en douter ;
Et mes vrais sentiments ont su trop éclater.

DORINE

Enfin, vous l'aimez donc ?

MARIANE

Oui, d'une ardeur extrême.

DORINE

Et, selon l'apparence, il vous aime de même ?   610

MARIANE

Je le crois.

DORINE

Et tous deux brûlez également
De vous voir mariés ensemble ?

MARIANE

Assurément.

DORINE

Sur cette autre union quelle est donc votre attente ?

MARIANE

De me donner la mort, si l'on me violente.

DORINE

Fort bien. C'est un recours où je ne songeais pas.   615
Vous n'avez qu'à mourir pour sortir d'embarras.
Le remède sans doute est merveilleux. J'enrage
Lorsque j'entends tenir ces sortes de langage.

MARIANE

Mon Dieu ! de quelle humeur, Dorine, tu te rends !
Tu ne compatis point aux déplaisirs des gens.   620

DORINE

Je ne compatis point à qui dit des sornettes,
Et dans l'occasion mollit comme vous faites

MARIANE

Mais que veux-tu ? si j'ai de la timidité...

DORINE

Mais l'amour dans un cœur veut de la fermeté.

MARIANE

Mais n'en gardé-je pas pour les feux de Valère ?   625
Et n'est-ce pas à lui de m'obtenir d'un père ?

DORINE

Mais quoi ! si votre père est un bourru fieffé,
Qui s'est de son Tartuffe entièrement coiffé,
Et manque à l'union qu'il avait arrêtée,
La faute à votre amant doit-elle être imputée ?   630

MARIANE

Mais, par un haut refus et d'éclatants mépris,
Ferais-je, dans mon choix, voir un cœur trop épris ?
Sortirai-je pour lui, quelque éclat dont il brille,
De la pudeur du sexe, et du devoir de fille ?
Et veux-tu que mes feux par le monde étalés... ?   635

DORINE

Non, non, je ne veux rien. Je vois que vous voulez
Etre à monsieur Tartuffe ; et j'aurais, quand j'y pense,

Tort de vous détourner d'une telle alliance.
Quelle raison aurais-je à combattre vos vœux ?
640 Le parti de soi-même est fort avantageux.
Monsieur Tartuffe ! oh ! oh ! n'est-ce rien qu'on propose ?
Certes, monsieur Tartuffe, à bien prendre la chose.
N'est pas un homme, non, qui se mouche du pied ;
Et ce n'est pas peu d'heur que d'être sa moitié.
645 Tout le monde déjà de gloire le couronne ;
Il est noble chez lui, bien fait de sa personne ;
Il a l'oreille rouge et le teint bien fleuri :
Vous vivrez trop contente avec un tel mari.

> MARIANE

Mon Dieu !

> DORINE

> Quelle allégresse aurez-vous dans votre âme,
650 Quand d'un époux si beau vous vous verrez la femme !

> MARIANE

Ah ! cesse, je te prie, un semblable discours !
Et contre cet hymen ouvre-moi du secours.
C'en est fait, je me rends, et suis prête à tout faire.

> DORINE

Non, il faut qu'une fille obéisse à son père,
655 Voulût-il lui donner un singe pour époux.
Votre sort est fort beau : de quoi vous plaignez-vous ?
Vous irez par le coche en sa petite ville,
Qu'en oncles et cousins vous trouverez fertile,
Et vous vous plairez fort à les entretenir.
660 D'abord chez le beau monde on vous fera venir.
Vous irez visiter, pour votre bienvenue,
Madame la baillive et madame l'élue,
Qui d'un siège pliant vous feront honorer.
Là, dans le carnaval, vous pourrez espérer
665 Le bal et la grand' bande, à savoir, deux musettes,
Et parfois Fagotin et les marionnettes ;
Si pourtant votre époux...

> MARIANE

> Ah ! tu me fais mourir.
De tes conseils plutôt songe à me secourir.

> DORINE

Je suis votre servante.

> MARIANE

> Hé ! Dorine, de grâce...

> DORINE
670 Il faut, pour vous punir, que cette affaire passe.

> MARIANE

Ma pauvre fille !

> DORINE

> Non.

> MARIANE

Si mes vœux déclarés...

> DORINE

Point. Tartuffe est votre homme, et vous en tâterez.

> MARIANE

Tu sais qu'à toi toujours je me suis confiée :
Fais-moi...

> DORINE

> Non, vous serez, ma foi, tartuffiée.

> MARIANE
675 Hé bien ! puisque mon sort ne saurait t'émouvoir,
Laisse-moi désormais toute à mon désespoir :

C'est de lui que mon cœur empruntera de l'aide ;
Et je sais de mes maux l'infaillible remède.
Mariane veut s'en aller.

> DORINE

Hé ! là, là, revenez. Je quitte mon courroux.
Il faut, nonobstant tout, avoir pitié de vous.   68

> MARIANE

Vois-tu, si l'on m'expose à ce cruel martyre,
Je te le dis, Dorine, il faudra que j'expire.

> DORINE

Ne vous tourmentez point. On peut adroitement
Empêcher... Mais voici Valère, votre amant.

> *Scène IV : Valère, Mariane, Dorine.*

> VALÈRE

On vient de débiter, madame, une nouvelle   68
Que je ne savais pas, et qui sans doute est belle.

> MARIANE

Quoi ?

> VALÈRE

> Que vous épousez Tartuffe.

> MARIANE

> Il est certain
Que mon père s'est mis en tête ce dessein.

> VALÈRE

Votre père, madame...

> MARIANE

> A changé de visée :
La chose vient par lui de m'être proposée.   69

> VALÈRE

Quoi ! sérieusement ?

> MARIANE

> Oui, sérieusement.
Il s'est pour cet hymen déclaré hautement.

> VALÈRE

Et quel est le dessein où votre âme s'arrête,
Madame ?

> MARIANE

> Je ne sais.

> VALÈRE

> La réponse est honnête.

Vous ne savez ?

> MARIANE

> Non.

> VALÈRE

Non ?

> MARIANE

> Que me conseillez-vous ?   69

> VALÈRE

Je vous conseille, moi, de prendre cet époux.

Vous me le conseillez ?

> VALÈRE

> Oui.

> MARIANE

> Tout de bon ?

> VALÈRE

> Sans doute.
Le choix est glorieux, et vaut bien qu'on l'écoute.

MARIANE

Hé bien ! c'est un conseil, monsieur, que je reçois.

VALÈRE

00 Vous n'aurez pas grand-peine à le suivre, je crois.

MARIANE

Pas plus qu'à le donner en a souffert votre âme.

VALÈRE

Moi, je vous l'ai donné pour vous plaire, madame.

MARIANE

Et moi, je le suivrai pour vous faire plaisir.

DORINE, *se retirant dans le fond du théâtre.*

Voyons ce qui pourra de ceci réussir.

VALÈRE

05 C'est donc ainsi qu'on aime ? Et c'était tromperie
Quand vous...

MARIANE

Ne parlons point de cela, je vous prie.
Vous m'avez dit tout franc que je dois accepter
Celui que pour époux on me veut présenter :
Et je déclare, moi, que je prétends le faire,
10 Puisque vous m'en donnez le conseil salutaire.

VALÈRE

Ne vous excusez point sur mes intentions.
Vous aviez pris déjà vos résolutions ;
Et vous vous saisissez d'un prétexte frivole
Pour vous autoriser à manquer de parole.

MARIANE

15 Il est vrai, c'est bien dit.

VALÈRE

Sans doute ; et votre cœur
N'a jamais eu pour moi de véritable ardeur.

MARIANE

Hélas ! permis à vous d'avoir cette pensée.

VALÈRE

Oui, oui, permis à moi ; mais mon âme offensée
Vous préviendra peut-être en un pareil dessein ;
20 Et je sais où porter et mes vœux et ma main.

MARIANE

Ah ! je n'en doute point ; et les ardeurs qu'excite
Le mérite...

VALÈRE

Mon Dieu ! laissons là le mérite ;
J'en ai fort peu, sans doute ; et vous en faites foi.
Mais j'espère aux bontés qu'une autre aura pour moi ;
25 Et j'en sais de qui l'âme, à ma retraite ouverte,
Consentira sans honte à réparer ma perte.

MARIANE

La perte n'est pas grande ; et de ce changement
Vous vous consolerez assez facilement.

VALÈRE

J'y ferai mon possible ; et vous le pouvez croire.
30 Un cœur qui nous oublie engage notre gloire ;
Il faut à l'oublier mettre aussi tous nos soins ;
Si l'on n'en vient à bout, on le doit feindre au moins ;
Et cette lâcheté jamais ne se pardonne,
De montrer de l'amour pour qui nous abandonne.

MARIANE

35 Ce sentiment, sans doute, est noble et relevé.

VALÈRE

Fort bien ; et d'un chacun il doit être approuvé.

Hé quoi ! vous voudriez qu'à jamais dans mon âme
Je gardasse pour vous les ardeurs de ma flamme,
Et vous visse, à mes yeux, passer en d'autres bras,
Sans mettre ailleurs un cœur dont vous ne voulez pas ?   740

MARIANE

Au contraire ; pour moi, c'est ce que je souhaite ;
Et je voudrais déjà que la chose fût faite.

VALÈRE

Vous le voudriez ?

MARIANE

Oui.

VALÈRE

C'est assez m'insulter,
Madame ; et, de ce pas, je vais vous contenter.
Il fait un pas pour s'en aller.

MARIANE

Fort bien.

VALÈRE, *revenant.*

Souvenez-vous au moins que c'est vous-même   745
Qui contraigniez mon cœur à cet effort extrême.

MARIANE

Oui.

VALÈRE, *revenant encore.*

Et que le dessein que mon âme conçoit,
N'est rien qu'à votre exemple.

MARIANE

A mon exemple, soit.

VALÈRE, *en sortant.*

Suffit : vous allez être à point nommé servie.

MARIANE

Tant mieux.

VALÈRE, *revenant encore.*

Vous me voyez, c'est pour toute ma vie.   750

MARIANE

A la bonne heure.

VALÈRE, *se retournant lorsqu'il est prêt à sortir.*

Hé ?

MARIANE

Quoi ?

VALÈRE

Ne m'appelez-vous pas ?

MARIANE

Moi ! vous rêvez.

VALÈRE

Hé bien ! je poursuis donc mes pas.
Adieu, madame.
Il s'en va lentement.

MARIANE

Adieu, monsieur.

DORINE, *à Mariane.*

Pour moi, je pense
Que vous perdez l'esprit par cette extravagance :
Et je vous ai laissés tout du long quereller,   755
Pour voir où tout cela pourrait enfin aller.
Holà ! seigneur Valère.
Elle arrête Valère par le bras.

VALÈRE, *feignant de résister.*

Hé ! que veux-tu, Dorine ?

DORINE

Venez ici.

VALÈRE
Non, non, le dépit me domine :
Ne me détourne point de ce qu'elle a voulu.
DORINE
760 Arrêtez.
VALÈRE
Non, vois-tu, c'est un point résolu.
DORINE
Ah !
MARIANE, *à part.*
Il souffre à me voir, ma présence le chasse ;
Et je ferai bien mieux de lui quitter la place.
DORINE, *quittant Valère,*
et courant après Mariane.
A l'autre ! Où courez-vous ?
MARIANE
Laisse.
DORINE
Il faut revenir.
MARIANE
Non, non, Dorine ; en vain tu veux me retenir.
VALÈRE, *à part.*
765 Je vois bien que ma vue est pour elle un supplice ;
Et sans doute il vaut mieux que je l'en affranchisse.
DORINE, *quittant Mariane,*
et courant après Valère.
Encor ? Diantre soit fait de vous, si je le veux.
Cessez ce badinage, et venez çà tous deux.
Elle prend Valère et Mariane par la main, et les
ramène.
VALÈRE, *à Dorine.*
Mais quel est ton dessein ?
MARIANE, *à Dorine.*
Qu'est-ce que tu veux faire ?
DORINE
770 Vous bien remettre ensemble, et vous tirer d'affaire.
A Valère.
Etes-vous fou d'avoir un pareil démêlé ?
VALÈRE
N'as-tu pas entendu comme elle m'a parlé ?
DORINE, *à Mariane.*
Etes-vous folle, vous, de vous être emportée ?
MARIANE
N'as-tu pas vu la chose, et comme il m'a traitée ?
DORINE
775 Sottise des deux parts. Elle n'a d'autre soin
Que de se conserver à vous, j'en suis témoin.
A Mariane.
Il n'aime que vous seule, et n'a point d'autre envie
Que d'être votre époux ; j'en réponds sur ma vie.
MARIANE, *à Valère.*
Pourquoi donc me donner un semblable conseil ?
VALÈRE, *à Mariane.*
780 Pourquoi m'en demander sur un sujet pareil ?
DORINE
Vous êtes fous tous deux. Çà, la main l'un et l'autre.
A Valère.
Allons, vous.
VALÈRE, *en donnant sa main à Dorine.*
A quoi bon ma main ?

DORINE, *à Mariane.*
Ah çà ! la vôtre.
MARIANE, *en donnant aussi sa main.*
De quoi sert tout cela ?
DORINE
Mon Dieu ! vite, avancez.
Vous vous aimez tous deux plus que vous ne pensez.
Valère et Mariane se tiennent quelque temps par la
main sans se regarder.
VALÈRE, *se tournant vers Mariane.*
Mais ne faites donc point les choses avec peine,
Et regardez un peu les gens sans nulle haine.
Mariane se tourne du côté de Valère en lui souriant.
DORINE
A vous dire le vrai, les amants sont bien fous !
VALÈRE, *à Mariane.*
Oh ! ça ! n'ai-je pas lieu de me plaindre de vous ?
Et, pour n'en point mentir, n'êtes-vous pas méchante
De vous plaire à me dire une chose affligeante ?
MARIANE
Mais vous, n'êtes-vous pas l'homme le plus ingrat... ?
DORINE
Pour une autre saison laissons tout ce débat,
Et songeons à parer ce fâcheux mariage.
MARIANE
Dis-nous donc quels ressorts il faut mettre en usage.
DORINE
Nous en ferons agir de toutes les façons.
Votre père se moque ; et ce sont des chansons.
Mais, pour vous, il vaut mieux qu'à son extravagance
D'un doux consentement vous prêtiez l'apparence,
Afin qu'en cas d'alarme il vous soit plus aisé
De tirer en longueur cet hymen proposé.
En attrapant du temps, à tout on remédie.
Tantôt vous payerez de quelque maladie
Qui viendra tout à coup, et voudra des délais ;
Tantôt vous payerez de présages mauvais ;
Vous aurez fait d'un mort la rencontre fâcheuse,
Cassé quelque miroir, ou songé d'eau bourbeuse :
Enfin, le bon de tout, c'est qu'à d'autres qu'à lui,
On ne vous peut lier que vous ne disiez oui.
Mais, pour mieux réussir, il est bon, ce me semble,
Qu'on ne vous trouve point tous deux parlant en-
A Valère.   [semble.
Sortez ; et, sans tarder, employez vos amis
Pour vous faire tenir ce qu'on vous a promis.
Nous allons réveiller les efforts de son frère,
Et dans notre parti jeter la belle-mère.
Adieu.
VALÈRE, *à Mariane.*
Quelques efforts que nous préparions tous,
Ma plus grande espérance, à vrai dire, est en vous.
MARIANE *à Valère.*
Je ne vous réponds pas des volontés d'un père ;
Mais je ne serai point à d'autre qu'à Valère.
VALÈRE
Que vous me comblez d'aise ! Et quoi que puisse oser...
DORINE
Ah ! jamais les amants ne sont las de jaser.
Sortez, vous dis-je.

VALÈRE, *revenant sur ses pas.*
Enfin...
DORINE
Quel caquet est le vôtre !
Tirez de cette part ; et vous, tirez de l'autre.
*Dorine les pousse chacun par l'épaule, et les oblige
de se séparer.*

ACTE TROISIEME

Scène I : Damis, Dorine.

DAMIS
Que la foudre, sur l'heure, achève mes destins,
Qu'on me traite partout du plus grand des faquins,
825 S'il est aucun respect ni pouvoir qui m'arrête,
Et si je ne fais pas quelque coup de ma tête !
DORINE
De grâce, modérez un tel emportement :
Votre père n'a fait qu'en parler simplement.
On n'exécute pas tout ce qui se propose ;
830 Et le chemin est long du projet à la chose.
DAMIS
Il faut que de ce fat j'arrête les complots,
Et qu'à l'oreille un peu je lui dise deux mots.
DORINE
Ah ! tout doux ! envers lui, comme envers votre père,
Laissez agir les soins de votre belle-mère.
835 Sur l'esprit de Tartuffe elle a quelque crédit ;
Il se rend complaisant à tout ce qu'elle dit,
Et pourrait bien avoir douceur de cœur pour elle.
Plût à Dieu qu'il fût vrai ! la chose serait belle.
Enfin, votre intérêt l'oblige à le mander ;
840 Sur l'hymen qui vous trouble elle veut le sonder,
Savoir ses sentiments, et lui faire connaître
Quels fâcheux démêlés il pourra faire naître,
S'il faut qu'à ce dessein il prête quelque espoir.
Son valet dit qu'il prie, et je n'ai pu le voir ;
845 Mais ce valet m'a dit qu'il s'en allait descendre.
Sortez donc, je vous prie, et me laissez l'attendre.
DAMIS
Je puis être présent à tout cet entretien.
DORINE
Point. Il faut qu'ils soient seuls.
DAMIS
Je ne lui dirai rien.
DORINE
Vous vous moquez : on sait vos transports ordinaires ;
850 Et c'est le vrai moyen de gâter les affaires.
Sortez.
DAMIS
Non ; je veux voir, sans me mettre en courroux.
DORINE
Que vous êtes fâcheux ! Il vient. Retirez-vous.
*Damis va se cacher dans un cabinet qui est au fond
du théâtre.*

Scène II : Tartuffe, Dorine.

TARTUFFE, *parlant haut à son valet, qui
est dans la maison, dès qu'il aperçoit Dorine.*
Laurent, serrez ma haire avec ma discipline,
Et priez que toujours le ciel vous illumine.
Si l'on vient pour me voir, je vais aux prisonniers   855
Des aumônes que j'ai partager les deniers.
DORINE, *à part.*
Que d'affectation et de forfanterie !
TARTUFFE
Que voulez-vous ?
DORINE
Vous dire...
TARTUFFE, *tirant un mouchoir
de sa poche.*
Ah ! mon Dieu ! je vous prie,
Avant que de parler, prenez-moi ce mouchoir.
DORINE
Comment !
TARTUFFE
Couvrez ce sein que je ne saurais voir.   860
Par de pareils objets les âmes sont blessées,
Et cela fait venir de coupables pensées.
DORINE
Vous êtes donc bien tendre à la tentation ;
Et la chair sur vos sens fait grande impression !
Certes, je ne sais pas quelle chaleur vous monte :   865
Mais à convoiter, moi, je ne suis point si prompte ;
Et je vous verrais nu, du haut jusques en bas,
Que toute votre peau ne me tenterait pas.
TARTUFFE
Mettez dans vos discours un peu de modestie,
Ou je vais sur-le-champ vous quitter la partie.   870
DORINE
Non, non, c'est moi qui vais vous laisser en repos,
Et je n'ai seulement qu'à vous dire deux mots.
Madame va venir dans cette salle basse,
Et d'un mot d'entretien vous demande la grâce.
TARTUFFE
Hélas ! très volontiers.
DORINE, *à part.*
Comme il se radoucit !   875
Ma foi, je suis toujours pour ce que j'en ai dit.
TARTUFFE
Viendra-t-elle bientôt ?
DORINE
Je l'entends, ce me semble.
Oui, c'est elle en personne, et je vous laisse ensemble.

Scène III : Elmire, Tartuffe.

TARTUFFE
Que le ciel à jamais, par sa toute bonté,
Et de l'âme et du corps vous donne la santé,   880
Et bénisse vos jours autant que le désire
Le plus humble de ceux que son amour inspire !
ELMIRE
Je suis fort obligée à ce souhait pieux.
Mais prenons une chaise, afin d'être un peu mieux.

TARTUFFE, *assis.*

885 Comment de votre mal vous sentez-vous remise ?

ELMIRE, *assise.*

Fort bien ; et cette fièvre a bientôt quitté prise.

TARTUFFE

Mes prières n'ont pas le mérite qu'il faut
Pour avoir attiré cette grâce d'en haut ;
Mais je n'ai fait au ciel nulle dévote instance
890 Qui n'ait eu pour objet votre convalescence.

ELMIRE

Votre zèle pour moi s'est trop inquiété.

TARTUFFE

On ne peut trop chérir votre chère santé ;
Et, pour la rétablir, j'aurais donné la mienne.

ELMIRE

C'est pousser bien avant la charité chrétienne ;
895 Et je vous dois beaucoup pour toutes ces bontés.

TARTUFFE

Je fais bien moins pour vous que vous ne méritez.

ELMIRE

J'ai voulu vous parler en secret d'une affaire,
Et suis bien aise, ici, qu'aucun ne nous éclaire.

TARTUFFE

J'en suis ravi de même ; et, sans doute, il m'est doux,
900 Madame, de me voir seul à seul avec vous.
C'est une occasion qu'au ciel j'ai demandée,
Sans que, jusqu'à cette heure, il me l'ait accordée.

ELMIRE

Pour moi, ce que je veux, c'est un mot d'entretien,
Où tout votre cœur s'ouvre et ne me cache rien.
Damis, sans se montrer, entrouvre la porte du cabi-
net dans lequel il s'était retiré, pour entendre la
conversation.

TARTUFFE

905 Et je ne veux aussi, pour grâce singulière,
Que montrer à vos yeux mon âme tout entière,
Et vous faire serment que les bruits que j'ai faits
Des visites qu'ici reçoivent vos attraits
Ne sont pas envers vous l'effet d'aucune haine,
910 Mais plutôt d'un transport de zèle qui m'entraîne,
Et d'un pur mouvement...

ELMIRE

Je le prends bien aussi,
Et crois que mon salut vous donne ce souci.

TARTUFFE, *prenant la main d'Elmire,*
et lui serrant les doigts.

Oui, madame, sans doute ; et ma ferveur est telle...

ELMIRE

Ouf ! vous me serrez trop.

TARTUFFE

C'est par excès de zèle.

915 De vous faire aucun mal je n'eus jamais dessein,
Et j'aurais bien plutôt...
Il met la main sur les genoux d'Elmire.

ELMIRE

Que fait là votre main ?

TARTUFFE

Je tâte votre habit : l'étoffe en est moelleuse.

ELMIRE

Ah ! de grâce, laissez, je suis fort chatouilleuse.

Elmire recule son fauteuil, et Tartuffe se rapproche
d'elle.

TARTUFFE, *maniant le fichu d'Elmire.*

Mon Dieu ! que de ce point l'ouvrage est merveilleux !
On travaille aujourd'hui d'un air miraculeux ;   92
Jamais, en toute chose, on n'a vu si bien faire.

ELMIRE

Il est vrai. Mais parlons un peu de notre affaire.
On tient que mon mari veut dégager sa foi,
Et vous donner sa fille. Est-il vrai ? dites-moi.

TARTUFFE

Il m'en a dit deux mots ; mais, madame, à vrai dire, 92
Ce n'est pas le bonheur après quoi je soupire ;
Et je vois autre part les merveilleux attraits
De la félicité qui fait tous mes souhaits.

ELMIRE

C'est que vous n'aimez rien des choses de la terre.

TARTUFFE

Mon sein n'enferme pas un cœur qui soit de pierre.   93

ELMIRE

Pour moi, je crois qu'au ciel tendent tous vos soupirs,
Et que rien ici-bas n'arrête vos désirs.

TARTUFFE

L'amour qui nous attache aux beautés éternelles
N'étouffe pas en nous l'amour des temporelles ;
Nos sens facilement peuvent être charmés   93
Des ouvrages parfaits que le ciel a formés.
Ses attraits réfléchis brillent dans vos pareilles ;
Mais il étale en vous ses plus rares merveilles ;
Il a sur votre face épanché des beautés
Dont les yeux sont surpris et les cœurs transportés ;   94
Et je n'ai pu vous voir, parfaite créature,
Sans admirer en vous l'auteur de la nature,
Et d'une ardente amour sentir mon cœur atteint,
Au plus beau des portraits où lui-même il s'est peint.
D'abord j'appréhendai que cette ardeur secrète   94
Ne fût du noir esprit une surprise adroite ;
Et même à fuir vos yeux mon cœur se résolut,
Vous croyant un obstacle à faire mon salut.
Mais enfin je connus, ô beauté tout aimable,
Que cette passion peut n'être point coupable ;   95
Que je puis l'ajuster avecque la pudeur ;
Et c'est ce qui m'y fait abandonner mon cœur.
Ce m'est, je le confesse, une audace bien grande
Que d'oser de ce cœur vous adresser l'offrande ;
Mais j'attends en mes vœux tout de votre bonté,   95
Et rien des vains efforts de mon infirmité.
En vous est mon espoir, mon bien, ma quiétude ;
De vous dépend ma peine ou ma béatitude ;
Et je vais être enfin, par votre seul arrêt,
Heureux si vous voulez ; malheureux s'il vous plaît.   96

ELMIRE

La déclaration est tout à fait galante ;
Mais elle est, à vrai dire, un peu bien surprenante.
Vous deviez, ce me semble, armer mieux votre sein,
Et raisonner un peu sur un pareil dessein.
Un dévot comme vous, et que partout on nomme...   96

TARTUFFE

Ah ! pour être dévot, je n'en suis pas moins homme :
Et, lorsqu'on vient à voir vos célestes appas,

Un cœur se laisse prendre et ne raisonne pas.
Je sais qu'un tel discours de moi paraît étrange ;
970 Mais, madame, après tout, je ne suis pas un ange ;
Et si vous condamnez l'aveu que je vous fais,
Vous devez vous en prendre à vos charmants attraits.
Dès que j'en vis briller la splendeur plus qu'humaine,
De mon intérieur vous fûtes souveraine ;
975 De vos regards divins l'ineffable douceur
Força la résistance où s'obstinait mon cœur ;
Elle surmonta tout, jeûnes, prières, larmes,
Et tourna tous mes vœux du côté de vos charmes.
Mes yeux et mes soupirs vous l'ont dit mille fois ;
980 Et, pour mieux m'expliquer, j'emploie ici la voix.
Que si vous contemplez, d'une âme un peu bénigne,
Les tribulations de votre esclave indigne ;
S'il faut que vos bontés veuillent me consoler,
Et jusqu'à mon néant daignent se ravaler,
985 J'aurai toujours pour vous, ô suave merveille,
Une dévotion à nulle autre pareille.
Votre honneur avec moi ne court point de hasard,
Et n'a nulle disgrâce à craindre de ma part.
Tous ces galants de cour, dont les femmes sont folles,
990 Sont bruyants dans leurs faits et vains dans leurs
[paroles,
De leurs progrès sans cesse on les voit se targuer ;
Ils n'ont point de faveurs qu'ils n'aillent divulguer,
Et leur langue indiscrète, en qui l'on se confie,
Déshonore l'autel où leur cœur sacrifie.
995 Mais les gens comme nous brûlent d'un feu discret,
Avec qui pour toujours, on est sûr du secret.
Le soin que nous prenons de notre renommée
Répond de toute chose à la personne aimée ;
Et c'est en nous qu'on trouve, acceptant notre cœur,
000 De l'amour sans scandale et du plaisir sans peur.

ELMIRE
Je vous écoute dire, et votre rhétorique
En termes assez forts à mon âme s'explique.
N'appréhendez-vous point que je ne sois d'humeur
A dire à mon mari cette galante ardeur ;
005 Et que le prompt avis d'un amour de la sorte
Ne pût bien altérer l'amitié qu'il vous porte ?

TARTUFFE
Je sais que vous avez trop de bénignité,
Et que vous ferez grâce à ma témérité ;
Que vous m'excuserez, sur l'humaine faiblesse,
010 Des violents transports d'un amour qui vous blesse,
Et considérerez, en regardant votre air,
Que l'on n'est pas aveugle, et qu'un homme est de chair.

ELMIRE
D'autres prendraient cela d'autre façon peut-être ;
Mais ma discrétion se veut faire paraître.
015 Je ne redirai point l'affaire à mon époux ;
Mais je veux en revanche une chose de vous :
C'est de presser tout franc, et sans nulle chicane,
L'union de Valère avecque Mariane,
De renoncer vous-même à l'injuste pouvoir
020 Qui veut du bien d'un autre enrichir votre espoir ;
Et...

Scène IV : Elmire, Damis, Tartuffe.

DAMIS, *sortant du cabinet où il s'était retiré.*
Non, madame, non ; ceci doit se répandre.
J'étais en cet endroit, d'où j'ai pu tout entendre ;
Et la bonté du ciel m'y semble avoir conduit
Pour confondre l'orgueil d'un traître qui me nuit,
Pour m'ouvrir une voie à prendre la vengeance   1025
De son hypocrisie et de son insolence,
A détromper mon père, et lui mettre en plein jour
L'âme d'un scélérat qui vous parle d'amour.

ELMIRE
Non, Damis ; il suffit qu'il se rende plus sage,
Et tâche à mériter la grâce où je m'engage.   1030
Puisque je l'ai promis, ne m'en dédites pas.
Ce n'est point mon humeur de faire des éclats ;
Une femme se rit de sottises pareilles,
Et jamais d'un mari n'en trouble les oreilles.

DAMIS
Vous avez vos raisons pour en user ainsi,   1035
Et pour faire autrement j'ai les miennes aussi,
Le vouloir épargner est une raillerie ;
Et l'insolent orgueil de sa cagoterie
N'a triomphé que trop de mon juste courroux,
Et que trop excité de désordre chez nous.   1040
Le fourbe trop longtemps a gouverné mon père,
Et desservi mes feux avec ceux de Valère ;
Il faut que du perfide il soit désabusé ;
Et le ciel pour cela m'offre un moyen aisé.
De cette occasion je lui suis redevable,   1045
Et, pour la négliger, elle est trop favorable ;
Ce serait mériter qu'il me la vînt ravir,
Que de l'avoir en main et ne m'en pas servir.

ELMIRE
Damis...

DAMIS
Non, s'il vous plaît, il faut que je me croie.
Mon âme est maintenant au comble de sa joie ;   1050
Et vos discours en vain prétendent m'obliger
A quitter le plaisir de me pouvoir venger.
Sans aller plus avant, je vais vider l'affaire ;
Et voici justement de quoi me satisfaire.

Scène V : Orgon, Elmire, Damis, Tartuffe.

DAMIS
Nous allons régaler, mon père, votre abord   1055
D'un incident tout frais qui vous surprendra fort.
Vous êtes bien payé de toutes vos caresses,
Et monsieur d'un beau prix reconnaît vos tendresses.
Son grand zèle pour vous vient de se déclarer :
Il ne va pas à moins qu'à vous déshonorer ;   1060
Et je l'ai surpris là qui faisait à madame
L'injurieux aveu d'une coupable flamme.
Elle est d'une humeur douce, et son cœur trop discret
Voulait à toute force en garder le secret ;
Mais je ne puis flatter une telle impudence,   1065
Et crois que vous la taire est vous faire une offense.

ELMIRE
Oui, je tiens que jamais de tous ces vains propos

On ne doit d'un mari traverser le repos ;
Que ce n'est point de là que l'honneur peut dépendre ;
1070 Et qu'il suffit pour nous de savoir nous défendre.
Ce sont mes sentiments ; et vous n'auriez rien dit,
Damis, si j'avais eu sur vous quelque crédit.

Scène VI : Orgon, Damis, Tartuffe.

ORGON
Ce que je viens d'entendre, ô ciel ! est-il croyable ?
TARTUFFE
Oui, mon frère, je suis un méchant, un coupable,
1075 Un malheureux pécheur, tout plein d'iniquité,
Le plus grand scélérat qui jamais ait été.
Chaque instant de ma vie est chargé de souillures ;
Elle n'est qu'un amas de crimes et d'ordures ;
Et je vois que le ciel, pour ma punition,
1080 Me veut mortifier en cette occasion.
De quelque grand forfait qu'on me puisse reprendre,
Je n'ai garde d'avoir l'orgueil de m'en défendre.
Croyez ce qu'on vous dit, armez votre courroux,
Et comme un criminel chassez-moi de chez vous ;
1085 Je ne saurais avoir tant de honte en partage,
Que je n'en aie encor mérité davantage.
ORGON, à son fils.
Ah ! traître, oses-tu bien, par cette fausseté,
Vouloir de sa vertu ternir la pureté ?
DAMIS
Quoi ! la feinte douceur de cette âme hypocrite
Vous fera démentir...
ORGON
1090   Tais-toi, peste maudite !
TARTUFFE
Ah ! laissez-le parler ; vous l'accusez à tort,
Et vous feriez bien mieux de croire à son rapport.
Pourquoi sur un tel fait m'être si favorable ?
Savez-vous, après tout, de quoi je suis capable ?
1095 Vous fiez-vous, mon frère, à mon extérieur ?
Et, pour tout ce qu'on voit, me croyez-vous meilleur ?
Non, non : vous vous laissez tromper à l'apparence ;
Et je ne suis rien moins, hélas ! que ce qu'on pense.
Tout le monde me prend pour un homme de bien ;
1100 Mais la vérité pure est que je ne vaux rien.
S'adressant à Damis.
Oui, mon cher fils, parlez ; traitez-moi de perfide,
D'infâme, de perdu, de voleur, d'homicide ;
Accablez-moi de noms encore plus détestés :
Je n'y contredis point, je les ai mérités ;
1105 Et j'en veux à genoux souffrir l'ignominie,
Comme une honte due aux crimes de ma vie.
ORGON
Mon frère, c'en est trop. Ton cœur ne se rend point,
Traître !
DAMIS
Quoi ! ses discours vous séduiront au point...
ORGON
Tais-toi, pendard ! Mon frère, hé ! levez-vous, de
A son fils   [grâce !
Infâme !

DAMIS
Il peut...
ORGON
Tais-toi.
DAMIS
J'enrage. Quoi ! je passe... 111
ORGON
Si tu dis un seul mot, je te romprai les bras.
TARTUFFE
Mon frère, au nom de Dieu, ne vous emportez pas !
J'aimerais mieux souffrir la peine la plus dure,
Qu'il eût reçu pour moi la moindre égratignure.
ORGON, à son fils.
Ingrat !
TARTUFFE
Laissez-le en paix. S'il faut, à deux genoux, 111
Vous demander sa grâce...
ORGON, se jetant aussi à genoux,
et embrassant Tartuffe.
Hélas ! vous moquez-vous ?
A son fils.
Coquin ! vois sa bonté !
DAMIS
Donc...
ORGON
Paix !
DAMIS
Quoi ! je...
ORGON
Paix, dis-je :
Je sais bien quel motif à l'attaquer t'oblige,
Vous le haïssez tous ; et je vois aujourd'hui
Femme, enfants et valets, déchaînés contre lui.   112
On met impudemment toute chose en usage
Pour ôter de chez moi ce dévot personnage :
Mais plus on fait d'efforts afin de l'en bannir,
Plus j'en veux employer à l'y mieux retenir ;
Et je vais me hâter de lui donner ma fille,   112
Pour confondre l'orgueil de toute ma famille.
DAMIS
A recevoir sa main on pense l'obliger ?
ORGON
Oui, traître, et dès ce soir, pour vous faire enrager.
Ah ! je vous brave tous, et vous ferai connaître
Qu'il faut qu'on m'obéisse, et que je suis le maître. 113
Allons, qu'on se rétracte, et qu'à l'instant, fripon,
On se jette à ses pieds pour demander pardon.
DAMIS
Qui ? moi ! de ce coquin, qui par ses impostures...
ORGON
Ah ! tu résistes, gueux, et lui dis des injures !
Un bâton ! un bâton ! Ne me retenez pas.
Sus ! que de ma maison on sorte de ce pas,   113
Et que d'y revenir on n'ait jamais l'audace.
DAMIS
Oui, je sortirai ; mais...
ORGON
Vite, quittons la place.
Je te prive, pendard, de ma succession,
Et te donne, de plus, ma malédiction !   114

Scène VII : Orgon, Tartuffe.

ORGON

Offenser de la sorte une sainte personne !

TARTUFFE

O ciel ! pardonne-lui la douleur qu'il me donne !
A Orgon.
Si vous pouviez savoir avec quel déplaisir
Je vois qu'envers mon frère on tâche à me noircir...

ORGON

1145 Hélas !

TARTUFFE

Le seul penser de cette ingratitude
Fait souffrir à mon âme un supplice si rude...
L'horreur que j'en conçois... J'ai le cœur si serré
Que je ne puis parler, et crois que j'en mourrai.

ORGON, *courant tout en larmes à la porte
par où il a chassé son fils.*

Coquin ! je me repens que ma main t'ait fait grâce,
1150 Et ne t'ait pas d'abord assommé sur la place.
A Tartuffe.
Remettez-vous, mon frère, et ne vous fâchez pas.

TARTUFFE

Rompons, rompons le cours de ces fâcheux débats.
Je regarde céans quels grands troubles j'apporte,
Et crois qu'il est besoin, mon frère, que j'en sorte.

ORGON

1155 Comment ! vous moquez-vous ?

TARTUFFE

On m'y hait, et je vois
Qu'on cherche à vous donner des soupçons de ma foi.

ORGON

Qu'importe ? Voyez-vous que mon cœur les écoute ?

TARTUFFE

On ne manquera pas de poursuivre, sans doute ;
Et ces mêmes rapports qu'ici vous rejetez
1160 Peut-être une autre fois seront-ils écoutés.

ORGON

Non, mon frère, jamais.

TARTUFFE

Ah ! mon frère, une femme
Aisément d'un mari peut bien surprendre l'âme.

ORGON

Non, non.

TARTUFFE

Laissez-moi vite, en m'éloignant d'ici.
Leur ôter tout sujet de m'attaquer ainsi.

ORGON

1165 Non, vous demeurerez ; il y va de ma vie.

TARTUFFE

Hé bien ! il faudra donc que je me mortifie.
Pourtant, si vous vouliez...

ORGON

Ah !

TARTUFFE

Soit : n'en parlons plus.
Mais je sais comme il faut en user là-dessus.
L'honneur est délicat, et l'amitié m'engage
1170 A prévenir les bruits et les sujets d'ombrage.
Je fuirai votre épouse, et vous ne me verrez...

ORGON

Non, en dépit de tous vous la fréquenterez.
Faire enrager le monde est ma plus grande joie ;
Et je veux qu'à toute heure avec elle on vous voie.
Ce n'est pas tout encor : pour les mieux braver tous, 1175
Je ne veux point avoir d'autre héritier que vous,
Et je vais de ce pas, en fort bonne manière,
Vous faire de mon bien donation entière.
Un bon et franc ami, que pour gendre je prends,
M'est bien plus cher que fils, que femme, et que pa- 1180
N'accepterez-vous pas ce que je vous propose? [rents.

TARTUFFE

La volonté du ciel soit faite en toute chose !

ORGON

Le pauvre homme ! Allons vite en dresser un écrit :
Et que puisse l'envie en crever de dépit !

ACTE QUATRIEME

Scène I : Cléante, Tartuffe.

CLÉANTE   [croire,

Oui, tout le monde en parle, et vous m'en pouvez 1185
L'éclat que fait ce bruit n'est point à votre gloire ;
Et je vous ai trouvé, monsieur, fort à propos
Pour vous en dire net ma pensée en deux mots.
Je n'examine point à fond ce qu'on expose ;
Je passe là-dessus, et prends au pis la chose.   1190
Supposons que Damis n'en ait pas bien usé,
Et que ce soit à tort qu'on vous ait accusé ;
N'est-il pas d'un chrétien de pardonner l'offense,
Et d'éteindre en son cœur tout désir de vengeance ?
Et devez-vous souffrir, pour votre démêlé,   1195
Que du logis d'un père un fils soit exilé ?
Je vous le dis encore, et parle avec franchise,
Il n'est petit ni grand qui ne s'en scandalise ;
Et, si vous m'en croyez, vous pacifierez tout,
Et ne pousserez point les affaires à bout.   1200
Sacrifiez à Dieu toute votre colère,
Et remettez le fils en grâce avec le père.

TARTUFFE

Hélas ! je le voudrais, quant à moi, de bon cœur ;
Je ne garde pour lui, monsieur, aucune aigreur ;
Je lui pardonne tout ; de rien je ne le blâme,   1205
Et voudrais le servir du meilleur de mon âme :
Mais l'intérêt du ciel n'y saurait consentir ;
Et, s'il rentre céans, c'est à moi d'en sortir.
Après son action, qui n'eut jamais d'égale,
Le commerce entre nous porterait du scandale :   1210
Dieu sait ce que d'abord tout le monde en croirait !
A pure politique on me l'imputerait ;
Et l'on dirait partout que, me sentant coupable,
Je feins pour qui m'accuse un zèle charitable ;
Que mon cœur l'appréhende, et veut le ménager   1215
Pour le pouvoir, sous main, au silence engager.

CLÉANTE

Vous nous payez ici d'excuses colorées ;
Et toutes vos raisons, monsieur, sont trop tirées.

Des intérêts du ciel pourquoi vous chargez-vous ?
1220 Pour punir le coupable a-t-il besoin de nous ?
Laissez-lui, laissez-lui le soin de ses vengeances :
Ne songez qu'au pardon qu'il prescrit des offenses,
Et ne regardez point aux jugements humains,
Quand vous suivez du ciel les ordres souverains.
1225 Quoi ! le faible intérêt de ce qu'on pourra croire
D'une bonne action empêchera la gloire !
Non, non ; faisons toujours ce que le ciel prescrit,
Et d'aucun autre soin ne nous brouillons l'esprit.

TARTUFFE

Je vous ai déjà dit que mon cœur lui pardonne ;
1230 Et c'est faire, monsieur, ce que le ciel ordonne :
Mais, après le scandale et l'affront d'aujourd'hui,
Le ciel n'ordonne pas que je vive avec lui.

CLÉANTE

Et vous ordonne-t-il, monsieur, d'ouvrir l'oreille
A ce qu'un pur caprice à son père conseille,
1235 Et d'accepter le don qui vous est fait d'un bien
Où le droit vous oblige à ne prétendre rien ?

TARTUFFE

Ceux qui me connaîtront n'auront pas la pensée
Que ce soit un effet d'une âme intéressée.
Tous les biens de ce monde ont pour moi peu d'appas;
1240 De leur éclat trompeur je ne m'éblouis pas :
Et si je me résous à recevoir du père
Cette donation qu'il a voulu me faire,
Ce n'est, à dire vrai, que parce que je crains
Que tout ce bien ne tombe en de méchantes mains ;
1245 Qu'il ne trouve des gens qui, l'ayant en partage,
En fassent dans le monde un criminel usage,
Et ne s'en servent pas, ainsi que j'ai dessein,
Pour la gloire du ciel et le bien du prochain.

CLÉANTE

Hé ! monsieur, n'ayez point ces délicates craintes,
1250 Qui d'un juste héritier peuvent causer les plaintes.
Souffrez, sans vous vouloir embarrasser de rien,
Qu'il soit, à ses périls, possesseur de son bien ;
Et songez qu'il vaut mieux encor qu'il en mésuse,
Que si de l'en frustrer il faut qu'on vous accuse.
1255 J'admire seulement que sans confusion
Vous en ayez souffert la proposition ;
Car enfin le vrai zèle a-t-il quelque maxime
Qui montre à dépouiller l'héritier légitime ?
Et, s'il faut que le ciel dans votre cœur ait mis
1260 Un invincible obstacle à vivre avec Damis,
Ne vaudrait-il pas mieux qu'en personne discrète
Vous fissiez de céans une honnête retraite,
Que de souffrir ainsi, contre toute raison,
Qu'on en chasse pour vous le fils de la maison ?
1265 Croyez-moi, c'est donner de votre prud'homie,
Monsieur...

TARTUFFE

Il est, monsieur, trois heures et demie :
Certain devoir pieux me demande là-haut,
Et vous m'excuserez de vous quitter si tôt.

CLÉANTE, seul.

Ah !

Scène II : Elmire, Mariane,
Cléante, Dorine.

DORINE, à Cléante.

De grâce, avec nous employez-vous pour elle,
Monsieur : son âme souffre une douleur mortelle ;   1270
Et l'accord que son père a conclu pour ce soir
La fait à tous moments entrer en désespoir.
Il va venir. Joignons nos efforts, je vous prie,
Et tâchons d'ébranler, de force ou d'industrie,
Ce malheureux dessein qui nous a tous troublés.   1275

Scène III : Orgon, Elmire, Mariane,
Cléante, Dorine.

ORGON

Ah ! je me réjouis de vous voir assemblés.
A Mariane.
Je porte en ce contrat de quoi vous faire rire,
Et vous savez déjà ce que cela veut dire.

MARIANE, aux genoux d'Orgon.

Mon père, au nom du ciel qui connaît ma douleur,
Et par tout ce qui peut émouvoir votre cœur,   1280
Relâchez-vous un peu des droits de la naissance,
Et dispensez mes vœux de cette obéissance.
Ne me réduisez point, par cette dure loi,
Jusqu'à me plaindre au ciel de ce que je vous dois,
Et cette vie, hélas ! que vous m'avez donnée,   1285
Ne me la rendez pas, mon père, infortunée.
Si, contre un doux espoir que j'avais pu former,
Vous me défendez d'être à ce que j'ose aimer,
Au moins, par vos bontés qu'à vos genoux j'implore,
Sauvez-moi du tourment d'être à ce que j'abhorre ;   1290
Et ne me portez point à quelque désespoir,
En vous servant sur moi de tout votre pouvoir.

ORGON, se sentant attendrir.

Allons, ferme, mon cœur ! point de faiblesse hu-
MARIANE   [maine !
Vos tendresses pour lui ne me font point de peine ;
Faites-les éclater, donnez-lui votre bien,   1295
Et, si ce n'est assez, joignez-y tout le mien ;
J'y consens de bon cœur, et je vous l'abandonne :
Mais, au moins, n'allez pas jusques à ma personne ;
Et souffrez qu'un couvent, dans les austérités,
Use les tristes jours que le ciel m'a comptés.   1300

ORGON

Ah ! voilà justement de mes religieuses,
Lorsqu'un père combat leurs flammes amoureuses !
Debout. Plus votre cœur répugne à l'accepter,
Plus ce sera pour vous matière à mériter.
Mortifiez vos sens avec ce mariage,   1305
Et ne me rompez pas la tête davantage.

DORINE

Mais quoi !...

ORGON

Taisez-vous, vous. Parlez à votre écot,
Je vous défends, tout net, d'oser dire un seul mot.

CLÉANTE

Si par quelque conseil vous souffrez qu'on réponde...

ORGON
1310 Mon frère, vos conseils sont les meilleurs du monde ;
Ils sont bien raisonnés, et j'en fais un grand cas :
Mais vous trouverez bon que je n'en use pas.

ELMIRE, *à Orgon.*
A voir ce que je vois, je ne sais plus que dire ;
Et votre aveuglement fait que je vous admire.
1315 C'est être bien coiffé, bien prévenu de lui,
Que de nous démentir sur le fait d'aujourd'hui !

ORGON
Je suis votre valet, et crois les apparences.
Pour mon fripon de fils je sais vos complaisances,
Et vous avez eu peur de le désavouer
1320 Du trait qu'à ce pauvre homme il a voulu jouer.
Vous étiez trop tranquille, enfin, pour être crue ;
Et vous auriez paru d'autre manière émue.

ELMIRE
Est-ce qu'au simple aveu d'un amoureux transport
Il faut que notre honneur se gendarme si fort ?
1325 Et ne peut-on répondre à tout ce qui le touche,
Que le feu dans les yeux, et l'injure à la bouche ?
Pour moi, de tels propos je me ris simplement ;
Et l'éclat, là-dessus, ne me plaît nullement.
J'aime qu'avec douceur nous nous montrions sages ;
1330 Et ne suis point du tout pour ces prudes sauvages
Dont l'honneur est armé de griffes et de dents,
Et veut au moindre mot dévisager les gens.
Me préserve le ciel d'une telle sagesse !
Je veux une vertu qui ne soit point diablesse ;
1335 Et crois que d'un refus la discrète froideur
N'en est pas moins puissante à rebuter un cœur.

ORGON
Enfin je sais l'affaire, et ne prends point le change.

ELMIRE
J'admire, encore un coup, cette faiblesse étrange ;
Mais que me répondrait votre incrédulité
1340 Si je faisais voir qu'on vous dit vérité ?

ORGON
Voir !

ELMIRE
Oui.

ORGON
Chansons.

ELMIRE
Mais quoi ! si je trouvais manière
De vous le faire voir avec pleine lumière ?

ORGON
Contes en l'air.

ELMIRE
Quel homme ! Au moins, répondez-moi.
Je ne vous parle pas de nous ajouter foi ;
1345 Mais supposons ici que, d'un lieu qu'on peut prendre,
On vous fît clairement tout voir et tout entendre :
Que diriez-vous alors de votre homme de bien ?

ORGON
En ce cas, je dirais que... Je ne dirais rien,
Car cela ne se peut.

ELMIRE
L'erreur trop longtemps dure,
1350 Et c'est trop condamner ma bouche d'imposture.

Il faut que, par plaisir, et sans aller plus loin,
De tout ce qu'on vous dit je vous fasse témoin.

ORGON   [adresse,
Soit. Je vous prends au mot. Nous verrons votre
Et comment vous pourrez remplir cette promesse.

ELMIRE, *à Dorine.*
Faites-le-moi venir.

DORINE, *à Elmire.*
Son esprit est rusé,   1355
Et peut-être à surprendre il sera malaisé.

ELMIRE, *à Dorine.*
Non ; on est aisément dupé par ce qu'on aime,
Et l'amour-propre engage à se tromper soi-même.
Faites-le-moi descendre. Et vous, retirez-vous.

Scène IV : Elmire, Orgon.

ELMIRE
Approchons cette table, et vous mettez dessous.   1360

ORGON
Comment !

ELMIRE
Vous bien cacher est un point nécessaire.

ORGON
Pourquoi sous cette table ?

ELMIRE
Ah ! mon Dieu ! laissez faire ;
J'ai mon dessein en tête, et vous en jugerez.
Mettez-vous là, vous dis-je, et, quand vous y serez,
Gardez qu'on ne vous voie et qu'on ne vous entende. 1365

ORGON
Je confesse qu'ici ma complaisance est grande :
Mais de votre entreprise il vous faut voir sortir.

ELMIRE
Vous n'aurez, que je crois, rien à me repartir.
A Orgon, qui est sous la table.
Au moins, je vais toucher une étrange matière,
Ne vous scandalisez en aucune manière.   1370
Quoi que je puisse dire, il doit m'être permis ;
Et c'est pour vous convaincre, ainsi que j'ai promis.
Je vais par des douceurs, puisque j'y suis réduite,
Faire poser le masque à cette âme hypocrite,
Flatter de son amour les désirs effrontés,   1375
Et donner un champ libre à ses témérités.
Comme c'est pour vous seul, et pour mieux le confon-
Que mon âme à ses vœux va feindre de répondre, [dre,
J'aurai lieu de cesser dès que vous vous rendrez,
Et les choses n'iront que jusqu'où vous voudrez.   1380
C'est à vous d'arrêter son ardeur insensée
Quand vous croirez l'affaire assez avant poussée,
D'épargner votre femme, et de ne m'exposer
Qu'à ce qu'il vous faudra pour vous désabuser.
Ce sont vos intérêts, vous en serez le maître,   1385
Et... L'on vient. Tenez-vous, et gardez de paraître.

*Scène V : Tartuffe, Elmire,
Orgon, sous la table.*

TARTUFFE
On m'a dit qu'en ce lieu vous me vouliez parler.

ELMIRE

Oui. L'on a des secrets à vous y révéler.
Mais tirez cette porte avant qu'on vous les dise,
1390 Et regardez partout, de crainte de surprise.
Tartuffe va fermer la porte, et revient.
Une affaire pareille à celle de tantôt
N'est pas assurément ici ce qu'il nous faut :
Jamais il ne s'est vu de surprise de même.
Damis m'a fait pour vous une frayeur extrême ;
1395 Et vous avez bien vu que j'ai fait mes efforts
Pour rompre son dessein et calmer ses transports.
Mon trouble, il est bien vrai, m'a si fort possédée,
Que de le démentir je n'ai point eu l'idée :
Mais par là, grâce au ciel, tout a bien mieux été,
1400 Et les choses en sont dans plus de sûreté.
L'estime où l'on vous tient a dissipé l'orage,
Et mon mari de vous ne peut prendre d'ombrage.
Pour mieux braver l'éclat des mauvais jugements,
Il veut que nous soyons ensemble à tous moments ;
1405 Et c'est par où je puis, sans peur d'être blâmée,
Me trouver ici seule avec vous enfermée,
Et ce qui m'autorise à vous ouvrir un cœur
Un peu trop prompt peut-être à souffrir votre ardeur.

TARTUFFE

Ce langage à comprendre est assez difficile,
1410 Madame ; et vous parliez tantôt d'un autre style.

ELMIRE

Ah ! si d'un tel refus vous êtes en courroux,
Que le cœur d'une femme est mal connu de vous !
Et que vous savez peu ce qu'il veut faire entendre
Lorsque si faiblement on le voit se défendre !
1415 Toujours notre pudeur combat, dans ces moments,
Ce qu'on peut nous donner de tendres sentiments.
Quelque raison qu'on trouve à l'amour qui nous
                                        [dompte,
On trouve à l'avouer toujours un peu de honte.
On s'en défend d'abord: mais de l'air qu'on s'y prend
1420 On fait connaître assez que notre cœur se rend,
Qu'à nos vœux, par honneur, notre bouche s'oppose,
Et que de tels refus promettent toute chose.
C'est vous faire, sans doute, un assez libre aveu,
Et sur notre pudeur me ménager bien peu.
1425 Mais, puisque la parole enfin en est lâchée,
A retenir Damis me serais-je attachée,
Aurais-je, je vous prie, avec tant de douceur
Ecouté tout au long l'offre de votre cœur,
Aurais-je pris la chose ainsi qu'on m'a vu faire,
1430 Si l'offre de ce cœur n'eût eu de quoi me plaire ?
Et, lorsque j'ai voulu moi-même vous forcer
A refuser l'hymen qu'on venait d'annoncer,
Qu'est-ce que cette instance a dû vous faire entendre,
Que l'intérêt qu'en vous on s'avise de prendre,
1435 Et l'ennui qu'on aurait que ce nœud qu'on résout
Vînt partager du moins un cœur que l'on veut tout ?

TARTUFFE

C'est sans doute, madame, une douceur extrême
Que d'entendre ces mots d'une bouche qu'on aime ;
Leur miel dans tous mes sens fait couler à longs traits
1440 Une suavité qu'on ne goûta jamais.
Le bonheur de vous plaire est ma suprême étude,

Et mon cœur de vos vœux fait sa béatitude ;
Mais ce cœur vous demande ici la liberté
D'oser douter un peu de sa félicité.
Je puis croire ces mots un artifice honnête   1445
Pour m'obliger à rompre un hymen qui s'apprête ;
Et, s'il faut librement m'expliquer avec vous,
Je ne me fierai point à des propos si doux,
Qu'un peu de vos faveurs, après quoi je soupire,
Ne vienne m'assurer tout ce qu'ils m'ont pu dire, 1450
Et planter dans mon âme une constante foi
Des charmantes bontés que vous avez pour moi.

ELMIRE, *après avoir toussé*
pour avertir son mari.

Quoi ! vous voulez aller avec cette vitesse,
Et d'un cœur tout d'abord épuiser la tendresse ?
On se tue à vous faire un aveu des plus doux ;   1455
Cependant ce n'est pas encore assez pour vous ?
Et l'on ne peut aller jusqu'à vous satisfaire,
Qu'aux dernières faveurs on ne pousse l'affaire ?

TARTUFFE

Moins on mérite un bien, moins on l'ose espérer.
Nos vœux sur des discours ont peine à s'assurer. 1460
On soupçonne aisément un sort tout plein de gloire,
Et l'on veut en jouir avant que de le croire.
Pour moi, qui crois si peu mériter vos bontés,
Je doute du bonheur de mes témérités ;
Et je ne croirai rien, que vous n'ayez, madame, 1465
Par des réalités, su convaincre ma flamme.

ELMIRE

Mon Dieu ! que votre amour en vrai tyran agit !
Et qu'en un trouble étrange il me jette l'esprit !
Que sur les cœurs il prend un furieux empire !
Et qu'avec violence il veut ce qu'il désire !   1470
Quoi ! de votre poursuite on ne peut se parer,
Et vous ne donnez pas le temps de respirer ?
Sied-il bien de tenir une rigueur si grande,
De vouloir sans quartier les choses qu'on demande,
Et d'abuser ainsi, par vos efforts pressants,   1475
Du faible que pour vous vous voyez qu'ont les gens ?

TARTUFFE

Mais si d'un œil bénin vous voyez mes hommages,
Pourquoi m'en refuser d'assurés témoignages ?

ELMIRE

Mais comment consentir à ce que vous voulez,
Sans offenser le ciel dont toujours vous parlez ? 1480

TARTUFFE

Si ce n'est que le ciel qu'à mes vœux on oppose,
Lever un tel obstacle est à moi peu de chose ;
Et cela ne doit pas retenir votre cœur.

ELMIRE

Mais des arrêts du ciel on nous fait tant de peur !

TARTUFFE

Je puis vous dissiper ces craintes ridicules,   1485
Madame, et je sais l'art de lever les scrupules,
Le ciel défend, de vrai, certains contentements,
Mais on trouve avec lui des accommodements.
Selon divers besoins, il est une science
D'étendre les liens de notre conscience,   1490
Et de rectifier le mal de l'action
Avec la pureté de notre intention.

De ces secrets, madame, on saura vous instruire ;
Vous n'avez seulement qu'à vous laisser conduire.
495 Contentez mon désir, et n'ayez point d'effroi ;
Je vous réponds de tout, et prends le mal sur moi.
Elmire tousse plus fort.
Vous toussez fort, madame.

ELMIRE

Oui, je suis au supplice.

TARTUFFE

Vous plaît-il un morceau de ce jus de réglisse ?

ELMIRE

C'est un rhume obstiné, sans doute ; et je vois bien
500 Que tous les jus du monde ici ne feront rien.

TARTUFFE

Cela, certe, est fâcheux.

ELMIRE

Oui, plus qu'on ne peut dire.

TARTUFFE

Enfin votre scrupule est facile à détruire.
Vous êtes assurée ici d'un plein secret,
Et le mal n'est jamais que dans l'éclat qu'on fait.
505 Le scandale du monde est ce qui fait l'offense,
Et ce n'est pas pécher que pécher en silence.

ELMIRE, *après avoir encore toussé
et frappé sur la table.*

Enfin je vois qu'il faut se résoudre à céder ;
Qu'il faut que je consente à vous tout accorder ;
Et qu'à moins de cela je ne dois point prétendre
510 Qu'on puisse être content, et qu'on veuille se rendre.
Sans doute il est fâcheux d'en venir jusque-là,
Et c'est bien malgré moi que je franchis cela ;
Mais, puisque l'on s'obstine à m'y vouloir réduire,
Puisqu'on ne veut point croire à tout ce qu'on peut
[dire,
515 Et qu'on veut des témoins qui soient plus convain-
Il faut bien s'y résoudre et contenter les gens. [cants,
Si ce consentement porte en soi quelque offense,
Tant pis pour qui me force à cette violence :
La faute assurément n'en doit point être à moi.

TARTUFFE

520 Oui, madame, on s'en charge ; et la chose de soi...

ELMIRE

Ouvrez un peu la porte, et voyez, je vous prie,
Si mon mari n'est point dans cette galerie.

TARTUFFE

Qu'est-il besoin pour lui du soin que vous prenez ?
C'est un homme, entre nous, à mener par le nez.
525 De tous nos entretiens il est pour faire gloire,
Et je l'ai mis au point de voir tout sans rien croire.

ELMIRE

Il n'importe. Sortez, je vous prie, un moment ;
Et partout là dehors voyez exactement.

Scène VI : Orgon, Elmire.

ORGON, *sortant de dessous la table.*

Voilà je vous l'avoue, un abominable homme !
530 Je n'en puis revenir, et tout ceci m'assomme.

ELMIRE

Quoi! vous sortez si tôt! Vous vous moquez des gens.
Rentrez sous le tapis, il n'est pas encor temps ;
Attendez jusqu'au bout pour voir les choses sûres,
Et ne vous fiez point aux simples conjectures.

ORGON

Non, rien de plus méchant n'est sorti de l'enfer. 1535

ELMIRE

Mon Dieu ! l'on ne doit point croire trop de léger.
Laissez-vous bien convaincre avant que de vous ren-
[dre ;
Et ne vous hâtez pas, de peur de vous méprendre.
Elmire fait mettre Orgon derrière elle.

Scène VII : Tartuffe, Elmire, Orgon.

TARTUFFE, *sans voir Orgon.*

Tout conspire, madame, à mon contentement.
J'ai visité de l'œil tout cet appartement ;   1540
Personne ne s'y trouve ; et mon âme ravie...
*Dans le temps que Tartuffe s'avance les bras ouverts
pour embrasser Elmire, elle se retire, et Tartuffe
aperçoit Orgon.*

ORGON, *arrêtant Tartuffe.*

Tout doux ! vous suivez trop votre amoureuse envie,
Et vous ne devez pas vous tant passionner.
Ah ! ah ! l'homme de bien, vous m'en voulez donner!
Comme aux tentations s'abandonne votre âme !   1545
Vous épousiez ma fille et convoitiez ma femme !
J'ai douté fort longtemps que ce fût tout de bon,
Et je croyais toujours qu'on changerait de ton ;
Mais c'est assez avant pousser le témoignage :
Je m'y tiens, et n'en veux, pour moi, pas davantage. 1550

ELMIRE, *à Tartuffe.*

C'est contre mon humeur que j'ai fait tout ceci ;
Mais on m'a mise au point de vous traiter ainsi.

TARTUFFE, *à Orgon.*

Quoi ! vous croyez... ?

ORGON

Allons, point de bruit, je vous prie.
Dénichons de céans, et sans cérémonie.

TARTUFFE

Mon dessein...

ORGON

Ces discours ne sont plus de saison. 1555
Il faut, tout sur-le-champ, sortir de la maison.

TARTUFFE

C'est à vous d'en sortir, vous qui parlez en maître :
La maison m'appartient, je le ferai connaître,
Et vous montrerai bien qu'en vain on a recours,
Pour me chercher querelle, à ces lâches détours ;   1560
Qu'on n'est pas où l'on pense en me faisant injure ;
Que j'ai de quoi confondre et punir l'imposture,
Venger le ciel qu'on blesse, et faire repentir
Ceux qui parlent ici de me faire sortir.

Scène VIII : Elmire, Orgon.

ELMIRE

Quel est donc ce langage? et qu'est-ce qu'il veut dire? 1565

ORGON

Ma foi, je suis confus, et n'ai pas lieu de rire.

ELMIRE

Comment ?

ORGON

Je vois ma faute aux choses qu'il me dit ;
Et la donation m'embarrasse l'esprit.

ELMIRE

La donation !

ORGON

Oui. C'est une affaire faite.
1570 Mais j'ai quelque autre chose encor qui m'inquiète.

ELMIRE

Et quoi ?

ORGON

Vous saurez tout. Mais voyons au plus tôt
Si certaine cassette est encore là-haut.

ACTE CINQUIEME

Scène I : Orgon, Cléante.

CLÉANTE

Où voulez-vous courir ?

ORGON

Las ! que sais-je ?

CLÉANTE

Il me semble
Que l'on doit commencer par consulter ensemble
1575 Les choses qu'on peut faire en cet événement.

ORGON

Cette cassette-là me trouble entièrement.
Plus que le reste encore, elle me désespère.

CLÉANTE

Cette cassette est donc un important mystère ?

ORGON

C'est un dépôt qu'Argas, cet ami que je plains,
1580 Lui-même en grand secret m'a mis entre les mains.
Pour cela dans sa fuite il me voulut élire ;
Et ce sont des papiers, à ce qu'il m'a pu dire,
Où sa vie et ses biens se trouvent attachés.

CLÉANTE

Pourquoi donc les avoir en d'autres mains lâchés ?

ORGON

1585 Ce fut par un motif de cas de conscience.
J'allai droit à mon traître en faire confidence ;
Et son raisonnement me vint persuader
De lui donner plutôt la cassette à garder,
Afin que pour nier, en cas de quelque enquête,
1590 J'eusse d'un faux-fuyant la faveur toute prête,
Par où ma conscience eût pleine sûreté
A faire des serments contre la vérité.

CLÉANTE

Vous voilà mal, au moins si j'en crois l'apparence ;
Et la donation, et cette confidence,
1595 Sont, à vous en parler selon mon sentiment,
Des démarches par vous faites légèrement.
On peut vous mener loin avec de pareils gages ;
Et cet homme sur vous ayant ces avantages,
Le pousser est encor grande imprudence à vous ;

Et vous deviez chercher quelque biais plus doux. 1600

ORGON

Quoi! sous un beau semblant de ferveur si touchante
Cacher un cœur si double, une âme si méchante !
Et moi qui l'ai reçu gueusant et n'ayant rien...
C'en est fait, je renonce à tous les gens de bien ;
J'en aurai désormais une horreur effroyable, 1605
Et m'en vais devenir pour eux pire qu'un diable.

CLÉANTE

Hé bien ! ne voilà pas de vos emportements !
Vous ne gardez en rien les doux tempéraments.
Dans la droite raison jamais n'entre la vôtre ;
Et toujours d'un excès vous vous jetez dans l'autre. 1610
Vous voyez votre erreur, et vous avez connu
Que par un zèle feint vous étiez prévenu ;
Mais pour vous corriger, quelle raison demande
Que vous alliez passer dans une erreur plus grande,
Et qu'avecque le cœur d'un perfide vaurien 1615
Vous confondiez les cœurs de tous les gens de bien ?
Quoi ! parce qu'un fripon vous dupe avec audace,
Sous le pompeux éclat d'une austère grimace,
Vous voulez que partout on soit fait comme lui,
Et qu'aucun vrai dévot ne se trouve aujourd'hui ? 1620
Laissez aux libertins ces sottes conséquences :
Démêlez la vertu d'avec ses apparences,
Ne hasardez jamais votre estime trop tôt,
Et soyez pour cela dans le milieu qu'il faut.
Gardez-vous, s'il se peut, d'honorer l'imposture ; 1625
Mais au vrai zèle aussi n'allez pas faire injure ;
Et, s'il vous faut tomber dans une extrémité,
Péchez plutôt encor de cet autre côté.

Scène II : Orgon, Cléante, Damis.

DAMIS

Quoi! mon père, est-il vrai qu'un coquin vous menace?
Qu'il n'est point de bienfait qu'en son âme il n'efface, 1630
Et que son lâche orgueil, trop digne de courroux,
Se fait de vos bontés des armes contre vous ?

ORGON

Oui, mon fils ; et j'en sens des douleurs non pareilles.

DAMIS

Laissez-moi, je lui veux couper les deux oreilles.
Contre son insolence on ne doit point gauchir : 1635
C'est à moi tout d'un coup de vous en affranchir ;
Et, pour sortir d'affaire, il faut que je l'assomme.

CLÉANTE

Voilà tout justement parler en vrai jeune homme.
Modérez, s'il vous plaît, ces transports éclatants.
Nous vivons sous un règne et sommes dans un temps 1640
Où par la violence on fait mal ses affaires.

Scène III : Madame Pernelle, Orgon, Elmire,
Cléante, Mariane, Damis, Dorine.

MADAME PERNELLE

Qu'est-ce ? J'apprends ici de terribles mystères !

ORGON

Ce sont des nouveautés dont mes yeux sont témoins,
Et vous voyez le prix dont sont payés mes soins.

645 Je recueille avec zèle un homme en sa misère,
Je le loge et le tiens comme mon propre frère ;
De bienfaits chaque jour il est par moi chargé ;
Je lui donne ma fille et tout le bien que j'ai :
Et, dans le même temps, le perfide, l'infâme,
650 Tente le noir dessein de suborner ma femme ;
Et, non content encor de ses lâches essais,
Il m'ose menacer de mes propres bienfaits,
Et veut, à ma ruine, user des avantages
Dont le viennent d'armer mes bontés trop peu sages,
655 Me chasser de mes biens où je l'ai transféré,
Et me réduire au point d'où je l'ai retiré !

DORINE

Le pauvre homme !

MADAME PERNELLE

            Mon fils, je ne puis du tout croire
Qu'il ait voulu commettre une action si noire.

ORGON

Comment !

MADAME PERNELLE

          Les gens de bien sont enviés toujours.

ORGON

660 Que voulez-vous donc dire avec votre discours,
Ma mère ?

MADAME PERNELLE

         Que chez vous on vit d'étrange sorte,
Et qu'on ne sait que trop la haine qu'on lui porte.

ORGON

Qu'a cette haine à faire avec ce qu'on vous dit ?

MADAME PERNELLE

Je vous l'ai dit cent fois quand vous étiez petit :
665 La vertu dans le monde est toujours poursuivie ;
Les envieux mourront, mais non jamais l'envie.

ORGON

Mais que fait ce discours aux choses d'aujourd'hui ?

MADAME PERNELLE

On vous aura forgé cent sots contes de lui.

ORGON

Je vous ai déjà dit que j'ai vu tout moi-même.

MADAME PERNELLE

670 Des esprits médisants la malice est extrême.

ORGON

Vous me feriez damner, ma mère. Je vous dis
Que j'ai vu de mes yeux un crime si hardi.

MADAME PERNELLE

Les langues ont toujours du venin à répandre,
Et rien n'est ici-bas qui s'en puisse défendre.

ORGON

675 C'est tenir un propos de sens bien dépourvu.
Je l'ai vu, dis-je, vu, de mes propres yeux vu,
Ce qu'on appelle vu. Faut-il vous le rebattre
Aux oreilles cent fois, et crier comme quatre ?

MADAME PERNELLE

Mon Dieu ! le moins souvent l'apparence déçoit :
680 Il ne faut pas toujours juger sur ce qu'on voit.

ORGON

J'enrage !

MADAME PERNELLE

         Aux faux soupçons la nature est sujette,
Et c'est souvent à mal que le bien s'interprète.

ORGON

Je dois interpréter à charitable soin
Le désir d'embrasser ma femme !

MADAME PERNELLE

                 Il est besoin,   1685
Pour accuser les gens, d'avoir de justes causes ;
Et vous deviez attendre à vous voir sûr des choses.

ORGON

Hé ! diantre ! le moyen de m'en assurer mieux ?
Je devais donc, ma mère, attendre qu'à mes yeux
Il eût... Vous me feriez dire quelque sottise.

MADAME PERNELLE

Enfin d'un trop pur zèle on voit son âme éprise.   1690
Et je ne puis du tout me mettre dans l'esprit
Qu'il ait voulu tenter les choses que l'on dit.

ORGON

Allez, je ne sais pas, si vous n'étiez ma mère,
Ce que je vous dirais, tant je suis en colère.

DORINE, *à Orgon.*

Juste retour, monsieur, des choses d'ici-bas :   1695
Vous ne vouliez point croire, et l'on ne vous croit pas.

CLÉANTE

Nous perdons des moments en bagatelles pures,
Qu'il faudrait employer à prendre des mesures.
Aux menaces du fourbe on doit ne dormir point.

DAMIS

Quoi ! son effronterie irait jusqu'à ce point ?   1700

ELMIRE

Pour moi, je ne crois pas cette instance possible,
Et son ingratitude est ici trop visible.

CLÉANTE, *à Orgon.*

Ne vous y fiez pas ; il aura des ressorts
Pour donner contre vous raison à ses efforts ;
Et sur moins que cela le poids d'une cabale   1705
Embarrasse les gens dans un fâcheux dédale.
Je vous le dis encore : armé de ce qu'il a,
Vous ne deviez jamais le pousser jusque-là.

ORGON

Il est vrai ; mais qu'y faire ? A l'orgueil de ce traître,
De mes ressentiments je n'ai pas été maître.   1710

CLÉANTE

Je voudrais de bon cœur qu'on pût entre vous deux
De quelque ombre de paix raccommoder les nœuds.

ELMIRE

Si j'avais su qu'en main il a de telles armes,
Je n'aurais pas donné matière à tant d'alarmes ;
Et mes...

ORGON, *à Dorine, voyant entrer M. Loyal.*

         Que veut cet homme ? Allez tôt le savoir.   1715
Je suis bien en état que l'on me vienne voir !

Scène IV : Orgon, Madame Pernelle, Elmire,
Mariane, Cléante, Damis, Dorine, M. Loyal.

M. LOYAL, *à Dorine, dans le fond du théâtre.*

Bonjour, ma chère sœur ; faites, je vous supplie,
Que je parle à monsieur.

DORINE

             Il est en compagnie,
Et je doute qu'il puisse à présent voir quelqu'un.

M. LOYAL

1720 Je ne suis pas pour être en ces lieux importun.
Mon abord n'aura rien, je crois, qui lui déplaise ;
Et je viens pour un fait dont il sera bien aise.

DORINE

Votre nom ?

M. LOYAL

Dites-lui seulement que je viens
De la part de monsieur Tartuffe, pour son bien.

DORINE, à Orgon.

1725 C'est un homme qui vient, avec douce manière,
De la part de monsieur Tartuffe, pour affaire
Dont vous serez, dit-il, bien aise.

CLÉANTE, à Orgon.

Il vous faut voir
Ce que c'est que cet homme, et ce qu'il peut vouloir.

ORGON, à Cléante.

Pour nous raccommoder il vient ici peut-être :
1730 Quels sentiments aurai-je à lui faire paraître ?

CLÉANTE

Votre ressentiment ne doit point éclater ;
Et s'il parle d'accord, il le faut écouter.

M. LOYAL, à Orgon.

Salut, monsieur ! Le ciel perde qui vous veut nuire,
Et vous soit favorable autant que je désire !

ORGON, bas, à Cléante.

1735 Ce doux début s'accorde avec mon jugement,
Et présage déjà quelque accommodement.

M. LOYAL

Toute votre maison m'a toujours été chère,
Et j'étais serviteur de monsieur votre père.

ORGON

Monsieur, j'ai grande honte et demande pardon
1740 D'être sans vous connaître ou savoir votre nom.

M. LOYAL

Je m'appelle Loyal, natif de Normandie,
Et suis huissier à verge, en dépit de l'envie.
J'ai, depuis quarante ans, grâce au ciel, le bonheur
D'en exercer la charge avec beaucoup d'honneur ;
1745 Et je vous viens, monsieur, avec votre licence,
Signifier l'exploit de certaine ordonnance...

ORGON

Quoi ! vous êtes ici...

M. LOYAL

Monsieur, sans passion.
Ce n'est rien seulement qu'une sommation,
Un ordre de vider d'ici, vous et les vôtres,
1750 Mettre vos meubles hors, et faire place à d'autres,
Sans délai ni remise, ainsi que besoin est.

ORGON

Moi ! sortir de céans ?

M. LOYAL

Oui, monsieur, s'il vous plaît.
La maison à présent, comme savez de reste,
Au bon monsieur Tartuffe appartient sans conteste.
1755 De vos biens désormais il est maître et seigneur,
En vertu d'un contrat duquel je suis porteur.
Il est en bonne forme, et l'on n'y peut rien dire.

DAMIS, à M. Loyal.

Certes, cette impudence est grande, et je l'admire !

M. LOYAL, à Damis.

Monsieur, je ne dois point avoir affaire à vous ;
Montrant Orgon.
C'est à monsieur ; il est et raisonnable et doux, 176
Et d'un homme de bien il sait trop bien l'office,
Pour se vouloir du tout opposer à justice.

ORGON

Mais...

M. LOYAL

Oui, monsieur, je sais que pour un million
Vous ne voudriez pas faire rébellion,
Et que vous souffrirez en honnête personne 176
Que j'exécute ici les ordres qu'on me donne.

DAMIS

Vous pourriez bien ici sur votre noir jupon,
Monsieur l'huissier à verge, attirer le bâton.

M. LOYAL, à Orgon.

Faites que votre fils se taise ou se retire,
Monsieur. J'aurais regret d'être obligé d'écrire, 177
Et de vous voir couché dans mon procès-verbal.

DORINE, à part.

Ce monsieur Loyal porte un air bien déloyal.

M. LOYAL

Pour tous les gens de bien j'ai de grandes tendresses,
Et ne me suis voulu, monsieur, charger des pièces
Que pour vous obliger et vous faire plaisir ; 177
Que pour ôter par là le moyen d'en choisir
Qui, n'ayant pas pour vous le zèle qui me pousse,
Auraient pu procéder d'une façon moins douce.

ORGON

Et que peut-on de pis que d'ordonner aux gens
De sortir de chez eux ?

M. LOYAL

On vous donne du temps ; 178
Et jusques à demain je ferai surséance
A l'exécution, monsieur, de l'ordonnance.
Je viendrai seulement passer ici la nuit
Avec dix de mes gens, sans scandale et sans bruit.
Pour la forme il faudra, s'il vous plaît, qu'on m'apporte, 178
Avant que se coucher, les clefs de votre porte.
J'aurai soin de ne pas troubler votre repos,
Et de ne rien souffrir qui ne soit à propos.
Mais demain, du matin, il vous faut être habile
A vider de céans jusqu'au moindre ustensile ; 179
Mes gens vous aideront, et je les ai pris forts
Pour vous faire service à tout mettre dehors.
On n'en peut pas user mieux que je fais, je pense ;
Et, comme je vous traite avec grande indulgence,
Je vous conjure aussi, monsieur, d'en user bien, 179
Et qu'au dû de ma charge on ne me trouble en rien.

ORGON, à part.

Du meilleur de mon cœur je donnerais, sur l'heure,
Les cent plus beaux louis de ce qui me demeure,
Et pouvoir, à plaisir, sur ce mufle assener
Le plus grand coup de poing qui se puisse donner. 180

CLÉANTE, bas, à Orgon.

Laissez, ne gâtons rien.

DAMIS

A cette audace étrange
J'ai peine à me tenir, et la main me démange.

DORINE

Avec un si bon dos, ma foi ! monsieur Loyal,
Quelques coups de bâton ne vous siéraient pas mal.

M. LOYAL

5 On pourrait bien punir ces paroles infâmes,
Ma mie ; et l'on décrète aussi contre les femmes.

CLÉANTE, à M. Loyal.

Finissons tout cela, monsieur ; c'en est assez.
Donnez tôt ce papier, de grâce, et nous laissez.

M. LOYAL

Jusqu'au revoir. Le ciel vous tienne tous en joie !

ORGON

10 Puisse-t-il te confondre, et celui qui t'envoie !

Scène V : Orgon, Madame Pernelle, Elmire,
Cléante, Mariane, Damis, Dorine.

ORGON

Hé bien ! vous le voyez, ma mère, si j'ai droit ;
Et vous pouvez juger du reste par l'exploit.
Ses trahisons enfin vous sont-elles connues ?

MADAME PERNELLE

Je suis tout ébaubie, et je tombe des nues !

DORINE, à Orgon.

15 Vous vous plaignez à tort, à tort vous le blâmez,
Et ses pieux desseins par là sont confirmés.
Dans l'amour du prochain sa vertu se consomme :
Il sait que très souvent les biens corrompent l'homme,
Et, par charité pure, il veut vous enlever
20 Tout ce qui vous peut faire obstacle à vous sauver.

ORGON

Taisez-vous. C'est le mot qu'il vous faut toujours dire.

CLÉANTE, à Orgon.

Allons voir quel conseil on doit vous faire élire.

ELMIRE

Allez faire éclater l'audace de l'ingrat.
Ce procédé détruit la vertu du contrat ;
25 Et sa déloyauté va paraître trop noire,
Pour souffrir qu'il en ait le succès qu'on veut croire.

Scène VI : Valère, Orgon, Madame Pernelle,
Elmire, Cléante, Mariane, Damis, Dorine.

VALÈRE

Avec regret, monsieur, je viens vous affliger ;
Mais je m'y vois contraint par le pressant danger.
Un ami, qui m'est joint d'une amitié fort tendre,
30 Et qui sait l'intérêt qu'en vous j'ai lieu de prendre,
A violé pour moi, par un pas délicat,
Le secret que l'on doit aux affaires d'état,
Et me vient d'envoyer un avis dont la suite
Vous réduit au parti d'une soudaine fuite.
35 Le fourbe qui longtemps a pu vous imposer
Depuis une heure au prince a su vous accuser,
Et remettre en ses mains, dans les traits qu'il vous jette,
D'un criminel d'état l'importante cassette,
Dont, au mépris, dit-il, du devoir d'un sujet,
40 Vous avez conservé le coupable secret.
J'ignore le détail du crime qu'on vous donne ;
Mais un ordre est donné contre votre personne ;

Et lui-même est chargé, pour mieux l'exécuter,
D'accompagner celui qui vous doit arrêter.

CLÉANTE

Voilà ses droits armés ; et c'est par où le traître   1845
De vos biens qu'il prétend cherche à se rendre maître.

ORGON

L'homme est, je vous l'avoue, un méchant animal !

VALÈRE

Le moindre amusement vous peut être fatal.
J'ai, pour vous emmener, mon carrosse à la porte,
Avec mille louis qu'ici je vous apporte.   1850
Ne perdons point de temps : le trait est foudroyant ;
Et ce sont de ces coups que l'on pare en fuyant.
A vous mettre en lieu sûr je m'offre pour conduite ;
Et veux accompagner jusqu'au bout votre fuite.

ORGON

Las ! que ne dois-je point à vos soins obligeants !   1855
Pour vous en rendre grâce, il faut un autre temps ;
Et je demande au ciel de m'être assez propice
Pour reconnaître un jour ce généreux service.
Adieu : prenez le soin, vous autres...

CLÉANTE

                                        Allez tôt ;
Nous songerons, mon frère, à faire ce qu'il faut.   1860

Scène VII : L'Exempt, Tartuffe,
Madame Pernelle, Orgon, Elmire, Cléante,
Mariane, Valère, Damis, Dorine.

TARTUFFE, arrêtant Orgon.

Tout beau, monsieur, tout beau, ne courez point si vite :
Vous n'irez pas fort loin pour trouver votre gîte ;
Et, de la part du prince, on vous fait prisonnier.

ORGON

Traître ! tu me gardais ce trait pour le dernier :
C'est le coup, scélérat, par où tu m'expédies ;   1865
Et voilà couronner toutes tes perfidies.

TARTUFFE

Vos injures n'ont rien à me pouvoir aigrir ;
Et je suis, pour le ciel, appris à tout souffrir.

CLÉANTE

La modération est grande, je l'avoue.

DAMIS

Comme du ciel l'infâme impudemment se joue !   1870

TARTUFFE

Tous vos emportements ne sauraient m'émouvoir ;
Et je ne songe à rien qu'à faire mon devoir.

MARIANE

Vous avez de ceci grande gloire à prétendre ;
Et cet emploi pour vous est fort honnête à prendre.

TARTUFFE

Un emploi ne saurait être que glorieux,   1875
Quand il part du pouvoir qui m'envoie en ces lieux.

ORGON

Mais t'es-tu souvenu que ma main charitable,
Ingrat, t'a retiré d'un état misérable ?

TARTUFFE

Oui, je sais quels secours j'en ai pu recevoir ;
Mais l'intérêt du prince est mon premier devoir.   1880
De ce devoir sacré la juste violence

Etouffe dans mon cœur toute reconnaissance ;
Et je sacrifierais à de si puissants nœuds
Ami, femme, parents, et moi-même avec eux.

ELMIRE

1885 L'imposteur !

DORINE

          Comme il sait, de traîtresse manière,
Se faire un beau manteau de tout ce qu'on révère !

CLÉANTE

Mais, s'il est si parfait que vous le déclarez,
Ce zèle qui vous pousse et dont vous vous parez,
D'où vient que, pour paraître, il s'avise d'attendre
1890 Qu'à poursuivre sa femme il ait su vous surprendre,
Et que vous ne songez à l'aller dénoncer
Que lorsque son honneur l'oblige à vous chasser ?
Je ne vous parle point, pour devoir en distraire,
Du don de tout son bien qu'il venait de vous faire ;
1895 Mais, le voulant traiter en coupable aujourd'hui,
Pourquoi consentiez-vous à rien prendre de lui ?

TARTUFFE, à l'Exempt.

Délivrez-moi, monsieur, de la criaillerie ;
Et daignez accomplir votre ordre, je vous prie.

L'EXEMPT

Oui, c'est trop demeuré sans doute à l'accomplir ;
1900 Votre bouche à propos m'invite à le remplir :
Et, pour l'exécuter, suivez-moi tout à l'heure
Dans la prison qu'on doit vous donner pour demeure.

TARTUFFE

Qui ? moi, monsieur ?

L'EXEMPT

          Oui, vous.

TARTUFFE

               Pourquoi donc la prison ?

L'EXEMPT

Ce n'est pas vous à qui j'en veux rendre raison.
A Orgon.
1905 Remettez-vous, monsieur, d'une alarme si chaude.
Nous vivons sous un prince ennemi de la fraude,
Un prince dont les yeux se font jour dans les cœurs,
Et que ne peut tromper tout l'art des imposteurs.
D'un fin discernement sa grande âme pourvue
1910 Sur les choses toujours jette une droite vue ;
Chez elle jamais rien ne surprend trop d'accès,
Et sa ferme raison ne tombe en nul excès.
Il donne aux gens de bien une gloire immortelle ;
Mais sans aveuglement il fait briller ce zèle,
1915 Et l'amour pour les vrais ne ferme point son cœur
A tout ce que les faux doivent donner d'horreur.
Celui-ci n'était pas pour le pouvoir surprendre,
Et de pièges plus fins on le voit se défendre.
D'abord il a percé, par ses vives clartés,
1920 Des replis de son cœur toutes les lâchetés.

Venant vous accuser, il s'est trahi lui-même,
Et, par un juste trait de l'équité suprême,
S'est découvert au prince un fourbe renommé,
Dont sous un autre il nous l'était informé ;
Et c'est un long détail d'actions toutes noires 19
Dont on pourrait former des volumes d'histoires.
Ce monarque, en un mot, a vers vous détesté
Sa lâche ingratitude et sa déloyauté ;
A ses autres horreurs il a joint cette suite,
Et ne m'a jusqu'ici soumis à sa conduite, 19
Que pour voir l'impudence aller jusques au bout,
Et vous faire, par lui, faire raison de tout.
Oui, de tous vos papiers, dont il se dit le maître,
Il veut qu'entre vos mains je dépouille le traître.
D'un souverain pouvoir, il brise les liens 19
Du contrat qui lui fait un don de tous vos biens,
Et vous pardonne enfin cette offense secrète
Où vous a d'un ami fait tomber la retraite ;
Et c'est le prix qu'il donne au zèle qu'autrefois
On vous vit témoigner en appuyant ses droits, 19
Pour montrer que son cœur sait, quand moins on y
D'une bonne action verser la récompense ;   [pense,
Que jamais le mérite avec lui ne perd rien ;
Et que, mieux que du mal, il se souvient du bien.

DORINE

Que le ciel soit loué !

MADAME PERNELLE

        Maintenant je respire. 19

ELMIRE

Favorable succès !

MARIANE

        Qui l'aurait osé dire ?

ORGON, à Tartuffe.

Hé bien ! te voilà, traître...

CLÉANTE

          Ah ! mon frère, arrêtez,
Et ne descendez point à des indignités.
A son mauvais destin laissez un misérable,
Et ne vous joignez point au remords qui l'accable. 195
Souhaitez bien plutôt que son cœur, en ce jour,
Au sein de la vertu fasse un heureux retour ;
Qu'il corrige sa vie en détestant son vice,
Et puisse du grand prince adoucir la justice.
Tandis qu'à sa bonté vous irez à genoux, 195
Rendre ce que demande un traitement si doux.

ORGON

Oui c'est bien dit. Allons à ses pieds avec joie
Nous louer des bontés que son cœur nous déploie :
Puis, acquittés un peu de ce premier devoir,
Aux justes soins d'un autre il nous faudra pourvoir, 196
Et par un doux hymen couronner en Valère
La flamme d'un amant généreux et sincère.

DOM JUAN
OU LE FESTIN DE PIERRE

COMÉDIE

« *Représentée pour la première fois le 15ᵉ de février 1665 sur le théâtre de la salle du Palais-Royall, par la Troupe de Monsieur, frère unique du roi.* » *Sujet de contestation : Molière a-t-il écrit cette pièce dont le thème, après le Trompeur de Séville de Tirso de Molina, avait été mis à la mode par les Italiens Cicognini et Giliberto, dans un souci commercial, cédant à la pression de ses comédiens et flattant le goût du public pour les « machineries » théâtrales ? Ou a-t-il obéi à l'impulsion « d'un double ressentiment, conjugal et professionnel » (Pierre Brisson), s'en prenant à la fois aux seigneurs libertins, tel le comte de Guiche, qui séduisaient sa femme, et aux hypocrites adversaires du* Tartuffe *que désarmerait le châtiment d'un impie ? On peut admettre qu'il y a de tout cela. Le certain c'est que les « faux dévots » ne s'y trompèrent pas. Ils renouvelèrent leurs attaques dont le libelle de l'avocat B. A. de Rochemont :* Observations sur une comédie de Molière intitulée le Festin de pierre *trahit la virulence. Comme s'il avait senti que décidément l'ennemi était le plus fort, Molière malgré de très bonnes recettes renonça à la pièce après quinze représentations. Peut-être le roi pesa-t-il sur la décision. En compensation, il octroyait à Molière une pension de six mille livres et demandait à Monsieur de lui céder le patronage de la troupe qui, le 14 août, devenait* Troupe du roi *au Palais-Royal.*

La contestation a retenti sur le destin de l'œuvre elle-même qui, pour une part, a peut-être échappé à son créateur. Dom Juan ne fut pas repris du vivant de Molière. Veuve, Armande eut l'étrange idée d'en demander une adaptation en vers à Thomas Corneille, version qui prévalut au théâtre pendant cent soixante-quatorze ans. Le texte intégral de Molière ne fut publié en France qu'en 1813 ; l'Odéon en donna une représentation à titre de curiosité en 1813 et la Comédie-Française l'inscrivit, discrètement, à son répertoire en 1847. Le rôle de Dom Juan fut créé, sans éclat, par La Grange. De nos jours successivement : Jouvet (nietzschéen), Debucourt (grand seigneur), Jean Vilar (petit-maître) lui donnèrent un relief prestigieux. Fernand Ledoux, à côté de Debucourt, et Sorano, à côté de Vilar, auront su sauvegarder l'importance du rôle de Sganarelle que se réserva Molière. A signaler, aussi, l'interprétation d'Elvire par Maria Casarès.

PERSONNAGES

Dom Juan, *fils de dom Louis* (La Grange).

Sganarelle (Molière).

Elvire, *femme de dom Juan* (Mˡˡᵉ Du Parc).

Gusman, *écuyer d'Elvire*.

Dom Carlos, Dom Alonse, *frères d'Elvire*.

Dom Louis, *père de dom Juan* (Béjart).

Francisque, *pauvre*.

Charlotte, *paysanne* (Mˡˡᵉ Molière).

Mathurine, *paysanne* (Mˡˡᵉ de Brie).

Pierrot, *paysan*.

La Statue du Commandeur.

La Violette, Ragotin, *valets de dom Juan*.

M. Dimanche, *marchand*.

La Ramée, *spadassin* (De Brie).

Suite de Dom Juan.

Suite de Dom Carlos
et de Dom Alonse, *frères*.

Un Spectre.

LA SCÈNE EST EN SICILE.

ACTE PREMIER

LE THÉATRE REPRÉSENTE UN PALAIS.

Scène 1 : Sganarelle, Gusman.

SGANARELLE, *tenant une tabatière.*

Quoi que puisse dire Aristote et toute la philosophie, il n'est rien d'égal au tabac : c'est la passion des honnêtes gens, et qui vit sans tabac n'est pas digne de vivre. Non seulement il réjouit et purge les cerveaux humains, mais encore il instruit les âmes à la vertu, et l'on apprend avec lui à devenir honnête homme. Ne voyez-vous pas bien, dès qu'on en prend, de quelle manière obligeante on en use avec tout le monde, et comme on est ravi d'en donner à droit et à gauche, partout où l'on se trouve ? On n'attend pas même qu'on en demande, et l'on court au-devant du souhait des gens ; tant il est vrai que le tabac inspire des sentiments d'honneur et de vertu à tous ceux qui en prennent. Mais c'est assez de cette matière, reprenons un peu notre discours. Si bien donc, cher Gusman, que done Elvire, ta maîtresse, surprise de notre départ, s'est mise en campagne après nous ; et son cœur, que mon maître a su toucher trop fortement, n'a pu vivre, dis-tu, sans le venir chercher ici. Veux-tu qu'entre nous je te dise ma pensée ? J'ai peur qu'elle ne soit mal payée de son amour, que son voyage en cette ville produise peu de fruit, et que vous eussiez autant gagné à ne bouger de là.

GUSMAN

Et la raison encore ? Dis-moi, je te prie, Sganarelle, qui peut t'inspirer une peur d'un si mauvais augure ? Ton maître t'a-t-il ouvert son cœur là-dessus, et t'a-t-il dit qu'il eût pour nous quelque froideur qui l'ait obligé à partir ?

SGANARELLE

Non pas ; mais, à vue de pays, je connais à peu près le train des choses ; et sans qu'il m'ait encore rien dit, je gagerais presque que l'affaire va là. Je pourrais peut-être me tromper ; mais enfin, sur de tels sujets, l'expérience m'a pu donner quelques lumières.

GUSMAN

Quoi ! ce départ si peu prévu serait une infidélité de dom Juan ? il pourrait faire cette injure aux chastes feux de done Elvire ?

SGANARELLE

Non, c'est qu'il est jeune encore, et qu'il n'a pas le courage !

GUSMAN

Un homme de sa qualité ferait une action si lâche !

SGANARELLE

Hé ! oui, sa qualité ! La raison en est belle ; et c'est par là qu'il s'empêcherait des choses !

GUSMAN

Mais les saints nœuds du mariage le tiennent engagé.

SGANARELLE

Hé ! mon pauvre Gusman, mon ami, tu ne sais pas encore, crois-moi, quel homme est dom Juan.

GUSMAN

Je ne sais pas, de vrai, quel homme il peut être, s'il faut qu'il nous ait fait cette perfidie ; et je ne comprends point comme, après tant d'amour et tant d'impatience témoignée, tant d'hommages pressants, de vœux, de soupirs et de larmes, tant de lettres passionnées, de protestations ardentes et de serments réitérés, tant de transports enfin, et tant d'emportements qu'il a fait paraître, jusqu'à forcer, dans sa passion, l'obstacle sacré d'un couvent, pour mettre done Elvire en sa puissance ; je ne comprends pas, dis-je, comme, après tout cela, il aurait le cœur de pouvoir manquer à sa parole.

SGANARELLE

Je n'ai pas grande peine à le comprendre, moi ; et, si tu connaissais le pèlerin, tu trouverais la chose assez facile pour lui. Je ne dis pas qu'il ait changé de sentiments pour done Elvire, je n'en ai point de certitude encore. Tu sais que, par son ordre, je partis avant lui ; et, depuis son arrivée, il ne m'a point entretenu ; mais, par précaution, je t'apprends, *inter nos,* que tu vois en dom Juan mon maître, le plus grand scélérat que la terre ait jamais porté, un enragé, un chien, un diable, un Turc, un hérétique, qui ne croit ni ciel, ni enfer, ni loup-garou ; qui passe cette vie en véritable bête brute ; un pourceau d'Épicure, un vrai Sardanapale, qui ferme l'oreille à toutes les remontrances chrétiennes qu'on lui peut faire, et traite de billevesées tout ce que nous croyons. Tu me dis qu'il a épousé ta maîtresse : crois qu'il aurait plus fait pour sa passion, et qu'avec elle il aurait encore épousé, toi, son chien, et son chat. Un mariage ne lui coûte rien à contracter ; il ne se sert point d'autres pièges pour attraper les belles ; et c'est un épouseur à toutes mains. Dame, demoiselle, bourgeoise, paysanne, il ne trouve rien de trop chaud ni de trop froid pour lui ; et, si je te disais le nom de toutes celles qu'il a épousées en divers lieux, ce serait un chapitre à durer jusqu'au soir. Tu demeures surpris, et changes de couleur à ce discours ; ce n'est qu'une ébauche du personnage ; et, pour en achever le portrait, il faudrait bien d'autres coups de pinceau. Suffit qu'il faut que le courroux du ciel l'accable quelque jour ; qu'il me vaudrait bien mieux d'être au diable que d'être à lui, et qu'il me fait voir tant d'horreurs, que je souhaiterais qu'il fût déjà je ne sais où : mais un grand seigneur méchant homme est une terrible chose ; il faut que je lui sois fidèle, en dépit que j'en aie ; la crainte en moi fait l'office du zèle, bride mes sentiments, et me réduit d'applaudir bien souvent à ce que mon âme déteste. Le voilà qui vient se promener dans ce palais, séparons-nous. Ecoute au moins : je t'ai fait cette confidence avec franchise, et cela m'est sorti un peu bien vite de la bouche ; mais, s'il fallait qu'il en vînt quelque chose à ses oreilles, je dirais hautement que tu aurais menti.

Scène II : Dom Juan, Sganarelle.

DOM JUAN

Quel homme te parlait là ? Il a bien l'air, ce me semble, du bon Gusman de done Elvire ?

SGANARELLE

C'est quelque chose aussi à peu près de cela.

DOM JUAN

Quoi ! c'est lui ?

SGANARELLE

Lui-même.

DOM JUAN

Et depuis quand est-il en cette ville ?

SGANARELLE

D'hier au soir.

DOM JUAN

Et quel sujet l'amène ?

SGANARELLE

Je crois que vous jugez assez ce qui le peut inquiéter.

DOM JUAN

Notre départ, sans doute ?

SGANARELLE

Le bon homme en est tout mortifié, et m'en demandait le sujet.

DOM JUAN

Et quelle réponse as-tu faite ?

SGANARELLE

Que vous ne m'en aviez rien dit.

DOM JUAN

Mais encore, quelle est ta pensée là-dessus ? Que t'imagines-tu de cette affaire ?

SGANARELLE

Moi ! Je crois, sans vous faire tort, que vous avez quelque nouvel amour en tête.

DOM JUAN

Tu le crois ?

SGANARELLE

Oui.

DOM JUAN

Ma foi, tu ne te trompes pas, et je dois t'avouer qu'un autre objet a chassé Elvire de ma pensée.

SGANARELLE

Hé ! mon Dieu ! je sais mon dom Juan sur le bout du doigt, et connais votre cœur pour le plus grand coureur du monde ; il se plaît à se promener de liens en liens, et n'aime guère à demeurer en place.

DOM JUAN

Et ne trouves-tu pas, dis-moi, que j'ai raison d'en user de la sorte ?

SGANARELLE

Hé ! monsieur...

DOM JUAN

Quoi ! Parle.

SGANARELLE

Assurément que vous avez raison, si vous le voulez ; on ne peut pas aller là contre. Mais, si vous ne le vouliez pas, ce serait peut-être une autre affaire.

DOM JUAN

Hé ! bien ! je te donne la liberté de parler, et de me dire tes sentiments.

SGANARELLE

En ce cas, monsieur, je vous dirai franchement que je n'approuve point votre méthode, et que je trouve fort vilain d'aimer de tous côtés comme vous faites.

DOM JUAN

Quoi ! tu veux qu'on se lie à demeurer au premier objet qui nous prend, qu'on renonce au monde pour lui, et qu'on n'ait plus d'yeux pour personne ? La belle chose de vouloir se piquer d'un faux honneur d'être fidèle, de s'ensevelir pour toujours dans une passion, et d'être mort dès sa jeunesse à toutes les autres beautés qui nous peuvent frapper les yeux ! Non, non, la constance n'est bonne que pour des ridicules ; toutes les belles ont droit de nous charmer, et l'avantage d'être rencontrée la première ne doit point dérober aux autres les justes prétentions qu'elles ont toutes sur nos cœurs. Pour moi, la beauté me ravit partout où je la trouve, et je cède facilement à cette douce violence dont elle nous entraîne. J'ai beau être engagé, l'amour que j'ai pour une belle n'engage point mon âme à faire injustice aux autres ; je conserve des yeux pour voir le mérite de toutes, et rends à chacune les hommages et les tribus où la nature nous oblige. Quoi qu'il en soit, je ne puis refuser mon cœur à tout ce que je vois d'aimable ; et, dès qu'un beau visage me le demande, si j'en avais dix mille, je les donnerais tous. Les inclinations naissantes, après tout, ont des charmes inexplicables, et tout le plaisir de l'amour est dans le changement. On goûte une douceur extrême à réduire, par cent hommages, le cœur d'une jeune beauté, à voir de jour en jour les petits progrès qu'on y fait, à combattre, par des transports, par des larmes et des soupirs, l'innocente pudeur d'une âme qui a peine à rendre les armes ; à forcer pied à pied toutes les petites résistances qu'elle nous oppose, à vaincre les scrupules dont elle se fait un honneur, et ne mener doucement où nous avons envie de la faire venir. Mais lorsqu'on en est maître une fois, il n'y a plus rien à dire, ni rien à souhaiter ; tout le beau de la passion est fini, et nous nous endormons dans la tranquillité d'un tel amour, si quelque objet nouveau ne vient réveiller nos désirs, et présenter à notre cœur les charmes attrayants d'une conquête à faire. Enfin, il n'est rien de si doux que de triompher de la résistance d'une belle personne ; et j'ai, sur ce sujet, l'ambition des conquérants, qui volent perpétuellement de victoire en victoire, et ne peuvent se résoudre à borner leurs souhaits. Il n'est rien qui puisse arrêter l'impétuosité de mes désirs ; je me sens un cœur à aimer toute la terre ; et, comme Alexandre, je souhaiterais qu'il y eût d'autres mondes, pour y pouvoir étendre mes conquêtes amoureuses.

SGANARELLE

Vertu de ma vie ! comme vous débitez ! Il semble que vous ayez appris cela par cœur, et vous parlez tout comme un livre.

DOM JUAN

Qu'as-tu à dire là-dessus ?

SGANARELLE

Ma foi, j'ai à dire... Je ne sais que dire ; car vous tournez les choses d'une manière, qu'il semble que vous avez raison ; et cependant il est vrai que vous ne l'avez pas. J'avais les plus belles pensées du monde, et vos discours m'ont brouillé tout cela. Laissez faire ; une autre fois je mettrai mes raisonnements par écrit, pour disputer avec vous.

DOM JUAN

Tu feras bien.

SGANARELLE

Mais, monsieur, cela serait-il de la permission que vous m'avez donnée, si je vous disais que je suis tant soit peu scandalisé de la vie que vous menez ?

DOM JUAN

Comment ! quelle vie est-ce que je mène ?

SGANARELLE

Fort bonne. Mais, par exemple, de vous voir tous les mois vous marier comme vous faites !

DOM JUAN

Y a-t-il rien de plus agréable ?

SGANARELLE

Il est vrai. Je conçois que cela est fort agréable et fort divertissant, et je m'en accommoderais assez moi, s'il n'y avait point de mal ; mais, monsieur, se jouer ainsi d'un mystère sacré, et...

DOM JUAN

Va, va, c'est une affaire entre le ciel et moi, et nous la démêlerons bien ensemble sans que tu t'en mettes en peine.

SGANARELLE

Ma foi, monsieur, j'ai toujours ouï dire que c'est une méchante raillerie que de se railler du ciel, et que les libertins ne font jamais une bonne fin.

DOM JUAN

Holà ! maître sot. Vous savez que je vous ai dit que je n'aime pas les faiseurs de remontrances.

SGANARELLE

Je ne parle pas aussi à vous, Dieu m'en garde ! Vous savez ce que vous faites, vous ; et, si vous ne croyez rien, vous avez vos raisons : mais il y a de certains petits impertinents dans le monde qui sont libertins sans savoir pourquoi, qui font les esprits forts, parce qu'ils croient que cela leur sied bien ; et si j'avais un maître comme cela, je lui dirais fort nettement, le regardant en face : « Osez-vous bien ainsi vous jouer au ciel, et ne tremblez-vous point de vous moquer comme vous faites des choses les plus saintes ? c'est bien à vous, petit ver de terre, petit mirmidon que vous êtes (je parle au maître que j'ai dit), c'est bien à vous à vouloir vous mêler de tourner en raillerie ce que tous les hommes révèrent ? Pensez-vous que pour être de qualité, pour avoir une perruque blonde et bien frisée, des plumes à votre chapeau, un habit bien doré, et des rubans couleur de feu (ce n'est pas à vous que je parle, c'est à l'autre), pensez-vous, dis-je, que vous en soyez plus habile homme, que tout vous soit permis, et qu'on n'ose vous dire vos vérités ? Apprenez de moi, qui suis votre valet, que le ciel punit tôt ou tard les impies, qu'une méchante vie amène une méchante mort, et que... »

DOM JUAN

Paix !

SGANARELLE

De quoi est-il question ?

DOM JUAN

Il est question de te dire qu'une beauté me tient au cœur, et qu'entraîné par ses appas, je l'ai suivie jusqu'en cette ville.

SGANARELLE

Et n'y craignez-vous rien, monsieur, de la mort de ce commandeur que vous tuâtes il y a six mois ?

DOM JUAN

Et pourquoi craindre ? ne l'ai-je pas bien tué ?

SGANARELLE

Fort bien, le mieux du monde ; et il aurait tort de se plaindre.

DOM JUAN

J'ai eu ma grâce de cette affaire.

SGANARELLE

Oui, mais cette grâce n'éteint pas peut-être le ressentiment des parents et des amis, et...

DOM JUAN

Ah ! n'allons pas songer au mal qui nous peut arriver, et songeons seulement à ce qui nous peut donner du plaisir. La personne dont je te parle est une jeune fiancée, la plus agréable du monde, qui a été conduite ici par celui même qu'elle y vient épouser ; et le hasard me fit voir ce couple d'amants trois ou quatre jours avant leur voyage. Jamais je n'ai vu deux personnes être si contents l'un de l'autre, et faire éclater plus d'amour. La tendresse visible de leurs mutuelles ardeurs me donna de l'émotion ; j'en fus frappé au cœur, et mon amour commença par la jalousie. Oui, je ne pus souffrir d'abord de les voir si bien ensemble ; le dépit alluma mes désirs, et je me figurai un plaisir extrême à pouvoir troubler leur intelligence, et rompre cet attachement, dont la délicatesse de mon cœur se tenait offensée ; mais jusques ici tous mes efforts ont été inutiles, et j'ai recours au dernier remède. Cet époux prétendu doit aujourd'hui régaler sa maîtresse d'une promenade sur mer. Sans t'en avoir rien dit, toutes choses sont préparées pour satisfaire mon amour, et j'ai une petite barque et des gens, avec quoi fort facilement je prétends enlever la belle.

SGANARELLE

Ah ! monsieur...

DOM JUAN

Hein ?

SGANARELLE

C'est fort bien fait à vous, et vous le prenez comme il faut. Il n'est rien tel en ce monde que de se contenter.

DOM JUAN

Prépare-toi donc à venir avec moi, et prends soin toi-même d'apporter toutes mes armes, afin que... (*Apercevant done Elvire.*) Ah ! rencontre fâcheuse. Traître, tu ne m'avais pas dit qu'elle était ici elle-même.

SGANARELLE

Monsieur, vous ne me l'avez pas demandé.

DOM JUAN

Est-elle folle, de n'avoir pas changé d'habit, et de venir en ce lieu-ci avec son équipage de campagne ?

Scène III : Done Elvire, Dom Juan, Sganarelle.

DONE ELVIRE

Me ferez-vous la grâce, dom Juan, de vouloir bien me reconnaître ? Et puis-je au moins espérer que vous daigniez tourner le visage de ce côté ?

DOM JUAN

Madame, je vous avoue que je suis surpris, et que je ne vous attendais pas ici.

DONE ELVIRE

Oui, je vois bien que vous ne m'y attendiez pas ; et vous êtes surpris, à la vérité, mais tout autrement que je ne l'espérais ; et la manière dont vous le paraissez me persuade pleinement ce que je refusais de croire. J'admire ma simplicité, et la faiblesse de mon cœur, à douter d'une trahison que tant d'apparences me confirmaient. J'ai été assez bonne, je le confesse, ou plutôt assez sotte, pour me vouloir tromper moi-même, et travailler à démentir mes yeux et mon jugement. J'ai cherché des raisons pour excuser à ma tendresse le relâchement d'amitié qu'elle voyait en vous ; et je me suis forgé exprès cent sujets légitimes d'un départ si précipité, pour vous justifier du crime dont ma raison vous accusait. Mes justes soupçons chaque jour avaient beau me parler, j'en rejetais la voix qui vous rendait criminel à mes yeux, et j'écoutais avec plaisir mille chimères ridicules, qui vous peignaient innocent à mon cœur ; mais enfin cet abord ne me permet plus de douter, et le coup d'œil qui m'a reçue m'apprend bien plus de choses que je ne voudrais en savoir. Je serais pourtant bien aise d'ouïr de votre bouche les raisons de votre départ. Parlez, dom Juan, je vous prie, et voyons de quel air vous saurez vous justifier.

DOM JUAN

Madame, voilà Sganarelle qui sait pourquoi je suis parti.

SGANARELLE, *bas, à dom Juan.*

Moi, monsieur ? Je n'en sais rien, s'il vous plaît.

DONE ELVIRE

Hé bien ! Sganarelle, parlez. Il n'importe de quelle bouche j'entende ses raisons.

DOM JUAN, *faisant signe à Sganarelle d'approcher.*

Allons, parle donc à madame.

SGANARELLE, *bas, à dom Juan.*

Que voulez-vous que je dise ?

DONE ELVIRE

Approchez, puisqu'on le veut ainsi, et me dites un peu les causes d'un départ si prompt.

DOM JUAN

Tu ne répondras pas ?

SGANARELLE, *bas, à dom Juan.*

Je n'ai rien à répondre. Vous vous moquez de votre serviteur.

DOM JUAN

Veux-tu répondre, te dis-je ?

SGANARELLE

Madame...

DONE ELVIRE

Quoi ?

SGANARELLE, *se tournant vers son maître.*

Monsieur.

DOM JUAN, *en le menaçant.*

Si...

SGANARELLE

Madame, les conquérants, Alexandre et les autres mondes, sont causes de notre départ. Voilà, monsieur, tout ce que je puis dire.

DONE ELVIRE

Vous plaît-il, dom Juan, nous éclaircir ces beaux mystères ?

DOM JUAN

Madame, à vous dire la vérité...

DONE ELVIRE

Ah ! que vous savez mal vous défendre pour un homme de cour, et qui doit être accoutumé à ces sortes de choses ! J'ai pitié de vous voir la confusion que vous avez. Que ne vous armez-vous le front d'une noble effronterie ? Que ne me jurez-vous que vous êtes toujours dans les mêmes sentiments pour moi, que vous m'aimez toujours avec une ardeur sans égale, et que rien n'est capable de vous détacher de moi que la mort ? Que ne me dites-vous que des affaires de la dernière conséquence vous ont obligé de partir sans m'en donner avis ; qu'il faut que, malgré vous, vous demeuriez ici quelque temps, et que je n'ai qu'à m'en retourner d'où je viens, assurée que vous suivrez mes pas le plus tôt qu'il vous sera possible ; qu'il est certain que vous brûlez de me rejoindre, et qu'éloigné de moi vous souffrez ce que souffre un corps qui est séparé de son âme ? Voilà comme il faut vous défendre, et non pas être interdit comme vous êtes.

DOM JUAN

Je vous avoue, madame, que je n'ai point le talent de dissimuler, et que je porte un cœur sincère. Je ne vous dirai point que je suis toujours dans les mêmes sentiments pour vous, et que je brûle de vous rejoindre, puisque enfin il est assuré que je ne suis parti que pour vous fuir ; non point par les raisons que vous pouvez vous figurer, mais par un pur motif de conscience, et pour ne croire pas qu'avec vous davantage je puisse vivre sans péché. Il m'est venu des scrupules, madame, et j'ai ouvert les yeux de l'âme sur ce que je faisais. J'ai fait réflexion, que pour vous épouser, je vous ai dérobée à la clôture d'un couvent, que vous avez rompu des vœux qui vous engageaient autre part, et que le ciel est fort jaloux de ces sortes de choses. Le repentir m'a pris, et j'ai craint le courroux céleste. J'ai cru que notre mariage n'était qu'un adultère déguisé, qu'il nous attirerait quelque disgrâce d'en-haut, et qu'enfin je devais tâcher de vous oublier, et vous donner moyen de retourner à vos premières chaînes. Voudriez-vous, madame, vous opposer à une si sainte pensée, et que j'allasse, en vous retenant, me mettre le ciel sur les bras ; que par... ?

DONE ELVIRE

Ah ! scélérat ! C'est maintenant que je te connais tout entier ; et, pour mon malheur, je te connais lorsqu'il n'en est plus temps, et qu'une telle connaissance ne peut plus me servir qu'à me désespérer. Mais sache que ton crime ne demeurera pas impuni, et que le même ciel dont tu te joues me saura venger de ta perfidie.

DOM JUAN

Sganarelle, le ciel !

SGANARELLE

Vraiment oui, nous nous moquons bien de cela, nous autres.

DOM JUAN

Madame...

DONE ELVIRE

Il suffit. Je n'en veux pas ouïr davantage, et je m'accuse même d'en avoir trop entendu. C'est une lâcheté que de se faire expliquer trop sa honte ; et, sur de tels sujets, un noble cœur, au premier mot, doit prendre son parti. N'attends pas que j'éclate ici en reproches et en injures ; non, non, je n'ai point un courroux à exhaler en paroles vaines, et toute sa chaleur se réserve pour sa vengeance. Je te le dis encore, le ciel te punira, perfide, de l'outrage que tu me fais ; et, si le ciel n'a rien que tu puisses appréhender, appréhende du moins la colère d'une femme offensée.

SGANARELLE, *à part.*

Si le remords le pouvait prendre !

DOM JUAN, *après un moment*
de réflexion.

Allons songer à l'exécution de notre entreprise amoureuse.

SGANARELLE, *seul.*

Ah ! quel abominable maître me vois-je obligé de servir !

ACTE SECOND

LE THÉATRE REPRÉSENTE UNE CAMPAGNE
AU BORD DE LA MER.

Scène I : Charlotte, Pierrot.

CHARLOTTE

Notre-dinse, Piarrot, tu t'es trouvé là bien à point !

PIERROT

Parguienne, il ne s'en est pas fallu l'épaisseur d'une éplingue qu'ils ne se sayant nayés tous deux.

CHARLOTTE

C'est donc le coup de vent d'à matin qui les avait renversés dans la mar ?

PIERROT

Aga, quien, Charlotte, je m'en vas te conter tout fin drait comme cela est venu ; car, comme dit l'autre, je les ai le premier avisés, avisés le premier je les ai. Enfin donc j'étions sur le bord de la mar, moi et le gros Lucas, et je nous amusions à batifoler avec des mottes de tarre que je nous jesquions à la tête ; car, comme tu sais bian, le gros Lucas aime à batifoler, et moi, par fouas, je batifole itou. En batifolant donc, pisque batifoler y a, j'ai aperçu de tout loin quelque chose qui grouillait dans gliau, et qui venait comme envars nous par secousse. Je voyais cela fixiblement, et pis tout d'un coup je voyais que je ne voyais plus rian. « Hé ! Lucas, ç'ai-je fait, je pense que vlà des hommes qui nageant là-bas. — Voire, ce m'a-t-il fait, t'as été au trépassement d'un chat, t'as la vue trouble. — Palsanguienne, ç'ai-je fait, je n'ai point la vue trouble, ce sont des hommes. — Point du tout, ce m'a-t-il fait, t'as la barlue. — Veux-tu gager, ç'ai-je fait, que je n'ai point la barlue, ç'ai-je fait, et que ce sont deux hommes, ç'ai-je fait, qui nageant droit ici, ç'ai-je fait ? — Morguienne, ce m'a-t-il fait, je gage que non. — Oh ! çà, ç'ai-je fait, veux-tu gager dix sous que si ? — Je le veux bian, ce m'a-t-il fait ; et pour te montrer, vlà argent su jeu », ce m'a-t-il fait. Moi, je n'ai point été ni fou, ni étourdi ; j'ai bravement bouté à tarre quatre pièces tapées, et cinq sous en doubles, jerniguienne, aussi hardiment que si j'avais avalé un varre de vin ; car je sis hasardeux, moi, et je vas à la débandade. Je savais bian ce que je faisais pourtant. Queuque gniais ! Enfin donc, je n'avons pas plutôt eu gagé, que j'avons vu les deux hommes tout à plain, qui nous faisiant signe de les aller quérir ; et moi de tirer auparavant les enjeux. « Allons, Lucas, ç'ai-je dit, tu vois bian qu'ils nous appelont ; allons vite à leu secours. — Non, ce m'a-t-il dit, ils m'ont fait pardre. » Oh ! donc, tanquia, qu'à la parfin, pour le faire court, je l'ai tant sarmonné, que je nous sommes boutés dans une barque, et pis j'avons tant fait cahin caha, que je les avons tirés de gliau, et pis je les avons menés chez nous auprès du feu, et pis ils se sant dépouillés tous nus pour se sécher, et pis il y en est venu encore deux de la même bande, qui s'équiant sauvés tout seuls ; et pis Mathurine est arrivée là, à qui l'en a fait les doux yeux. Vlà justement, Charlotte, comme tout ça s'est fait.

CHARLOTTE

Ne m'as-tu pas dit, Piarrot, qu'il y en a un qu'est bien pu mieux fait que les autres ?

PIERROT

Oui, c'est le maître. Il faut que ce soit queuque gros, gros monsieu, car il a du dor à son habit tout depis le haut jusqu'en bas ; et ceux qui le servont sont des monsieux eux-mêmes ; et stapandant, tout gros monsieu qu'il est, il serait par ma fique nayé si je n'aviomme été là.

CHARLOTTE

Ardez un peu.

PIERROT

Oh ! parguienne, sans nous il en avait pour sa maine de fèves.

CHARLOTTE

Est-il encore cheux toi tout nu, Piarrot ?

PIERROT

Nannain, ils l'avont r'habillé tout devant nous. Mon guieu, je n'en avais jamais vu s'habiller. Que d'histoires et d'angigorniaux boutont ces messieux-là les courtisans ! je me pardrais là-dedans, pour moi ; et j'étais tout ébobi de voir ça. Quien, Charlotte, ils avont des cheveux qui ne tenont point à leu tête ; et ils boutont ça, après tout, comme un gros bonnet de filace. Ils ant des chemises qui ant des manches où j'entrerions tout brandis, toi et moi. En glieu d'haut-de-chausse, ils portont un garde-robe aussi large que d'ici à Pâques : en glieu de pourpoint, de petites brassières, qui ne leu venons pas jusqu'au brichet ; et, en glieu de rabats, un grand mouchoir de cou à réziau, aveuc quatre grosses houpes de linge qui leu pendont sur l'estomaque. Ils avont itou d'autres petits rabats au bout des bras, et de grands entonnois de passement aux jambes, et, parmi tout ça, tant de rubans, tant de rubans, que c'est une vrais piquié. Ignia pas jusqu'aux souliers qui n'en soiont farcis tout depis un bout jusqu'à l'autre ; et ils sont faits d'une façon que je me romprais le cou aveuc.

CHARLOTTE

Par ma fi, Piarrot, il faut que j'aille voir un peu ça.

PIERROT

Oh ! acoute un peu auparavant, Charlotte. J'ai queuque autre chose à te dire, moi.

CHARLOTTE

Hé bian ! dis, qu'est-ce que c'est ?

PIERROT

Vois-tu, Charlotte ? il faut, comme dit l'autre, que je débonde mon cœur. Je t'aime, tu le sais bian, et je sommes pour être mariés ensemble ; mais, marguienne, je ne suis point satisfait de toi.

CHARLOTTE

Quement ? qu'est-ce que c'est donc qu'iglia ?

PIERROT

Iglia que tu me chagraignes l'esprit, franchement.

CHARLOTTE

Et quement donc ?

PIERROT

Tétiguienne, tu ne m'aimes point.

CHARLOTTE

Ah ! ah ! n'est-ce que ça ?

PIERROT

Oui, ce n'est que ça, et c'est bian assez.

CHARLOTTE

Mon guieu, Piarrot, tu me viens toujou dire la même chose.

PIERROT

Je te dis toujou la même chose, parce que c'est toujou la même chose ; et, si ce n'était pas toujou la même chose, je ne te dirais pas toujou la même chose.

CHARLOTTE

Mais qu'est-ce qu'il te faut ? que veux-tu ?

PIERROT

Jerniguienne ! je veux que tu m'aimes.

CHARLOTTE

Est-ce que je ne t'aime pas ?

PIERROT

Non, tu ne m'aimes pas ; et si, je fais tout ce que je pis pour ça. Je t'achète, sans reproche, des rubans à tous les marciers qui passont ; je me romps le cou à t'aller dénicher des marles ; je fais jouer pour toi les vielleux quand ce vient ta fête, et tout ça comme si je me frappais la tête contre un mur. Vois-tu, ça n'est ni biau ni honnête de n'aimer pas les gens qui nous aimont.

CHARLOTTE

Mais, mon guieu, je t'aime aussi.

PIERROT

Oui, tu m'aimes d'une belle deguaine !

CHARLOTTE

Quement veux-tu donc qu'on fasse ?

PIERROT

Je veux que l'en fasse comme l'en fait, quand l'en aime comme il faut.

CHARLOTTE

Ne t'aimé-je pas aussi comme il faut ?

PIERROT

Non. Quand ça est, ça se voit, et l'en fait mille petites singeries aux parsonnes quand on les aime du bon du cœur. Regarde la grosse Thomasse comme elle est assotée du jeune Robain ; alle est toujou autour de li à l'agacer, et ne le laisse jamais en repos. Toujou al li fait queuque niche, ou li baille quelque taloche en passant ; et l'autre jour qu'il était assis sur un escabiau, al fut le tirer de dessous li, et le fit cheoir tout de son long par tarre. Jarni, vlà où l'en voit les gens qui aimont ; mais toi, tu ne me dis jamais mot, t'es toujou là comme eune vraie souche de bois ; et je passerais vingt fois devant toi, que tu ne te grouillerais pas pour me bailler le moindre coup, ou me dire la moindre chose. Ventreguienne ! ça n'est pas bian, après tout ; et t'es trop froide pour les gens.

CHARLOTTE

Que veux-tu que j'y fasse ? C'est mon himeur, et je ne me pis refondre.

PIERROT

Igna himeur qui quienne. Quand en a de l'amiquié pour les parsonnes, l'on en baille toujou queuque petite signifiance.

CHARLOTTE

Enfin ! je t'aime tout autant que je pis ; et si tu n'es pas content de ça, tu n'as qu'à en aimer queuque autre.

PIERROT

Hé bian ! vlà pas mon compte ? Tétigué, si tu m'aimais, me dirais-tu ça ?

CHARLOTTE

Pourquoi me viens-tu aussi tarabuster l'esprit ?

PIERROT

Morgué ! queu mal te fais-je ? Je ne te demande qu'un peu d'amiquié.

CHARLOTTE

Hé bien ! laisse faire aussi, et ne me presse point tant. Peut-être que ça viendra tout d'un coup sans y songer.

PIERROT

Touche donc là, Charlotte.

CHARLOTTE, *donnant sa main.*

Hé bien ! quien.

PIERROT

Promets-moi donc que tu tâcheras de m'aimer davantage.

CHARLOTTE

J'y ferai tout ce que je pourrai ; mais il faut que ça vienne de lui-même. Piarrot, est-ce là ce monsieu ?

PIERROT

Oui, le vlà.

CHARLOTTE

Ah ! mon guieu, qu'il est genti, et que ç'aurait été dommage qu'il eût été nayé !

Je revians tout à l'heure ; je m'en vas boire chopaine, pour me rebouter tant soit peu de la fatigue que j'ais eue.

Scène II : Dom Juan, Sganarelle, Charlotte, dans le fond du théâtre.

DOM JUAN

Nous avons manqué notre coup, Sganarelle, et cette bourrasque imprévue a renversé avec notre barque le projet que nous avions fait ; mais, à te dire vrai, la paysanne que je viens de quitter répare ce malheur, et je lui ai trouvé des charmes qui effacent de mon esprit tout le chagrin que me donnait le mauvais succès de notre entreprise. Il ne faut pas que ce cœur m'échappe, et j'y ai déjà jeté des dispositions à ne pas me souffrir longtemps de pousser des soupirs.

SGANARELLE

Monsieur, j'avoue que vous m'étonnez. A peine sommes-nous échappés d'un péril de mort, qu'au lieu de rendre grâce au ciel de la pitié qu'il a daigné prendre de nous, vous travaillez, tout de nouveau à attirer sa colère par vos fantaisies accoutumées et vos amours cr... (*Dom Juan prend un air menaçant.*) Paix, coquin que vous êtes ! vous ne savez pas ce que vous dites, et monsieur sait ce qu'il fait. Allons.

DOM JUAN, *apercevant Charlotte.*

Ah ! ah ! d'où sort cette autre paysanne, Sganarelle ? As-tu rien vu de plus joli ? et ne trouves-tu pas, dis-moi, que celle-ci vaut bien l'autre ?

SGANARELLE

Assurément. (*A part.*) Autre pièce nouvelle.

DOM JUAN, *à Charlotte.*

D'où me vient, la belle, une rencontre si agréable ? Quoi ! dans ces lieux champêtres, parmi ces arbres et ces rochers, on trouve des personnes faites comme vous êtes ?

CHARLOTTE

Vous voyez, monsieur.

DOM JUAN

Etes-vous de ce village ?

CHARLOTTE

Oui, monsieur.

DOM JUAN

Et vous y demeurez... ?

CHARLOTTE

Oui, monsieur.

DOM JUAN

Vous vous appelez ?

CHARLOTTE

Charlotte, pour vous servir.

DOM JUAN

Ah ! la belle personne, et que ses yeux sont pénétrants !

CHARLOTTE

Monsieur, vous me rendez toute honteuse.

DOM JUAN

Ah ! n'ayez point de honte d'entendre dire vos vérités. Sganarelle, qu'en dis-tu ? Peut-on rien voir de plus agréable ? Tournez-vous un peu, s'il vous plaît. Ah ! que cette taille est jolie ! Haussez un peu la tête, de grâce. Ah ! que ce visage est mignon ! Ouvrez vos yeux entièrement. Ah ! qu'ils sont beaux ! Que je voie un peu vos dents, je vous prie. Ah ! qu'elles sont amoureuses, et ces lèvres appétissantes ! Pour moi, je suis ravi, et je n'ai jamais vu une si charmante personne.

CHARLOTTE

Monsieur, cela vous plaît à dire, et je ne sais pas si c'est pour vous railler de moi.

DOM JUAN

Moi, me railler de vous ? Dieu m'en garde ! Je vous aime trop pour cela, et c'est du fond du cœur que je vous parle.

CHARLOTTE

Je vous suis bien obligée, si ça est.

DOM JUAN

Point du tout, vous ne m'êtes point obligée de tout ce que je dis ; et ce n'est qu'à votre beauté que vous en êtes redevable.

CHARLOTTE

Monsieur, tout ça est trop bien dit pour moi, et je n'ai pas d'esprit pour vous répondre.

DOM JUAN

Sganarelle, regarde un peu ses mains.

CHARLOTTE

Fi ! monsieur, elles sont noires comme je ne sais quoi.

DOM JUAN

Ah ! que dites-vous ? Elles sont les plus belles du monde ; souffrez que je les baise, je vous prie.

CHARLOTTE

Monsieur, c'est trop d'honneur que vous me faites ; et si j'avais su ça tantôt, je n'aurais pas manqué de les laver avec du son.

DOM JUAN

Hé ! dites-moi un peu, belle Charlotte, vous n'êtes pas mariée, sans doute ?

CHARLOTTE

Non, monsieur ; mais je dois bientôt l'être avec Piarrot, le fils de la voisine Simonette.

DOM JUAN

Quoi ! une personne comme vous serait la femme d'un simple paysan ! Non, non, c'est profaner tant de beautés, et vous n'êtes pas née pour demeurer dans un village. Vous méritez, sans doute, une meilleure fortune ; et le ciel, qui le connaît bien, m'a conduit ici tout exprès pour empêcher ce mariage, et rendre justice à vos charmes ; car enfin, belle Charlotte, je vous aime de tout mon cœur, et il ne tiendra qu'à vous que je vous arrache de ce misérable lieu, et ne vous mette dans l'état où vous méritez d'être. Cet amour est bien prompt, sans doute ; mais quoi ! c'est un effet, Charlotte, de votre grande beauté, et l'on vous aime autant en un quart d'heure qu'on ferait une autre en six mois.

CHARLOTTE

Aussi vrai, monsieur, je ne sais comment faire quand vous parlez. Ce que vous dites me fait aise, et j'aurais toutes les envies du monde de vous croire ; mais on m'a toujou dit qu'il ne faut jamais croire les monsieux, et que vous autres courtisans êtes des enjoleux, qui ne songez qu'à abuser les filles.

DOM JUAN

Je ne suis pas de ces gens-là.

SGANARELLE, *à part.*

Il n'a garde.

CHARLOTTE

Voyez-vous, monsieur ? il n'y a pas plaisir à se laisser abuser. Je suis une pauvre paysanne ; mais j'ai l'honneur en recommandation, et j'aimerais mieux me voir morte que de me voir déshonorée.

DOM JUAN

Moi, j'aurais l'âme assez méchante pour abuser une personne comme vous ? Je serais assez lâche pour vous déshonorer ? Non, non, j'ai trop de conscience pour cela. Je vous aime, Charlotte, en tout bien et en tout honneur ; et, pour vous montrer que je vous dis vrai, sachez que je n'ai point

d'autre dessein que de vous épouser. En voulez-vous un plus grand témoignage ? M'y voilà prêt quand vous voudrez ; et je prends à témoin l'homme que voilà, de la parole que je vous donne.

SGANARELLE

Non, non, ne craignez point. Il se mariera avec vous tant que vous voudrez.

DOM JUAN

Ah ! Charlotte, je vois bien que vous ne me connaissez pas encore. Vous me faites grand tort de juger de moi par les autres ; et, s'il y a des fourbes dans le monde, des gens qui ne cherchent qu'à abuser des filles, vous devez me tirer du nombre, et ne pas mettre en doute la sincérité de ma foi ; et puis votre beauté vous assure de tout. Quand on est faite comme vous, on doit être à couvert de toutes ces sortes de craintes ; vous n'avez point l'air, croyez-moi, d'une personne qu'on abuse ; et, pour moi, je l'avoue, je me percerais le cœur de mille coups, si j'avais eu la moindre pensée de vous trahir.

CHARLOTTE

Mon Dieu ! je ne sais si vous dites vrai, ou non ; mais vous faites que l'on vous croit.

DOM JUAN

Lorsque vous me croirez, vous me rendrez justice assurément ; et je vous réitère encore la promesse que je vous ai faite. Ne l'acceptez-vous pas ? et ne voulez-vous pas consentir à être ma femme ?

CHARLOTTE

Oui, pourvu que ma tante le veuille.

DOM JUAN

Touchez donc là, Charlotte, puisque vous le voulez bien de votre part.

CHARLOTTE

Mais au moins, monsieur, ne m'allez pas tromper, je vous prie ; il y aurait de la conscience à vous, et vous voyez comme j'y vais à la bonne foi.

DOM JUAN

Comment ! il semble que vous doutiez encore de ma sincérité ! Voulez-vous que je fasse des serments épouvantables ? Que le ciel...

CHARLOTTE

Mon Dieu, ne jurez point, je vous crois.

DOM JUAN

Donnez-moi donc un petit baiser pour gage de votre parole.

CHARLOTTE

Oh ! monsieur, attendez que je soyons mariés, je vous prie. Après ça, je vous baiserai tant que vous voudrez.

DOM JUAN

Hé bien ! belle Charlotte, je veux tout ce que vous voulez ; abandonnez-moi seulement votre main, et souffrez que, par mille baisers, je lui exprime le ravissement où je suis...

Scène III : Dom Juan, Sganarelle,
Pierrot, Charlotte.

PIERROT, *poussant dom Juan qui baise*
la main de Charlotte.

Tout doucement, monsieur ; tenez-vous, s'il vous
plaît. Vous vous échauffez trop, et vous pourriez
gagner la purésie.

DOM JUAN, *repoussant rudement Pierrot.*

Qui m'amène cet impertinent ?

PIERROT, *se mettant entre dom Juan*
et Charlotte.

Je vous dis qu'ou vous tegniez, et qu'ou ne
caressiais point nos accordées.

DOM JUAN, *repoussant encore Pierrot.*

Ah ! que de bruit !

PIERROT

Jerniguienne ! ce n'est point comme ça qu'il faut
pousser les gens.

CHARLOTTE, *prenant Pierrot par le bras.*

Et laisse-le faire aussi, Piarrot.

PIERROT

Quement ! que je le laisse faire ? Je ne veux pas,
moi.

DOM JUAN

Ah !

PIERROT

Tétiguienne ! parce qu'ous êtes monsieu, ous viendrez caresser nos femmes à notre barbe ? Allez-
v's-en caresser les vôtres.

DOM JUAN

Heu !

PIERROT

Heu. (*Dom Juan lui donne un soufflet.*) Tétigué !
ne me frappez pas. (*Autre soufflet.*) Oh ! jerniguié ! (*Autre soufflet.*) Ventregué ! (*Autre soufflet.*) Palsangué ! morguienne ! ça n'est pas bian
de battre les gens, et ce n'est pas là la récompense de v's avoir sauvé d'être nayé.

CHARLOTTE

Piarrot ! ne te fâche point.

PIERROT

Je me veux fâcher ; et t'es une vilaine, toi, d'endurer qu'on te cajole.

CHARLOTTE

Oh ! Piarrot, ce n'est pas ce que tu penses. Ce
monsieur veut m'épouser, et tu ne dois pas te
bouter en colère.

PIERROT

Quement ? jerni ! tu m'es promise.

CHARLOTTE

Ça n'y fait rien, Piarrot. Si tu m'aimes, ne dois-
tu pas être bien aise que je devienne madame ?

PIERROT

Jerniguié ! non. J'aime mieux te voir crevée que
de te voir à un autre.

CHARLOTTE

Va, va, Piarrot, ne te mets point en peine. Si je
sis madame, je te ferai gagner queuque chose, et
tu apporteras du beurre et du fromage cheux
nous.

PIERROT

Ventriguienne ! je gni en porterai jamais, quand
tu m'en paierais deux fois autant. Est-ce donc
comme ça que t'écoutes ce qu'il te dit ? Morguienne ! si j'avais su ça tantôt, je me serais bien
gardé de le tirer de gliau, et je gli aurais baillé un
bon coup d'aviron sur la tête.

DOM JUAN, *s'approchant de Pierrot*
pour le frapper.

Qu'est-ce que vous dites ?

PIERROT, *se mettant derrière Charlotte.*

Jerniguienne, je ne crains parsonne.

DOM JUAN, *passant du côté*
où est Pierrot.

Attendez-moi un peu.

PIERROT, *repassant de l'autre côté.*

Je me moque de tout, moi.

DOM JUAN, *courant après Pierrot.*

Voyons cela.

PIERROT, *se sauvant encore*
derrière Charlotte.

J'en avons bian vu d'autres.

DOM JUAN

Ouais.

SGANARELLE

Hé ! monsieur, laissez là ce pauvre misérable.
C'est conscience de le battre. (*A Pierrot, en se
mettant entre lui et dom Juan.*) Ecoute, mon pauvre garçon, retire-toi, et ne lui dis rien.

PIERROT, *passant devant Sgananarelle, et*
regardant fièrement dom Juan.

Je veux lui dire, moi.

DOM JUAN, *levant la main pour donner*
un soufflet à Pierrot.

Ah ! je vous apprendrai. (*Pierrot baisse la tête, et
Sganarelle reçoit le soufflet.*)

SGANARELLE, *regardant Pierrot.*

Peste soit du maroufle !

DOM JUAN, *à Sganarelle.*

Te voilà payé de ta charité.

PIERROT

Jarni ! je vas dire à sa tante tout ce manège-ci.

DOM JUAN, *à Charlotte.*

Enfin je m'en vais être le plus heureux de tous
les hommes, et je ne changerais pas mon bonheur
à toutes les choses du monde. Que de plaisirs
quand vous serez ma femme, et que...

Scène IV : Dom Juan, Mathurine,
Charlotte, Sganarelle.

SGANARELLE, *apercevant Mathurine.*

Ah ! ah !

MATHURINE, *à dom Juan.*

Monsieur, que faites-vous donc là avec Charlotte ?
Est-ce que vous lui parlez d'amour aussi ?

DOM JUAN, *bas, à Mathurine.*

Non. Au contraire, c'est elle qui me témoignait
une envie d'être ma femme, et je lui répondais
que j'étais engagé à vous.

CHARLOTTE, *à dom Juan.*

Qu'est-ce que c'est donc que vous veut Mathurine ?

DOM JUAN, *bas, à Charlotte.*

Elle est jalouse de me voir vous parler, et voudrait bien que je l'épousasse ; mais je lui dis que c'est vous que je veux.

MATHURINE

Quoi ! Charlotte...

DOM JUAN, *bas, à Mathurine.*

Tout ce que vous lui direz sera inutile ; elle s'est mis cela dans la tête.

CHARLOTTE

Quement donc ! Mathurine...

DOM JUAN, *bas, à Charlotte.*

C'est en vain que vous lui parlerez ; vous ne lui ôterez point cette fantaisie.

MATHURINE

Est-ce que... ?

DOM JUAN, *bas, à Mathurine.*

Il n'y a pas moyen de lui faire entendre raison.

CHARLOTTE

Je voudrais...

DOM JUAN, *bas, à Charlotte.*

Elle est obstinée comme tous les diables.

MATHURINE

Vraiment...

DOM JUAN, *bas, à Mathurine.*

Ne lui dites rien, c'est une folle.

CHARLOTTE

Je pense...

DOM JUAN, *bas, à Charlotte.*

Laissez-la là, c'est une extravagante.

MATHURINE

Non, non, il faut que je lui parle.

CHARLOTTE

Je veux voir un peu ses raisons.

MATHURINE

Quoi !...

DOM JUAN, *bas, à Mathurine.*

Je gage qu'elle va vous dire que je lui ai promis de l'épouser.

CHARLOTTE

Je...

DOM JUAN, *bas, à Charlotte.*

Gageons qu'elle vous soutiendra que je lui ai donné parole de la prendre pour femme.

MATHURINE

Holà ! Charlotte, ce n'est pas bian de courir su le marché des autres.

CHARLOTTE

Ça n'est pas honnête, Mathurine, d'être jalouse que monsieur me parle.

MATHURINE

C'est moi que monsieur a vue la première.

CHARLOTTE

S'il vous a vue la première, il m'a vue la seconde, et m'a promis de m'épouser.

DOM JUAN, *bas, à Mathurine.*

Hé bien ! que vous avais-je dit ?

MATHURINE, *à Charlotte.*

Je vous baise les mains ; c'est moi, et non pas vous, qu'il a promis d'épouser.

DOM JUAN, *bas, à Charlotte.*

N'ai-je pas deviné ?

CHARLOTTE

A d'autres, je vous prie ; c'est moi, vous dis-je.

MATHURINE

Vous vous moquez des gens ; c'est moi, encore un coup.

CHARLOTTE

Le v'là qui est pour le dire, si j'ai pas raison.

MATHURINE

Le v'là qui est pour me démentir, si je ne dis pas vrai.

CHARLOTTE

Est-ce, monsieur, que vous lui avez promis de l'épouser ?

DOM JUAN, *bas, à Charlotte.*

Vous vous raillez de moi.

MATHURINE

Est-il vrai, monsieur, que vous lui avez donné parole d'être son mari ?

DOM JUAN, *bas, à Mathurine.*

Pouvez-vous avoir cette pensée ?

CHARLOTTE

Vous voyez qu'al le soutient.

DOM JUAN, *bas, à Charlotte.*

Laissez-la faire.

MATHURINE

Vous êtes témoin comme al l'assure.

DOM JUAN, *bas, à Mathurine.*

Laissez-la dire.

CHARLOTTE

Non, non, il faut savoir la vérité.

MATHURINE

Il est question de juger ça.

CHARLOTTE

Oui, Mathurine, je veux que monsieur vous montre votre bec jaune.

MATHURINE

Oui, Charlotte, je veux que monsieur vous rende un peu camuse.

CHARLOTTE

Monsieur, videz la querelle, s'il vous plaît.

MATHURINE

Mettez-nous d'accord, monsieur.

CHARLOTTE, *à Mathurine.*

Vous allez voir.

MATHURINE, *à Charlotte.*

Vous allez voir vous-même.

CHARLOTTE, *à dom Juan.*

Dites.

MATHURINE, *à dom Juan.*

Parlez.

DOM JUAN

Que voulez-vous que je dise ? Vous soutenez également toutes deux que je vous ai promis de vous prendre pour femmes. Est-ce que chacune de vous ne sait pas ce qui en est, sans qu'il soit nécessaire que je m'explique davantage ? Pourquoi m'obliger là-dessus à des redites ? Celle à qui j'ai promis effectivement n'a-t-elle pas, en elle-même, de quoi se moquer des discours de l'autre, et doit-elle se mettre en peine, pourvu que j'accomplisse ma promesse ? Tous les discours n'avancent point les choses. Il faut faire et non pas dire ; et les effets décident mieux que les paroles. Aussi n'est-ce rien que par là que je vous veux mettre d'accord ; et l'on verra, quand je me marierai, laquelle des deux a mon cœur. (*Bas, à Mathurine.*) Laissez-lui croire ce qu'elle voudra. (*Bas, à Charlotte.*) Laissez-la se flatter dans son imagination. (*Bas, à Mathurine.*) Je vous adore. (*Bas, à Charlotte.*) Je suis tout à vous. (*Bas, à Mathurine.*) Tous les visages sont laids auprès du vôtre. (*Bas, à Charlotte.*) On ne peut plus souffrir les autres quand on vous a vue. (*Haut.*) J'ai un petit ordre à donner, je viens vous retrouver dans un quart d'heure.

CHARLOTTE, *à Mathurine.*
Je suis celle qu'il aime, au moins.

MATHURINE, *à Charlotte.*
C'est moi qu'il épousera.

SGANARELLE, *arrêtant Charlotte et Mathurine.*
Ah ! pauvres filles que vous êtes, j'ai pitié de votre innocence, et je ne puis souffrir de vous voir courir à votre malheur. Croyez-moi l'une et l'autre : ne vous amusez point à tous les contes qu'on vous fait, et demeurez dans votre village.

DOM JUAN, *dans le fond du théâtre, à part.*
Je voudrais bien savoir pourquoi Sganarelle ne me suit pas.

SGANARELLE
Mon maître est un fourbe ; il n'a dessein que de vous abuser, et en a bien abusé d'autres ; c'est l'épouseur du genre humain, et... (*Apercevant dom Juan.*) Cela est faux ; et quiconque vous dira cela, vous lui devez dire qu'il en a menti. Mon maître n'est point l'épouseur du genre humain, il n'est point fourbe, il n'a pas dessein de vous tromper, et n'en a point abusé d'autres. Ah ! tenez, le voilà ; demandez-le plutôt à lui-même.

DOM JUAN, *regardant Sganarelle, et le soupçonnant d'avoir parlé.*
Oui !

SGANARELLE
Monsieur, comme le monde est plein de médisants, je vais au-devant des choses ; et je leur disais que, si quelqu'un leur venait dire du mal de vous, elles se gardassent bien de le croire, et ne manquassent pas de lui dire qu'il en aurait menti.

DOM JUAN
Sganarelle !

SGANARELLE, *à Charlotte et à Mathurine.*
Oui, monsieur est homme d'honneur ; je le garantis tel.

DOM JUAN
Hon !

SGANARELLE
Ce sont des impertinents.

Scène V : *Dom Juan, La Ramée, Charlotte, Mathurine, Sganarelle.*

LA RAMÉE, *bas, à dom Juan.*
Monsieur, je viens vous avertir qu'il ne fait pas bon ici pour vous.

DOM JUAN
Comment ?

LA RAMÉE
Douze hommes à cheval vous cherchent, qui doivent arriver ici dans un moment ; je ne sais pas par quel moyen ils peuvent vous avoir suivi ; mais j'ai appris cette nouvelle d'un paysan qu'ils ont interrogé, et auquel ils vous ont dépeint. L'affaire presse ; et le plus tôt que vous pourrez sortir d'ici sera le meilleur.

DOM JUAN, *à Charlotte et à Mathurine.*
Une affaire pressante m'oblige à partir d'ici ; mais je vous prie de vous ressouvenir de la parole que je vous ai donnée, et de croire que vous aurez de mes nouvelles avant qu'il soit demain au soir. Comme la partie n'est pas égale, il faut user de stratagème, et éluder adroitement le malheur qui me cherche. Je veux que Sganarelle se revête de mes habits ; et moi...

SGANARELLE
Monsieur, vous vous moquez. M'exposer à être tué sous vos habits, et...

DOM JUAN
Allons vite, c'est trop d'honneur que je vous fais ; et bien heureux est le valet qui peut avoir la gloire de mourir pour son maître !

SGANARELLE
Je vous remercie d'un tel honneur. (*Seul.*) O ciel ! puisqu'il s'agit de mort, fais-moi la grâce de n'être point pris pour un autre !

ACTE TROISIEME

LE THÉÂTRE REPRÉSENTE UNE FORÊT.

Scène I : *Dom Juan, en habit de campagne, Sganarelle, en médecin.*

SGANARELLE
Ma foi, monsieur, avouez que j'ai eu raison, et que nous voilà l'un et l'autre déguisés à merveille. Votre premier dessein n'était point du tout à propos, et ceci nous cache bien mieux que tout ce que vous vouliez faire.

DOM JUAN
Il est vrai que te voilà bien ; et je ne sais où tu as été déterrer cet attirail ridicule.

SGANARELLE
Oui ? C'est l'habit d'un vieux médecin, qui a été laissé en gage au lieu où je l'ai pris, et il m'en a coûté de l'argent pour l'avoir. Mais savez-vous, monsieur, que cet habit me met déjà en consi-

dération, que je suis salué des gens que je rencontre, et que l'on me vient consulter ainsi qu'un habile homme ?

DOM JUAN

Comment donc ?

SGANARELLE

Cinq ou six paysans et paysannes, en me voyant passer, me sont venus demander mon avis sur différentes maladies.

DOM JUAN

Tu leur as répondu que tu n'y entendais rien ?

SGANARELLE

Moi ? point du tout. J'ai voulu soutenir l'honneur de mon habit ; j'ai raisonné sur le mal, et leur ai fait des ordonnances à chacun.

DOM JUAN

Et quels remèdes encore leur as-tu ordonnés ?

SGANARELLE

Ma foi, monsieur, j'en ai pris par où j'en ai pu attraper ; j'ai fait mes ordonnances à l'aventure, et ce serait une chose plaisante si les malades guérissaient, et qu'on m'en vînt remercier.

DOM JUAN

Et pourquoi non ? Par quelle raison n'aurais-tu pas les mêmes privilèges qu'ont tous les autres médecins ? Ils n'ont pas plus de part que toi aux guérisons des malades, et tout leur art est pure grimace. Ils ne font rien que recevoir la gloire des heureux succès ; et tu peux profiter, comme eux, du bonheur du malade, et voir attribuer à tes remèdes tout ce qui peut venir des faveurs du hasard et des forces de la nature.

SGANARELLE

Comment, monsieur, vous êtes aussi impie en médecine ?

DOM JUAN

C'est une des grandes erreurs qui soient parmi les hommes.

SGANARELLE

Quoi ! vous ne croyez pas au séné, ni à la casse, ni au vin émétique ?

DOM JUAN

Et pourquoi veux-tu que j'y croie ?

SGANARELLE

Vous avez l'âme bien mécréante. Cependant, vous voyez, depuis un temps, que le vin émétique fait bruire ses fuseaux. Ses miracles ont converti les plus incrédules esprits ; et il n'y a pas trois semaines que j'en ai vu, moi qui vous parle, un effet merveilleux.

DOM JUAN

Et quel ?

SGANARELLE

Il y avait un homme qui, depuis six jours, était à l'agonie ; on ne savait plus que lui ordonner, et tous les remèdes ne faisaient rien ; on s'avisa à la fin de lui donner de l'émétique.

DOM JUAN

Il réchappa, n'est-ce pas ?

SGANARELLE

Non, il mourut.

DOM JUAN

L'effet est admirable.

SGANARELLE

Comment ! il y avait six jours entiers qu'il ne pouvait mourir et cela le fit mourir tout d'un coup. Voulez-vous rien de plus efficace ?

DOM JUAN

Tu as raison.

SGANARELLE

Mais laissons là la médecine où vous ne croyez point, et parlons des autres choses ; car cet habit me donne de l'esprit, et je me sens en humeur de disputer contre vous. Vous savez bien que vous me permettez les disputes, et que vous ne me défendez que les remontrances.

DOM JUAN

Eh bien ?

SGANARELLE

Je veux savoir un peu vos pensées à fond. Est-il possible que vous ne croyiez point du tout au ciel ?

DOM JUAN

Laissons cela.

SGANARELLE

C'est-à-dire que non. Et à l'enfer ?

DOM JUAN

Eh !

SGANARELLE

Tout de même. Et au diable, s'il vous plaît ?

DOM JUAN

Oui, oui.

SGANARELLE

Aussi peu. Ne croyez-vous point l'autre vie ?

DOM JUAN

Ah ! ah ! ah !

SGANARELLE

Voilà un homme que j'aurai bien de la peine à convertir. Et dites-moi un peu, le moine bourru, qu'en croyez-vous ? eh !

DOM JUAN

La peste soit du fat !

SGANARELLE

Et voilà ce que je ne puis souffrir ; car il n'y a rien de plus vrai que le moine bourru, et je me ferais pendre pour celui-là[1]. Mais encore faut-il croire quelque chose dans le monde. Qu'est-ce donc que vous croyez ?

DOM JUAN

Ce que je crois ?

SGANARELLE

Oui.

DOM JUAN

Je crois que deux et deux sont quatre, Sganarelle ; et que quatre et quatre sont huit.

SGANARELLE

La belle croyance et les beaux articles de foi que voilà ! votre religion, à ce que je vois, est donc l'arithmétique ? Il faut avouer qu'il se met d'étranges folies dans la tête des hommes, et que,

---

1. Fantôme que l'imagination populaire représentait courant la nuit dans les rues pour maltraiter les passants.

pour avoir bien étudié, on est bien moins sage le plus souvent. Pour moi, monsieur, je n'ai point étudié comme vous. Dieu merci, et personne ne saurait se vanter de m'avoir jamais rien appris ; mais avec mon petit sens, mon petit jugement, je vois les choses mieux que tous les livres, et je comprends fort bien que ce monde que nous voyons n'est pas un champignon qui soit venu tout seul en une nuit. Je voudrais bien vous demander qui a fait ces arbres-là, ces rochers, cette terre, et ce ciel que voilà là-haut ; et si tout cela s'est bâti de lui-même. Vous voilà, vous, par exemple, vous êtes là : est-ce que vous vous êtes fait tout seul, et n'a-t-il pas fallu que votre père ait engrossé votre mère pour vous faire ? Pouvez-vous voir toutes les inventions dont la machine de l'homme est composée, sans admirer de quelle façon cela est agencé l'un dans l'autre ? ces nerfs, ces os, ces veines, ces artères, ces... ce poumon, ce cœur, ce foie, et tous ces autres ingrédients qui sont là, et qui... Oh ! dame, interrompez-moi donc, si vous voulez. Je ne saurais disputer, si l'on ne m'interrompt. Vous vous taisez exprès, et me laissez parler par belle malice.

DOM JUAN

J'attends que ton raisonnement soit fini.

SGANARELLE

Mon raisonnement est qu'il y a quelque chose d'admirable dans l'homme, quoi que vous puissiez dire, que tous les savants ne sauraient expliquer. Cela n'est-il pas merveilleux que me voilà ici, et que j'aie quelque chose dans la tête qui pense cent choses différentes en un moment, et fait de mon corps tout ce qu'elle veut ? Je veux frapper des mains, hausser le bras, lever les yeux au ciel, baisser la tête, remuer les pieds, aller à droite, à gauche, en avant, en arrière, tourner... (*Il se laisse tomber en tournant.*)

DOM JUAN

Bon ! voilà ton raisonnement qui a le nez cassé !

SGANARELLE

Morbleu ! je suis bien sot de m'amuser à raisonner avec vous ; croyez ce que vous voudrez ; il m'importe bien que vous soyez damné !

DOM JUAN

Mais, tout en raisonnant, je crois que nous sommes égarés. Appelle un peu cet homme que voilà là-bas, pour lui demander le chemin.

SGANARELLE

Holà ! Ho ! l'homme ! oh ! mon compère ! ho ! l'ami ! un petit mot, s'il vous plaît.

Scène II : *Dom Juan, Sganarelle,
un Pauvre.*

SGANARELLE

Enseignez-nous un peu le chemin qui mène à la ville.

LE PAUVRE

Vous n'avez qu'à suivre cette route, messieurs, et détourner à main droite quand vous serez au bout de la forêt ; mais je vous donne avis que vous devez vous tenir sur vos gardes, et que, depuis quelque temps, il y a des voleurs ici autour.

DOM JUAN

Je te suis obligé, mon ami, et je te rends grâce de tout mon cœur.

LE PAUVRE

Si vous vouliez me secourir, monsieur, de quelque aumône ?

DOM JUAN

Ah ! ah ! ton avis est intéressé, à ce que je vois.

LE PAUVRE

Je suis un pauvre homme, monsieur, retiré tout seul dans ce bois depuis dix ans, et je ne manquerai pas de prier le ciel qu'il vous donne toute sorte de biens.

DOM JUAN

Eh ! prie le ciel qu'il te donne un habit, sans te mettre en peine des affaires des autres.

SGANARELLE

Vous ne connaissez pas monsieur, bon homme ; il ne croit qu'en deux et deux sont quatre et en quatre et quatre sont huit.

DOM JUAN

Quelle est ton occupation parmi ces arbres ?

LE PAUVRE

De prier le ciel tous les jours pour la prospérité des gens de bien qui me donnent quelque chose.

DOM JUAN

Il ne se peut donc pas que tu ne sois bien à ton aise.

LE PAUVRE

Hélas ! monsieur, je suis dans la plus grande nécessité du monde.

DOM JUAN

Tu te moques : un homme qui prie le ciel tout le jour ne peut pas manquer d'être bien dans ses affaires.

LE PAUVRE

Je vous assure, monsieur, que le plus souvent je n'ai pas un morceau de pain à mettre sous les dents.

DOM JUAN

Voilà qui est étrange, et tu es bien mal reconnu de tes soins. Ah ! ah ! je m'en vais te donner un louis d'or tout à l'heure, pourvu que tu veuilles jurer.

LE PAUVRE

Ah ! monsieur, voudriez-vous que je commisse un tel péché ?

DOM JUAN

Tu n'as qu'à voir si tu veux gagner un louis d'or, ou non ; en voici un que je te donne, si tu jures. Tiens, il faut jurer.

LE PAUVRE

Monsieur...

DOM JUAN

A moins de cela, tu ne l'auras pas.

SGANARELLE

Va, va, jure un peu ; il n'y a pas de mal.

DOM JUAN

Prends, le voilà, prends, te dis-je ; mais jure donc.

LE PAUVRE

Non, monsieur, j'aime mieux mourir de faim.

DOM JUAN

Va, va, je te le donne pour l'amour de l'humanité. (*Regardant dans la forêt.*) Mais que vois-je là ? un homme attaqué par trois autres ! la partie est trop inégale, et je ne dois pas souffrir cette lâcheté.

Il met l'épée à la main, et court au lieu du combat.

Scène III : *Dom Juan, Dom Carlos, Sganarelle, au fond du théâtre.*

SGANARELLE

Mon maître est un vrai enragé d'aller se présenter à un péril qui ne le cherche pas. Mais, ma foi, le secours a servi, et les deux ont fait fuir les trois.

DOM CARLOS, *remettant son épée.*

On voit, par la fuite de ces voleurs, de quel secours est votre bras. Souffrez, monsieur, que je vous rende grâce d'une action si généreuse, et que...

DOM JUAN

Je n'ai rien fait, monsieur, que vous n'eussiez fait en ma place. Notre propre honneur est intéressé dans de pareilles aventures ; et l'action de ces coquins était si lâche, que c'eût été y prendre par que de ne pas s'y opposer. Mais par quelle rencontre vous êtes-vous trouvé entre leurs mains ?

DOM CARLOS

Je m'étais, par hasard, égaré d'un frère et de tous ceux de notre suite ; et, comme je cherchais à les rejoindre, j'ai fait rencontre de ces voleurs, qui d'abord ont tué mon cheval, et qui, sans votre valeur, en auraient fait autant de moi.

DOM JUAN

Votre dessein est-il d'aller du côté de la ville ?

DOM CARLOS

Oui, mais sans y vouloir entrer ; et nous nous voyons obligés, mon frère et moi, à tenir la campagne pour une de ces fâcheuses affaires qui réduisent les gentilshommes à se sacrifier, eux et leur famille, à la sévérité de leur honneur, puisque enfin le plus doux succès en est toujours funeste, et que, si l'on ne quitte pas la vie, on est contraint de quitter le royaume ; et c'est en quoi je trouve la condition d'un gentilhomme malheureuse, de ne pouvoir point s'assurer sur toute la prudence et toute l'honnêteté de sa conduite, d'être asservi par les lois de l'honneur au dérèglement de la conduite d'autrui, et de voir sa vie, son repos et ses biens dépendre de la fantaisie du premier téméraire qui s'avisera de lui faire une de ces injures pour qui un honnête homme doit périr.

DOM JUAN

On a cet avantage, qu'on fait courir le même risque et passer mal aussi le temps à ceux qui prennent fantaisie de nous venir faire une offense de gaieté de cœur. Mais ne serait-ce point une indiscrétion que de vous demander quelle peut être votre affaire ?

DOM CARLOS

La chose en est aux termes de n'en plus faire de secret ; et, lorsque l'injure a une fois éclaté, notre honneur ne va point à vouloir cacher notre honte, mais à faire éclater notre vengeance, et à publier même le dessein que nous avons. Ainsi, monsieur, je ne feindrai point de vous dire que l'offense que nous cherchons à venger est une sœur séduite et enlevée d'un couvent, et que l'auteur de cette offense est un dom Juan Tenorio, fils de dom Louis Tenorio. Nous le cherchons depuis quelques jours, et nous l'avons suivi ce matin sur le rapport d'un valet, qui nous a dit qu'il sortait à cheval, accompagné de quatre ou cinq, et qu'il avait pris le long de cette côte ; mais tous nos soins ont été inutiles, et nous n'avons pu découvrir ce qu'il est devenu.

DOM JUAN

Le connaissez-vous, monsieur, ce dom Juan dont vous parlez ?

DOM CARLOS

Non, quant à moi ; je ne l'ai jamais vu, et je l'ai seulement ouï dépeindre à mon frère ; mais la renommée n'en dit pas force bien, et c'est un homme dont la vie...

DOM JUAN

Arrêtez, monsieur, s'il vous plaît. Il est un peu de mes amis, et ce serait à moi une espèce de lâcheté que d'en ouïr du mal.

DOM CARLOS

Pour l'amour de vous, monsieur, je n'en dirai rien du tout ; et c'est bien la moindre chose que je vous doive, après m'avoir sauvé la vie, que de me taire devant vous d'une personne que vous connaissez, lorsque je ne puis en parler sans en dire du mal ; mais, quelque ami que vous lui soyez, j'ose espérer que vous n'approuverez pas son action, et ne trouverez pas étrange que nous cherchions d'en prendre vengeance.

DOM JUAN

Au contraire, je vous y veux servir, et vous épargner des soins inutiles. Je suis ami de dom Juan, je ne puis pas m'en empêcher ; mais il n'est pas raisonnable qu'il offense impunément des gentilshommes, et je m'engage à vous faire faire raison par lui.

DOM CARLOS

Et quelle raison peut-on faire à ces sortes d'injures ?

DOM JUAN

Toute celle que votre honneur peut souhaiter ; et, sans vous donner la peine de chercher dom Juan davantage, je m'oblige à le faire trouver au lieu que vous voudrez, quand il vous plaira.

DOM CARLOS

Cet espoir est bien doux, monsieur, à des cœurs offensés ; mais, après ce que je vous dois, ce me serait une trop sensible douleur que vous fussiez de la partie.

DOM JUAN

Je suis si attaché à dom Juan, qu'il ne saurait se battre que je ne me batte aussi ; mais enfin j'en réponds comme de moi-même, et vous n'avez qu'à dire quand vous voulez qu'il paraisse, et vous donne satisfaction.

DOM CARLOS

Que ma destinée est cruelle ! Faut-il que je vous doive la vie, et que dom Juan soit de vos amis ?

Scène IV : Dom Alonse, Dom Carlos, Dom Juan, Sganarelle.

DOM ALONSE, *parlant à ceux de sa suite, sans voir dom Carlos ni dom Juan.*

Faites boire là mes chevaux, et qu'on les amène après nous ; je veux un peu marcher à pied. (*Les apercevant tous deux.*) O ciel ! que vois-je ici ! Quoi mon frère, vous voilà avec notre ennemi mortel !

DOM CARLOS

Notre ennemi mortel ?

DOM JUAN, *mettant la main sur la garde de son épée.*

Oui, je suis dom Juan moi-même ; et l'avantage du nombre ne m'obligera pas à vouloir déguiser mon nom.

DOM ALONSE, *mettant l'épée à la main.*

Ah ! traître, il faut que tu périsses, et... *Sganarelle court se cacher.*

DOM CARLOS

Ah ! mon frère, arrêtez. Je lui suis redevable de la vie ; et, sans le secours de son bras, j'aurais été tué par des voleurs que j'ai trouvés.

DOM ALONSE

Et voulez-vous que cette considération empêche notre vengeance ? Tous les services que nous rend une main ennemie ne sont d'aucun mérite pour engager notre âme ; et, s'il faut mesurer l'obligation à l'injure, votre reconnaissance, mon frère, est ici ridicule ; et, comme l'honneur est infiniment plus précieux que la vie, c'est ne devoir rien proprement que d'être redevable de la vie à qui nous a ôté l'honneur.

DOM CARLOS

Je sais la différence, mon frère, qu'un gentilhomme doit toujours mettre entre l'un et l'autre ; et la reconnaissance de l'obligation n'efface point en moi le ressentiment de l'injure ; mais souffrez que je lui rende ici ce qu'il m'a prêté, que je m'acquitte sur-le-champ de la vie que je lui dois, par un délai de notre vengeance, et lui laisse la liberté de jouir, durant quelques jours, du fruit de son bienfait.

DOM ALONSE

Non, non, c'est hasarder notre vengeance que de la reculer, et l'occasion de la prendre peut ne plus revenir. Le ciel nous l'offre ici, c'est à nous d'en profiter. Lorsque l'honneur est blessé mortellement, on ne doit point songer à garder aucunes

mesures ; et, si vous répugnez à prêter votre bras à cette action, vous n'avez qu'à vous retirer, et laisser à ma main la gloire d'un tel sacrifice.

DOM CARLOS

De grâce, mon frère...

DOM ALONSE

Tous ces discours sont superflus : il faut qu'il meure.

DOM CARLOS

Arrêtez-vous, dis-je, mon frère. Je ne souffrirai point du tout qu'on attaque ses jours ; et je jure le ciel que je le défendrai ici contre qui que ce soit, et je saurai lui faire un rempart de cette même vie qu'il a sauvée ; et, pour adresser vos coups, il faudra que vous me perciez.

DOM ALONSE

Quoi ! vous prenez le parti de notre ennemi contre moi ; et, loin d'être saisi à son aspect des mêmes transports que je sens, vous faites voir pour lui des sentiments pleins de douceur !

DOM CARLOS

Mon frère, montrons de la modération dans une action légitime ; et ne vengeons point notre honneur avec cet emportement que vous témoignez. Ayons du cœur dont nous soyons les maîtres, une valeur qui n'ait rien de farouche, et qui se porte aux choses par une pure délibération de notre raison, et non point par le mouvement d'une aveugle colère. Je ne veux point, mon frère, demeurer redevable à mon ennemi, et je lui ai une obligation dont il faut que je m'acquitte avant toute chose. Notre vengeance, pour être différée, n'en sera pas moins éclatante ; au contraire, elle en tirera de l'avantage ; et cette occasion de l'avoir pu prendre la fera paraître plus juste aux yeux de tout le monde.

DOM ALONSE

O l'étrange faiblesse, et l'aveuglement effroyable d'hasarder ainsi les intérêts de son honneur pour la ridicule pensée d'une obligation chimérique !

DOM CARLOS

Non, mon frère, ne vous mettez pas en peine. Si je fais une faute, je saurai bien la réparer, et je me charge de tout le soin de notre honneur ; je sais à quoi il nous oblige, et cette suspension d'un jour, que ma reconnaissance lui demande, ne fera qu'augmenter l'ardeur que j'ai de le satisfaire. Dom Juan, vous voyez que j'ai soin de vous rendre le bien que j'ai reçu de vous, et vous devez par là juger du reste, croire que je m'acquitte avec même chaleur de ce que je dois, et que je ne serai pas moins exact à vous payer l'injure que le bienfait. Je ne veux point vous obliger ici à expliquer vos sentiments, et vous donne la liberté de penser à loisir aux résolutions que vous avez à prendre. Vous connaissez assez la grandeur de l'offense que vous nous avez faite, et je vous fais juge vous-même des réparations qu'elle demande. Il est des moyens doux pour nous satisfaire ; il en est de violents et de sanglants : mais enfin, quelque choix que vous fassiez, vous m'avez donné parole de me faire faire raison par dom Juan. Songez à me la faire, je vous prie, et vous ressouvenez que, hors d'ici, je ne dois plus qu'à mon honneur.

DOM JUAN

Je n'ai rien exigé de vous, et vous tiendrai ce que j'ai promis.

DOM CARLOS

Allons, mon frère ; un moment de douceur ne fait aucune injure à la sévérité de notre devoir.

Scène V : Dom Juan, Sganarelle.

DOM JUAN

Holà ! hé ! Sganarelle !

SGANARELLE, *sortant de l'endroit où il était caché.*

Plaît-il ?

DOM JUAN

Comment ! coquin, tu fuis quand on m'attaque !

SGANARELLE

Pardonnez-moi, monsieur, je viens seulement d'ici près. Je crois que cet habit est purgatif, et que c'est prendre médecine que de le porter.

DOM JUAN

Peste soit l'insolent ! Couvre au moins ta poltronnerie d'un voile plus honnête. Sais-tu bien qui est celui à qui j'ai sauvé la vie ?

SGANARELLE

Moi ? non.

DOM JUAN

C'est un frère d'Elvire.

SGANARELLE

Un...

DOM JUAN

Il est assez honnête homme, il en a bien usé, et j'ai regret d'avoir démêlé avec lui.

SGANARELLE

Il vous serait aisé de pacifier toutes choses.

DOM JUAN

Oui ; mais ma passion est usée pour done Elvire, et l'engagement ne compatit point avec mon humeur. J'aime la liberté en amour, tu le sais, et je ne saurais me résoudre à renfermer mon cœur entre quatre murailles. Je te l'ai dit vingt fois, j'ai une pente naturelle à me laisser aller à tout ce qui m'attire. Mon cœur est à toutes les belles, et c'est à elles à le prendre tour à tour, et à le garder tant qu'elles le pourront. Mais quel est le superbe édifice que je vois entre ces arbres ?

SGANARELLE

Vous ne le savez pas ?

DOM JUAN

Non, vraiment.

SGANARELLE

Bon ; c'est le tombeau que le commandeur faisait faire lorsque vous le tuâtes.

DOM JUAN

Ah ! tu as raison. Je ne savais pas que c'était de ce côté-ci qu'il était. Tout le monde m'a dit des merveilles de cet ouvrage, aussi bien que de la statue du commandeur ; et j'ai envie de l'aller voir.

SGANARELLE

Monsieur, n'allez point là.

DOM JUAN

Pourquoi ?

SGANARELLE

Cela n'est pas civil, d'aller voir un homme que vous avez tué.

DOM JUAN

Au contraire, c'est une visite dont je lui veux faire civilité, et qu'il doit recevoir de bonne grâce, s'il est galant homme. Allons, entrons dedans.

Le tombeau s'ouvre, et l'on voit la statue du commandeur.

SGANARELLE

Ah ! que cela est beau ! les belles statues ! le beau marbre ! les beaux piliers ! ah ! que cela est beau ! Qu'en dites-vous, monsieur ?

DOM JUAN

Qu'on ne peut voir aller plus loin l'ambition d'un homme mort ; et ce que je trouve admirable, c'est qu'un homme qui s'est passé durant sa vie d'une assez simple demeure en veuille avoir une si magnifique pour quand il n'en a plus que faire.

SGANARELLE

Voici la statue du commandeur.

DOM JUAN

Parbleu ! le voilà bon, avec son habit d'empereur romain !

SGANARELLE

Ma foi, monsieur, voilà qui est bien fait. Il semble qu'il est en vie, et qu'il s'en va parler. Il jette des regards sur nous qui me feraient peur si j'étais tout seul, et je pense qu'il ne prend pas plaisir de nous voir.

DOM JUAN

Il aurait tort ; et ce serait mal recevoir l'honneur que je lui fais. Demande-lui s'il veut venir souper avec moi.

SGANARELLE

C'est une chose dont il n'a pas besoin, je crois.

DOM JUAN

Demande-lui, te dis-je.

SGANARELLE

Vous moquez-vous ? Ce serait être fou, que d'aller parler à une statue.

DOM JUAN

Fais ce que je te dis.

SGANARELLE

Quelle bizarrerie ! Seigneur commandeur... (*A part.*) Je ris de ma sottise ; mais c'est mon maître qui me la fait faire. (*Haut.*) Seigneur commandeur, mon maître dom Juan vous demande si vous voulez lui faire l'honneur de venir souper avec lui. (*La statue baisse la tête.*) Ah !

DOM JUAN

Qu'est-ce ? Qu'as-tu ? Dis donc, veux-tu parler ?

SGANARELLE, *baissant la tête comme la statue.*

La statue...

DOM JUAN

Hé bien ! que veux-tu dire, traître ?

SGANARELLE

Je vous dis que la statue...

DOM JUAN

Hé bien ! la statue ? Je t'assomme, si tu ne parles.

SGANARELLE

La statue m'a fait signe.

DOM JUAN

La peste le coquin !

SGANARELLE

Elle m'a fait signe, vous dis-je ; il n'est rien de plus vrai. Allez-vous-en lui parler vous-même, pour voir. Peut-être...

DOM JUAN

Viens, maraud, viens. Je te veux bien faire toucher au doigt ta poltronnerie. Prends garde. Le seigneur commandeur voudrait-il venir souper avec moi ? *La statue baisse encore la tête.*

SGANARELLE

Je ne voudrais pas en tenir dix pistoles. Hé bien ! monsieur ?

DOM JUAN

Allons, sortons d'ici.

SGANARELLE, *seul.*

Voilà de mes esprits forts, qui ne veulent rien croire.

ACTE QUATRIEME

LE THÉATRE REPRÉSENTE L'APPARTEMENT DE DOM JUAN.

Scène I : Dom Juan, Sganarelle, Ragotin.

DOM JUAN, *à Sganarelle.*

Quoi qu'il en soit, laissons cela, c'est une bagatelle, et nous pouvons avoir été trompés par un faux jour, ou surpris de quelque vapeur qui nous ait troublé la vue.

SGANARELLE

Hé ! monsieur, ne cherchez point à démentir ce que nous avons vu des yeux que voilà. Il n'est rien de plus véritable que ce signe de tête ; et je ne doute point que le ciel, scandalisé de votre vie, n'ait produit ce miracle pour vous convaincre, et pour vous retirer de...

DOM JUAN

Ecoute. Si tu m'importunes davantage de tes sottes moralités, si tu me dis encore le moindre mot là-dessus, je vais appeler quelqu'un, demander un nerf de bœuf, te faire tenir par trois ou quatre, et te rouer de mille coups. M'entends-tu bien ?

SGANARELLE

Fort bien, monsieur, le mieux du monde. Vous vous expliquez clairement ; c'est ce qu'il y a de bon en vous, que vous n'allez point chercher de détours : vous dites les choses avec une netteté admirable.

DOM JUAN

Allons, qu'on me fasse souper le plus tôt que l'on pourra. Une chaise, petit garçon.

Scène II : Dom Juan, Sganarelle, La Violette, Ragotin.

LA VIOLETTE

Monsieur, voilà votre marchand, monsieur Dimanche, qui demande à vous parler.

SGANARELLE

Bon. Voilà ce qu'il nous faut, qu'un compliment de créancier. De quoi s'avise-t-il de nous venir demander de l'argent ; et que ne lui disais-tu que monsieur n'y est pas ?

LA VIOLETTE

Il y a trois quarts d'heure que je le lui dis ; mais il ne veut pas le croire, et s'est assis là-dedans pour attendre.

SGANARELLE

Qu'il attende tant qu'il voudra.

DOM JUAN

Non, au contraire, faites-le entrer. C'est une fort mauvaise politique que de se faire celer aux créanciers. Il est bon de les payer de quelque chose : et j'ai le secret de les renvoyer satisfaits sans leur donner un double.

Scène III : Dom Juan, Monsieur Dimanche, Sganarelle, La Violette, Ragotin.

DOM JUAN

Ah ! monsieur Dimanche, approchez. Que je suis ravi de vous voir, et que je veux de mal à mes gens de ne vous pas faire entrer d'abord ! J'avais donné ordre qu'on ne me fît parler personne ; mais cet ordre n'est pas pour vous, et vous êtes en droit de ne trouver jamais de porte fermée chez moi.

MONSIEUR DIMANCHE

Monsieur, je vous suis fort obligé.

DOM JUAN, *parlant à La Violette et à Ragotin.*

Parbleu ! coquins, je vous apprendrai à laisser monsieur Dimanche dans une antichambre, et je vous ferai connaître les gens.

MONSIEUR DIMANCHE

Monsieur, cela n'est rien.

DOM JUAN, *à monsieur Dimanche.*

Comment ! vous dire que je n'y suis pas, à monsieur Dimanche, au meilleur de mes amis !

MONSIEUR DIMANCHE

Monsieur, je suis votre serviteur. J'étais venu...

DOM JUAN

Allons vite, un siège pour monsieur Dimanche.

MONSIEUR DIMANCHE

Monsieur, je suis bien comme cela.

DOM JUAN

Point, point, je veux que vous soyez assis contre moi.

MONSIEUR DIMANCHE

Cela n'est point nécessaire.

DOM JUAN
Otez ce pliant, et apportez un fauteuil.

MONSIEUR DIMANCHE
Monsieur, vous vous moquez ; et...

DOM JUAN
Non, non, je sais ce que je vous dois ; et je ne veux point qu'on mette de différence entre nous deux.

MONSIEUR DIMANCHE
Monsieur...

DOM JUAN
Allons, asseyez-vous.

MONSIEUR DIMANCHE
Il n'est pas besoin, monsieur, et je n'ai qu'un mot à vous dire. J'étais...

DOM JUAN
Mettez-vous là, vous dis-je.

MONSIEUR DIMANCHE
Non, monsieur, je suis bien. Je viens pour...

DOM JUAN
Non, je ne vous écoute point si vous n'êtes assis.

MONSIEUR DIMANCHE
Monsieur, je fais ce que vous voulez. Je...

DOM JUAN
Parbleu ! monsieur Dimanche, vous vous portez bien.

MONSIEUR DIMANCHE
Oui, monsieur, pour vous rendre service. Je suis venu...

DOM JUAN
Vous avez un fonds de santé admirable, des lèvres fraîches, un teint vermeil, et des yeux vifs.

MONSIEUR DIMANCHE
Je voudrais bien...

DOM JUAN
Comment se porte madame Dimanche, votre épouse ?

MONSIEUR DIMANCHE
Fort bien, monsieur, Dieu merci.

DOM JUAN
C'est une brave femme.

MONSIEUR DIMANCHE
Elle est votre servante, monsieur. Je venais...

DOM JUAN
Et votre petite fille Claudine, comment se porte-t-elle ?

MONSIEUR DIMANCHE
Le mieux du monde.

DOM JUAN
La jolie petite fille que c'est ! je l'aime de tout mon cœur.

MONSIEUR DIMANCHE
C'est trop d'honneur que vous lui faites, monsieur. Je vous...

DOM JUAN
Et le petit Colin, fait-il toujours bien du bruit avec son tambour ?

MONSIEUR DIMANCHE
Toujours de même, monsieur. Je...

DOM JUAN
Et votre petit chien Brusquet ? gronde-t-il toujours

aussi fort, et mord-il toujours bien aux jambes les gens qui vont chez vous ?

MONSIEUR DIMANCHE
Plus que jamais, monsieur ; et nous ne saurions en chevir.

DOM JUAN
Ne vous étonnez pas si je m'informe des nouvelles de toute la famille ; car j'y prends beaucoup d'intérêt.

MONSIEUR DIMANCHE
Nous vous sommes, monsieur, infiniment obligés. Je...

DOM JUAN, lui tendant la main.
Touchez donc là, monsieur Dimanche. Etes-vous bien de mes amis ?

MONSIEUR DIMANCHE
Monsieur, je suis votre serviteur.

DOM JUAN
Parbleu ! je suis à vous de tout mon cœur.

MONSIEUR DIMANCHE
Vous m'honorez trop. Je...

DOM JUAN
Il n'y a rien que je ne fisse pour vous.

MONSIEUR DIMANCHE
Monsieur, vous avez trop de bonté pour moi.

DOM JUAN
Et cela sans intérêt, je vous prie de le croire.

MONSIEUR DIMANCHE
Je n'ai point mérité cette grâce, assurément. Mais, monsieur...

DOM JUAN
Oh çà, monsieur Dimanche, sans façon, voulez-vous souper avec moi ?

MONSIEUR DIMANCHE
Non, monsieur, il faut que je m'en retourne tout à l'heure. Je...

DOM JUAN, se levant.
Allons, vite un flambeau pour conduire monsieur Dimanche, et que quatre ou cinq de mes gens prennent des mousquetons pour l'escorter.

MONSIEUR DIMANCHE, se levant aussi.
Monsieur, il n'est pas nécessaire, et je m'en irai bien tout seul. Mais...

Sganarelle ôte les sièges promptement.

DOM JUAN
Comment ? Je veux qu'on vous escorte, et je m'intéresse trop à votre personne. Je suis votre serviteur, et, de plus, votre débiteur.

MONSIEUR DIMANCHE
Ah ! monsieur...

DOM JUAN
C'est une chose que je ne cache pas, et je le dis à tout le monde.

MONSIEUR DIMANCHE
Si...

DOM JUAN
Voulez-vous que je vous reconduise ?

MONSIEUR DIMANCHE
Ah ! monsieur, vous vous moquez ! Monsieur...

DOM JUAN
Embrassez-moi donc, s'il vous plaît. Je vous prie

encore une fois d'être persuadé que je suis tout à vous, et qu'il n'y a rien au monde que je ne fisse pour votre service.

Il sort.

SGANARELLE

Il faut avouer que vous avez en monsieur un homme qui vous aime bien.

MONSIEUR DIMANCHE

Il est vrai ; il me fait tant de civilités et tant de compliments, que je ne saurais jamais lui demander de l'argent.

SGANARELLE

Je vous assure que toute sa maison périrait pour vous ; et je voudrais qu'il vous arrivât quelque chose, que quelqu'un s'avisât de vous donner des coups de bâton, vous verriez de quelle manière...

MONSIEUR DIMANCHE

Je le crois : mais, Sganarelle, je vous prie de lui dire un petit mot de mon argent.

SGANARELLE

Oh ! ne vous mettez pas en peine, il vous paiera le mieux du monde.

MONSIEUR DIMANCHE

Mais vous, Sganarelle, vous me devez quelque chose en votre particulier.

SGANARELLE

Fi ! ne parlez pas de cela.

MONSIEUR DIMANCHE

Comment ? Je...

SGANARELLE

Ne sais-je pas bien ce que je vous dois ?

MONSIEUR DIMANCHE

Oui. Mais...

SGANARELLE

Allons, monsieur Dimanche, je vais vous éclairer.

MONSIEUR DIMANCHE

Mais, mon argent ?

SGANARELLE, *prenant M. Dimanche par le bras.*

Vous moquez-vous ?

MONSIEUR DIMANCHE

Je veux...

SGANARELLE, *le tirant.*

Hé !

MONSIEUR DIMANCHE

J'entends...

SGANARELLE, *le poussant vers la porte.*

Bagatelles.

MONSIEUR DIMANCHE

Mais...

SGANARELLE, *le poussant encore.*

Fi !

MONSIEUR DIMANCHE

Je...

SGANARELLE, *le poussant tout à fait hors du théâtre.*

Fi ! vous dis-je.

Scène IV : Dom Juan, Dom Louis Sganarelle, La Violette.

LA VIOLETTE, *à dom Juan.*

Monsieur, voilà monsieur votre père.

DOM JUAN

Ah ! me voici bien ! Il me fallait cette visite pour me faire enrager.

DOM LOUIS

Je vois bien que je vous embarrasse, et que vous vous passeriez fort aisément de ma venue. A dire vrai, nous nous incommodons étrangement l'un et l'autre, et, si vous êtes las de me voir, je suis bien las aussi de vos déportements. Hélas ! que nous savons peu ce que nous faisons, quand nous ne laissons pas au ciel le soin des choses qu'il nous faut, quand nous voulons être plus avisés que lui, et que nous venons à l'importuner par nos souhaits aveugles et nos demandes inconsidérées ! J'ai souhaité un fils avec des ardeurs non pareilles ; je l'ai demandé sans relâche avec des transports incroyables ; et ce fils, que j'obtiens en fatiguant le ciel de mes vœux, est le chagrin et le supplice de cette vie même, dont je croyais qu'il devait être la joie et la consolation. De quel œil, à votre avis, pensez-vous que je puisse voir cet amas d'actions indignes, dont on a peine, aux yeux du monde, d'adoucir le mauvais visage ; cette suite continuelle de méchantes affaires, qui nous réduisent à toute heure à lasser les bontés du souverain, et qui ont épuisé auprès de lui le mérite de mes services et le crédit de mes amis ? Ah ! quelle bassesse est la vôtre ! Ne rougissez-vous point de mériter si peu votre naissance ? Etes-vous en droit, dites-moi, d'en tirer quelque vanité ? et qu'avez-vous fait dans le monde pour être gentilhomme ? Croyez-vous qu'il suffise d'en porter le nom et les armes, et que ce nous soit une gloire d'être sorti d'un sang noble, lorsque nous vivons en infâmes ? Non, non, la naissance n'est rien où la vertu n'est pas. Aussi, nous n'avons part à la gloire de nos ancêtres qu'autant que nous nous efforçons de leur ressembler ; et cet éclat de leurs actions qu'ils répandent sur nous nous impose un engagement de leur faire le même honneur, de suivre les pas qu'ils nous tracent, et de ne point dégénérer de leurs vertus, si nous voulons être estimés leurs véritables descendants. Ainsi, vous descendez en vain des aïeux dont vous êtes né ; ils vous désavouent pour leur sang, et tout ce qu'ils ont fait d'illustre ne vous donne aucun avantage ; au contraire, l'éclat n'en rejaillit sur vous qu'à votre déshonneur, et leur gloire est un flambeau qui éclaire aux yeux d'un chacun la honte de vos actions. Apprenez enfin qu'un gentilhomme qui vit mal est un monstre dans la nature, que la vertu est le premier titre de noblesse ; que je regarde bien moins au nom qu'on signe, qu'aux actions qu'on fait, et que je ferais plus d'état du fils d'un crocheteur qui serait honnête homme, que du fils d'un monarque qui vivrait comme vous.

DOM JUAN

Monsieur, si vous étiez assis, vous en seriez mieux pour parler.

DOM LOUIS

Non, insolent, je ne veux point m'asseoir, ni parler davantage, et je vois bien que toutes mes paroles ne font rien sur ton âme ; mais sache, fils indigne, que la tendresse paternelle est poussée à bout par tes actions ; que je saurai, plus tôt que tu ne penses, mettre une borne à tes dérèglements, prévenir sur toi le courroux du ciel, et laver, par ta punition, la honte de t'avoir fait naître.

Scène V : Dom Juan, Sganarelle.

DOM JUAN, adressant encore la parole
à son père, quoiqu'il soit sorti.

Eh ! mourrez le plus tôt que vous pourrez, c'est le mieux que vous puissiez faire. Il faut que chacun ait son tour, et j'enrage de voir des pères qui vivent autant que leurs fils. (Il se met dans un fauteuil.)

SGANARELLE

Ah ! monsieur, vous avez tort.

DOM JUAN, se levant.

J'ai tort ?

SGANARELLE, tremblant.

Monsieur...

DOM JUAN

J'ai tort ?

SGANARELLE

Oui, monsieur, vous avez tort d'avoir souffert ce qu'il vous a dit, et vous le deviez mettre dehors par les épaules. A-t-on jamais rien vu de plus impertinent ? Un père venir faire des remontrances à son fils, et lui dire de corriger ses actions, de se ressouvenir de sa naissance, de mener une vie d'honnête homme, et cent autres sottises de pareille nature ! Cela se peut-il souffrir à un homme comme vous, qui savez comme il faut vivre ? J'admire votre patience ; et, si j'avais été en votre place, je l'aurais envoyé promener. (Bas, à part.) O complaisance maudite ! à quoi me réduis-tu ?

DOM JUAN

Me fera-t-on souper bientôt ?

Scène VI : Dom Juan, Done Elvire, voilée,
Sganarelle, Ragotin.

RAGOTIN

Monsieur, voilà une dame voilée qui vient vous parler.

DOM JUAN

Que pourrait-ce être ?

SGANARELLE

Il faut voir.

DONE ELVIRE

Ne soyez point surpris, dom Juan, de me voir à cette heure et dans cet équipage. C'est un motif pressant qui m'oblige à cette visite, et ce que j'ai à vous dire ne veut point du tout de retardement. Je ne viens point ici pleine de ce courroux que j'ai tantôt fait éclater, et vous me voyez bien changée de ce que j'étais ce matin. Ce n'est plus cette done Elvire qui faisait des vœux contre vous, et dont l'âme irritée ne jetait que menaces et ne respirait que vengeance. Le ciel a banni de mon âme toutes ces indignes ardeurs que je sentais pour vous, tous ces transports tumultueux d'un attachement criminel, tous ces honteux emportements d'un amour terrestre et grossier ; et il n'a laissé dans mon cœur pour vous qu'une flamme épurée de tout le commerce des sens, une tendresse toute sainte, un amour détaché de tout, qui n'agit point pour soi, et ne se met en peine que de votre intérêt.

DOM JUAN, bas, à Sganarelle.

Tu pleures, je pense ?

SGANARELLE

Pardonnez-moi.

DONE ELVIRE

C'est ce parfait et pur amour qui me conduit ici pour votre bien, pour vous faire part d'un avis du ciel, et tâcher de vous retirer du précipice où vous courez. Oui, dom Juan, je sais tous les dérèglements de votre vie et ce même ciel, qui m'a touché le cœur et fait jeter les yeux sur les égarements de ma conduite, m'a inspiré de vous venir trouver, et de vous dire de sa part que vos offenses ont épuisé sa miséricorde, que sa colère redoutable est prête de tomber sur vous, qu'il est en vous de l'éviter par un prompt repentir, et que peut-être vous n'avez pas encore un jour à vous pouvoir soustraire au plus grand de tous les malheurs. Pour moi, je ne tiens plus à vous par aucun attachement du monde. Je suis revenue, grâces au ciel, de toutes mes folles pensées ; ma retraite est résolue, et je ne demande qu'assez de vie pour pouvoir expier la faute que j'ai faite, et mériter, par une austère pénitence, le pardon de l'aveuglement où m'ont plongée les transports d'une passion condamnable. Mais, dans cette retraite, j'aurais une douleur extrême qu'une personne que j'ai chérie tendrement devînt un exemple funeste de la justice du ciel ; et ce me sera une joie incroyable, si je puis vous porter à détourner de dessus votre tête l'épouvantable coup qui vous menace. De grâce, dom Juan, accordez-moi pour dernière faveur cette douce consolation ; ne me refusez point votre salut, que je vous demande avec larmes ; et, si vous n'êtes point touché de votre intérêt, soyez-le au moins de mes prières, et m'épargnez le cruel déplaisir de vous voir condamner à des supplices éternels.

SGANARELLE, à part.

Pauvre femme !

DONE ELVIRE

Je vous ai aimé avec une tendresse extrême, rien au monde ne m'a été si cher que vous ; j'ai oublié mon devoir pour vous ; j'ai fait toutes choses pour vous ; et toute la récompense que je

vous en demande, c'est de corriger votre vie, et
de prévenir votre perte. Sauvez-vous, je vous prie,
ou pour l'amour de vous, ou pour l'amour de moi.
Encore une fois, dom Juan, je vous le demande
avec larmes ; et si ce n'est assez des larmes d'une
personne que vous avez aimée, je vous en conjure
par tout ce qui est le plus capable de vous toucher.

SGANARELLE, *à part, regardant dom Juan.*

Cœur de tigre !

DONE ELVIRE

Je m'en vais, après ce discours ; et voilà tout ce
que j'avais à vous dire.

DOM JUAN

Madame, il est tard, demeurez ici. On vous y
logera le mieux qu'on pourra.

DONE ELVIRE

Non, dom Juan, ne me retenez pas davantage.

DOM JUAN

Madame, vous me ferez plaisir de demeurer, je
vous assure.

DONE ELVIRE

Non, vous dis-je ; ne perdons point de temps en
discours superflus. Laissez-moi vite aller, ne faites
aucune instance pour me conduire, et songez
seulement à profiter de mon avis.

Scène VII : Dom Juan, Sganarelle.
La Violette, Ragotin.

DOM JUAN

Sais-tu bien que j'ai encore senti quelque peu
d'émotion pour elle, que j'ai trouvé de l'agrément
dans cette nouveauté bizarre, et que son habit
négligé, son air languissant et ses larmes, ont
réveillé en moi quelques petits restes d'un feu
éteint ?

SGANARELLE

C'est-à-dire que ses paroles n'ont fait aucun effet
sur vous.

DOM JUAN

Vite à souper.

SGANARELLE

Fort bien.

DOM JUAN, *se mettant à table.*

Sganarelle, il faut songer à s'amender pourtant.

SGANARELLE

Oui-da.

DOM JUAN

Oui, ma foi, il faut s'amender. Encore vingt ou trente
ans de cette vie-ci, et puis nous songerons à nous.

SGANARELLE

Oh !

DOM JUAN

Qu'en dis-tu ?

SGANARELLE

Rien. Voilà le souper. (*Il prend un morceau d'un
des plats qu'on apporte, et le met dans sa bouche.*)

DOM JUAN

Il me semble que tu as la joue enflée : qu'est-ce
que c'est ? Parle donc. Qu'as-tu là ?

SGANARELLE

Rien.

DOM JUAN

Montre un peu. Parbleu ! c'est une fluxion qui lui
est tombée sur la joue. Vite, une lancette pour
percer cela ! Le pauvre garçon n'en peut plus, et
cet abcès le pourrait étouffer. Attends ; voyez
comme il était mûr ! Ah ! coquin que vous êtes !

SGANARELLE

Ma foi, monsieur, je voulais voir si votre cuisinier n'avait pas mis trop de sel ou trop de poivre.

DOM JUAN

Allons, mets-toi là, et mange. J'ai affaire de toi,
quand j'aurai soupé. Tu as faim, à ce que je
vois.

SGANARELLE, *se mettant à table.*

Je le crois bien, monsieur, je n'ai point mangé
depuis ce matin. Tâtez de cela, voilà qui est le
meilleur du monde. (*A Ragotin, qui, à mesure que
Sganarelle met quelque chose dans son assiette,
la lui ôte dès que Sganarelle tourne la tête.*) Mon
assiette, mon assiette ! Tout doux, s'il vous plaît.
Vertubleu ! petit compère, que vous êtes habile
à donner des assiettes nettes ! Et vous, petit La
Violette, que vous savez présenter à boire à
propos ! (*Pendant que La Violette donne à boire
à Sganarelle, Ragotin ôte encore son assiette.*)

DOM JUAN

Qui peut frapper de cette sorte ?

SGANARELLE

Qui diable nous vient troubler dans notre repas ?

DOM JUAN

Je veux souper en repos, au moins ; et qu'on ne
laisse entrer personne.

SGANARELLE

Laissez-moi faire, je m'y en vais moi-même.

DOM JUAN, *voyant venir Sganarelle effrayé.*

Qu'est-ce donc ? Qu'y a-t-il ?

SGANARELLE, *baissant la tête*
comme la statue.

Le... qui est là.

DOM JUAN

Allons voir, et montrons que rien ne me saurait
ébranler.

SGANARELLE

Ah ! pauvre Sganarelle, où te cacheras-tu ?

Scène VIII : Dom Juan, la Statue du Commandeur,
Sganarelle, La Violette, Ragotin.

DOM JUAN, *à ses gens.*

Une chaise et un couvert. Vite donc. (*Dom Juan
et la statue se mettent à table. A Sganarelle.*)
Allons, mets-toi à table.

SGANARELLE

Monsieur, je n'ai plus faim.

DOM JUAN

Mets-toi là, te dis-je. A boire. A la santé du
commandeur. Je te la porte, Sganarelle. Qu'on lui
donne du vin.

SGANARELLE

Monsieur, je n'ai pas soif.

DOM JUAN

Bois, et chante ta chanson, pour régaler le commandeur.

SGANARELLE

Je suis enrhumé, monsieur.

DOM JUAN

Il n'importe. Allons. Vous autres, (*A ses gens.*) venez, accompagnez sa voix.

LA STATUE

Dom Juan, c'est assez. Je vous invite à venir demain souper avec moi. En aurez-vous le courage ?

DOM JUAN

Oui. J'irai, accompagné du seul Sganarelle.

SGANARELLE

Je vous rends grâces, il est demain jeûne pour moi.

DOM JUAN, *à Sganarelle.*

Prends ce flambeau.

LA STATUE

On n'a pas besoin de lumière quand on est conduit par le ciel.

ACTE CINQUIEME

LE THÉATRE REPRÉSENTE UNE CAMPAGNE

Scène I : Dom Louis, Dom Juan, Sganarelle.

DOM LOUIS

Quoi ! mon fils, serait-il possible que la bonté du ciel eût exaucé mes vœux ? ce que vous me dites est-il bien vrai ? ne m'abusez-vous point d'un faux espoir, et puis-je prendre quelque assurance sur la nouveauté surprenante d'une telle conversion ?

DOM JUAN

Oui, vous me voyez revenu de toutes mes erreurs ; je ne suis plus le même d'hier au soir, et le ciel, tout d'un coup, a fait en moi un changement qui va surprendre tout le monde. Il a touché mon âme et dessillé mes yeux ; et je regarde avec horreur le long aveuglement où j'ai été, et les désordres criminels de la vie que j'ai menée. J'en repasse dans mon esprit toutes les abominations, et m'étonne comme le ciel les a pu souffrir si longtemps, et n'a pas vingt fois, sur ma tête, laissé tomber les coups de sa justice redoutable. Je vois les grâces que sa bonté m'a faites en ne me punissant point de mes crimes ; et je prétends en profiter comme je dois, faire éclater aux yeux du monde un soudain changement de vie, réparer par là le scandale de mes actions passées, et m'efforcer d'en obtenir du ciel une pleine rémission. C'est à quoi je vais travailler ; et je vous prie, monsieur, de vouloir bien contribuer à ce dessein, et de m'aider vous-même à faire choix d'une personne qui me serve de guide, et sous la conduite de qui je puisse marcher sûrement dans le chemin où je m'en vais entrer.

DOM LOUIS

Ah ! mon fils ! que la tendresse d'un père est aisément rappelée, et que les offenses d'un fils s'évanouissent vite au moindre mot de repentir ! Je ne me souviens plus déjà de tous les déplaisirs que vous m'avez donnés, et tout est effacé par les paroles que vous venez de me faire entendre. Je ne me sens pas, je l'avoue ; je jette des larmes de joie ; tous mes vœux sont satisfaits, et je n'ai plus rien désormais à demander au ciel. Embrassez-moi, mon fils, et persistez, je vous conjure, dans cette louable pensée. Pour moi, j'en vais, tout de ce pas, porter l'heureuse nouvelle à votre mère, partager avec elle les doux transports du ravissement où je suis, et rendre grâce au ciel des saintes résolutions qu'il a daigné vous inspirer.

Scène II : Dom Juan, Sganarelle.

SGANARELLE

Ah ! monsieur, que j'ai de joie de vous voir converti ! Il y a longtemps que j'attendais cela ; et voilà, grâce au ciel, tous mes souhaits accomplis.

DOM JUAN

La peste, le benêt !

SGANARELLE

Comment, le benêt ?

DOM JUAN

Quoi ! tu prends pour de bon argent ce que je viens de dire, et tu crois que ma bouche était d'accord avec mon cœur ?

SGANARELLE

Quoi ! ce n'est pas... Vous ne... Votre... (*A part.*) Oh ! quel homme ! quel homme ! quel homme !

DOM JUAN

Non, non, je ne suis point changé, et mes sentiments sont toujours les mêmes.

SGANARELLE

Vous ne vous rendez pas à la surprenante merveille de cette statue mouvante et parlante.

DOM JUAN

Il y a bien quelque chose là-dedans que je ne comprends pas ; mais, quoi que ce puisse être, cela n'est pas capable, ni de convaincre mon esprit, ni d'ébranler mon âme ; et si j'ai dit que je voulais corriger ma conduite, et me jeter dans un train de vie exemplaire, c'est un dessein que j'ai formé par pure politique, un stratagème utile, une grimace nécessaire où je veux me contraindre pour ménager un père dont j'ai besoin, et me mettre à couvert, du côté des hommes, de cent fâcheuses aventures qui pourraient m'arriver. Je veux bien, Sganarelle, t'en faire confidence, et je suis bien aise d'avoir un témoin du fond de mon âme, et des véritables motifs qui m'obligent à faire les choses.

SGANARELLE

Quoi ! vous ne croyez rien du tout, et vous voulez cependant vous ériger en homme de bien ?

DOM JUAN

Et pourquoi non ? Il y en a tant d'autres comme moi qui se mêlent de ce métier, et qui se servent du même masque pour abuser le monde !

SGANARELLE

Ah ! quel homme ! quel homme !

DOM JUAN

Il n'y a plus de honte maintenant à cela, l'hypocrisie est un vice à la mode, et tous les vices à la mode passent pour vertus. Le personnage d'homme de bien est le meilleur de tous les personnages qu'on puisse jouer aujourd'hui, et la profession d'hypocrite a de merveilleux avantages. C'est un art de qui l'imposture est toujours respectée ; et, quoiqu'on la découvre, on n'ose rien dire contre elle. Tous les autres vices des hommes sont exposés à la censure, et chacun a la liberté de les attaquer hautement ; mais l'hypocrisie est un vice privilégié qui, de sa main, ferme la bouche à tout le monde, et jouit en repos d'une impunité souveraine. On lie, à force de grimaces, une société étroite avec tous les gens du parti. Qui en choque un se les attire tous sur les bras ; et ceux que l'on sait même agir de bonne foi là-dessus, et que chacun connaît pour être véritablement touchés, ceux-là, dis-je, sont toujours les dupes des autres ; ils donnent hautement dans le panneau des grimaciers, et appuient aveuglément les singes de leurs actions. Combien crois-tu que j'en connaisse qui, par ce stratagème, ont rhabillé adroitement les désordres de leur jeunesse, qui se sont fait un bouclier du manteau de la religion, et, sous cet habit respecté, ont la permission d'être les plus méchants hommes du monde ? On a beau savoir leurs intrigues, et les connaître pour ce qu'ils sont, ils ne laissent pas pour cela d'être en crédit parmi les gens ; et quelque baissement de tête, un soupir mortifié, et deux roulements d'yeux, rajustent dans le monde tout ce qu'ils peuvent faire. C'est sous cet abri favorable que je veux me sauver, et mettre en sûreté mes affaires. Je ne quitterai point mes douces habitudes ; mais j'aurai soin de me cacher, et me divertirai à petit bruit. Que si je viens à être découvert, je verrai, sans me remuer, prendre mes intérêts à toute la cabale, et je serai défendu par elle envers et contre tous. Enfin, c'est là le vrai moyen de faire impunément tout ce que je voudrai. Je m'érigerai en censeur des actions d'autrui, jugerai mal de tout le monde, et n'aurai bonne opinion que de moi. Dès qu'une fois on m'aura choqué tant soit peu, je ne pardonnerai jamais, et garderai tout doucement une haine irréconciliable. Je ferai le vengeur des intérêts du ciel ; et, sous ce prétexte commode, je pousserai mes ennemis, je les accuserai d'impiété, et saurai déchaîner contre eux des zélés indiscrets, qui, sans connaissance de cause, crieront en public après eux, qui les accableront d'injures, et les damneront hautement, de leur autorité privée. C'est ainsi qu'il faut profiter des faiblesses des hommes, et qu'un sage esprit s'accommode aux vices de son siècle.

SGANARELLE

O ciel ! qu'entends-je ici ? il ne vous manquait plus que d'être hypocrite, pour vous achever de tout point ; et voilà le comble des abominations. Monsieur, cette dernière-ci m'emporte, et je ne puis m'empêcher de parler. Faites-moi tout ce qu'il vous plaira ; battez-moi, assommez-moi de coups, tuez-moi, si vous voulez ; il faut que je décharge mon cœur, et qu'en valet fidèle je vous dise ce que je dois. Sachez, monsieur, que tant va la cruche à l'eau, qu'enfin elle se brise ; et, comme dit fort bien cet auteur que je ne connais pas, l'homme est, en ce monde, ainsi que l'oiseau sur la branche ; la branche est attachée à l'arbre ; qui s'attache à l'arbre suit de bons préceptes ; les bons préceptes valent mieux que les belles paroles ; les belles paroles se trouvent à la cour ; à la cour sont les courtisans ; les courtisans suivent la mode ; la mode vient de la fantaisie ; la fantaisie est une faculté de l'âme ; l'âme est ce qui nous donne la vie ; la vie finit par la mort ; la mort nous fait penser au ciel ; le ciel est au-dessus de la terre ; la terre n'est point la mer ; la mer est sujette aux orages ; les orages tourmentent les vaisseaux ; les vaisseaux ont besoin d'un bon pilote ; un bon pilote a de la prudence ; la prudence n'est pas dans les jeunes gens ; les jeunes gens doivent obéissance aux vieux ; les vieux aiment les richesses ; les richesses font les riches ; les riches ne sont pas pauvres ; les pauvres ont de la nécessité ; la nécessité n'a point de loi ; qui n'a pas de loi vit en bête brute ; et, par conséquent, vous serez damné à tous les diables.

DOM JUAN

O le beau raisonnement !

SGANARELLE

Après cela, si vous ne vous rendez, tant pis pour vous.

Scène III : Dom Carlos, Dom Juan, Sganarelle.

DOM CARLOS

Dom Juan, je vous trouve à propos, et suis bien aise de vous parler ici plutôt que chez vous, pour vous demander vos résolutions. Vous savez que ce soin me regarde, et que je me suis, en votre présence, chargé de cette affaire. Pour moi, je ne le cèle point, je souhaite fort que les choses aillent dans la douceur ; et il n'y a rien que je ne fasse pour porter votre esprit à vouloir prendre cette voie, et pour vous voir publiquement confirmer à ma sœur le nom de votre femme.

DOM JUAN, *d'un ton hypocrite.*

Hélas ! je voudrais bien de tout mon cœur vous donner la satisfaction que vous souhaitez ; mais le ciel s'y oppose directement ; il a inspiré à mon âme le dessein de changer de vie, et je n'ai point d'autres pensées maintenant que de quitter entièrement tous les attachements du monde, de me dépouiller au plus tôt de toutes sortes de vanités, et de corriger désormais, par une austère conduite, tous les dérèglements criminels où m'a porté le feu d'une aveugle jeunesse.

DOM CARLOS

Ce dessein, dom Juan, ne choque point ce que je dis ; et la compagnie d'une femme légitime peut bien s'accommoder avec les louables pensées que le ciel vous inspire.

DOM JUAN

Hélas ! point du tout. C'est un dessein que votre sœur elle-même a pris ; elle a résolu sa retraite, et nous avons été touchés tous deux en même temps.

DOM CARLOS

Sa retraite ne peut nous satisfaire, pouvant être imputée au mépris que vous feriez d'elle et de notre famille ; et notre honneur demande qu'elle vive avec vous.

DOM JUAN

Je vous assure que cela ne se peut. J'en avais, pour moi, toutes les envies du monde ; et je me suis même encore aujourd'hui conseillé au ciel pour cela ; mais, lorsque je l'ai consulté, j'ai entendu une voix qui m'a dit que je ne devais point songer à votre sœur, et qu'avec elle assurément je ne ferais point mon salut.

DOM CARLOS

Croyez-vous, dom Juan, nous éblouir par ces belles excuses ?

DOM JUAN

J'obéis à la voix du ciel.

DOM CARLOS

Quoi ! vous voulez que je me paie d'un semblable discours ?

DOM JUAN

C'est le ciel qui le veut ainsi.

DOM CARLOS

Vous aurez fait sortir ma sœur d'un couvent, pour la laisser ensuite ?

DOM JUAN

Le ciel l'ordonne de la sorte.

DOM CARLOS

Nous souffrirons cette tache en notre famille ?

DOM JUAN

Prenez-vous-en au ciel.

DOM CARLOS

Eh quoi ! toujours le ciel !

DOM JUAN

Le ciel le souhaite comme cela.

DOM CARLOS

Il suffit, dom Juan ; je vous entends. Ce n'est pas ici que je veux vous prendre, et le lieu ne le souffre pas ; mais, avant qu'il soit peu, je saurai vous trouver.

DOM JUAN

Vous ferez ce que vous voudrez. Vous savez que je ne manque point de cœur, et que je sais me servir de mon épée quand il le faut. Je m'en vais passer tout à l'heure dans cette petite rue écartée qui mène au grand couvent ; mais je vous déclare, pour moi, que ce n'est point moi qui me veux battre : le ciel m'en défend la pensée ; et, si vous m'attaquez, nous verrons ce qui en arrivera.

DOM CARLOS

Nous verrons, de vrai, nous verrons.

Scène IV : Dom Juan, Sganarelle.

SGANARELLE

Monsieur, quel diable de style prenez-vous là ? Ceci est bien pis que le reste, et je vous aimerais bien mieux encore comme vous étiez auparavant. J'espérais toujours de votre salut ; mais c'est maintenant que j'en désespère ; et je crois que le ciel qui vous a souffert jusques ici, ne pourra souffrir du tout cette dernière horreur.

DOM JUAN

Va, va, le ciel n'est pas si exact que tu penses ; et si toutes les fois que les hommes...

SGANARELLE, apercevant le Spectre.

Ah ! monsieur, c'est le ciel qui vous parle, et c'est un avis qu'il vous donne.

DOM JUAN

Si le ciel me donne un avis, il faut qu'il parle un peu plus clairement, s'il veut que je l'entende.

Scène V : Dom Juan, Sganarelle,
un Spectre, en femme voilée.

LE SPECTRE

Dom Juan n'a plus qu'un moment à pouvoir profiter de la miséricorde du ciel ; et, s'il ne se repent ici, sa perte est résolue.

SGANARELLE

Entendez-vous, monsieur ?

DOM JUAN

Qui ose tenir ces paroles ? Je crois connaître cette voix.

SGANARELLE

Ah ! monsieur, c'est un spectre, je le reconnais au marcher.

DOM JUAN

Spectre, fantôme, ou diable, je veux voir ce que c'est.

Le spectre change de figure, et représente le temps avec sa faux à la main.

SGANARELLE

Oh ciel ! Voyez-vous, monsieur, ce changement de figure ?

DOM JUAN

Non, non, rien n'est capable de m'imprimer de la terreur ; et je veux éprouver, avec mon épée, si c'est un corps ou un esprit.

Le spectre s'envole dans le temps que dom Juan veut le frapper.

SGANARELLE

Ah ! monsieur, rendez-vous à tant de preuves, et jetez-vous vite dans le repentir.

DOM JUAN

Non, non, il ne sera pas dit, quoi qu'il arrive, que je sois capable de me repentir. Allons, suis-moi.

*Scène VI : La Statue du commandeur,
Dom Juan, Sganarelle.*

LA STATUE

Arrêtez, dom Juan. Vous m'avez hier donné parole
de venir manger avec moi.

DOM JUAN

Oui. Où faut-il aller ?

LA STATUE

Donnez-moi la main.

DOM JUAN

La voilà.

LA STATUE

Dom Juan, l'endurcissement au péché traîne une
mort funeste ; et les grâces du ciel que l'on renvoie ouvrent un chemin à sa foudre.

DOM JUAN

O ciel ! que sens-je ? un feu invisible me brûle, je
n'en puis · plus, et tout mon corps devient un
brasier ardent ! Ah !

*Le tonherre tombe avec un grand bruit et de
grands éclairs sur dom Juan. La terre s'ouvre et
l'abîme, et il sort de grands feux de l'endroit où
il est tombé.*

SGANARELLE

Ah ! mes gages ! mes gages ! Voilà, par sa mort.
un chacun satisfait. Ciel offensé, lois violées, filles
séduites, familles déshonorées, parents outragés,
femmes mises à mal, maris poussés à bout, tout
le monde est content ; il n'y a que moi seul de
malheureux, qui, après tant d'années de service.
n'ai point d'autre récompense que de voir à mes
yeux l'impiété de mon maître punie par le plus
epouvantable châtiment du monde. Mes gages,
mes gages, mes gages !

L'AMOUR MÉDECIN

COMÉDIE

« *Représentée pour la première fois à Versailles par ordre du roi, le 15e septembre 1665 et donnée depuis au public à Paris sur le théâtre du Palais-Royal, le 22e du même mois de septembre 1665 par la Troupe du roi.* »
Divertissement, plus que jamais : la Troupe doit satisfaire à son nouveau et auguste patronage. Le sujet fut, sinon suggéré, approuvé par le roi. Les médecins de la cour s'en plaignirent. Selon Gui Patin, les masques des acteurs les figuraient et les noms grecs, forgés par Boileau, à la demande de Molière, désignaient des particularités bien identifiables. Louis XIV aurait répondu aux
doléances : « Les médecins font assez souvent pleurer pour qu'ils fassent rire quelquefois. »
Les démêlés personnels de Molière avec son propriétaire de la rue du Louvre, Louis-Henry d'Aquin, médecin de la reine (Tomès, saigneur dans la pièce) et la mort, en novembre de l'année précédente, de Louis, son premier fils, ont peut-être aiguisé la satire traditionnelle. Trois mois plus tard, gravement malade, il devra compter avec les soins de ceux qu'il vient de moquer.
Le public du Palais-Royal — comme le lecteur — connut la comédie sans les intermèdes : raison d'économie.

PERSONNAGES

SGANARELLE, *père de Lucinde* (Molière).

LUCINDE, *fille de Sganarelle.*

CLITANDRE, *amant de Lucinde.*

AMINTE, *voisine de Sganarelle.*

LUCRÈCE, *nièce de Sganarelle.*

LISETTE, *suivante de Lucinde.*

M. GUILLAUME, *marchand de tapisseries.*

M. JOSSE, *orfèvre.*

M. TOMÈS, M. DES FONANDRÈS (Béjart).
M. MACROTON, M. BAHYS, M. FILERIN, *médecins.*

UN NOTAIRE.

CHAMPAGNE, *valet de Sganarelle.*

UN OPÉRATEUR, TRIVELINS ET SCARAMOUCHES.

LA COMÉDIE, LA MUSIQUE, LE BALLET.

AU LECTEUR

Ce n'est ici qu'un simple crayon, un petit impromptu dont le roi a voulu se faire un divertissement. Il est le plus précipité de tous ceux que Sa Majesté m'ait commandés ; et, lorsque je dirai qu'il a été proposé, fait, appris et représenté en cinq jours, je ne dirai que ce qui est vrai. Il n'est pas nécessaire de vous avertir qu'il y a beaucoup de choses qui dépendent de l'action. On sait bien que les comédies ne sont faites que pour être jouées, et je ne conseille de lire celle-ci qu'aux personnes qui ont des yeux pour découvrir, dans la lecture, tout le jeu du théâtre. Ce que je vous dirai, c'est qu'il serait à souhaiter que ces sortes d'ouvrages pussent toujours se montrer à vous avec les ornements qui les accompagnent chez le roi. Vous les verriez dans un état beaucoup plus supportable ; et les airs, et les symphonies de l'incomparable M. Lulli, mêlés à la beauté des voix et à l'adresse des danseurs, leur donnent sans doute des grâces dont ils ont toutes les peines du monde à se passer.

LA SCÈNE EST A PARIS, DANS UNE SALLE DE LA MAISON DE SGANARELLE.

PROLOGUE

La Comédie, la Musique, le Ballet.

LA COMÉDIE

Quittons, quittons notre vaine querelle ;
Ne nous disputons point nos talents tour à tour ;
Et d'une gloire plus belle
Piquons-nous en ce jour.
Unissons-nous tous trois d'une ardeur sans seconde
Pour donner du plaisir au plus grand roi du monde.

TOUS TROIS ENSEMBLE

Unissons-nous tous trois d'une ardeur sans seconde
Pour donner du plaisir au plus grand roi du monde.

LA COMÉDIE

De ses travaux, plus grands qu'on ne peut croire,
Il se vient quelquefois délasser parmi nous.
Est-il de plus grande gloire ?
Est-il bonheur plus doux ?

TOUS TROIS ENSEMBLE

Unissons-nous tous trois d'une ardeur sans seconde
Pour donner du plaisir au plus grand roi du monde.

ACTE PREMIER

*Scène 1 : Sganarelle, Aminte, Lucrèce,
M. Guillaume, M. Josse.*

SGANARELLE

Ah ! l'étrange chose que la vie ! et que je puis bien dire, avec ce grand philosophe de l'antiquité, que qui terre a guerre a, et qu'un malheur ne vient jamais sans l'autre ! Je n'avais qu'une seule femme, qui est morte.

M. GUILLAUME

Et combien donc en voulez-vous avoir ?

SGANARELLE

Elle est morte, monsieur mon ami. Cette perte m'est très sensible, et je ne puis m'en ressouvenir sans pleurer. Je n'étais pas fort satisfait de sa conduite, et nous avions le plus souvent dispute ensemble : mais enfin la mort rajuste toutes choses. Elle est morte ; je la pleure. Si elle était en vie, nous nous querellerions. De tous les enfants que le ciel m'avait donnés, il ne m'a laissé qu'une fille, et cette fille a toute ma peine ; car enfin je la vois dans une mélancolie la plus sombre du monde, dans une tristesse épouvantable, dont il n'y a pas moyen de la retirer, et dont je ne saurais même apprendre la cause. Pour moi, j'en perds l'esprit. et j'aurais besoin d'un bon conseil sur cette matière. (*A Lucrèce.*) Vous êtes ma nièce ; (*A Aminte.*) vous, ma voisine ; (*A. M. Guillaume et à M. Josse.*) et vous, mes· compères et mes amis ; je vous prie de me conseiller tout ce que je dois faire.

M. JOSSE

Pour moi, je tiens que la braverie et l'ajustement est la chose qui réjouit le plus les filles ; et, si j'étais que de vous, je lui achèterais, dès aujourd'hui, une belle garniture de diamants, ou de rubis, ou d'émeraudes.

M. GUILLAUME

Et moi, si j'étais en votre place, j'achèterais une belle tenture de tapisserie de verdure, ou à personnages, que je ferais mettre à sa chambre, pour lui réjouir l'esprit et la vue.

AMINTE

Pour moi, je ne ferais pas tant de façon ; et je la marierais fort bien, et le plus tôt que je pourrais, avec cette personne qui vous la fit, dit-on, demander il y a quelque temps.

LUCRÈCE

Et moi, je tiens que votre fille n'est point du tout propre pour le mariage. Elle est d'une complexion trop délicate et trop peu saine, et c'est la vouloir envoyer bientôt en l'autre monde, que de l'exposer, comme elle est, à faire des enfants. Le monde n'est point du tout son fait, et je vous conseille de la mettre dans un couvent, où elle trouvera des divertissements qui seront mieux de son humeur.

SGANARELLE

Tous ces conseils sont admirables assurément ; mais je les tiens un peu intéressés, et trouve que vous me conseillez fort bien pour vous. Vous êtes orfèvre, monsieur Josse ; et votre conseil sent son homme qui a envie de se défaire de sa marchandise. Vous vendez des tapisseries, monsieur Guillaume ; et vous avez la mine d'avoir quelque tenture qui vous incommode. Celui que vous aimez, ma voisine, a, dit-on, quelque inclination pour ma fille ; et vous ne seriez pas fâchée de la voir la femme d'un autre. Et quant à vous, ma chère nièce, ce n'est pas mon dessein de marier ma fille avec qui que ce soit, et j'ai mes raisons pour cela ; mais le conseil que vous me donnez de la faire religieuse est d'une femme qui pourrait bien souhaiter charitablement d'être mon héritière universelle. Ainsi, messieurs et mesdames, quoique tous vos conseils soient les meilleurs du monde, vous trouverez bon, s'il vous plaît, que je n'en suive aucun. (*Seul.*) Voilà de mes donneurs de conseils à la mode.

Scène II : Lucinde, Sganarelle.

SGANARELLE

Ah ! voilà ma fille qui prend l'air. Elle ne me voit pas. Elle soupire ; elle lève les yeux au ciel. (*A Lucinde.*) Dieu vous garde ! Bonjour, ma mie. Hé bien ! qu'est-ce ? Comme vous en va ? Hé quoi ! toujours triste et mélancolique comme cela, et tu ne veux pas me dire ce que tu as ? Allons donc, découvre-moi ton petit cœur. Là, ma pauvre mie, dis, dis, dis tes petites pensées à ton petit papa mignon. Courage ! veux-tu que je te baise ? Viens. (*A part.*) J'enrage de la voir de cette humeur-là. (*A Lucinde.*) Mais, dis-moi, me veux-tu faire mourir de déplaisir, et ne puis-je savoir d'où vient cette grande langueur ? Découvre-m'en la cause, et je te promets que je ferai toutes choses pour toi. Oui, tu n'as qu'à me dire le sujet de ta tristesse ; je t'assure ici, et te fais serment qu'il n'y a rien que je ne fasse pour te satisfaire ; c'est tout dire. Est-ce que tu es jalouse de quelqu'une de tes compagnes que tu voies plus brave que toi ? et serait-il quelque étoffe nouvelle dont tu voulusses avoir un habit ? Non. Est-ce que ta chambre ne te semble pas assez parée, et que tu souhaiterais quelque cabinet de la foire Saint-Laurent ? Ce n'est pas cela. Aurais-tu envie d'apprendre quelque chose, et veux-tu que je te donne un maître pour te montrer à jouer du clavecin ? Nenni. Aimerais-tu quelqu'un, et souhaiterais-tu d'être mariée ? (*Lucinde fait signe que oui.*)

Scène III : Sganarelle, Lucinde, Lisette.

LISETTE

Hé bien ! monsieur, vous venez d'entretenir votre fille. Avez-vous su la cause de sa mélancolie ?

SGANARELLE

Non. C'est une coquine qui me fait enrager.

LISETTE

Monsieur, laissez-moi faire ; je m'en vais la sonder un peu.

SGANARELLE

Il n'est pas nécessaire ; et puisqu'elle veut être de cette humeur, je suis d'avis qu'on l'y laisse.

LISETTE

Laissez-moi faire, vous dis-je. Peut-être qu'elle se découvrira plus librement à moi qu'à vous. Quoi ! madame, vous ne nous direz point ce que vous avez, et vous voulez affliger ainsi tout le monde ? Il me semble qu'on n'agit point comme vous faites, et que, si vous avez quelque répugnance à vous expliquer à un père, vous n'en devez avoir aucune à me découvrir votre cœur. Dites-moi, souhaitez-vous quelque chose de lui ? Il nous a dit plus d'une fois qu'il n'épargnerait rien pour vous contenter. Est-ce qu'il ne vous donne pas toute la liberté que vous souhaiteriez ? Et les promenades et les cadeaux ne tenteraient-ils point votre âme ? Heu ! Avez-vous reçu quelque déplaisir de quelqu'un ? Heu ! N'auriez-vous point quelque secrète inclination avec qui vous souhaiteriez que votre père vous mariât ? Ah ! je vous entends. Voilà l'affaire. Que diable ! pourquoi tant de façons ? Monsieur, le mystère est découvert ; et...

SGANARELLE

Va, fille ingrate, je ne te veux plus parler, et je te laisse dans ton obstination.

LUCINDE

Mon père, puisque vous voulez que je vous dise la chose...

SGANARELLE

Oui, je perds toute l'amitié que j'avais pour toi.

LISETTE

Monsieur, sa tristesse...

SGANARELLE

C'est une coquine qui me veut faire mourir.

LUCINDE

Mon père, je veux bien...

SGANARELLE

Ce n'est pas la récompense de t'avoir élevée comme j'ai fait.

LISETTE

Mais, monsieur...

SGANARELLE

Non, je suis contre elle dans une colère épouvantable.

LUCINDE

Mais, mon père...

SGANARELLE

Je n'ai plus aucune tendresse pour toi.

LISETTE

Mais...

SGANARELLE

C'est une friponne.

LUCINDE

Mais...

SGANARELLE

Une ingrate.

LISETTE

Mais...

SGANARELLE

Une coquine, qui ne me veut pas dire ce qu'elle a.

LISETTE

C'est un mari qu'elle veut.

SGANARELLE, *faisant semblant de ne pas entendre.*

Je l'abandonne.

LISETTE

Un mari.

SGANARELLE

Je la déteste.

LISETTE

Un mari.

SGANARELLE

Et la renonce pour ma fille.

LISETTE

Un mari.

SGANARELLE

Non, ne m'en parlez point.

LISETTE

Un mari.

SGANARELLE

Ne m'en parlez point.

LISETTE

Un mari.

SGANARELLE

Ne m'en parlez point.

LISETTE

Un mari, un mari, un mari.

Scène IV : Lucinde, Lisette.

LISETTE

On dit bien vrai qu'il n'y a point de pires sourds que ceux qui ne veulent point entendre.

LUCINDE

Hé bien ! Lisette, j'avais tort de cacher mon déplaisir, et je n'avais qu'à parler pour avoir tout ce que je souhaitais de mon père ! Tu le vois.

LISETTE

Par ma foi, voilà un vilain homme : et je vous avoue que j'aurais un plaisir extrême à lui jouer quelque tour. Mais d'où vient donc, madame, que jusqu'ici vous m'avez caché votre mal ?

LUCINDE

Hélas ! de quoi m'aurait servi de te le découvrir plus tôt ? et n'aurais-je pas autant gagné à le tenir caché toute ma vie ? Crois-tu que je n'aie pas bien prévu tout ce que tu vois maintenant, que je ne susse pas à fond tous les sentiments de mon père, et que le refus qu'il a fait porter à celui qui m'a demandée par un ami n'ait pas étouffé dans mon âme toute sorte d'espoir ?

LISETTE

Quoi ! c'est cet inconnu qui vous a fait demander, pour qui vous...

LUCINDE

Peut-être n'est-il pas honnête à une fille de s'expliquer si librement ; mais enfin je t'avoue que, s'il m'était permis de vouloir quelque chose, ce serait lui que je voudrais. Nous n'avons eu ensemble aucune conversation, et sa bouche ne m'a point déclaré la passion qu'il a pour moi ; mais, dans tous les lieux où il m'a pu voir, ses regards et ses actions m'ont toujours parlé si tendrement, et la demande qu'il a fait faire de moi m'a paru d'un si honnête homme, que mon cœur n'a pu s'empêcher d'être sensible à ses ardeurs ; et cependant tu vois où la dureté de mon père réduit toute cette tendresse.

LISETTE

Allez, laissez-moi faire. Quelque sujet que j'aie de me plaindre de vous du secret que vous m'avez fait, je ne veux pas laisser de servir votre amour ; et, pourvu que vous ayez assez de résolution...

LUCINDE

Mais que veux-tu que je fasse contre l'autorité d'un père ? Et, s'il est inexorable à mes vœux...

LISETTE

Allez, allez, il ne faut pas se laisser mener comme un oison ; et, pourvu que l'honneur n'y soit pas offensé, on peut se libérer un peu de la tyrannie d'un père. Que prétend-il que vous fassiez ? N'êtes-vous pas en âge d'être mariée, et croit-il que vous soyez de marbre ? Allez, encore un coup, je veux servir votre passion ; je prends, dès à présent, sur moi tout le soin de ses intérêts, et vous verrez que je sais des détours... Mais je vois votre père. Rentrons, et me laissez agir.

Scène V : Sganarelle.

Il est bon quelquefois de ne point faire semblant d'entendre les choses qu'on n'entend que trop bien ; et j'ai fait sagement de parer la déclaration d'un

désir que je ne suis pas résolu de contenter. A-t-on jamais rien vu de plus tyrannique que cette coutume où l'on veut assujettir les pères, rien de plus impertinent et de plus ridicule que d'amasser du bien avec de grands travaux, et d'élever une fille avec beaucoup de soin et de tendresse, pour se dépouiller de l'un et de l'autre entre les mains d'un homme qui ne nous touche de rien ? Non, non, je me moque de cet usage, et je veux garder mon bien et ma fille pour moi.

Scène VI : Sganarelle, Lisette.

LISETTE, *courant sur le théâtre,
et feignant de ne pas voir Sganarelle.*

Ah ! malheur ! ah ! disgrâce ! ah, pauvre seigneur Sganarelle ! où pourrai-je te rencontrer ?

SGANARELLE, *à part.*

Que dit-elle là ?

LISETTE, *courant toujours.*

Ah ! misérable père ! que feras-tu, quand tu sauras cette nouvelle ?

SGANARELLE, *à part.*

Que sera-ce ?

LISETTE

Ma pauvre maîtresse !

SGANARELLE, *à part.*

Je suis perdu !

LISETTE

Ah !

SGANARELLE, *courant après Lisette.*

Lisette.

LISETTE

Quelle infortune !

SGANARELLE

Lisette.

LISETTE

Quel accident !

SGANARELLE

Lisette.

LISETTE

Quelle fatalité !

SGANARELLE

Lisette.

LISETTE, *s'arrêtant.*

Ah ! monsieur !

SGANARELLE

Qu'est-ce ?

LISETTE

Monsieur !

SGANARELLE

Qu'y a-t-il ?

LISETTE

Votre fille...

SGANARELLE

Ah ! ah !

LISETTE

Monsieur, ne pleurez donc point comme cela, car vous me feriez rire.

SGANARELLE

Dis donc vite.

LISETTE

Votre fille, toute saisie des paroles que vous lui avez dites, et de la colère effroyable où elle vous a vu contre elle, est montée vite dans sa chambre, et, pleine de désespoir, a ouvert la fenêtre qui regarde sur la rivière.

SGANARELLE

Hé bien !

LISETTE

Alors, levant les yeux au ciel : « Non, a-t-elle dit, il m'est impossible de vivre avec·le courroux de mon père ; et, puisqu'il me renonce pour sa fille, je veux mourir. »

SGANARELLE

Elle s'est jetée ?

LISETTE

Non, monsieur. Elle a fermé tout doucement la fenêtre, et s'est allée mettre sur son lit. Là, elle s'est prise à pleurer amèrement ; et tout d'un coup son visage a pâli, ses yeux se sont tournés, le cœur lui a manqué, et elle m'est demeurée entre les bras.

SGANARELLE

Ah ! ma fille !

LISETTE

A force de la tourmenter, je l'ai fait revenir ; mais cela lui reprend de moment en moment, et je crois qu'elle ne passera pas la journée.

SGANARELLE

Champagne ! Champagne ! Champagne ! Vite, qu'on m'aille quérir des médecins, et en quantité. On n'en peut trop avoir dans une pareille aventure. Ah ! ma fille ! ma pauvre fille !

PREMIER INTERMEDE

Champagne, valet de Sganarelle, frappe, en dansant, aux portes de quatre médecins. Les quatre médecins dansent, et entrent avec cérémonie chez Sganarelle.

ACTE SECOND

Scène I : Sganarelle, Lisette.

LISETTE

Que voulez-vous donc faire, monsieur, de quatre médecins ? N'est-ce pas assez d'un pour tuer une personne ?

SGANARELLE

Taisez-vous. Quatre conseils valent mieux qu'un.

LISETTE

Est-ce que votre fille ne peut pas bien mourir sans le secours de ces messieurs-là ?

SGANARELLE

Est-ce que les médecins font mourir ?

LISETTE

Sans doute ; et j'ai connu un homme qui prouvait, par bonnes raisons, qu'il ne faut jamais

dire : « Une telle personne est morte d'une fièvre et d'une fluxion sur la poitrine », mais « Elle est morte de quatre médecins et de deux apothicaires. »

SGANARELLE

Chut ! N'offensez pas ces messieurs-là.

LISETTE

Ma foi, monsieur, notre chat est réchappé depuis peu d'un saut qu'il fit du haut de la maison dans la rue ; et il fut trois jours sans manger, et sans pouvoir remuer ni pied ni patte ; mais il est bien heureux de ce qu'il n'y a point de chats médecins, car ses affaires étaient faites, et ils n'auraient pas manqué de le purger et de le saigner.

SGANARELLE

Voulez-vous vous taire ? vous dis-je. Mais voyez quelle impertinence ! Les voici.

LISETTE

Prenez garde, vous allez être bien édifié. Ils vous diront en latin que votre fille est malade.

Scène II : MM. Tomès, Des Fonandrès, Macroton, Bahys, Sganarelle, Lisette.

SGANARELLE

Hé bien ! messieurs ?

M. TOMÈS

Nous avons vu suffisamment la malade, et sans doute qu'il y a beaucoup d'impuretés en elle.

SGANARELLE

Ma fille est impure ?

M. TOMÈS

Je veux dire qu'il y a beaucoup d'impuretés dans son corps, quantité d'humeurs corrompues.

SGANARELLE

Ah ! je vous entends.

M. TOMÈS

Mais... Nous allons consulter ensemble.

SGANARELLE

Allons, faites donner des sièges.

LISETTE, *à M. Tomès.*

Ah ! monsieur, vous en êtes !

SGANARELLE, *à Lisette.*

De quoi donc connaissez-vous monsieur ?

LISETTE

De l'avoir vu l'autre jour chez la bonne amie de madame votre nièce.

M. TOMÈS

Comment se porte son cocher ?

LISETTE

Fort bien. Il est mort.

M. TOMÈS

Mort ?

LISETTE

Oui.

M. TOMÈS

Cela ne se peut.

LISETTE

Je ne sais pas si cela se peut ; mais je sais bien que cela est.

M. TOMÈS

Il ne peut pas être mort, vous dis-je.

LISETTE

Et moi, je vous dis qu'il est mort et enterré.

M. TOMÈS

Vous vous trompez.

LISETTE

Je l'ai vu.

M. TOMÈS

Cela est impossible. Hippocrate dit que ces sortes de maladies ne se terminent qu'au quatorze ou au vingt-un ; et il n'y a que six jours qu'il est tombé malade.

LISETTE

Hippocrate dira ce qu'il lui plaira ; mais le cocher est mort.

SGANARELLE

Paix, discoureuse. Allons, sortons d'ici. Messieurs, je vous supplie de consulter de la bonne manière. Quoique ce ne soit pas la coutume de payer auparavant, toutefois, de peur que je l'oublie, et afin que ce soit une affaire faite, voici... (Il leur donne de l'argent, et chacun, en le recevant, fait un geste différent.)

Scène III : MM. Des Fonandrès, Tomès,
Macroton, Bahys.
Ils s'asseyent et toussent.

M. DES FONANDRÈS

Paris est étrangement grand, et il faut faire de longs trajets quand la pratique donne un peu.

M. TOMÈS

Il faut avouer que j'ai une mule admirable pour cela, et qu'on a peine à croire le chemin que je lui fais faire tous les jours.

M. DES FONANDRÈS

J'ai un cheval merveilleux, et c'est un animal infatigable.

M. TOMÈS

Savez-vous le chemin que ma mule a fait aujourd'hui ? J'ai été, premièrement, tout contre l'Arsenal ; de l'Arsenal, au bout du faubourg Saint-Germain ; du faubourg Saint-Germain, au fond du Marais ; du fond du Marais, à la Porte Saint-Honoré ; de la Porte Saint-Honoré, au faubourg Saint-Jacques ; du faubourg Saint-Jacques, à la Porte de Richelieu [1] ; de la Porte de Richelieu, ici ; et d'ici je dois aller encore à la place Royale.

M. DES FONANDRÈS

Mon cheval a fait tout cela aujourd'hui ; et de plus j'ai été à Ruel voir un malade.

M. TOMÈS

Mais, à propos, quel parti prenez-vous dans la querelle des deux médecins Théophraste et Artémius ? car c'est une affaire qui partage tout notre corps.

M. DES FONANDRÈS

Moi, je suis pour Artémius.

M. TOMÈS

Et moi aussi. Ce n'est pas que son avis, comme on a vu, n'ait tué le malade, et que celui de Théophraste ne fût beaucoup meilleur assurément ; mais enfin il a tort dans les circonstances, et il ne devait pas être d'un autre avis que son ancien. Qu'en dites-vous ?

M. DES FONANDRÈS

Sans doute. Il faut toujours garder les formalités, quoi qu'il puisse arriver.

M. TOMÈS

Pour moi, j'y suis sévère en diable, à moins que ce soit entre amis ; et l'on nous assembla un jour, trois de nous autres, avec un médecin de dehors, pour une consultation où j'arrêtai toute l'affaire, et ne voulus point endurer qu'on opinât, si les choses n'allaient dans l'ordre. Les gens de la maison faisaient ce qu'ils pouvaient, et la maladie pressait ; mais je n'en voulus point démordre, et la malade mourut bravement pendant cette contestation.

M. DES FONANDRÈS

C'est fort bien fait d'apprendre aux gens à vivre, et de leur montrer leur bec jaune.

M. TOMÈS

Un homme mort n'est qu'un homme mort, et ne fait point de conséquence ; mais une formalité négligée porte un notable préjudice à tout le corps des médecins.

Scène IV : Sganarelle, MM. Tomès,
Des Fonandrès, Macroton, Bahys.

SGANARELLE

Messieurs, l'oppression de ma fille augmente ; je vous prie de me dire vite ce que vous avez résolu.

M. TOMÈS, à M. Des Fonandrès.

Allons, monsieur.

M. DES FONANDRÈS

Non, monsieur ; parlez, s'il vous plaît.

M. TOMÈS

Vous vous moquez.

M. DES FONANDRÈS

Je ne parlerai pas le premier.

M. TOMÈS

Monsieur.

M. DES FONANDRÈS

Monsieur.

SGANARELLE

Hé ! de grâce, messieurs, laissez toutes ces cérémonies, et songez que les choses pressent. (Ils parlent tous quatre à la fois.)

M. TOMÈS

La maladie de votre fille...

M. DES FONANDRÈS

L'avis de tous ces messieurs tous ensemble...

M. MACROTON

A-près a-voir bi-en con-sul-té...

1. Elle s'élevait à l'extrémité de la rue de Richelieu ; elle fut démolie en 1701.

> M. BAHYS

Pour raisonner...

> SGANARELLE

Hé ! messieurs, parlez l'un après l'autre, de grâce.

> M. TOMÈS

Monsieur, nous avons raisonné sur la maladie de votre fille, et mon avis, à moi, est que cela procède d'une grande chaleur de sang ; ainsi je conclus à la saigner le plus tôt que vous pourrez.

> M. DES FONANDRÈS

Et moi, je dis que sa maladie est une pourriture d'humeurs causée par une trop grande réplétion : ainsi je conclus à lui donner de l'émétique.

> M. TOMÈS

Je soutiens que l'émétique la tuera.

> M. DES FONANDRÈS

Et moi, que la saignée la fera mourir.

> M. TOMÈS

C'est bien à vous de faire l'habile homme !

> M. DES FONANDRÈS

Oui, c'est à moi ; et je vous prêterai le collet en tout genre d'érudition.

> M. TOMÈS

Souvenez-vous de l'homme que vous fîtes crever ces jours passés.

> M. DES FONANDRÈS

Souvenez-vous de la dame que vous avez envoyée en l'autre monde il y a trois jours.

> M. TOMÈS, *à Sganarelle.*

Je vous ai dit mon avis.

> M. DES FONANDRÈS, *à Sganarelle.*

Je vous ai dit ma pensée.

> M. TOMÈS

Si vous ne faites saigner tout à l'heure votre fille, c'est une personne morte. (*Il sort.*)

> M. DES FONANDRÈS

Si vous la faites saigner, elle ne sera pas en vie dans un quart d'heure. (*Il sort.*)

Scène V : Sganarelle, MM. Macroton, Bahys.

> SGANARELLE

A qui croire des deux ? et quelle résolution prendre sur des avis si opposés ? Messieurs, je vous conjure de déterminer mon esprit, et de me dire, sans passion, ce que vous croyez le plus propre à soulager ma fille.

> M. MACROTON

Mon-si-eur, dans ces ma-ti-è res-là, il faut pro-cé-der-a-vec-que cir-con-specti-on, et ne ri-en fai-re, com-me on dit, à la vo-lée ; d'autant que les fautes qu'on y peut fai-re sont, se-lon no-tre maît-re Hippo-cra-te, d'u-ne dan-ge-reu-se con-sé-quen-ce.

> M. BAHYS, *bredouillant.*

Il est vrai, il faut bien prendre garde à ce qu'on fait ; car ce ne sont pas ici des jeux d'enfant ; et, quand on a failli, il n'est pas aisé de réparer le manquement, et de rétablir ce qu'on a gâté : *experimentum periculosum*. C'est pourquoi il s'agit de raisonner auparavant comme il faut, de peser mûrement les choses, de regarder le tempérament des gens, d'examiner les causes de la maladie, et de voir les remèdes qu'on y doit apporter.

> SGANARELLE, *à part.*

L'un va en tortue, et l'autre court la poste.

> M. MACROTON

Or, mon-si-eur, pour ve-nir au fait, je trou-ve que vo-tre fil-le a u-ne maladie chro-ni-que, et qu'el-le peut pé-ri-cli-ter, si on ne lui don-ne du se-cours, d'au-tant que les symp-tô-mes qu'el-le a sont in-di-ca-tifs d'u-ne va-peur fu-li-gi-neu-se et mor-di-can-te qui lui pi-co-te les mem-bra-nes du cer-veau. Or cet-te va-peur, que nous nom-mons en grec *at-mos,* est cau-sé-e par des hu-meurs pu-tri-des, te-na-ces, et con-glu-ti-neuses, qui sont con-te-nu-es dans le bas-ven-tre.

> M. BAHYS

Et comme ces humeurs ont été là engendrées par une longue succession de temps, elles s'y sont recuites, et ont acquis cette malignité qui fume vers la région du cerveau.

> M. MACROTON

Si bi-en donc que, pour ti-rer, dé-ta-cher, ar-ra-cher, ex-pul-ser, é-va-cu-er, lesdi-tes hu-meurs, il fau-dra u-ne pur-ga-tion vi-gou-reu-se. Mais, au pré-a-la-ble, je trou-ve à pro-pos, et il n'y a pas d'in-con-vé-ni-ent d'u-ser de pe-tits re-mè-des a-no-dins, c'est-à-dire de petits la-ve-ments ré-mol-li-ents et dé-ter-sifs, de ju-leps et de si-rops ra-fraî-chis-sants qu'on mê-le-ra dans sa pti-sa-ne.

> M. BAHYS

Après, nous en viendrons à la purgation, et à la saignée, que nous réitérerons s'il en est besoin.

> M. MACROTON

Ce n'est pas qu'a-vec-que tout ce-la vo-tre fil-le ne puis-se mou-rir ; mais au moins vous au-rez fait quel-que cho-se, et vous au-rez la con-so-la-tion qu'el-le se-ra mor-te dans les for-mes.

> M. BAHYS

Il vaut mieux mourir selon les règles que de ré-chapper contre les règles.

> M. MACROTON

Nous vous di-sons sin-cè-re-ment no-tre pen-sé-e.

> M. BAHYS

Et vous avons parlé comme nous parlerions à notre propre frère.

> SGANARELLE, *à M. Macroton,*
> *en allongeant ses mots.*

Je vous rends très hum-bles grâ-ces. (*A M. Bahys, en bredouillant.*) Et vous suis infiniment obligé de la peine que vous avez prise.

Scène VI : Sganarelle.

Me voilà justement un peu plus incertain que je n'étais auparavant. Morbleu ! il me vient une fantaisie. Il faut que j'aille acheter de l'orviétan, et que je lui en fasse prendre : l'orviétan est un remède dont beaucoup de gens se sont bien trouvés. Holà !

Scène VII : L'opérateur, Sganarelle.

SGANARELLE

Holà ! monsieur, je vous prie de me donner une
boîte de votre orviétan, que je m'en vais vous payer.

L'OPÉRATEUR *chante.*

L'or de tous les climats qu'entoure l'Océan
Peut-il jamais payer ce secret d'importance ?
Mon remède guérit, par sa rare excellence,
Plus de maux qu'on n'en peut nombrer dans tout
        La gale,   [un an :
        La rogne,
        La teigne,
        La fièvre,
        La peste,
        La goutte,
        Vérole,
        Descente,
        Rougeole.
    O grande puissance
    De l'orviétan !

SGANARELLE

Monsieur, je crois que tout l'or du monde n'est
pas capable de payer votre remède ; mais pourtant voici une pièce de trente sous que vous prendrez, s'il vous plaît.

L'OPÉRATEUR *chante.*

Admirez mes bontés, et le peu qu'on vous vend
Ce trésor merveilleux que ma main vous dispense.
Vous pouvez, avec lui, braver en assurance
Tous les maux que sur nous l'ire du ciel répand :
        La gale,
        La rogne,
        La teigne,
        La fièvre,
        La peste,
        La goutte,
        Vérole,
        Descente,
        Rougeole.
    O grande puissance
    De l'orviétan !

DEUXIEME INTERMEDE

*Plusieurs Trivelins et plusieurs Scaramouches,
valets de l'opérateur, se réjouissent en dansant.*

ACTE TROISIEME

Scène I : MM. Filerin, Tomès,
Des Fonandrès.

M. FILERIN

N'avez-vous point de honte, messieurs, de montrer si peu de prudence, pour des gens de votre
âge, et de vous être querellés comme de jeunes
étourdis ? Ne voyez-vous pas bien quel tort ces
sortes de querelles nous font parmi le monde ?
et n'est-ce pas assez que les savants voient les
contrariétés et les dissensions qui sont entre nos
auteurs et nos anciens maîtres, sans découvrir
encore au peuple, par nos débats et nos querelles,
la forfanterie de notre art ? Pour moi, je ne
comprends rien du tout à cette méchante politique de quelques-uns de nos gens ; et il faut
confesser que toutes ces contestations nous ont
décriés depuis peu d'une étrange manière, et que,
si nous n'y prenons garde, nous allons nous ruiner
nous-mêmes. Je n'en parle pas pour mon intérêt,
car, Dieu merci, j'ai déjà établi mes petites affaires. Qu'il vente, qu'il pleuve, qu'il grêle, ceux qui
sont morts sont morts, et j'ai de quoi me passer
des vivants ; mais enfin toutes ces disputes ne
valent rien pour la médecine. Puisque le ciel nous
fait la grâce que, depuis tant de siècles, on
demeure infatué de nous, ne désabusons point
les hommes avec nos cabales extravagantes, et
profitons de leur sottise le plus doucement que
nous pourrons. Nous ne sommes pas les seuls,
comme vous savez, qui tâchons à nous prévaloir
de la faiblesse humaine. C'est là que va l'étude
de la plupart du monde, et chacun s'efforce de
prendre les hommes par leur faible, pour en tirer
quelque profit. Les flatteurs, par exemple, cherchent à profiter de l'amour que les hommes ont
pour les louanges, en leur donnant tout le vain
encens qu'ils souhaitent ; et c'est un art où l'on
fait, comme on voit, des fortunes considérables.
Les alchimistes tâchent à profiter de la passion
que l'on a pour les richesses, en promettant des
montagnes d'or à ceux qui les écoutent ; et les
diseurs d'horoscopes, par leurs prédictions trompeuses, profitent de la vanité et de l'ambition des
crédules esprits. Mais le plus grand faible des
hommes, c'est l'amour qu'ils ont pour la vie ; et
nous en profitons, nous autres, par notre pompeux galimatias, et savons prendre nos avantages
de cette vénération que la peur de mourir leur
donne pour notre métier. Conservons-nous donc
dans le degré d'estime où leur faiblesse nous a
mis, et soyons de concert auprès des malades pour
nous attribuer les heureux succès de la maladie, et
rejeter sur la nature toutes les bévues de notre
art. N'allons point, dis-je, détruire sottement les
heureuses préventions d'une erreur qui donne du
pain à tant de personnes.

M. TOMÈS

Vous avez raison en tout ce que vous dites ; mais
ce sont chaleurs de sang, dont parfois on n'est
pas le maître.

M. FILERIN

Allons donc, messieurs, mettez bas toute ran-
cune, et faisons ici votre accommodement.

M. DES FONANDRÈS

J'y consens. Qu'il me passe mon émétique pour
la malade dont il s'agit, et je lui passerai tout ce
qu'il voudra pour le premier malade dont il sera
question.

M. FILERIN

On ne peut pas mieux dire, et voilà se mettre à la raison.

M. DES FONANDRÈS

Cela est fait.

M. FILERIN

Touchez donc là. Adieu. Une autre fois, montrez plus de prudence.

Scène II : M. Tomès, M. Des Fonandrès, Lisette.

LISETTE

Quoi ! messieurs, vous voilà, et vous ne songez pas à réparer le tort qu'on vient de faire à la médecine !

M. TOMÈS

Comment ! Qu'est-ce ?

LISETTE

Un insolent, qui a eu l'effronterie d'entreprendre sur votre métier, et qui, sans votre ordonnance, vient de tuer un homme d'un grand coup d'épée au travers du corps.

M. TOMÈS

Ecoutez, vous faites la railleuse ; mais vous passerez par nos mains quelque jour.

LISETTE

Je vous permets de me tuer lorsque j'aurai recours à vous.

Scène III : Clitandre, en habit de médecin, Lisette.

CLITANDRE

Hé bien ! Lisette, me trouves-tu bien ainsi ?

LISETTE

Le mieux du monde ; et je vous attendais avec impatience. Enfin le ciel m'a faite d'un naturel le plus humain du monde, et je ne puis voir deux amants soupirer l'un pour l'autre qu'il ne me prenne une tendresse charitable, et un désir ardent de soulager les maux qu'ils souffrent. Je veux, à quelque prix que ce soit, tirer Lucinde de la tyrannie où elle est, et la mettre en votre pouvoir. Vous m'avez plu d'abord : je me connais en gens, et elle ne peut pas mieux choisir. L'amour risque des choses extraordinaires, et nous avons concerté ensemble une manière de stratagème qui pourra peut-être nous réussir. Toutes nos mesures sont déjà prises : l'homme à qui nous avons affaire n'est pas des plus fins de ce monde ; et, si cette aventure nous manque, nous trouverons mille autres voies pour arriver à notre but. Attendez-moi là seulement, je reviens vous quérir. (Clitandre se retire dans le fond du théâtre.)

Scène IV : Sganarelle, Lisette.

LISETTE

Monsieur, allégresse ! allégresse !

SGANARELLE

Qu'est-ce ?

LISETTE

Réjouissez-vous.

SGANARELLE

De quoi ?

LISETTE

Réjouissez-vous, vous dis-je.

SGANARELLE

Dis-moi donc ce que c'est, et puis je me réjouirai peut-être.

LISETTE

Non. Je veux que vous vous réjouissiez auparavant, que vous chantiez, que vous dansiez.

SGANARELLE

Sur quoi ?

LISETTE

Sur ma parole.

SGANARELLE

Allons donc. (Il chante et danse.) La lera, la la, la lera la. Que diable !

LISETTE

Monsieur, votre fille est guérie.

SGANARELLE

Ma fille est guérie !

LISETTE

Oui. Je vous amène un médecin, mais un médecin d'importance, qui fait des cures merveilleuses, et qui se moque des autres médecins.

SGANARELLE

Où est-il ?

LISETTE

Je vais le faire entrer.

SGANARELLE, seul.

Il faut voir si celui-ci fera plus que les autres.

Scène V : Clitandre, en habit de médecin, Sganarelle, Lisette.

LISETTE, amenant Clitandre.

Le voici.

SGANARELLE

Voilà un médecin qui a la barbe bien jeune.

LISETTE

La science ne se mesure pas à la barbe, et ce n'est pas par le menton qu'il est habile.

SGANARELLE

Monsieur, on m'a dit que vous aviez des remèdes admirables pour faire aller à la selle.

CLITANDRE

Monsieur, mes remèdes sont différents de ceux des autres. Ils ont l'émétique, les saignées, les médecines et les lavements ; mais moi, je guéris par des paroles, par des sons, par des lettres, par des talismans, et par des anneaux constellés.

LISETTE

Que vous ai-je dit ?

SGANARELLE

Voilà un grand homme !

LISETTE

Monsieur, comme votre fille est là tout habillée dans une chaise, je vais la faire passer ici.

SGANARELLE

Oui, fais.

CLITANDRE, *tâtant le pouls*
à Sganarelle.

Votre fille est bien malade.

SGANARELLE

Vous connaissez cela ici ?

CLITANDRE

Oui, par la sympathie qu'il y a entre le père et la fille.

Scène VI : *Sganarelle, Lucinde,*
Clitandre, Lisette.

LISETTE, *à Clitandre.*

Tenez, monsieur, voilà une chaise auprès d'elle. (*A Sganarelle.*) Allons, laissez-les là tous deux.

SGANARELLE

Pourquoi ? Je veux demeurer là.

LISETTE

Vous moquez-vous ? Il faut s'éloigner. Un médecin a cent choses à demander qu'il n'est pas honnête qu'un homme entende. (*Sganarelle et Lisette s'éloignent.*)

CLITANDRE, *bas, à Lucinde.*

Ah ! madame, que le ravissement où je me trouve est grand ! et que je sais peu par où vous commencer mon discours ! Tant que je ne vous ai parlé que des yeux, j'avais, ce me semblait, cent choses à vous dire ; et, maintenant que j'ai la liberté de vous parler de la façon que je souhaitais, je demeure interdit, et la grande joie où je suis étouffe toutes mes paroles.

LUCINDE

Je puis vous dire la même chose ; et je sens, comme vous, des mouvements de joie qui m'empêchent de pouvoir parler.

CLITANDRE

Ah ! madame, que je serais heureux s'il était vrai que vous sentissiez tout ce que je sens, et qu'il me fût permis de juger de votre âme par la mienne ! Mais, madame, puis-je au moins croire que ce soit à vous à qui je doive la pensée de cet heureux stratagème qui me fait jouir de votre présence ?

LUCINDE

Si vous ne m'en devez pas la pensée, vous m'êtes redevable au moins d'en avoir approuvé la proposition avec beaucoup de joie.

SGANARELLE, *à Lisette.*

Il me semble qu'il lui parle de bien près.

LISETTE, *à Sganarelle.*

C'est qu'il observe sa physionomie et tous les traits de son visage.

CLITANDRE, *à Lucinde.*

Serez-vous constante, madame, dans ces bontés que vous me témoignez ?

LUCINDE

Mais, vous, serez-vous ferme dans les résolutions que vous avez montrées ?

CLITANDRE

Ah ! madame, jusqu'à la mort. Je n'ai point de plus forte envie que d'être à vous, et je vais le faire paraître dans ce que je m'allez voir faire.

SGANARELLE, *à Clitandre.*

Hé bien ! notre malade ? Elle me semble un peu plus gaie.

CLITANDRE

C'est que j'ai déjà fait agir sur elle un de ces remèdes que mon art m'enseigne. Comme l'esprit a grand empire sur le corps, et que c'est de lui bien souvent que procèdent les maladies, ma coutume est de courir à guérir les esprits avant que de venir au corps. J'ai donc observé ses regards, les traits de son visage, et les lignes de ses deux mains ; et, par la science que le ciel m'a donnée, j'ai reconnu que c'était de l'esprit qu'elle était malade, et que tout son mal ne venait que d'une imagination déréglée, d'un désir dépravé de vouloir être mariée. Pour moi, je ne vois rien de plus extravagant et de plus ridicule que cette envie qu'on a du mariage.

SGANARELLE, *à part.*

Voilà un habile homme !

CLITANDRE

Et j'ai eu et aurai pour lui toute ma vie une aversion effroyable.

SGANARELLE, *à part.*

Voilà un grand médecin !

CLITANDRE

Mais, comme il faut flatter l'imagination des malades, et que j'ai vu en elle de l'aliénation d'esprit, et même qu'il y avait du péril à ne lui pas donner un prompt secours, je l'ai prise par son faible, et lui ai dit que j'étais venu ici pour vous la demander en mariage. Soudain son visage a changé, son teint s'est éclairci, ses yeux se sont animés ; et, si vous voulez, pour quelques jours, l'entretenir dans cette erreur, vous verrez que nous la tirerons d'où elle est.

SGANARELLE

Oui-da, je le veux bien.

CLITANDRE

Après, nous ferons agir d'autres remèdes pour la guérir entièrement de cette fantaisie.

SGANARELLE

Oui, cela est le mieux du monde. Hé bien ! ma fille, voilà monsieur qui a envie de t'épouser, et je lui ai dit que je le voulais bien.

LUCINDE

Hélas ! est-il possible ?

SGANARELLE

Oui.

LUCINDE

Mais tout de bon ?

SGANARELLE

Oui, oui.

LUCINDE, *à Clitandre.*

Quoi ! vous êtes dans les sentiments d'être mon mari ?

CLITANDRE

Oui, madame.

LUCINDE

Et mon père y consent ?

SGANARELLE

Oui, ma fille.

LUCINDE

Ah ! que je suis heureuse, si cela est véritable !

CLITANDRE

N'en doutez point, madame. Ce n'est pas d'aujourd'hui que je vous aime, et que je brûle de me voir votre mari. Je ne suis venu ici que pour cela ; et, si vous voulez que je vous dise nettement les choses comme elles sont, cet habit n'est qu'un pur prétexte inventé, et je n'ai fait le médecin que pour m'approcher de vous, et obtenir ce que je souhaite.

LUCINDE

C'est me donner des marques d'un amour bien tendre, et j'y suis sensible autant que je puis.

SGANARELLE, *à part.*

Oh ! la folle ! oh ! la folle ; oh ! la folle.

LUCINDE

Vous voulez donc bien, mon père, me donner monsieur pour époux ?

SGANARELLE

Oui. Çà, donne-moi ta main. Donnez-moi un peu aussi la vôtre, pour voir.

CLITANDRE

Mais, monsieur...

SGANARELLE, *s'étouffant de rire.*

Non, non, c'est pour... pour lui contenter l'esprit. Touchez là. Voilà qui est fait.

CLITANDRE

Acceptez, pour gage de ma foi, cet anneau que je vous donne. (*Bas, à Sganarelle.*) C'est un anneau constellé, qui guérit les égarements d'esprit.

LUCINDE

Faisons donc le contrat, afin que rien n'y manque.

CLITANDRE

Hélas ! je le veux bien, madame. (*Bas, à Sganarelle.*) Je vais faire monter l'homme qui écrit mes remèdes, et lui faire croire que c'est un notaire.

SGANARELLE

Fort bien.

CLITANDRE

Holà ! faites monter le notaire que j'ai amené avec moi.

LUCINDE

Quoi ! vous aviez amené un notaire ?

CLITANDRE

Oui, madame.

LUCINDE

J'en suis ravie.

SGANARELLE

Oh ! la folle ! oh ! la folle !

Scène VII : Le Notaire, Clitandre, Sganarelle, Lucinde, Lisette.

Clitandre parle bas au Notaire.

SGANARELLE, *au Notaire.*

Oui, monsieur, il faut faire un contrat pour ces deux personnes-là. Ecrivez. (*Le Notaire écrit.*) Voilà le contrat qu'on fait : je lui donne vingt mille écus en mariage. Ecrivez.

LUCINDE

Je vous suis bien obligée, mon père.

LE NOTAIRE

Voilà qui est fait. Vous n'avez qu'à venir signer.

SGANARELLE

Voilà un contrat bientôt bâti.

CLITANDRE, *à Sganarelle.*

Au moins...

SGANARELLE

Hé ! non, vous dis-je. Sait-on pas bien... (*Au Notaire.*) Allons, donnez-lui la plume pour signer. (*A Lucinde.*) Allons, signé, signé, signé. Va, va, je signerai tantôt, moi.

LUCINDE

Non, non, je veux avoir le contrat entre mes mains.

SGANARELLE

Hé bien ! tiens. (*Après avoir signé.*) Es-tu contente ?

LUCINDE

Plus qu'on ne peut s'imaginer.

SGANARELLE

Voilà qui est bien, voilà qui est bien.

CLITANDRE

Au reste, je n'ai pas eu seulement la précaution d'amener un notaire ; j'ai eu celle encore de faire venir des voix et des instruments pour célébrer la fête, et pour nous réjouir. Qu'on les fasse venir. Ce sont des gens que je mène avec moi, et dont je me sers tous les jours pour pacifier avec leur harmonie les troubles de l'esprit.

Scène VIII : La Comédie, le Ballet, la Musique.

ENSEMBLE

Sans nous, tous les hommes
Deviendraient malsains,
Et c'est nous qui sommes
Leurs grands médecins.

LA COMÉDIE

Veut-on qu'on rabatte,
Par des moyens doux,
Les vapeurs de rate
Qui vous minent tous ?
Qu'on laisse Hippocrate,
Et qu'on vienne à nous.

TOUS TROIS ENSEMBLE

Sans nous, tous les hommes
Deviendraient malsains,
Et c'est nous qui sommes

Leurs grands médecins.

Pendant que les Jeux, les Ris et les Plaisirs dansent, Clitandre emmène Lucinde.

SGANARELLE

Voilà une plaisante façon de guérir ! Où est donc ma fille et le médecin ?

LISETTE

Ils sont allés achever le reste du mariage.

SGANARELLE

Comment, le mariage ?

LISETTE

Ma foi, monsieur, la bécasse est bridée, et vous avez cru faire un jeu, qui demeure une vérité.

SGANARELLE

Comment diable ! (*Il veut aller après Clitandre et Lucinde, les danseurs le retiennent.*) Laissez-moi aller, laissez-moi aller, vous dis-je. (*Les danseurs le retiennent toujours.*) Encore ? (*Ils veulent faire danser Sganarelle de force.*) Peste des gens !

LE MISANTHROPE

COMÉDIE

« *Représentée pour la première fois à Paris sur le théâtre du Palais-Royal, le 4e du mois de juin 1666, par la Troupe du Roi.* »

Le succès ne dépendit pas du parterre que le titre — même accompagné du sous-titre l'Atrabilaire amoureux — dut déconcerter ; sans parler du comique ambigu d'Alceste. Jouée trois semaines de suite, la pièce, qui avait demandé deux années de travail, ne fit que des recettes moyennes, puis franchement médiocres. Elle marcha mieux à la reprise en septembre... grâce au Médecin malgré lui qui l'avait remplacée à l'affiche et y restait.

En revanche, les « gens de qualité » et la critique la portèrent aux nues. Dans une chronique rimée, la Muse dauphine, Subligny le constate avec aigreur : « C'est un chef-d'œuvre inimitable. » Dans une Lettre sur le Misanthrope, Donneau de Visé rapporte à propos du sonnet d'Oronte que certains « crurent que le sonnet était bon avant que le misanthrope en fît la critique, et demeurèrent ensuite tout confus ». Enfin, pour Boileau, Molière sera « l'auteur du Misanthrope ».

Eu égard aux aveux intimes de Molière, dans cette œuvre, l'anecdote est piquante, relatée par le Journal de Dangeau, de Monsieur de Montausier, gouverneur du Dauphin, furieux qu'on le reconnût pour avoir fourni le modèle d'Alceste et qui, au vu de la comédie, se reconnut bel et bien, mais flatté, alors, remercia l'auteur avec transports ! Ce serait le duc de Saint-Aignan qui aurait inspiré Oronte.

L'ambiguïté tragi-comique du Misanthrope a déterminé très vite deux écoles d'interprétation. Molière bouffonnait avec « un ris amer, si piquant... » (Brossette, d'après Boileau). Mais son élève, le petit Baron, qui reprit le rôle (à dix-neuf ans) s'y montra « plein de noblesse et de dignité ».

Molé poussait le courroux jusqu'à briser une chaise. Coquelin aîné réussissait à mêler le rire et l'émotion. Lucien Guitry et Jacques Copeau accentuèrent la douleur jusqu'à « l'attitude de saule pleureur » (Léautaud).

De nos jours, Jean Marchat d'une part, Pierre Dux (à la Comédie-Française) de l'autre, ont illustré les deux tendances. Il y a eu aussi l'Alceste rageur de Jean-Louis Barrault — face à une Célimène-Cocéa acide (1938) — et celui, un peu butor en complet veston, de Jacques Dumesnil.

Quant à Célimène — rôle créé « au naturel » par Armande alors dans l'éclat de ses vingt-quatre ou vingt-cinq ans — elle a été sollicitée par des comédiennes prestigieuses : Mlle Mars, Cécile Sorel, Valentine Tessier, Annie Ducaux, vers les « grandes coquettes » et donc les « grandes dames » ; il est douteux que « Menou » Béjart en eût l'allure.

PERSONNAGES

ALCESTE, *amant de Célimène* (Molière).

PHILINTE, *ami d'Alceste* (La Grange).

ORONTE, *amant de Célimène* (Du Croisy).

CÉLIMÈNE (Mlle Molière).

ELIANTE, *cousine de Célimène* (Mlle de Brie).

ARSINOÉ, *amie de Célimène.*

ACASTE (Hubert) et CLITANDRE, *marquis.*

BASQUE, *valet de Célimène.*

UN GARDE *de la maréchaussée de France* (de Brie ?).

DU BOIS, *valet d'Alceste* (Béjart ?).

LA SCÈNE EST A PARIS, DANS LA MAISON DE CÉLIMÈNE.

ACTE PREMIER

Scène I : Philinte, Alceste.

PHILINTE
Qu'est-ce donc ? qu'avez-vous ?
ALCESTE, *assis.*
                    Laissez-moi, je vous prie.
PHILINTE
Mais encor, dites-moi, quelle bizarrerie...
ALCESTE
Laissez-moi là, vous dis-je, et courez vous cacher.
PHILINTE
Mais on entend les gens au moins sans se fâcher.
ALCESTE
5 Moi, je veux me fâcher, et ne veux point entendre.
PHILINTE   [prendre ;
Dans vos brusques chagrins je ne puis vous com-
Et, quoique amis enfin, je suis tout des premiers...
ALCESTE, *se levant brusquement.*
Moi, votre ami ? Rayez cela de vos papiers.
J'ai fait jusques ici profession de l'être ;
10 Mais, après ce qu'en vous je viens de voir paraître,
Je vous déclare net que je ne le suis plus,
Et ne veux nulle place en des cœurs corrompus.
PHILINTE
Je suis donc bien coupable, Alceste, à votre compte ?
ALCESTE
Allez, vous devriez mourir de pure honte ;
15 Une telle action ne saurait s'excuser,
Et tout homme d'honneur s'en doit scandaliser.
Je vous vois accabler un homme de caresses,
Et témoigner pour lui les dernières tendresses ;
De protestations, d'offres et de serments,
20 Vous chargez la fureur de vos embrassements :
Et, quand je vous demande après quel est cet homme,
A peine pouvez-vous dire comme il se nomme ;
Votre chaleur pour lui tombe en vous séparant,
Et vous me le traitez, à moi, d'indifférent.
25 Morbleu ! c'est une chose indigne, lâche, infâme,
De s'abaisser ainsi jusqu'à trahir son âme ;
Et, si par un malheur, j'en avais fait autant,
Je m'irais, de regret, pendre tout à l'instant.
PHILINTE
Je ne vois pas, pour moi, que le cas soit pendable ;
30 Et je vous supplierai d'avoir pour agréable
Que je me fasse un peu grâce sur votre arrêt,
Et ne me pende pas pour cela, s'il vous plaît.
ALCESTE
Que la plaisanterie est de mauvaise grâce !
PHILINTE
Mais, sérieusement, que voulez-vous qu'on fasse ?
ALCESTE
35 Je veux qu'on soit sincère, et qu'en homme d'honneur
On ne lâche aucun mot qui ne parte du cœur.
PHILINTE
Lorsqu'un homme vous vient embrasser avec joie,
Il faut bien le payer de la même monnoie,
Répondre comme on peut à ses empressements,
40 Et rendre offre pour offre, et serments pour serments.

ALCESTE
Non, je ne puis souffrir cette lâche méthode
Qu'affectent la plupart de vos gens à la mode ;
Et je ne hais rien tant que les contorsions
De tous ces grands faiseurs de protestations,
Ces affables donneurs d'embrassades frivoles,
Ces obligeants diseurs d'inutiles paroles,
Qui de civilités avec tous font combat,
Et traitent du même air l'honnête homme et le fat.
Quel avantage a-t-on qu'un homme vous caresse,
Vous jure amitié, foi, zèle, estime, tendresse,
Et vous fasse de vous un éloge éclatant,
Lorsqu'au premier faquin il court en faire autant ?
Non, non, il n'est point d'âme un peu bien située
Qui veuille d'une estime ainsi prostituée ;
Et la plus glorieuse a des régals peu chers,
Dès qu'on voit qu'on nous mêle avec tout l'univers :
Sur quelque préférence une estime se fonde,
Et c'est n'estimer rien qu'estimer tout le monde.
Puisque vous y donnez, dans ces vices du temps,
Morbleu ! vous n'êtes pas pour être de mes gens ;
Je refuse d'un cœur la vaste complaisance
Qui ne fait de mérite aucune différence ;
Je veux qu'on me distingue ; et, pour le trancher net,
L'ami du genre humain n'est point du tout mon fait.
PHILINTE
Mais, quand on est du monde, il faut bien que l'on
Quelques dehors civils que l'usage demande.   [rende
ALCESTE
Non, vous dis-je ; on devrait châtier sans pitié
Ce commerce honteux de semblants d'amitié.
Je veux que l'on soit homme, et qu'en toute rencontre
Le fond de notre cœur dans nos discours se montre,
Que ce soit lui qui parle, et que nos sentiments
Ne se masquent jamais sous de vains compliments.
PHILINTE
Il est bien des endroits où la pleine franchise
Deviendrait ridicule, et serait peu permise ;
Et parfois, n'en déplaise à votre austère honneur,
Il est bon de cacher ce qu'on a dans le cœur.
Serait-il à propos, et de la bienséance,
De dire à mille gens tout ce que d'eux l'on pense ?
Et, quand on a quelqu'un qu'on hait ou qui déplaît,
Lui doit-on déclarer la chose comme elle est ?
ALCESTE
Oui.
PHILINTE
    Quoi ! vous iriez dire à la vieille Emilie
Qu'à son âge il sied mal de faire la jolie,
Et que le blanc qu'elle a scandalise chacun ?
ALCESTE
Sans doute.
PHILINTE
      A Dorilas, qu'il est trop importun ;
Et qu'il n'est, à la cour, oreille qu'il ne lasse
A conter sa bravoure et l'éclat de sa race ?
ALCESTE
Fort bien.
PHILINTE
Vous vous moquez.

ALCESTE
                    Je ne me moque point,
Et je vais n'épargner personne sur ce point.
Mes yeux sont trop blessés, et la cour et la ville
90 Ne m'offrent rien qu'objets à m'échauffer la bile ;
J'entre en une humeur noire, en un chagrin profond,
Quand je vois vivre entre eux les hommes comme ils
Je ne trouve partout que lâche flatterie,   [font;
Qu'injustice, intérêt, trahison, fourberie ;
95 Je n'y puis plus tenir, j'enrage ; et mon dessein
Est de rompre en visière à tout le genre humain.
                    PHILINTE
Ce chagrin philosophe est un peu trop sauvage.
Je ris des noirs accès où je vous envisage,
Et crois voir en nous deux, sous même soins nourris,
00 Ces deux frères que peint l'Ecole des maris,
Dont...
                    ALCESTE
    Mon Dieu ! laissons là vos comparaisons fades.
                    PHILINTE
Non : tout de bon, quittez toutes ces incartades.
Le monde par vos soins ne se changera pas :
Et, puisque la franchise a pour vous tant d'appas,
05 Je vous dirai tout franc que cette maladie,
Partout où vous allez, donne la comédie ;   [temps
Et qu'un si grand courroux contre les mœurs du
Vous tourne en ridicule auprès de bien des gens.
                    ALCESTE   [de :
Tant mieux, morbleu! tant mieux,c'est ce que je deman-
10 Ce m'est un fort bon signe, et ma joie en est grande.
Tous les hommes me sont à tel point odieux,
Que je serais fâché d'être sage à leurs yeux.
                    PHILINTE
Vous voulez un grand mal à la nature humaine.
                    ALCESTE
Oui, j'ai conçu pour elle une effroyable haine.
                    PHILINTE
15 Tous les pauvres mortels, sans nulle exception,
Seront enveloppés dans cette aversion ?
Encore en est-il bien,dans le siècle où nous sommes...
                    ALCESTE
Non, elle est générale, et je hais tous les hommes :
Les uns, parce qu'ils sont méchants et malfaisants,
20 Et les autres, pour être aux méchants complaisants,
Et n'avoir pas pour eux ces haines vigoureuses
Que doit donner le vice aux âmes vertueuses.
De cette complaisance on voit l'injuste excès
Pour le franc scélérat avec qui j'ai procès.
25 Au travers de son masque on voit à plein le traître ;
Partout il est connu pour tout ce qu'il peut être ;
Et ses roulements d'yeux, et son ton radouci,
N'imposent qu'à des gens qui ne sont point d'ici.
On sait que ce pied plat, digne qu'on le confonde,
30 Par de sales emplois s'est poussé dans le monde,
Et que par eux son sort, de splendeur revêtu,
Fait gronder le mérite et rougir la vertu ;
Quelques titres honteux qu'en tous lieux on lui donne,
Son misérable honneur ne voit pour lui personne :
35 Nommez-le fourbe, infâme, et scélérat maudit,
Tout le monde en convient, et nul n'y contredit.

Cependant sa grimace est partout bienvenue ;
On l'accueille, on lui rit, partout il s'insinue ;
Et s'il est, par la brigue, un rang à disputer,
Sur le plus honnête homme on le voit l'emporter.   140
Têtebleu ! ce me sont de mortelles blessures,
De voir qu'avec le vice on garde des mesures ;
Et parfois il me prend des mouvements soudains
De fuir dans un désert l'approche des humains.
                    PHILINTE
Mon Dieu! des mœurs du temps mettons-nous moins en 145
Et faisons un peu grâce à la nature humaine ;   [peine,
Ne l'examinons point dans la grande rigueur,
Et voyons ses défauts avec quelque douceur.
Il faut, parmi le monde, une vertu traitable :
A force de sagesse, on peut être blâmable ;   ·   150
·La parfaite raison fuit toute extrémité,
Et veut que l'on soit sage avec sobriété.
Cette grande roideur des vertus des vieux âges
Heurte trop notre siècle et les communs usages ;
Elle veut aux mortels trop de perfection :   155'
Il faut fléchir au temps sans obstination ;
Et c'est une folie à nulle autre seconde,
De vouloir se mêler de corriger le monde.
J'observe, comme vous, cent choses tous les jours
Qui pourraient mieux aller, prenant un autre cours ; 160
Mais, quoi qu'à chaque pas je puisse voir paraître,
En courroux, comme vous, on ne me voit point être.
Je prends tout doucement les hommes comme ils sont,
J'accoutume mon âme à souffrir ce qu'ils font ;
Et je crois qu'à la cour, de même qu'à la ville,   165
Mon flegme est philosophe autant que votre bile.
                    ALCESTE
Mais ce flegme, monsieur, qui raisonne si bien,
Ce flegme pourra-t-il ne s'échauffer de rien ?
Et s'il faut, par hasard, qu'un ami vous trahisse,
Que, pour avoir vos biens, on dresse un artifice,   170
Ou qu'on tâche à semer de méchants bruits de vous,
Verrez-vous tout cela sans vous mettre en courroux?
                    PHILINTE
Oui, je vois ces défauts, dont votre âme murmure,
Comme vices unis à l'humaine nature ;
Et mon esprit enfin n'est pas plus offensé   175
De voir un homme fourbe, injuste, intéressé,
Que de voir des vautours affamés de carnage,
Des singes malfaisants, et des loups pleins de rage.
                    ALCESTE
Je me verrai trahir, mettre en pièces, voler,
Sans que je sois... Morbleu ! je ne veux point parler, 180
Tant ce raisonnement est plein d'impertinence !
                    PHILINTE
Ma foi, vous ferez bien de garder le silence.
Contre votre partie éclatez un peu moins,
Et donnez au procès une part de vos soins.
                    ALCESTE
Je n'en donnerai point, c'est une chose dite.   185
                    PHILINTE
Mais qui voulez-vous donc qui pour vous sollicite ?
                    ALCESTE
Qui je veux ? La raison, mon bon droit, l'équité.

PHILINTE

Aucun juge par vous ne sera visité ?

ALCESTE

Non. Est-ce que ma cause est injuste ou douteuse ?

PHILINTE

190 J'en demeure d'accord ; mais la brigue est fâcheuse,
Et...

ALCESTE

    Non. J'ai résolu de n'en pas faire un pas.
J'ai tort, ou j'ai raison.

PHILINTE

          Ne vous y fiez pas.

ALCESTE

Je ne remuerai point.

PHILINTE

          Votre partie est forte,
Et peut, par sa cabale, entraîner...

ALCESTE

              Il n'importe.

PHILINTE

195 Vous vous tromperez.

ALCESTE

       Soit. J'en veux voir le succès.

PHILINTE

Mais...

ALCESTE

     J'aurai le plaisir de perdre mon procès.

PHILINTE

Mais enfin...

ALCESTE

       Je verrai dans cette plaiderie
Si les hommes auront assez d'effronterie,
Seront assez méchants, scélérats, et pervers,
200 Pour me faire injustice aux yeux de l'univers.

PHILINTE

Quel homme !

ALCESTE

      Je voudrais, m'en coûtât-il grand-chose,
Pour la beauté du fait, avoir perdu ma cause.

PHILINTE

On se rirait de vous, Alceste, tout de bon,
Si l'on vous entendait parler de la façon.

ALCESTE

205 Tant pis pour qui rirait.

PHILINTE

         Mais cette rectitude
Que vous voulez en tout avec exactitude,
Cette pleine droiture où vous vous renfermez,
La trouvez-vous ici dans ce que vous aimez ?
Je m'étonne, pour moi, qu'étant, comme il le semble,
210 Vous et le genre humain si fort brouillés ensemble,
Malgré tout ce qui peut vous le rendre odieux,
Vous ayez pris chez lui ce qui charme vos yeux ;
Et ce qui me surprend encore davantage,
C'est cet étrange choix où votre cœur s'engage.
215 La sincère Eliante a du penchant pour vous,
La prude Arsinoé vous voit d'un œil fort doux :
Cependant à leurs vœux votre âme se refuse,
Tandis qu'en ses liens Célimène l'amuse,
De qui l'humeur coquette et l'esprit médisant

Semble si fort donner dans les mœurs d'à présent.
D'où vient que, leur portant une haine mortelle,
Vous pouvez bien souffrir ce qu'en tient cette belle ?
Ne sont-ce plus défauts dans un objet si doux ?
Ne les voyez-vous pas, ou les excusez-vous ?

ALCESTE

Non. L'amour que je sens pour cette jeune veuve
Ne ferme point mes yeux aux défauts qu'on lui treuve ;
Et je suis, quelque ardeur qu'elle m'ait pu donner,
Le premier à les voir, comme à les condamner.
Mais avec tout cela, quoi que je puisse faire,
Je confesse mon faible, elle a l'art de me plaire :
J'ai beau voir ses défauts, et j'ai beau l'en blâmer,
En dépit qu'on en ait, elle se fait aimer ;
Sa grâce est la plus forte ; et sans doute ma flamme
De ces vices du temps pourra purger son âme.

PHILINTE

Si vous faites cela, vous ne ferez pas peu.
Vous croyez être donc aimé d'elle ?

ALCESTE

                Oui, parbleu !
Je ne l'aimerais pas, si je ne croyais l'être.

PHILINTE

Mais, si son amitié pour vous se fait paraître,
D'où vient que vos rivaux vous causent de l'ennui ?

ALCESTE

C'est qu'un cœur bien atteint veut qu'on soit tout à lui ;
Et je ne viens ici qu'à dessein de lui dire
Tout ce que là-dessus ma passion m'inspire.

PHILINTE

Pour moi, si je n'avais qu'à former des désirs,
La cousine Eliante aurait tous mes soupirs ;
Son cœur, qui vous estime, est solide et sincère ;
Et ce choix, plus conforme, était mieux votre affaire.

ALCESTE

Il est vrai : ma raison me le dit chaque jour ;
Mais la raison n'est pas ce qui règle l'amour.

PHILINTE

Je crains fort pour vos feux, et l'espoir où vous êtes
Pourrait...

Scène II : Oronte, Alceste, Philinte.

ORONTE, *à Alceste.*

        J'ai su là-bas que, pour quelques emplettes,
Eliante est sortie, et Célimène aussi.
Mais, comme l'on m'a dit que vous étiez ici,
J'ai monté pour vous dire, et d'un cœur véritable,
Que j'ai conçu pour vous une estime incroyable,
Et que, depuis longtemps, cette estime m'a mis
Dans un ardent désir d'être de vos amis.
Oui, mon cœur au mérite aime à rendre justice,
Et je brûle qu'un nœud d'amitié nous unisse.
Je crois qu'un ami chaud, et de ma qualité,
N'est pas assurément pour être rejeté.

*Pendant le discours d'Oronte, Alceste est rêveur, et
semble ne pas entendre que c'est à lui qu'on parle. Il
ne sort de sa rêverie que quand Oronte lui dit :*
C'est à vous, s'il vous plaît, que ce discours s'adresse.

ALCESTE
A moi, monsieur ?
     ORONTE
     A vous. Trouvez-vous qu'il vous blesse ?
     ALCESTE
Non pas. Mais la surprise est fort grande pour moi,
Et je n'attendais pas l'honneur que je reçois.
     ORONTE
65 L'estime où je vous tiens ne doit point vous surprendre,
Et de tout l'univers vous la pouvez prétendre.
     ALCESTE
Monsieur...
     ORONTE
     L'état n'a rien qui ne soit au-dessous
Du mérite éclatant que l'on découvre en vous.
     ALCESTE
Monsieur...
     ORONTE
     Oui, de ma part, je vous tiens préférable
70 A tout ce que j'y vois de plus considérable.
     ALCESTE
Monsieur...
     ORONTE
     Sois-je du ciel écrasé, si je mens !
Et, pour vous confirmer ici mes sentiments,
Souffrez qu'à cœur ouvert, monsieur, je vous embrasse,
Et qu'en votre amitié je vous demande place.
75 Touchez là, s'il vous plaît. Vous me la promettez,
Votre amitié ?
     ALCESTE
     Monsieur...
     ORONTE
     Quoi ! vous y résistez ?
     ALCESTE   [faire,
Monsieur, c'est trop d'honneur que vous me voulez
Mais l'amitié demande un peu plus de mystère ;
Et c'est assurément en profaner le nom
80 Que de vouloir le mettre à toute occasion.
Avec lumière et choix cette union veut naître ;
Avant que nous lier, il faut nous mieux connaître ;
Et nous pourrions avoir telles complexions,
Que tous deux du marché nous nous repentirions.
     ORONTE
85 Parbleu ! c'est là-dessus parler en homme sage,
Et je vous en estime encore davantage.
Souffrons donc que le temps forme des nœuds si doux ;
Mais cependant je m'offre entièrement à vous.
S'il faut faire à la cour pour vous quelque ouverture,
90 On sait qu'auprès du roi je fais quelque figure ;
Il m'écoute, et dans tout il en use, ma foi,
Le plus honnêtement du monde avecque moi.
Enfin je suis à vous de toutes les manières ;
Et, comme votre esprit a de grandes lumières,
95 Je viens, pour commencer entre nous ce beau nœud,
Vous montrer un sonnet que j'ai fait depuis peu,
Et savoir s'il est bon qu'au public je l'expose.
     ALCESTE
Monsieur, je suis mal propre à décider la chose.
Veuillez m'en dispenser.

     ORONTE
     Pourquoi ?
     ALCESTE
     J'ai le défaut
D'être un peu plus sincère en cela qu'il ne faut. 300
     ORONTE
C'est ce que je demande ; et j'aurais lieu de plainte,
Si, m'exposant à vous pour me parler sans feinte,
Vous alliez me trahir, et me déguiser rien.
     ALCESTE
Puisqu'il vous plaît ainsi, monsieur, je le veux bien.
     ORONTE
Sonnet. C'est un sonnet... *L'espoir...* C'est une dame 305
Qui de quelque espérance avait flatté ma flamme.
L'espoir... Ce ne sont point de ces grands vers pompeux
Mais de petits vers doux, tendres, et langoureux.
     ALCESTE
Nous verrons bien.
     ORONTE
     L'espoir... Je ne sais si le style
Pourra vous en paraître assez net et facile, 310
Et si du choix des mots vous vous contenterez.
     ALCESTE
Nous allons voir, monsieur.
     ORONTE
     Au reste, vous saurez
Que je n'ai demeuré qu'un quart d'heure à le faire.
     ALCESTE
Voyons, monsieur ; le temps ne fait rien à l'affaire.
     ORONTE *lit.*
  L'espoir, il est vrai, nous soulage, 315
  Et nous berce une temps notre ennui ;
  Mais, Philis, le triste avantage,
  Lorsque rien ne marche après lui !
     PHILINTE
Je suis déjà charmé de ce petit morceau.
     ALCESTE, *bas, à Philinte.*
Quoi ! vous avez le front de trouver cela beau ? 320
     ORONTE
  Vous eûtes de la complaisance ;
  Mais vous en deviez moins avoir,
  Et ne vous pas mettre en dépense
  Pour ne me donner que l'espoir.
     PHILINTE
Ah ! qu'en termes galants ces choses-là sont mises ! 325
     ALCESTE, *bas à Philinte.*
Morbleu ! vil complaisant, vous louez des sottises ?
     ORONTE
  S'il faut qu'une attente éternelle
  Pousse à bout l'ardeur de mon zèle,
  Le trépas sera mon recours.

  Vos soins ne m'en peuvent distraire : 330
  Belle Philis, on désespère
  Alors qu'on espère toujours.
     PHILINTE
La chute en est jolie, amoureuse, admirable.
     ALCESTE, *bas, à part.*
La peste de ta chute ! empoisonneur au diable !
En eusses-tu fait une à te casser le nez ! 335

PHILINTE
Je n'ai jamais ouï de vers si bien tournés.

ALCESTE, *bas, à part.*
Morbleu !

ORONTE, *à Philinte.*
Vous me flattez ; et vous croyez peut-être...

PHILINTE
Non, je ne flatte point.

ALCESTE, *bas, à part.*
Hé ! que fais-tu donc, traître ?

ORONTE, *à Alceste.*
Mais, pour vous, vous savez quel est notre traité :
340 Parlez-moi, je vous prie, avec sincérité.

ALCESTE
Monsieur, cette matière est toujours délicate,
Et sur le bel esprit nous aimons qu'on nous flatte.
Mais un jour, à quelqu'un dont je tairai le nom,
Je disais, en voyant des vers de sa façon,   [pire
345 Qu'il faut qu'un galant homme ait toujours grand em-
Sur les démangeaisons qui nous prennent d'écrire ;
Qu'il doit tenir la bride aux grands empressements
Qu'on a de faire éclat de tels amusements ;
Et que, par la chaleur de montrer ses ouvrages,
350 On s'expose à jouer de mauvais personnages.

ORONTE
Est-ce que vous voulez me déclarer par là
Que j'ai tort de vouloir...

ALCESTE
                    Je ne dis pas cela.
Mais je lui disais, moi, qu'un froid écrit assomme ;
Qu'il ne faut que ce faible à décrier un homme ;
355 Et, qu'eût-on d'autre part cent belles qualités,
On regarde les gens par leurs méchants côtés.

ORONTE
Est-ce qu'à mon sonnet vous trouvez à redire ?

ALCESTE
Je ne dis pas cela. Mais, pour ne point écrire,
Je lui mettais aux yeux comme, dans notre temps,
360 Cette soif a gâté de fort honnêtes gens.

ORONTE
Est-ce que j'écris mal ? et leur ressemblerais-je ?

ALCESTE
Je ne dis pas cela. Mais enfin, lui disais-je,
Quel besoin si pressant avez-vous de rimer ?
Et qui diantre vous pousse à vous faire imprimer ?
365 Si l'on peut pardonner l'essor d'un mauvais livre,
Ce n'est qu'aux malheureux qui composent pour
Croyez-moi, résistez à vos tentations,   [vivre.
Dérobez au public ces occupations,
Et n'allez point quitter, de quoi que l'on vous somme,
370 Le nom que dans la cour vous avez d'honnête homme,
Pour prendre, de la main d'un avide imprimeur,
Celui de ridicule et misérable auteur.
C'est ce que je tâchais de lui faire comprendre.

ORONTE
Voilà qui va fort bien, et je crois vous entendre.
375 Mais ne puis-je savoir ce que dans mon sonnet...

ALCESTE
Franchement, il est bon à mettre au cabinet.
Vous vous êtes réglé sur de méchants modèles,

Et vos expressions ne sont point naturelles.
Qu'est-ce que *Nous berce un temps notre ennui ?*
Et que *Rien ne marche après lui ?*
Que *Ne vous pas mettre en dépense,*
Pour ne me donner que l'espoir ?
Et que *Philis, on désespère,*
Alors qu'on espère toujours ?

Ce style figuré, dont on fait vanité
Sort du bon caractère et de la vérité,
Ce n'est que jeu de mots, qu'affectation pure,
Et ce n'est point ainsi que parle la nature.
Le méchant goût du siècle en cela me fait peur ;
Nos pères, tout grossiers, l'avaient beaucoup meilleur :
Et je prise bien moins tout ce que l'on admire,
Qu'une vieille chanson que je m'en vais vous dire :

Si le roi m'avait donné
  Paris, sa grand-ville,
Et qu'il me fallût quitter
  L'amour de ma mie,
Je dirais au roi Henri :
Reprenez votre Paris,
J'aime mieux ma mie, au gué !
  J'aime mieux ma mie.

La rime n'est pas riche, et le style en est vieux :
Mais ne voyez-vous pas que cela vaut bien mieux
Que ces colifichets dont le bon sens murmure,
Et que la passion parle là toute pure ?

Si le roi m'avait donné
  Paris, sa grand-ville,
Et qu'il me fallût quitter
  L'amour de ma mie,
Je dirais au roi Henri :
Reprenez votre Paris,
J'aime mieux ma mie, au gué !
  J'aime mieux ma mie.

Voilà ce que peut dire un cœur vraiment épris.
A Philinte, qui rit.
Oui, monsieur le rieur, malgré vos beaux esprits,
J'estime plus cela que la pompe fleurie
De tous ces faux brillants où chacun se récrie.

ORONTE
Et moi, je vous soutiens que mes vers sont fort bons.

ALCESTE
Pour les trouver ainsi, vous avez vos raisons ;
Mais vous trouverez bon que j'en puisse avoir d'autres
Qui se dispenseront de se soumettre aux vôtres.

ORONTE
Il me suffit de voir que d'autres en font cas.

ALCESTE
C'est qu'ils ont l'art de feindre ; et moi, je ne l'ai pas.

ORONTE
Croyez-vous donc avoir tant d'esprit en partage ?

ALCESTE
Si je louais vos vers, j'en aurais davantage.

ORONTE
Je me passerai bien que vous les approuviez.

ALCESTE

Il faut bien, s'il vous plaît, que vous vous en passiez.

ORONTE

Je voudrais bien, pour voir, que, de votre manière,
Vous en composassiez sur la même matière.

ALCESTE

J'en pourrais, par malheur, faire d'aussi méchants ;
430 Mais je me garderais de les montrer aux gens.

ORONTE

Vous me parlez bien ferme ; et cette suffisance...

ALCESTE

Autre part que chez moi cherchez qui vous encense.

ORONTE

Mais, mon petit monsieur, prenez-le un peu moins

ALCESTE   [haut.

Ma foi, mon grand monsieur, je le prends comme il

PHILINTE, *se mettant entre deux.*   [faut.

435 Hé ! messieurs, c'en est trop. Laissez cela, de grâce.

ORONTE

Ah ! j'ai tort, je l'avoue, et je quitte la place.
Je suis votre valet, monsieur, de tout mon cœur.

ALCESTE

Et moi, je suis, monsieur, votre humble serviteur.

Scène III : Philinte, Alceste.

PHILINTE

Hé bien ! vous le voyez. Pour être trop sincère,
440 Vous voilà sur les bras une fâcheuse affaire ;
Et j'ai bien vu qu'Oronte, afin d'être flatté...

ALCESTE

Ne me parlez pas.

PHILINTE

     Mais...

ALCESTE

        Plus de société.

PHILINTE

C'est trop...

ALCESTE

     Laissez-moi là.

PHILINTE

        Si je...

ALCESTE

          Point de langage.

PHILINTE

Mais quoi !...

ALCESTE

     Je n'entends rien.

PHILINTE

        Mais...

ALCESTE

          Encore ?

PHILINTE

          On outrage...

ALCESTE

445 Ah ! parbleu ! c'en est trop. Ne suivez point mes pas.

PHILINTE

Vous vous moquez de moi : je ne vous quitte pas.

ACTE SECOND

Scène I : Alceste, Célimène.

ALCESTE

Madame, voulez-vous que je vous parle net ?
De vos façons d'agir je suis mal satisfait :
Contre elles dans mon cœur trop de bile s'assemble,
Et je sens qu'il faudra que nous rompions ensemble : 450
Oui, je vous tromperais de parler autrement ;
Tôt ou tard nous romprons indubitablement ;
Et je vous promettrais mille fois le contraire,
Que je ne serais pas en pouvoir de le faire.

CÉLIMÈNE

C'est pour me quereller donc, à ce que je vois,   455
Que vous avez voulu me ramener chez moi ?

ALCESTE

Je ne querelle point. Mais votre humeur, madame,
Ouvre au premier venu trop d'accès dans votre âme :
Vous avez trop d'amants qu'on voit vous obséder ;
Et mon cœur de cela ne peut s'accommoder.   460

CÉLIMÈNE

Des amants que je fais me rendez-vous coupable ?
Puis-je empêcher les gens de me trouver aimable ?
Et lorsque pour me voir ils font de doux efforts,
Dois-je prendre un bâton pour les mettre dehors ?

ALCESTE   [dre

Non, ce n'est pas, madame, un bâton qu'il faut pren- 465
Mais un cœur à leurs vœux moins facile et moins ten-
Je sais que vos appas vous suivent en tous lieux ; [dre.
Mais votre accueil retient ceux qu'attirent vos yeux ;
Et sa douceur, offerte à qui vous rend les armes,
Achève sur les cœurs l'ouvrage de vos charmes.   470
Le trop riant espoir que vous leur présentez
Attache autour de vous leurs assiduités ;
Et votre complaisance, un peu moins étendue,
De tant de soupirants chasserait la cohue.
Mais, au moins, dites-moi, madame, par quel sort   475
Votre Clitandre a l'heur de vous plaire si fort ?
Sur quel fonds de mérite et de vertu sublime
Appuyez-vous en lui l'honneur de votre estime ?
Est-ce par l'ongle long qu'il porte au petit doigt
Qu'il s'est acquis chez vous l'estime où l'on le voit ? 480
Vous êtes-vous rendue, avec tout le beau monde,
Au mérite éclatant de sa perruque blonde ?
Sont-ce ses grands canons qui vous le font aimer ?
L'amas de ses rubans a-t-il su vous charmer ?
Est-ce par les appas de sa vaste rhingrave   485
Qu'il a gagné votre âme en faisant votre esclave ?
Ou sa façon de rire, et son ton de fausset,
Ont-ils de vous toucher su trouver le secret ?

CÉLIMÈNE

Qu'injustement de lui vous prenez de l'ombrage !
Ne savez-vous pas bien pourquoi je le ménage ;   490
Et que dans mon procès, ainsi qu'il m'a promis,
Il peut intéresser tout ce qu'il a d'amis ?

ALCESTE

Perdez votre procès, madame, avec constance,
Et ne ménagez point un rival qui m'offense.

CÉLIMÈNE

495 Mais de tout l'univers vous devenez jaloux.

ALCESTE

C'est que tout l'univers est bien reçu de vous.

CÉLIMÈNE

C'est ce qui doit rasseoir votre âme effarouchée,
Puisque ma complaisance est sur tous épanchée :
Et vous auriez plus lieu de vous en offenser,
500 Si vous me la voyiez sur un seul ramasser.

ALCESTE

Mais moi, que vous blâmez de trop de jalousie,
Qu'ai-je de plus qu'eux tous, madame, je vous prie ?

CÉLIMÈNE

Le bonheur de savoir que vous êtes aimé.

ALCESTE

Et quel lieu de le croire, à mon cœur enflammé ?

CÉLIMÈNE

505 Je pense qu'ayant pris le soin de vous le dire,
Un aveu de la sorte a de quoi vous suffire.

ALCESTE

Mais qui m'assurera que, dans le même instant,
Vous n'en disiez peut-être aux autres tout autant ?

CÉLIMÈNE

Certes, pour un amant, la fleurette est mignonne,
510 Et vous me traitez là de gentille personne.
Hé bien ! pour vous ôter d'un semblable souci,
De tout ce que j'ai dit je me dédis ici ;
Et rien ne saurait plus vous tromper que vous-même :
Soyez content.

ALCESTE

Morbleu ! faut-il que je vous aime !
515 Ah ! que si de vos mains je rattrape mon cœur,
Je bénirai le ciel de ce rare bonheur !
Je ne le cèle pas, je fais tout mon possible
A rompre de ce cœur l'attachement terrible ;
Mais mes plus grands efforts n'ont rien fait jusqu'ici ;
520 Et c'est pour mes péchés que je vous aime ainsi.

CÉLIMÈNE

Il est vrai, votre ardeur est pour moi sans seconde.

ALCESTE

Oui, je puis là-dessus défier tout le monde.
Mon amour ne se peut concevoir ; et jamais
Personne n'a, madame, aimé comme je fais.

CÉLIMÈNE

525 En effet, la méthode en est toute nouvelle,
Car vous aimez les gens pour leur faire querelle ;
Ce n'est qu'en mots fâcheux qu'éclate votre ardeur,
Et l'on n'a vu jamais un amour si grondeur.

ALCESTE

Mais il ne tient qu'à vous que son chagrin ne passe.
530 A tous nos démêlés coupons chemin, de grâce ;
Parlons à cœur ouvert, et voyons d'arrêter...

Scène II : Célimène, Alceste, Basque.

CÉLIMÈNE

Qu'est-ce ?

BASQUE

Acaste est là-bas.

CÉLIMÈNE

Hé bien ! faites monter.

ALCESTE

Quoi ! l'on ne peut jamais vous parler tête à tête ?
A recevoir le monde on vous voit toujours prête ;
Et vous ne pouvez pas, un seul moment de tous,
Vous résoudre à souffrir de n'être pas chez vous ?

CÉLIMÈNE

Voulez-vous qu'avec lui je me fasse une affaire ?

ALCESTE

Vous avez des regards qui ne sauraient me plaire.

CÉLIMÈNE

C'est un homme à jamais ne me le pardonner,
S'il savait que sa vue eût pu m'importuner.

ALCESTE

Et que vous fait cela pour vous gêner de sorte... ?

CÉLIMÈNE

Mon Dieu ! de ses pareils la bienveillance importe ;
Et ce sont de ces gens qui, je ne sais comment,
Ont gagné, dans la cour, de parler hautement.
Dans tous les entretiens on les voit s'introduire ;
Ils ne sauraient servir, mais ils peuvent vous nuire ;
Et jamais, quelque appui qu'on puisse avoir d'ailleurs,
On ne doit se brouiller avec ces grands brailleurs.

ALCESTE

Enfin, quoi qu'il en soit, et sur quoi qu'on se fonde,
Vous trouvez des raisons pour souffrir tout le monde ;
Et les précautions de votre jugement...

Scène III : Alceste, Célimène, Basque.

BASQUE

Voici Clitandre encor, madame.

ALCESTE

Justement.

CÉLIMÈNE

Où courez-vous ?

ALCESTE

Je sors.

CÉLIMÈNE

Demeurez.

ALCESTE

Pourquoi faire ?

CÉLIMÈNE

Demeurez.

ALCESTE

Je ne puis.

CÉLIMÈNE

Je le veux.

ALCESTE

Point d'affaire.
Ces conversations ne font que m'ennuyer,
Et c'est trop que vouloir me les faire essuyer.

CÉLIMÈNE

Je le veux, je le veux.

ALCESTE

Non, il m'est impossible.

CÉLIMÈNE

Hé bien ! allez, sortez, il vous est tout loisible.

*Scène IV : Eliante, Philinte, Acaste,
Clitandre, Alceste, Célimène, Basque.*

ÉLIANTE, *à Célimène.*

Voici les deux marquis qui montent avec nous.
60 Vous l'est-on venu dire ?

CÉLIMÈNE, *à Basque.*

Oui, Des sièges pour tous.
Basque donne des sièges et sort. A Alceste.
Vous n'êtes pas sorti ?

ALCESTE

Non ; mais je veux, madame,
Ou pour eux, ou pour moi, faire expliquer votre âme.

CÉLIMÈNE

Taisez-vous.

ALCESTE

Aujourd'hui vous vous expliquerez.

CÉLIMÈNE

Vous perdez le sens.

ALCESTE

Point. Vous vous déclarerez.

CÉLIMÈNE

65 Ah !

ALCESTE

Vous prendrez parti.

CÉLIMÈNE

Vous vous moquez, je pense.

ALCESTE

Non. Mais vous choisirez. C'est trop de patience.

CLITANDRE

Parbleu ! je viens du Louvre, où Cléonte, au levé,
Madame, a bien paru ridicule achevé,
N'a-t-il point quelque ami qui pût, sur ses manières,
70 D'un charitable avis lui prêter les lumières ?

CÉLIMÈNE

Dans le monde, à vrai dire, il se barbouille fort ;
Partout il porte un air qui saute aux yeux d'abord ;
Et, lorsqu'on le revoit après un peu d'absence,
On le retrouve encor plus plein d'extravagance.

ACASTE

75 Parbleu ! s'il faut parler de gens extravagants,
Je viens d'en essuyer un des plus fatigants ;
Damon le raisonneur, qui m'a, ne vous déplaise,
Une heure, au grand soleil, tenu hors de ma chaise.

CÉLIMÈNE

C'est un parleur étrange, et qui trouve toujours
80 L'art de ne vous rien dire avec de grands discours :
Dans les propos qu'il tient on ne voit jamais goutte,
Et ce n'est que du bruit que tout ce qu'on écoute.

ÉLIANTE, *à Philinte.*

Ce début n'est pas mal ; et, contre le prochain,
La conversation prend un assez bon train.

CLITANDRE

85 Timante, encor, madame, est un bon caractère.

CÉLIMÈNE

C'est de la tête aux pieds un homme tout mystère,
Qui vous jette, en passant, un coup d'œil égaré,
Et, sans aucune affaire, est toujours affairé.
Tout ce qu'il vous débite en grimaces abonde ;
90 A force de façons, il assomme le monde ;

Sans cesse il a tout bas, pour rompre l'entretien,
Un secret à vous dire, et ce secret n'est rien ;
De la moindre vétille il fait une merveille,
Et jusques au bonjour, il dit tout à l'oreille.

ACASTE

Et Géralde, madame ?

CÉLIMÈNE

O l'ennuyeux conteur !   595
Jamais on ne le voit sortir du grand seigneur ;
Dans le brillant commerce il se mêle sans cesse,
Et ne cite jamais que duc, prince, ou princesse.
La qualité l'entête, et tous ses entretiens
Ne sont que de chevaux, d'équipage, et de chiens :   600
Il tutaye, en parlant, ceux du plus haut étage,
Et le nom de monsieur est chez lui hors d'usage.

CLITANDRE

On dit qu'avec Bélise il est du dernier bien.

CÉLIMÈNE

Le pauvre esprit de femme, et le sec entretien !
Lorsqu'elle vient me voir, je souffre le martyre ;   605
Il faut suer sans cesse à chercher que lui dire ;
Et la stérilité de son expression
Fait mourir à tous coups la conversation.
En vain, pour attaquer son stupide silence,
De tous les lieux communs vous prenez l'assistance ;   610
Le beau temps et la pluie, et le froid et le chaud,
Sont des fonds qu'avec elle on épuise bientôt.
Cependant sa visite, assez insupportable,
Traîne en une longueur encore épouvantable ;
Et l'on demande l'heure, et l'on bâille vingt fois,   615
Qu'elle grouille aussi peu qu'une pièce de bois.

ACASTE

Que vous semble d'Adraste ?

CÉLIMÈNE

Ah ! quel orgueil extrême !
C'est un homme gonflé de l'amour de soi-même.
Son mérite jamais n'est content de la cour ;
Contre elle il fait métier de pester chaque jour ;   620
Et l'on ne donne emploi, charge ni bénéfice,
Qu'à tout ce qu'il se croit on ne fasse injustice.

CLITANDRE

Mais le jeune Cléon, chez qui vont aujourd'hui
Nos plus honnêtes gens, que dites-vous de lui ?

CÉLIMÈNE

Que de son cuisinier il s'est fait un mérite,   625
Et que c'est à sa table à qui l'on rend visite.

ÉLIANTE

Il prend soin d'y servir des mets fort délicats.

CÉLIMÈNE

Oui ; mais je voudrais bien qu'il ne s'y servît pas :
C'est un fort méchant plat que sa sotte personne,
Et qui gâte, à mon goût, tous les repas qu'il donne.   630

PHILINTE

On fait assez de cas de son oncle Damis ;
Qu'en dites-vous, madame ?

CÉLIMÈNE

Il est de mes amis.

PHILINTE

Je le trouve honnête homme, et d'un air assez sage.

CÉLIMÈNE

Oui ; mais il veut avoir trop d'esprit, dont j'enrage.
635 Il est guindé sans cesse ; et, dans tous ses propos,
On voit qu'il se travaille à dire de bons mots.
Depuis que dans la tête il s'est mis d'être habile,
Rien ne touche son goût, tant il est difficile.
Il veut voir des défauts à tout ce qu'on écrit,
640 Et pense que louer n'est pas d'un bel esprit,
Que c'est être savant que trouver à redire,
Qu'il n'appartient qu'aux sots d'admirer et de rire,
Et qu'en n'approuvant rien des ouvrages du temps,
Il se met au-dessus de tous les autres gens.
645 Aux conversations même il trouve à reprendre ;
Ce sont propos trop bas pour y daigner descendre ;
Et, les deux bras croisés, du haut de son esprit
Il regarde en pitié tout ce que chacun dit.

ACASTE

Dieu me damne, voilà son portrait véritable.

CLITANDRE, à Célimène.

650 Pour bien peindre les gens vous êtes admirable.

ALCESTE

Allons, ferme, poussez, mes bons amis de cour ;
Vous n'en épargnez point, et chacun a son tour :
Cependant aucun d'eux à vos yeux ne se montre,
Qu'on ne vous voie en hâte aller à sa rencontre,
655 Lui présenter la main, et d'un baiser flatteur
Appuyer les serments d'être son serviteur.

CLITANDRE

Pourquoi s'en prendre à nous ? Si ce qu'on dit vous
Il faut que le reproche à madame s'adresse. [blesse,

ALCESTE

Non, morbleu ! c'est à vous ; et vos ris complaisants
660 Tirent de son esprit tous ces traits médisants.
Son humeur satirique est sans cesse nourrie
Par le coupable encens de votre flatterie ;
Et son cœur à railler trouverait moins d'appas,
S'il avait observé qu'on ne l'applaudît pas.
665 C'est ainsi qu'aux flatteurs on doit partout se prendre
Des vices où l'on voit les humains se répandre.

PHILINTE

Mais pourquoi pour ces gens un intérêt si grand,
Vous qui condamneriez ce qu'en eux on reprend ?

CÉLIMÈNE

Et ne faut-il pas bien que monsieur contredise ?
670 A la commune voix veut-on qu'il se réduise,
Et qu'il ne fasse pas éclater en tous lieux
L'esprit contrariant qu'il a reçu des cieux ?
Le sentiment d'autrui n'est jamais pour lui plaire :
Il prend toujours en main l'opinion contraire,
675 Et penserait paraître un homme du commun,
Si l'on voyait qu'il fût de l'avis de quelqu'un.
L'honneur de contredire a pour lui tant de charmes,
Qu'il prend contre lui-même assez souvent les armes ;
Et ses vrais sentiments sont combattus par lui,
680 Aussitôt qu'il les voit dans la bouche d'autrui.

ALCESTE

Les rieurs sont pour vous, madame, c'est tout dire ;
Et vous pouvez pousser contre moi la satire.

PHILINTE

Mais il est véritable aussi que votre esprit

Se gendarme toujours contre tout ce qu'on dit ;
Et que, par un chagrin que lui-même il avoue,   6
Il ne saurait souffrir qu'on blâme ni qu'on loue.

ALCESTE

C'est que jamais, morbleu ! les hommes n'ont raison,
Que le chagrin contre eux est toujours de saison,
Et que je vois qu'ils sont, sur toutes les affaires,
Loueurs impertinents, ou censeurs téméraires.   6

CÉLIMÈNE

Mais...

ALCESTE

Non, madame, non, quand j'en devrais mourir,
Vous avez des plaisirs que je ne puis souffrir ;
Et l'on a tort ici de nourrir dans votre âme
Ce grand attachement aux défauts qu'on y blâme.

CLITANDRE

Pour moi, je ne sais pas ; mais j'avouerai tout haut   6
Que j'ai cru jusqu'ici madame sans défaut.

ACASTE

De grâces et d'attraits je vois qu'elle est pourvue ;
Mais les défauts qu'elle a ne frappent point ma vue.

ALCESTE

Ils frappent tous la mienne ; et, loin de m'en cacher,
Elle sait que j'ai soin de les lui reprocher.   7
Plus on aime quelqu'un, moins il faut qu'on le flatte ;
A ne rien pardonner le pur amour éclate :
Et je bannirais, moi, tous ces lâches amants
Que je verrais soumis à tous mes sentiments,
Et dont, à tous propos, les molles complaisances   7
Donneraient de l'encens à mes extravagances.

CÉLIMÈNE

Enfin, s'il faut qu'à vous s'en rapportent les cœurs,
On doit, pour bien aimer, renoncer aux douceurs,
Et du parfait amour mettre l'honneur suprême
A bien injurier les personnes qu'on aime.   7

ÉLIANTE

L'amour, pour l'ordinaire, est peu fait à ces lois,
Et l'on voit les amants toujours vanter leur choix.
Jamais leur passion n'y voit rien de blâmable,
Et dans l'objet aimé tout leur devient aimable ;
Ils comptent les défauts pour des perfections,   7
Et savent y donner de favorables noms.
La pâle est au jasmin en blancheur comparable ;
La noire à faire peur, une brune adorable ;
La maigre a de la taille et de la liberté ;
La grasse est, dans son port, pleine de majesté ;   7
La malpropre sur soi, de peu d'attraits chargée,
Est mise sous le nom de beauté négligée ;
La géante paraît une déesse aux yeux ;
La naine, un abrégé des merveilles des cieux ;
L'orgueilleuse a le cœur digne d'une couronne ;   7
La fourbe a de l'esprit ; la sotte est toute bonne ;
La trop grande parleuse est d'agréable humeur ;
Et la muette garde une honnête pudeur.
C'est ainsi qu'un amant, dont l'ardeur est extrême,
Aime jusqu'aux défauts des personnes qu'il aime[1].   7

---

1. Ce morceau est tout ce qui reste d'une traduction
de Lucrèce en prose et en vers par Molière.

ALCESTE

Et moi, je soutiens, moi...

CÉLIMÈNE

Brisons là ce discours,
Et dans la galerie allons faire deux tours.
Quoi ! vous vous en allez, messieurs ?

CLITANDRE ET ACASTE

Non pas, madame.

ALCESTE

La peur de leur départ occupe fort votre âme.
35 Sortez quand vous voudrez, messieurs ; mais j'avertis
Que je ne sors qu'après que vous serez sortis.

ACASTE

A moins de voir madame en être importunée,
Rien ne m'appelle ailleurs de toute la journée.

CLITANDRE

Moi, pourvu que je puisse être au petit couché,
40 Je n'ai point d'autre affaire où je sois attaché.

CÉLIMÈNE, à Alceste.

C'est pour rire, je crois.

ALCESTE

Non, en aucune sorte.
Nous verrons si c'est moi que vous voudrez qui sorte.

Scène V : Alceste, Célimène, Eliante,
Acaste, Philinte, Clitandre, Basque.

BASQUE, à Alceste.

Monsieur, un homme est là qui voudrait vous parler
Pour affaire, dit-il, qu'on ne peut reculer.

ALCESTE

45 Dis-lui que je n'ai point d'affaires si pressées.

BASQUE

Il porte une jaquette à grand' basques plissées,
Avec du dor dessus.

CÉLIMÈNE, à Alceste.

Allez voir ce que c'est,
Ou bien faites-le entrer.

ALCESTE, allant au-devant du garde.

Qu'est-ce donc qu'il vous plaît?
Venez, monsieur.

Scène VI : Alceste, Célimène, Eliante,
Acaste, Philinte, Clitandre,
un garde de la maréchaussée.

LE GARDE

Monsieur, j'ai deux mots à vous dire.

ALCESTE

50 Vous pouvez parler haut, monsieur, pour m'en ins-
LE GARDE   [truire.
Messieurs les maréchaux, dont j'ai commandement,
Vous mandent de venir les trouver promptement,
Monsieur.

ALCESTE

Qui ? moi, monsieur ?

LE GARDE

Vous-même.

ALCESTE

Et pourquoi faire ?

PHILINTE, à Alceste.

C'est d'Oronte et de vous la ridicule affaire.

CÉLIMÈNE, à Philinte.

Comment ?

PHILINTE

Oronte et lui se sont tantôt bravés   755
Sur certains petits vers qu'il n'a pas approuvés ;
Et l'on veut assoupir la chose en sa naissance.

ALCESTE

Moi, je n'aurai jamais de lâche complaisance.

PHILINTE

Mais il faut suivre l'ordre : allons, disposez-vous.

ALCESTE

Quel accommodement veut-on faire entre nous ?   760
La voix de ces messieurs me condamnera-t-elle
A trouver bons les vers qui font notre querelle ?
Je ne me dédis point de ce que j'en ai dit,
Je les trouve méchants.

PHILINTE

Mais d'un plus doux esprit...

ALCESTE

Je n'en démordrai point, les vers sont exécrables.   765

PHILINTE

Vous devez faire voir des sentiments traitables.
Allons, venez.

ALCESTE

J'irai ; mais rien n'aura pouvoir
De me faire dédire.

PHILINTE

Allons vous faire voir.

ALCESTE

Hors qu'un commandement exprès du roi me vienne
De trouver bons les vers dont on se met en peine,   770
Je soutiendrai toujours, morbleu! qu'ils sont mauvais,
Et qu'un homme est pendable après les avoir faits.
A Clitandre et à Acaste, qui rient.
Par la sambleu ! messieurs, je ne croyais pas être
Si plaisant que je suis.

CÉLIMÈNE

Allez vite paraître
Où vous devez.

ALCESTE

J'y vais, madame ; et sur mes pas   775
Je reviens en ce lieu pour vider nos débats.

ACTE TROISIEME

Scène I : Clitandre, Acaste.

CLITANDRE

Cher marquis, je te vois l'âme bien satisfaite ;
Toute chose t'égaye, et rien ne t'inquiète.
En bonne foi, crois-tu, sans t'éblouir les yeux,
Avoir de grands sujets de paraître joyeux ?   780

ACASTE

Parbleu ! je ne vois pas, lorsque je m'examine,
Où prendre aucun sujet d'avoir l'âme chagrine.
J'ai du bien, je suis jeune, et sors d'une maison

Qui se peut dire noble avec quelque raison ;
785 Et je crois, par le rang que me donne ma race,
Qu'il est fort peu d'emplois dont je ne sois en passe.
Pour le cœur, dont sur tout nous devons faire cas,
On sait, sans vanité, que je n'en manque pas ;
Et l'on m'a vu pousser dans le monde une affaire
790 D'une assez vigoureuse et gaillarde manière.
Pour de l'esprit, j'en ai, sans doute ; et du bon goût,
A juger sans étude et raisonner de tout ;
A faire aux nouveautés, dont je suis idolâtre,
Figure de savant sur les bancs du théâtre ;
795 Y décider en chef, et faire du fracas
A tous les beaux endroits qui méritent des has !
Je suis assez adroit ; j'ai bon air, bonne mine,
Les dents belles surtout, et la taille fort fine.
Quant à se mettre bien, je crois, sans me flatter,
800 Qu'on serait mal venu de me le disputer.
Je me vois dans l'estime autant qu'on y puisse être,
Fort aimé du beau sexe, et bien auprès du maître.
Je crois qu'avec cela, mon cher marquis, je crois
Qu'on peut, par tout pays, être content de soi.

CLITANDRE
805 Oui. Mais, trouvant ailleurs des conquêtes faciles,
Pourquoi pousser ici des soupirs inutiles ?

ACASTE
Moi ? parbleu ! je ne suis de taille ni d'humeur
A pouvoir d'une belle essuyer la froideur.
C'est aux gens mal tournés, aux mérites vulgaires,
810 A brûler constamment pour des beautés sévères,
A languir à leurs pieds et souffrir leurs rigueurs,
A chercher le secours des soupirs et des pleurs,
Et tâcher, par des soins d'une très longue suite,
D'obtenir ce qu'on nie à leur peu de mérite.
815 Mais les gens de mon air, marquis, ne sont pas faits
Pour aimer à crédit, et faire tous les frais.
Quelque rare que soit le mérite des belles,
Je pense, Dieu merci, qu'on vaut son prix comme elles ;
Que, pour se faire honneur d'un cœur comme le mien,
820 Ce n'est pas la raison qu'il ne leur coûte rien ;
Et qu'au moins, à tout mettre en de justes balances,
Il faut qu'à frais communs se fassent les avances.

CLITANDRE
Tu penses donc, marquis, être fort bien ici ?

ACASTE
J'ai quelque lieu, marquis, de le penser ainsi.

CLITANDRE
825 Crois-moi, détache-toi de cette erreur extrême :
Tu te flattes, mon cher, et t'aveugles toi-même.

ACASTE
Il est vrai, je me flatte et m'aveugle en effet.

CLITANDRE
Mais qui te fait juger ton bonheur si parfait ?

ACASTE
Je me flatte.

CLITANDRE
Sur quoi fonder tes conjectures ?

ACASTE
830 Je m'aveugle.

CLITANDRE
En as-tu des preuves qui soient sûres ?

ACASTE
Je m'abuse, te dis-je.

CLITANDRE
Est-ce que de ses vœux
Célimène t'a fait quelques secrets aveux ?

ACASTE
Non, je suis maltraité.

CLITANDRE
Réponds-moi, je te prie.

ACASTE
Je n'ai que des rebuts.

CLITANDRE
Laissons la raillerie,
Et me dis quel espoir on peut t'avoir donné.   8.

ACASTE
Je suis le misérable, et toi le fortuné ;
On a pour ma personne une aversion grande,
Et quelqu'un de ces jours il faut que je me pende.

CLITANDRE
O çà, veux-tu, marquis, pour ajuster nos vœux,
Que nous tombions d'accord d'une chose tous deux ;   8
Que qui pourra montrer une marque certaine
D'avoir meilleure part au cœur de Célimène,
L'autre ici fera place au vainqueur prétendu,
Et le délivrera d'un rival assidu ?

ACASTE
Ah ! parbleu, tu me plais avec un tel langage,   8
Et, du bon de mon cœur, à cela je m'engage.
Mais, chut.

Scène II : Acaste, Célimène, Clitandre.

CÉLIMÈNE
Encore ici ?

CLITANDRE
L'amour retient nos pas.

CÉLIMÈNE
Je viens d'ouïr entrer un carrosse là-bas.
Savez-vous qui c'est ?

CLITANDRE
Non.

Scène III : Célimène, Acaste, Clitandre, Basque.

BASQUE
Arsinoé, madame,
Monte ici pour vous voir.

CÉLIMÈNE
Que me veut cette femme ?   8.

BASQUE
Eliante là-bas est à l'entretenir.

CÉLIMÈNE
De quoi s'avise-t-elle, et qui la fait venir ?

ACASTE
Pour prude consommée en tous lieux elle passe,
Et l'ardeur de son zèle...

CÉLIMÈNE
Oui, oui, franche grimace.
Dans l'âme elle est du monde ; et ses soins tentent tout   85

Pour accrocher quelqu'un, sans en venir à bout.
Elle ne saurait voir qu'avec un œil d'envie
Les amants déclarés dont une autre est suivie ;
Et son triste mérite, abandonné de tous,
50 Contre le siècle aveugle est toujours en courroux.
Elle tâche à couvrir d'un faux voile de prude
Ce que chez elle on voit d'affreuse solitude ;
Et, pour sauver l'honneur de ses faibles appas,
Elle attache du crime au pouvoir qu'ils n'ont pas.
55 Cependant un amant plairait fort à la dame,
Et même pour Alceste elle a tendresse d'âme.
Ce qu'il me rend de soins outrage ses attraits ;
Elle veut que ce soit un vol que je lui fais ,
Et son jaloux dépit, qu'avec peine elle cache,
70 En tous endroits sous main contre moi se détache.
Enfin je n'ai rien vu de si sot à mon gré :
Elle est impertinente au suprême degré,
Et...

Scène IV : Arsinoé, Célimène.

CÉLIMÈNE

Ah ! quel heureux sort en ce lieu vous amène ?
Madame, sans mentir, j'étais de vous en peine.

ARSINOÉ

75 Je viens pour quelque avis que j'ai cru vous devoir.

CÉLIMÈNE

Ah ! mon Dieu ! que je suis contente de vous voir !
Clitandre et Acaste sortent en riant.

ARSINOÉ

Leur départ ne pouvait plus à propos se faire.

CÉLIMÈNE

Voulons-nous nous asseoir ?

ARSINOÉ

Il n'est pas nécessaire,
Madame, l'amitié doit surtout éclater
80 Aux choses qui le plus nous peuvent importer ;
Et comme il n'en est point de plus grande importance
Que celles de l'honneur et de la bienséance,
Je viens, par un avis qui touche votre honneur,
Témoigner l'amitié que pour vous a mon cœur.
85 Hier j'étais chez des gens de vertu singulière,
Où sur vous du discours on tourna la matière ;
Et là, votre conduite avec ses grands éclats,
Madame, eut le malheur qu'on ne la loua pas.
Cette foule de gens dont vous souffrez visite,
90 Votre galanterie, et les bruits qu'elle excite,
Trouvèrent des censeurs plus qu'il n'aurait fallu,
Et bien plus rigoureux que je n'eusse voulu.
Vous pouvez bien penser quel parti je sus prendre ;
Je fis ce que je pus pour vous pouvoir défendre ;
95 Je vous excusai fort sur votre intention,
Et voulus de votre âme être la caution.
Mais vous savez qu'il est des choses dans la vie
Qu'on ne peut excuser, quoiqu'on en ait envie ;
Et je me vis contrainte à demeurer d'accord
00 Que l'air dont vous viviez vous faisait un peu tort ;
Qu'il prenait dans le monde une méchante face ;
Qu'il n'est conte fâcheux que partout on n'en fasse ;
Et que, si vous vouliez, tous vos déportements

Pourraient moins donner prise aux mauvais juge-
Non que j'y croie au fond l'honnêteté blessée ; [ments 905
Me préserve le ciel d'en avoir la pensée !
Mais aux ombres du crime on prête aisément foi,
Et ce n'est pas assez de bien vivre pour soi.
Madame, je vous crois l'âme trop raisonnable
Pour ne pas prendre bien cet avis profitable,   910
Et pour l'attribuer qu'aux mouvements secrets
D'un zèle qui m'attache à tous vos intérêts.

CÉLIMÈNE

Madame, j'ai beaucoup de grâces à vous rendre ;
Un tel avis m'oblige ; et, loin de le mal prendre,
J'en prétends reconnaître à l'instant la faveur   915
Par un avis aussi qui touche votre honneur ;
Et, comme je vous vois vous montrer mon amie,
En m'apprenant les bruits que de moi l'on publie,
Je veux suivre, à mon tour, un exemple si doux,
En vous avertissant de ce qu'on dit de vous.   920
En un lieu, l'autre jour, où je faisais visite,
Je trouvai quelques gens d'un très rare mérite,
Qui, parlant des vrais soins d'une âme qui vit bien,
Firent tomber sur vous, madame, l'entretien.
Là, votre pruderie et vos éclats de zèle   925
Ne furent pas cités comme un fort bon modèle ;
Cette affectation d'un grave extérieur,
Vos discours éternels de sagesse et d'honneur,
Vos mines et vos cris aux ombres d'indécence
Que d'un mot ambigu peut avoir l'innocence,   930
Cette hauteur d'estime où vous êtes de vous,
Et ces yeux de pitié que vous jetez sur tous,
Vos fréquentes leçons et vos aigres censures
Sur des choses qui sont innocentes et pures,
Tout cela, si je puis vous parler franchement,   935
Madame, fut blâmé d'un commun sentiment.
A quoi bon, disaient-ils, cette mine modeste,
Et ce sage dehors que dément tout le reste ?
Elle est à bien prier exacte au dernier point ;
Mais elle bat ses gens, et ne les paye point.   940
Dans tous les lieux dévots elle étale un grand zèle ;
Mais elle met du blanc, et veut paraître belle.
Elle fait des tableaux couvrir les nudités ;
Mais elle a de l'amour pour les réalités.
Pour moi, contre chacun je pris votre défense,   945
Et leur assurai fort que c'était médisance ;
Mais tous les sentiments combattirent le mien ;
Et leur conclusion fut que vous feriez bien
De prendre moins de soin des actions des autres,
Et de vous mettre un peu plus en peine des vôtres ;   950
Qu'on doit se regarder soi-même un fort long temps
Avant que de songer à condamner les gens ;
Qu'il faut mettre le poids d'une vie exemplaire
Dans les corrections qu'aux autres on veut faire ;
Et qu'encor vaut-il mieux s'en remettre, au besoin,   955
A ceux à qui le ciel en a commis le soin.
Madame, je vous crois aussi trop raisonnable
Pour ne pas prendre bien cet avis profitable,
Et pour l'attribuer qu'aux mouvements secrets
D'un zèle qui m'attache à tous vos intérêts.   960

ARSINOÉ

A quoi qu'en reprenant on soit assujettie,

Je ne m'attendais pas à cette repartie,
Madame ; et je vois bien, par ce qu'elle a d'aigreur,
Que mon sincère avis vous a blessée au cœur.

CÉLIMÈNE

965 Au contraire, madame ; et, si l'on était sage,
Ces avis mutuels seraient mis en usage.
On détruirait par là, traitant de bonne foi,
Ce grand aveuglement où chacun est pour soi.
Il ne tiendra qu'à vous qu'avec le même zèle
970 Nous ne continuions cet office fidèle,
Et ne prenions grand soin de nous dire entre nous
Ce que nous entendrons, vous de moi, moi de vous.

ARSINOÉ

Ah ! madame, de vous je ne puis rien entendre ;
C'est en moi que l'on peut trouver fort à reprendre.

CÉLIMÈNE

975 Madame, on peut, je crois, louer et blâmer tout ;
Et chacun a raison, suivant l'âge ou le goût.
Il est une saison pour la galanterie,
Il en est une aussi propre à la pruderie.
On peut, par politique, en prendre le parti,
980 Quand de nos jeunes ans l'éclat est amorti ;
Cela sert à couvrir de fâcheuses disgrâces.
Je ne dis pas qu'un jour je ne suive vos traces :
L'âge amènera tout ; et ce n'est pas le temps,
Madame, comme on sait, d'être prude à vingt ans.

ARSINOÉ

985 Certes, vous vous targuez d'un bien faible avantage,
Et vous faites sonner terriblement votre âge.
Ce que de plus que vous on en pourrait avoir
N'est pas un si grand cas pour s'en tant prévaloir ;
Et je ne sais pourquoi votre âme ainsi s'emporte,
990 Madame, à me pousser de cette étrange sorte.

CÉLIMÈNE

Et moi, je ne sais pas, madame, aussi pourquoi
On vous voit en tous lieux vous déchaîner sur moi.
Faut-il de vos chagrins sans cesse à moi vous prendre ?
Et puis-je mais des soins qu'on ne va pas vous rendre ?
995 Si ma personne aux gens inspire de l'amour,
Et si l'on continue à m'offrir chaque jour
Des vœux que votre cœur peut souhaiter qu'on m'ôte,
Je n'y saurais que faire, et ce n'est pas ma faute ;
Vous avez le champ libre, et je n'empêche pas
1000 Que, pour les attirer, vous n'ayez des appas.

ARSINOÉ

Hélas ! et croyez-vous que l'on se mette en peine
De ce nombre d'amants dont vous faites la vaine,
Et qu'il ne nous soit pas fort aisé de juger
A quel prix aujourd'hui l'on peut les engager ?
1005 Pensez-vous faire croire, à voir comme tout roule,
Que votre seul mérite attire cette foule ?
Qu'ils ne brûlent pour vous que d'un honnête amour,
Et que pour vos vertus ils vous font tous la cour ?
On ne s'aveugle point par de vaines défaites ;
1010 Le monde n'est point dupe ; et j'en vois qui sont faites
A pouvoir inspirer de tendres sentiments,
Qui chez elles pourtant ne fixent point d'amants ;
Et de là nous pouvons tirer des conséquences
Qu'on n'acquiert point leurs cœurs sans de grandes
[avances ;

Qu'aucun, pour nos beaux yeux, n'est notre soupirant, 10
Et qu'il faut acheter tous les soins qu'on nous rend.
Ne vous enflez donc point d'une si grande gloire
Pour les petits brillants d'une faible victoire ;
Et corrigez un peu l'orgueil de vos appas,
De traiter pour cela les gens de haut en bas. 10
Si nos yeux enviaient les conquêtes des vôtres,
Je pense qu'on pourrait faire comme les autres,
Ne se point ménager, et vous faire bien voir
Que l'on a des amants quand on en veut avoir.

CÉLIMÈNE

Ayez-en donc, madame, et voyons cette affaire ; 10
Par ce rare secret efforcez-vous de plaire ;
Et sans...

ARSINOÉ

Brisons, madame, un pareil entretien,
Il pousserait trop loin votre esprit et le mien ;
Et j'aurais pris déjà le congé qu'il faut prendre,
Si mon carrosse encor ne m'obligeait d'attendre. 10

CÉLIMÈNE

Autant qu'il vous plaira vous pouvez arrêter,
Madame, et là-dessus rien ne doit vous hâter.
Mais, sans vous fatiguer de ma cérémonie,
Je m'en vais vous donner meilleure compagnie ;
Et monsieur, qu'à propos le hasard fait venir, 10
Remplira mieux ma place à vous entretenir.
Alceste, il faut que j'aille écrire un mot de lettre
Que, sans me faire tort, je ne saurais remettre.
Soyez avec madame ; elle aura la bonté
D'excuser aisément mon incivilité. 10

Scène V : Alceste, Arsinoé.

ARSINOÉ

Vous voyez, elle veut que je vous entretienne,
Attendant un moment que mon carrosse vienne ;
Et jamais tous ses soins ne pouvaient m'offrir rien
Qui me fût plus charmant qu'un pareil entretien.
En vérité, les gens d'un mérite sublime 10
Entraînent de chacun et l'amour et l'estime ;
Et le vôtre, sans doute, a des charmes secrets
Qui font entrer mon cœur dans tous vos intérêts.
Je voudrais que la cour, par un regard propice,
A ce que vous valez rendît plus de justice. 10
Vous avez à vous plaindre ; et je suis en courroux,
Quand je vois chaque jour qu'on ne fait rien pour vous.

ALCESTE

[tendre?
Moi, madame ? Et sur quoi pourrais-je en rien pré-
Quel service à l'Etat est-ce qu'on m'a vu rendre ?
Qu'ai-je fait, s'il vous plaît, de si brillant de soi, 10
Pour me plaindre à la cour qu'on ne fait rien pour moi?

ARSINOÉ

Tous ceux sur qui la cour jette des yeux propices
N'ont pas toujours rendu de ces fameux services ;
Il faut l'occasion ainsi que le pouvoir.
Et le mérite enfin que vous nous faites voir 10
Devrait...

ALCESTE

Mon Dieu ! laissons mon mérite, de grâce ;
De quoi voulez-vous là que la cour s'embarrasse ?

Elle aurait fort à faire, et ses soins seraient grands,
D'avoir à déterrer le mérite des gens.

ARSINOÉ

65 Un mérite éclatant se déterre lui-même.
Du vôtre en bien des lieux on fait un cas extrême ;
Et vous saurez de moi qu'en deux fort bons endroits
Vous fûtes hier loué par des gens d'un grand poids.

ALCESTE

Hé ! madame, l'on loue aujourd'hui tout le monde,
70 Et le siècle par là n'a rien qu'on ne confonde.
Tout est d'un grand mérite également doué,
Ce n'est plus un honneur que de se voir loué ;
D'éloges on regorge, à la tête on les jette,
Et mon valet de chambre est mis dans la gazette.

ARSINOÉ   [mieux,

75 Pour moi, je voudrais bien que, pour vous montrer
Une charge à la cour vous pût frapper les yeux.
Pour peu que d'y songer vous nous fassiez les mines,
On peut, pour vous servir, remuer des machines ;
Et j'ai des gens en main que j'emploierai pour vous,
80 Qui vous feront à tout un chemin assez doux.

ALCESTE

Et que voudriez-vous, madame, que j'y fisse ?
L'humeur dont je me sens veut que je m'en bannisse;
Le ciel ne m'a point fait, en me donnant le jour,
Une âme compatible avec l'air de la cour.
85 Je ne me trouve point les vertus nécessaires
Pour y bien réussir, et faire mes affaires.
Etre franc et sincère est mon premier talent ;
Je ne sais point jouer les hommes en parlant ;
Et qui n'a pas le don de cacher ce qu'il pense
90 Doit faire en ce pays fort peu de résidence.
Hors de la cour, sans doute, on n'a pas cet appui,
Et ces titres d'honneur qu'elle donne aujourd'hui ;
Mais on n'a pas aussi, perdant ces avantages,
Le chagrin de jouer de fort sots personnages :
95 On n'a point à souffrir mille rebuts cruels,
On n'a point à louer les vers de messieurs tels,
A donner de l'encens à madame une telle,
Et de nos francs marquis essuyer la cervelle.

ARSINOÉ

Laissons, puisqu'il vous plaît, ce chapitre de cour ;
00 Mais il faut que mon cœur vous plaigne en votre amour:
Et, pour vous découvrir là-dessus mes pensées,
Je souhaiterais fort vos ardeurs mieux placées.
Vous méritez sans doute un sort beaucoup plus doux,
Et celle qui vous charme est indigne de vous.

ALCESTE

05 Mais en disant cela, songez-vous, je vous prie,
Que cette personne est, madame, votre amie ?

ARSINOÉ

Oui. Mais ma conscience est blessée en effet
De souffrir plus longtemps le tort que l'on vous fait.
L'état où je vous vois afflige trop mon âme,
10 Et je vous donne avis qu'on trahit votre flamme.

ALCESTE

C'est me montrer, madame, un tendre mouvement,
Et de pareils avis obligent un amant.

ARSINOÉ

Oui, toute mon amie, elle est et je la nomme

Indigne d'asservir le cœur d'un galant homme ;
Et le sien n'a pour vous que de feintes douceurs.   1115

ALCESTE

Cela se peut, madame, on ne voit pas les cœurs ;
Mais votre charité se serait bien passée
De jeter dans le mien une telle pensée.

ARSINOÉ

Si vous ne voulez pas être désabusé,
Il faut ne vous rien dire ; il est assez aisé.   1120

ALCESTE

Non. Mais sur ce sujet, quoi que l'on nous expose,
Les doutes sont fâcheux plus que toute autre chose ;
Et je voudrais, pour moi, qu'on ne me fît savoir
Que ce qu'avec clarté l'on peut me faire voir.

ARSINOÉ

Hé bien ! c'est assez dit ; et, sur cette matière,   1125
Vous allez recevoir une pleine lumière.
Oui ; je veux que de tout vos yeux vous fassent foi.
Donnez-moi seulement la main jusque chez moi ;
Là je vous ferai voir une preuve fidèle
De l'infidélité du cœur de votre belle ;   1130
Et, si pour d'autres yeux le vôtre peut brûler,
On pourra vous offrir de quoi vous consoler.

ACTE QUATRIEME

Scène I : Eliante, Philinte.

PHILINTE

Non, l'on n'a point vu d'âme à manier si dure,
Ni d'accommodement plus pénible à conclure :
En vain de tous côtés on l'a voulu tourner,   1135
Hors de son sentiment on n'a pu l'entraîner ;
Et jamais différend si bizarre, je pense,
N'avait de ces messieurs occupé la prudence.
« Non, messieurs, disait-il, je ne me dédis point,
Et tomberai d'accord de tout, hors de ce point.   1140
De quoi s'offense-t-il ? et que veut-il me dire ?
Y va-t-il de sa gloire à ne pas bien écrire ?
Que lui fait mon avis, qu'il a pris de travers ?
On peut être honnête homme, et faire mal des vers :
Ce n'est point à l'honneur que touchent ces matières.   1145
Je le tiens galant homme en toutes les manières,
Homme de qualité, de mérite et de cœur,
Tout ce qu'il vous plaira; mais fort méchant auteur.
Je louerai, si l'on veut, son train et sa dépense,
Son adresse à cheval, aux armes, à la danse ;   1150
Mais, pour louer ses vers, je suis son serviteur ;
Et, lorsque d'en mieux faire on n'a pas le bonheur,
On ne doit de rimer avoir aucune envie,
Qu'on n'y soit condamné sur peine de la vie. »
Enfin toute la grâce et l'accommodement   1155
Où s'est avec effort plié son sentiment,
C'est de dire, croyant adoucir bien son style :
« Monsieur, je suis fâché d'être si difficile ;
Et, pour l'amour de vous, je voudrais, de bon cœur,
Avoir trouvé tantôt votre sonnet meilleur. »   1160
Et, dans une embrassade, on leur a, pour conclure,

Fait vite envelopper toute la procédure.

ÉLIANTE

Dans ses façons d'agir il est fort singulier ;
Mais, j'en fais, je l'avoue, un cas particulier ;
1165 Et la sincérité dont son âme se pique
A quelque chose en soi de noble et d'héroïque.
C'est une vertu rare, au siècle d'aujourd'hui,
Et je la voudrais voir partout comme chez lui.

PHILINTE

Pour moi, plus je le vois, plus surtout je m'étonne
1170 De cette passion où son cœur s'abandonne.
De l'humeur dont le ciel a voulu le former,
Je ne sais pas comment il s'avise d'aimer ;
Et je sais moins encor comment votre cousine
Peut être la personne où son penchant l'incline.

ÉLIANTE

1175 Cela fait assez voir que l'amour, dans les cœurs,
N'est pas toujours produit par un rapport d'humeurs;
Et toutes ces raisons de douces sympathies
Dans cet exemple-ci se trouvent démenties.

PHILINTE

Mais croyez-vous qu'on l'aime, aux choses qu'on peut
ÉLIANTE   [voir ?
1180 C'est un point qu'il n'est pas fort aisé de savoir.
Comment pouvoir juger s'il est vrai qu'elle l'aime ?
Son cœur de ce qu'il sent n'est pas bien sûr lui-même;
Il aime quelquefois sans qu'il le sache bien,
Et croit aimer aussi, parfois qu'il n'en est rien.

PHILINTE

1185 Je crois que notre ami, près de cette cousine,
Trouvera des chagrins plus qu'il ne s'imagine ;
Et, s'il avait mon cœur, à dire vérité,
Il tournerait ses vœux tout d'un autre côté ;
Et, par un choix plus juste, on le verrait, madame,
1190 Profiter des bontés que lui montre votre âme.

ÉLIANTE

Pour moi, je n'en fais point de façons, et je crois
Qu'on doit, sur de tels points, être de bonne foi.
Je ne m'oppose point à toute sa tendresse ;
Au contraire, mon cœur pour elle s'intéresse ;
1195 Et, si c'était qu'à moi la chose pût tenir,
Moi-même à ce qu'il aime on me verrait l'unir.
Mais si dans un tel choix, comme tout se peut faire,
Son amour éprouvait quelque destin contraire,
S'il fallait que d'un autre on couronnât les feux,
1200 Je pourrais me résoudre à recevoir ses vœux :
Et le refus souffert en pareille occurrence
Ne m'y ferait trouver aucune répugnance.

PHILINTE

Et moi, de mon côté je ne m'oppose pas,
Madame, à ces bontés qu'ont pour lui vos appas ;
1205 Et lui-même, s'il veut, il peut bien vous instruire
De ce que là-dessus j'ai pris soin de lui dire.
Mais si, par un hymen qui les joindrait eux deux,
Vous étiez hors d'état de recevoir ses vœux,
Tous les miens tenteraient la faveur éclatante
1210 Qu'avec tant de bonté votre âme lui présente :
Heureux si, quand son cœur s'y pourra dérober,
Elle pouvait sur moi, madame, retomber !

ÉLIANTE

Vous vous divertissez, Philinte.

PHILINTE

Non, madame,
Et je vous parle ici du meilleur de mon âme.
J'attends l'occasion de m'offrir hautement,   12
Et, de tous mes souhaits, j'en presse le moment.

Scène II : Alceste, Eliante, Philinte.

ALCESTE

Ah ! faites-moi raison, madame, d'une offense
Qui vient de triompher de toute ma constance.

ÉLIANTE

Qu'est-ce donc ? Qu'avez-vous qui vous puisse émou-
ALCESTE   [voir ?
J'ai ce que, sans mourir, je ne puis concevoir ;   12
Et le déchaînement de toute la nature
Ne m'accablerait pas comme cette aventure.
C'en est fait... Mon amour... Je ne saurais parler.

ÉLIANTE

Que votre esprit un peu tâche à se rappeler.

ALCESTE

O juste ciel ! faut-il qu'on joigne à tant de grâces   12
Les vices odieux des âmes les plus basses ?

ÉLIANTE

Mais encor, qui vous peut...

ALCESTE

                    Ah ! tout est ruiné ;
Je suis, je suis trahi, je suis assassiné.
Célimène... eût-on pu croire cette nouvelle ?
Célimène me trompe, et n'est qu'une infidèle.   12

ÉLIANTE

Avez-vous, pour le croire, un juste fondement ?

PHILINTE

Peut-être est-ce un soupçon conçu légèrement ;
Et votre esprit jaloux prend parfois des chimères...

ALCESTE

Ah! morbleu! mêlez-vous, monsieur, de vos affaires.
A Eliante.
C'est de sa trahison n'être que trop certain,   12
Que l'avoir, dans ma poche, écrite de sa main.
Oui, madame, une lettre écrite pour Oronte,
A produit à mes yeux ma disgrâce et sa honte ;
Oronte, dont j'ai cru qu'elle fuyait les soins,
Et que de mes rivaux je redoutais le moins.   12

PHILINTE

Une lettre peut bien tromper par l'apparence,
Et n'est pas quelquefois si coupable qu'on pense.

ALCESTE

Monsieur, encore un coup, laissez-moi, s'il vous plaît,
Et ne prenez souci que de votre intérêt.

ÉLIANTE

Vous devez modérer vos transports, et l'outrage....   12

ALCESTE

Madame, c'est à vous qu'appartient cet ouvrage ;
C'est à vous que mon cœur a recours aujourd'hui
Pour pouvoir s'affranchir de son cuisant ennui.
Vengez-moi d'une ingrate et perfide parente
Qui trahit lâchement une ardeur si constante,   12

Vengez-moi de ce trait qui doit vous faire horreur.

ÉLIANTE

Moi, vous venger ? Comment ?

ALCESTE

　　　　　　　　　　　En recevant mon cœur.
Acceptez-le, madame, au lieu de l'infidèle :
C'est par là que je puis prendre vengeance d'elle ;
5 Et je la veux punir par les sincères vœux,
Par le profond amour, les soins respectueux,
Les devoirs empressés et l'assidu service,
Dont ce cœur va vous faire un ardent sacrifice.

ÉLIANTE

Je compatis, sans doute, à ce que vous souffrez,
10 Et ne méprise point le cœur que vous m'offrez ;
Mais peut-être le mal n'est pas si grand qu'on pense,
Et vous pourrez quitter ce désir de vengeance.
Lorsque l'injure part d'un objet plein d'appas,
On fait force desseins qu'on n'exécute pas ;
15 On a beau voir, pour rompre une raison puissante,
Une coupable aimée est bientôt innocente :
Tout le mal qu'on lui veut se dissipe aisément,
Et l'on sait ce que c'est qu'un courroux d'un amant.

ALCESTE

Non, non, madame, non. L'offense est trop mortelle ;
20 Il n'est point de retour, et je romps avec elle ;
Rien ne saurait changer le dessein que j'en fais,
Et je me punirais de l'estimer jamais.
La voici. Mon courroux redouble à cette approche,
Je vais de sa noirceur lui faire un vif reproche,
25 Pleinement la confondre, et vous porter après
Un cœur tout dégagé de ses trompeurs attraits.

Scène III : Célimène, Alceste.

ALCESTE, à part.

O ciel ! de mes transports puis-je être ici le maître ?

CÉLIMÈNE

Ouais! Quel est donc le trouble où je vous vois paraî-
　　Et que me veulent dire, et ces soupirs poussés, [tre ?
30 Et ces sombres regards que sur moi vous lancez ?

ALCESTE

Que toutes les horreurs dont une âme est capable,
A vos déloyautés n'ont rien de comparable ;
Que le sort, les démons, et le ciel en courroux,
N'ont jamais rien produit de si méchant que vous.

CÉLIMÈNE

35 Voilà certainement des douceurs que j'admire.

ALCESTE

Ah ! ne plaisantez point, il n'est pas temps de rire :
Rougissez bien plutôt, vous en avez raison ;
Et j'ai de sûrs témoins de votre trahison.
Voilà ce que marquaient les troubles de mon âme ;
40 Ce n'était pas en vain que s'alarmait ma flamme ;
Par ces fréquents soupçons qu'on trouvait odieux,
Je cherchais le malheur qu'ont rencontré mes yeux ;
Et, malgré tous vos soins et votre adresse à feindre,
Mon astre me disait ce que j'avais à craindre :
45 Mais ne présumez pas que, sans être vengé,
Je souffre le dépit de me voir outragé.
Je sais que sur les vœux on n'a point de puissance,

Que l'amour veut partout naître sans dépendance,
Que jamais par la force on n'entra dans un cœur,
Et que toute âme est libre à nommer son vainqueur. 1300
Aussi ne trouverais-je aucun sujet de plainte,
Si pour moi votre bouche avait parlé sans feinte ;
Et, rejetant mes vœux dès le premier abord,
Mon cœur n'aurait eu droit de s'en prendre qu'au sort.
Mais d'un aveu trompeur voir ma flamme applaudie, 1305
C'est une trahison, c'est une perfidie,
Qui ne saurait trouver de trop grands châtiments ;
Et je puis tout permettre à mes ressentiments.
Oui, oui, redoutez tout après un tel outrage ;
Je ne suis plus à moi, je suis tout à la rage. 1310
Percé du coup mortel dont vous m'assassinez,
Mes sens par la raison ne sont plus gouvernés ;
Je cède aux mouvements d'une juste colère,
Et je ne réponds pas de ce que je puis faire.

CÉLIMÈNE

D'où vient donc, je vous prie, un tel emportement ? 1315
Avez-vous, dites-moi, perdu le jugement ?

ALCESTE

Oui, oui, je l'ai perdu, lorsque dans votre vue
J'ai pris, pour mon malheur, le poison qui me tue,
Et que j'ai cru trouver quelque sincérité
Dans les traîtres appas dont je fus enchanté. 1320

CÉLIMÈNE

De quelle trahison pouvez-vous donc vous plaindre ?

ALCESTE

Ah! que ce cœur est double, et sait bien l'art de feindre!
Mais, pour le mettre à bout, j'ai des moyens tous
Jetez ici les yeux, et connaissez vos traits : [prêts.
Ce billet découvert suffit pour vous confondre, 1325
Et contre ce témoin on n'a rien à répondre.

CÉLIMÈNE

Voilà donc le sujet qui vous trouble l'esprit ?

ALCESTE

Vous ne rougissez pas en voyant cet écrit !

CÉLIMÈNE

Et par quelle raison faut-il que j'en rougisse ?

ALCESTE

Quoi ! vous joignez ici l'audace à l'artifice ! 1330
Le désavouerez-vous, pour n'avoir point de seing ?

CÉLIMÈNE

Pourquoi désavouer un billet de ma main ?

ALCESTE

Et vous pouvez le voir sans demeurer confuse
Du crime dont vers moi son style vous accuse !

CÉLIMÈNE

Vous êtes, sans mentir, un grand extravagant. 1335

ALCESTE

Quoi ! vous bravez ainsi ce témoin convaincant !
Et ce qu'il m'a fait voir de douceur pour Oronte,
N'a donc rien qui m'outrage et qui vous fasse honte?

CÉLIMÈNE

Oronte ! Qui vous dit que la lettre est pour lui ?

ALCESTE　　　　　　　　　　　[d'hui.

Les gens qui dans mes mains l'ont remise aujour- 1340
Mais je veux consentir qu'elle soit pour un autre.
Mon cœur en a-t-il moins à se plaindre du vôtre ?
En serez-vous vers moi moins coupable en effet ?

CÉLIMÈNE

Mais si c'est une femme à qui va ce billet,
1345 En quoi vous blesse-t-il, et qu'a-t-il de coupable ?

ALCESTE

Ah ! le détour est bon, et l'excuse admirable.
Je ne m'attendais pas, je l'avoue, à ce trait ;
Et me voilà, par là, convaincu tout à fait.
Osez-vous recourir à ces ruses grossières ?
1350 Et croyez-vous les gens si privés de lumières ?
Voyons, voyons un peu par quel biais, de quel air,
Vous voulez soutenir un mensonge si clair ;
Et comment vous pourrez tourner pour une femme
Tous les mots d'un billet qui montre tant de flamme.
1355 Ajustez, pour couvrir un manquement de foi,
Ce que je m'en vais lire...

CÉLIMÈNE

Il ne me plaît pas, moi.

Je vous trouve plaisant d'user d'un tel empire,
Et de me dire au nez ce que vous m'osez dire.

ALCESTE

Non, non, sans s'emporter, prenez un peu souci
1360 De me justifier les termes que voici.

CÉLIMÈNE

Non, je n'en veux rien faire ; et, dans cette occurrence,
Tout ce que vous croirez m'est de peu d'importance.

ALCESTE

De grâce, montrez-moi, je serai satisfait,
Qu'on peut pour une femme expliquer ce billet.

CÉLIMÈNE

1365 Non, il est pour Oronte ; et je veux qu'on le croie.
Je reçois tous ses soins avec beaucoup de joie ;
J'admire ce qu'il dit, j'estime ce qu'il est,
Et je tombe d'accord de tout ce qu'il vous plaît.
Faites, prenez parti, que rien ne vous arrête,
1370 Et ne me rompez pas davantage la tête.

ALCESTE, à part.

Ciel ! rien de plus cruel peut-il être inventé,
Et jamais cœur fut-il de la sorte traité ?
Quoi ! d'un juste courroux je suis ému contre elle,
C'est moi qui me viens plaindre, et c'est moi qu'on que-
1375 On pousse ma douleur et mes soupçons à bout, [relle !
On me laisse tout croire, on fait gloire de tout ;
Et cependant mon cœur est encore assez lâche
Pour ne pouvoir briser la chaîne qui l'attache,
Et pour ne pas s'armer d'un généreux mépris
1380 Contre l'ingrat objet dont il est trop épris !
A Célimène.
Ah ! que vous savez bien ici, contre moi-même,
Perfide, vous servir de ma faiblesse extrême,
Et ménager pour vous l'excès prodigieux
De ce fatal amour né de vos traîtres yeux !
1385 Défendez-vous au moins d'un crime qui m'accable,
Et cessez d'affecter d'être avec moi coupable.
Rendez-moi, s'il se peut, ce billet innocent ;
A vous prêter les mains ma tendresse consent ;
Efforcez-vous ici de paraître fidèle,
1390 Et je m'efforcerai, moi, de vous croire telle.

CÉLIMÈNE

Allez, vous êtes fou dans vos transports jaloux,
Et ne méritez pas l'amour qu'on a pour vous.

Je voudrais bien savoir qui pourrait me contraindre
A descendre pour vous aux bassesses de feindre ;
Et pourquoi, si mon cœur penchait d'autre côté, 13
Je ne le dirais pas avec sincérité.
Quoi ! de mes sentiments l'obligeante assurance
Contre tous vos soupçons ne prend pas ma défense ?
Auprès d'un tel garant sont-ils de quelque poids ?
N'est-ce pas m'outrager que d'écouter leur voix ? 14
Et, puisque notre cœur fait un effort extrême
Lorsqu'il peut se résoudre à confesser qu'il aime ;
Puisque l'honneur du sexe, ennemi de nos feux,
S'oppose fortement à de pareils aveux,
L'amant qui voit pour lui franchir un tel obstacle 14
Doit-il impunément douter de cet oracle ?
Et n'est-il pas coupable, en ne s'assurant pas
A ce qu'on ne dit point qu'après de grands combats ?
Allez, de tels soupçons méritent ma colère,
Et vous ne valez pas que l'on vous considère. 14
Je suis sotte, et veux mal à ma simplicité
De conserver encor pour vous quelque bonté ;
Je devrais autre part attacher mon estime,
Et vous faire un sujet de plainte légitime.

ALCESTE

Ah ! traîtresse ! mon faible est étrange pour vous ; 14
Vous me trompez, sans doute, avec des mots si doux ;
Mais il n'importe, il faut suivre ma destinée :
A votre foi mon âme est toute abandonnée ;
Je veux voir jusqu'au bout quel sera votre cœur,
Et si de me trahir il aura la noirceur. 14

CÉLIMÈNE

Non, vous ne m'aimez point comme il faut que l'on

ALCESTE   [aime.

Ah ! rien n'est comparable à mon amour extrême ;
Et, dans l'ardeur qu'il a de se montrer à tous,
Il va jusqu'à former des souhaits contre vous.
Oui, je voudrais qu'aucun ne vous trouvât aimable, 14
Que vous fussiez réduite en un sort misérable,
Que le ciel, en naissant, ne vous eût donné rien ;
Que vous n'eussiez ni rang, ni naissance, ni bien ;
Afin que de mon cœur l'éclatant sacrifice
Vous pût d'un pareil sort réparer l'injustice ; 14
Et que j'eusse la joie et la gloire en ce jour
De vous voir tenir tout des mains de mon amour.

CÉLIMÈNE

C'est me vouloir du bien d'une étrange manière !
Me préserve le ciel que vous ayez matière... !
Voici monsieur Du Bois plaisamment figuré. 14

Scène IV : Célimène, Alceste, Du Bois.

ALCESTE

Que veut cet équipage et cet air effaré ?
Qu'as-tu ?

DU BOIS

Monsieur...

ALCESTE

Hé bien ?

DU BOIS

Voici bien des mystères.

ALCESTE
Qu'est-ce

DU BOIS
Nous sommes mal, monsieur, dans nos affaires.

ALCESTE
Quoi ?

DU BOIS
Parlerai-je haut ?

ALCESTE
Oui, parle, et promptement.

DU BOIS
40 N'est-il point là quelqu'un ?

ALCESTE
Ah ! que d'amusement !
Veux-tu parler ?

DU BOIS
Monsieur, il faut faire retraite.

ALCESTE
Comment ?

DU BOIS
Il faut d'ici déloger sans trompette.

ALCESTE
Et pourquoi ?

DU BOIS
Je vous dis qu'il faut quitter ce lieu.

ALCESTE
La cause ?

DU BOIS
Il faut partir, monsieur, sans dire adieu.

ALCESTE
45 Mais par quelle raison me tiens-tu ce langage ?

DU BOIS
Par la raison, monsieur, qu'il faut plier bagage.

ALCESTE
Ah ! je te casserai la tête assurément,
Si tu ne veux, maraud, t'expliquer autrement.

DU BOIS
Monsieur, un homme noir et d'habit et de mine
50 Est venu nous laisser, jusque dans la cuisine,
Un papier griffonné d'une telle façon,
Qu'il faudrait, pour le lire, être pis que démon.
C'est de votre procès, je n'en fais aucun doute ;
Mais le diable d'enfer, je crois, n'y verrait goutte.

ALCESTE
55 Hé bien ! quoi ? ce papier, qu'a-t-il à démêler,
Traître, avec le départ dont tu viens me parler ?

DU BOIS
C'est pour vous dire ici, monsieur, qu'une heure ensuite
Un homme qui souvent vous vient rendre visite
Est venu vous chercher avec empressement ;
60 Et, ne vous trouvant pas, m'a chargé doucement,
Sachant que je vous sers avec beaucoup de zèle,
De vous dire...Attendez, comme est-ce qu'il s'appelle ?

ALCESTE
Laisse là son nom, traître, et dis ce qu'il t'a dit.

DU BOIS
C'est un de vos amis ; enfin, cela suffit.
65 Il m'a dit que d'ici votre péril vous chasse,
Et que d'être arrêté le sort vous y menace.

Mais quoi ! n'a-t-il voulu te rien spécifier ?

DU BOIS
Non. Il m'a demandé de l'encre et du papier,
Et vous a fait un mot, où vous pourrez, je pense,
Du fond de ce mystère avoir la connaissance. 1470

ALCESTE
Donne-le donc.

CÉLIMÈNE
Que peut envelopper ceci ?

ALCESTE
Je ne sais ; mais j'aspire à m'en voir éclairci.
Auras-tu bientôt fait, impertinent au diable ?

DU BOIS, *après avoir longtemps*
cherché le billet.
Ma foi, je l'ai, monsieur, laissé sur votre table.

ALCESTE
Je ne sais qui me tient...

CÉLIMÈNE
Ne vous emportez pas, 1475
Et courez démêler un pareil embarras.

ALCESTE
Il semble que le sort, quelque soin que je prenne,
Ait juré d'empêcher que je vous entretienne ;
Mais, pour en triompher, souffrez à mon amour
De vous revoir, madame, avant la fin du jour. 1480

ACTE CINQUIEME

Scène I : Alceste, Philinte.

ALCESTE
La résolution en est prise, vous dis-je.

PHILINTE
Mais, quel que soit ce coup, faut-il qu'il vous oblige...?

ALCESTE
Non, vous avez beau faire et beau me raisonner,
Rien de ce que je dis ne peut me détourner ;
Trop de perversité règne au siècle où nous sommes, 1485
Et je veux me tirer du commerce des hommes.
Quoi ! contre ma partie on voit tout à la fois
L'honneur, la probité, la pudeur et les lois ;
On publie en tous lieux l'équité de ma cause ;
Sur la foi de mon droit mon âme se repose : 1490
Cependant je me vois trompé par le succès,
J'ai pour moi la justice, et je perds mon procès !
Un traître, dont on sait la scandaleuse histoire,
Est sorti triomphant d'une fausseté noire !
Toute la bonne foi cède à sa trahison ! 1495
Il trouve, en m'égorgeant, moyen d'avoir raison !
Le poids de sa grimace, où brille l'artifice,
Renverse le bon droit et tourne la justice !
Il fait par un arrêt couronner son forfait !
Et, non content encor du tort que l'on me fait, 1500
Il court parmi le monde un livre abominable,
Et de qui la lecture est même condamnable ;
Un livre à mériter la dernière rigueur,
Dont le fourbe a le front de me faire l'auteur !

1505 Et là-dessus on voit Oronte qui murmure,
Et tâche méchamment d'appuyer l'imposture !
Lui qui d'un honnête homme à la cour tient le rang,
A qui je n'ai rien fait qu'être sincère et franc,
Qui me vient malgré moi d'une ardeur empressée,
1510 Sur des vers qu'il a faits demander ma pensée ;
Et parce que j'en use avec honnêteté,
Et ne le veux trahir, lui, ni la vérité,
Il aide à m'accabler d'un crime imaginaire !
Le voilà devenu mon plus grand adversaire !
1515 Et jamais de son cœur je n'aurai de pardon,
Pour n'avoir pas trouvé que son sonnet fût bon !
Et les hommes, morbleu ! sont faits de cette sorte !
C'est à ces actions que la gloire les porte !
Voilà la bonne foi, le zèle vertueux,
1520 La justice et l'honneur que l'on trouve chez eux !
Allons, c'est trop souffrir les chagrins qu'on nous
Tirons-nous de ce bois et de ce coupe-gorge. [forge :
Puisque entre humains ainsi vous vivez en vrais loups,
Traîtres, vous ne m'aurez de ma vie avec vous.

PHILINTE

1525 Je trouve un peu bien prompt le dessein où vous êtes;
Et tout le mal n'est pas si grand que vous le faites.
Ce que votre partie ose vous imputer
N'a point eu le crédit de vous faire arrêter ;
On voit son faux rapport lui-même se détruire,
1530 Et c'est une action qui pourrait bien lui nuire.

ALCESTE

Lui ? de semblables tours il ne craint point l'éclat :
Il a permission d'être franc scélérat ;
Et, loin qu'à son crédit nuise cette aventure,
On l'en verra demain en meilleure posture.

PHILINTE

1535 Enfin, il est constant qu'on n'a point trop donné
Au bruit que contre vous sa malice a tourné ;
De ce côté déjà vous n'avez rien à craindre :
Et pour votre procès, dont vous pouvez vous plain-
Il vous est en justice aisé d'y revenir, [dre,
Et contre cet arrêt...

ALCESTE

1540   Non, je veux m'y tenir.
Quelque sensible tort qu'un tel arrêt me fasse,
Je me garderai bien de vouloir qu'on le casse ;
On y voit trop à plein le bon droit maltraité,
Et je veux qu'il demeure à la postérité
1545 Comme une marque insigne, un fameux témoignage
De la méchanceté des hommes de notre âge.
Ce sont vingt mille francs qu'il m'en pourra coûter ;
Mais pour vingt mille francs j'aurai droit de pester
Contre l'iniquité de la nature humaine,
1550 Et de nourrir pour elle une immortelle haine.

PHILINTE

Mais enfin...

ALCESTE

        Mais enfin vos soins sont superflus.
Que pouvez-vous, monsieur, me dire là-dessus ?
Aurez-vous bien le front de me vouloir, en face,
Excuser les horreurs de tout ce qui se passe ?

PHILINTE

1555 Non, je tombe d'accord de tout ce qu'il vous plaît.

Tout marche par cabale et par pur intérêt ;
Ce n'est plus que la ruse aujourd'hui qui l'emporte,
Et les hommes devraient être faits d'autre sorte.
Mais est-ce une raison que leur peu d'équité
Pour vouloir se tirer de leur société ?   15
Tous ces défauts humains nous donnent, dans la vie,
Des moyens d'exercer notre philosophie :
C'est le plus bel emploi que trouve la vertu ;
Et, si de probité tout était revêtu,
Si tous les cœurs étaient francs, justes, et dociles,   15
La plupart des vertus nous seraient inutiles,
Puisqu'on en met l'usage à pouvoir, sans ennui,
Supporter dans nos droits l'injustice d'autrui ;
Et, de même qu'un cœur d'une vertu profonde...

ALCESTE

Je sais que vous parlez, monsieur, le mieux du monde; 15
En beaux raisonnements vous abondez toujours ;
Mais vous perdez le temps et tous vos beaux discours.
La raison, pour mon bien, veut que je me retire :
Je n'ai point sur ma langue un assez grand empire ;
De ce que je dirais je ne répondrais pas,   15
Et je me jetterais cent choses sur les bras.
Laissez-moi, sans dispute, attendre Célimène.
Il faut qu'elle consente au dessein qui m'amène ;
Je vais voir si son cœur a de l'amour pour moi,
Et c'est ce moment-ci qui doit m'en faire foi.   15

PHILINTE

Montons chez Eliante, attendant sa venue.

ALCESTE

Non, de trop de souci je me sens l'âme émue.
Allez-vous-en la voir, et me laissez enfin
Dans ce petit coin sombre avec mon noir chagrin.

PHILINTE

C'est une compagnie étrange pour attendre ;   15
Et je vais obliger Eliante à descendre.

Scène II : Célimène, Oronte, Alceste.

ORONTE

Oui, c'est à vous de voir si, par des nœuds si doux,
Madame, vous voulez m'attacher tout à vous.
Il me faut de votre âme une pleine assurance :
Un amant là-dessus n'aime point qu'on balance.   15
Si l'ardeur de mes feux a pu vous émouvoir,
Vous ne devez point feindre à me le faire voir ;
Et la preuve, après tout, que je vous en demande,
C'est de ne plus souffrir qu'Alceste vous prétende ;
De le sacrifier, madame, à mon amour,   15
Et de chez vous enfin le bannir dès ce jour.

CÉLIMÈNE

Mais quel sujet si grand contre lui vous irrite,
Vous à qui j'ai tant vu parler de son mérite ?

ORONTE

Madame, il ne faut point ces éclaircissements ;
Il s'agit de savoir quels sont vos sentiments.   16
Choisissez, s'il vous plaît, de garder l'un ou l'autre :
Ma résolution n'attend rien que la vôtre.

ALCESTE, *sortant du coin où il était.*

Oui, monsieur a raison ; madame, il faut choisir ;
Et sa demande ici s'accorde à mon désir.

05 Pareille ardeur me presse, et même soin m'amène ;
    Mon amour veut du vôtre une marque certaine :
    Les choses ne sont plus pour traîner en longueur,
    Et voici le moment d'expliquer votre cœur.
ORONTE

Je ne veux point, monsieur, d'une flamme importune
10 Troubler aucunement votre bonne fortune.
ALCESTE

Je ne veux point, monsieur, jaloux ou non jaloux,
    Partager de son cœur rien du tout avec vous.
ORONTE

Si votre amour au mien lui semble préférable...
ALCESTE

Si du moindre penchant elle est pour vous capable...
ORONTE

15 Je jure de n'y rien prétendre désormais.
ALCESTE

Je jure hautement de ne la voir jamais.
ORONTE

Madame, c'est à vous de parler sans contrainte.
ALCESTE

Madame, vous pouvez vous expliquer sans crainte.
ORONTE

Vous n'avez qu'à nous dire où s'attachent vos vœux.
ALCESTE

20 Vous n'avez qu'à trancher, et choisir de nous deux.
ORONTE

Quoi! sur un pareil choix vous semblez être en peine!
ALCESTE

Quoi ! votre âme balance, et paraît incertaine !
CÉLIMÈNE

Mon Dieu ! que cette instance est là hors de saison !
    Et que vous témoignez tous deux peu de raison !
25 Je sais prendre parti sur cette préférence,
    Et ce n'est pas mon cœur maintenant qui balance :
    Il n'est point suspendu, sans doute, entre vous deux;
    Et rien n'est si tôt fait que le choix de nos vœux.
    Mais je souffre, à vrai dire, une gêne trop forte
30 A prononcer en face un aveu de la sorte :
    Je trouve que ces mots, qui sont désobligeants,
    Ne se doivent point dire en présence des gens ;
    Qu'un cœur de son penchant donne assez de lumière,
    Sans qu'on nous fasse aller jusqu'à rompre en visiè-
35 Et qu'il suffit enfin que de plus doux témoins [re ;
    Instruisent un amant du malheur de ses soins.
ORONTE

Non, non, un franc aveu n'a rien que j'appréhende ;
    J'y consens pour ma part.
ALCESTE

        Et moi, je le demande ;
    C'est son éclat surtout qu'ici j'ose exiger,
40 Et je ne prétends point vous voir rien ménager.
    Conserver tout le monde est votre grande étude :
    Mais plus d'amusement, et plus d'incertitude ;
    Il faut vous expliquer nettement là-dessus,
    Ou bien pour un arrêt je prends votre refus ;
45 Je saurai, de ma part, expliquer ce silence,
    Et me tiendrai pour dit tout le mal que j'en pense.
ORONTE

Je vous sais fort bon gré, monsieur, de ce courroux,

Et je lui dis ici même chose que vous.
CÉLIMÈNE

Que vous me fatiguez avec un tel caprice !
    Ce que vous demandez a-t-il de la justice ?   1650
    Et ne vous dis-je pas quel motif me retient !
    J'en vais prendre pour juge Eliante qui vient.

Scène III : Eliante, Philinte, Célimène,
Oronte, Alceste.

CÉLIMÈNE

Je me vois, ma cousine, ici persécutée
    Par des gens dont l'humeur y paraît concertée.
    Ils veulent l'un et l'autre, avec même chaleur, [cœur, 1655
    Que je prononce entre eux le choix que fait mon
    Et que, par un arrêt qu'en face il me faut rendre,
    Je défende à l'un d'eux tous les soins qu'il peut
    Dites-moi si jamais cela se fait ainsi.   [prendre.
ÉLIANTE

N'allez point là-dessus me consulter ici ;   1660
    Peut-être y pourriez-vous être mal adressée,
    Et je suis pour les gens qui disent leur pensée.
ORONTE

Madame, c'est en vain que vous vous défendez.
ALCESTE

Tous vos détours ici seront mal secondés.
ORONTE

Il faut, il faut parler, et lâcher la balance.   1665
ALCESTE

Il ne faut que poursuivre à garder le silence.
ORONTE

Je ne veux qu'un seul mot pour finir nos débats.
ALCESTE

Et moi, je vous entends, si vous ne parlez pas.

Scène IV : Arsinoé, Célimène, Eliante,
Alceste, Philinte, Acaste,
Clitandre, Oronte.

ACASTE, à Célimène.

Madame, nous venons tous deux, sans vous déplaire,
    Eclaircir avec vous une petite affaire.   1670
CLITANDRE, à Oronte et Alceste.

Fort à propos, messieurs, vous vous trouvez ici ;
    Et vous êtes mêlés dans cette affaire aussi.
ARSINOÉ, à Célimène.

Madame, vous serez surprise de ma vue ;
    Mais ce sont ces messieurs qui causent ma venue :
    Tous deux ils m'ont trouvée, et se sont plaints à moi 1675
    D'un trait à qui mon cœur ne saurait prêter foi.
    J'ai du fond de votre âme une trop haute estime
    Pour vous croire jamais capable d'un tel crime ;
    Mes yeux ont démenti leurs témoins les plus forts,
    Et, l'amitié passant sur de petits discords,   1680
    J'ai bien voulu chez vous leur faire compagnie,
    Pour vous voir vous laver de cette calomnie.
ACASTE

Oui, madame, voyons d'un esprit adouci
    Comment vous vous prendrez à soutenir ceci.
    Cette lettre, par vous, est écrite à Clitandre ?   1685

CLITANDRE

Vous avez, pour Acaste, écrit ce billet tendre ?

ACASTE, à Oronte et à Alceste.

Messieurs, ces traits pour vous n'ont point d'obscu-
Et je ne doute pas que sa civilité   [rité,
A connaître sa main n'ait trop su vous instruire.

1690 Mais ceci vaut assez la peine de le lire ;

*Vous êtes un étrange homme, de condamner mon
enjouement, et de me reprocher que je n'ai jamais
tant de joie que lorsque je ne suis pas avec vous.
Il n'y a rien de plus injuste ; et, si vous ne venez
bien vite me demander pardon de cette offense, je
ne vous la pardonnerai de ma vie. Notre grand
flandrin de vicomte...*

Il devrait être ici.

*Notre grand flandrin de vicomte, par qui vous
commencez vos plaintes, est un homme qui ne saurait me revenir ; et, depuis que je l'ai vu, trois quarts
d'heure durant, cracher dans un puits pour faire
des ronds, je n'ai pu jamais prendre bonne opinion
de lui. Pour le petit marquis...*

C'est moi-même, messieurs, sans nulle vanité.

*Pour le petit marquis, qui me tint hier longtemps la
main, je trouve qu'il n'y a rien de si mince que
toute sa personne, et ce sont de ces mérites qui
n'ont que la cape et l'épée. Pour l'homme aux rubans verts...*

A Alceste.

A vous le dé, monsieur.

*Pour l'homme aux rubans verts, il me divertit quel-
quefois avec ses brusqueries et son chagrin bourru ; mais il est cent moments où je le trouve le
plus fâcheux du monde. Et pour l'homme à la
veste...*

A Oronte.

Voici votre paquet.

*Et pour l'homme à la veste, qui s'est jeté dans le
bel esprit, et veut être auteur malgré tout le monde,
je ne puis me donner la peine d'écouter ce qu'il dit ;
et sa prose me fatigue autant que ses vers. Mettez-vous donc en tête que je ne me divertis pas
toujours si bien que vous pensez ; que je vous
trouve à dire plus que je ne voudrais dans toutes
les parties où l'on m'entraîne ; et que c'est un merveilleux assaisonnement aux plaisirs qu'on goûte,
que la présence des gens qu'on aime.*

CLITANDRE

Me voici maintenant, moi.

*Votre Clitandre, dont vous me parlez, et qui fait
tant le doucereux, est le dernier des hommes pour
qui j'aurais de l'amitié. Il est extravagant de se persuader qu'on l'aime ; et vous l'êtes de croire qu'on
ne vous aime pas. Changez, pour raisonnable,
vos sentiments contre les siens ; et voyez-moi le
plus que vous pourrez, pour m'aider à porter le
chagrin d'en être obsédée.*

D'un fort beau caractère on voit là le modèle,
Madame ; et vous savez comment cela s'appelle ?
Il suffit. Nous allons, l'un et l'autre, en tous lieux,
Montrer de votre cœur le portrait glorieux.

ACASTE

J'aurais de quoi vous dire, et belle est la matière ;   16
Mais je ne vous tiens pas digne de ma colère ;
Et je vous ferai voir que les petits marquis
Ont, pour se consoler, des cœurs du plus haut prix.

ORONTE

Quoi ! de cette façon je vois qu'on me déchire,
Après tout ce qu'à moi je vous ai vu m'écrire !   17
Et votre cœur, paré de beaux semblants d'amour,
A tout le genre humain se promet tour à tour !
Allez, j'étais trop dupe, et je vais ne plus l'être ;
Vous me faites un bien, me faisant vous connaître :
J'y profite d'un cœur qu'ainsi vous me rendez,   17
Et trouve ma vengeance en ce que vous perdez.

A Alceste.

Monsieur, je ne fais plus d'obstacle à votre flamme,
Et vous pouvez conclure affaire avec madame.

ARSINOÉ, à Célimène.

Certes, voilà le trait du monde le plus noir ;
Je ne m'en saurais taire, et me sens émouvoir.   17
Voit-on des procédés qui soient pareils aux vôtres ?
Je ne prends point de part aux intérêts des autres ;

Montrant Alceste.

Mais, monsieur, que chez vous fixait votre bonheur,
Un homme comme lui, de mérite et d'honneur,
Et qui vous chérissait avec idolâtrie,   17
Devait-il... ?

ALCESTE

Laissez-moi, madame, je vous prie,
Vider mes intérêts moi-même là-dessus ;
Et ne vous chargez point de ces soins superflus.
Mon cœur a beau vous voir prendre ici sa querelle,
Il n'est point en état de payer ce grand zèle ;   17
Et ce n'est pas à vous que je pourrai songer,
Si, par un autre choix, je cherche à me venger.

ARSINOÉ

Hé ! croyez-vous, monsieur, qu'on ait cette pensée,
Et que de vous avoir on soit tant empressée ?
Je vous trouve un esprit bien plein de vanité,   17
Si de cette créance il peut s'être flatté.
Le rebut de madame est une marchandise
Dont on aurait grand tort d'être si fort éprise.
Détrompez-vous, de grâce, et portez-le moins haut.
Ce ne sont pas des gens comme moi qu'il vous faut. 17
Vous ferez bien encor de soupirer pour elle,
Et je brûle de voir une union si belle.

Elle se retire.

ALCESTE, à Célimène.

Hé bien ! je me suis tu, malgré ce que je vois,
Et j'ai laissé parler tout le monde avant moi.
Ai-je pris sur moi-même un assez long empire ?   17
Et puis-je maintenant... ?

CÉLIMÈNE

Oui, vous pouvez tout dire,
Vous en êtes en droit, lorsque vous vous plaindrez,
Et de me reprocher tout ce que vous voudrez.
J'ai tort, je le confesse : et mon âme confuse
Ne cherche à vous payer d'aucune vaine excuse.   17
J'ai des autres ici méprisé le courroux ;
Mais je tombe d'accord de mon crime envers vous.

Votre ressentiment, sans doute, est raisonnable ;
Je sais combien je dois vous paraître coupable,
5 Que toute chose dit que j'ai pu vous trahir,
Et qu'enfin vous avez sujet de me haïr.
Faites-le, j'y consens.

                        ALCESTE
                        Hé ! le puis-je, traîtresse ?
Puis-je ainsi triompher de toute ma tendresse ?
Et, quoique avec ardeur je veuille vous haïr,
0 Trouvé-je un cœur en moi tout prêt à m'obéir ?
A Eliante et à Philinte.
Vous voyez ce que peut une indigne tendresse,
Et je vous fais tous deux témoins de ma faiblesse.
Mais, à vous dire vrai, ce n'est pas encor tout,
Et vous allez me voir la pousser jusqu'au bout,
5 Montrer que c'est à tort que sages on nous nomme,
Et que dans tous les cœurs il est toujours de l'hom-
A Célimène.   [me.
Oui, je veux bien, perfide, oublier vos forfaits ;
J'en saurai, dans mon âme, excuser tous les traits,
Et me les couvrirai du nom d'une faiblesse
0 Où le vice du temps porte votre jeunesse,
Pourvu que votre cœur veuille donner les mains
Au dessein que j'ai fait de fuir tous les humains,
Et que dans mon désert, où j'ai fait vœu de vivre,
Vous soyez, sans tarder, résolue à me suivre.
5 C'est par là seulement que, dans tous les esprits,
Vous pouvez réparer le mal de vos écrits,
Et qu'après cet éclat qu'un noble cœur abhorre,
Il peut m'être permis de vous aimer encore.

                        CÉLIMÈNE
Moi, renoncer au monde avant que de vieillir,
0 Et dans votre désert aller m'ensevelir !

                        ALCESTE
Et s'il faut qu'à mes feux votre flamme réponde,
Que vous doit importer tout le reste du monde ?
Vos désirs avec moi ne sont-ils pas contents ?

                        CÉLIMÈNE
La solitude effraie une âme de vingt ans.
5 Je ne sens point la mienne assez grande, assez forte,
Pour me résoudre à prendre un dessein de la sorte.

Si le don de ma main peut contenter vos vœux,
Je pourrai me résoudre à serrer de tels nœuds ;
Et l'hymen...

                        ALCESTE
            Non. Mon cœur à présent vous déteste,
Et ce refus lui seul fait plus que tout le reste.   1780
Puisque vous n'êtes point, en des liens si doux,
Pour trouver tout en moi, comme moi tout en vous,
Allez, je vous refuse ; et ce sensible outrage
De vos indignes fers pour jamais me dégage.
Célimène se retire et Alceste parle à Eliante.
Madame, cent vertus ornent votre beauté,   1785
Et je n'ai vu qu'en vous de la sincérité ;
De vous, depuis longtemps, je fais un cas extrême ;
Mais laissez-moi toujours vous estimer de même ;
Et souffrez que mon cœur, dans ses troubles divers,
Ne se présente point à l'honneur de vos fers ;   1790
Je m'en sens trop indigne, et commence à connaître
Que le ciel pour ce nœud ne m'avait point fait naî-
Que ce serait pour vous un hommage trop bas, [tre !
Que le rebut d'un cœur qui ne vous valait pas,
Et qu'enfin...

                        ÉLIANTE
            Vous pouvez suivre cette pensée :   1795
Ma main de se donner n'est pas embarrassée ;
Et voilà votre ami, sans trop m'inquiéter,
Qui, si je l'en priais, la pourrait accepter.

                        PHILINTE
Ah ! cet honneur, madame, est toute mon envie,
Et j'y sacrifierais et mon sang et ma vie.   1800

                        ALCESTE
Puissiez-vous, pour goûter de vrais contentements,
L'un pour l'autre à jamais garder ces sentiments !
Trahi de toutes parts, accablé d'injustices,
Je vais sortir d'un gouffre où triomphent les vices,
Et chercher sur la terre un endroit écarté   1805
Où d'être homme d'honneur on ait la liberté.

                        PHILINTE
Allons, madame, allons employer toute chose
Pour rompre le dessein que son cœur se propose.

LE MÉDECIN MALGRÉ LUI

COMÉDIE

« *Représentée pour la première fois à Paris, sur le théâtre du Palais-Royal, le vendredi 6ᵉ du mois d'août 1666, par la Troupe du Roi.* »
Avec cette farce médicale et la réapparition d'un Sganarelle en pleine forme — ce n'était qu'un répit — le parterre fut tout de suite à son affaire. Et non pas seulement le parterre : « *L'estime qu'on en fait est une maladie — Qui fait que dans Paris tout court au* Médecin. » (*Subligny,* la Muse dauphine.)

Le succès immédiat de ce que Molière appelait, dit-on, « *une petite bagatelle* » — *et qui d'ailleurs accommodait des pochades antérieures :* le Médecin par force (1664), le Fagoteux (1663), le Fagotier (1661), *toutes moutures d'un fabliau du Moyen Age :* le Vilain mire (*paysan médecin*) — *ne s'est jamais démenti. C'est la pièce de Molière la plus jouée à la Comédie-Française : plus de deux mille représentations. L'air de la chanson* « *Bouteille jolie* » *fut composé par Lulli.*

PERSONNAGES

GÉRONTE, *père de Lucinde.*

LUCINDE, *fille de Géronte* (Armande Béjart).

LÉANDRE, *amant de Lucinde* (La Grange).

SGANARELLE, *mari de Martine* (Molière).

MARTINE, *femme de Sganarelle.*

M. ROBERT, *voisin de Sganarelle.*

VALÈRE, *domestique de Géronte.*

LUCAS, *mari de Jacqueline.*

JACQUELINE, *nourrice chez Géronte, et femme de Lucas.*

THIBAUT, *père de Perrin.*

PERRIN, *fils de Thibaut, paysan.*

LA SCÈNE EST A LA CAMPAGNE.

ACTE PREMIER

Scène I : Sganarelle, Martine.

SGANARELLE
Non, je te dis que je n'en veux rien faire, et que c'est à moi de parler et d'être le maître.

MARTINE
Et je te dis, moi, que je veux que tu vives à ma fantaisie, et que je ne me suis point mariée avec toi pour souffrir tes fredaines.

SGANARELLE
Oh ! la grande fatigue que d'avoir une femme ! et qu'Aristote a bien raison quand il dit qu'une femme est pire qu'un démon !

MARTINE
Voyez un peu l'habile homme, avec son benêt d'Aristote.

SGANARELLE
Oui, habile homme. Trouve-moi un faiseur de fagots qui sache comme moi raisonner des choses, qui ait servi six ans un fameux médecin, et qui ait su dans son jeune âge son rudiment par cœur.

MARTINE
Peste du fou fieffé !

SGANARELLE
Peste de la carogne !

MARTINE
Que maudits soient l'heure et le jour où je m'avisai d'aller dire oui !

SGANARELLE
Que maudit soit le bec cornu de notaire qui me fit signer ma ruine !

MARTINE

C'est bien à toi, vraiment, à te plaindre de cette affaire. Devrais-tu être un seul moment sans rendre grâce au ciel de m'avoir pour ta femme ? et méritais-tu d'épouser une personne comme moi ?

SGANARELLE

Il est vrai que tu me fis trop d'honneur, et que j'eus lieu de me louer la première nuit de nos noces ! Hé ! morbleu ! ne me fais point parler là-dessus : je dirais de certaines choses...

MARTINE

Quoi ? que dirais-tu ?

SGANARELLE

Baste, laissons là ce chapitre. Il suffit que nous savons ce que nous savons, et que tu fus bien heureuse de me trouver.

MARTINE

Qu'appelles-tu bien heureuse de te trouver ? Un homme qui me réduit à l'hôpital, un débauché, un traître, qui me mange tout ce que j'ai ?

SGANARELLE

Tu as menti : j'en bois une partie.

MARTINE

Qui me vend, pièce à pièce, tout ce qui est dans le logis !

SGANARELLE

C'est vivre de ménage..

MARTINE

Qui m'a ôté jusqu'au lit que j'avais !

SGANARELLE

Tu t'en lèveras plus matin.

MARTINE

Enfin qui ne laisse aucun meuble dans toute la maison !

SGANARELLE

On en déménage plus aisément.

MARTINE

Et qui, du matin jusqu'au soir, ne fait que jouer et que boire !

SGANARELLE

C'est pour ne me point ennuyer.

MARTINE

Et que veux-tu, pendant ce temps, que je fasse avec ma famille ?

SGANARELLE

Tout ce qu'il te plaira.

MARTINE

J'ai quatre pauvres petits enfants sur les bras...

SGANARELLE

Mets-les à terre.

MARTINE

Qui me demandent à toute heure du pain.

SGANARELLE

Donne-leur le fouet : quand j'ai bien bu et bien mangé, je veux que tout le monde soit soûl dans ma maison.

MARTINE

Et tu prétends, ivrogne, que les choses aillent toujours de même ?

SGANARELLE

Ma femme, allons tout doucement, s'il vous plaît.

MARTINE

Que j'endure éternellement tes insolences et tes débauches ?

SGANARELLE

Ne nous emportons point, ma femme.

MARTINE

Et que je ne sache pas trouver le moyen de te ranger à ton devoir ?

SGANARELLE

Ma femme, vous savez que je n'ai pas l'âme endurante, et que j'ai le bras assez bon.

MARTINE

Je me moque de tes menaces.

SGANARELLE

Ma petite femme, ma mie, votre peau vous démange, à votre ordinaire.

MARTINE

Je te montrerai bien que je ne te crains nullement.

SGANARELLE

Ma chère moitié, vous avez envie de me dérober quelque chose.

MARTINE

Crois-tu que je m'épouvante de tes paroles ?

SGANARELLE

Doux objet de mes vœux, je vous frotterai les oreilles.

MARTINE

Ivrogne que tu es !

SGANARELLE

Je vous battrai.

MARTINE

Sac à vin !

SGANARELLE

Je vous rosserai.

MARTINE

Infâme !

SGANARELLE

Je vous étrillerai.

MARTINE

Traître ! insolent ! trompeur ! lâche ! coquin ! pendard ! gueux ! bélître ! fripon ! maraud ! voleur !

SGANARELLE

Ah ! vous en voulez donc ? (Sganarelle prend un bâton, et bat sa femme.)

MARTINE, criant.

Ah ! ah ! ah ! ah !

SGANARELLE

Voilà le vrai moyen de vous apaiser.

Scène II : M. Robert, Sganarelle, Martine.

M. ROBERT

Holà ! holà ! holà ! Fi ! Qu'est-ce ci ? Quelle infamie ! Peste soit le coquin, de battre ainsi sa femme !

MARTINE, à M. Robert.

Et je veux qu'il me batte, moi !

M. ROBERT

Ah ! j'y consens de tout mon cœur.

MARTINE

De quoi vous mêlez-vous ?

M. ROBERT

J'ai tort.

MARTINE

Est-ce là votre affaire ?

M. ROBERT

Vous avez raison.

MARTINE

Voyez un peu cet impertinent, qui veut empêcher les maris de battre leurs femmes !

M. ROBERT

Je me rétracte.

MARTINE

Qu'avez-vous à voir là-dessus ?

M. ROBERT

Rien.

MARTINE

Est-ce à vous d'y mettre le nez ?

M. ROBERT

Non.

MARTINE

Mêlez-vous de vos affaires.

M. ROBERT

Je ne dis plus mot.

MARTINE

Il me plaît d'être battue.

M. ROBERT

D'accord.

MARTINE

Ce n'est pas à vos dépens.

M. ROBERT

Il est vrai.

MARTINE

Et vous êtes un sot de venir vous fourrer où vous n'avez que faire. (Elle lui donne un soufflet.)

M. ROBERT, à Sganarelle.

Compère, je vous demande pardon de tout mon cœur. Faites, rossez, battez comme il faut votre femme ; je vous aiderai, si vous le voulez.

SGANARELLE

Il ne me plaît pas, moi.

M. ROBERT

Ah ! c'est une autre chose.

SGANARELLE

Je la veux battre, si je le veux ; et ne la veux pas battre, si je ne le veux pas.

M. ROBERT

Fort bien.

SGANARELLE

C'est ma femme, et non pas la vôtre.

M. ROBERT

Sans doute.

SGANARELLE

Vous n'avez rien à me commander.

M. ROBERT

D'accord.

SGANARELLE

Je n'ai que faire de votre aide.

M. ROBERT

Très volontiers.

SGANARELLE

Et vous êtes un impertinent de vous ingérer des affaires d'autrui. Apprenez que Cicéron dit qu'entre l'arbre et le doigt il ne faut point mettre l'écorce. (Il bat M. Robert, et le chasse. Ensuite il revient vers sa femme et lui dit en lui pressant la main.) O çà ! faisons la paix nous deux. Touche là.

MARTINE

Oui, après m'avoir ainsi battue !

SGANARELLE

Cela n'est rien. Touche.

MARTINE

Je ne veux pas.

SGANARELLE

Hé ?

MARTINE

Non.

SGANARELLE

Ma petite femme !

MARTINE

Point.

SGANARELLE

Allons, te dis-je.

MARTINE

Je n'en ferai rien.

SGANARELLE

Viens, viens, viens.

MARTINE

Non ; je veux être en colère.

SGANARELLE

Fi ! c'est une bagatelle. Allons, allons.

MARTINE

Laisse-moi là.

SGANARELLE

Touche, te dis-je.

MARTINE

Tu m'as trop maltraitée.

SGANARELLE

Hé bien ! va, je te demande pardon ; mets là ta main.

MARTINE

Je te pardonne ; (Bas, à part.) mais tu le paieras.

SGANARELLE

Tu es une folle de prendre garde à cela : ce sont petites choses qui sont de temps en temps nécessaires dans l'amitié ; et cinq ou six coups de bâton, entre gens qui s'aiment, ne font que regaillardir l'affection. Va, je m'en vais au bois, et je te promets aujourd'hui plus d'un cent de fagots.

Scène III : Martine.

Va, quelque mine que je fasse, je n'oublierai pas mon ressentiment ; et je brûle en moi-même de trouver les moyens de te punir des coups que tu m'as donnés. Je sais bien qu'une femme a toujours dans les mains de quoi se venger d'un mari : mais c'est une punition trop délicate pour mon pendard : je veux une vengeance qui se fasse un peu mieux sentir ; et ce n'est pas contentement pour l'injure que j'ai reçue.

Scène IV : *Valère, Lucas, Martine.*

LUCAS, *à Valère, sans voir Martine.*

Parguenne ! j'avons pris là à tous deux une guéble de commission ; et je ne sais pas, moi, ce que je pensons attraper.

VALÈRE, *à Lucas, sans voir Martine.*

Que veux-tu, mon pauvre nourricier ? il faut bien obéir à notre maître : et puis, nous avons intérêt, l'un et l'autre, à la santé de sa fille, notre maîtresse ; et sans doute son mariage, différé par sa maladie, nous vaudrait quelque récompense. Horace, qui est libéral, a bonne part aux prétentions qu'on peut avoir sur sa personne ; et quoiqu'elle ait fait voir de l'amitié pour un certain Léandre, tu sais bien que son père n'a jamais voulu consentir à le recevoir pour son gendre.

MARTINE, *rêvant à part, se croyant seule.*

Ne puis-je point trouver quelque invention pour me venger ?

LUCAS, *à Valère.*

Mais quelle fantaisie s'est-il boutée là dans la tête, puisque les médecins y avont tous pardu leur latin ?

VALÈRE, *à Lucas.*

On trouve quelquefois, à force de chercher, ce qu'on ne trouve pas d'abord ; et souvent en de simples lieux...

MARTINE, *se croyant toujours seule.*

Oui, il faut que je m'en venge à quelque prix que ce soit. Ces coups de bâton me reviennent au cœur, je ne les saurais digérer ; et... (*Heurtant Valère et Lucas.*) Ah ! messieurs, je vous demande pardon ; je ne vous voyais pas, et cherchais dans ma tête quelque chose qui m'embarrasse.

VALÈRE

Chacun a ses soins dans le monde, et nous cherchons aussi ce que nous voudrions bien trouver.

MARTINE

Serait-ce quelque chose où je vous puisse aider ?

VALÈRE

Cela se pourrait faire ; et nous tâchons de rencontrer quelque habile homme, quelque médecin particulier, qui pût donner quelque soulagement à la fille de notre maître, attaquée d'une maladie qui lui a ôté tout d'un coup l'usage de la langue. Plusieurs médecins ont déjà épuisé toute leur science après elle : mais on trouve parfois des gens avec des secrets admirables, de certains remèdes particuliers, qui font le plus souvent ce que les autres n'ont su faire ; et c'est là ce que nous cherchons.

MARTINE, *bas, à part.*

Ah ! que le ciel m'inspire une admirable invention pour me venger de mon pendard ! (*Haut.*) Vous ne pouviez jamais vous mieux adresser pour rencontrer ce que vous cherchez ; et nous avons un homme, le plus merveilleux homme du monde pour les maladies désespérées.

VALÈRE

Et de grâce, où pouvons-nous le rencontrer ?

MARTINE

Vous le trouverez maintenant vers ce petit lieu que voilà, qui s'amuse à couper du bois.

LUCAS

Un médecin qui coupe du bois !

VALÈRE

Qui s'amuse à cueillir des simples, vous voulez dire ?

MARTINE

Non ; c'est un homme extraordinaire qui se plaît à cela, fantasque, bizarre, quinteux, et que vous ne prendriez jamais pour ce qu'il est. Il va vêtu d'une façon extravagante, affecte quelquefois de paraître ignorant, tient sa science renfermée, et ne fuit rien tant tous les jours que d'exercer les merveilleux talents qu'il a eus du ciel pour la médecine.

VALÈRE

C'est une chose admirable, que tous les grands hommes ont toujours du caprice, quelque petit grain de folie mêlé à leur science.

MARTINE

La folie de celui-ci est plus grande qu'on ne peut croire, car elle va parfois jusqu'à vouloir être battu pour demeurer d'accord de sa capacité ; et je vous donne avis que vous n'en viendrez point à bout, qu'il n'avouera jamais qu'il est médecin, s'il se le met en fantaisie, que vous ne preniez chacun un bâton, et ne le réduisiez, à force de coups, à vous confesser à la fin ce qu'il vous cachera d'abord. C'est ainsi que nous en usons quand nous avons besoin de lui.

VALÈRE

Voilà une étrange folie !

MARTINE

Il est vrai ; mais, après cela, vous verrez qu'il fait des merveilles.

VALÈRE

Comment s'appelle-t-il ?

MARTINE

Il s'appelle Sganarelle. Mais il est aisé à connaître. C'est un homme qui a une large barbe noire, et qui porte une fraise, avec un habit jaune et vert.

LUCAS

Un habit jaune et vart ! C'est donc le médecin des paroquets ?

VALÈRE

Mais est-il bien vrai qu'il soit si habile que vous le dites ?

MARTINE

Comment ! c'est un homme qui fait des miracles. Il y a six mois qu'une femme fut abandonnée de tous les autres médecins : on la tenait morte il y avait déjà six heures, et l'on se disposait à l'ensevelir, lorsqu'on fit venir de force l'homme dont nous parlons. Il lui mit, l'ayant vue, une petite goutte de je ne sais quoi dans la bouche ; et, dans le même instant, elle se leva de son lit, et se mit aussitôt à se promener dans sa chambre comme si de rien n'eût été.

LUCAS

Ah !

VALÈRE

Il fallait que ce fût quelque goutte d'or potable.

MARTINE

Cela pourrait bien être. Il n'y a pas trois semaines encore qu'un jeune enfant de douze ans tomba du haut du clocher en bas, et se brisa sur le pavé la tête, les bras et les jambes. On n'y eut pas plus tôt amené notre homme, qu'il le frotta par tout le corps d'un certain onguent qu'il sait faire ; et l'enfant aussitôt se leva sur ses pieds, et courut jouer à la fossette.

LUCAS

Ah !

VALÈRE

Il faut que cet homme-là ait la médecine universelle.

MARTINE

Qui en doute ?

LUCAS

Tétigué ! vlà justement l'homme qu'il nous faut. Allons vite le charcher.

VALÈRE

Nous vous remercions du plaisir que vous nous faites.

MARTINE

Mais souvenez-vous bien au moins de l'avertissement que je vous ai donné.

LUCAS

Hé ! morguenne ! laissez-nous faire : s'il ne tient qu'à battre, la vache est à nous.

VALÈRE, à Lucas.

Nous sommes bien heureux d'avoir fait cette rencontre ; et j'en conçois, pour moi, la meilleure espérance du monde.

Scène V : Sganarelle, Valère, Lucas.

SGANARELLE, *chantant derrière le théâtre.*

La, la, la...

VALÈRE

J'entends quelqu'un qui chante, et qui coupe du bois.

SGANARELLE, *entrant sur le théâtre, avec une bouteille à sa main, sans apercevoir Valère et Lucas.*

La, la, la... Ma foi, c'est assez travaillé pour boire un coup. Prenons un peu d'haleine. (*Après avoir bu.*) Voilà du bois qui est salé comme tous les diables. (*Il chante.*)

> Qu'ils sont doux,
> Bouteille jolie,
> Qu'ils sont doux,
> Vos petits glou-gloux !

Mais mon sort ferait bien des jaloux,
Si vous étiez toujours remplie.
Ah ! bouteille ma mie,
Pourquoi vous videz-vous ?

Allons, morbleu ! il ne faut point engendrer de mélancolie.

VALÈRE, *bas, à Lucas.*

Le voilà lui-même.

LUCAS, *bas, à Valère.*

Je pense que vous dites vrai, et que j'avons bouté le nez dessus.

VALÈRE

Voyons de près.

SGANARELLE, *embrassant sa bouteille.*

Ah ! ma petite friponne ! que je t'aime, mon petit bouchon ! (*Il chante.*) (*Apercevant Valère et Lucas qui l'examinent, il baisse la voix.*) Mais mon sort... ferait... bien des... jaloux, si... (*Voyant qu'on l'examine de plus près.*) Que diable ! à qui en veulent ces gens-là ?

VALÈRE, *à Lucas.*

C'est lui assurément.

LUCAS, *à Valère.*

Le v'là tout craché comme on nous l'a défiguré.

Sganarelle pose la bouteille à terre ; et Valère se baissant pour le saluer, comme il croit que c'est à desssein de la prendre, il la met de l'autre côté : Lucas faisant la même chose que Valère, Sganarelle reprend sa bouteille, et la tient contre son estomac, avec divers gestes qui font un jeu de théâtre.

SGANARELLE, *à part.*

Ils consultent en me regardant. Quel dessein auraient-ils ?

VALÈRE

Monsieur, n'est-ce point vous qui vous appelez Sganarelle ?

SGANARELLE

Hé ! quoi ?

VALÈRE

Je vous demande si ce n'est pas vous qui se nomme Sganarelle ?

SGANARELLE, *se tournant vers Valère, puis vers Lucas.*

Oui et non, selon ce que vous lui voulez.

VALÈRE

Nous ne voulons que lui faire toutes les civilités que nous pourrons.

SGANARELLE

En ce cas, c'est moi qui se nomme Sganarelle.

VALÈRE

Monsieur, nous sommes ravis de vous voir. On nous a adressés à vous pour ce que nous cherchons ; et nous venons implorer votre aide, dont nous avons besoin.

SGANARELLE

Si c'est quelque chose, messieurs, qui dépende de mon petit négoce, je suis tout prêt à vous rendre service.

VALÈRE

Monsieur, c'est trop de grâce que vous nous faites.

Mais, monsieur, couvrez-vous, s'il vous plaît ; le soleil pourrait vous incommoder.

LUCAS

Monsieur, boutez dessus.

SGANARELLE, *à part.*

Voici des gens bien pleins de cérémonie. (*Il se couvre.*)

VALÈRE

Monsieur, il ne faut pas trouver étrange que nous venions à vous ; les habiles gens sont toujours recherchés, et nous sommes instruits de votre capacité.

SGANARELLE

Il est vrai, messieurs, que je suis le premier homme du monde pour faire des fagots.

VALÈRE

Ah ! monsieur !...

SGANARELLE

Je n'y épargne aucune chose, et les fais d'une façon qu'il n'y a rien à dire.

VALÈRE

Monsieur, ce n'est pas cela dont il est question.

SGANARELLE

Mais aussi je les vends dix sous le cent.

VALÈRE

Ne parlons point de cela, s'il vous plaît.

SGANARELLE

Je vous promets que je ne saurais les donner à moins.

VALÈRE

Monsieur, nous savons les choses.

SGANARELLE

Si vous savez les choses, vous savez que je les vends cela.

VALÈRE

Monsieur, c'est se moquer que...

SGANARELLE

Je ne me moque point, et n'en puis rien rabattre.

VALÈRE

Parlons d'autre chose, de grâce.

SGANARELLE

Vous en pourrez trouver autre part à moins ; il y a fagots et fagots : mais pour ceux que je fais...

VALÈRE

Hé ! monsieur, laissons là ce discours.

SGANARELLE

Je vous jure que vous ne les auriez pas, s'il s'en fallait un double.

VALÈRE

Hé ! fi !

SGANARELLE

Non, en conscience ; vous en paierez cela. Je vous parle sincèrement, et ne suis pas homme à surfaire.

VALÈRE

Faut-il, monsieur, qu'une personne comme vous s'amuse à ces grossières feintes, s'abaisse à parler de la sorte ! qu'un homme si savant, un fameux médecin, comme vous êtes, veuille se déguiser

aux yeux du monde, et tenir enterrés les beaux talents qu'il a !

SGANARELLE, *à part.*

Il est fou.

VALÈRE

De grâce, monsieur, ne dissimulez point avec nous.

SGANARELLE

Comment ?

LUCAS

Tout ce tripotage ne sart de rian ; je savons çen que je savons.

SGANARELLE

Quoi donc ! que me voulez-vous dire ? Pour qui me prenez-vous ?

VALÈRE

Pour ce que vous êtes, pour un grand médecin.

SGANARELLE

Médecin vous-même ; je ne le suis point, et ne l'ai jamais été.

VALÈRE, *bas.*

Voilà sa folie qui le tient. (*Haut.*) Monsieur, ne veuillez point nier les choses davantage ; et n'en venons point, s'il vous plaît, à de fâcheuses extrémités.

SGANARELLE

A quoi donc ?

VALÈRE

A de certaines choses dont nous serions marris.

SGANARELLE

Parbleu ! venez-en à tout ce qu'il vous plaira ; je ne suis point médecin, et ne sais ce que vous me voulez dire.

VALÈRE, *bas.*

Je vois bien qu'il faut se servir du remède. (*Haut.*) Monsieur, encore un coup, je vous prie d'avouer ce que vous êtes.

LUCAS

Hé ! tétigué ! ne lantiponez point davantage, et confessez à la franquette que v's êtes médecin.

SGANARELLE, *à part.*

J'enrage.

VALÈRE

A quoi bon nier ce qu'on sait ?

LUCAS

Pourquoi toutes ces fraimes-là ? A quoi est-ce que ça vous sart ?

SGANARELLE

Messieurs, en un mot autant qu'en deux mille, je vous dis que je ne suis point médecin.

VALÈRE

Vous n'êtes point médecin ?

SGANARELLE

Non.

LUCAS

V'n'êtes pas médecin ?

SGANARELLE

Non, vous dis-je.

VALÈRE

Puisque vous le voulez, il faut s'y résoudre. (*Ils prennent chacun un bâton, et le frappent.*)

SGANARELLE

Ah ! ah ! ah ! messieurs, je suis tout ce qu'il vous plaira.

VALÈRE

Pourquoi, monsieur, nous obligez-vous à cette violence ?

LUCAS

A quoi bon nous bailler la peine de vous battre ?

VALÈRE

Je vous assure que j'en ai tous les regrets du monde.

LUCAS

Par ma figué ! j'en sis fâché, franchement.

SGANARELLE

Que diable est-ce ci, messieurs ? De grâce, est-ce pour rire, ou si tous deux vous extravaguez, de vouloir que je sois médecin ?

VALÈRE

Quoi ! vous ne vous rendez pas encore, et vous vous défendez d'être médecin ?

SGANARELLE

Diable emporte si je le suis !

LUCAS

Il n'est pas vrai qu'ous sayez médecin ?

SGANARELLE

Non, la peste m'étouffe ! (*Ils recommencent à le battre.*) Ah ! ah ! Hé bien ! messieurs, oui, puisque vous le voulez, je suis médecin, je suis médecin ; apothicaire encore, si vous le trouvez bon. J'aime mieux consentir à tout que de me faire assommer.

VALÈRE

Ah ! voilà qui va bien, monsieur ; je suis ravi de vous voir raisonnable.

LUCAS

Vous me boutez la joie au cœur, quand je vous vois parler comme ça.

VALÈRE

Je vous demande pardon de toute mon âme.

LUCAS

Je vous demandons excuse de la libarté que j'avons prise.

SGANARELLE, *à part.*

Ouais, serait-ce bien moi qui me tromperais, et serais-je devenu médecin sans m'en être aperçu ?

VALÈRE

Monsieur, vous ne vous repentirez pas de nous montrer ce que vous êtes ; et vous verrez assurément que vous en serez satisfait.

SGANARELLE

Mais, messieurs, dites-moi, ne vous trompez-vous point vous-mêmes ? Est-il bien assuré que je sois médecin ?

LUCAS

Oui, par ma figué !

SGANARELLE

Tout de bon ?

VALÈRE

Sans doute.

SGANARELLE

Diable emporte si je le savais !

VALÈRE

Comment ! vous êtes le plus habile médecin du monde.

SGANARELLE

Ah ! ah !

LUCAS

Un médecin qui a gari je ne sais combien de maladies.

SGANARELLE

Tudieu !

VALÈRE

Une femme était tenue pour morte il y avait six heures ; elle était prête à ensevelir, lorsque avec une goutte de quelque chose vous la fîtes revenir et marcher d'abord par la chambre.

SGANARELLE

Peste !

LUCAS

Un petit enfant de douze ans se laissit choir du haut d'un clocher, de quoi il eut la tête, les jambes et les bras cassés ; et vous, avec je ne sais quel onguent, vous fîtes qu'aussitôt il se relevit sur ses pieds, et s'en fut jouer à la fossette.

SGANARELLE

Diantre !

VALÈRE

Enfin, monsieur, vous aurez contentement avec nous, et vous gagnerez ce que vous voudrez en vous laissant conduire où nous prétendons vous mener.

SGANARELLE

Je gagnerai ce que je voudrai ?

VALÈRE

Oui.

SGANARELLE

Ah ! je suis médecin, sans contredit. Je l'avais oublié ; mais je m'en ressouviens. De quoi est-il question ? où faut-il se transporter ?

VALÈRE

Nous vous conduirons. Il est question d'aller voir une fille qui a perdu la parole.

SGANARELLE

Ma foi, je ne l'ai pas trouvée.

VALÈRE, *bas, à Lucas.*

Il aime à rire. (*A Sganarelle.*) Allons, monsieur.

SGANARELLE

Sans une robe de médecin ?

VALÈRE

Nous en prendrons une.

SGANARELLE, *présentant sa bouteille à Valère.*

Tenez cela, vous : voilà où je mets mes juleps. (*Puis se tournant vers Lucas en crachant.*) Vous, marchez là-dessus, par ordonnance du médecin.

LUCAS

Palsanguenne ! v'là un médecin qui me plaît ; je pense qu'il réussira, car il est bouffon.

ACTE SECOND

*Scène I : Géronte, Valère,
Lucas, Jacqueline.*

VALÈRE

Oui, monsieur, je crois que vous serez satisfait ;
et nous vous avons amené le plus grand médecin
du monde.

LUCAS

Oh ! morguenne ! il faut tirer l'échelle après ceti-
là ; et tous les autres ne sont pas daignes de li
déchausser ses souliés.

· VALÈRE

C'est un homme qui a fait des cures merveilleuses.

LUCAS

Qui a gari des gens qui étiant morts.

VALÈRE

Il est un peu capricieux, comme je vous ai dit ;
et, parfois, il a des moments où son esprit
s'échappe, et ne paraît pas ce qu'il est,

LUCAS

Oui, il aime à bouffonner ; et l'an dirait parfois,
ne v's en déplaise, qu'il a quelque petit coup de
hache à la tête.

VALÈRE

Mais, dans le fond, il est toute science ; et bien
souvent il dit des choses tout à fait relevées.

LUCAS

Quand il s'y boute, il parle tout fin drait comme
s'il lisait dans un livre.

VALÈRE

Sa réputation s'est déjà répandue ici ; et tout le
monde vient à lui.

GÉRONTE

Je meurs d'envie de le voir ; faites-le moi vite
venir.

VALÈRE

Je vais le quérir.

JACQUELINE

Par ma fi, monsieur, ceti-ci fera justement ce
qu'ant fait les autres. Je pense que ce sera queussi
queumi ; et la meilleure médeçaine que l'an pourrait bailler à votre fille, ce serait, selon moi, un
biau et bon mari, pour qui elle eût de l'amiquié.

GÉRONTE

Ouais ! nourrice, ma mie, vous vous mêlez de bien
des choses !

LUCAS

Taisez-vous, notre ménagère Jaquelaine ; ce n'est
pas à vous à bouter là votre nez.

JACQUELINE

Je vous dis et vous douze que tous ces médecins
n'y feront rian que de l'iau claire ; que votre fille
a besoin d'autre chose que de rhibarde et de séné,
et qu'un mari est une emplâtre qui garit tous les
maux des filles.

GÉRONTE

Est-elle en état maintenant qu'on s'en voulût char-

ger avec l'infirmité qu'elle a ? Et lorsque j'ai été
dans le dessein de la marier, ne s'est-elle pas
opposée à mes volontés ?

JACQUELINE

Je le crois bian ; vous li vouliez bailler cun homme qu'alle n'aime point. Que ne preniais-vous ce
monsieur Liandre, qui li touchait au cœur ? alle
aurait été fort obéissante ; et je m'en vas gager
qu'il la prendrait li, comme alle est, si vous la li
vouillais donner.

GÉRONTE

Ce Léandre n'est pas ce qu'il lui faut, il n'a pas
du bien comme l'autre.

JACQUELINE

Il a eun oncle qui est si riche, dont il est hériquié !

GÉRONTE

Tous ces biens à venir me semblent autant de
chansons. Il n'est rien tel que ce qu'on tient ; et
l'on court grand risque de s'abuser, lorsque l'on
compte sur le bien qu'un autre vous garde. La
mort n'a pas toujours les oreilles ouvertes aux
vœux et aux prières de messieurs les héritiers ; et
l'on a le temps d'avoir les dents longues, lorsqu'on
attend pour vivre le trépas de quelqu'un.

JACQUELINE

Enfin, j'ai toujours ouï dire qu'en mariage, comme ailleurs, contentement passe richesse. Les pères
et les mères ant cette maudite couteume de demander toujours : Qu'a-t-il ? et Qu'a-t-elle ? et le
compère Piarre a marié sa fille Simonette au gros
Thomas pour un quarquié de vaigne qu'il avait
davantage que le jeune Robin, où elle avait bouté
son amiquié ; et v'là que la pauvre criature en est
devenue jaune comme un coing, et n'a point
profité tout depuis ce temps-là. C'est un bel exemple pour vous, monsieu. On n'a que son plaisir
en ce monde ; et j'aimerais mieux bailler à ma
fille eun bon mari qui li fût agriable, que toutes
les rentes de la Biausse.

GÉRONTE

Peste ! madame la nourrice, comme vous dégoi-
sez ! Taisez-vous, je vous prie ; vous prenez trop
de soin, et vous échauffez votre lait.

LUCAS, *frappant, à chaque phrase qu'il dit,
sur l'épaule de Géronte.*

Morgué ! tais-toi ; t'es eune impartinante. Monsieu
n'a que faire de tes discours, et il sait ce qu'il a à
faire. Mêle-toi de donner à téter à ton enfant, sans
tant faire la raisonneuse. Monsieu est le père de sa
fille ; et il est bon et sage pour voir ce qu'il li
faut.

GÉRONTE

Tout doux ! Oh ! tout doux !

LUCAS, *frappant encore sur
l'épaule de Géronte.*

Monsieur, je veux un peu la mortifier, et li apprendre le respect qu'alle vous doit.

GÉRONTE

Oui. Mais ces gestes ne sont pas nécessaires.

Scène II : Valère, Sganarelle,
Géronte, Lucas, Jacqueline.

VALÈRE

Monsieur, préparez-vous. Voici notre médecin qui entre.

GÉRONTE, *à Sganarelle.*

Monsieur, je suis ravi de vous voir chez moi, et nous avons grand besoin de vous.

SGANARELLE, *en robe de médecin,*
avec un chapeau des plus pointus.

Hippocrate dit... que nous nous couvrions tous deux.

GÉRONTE

Hippocrate dit cela ?

SGANARELLE

Oui.

GÉRONTE

Dans quel chapitre, s'il vous plaît ?

SGANARELLE

Dans son chapitre... des chapeaux.

GÉRONTE

Puisque Hippocrate, le dit, il le faut faire.

SGANARELLE

Monsieur le médecin, ayant appris les merveilleuses choses...

GÉRONTE

A qui parlez-vous, de grâce ?

SGANARELLE

A vous.

GÉRONTE

Je ne suis pas médecin.

SGANARELLE

Vous n'êtes pas médecin ?

GÉRONTE

Non, vraiment.

SGANARELLE

Tout de bon ?

GÉRONTE

Tout de bon. (*Sganarelle prend un bâton, et frappe Géronte.*) Ah ! ah ! ah !

SGANARELLE

Vous êtes médecin maintenant : je n'ai jamais eu d'autres licences.

GÉRONTE, *à Valère.*

Quel diable d'homme m'avez-vous là amené ?

VALÈRE

Je vous ai bien dit que c'était un médecin goguenard.

GÉRONTE

Oui : mais je l'enverrais promener avec ses goguenarderies.

LUCAS

Ne prenez pas garde à ça, monsieur, ce n'est que pour rire.

GÉRONTE

Cette raillerie ne me plaît pas.

SGANARELLE

Monsieur, je vous demande pardon de la liberté que j'ai prise.

GÉRONTE

Monsieur, je suis votre serviteur.

SGANARELLE

Je suis fâché...

GÉRONTE

Cela n'est rien.

SGANARELLE

Des coups de bâton...

GÉRONTE

Il n'y a pas de mal.

SGANARELLE

Que j'ai eu l'honneur de vous donner.

GÉRONTE

Ne parlons plus de cela. Monsieur, j'ai une fille qui est tombée dans une étrange maladie.

SGANARELLE

Je suis ravi, monsieur, que votre fille ait besoin de moi ; et je souhaiterais de tout mon cœur que vous en eussiez besoin aussi, vous et toute votre famille, pour vous témoigner l'envie que j'ai de vous servir.

GÉRONTE

Je vous suis obligé de ces sentiments.

SGANARELLE

Je vous assure que c'est du meilleur de mon âme que je vous parle.

GÉRONTE

C'est trop d'honneur que vous me faites.

SGANARELLE

Comment s'appelle votre fille ?

GÉRONTE

Lucinde.

SGANARELLE

Lucinde ! Ah ! beau nom à médicamenter ! Lucinde !

GÉRONTE

Je m'en vais voir un peu ce qu'elle fait.

SGANARELLE

Qui est cette grande femme-là ?

GÉRONTE

C'est la nourrice d'un petit enfant que j'ai.

SGANARELLE, *à part.*

Peste ! le joli meuble que voilà ! (*Haut.*) Ah ! nourrice, charmante nourrice, ma médecine est la très humble esclave de votre nourricerie, et je voudrais bien être le petit poupon fortuné qui tétât le lait de vos bonnes grâces. (*Il lui porte la main sur le sein.*) Tous mes remèdes, toute ma science, toute ma capacité est à votre service ; et...

LUCAS

Avec vottre parmission, monsieu le médecin, laissez là ma femme, je vous prie.

SGANARELLE

Quoi ! elle est votre femme ?

LUCAS

Oui.

SGANARELLE

Ah ! vraiment je ne savais pas cela, et je m'en réjouis pour l'amour de l'un et de l'autre. (*Il fait semblant de vouloir embrasser Lucas, et embrasse la nourrice.*)

LUCAS, *tirant Sganarelle, et se remettant*
entre lui et sa femme.
Tout doucement, s'il vous plaît.

SGANARELLE
Je vous assure que je suis ravi que vous soyez
unis ensemble : je la félicite d'avoir un mari
comme vous ; et je vous félicite, vous, d'avoir
une femme si belle, si sage, et si bien faite comme
elle est. (*Faisant encore semblant d'embrasser*
Lucas, qui lui tend les bras, il passe dessous, et
embrasse encore la nourrice.)

LUCAS, *le tirant encore.*
Hé ! tétigué ! point tant de compliments, je vous
supplie.

SGANARELLE
Ne voulez-vous pas que je me réjouisse avec vous
d'un si bel assemblage ?

LUCAS
Avec moi tant qu'il vous plaira ; mais avec ma
femme, trève de sarimonie.

SGANARELLE
Je prends part également au bonheur de tous
deux ; et si je vous embrasse pour vous témoigner ma joie je l'embrasse de même pour lui en
témoigner aussi. (*Il continue le même jeu.*)

LUCAS, *le tirant pour la troisième fois.*
Ah ! vartigué, monsieur le médecin, que de lanti-
ponages !

Scène III : *Géronte, Sganarelle,*
Lucas, Jacqueline.

GÉRONTE
Monsieur, voici tout à l'heure ma fille qu'on va
vous amener.

SGANARELLE
Je l'attends, monsieur, avec toute la médecine.

GÉRONTE
Où est-elle ?

SGANARELLE, *se touchant le front.*
Là-dedans.

GÉRONTE
Fort bien.

SGANARELLE
Mais, comme je m'intéresse à toute votre famille,
il faut que j'essaie un peu le lait de votre nourrice, et que je visite son sein. (*Il s'approche de*
Jacqueline.)

LUCAS, *le tirant, et lui faisant*
faire la pirouette.
Nanin ; nanin ; je n'avons que faire de ça.

SGANARELLE
C'est l'office du médecin de voir les tétons des
nourrices.

LUCAS
Il gnia office qui quienne, je sis votte sarviteur.

SGANARELLE
As-tu bien la hardiesse de t'opposer au médecin ?
Hors de là.

LUCAS
Je me moque de ça.

SGANARELLE, *en le regardant de travers.*
Je te donnerai la fièvre.

JACQUELINE, *prenant Lucas par le bras,*
et lui faisant faire aussi la pirouette.
Ote-toi de là aussi : est-ce que je ne sis pas assez
grande pour me défendre moi-même, s'il me fait
queuque chose qui ne soit pas à faire ?

LUCAS
Je ne veux pas qu'il te tâte, moi.

SGANARELLE
Fi ! le vilain, qui est jaloux de sa femme !

GÉRONTE
Voici ma fille.

Scène IV : *Lucinde, Géronte, Sganarelle,*
Valère, Lucas, Jacqueline.

SGANARELLE
Est-ce là la malade ?

GÉRONTE
Oui. Je n'ai qu'elle de fille ; et j'aurais tous les
regrets du monde si elle venait à mourir.

SGANARELLE
Qu'elle s'en garde bien ! Il ne faut pas qu'elle
meure sans l'ordonnance du médecin.

GÉRONTE
Allons, un siège.

SGANARELLE, *assis entre Géronte*
et Lucinde.
Voilà une malade qui n'est pas tant dégoûtante,
et je tiens qu'un homme bien sain s'en accommoderait assez.

GÉRONTE
Vous l'avez fait rire, monsieur.

SGANARELLE
Tant mieux : lorsque le médecin fait rire le malade, c'est le meilleur signe du monde. (*A Lucin-*
de.) Hé bien ! de quoi est-il question ? Qu'avez-
vous ? Quel est le mal que vous sentez ?

LUCINDE, *portant sa main à sa bouche,*
à sa tête et sous son menton.
Han, hi, hon, han.

SGANARELLE
Hé ! que dites-vous ?

LUCINDE *continue les mêmes gestes.*
han, hi, hon, han, han, hi, hon.

SGANARELLE
Quoi ?

LUCINDE
Han, hi, hon.

SGANARELLE
Han, hi, hon, han, ha. Je ne vous entends point.
Quel diable de langage est-ce là ?

GÉRONTE
Monsieur, c'est là sa maladie. Elle est devenue
muette, sans que jusques ici on en ait pu savoir
la cause ; et c'est un accident qui a fait reculer son
mariage.

SGANARELLE

Et pourquoi ?

GÉRONTE

Celui qu'elle doit épouser veut attendre sa guérison pour conclure les choses.

SGANARELLE

Et qui est ce sot-là, qui ne veut pas que sa femme soit muette ? Plût à Dieu que ma femme eût cette maladie ! je me garderais bien de la vouloir guérir.

GÉRONTE

Enfin, monsieur, nous vous prions d'employer tous vos soins pour la soulager de son mal.

SGANARELLE

Ah ! ne vous mettez pas en peine. Dites-moi un peu : ce mal l'oppresse-t-il beaucoup ?

GÉRONTE

Oui, monsieur.

SGANARELLE

Tant mieux. Sent-elle de grandes douleurs ?

GÉRONTE

Fort grandes.

SGANARELLE

C'est fort bien fait. Va-t-elle où vous savez ?

GÉRONTE

Oui.

SGANARELLE

Copieusement ?

GÉRONTE

Je n'entends rien à cela.

SGANARELLE

La matière est-elle louable ?

GÉRONTE

Je ne me connais pas à ces choses.

SGANARELLE, à Lucinde.

Donnez-moi votre bras. (A Géronte.) Voilà un pouls qui marque que votre fille est muette.

GÉRONTE

Hé ! oui, monsieur, c'est là son mal ; vous l'avez trouvé tout du premier coup.

SGANARELLE

Ah ! ah !

JACQUELINE

Voyez comme il a deviné sa maladie !

SGANARELLE

Nous autres grands médecins, nous connaissons d'abord les choses. Un ignorant aurait été embarrassé, et vous eût été dire : C'est ceci, c'est cela ; mais moi, je touche au but du premier coup, et je vous apprends que votre fille est muette.

GÉRONTE

Oui : mais je voudrais bien que vous me pussiez dire d'où cela vient.

SGANARELLE

Il n'est rien de plus aisé ; cela vient de ce qu'elle a perdu la parole.

GÉRONTE

Fort bien. Mais la cause, s'il vous plaît, qui fait qu'elle a perdu la parole ?

SGANARELLE

Tous nos meilleurs auteurs vous diront que c'est l'empêchement de l'action de sa langue.

GÉRONTE

Mais encore, vos sentiments sur cet empêchement de l'action de la langue ?

SGANARELLE

Aristote, là-dessus, dit de fort belles choses.

GÉRONTE

Je le crois.

SGANARELLE

Ah ! c'était un grand homme !

GÉRONTE

Sans doute.

SGANARELLE

Grand homme tout à fait ; (*Levant le bras depuis le coude.*) un homme qui était plus grand que moi de tout cela. Pour revenir donc à notre raisonnement, je tiens que cet empêchement de l'action de sa langue est causé par de certaines humeurs, qu'entre nous autres savants nous appelons humeurs peccantes ; peccantes, c'est-à-dire... humeurs peccantes ; d'autant que les vapeurs formées par les exhalaisons des influences qui s'élèvent dans la région des maladies, venant... pour ainsi dire... à... Entendez-vous le latin ?

GÉRONTE

En aucune façon.

SGANARELLE, se levant brusquement.

Vous n'entendez point le latin ?

GÉRONTE

Non.

SGANARELLE, avec enthousiasme.

Cabricias, arci thuram, catalamus, singulariter nominativo, hæc musa, la muse, *bonus, bona, bonum. Deus sanctus, est-ne oratio latinas* ? *Etiam,* oui. *Quare* ? pourquoi ? *Quia substantivo, et adjectivum, concordat in generi, numerum, et casus*[1].

GÉRONTE

Ah ! que n'ai-je étudié !

JACQUELINE

L'habile homme que v'là !

LUCAS

Oui, ça est si biau que je n'y entends goutte.

SGANARELLE

Or, ces vapeurs dont je vous parle venant à passer, du côté gauche où est le foie, au côté droit où est le cœur, il se trouve que le poumon, que nous appelons en latin *armyan,* ayant communication avec le cerveau, que nous nommons en grec *nasmus,* par le moyen de la veine cave, que nous appelons en hébreu *cubile*[2], rencontre en son chemin lesdites vapeurs qui remplissent les ventricules de l'omoplate ; et parce que lesdites vapeurs...

1. Les quatre premiers mots n'appartiennent à aucune langue. Le reste est une citation estropiée du rudiment de Despautère, et notamment de ces lignes : « Deus sanctus, est-ne oratio latina ? Etiam. Quare ? Quia adjectivum et substantivum concordant in genere, numero, casu. » Dieu saint est-il une leçon latine ? Oui. Pourquoi ? Parce que l'adjectif et le substantif s'accordent en genre, en nombre et en cas.
2. *Armyan* et *nasmus* ne sont d'aucune langue. *Cubile,* mot hébreu, selon Sganarelle, est latin et signifie *lit* ou *tanière.*

comprenez bien ce raisonnement, je vous prie ; et parce que lesdites vapeurs ont une certaine malignité... écoutez bien ceci, je vous conjure.

GÉRONTE

Oui.

SGANARELLE

Ont une certaine malignité qui est causée... soyez attentif, s'il vous plaît.

GÉRONTE

Je le suis.

SGANARELLE

Qui est causée par l'âcreté des humeurs engendrées dans la concavité du diaphragme, il arrive que ces vapeurs... *Ossabandus, nequeis, nequer, potarinum, quipsa milus* [3]. Voilà justement ce qui fait que votre fille est muette.

JACQUELINE

Ah ! que ça est bian dit, notte homme !

LUCAS

Que n'ai-je la langue aussi bian pendue !

GÉRONTE

On ne peut pas mieux raisonner, sans doute. Il n'y a qu'une seule chose qui m'a choqué : c'est l'endroit du foie et du cœur. Il me semble que vous les placez autrement qu'ils ne sont ; que le cœur est du côté gauche, et le foie du côté droit.

SGANARELLE

Oui, cela était autrefois ainsi : mais nous avons changé tout cela, et nous faisons maintenant la médecine d'une méthode toute nouvelle.

GÉRONTE

C'est ce que je ne savais pas, et je vous demande pardon de mon ignorance.

SGANARELLE

Il n'y a point de mal ; et vous n'êtes pas obligé d'être aussi habile que nous.

GÉRONTE

Assurément. Mais, monsieur, que croyez-vous qu'il faille faire à cette maladie ?

SGANARELLE

Ce que je crois qu'il faille faire ?

GÉRONTE

Oui.

SGANARELLE

Mon avis est qu'on la remette sur son lit, et qu'on lui fasse prendre pour remède quantité de pain trempé dans du vin.

GÉRONTE

Pourquoi cela, monsieur ?

SGANARELLE

Parce qu'il y a dans le vin et le pain, mêlés ensemble, une vertu sympathique qui fait parler. Ne voyez-vous pas bien qu'on ne donne autre chose aux perroquets, et qu'ils apprennent à parler en mangeant de cela ?

GÉRONTE

Cela est vrai. Ah ! le grand homme ! Vite, quantité de pain et de vin.

3. Ces six mots ne sont pas tous forgés par Molière : dans *la Sœur*, comédie de Rotrou, les trois premiers sont écrits, *ossasando, nequei, nequet*. Ils y sont donnés pour mots turcs.

SGANARELLE

Je reviendrai voir sur le soir en quel état elle sera. (*A Jacqueline.*) Doucement, vous. (*A Géronte.*) Monsieur, voilà une nourrice à laquelle il faut que je fasse quelques petits remèdes.

JACQUELINE

Qui ? moi ? Je me porte le mieux du monde.

SGANARELLE

Tant pis, nourrice, tant pis. Cette grande santé est à craindre, et il ne sera pas mauvais de vous faire quelque petite saignée amiable, de vous donner quelque petit clystère dulcifiant.

GÉRONTE

Mais, monsieur, voilà une mode que je ne comprends point. Pourquoi s'aller faire saigner quand on n'a point de maladie ?

SGANARELLE

Il n'importe, la mode en est salutaire ; et, comme on boit pour la soif à venir, il faut se faire aussi saigner pour la maladie à venir.

JACQUELINE, *en s'en allant.*

Ma fi, je me moque de ça, et je ne veux point faire de mon corps une boutique d'apothicaire.

SGANARELLE

Vous êtes rétive aux remèdes ; mais nous saurons vous soumettre à la raison. (*A Géronte.*) Je vous donne le bonjour.

GÉRONTE

Attendez un peu, s'il vous plaît.

SGANARELLE

Que voulez-vous faire ?

GÉRONTE

Vous donner de l'argent, monsieur.

SGANARELLE, *tendant sa main par derrière, tandis que Géronte ouvre sa bourse.*

Je n'en prendrai pas, monsieur.

GÉRONTE

Monsieur...

SGANARELLE

Point du tout.

GÉRONTE

Un petit moment.

SGANARELLE

En aucune façon.

GÉRONTE

De grâce !

SGANARELLE

Vous vous moquez.

GÉRONTE

Voilà qui est fait.

SGANARELLE

Je n'en ferai rien.

GÉRONTE

Hé !

SGANARELLE

Ce n'est pas l'argent qui me fait agir.

GÉRONTE

Je le crois.

SGANARELLE, *après avoir pris l'argent.*

Cela est-il de poids ?

GÉRONTE

Oui, monsieur.

SGANARELLE

Je ne suis pas un médecin mercenaire.

GÉRONTE

Je le sais bien.

SGANARELLE

L'intérêt ne me gouverne point.

GÉRONTE

Je n'ai pas cette pensée.

SGANARELLE, *seul, regardant*
l'argent qu'il a reçu.

Ma foi, cela ne va pas mal ; et pourvu que...

Scène V : Sganarelle, Léandre.

LÉANDRE

Monsieur, il y a longtemps que je vous attends ; et je viens implorer votre assistance.

SGANARELLE, *lui tâtant le pouls.*

Voilà un pouls qui est fort mauvais.

LÉANDRE

Je ne suis point malade, monsieur ; et ce n'est pas pour cela que je viens à vous.

SGANARELLE

Si vous n'êtes point malade, que diable ne le dites-vous donc ?

LÉANDRE

Non. Pour vous dire la chose en deux mots, je m'appelle Léandre, qui suis amoureux de Lucinde, que vous venez de visiter ; et comme, par la mauvaise humeur de son père, toute sorte d'accès m'est fermé auprès d'elle, je me hasarde à vous prier de vouloir servir mon amour, et de me donner lieu d'exécuter un stratagème que j'ai trouvé pour lui pouvoir dire deux mots d'où dépendent absolument mon bonheur et ma vie.

SGANARELLE

Pour qui me prenez-vous ? Comment ! oser vous adresser à moi pour vous servir dans votre amour, et vouloir ravaler la dignité de médecin à des emplois de cette nature !

LÉANDRE

Monsieur, ne faites point de bruit.

SGANARELLE, *en le faisant reculer.*

J'en veux faire, moi. Vous êtes un impertinent !

LÉANDRE

Hé ! monsieur, doucement.

SGANARELLE

Un malavisé !

LÉANDRE

De grâce !

SGANARELLE

Je vous apprendrai que je ne suis point homme à cela, et que c'est une insolence extrême...

LÉANDRE, *tirant une bourse.*

Monsieur...

SGANARELLE

De vouloir m'employer... (*Recevant la bourse.*) Je ne parle pas pour vous, car vous êtes honnête homme ; et je serais ravi de vous rendre service ; mais il y a de certains impertinents au monde qui viennent prendre les gens pour ce qu'ils ne sont pas ; et je vous avoue que cela me met en colère.

LÉANDRE

Je vous demande pardon, monsieur, de la liberté que...

SGANARELLE

Vous vous moquez. De quoi est-il question ?

LÉANDRE

Vous saurez donc, monsieur, que cette maladie que vous voulez guérir est une feinte maladie. Les médecins ont raisonné là-dessus comme il faut ; et ils n'ont pas manqué de dire que cela procédait, qui du cerveau, qui des entrailles, qui de la rate, qui du foie : mais il est certain que l'amour en est la véritable cause, et que Lucinde n'a trouvé cette maladie que pour se délivrer d'un mariage dont elle était importunée. Mais, de crainte qu'on ne nous voie ensemble, retirons-nous d'ici ; et je vous dirai en marchant ce que je souhaite de vous.

SGANARELLE

Allons, monsieur : vous m'avez donné pour votre amour une tendresse qui n'est pas concevable ; et j'y perdrai toute ma médecine, ou la malade crèvera, ou bien elle sera à vous.

ACTE TROISIEME

Scène I : Léandre, Sganarelle.

LÉANDRE

Il me semble que je ne suis pas mal ainsi pour un apothicaire ; et, comme le père ne m'a guère vu, ce changement d'habit et de perruque est assez capable, je crois, de me déguiser à ses yeux.

SGANARELLE

Sans doute.

LÉANDRE

Tout ce que je souhaiterais serait de savoir cinq ou six grands mots de médecine pour parer mon discours et me donner l'air d'habile homme.

SGANARELLE

Allez, allez, tout cela n'est pas nécessaire ; il suffit de l'habit : et je n'en sais pas plus que vous.

LÉANDRE

Comment !

SGANARELLE

Diable emporte si j'entends rien en médecine ! Vous êtes un honnête homme, et je veux bien me confier à vous comme vous vous confiez à moi.

LÉANDRE

Quoi ! vous n'êtes pas effectivement...

SGANARELLE

Non, vous dis-je ; ils m'ont fait médecin malgré mes dents. Je ne m'étais jamais mêlé d'être si savant que cela ; et toutes mes études n'ont été que jusqu'en sixième. Je ne sais point sur quoi cette imagination leur est venue ; mais quand j'ai vu qu'à toute force ils voulaient que je fusse médecin, je me suis résolu de l'être aux dépens de qui il appartiendra. Cependant vous ne sauriez croire comment l'erreur s'est répandue, et de quelle façon chacun s'est endiablé à me croire habile homme. On me vient chercher de tous les côtés ; et si les choses vont toujours de même, je suis d'avis de m'en tenir toute ma vie à la médecine. Je trouve que c'est le métier le meilleur de tous ; car, soit qu'on fasse bien, ou soit qu'on fasse mal, on est toujours payé de même sorte. La méchante besogne ne retombe jamais sur notre dos ; et nous taillons comme il nous plaît sur l'étoffe où nous travaillons. Un cordonnier, en faisant des souliers, ne saurait gâter un morceau de cuir qu'il n'en paie les pots cassés ; mais ici l'on peut gâter un homme sans qu'il en coûte rien. Les bévues ne sont point pour nous, et c'est toujours la faute de celui qui meurt. Enfin le bon de cette profession est qu'il y a parmi les morts une honnêteté, une discrétion la plus grande du monde ; et jamais on n'en voit se plaindre du médecin qui l'a tué.

LÉANDRE

Il est vrai que les morts sont fort honnêtes gens du monde sur cette matière.

SGANARELLE, *voyant des hommes qui viennent à lui.*

Voilà des gens qui ont la mine de me venir consulter. (*A Léandre.*) Allez toujours m'attendre auprès du logis de votre maîtresse.

Scène II : Thibaut, Perrin, Sganarelle.

THIBAUT

Monsieur, je venons vous charcher, mon fils Perrin et moi.

SGANARELLE

Qu'y a-t-il ?

THIBAUT

Sa pauvre mère, qui a nom Parrette, est dans un lit malade il y a six mois.

SGANARELLE, *tendant la main comme pour recevoir de l'argent.*

Que voulez-vous que j'y fasse ?

THIBAUT

Je voudrions, monsieur, que vous nous baillissiez queuque petite drôlerie pour la garir.

SGANARELLE

Il faut voir de quoi est-ce qu'elle est malade.

THIBAUT

Alle est malade d'hypocrisie, monsieur.

SGANARELLE

D'hypocrisie ?

THIBAUT

Oui, c'est-à-dire qu'alle est enflée partout ; et l'an dit que c'est quantité de sériosités qu'alle a dans le corps, et que son foie, son ventre, ou sa rate, comme vous voudrais l'appeler, au glieu de faire du sang, ne fait plus que de l'iau. Alle a, de deux jours l'un, la fièvre quotiguienne, avec des lassitudes et des douleurs dans les mufles des jambes. On entend dans sa gorge des fleumes qui sont tout prêts à l'étouffer ; et parfois il li prend des syncoles et des conversions, que je crayons qu'alle est passée. J'avons dans notte village un apothicaire, révérence parler, qui li a donné je ne sais combien d'histoires ; et il m'en coûte plus d'eune douzaine de bons écus en lavements, ne v's en déplaise, en aposthumes qu'on li a fait prendre, en infections de jacinthe, et en portions cordales. Mais tout ça, comme dit l'autre, n'a été que de l'onguent miton-mitaine. Il velait li bailler d'eune certaine drogue qu'on appelle du vin amétile ; mais j'ai-z-eu peur franchement que ça l'envoyît *a patres ;* et l'an dit que ces gros médecins tuont je ne sais combien de monde avec cette invention-là.

SGANARELLE, *tendant toujours la main.*

Venons au fait, mon ami, venons au fait.

THIBAUT

Le fait est, monsieur, que je venons vous prier de nous dire ce qu'il faut que je fassions.

SGANARELLE

Je ne vous entends point du tout.

PERRIN

Monsieur, ma mère est malade ; et v'là deux écus que je vous apportons pour nous bailler queuque remède.

SGANARELLE

Ah ! je vous entends, vous. Voilà un garçon qui parle clairement, qui s'explique comme il faut. Vous dites que votre mère est malade d'hydropisie, qu'elle est enflée par tout le corps, qu'elle a la fièvre, avec des douleurs dans les jambes, et qu'il lui prend parfois des syncopes et des convulsions, c'est-à-dire des évanouissements ?

PERRIN

Hé ! oui, monsieu, c'est justement ça.

SGANARELLE

J'ai compris d'abord vos paroles. Vous avez un père qui ne sait ce qu'il dit. Maintenant vous me demandez un remède ?

PERRIN

Oui, monsieu.

SGANARELLE

Un remède pour la guérir ?

PERRIN

C'est comme je l'entendons.

SGANARELLE

Tenez, voilà un morceau de fromage qu'il faut que vous lui fassiez prendre.

PERRIN

Du fromage, monsieu ?

SGANARELLE

Oui ; c'est un fromage préparé, où il entre de l'or, du corail, et des perles, et quantité d'autres choses précieuses.

PERRIN

Monsieur, je vous sommes bien obligés ; et j'allons li faire prendre ça tout à l'heure.

SGANARELLE

Allez. Si elle meurt, ne manquez pas de la faire enterrer du mieux que vous pourrez.

Scène III : Jacqueline, Sganarelle ; Lucas, dans le fond du théâtre.

SGANARELLE

Voici la belle nourrice. Ah ! nourrice de mon cœur, je suis ravi de cette rencontre ; et votre vue est la rhubarbe, la casse, et le séné, qui purgent toute la mélancolie de mon âme.

JACQUELINE

Par ma figué, monsieur le médecin, ça est trop bian dit pour moi, et je n'entends rian à tout votre latin.

SGANARELLE

Devenez malade, nourrice, je vous prie ; devenez malade pour l'amour de moi. J'aurais toutes les joies du monde de vous guérir.

JACQUELINE

Je sis votre sarvante ; j'aime bian mieux qu'an ne me garisse pas.

SGANARELLE

Que je vous plains, belle nourrice, d'avoir un mari jaloux et fâcheux comme celui que vous avez !

JACQUELINE

Que velez-vous, monsieur ? C'est pour la pénitence de mes fautes ; et là où la chèvre est liée, il faut bian qu'alle y broute.

SGANARELLE

Comment ! un rustre comme cela ! un homme qui vous observe toujours, et ne veut pas que personne vous parle !

JACQUELINE

Hélas ! vous n'avez rian vu encore ; et ce n'est qu'un petit échantillon de sa mauvaise humeur.

SGANARELLE

Est-il possible ? et qu'un homme ait l'âme assez basse pour maltraiter une personne comme vous ? Ah ! que j'en sais, belle nourrice, et qui ne sont pas loin d'ici, qui se tiendraient heureux de baiser seulement les petits bouts de vos petons ! Pourquoi faut-il qu'une personne si bien faite soit tombée en de telles mains ! et qu'un franc animal, un brutal, un stupide, un sot... Pardonnez-moi, nourrice, si je parle ainsi de votre mari...

JACQUELINE

Hé ! monsieur, je sais bian qu'il mérite tous ces noms-là.

SGANARELLE

Oui, sans doute, nourrice, il les mérite, et il mériterait encore que vous lui missiez quelque chose sur la tête, pour le punir des soupçons qu'il a.

JACQUELINE

Il est bian vrai que si je n'avais devant les yeux que son intérêt, il pourrai m'obliger à queuque étrange chose.

SGANARELLE

Ma foi, vous ne feriez pas mal de vous venger de lui avec quelqu'un. C'est un homme, je vous le dis, qui mérite bien cela ; et, si j'étais assez heureux, belle nourrice, pour être choisi pour... (*Dans le temps que Sganarelle tend les bras pour embrasser Jacqueline, Lucas passe sa tête par-dessous, et se met entre eux deux. Sganarelle et Jacqueline regardent Lucas, et sortent chacun de leur côté.*)

Scène IV : Géronte, Lucas.

GÉRONTE

Holà ! Lucas, n'as-tu pas vu ici notre médecin ?

LUCAS

Et oui, de par tous les diantres, je l'ai vu ; et ma femme aussi.

GÉRONTE

Où est-ce donc qu'il peut être ?

LUCAS

Je ne sais ; mais je voudrais qu'il fût à tous les guebles.

GÉRONTE

Va-t'en voir un peu ce que fait ma fille.

Scène V : Sganarelle, Léandre, Géronte.

GÉRONTE

Ah ! monsieur, je demandais où vous étiez.

SGANARELLE

Je m'étais amusé dans votre cour à expulser le superflu de la boisson. Comment se porte la malade ?

GÉRONTE

Un peu plus mal depuis votre remède.

SGANARELLE

Tant mieux ; c'est signe qu'il opère.

GÉRONTE

Oui ; mais en opérant je crains qu'il ne l'étouffe.

SGANARELLE

Ne vous mettez pas en peine, j'ai des remèdes qui se moquent de tout, et je l'attends à l'agonie.

GÉRONTE, *montrant Léandre.*

Qui est cet homme-là que vous amenez ?

SGANARELLE, *faisant des signes avec la main pour montrer que c'est un apothicaire.*

C'est...

GÉRONTE

Quoi ?

SGANARELLE

Celui...

GÉRONTE

Hé !

SGANARELLE

Qui...

GÉRONTE

Je vous entends.

SGANARELLE

Votre fille en aura besoin.

*Scène VI : Lucinde, Géronte,
Léandre, Jacqueline, Sganarelle.*

JACQUELINE

Monsieu, v'là votre fille qui veut un peu marcher.

SGANARELLE

Cela lui fera du bien. Allez-vous-en, monsieur
l'apothicaire, tâter un peu son pouls, afin que je
raisonne tantôt avec vous de sa maladie. (*Sganarelle tire Géronte dans un coin du théâtre, et lui
passe un bras sur les épaules pour l'empêcher de
tourner la tête du côté où sont Léandre et Lucinde.*) Monsieur, c'est une grande et subtile question, entre les docteurs, de savoir si les femmes
sont plus faciles à guérir que les hommes. Je vous
prie d'écouter ceci, s'il vous plaît. Les uns disent
que non, les autres disent que oui : et moi je dis
qu'oui et non ; d'autant que l'incongruité des
humeurs opaques, qui se rencontrent au tempérament naturel des femmes, étant cause que la partie
brutale veut toujours prendre empire sur la sensitive, on voit que l'inégalité de leurs opinions
dépend du mouvement oblique du cercle de la
lune ; et comme le soleil, qui darde ses rayons
sur la concavité de la terre, trouve...

LUCINDE, *à Léandre.*

Non, je ne suis point du tout capable de changer
de sentiments.

GÉRONTE

Voilà ma fille qui parle ! O grande vertu du
remède ! ô admirable médecin ! Que je vous suis
obligé, monsieur, de cette guérison merveilleuse !
et que puis-je faire pour vous après un tel service ?

SGANARELLE, *se promenant sur le théâtre
et s'éventant avec son chapeau.*

Voilà une maladie qui m'a bien donné de la
peine !

LUCINDE

Oui, mon père, j'ai recouvré la parole ; mais je
l'ai recouvrée pour vous dire que je n'aurai jamais
d'autre époux que Léandre, et que c'est inutilement que vous voulez me donner Horace.

GÉRONTE

Mais...

LUCINDE

Rien n'est capable d'ébranler la résolution que
j'ai prise.

GÉRONTE

Quoi...

LUCINDE

Vous m'opposerez en vain de belles raisons.

GÉRONTE

Si...

LUCINDE

Tous vos discours ne serviront de rien.

GÉRONTE

Je...

LUCINDE

C'est une chose où je suis déterminée.

GÉRONTE

Mais...

LUCINDE

Il n'est puissance paternelle qui me puisse obliger
à me marier malgré moi.

GÉRONTE

J'ai...

LUCINDE

Vous avez beau faire tous vos efforts.

GÉRONTE

Il...

LUCINDE

Mon cœur ne saurait se soumettre à cette tyrannie.

GÉRONTE

Là...

LUCINDE

Et je me jetterai plutôt dans un couvent, que
d'épouser un homme que je n'aime point.

GÉRONTE

Mais...

LUCINDE, *avec vivacité.*

Non. En aucune façon. Point d'affaire. Vous
perdez le temps. Je n'en ferai rien. Cela est
résolu.

GÉRONTE

Ah ! quelle impétuosité de paroles ! Il n'y a pas
moyen d'y résister. (*A Sganarelle.*) Monsieur, je
vous prie de la faire redevenir muette.

SGANARELLE

C'est une chose qui m'est impossible. Tout ce
que je puis faire pour votre service est de vous
rendre sourd, si vous voulez.

GÉRONTE

Je vous remercie. (*A Lucinde.*) Penses-tu donc...

LUCINDE

Non, toutes vos raisons ne gagneront rien sur
mon âme.

GÉRONTE

Tu épouseras Horace dès ce soir.

LUCINDE

J'épouserai plutôt la mort.

SGANARELLE, *à Géronte.*

Mon Dieu ! arrêtez-vous, laissez-moi médicamenter cette affaire ; c'est une maladie qui la tient,
et je sais le remède qu'il y faut apporter.

GÉRONTE

Serait-il possible, monsieur, que vous pussiez aussi
guérir cette maladie d'esprit ?

SGANARELLE

Oui ; laissez-moi faire, j'ai des remèdes pour tout ;
et notre apothicaire vous servira pour cette cure.
(*A Léandre.*) Un mot. Vous voyez que l'ardeur
qu'elle a pour ce Léandre est tout à fait contraire
aux volontés du père ; qu'il n'y a point de temps
à perdre ; que les humeurs sont fort aigries ; et
qu'il est nécessaire de trouver promptement un

remède à ce mal, qui pourrait empirer par le retardement. Pour moi, je n'y en vois qu'un seul, qui est une prise de fuite purgative, que vous mêlerez comme il faut avec deux dragmes de matrimonium en pilules. Peut-être fera-t-elle quelque difficulté à prendre ce remède ; mais, comme vous êtes habile homme dans votre métier, c'est à vous de l'y résoudre, et de lui faire avaler la chose du mieux que vous pourrez. Allez-vous-en lui faire faire un petit tour de jardin, afin de préparer les humeurs, tandis que j'entretiendrai ici son père, mais surtout ne perdez point de temps. Au remède, vite, au remède spécifique !

Scène VII : Géronte, Sganarelle.

GÉRONTE

Quelles drogues, monsieur, sont celles que vous venez de dire ? il me semble que je ne les ai jamais ouï nommer.

SGANARELLE

Ce sont drogues dont on se sert dans les nécessités urgentes.

GÉRONTE

Avez-vous jamais vu une insolence pareille à la sienne ?

SGANARELLE

Les filles sont quelquefois un peu têtues.

GÉRONTE

Vous ne sauriez croire comme elle est affolée de ce Léandre.

SGANARELLE

La chaleur du sang fait cela dans les jeunes esprits.

GÉRONTE

Pour moi, dès que j'ai eu découvert la violence de cet amour, j'ai su tenir toujours ma fille renfermée.

SGANARELLE

Vous avez fait sagement.

GÉRONTE

Et j'ai bien empêché qu'ils n'aient eu communication ensemble.

SGANARELLE

Fort bien.

GÉRONTE

Il serait arrivé quelque folie, si j'avais souffert qu'ils se fussent vus.

SGANARELLE

Sans doute.

GÉRONTE

Et je crois qu'elle aurait été fille à s'en aller avec lui.

SGANARELLE

C'est prudemment raisonné.

GÉRONTE

On m'avertit qu'il fait tous ses efforts pour lui parler.

SGANARELLE

Quel drôle !

GÉRONTE

Mais il perdra son temps.

SGANARELLE

Ah ! ah !

GÉRONTE

Et j'empêcherai bien qu'il ne la voie.

SGANARELLE

Il n'a pas affaire à un sot, et vous savez des rubriques qu'il ne sait pas. Plus fin que vous n'est pas bête.

Scène VIII : Lucas, Géronte, Sganarelle.

LUCAS

Ah ! palsanguenne, monsieur, vaici bian du tintamarre ; votte fille s'en est enfuie avec son Liandre. C'était lui qui était l'apothicaire ; et vlà monsieur le médecin qui a fait cette belle opération-là.

GÉRONTE

Comment ! m'assassiner de la façon ! Allons, un commissaire, et qu'on empêche qu'il ne sorte. Ah ! traître, je vous ferai punir par la justice.

LUCAS

Ah ! par ma fi, monsieu le médecin, vous serez pendu : ne bougez de là seulement.

Scène IX : Martine, Sganarelle, Lucas.

MARTINE, à Lucas.

Ah ! mon Dieu ! que j'ai eu de peine à trouver ce logis ! Dites-moi un peu des nouvelles du médecin que je vous ai donné.

LUCAS

Le vlà qui va être pendu.

MARTINE

Quoi ! mon mari pendu ! Hélas ! et qu'a-t-il fait pour cela ?

LUCAS

Il a fait enlever la fille de notre maître.

MARTINE

Hélas ! mon cher mari, est-il bien vrai qu'on te va pendre ?

SGANARELLE

Tu vois. Ah !

MARTINE

Faut-il que tu te laisses mourir en présence de tant de gens ?

SGANARELLE

Que veux-tu que j'y fasse ?

MARTINE

Encore, si tu avais achevé de couper notre bois, je prendrais quelque consolation.

SGANARELLE

Retire-toi de là, tu me fends le cœur !

MARTINE

Non, je veux demeurer pour t'encourager à la mort ; et je ne te quitterai point que je ne t'aie vu pendu.

SGANARELLE

Ah !

*Scène X : Géronte, Sganarelle,
Martine, Lucas.*

GÉRONTE, *à Sganarelle.*

Le commissaire viendra bientôt, et l'on s'en va
vous mettre en lieu où l'on me répondra de vous.

SGANARELLE, *à genoux.*

Hélas ! cela ne se peut-il point changer en quelques coups de bâton ?

GÉRONTE

Non, non; la justice en ordonnera. Mais que vois-je ?

*Scène XI : Géronte, Léandre, Lucinde,
Sganarelle, Lucas, Martine.*

LÉANDRE

Monsieur, je viens faire paraître Léandre à vos
yeux, et remettre Lucinde en votre pouvoir. Nous
avons eu dessein de prendre la fuite nous deux,
et de nous aller marier ensemble ; mais cette
entreprise a fait place à un procédé plus honnête.
Je ne prétends point vous voler votre fille, et ce
n'est que de votre main que je veux la recevoir.
Ce que je vous dirai, monsieur, c'est que je viens
tout à l'heure de recevoir des lettres par où j'apprends que mon oncle est mort, et que je suis
héritier de tous ses biens.

GÉRONTE

Monsieur, votre vertu m'est tout à fait considérable, et je vous donne ma fille avec la plus grande
joie du monde.

SGANARELLE, *à part.*

La médecine l'a échappé belle !

MARTINE

Puisque tu ne seras point pendu, rends-moi grâce
d'être médecin ; car c'est moi qui t'ai procuré cet
honneur.

SGANARELLE

Oui ! c'est toi qui m'as procuré je ne sais combien de coups de bâton ?

LÉANDRE, *à Sganarelle.*

L'effet en est trop beau pour en garder du ressentiment.

SGANARELLE

Soit. (*A Martine.*) Je te pardonne ces coups de
bâton en faveur de la dignité où tu m'as élevé :
mais prépare-toi désormais à vivre dans un grand
respect avec un homme de ma conséquence, et
songe que la colère d'un médecin est plus à
craindre qu'on ne peut croire.

MÉLICERTE

COMÉDIE PASTORALE HÉROIQUE

« *Représentée pour la première fois à Saint-Germain-en-Laye, pour le Roi, au Ballet des Muses, le 2ᵉ décembre 1666, par la Troupe du Roi.* »

La mort de la reine mère, Anne d'Autriche (20 janvier 1666), imposa un deuil officiel à la cour. Pour en marquer la fin, de grandes fêtes furent données, du 2 décembre de la même année au 19 février 1667, au château de Saint-Germain-en-Laye. La troupe de Molière, celle de l'Hôtel de Bourgogne, aussi bien que les Comédiens italiens et espagnols, furent conviés à assurer les divertissements sur un thème de Benserade : le Ballet des Muses. Chacune des neuf muses conduites par leur mère Mnémosyne « à la cour de Louis le plus parfait des rois » recevait un hommage approprié. Autant d'entrées de ballets, plus quatre autres intéressant un débat entre les Muses et les Piérides, danses auxquelles participaient, avec les professionnels, le roi (en Jupiter arbitre), Madame et des personnes de la cour. Il revint à Molière d'honorer Thalie (troisième entrée). Mélicerte, avec musique de Lulli, pastorale dans le goût du temps, inspirée d'un épisode du Grand Cyrus de Mlle de Scudéry, fut écrite pour le petit Baron (treize ans) qui joua Myrtil — non sans avoir voulu rendre son rôle à la suite d'une gifle que lui administra, en cours de répétition, Armande soudain jalouse de l'affection témoignée par Molière au jeune garçon.

Mélicerte est restée inachevée ; car ce n'est certes pas un achèvement, sinon au sens meurtrier du terme, que lui infligea, en 1699, le fils du comédien Guérin d'Etriché et d'Armande Béjart remariée, qui récrivit les deux actes de Molière en vers irréguliers et les compléta d'un troisième de son cru.

La pièce n'a été reprise que quatorze fois depuis 1680.

PERSONNAGES

MÉLICERTE, *bergère* (Mlle Du Parc ?).

DAPHNÉ, *bergère* (Mlle de Brie ?).

EROXÈNE, *bergère* (Mlle Molière ?).

MYRTIL, *amant de Mélicerte* (Baron).

ACANTE, *amant de Daphné.*

TYRÈNE, *amant d'Eroxène.*

LYCARSIS, *pâtre, cru père de Myrtil* (Molière).

CORINNE, *confidente de Mélicerte.*

NICANDRE, *berger.*

MOPSE, *berger, cru oncle de Mélicerte.*

LA SCÈNE EST EN THESSALIE, DANS LA VALLÉE DE TEMPÉ.

ACTE PREMIER

Scène I : Daphné, Eroxène, Acante, Tyrène.

ACANTE

Ah ! charmante Daphné !

TYRÈNE

Trop aimable Eroxène !

DAPHNÉ

Acante, laisse-moi.

EROXÈNE

Ne me suis point, Tyrène.

ACANTE, *à Daphné.*

Pourquoi me chasses-tu ?

TYRÈNE, *à Eroxène.*

Pourquoi fuis-tu mes pas ?

DAPHNÉ, *à Acante.*

Tu me plais loin de moi.

ÉROXÈNE, *à Tyrène.*

Je m'aime où tu n'es pas.

ACANTE

Ne cesseras-tu point cette rigueur mortelle ?

TYRÈNE

Ne cesseras-tu point de m'être si cruelle ?

364

DAPHNÉ
Ne cesseras-tu point tes inutiles vœux ?

ÉROXÈNE
Ne cesseras-tu point de m'être si fâcheux ?

ACANTE
Si tu n'en prends pitié, je succombe à ma peine.

TYRÈNE
10 Si tu ne me secours, ma mort est trop certaine.

DAPHNÉ
Si tu ne veux partir, je vais quitter ce lieu.

ÉROXÈNE
Si tu veux demeurer, je te vais dire adieu.

ACANTE
Hé bien ! en m'éloignant je te vais satisfaire.

TYRÈNE
Mon départ va t'ôter ce qui peut te déplaire.

ACANTE
15 Généreuse Eroxène, en faveur de mes feux
Daigne au moins, par pitié, lui dire un mot ou deux.

TYRÈNE
Obligeante Daphné, parle à cette inhumaine,
Et sache d'où pour moi procède tant de haine.

Scène II : Daphné, Eroxène.

ÉROXÈNE
Acante a du mérite, et t'aime tendrement :
20 D'où vient que tu lui fais un si dur traitement ?

DAPHNÉ
Tyrène vaut beaucoup, et languit pour tes charmes :
D'où vient que sans pitié tu vois couler ses larmes ?

ÉROXÈNE
Puisque j'ai fait ici la demande avant toi,
La raison te condamne à répondre avant moi.

DAPHNÉ
25 Pour tous les soins d'Acante on me voit inflexible,
Parce qu'à d'autres vœux je me trouve sensible.

ÉROXÈNE
Je ne fais pour Tyrène éclater que rigueur,
Parce qu'un autre choix est maître de mon cœur.

DAPHNÉ
Puis-je savoir de toi ce choix qu'on te voit taire ?

ÉROXÈNE
30 Oui, si tu veux du tien m'apprendre le mystère.

DAPHNÉ
Sans te nommer celui qu'Amour m'a fait choisir,
Je puis facilement contenter ton désir ;
Et de la main d'Atis, ce peintre inimitable,
J'en garde dans ma poche un portrait admirable,
35 Qui jusqu'au moindre trait lui ressemble si fort,
Qu'il est sûr que tes yeux le connaîtront d'abord.

ÉROXÈNE
Je puis te contenter par une même voie,
Et payer ton secret en pareille monnoie.
J'ai de la main aussi de ce peintre fameux
40 Un aimable portrait de l'objet de mes vœux,
Si plein de tous ses traits et de sa grâce extrême,
Que tu pourras d'abord te le nommer toi-même.

DAPHNÉ
La boîte que le peintre a fait faire pour moi

Est tout à fait semblable à celle que je vois.

ÉROXÈNE
Il est vrai, l'une à l'autre entièrement ressemble,   45
Et certe il faut qu'Atis les ait fait faire ensemble.

DAPHNÉ
Faisons en même temps, par un peu de couleurs,
Confidence à nos yeux du secret de nos cœurs.

ÉROXÈNE
Voyons à qui plus vite entendra ce langage,
Et qui parle le mieux, de l'un ou l'autre ouvrage.   50

DAPHNÉ
La méprise est plaisante, et tu te brouilles bien :
Au lieu de ton portrait, tu m'as rendu le mien.

ÉROXÈNE
Il est vrai ; je ne sais comme j'ai fait la chose.

DAPHNÉ
Donne. De cette erreur ta rêverie est cause.

ÉROXÈNE
Que veut dire ceci ? Nous nous jouons, je crois :   55
Tu fais de ces portraits même chose que moi.

DAPHNÉ
Certes, c'est pour en rire, et tu peux me le rendre.

ÉROXÈNE, *mettant les deux portraits
l'un à côté de l'autre.*
Voici le vrai moyen de ne se point méprendre.

DAPHNÉ
De mes sens prévenus est-ce une illusion ?

ÉROXÈNE
Mon âme sur mes yeux fait-elle impression ?   60

DAPHNÉ
Myrtil à mes regards s'offre dans cet ouvrage.

ÉROXÈNE
De Myrtil dans ces traits je rencontre l'image.

DAPHNÉ
C'est le jeune Myrtil qui fait naître mes feux.

ÉROXÈNE
C'est au jeune Myrtil que tendent tous mes vœux.

DAPHNÉ
Je venais aujourd'hui te prier de lui dire   65
Les soins que pour son sort son mérite m'inspire.

ÉROXÈNE
Je venais te chercher pour servir mon ardeur
Dans le dessein que j'ai de m'assurer son cœur.

DAPHNÉ
Cette ardeur qu'il t'inspire est-elle si puissante ?

ÉROXÈNE
L'aimes-tu d'une amour qui soit si violente ?   70

DAPHNÉ
Il n'est point de froideur qu'il ne puisse enflammer,
Et sa grâce naissante a de quoi tout charmer.

ÉROXÈNE
Il n'est nymphe en l'aimant qui ne se tînt heureuse ;
Et Diane, sans honte, en serait amoureuse.

DAPHNÉ
Rien que son air charmant ne me touche aujourd'hui;   75
Et si j'avais cent cœurs, ils seraient tous pour lui.

ÉROXÈNE
Il efface à mes yeux tout ce qu'on voit paraître ;
Et si j'avais un sceptre, il en serait le maître.

DAPHNÉ

Ce serait donc en vain qu'à chacune, en ce jour,
80 On nous voudrait du sein arracher cet amour :
Nos âmes dans leurs vœux sont trop bien affermies.
Ne tâchons, s'il se peut, qu'à demeurer amies ;
Et puisqu'en même temps, pour le même sujet,
Nous avons toutes deux formé même projet,
85 Mettons dans ce débat la franchise en usage,
Ne prenons l'une et l'autre aucun lâche avantage,
Et courons nous ouvrir ensemble à Lycarsis
Des tendres sentiments où nous jette son fils.

ÉROXÈNE

J'ai peine à concevoir, tant la surprise est forte,
90 Comme un tel fils est né d'un père de la sorte ;
Et sa taille, son air, sa parole, et ses yeux,
Feraient croire qu'il est issu du sang des dieux.
Mais enfin j'y souscris, courons trouver ce père,
Allons-lui de nos cœurs découvrir le mystère ;
95 Et consentons qu'après Myrtil entre nous deux
Décide par son choix ce combat de nos vœux.

DAPHNÉ

Soit. Je vois Lycarsis avec Mopse et Nicandre.
Ils pourront le quitter ; cachons-nous pour attendre.

Scène III : Lycarsis, Mopse, Nicandre.

NICANDRE, *à Lycarsis.*

Dis-nous donc ta nouvelle.

LYCARSIS

                    Ah ! que vous me pressez !
100 Cela ne se dit pas comme vous le pensez.

MOPSE

Que de sottes façons et que de badinage !
Ménalque pour chanter n'en fait pas davantage.

LYCARSIS

Parmi les curieux des affaires d'état,
Une nouvelle à dire est d'un puissant éclat.
105 Je me veux mettre un peu sur l'homme d'importance,
Et jouir quelque temps de votre impatience.

NICANDRE

Veux-tu par tes délais nous fatiguer tous deux ?

MOPSE

Prends-tu quelque plaisir à te rendre fâcheux ?

NICANDRE

De grâce, parle, et mets ces mines en arrière.

LYCARSIS

110 Priez-moi donc tous deux de la bonne manière,
Et me dites chacun quel don vous me ferez
Pour obtenir de moi ce que vous désirez.

MOPSE

La peste soit du fat ! laissons-le là, Nicandre ;
Il brûle de parler, bien plus que nous d'entendre.
115 Sa nouvelle lui pèse, il veut s'en décharger ;
Et ne l'écouter pas est le faire enrager.

LYCARSIS

Hé !

NICANDRE

Te voilà puni de tes façons de faire.

LYCARSIS

Je m'en vais vous le dire, écoutez.

MOPSE

                              Point d'affaire.

LYCARSIS

Quoi ! vous ne voulez pas m'entendre ?

NICANDRE

                                    Non.

LYCARSIS

                                        Hé bien !
Je ne dirai donc mot, et vous ne saurez rien.   1

MOPSE

Soit.

LYCARSIS

Vous ne saurez pas qu'avec magnificence
Le roi vient honorer Tempé de sa présence ;
Qu'il entra dans Larisse hier sur le haut du jour ;
Qu'à l'aise je l'y vis avec toute sa cour ;
Que ces bois vont jouir aujourd'hui de sa vue,   1
Et qu'on raisonne fort touchant cette venue.

NICANDRE

Nous n'avons pas envie aussi de rien savoir.

LYCARSIS

Je vis cent choses là, ravissantes à voir :
Ce ne sont que seigneurs, qui, des pieds à la tête,
Sont brillants et parés comme au jour d'une fête ;   1
Ils surprennent la vue ; et nos prés au printemps,
Avec toutes leurs fleurs, sont bien moins éclatants.
Pour le prince, entre tous sans peine on le remarque,
Et d'une stade loin il sent son grand monarque :
Dans toute sa personne il a je ne sais quoi   1
Qui d'abord fait juger que c'est un maître roi.
Il le fait d'une grâce à nulle autre seconde ;
Et cela, sans mentir, lui sied le mieux du monde.
On ne croirait jamais comme de toutes parts
Toute sa cour s'empresse à chercher ses regards :   1
Ce sont autour de lui confusions plaisantes ;
Et l'on dirait d'un tas de mouches reluisantes
Qui suivent en tous lieux un doux rayon de miel.
Enfin l'on ne voit rien de si beau sous le ciel ;
Et la fête de Pan, parmi nous si chérie,   1
Auprès de ce spectacle est une gueuserie.
Mais, puisque sur le fier vous tenez si bien,
Je garde ma nouvelle, et ne veux dire rien.

MOPSE

Et nous ne te voulons aucunement entendre.

LYCARSIS

Allez vous promener.

MOPSE

                    Va-t-en te faire pendre.   1

Scène IV : Eroxène, Daphné, Lycarsis.

LYCARSIS, *se croyant seul.*

C'est de cette façon que l'on punit les gens,
Quand ils font les benêts et les impertinents.

DAPHNÉ

Le ciel tienne, pasteur, vos brebis toujours saines !

ÉROXÈNE

Cérès tienne de grains vos granges toujours pleines !

LYCARSIS

Et le grand Pan vous donne à chacune un époux   1

Qui vous aime beaucoup, et soit digne de vous !
DAPHNÉ
Ah ! Lycarsis, nos vœux à même but aspirent.
ÉROXÈNE
C'est pour le même objet que nos deux cœurs soupi-
DAPHNÉ   [rent.
Et l'Amour, cet enfant qui cause nos langueurs,
60 A pris chez vous le trait dont il blesse nos cœurs.
ÉROXÈNE
Et nous venons ici chercher votre alliance,
Et voir qui de nous deux aura la préférence.
LYCARSIS
Nymphes...
DAPHNÉ
    Pour ce bien seul nous poussons des soupirs,
LYCARSIS
Je suis...
ÉROXÈNE
    A ce bonheur tendent tous nos désirs.
DAPHNÉ
65 C'est un peu librement exprimer sa pensée.
LYCARSIS
Pourquoi ?
ÉROXÈNE
    La bienséance y semble un peu blessée.
LYCARSIS
Ah ! point.
DAPHNÉ
    Mais, quand le cœur brûle d'un noble feu,
On peut, sans nulle honte, en faire un libre aveu.
LYCARSIS
Je...
ÉROXÈNE
    Cette liberté nous peut être permise,
70 Et du choix de nos cœurs la beauté l'autorise.
LYCARSIS
C'est blesser ma pudeur que me flatter ainsi.
ÉROXÈNE
Non, non, n'affectez point de modestie ici.
DAPHNÉ
Enfin tout notre bien est en votre puissance.
ÉROXÈNE
C'est de vous que dépend notre unique espérance.
DAPHNÉ
75 Trouverons-nous en vous quelques difficultés ?
LYCARSIS
Ah !
ÉROXÈNE
    Nos vœux, dites-moi, seront-ils rejetés ?
LYCARSIS
Non, j'ai reçu du ciel une âme peu cruelle :
Je tiens de feu ma femme ; et je me sens comme elle
Pour les désirs d'autrui beaucoup d'humanité,
80 Et je ne suis point homme à garder de fierté.
DAPHNÉ
Accordez donc Myrtil à notre amoureux zèle.
ÉROXÈNE
Et souffrez que son choix règle notre querelle.
LYCARSIS
Myrtil ?

DAPHNÉ
Oui, c'est Myrtil que de vous nous voulons.
ÉROXÈNE
De quoi pensez-vous donc qu'ici nous vous parlons ?
LYCARSIS
Je ne sais ; mais Myrtil n'est guère dans un âge   185
Qui soit propre à ranger au joug du mariage.
DAPHNÉ
Son mérite naissant peut frapper d'autres yeux ;
Et l'on veut s'engager un bien si précieux,
Prévenir d'autres cœurs, et braver la fortune
Sous les fermes liens d'une chaîne commune.   190
ÉROXÈNE
Comme par son esprit et ses autres brillants
Il rompt l'ordre commun et devance le temps,
Notre flamme pour lui veut en faire de même,
Et régler tous ses vœux sur son mérite extrême.
LYCARSIS
Il est vrai qu'à son âge il surprend quelquefois ;   195
Et cet Athénien qui fut chez moi vingt mois,
Qui, le trouvant joli, se mit en fantaisie
De lui remplir l'esprit de sa philosophie,
Sur de certains discours l'a rendu si profond,
Que, tout grand que je suis, souvent il me confond.   200
Mais, avec tout cela, ce n'est encor qu'enfance,
Et son fait est mêlé de beaucoup d'innocence.
DAPHNÉ
Il n'est point tant enfant, qu'à le voir chaque jour,
Je ne le croie atteint déjà d'un peu d'amour ;
Et plus d'une aventure à mes yeux s'est offerte,   205
Où j'ai connu qu'il suit la jeune Mélicerte.
ÉROXÈNE
Ils pourraient bien s'aimer ; et je vois...
LYCARSIS
    Franc abus.
Pour elle passe encore, elle a deux ans de plus ;
Et deux ans, dans son sexe, est une grande avance.
Mais pour lui, le jeu seul l'occupe tout, je pense,   210
Et les petits désirs de se voir ajusté
Ainsi que les bergers de haute qualité.
DAPHNÉ
Enfin nous désirons par le nœud d'hyménée
Attacher sa fortune à notre destinée.
ÉROXÈNE
Nous voulons l'une et l'autre, avec pareille ardeur,   215
Nous assurer de loin l'empire de son cœur.
LYCARSIS
Je m'en tiens honoré autant qu'on saurait croire.
Je suis un pauvre pâtre, et ce m'est trop de gloire
Que deux nymphes d'un rang le plus haut du pays
Disputent à se faire un époux de mon fils.   220
Puisqu'il vous plaît qu'ainsi la chose s'exécute,
Je consens que son choix règle votre dispute ;
Et celle qu'à l'écart laissera cet arrêt
Pourra, pour son recours, m'épouser, s'il lui plaît.
C'est toujours même sang, et presque même chose.   225
Mais le voici. Souffrez qu'un peu je le dispose.
Il tient quelque moineau qu'il a pris fraîchement :
Et voilà ses amours et son attachement.

Scène V : Eroxène, Daphné
et Lycarsis dans le fond du théâtre, Myrtil.

MYRTIL, *se croyant seul, et tenant*
un moineau dans une cage.

Innocente petite bête,
230 Qui contre ce qui vous arrête
Vous débattez tant à mes yeux,
De votre liberté ne plaignez point la perte :
Votre destin est glorieux,
Je vous ai pris pour Mélicerte ;
235 Elle vous baisera, vous prenant dans sa main ;
Et de vous mettre en son sein
Elle vous fera la grâce.
Est-il un sort au monde et plus doux et plus beau ?
Et qui des rois, hélas ! heureux petit moineau,
240   Ne voudrait être en votre place ?
LYCARSIS
Myrtil, Myrtil, un mot ! Laissons là ces joyaux ;
Il s'agit d'autre chose ici que de moineaux.
Ces deux nymphes, Myrtil, à la fois te prétendent,
Et, tout jeune, déjà pour époux te demandent.
245 Je dois par un hymen t'engager à leurs vœux,
Et c'est toi que l'on veut qui choisisse des deux.
MYRTIL
Ces nymphes...
LYCARSIS
Oui. Des deux tu peux en choisir une.
Vois quel est ton bonheur, et bénis la fortune.
MYRTIL
Ce choix qui m'est offert peut-il m'être un bonheur,
250 S'il n'est aucunement souhaité de mon cœur ?
LYCARSIS
Enfin, qu'on le reçoive ; et que, sans se confondre,
A l'honneur qu'elles font on songe à bien répondre.
ÉROXÈNE
Malgré cette fierté qui règne parmi nous,
Deux nymphes, ô Myrtil ! viennent s'offrir à vous ;
255 Et de vos qualités les merveilles écloses
Font que nous renversons ici l'ordre des choses.
DAPHNÉ
Nous vous laissons, Myrtil, pour l'avis le meilleur,
Consulter sur ce choix vos yeux et votre cœur ;
Et nous n'en voulons point prévenir les suffrages
260 Par un récit paré de tous nos avantages.
MYRTIL
C'est me faire un honneur dont l'éclat me surprend ;
Mais cet honneur pour moi, je l'avoue, est trop grand.
A vos rares bontés il faut que je m'oppose ;
Pour mériter ce sort je suis trop peu de chose ;
265 Et je serais fâché, quels qu'en soient les appas,
Qu'on vous blâmât pour moi de faire un choix trop bas.
ÉROXÈNE
Contentez nos désirs, quoi qu'on en puisse croire,
Et ne vous chargez point du soin de notre gloire.
DAPHNÉ
Non, ne descendez point dans ces humilités,
270 Et laissez-nous juger ce que vous méritez.
MYRTIL
Le choix qui m'est offert s'oppose à votre attente,

Et peut seul empêcher que mon cœur vous contente.
Le moyen de choisir de deux grandes beautés,
Egales en naissance et rares qualités ?
Rejeter l'une ou l'autre est un crime effroyable,   275
Et n'en choisir aucune est bien plus raisonnable.
ÉROXÈNE
Mais en faisant refus de répondre à nos vœux,
Au lieu d'une, Myrtil, vous en outragez deux.
DAPHNÉ
Puisque nous consentons à l'arrêt qu'on peut rendre,
Ces raisons ne font rien à vouloir s'en défendre.   280
MYRTIL
Hé bien ! si ces raisons ne vous satisfont pas,
Celle-ci le fera : j'aime d'autres appas ;
Et je sens bien qu'un cœur qu'un bel objet engage
Est insensible et sourd à tout autre avantage.
LYCARSIS
Comment donc! Qu'est-ce ci? Qui l'eût pu présumer?   285
Et savez-vous, morveux, ce que c'est que d'aimer ?
MYRTIL
Sans savoir ce que c'est, mon cœur a su le faire.
LYCARSIS
Mais cet amour me choque, et n'est pas nécessaire.
MYRTIL
Vous ne deviez donc pas, si cela vous déplaît,
Me faire un cœur sensible et tendre comme il est.   290
LYCARSIS
Mais ce cœur que j'ai fait me doit obéissance.
MYRTIL
Oui, lorsque d'obéir il est en sa puissance.
LYCARSIS
Mais enfin, sans mon ordre il ne doit point aimer.
MYRTIL
Que n'empêchiez-vous donc que l'on pût le charmer?
LYCARSIS
Hé bien ! je vous défends que cela continue.   295
MYRTIL
La défense, j'ai peur, sera trop tard venue.
LYCARSIS
Quoi ! les pères n'ont pas des droits supérieurs ?
MYRTIL
Les dieux, qui sont bien plus, ne forcent point les cœurs.
LYCARSIS
Les dieux... Paix, petit sot. Cette philosophie
Me...
DAPHNÉ
Ne vous mettez point en courroux, je vous prie.   300
LYCARSIS
Non : je veux qu'il se donne à l'une pour époux,
Ou je vais lui donner le fouet tout devant vous.
Ah ! ah ! je vous ferai sentir que je suis père.
DAPHNÉ
Traitons, de grâce, ici les choses sans colère.
ÉROXÈNE
Peut-on savoir de vous cet objet si charmant   305
Dont la beauté, Myrtil, vous a fait son amant ?
MYRTIL
Mélicerte, madame. Elle en peut faire d'autres.
ÉROXÈNE
Vous comparez, Myrtil, ses qualités aux nôtres ?

DAPHNÉ
Le choix d'elle et de nous est assez inégal.

MYRTIL
10 Nymphes, au nom des dieux, n'en dites point de mal ;
Daignez considérer, de grâce, que je l'aime,
Et ne me jetez point dans un désordre extrême.
Si j'outrage, en l'aimant, vos célestes attraits,
Elle n'a point de part au crime que je fais ;
15 C'est de moi, s'il vous plaît, que vient toute l'offense.
Il est vrai, d'elle à vous je sais la différence ;
Mais par sa destinée on se trouve enchaîné ;
Et je sens bien enfin que le ciel m'a donné
Pour vous tout le respect, nymphes, imaginable,
20 Pour elle tout l'amour dont une âme est capable.
Je vois, à la rougeur qui vient de vous saisir,
Que ce que je vous dis ne vous fait pas plaisir.
Si vous parlez, mon cœur appréhende d'entendre
Ce qui peut le blesser par l'endroit le plus tendre ;
25 Et, pour me dérober à de semblables coups,
Nymphes, j'aime bien mieux prendre congé de vous.

LYCARSIS
Myrtil, holà ! Myrtil ! Veux-tu revenir, traître ?
Il fuit ; mais on verra qui de nous est le maître.
Ne vous effrayez point de tous ces vains transports ;
30 Vous l'aurez pour époux, j'en réponds corps pour
[corps.

ACTE SECOND

Scène I : Mélicerte, Corinne.

MÉLICERTE
Ah ! Corinne, tu viens de l'apprendre de Stelle,
Et c'est de Lycarsis qu'elle tient la nouvelle ?

CORINNE
Oui.

MÉLICERTE
Que les qualités dont Myrtil est orné
Ont su toucher d'amour Eroxène et Daphné ?

CORINNE
35 Oui.

MÉLICERTE
Que pour l'obtenir leur ardeur est si grande,
Qu'ensemble elles en ont déjà fait la demande ?
Et que, dans ce débat, elles ont fait dessein
De passer, dès cette heure, à recevoir sa main ?
Ah ! que tes mots ont peine à sortir de ta bouche !
40 Et que c'est faiblement que mon souci te touche !

CORINNE
Mais quoi ! Que voulez-vous ? C'est là la vérité,
Et vous redites tout comme je l'ai conté.

MÉLICERTE
Mais comment Lycarsis reçoit-il cette affaire ?

CORINNE
Comme un honneur, je crois, qui doit beaucoup lui
[plaire.

MÉLICERTE
45 Et ne vois-tu pas bien, toi qui sais mon ardeur,
Qu'avec ce mot, hélas ! tu me perces le cœur ?

CORINNE
Comment ?

MÉLICERTE
Me mettre aux yeux que le sort implacable
Auprès d'elles me rend trop peu considérable,
Et qu'à moi par leur rang on les va préférer,
N'est-ce pas une idée à me désespérer ?   350

CORINNE
Mais quoi ! je vous réponds, et dis ce que je pense.

MÉLICERTE
Ah ! tu me fais mourir par ton indifférence.
Mais, dis, quels sentiments Myrtil a-t-il fait voir ?

CORINNE
Je ne sais.

MÉLICERTE
Et c'est là ce qu'il fallait savoir,
Cruelle !

CORINNE
En vérité, je ne sais comment faire,   355
Et, de tous les côtés, je trouve à vous déplaire.

MÉLICERTE
C'est que tu n'entres point dans tous les mouvements
D'un cœur, hélas ! rempli de tendres sentiments.
Va-t'en : laisse-moi seule, en cette solitude,
Passer quelques moments de mon inquiétude.   360

Scène II : Mélicerte.

Vous le voyez, mon cœur, ce que c'est que d'aimer ;
Et Bélise avait su trop bien m'en informer.
Cette charmante mère, avant sa destinée,
Me disait une fois, sur le bord du Pénée :
« Ma fille, songe à toi ; l'amour aux jeunes cœurs   365
Se présente toujours entouré de douceurs.
D'abord il n'offre aux yeux que choses agréables ;
Mais il traîne après lui des troubles effroyables ;
Et, si tu veux passer tes jours dans quelque paix,
Toujours, comme d'un mal, défends-toi de ses traits.»   370
De ces leçons, mon cœur, je m'étais souvenue,
Et quand Myrtil venait à s'offrir à ma vue,
Qu'il jouait avec moi, qu'il me rendait des soins,
Je vous disais toujours de vous y plaire moins.
Vous ne me crûtes point ; et votre complaisance   375
Se vit bientôt changée en trop de bienveillance.
Dans ce naissant amour, qui flattait vos désirs,
Vous ne vous figuriez que joie et que plaisirs :
Cependant vous voyez la cruelle disgrâce
Dont en ce triste jour le destin vous menace,   380
Et la peine mortelle où vous voilà réduit.   [dit.
Ah ! mon cœur ! ah ! mon cœur ! je vous l'avais bien
Mais tenons, s'il se peut, notre douleur couverte.
Voici...

Scène III : Myrtil, Mélicerte.

MYRTIL
J'ai fait tantôt, charmante Mélicerte,   385
Un petit prisonnier que je garde pour vous,
Et dont peut-être un jour je deviendrai jaloux.
C'est un jeune moineau, qu'avec un soin extrême

Je veux, pour vous l'offrir, apprivoiser moi-même.
Le présent n'est pas grand ; mais les divinités
390 Ne jettent leurs regards que sur les volontés.
C'est le cœur qui fait tout ; et jamais la richesse
Des présents que... Mais, ciel ! d'où vient cette tristesse ?
Qu'avez-vous, Mélicerte ? et quel sombre chagrin
Se voit dans vos beaux yeux répandu ce matin ?
395 Vous ne répondez point ; et ce morne silence
Redouble encor ma peine et mon impatience.
Parlez. De quel ennui ressentez-vous les coups ?
Qu'est-ce donc ?

MÉLICERTE
Ce n'est rien.

MYRTIL
                          Ce n'est rien, dites-vous ?
Et je vois cependant vos yeux couverts de larmes.
400 Cela s'accorde-t-il, beauté pleine de charmes ?
Ah ! ne me faites point un secret dont je meurs,
Et m'expliquez, hélas ! ce que disent ces pleurs.

MÉLICERTE
Rien ne me servirait de vous le faire entendre.

MYRTIL
Devez-vous rien avoir que je ne doive apprendre ?
405 Et ne blessez-vous pas notre amour aujourd'hui,
De vouloir me voler la part de votre ennui ?
Ah ! ne le cachez point à l'ardeur qui m'inspire.

MÉLICERTE
Hé bien ! Myrtil, hé bien ! il faut donc vous le dire ;
J'ai su que, par un choix plein de gloire pour vous,
410 Eroxène et Daphné vous veulent pour époux ;
Et je vous avouerai que j'ai cette faiblesse
De n'avoir pu, Myrtil, le savoir sans tristesse,
Sans accuser du sort la rigoureuse loi,
Qui les rend dans leurs vœux préférables à moi.

MYRTIL
415 Et vous pouvez l'avoir, cette injuste tristesse !
Vous pouvez soupçonner mon amour de faiblesse,
Et croire qu'engagé par des charmes si doux,
Je puisse être à jamais à quelque autre qu'à vous !
Que je puisse accepter une autre main offerte !
420 Hé ! que vous ai-je fait, cruelle Mélicerte,
Pour traiter ma tendresse avec tant de rigueur,
Et faire un jugement si mauvais de mon cœur ?
Quoi ! faut-il que de lui vous ayez quelque crainte ?
Je suis bien malheureux de souffrir cette atteinte :
425 Et que me sert d'aimer comme je fais, hélas !
Si vous êtes si prête à ne le croire pas ?

MÉLICERTE
Je pourrais moins, Myrtil, redouter ces rivales,
Si les choses étaient de part et d'autre égales ;
Et, dans un rang pareil, j'oserais espérer
430 Que peut-être l'amour me ferait préférer ;
Mais l'inégalité de bien et de naissance
Qui peut, d'elles à moi, faire la différence...

MYRTIL
Ah ! leur rang de mon cœur ne viendra point à bout,
Et vos divins appas vous tiennent lieu de tout.
435 Je vous aime : il suffit ; et, dans votre personne,
Je vois rang, biens, trésors, états, sceptres, couronne ;
Et des rois les plus grands m'offrît-on le pouvoir,

Je n'y changerais pas le bien de vous avoir.
C'est une vérité toute sincère et pure ;
Et pouvoir en douter est me faire injure.

MÉLICERTE
Hé bien ! je crois, Myrtil, puisque vous le voulez,
Que vos vœux, par leur rang, ne sont point ébranlés,
Et que, bien qu'elles soient nobles, riches et belles,
Votre cœur m'aime assez pour me mieux aimer
                                                              [qu'elles ;
Mais ce n'est pas l'amour dont vous suivrez la voix :
Votre père, Myrtil, réglera votre choix ;
Et de même qu'à vous je ne lui suis pas chère,
Pour préférer à tout une simple bergère.

MYRTIL
Non, chère Mélicerte, il n'est père ni dieux
Qui me puissent forcer à quitter vos beaux yeux ;
Et toujours de mes vœux reine comme vous êtes...

MÉLICERTE
Ah ! Myrtil, prenez garde à ce qu'ici vous faites :
N'allez point présenter un espoir à mon cœur
Qu'il recevrait peut-être avec trop de douceur,
Et qui, tombant après comme un éclair qui passe,
Me rendrait plus cruel le coup de ma disgrâce.

MYRTIL
Quoi ! faut-il des serments appeler le secours,
Lorsque l'on vous promet de vous aimer toujours ?
Que vous vous faites tort par de telles alarmes,
Et connaissez bien peu le pouvoir de vos charmes !
Hé bien ! puisqu'il le faut, je jure par les dieux,
Et, si ce n'est assez, je jure par vos yeux,
Qu'on me tuera plutôt que je vous abandonne.
Recevez-en ici la foi que je vous donne,
Et souffrez que ma bouche, avec ravissement,
Sur cette belle main en signe le serment.

MÉLICERTE
Ah ! Myrtil, levez-vous, de peur qu'on ne nous voie.

MYRTIL
Est-il rien...? Mais, ô ciel ! on vient troubler ma joie !

Scène IV : Lycarsis, Myrtil, Mélicerte.

LYCARSIS
Ne vous contraignez pas pour moi.

MÉLICERTE, *à part.*
                                            Quel sort fâcheux !

LYCARSIS
Cela ne va pas mal : continuez tous deux.
Peste ! mon petit fils, que vous avez l'air tendre,
Et qu'en maître déjà vous savez vous y prendre !
Vous a-t-il, ce savant qu'Athènes exila,
Dans sa philosophie appris ces choses-là ?
Et vous qui lui donnez, de si douce manière,
Votre main à baiser, la gentille bergère,
L'honneur vous apprend-il ces mignardes douceurs
Par qui vous débauchez ainsi les jeunes cœurs ?

MYRTIL
Ah ! quittez de ces mots l'outrageante bassesse,
Et ne m'accablez point d'un discours qui la blesse.

LYCARSIS
Je veux lui parler, moi. Toutes ces amitiés...

MYRTIL

Je ne souffrirai point que vous la maltraitiez.
A du respect pour vous la naissance m'engage ;
Mais je saurai, sur moi, vous punir de l'outrage.
5 Oui, j'atteste le ciel que si, contre mes vœux,
Vous lui dites encor le moindre mot fâcheux,
Je vais avec ce fer, qui m'en fera justice,
Au milieu de mon sein vous chercher un supplice ;
Et, par mon sang versé, lui marquer promptement
0 L'éclatant désaveu de votre emportement.

MÉLICERTE

Non, non, ne croyez pas qu'avec art je l'enflamme,
Et que mon dessein soit de séduire son âme.
S'il s'attache à me voir, et me veut quelque bien,
C'est de son mouvement : je ne l'y force en rien.
5 Ce n'est pas que mon cœur veuille ici se défendre
De répondre à ses vœux d'une ardeur assez tendre ;
Je l'aime, je l'avoue, autant qu'on puisse aimer :
Mais cet amour n'a rien qui vous doive alarmer ;
Et pour vous arracher toute injuste créance,
0 Je vous promets ici d'éviter sa présence,
De faire place au choix où vous vous résoudrez,
Et ne souffrir ses vœux que quand vous le voudrez.

Scène V : Lycarsis, Myrtil.

MYRTIL

Hé bien ! vous triomphez avec cette retraite,
Et dans ces mots votre âme a ce qu'elle souhaite ;
5 Mais apprenez qu'en vain vous vous réjouissez,
Que vous serez trompé dans ce que vous pensez ;
Et qu'avec tous vos soins, toute votre puissance,
Vous ne gagnerez rien sur ma persévérance.

LYCARSIS

Comment! à quel orgueil, fripon, vous vois-je aller?
10 Est-ce de la façon que l'on me doit parler ?

MYRTIL

Oui, j'ai tort, il est vrai : mon transport n'est pas sage;
Pour rentrer au devoir, je change de langage ;
Et je vous prie ici, mon père, au nom des dieux,
Et par tout ce qui peut vous être précieux,
15 De ne vous point servir, dans cette conjoncture,
Des fiers droits que sur moi vous donne la nature.
Ne m'empoisonnez point vos bienfaits les plus doux.
Le jour est un présent que j'ai reçu de vous :
Mais de quoi vous serai-je aujourd'hui redevable,
20 Si vous me l'allez rendre, hélas ! insupportable ?
Il est, sans Mélicerte, un supplice à mes yeux ;
Sans ses divins appas rien ne m'est précieux :
Ils font tout mon bonheur et toute mon envie ;
Et, si vous me l'ôtez, vous m'arrachez la vie.

LYCARSIS, *à part.*

25 Aux douleurs de son âme il me fait prendre part.
Qui l'aurait jamais cru de ce petit pendard ?   [âge!
Quel amour! quels transports! quels discours pour son
J'en suis confus, et sens que cet amour m'engage.

MYRTIL, *se jetant aux genoux
de Lycarsis.*

Voyez, me voulez-vous ordonner de mourir ?
30 Vous n'avez qu'à parler : je suis prêt d'obéir.

LYCARSIS, *à part.*

Je ne puis plus tenir : il m'arrache des larmes,
Et ses tendres propos me font rendre les armes.

MYRTIL

Que si, dans votre cœur, un reste d'amitié
Vous peut de mon destin donner quelque pitié,
Accordez Mélicerte à mon ardente envie,   535
Et vous ferez bien plus que me donner la vie.

LYCARSIS

Lève-toi.

MYRTIL

Serez-vous sensible à mes soupirs ?

LYCARSIS

Oui.

MYRTIL

J'obtiendrai de vous l'objet de mes désirs ?

LYCARSIS

Oui.

MYRTIL

Vous ferez pour moi que son oncle l'oblige
A me donner sa main ?

LYCARSIS

Oui. Lève-toi, te dis-je.   540

MYRTIL

O père, le meilleur qui jamais ait été,
Que je baise vos mains après tant de bonté !

LYCARSIS

Ah ! que pour ses enfants un père a de faiblesse !
Peut-on rien refuser à leurs mots de tendresse ?
Et ne se sent-on pas certains mouvements doux,   545
Quand on vient à songer que cela sort de vous ?

MYRTIL

Me tiendrez-vous au moins la parole avancée ?
Ne changerez-vous point, dites-moi, de pensée ?

LYCARSIS

Non.

MYRTIL

Me permettez-vous de vous désobéir,
Si de ces sentiments on vous fait revenir ?   550
Prononcez le mot.

LYCARSIS

Oui. Ah ! nature ! nature !
Je m'en vais trouver Mopse, et lui faire ouverture
De l'amour que sa nièce et toi vous vous portez.

MYRTIL

Ah ! que ne dois-je point à vos rares bontés ?
Seul.
Quelle heureuse nouvelle à dire à Mélicerte !   ˎ555
Je n'accepterais pas une couronne offerte,
Pour le plaisir que j'ai de courir lui porter
Ce merveilleux succès qui la doit contenter.

Scène VI : Acante, Tyrène, Myrtil.

ACANTE

Ah ! Myrtil, vous avez du ciel reçu des charmes
Qui nous ont préparé des matières de larmes ;   560
Et leur naissant éclat, fatal à nos ardeurs,
De ce que nous aimons nous enlève les cœurs.

TYRÈNE

Peut-on savoir, Myrtil, vers qui, de ces deux belles,
Vous tournerez ce choix dont courent les nouvelles ?
565 Et sur qui doit de nous tomber ce coup affreux
Dont se voit foudroyé tout l'espoir de nos vœux ?

ACANTE

Ne faites point languir deux amants davantage,
Et nous dites quel sort votre cœur nous partage.

TYRÈNE

Il vaut mieux, quand on craint ces malheurs éclatants,
570 En mourir tout d'un coup que traîner si longtemps.

MYRTIL

Rendez, nobles bergers, le calme à votre flamme :
La belle Mélicerte a captivé mon âme.
Auprès de cet objet mon sort est assez doux,
Pour ne pas consentir à rien prendre sur vous ;
575 Et si vos vœux enfin n'ont que les miens à craindre,
Vous n'aurez, l'un ni l'autre, aucun lieu de vous

ACANTE   [plaindre.

Ah ! Myrtil, se peut-il que deux tristes amants...?

TYRÈNE

Est-il vrai que le ciel, sensible à nos tourments...?

MYRTIL

Oui, content de mes fers comme d'une victoire,
580 Je me suis excusé de ce choix plein de gloire ;
J'ai de mon père encor changé les volontés,
Et l'ai fait consentir à mes félicités.

ACANTE, à Tyrène.

Ah ! que cette aventure est un charmant miracle,
Et qu'à notre poursuite elle ôte un grand obstacle !

TYRÈNE, à Acante.

585 Elle peut renvoyer ces nymphes à nos vœux,

Et nous donner moyen d'être contents tous deux.

*Scène VII : Nicandre, Myrtil,
Acante, Tyrène.*

NICANDRE

Savez-vous en quel lieu Mélicerte est cachée ?

MYRTIL

Comment ?

NICANDRE

En diligence elle est partout cherchée.

MYRTIL

Et pourquoi ?

NICANDRE

Nous allons perdre cette beauté.
C'est pour elle qu'ici le roi s'est transporté ;
Avec un grand seigneur on dit qu'il la marie.

MYRTIL

O ciel ! Expliquez-moi ce discours, je vous prie.

NICANDRE

Ce sont des incidents grands et mystérieux.
Oui, le roi vient chercher Mélicerte en ces lieux ;
Et l'on dit qu'autrefois feu Bélise sa mère,
Dont tout Tempé croyait que Mopse était le frère...
Mais je me suis chargé de la chercher partout :
Vous saurez tout cela tantôt, de bout en bout.

MYRTIL

Ah! dieux! quelle rigueur! Hé! Nicandre, Nicandre!

ACANTE

Suivons aussi ses pas, afin de tout apprendre.

PASTORALE COMIQUE

Remplaça, le 5 janvier 1667, Mélicerte dans le Ballet des Muses. Ce fut sans doute une manière de couper court aux zizanies entre Armande et Baron qui n'eurent pas de rôle. Les indications de ballet et les couplets sont tout ce qui reste. Molière, en Lycas, bouffonnait et grimaçait à plein « museau ».

La première scène est entre LYCAS, *riche pasteur, et* CORIDON, *son confident.*

La seconde scène est une cérémonie magique de chantres et danseurs.
LES DEUX MAGICIENS DANSANTS *sont :* Les sieurs La Pierre et Favier.
LES TROIS MAGICIENS ASSISTANTS ET CHANTANTS *sont :* Messieurs Le Gros, Don et Gaye. *Ils chantent.*

ACTEURS

IRIS, *jeune bergère* (Mlle de Brie).

LYCAS, *riche pasteur, amant d'Iris* (Molière).

FILÈNE, *riche pasteur, amant d'Iris* (Estival).

CORIDON, *jeune berger, confident de Lycas, amant d'Iris* (La Grange).

UN PATRE, *ami de Filène.*

UN BERGER.

MAGICIENS *dansants,* MAGICIENS *chantants.*

DÉMONS *dansants.*

PAYSANS.

UNE EGYPTIENNE *chantante et dansante.*

EGYPTIENS *dansants.*

*LA SCÈNE EST EN THESSALIE,
DANS UN HAMEAU
DE LA VALLÉE DE TEMPÉ.*

Déesse des appas,
   Ne nous refuse pas
La grâce qu'implorent nos bouches ;
Nous t'en prions par tes rubans,
Par tes boucles de diamants,   5
Ton rouge, ta poudre, tes mouches,
Ton masque, ta coiffe et tes gants.

O toi ! qui peut rendre agréables
Les visages les plus mal faits,
Répands, Vénus, de tes attraits   10
Deux ou trois doses charitables
Sur ce museau tondu tout frais !

Déesse des appas,
   Ne nous refuse pas
La grâce qu'implorent nos bouches ;   15
Nous t'en prions par tes rubans,
Par tes boucles de diamants,
Ton rouge, ta poudre, tes mouches,
Ton masque, ta coiffe et tes gants.

   Ah ! qu'il est beau,   20
    Le jouvenceau !
Ah ! qu'il est beau ! ah ! qu'il est beau !
Qu'il va faire mourir de belles !
Auprès de lui les plus cruelles
Ne pourront tenir dans leur peau.   25
   Ah ! qu'il est beau !
    Le jouvenceau !
Ah ! qu'il est beau ! ah ! qu'il est beau !
Ho, ho, ho, ho, ho, ho.

30
     Qu'il est joli,
     Gentil, poli !
    Qu'il est joli ! qu'il est joli !
    Est-il des yeux qu'il ne ravisse ?
    Il passe en beauté feu Narcisse,
35
    Qui fut un blondin accompli.

     Qu'il est joli,
     Gentil, poli !
    Qu'il est joli ! qu'il est joli !
    Hi, hi, hi, hi, hi, hi.

LES SIX MAGICIENS ASSISTANTS ET DANSANTS *sont* :
Les sieurs Chicaneau, Bonard, Noblet le cadet, Arnald, Mayeu et Foignard.

La troisième scène est entre Lycas et Filène, riches pasteurs.

     FILÈNE *chante.*
40 Paissez, chères brebis, les herbettes naissantes ;
 Ces prés et ces ruisseaux ont de quoi vous charmer ;
 Mais si vous désirez vivre toujours contentes,
    Petites innocentes,
    Gardez-vous bien d'aimer.
Lycas, voulant faire des vers, nomme le nom d'Iris, sa maîtresse, en présence de Filène, son rival, dont Filène en colère chante.
     FILÈNE
45 Est-ce toi que j'entends, téméraire, est-ce toi
 Qui nommes la beauté qui me tient sous sa loi ?
    LYCAS, *répond.*
    Oui, c'est moi ; oui, c'est moi.
     FILÈNE
 Oses-tu bien en aucune façon
    Proférer ce beau nom ?
     LYCAS
50   Hé ! pourquoi non ? hé ! pourquoi non ?
     FILÈNE
  Iris charme mon âme :
  Et qui pour elle aura
  Le moindre brin de flamme,
  Il s'en repentira.
     LYCAS
55   Je me moque de cela,
  Je me moque de cela.
     FILÈNE
  Je t'étranglerai, mangerai,
  Si tu nommes jamais ma belle :
  Ce que je dis, je le ferai,
60   Je t'étranglerai, mangerai,
  Il suffit que j'en ai juré :
  Quand les dieux prendraient ta querelle,
  Je t'étranglerai, mangerai,
  Si tu nommes jamais ma belle.
     LYCAS
65   Bagatelle, bagatelle.

La quatrième scène est entre Lycas et Iris, jeune bergère dont Lycas est amoureux.

La cinquième scène est entre Lycas et un pâtre, qui apporte un cartel à Lycas de la part de Filène, son rival.

La sixième scène est entre Lycas et Coridon.

La septième scène est entre Lycas et Filène.

    FILÈNE, *venant pour se battre, chante.*
    Arrête, malheureux,
    Tourne, tourne visage,
    Et voyons qui des deux
    Obtiendra l'avantage.

Lycas parle, et Filène reprend.
    C'est par trop discourir,
    Allons, il faut mourir.

La huitième scène est de huit paysans, qui, venant pour séparer Filène et Lycas, prennent querelle et dansent en se battant.
LES HUIT PAYSANS *sont* : Les sieurs Dolivet, Paysan, Desonets, Du Pron, La Pierre, Mercier, Pesan et Le Roy.

La neuvième scène est entre Coridon, jeune berger, et les huit paysans, qui, par les persuasions de Coridon, se réconcilient, et, après s'être réconciliés, dansent.

La dixième scène est entre Filène, Lycas et Coridon.

La onzième scène est entre Iris, bergère, et Coridon berger.

La douzième scène est entre Iris, bergère, Filène, Lycas et Coridon.

     FILÈNE, *chante.*
N'attendez pas qu'ici je me vante moi-même,
  Pour le choix que vous balancez :
  Vous avez des yeux, je vous aime,
   C'est vous en dire assez.

La treizième scène est entre Filène et Lycas, qui, rebutés par la belle Iris, chantent ensemble leur désespoir.

     FILÈNE
Hélas ! peut-on sentir de plus vive douleur ?
  Nous préférer un servile pasteur !
   O ciel !
     LYCAS
   O sort !
     FILÈNE
    Quelle rigueur !
     LYCAS
Quel coup !
     FILÈNE
  Quoi ! tant de pleurs,
     LYCAS
    Tant de persévérance,
     FILÈNE
Tant de langueur,

Dont le cœur nous est favorable,
Vouloir perdre la clarté ;
Mais quitter la vie   100
Pour une beauté
Dont on est rebuté,
Ah ! quelle folie !

La quinzième et dernière scène est d'une Egyp-
tienne, suivie d'une douzaine de gens, qui, ne cher-
chant que la joie, dansent avec elle aux chansons
qu'elle chante agréablement. En voici les paroles.

PREMIER AIR
D'un pauvre cœur
Soulagez le martyre,   105
D'un pauvre cœur
Soulagez la douleur.
J'ai beau vous dire
Ma vive ardeur,
Je vous vois rire   110
De ma langueur.
Ah ! cruelle, j'expire
Sous tant de rigueur.
D'un pauvre cœur
Soulagez le martyre,   115
D'un pauvre cœur
Soulagez la douleur.

SECOND AIR
Croyez-moi, hâtons-nous, ma Sylvie,
Usons bien des moments précieux ;
  Contentons ici notre envie,   120
De nos ans le feu nous y convie ;
Nous ne saurions, vous et moi, faire mieux.

Quand l'hiver a glacé nos guérets,
Le printemps vient reprendre sa place,
Et ramène à nos champs leurs attraits ;   125
  Mais, hélas ! quand l'âge nous glace,
Nos beaux jours ne reviennent jamais.

Ne cherchons tous les jours qu'à nous plaire,
Soyons-y l'un et l'autre empressés ;
  Du plaisir faisons notre affaire,   130
Des chagrins songeons à nous défaire :
Il vient un temps où l'on en prend assez.

Quand l'hiver a glacé nos guérets,
Le printemps vient reprendre sa place,
Et ramène à nos champs leurs attraits ;   135
  Mais, hélas ! quand l'âge nous glace,
Nos beaux jours ne reviennent jamais.

L'EGYPTIENNE QUI DANSE ET CHANTE *est :* Noblet
l'aîné.
LES DOUZE DANSANTS *sont :*
Quatre jouant de la guitare : Monsieur de Lulli,
Messieurs Beauchamp, Chicaneau et Vagnart.
Quatre jouant des castagnettes : Les sieurs Favier,
Bonard, Saint-André et Arnald.
Quatre jouant des gnacares : Messieurs La Marre,
Des-Airs second, Du Feu et Pesan.

LYCAS
          Tant de souffrance,
FILÈNE
Tant de vœux,
LYCAS
     Tant de soins,
FILÈNE
          Tant d'ardeur,
LYCAS
               Tant d'amour,
FILÈNE
Avec tant de mépris sont traités en ce jour !
Ah ! cruelle !
LYCAS
     Cœur dur !
FILÈNE
          Tigresse !
LYCAS
               Inexorable !
FILÈNE
Inhumaine !
LYCAS
     Inflexible !
FILÈNE
          Ingrate !
LYCAS
               Impitoyable !
FILÈNE
     Tu veux donc nous faire mourir ?
Il te faut contenter.
LYCAS
     Il te faut obéir.
FILÈNE
Mourons, Lycas.
LYCAS
          Mourons, Filène.
FILÈNE
Avec ce fer finissons notre peine,
LYCAS
Pousse !
FILÈNE
Ferme !
LYCAS
     Courage !
FILÈNE
          Allons, va le premier.
LYCAS
Non, je veux marcher le dernier.
FILÈNE
Puisqu'un même malheur aujourd'hui nous assemble,
Allons, partons ensemble.

La quatorzième scène est d'un jeune berger enjoué,
qui, venant consoler Filène et Lycas, chante.

Ah ! quelle folie
De quitter la vie
Pour une beauté
Dont on est rebuté !
On peut pour un objet aimable,

LE SICILIEN OU L'AMOUR PEINTRE

COMÉDIE

« *Représentée pour la première fois à Saint-Germain-en-Laye, par ordre de Sa Majesté, le 14ᵉ de février 1667, et donnée depuis au public sur le théâtre du Palais-Royal, le 10ᵉ du mois de juin de la même année 1667, par la Troupe du Roi.* »
Cette comédie-ballet « extraordinaire préfiguration de Musset » (P. Brisson), écrite d'une plume heureuse, fut la troisième contribution de Molière aux fêtes de Saint-Germain-en-Laye. Lulli en composa la musique. Grand succès à la cour où, après trois représentations dans le Ballet des Muses, la pièce fut souvent reprise. On en goûtait le dessein « d'y faire voir des Turcs et des Maures », d'autant plus que la distribution comprenait quatre Maures et quatre Mauresques « de qualité » : le roi, M. Le Grand, les marquis de Villeroy et de Rasan ; Madame, Mademoiselle de La Vallière, Madame de Rochefort et Mademoiselle de Brancas.
Molière, lui-même, dans le rôle de dom Pèdre, apparut, dit le gazetier Robinet, « tout rajeuni du lait » dont il avait fait une cure et « plus que jamais facétieux ».
Au Palais-Royal, le 10 juin — retard dû à une rechute de Molière — le Sicilien fut accueilli plus froidement. La Comédie-Française le néglige (deux cent trente-neuf représentations) et c'est dommage. A signaler la prose si pleine de « vers blancs » qu'une édition d'Anatole de Montaiglon, en 1890, crut pouvoir proposer une présentation typographique de toute la pièce en vers libres.

PERSONNAGES

DOM PÈDRE, *gentilhomme sicilien* (Molière).

ADRASTE, *gentilhomme français, amant d'Isidore* (La Grange).

ISIDORE, *Grecque, esclave de Dom Pèdre* (Mˡˡᵉ de Brie).

ZAIDE, *jeune esclave* (Mˡˡᵉ Molière).

UN SÉNATEUR (Du Croisy).

HALI, *Turc, esclave d'Adraste* (La Thorillière).

DEUX LAQUAIS.

MUSICIENS.

ESCLAVE *chantant,* ESCLAVES *dansants.*

MAURES ET MAURESQUES *dansants.*

LA SCÈNE EST A MESSINE DANS UNE PLACE PUBLIQUE.

Scène I : Hali, Musiciens.

HALI, *aux Musiciens.*

Chut. N'avancez pas davantage, et demeurez dans cet endroit jusqu'à ce que je vous appelle. Il fait noir comme dans un four. Le ciel s'est habillé ce soir en Scaramouche [1], et je ne vois pas une étoile qui montre le bout de son nez. Sotte condition que celle d'un esclave, de ne vivre jamais pour soi, et d'être toujours tout entier aux passions d'un maître, de n'être réglé que par ses humeurs, et de se voir réduit à faire ses propres affaires de tous les soucis qu'il peut prendre ! Le mien me fait ici épouser ses inquiétudes ; et, parce qu'il est amoureux, il faut que nuit et jour je n'aie aucun repos. Mais voici des flambeaux, et sans doute c'est lui.

Scène II : Adraste, deux laquais, portant chacun un flambeau, Hali.

ADRASTE

Est-ce toi, Hali ?

HALI

Et qui pourrait-ce être que moi ? A ces heures de

1. Personnage bouffon de l'ancien théâtre italien, habillé de noir de la tête aux pieds, et dont le masque même était rayé de noir au front, aux joues et au menton.

nuit, hors vous et moi, monsieur, je ne crois pas que personne s'avise de courir maintenant les rues.

ADRASTE

Aussi ne crois-je pas qu'on puisse voir personne qui sente dans son cœur la peine que je sens. Car enfin, ce n'est rien d'avoir à combattre l'indifférence ou les rigueurs d'une beauté qu'on aime ; on a toujours au moins le plaisir de la plainte, et la liberté des soupirs ; mais ne pouvoir trouver aucune occasion de parler à ce qu'on adore, ne pouvoir savoir d'une belle si l'amour qu'inspirent ses yeux est pour lui plaire ou lui déplaire, c'est la plus fâcheuse, au mon gré, de toutes les inquiétudes, et c'est où me réduit l'incommode jaloux qui veille avec tant de souci sur ma charmante Grecque, et ne fait pas un pas sans la traîner à ses côtés.

HALI

Mais il est, en amour, plusieurs façons de se parler ; et il me semble, à moi, que vos yeux et les siens, depuis près de deux mois, se sont dit bien des choses.

ADRASTE

Il est vrai qu'elle et moi souvent nous nous sommes parlé des yeux, mais comment reconnaître que, chacun de notre côté, nous ayons, comme il faut, expliqué ce langage ? Et que sais-je, après tout, si elle entend bien tout ce que mes regards lui disent, et si les siens me disent ce que je crois parfois entendre ?

HALI

Il faut chercher quelque moyen de se parler d'autre manière.

ADRASTE

As-tu là tes musiciens ?

HALI

Oui.

ADRASTE

Fais-les approcher. Je veux jusques au jour les faire ici chanter, et voir si leur musique n'obligera point cette belle à paraître à quelque fenêtre.

HALI

Les voici. Que chanteront-ils ?

ADRASTE

Ce qu'ils jugeront de meilleur.

HALI

Il faut qu'ils chantent un trio qu'ils me chantèrent l'autre jour.

ADRASTE

Non. Ce n'est pas ce qu'il me faut.

HALI

Ah ! monsieur, c'est du beau bécarre.

ADRASTE

Que diantre veux-tu dire avec ton beau bécarre ?

HALI

Monsieur, je tiens pour le bécarre. Vous savez que je m'y connais. Le bécarre me charme ; hors du bécarre, point de salut en harmonie. Ecoutez un peu ce trio.

ADRASTE

Non. Je veux quelque chose de tendre et de passionné, quelque chose qui m'entretienne dans une douce rêverie.

HALI

Je vois bien que vous êtes pour le bémol ; mais il y a moyen de nous contenter l'un et l'autre. Il faut qu'ils vous chantent une certaine scène d'une petite comédie que je leur ai vu essayer. Ce sont deux bergers amoureux, tout remplis de langueur, qui, sur bémol, viennent séparément faire leurs plaintes dans un bois, puis se découvrent l'un à l'autre la cruauté de leurs maîtresses ; et là-dessus vient un berger joyeux avec un bécarre admirable, qui se moque de leur faiblesse.

ADRASTE

J'y consens. Voyons ce que c'est.

HALI

Voici, tout juste, un lieu propre à servir de scène ; et voilà deux flambeaux pour éclairer la comédie.

ADRASTE

Place-toi contre ce logis, afin qu'au moindre bruit que l'on fera dedans, je fasse cacher les lumières.

*Scène III : Fragment de comédie,
chanté et accompagné par les musiciens
qu'Hali a amenés.*

PREMIER MUSICIEN

Si du triste récit de mon inquiétude
Je trouble le repos de votre solitude,
    Rochers, ne soyez point fâchés :
Quand vous saurez l'excès de mes peines secrètes,
    Tout rochers que vous êtes,
    Vous en serez touchés.

SECOND MUSICIEN

Les oiseaux réjouis, dès que le jour s'avance,
Recommencent leurs chants dans ces vastes forêts ;
    Et moi, j'y recommence
Mes soupirs languissants et mes tristes regrets.
    Ah ! mon cher Philène !

PREMIER MUSICIEN

    Ah ! mon cher Tirsis !

SECOND MUSICIEN

    Que je sens de peine !

PREMIER MUSICIEN

    Que j'ai de soucis !

SECOND MUSICIEN

Toujours sourde à mes vœux est l'ingrate Climène.

PREMIER MUSICIEN

Cloris n'a point pour moi de regards adoucis.

TOUS DEUX ENSEMBLE

    O loi trop inhumaine !
Amour, si tu ne peux les contraindre d'aimer,
Pourquoi leur laisses-tu le pouvoir de charmer ?

TROISIÈME MUSICIEN, *représentant un pâtre.*

    Pauvres amants, quelle erreur
    D'adorer des inhumaines !
    Jamais les âmes bien saines
    Ne se payent de rigueur ;
    Et les faveurs sont les chaînes
    Qui doivent lier un cœur.

On voit cent belles ici
Auprès de qui je m'empresse ;
A leur vouer ma tendresse
Je mets mon plus doux souci ;
Mais lorsque l'on est tigresse,
Ma foi, je suis tigre aussi.

PREMIER ET SECOND MUSICIEN

Heureux, hélas ! qui peut aimer ainsi !

HALI

Monsieur, je viens d'ouïr quelque bruit au dedans.

ADRASTE

Qu'on se retire vite, et qu'on éteigne les flambeaux.

Scène IV : Dom Pèdre, Adraste, Hali.

DOM PÈDRE, *sortant de sa maison,*
en bonnet de nuit et en robe de chambre,
avec une épée sous son bras.

Il y a quelque temps que j'entends chanter à ma porte ; et sans doute cela ne se fait pas pour rien. Il faut que, dans l'obscurité, je tâche à découvrir quelles gens ce peuvent être.

ADRASTE

Hali !

HALI

Quoi ?

ADRASTE

N'entends-tu plus rien ?

HALI

Non.
Dom Pèdre est derrière eux, qui les écoute.

ADRASTE

Quoi ! tous nos efforts ne pourront obtenir que je parle un moment à cette aimable Grecque ! et ce jaloux maudit, ce traître de Sicilien ! me fermera toujours tout accès auprès d'elle !

HALI

Je voudrais de bon cœur que le diable l'eût emporté, pour la fatigue qu'il nous donne, le fâcheux, le bourreau qu'il est. Ah ! si nous le tenions ici, que je prendrais de joie à venger, sur son dos, tous les pas inutiles que sa jalousie nous fait faire !

ADRASTE

Si faut-il bien pourtant trouver quelque moyen, quelque invention, quelque ruse, pour attraper notre brutal. J'y suis trop engagé pour en avoir le démenti ; et quand j'y devrais employer...

HALI

Monsieur, je ne sais pas ce que cela veut dire, mais la porte est ouverte ; et, si vous le voulez, j'entrerai doucement pour découvrir d'où cela vient.
Dom Pèdre se retire sur sa porte.

ADRASTE

Oui, fais ; mais sans faire de bruit. Je ne m'éloigne pas de toi. Plût au ciel que ce fût la charmante Isidore !

DOM PÈDRE, *donnant un soufflet à Hali.*
Qui va là ?

HALI, *rendant le soufflet à dom Pèdre.*
Ami.

DOM PÈDRE

Holà ! Francisque, Dominique, Simon, Martin, Pierre, Thomas, Georges, Charles, Barthélemy. Allons, promptement, mon épée, ma rondache, ma hallebarde, mes pistolets, mes mousquetons, mes fusils. Vite, dépêchez. Allons, tue, point de quartier !

Scène V : Adraste, Hali.

ADRASTE

Je n'entends remuer personne. Hali ! Hali !

HALI, *caché dans un coin.*
Monsieur ?

ADRASTE

Où donc te caches-tu ?

HALI

Ces gens sont-ils sortis ?

ADRASTE

Non. Personne ne bouge.

HALI, *sortant d'où il était caché.*
S'ils viennent, ils seront frottés.

ADRASTE

Quoi ! tous nos soins seront donc inutiles ! Et toujours ce fâcheux jaloux se moquera de nos desseins !

HALI

Non. Le courroux du point d'honneur me prend : il ne sera pas dit qu'on triomphe de mon adresse ; ma qualité de fourbe s'indigne de tous ces obstacles, et je prétends faire éclater les talents que j'ai eus du ciel.

ADRASTE

Je voudrais seulement que, par quelque moyen, par un billet, par quelque bouche, elle fût avertie des sentiments qu'on a pour elle, et savoir les siens là-dessus. Après, on peut trouver facilement les moyens...

HALI

Laissez-moi faire seulement. J'en essaierai tant de toutes les manières, que quelque chose enfin nous pourra réussir. Allons, le jour paraît ; je vais chercher mes gens, et venir attendre, en ce lieu, que notre jaloux sorte.

Scène VI : Dom Pèdre, Isidore.

ISIDORE

Je ne sais pas quel plaisir vous prenez à me réveiller si matin. Cela s'ajuste assez mal, ce me semble, au dessein que vous avez pris de me faire peindre aujourd'hui ; et ce n'est guère pour avoir le teint frais et les yeux brillants que se lever ainsi dès la pointe du jour.

DOM PÈDRE

J'ai une affaire qui m'oblige à sortir à l'heure qu'il est.

ISIDORE

Mais l'affaire que vous avez eût bien pu se passer,
je crois, de ma présence ; et vous pouviez, sans
vous incommoder, me laisser goûter les douceurs
du sommeil du matin.

DOM PÈDRE

Oui. Mais je suis bien aise de vous voir toujours
avec moi. Il n'est pas mal de s'assurer un peu
contre les soins des surveillants ; et cette nuit
encore on est venu chanter sous nos fenêtres.

ISIDORE

Il est vrai. La musique en était admirable.

DOM PÈDRE

C'était pour vous que cela se faisait ?

ISIDORE

Je le veux croire ainsi, puisque vous me le dites.

DOM PÈDRE

Vous savez qui était celui qui donnait cette
sérénade ?

ISIDORE

Non pas ; mais, qui que ce puisse être, je lui
suis obligée.

DOM PÈDRE

Obligée ?

ISIDORE

Sans doute, puisqu'il cherche à me divertir.

DOM PÈDRE

Vous trouvez donc bon qu'on vous aime ?

ISIDORE

Fort bon. Cela n'est jamais qu'obligeant.

DOM PÈDRE

Et vous voulez du bien à tous ceux qui prennent
ce soin !

ISIDORE

Assurément.

DOM PÈDRE

C'est dire fort net ses pensées.

ISIDORE

A quoi bon de dissimuler ? Quelque mine qu'on
fasse, on est toujours bien aise d'être aimée. Ces
hommages à nos appas ne sont jamais pour nous
déplaire. Quoi qu'on en puisse dire, la grande
ambition des femmes est, croyez-moi, d'inspirer de
l'amour. Tous les soins qu'elles prennent ne sont
que pour cela ; et l'on n'en voit point de si fière
qui ne s'applaudisse en son cœur des conquêtes
que font ses yeux.

DOM PÈDRE

Mais si vous prenez, vous, du plaisir à vous voir
aimée, savez-vous bien, moi qui vous aime, que
je n'y en prends nullement ?

ISIDORE

Je ne sais pas pourquoi cela ; et, si j'aimais
quelqu'un, je n'aurais point de plus grand plaisir
que de le voir aimé de tout le monde. Y a-t-il
rien qui marque davantage la beauté du choix que
l'on fait ? et n'est-ce pas pour s'applaudir que ce
que nous aimons soit trouvé fort aimable ?

DOM PÈDRE

Chacun aime à sa guise, et ce n'est pas là ma
méthode. Je serai fort ravi qu'on ne vous trouve
point si belle, et vous m'obligerez de n'affecter
point tant de la paraître à d'autres yeux.

ISIDORE

Quoi ! jaloux de ces choses-là ?

DOM PÈDRE

Oui, jaloux de ces choses-là ; mais jaloux comme
un tigre, et, si vous voulez, comme un diable.
Mon amour vous veut toute à moi. Sa délicatesse
s'offense d'un souris, d'un regard qu'on vous peut
arracher ; et tous les soins qu'on me voit prendre
ne sont que pour fermer tout accès aux galants,
et m'assurer la possession d'un cœur dont je ne
puis souffrir qu'on me vole la moindre chose.

ISIDORE

Certes, voulez-vous que je dise ? vous prenez un
mauvais parti ; et la possession d'un cœur est fort
mal assurée, lorsqu'on prétend le retenir par force.
Pour moi, je vous l'avoue, si j'étais galant d'une
femme qui fût au pouvoir de quelqu'un, je mettrais toute mon étude à rendre ce quelqu'un
jaloux et l'obliger à veiller nuit et jour celle que
je voudrais gagner. C'est un admirable moyen
d'avancer ses affaires, et l'on ne tarde guère à
profiter du chagrin et de la colère que donne à
l'esprit d'une femme la contrainte et la servitude.

DOM PÈDRE

Si bien donc que si quelqu'un vous en contait, il
vous trouverait disposée à recevoir ses vœux ?

ISIDORE

Je ne vous dis rien là-dessus. Mais les femmes
enfin n'aiment pas qu'on les gêne ; et c'est beaucoup risquer que de leur montrer des soupçons, et
de les tenir renfermées.

DOM PÈDRE

Vous reconnaissez peu ce que vous me devez ; et
il me semble qu'une esclave que l'on a affranchie,
et dont on veut faire sa femme...

ISIDORE

Quelle obligation vous ai-je, si vous changez mon
esclavage en un autre beaucoup plus rude, si vous
ne me laissez jouir d'aucune liberté, et me fatiguez, comme on voit, d'une garde continuelle ?

DOM PÈDRE

Mais tout cela ne part que d'un excès d'amour.

ISIDORE

Si c'est votre façon d'aimer, je vous prie de me
haïr.

DOM PÈDRE

Vous êtes aujourd'hui dans une humeur déso-
bligeante : et je pardonne ces paroles au chagrin
où vous pouvez être de vous être levée matin.

*Scène VII : Dom Pèdre, Isidore, Hali,
habillé en Turc, faisant plusieurs révérences
à dom Pèdre.*

DOM PÈDRE

Trêve aux cérémonies. Que voulez-vous ?

HALI, *se mettant entre dom Pèdre et Isidore.*
(*Il se tourne vers Isidore à chaque parole qu'il dit*

à dom Pèdre, et lui fait des signes pour lui faire
connaître le dessein de son maître.) Signor (avec
la permission de la signore), je vous dirai (avec la
permission de la signore) que je viens vous trouver, (avec la permission de la signore), pour vous
prier (avec la permission de la signore) de vouloir bien (avec la permission de la signore)...

DOM PÈDRE

Avec la permission de la signore, passez un peu
de ce côté. (Il se met entre Hali et Isidore.)

HALI

Signor, je suis un virtuose.

DOM PÈDRE

Je n'ai rien à donner.

HALI

Ce n'est pas ce que je demande. Mais, comme je
me mêle un peu de musique et de danse, j'ai
instruit quelques esclaves qui voudraient bien
trouver un maître qui se plût à ces choses ; et
comme je sais que vous êtes une personne considérable, je voudrais vous prier de les voir et de
les entendre, pour les acheter, s'ils vous plaisent,
ou pour leur enseigner quelqu'un de vos amis
qui voulût s'en accommoder.

ISIDORE

C'est une chose à voir, et cela nous divertira.
Faites-les-nous venir.

HALI

Chala bala... Voici une chanson nouvelle, qui est
du temps. Ecoutez bien. Chaia bala.

Scène VIII : Dom Pèdre, Isidore,
Hali, Esclaves turcs.

UN ESCLAVE, chantant à Isidore.

D'un cœur ardent, en tous lieux,
Un amant suit une belle ;
Mais d'un jaloux odieux
La vigilance éternelle
Fait qu'il ne peut que des yeux
S'entretenir avec elle.
Est-il peine plus cruelle
Pour un cœur bien amoureux ?

A dom Pèdre.

Chiribirida ouch alla,
　Star bon Turca,
　Non aver danara :
　　Ti voler comprara ?
　　Mi servir à ti,
　　Se pagar per mi ;
　Far bona cucina,
　Mi levar matina,
　Far boller caldara ;
　Parlara, parlara,
　Ti voler comprara [2] ?

PREMIÈRE ENTRÉE DE BALLET.
Danse des esclaves.

L'ESCLAVE, à Isidore.

C'est un supplice, à tous coups,
Sous qui cet amant expire ;
Mais si, d'un œil un peu doux
La belle voit son martyre,
Et consent qu'aux yeux de tous
Pour ses attraits il soupire,
Il pourrait bientôt se rire
De tous les soins du jaloux.

A dom Pèdre.

Chiribirida ouch alla,
　Star bon Turca,
　Non aver danara :
　　Ti voler comprara ?
　　Mi servir à ti,
　　Se pagar per mi ;
　Far bona cucina,
　Mi levar matina,
　Far boller caldara.
　Parlara, parlara,
　Ti voler comprara ?

DEUXIÈME ENTRÉE DE BALLET.
Les esclaves recommencent leur danse.

DOM PÈDRE chante.

Savez-vous, mes drôles,
　Que cette chanson
Sent, pour vos épaules,
　Les coups de bâton ?
Chiribirida ouch alla,
　Mi ti non comprara,
　Ma ti bastonara,
　Si ti non andara :
　Andara, andara,
　O ti bastonara [3].

Oh ! oh ! quels égrillards ! (A Isidore.) Allons,
rentrons ici : j'ai changé de pensée ; et puis, le
temps se couvre un peu. (A Hali, qui paraît encore.) Ah ! fourbe, que je vous y trouve !

HALI

Hé bien ! oui, mon maître l'adore. Il n'a point
de plus grand désir que de lui montrer son amour ;
et, si elle y consent, il la prendra pour femme.

DOM PÈDRE

Oui, oui, je la lui garde.

HALI

Nous l'aurons malgré vous.

DOM PÈDRE

Comment ! coquin...

HALI

Nous l'aurons, dis-je, en dépit de vos dents.

DOM PÈDRE

Si je prends...

2. Je suis bon Turc, je n'ai point d'argent. Voulez-vous
m'acheter ? Je vous servirai, si vous payez pour moi. Je
ferai une bonne cuisine ; je me lèverai matin ; je ferai
bouillir la marmite. Parlez, parlez, voulez-vous m'acheter ?

3. Je ne t'achèterai pas ; mais je te bâtonnerai, si tu ne
t'en vas pas. Va-t'en, va-t'en, ou je te bâtonnerai...

HALI

Vous avez beau faire la garde, j'en ai juré, elle sera à nous.

DOM PÈDRE

Laisse-moi faire, je t'attraperai sans courir.

HALI

C'est nous qui vous attraperons. Elle sera notre femme, la chose est résolue. (Seul.) Il faut que j'y périsse, ou que j'en vienne à bout.

Scène IX : Adraste, Hali, deux laquais.

HALI

Monsieur, j'ai déjà fait quelque petite tentative ; mais je...

ADRASTE

Ne te mets point en peine ; j'ai trouvé, par hasard, tout ce que je voulais ; et je vais jouir du bonheur de voir chez elle cette belle. Je me suis rencontré chez le peintre Damon, qui m'a dit qu'aujourd'hui il venait faire le portrait de cette adorable personne ; et comme il est depuis longtemps de mes plus intimes amis, il a voulu servir mes feux, et m'envoie à sa place, avec un petit mot de lettre pour me faire accepter. Tu sais que, de tout temps, je me suis plu à la peinture, et que parfois je manie le pinceau, contre la coutume de France, qui ne veut pas qu'un gentilhomme sache rien faire ; ainsi j'aurai la liberté de voir cette belle à mon aise. Mais je ne doute pas que mon jaloux fâcheux ne soit toujours présent, et n'empêche tous les propos que nous pourrions avoir ensemble ; et, pour te dire vrai, j'ai par le moyen d'une jeune esclave, un stratagème pour tirer cette belle Grecque des mains de son jaloux, si je puis obtenir d'elle qu'elle y consente.

HALI

Laissez-moi faire, je veux vous faire un peu de jour à la pouvoir entretenir. Il ne sera pas dit que je ne serve de rien dans cette affaire-là. Quand allez-vous ?

ADRASTE

Tout de ce pas, et j'ai déjà préparé toutes choses.

HALI

Je vais, de mon côté, me préparer aussi.

ADRASTE

Je ne veux point perdre de temps. Holà ! Il me tarde que je ne goûte le plaisir de la voir.

Scène X : Dom Pèdre, Adraste,
deux laquais.

DOM PÈDRE

Que cherchez-vous, cavalier, dans cette maison ?

ADRASTE

J'y cherche le seigneur dom Pèdre.

DOM PÈDRE

Vous l'avez devant vous.

ADRASTE

Il prendra, s'il lui plaît, la peine de lire cette lettre.

DOM PÈDRE

Je vous envoie, au lieu de moi, pour le portrait que vous savez, ce gentilhomme français, qui, comme curieux d'obliger les honnêtes gens, a bien voulu prendre ce soin, sur la proposition que je lui en ai faite. Il est, sans contredit, le premier homme du monde pour ces sortes d'ouvrages, et j'ai cru que je ne pouvais rendre un service plus agréable que de vous l'envoyer, dans le dessein que vous avez d'avoir un portrait achevé de la personne que vous aimez. Gardez-vous bien surtout de lui parler d'aucune récompense ; car c'est un homme qui s'en offenserait, et qui ne fait les choses que pour la gloire et pour la réputation.

Seigneur Français, c'est une grande grâce que vous me voulez faire, et je vous suis fort obligé.

ADRASTE

Toute mon ambition est de rendre service aux gens de nom et de mérite.

DOM PÈDRE

Je vais faire venir la personne dont il s'agit.

Scène XI : Isidore, Dom Pèdre,
Adraste, deux laquais.

DOM PÈDRE, à Isidore.

Voici un gentilhomme que Damon nous envoie, qui se veut bien donner la peine de vous peindre. (A Adraste qui embrasse Isidore en la saluant.) Holà ! seigneur Français, cette façon de saluer n'est point d'usage en ce pays.

ADRASTE

C'est la manière de France.

DOM PÈDRE

La manière de France est bonne pour vos femmes ; mais, pour les nôtres, elle est un peu trop familière.

ISIDORE

Je reçois cet honneur avec beaucoup de joie. L'aventure me surprend fort ; et, pour dire vrai, je ne m'attendais pas d'avoir un peintre si illustre.

ADRASTE

Il n'y a personne, sans doute, qui ne tînt à beaucoup de gloire de toucher un tel ouvrage. Je n'ai pas grande habileté ; mais le sujet, ici, ne fournit que trop de lui-même, et il y a moyen de faire quelque chose de beau sur un original fait comme celui-là.

ISIDORE

L'original est peu de chose ; mais l'adresse du peintre en saura couvrir les défauts.

ADRASTE

Le peintre n'y en voit aucun ; et tout ce qu'il souhaite est d'en pouvoir représenter les grâces aux yeux de tout le monde aussi grandes qu'il les peut voir.

ISIDORE

Si votre pinceau flatte autant que votre langue, vous allez me faire un portrait qui ne me ressemblera point.

ADRASTE

Le ciel, qui fit l'original, nous ôte le moyen d'en faire un portrait qui puisse flatter.

ISIDORE

Le ciel, quoi que vous en disiez, ne...

DOM PÈDRE

Finissons cela, de grâce. Laissons les compliments, et songeons au portrait.

ADRASTE, *aux laquais.*

Allons, apportez tout. (*On apporte tout ce qu'il faut pour peindre Isidore.*)

ISIDORE, *à Adraste.*

Où voulez-vous que je me place ?

ADRASTE

Ici. Voici le lieu le plus avantageux, et qui reçoit le mieux les vues favorables de la lumière que nous cherchons.

ISIDORE, *après s'être assise.*

Suis-je bien ainsi ?

ADRASTE

Oui. Levez-vous un peu, s'il vous plaît. Un peu plus de ce côté-là. Le corps tourné ainsi. La tête un peu levée, afin que la beauté du col paraisse. Ceci un peu plus découvert. (*Il découvre un peu plus sa gorge.*) Bon. Là, un peu davantage ; encore tant soit peu.

DOM PÈDRE, *à Isidore.*

Il y a bien de la peine à vous mettre ; ne sauriez-vous vous tenir comme il faut ?

ISIDORE

Ce sont ici des choses toutes neuves pour moi ; et c'est à monsieur à me mettre de la façon qu'il veut.

ADRASTE, *assis.*

Voilà qui va le mieux du monde, et vous vous tenez à merveilles. (*La faisant tourner un peu vers lui.*) Comme cela, s'il vous plaît. Le tout dépend des attitudes qu'on donne aux personnes qu'on peint.

DOM PÈDRE

Fort bien.

ADRASTE

Un peu plus de ce côté. Vos yeux toujours tournés vers moi, je vous prie ; vos regards attachés aux miens.

ISIDORE

Je ne suis pas comme ces femmes qui veulent, en se faisant peindre, des portraits qui ne soient point elles, et ne sont point satisfaites du peintre s'il ne les fait toujours plus belles que le jour. Il faudrait, pour les contenter, ne faire qu'un portrait pour toutes ; car toutes demandent les mêmes choses, un teint tout de lis et de roses, un nez bien fait, une petite bouche, et de grands yeux vifs, bien fendus ; et surtout le visage pas plus gros que le poing, l'eussent-elles d'un pied de large. Pour moi, je vous demande un portrait qui soit moi, et qui n'oblige point à demander qui c'est.

ADRASTE

Il serait malaisé qu'on demandât cela du vôtre ; et vous avez des traits à qui fort peu d'autres ressemblent. Qu'ils ont de douceurs et de charmes, et qu'on court de risque à les peindre !

DOM PÈDRE

Le nez me semble un peu trop gros.

ADRASTE

J'ai lu, je ne sais où, qu'Apelle peignit autrefois une maîtresse d'Alexandre d'une merveilleuse beauté, et qu'il en devint, la peignant, si éperdument amoureux, qu'il fut près d'en perdre la vie : de sorte qu'Alexandre, par générosité, lui céda l'objet de ses vœux. (*A dom Pèdre.*) Je pourrais faire ici ce qu'Apelle fit autrefois ; mais vous ne feriez pas, peut-être, ce que fit Alexandre. (*Dom Pèdre fait la grimace.*)

ISIDORE, *à dom Pèdre.*

Tout cela sent la nation ; et toujours messieurs les Français ont un fonds de galanterie qui se répand partout.

ADRASTE

On ne se trompe guère à ces sortes de choses, et vous avez l'esprit trop éclairé pour ne pas voir de quelle source partent les choses qu'on vous dit. Oui, quand Alexandre serait ici, et que ce serait votre amant, je ne pourrais m'empêcher de vous dire que je n'ai rien vu de si beau que ce que je vois maintenant, et que...

DOM PÈDRE

Seigneur Français, vous ne devriez pas, ce me semble, parler ; cela vous détourne de votre ouvrage.

ADRASTE

Ah ! point du tout. J'ai toujours de coutume de parler quand je peins ; et il est besoin, dans ces choses, d'un peu de conversation, pour réveiller l'esprit, et tenir les visages dans la gaieté nécessaire aux personnes que l'on veut peindre.

*Scène XII : Hali, vêtu en Espagnol,
Dom Pèdre, Adraste, Isidore.*

DOM PÈDRE

Que veut cet homme-là ? Et qui laisse monter les gens sans nous en venir avertir ?

HALI, *à dom Pèdre.*

J'entre ici librement ; mais, entre cavaliers, telle liberté est permise. Seigneur, suis-je connu de vous ?

DOM PÈDRE

Non, seigneur.

HALI

Je suis dom Gilles d'Avalos ; et l'histoire d'Espagne vous doit avoir instruit de mon mérite.

ADRASTE

Souhaitez-vous quelque chose de moi ?

HALI

Oui, un conseil sur un fait d'honneur. Je sais qu'en ces matières il est malaisé de trouver un cavalier plus consommé que vous ; mais je vous demande, pour grâce, que nous nous tirions à l'écart.

DOM PÈDRE

Nous voilà assez loin.

ADRASTE, *à dom Pèdre, qui le surprend*
parlant bas à Isidore.

Elle a les yeux bleus.

HALI, *tirant dom Pèdre, pour l'éloigner*
d'Adraste et d'Isidore.

Seigneur, j'ai reçu un soufflet. Vous savez ce
qu'est un soufflet, lorsqu'il se donne à main ouverte, sur le beau milieu de la joue. J'ai ce
soufflet fort sur le cœur ; et je suis dans l'incertitude si, pour me venger de l'affront, je dois me
battre avec mon homme, ou bien le faire assassiner.

DOM PÈDRE

Assassiner, c'est le plus court chemin. Quel est
votre ennemi ?

HALI

Parlons bas, s'il vous plaît. (*Hali tient dom Pèdre,*
en lui parlant, de façon qu'il ne peut voir Adraste.)

ADRASTE, *aux genoux d'Isidore, pendant que*
dom Pèdre et Hali parlent bas ensemble.

Oui, charmante Isidore, mes regards vous le disent
depuis plus de deux mois, et vous les avez enten-
dus. Je vous aime plus que tout ce que l'on peut
aimer, et je n'ai point d'autre pensée, d'autre
but, d'autre passion, que d'être à vous toute ma
vie.

ISIDORE

Je ne sais si vous dites vrai ; mais vous persuadez.

ADRASTE

Mais vous persuadé-je jusqu'à vous inspirer quelque peu de bonté pour moi ?

ISIDORE

Je ne crains que d'en trop avoir.

ADRASTE

En aurez-vous assez pour consentir, belle Isidore,
au dessein que je vous ai dit ?

ISIDORE

Je ne puis encore vous le dire.

ADRASTE

Qu'attendez-vous pour cela ?

ISIDORE

A me résoudre.

ADRASTE

Ah ! quand on aime bien, on se résout bientôt.

ISIDORE

Hé bien ! allez, oui, j'y consens.

ADRASTE

Mais consentez-vous, dites-moi, que ce soit dès
ce moment même ?

ISIDORE

Lorsqu'on est une fois résolu sur la chose, s'ar-
rête-t-on sur le temps ?

DOM PÈDRE, *à Hali.*

Voilà mon sentiment, et je vous baise les mains.

HALI

Seigneur, quand vous aurez reçu quelque soufflet,
je suis aussi homme de conseil, et je pourrai vous
rendre la pareille.

DOM PÈDRE

Je vous laisse aller, sans vous reconduire ; mais,
entre cavaliers, cette liberté est permise.

ADRASTE, *à Isidore.*

Non, il n'est rien qui puisse effacer de mon cœur
les tendres témoignages... (*A dom Pèdre, aperce-*
vant Adraste qui parle de près à Isidore.) Je
regardais ce petit trou qu'elle a du côté du menton, et je croyais d'abord que ce fût une tache.
Mais c'est assez pour aujourd'hui, nous finirons
une autre fois. (*A dom Pèdre, qui veut voir le*
portrait.) Non, ne regardez rien encore ; faites
serrer cela, je vous prie ; (*A Isidore.*) et vous, je
vous conjure de ne vous relâcher point, et de
garder un esprit gai, pour le dessein que j'ai
d'achever notre ouvrage.

ISIDORE

Je conserverai pour cela toute la gaieté qu'il faut.

Scène XIII : Dom Pèdre, Isidore.

ISIDORE

Qu'en dites-vous ? ce gentilhomme me paraît le
plus civil du monde ; et l'on doit demeurer d'accord que les Français ont quelque chose en eux
de poli, de galant, que n'ont point les autres
nations.

DOM PÈDRE

Oui ; mais ils ont cela de mauvais qu'ils s'éman-
cipent un peu trop, et s'attachent, en étourdis,
à conter des fleurettes à tout ce qu'ils rencontrent.

ISIDORE

C'est qu'ils savent qu'on plaît aux dames par ces
choses.

DOM PÈDRE

Oui ; mais, s'ils plaisent aux dames, ils déplaisent
fort aux messieurs ; et l'on n'est point bien aise
de voir, sur sa moustache, cajoler hardiment sa
femme ou sa maîtresse.

ISIDORE

Ce qu'ils en font n'est que par jeu.

Scène XIV : Zaïde, Dom Pèdre, Isidore.

ZAIDE

Ah ! seigneur cavalier, sauvez-moi, s'il vous plaît,
des mains d'un mari furieux dont je suis poursuivie. Sa jalousie est incroyable, et passe, dans ses
mouvements, tout ce qu'on peut imaginer. Il va
jusqu'à vouloir que je sois toujours voilée ; et,
pour m'avoir trouvé le visage un peu découvert,
il a mis l'épée à la main, et m'a réduite à me
jeter chez vous, pour vous demander votre appui
contre son injustice. Mais je le vois paraître. De
grâce, seigneur cavalier, sauvez-moi de sa fureur.

DOM PÈDRE, *à Zaïde, lui*
montrant Isidore.

Entrez là-dedans avec elle, et n'appréhendez rien.

Scène XV : Adraste, Dom Pèdre.

DOM PÈDRE

Hé quoi ! seigneur, c'est vous ? Tant de jalousie pour un Français ! je pensais qu'il n'y eût que nous qui en fussions capables.

ADRASTE

Les Français excellent toujours dans toutes les choses qu'ils font ; et, quand nous nous mêlons d'être jaloux, nous le sommes vingt fois plus qu'un Sicilien. L'infâme croit avoir trouvé chez vous un assuré refuge, mais vous êtes trop raisonnable pour blâmer mon ressentiment. Laissez-moi, je vous prie, la traiter comme elle mérite.

DOM PÈDRE

Ah ! de grâce, arrêtez. L'offense est trop petite pour un courroux si grand.

ADRASTE

La grandeur d'une telle offense n'est pas dans l'importance des choses que l'on fait : elle est à transgresser les ordres qu'on nous donne ; et, sur de pareilles matières, ce qui n'est qu'une bagatelle devient fort criminel lorsqu'il est défendu.

DOM PÈDRE

De la façon qu'elle a parlé, tout ce qu'elle en a fait a été sans dessein ; et je vous prie enfin de vous remettre bien ensemble.

ADRASTE

Hé quoi ! vous prenez son parti, vous qui êtes si délicat sur ces sortes de choses ?

DOM PÈDRE

Oui, je prends son parti ; et, si vous voulez m'obliger, vous oublierez votre colère, et vous vous réconcilierez tous deux. C'est une grâce que je vous demande ; et je la recevrai comme un essai de l'amitié que je veux qui soit entre nous.

ADRASTE

Il ne m'est pas permis, à ces conditions, de vous rien refuser. Je ferai ce que vous voudrez.

Scène XVI : Zaïde, Dom Pèdre, Adraste, caché dans un coin du théâtre.

DOM PÈDRE, à Zaïde.

Holà ! venez. Vous n'avez qu'à me suivre, et j'ai fait votre paix. Vous ne pouviez jamais mieux tomber que chez moi.

ZAIDE

Je vous suis obligé plus qu'on ne saurait croire : mais je m'en vais prendre mon voile ; je n'ai garde, sans lui, de paraître à ses yeux.

DOM PÈDRE

La voici qui s'en va venir ; et son âme, je vous assure, a paru toute réjouie lorsque je lui ai dit que j'avais raccommodé tout.

Scène XVII : Isidore, sous le voile de Zaïde, Adraste, Dom Pèdre.

DOM PÈDRE, à Adraste.

Puisque vous m'avez bien voulu donner votre ressentiment, trouvez bon qu'en ce lieu je vous fasse toucher dans la main l'un de l'autre ; et que tous deux je vous conjure de vivre, pour l'amour de moi, dans une parfaite union.

ADRASTE

Oui, je vous promets que, pour l'amour de vous, je m'en vais, avec elle, vivre le mieux du monde.

DOM PÈDRE

Vous m'obligez sensiblement, et j'en garderai la mémoire.

ADRASTE

Je vous donne ma parole, seigneur dom Pèdre, qu'à votre considération, je m'en vais la traiter du mieux qu'il me sera possible.

DOM PÈDRE

C'est trop de grâce que vous me .faites. (Seul.) Il est bon de pacifier et d'adoucir toujours les choses. Holà ! Isidore, venez.

Scène XVIII : Zaïde, Dom Pèdre.

DOM PÈDRE

Comment ! que veut dire cela ?

ZAÏDE, sans voile.

Ce que cela veut dire ? Qu'un jaloux est un monstre haï de tout le monde, et qu'il n'y a personne qui ne soit ravi de lui nuire, n'y eût-il point d'autre intérêt ; que toutes les serrures et les verrous du monde ne retiennent point les personnes, et que c'est le cœur qu'il faut arrêter par la douceur et la complaisance ; qu'Isidore est entre les mains du cavalier qu'elle aime, et que vous êtes pris pour dupe.

DOM PÈDRE

Dom Pèdre souffrira cette injure mortelle ! Non, non ; j'ai trop de cœur, et je vais demander l'appui de la justice pour pousser le perfide à bout. C'est ici le logis d'un sénateur. Holà !

Scène XIX : Un Sénateur, Dom Pèdre.

LE SÉNATEUR

Serviteur, seigneur dom Pèdre. Que vous venez à propos !

DOM PÈDRE

Je viens me plaindre à vous d'un affront qu'on m'a fait.

LE SÉNATEUR

J'ai fait une mascarade la plus belle du monde.

DOM PÈDRE

Un traître de Français m'a joué une pièce.

LE SÉNATEUR

Vous n'avez, dans votre vie, jamais rien vu de si beau.

DOM PÈDRE

Il m'a enlevé une fille que j'avais affranchie.

LE SÉNATEUR

Ce sont gens vêtus en Maures, qui dansent admirablement.

DOM PÈDRE

Vous voyez si c'est une injure qui se doive souffrir.

LE SÉNATEUR

Les habits merveilleux, et qui sont faits exprès.

DOM PÈDRE

Je vous demande l'appui de la justice contre cette action.

LE SÉNATEUR

Je veux que vous voyiez cela. On va la répéter pour en donner le divertissement au peuple.

DOM PÈDRE

Comment ! de quoi parlez-vous là ?

LE SÉNATEUR

Je parle de ma mascarade.

DOM PÈDRE

Je vous parle de mon affaire.

LE SÉNATEUR

Je ne veux point, aujourd'hui, d'autres affaires que de plaisir. Allons, messieurs, venez. Voyons si cela ira bien.

DOM PÈDRE

La peste soit du fou, avec sa mascarade !

LE SÉNATEUR

Diantre soit le fâcheux, avec son affaire !

Scène XX : Un Sénateur
Troupe de danseurs.

ENTRÉE DE BALLET.

Plusieurs danseurs, vêtus en Maures, dansent devant le sénateur et finissent la comédie.

AMPHITRYON

COMÉDIE

« *Représentée pour la première fois à Paris sur le théâtre du Palais-Royal le 13ᵉ janvier 1668 par la Troupe du Roi.* »

Une année entière, à un mois près, sépare Amphitryon du Sicilien dont il prolonge la veine poétique, sans rien d'autre dans l'intervalle. Cette « infécondité » exceptionnelle peut s'expliquer tant par l'affaire Tartuffe — représentation publique du 5 août, suivie de l'interdiction — que par la maladie : le bruit a couru que Molière était mort.

Quoi qu'il en soit, Molière fait retraite dans la maison qu'il a louée à Auteuil ; il y reçoit Boileau, La Fontaine, Chapelle ; il relit Plaute et en tire Amphitryon pour son plaisir, dirait-on, sans se préoccuper du public. Celui-ci n'en réserva pas moins un vif succès à la pièce, ne fût-ce qu'à cause des « machines volantes » (Robinet) et autres « décorations » fantasmagoriques.

La présentation à la cour n'eut lieu que le 16 janvier. Louis XIV ne paraît pas y avoir attaché un intérêt particulier. Ce qui tendrait à ruiner la thèse de Rœderer et Michelet, selon laquelle la pièce serait acte de courtisanerie à l'endroit de la passion royale pour Athénaïs de Mortemart, marquise de Montespan, passion que le mari prit fort mal et au sujet de laquelle il devait manifester son humeur avec éclat en septembre 1668.

Redonné à la cour en 1680, Amphitryon y fut joué treize fois jusqu'à la mort de Louis XIV. Boileau détestait la pièce.

Plus de neuf cents représentations à la Comédie-Française.

Parmi les interprètes remarquables, on nomme Mounet-Sully en Jupiter et, lors de la reprise par Jean-Louis Barrault et Madeleine Renaud, André Brunot en Sosie.

PERSONNAGES

MERCURE.

LA NUIT.

JUPITER, *sous la forme d'Amphitryon*
(Du Croisy ?).

MERCURE, *sous la forme de Sosie* (La Grange ?).

AMPHITRYON, *général des Thébains.*

ALCMÈNE, *femme d'Amphitryon*
(Mlle de Brie).

CLÉANTHIS, *suivante d'Alcmène,
et femme de Sosie* (Mlle Béjart ?).

ARGATIPHONTIDAS,
NAUCRATÈS, POLIDAS, POSICLÈS,
capitaines thébains.

SOSIE, *valet d'Amphitryon* (Molière).

*LA SCÈNE EST A THÈBES,
DEVANT LA MAISON D'AMPHITRYON.*

A SON ALTESSE SÉRÉNISSIME
MONSEIGNEUR LE PRINCE [1]

MONSEIGNEUR,

N'en déplaise à nos beaux esprits, je ne vois rien de plus ennuyeux que les épîtres dédicatoires ; et VOTRE ALTESSE SÉRÉNISSIME trouvera bon, s'il lui plaît, que je ne suive point ici le style de ces messieurs-là, et refuse de me servir de deux ou trois misérables pensées qui ont été tournées et retournées tant de fois qu'elles sont usées de tous les côtés. Le nom du GRAND CONDÉ est un nom trop glorieux pour le traiter comme on fait tous les autres noms. Il ne faut l'appliquer, ce nom illustre, qu'à des emplois qui soient dignes de lui ; et, pour dire de belles choses, je voudrais parler de le mettre à la tête d'une armée plutôt qu'à la tête d'un livre ; et je conçois bien mieux ce qu'il est capable de faire en l'opposant aux forces des ennemis de cet Etat, qu'en l'opposant à la critique des ennemis d'une comédie.

Ce n'est pas, MONSEIGNEUR, que la glorieuse approbation de VOTRE ALTESSE SÉRÉNISSIME ne fût une

1. Le Grand Condé, héros de la conquête de la Franche-Comté — février 1668 — et soutien de Molière dans l'affaire *Tartuffe.*

puissante protection pour toutes ces sortes d'ouvrages, et qu'on ne soit persuadé des lumières de votre
esprit autant que de l'intrépidité de votre cœur et
de la grandeur de votre âme. On sait, par toute la
terre, que l'éclat de votre mérite n'est point renfermé
dans les bornes de cette valeur indomptable qui se
fait des adorateurs chez ceux même qu'elle sur-
monte ; qu'il s'étend, ce mérite, jusques aux connaissances les plus fines et les plus relevées, et que les
décisions de votre jugement sur tous les ouvrages
d'esprit ne manquent point d'être suivies par le sentiment des plus délicats. Mais on sait aussi, MONSEI-
GNEUR, que toutes ces glorieuses approbations dont
nous nous vantons au public ne nous coûtent rien à
faire imprimer, et que ce sont des choses dont nous
disposons comme nous voulons. On sait, dis-je,
qu'une épître dédicatoire dit tout ce qu'il lui plaît,
et qu'un auteur est en pouvoir d'aller saisir les personnes les plus augustes, et de parer de leurs grands
noms les premiers feuillets de son livre ; qu'il a la
liberté de s'y donner, autant qu'il veut, l'honneur
de leur estime, et se faire des protecteurs qui n'ont
jamais songé à l'être.

Je n'abuserai, MONSEIGNEUR, ni de votre nom, ni
de vos bontés, pour combattre les censeurs de l'*Amphitryon*, et m'attribuer une gloire que je n'ai pas
peut-être méritée ; et je ne prends la liberté de vous
offrir ma comédie que pour avoir lieu de vous dire
que je regarde incessamment, avec une profonde
vénération, les grandes qualités que vous joignez
au sang auguste dont vous tenez le jour, et que je
suis, MONSEIGNEUR, avec tout le respect possible, et
tout le zèle imaginable,
DE VOTRE ALTESSE SÉRÉNISSIME,

> Le très humble, très obéissant,
> et très obligé serviteur,
> MOLIÈRE.

PROLOGUE

*Mercure, sur un nuage ; la Nuit, dans un char
traîné dans l'air par deux chevaux.*

MERCURE

Tout beau ! charmante Nuit, daignez vous arrêter.
Il est certain secours que de vous on désire ;
    Et j'ai deux mots à vous dire
    De la part de Jupiter.

LA NUIT

5   Ah ! ah ! c'est vous, seigneur Mercure !
Qui vous eût deviné, là, dans cette posture ?

MERCURE

Ma foi, me trouvant las, pour ne pouvoir fournir
Aux différents emplois où Jupiter m'engage,
Je me suis doucement assis sur ce nuage,
10   Pour vous attendre venir.

LA NUIT

Vous vous moquez, Mercure, et vous n'y songez pas:
Sied-il bien à des dieux de dire qu'ils sont las ?

MERCURE

Les dieux sont-ils de fer ?

LA NUIT

          Non ; mais il faut sans cesse
Garder le *decorum* de la divinité.
Il est de certains mots dont l'usage rabaisse   15
    Cette sublime qualité,
    Et que, pour leur indignité,
    Il est bon qu'aux hommes on laisse.

MERCURE

    A votre aise vous en parlez ;
Et vous avez, la belle, une chaise roulante   20
Où, par deux bons chevaux, en dame nonchalante,
Vous vous faites traîner partout où vous voulez.
    Mais de moi ce n'est pas de même :
Et je ne puis vouloir, dans mon destin fatal,
    Aux poètes assez de mal   25
    De leur impertinence extrême,
    D'avoir, par une injuste loi,
    Dont on veut maintenir l'usage,
    A chaque dieu, dans son emploi,
    Donné quelque allure en partage,   30
    Et de me laisser à pied, moi,
    Comme un messager de village ;   [cieux,
Moi qui suis, comme on sait, en terre et dans les
Le fameux messager du souverain des dieux ;
    Et qui, sans rien exagérer,   35
    Par tous les emplois qu'il me donne,
    Aurais besoin, plus que personne,
    D'avoir de quoi me voiturer.

LA NUIT

    Que voulez-vous faire à cela ?
    Les poètes font à leur guise.   40
    Ce n'est pas la seule sottise
    Qu'on voit faire à ces messieurs-là.
Mais contre eux toutefois votre âme à tort s'irrite,
Et vos ailes aux pieds sont un don de leurs soins.

MERCURE

    Oui ; mais, pour aller plus vite,   45
    Est-ce qu'on s'en lasse moins ?

LA NUIT

    Laissons cela, seigneur Mercure,
    Et sachons ce dont il s'agit.

MERCURE

    C'est Jupiter, comme je vous l'ai dit,
Qui de votre manteau veut la faveur obscure,   50
    Pour certaine douce aventure
    Qu'un nouvel amour lui fournit.
Ses pratiques, je crois, ne vous sont pas nouvelles :
Bien souvent pour la terre il néglige les cieux ;
Et vous n'ignorez pas que ce maître des dieux   55
Aime à s'humaniser pour des beautés mortelles,
    Et sait cent tours ingénieux
    Pour mettre à bout les plus cruelles.
    Des yeux d'Alcmène il a senti les coups ;
Et tandis qu'au milieu des béotiques plaines   60
    Amphitryon, son époux,
    Commande aux troupes thébaines,
Il en a pris la forme, et reçoit là-dessous
    Un soulagement à ses peines,

65 Dans la possession des plaisirs les plus doux.
　　L'état des mariés à ses feux est propice :
　　L'hymen ne les a joints que depuis quelques jours ;
　　Et la jeune chaleur de leurs tendres amours
　　A fait que Jupiter à ce bel artifice
70 　　S'est avisé d'avoir recours.
　　Son stratagème ici se trouve salutaire :
　　　　Mais, près de maint objet chéri,
　　Pareil déguisement serait pour ne rien faire ;
　　Et ce n'est pas partout un bon moyen de plaire
75 　　Que la figure d'un mari.

　　　　　　　　LA NUIT
　　J'admire Jupiter, et je ne comprends pas
　　Tous les déguisements qui lui viennent en tête.

　　　　　　　　MERCURE
　　Il veut goûter par là toutes sortes d'états ;
　　Et c'est agir en dieu qui n'est pas bête.
80 Dans quelque rang qu'il soit des mortels regardé,
　　　　Je le tiendrais fort misérable
　　S'il ne quittait jamais sa mine redoutable,
　　Et qu'au faîte des cieux il fût toujours guindé.
　　Il n'est point à mon gré de plus sotte méthode
85 Que d'être emprisonné toujours dans sa grandeur ;
　　Et surtout, aux transports de l'amoureuse ardeur,
　　La haute qualité devient fort incommode.
　　Jupiter qui, sans doute, en plaisirs se connaît,
　　Sait descendre du haut de sa gloire suprême ;
90 　Et, pour entrer dans tout ce qu'il lui plaît,
　　　　Il sort tout à fait de lui-même,
　　Et ce n'est plus alors Jupiter qui paraît.

　　　　　　　　LA NUIT
　　Passe encor de le voir, de ce sublime étage,
　　　　Dans celui des hommes venir,
95 Prendre tous les transports que leur cœur peut four-
　　　　Et se faire à leur badinage.　　　　　[nir,
　　Si, dans les changements où son humeur l'engage,
　　A la nature humaine il s'en voulait tenir.
　　　　Mais de voir Jupiter taureau,
100 　Serpent, cygne, ou quelque autre chose,
　　　　Je ne trouve point cela beau,
　　Et ne m'étonne pas si parfois on en cause.

　　　　　　　　MERCURE
　　Laissons dire tous les censeurs :
　　　　Tels changements ont leurs douceurs
105 　Qui passent leur intelligence.
　　Ce dieu sait ce qu'il fait aussi bien là qu'ailleurs ;
　　Et, dans les mouvements de leurs tendres ardeurs,
　　Les bêtes ne sont pas si bêtes que l'on pense.

　　　　　　　　LA NUIT
　　Revenons à l'objet dont il a les faveurs.
110 Si, par son stratagème, il voit sa flamme heureuse,
　　Que peut-il souhaiter, et qu'est-ce que je puis ?

　　　　　　　　MERCURE
　　Que vos chevaux par vous au petit pas réduits,
　　Pour satisfaire aux vœux de son âme amoureuse,
　　　　D'une nuit si délicieuse
115 　Fassent la plus longue des nuits ;
　　　　Qu'à ses transports vous donniez plus d'espace,
　　　　Et retardiez la naissance du jour
　　　　　Qui doit avancer le retour

De celui dont il tient la place.

　　　　　　　　LA NUIT
Voilà sans doute un bel emploi
Que le grand Jupiter m'apprête !
Et l'on donne un nom fort honnête
Au service qu'il veut de moi !

　　　　　　　　MERCURE
　　Pour une jeune déesse,
　　Vous êtes bien du bon temps.
　　Un tel emploi n'est bassesse
　　Que chez les petites gens.
Lorsque dans un haut rang on a l'heur de paraître,
　　Tout ce qu'on fait est toujours bel et bon ;
　　　　Et, suivant ce qu'on peut être,
　　　　Les choses changent de nom.

　　　　　　　　LA NUIT
　　Sur de pareilles matières
　　Vous en savez plus que moi ;
　　Et, pour　accepter l'emploi,
　　J'en veux croire vos lumières.

　　　　　　　　MERCURE
　　Hé ! la, la, madame la Nuit,
　　Un peu doucement, je vous prie ;
　　Vous avez dans le monde un bruit
　　De n'être pas si renchérie.
On vous fait confidente, en cent climats divers,
　　　De beaucoup de bonnes affaires ;
Et je crois, à parler à sentiments ouverts,
　　Que nous ne nous en devons guère.

　　　　　　　　LA NUIT
　　Laissons ces contrariétés,
　　Et demeurons ce que nous sommes.
　　N'apprêtons point à rire aux hommes
　　En nous disant nos vérités.

　　　　　　　　MERCURE
Adieu. Je vais là-bas, dans ma commission,
Dépouiller promptement la forme de Mercure,
　　　Pour y vêtir la figure
　　　Du valet d'Amphitryon.

　　　　　　　　LA NUIT
Moi, dans cet hémisphère, avec ma suite obscure,
　　Je vais faire une station.

　　　　　　　　MERCURE
　　Bonjour, la Nuit.

　　　　　　　　LA NUIT
　　　　　　　Adieu, Mercure.
*Mercure descend de son nuage, et la Nuit traverse
le théâtre.*

ACTE PREMIER

Scène I : Sosie.

Qui va là ? Heu ! ma peur à chaque pas s'accroît !
Messieurs, ami de tout le monde.
Ah ! quelle audace sans seconde
De marcher à l'heure qu'il est !
Que mon maître, couvert de gloire,

60   Me joue ici d'un vilain tour !
Quoi ! si pour son prochain il avait quelque amour,
M'aurait-il fait partir par une nuit si noire ?
Et, pour me renvoyer annoncer son retour
    Et le détail de sa victoire,
65 Ne pouvait-il pas bien attendre qu'il fût jour ?
    Sosie, à quelle servitude
    Tes jours sont-ils assujettis !
    Notre sort est beaucoup plus rude
    Chez les grands que chez les petits.
70 Ils veulent que pour eux tout soit, dans la nature,
    Obligé de s'immoler.
Jour et nuit, grêle, vent, péril, chaleur, froidure,
    Dès qu'ils parlent, il faut voler.
    Vingt ans d'assidu service
75   N'en obtiennent rien pour nous.
    Le moindre petit caprice
    Nous attire leur courroux.
    Cependant notre âme insensée
S'acharne au vain honneur de demeurer près d'eux,
80 Et s'y veut contenter de la fausse pensée   [reux.
Qu'ont tous les autres gens que nous sommes heu-
Vers la retraite en vain la raison nous appelle,
En vain notre dépit quelquefois y consent ;
    Leur vue a sur notre zèle
85   Un ascendant trop puissant,
Et la moindre faveur d'un coup d'œil caressant
    Nous rengage de plus belle.
    Mais enfin, dans l'obscurité,
Je vois notre maison, et ma frayeur s'évade.
90   Il me faudrait, pour l'ambassade,
    Quelque discours prémédité.
Je dois aux yeux d'Alcmène un portrait militaire
Du grand combat qui met nos ennemis à bas ;
    Mais comment diantre le faire,
95   Si je ne m'y trouvai pas ?
N'importe, parlons-en et d'estoc et de taille,
    Comme oculaire témoin.
Combien de gens font-ils des récits de bataille
    Dont ils se sont tenus loin !
100   Pour jouer mon rôle sans peine,
    Je le veux un peu repasser.
Voici la chambre où j'entre en courrier que l'on
Et cette lanterne est Alcmène,   [mène,
    A qui je me dois adresser.

Sosie pose sa lanterne à terre.

105 Madame, Amphitryon, mon maître et votre époux...
(Bon ! beau début !) l'esprit toujours plein de vos
    M'a voulu choisir entre tous   [charmes,
Pour vous donner avis du succès de ses armes,
Et du désir qu'il a de se voir près de vous.
110   « Ah ! vraiment, mon pauvre Sosie,
    A te revoir j'ai de la joie au cœur. »
    Madame, ce m'est trop d'honneur,
    Et mon destin doit faire envie.
(Bien répondu !) « Comment se porte Amphitryon ? »
115   Madame, en homme de courage,
    Dans les occasions où la gloire l'engage.
    (Fort bien ! belle conception !)
« Quand viendra-t-il, par son retour charmant,

Rendre mon âme satisfaite ? »
Le plus tôt qu'il pourra, madame, assurément,   220
    Mais bien plus tard que son cœur ne souhaite.
(Ah !) « Mais quel est l'état où la guerre l'a mis ?
Que dit-il ? que fait-il ? Contente un peu mon âme. »
    Il dit moins qu'il ne fait, madame,
    Et fait trembler les ennemis.   225
(Peste ! où prend mon esprit toutes ces gentillesses ?)
« Que font les révoltés ? dis-moi, quel est leur sort ? »
Ils n'ont pu résister, madame, à notre effort ;
    Nous les avons taillés en pièces,
    Mis Ptérélas leur chef à mort,   230
Pris Télèbe d'assaut ; et déjà dans le port
    Tout retentit de nos prouesses.
« Ah ! quel succès ! ô dieux ! Qui l'eût pu jamais croi-
Raconte-moi, Sosie, un tel événement. »   [re !
Je le veux bien, madame ; et, sans m'enfler de gloire, 235
    Du détail de cette victoire
    Je puis parler très savamment.
    Figurez-vous donc que Télèbe,
    Madame, est de ce côté ;

Sosie marque les lieux sur sa main, ou à terre.

    C'est une ville, en vérité,   240
    Aussi grande quasi que Thèbe.
    La rivière est comme là.
    Ici nos gens se campèrent ;
    Et l'espace que voilà,
    Nos ennemis l'occupèrent.   245
    Sur un haut, vers cet endroit,
    Etait leur infanterie ;
    Et plus bas, du côté droit,
    Etait la cavalerie.
Après avoir aux dieux adressé les prières,   250
Tous les ordres donnés, on donne le signal.
Les ennemis, pensant nous tailler des croupières,
Firent trois pelotons de leurs gens à cheval ;
Mais leur chaleur par nous fut bientôt réprimée,
    Et vous allez voir comme quoi.   255
Voilà notre avant-garde à bien faire animée ;
    Là, les archers de Créon, notre roi ;
    Et voici le corps d'armée,

On fait un peu de bruit.

Qui d'abord... Attendez, le corps d'armée a peur ;
J'entends quelque bruit, ce me semble.   260

Scène II : Mercure, Sosie.

MERCURE, *sous la figure de Sosie,*
sortant de la maison d'Amphitryon.
Sous ce minois qui lui ressemble,
Chassons de ces lieux ce causeur,
Dont l'abord importun troublerait la douceur
    Que nos amants goûtent ensemble.
    SOSIE, *sans voir Mercure.*
Mon cœur tant soit peu se rassure,   265
    Et je pense que ce n'est rien.
Crainte pourtant de sinistre aventure,
Allons chez nous achever l'entretien.
    MERCURE, *à part.*
Tu seras plus fort que Mercure,

270 Ou je t'en empêcherai bien.
     SOSIE, *sans voir Mercure.*
Cette nuit en longueur me semble sans pareille.
Il faut, depuis le temps que je suis en chemin,
Ou que mon maître ait pris le soir pour le matin,
Ou que trop tard au lit le blond Phébus sommeille,
275 Pour avoir trop pris de son vin.
     MERCURE, *à part.*
  Comme avec irrévérence
  Parle des dieux ce maraud !
  Mon bras saura bien tantôt
  Châtier cette insolence ;
280 Et je vais m'égayer avec lui comme il faut,
  En lui volant son nom avec sa ressemblance.
    SOSIE, *apercevant Mercure d'un peu loin.*
  Ah ! par ma foi, j'avais raison :
  C'est fait de moi, chétive créature !
  Je vois devant notre maison
285 Certain homme dont l'encolure
  Ne me présage rien de bon.
  Pour faire semblant d'assurance,
  Je veux chanter un peu d'ici.
Il chante.

     MERCURE
  Qui donc est ce coquin qui prend tant de licence
290 Que de chanter et m'étourdir ainsi ?
*A mesure que Mercure parle, la voix de Sosie
s'affaiblit peu à peu.*
  Veut-il qu'à l'étriller ma main un peu s'applique ?
     SOSIE, *à part.*
  Cet homme assurément n'aime pas la musique.
     MERCURE
  Depuis plus d'une semaine
  Je n'ai trouvé personne à qui rompre les os ;
295 La vertu de mon bras se perd dans le repos ;
  Et je cherche quelque dos
  Pour me remettre en haleine.
     SOSIE, *à part.*
  Quel diable d'homme est-ce ci ?
  De mortelles frayeurs je sens mon âme atteinte.
300 Mais pourquoi trembler tant aussi ?
  Peut-être a-t-il dans l'âme autant que moi de crainte,
  Et que le drôle parle ainsi
  Pour me cacher sa peur sous une audace feinte.
  Oui, oui, ne souffrons point qu'on nous croie un oi-
305 Si je ne suis hardi, tâchons de le paraître. [son :
  Faisons-nous du cœur par raison :
  Il est seul comme moi ; je suis fort, j'ai bon maître,
  Et voilà notre maison.
     MERCURE
Qui va là ?
     SOSIE
  Moi.
     MERCURE
  Qui, moi ?
     SOSIE
    Moi. Courage, Sosie.
     MERCURE
Quel est ton sort, dis-moi ?

     SOSIE
    D'être homme, et de parler. 3
     MERCURE
Es-tu maître, ou valet ?
     SOSIE
    Comme il me prend envie.
     MERCURE
Où s'adressent tes pas ?
     SOSIE
    Où j'ai dessein d'aller.
     MERCURE
Ah ! ceci me déplaît.
     SOSIE
    J'en ai l'âme ravie.
     MERCURE
  Résolument, par force ou par amour,
  Je veux savoir de toi, traître, 3
  Ce que tu fais, d'où tu viens avant jour,
  Où tu vas, à qui tu peux être.
     SOSIE
Je fais le bien et le mal tour à tour ;
Je viens de là, vais là ; j'appartiens à mon maître.
     MERCURE
Tu montres de l'esprit, et je te vois en train 32
De trancher avec moi de l'homme d'importance.
  Il me prend un désir, pour faire connaissance,
  De te donner un soufflet de ma main.
     SOSIE
A moi-même ?
     MERCURE
    A toi-même, et t'en voilà certain.
Mercure donne un soufflet à Sosie.
     SOSIE
Ah ! ah ! c'est tout de bon.
     MERCURE
    Non, ce n'est que pour rire, 32
  Et répondre à tes quolibets.
     SOSIE
Tudieu ! l'ami, sans vous rien dire,
Comme vous baillez des soufflets !
     MERCURE
  Ce sont là de mes moindres coups,
  De petits soufflets ordinaires. 33
     SOSIE
  Si j'étais aussi prompt que vous,
  Nous ferions de belles affaires.
     MERCURE
  Tout cela n'est encor rien,
  Pour y faire quelque pause ; 33
  Nous verrons bien autre chose ;
  Poursuivons notre entretien.
     SOSIE
Je quitte la partie.
Sosie veut s'en aller.
    MERCURE, *arrêtant Sosie.*
    Où vas-tu ?
     SOSIE
     Que t'importe ?
     MERCURE
Je veux savoir où tu vas.

SOSIE
Me faire ouvrir cette porte.
40 Pourquoi retiens-tu mes pas ?
MERCURE
Si jusqu'à l'approcher tu pousses ton audace,
Je fais sur toi pleuvoir un orage de coups.
SOSIE
Quoi ! tu veux, par ta menace,
M'empêchez d'entrer chez nous ?
MERCURE
45 Comment ! chez nous ?
SOSIE
Oui, chez nous.
MERCURE
O le traître !
Tu te dis de cette maison ?
SOSIE
Fort bien. Amphitryon n'en est-il pas le maître ?
MERCURE
Hé bien ! que fait cette raison ?
SOSIE
Je suis son valet.
MERCURE
Toi ?
SOSIE
Moi.
MERCURE
Son valet ?
SOSIE
Sans doute.
MERCURE
50 Valet d'Amphitryon ?
SOSIE
D'Amphitryon, de lui.
MERCURE
Ton nom est... ?
SOSIE
Sosie.
MERCURE
Heu ! comment ?
SOSIE
Sosie.
MERCURE
Ecoute,
Sais-tu que de ma main je t'assomme aujourd'hui ?
SOSIE
Pourquoi ? De quelle rage est ton âme saisie ?
MERCURE
Qui te donne, dis-moi, cette témérité,
55 De prendre le nom de Sosie ?
SOSIE
Moi, je ne le prends point, je l'ai toujours porté.
MERCURE
O le mensonge horrible, et l'impudence extrême !
Tu m'oses soutenir que Sosie est ton nom !
SOSIE
Fort bien ; je le soutiens, par la grande raison
60 Qu'ainsi l'a fait des dieux la puissance suprême ;
Et qu'il n'est pas en moi de pouvoir dire non,
Et d'être un autre que moi-même.

MERCURE
Mille coups de bâton doivent être le prix
D'une pareille effronterie.
SOSIE, *battu par Mercure.*
Justice, citoyens ! Au secours ! je vous prie.   365
MERCURE
Comment, bourreau, tu fais des cris !
SOSIE
De mille coups tu me meurtris.
Et tu ne veux pas que je crie ?
MERCURE
C'est ainsi que mon bras...
SOSIE
L'action ne vaut rien.
Tu triomphes de l'avantage   370
Que te donne sur moi mon manque de courage ;
Et ce n'est pas en user bien.
C'est pure fanfaronnerie
De vouloir profiter de la poltronnerie
De ceux qu'attaque notre bras.   375
Battre un homme à jeu sûr n'est pas d'une belle
Et le cœur est digne de blâme   [âme ;
Contre les gens qui n'en ont pas.
MERCURE
Hé bien ! es-tu Sosie à présent ? qu'en dis-tu ?
SOSIE
Tes coups n'ont point en moi fait de métamorphose ;   380
Et tout le changement que je trouve à la chose,
C'est d'être Sosie battu...
MERCURE, *menaçant Sosie.*
Encor ! Cent autres coups pour cette autre impu-
SOSIE   [dence.
De grâce, fais trève à tes coups.
MERCURE
Fais donc trève à ton insolence.   385
SOSIE
Tout ce qu'il te plaira ; je garde le silence.
La dispute est par trop inégale entre nous.
MERCURE
Es-tu Sosie encor ? dis, traître !
SOSIE
Hélas ! je suis ce que tu veux :
Dispose de mon sort tout au gré de tes vœux ;   390
Ton bras t'en a fait le maître.
MERCURE
Ton nom était Sosie, à ce que tu disais ?
SOSIE
Il est vrai, jusqu'ici j'ai cru la chose claire ;
Mais ton bâton, sur cette affaire,
M'a fait voir que je m'abusais.   395
MERCURE
C'est moi qui suis Sosie, et tout Thèbes l'avoue :
Amphitryon jamais n'en eut d'autre que moi.
SOSIE
Toi, Sosie ?
MERCURE
Oui, Sosie ! et si quelqu'un s'y joue,
Il peut bien prendre garde à soi.
SOSIE, *à part.*
Ciel ! me faut-il ainsi renoncer à moi-même,   400

Et par un imposteur me voir voler mon nom ?
  Que son bonheur est extrême
  De ce que je suis poltron !
Sans cela, par la mort...

MERCURE

     Entre tes dents, je pense,
405 Tu murmures je ne sais quoi.

SOSIE

Non. Mais, au nom des dieux, donne-moi la licence
  De parler un moment à toi.

MERCURE

Parle.

SOSIE

   Mais promets-moi, de grâce,
  Que les coups n'en seront point.
410 Signons une trêve.

MERCURE

     Passe :
Va, je t'accorde ce point.

SOSIE

Qui te jette, dis-moi, dans cette fantaisie ?
Que te reviendra-t-il de m'enlever mon nom ?
Et peux-tu faire enfin, quand tu serais démon,
415 Que je ne sois pas moi, que je ne sois Sosie ?

MERCURE, levant le bâton sur Sosie.

Comment ! tu peux... ?

SOSIE

    Ah ! tout doux :
Nous avons fait trève aux coups.

MERCURE

Quoi ! pendard, imposteur, coquin...

SOSIE

      Pour des injures,
  Dis-m'en tant que tu voudras ;
420 Ce sont légères blessures,
  Et je ne m'en fâche pas.

MERCURE

Tu te dis Sosie ?

SOSIE

    Oui. Quelque conte frivole...

MERCURE

Sus, je romps notre trève, et reprends ma parole.

SOSIE

N'importe. Je ne puis m'anéantir pour toi,
425 Et souffrir un discours si loin de l'apparence.
  Etre ce que je suis est-il en ta puissance ?
  Et puis-je cesser d'être moi ?
  S'avisa-t-on jamais d'une chose pareille ?
  Et peut-on démentir cent indices pressants ?
430 Rêvé-je ? Est-ce que je sommeille ?
  Ai-je l'esprit troublé par des transports puissants ?
    Ne sens-je pas bien que je veille ?
    Ne suis-je pas dans mon bon sens ?
  Mon maître Amphitryon ne m'a-t-il pas commis
435 A venir en ces lieux vers Alcmène sa femme ?
  Ne lui dois-je pas faire, en lui vantant sa flamme,
  Un récit de ses faits contre nos ennemis ?
  Ne suis-je pas du port arrivé tout à l'heure ?
  Ne tiens-je pas une lanterne en main ?
440 Ne te trouvé-je pas devant notre demeure ?

Ne t'y parlé-je pas d'un esprit tout humain ?
Ne te tiens-tu pas fort de ma poltronnerie,
  Pour m'empêcher d'entrer chez nous ?
N'as-tu pas sur mon dos exercé ta furie ?
  Ne m'as-tu pas roué de coups ?
Ah ! tout cela n'est que trop véritable ;
Et, plût au ciel, le fût-il moins !
Cesse donc d'insulter au sort d'un misérable ;
Et laisse à mon devoir s'acquitter de ses soins.

MERCURE

Arrête, ou sur ton dos le moindre pas attire
Un assommant éclat de mon juste courroux.
  Tout ce que tu viens de dire
  Est à moi, hormis les coups.
C'est moi qu'Amphitryon députe vers Alcmène,
Et qui du port persique arrive de ce pas ;
Moi qui viens annoncer la valeur de son bras
Qui nous fait remporter une victoire pleine,
Et de nos ennemis a mis le chef à bas.
C'est moi qui suis Sosie enfin, de certitude,
  Fils de Dave, honnête berger ;
  Frère d'Arpage mort en pays étranger ;
  Mari de Cléanthis la prude,
  Dont l'humeur me fait enrager ;
Qui dans Thèbe ai reçu mille coups d'étrivière,
  Sans en avoir jamais dit rien ;
Et jadis en public fus marqué par derrière,
  Pour être trop homme de bien.

SOSIE, bas, à part.

  Il a raison. A moins d'être Sosie,
  On ne peut pas savoir tout ce qu'il dit ;
Et, dans l'étonnement dont mon âme est saisie,
Je commence, à mon tour, à le croire un petit.
En effet, maintenant que je le considère,
Je vois qu'il a de moi, taille, mine, action.
  Faisons-lui quelque question,
  Afin d'éclaircir ce mystère.

Haut.

Parmi tout le butin fait sur nos ennemis,
Qu'est-ce qu'Amphitryon obtient pour son partage ?

MERCURE

Cinq fort gros diamants, en nœud proprement mis,
Dont leur chef se parait comme d'un rare ouvrage.

SOSIE

A qui destine-t-il un si riche présent ?

MERCURE

A sa femme ; et sur elle il le veut voir paraître.

SOSIE

Mais où, pour l'apporter, est-il mis à présent ?

MERCURE

Dans un coffret scellé des armes de mon maître.

SOSIE, à part.

Il ne ment pas d'un mot à chaque repartie ;
Et de moi je commence à douter pour de bon.
Près de moi, par la force, il est déjà Sosie ;
Il pourrait bien encor l'être par la raison.
Pourtant, quand je me tâte et que je me rappelle,
  Il me semble que je suis moi.
Où puis-je rencontrer quelque clarté fidèle,
  Pour démêler ce que je vois ?

392

Ce que j'ai fait tout seul, et que n'a vu personne,
A moins d'être moi-même, on ne le peut savoir.
Par cette question il faut que je l'étonne ;
495 C'est de quoi le confondre, et nous allons le voir.
Haut.
Lorsqu'on était aux mains, que fis-tu dans nos ten-
    Où tu courus seul te fourrer ?   [tes,
        MERCURE
D'un jambon...
        SOSIE, *à part.*
    L'y voilà !
        MERCURE
        Que j'allai déterrer,
Je coupai bravement deux tranches succulentes,
500   Dont je sus fort bien me bourrer.
Et, joignant à cela d'un vin que l'on ménage,
Et dont, avant le goût, les yeux se contentaient,
  Je pris un peu de courage
  Pour nos gens qui se battaient.
        SOSIE, *à part.*
505   Cette preuve sans pareille
  En sa faveur conclut bien ;
  Et l'on n'y peut dire rien,
  S'il n'était dans la bouteille.
Haut.
Je ne saurais nier, aux preuves qu'on m'expose,
510 Que tu ne sois Sosie, et j'y donne ma voix.
Mais, si tu l'es, dis-moi qui tu veux que je sois.
Car encor faut-il bien que je sois quelque chose.
        MERCURE
  Quand je ne serai plus Sosie,
  Sois-le, j'en demeure d'accord ;
515 Mais, tant que je le suis, je te garantis mort,
  Si tu prends cette fantaisie.
        SOSIE
Tout cet embarras met mon esprit sur les dents,
  Et la raison à ce qu'on voit s'oppose.
Mais il faut terminer enfin par quelque chose ;
520 Et le plus court pour moi, c'est d'entrer là-dedans.
        MERCURE   [de ?
Ah ! tu prends donc, pendard, goût à la bastonna-
        SOSIE, *battu par Mercure.*   [plus fort,
Ah ! qu'est-ce ci ? grands dieux ! il frappe un ton
Et mon dos pour un mois en doit être malade.
Laissons ce diable d'homme, et retournons au port.
525 O juste ciel ! j'ai fait une belle ambassade !
        MERCURE, *seul.*
Enfin je l'ai fait fuir ; et, sous ce traitement,
De beaucoup d'actions il a reçu la peine ;
Mais je vois Jupiter, que fort civilement
Reconduit l'amoureuse Alcmène.

    Scène III : *Jupiter,*
   sous la figure d'Amphitryon,
   Alcmène, Cléanthis, Mercure.

        JUPITER   [cher.
530 Défendez, chère Alcmène, aux flambeaux d'appro-
Ils m'offrent des plaisirs en m'offrant votre vue ;
Mais ils pourraient ici découvrir ma venue,

Qu'il est à propos de cacher.
Mon amour, que gênaient tous ces soins éclatants
Où me tenait lié la gloire de nos armes,   535
Aux devoirs de ma charge a volé les instants
  Qu'il vient de donner à vos charmes.
Ce vol qu'à vos beautés mon cœur a consacré
Pourrait être blâmé dans la bouche publique,
  Et j'en veux pour témoin unique   540
  Celle qui peut m'en savoir gré.
        ALCMÈNE
Je prends, Amphitryon, grande part à la gloire
Que répandent sur vous vos illustres exploits ;
  Et l'éclat de votre victoire
Sait toucher de mon cœur les sensibles endroits :   545
  Mais, quand je vois que cet honneur fatal
    Eloigne de moi ce que j'aime,
Je ne puis m'empêcher, dans ma tendresse extrême,
  De lui vouloir un peu de mal,
Et d'opposer mes vœux à cet ordre suprême   550
  Qui des Thébains vous fait le général.
C'est une douce chose, après une victoire,
Que la gloire où l'on voit ce qu'on aime élevé ;
Mais, parmi les périls mêlés à cette gloire,
Un triste coup, hélas ! est bientôt arrivé.   555
De combien de frayeurs a-t-on l'âme blessée,
  Au moindre choc dont on entend parler !
Voit-on, dans les horreurs d'une telle pensée,
    Par où jamais se consoler
    Du coup dont on est menacée ?   560
Et de quelque laurier qu'on couronne un vainqueur,
Quelque part que l'on ait à cet honneur suprême,
Vaut-il ce qu'il en coûte aux tendresses d'un cœur
Qui peut, à tout moment, trembler pour ce qu'il aime ?
        JUPITER
Je ne vois rien en vous dont mon feu ne s'augmente; 565
Tout y marque à mes yeux un cœur bien enflammé;
Et c'est, je vous l'avoue, une chose charmante
De trouver tant d'amour dans un objet aimé.
Mais, si je l'ose dire, un scrupule me gêne,
Aux tendres sentiments que vous me faites voir ;   570
Et, pour les bien goûter, mon amour, chère Alcmène,
Voudrait n'y voir entrer rien de votre devoir ;
Qu'à votre seule ardeur, qu'à ma seule personne,
Je dusse les faveurs que je reçois de vous ;
Et que la qualité que j'ai de votre époux   575
  Ne fût point ce qui me les donne.
        ALCMÈNE
C'est de ce nom pourtant que l'ardeur qui me brûle
  Tient le droit de paraître au jour ;
Et je ne comprends rien à ce nouveau scrupule
  Dont s'embarrasse votre amour.   580
        JUPITER
Ah ! ce que j'ai pour vous d'amour et de tendresse
  Passe aussi celle d'un époux ;
Et vous ne savez pas, dans des moments si doux,
    Quelle en est la délicatesse :
Vous ne concevez point qu'un cœur bien amoureux   585
Sur cent petits égards s'attache avec étude,
    Et se fait une inquiétude
    De la manière d'être heureux.

En moi, belle et charmante Alcmène,
590 Vous voyez un mari, vous voyez un amant ;
Mais l'amant seul me touche, à parler franchement ;
Et je sens, près de vous, que le mari le gêne.
Cet amant, de vos vœux jaloux au dernier point,
Souhaite qu'à lui seul votre cœur s'abandonne ;
595   Et sa passion ne veut point
    De ce que le mari lui donne.
Il veut de pure source obtenir vos ardeurs,
Et ne veut rien tenir des nœuds de l'hyménée,
Rien d'un fâcheux devoir qui fait agir les cœurs,
600 Et par qui tous les jours des plus chères faveurs
    La douceur est empoisonnée.
Dans le scrupule enfin dont il est combattu,
Il veut, pour satisfaire à sa délicatesse,
Que vous le sépariez d'avec ce qui le blesse,
605 Que le mari ne soit que pour votre vertu,
Et que de votre cœur de bonté revêtu
L'amant ait tout l'amour et toute la tendresse.

ALCMÈNE

Amphitryon, en vérité,
Vous vous moquez de tenir ce langage ;
610   Et j'aurais peur qu'on ne vous crût pas sage,
    Si de quelqu'un vous étiez écouté.

JUPITER

Ce discours est plus raisonnable,
Alcmène, que vous ne pensez.
Mais un plus long séjour me rendrait trop coupable,
615 Et du retour au port les moments sont pressés.
Adieu. De mon devoir l'étrange barbarie
    Pour un temps m'arrache de vous ;
Mais, belle Alcmène, au moins, quand vous verrez
Songez à l'amant, je vous prie.   [l'époux,

ALCMÈNE

620 Je ne sépare point ce qu'unissent les dieux,
Et l'époux et l'amant me sont fort précieux.

CLÉANTHIS, à part.

    O ciel ! que d'aimables caresses
    D'un époux ardemment chéri !
    Et que mon traître de mari
625   Est loin de toutes ces tendresses !

MERCURE, à part.

    La Nuit, qu'il me faut avertir,
    N'a plus qu'à plier tous ses voiles ;
    Et, pour effacer les étoiles,
    Le Soleil de son lit peut maintenant sortir.

Scène IV : Cléanthis, Mercure.

CLÉANTHIS, arrêtant Mercure.

630   Quoi ! c'est ainsi que l'on me quitte !

MERCURE

    Et comment donc ? Ne veux-tu pas
    Que de mon devoir je m'acquitte,
    Et que d'Amphitryon j'aille suivre les pas ?

CLÉANTHIS

    Mais avec cette brusquerie,
635   Traître, de moi te séparer !

MERCURE

    Le beau sujet de fâcherie !

Nous avons tant de temps ensemble à demeurer !

CLÉANTHIS

Mais quoi ! partir ainsi d'une façon brutale,
Sans me dire un seul mot de douceur pour régale !

MERCURE

    Diantre ! où veux-tu que mon esprit   64
    T'aille chercher des fariboles ?
Quinze ans de mariage épuisent les paroles ;
Et depuis un long temps nous nous sommes tout dit.

CLÉANTHIS

    Regarde, traître, Amphitryon ;
Vois combien pour Alcmène il étale de flamme ;   64
Et rougis, là-dessus, du peu de passion
    Que tu témoignes pour ta femme.

MERCURE

Hé ! mon dieu ! Cléanthis, ils sont encore amants.
    Il est certain âge où tout passe ;
Et ce qui leur sied bien dans ces commencements,   65
En nous, vieux mariés, aurait mauvaise grâce.
Il nous ferait beau voir, attachés face à face,
    A pousser les beaux sentiments !

CLÉANTHIS

Quoi ! suis-je hors d'état, perfide, d'espérer
    Qu'un cœur auprès de moi soupire ?   65

MERCURE

    Non, je n'ai garde de le dire ;
Mais je suis trop barbon pour oser soupirer,
    Et je ferais crever de rire.

CLÉANTHIS

Mérites-tu, pendard, cet insigne bonheur
De te voir pour épouse une femme d'honneur ?   66

MERCURE

    Mon dieu ! tu n'es que trop honnête ;
    Ce grand honneur ne me vaut rien.
    Ne sois point si femme de bien,
    Et me romps un peu moins la tête.

CLÉANTHIS

Comment ! de trop bien vivre on te voit me blâmer !   66

MERCURE

La douceur d'une femme est tout ce qui me charme ;
    Et ta vertu fait un vacarme
    Qui ne cesse de m'assommer.

CLÉANTHIS

Il te faudrait des cœurs pleins de fausses tendresses,
De ces femmes aux beaux et louables talents,   67
Qui savent accabler leurs maris de caresses,
Pour leur faire avaler l'usage des galants.

MERCURE

    Ma foi, veux-tu que je te dise ?
Un mal d'opinion ne touche que les sots ;
    Et je prendrais pour ma devise :   67
    « Moins d'honneur, et plus de repos. »

CLÉANTHIS

Comment ! tu souffrirais, sans nulle répugnance,
Que j'aimasse un galant avec toute licence ?

MERCURE

Oui, si je n'étais plus de tes cris rebattu,
Et qu'on te vît changer d'humeur et de méthode.   68
    J'aime mieux un vice commode
    Qu'une fatigante vertu.

Adieu, Cléanthis, ma chère âme ;
Il me faut suivre Amphitryon.
CLÉANTHIS, seule.
685 Pourquoi, pour punir cet infâme,
Mon cœur n'a-t-il assez de résolution ?
Ah ! que, dans cette occasion,
J'enrage d'être honnête femme !

ACTE SECOND

Scène I : Amphitryon, Sosie.

AMPHITRYON

Viens çà, bourreau, viens çà. Sais-tu, maître fripon,
690 Qu'à te faire assommer ton discours peut suffire,
Et que, pour te traiter comme je le désire,
Mon courroux n'attend qu'un bâton ?
SOSIE
Si vous le prenez sur ce ton,
Monsieur, je n'ai plus rien à dire ;
695 Et vous aurez toujours raison.
AMPHITRYON
Quoi! tu veux me donner pour des vérités, traître,
Des contes que je vois d'extravagance outrés ?
SOSIE
Non : je suis le valet, et vous êtes le maître ;
Il n'en sera, monsieur, que ce que vous voudrez.
AMPHITRYON
700 Çà, je veux étouffer le courroux qui m'enflamme,
Et, tout du long, t'ouïr sur ta commission.
Il faut, avant que voir ma femme,
Que je débrouille ici cette confusion.
Rappelle tous tes sens, rentre bien dans ton âme,
705 Et réponds mot pour mot à chaque question.
SOSIE
Mais, de peur d'incongruité,
Dites-moi, de grâce, à l'avance,
De quel air il vous plaît que ceci soit traité.
Parlerai-je, monsieur, selon ma conscience,
710 Ou comme auprès des grands on le voit usité ?
Faut-il dire la vérité,
Ou bien user de complaisance ?
AMPHITRYON
Non ; je ne te veux obliger
Qu'à me rendre de tout un compte fort sincère.
SOSIE
715 Bon. C'est assez, laissez-moi faire ;
Vous n'avez qu'à m'interroger.
AMPHITRYON
Sur l'ordre que tantôt je t'avais su prescrire... ?
SOSIE
Je suis parti, les cieux d'un noir crêpe voilés,
Pestant fort contre vous dans ce fâcheux martyre,
720 Et maudissant vingt fois l'ordre dont vous parlez.
AMPHITRYON
Comment, coquin !
SOSIE
Monsieur, vous n'avez rien qu'à dire,

Je mentirai, si vous voulez.
AMPHITRYON
Voilà comme un valet montre pour nous du zèle !
Passons. Sur les chemins que t'est-il arrivé ?
SOSIE
D'avoir une frayeur mortelle   725
Au moindre objet que j'ai trouvé.
AMPHITRYON
Poltron !
SOSIE
En nous formant, Nature a ses çaprices ;
Divers penchants en nous elle fait observer ;
Les uns à s'exposer trouvent mille délices :
Moi, j'en trouve à me conserver.   730
AMPHITRYON
Arrivant au logis... ?
SOSIE
J'ai, devant notre porte,
En moi-même voulu répéter un petit
Sur quel ton et de quelle sorte
Je ferais du combat le glorieux récit.
AMPHITRYON
Ensuite ?
SOSIE
On m'est venu troubler et mettre en peine.   735
AMPHITRYON
Et qui ?
SOSIE
Sosie ; un moi, de vos ordres jaloux,
Que vous avez du port envoyé vers Alcmène,
Et qui de nos secrets a connaissance pleine,
Comme le moi qui parle à vous.
AMPHITRYON
Quels contes !
SOSIE
Non, monsieur, c'est la vérité pure :   740
Ce moi, plus tôt que moi, s'est au logis trouvé ;
Et j'étais venu, je vous jure,
Avant que je fusse arrivé.
AMPHITRYON
D'où peut procéder, je te prie,
Ce galimatias maudit ?   745
Est-ce songe ? est-ce ivrognerie,
Aliénation d'esprit,
Ou méchante plaisanterie ?
SOSIE
Non, c'est la chose comme elle est,
Et point du tout conte frivole.   750
Je suis homme d'honneur, j'en donne ma parole ;
Et vous m'en croirez, s'il vous plaît.
Je vous dis que, croyant n'être qu'un seul Sosie,
Je me suis trouvé deux chez nous ;
Et que de ces deux moi piqués de jalousie,   755
L'un est à la maison, et l'autre est avec vous ;
Que le moi que voici, chargé de lassitude,
A trouvé l'autre moi frais, gaillard et dispos,
Et n'ayant d'autre inquiétude
Que de battre et casser des os.   760
AMPHITRYON
Il faut être, je le confesse,

D'un esprit bien posé, bien tranquille, bien doux,
Pour souffrir qu'un valet de chansons me repaisse !

SOSIE

765   Si vous vous mettez en courroux,
Plus de conférence entre nous ;
Vous savez que d'abord tout cesse.

AMPHITRYON

Non, sans emportement je te veux écouter,
Je l'ai promis. Mais dis ; en bonne conscience,
Au mystère nouveau que tu me viens conter
770   Est-il quelque ombre d'apparence ?

SOSIE

Non ; vous avez raison, et la chose à chacun
Hors de créance doit paraître.
C'est un fait à n'y rien connaître,
Un conte extravagant, ridicule, importun :
775   Cela choque le sens commun ;
Mais cela ne laisse pas d'être.

AMPHITRYON

Le moyen d'en rien croire, à moins qu'être insensé ?

SOSIE

Je ne l'ai pas cru, moi, sans une peine extrême.
Je me suis d'être deux senti l'esprit blessé,
780 Et longtemps d'imposteur j'ai traité ce moi-même :
Mais à me reconnaître enfin il m'a forcé ;
J'ai vu que c'était moi, sans aucun stratagème ;
Des pieds jusqu'à la tête il est comme moi fait,
Beau, l'air noble, bien pris, les manières charmantes;
785   Enfin, deux gouttes de lait
Ne sont pas plus ressemblantes ;
Et, n'était que ses mains sont un peu trop pesantes,
J'en serais fort satisfait.

AMPHITRYON

A quelle patience il faut que je m'exhorte !
790 Mais enfin, n'es-tu pas entré dans la maison ?

SOSIE

Bon, entré ! Hé ! de quelle sorte ?
Ai-je voulu jamais entendre de raison ?
Et ne me suis-je pas interdit notre porte ?

AMPHITRYON

Comment donc ?

SOSIE

Avec un bâton,
795 Dont mon dos sent encore une douleur très forte.

AMPHITRYON

On t'a battu ?

SOSIE

Vraiment.

AMPHITRYON

Et qui ?

SOSIE

Moi.

AMPHITRYON

Toi, te battre ?

SOSIE

Oui, moi ; non pas le moi d'ici,
Mais le moi du logis, qui frappe comme quatre.

AMPHITRYON

Te confonde le ciel de me parler ainsi !

SOSIE

Ce ne sont point des badinages.   8
Le moi que j'ai trouvé tantôt
Sur le moi qui vous parle a de grands avantages ;
Il a le bras fort, le cœur haut :
J'en ai reçu des témoignages ;
Et ce diable de moi m'a rossé comme il faut ;   8
C'est un drôle qui fait des rages.

AMPHITRYON

Achevons. As-tu vu ma femme ?

SOSIE

Non.

AMPHITRYON

Pourquoi ?

SOSIE

Par une raison assez forte.

AMPHITRYON

Qui t'a fait y manquer, maraud ? Explique-toi.

SOSIE

Faut-il le répéter vingt fois de même sorte ?   8
Moi, vous dis-je, ce moi plus robuste que moi ;
Ce moi qui s'est de force emparé de la porte ;
Ce moi qui m'a fait filer doux ;
Ce moi qui le seul moi veut être ;
Ce moi de moi-même jaloux ;   8
Ce moi vaillant dont le courroux
Au moi poltron s'est fait connaître ;
Enfin ce moi qui suis chez nous ;
Ce moi qui s'est montré mon maître ;
Ce moi qui m'a roué de coups.   8

AMPHITRYON

Il faut que ce matin, à force de trop boire,
Il se soit troublé le cerveau.

SOSIE

Je veux être pendu, si j'ai bu que de l'eau !
A mon serment on peut m'en croire.

AMPHITRYON

Il faut donc qu'au sommeil tes sens se soient portés,   8
Et qu'un songe fâcheux, dans ses confus mystères,
T'ait fait voir toutes les chimères
Dont tu me fais des vérités.

SOSIE

Tout aussi peu. Je n'ai point sommeillé,
Et n'en ai même aucune envie,   8
Je vous parle bien éveillé ;
J'étais bien éveillé ce matin, sur ma vie ;
Et bien éveillé même était l'autre Sosie,
Quand il m'a si bien étrillé.

AMPHITRYON

Suis-moi, je t'impose silence.   8
C'est trop me fatiguer l'esprit ;
Et je suis un vrai fou d'avoir la patience
D'écouter d'un valet les sottises qu'il dit.

SOSIE, *à part.*

Tous les discours sont des sottises,
Partant d'un homme sans éclat :   8
Ce seraient paroles exquises
Si c'était un grand qui parlât.

AMPHITRYON

Entrons sans davantage attendre.

Mais Alcmène paraît avec tous ses appas ;
845 En ce moment sans doute elle ne m'attend pas,
    Et mon abord la va surprendre.

*Scène II : Alcmène, Amphitryon,
Cléanthis, Sosie.*

ALCMÈNE, *sans voir Amphitryon.*

Allons pour mon époux, Cléanthis, vers les dieux,
    Nous acquitter de nos hommages,
    Et les remercier des succès glorieux
850 Dont Thèbes, par son bras, goûte les avantages.
Apercevant Amphitryon.
O dieux !

AMPHITRYON

      Fasse le ciel qu'Amphitryon vainqueur
Avec plaisir soit revu de sa femme !
Et que ce jour, favorable à ma flamme,
Vous redonne à mes yeux avec le même cœur !
855   Que j'y retrouve autant d'ardeur
    Que vous en rapporte mon âme !

ALCMÈNE

Quoi ! de retour si tôt ?

AMPHITRYON

      Certes, c'est en ce jour
Me donner de vos feux un mauvais témoignage ;
    Et ce « Quoi ! si tôt de retour ? »
860 En ces occasions n'est guère le langage
    D'un cœur bien enflammé d'amour.
    J'osais me flatter en moi-même
    Que loin de vous j'aurais trop demeuré.
L'attente d'un retour ardemment désiré
865 Donne à tous les instants une longueur extrême ;
    Et l'absence de ce qu'on aime,
Quelque peu qu'elle dure, a toujours trop duré.

ALCMÈNE

Je ne vois...

AMPHITRYON

      Non, Alcmène, à son impatience
On mesure le temps en de pareils états ;
870   Et vous comptez les moments de l'absence
    En personne qui n'aime pas.
    Lorsque l'on aime comme il faut,
    Le moindre éloignement nous tue ;
    Et ce dont on chérit la vue
875   Ne revient jamais assez tôt.
    De votre accueil, je le confesse,
    Se plaint ici mon amoureuse ardeur ;
    Et j'attendais de votre cœur
    D'autres transports de joie et de tendresse.

ALCMÈNE

880   J'ai peine à comprendre sur quoi
Vous fondez les discours que je vous entends faire ;
    Et si vous vous plaignez de moi,
    Je ne sais pas, de bonne foi,
    Ce qu'il faut pour vous satisfaire.
885 Hier au soir, ce me semble, à votre heureux retour,
    On me vit témoigner une joie assez tendre,
    Et rendre aux soins de votre amour
Tout ce que de mon cœur vous aviez lieu d'attendre.

AMPHITRYON

Comment ?

ALCMÈNE

      Ne fis-je pas éclater à vos yeux
Les soudains mouvements d'une entière allégresse ? 890
Et le transport d'un cœur peut-il s'expliquer mieux,
Au retour d'un époux qu'on aime avec tendresse ?

AMPHITRYON

Que me dites-vous là ?

ALCMÈNE

      Que même votre amour
Montra de mon accueil une joie incroyable ;
Et que, m'ayant quittée à la pointe du jour,   895
    Je ne crois pas qu'à ce soudain retour
    Ma surprise soit si coupable.

AMPHITRYON

Est-ce que du retour que j'ai précipité
Un songe cette nuit, Alcmène, dans votre âme
    A prévenu la vérité ;   900
Et que, m'ayant peut-être en dormant bien traité,
    Votre cœur se croit vers ma flamme
    Assez amplement acquitté ?

ALCMÈNE

Est-ce qu'une vapeur, par sa malignité,
Amphitryon, a, dans votre âme,   905
Du retour d'hier au soir brouillé la vérité ?
Et que du doux accueil duquel je m'acquittai
    Votre cœur prétend à ma flamme
    Ravir toute l'honnêteté ?

AMPHITRYON

Cette vapeur, dont vous me régalez,   910
    Est un peu, ce me semble, étrange.

ALCMÈNE

C'est ce qu'on peut donner pour change
Au songe dont vous me parlez.

AMPHITRYON

A moins d'un songe, on ne peut pas, sans doute,
Excuser ce qu'ici votre bouche me dit.   915

ALCMÈNE

A moins d'une vapeur qui vous trouble l'esprit,
On ne peut pas sauver ce que de vous j'écoute.

AMPHITRYON

Laissons un peu cette vapeur, Alcmène.

ALCMÈNE

Laissons un peu ce songe, Amphitryon.

AMPHITRYON

Sur le sujet dont il est question   920
Il n'est guère de jeu que trop loin on ne mène.

ALCMÈNE

    Sans doute ; et, pour marque certaine,
Je commence à sentir un peu d'émotion.

AMPHITRYON

Est-ce donc que par là vous voulez essayer
A réparer l'accueil dont je vous ai fait plainte ?   925

ALCMÈNE

    Est-ce donc que par cette feinte
    Vous désirez vous égayer ?

AMPHITRYON

Ah ! de grâce, cessons, Alcmène, je vous prie,
    Et parlons sérieusement.

ALCMÈNE

930 Amphitryon, c'est trop pousser l'amusement ;
Finissons cette raillerie.

AMPHITRYON

Quoi ! vous osez me soutenir en face
Que plus tôt qu'à cette heure on m'ait ici pu voir ?

ALCMÈNE

Quoi ! vous voulez nier avec audace
935 Que dès hier en ces lieux vous vîntes sur le soir ?

AMPHITRYON

Moi ! je vins hier ?

ALCMÈNE

Sans doute; et, dès devant l'aurore,
Vous vous en êtes retourné.

AMPHITRYON, à part.

Ciel ! un pareil débat s'est-il pu voir encore !
Et qui de tout ceci ne serait étonné ?
Sosie.

SOSIE

940 Elle a besoin de six grains d'ellébore,
Monsieur, son esprit est tourné ;

AMPHITRYON

Alcmène, au nom de tous les dieux,
Ce discours a d'étranges suites !
Reprenez vos sens un peu mieux,
945 Et pensez à ce que vous dites.

ALCMÈNE

J'y pense mûrement aussi ;
Et tous ceux du logis ont vu votre arrivée.
J'ignore quel motif vous fait agir ainsi ;
Mais si la chose avait besoin d'être prouvée,
950 S'il était vrai qu'on pût ne s'en souvenir pas,
De qui puis-je tenir, que de vous, la nouvelle
Du dernier de tous vos combats,
Et les cinq diamants que portait Ptérélas,
Qu'a fait dans la nuit éternelle
955 Tomber l'effort de votre bras ?
En pourrait-on vouloir un plus sûr témoignage ?

AMPHITRYON

Quoi ! je vous ai déjà donné
Le nœud de diamants que j'eus pour mon partage,
Et que je vous ai destiné ?

ALCMÈNE

960 Assurément ; il n'est pas difficile
De vous en bien convaincre.

AMPHITRYON

Et comment ?

ALCMÈNE, montrant le nœud de diamants
à sa ceinture.

Le voici.

AMPHITRYON

Sosie !

SOSIE, tirant de sa poche un coffret.
Elle se moque, et je le tiens ici,
Monsieur ; la feinte est inutile.

AMPHITRYON, regardant le coffret.
Le cachet est entier.

ALCMÈNE, présentant à Amphitryon
le nœud de diamants.
Est-ce une vision ?

Tenez. Trouverez-vous cette preuve assez forte ?   9

AMPHITRYON

Ah ! ciel ! ô juste ciel !

ALCMÈNE

Allez, Amphitryon,
Vous vous moquez d'en user de la sorte ;
Et vous en devriez avoir confusion.

AMPHITRYON

Romps vite ce cachet.

SOSIE, ayant ouvert le coffret.
Ma foi, la place est vide.
Il faut que, par magie, on ait su le tirer,   9
Ou bien que de lui-même il soit venu, sans guide,
Vers celle qu'il a su qu'on en voulait parer.

AMPHITRYON, à part.

O dieux, dont le pouvoir sur les choses préside,
Quelle est cette aventure, et qu'en puis-je augurer
Dont mon amour ne s'intimide ?   9

SOSIE, à Amphitryon.

Si sa bouche dit vrai, nous avons même sort,
Et de même que moi, monsieur, vous êtes double.

AMPHITRYON

Tais-toi !

ALCMÈNE

Sur quoi vous étonner si fort ?
Et d'où peut naître ce grand trouble ?

AMPHITRYON, à part.

O ciel ! quel étrange embarras !   9
Je vois des incidents qui passent la nature ;
Et mon honneur redoute une aventure
Que mon esprit ne comprend pas.

ALCMÈNE

Songez-vous, en tenant cette preuve sensible,
A me nier encor votre retour pressé ?   9

AMPHITRYON

Non ; mais, à ce retour, daignez, s'il est possible,
Me conter ce qui s'est passé.

ALCMÈNE

Puisque vous demandez un récit de la chose,
Vous voulez dire donc que ce n'était pas vous ?

AMPHITRYON

Pardonnez-moi ; mais j'ai certaine cause   9
Qui me fait demander ce récit entre nous.

ALCMÈNE

Les soucis importants qui vous peuvent saisir
Vous ont-ils fait si vite en perdre la mémoire ?

AMPHITRYON

Peut-être ; mais enfin vous me ferez plaisir
De m'en dire toute l'histoire.   9

ALCMÈNE

L'histoire n'est pas longue. A vous je m'avançai,
Pleine d'une aimable surprise ;
Tendrement je vous embrassai,
Et témoignai ma joie à plus d'une reprise.

AMPHITRYON, à part.

Ah ! d'un si doux accueil je me serais passé.   100

ALCMÈNE

Vous me fîtes d'abord ce présent d'importance,
Que du butin conquis vous m'aviez destiné.
Votre cœur avec véhémence

M'étala de ses feux toute la violence,
5 Et les soins importuns qui l'avaient enchaîné,
L'aise de me revoir, les tourments de l'absence,
  Tout le souci que son impatience
  Pour le retour s'était donné ;
Et jamais votre amour en pareille occurrence,
0 Ne me parut si tendre et si passionné.

AMPHITRYON, *à part.*

Peut-on plus vivement se voir assassiné !

ALCMÈNE

  Tous ces transports, toute cette tendresse,
Comme vous croyez bien, ne me déplaisaient pas,
  Et, s'il faut que je le confesse,
5 Mon cœur, Amphitryon, y trouvait mille appas.

AMPHITRYON

Ensuite, s'il vous plaît ?

ALCMÈNE

                    Nous nous entrecoupâmes
De mille questions qui pouvaient nous toucher.
On servit. Tête à tête ensemble nous soupâmes ;
Et le souper fini, nous nous fûmes coucher.

AMPHITRYON

Ensemble ?

ALCMÈNE

0   Assurément. Quelle est cette demande ?

AMPHITRYON, *à part.*

Ah ! c'est ici le coup le plus cruel de tous,
Et dont à s'assurer tremblait mon feu jaloux.

ALCMÈNE

D'où vous vient, à ce mot, une rougeur si grande ?
Ai-je fait quelque mal de coucher avec vous ?

AMPHITRYON

5 Non, ce n'était pas moi, pour ma douleur sensible ;
Et qui dit qu'hier ici mes pas se sont portés
  Dit, de toutes les faussetés,
  La fausseté la plus horrible.

ALCMÈNE

Amphitryon !

AMPHITRYON

        Perfide !

ALCMÈNE

            Ah ! quel emportement !

AMPHITRYON

0 Non, non, plus de douceur et plus de déférence :
Ce revers vient à bout de toute ma constance ;
Et mon cœur ne respire, en ce fatal moment,
  Et que fureur et que vengeance.

ALCMÈNE

De qui donc vous venger ? et quel manque de foi
  Vous fait ici me traiter de coupable ?

AMPHITRYON

Je ne sais pas, mais ce n'était pas moi :
Et c'est un désespoir qui de tout rend capable.

ALCMÈNE

Allez, indigne époux, le fait parle de soi,
  Et l'imposture est effroyable.
  C'est trop me pousser là-dessus,
Et d'infidélité me voir trop condamnée.
  Si vous cherchez, dans ces transports confus,
  Un prétexte à briser les nœuds d'un hyménée

Qui me tient à vous enchaînée,
Tous ces détours sont superflus ;   1045
  Et me voilà déterminée
A souffrir qu'en ce jour nos liens soient rompus.

AMPHITRYON

Après l'indigne affront que l'on me fait connaître,
C'est bien à quoi, sans doute, il faut vous préparer :
C'est le moins qu'on doit voir; et les choses peut-être 1050
  Pourront n'en pas là demeurer.
Le déshonneur est sûr, mon malheur m'est visible,
Et mon amour en vain voudrait me l'obscurcir ;
Mais le détail encor ne m'en est pas sensible,
Et mon juste courroux prétend s'en éclaircir.   1055
Votre frère déjà peut hautement répondre
Que, jusqu'à ce matin, je ne l'ai point quitté :
Je m'en vais le chercher, afin de vous confondre
Sur ce retour qui m'est faussement imputé.
Après nous percerons jusqu'au fond d'un mystère   1060
  Jusques à présent inouï ;
Et, dans les mouvements d'une juste colère,
  Malheur à qui m'aura trahi !

SOSIE

Monsieur...

AMPHITRYON

          Ne m'accompagne pas,
Et demeure ici pour m'attendre.   1065

CLÉANTHIS, *à Alcmène.*

Faut-il... ?

ALCMÈNE

        Je ne puis rien entendre :
Laisse-moi seule, et ne suis point mes pas.

Scène III : Cléanthis, Sosie.

CLÉANTHIS, *à part.*

Il faut que quelque chose ait brouillé sa cervelle ;
  Mais le frère sur-le-champ
  Finira cette querelle.   1070

SOSIE, *à part.*

C'est ici pour mon maître un coup assez touchant ;
  Et son aventure est cruelle.   [chant,
Je crains fort pour mon fait quelque chose appro-
Et je m'en veux, tout doux, éclaircir avec elle.

CLÉANTHIS, *à part.*

Voyons s'il me viendra seulement aborder !   1075
Mais je veux m'empêcher de rien faire paraître.

SOSIE, *à part.*

La chose quelquefois est fâcheuse à connaître,
  Et je tremble à la demander.
Ne vaudrait-il point mieux, pour ne rien hasarder,
  Ignorer ce qu'il en peut être ?   1080
  Allons, tout coup vaille, il faut voir,
  Et je ne m'en saurais défendre.
  La faiblesse humaine est d'avoir
  Des curiosités d'apprendre
  Ce qu'on ne voudrait pas savoir.   1085
Dieu te gard', Cléanthis !

CLÉANTHIS

                Ah ! ah ! tu t'en avises,
  Traître, de t'approcher de nous !

SOSIE

Mon dieu! qu'as-tu? Toujours on te voit en courroux,
Et sur rien tu te formalises !

CLÉANTHIS

1090 Qu'appelles-tu sur rien ? dis.

SOSIE

J'appelle sur rien
Ce qui sur rien s'appelle en vers ainsi qu'en prose ;
Et rien, comme tu le sais bien,
Veut dire rien, ou peu de chose.

CLÉANTHIS

Je ne sais qui me tient, infâme,
1095 Que je ne t'arrache les yeux,
Et ne t'apprenne où va le courroux d'une femme.

SOSIE

Holà ! D'où te vient donc ce transport furieux ?

CLÉANTHIS

Tu n'appelles donc rien le procédé, peut-être,
Qu'avec moi ton cœur a tenu ?

SOSIE

1100 Et quel ?

CLÉANTHIS

Quoi ! tu fais l'ingénu ?
Est-ce qu'à l'exemple du maître
Tu veux dire qu'ici tu n'es pas revenu ?

SOSIE

Non, je sais fort bien le contraire ;
Mais je ne t'en fais pas le fin.
1105 Nous avions bu de je ne sais quel vin,
Qui m'a fait oublier tout ce que j'ai pu faire.

CLÉANTHIS

Tu crois peut-être excuser par ce trait...

SOSIE

Non, tout de bon, tu m'en peux croire.
J'étais dans un état où je puis avoir fait
1110 Des choses dont j'aurais regret,
Et dont je n'ai nulle mémoire.

CLÉANTHIS

Tu ne te souviens point du tout de la manière
Dont tu m'as su traiter, étant venu du port ?

SOSIE

Non plus que rien. Tu peux m'en faire le rapport :
1115 Je suis équitable et sincère,
Et me condamnerai moi-même, si j'ai tort.

CLÉANTHIS

Comment ! Amphitryon m'ayant su disposer,
Jusqu'à ce que tu vins j'avais poussé ma veille ;
Mais je ne vis jamais une froideur pareille :
1120 De ta femme il fallut moi-même t'aviser ;
Et lorsque je fus te baiser,
Tu détournas le nez, et me donnas l'oreille.

SOSIE

Bon !

CLÉANTHIS

Comment ! bon ?

SOSIE

Mon dieu ! tu ne sais pas pourquoi,
Cléanthis, je tiens ce langage :
1125 J'avais mangé de l'ail, et fis, en homme sage,
De détourner un peu mon haleine de toi.

CLÉANTHIS

Je te sus exprimer des tendresses de cœur ;
Mais à tous mes discours tu fus comme une souche ;
Et jamais un mot de douceur
Ne te put sortir de la bouche.   1130

SOSIE, à part.

Courage !

CLÉANTHIS

Enfin ma flamme eut beau s'émanciper,
Sa chaste ardeur en toi ne trouva rien que glace ;
Et, dans un tel retour, je te vis la tromper
Jusqu'à faire refus de prendre au lit la place
Que les lois de l'hymen t'obligent d'occuper.   1135

SOSIE

Quoi ! je ne couchai point...

CLÉANTHIS

Non, lâche.

SOSIE

Est-il possible !

CLÉANTHIS

Traître ! il n'est que trop assuré.
C'est de tous les affronts l'affront le plus sensible ;
Et, loin que ce matin ton cœur l'ait réparé,
Tu t'es d'avec moi séparé   1140
Par des discours chargés d'un mépris tout visible.

SOSIE

Vivat Sosie !

CLÉANTHIS

Hé quoi ! ma plainte a cet effet !
Tu ris après ce bel ouvrage !

SOSIE

Que je suis de moi satisfait !

CLÉANTHIS

Exprime-t-on ainsi le regret d'un outrage ?   1145

SOSIE

Je n'aurais jamais cru que j'eusse été si sage.

CLÉANTHIS

Loin de te condamner d'un si perfide trait,
Tu m'en fais éclater la joie en ton visage !

SOSIE

Mon Dieu ! tout doucement ! Si je parais joyeux,
Crois que j'en ai dans l'âme une raison très forte,   1150
Et que, sans y penser, je ne fis jamais mieux
Que d'en user tantôt avec toi de la sorte.

CLÉANTHIS

Traître ! te moques-tu de moi ?

SOSIE

Non, je te parle avec franchise.
En l'état où j'étais, j'avais certain effroi   1155
Dont, avec ton discours, mon âme s'est remise.
Je m'appréhendais fort, et craignais qu'avec toi
Je n'eusse fait quelque sottise.

CLÉANTHIS

Quelle est cette frayeur ? et sachons donc pourquoi.

SOSIE

Les médecins disent, quand on est ivre,   1160
Que de sa femme on se doit abstenir,
Et que dans cet état il ne peut provenir
Que des enfants pesants et qui ne sauraient vivre.
Vois, si mon cœur n'eût su de froideur se munir,

65 Quels inconvénients auraient pu s'en ensuivre !

CLÉANTHIS

Je me moque des médecins,
Avec leurs raisonnements fades :
Qu'ils règlent ceux qui sont malades,
Sans vouloir gouverner les gens qui sont bien sains.
70 Ils se mêlent de trop d'affaires,
De prétendre tenir nos chastes feux gênés ;
Et sur les jours caniculaires
Ils nous donnent encore, avec leurs lois sévères,
De cent sots contes par le nez.

SOSIE

75 Tout doux.

CLÉANTHIS

Non, je soutiens que cela conclut mal ;
Ces raisons sont raisons d'extravagantes têtes.
Il n'est ni vin ni temps qui puisse être fatal
A remplir le devoir de l'amour conjugal ;
Et les médecins sont des bêtes.

SOSIE

80 Contre eux, je t'en supplie, apaise ton courroux ;
Ce sont d'honnêtes gens, quoi que le monde en dise.

CLÉANTHIS

Tu n'es pas où tu crois ; en vain tu files doux :
Ton excuse n'est point une excuse de mise ;
Et je me veux venger tôt ou tard, entre nous,
85 De l'air dont chaque jour je vois qu'on me méprise.
Des discours de tantôt je garde tous les coups,
Et tâcherai d'user, lâche et perfide époux,
De cette liberté que ton cœur m'a permise.

SOSIE

Quoi ?

CLÉANTHIS

Tu m'as dit tantôt que tu consentais fort,
90 Lâche, que j'en aimasse un autre.

SOSIE

Ah ! pour cet article, j'ai tort.
Je m'en dédis, il y va trop du nôtre.
Garde-toi bien de suivre ce transport.

CLÉANTHIS

Si je puis une fois pourtant
95 Sur mon esprit gagner la chose...

SOSIE

Fais à ce discours quelque pause.
Amphitryon revient, qui me paraît content.

Scène IV : Jupiter, Cléanthis, Sosie.

JUPITER, *à part.*

Je viens prendre le temps de rapaiser Alcmène,
De bannir les chagrins que son cœur veut garder,
200 Et donner à mes feux, dans ce soin qui m'amène,
Le doux plaisir de se raccommoder.
A Cléanthis.
Alcmène est là-haut, n'est-ce pas ?

CLÉANTHIS

Oui, pleine d'une inquiétude
Qui cherche de la solitude,
205 Et qui m'a défendu d'accompagner ses pas.

JUPITER

Quelque défense qu'elle ait faite,
Elle ne sera pas pour moi.

CLÉANTHIS

Son chagrin, à ce que je vois,
A fait une prompte retraite.

Scène V : Cléanthis, Sosie.

SOSIE

Que dis-tu, Cléanthis, de ce joyeux maintien,   1210
Après son fracas effroyable ?

CLÉANTHIS

Que si toutes nous faisions bien,
Nous donnerions tous les hommes au diable,
Et que le meilleur n'en vaut rien.

SOSIE

Cela se dit dans le courroux ;   1215
Mais aux hommes par trop vous êtes accrochées ;
Et vous seriez, ma foi, toutes bien empêchées,
Si le diable les prenait tous.

CLÉANTHIS

Vraiment...

SOSIE

Les voici. Taisons-nous.

*Scène VI : Jupiter, Alcmène,
Cléanthis, Sosie.*

JUPITER

Voulez-vous me désespérer ?   1220
Hélas ! arrêtez, belle Alcmène.

ALCMÈNE

Non, avec l'auteur de ma peine
Je ne puis du tout demeurer.

JUPITER

De grâce !...

ALCMÈNE

Laissez-moi.

JUPITER

Quoi !...

ALCMÈNE

Laissez-moi, vous dis-je.

JUPITER, *bas, à part.*

Ses pleurs touchent mon âme, et sa douleur m'afflige.   1225
Haut.
Souffrez que mon cœur...

ALCMÈNE

Non, ne suivez point mes pas.

JUPITER

Où voulez-vous aller ?

ALCMÈNE

Où vous ne serez pas.

JUPITER

Ce vous est une attente vaine.
Je tiens à vos beautés par un nœud trop serré,
Pour pouvoir un moment en être séparé.   1230
Je vous suivrai partout, Alcmène.

ALCMÈNE

Et moi, partout je vous fuirai.

JUPITER

Je suis donc bien épouvantable !

ALCMÈNE

Plus qu'on ne peut dire, à mes yeux.
1235 Oui, je vous vois comme un monstre effroyable,
    Un monstre cruel, furieux,
    Et dont l'approche est redoutable ;
    Comme un monstre à fuir en tous lieux.
    Mon cœur souffre, à vous voir, une peine incroyable:
1240   C'est un supplice qui m'accable ;
    Et je ne vois rien sous les cieux
    D'affreux, d'horrible, d'odieux,
    Qui ne me fût plus que vous supportable.

JUPITER

En voilà bien, hélas ! que votre bouche dit.

ALCMÈNE

1245   J'en ai dans le cœur davantage ;
Et, pour s'exprimer tout, ce cœur a du dépit
    De ne point trouver de langage.

JUPITER

Hé ! que vous a donc fait ma flamme,
Pour me pouvoir, Alcmène, en monstre regarder ?

ALCMÈNE

1250 Ah ! juste ciel ! cela peut-il se demander ?
Et n'est-ce pas pour mettre à bout une âme ?

JUPITER

Ah ! d'un esprit plus adouci...

ALCMÈNE

Non, je ne veux du tout vous voir, ni vous entendre.

JUPITER

Avez-vous bien le cœur de me traiter ainsi ?
1255   Est-ce là cet amour si tendre
Qui devait tant durer quand je vins hier ici ?

ALCMÈNE

Non, non, ce n'est pas, et vos lâches injures
    En ont autrement ordonné.
Il n'est plus, cet amour tendre et passionné ;
1260 Vous l'avez dans mon cœur, par cent vives blessures,
    Cruellement assassiné :
    C'est en sa place un courroux inflexible,
    Un vif ressentiment, un dépit invincible,
    Un désespoir d'un cœur justement animé,
1265 Qui prétend vous haïr, pour cet affront sensible,
Autant qu'il est d'accord de vous avoir aimé ;
    Et c'est haïr autant qu'il est possible.

JUPITER

Hélas ! que votre amour n'avait guère de force,
Si de si peu de chose on le peut voir mourir !
1270 Ce qui n'était que jeu doit-il faire un divorce ?
Et d'une raillerie a-t-on lieu de s'aigrir ?

ALCMÈNE

Ah ! c'est cela dont je suis offensée,
    Et que ne peut pardonner mon courroux :
Des véritables traits d'un mouvement jaloux
1275   Je me trouverais moins blessée.
    La jalousie a des impressions
    Dont bien souvent la force nous entraîne ;
    Et l'âme la plus sage, en ces occasions,
      Sans doute avec assez de peine
1280   Répond de ses émotions.

L'emportement d'un cœur qui peut s'être abusé
A de quoi ramener une âme qu'il offense ;
    Et, dans l'amour qui lui donne naissance,
Il trouve au moins, malgré toute sa violence,
    Des raisons pour être excusé.   12
De semblables transports contre un ressentiment
Pour défense toujours ont ce qui les fait naître ;
    Et l'on donne grâce aisément
    A ce dont on n'est pas le maître.
    Mais que, de gaieté de cœur,   12
On passe aux mouvements d'une fureur extrême ;
Que sans cause l'on vienne, avec tant de rigueur,
    Blesser la tendresse et l'honneur
    D'un cœur qui chèrement mon aime ;
    Ah ! c'est un coup trop cruel en lui-même,   12
    Et que jamais n'oubliera ma douleur.

JUPITER

Oui, vous avez raison, Alcmène ; il se faut rendre.
Cette action sans doute est un crime odieux ;
    Je ne prétends plus le défendre ;
Mais souffrez que mon cœur s'en défende à vos yeux, 13
    Et donne au vôtre à qui se prendre
    De ce transport injurieux.
    A vous en faire un aveu véritable,
L'époux, Alcmène, a commis tout le mal ;
C'est l'époux qu'il vous faut regarder en coupable.   13
L'amant n'a point de part à ce transport brutal,
Et de vous offenser son cœur n'est point capable.
Il a pour vous, ce cœur, pour jamais y penser,
    Trop de respect et de tendresse ;
Et si de faire rien à vous pouvoir blesser   13
    Il avait eu la coupable faiblesse,
De cent coups à vos yeux il voudrait le percer.
Mais l'époux est sorti de ce respect soumis
    Où pour vous on doit toujours être ;
A son dur procédé l'époux s'est fait connaître,   13
Et par le droit d'hymen il s'est cru tout permis.
Oui, c'est lui qui sans doute est criminel vers vous ;
Lui seul a maltraité votre aimable personne ;
    Haïssez, détestez l'époux,
    J'y consens, et vous l'abandonne ;   13
Mais, Alcmène, sauvez l'amant de ce courroux
    Qu'une telle offense vous donne ;
    N'en jetez pas sur lui l'effet,
    Démêlez-le un peu du coupable ;
    Et, pour être enfin équitable,   13
Ne le punissez point de ce qu'il n'a pas fait.

ALCMÈNE

    Ah ! toutes ces subtilités
    N'ont que des excuses frivoles,
    Et pour les esprits irrités
Ce sont des contre-temps que de telles paroles.   13
Ce détour ridicule est en vain pris par vous.
Je ne distingue rien en celui qui m'offense,
    Tout y devient l'objet de mon courroux ;
    Et, dans sa juste violence,
Sont confondus et l'amant et l'époux,   133
Tous deux de même sorte occupent ma pensée ;
Et des mêmes couleurs, par mon âme blessée,
    Tous deux ils sont peints à mes yeux ;

Tous deux sont criminels, tous deux m'ont offensée,
Et tous deux me sont odieux.

JUPITER

Hé bien ! puisque vous le voulez,
Il faut donc me charger du crime.
Oui, vous avez raison lorsque vous m'immolez
A vos ressentiments en coupable victime.
Un trop juste dépit contre moi vous anime ;
Et tout ce grand courroux qu'ici vous étalez
Ne me fait endurer qu'un tourment légitime.
C'est avec droit que mon abord vous chasse,
Et que de me fuir en tous lieux
Votre colère me menace.
Je dois vous être un objet odieux ;
Vous devez me vouloir un mal prodigieux.
Il n'est aucune horreur que mon forfait ne passe,
D'avoir offensé vos beaux yeux ;
C'est un crime à blesser les hommes et les dieux ;
Et je mérite enfin, pour punir cette audace,
Que contre moi votre haine ramasse
Tous ses traits les plus furieux.
Mais mon cœur vous demande grâce ;
Pour vous la demander je me jette à genoux,
Et la demande au nom de la plus vive flamme,
Du plus tendre amour dont une âme
Puisse jamais brûler pour vous.
Si votre cœur, charmante Alcmène,
Me refuse la grâce où j'ose recourir,
Il faut qu'une atteinte soudaine
M'arrache, en me faisant mourir,
Aux dures rigueurs d'une peine
Que je ne saurais plus souffrir.
Oui, cet état me désespère.
Alcmène, ne présumez pas
Qu'aimant, comme je fais, vos célestes appas,
Je puisse vivre un jour avec votre colère.
Déjà de ces moments la barbare longueur
Fait, sous des atteintes mortelles,
Succomber tout mon triste cœur ;
Et de mille vautours les blessures cruelles
N'ont rien de comparable à ma vive douleur.
Alcmène, vous n'avez qu'à me le déclarer :
S'il n'est point de pardon que je doive espérer,
Cette épée aussitôt, par un coup favorable,
Va percer à vos yeux le cœur d'un misérable ;
Ce cœur, ce traître cœur trop digne d'expirer,
Puisqu'il a pu fâcher un objet adorable,
Heureux, en descendant au ténébreux séjour,
Si de votre courroux mon trépas vous ramène,
Et ne laisse en votre âme, après ce triste jour,
Aucune impression de haine
Au souvenir de mon amour !
C'est tout ce que j'attends pour faveur souveraine.

ALCMÈNE

Ah ! trop cruel époux !

JUPITER

Dites, parlez, Alcmène.

ALCMÈNE

Faut-il encor pour vous conserver des bontés,
Et vous voir m'outrager par tant d'indignités ?

JUPITER

Quelque ressentiment qu'un outrage nous cause,
Tient-il contre un remords d'un cœur bien enflammé ? 1395

ALCMÈNE

Un cœur bien plein de flamme à mille morts s'expose,
Plutôt que de vouloir fâcher l'objet aimé.

JUPITER

Plus on aime quelqu'un, moins on trouve de peine...

ALCMÈNE

Non, ne m'en parlez point ; vous méritez ma haine.

JUPITER

Vous me haïssez donc ?

ALCMÈNE

         J'y fais tout mon effort, 1400
Et j'ai dépit de voir que toute votre offense
Ne puisse de mon cœur jusqu'à cette vengeance
Faire encore aller le transport.

JUPITER

Mais pourquoi cette violence,
Puisque, pour vous venger, je vous offre ma mort ? 1405
Prononcez-en l'arrêt, et j'obéis sur l'heure.

ALCMÈNE

Qui ne saurait haïr peut-il vouloir qu'on meure ?

JUPITER

Et moi, je ne puis vivre, à moins que vous quittiez
Cette colère qui m'accable,
Et que vous m'accordiez le pardon favorable 1410
Que je vous demande à vos pieds.

Sosie et Cléanthis se mettent aussi à genoux.
Résolvez ici l'un des deux,
Ou de punir, ou bien d'absoudre.

ALCMÈNE

Hélas ! ce que je puis résoudre
Paraît bien plus que je ne veux. 1415
Pour vouloir soutenir le courroux qu'on me donne,
Mon cœur a trop su me trahir :
Dire qu'on ne saurait haïr,
N'est-ce pas dire qu'on pardonne ?

JUPITER

Ah! belle Alcmène, il faut que, comblé d'allégresse... 1420

ALCMÈNE

Laissez ; je me veux mal de mon trop de faiblesse.

JUPITER

Va, Sosie, et dépêche-toi,
Voir, dans les doux transports dont mon âme est char-
Ce que tu trouveras d'officiers de l'armée ; [mée,
Et les invite à dîner avec moi. 1425

Bas, à part.
Tandis que d'ici je le chasse,
Mercure y remplira sa place.

Scène VII : Cléanthis, Sosie.

SOSIE

Hé bien ! tu vois, Cléanthis, ce ménage.
Veux-tu qu'à leur exemple ici
Nous fassions entre nous un peu de paix aussi, 1430
Quelque petit rapatriage ?

CLÉANTHIS

C'est pour ton nez, vraiment ! cela se fait ainsi !

SOSIE

Quoi ! tu ne veux pas ?

CLÉANTHIS

Non.

SOSIE

Il ne m'importe guère.

Tant pis pour toi.

CLÉANTHIS

La, la, reviens.

SOSIE

1435 Non, morbleu ! je n'en ferai rien,
Et je veux être, à mon tour, en colère.

CLÉANTHIS

Va, va, traître, laisse-moi faire !
On se lasse parfois d'être femme de bien.

ACTE TROISIEME

Scène I : Amphitryon.

Oui, sans doute, le sort tout exprès me le cache ;
1440 Et des tours que je fais, à la fin, je suis las.
Il n'est point de destin plus cruel, que je sache.
Je ne saurais trouver, portant partout mes pas,
     Celui qu'à chercher je m'attache,
Et je trouve tous ceux que je ne cherche pas.
1445 Mille fâcheux cruels, qui ne pensent pas l'être,
De nos faits avec moi, sans beaucoup me connaître,
Viennent se réjouir pour me faire enrager.
Dans l'embarras cruel du souci qui me blesse,
De leurs embrassements et de leur allégresse
1450 Sur mon inquiétude ils viennent tous charger.
     En vain à passer je m'apprête,
     Pour fuir leurs persécutions,
Leur tuante amitié de tous côtés m'arrête ;
Et, tandis qu'à l'ardeur de leurs expressions
1455   Je réponds d'un geste de tête,
Je leur donne tout bas cent malédictions.
Ah ! qu'on est peu flatté de louange, d'honneur,
Et de tout ce que donne une grande victoire,
Lorsque dans l'âme on souffre une vive douleur !
1460 Et que l'on donnerait volontiers cette gloire
     Pour avoir le repos du cœur !
     Ma jalousie, à tout propos,
     Me promène sur ma disgrâce ;
     Et plus mon esprit y repasse,
1465 Moins j'en puis débrouiller le funeste chaos.
Le vol des diamants n'est pas ce qui m'étonne ;
On lève les cachets, qu'on ne l'aperçoit pas ;
Mais le don qu'on veut qu'hier j'en vins faire en per-
Est ce qui fait ici mon cruel embarras.   [sonne
1470 La nature parfois produit des ressemblances
Dont quelques imposteurs ont pris droit d'abuser ;
Mais il est hors de sens que, sous ces apparences,
Un homme pour époux se puisse supposer ;
Et dans tous ces rapports sont mille différences
1475 Dont se peut une femme aisément aviser.
     Des charmes de la Thessalie

On vante de tout temps les merveilleux effets ;
Mais les contes fameux qui partout en sont faits
Dans mon esprit toujours ont passé pour folie ;
Et ce serait du sort une étrange rigueur,   14
     Qu'au sortir d'une ample victoire
     Je fusse contraint de les croire
     Aux dépens de mon propre honneur.
Je veux la retâter sur ce fâcheux mystère,
Et voir si ce n'est point une vaine chimère   14
Qui sur ses sens troublés ait su prendre crédit.
     Ah ! fasse le ciel équitable
     Que ce penser soit véritable,
Et que, pour mon bonheur, elle ait perdu l'esprit !

Scène II : Mercure, Amphitryon.

MERCURE, *sur le balcon de la maison
d'Amphitryon, sans être vu
ni entendu d'Amphitryon.*

Comme l'amour ici ne m'offre aucun plaisir,   14
Je m'en veux faire au moins qui soient d'autre nature;
Et je veux égayer mon sérieux loisir
A mettre Amphitryon hors de toute mesure.
Cela n'est pas d'un dieu bien plein de charité ;
Mais aussi n'est-ce pas ce dont je m'inquiète ;   14
     Et je me sens, par ma planète,
     A la malice un peu porté.

AMPHITRYON

D'où vient donc qu'à cette heure on ferme cette porte ?

MERCURE

Holà ! tout doucement. Qui frappe ?

AMPHITRYON, *sans voir Mercure.*

Moi.

MERCURE

Qui, moi ?

AMPHITRYON, *apercevant Mercure
qu'il prend pour Sosie.*

Ah ! ouvre.

MERCURE

Comment, ouvre ! Et qui est-tu, toi,   15
Qui fais tant de vacarme et parles de la sorte ?

AMPHITRYON

Quoi ! tu ne me connais pas ?

MERCURE

Non,
Et n'en ai pas la moindre envie.

AMPHITRYON, *à part.*

Tout le monde perd-il aujourd'hui la raison ?
Est-ce un mal répandu ? Sosie ! holà, Sosie !   15

MERCURE

Hé bien, Sosie ! oui, c'est mon nom ;
As-tu peur que je ne l'oublie ?

AMPHITRYON

Me vois-tu bien ?

MERCURE

Fort bien. Qui peut pousser ton bras
A faire une rumeur si grande ?
Et que demandes-tu là-bas ?   15

AMPHITRYON

Moi, pendard ! ce que je demande ?

MERCURE

Que ne demandes-tu donc pas ?
Parle, si tu veux qu'on t'entende.

AMPHITRYON

Attends, traître ! avec un bâton
Je vais là-haut me faire entendre,
Et de bonne façon t'apprendre
A m'oser parler sur ce ton.

MERCURE

Tout beau ! Si pour heurter tu fais la moindre ins-
Je t'enverrai d'ici des messagers fâcheux.   [tance,

AMPHITRYON

O ciel ! vit-on jamais une telle insolence ?
La peut-on concevoir d'un serviteur, d'un gueux ?

MERCURE

Hé bien ! qu'est-ce ? M'as-tu tout parcouru par ordre ?
M'as-tu de tes gros yeux assez considéré ?
Comme il les écarquille, et paraît effaré !
    Si des regards on pouvait mordre,
    Il m'aurait déjà déchiré.

AMPHITRYON

Moi-même je frémis de ce que tu t'apprêtes
    Avec ces imprudents propos.
Que tu grossis pour toi d'effroyables tempêtes !
Quels orages de coups vont fondre sur ton dos !

MERCURE

L'ami, si de ces lieux tu ne veux disparaître,
Tu pourras y gagner quelque contusion.

AMPHITRYON

Ah ! tu sauras, maraud, à ta confusion,
Ce que c'est qu'un valet qui s'attaque à son maître.

MERCURE

Toi, mon maître !

AMPHITRYON

            Oui, coquin ! m'oses-tu méconnaître ?

MERCURE

Je n'en reconnais point d'autre qu'Amphitryon.

AMPHITRYON

Et cet Amphitryon, qui, hors moi, le peut être ?

MERCURE

Amphitryon !

AMPHITRYON

    Sans doute.

MERCURE

            Ah ! quelle vision !
Dis-nous un peu, quel est le cabaret honnête
    Où tu t'es coiffé le cerveau ?

AMPHITRYON

Comment ! encore ?

MERCURE

            Etait-ce un vin à faire fête ?

AMPHITRYON

    Ciel !

MERCURE

        Etait-il vieux, ou nouveau ?

AMPHITRYON

Que de coups !

MERCURE

        Le nouveau donne fort dans la tête,
    Quand on le veut boire sans eau.

AMPHITRYON

Ah ! je t'arracherai cette langue, sans doute.   1545

MERCURE

Passe, mon cher ami, crois-moi ;
Que quelqu'un ici ne t'écoute.
Je respecte le vin. Va-t'en, retire-toi,
Et laisse Amphitryon dans les plaisirs qu'il goûte.

AMPHITRYON

Comment ! Amphitryon est là-dedans ?

MERCURE

                Fort bien ;   1550
Qui, couvert des lauriers d'une victoire pleine,
Est auprès de la belle Alcmène
A jouir des douceurs d'un aimable entretien.
Après le démêlé d'un amoureux caprice,
Ils goûtent le plaisir de s'être rajustés.   1555
Garde-toi de troubler leurs douces privautés,
    Si tu ne veux qu'il ne punisse
    L'excès de tes témérités.

Scène III : Amphitryon.

Ah ! quel étrange coup m'a-t-il porté dans l'âme ?
En quel trouble cruel jette-t-il mon esprit !   1560
Et si les choses sont comme le traître dit,
Où vois-je ici réduits mon honneur et ma flamme !
A quel parti me doit résoudre ma raison ?
    Ai-je l'éclat ou le secret à prendre ?
Et dois-je, en mon courroux, renfermer ou répandre 1565
    Le déshonneur de ma maison ?
Ah ! faut-il consulter dans un affront si rude ?
Je n'ai rien à prétendre et rien à ménager ;
    Et toute mon inquiétude
    Ne doit aller qu'à me venger.   1570

Scène IV : Amphitryon, Sosie, Naucratès
et Polidas dans le fond du théâtre.

SOSIE, à Amphitryon.

Monsieur, avec mes soins, tout ce que j'ai pu faire,
C'est de vous amener ces messieurs que voici.

AMPHITRYON

Ah ! vous voilà !

SOSIE

        Monsieur.

AMPHITRYON

                Insolent ! téméraire !

SOSIE

Quoi ?

AMPHITRYON

        Je vous apprendrai de me traiter ainsi.

SOSIE

Qu'est-ce donc ? qu'avez-vous ?

AMPHITRYON, *mettant l'épée à la main.*

                Ce que j'ai, misérable ! 1575

SOSIE, à *Naucratès et à Polidas.*

Holà, messieurs ! venez donc tôt.

NAUCRATÈS, à *Amphitryon.*

Ah ! de grâce, arrêtez !

SOSIE

De quoi suis-je coupable ?

AMPHITRYON

Tu me le demandes, maraud !

A Naucratès.

Laissez-moi satisfaire un courroux légitime.

SOSIE

1580 Lorsque l'on pend quelqu'un, on lui dit pourquoi c'est.

NAUCRATÈS, *à Amphitryon.*

Daignez nous dire au moins quel peut être son crime.

SOSIE

Messieurs, tenez bon, s'il vous plaît.

AMPHITRYON

Comment ! il vient d'avoir l'audace
De me fermer ma porte au nez,
1585 Et de joindre encor la menace
A mille propos effrénés !

Voulant le frapper.

Ah ! coquin !

SOSIE, *tombant à genoux.*

Je suis mort.

NAUCRATÈS, *à Amphitryon.*

Calmez votre colère.

SOSIE

Messieurs !

POLIDAS, *à Sosie.*

Qu'est-ce ?

SOSIE

M'a-t-il frappé ?

AMPHITRYON

Non, il faut qu'il ait le salaire
1590 Des mots où tout à l'heure il s'est émancipé.

SOSIE

Comment cela se peut-il faire,
Si j'étais par votre ordre autre part occupé ?
Ces messieurs sont ici pour rendre témoignage
Qu'à dîner avec vous je les viens d'inviter.

NAUCRATÈS

1595 Il est vrai qu'il nous vient de faire ce message,
Et n'a point voulu nous quitter.

AMPHITRYON

Qui t'a donné cet ordre ?

SOSIE

Vous.

AMPHITRYON

Et quand ?

SOSIE

Après votre paix faite,
Au milieu des transports d'une âme satisfaite
1600 D'avoir d'Alcmène apaisé le courroux.

Sosie se relève.

AMPHITRYON

O ciel ! chaque instant, chaque pas
Ajoute quelque chose à mon cruel martyre ;
Et, dans ce fatal embarras,
Je ne sais plus que croire ni que dire.

NAUCRATÈS

1605 Tout ce que de chez vous il vient de nous conter
Surpasse si fort la nature,
Qu'avant que de rien faire et de vous emporter,

Vous devez éclaircir toute cette aventure.

AMPHITRYON

Allons ; vous y pourrez seconder mon effort ;
Et le ciel à propos ici vous a fait rendre.
Voyons quelle fortune en ce jour peut m'attendre ;
Débrouillons ce mystère, et sachons notre sort.
Hélas ! je brûle de l'apprendre,
Et je le crains plus que la mort.

Amphitryon frappe à la porte de sa maison.

Scène V : *Jupiter, Amphitryon,
Naucratès, Polidas, Sosie.*

JUPITER

Quel bruit à descendre m'oblige ?
Et qui frappe en maître où je suis ?

AMPHITRYON

Que vois-je justes dieux !

NAUCRATÈS

Ciel ! quel est ce prodige ?
Quoi ! deux Amphitryons ici nous sont produits !

AMPHITRYON, *à part.*

Mon âme demeure transie !
Hélas ! je n'en puis plus, l'aventure est à bout ;
Ma destinée est éclaircie,
Et ce que je vois me dit tout.

NAUCRATÈS

Plus mes regards sur eux s'attachent fortement,
Plus je trouve qu'en tout l'un à l'autre est semblable.

SOSIE, *passant du côté de Jupiter.*

Messieurs, voici le véritable ;
L'autre est un imposteur digne de châtiment.

POLIDAS

Certes, ce rapport admirable
Suspend ici mon jugement.

AMPHITRYON

C'est trop être éludés par un fourbe exécrable ;
Il faut avec ce fer rompre l'enchantement.

NAUCRATÈS, *à Amphitryon,
qui a mis l'épée à la main.*

Arrêtez !

AMPHITRYON

Laissez-moi !

NAUCRATÈS

Dieux! que voulez-vous faire?

AMPHITRYON

Punir d'un imposteur les lâches trahisons.

JUPITER

Tout beau ! l'emportement est fort peu nécessaire ;
Et lorsque de la sorte on se met en colère,
On fait croire qu'on a de mauvaises raisons.

SOSIE

Oui, c'est un enchanteur qui porte un caractère
Pour ressembler aux maîtres des maisons.

AMPHITRYON, *à Sosie.*

Je te ferai, pour ton partage,
Sentir par mille coups ces propos outrageants.

SOSIE

Mon maître est homme de courage,
Et ne souffrira point que l'on batte ses gens.

AMPHITRYON

Laissez-moi m'assouvir dans mon courroux extrême,
Et laver mon affront au sang d'un scélérat.

NAUCRATÈS, *arrêtant Amphitryon.*

Nous ne souffrirons point cet étrange combat
5 D'Amphitryon contre lui-même.

AMPHITRYON

Quoi ! mon honneur de vous reçoit ce traitement !
Et mes amis d'un fourbe embrassent la défense !
Loin d'être les premiers à prendre ma vengeance,
Eux-mêmes font obstacle à mon ressentiment !

NAUCRATÈS

0   Que voulez-vous qu'à cette vue
      Fassent nos résolutions,
      Lorsque par deux Amphitryons
Toute notre chaleur demeure suspendue ?
A vous faire éclater notre zèle aujourd'hui,
5 Nous craignons de faillir et de vous méconnaître.
Nous voyons bien en vous Amphitryon paraître,
Du salut des Thébains le glorieux appui ;
Mais nous le voyons tous aussi paraître en lui,
Et ne saurions juger dans lequel il peut être.
0   Notre parti n'est point douteux,
Et l'imposteur par nous doit mordre la poussière ;
Mais ce parfait rapport le cache entre vous deux ;
      Et c'est un coup trop hasardeux
      Pour l'entreprendre sans lumière.
65   Avec douceur laissez-nous voir
      De quel côté peut être l'imposture ;
Et, dès que nous aurons démêlé l'aventure,
Il ne nous faudra point dire notre devoir.

JUPITER

Oui, vous avez raison, et cette ressemblance
70 A douter de tous deux vous peut autoriser.
Je ne m'offense point de vous voir en balance ;
Je suis plus raisonnable, et sais vous excuser.
L'œil ne peut entre nous faire de différence,
Et je vois qu'aisément on s'y peut abuser.
75 Vous ne me voyez point témoigner de colère,
      Point mettre l'épée à la main ;
C'est un mauvais moyen d'éclaircir ce mystère,
Et j'en puis trouver un plus doux et plus certain.
      L'un de nous est Amphitryon ;
80 Et tous deux à vos yeux nous le pouvons paraître.
C'est à moi de finir cette confusion ;
Et je prétends me faire à tous si bien connaître,
Qu'aux pressantes clartés de ce que je puis être,
Lui-même soit d'accord du sang qui m'a fait naître,
85 Et n'ait plus de rien dire aucune occasion.
C'est aux yeux des Thébains que je veux avec vous
De la vérité pure ouvrir la connaissance ;
Et la chose sans doute est assez d'importance
      Pour affecter la circonstance
90   De l'éclaircir aux yeux de tous.
Alcmène attend de moi ce public témoignage :
Sa vertu, que l'éclat de ce désordre outrage,
Veut qu'on la justifie, et j'en vais prendre soin.
C'est à quoi mon amour envers elle m'engage ;
95 Et des plus nobles chefs je fais un assemblage
Pour l'éclaircissement dont sa gloire a besoin.

Attendant avec vous ces témoins souhaités,
      Ayez, je vous prie, agréable
      De venir honorer la table
      Où vous a Sosie invités.   1700

SOSIE

Je ne me trompais pas, messieurs ; ce mot termine
      Toute l'irrésolution ;
      Le véritable Amphitryon
      Est l'Amphitryon où l'on dîne.

AMPHITRYON

O ciel ! puis-je plus bas me voir humilié ?   1705
Quoi ! faut-il que j'entende ici, pour mon martyre,
Tout ce que l'imposteur à mes yeux vient de dire,
Et que, dans la fureur que ce discours m'inspire,
      On me tienne le bras lié !

NAUCRATÈS, *à Amphitryon.*

Vous vous plaignez à tort. Permettez-nous d'attendre 1710
      L'éclaircissement qui doit rendre
      Les ressentiments de saison.
      Je ne sais pas s'il impose ;
      Mais il parle sur la chose
      Comme s'il avait raison.   1715

AMPHITRYON

Allez, faibles amis, et flattez l'imposture :
Thèbes en a pour moi de tout autres que vous ;
Et je vais en trouver qui, partageant l'injure,
Sauront prêter la main à mon juste courroux.

JUPITER

Hé bien ! je les attends, et saurai décider   1720
      Le différend en leur présence.

AMPHITRYON

Fourbe, tu crois par là peut-être t'évader ;
Mais rien ne te saurait sauver de ma vengeance.

JUPITER

      A ces injurieux propos
      Je ne daigne à présent répondre ;   1725
      Et tantôt je saurai confondre
      Cette fureur avec deux mots.

AMPHITRYON

Le ciel même, le ciel ne t'y saurait soustraire ;
Et jusques aux enfers j'irai suivre tes pas.

JUPITER

      Il ne sera pas nécessaire ;   1730
Et l'on verra tantôt que je ne fuirai pas.

AMPHITRYON, *à part.*

Allons, courons, avant que d'avec eux il sorte,
Assembler des amis qui suivent mon courroux ;
      Et chez moi venons à main forte
      Pour le percer de mille coups.   1735

JUPITER

      Point de façons, je vous conjure ;
      Entrons vite dans la maison.

NAUCRATÈS

      Certes, toute cette aventure
      Confond le sens et la raison.

SOSIE

Faites trève, messieurs, à toutes vos surprises ;   1740
Et, pleins de joie, allez tabler jusqu'à demain.
Seul.
Que je vais m'en donner, et me mettre en beau train

De raconter nos vaillantises !
Je brûle d'en venir aux prises ;
1745   Et jamais je n'eus tant de faim.

Scène VI : Mercure, Sosie.

MERCURE

Arrête. Quoi ! tu viens ici mettre ton nez,
Impudent fleureur de cuisine !

SOSIE

Ah ! de grâce, tout doux !

MERCURE

Ah ! vous y retournez !
Je vous ajusterai l'échine.

SOSIE

1750   Hélas ! brave et généreux moi,
Modère-toi, je t'en supplie,
Sosie, épargne un peu Sosie,
Et ne te plais point tant à frapper dessus toi.

MERCURE

Qui de t'appeler de ce nom
1755   A pu te donner la licence ?
Ne t'en ai-je pas fait une expresse défense,
Sous peine d'essuyer mille coups de bâton ?

SOSIE

C'est un nom que tous deux nous pouvons à la fois
Posséder sous un même maître.
1760   Pour Sosie en tous lieux on sait me reconnaître ;
Je souffre bien que tu le sois,
Souffre aussi que je le puisse être.
Laissons aux deux Amphitryons
Faire éclater des jalousies ;
1765   Et, parmi leurs contentions,
Faisons en bonne paix vivre les deux Sosies.

MERCURE

Non, c'est assez d'un seul ; et je suis obstiné
A ne point souffrir de partage.

SOSIE

Du pas devant sur moi tu prendras l'avantage ;
1770   Je serai le cadet, et tu seras l'aîné.

MERCURE

Non ! un frère incommode, et n'est pas de mon goût,
Et je veux être fils unique.

SOSIE

O cœur barbare et tyrannique !
Souffre qu'au moins je sois ton ombre.

MERCURE

Point du tout.

SOSIE

1775   Que d'un peu de pitié ton âme s'humanise !
En cette qualité souffre-moi près de toi :
Je te serai partout une ombre si soumise,
Que tu seras content de moi.

MERCURE

Point de quartier ; immuable est la loi.
1780   Si d'entrer là-dedans tu prends encor l'audace,
Mille coups en seront le fruit.

SOSIE

Las ! à quelle étrange disgrâce,
Pauvre Sosie, es-tu réduit !

MERCURE

Quoi ! ta bouche se licencie
A te donner encore un nom que je défends !   17

SOSIE

Non, ce n'est pas moi que j'entends ;
Et je parle d'un vieux Sosie
Qui fut jadis de mes parents,
Qu'avec très grande barbarie,
A l'heure du dîner, l'on chassa de céans.   17

MERCURE

Prends garde de tomber dans cette frénésie,
Si tu veux demeurer au nombre des vivants.

SOSIE, à part.

Que je te rosserais si j'avais du courage,
Double fils de putain, de trop d'orgueil enflé !

MERCURE

Que dis-tu ?

SOSIE

Rien.

MERCURE

Tu tiens, je crois, quelque langage.   17

SOSIE

Demandez, je n'ai pas soufflé.

MERCURE

Certain mot de fils de putain
A pourtant frappé mon oreille,
Il n'est rien de plus certain.

SOSIE

C'est donc un perroquet que le beau temps réveille.   18

MERCURE

Adieu. Lorsque le dos pourra te démanger,
Voilà l'endroit où je demeure.

SOSIE, seul.

O ciel ! que l'heure de manger,
Pour être mis dehors, est une maudite heure !
Allons, cédons au sort dans notre affliction,   18
Suivons-en aujourd'hui l'aveugle fantaisie ;
Et, par une juste union,
Joignons le malheureux Sosie
Au malheureux Amphitryon.
Je l'aperçois venir en bonne compagnie.   18

Scène VII : Amphitryon, Argatiphontidas, Posiclès, Sosie, dans un coin du théâtre, sans être aperçu.

AMPHITRYON, à plusieurs autres officiers qui l'accompagnent.

Arrêtez là, messieurs : suivez-nous d'un peu loin,
Et n'avancez tous, je vous prie,
Que quand il en sera besoin.

POSICLÈS

Je comprends que ce coup doit fort toucher votre

AMPHITRYON   [âme.

Ah ! de tous les côtés mortelle est ma douleur,   18
Et je souffre pour ma flamme
Autant que pour mon honneur.

POSICLÈS

Si cette ressemblance est telle que l'on dit,
Alcmène, sans être coupable...

AMPHITRYON

Ah ! sur le fait dont il s'agit,
L'erreur simple devient un crime véritable,
Et, sans consentement, l'innocence y périt.
De semblables erreurs, quelque jour qu'on leur don-
    Touchent des endroits délicats ;   [ne,
Et la raison bien souvent les pardonne,
Que l'honneur et l'amour ne les pardonnent pas.

ARGATIPHONTIDAS

Je n'embarrasse point là-dedans ma pensée ;
Mais je hais vos messieurs de leurs honteux délais ;
Et c'est un procédé dont j'ai l'âme blessée,
Et que les gens de cœur n'approuveront jamais.
Quand quelqu'un nous emploie, on doit, tête baissée,
Se jeter dans ses intérêts.
Argatiphontidas ne va point aux accords.
Ecouter d'un ami raisonner l'adversaire,
Pour des hommes d'honneur n'est point un coup à
Il ne faut écouter que la vengeance alors.   [faire ;
    Le procès ne me saurait plaire ;
Et l'on doit commencer toujours, dans ses transports,
        Par bailler, sans autre mystère,
    De l'épée au travers du corps.
    Oui, vous verrez, quoi qu'il avienne,
Qu'Argatiphontidas marche droit sur ce point ;
        Et de vous il faut que j'obtienne
        Que le pendard ne meure point
        D'une autre main que de la mienne.

AMPHITRYON

Allons.

SOSIE, à Amphitryon.

    Je viens, monsieur, subir, à vos genoux,
Le juste châtiment d'une audace maudite.
Frappez, battez, chargez, accablez-moi de coups,
        Tuez-moi dans votre courroux,
    Vous ferez bien, je le mérite ;
Et je n'en dirai pas un seul mot contre vous.

AMPHITRYON

Lève-toi. Que fait-on ?

SOSIE

            L'on m'a chassé tout net ;
Et, croyant à manger m'aller comme eux ébattre,
    Je ne songeais pas qu'en effet
    Je m'attendais là pour me battre.
Oui, l'autre moi, valet de l'autre vous, a fait
    Tout de nouveau le diable à quatre.
    La rigueur d'un pareil destin,
    Monsieur, aujourd'hui nous talonne ;
    Et l'on me des-Sosie enfin
    Comme on vous des-Amphitryonne.

AMPHITRYON

Suis-moi.

SOSIE

    N'est-il pas mieux de voir s'il vient personne ?

Scène VIII : Cléanthis, Amphitryon,
    Argatiphontidas, Polidas,
    Naucratès, Posiclès, Sosie.

CLÉANTHIS

O ciel !

AMPHITRYON

Qui t'épouvante ainsi ?
Quelle est la peur que je t'inspire ?

CLÉANTHIS

Las ! vous êtes là-haut, et je vous vois ici !   1865

NAUCRATÈS, à Amphitryon.

Ne vous pressez point ; le voici,
Pour donner devant tous les clartés qu'on désire,
Et qui, si l'on peut croire à ce qu'il vient de dire,
Sauront vous affranchir de trouble et de souci.

Scène IX : Mercure, Amphitryon,
    Argatiphontidas, Polidas,
    Naucratès, Posiclès, Cléanthis, Sosie.

MERCURE

Oui, vous l'allez voir tous ; et sachez par avance   1870
    Que c'est le grand maître des dieux
Que, sous les traits chéris de cette ressemblance,
Alcmène a fait du ciel descendre dans ces lieux.
    Et, quant à moi, je suis Mercure,
Qui, ne sachant que faire, ai rossé tant soit peu   1875
    Celui dont j'ai pris la figure :
Mais de s'en consoler il a maintenant lieu ;
    Et les coups de bâton d'un dieu
    Font honneur à qui les endure.

SOSIE

Ma foi, monsieur le dieu, je suis votre valet :   1880
Je me serais passé de votre courtoisie.

MERCURE

Je lui donne à présent congé d'être Sosie ;
Je suis las de porter un visage si laid ;
Et je m'en vais au ciel avec de l'ambroisie,
    M'en débarbouiller tout à fait.   1885

Mercure s'envole au ciel.

SOSIE

Le ciel de m'approcher t'ôte à jamais l'envie !
Ta fureur s'est par trop acharnée après moi ;
        Et je ne vis de ma vie
        Un dieu plus diable que toi.

Scène X : Jupiter, Amphitryon,
    Naucratès, Argatiphontidas, Polidas,
        Posiclès, Cléanthis, Sosie.

JUPITER, annoncé par le bruit du tonnerre, armé
    de son foudre, dans un nuage, sur son aigle.

Regarde, Amphitryon, quel est ton imposteur ;   1890
Et sous tes propres traits vois Jupiter paraître.
A ces marques tu peux aisément le connaître ;
Et c'est assez, je crois, pour remettre ton cœur
        Dans l'état auquel il doit être,
Et rétablir chez toi la paix et la douceur.   1895
Mon nom, qu'incessamment toute la terre adore,

Etouffe ici les bruits qui pouvaient éclater.
   Un partage avec Jupiter
  N'a rien du tout qui déshonore ;
1900 Et, sans doute, il ne peut être que glorieux
De se voir le rival du souverain des dieux.
Je n'y vois pour ta flamme aucun lieu de murmure ;
  Et c'est moi, dans cette aventure,
  Qui, tout dieu que je suis, dois être le jaloux.
1905 Alcmène est toute à toi, quelque soin qu'on emploie;
Et ce doit à tes feux être un objet bien doux
De voir que, pour lui plaire, il n'est point d'autre
   Que de paraître son époux ;   [voie
  Que Jupiter, orné de sa gloire immortelle,
1910 Par lui-même n'a pu triompher de sa foi ;
   Et que ce qu'il a reçu d'elle
N'a, par son cœur ardent, été donné qu'à toi.

     SOSIE
 Le seigneur Jupiter sait dorer la pilule.

    JUPITER   [ferts,
 Sors donc des noirs chagrins que ton cœur a souf-
1915 Et rends le calme entier à l'ardeur qui te brûle ;
Chez toi doit naître un fils qui, sous le nom d'Her-
Remplira de ses faits tout le vaste univers. [cule,
L'éclat d'une fortune en mille biens féconde
Fera connaître à tous que je suis ton support ;
1920   Et je mettrai tout le monde

  Au point d'envier ton sort.
 Tu peux hardiment te flatter
 De ces espérances données.
 C'est un crime que d'en douter :
 Les paroles de Jupiter   1
 Sont des arrêts des destinées.
Il se perd dans les nues.

     NAUCRATÈS
Certes, je suis ravi de ces marques brillantes...

     SOSIE
Messieurs, voulez-vous bien suivre mon sentiment ?
 Ne vous embarquez nullement
 Dans ces douceurs congratulantes :   1
 C'est un mauvais embarquement ;
Et d'une et d'autre part, pour un tel compliment,
 Les phrases sont embarrassantes.
Le grand dieu Jupiter nous fait beaucoup d'honneur,
Et sa bonté, sans doute, est pour nous sans seconde; 1
 Il nous promet l'infaillible bonheur
 D'une fortune en mille biens féconde,
Et chez nous il doit naître un fils d'un très grand
 Tout cela va le mieux du monde, [cœur,
 Mais enfin, coupons aux discours,   1
Et que chacun chez soi doucement se retire.
  Sur telles affaires toujours
  Le meilleur est de ne rien dire.

GEORGE DANDIN
OU LE MARI CONFONDU

COMÉDIE

« *Représentée pour la première fois pour le Roi le 18ᵉ de juillet 1668, à Versailles, et depuis donnée au public à Paris sur le théâtre du Palais-Royal, le 9ᵉ de novembre de la même année 1668, par la Troupe du Roi.* »

La conquête de la Franche-Comté, le traité d'Aix-la-Chapelle, le rayonnement sur l'Europe après sept ans de règne d'un « Roi-Soleil » de trente ans, méritaient d'être célébrés avec éclat. Colbert, le duc de Créquy, le maréchal de Bellefond reçurent l'ordre d'organiser le Grand Divertissement royal de Versailles de juillet 1668, dont les fournisseurs furent Vigarani, Lulli et Molière.

Celui-ci, une fois de plus, improvisa. Il puisa le thème de la comédie proprement dite dans la Jalousie du Barbouillé, la plus vieille farce de son répertoire et sur cette prose brocha un divertissement pastoral en vers. Le contraste « archicomique » entre l'infortune du paysan mal marié et les gamba-des et chansons de bergers, bergères, bateliers et satyres fut fort prisé par les trois mille invités, dont le Nonce, les cardinaux de Retz et de Vendôme, l'ambassadeur de Venise, l'envoyé de la cour de Turin, etc.

Privée des intermèdes, l'œuvre n'obtint qu'un succès médiocre au Palais-Royal. Les trois actes ne se terminaient plus joyeusement par une bacchanale comme à Versailles. La farce acquérait même un accent assez âpre, écho, peut-être, des déboires conjugaux de Molière. Par la suite, Bourdaloue, puis J.-J. Rousseau devaient fulminer contre son «immoralité». George Dandin compte plus de mille représentations à la Comédie-Française.

Parce qu'il n'y a pas de quoi rire au fond, de ce comique-là, certains interprètes tirent le rôle de Dandin vers le tragique. L'exemple le plus fameux, et le plus discuté, est celui de l'acteur Got, vers 1890, au Théâtre Français.

PERSONNAGES

GEORGE DANDIN, *riche paysan,*
mari d'Angélique (Molière).

ANGÉLIQUE, *femme de George Dandin,*
et fille de M. de Sotenville (Mˡˡᵉ Molière).

M. DE SOTENVILLE, *gentilhomme campagnard,*
père d'Angélique (Du Croisy).

MADAME DE SOTENVILLE (Hubert).

CLITANDRE, *amant d'Angélique*
(La Grange).

CLAUDINE, *suivante d'Angélique*
(Mˡˡᵉ de Brie).

LUBIN, *paysan, servant Clitandre*
(La Thorillière).

COLIN, *valet de George Dandin.*

LA SCÈNE EST DEVANT LA MAISON
DE GEORGE DANDIN, A LA CAMPAGNE.

ACTE PREMIER

Scène I : George Dandin.

Ah ! qu'une femme demoiselle est une étrange affaire ! et que mon mariage est une leçon bien parlante à tous les paysans qui veulent s'élever au-dessus de leur condition, et s'allier, comme j'ai fait, à la maison d'un gentilhomme ! La noblesse, de soi, est bonne ; c'est une chose considérable, assurément : mais elle est accompagnée de tant de mauvaises circonstances, qu'il est très bon de ne s'y point frotter. Je suis devenu là-dessus savant à mes dépens, et connais le style des nobles, lors-qu'ils nous font, nous autres, entrer dans leur famille. L'alliance qu'ils font est petite avec nos personnes : c'est notre bien seul qu'ils épousent ; et j'aurais bien mieux fait, tout riche que je suis, de m'allier en bonne et franche paysannerie, que de prendre une femme qui se tient au-dessus de moi, s'offense de porter mon nom, et pense qu'avec tout mon bien je n'ai pas acheté la qualité de son mari. George Dandin ! George Dandin ! vous avez fait une sottise, la plus grande du monde. Ma maison m'est effroyable maintenant, et je n'y rentre point sans y trouver quelque chagrin.

Scène II : George Dandin, Lubin.

GEORGE DANDIN, *à part,*
voyant sortir Lubin de chez lui.
Que diantre ce drôle-là vient-il faire chez moi ?

LUBIN, *à part, apercevant*
George Dandin.
Voilà un homme qui me regarde.

GEORGE DANDIN, *à part.*
Il ne me connaît pas.

LUBIN, *à part.*
Il se doute de quelque chose.

GEORGE DANDIN, *à part.*
Ouais ! il a grand'peine à saluer.

LUBIN, *à part.*
J'ai peur qu'il aille dire qu'il m'a vu sortir de là-dedans.

GEORGE DANDIN
Bonjour.

LUBIN
Serviteur.

GEORGE DANDIN
Vous n'êtes pas d'ici, je crois ?

LUBIN
Non : je n'y suis venu que pour voir la fête de demain.

GEORGE DANDIN
Hé ! dites-moi un peu, s'il vous plaît : vous venez de là-dedans ?

LUBIN
Chut !

GEORGE DANDIN
Comment ?

LUBIN
Paix !

GEORGE DANDIN
Quoi donc ?

LUBIN
Motus ! Il ne faut pas dire que vous m'avez vu sortir de là.

GEORGE DANDIN
Pourquoi ?

LUBIN
Mon Dieu ! parce.

GEORGE DANDIN
Mais encore ?

LUBIN
Doucement, j'ai peur qu'on ne nous écoute.

GEORGE DANDIN
Point, point.

LUBIN
C'est que je viens de parler à la maîtresse du logis, de la part d'un certain monsieur qui lui fait les doux yeux ; et il ne faut pas qu'on sache cela. Entendez-vous ?

GEORGE DANDIN
Oui.

LUBIN
Voilà la raison. On m'a enchargé de prendre garde que personne ne me vît ; et je vous prie, au moins, de ne pas dire que vous m'ayez vu.

GEORGE DANDIN
Je n'ai garde.

LUBIN
Je suis bien aise de faire les choses secrètement, comme on m'a recommandé.

GEORGE DANDIN
C'est bien fait.

LUBIN
Le mari, à ce qu'ils disent, est un jaloux qui ne veut pas qu'on fasse l'amour à sa femme ; et il ferait le diable à quatre, si cela venait à ses oreilles. Vous comprenez bien ?

GEORGE DANDIN
Fort bien.

LUBIN
Il ne faut pas qu'il sache rien de tout ceci.

GEORGE DANDIN
Sans doute.

LUBIN
On le veut tromper tout doucement. Vous entendez bien ?

GEORGE DANDIN
Le mieux du monde.

LUBIN
Si vous alliez dire que vous m'avez vu sortir de chez lui, vous gâteriez toute l'affaire. Vous comprenez bien ?

GEORGE DANDIN
Assurément. Hé ! comment nommez-vous celui qui vous a envoyé là-dedans ?

LUBIN
C'est le seigneur de notre pays, monsieur le vicomte de chose... Foin ! je ne me souviens jamais comme diantre ils baragouinent ce nom-là. Monsieur Cli... Clitandre.

GEORGE DANDIN
Est-ce ce jeune courtisan qui demeure... ?

LUBIN
Oui ; auprès de ces arbres.

GEORGE DANDIN, *à part.*
C'est pour cela que depuis peu ce damoiseau poli s'est venu loger contre moi. J'avais bon nez, sans doute ; et son voisinage déjà m'avait donné quelque soupçon.

LUBIN
Tétigué ! c'est le plus honnête homme que vous ayez jamais vu. Il m'a donné trois pièces d'or pour aller dire seulement à la femme qu'il est amoureux d'elle, et qu'il souhaite fort l'honneur de pouvoir lui parler. Voyez s'il y a là une grande fatigue, pour me payer si bien ; et ce qu'est, au prix de cela, une journée de travail, où je ne gagne que dix sols !

GEORGE DANDIN
Hé bien ! avez-vous fait votre message ?

LUBIN
Oui. J'ai trouvé là-dedans une certaine Claudine,

qui, tout du premier coup, a compris ce que je voulais, et qui m'a fait parler à sa maîtresse.

GEORGE DANDIN, *à part.*

Ah ! coquine de servante !

LUBIN

Morguéne ! cette Claudine-là est tout à fait jolie : elle a gagné mon amitié, et il ne tiendra qu'à elle que nous ne soyons mariés ensemble.

GEORGE DANDIN

Mais quelle réponse a fait la maîtresse à ce monsieur le courtisan ?

LUBIN

Elle m'a dit de lui dire... attendez, je ne sais si je me souviendrai bien de tout cela : qu'elle lui est tout à fait obligée de l'affection qu'il a pour elle, et qu'à cause de son mari, qui est fantasque, il garde d'en rien faire paraître, et qu'il faudra songer à chercher quelque invention pour se pouvoir entretenir tous deux.

GEORGE DANDIN, *à part.*

Ah ! pendarde de femme !

LUBIN

Tétiguienne ! cela sera drôle ; car le mari ne se doutera point de la manigance : voilà ce qui est de bon, et il aura un pied de nez avec sa jalousie. Est-ce pas ?

GEORGE DANDIN

Cela est vrai.

LUBIN

Adieu. Bouche cousue au moins ! Gardez bien le secret, afin que le mari ne le sache pas.

GEORGE DANDIN

Oui, oui.

LUBIN

Pour moi, je vais faire semblant de rien. Je suis un fin matois, et l'on ne dirait pas que j'y touche.

Scène III : George Dandin.

Hé bien ! George Dandin, vous voyez de quel air votre femme vous traite ! Voilà ce que c'est d'avoir voulu épouser une demoiselle ! L'on vous accommode de toutes pièces, sans que vous puissiez vous venger, et la gentilhommerie vous tient les bras liés. L'égalité de condition laisse du moins à l'honneur d'un mari liberté de ressentiment ; et, si c'était une paysanne, vous auriez maintenant toutes vos coudées franches à vous en faire la justice à bons coups de bâton. Mais vous avez voulu tâter de la noblesse, et il vous ennuyait d'être maître chez vous. Ah ! j'enrage de tout mon cœur, et je me donnerais volontiers des soufflets. Quoi ! écouter impudemment l'amour d'un damoiseau, et y promettre en même temps de la correspondance. Morbleu ! je ne veux point laisser passer une occasion de la sorte. Il me faut, de ce pas, aller faire mes plaintes au père et à la mère, et les rendre témoins, à telle fin que de raison, des sujets de chagrin et de ressentiment que leur fille me donne. Mais les voici l'un et l'autre fort à propos.

Scène IV : Monsieur de Sotenville, Madame de Sotenville, George Dandin.

MONSIEUR DE SOTENVILLE

Qu'est-ce, mon gendre ? Vous me paraissez tout troublé.

GEORGE DANDIN

Aussi en ai-je du sujet ; et...

MADAME DE SOTENVILLE

Mon Dieu ! notre gendre, que vous avez peu de civilité, de ne pas saluer les gens quand vous les approchez !

GEORGE DANDIN

Ma foi ! ma belle-mère, c'est que j'ai d'autres choses en tête ; et...

MADAME DE SOTENVILLE

Encore ! Est-il possible, notre gendre, que vous sachiez si peu votre monde, et qu'il n'y ait pas moyen de vous instruire de la manière qu'il faut vivre parmi les personnes de qualité ?

GEORGE DANDIN

Comment ?

MADAME DE SOTENVILLE

Ne vous déferez-vous, jamais, avec moi, de la familiarité de ce mot de « ma belle-mère », et ne sauriez-vous vous accoutumer à me dire « madame » ?

GEORGE DANDIN

Parbleu ! si vous m'appelez votre gendre, il me semble que je puis vous appeler ma belle-mère.

MADAME DE SOTENVILLE

Il y a fort à dire, et les choses ne sont pas égales. Apprenez, s'il vous plaît, que ce n'est pas à vous à vous servir de ce mot-là avec une personne de ma condition ; que, tout notre gendre que vous soyez, il y a grande différence de vous à nous, et que vous devez vous connaître.

MONSIEUR DE SOTENVILLE

C'en est assez, mamour : laissons cela.

MADAME DE SOTENVILLE

Mon Dieu ! monsieur de Sotenville, vous avez des indulgences qui n'appartiennent qu'à vous, et vous ne savez pas vous faire rendre par les gens ce qui vous est dû.

MONSIEUR DE SOTENVILLE

Corbleu ! pardonnez-moi : on ne peut point me faire de leçons là-dessus ; et j'ai su montrer en ma vie, par vingt actions de vigueur, que je ne suis point homme à démordre jamais d'une partie de mes prétentions ; mais il suffit de lui avoir donné un petit avertissement. Sachons un peu, mon gendre, ce que vous avez dans l'esprit.

GEORGE DANDIN

Puisqu'il faut donc parler catégoriquement, je vous dirai, monsieur de Sotenville, que j'ai lieu de...

MONSIEUR DE SOTENVILLE

Doucement, mon gendre. Apprenez qu'il n'est pas respectueux d'appeler les gens par leur nom, et qu'à ceux qui sont au-dessus de nous il faut dire « monsieur » tout court.

GEORGE DANDIN

Hé bien ! monsieur tout court, et non plus monsieur de Sotenville, j'ai à vous dire que ma femme me donne...

MONSIEUR DE SOTENVILLE

Tout beau ! Apprenez aussi que vous ne devez pas dire « ma femme », quand vous parlez de notre fille.

GEORGE DANDIN

J'enrage ! Comment ! ma femme n'est pas ma femme ?

MADAME DE SOTENVILLE

Oui, notre gendre, elle est votre femme ; mais il ne vous est pas permis de l'appeler ainsi ; et c'est tout ce que vous pourriez faire, si vous aviez épousé une de vos pareilles.

GEORGE DANDIN, *à part*.

Ah ! George Dandin, où t'es-tu fourré ? (*Haut.*) Hé ! de grâce, mettez, pour un moment, votre gentilhommerie à côté, et souffrez que je vous parle maintenant comme je pourrai. (*A part.*) Au diantre soit la tyrannie de toutes ces histoires-là ! (*A M. de Sotenville.*) Je vous dis donc que je suis mal satisfait de mon mariage.

MONSIEUR DE SOTENVILLE

Et la raison, mon gendre ?

MADAME DE SOTENVILLE

Quoi ! parler ainsi d'une chose dont vous avez tiré de si grands avantages ?

GEORGE DANDIN

Et quels avantages, madame, puisque madame y a ? L'aventure n'a pas été mauvaise pour vous ; car, sans moi, vos affaires, avec votre permission, étaient fort délabrées, et mon argent a servi à reboucher d'assez bons trous : mais moi, de quoi y ai-je profité, je vous prie, que d'un allongement de nom, et, au lieu de George Dandin, d'avoir reçu par vous le titre de « monsieur de La Dandinière » ?

MONSIEUR DE SOTENVILLE

Ne comptez-vous rien, mon gendre, l'avantage d'être allié à la maison de Sotenville ?

MADAME DE SOTENVILLE

Et à celle de La Prudoterie, dont j'ai l'honneur d'être issue ; maison où le ventre anoblit, et qui, par ce beau privilège, rendra vos enfants gentilshommes ?

GEORGE DANDIN

Oui, voilà qui est bien, mes enfants seront gentilshommes ; mais je serai cocu, moi, si l'on n'y met ordre.

MONSIEUR DE SOTENVILLE

Que veut dire cela, mon gendre ?

GEORGE DANDIN

Cela veut dire que votre fille ne vit pas comme il faut qu'une femme vive, et qu'elle fait des choses qui sont contre l'honneur.

MADAME DE SOTENVILLE

Tout beau ! Prenez garde à ce que vous dites. Ma fille est d'une race trop pleine de vertu, pour se porter jamais à faire aucune chose dont l'honnê-teté soit blessée ; et, de la maison de La Prudoterie, il y a plus de trois cents ans qu'on n'a point remarqué qu'il y ait eu de femme, Dieu merci, qui ait fait parler d'elle.

MONSIEUR DE SOTENVILLE

Corbleu ! dans la maison de Sotenville, on n'a jamais vu de coquette ; et la bravoure n'y est pas plus héréditaire aux mâles que la chasteté aux femelles.

MADAME DE SOTENVILLE

Nous avons eu une Jacqueline de La Prudoterie qui ne voulut jamais être la maîtresse d'un duc et pair, gouverneur de notre province.

MONSIEUR DE SOTENVILLE

Il y a eu une Mathurine de Sotenville qui refusa vingt mille écus d'un favori du roi, qui ne lui demandait seulement que la faveur de lui parler.

GEORGE DANDIN

Oh bien ! votre fille n'est pas si difficile que cela ; et elle s'est apprivoisée depuis qu'elle est chez moi.

MONSIEUR DE SOTENVILLE

Expliquez-vous, mon gendre. Nous ne sommes point gens à la supporter dans de mauvaises actions. et nous serons les premiers, sa mère et moi, à vous en faire la justice.

MADAME DE SOTENVILLE

Nous n'entendons point raillerie sur les matières de l'honneur : et nous l'avons élevée dans toute la sévérité possible.

GEORGE DANDIN

Tout ce que je vous puis dire, c'est qu'il y a ici un certain courtisan que vous avez vu, qui est amoureux d'elle à ma barbe, et qui lui a fait faire des protestations d'amour qu'elle a très humainement écoutées.

MADAME DE SOTENVILLE

Jour de Dieu ! je l'étranglerais de mes propres mains, s'il fallait qu'elle forlignât de l'honnêteté de sa mère.

MONSIEUR DE SOTENVILLE

Corbleu ! je lui passerais mon épée au travers du corps, à elle et au galant, si elle avait forfait à son honneur.

GEORGE DANDIN

Je vous ai dit ce qui se passe, pour vous faire mes plaintes ; et je vous demande raison de cette affaire-là.

MONSIEUR DE SOTENVILLE

Ne vous tourmentez point : je vous la ferai de tous deux ; et je suis homme pour serrer le bouton à qui que ce puisse être. Mais êtes-vous bien sûr aussi de ce que vous nous dites ?

GEORGE DANDIN

Très sûr.

MONSIEUR DE SOTENVILLE

Prenez bien garde, au moins ; car, entre gentilshommes, ce sont des choses chatouilleuses ; et il n'est pas question d'aller faire ici un pas de clerc.

GEORGE DANDIN

Je ne vous ai rien dit, vous dis-je, qui ne soit véritable.

MONSIEUR DE SOTENVILLE

Mamour, allez-vous-en parler à votre fille, tandis qu'avec mon gendre j'irai parler à l'homme.

MADAME DE SOTENVILLE

Se pourrait-il, mon fils, qu'elle s'oubliât de la sorte, après le sage exemple que vous savez vous-même que je lui ai donné ?

MONSIEUR DE SOTENVILLE

Nous allons éclaircir l'affaire. Suivez-moi, mon gendre, et ne vous mettez point en peine. Vous verrez de quel bois nous nous chauffons, lorsqu'on s'attaque à ceux qui nous peuvent appartenir.

GEORGE DANDIN

Le voici qui vient vers nous.

Scène V : *Monsieur de Sotenville, Clitandre, George Dandin.*

MONSIEUR DE SOTENVILLE

Monsieur, suis-je connu de vous ?

CLITANDRE

Non pas, que je sache, monsieur.

MONSIEUR DE SOTENVILLE

Je m'appelle le baron de Sotenville.

CLITANDRE

Je m'en réjouis fort.

MONSIEUR DE SOTENVILLE

Mon nom est connu à la cour ; et j'eus l'honneur, dans ma jeunesse, de me signaler des premiers à l'arrière-ban de Nancy.

CLITANDRE

A la bonne heure.

MONSIEUR DE SOTENVILLE

Monsieur mon père, Jean-Gilles de Sotenville, eut la gloire d'assister en personne au grand siège de Montauban.

CLITANDRE

J'en suis ravi.

MONSIEUR DE SOTENVILLE

Et j'ai eu un aïeul, Bertrand de Sotenville, qui fut si considéré en son temps, que d'avoir permission de vendre tout son bien pour le voyage d'outre-mer.

CLITANDRE

Je le veux croire.

MONSIEUR DE SOTENVILLE

Il m'a été rapporté, monsieur, que vous aimez et poursuivez une jeune personne, qui est ma fille, pour laquelle je m'intéresse, (*Montrant George Dandin.*) et pour l'homme que vous voyez, qui a l'honneur d'être mon gendre.

CLITANDRE

Qui ? moi ?

MONSIEUR DE SOTENVILLE

Oui ; et je suis bien aise de vous parler, pour tirer de vous, s'il vous plaît, un éclaircissement de cette affaire.

CLITANDRE

Voilà une étrange médisance ! Qui vous a dit cela, monsieur ?

MONSIEUR DE SOTENVILLE

Quelqu'un qui croit le bien savoir.

CLITANDRE

Ce quelqu'un-là en a menti. Je suis honnête homme. Me croyez-vous capable, monsieur, d'une action aussi lâche que celle-là ? Moi, aimer une jeune et belle personne qui a l'honneur d'être la fille de monsieur le baron de Sotenville ! je vous révère trop pour cela, et je suis trop votre serviteur. Quiconque vous l'a dit est un sot.

MONSIEUR DE SOTENVILLE

Allons, mon gendre.

GEORGE DANDIN

Quoi ?

CLITANDRE

C'est un coquin et un maraud.

MONSIEUR DE SOTENVILLE, *à George Dandin.*

Répondez.

GEORGE DANDIN

Répondez vous-même.

CLITANDRE

Si je savais qui ce peut être, je lui donnerais en votre présence de l'épée dans le ventre.

MONSIEUR DE SOTENVILLE, *à George Dandin.*

Soutenez donc la chose.

GEORGE DANDIN

Elle est toute soutenue, cela est vrai.

CLITANDRE

Est-ce votre gendre, monsieur, qui... ?

MONSIEUR DE SOTENVILLE

Oui, c'est lui-même qui s'en est plaint à moi.

CLITANDRE

Certes, il peut remercier l'avantage qu'il a de vous appartenir ; et, sans cela, je lui apprendrais bien à tenir de pareils discours d'une personne comme moi.

Scène VI : *Monsieur et Madame de Sotenville, Angélique, Clitandre, George Dandin, Claudine.*

MADAME DE SOTENVILLE

Pour ce qui est de cela, la jalousie est une étrange chose ! J'amène ici ma fille pour éclaircir l'affaire en présence de tout le monde.

CLITANDRE, *à Angélique.*

Est-ce donc vous, madame, qui avez dit à votre mari que je suis amoureux de vous ?

ANGÉLIQUE

Moi ? Et comment lui aurais-je dit ? Est-ce que cela est ? Je voudrais bien le voir vraiment, que vous fussiez amoureux de moi. Jouez-vous-y, je vous en prie ; vous trouverez à qui parler ; c'est une chose que je vous conseille de faire ! Ayez recours, pour voir, à tous les détours des amants : essayez un peu, par plaisir, à m'envoyer des ambassades, à m'écrire secrètement de petits billets doux, à épier les moments que mon mari n'y sera pas, ou le temps que je sortirai, pour me parler de votre amour : vous n'avez qu'à y venir, je vous promets que vous serez reçu comme il faut.

CLITANDRE

Hé ! la, la, madame, tout doucement. Il n'est pas nécessaire de me faire tant de leçons, et de vous tant scandaliser. Qui vous dit que je songe à vous aimer ?

ANGÉLIQUE

Que sais-je, moi, ce qu'on me vient conter ici ?

CLITANDRE

On dira ce que l'on voudra ; mais vous savez si je vous ai parlé d'amour, lorsque je vous ai rencontrée.

ANGÉLIQUE

Vous n'aviez qu'à le faire, vous auriez été bien venu !

CLITANDRE

Je vous assure qu'avec moi vous n'avez rien à craindre ; que je ne suis point homme à donner du chagrin aux belles ; et que je vous respecte trop, et vous, et messieurs vos parents, pour avoir la pensée d'être amoureux de vous.

MADAME DE SOTENVILLE,
à George Dandin.

Hé bien ! vous le voyez.

MONSIEUR DE SOTENVILLE

Vous voilà satisfait, mon gendre. Que dites-vous à cela ?

GEORGE DANDIN

Je dis que ce sont là des contes à dormir debout ; que je sais bien ce que je sais, et que tantôt, puisqu'il faut parler net, elle a reçu ambassade de sa part.

ANGÉLIQUE

Moi, j'ai reçu une ambassade ?

CLITANDRE

J'ai envoyé une ambassade ?

ANGÉLIQUE

Claudine ?

CLITANDRE, *à Claudine.*

Est-il vrai ?

CLAUDINE

Par ma foi, voilà une étrange fausseté !

GEORGE DANDIN

Taisez-vous, carogne que vous êtes. Je sais de vos nouvelles ; et c'est vous qui tantôt avez introduit le courrier.

CLAUDINE

Qui ? moi ?

GEORGE DANDIN

Oui, vous. Ne faites point tant la sucrée.

CLAUDINE

Hélas ! que le monde aujourd'hui est rempli de méchanceté, de m'aller soupçonner ainsi, moi, qui suis l'innocence même !

GEORGE DANDIN

Taisez-vous, bonne pièce. Vous faites la sournoise, mais je vous connais il y a longtemps ; et vous êtes une dessalée.

CLAUDINE, *à Angélique.*

Madame, est-ce que... ?

GEORGE DANDIN

Taisez-vous, vous dis-je ; vous pourriez bien porter la folle enchère de tous les autres, et vous n'avez point de père gentilhomme.

ANGÉLIQUE

C'est une imposture si grande, et qui me touche si fort au cœur, que je ne puis pas même avoir la force d'y répondre. Cela est bien horrible, d'être accusée par un mari, lorsqu'on ne lui fait rien qui ne soit à faire ! Hélas ! si je suis blâmable de quelque chose, c'est d'en user trop bien avec lui.

CLAUDINE

Assurément.

ANGÉLIQUE

Tout mon malheur est de le trop considérer ; et plût au ciel que je fusse capable de souffrir, comme il dit, les galanteries de quelqu'un ! je ne serais pas tant à plaindre. Adieu ; je me retire, et je ne puis plus endurer qu'on m'outrage de cette sorte.

MADAME DE SOTENVILLE, *à George Dandin.*

Allez, vous ne méritez pas l'honnête femme qu'on vous a donnée.

CLAUDINE

Par ma foi ! il mériterait qu'elle lui fît dire vrai : et, si j'étais en sa place, je n'y marchanderais pas. (*A Clitandre.*) Oui, monsieur, vous devez, pour le punir, faire l'amour à ma maîtresse. Poussez, c'est moi qui vous le dis ; ce sera fort bien employé ; et je m'offre à vous y servir, puisqu'il m'en a déjà taxée. (*Claudine sort.*)

MONSIEUR DE SOTENVILLE

Vous méritez, mon gendre, qu'on vous dise ces choses-là ; et votre procédé met tout le monde contre vous.

MADAME DE SOTENVILLE

Allez, songer à mieux traiter une demoiselle bien née ; et prenez garde désormais à ne plus faire de pareilles bévues.

GEORGE DANDIN, *à part.*

J'enrage de bon cœur d'avoir tort, lorsque j'ai raison.

CLITANDRE, *à monsieur de Sotenville.*

Monsieur, vous voyez comme j'ai été faussement accusé : vous êtes homme qui savez les maximes du point d'honneur ; et je vous demande raison de l'affront qui m'a été fait.

MONSIEUR DE SOTENVILLE

Cela est juste, et c'est l'ordre des procédés. Allons, mon gendre, faites satisfaction à monsieur.

GEORGE DANDIN

Comment ! satisfaction ?

MONSIEUR DE SOTENVILLE

Oui, cela se doit dans les règles, pour l'avoir à tort accusé.

GEORGE DANDIN

C'est une chose, moi, dont je ne demeure pas d'accord, de l'avoir à tort accusé ; et je sais bien ce que j'en pense.

MONSIEUR DE SOTENVILLE

Il n'importe. Quelque pensée qui vous puisse rester, il a nié : c'est satisfaire les personnes ; et l'on n'a nul droit de se plaindre de tout homme qui se dédit.

GEORGE DANDIN

Si bien donc que si je le trouvais couché avec ma femme, il en serait quitte pour se dédire ?

MONSIEUR DE SOTENVILLE

Point de raisonnement. Faites-lui les excuses que je vous dis.

GEORGE DANDIN

Moi ! je lui ferai encore des excuses après... !

MONSIEUR DE SOTENVILLE

Allons, vous dis-je ; il n'y a rien à balancer, et vous n'avez que faire d'avoir peur d'en trop faire, puisque c'est moi qui vous conduis.

GEORGE DANDIN

Je ne saurais...

MONSIEUR DE SOTENVILLE

Corbleu ! mon gendre, ne m'échauffez pas la bile. Je me mettrais avec lui contre vous. Allons, laissez-vous gouverner par moi.

GEORGE DANDIN, *à part.*

Ah ! George Dandin !

MONSIEUR DE SOTENVILLE

Votre bonnet à la main, le premier ; monsieur est gentilhomme, et vous ne l'êtes pas.

GEORGE DANDIN, *à part,*
le bonnet à la main.

J'enrage !

MONSIEUR DE SOTENVILLE

Répétez avec moi : Monsieur...

GEORGE DANDIN

Monsieur...

MONSIEUR DE SOTENVILLE

Je vous demande pardon... (*Voyant que George Dandin fait difficulté de lui obéir.*) Ah !

GEORGE DANDIN

Je vous demande pardon...

MONSIEUR DE SOTENVILLE

Des mauvaises pensées que j'ai eues de vous.

GEORGE DANDIN

Des mauvaises pensées que j'ai eues de vous.

MONSIEUR DE SOTENVILLE

C'est que je n'avais pas l'honneur de vous connaître.

GEORGE DANDIN

C'est que je n'avais pas l'honneur de vous connaître.

MONSIEUR DE SOTENVILLE

Et je vous prie de croire...

GEORGE DANDIN

Et je vous prie de croire...

MONSIEUR DE SOTENVILLE

Que je suis votre serviteur.

GEORGE DANDIN

Voulez-vous que je sois serviteur d'un homme qui me veut faire cocu ?

MONSIEUR DE SOTENVILLE,
le menaçant encore.

Ah !

CLITANDRE

Il suffit, monsieur.

MONSIEUR DE SOTENVILLE

Non, je veux qu'il achève, et que tout aille dans les formes : Que je suis votre serviteur.

GEORGE DANDIN

Que je suis votre serviteur.

CLITANDRE, *à George Dandin.*

Monsieur, je suis le vôtre de tout mon cœur ; et je ne songe plus à ce qui s'est passé. (*A M. de Sotenville.*) Pour vous, monsieur, je vous donne le bonjour, et suis fâché du petit chagrin que vous avez eu.

MONSIEUR DE SOTENVILLE

Je vous baise les mains ; et quand il vous plaira, je vous donnerai le divertissement de courre un lièvre.

CLITANDRE

C'est trop de grâce que vous me faites. (*Clitandre sort.*)

MONSIEUR DE SOTENVILLE

Voilà, mon gendre, comme il faut pousser les choses. Adieu. Sachez que vous êtes entré dans une famille qui vous donnera de l'appui, et ne souffrira point que l'on vous fasse aucun affront.

Scène VII : George Dandin.

Ah ! que je... vous l'avez voulu ; vous l'avez voulu, George Dandin, vous l'avez voulu ; cela vous sied fort bien, et vous voilà ajusté comme il faut : vous avez justement ce que vous méritez. Allons, il s'agit seulement de désabuser le père et la mère ; et je pourrai trouver peut-être quelque moyen d'y réussir.

ACTE SECOND

Scène I : Claudine, Lubin.

CLAUDINE

Oui, j'ai bien deviné qu'il fallait que cela vînt de toi, et que tu l'eusses dit à quelqu'un qui l'ait rapporté à notre maître.

LUBIN

Par ma foi ! je n'en ai touché qu'un petit mot, en passant, à un homme, afin qu'il ne dît point qu'il m'avait vu sortir ; et il faut que les gens, en ce pays-ci, soient de grands babillards !

CLAUDINE

Vraiment, ce monsieur le vicomte a bien choisi son monde, que de te prendre pour son ambassadeur ; et il s'est allé servir là d'un homme bien chanceux.

LUBIN

Va, une autre fois je serai plus fin, et je prendrai mieux garde à moi.

CLAUDINE

Oui, oui, il sera temps !

LUBIN

Ne parlons plus de cela. Ecoute.

CLAUDINE

Que veux-tu que j'écoute ?

LUBIN

Tourne un peu ton visage devers moi.

CLAUDINE

Hé bien ! qu'est-ce ?

LUBIN

Claudine.

CLAUDINE

Quoi ?

LUBIN

Hé ! là ! ne sais-tu pas bien ce que je veux dire ?

CLAUDINE

Non.

LUBIN

Morgué ! je t'aime.

CLAUDINE

Tout de bon ?

LUBIN

Oui, le diable m'emporte ! tu me peux croire, puisque j'en jure.

CLAUDINE

A la bonne heure.

LUBIN

Je me sens tout tribouiller le cœur quand je te regarde.

CLAUDINE

Je m'en réjouis.

LUBIN

Comment est-ce que tu fais pour être si jolie ?

CLAUDINE

Je fais comme font les autres.

LUBIN

Vois-tu, il ne faut point tant de beurre pour faire un quarteron : si tu veux, tu seras ma femme, je serai ton mari, et nous serons tous deux mari et femme.

CLAUDINE

Tu serais peut-être jaloux comme notre maître.

LUBIN

Point.

CLAUDINE

Pour moi, je hais les maris soupçonneux ; et j'en veux un qui ne s'épouvante de rien, un si plein de confiance, et si sûr de ma chasteté, qu'il me vît sans inquiétude au milieu de trente hommes.

LUBIN

Hé bien ! je serai tout comme cela.

CLAUDINE

C'est la plus sotte chose du monde que de se défier d'une femme, et de la tourmenter. La vérité de l'affaire est qu'on n'y gagne rien de bon : cela nous fait songer à mal ; et ce sont souvent les maris qui, avec leurs vacarmes, se font eux-mêmes ce qu'ils sont.

LUBIN

Hé bien ! je te donnerai la liberté de faire tout ce qu'il te plaira.

CLAUDINE

Voilà comme il faut faire pour n'être point trompé. Lorsqu'un mari se met à notre discrétion, nous ne prenons de liberté que ce qu'il nous en faut ; et il en est comme avec ceux qui nous ouvrent leur bourse, et nous disent : Prenez. Nous en usons honnêtement, et nous nous contentons de la raison ; mais ceux qui nous chicanent, nous nous efforçons de les tondre, et nous ne les épargnons point.

LUBIN

Va, je serai de ceux qui ouvrent leur bourse ; et tu n'as qu'à te marier avec moi.

CLAUDINE

Hé bien ! bien, nous verrons.

LUBIN

Viens donc ici, Claudine.

CLAUDINE

Que veux-tu ?

LUBIN

Viens, te dis-je.

CLAUDINE

Ah ! doucement. Je n'aime point les patineurs.

LUBIN

Hé ! un petit brin d'amitié.

CLAUDINE

Laisse-moi là, te dis-je ; je n'entends pas raillerie.

LUBIN

Claudine.

CLAUDINE, *repoussant Lubin.*

Haï !

LUBIN

Ah ! que tu est rude à pauvres gens ! Fi ! que cela est malhonnête de refuser les personnes ! N'as-tu point de honte d'être belle, et de ne vouloir pas qu'on te caresse ? Hé ! là !

CLAUDINE

Je te donnerai sur le nez.

LUBIN

Oh ! la farouche ! la sauvage ! Fi ! pouas ! la vilaine, qui est cruelle !

CLAUDINE

Tu t'émancipes trop.

LUBIN

Qu'est-ce que cela te coûterait de me laisser un peu faire !

CLAUDINE

Il faut que tu te donnes patience.

LUBIN

Un petit baiser seulement, en rabattant sur notre mariage.

CLAUDINE

Je suis votre servante.

LUBIN

Claudine, je t'en prie, sur l'et-tant-moins.

CLAUDINE

Hé ! que nenni ! J'y ai déjà été attrapée. Adieu. Va-t'en, et dis à monsieur le vicomte que j'aurai soin de rendre son billet.

LUBIN

Adieu, beauté rude ânière.

CLAUDINE

Le mot est amoureux.

LUBIN

Adieu, rocher, caillou, pierre de taille, et tout ce qu'il y a de plus dur au monde.

CLAUDINE, *seule.*

Je vais remettre aux mains de ma maîtresse... Mais la voici avec son mari : éloignons-nous, et attendons qu'elle soit seule.

*Scène II : George Dandin,
Angélique, Clitandre.*

GEORGE DANDIN

Non, non ; on ne m'abuse pas avec tant de facilité, et je ne suis que trop certain que le rapport que l'on m'a fait est véritable. J'ai de meilleurs yeux qu'on ne pense, et votre galimatias ne m'a point tantôt ébloui.

CLITANDRE, *à part, dans le fond du théâtre.*

Ah ! la voilà ; mais le mari est avec elle.

GEORGE DANDIN, *sans voir Clitandre.*

Au travers de toutes vos grimaces j'ai vu la vérité de ce que l'on m'a dit, et le peu de respect que vous avez pour le nœud qui nous joint. (*Clitandre et Angélique se saluent.*) Mon Dieu ! laissez là votre révérence ; ce n'est pas de ces sortes de respect dont je vous parle, et vous n'avez que faire de vous moquer.

ANGÉLIQUE

Moi, me moquer ! en aucune façon.

GEORGE DANDIN

Je sais votre pensée, et connais... (*Clitandre et Angélique se saluent encore.*) Encore ! Ah ! ne raillons point davantage. Je n'ignore pas qu'à cause de votre noblesse vous me tenez fort au-dessous de vous, et le respect que je veux dire ne regarde point ma personne ; j'entends parler de celui que vous devez à des nœuds aussi vénérables que le sont ceux du mariage... (*Angélique fait signe à Clitandre.*) Il ne faut point lever les épaules, et je ne dis point de sottises.

ANGÉLIQUE

Qui songe à lever les épaules ?

GEORGE DANDIN

Mon Dieu ! nous voyons clair. Je vous dis, encore une fois, que le mariage est une chaîne à laquelle on doit porter toute sorte de respect ; et que c'est fort mal fait à vous d'en user comme vous faites. (*Angélique fait signe de la tête à Clitandre.*) Oui, oui, mal fait à vous ; et vous n'avez que faire de hocher la tête, et de me faire la grimace.

ANGÉLIQUE

Moi ? je ne sais ce que vous voulez dire.

GEORGE DANDIN

Je le sais fort bien, moi ; et vos mépris me sont connus. Si je ne suis pas né noble, au moins suis-je d'une race où il n'y a point de reproche : et la famille des Dandin...

CLITANDRE, *derrière Angélique,
sans être aperçu de George Dandin.*

Un moment d'entretien !

GEORGE DANDIN, *sans voir Clitandre.*

Hé !

ANGÉLIQUE

Quoi ? Je ne dis mot.

George Dandin tourne autour de sa femme, et Clitandre se retire en faisant une grande révérence à George Dandin.

GEORGE DANDIN

Le voilà qui vient rôder autour de vous.

ANGÉLIQUE

Hé bien ! est-ce ma faute ? Que voulez-vous que j'y fasse ?

GEORGE DANDIN

Je veux que vous y fassiez ce que fait une femme qui ne veut plaire qu'à son mari. Quoi qu'on en puisse dire, les galants n'obsèdent jamais que quand on le veut bien. Il y a un certain air doucereux qui les attire, ainsi que le miel fait les mouches ; et les honnêtes femmes ont des manières qui les savent chasser d'abord.

ANGÉLIQUE

Moi, les chasser ! et par quelle raison ? Je ne me scandalise point qu'on me trouve bien faite ; et cela me fait du plaisir.

GEORGE DANDIN

Oui ! Mais quel personnage voulez-vous que joue un mari pendant cette galanterie ?

ANGÉLIQUE

Le personnage d'un honnête homme, qui est bien aise de voir sa femme considérée.

GEORGE DANDIN

Je suis votre valet. Ce n'est pas là mon compte ; et les Dandins ne sont point accoutumés à cette mode-là.

ANGÉLIQUE

Oh ! les Dandins s'y accoutumeront s'ils veulent ; car, pour moi, je vous déclare que mon dessein n'est pas de renoncer au monde, et de m'enterrer toute vive dans un mari. Comment ! parce qu'un homme s'avise de nous épouser, il faut d'abord que toutes choses soient finies pour nous, et que nous rompions tout commerce avec les vivants ! C'est une chose merveilleuse que cette tyrannie de messieurs les maris ; et je les trouve bons de vouloir qu'on soit morte à tous les divertissements, et qu'on ne vive que pour eux ! Je me moque de cela, et ne veux point mourir si jeune.

GEORGE DANDIN

C'est ainsi que vous satisfaites aux engagements de la foi que vous m'avez donnée publiquement ?

ANGÉLIQUE

Moi ? je ne vous l'ai point donnée de bon cœur, et vous me l'avez arrachée. M'avez-vous, avant le mariage, demandé mon consentement, et si je voulais bien de vous ? Vous n'avez consulté, pour cela, que mon père et ma mère ; ce sont eux, proprement, qui vous ont épousé, et c'est pourquoi vous ferez bien de vous plaindre toujours à eux des torts que l'on pourra vous faire. Pour moi qui ne vous ai point dit de vous marier avec moi, et que vous avez prise sans consulter mes sentiments, je prétends n'être point obligée à me soumettre en esclave à vos volontés ; et je veux jouir, s'il vous plaît, de quelque nombre de beaux jours que m'offre la jeunesse, prendre les douces libertés que l'âge me permet, voir un peu le beau monde, et goûter le plaisir de m'ouïr dire des douceurs. Préparez-vous-y, pour votre punition ; et rendez grâces au ciel de ce que je ne suis pas capable de quelque chose de pis.

GEORGE DANDIN

Oui ! C'est ainsi que vous le prenez ? Je suis votre mari, et je vous dis que je n'entends pas cela.

ANGÉLIQUE

Moi, je suis votre femme, et je vous dis que je l'entends.

GEORGE DANDIN, *à part.*

Il me prend des tentations d'accommoder tout son visage à la compote, et le mettre en état de ne plaire de sa vie aux diseurs de fleurettes. Ah ! allons, George Dandin ; je ne pourrais me retenir, et il vaut mieux quitter la place.

Scène III : Angélique, Claudine.

CLAUDINE

J'avais, madame, impatience qu'il s'en allât, pour vous rendre ce mot de la part que vous savez.

ANGÉLIQUE

Voyons.

CLAUDINE, *à part.*

A ce que je puis remarquer, ce qu'on lui dit ne lui déplaît pas trop.

ANGÉLIQUE

Ah ! Claudine, que ce billet s'explique d'une façon galante ! Que, dans tous leurs discours et dans toutes leurs actions, les gens de cour ont un air agréable ! Et qu'est-ce que c'est, auprès d'eux, que nos gens de province !

CLAUDINE

Je crois qu'après les avoir vus, les Dandins ne vous plaisent guère.

ANGÉLIQUE

Demeure ici : je m'en vais faire la réponse...

CLAUDINE, *seule.*

Je n'ai pas besoin, que je pense, de lui recommander de la faire agréable. Mais voici...

Scène IV : Clitandre, Lubin, Claudine.

CLAUDINE

Vraiment, monsieur, vous avez pris là un habile messager.

CLITANDRE

Je n'ai pas osé envoyer de mes gens ; mais, ma pauvre Claudine, il faut que je te récompense des bons offices que je sais que tu m'as rendus. (*Il fouille dans sa poche.*)

CLAUDINE

Hé ! monsieur, il n'est pas nécessaire. Non, monsieur, vous n'avez que faire de vous donner cette peine-là ; et je vous rends service parce que vous le méritez, et que je me sens au cœur de l'inclination pour vous.

CLITANDRE, *donnant de l'argent à Claudine.*

Je te suis obligé.

LUBIN, *à Claudine.*

Puisque nous serons mariés, donne-moi cela, que je le mette avec le mien.

CLAUDINE

Je te le garde, aussi bien que le baiser.

CLITANDRE, *à Claudine.*

Dis-moi, as-tu rendu mon billet à ta belle maîtresse ?

CLAUDINE

Oui. Elle est allée y répondre.

CLITANDRE

Mais, Claudine, n'y a-t-il pas moyen que je la puisse entretenir ?

CLAUDINE

Oui : venez avec moi, je vous ferai parler à elle.

CLITANDRE

Mais le trouvera-t-elle bon ? et n'y a-t-il rien à risquer ?

CLAUDINE

Non, non. Son mari n'est pas au logis, et puis, ce n'est pas lui qu'elle a le plus à ménager ; c'est son père et sa mère ; et, pourvu qu'ils soient prévenus, tout le reste n'est point à craindre.

CLITANDRE

Je m'abandonne à ta conduite.

LUBIN, *seul.*

Tétiguienne ! que j'aurai là une habile femme ! Elle a de l'esprit comme quatre.

Scène V : George Dandin, Lubin.

GEORGE DANDIN, *bas, à part.*

Voici mon homme de tantôt. Plût au ciel qu'il pût se résoudre à vouloir rendre témoignage au père et à la mère de ce qu'ils ne veulent point croire !

LUBIN

Ah ! vous voilà, monsieur le babillard, à qui j'avais tant recommandé de ne point parler, et qui me l'aviez tant promis ! Vous êtes donc un causeur, et vous allez redire ce que l'on vous dit en secret ?

GEORGE DANDIN

Moi ?

LUBIN

Oui. Vous avez été tout rapporter au mari, et vous êtes cause qu'il a fait du vacarme. Je suis bien aise de savoir que vous avez de la langue ; et cela m'apprendra à ne vous plus rien dire.

GEORGE DANDIN

Ecoute, mon ami.

LUBIN

Si vous n'aviez point babillé, je vous aurais conté ce qui se passe à cette heure ; mais, pour votre punition, vous ne saurez rien du tout.

GEORGE DANDIN

Comment ! qu'est-ce qui se passe ?

LUBIN

Rien, rien. Voilà ce que c'est d'avoir causé ; vous n'en tâterez plus, et je vous laisse sur la bonne bouche.

GEORGE DANDIN

Arrête un peu.

LUBIN

Point.

GEORGE DANDIN

Je ne te veux dire qu'un mot.

LUBIN

Nennin, nennin. Vous avez envie de me tirer les vers du nez.

GEORGE DANDIN

Non, ce n'est pas cela.

LUBIN

Eh ! quelque sot... Je vous vois venir.

GEORGE DANDIN

C'est autre chose. Ecoute.

LUBIN

Point d'affaire. Vous voudriez que je vous disse que monsieur le vicomte vient de donner de l'argent à Claudine, et qu'elle l'a mené chez sa maîtresse. Mais je ne suis pas si bête.

GEORGE DANDIN

De grâce...

LUBIN

Non.

GEORGE DANDIN

Je te donnerai...

LUBIN

Tarare !

Scène VI : George Dandin.

Je n'ai pu me servir, avec cet innocent, de la pensée que j'avais. Mais le nouvel avis qui lui est échappé ferait la même chose ; et si le galant est chez moi, ce serait pour avoir raison aux yeux du père et de la mère, et les convaincre pleinement de l'effronterie de leur fille. Le mal de tout ceci c'est que je ne sais comment faire pour profiter d'un tel avis. Si je rentre chez moi, je ferai évader le drôle ; et, quelque chose que je puisse voir moi-même de mon déshonneur, je n'en serai point cru à mon serment, et l'on me dira que je rêve. Si, d'autre part, je vais quérir beau-père et belle-mère, sans être sûr de trouver chez moi le galant, ce sera la même chose, et je retomberai dans l'inconvénient de tantôt. Pourrais-je point m'éclaircir doucement s'il y est encore ? (*Après avoir été regarder par le trou de la serrure.*) Ah, ciel ! il n'en faut plus douter, et je viens de l'apercevoir par le trou de la porte. Le sort me donne ici de quoi confondre ma partie ; et, pour achever l'aventure, il fait venir à point nommé les juges dont j'avais besoin.

Scène VII : Monsieur et Madame de Sotenville, George Dandin.

GEORGE DANDIN

Enfin, vous ne m'avez pas voulu croire tantôt, et votre fille l'a emporté sur moi ; mais j'ai en main de quoi vous faire voir comme elle m'accommode ; et, Dieu merci, mon déshonneur est si clair maintenant, que vous n'en pourrez plus douter.

MONSIEUR DE SOTENVILLE

Comment ! mon gendre, vous en êtes encore là-dessus ?

GEORGE DANDIN

Oui, j'y suis ; et jamais je n'eus tant de sujet d'y être.

MADAME DE SOTENVILLE

Vous nous venez encore étourdir la tête ?

GEORGE DANDIN

Oui, madame, et l'on fait bien pis à la mienne.

MONSIEUR DE SOTENVILLE

Ne vous lassez-vous point de vous rendre importun ?

GEORGE DANDIN

Non ; mais je me lasse fort d'être pris pour dupe

MADAME DE SOTENVILLE

Ne voulez-vous point vous défaire de vos pensées extravagantes ?

GEORGE DANDIN

Non, madame ; mais je voudrais bien me défaire d'une femme qui me déshonore.

MADAME DE SOTENVILLE

Jour de Dieu ! notre gendre, apprenez à parler.

MONSIEUR DE SOTENVILLE

Corbleu ! cherchez des termes moins offensants que ceux-là.

GEORGE DANDIN

Marchand qui perd ne peut rire.

MADAME DE SOTENVILLE

Souvenez-vous que vous avez épousé une demoiselle.

GEORGE DANDIN

Je m'en souviens assez, et ne m'en souviendrai que trop.

MONSIEUR DE SOTENVILLE

Si vous vous en souvenez, songez donc à parler d'elle avec plus de respect.

GEORGE DANDIN

Mais que ne songe-t-elle plutôt à me traiter plus honnêtement ? Quoi ! parce qu'elle est demoiselle, il faut qu'elle ait la liberté de me faire ce qui lui plaît, sans que j'ose souffler ?

MONSIEUR DE SOTENVILLE

Qu'avez-vous donc, et que pouvez-vous dire ? n'avez-vous pas vu, ce matin, qu'elle s'est défendue de connaître celui dont vous m'étiez venu parler ?

GEORGE DANDIN

Oui. Mais vous, que pourrez-vous dire si je vous fais voir maintenant que le galant est avec elle ?

MADAME DE SOTENVILLE

Avec elle ?

GEORGE DANDIN

Oui, avec elle, et dans ma maison.

MONSIEUR DE SOTENVILLE

Dans votre maison ?

GEORGE DANDIN

Oui, dans ma propre maison.

MADAME DE SOTENVILLE

Si cela est, nous serons pour vous contre elle.

MONSIEUR DE SOTENVILLE

Oui. L'honneur de notre famille nous est plus cher que toute chose ; et si vous dites vrai, nous la renoncerons pour notre sang, et l'abandonnerons à votre colère.

GEORGE DANDIN

Vous n'avez qu'à me suivre.

MADAME DE SOTENVILLE

Gardez de vous tromper.

MONSIEUR DE SOTENVILLE

N'allez pas faire comme tantôt.

GEORGE DANDIN

Mon Dieu ! vous allez voir. (*Montrant Clitandre, qui sort avec Angélique.*) Tenez, ai-je menti ?

Scène VIII : *Angélique, Clitandre, Claudine ; Monsieur de Sotenville, Madame de Sotenville, avec George Dandin, dans le fond du théâtre.*

ANGÉLIQUE, *à Clitandre.*

Adieu. J'ai peur qu'on vous surprenne ici, et j'ai quelques mesures à garder.

CLITANDRE

Promettez-moi donc, madame, que je pourrai vous parler cette nuit.

ANGÉLIQUE

J'y ferai mes efforts.

GEORGE DANDIN, *à monsieur et madame de Sotenville.*

Approchons doucement par derrière, et tâchons de n'être point vus.

CLAUDINE, *à Angélique.*

Ah ! madame, tout est perdu. Voilà votre père et votre mère, accompagnés de votre mari.

CLITANDRE

Ah, ciel !

ANGÉLIQUE, *bas, à Clitandre et à Claudine.*

Ne faites pas semblant de rien, et me laissez faire tous deux. (*Haut, à Clitandre.*) Quoi ! vous osez en user de la sorte après l'affaire de tantôt ? et c'est ainsi que vous dissimulez vos sentiments ? On me vient rapporter que vous avez de l'amour pour moi, et que vous faites des desseins de me solliciter ; j'en témoigne mon dépit, et m'explique à vous clairement en présence de tout le monde : vous niez hautement la chose, et me donnez parole de n'avoir aucune pensée de m'offenser ; et cependant, le même jour, vous prenez la hardiesse de venir chez moi me rendre visite, de me dire que vous m'aimez, et de me faire cent sots contes pour me persuader de répondre à vos extravagances : comme si j'étais femme à violer la foi que j'ai donnée à un mari, et m'éloigner jamais de la vertu que mes parents m'ont enseignée ? Si mon père savait cela, il vous apprendrait bien à tenter de ces entreprises ! Mais une honnête femme n'aime point les éclats : je n'ai garde de

lui en rien dire ; (*Après avoir fait signe à Claudine d'apporter un bâton.*) et je veux vous montrer que, toute femme que je suis, j'ai assez de courage pour me venger moi-même des offenses que l'on me fait. L'action que vous avez faite n'est pas d'un gentilhomme, et ce n'est pas en gentilhomme aussi que je veux vous traiter. (*Angélique prend le bâton, et le lève sur Clitandre, qui se range de façon que les coups tombent sur George Dandin.*)

CLITANDRE, *criant comme s'il avait été frappé.*

Ah ! ah ! ah ! ah ! ah ! doucement.

CLAUDINE

Fort, madame ! frappez comme il faut.

ANGÉLIQUE, *faisant semblant de parler à Clitandre.*

S'il vous demeure quelque chose sur le cœur, je suis pour vous répondre.

CLAUDINE

Apprenez à qui vous vous jouez.

ANGÉLIQUE, *faisant l'étonnée.*

Ah ! mon père, vous êtes là !

MONSIEUR DE SOTENVILLE

Oui, ma fille ; et je vois qu'en sagesse et en courage tu te montres un digne rejeton de la maison de Sotenville. Viens çà ; approche-toi, que je t'embrasse.

MADAME DE SOTENVILLE

Embrasse-moi aussi, ma fille. Las ! je pleure de joie, et reconnais mon sang aux choses que tu viens de faire.

MONSIEUR DE SOTENVILLE

Mon gendre, que vous devez être ravi ! et que cette aventure est pour vous pleine de douceurs ! Vous aviez un juste sujet de vous alarmer ; mais vos soupçons se trouvent dissipés le plus avantageusement du monde.

MADAME DE SOTENVILLE

Sans doute, notre gendre ; et vous devez maintenant être le plus content des hommes.

CLAUDINE

Assurément. Voilà une femme, celle-là ! Vous êtes trop heureux de l'avoir, et vous devriez baiser les pas où elle passe.

GEORGE DANDIN, *à part.*

Euh, traîtresse !

MONSIEUR DE SOTENVILLE

Qu'est-ce, mon gendre ? Que ne remerciez-vous un peu votre femme de l'amitié que vous voyez qu'elle montre pour vous ?

ANGÉLIQUE

Non, non, mon père, il n'est pas nécessaire. Il ne m'a aucune obligation de ce qu'il vient de voir ; tout ce que j'en fais n'est que pour l'amour de moi-même.

MONSIEUR DE SOTENVILLE

Où allez-vous, ma fille ?

ANGÉLIQUE

Je me retire, mon père, pour ne me voir point obligée à recevoir ses compliments.

CLAUDINE, *à George Dandin.*

Elle a raison d'être en colère. C'est une femme

qui mérite d'être adorée ; et vous ne la traitez pas comme vous devriez.

GEORGE DANDIN, *à part.*

Scélérate !

MONSIEUR DE SOTENVILLE

C'est un petit ressentiment de l'affaire de tantôt, et cela se passera avec un peu de caresse que vous lui ferez. Adieu, mon gendre ; vous voilà en état de ne vous plus inquiéter. Allez-vous-en faire la paix ensemble, et tâcher de l'apaiser par des excuses de votre emportement.

MADAME DE SOTENVILLE

Vous devez considérer que c'est une jeune fille élevée à la vertu, et qui n'est point accoutumée à se voir soupçonnée d'aucune vilaine action. Adieu. Je suis ravie de voir vos désordres finis, et des transports de joie que vous doit donner sa conduite.

GEORGE DANDIN

Je ne dis mot, car je ne gagnerais rien à parler ; et jamais il ne s'est rien vu d'égal à ma disgrâce. Oui, j'admire mon malheur, et la subtile adresse de ma carogne de femme pour se donner toujours raison, et me faire avoir tort. Est-il possible que toujours j'aurai du dessous avec elle ; que les apparences toujours tourneront contre moi ; et que je ne parviendrai point à convaincre mon effrontée ! O ciel ! seconde mes desseins, et m'accorde la grâce de faire voir aux gens que l'on me déshonore !

ACTE TROISIEME

Scène I : Clitandre, Lubin.

CLITANDRE

La nuit est avancée, et j'ai peur qu'il ne soit trop tard. Je ne vois point à me conduire. Lubin ?

LUBIN

Monsieur ?

CLITANDRE

Est-ce par ici ?

LUBIN

Je pense que oui. Morgué ! voilà une sotte nuit, d'être si noire que cela !

CLITANDRE

Elle a tort, assurément ; mais si, d'un côté, elle nous empêche de voir, elle empêche, de l'autre, que nous ne soyons vus.

LUBIN

Vous avez raison, elle n'a pas tant de tort. Je voudrais bien savoir, monsieur, vous qui êtes savant, pourquoi il ne fait point jour la nuit ?

CLITANDRE

C'est une grande question, et qui est difficile. Tu es curieux, Lubin.

LUBIN

Oui : si j'avais étudié, j'aurais été songer à des choses où on n'a jamais songé.

CLITANDRE

Je le crois. Tu as la mine d'avoir l'esprit subtil et pénétrant.

LUBIN

Cela est vrai. Tenez, j'explique du latin, quoique jamais je ne l'aie appris ; et voyant l'autre jour écrit sur une grande porte *collegium*, je devinai que cela voulait dire collège.

CLITANDRE

Cela est admirable ! Tu sais donc lire, Lubin ?

LUBIN

Oui, je sais lire la lettre moulée ; mais je n'ai jamais su apprendre à lire l'écriture.

CLITANDRE

Nous voici contre la maison. (*Après avoir frappé dans ses mains.*) C'est le signal que m'a donné Claudine.

LUBIN

Par ma foi ! c'est une fille qui vaut de l'argent ; et je l'aime de tout mon cœur.

CLITANDRE

Aussi t'ai-je amené avec moi pour l'entretenir.

LUBIN

Monsieur, je vous suis...

CLITANDRE

Chut ! J'entends quelque bruit.

Scène II : Angélique, Claudine, Clitandre, Lubin.

ANGÉLIQUE

Claudine.

CLAUDINE

Hé bien ?

ANGÉLIQUE

Laisse la porte entr'ouverte.

CLAUDINE

Voilà qui est fait.

Scène de nuit. Les acteurs se cherchent les uns les autres dans l'obscurité.

CLITANDRE, *à Lubin.*

Ce sont elles. St.

ANGÉLIQUE

St.

LUBIN

St.

CLAUDINE

St.

CLITANDRE, *à Claudine, qu'il prend pour Angélique.*

Madame !

ANGÉLIQUE, *à Lubin, qu'elle prend pour Clitandre.*

Quoi ?

LUBIN, *à Angélique, qu'il prend pour Claudine.*

Claudine.

CLAUDINE, *à Clitandre, qu'elle prend pour Lubin.*

Qu'est-ce ?

CLITANDRE, *à Claudine, croyant*
parler à Angélique.
Ah ! madame, que de joie !
LUBIN, *à Angélique, croyant*
parler à Claudine.
Claudine ! ma pauvre Claudine !
CLAUDINE, *à Clitandre.*
Doucement, monsieur.
ANGÉLIQUE, *à Lubin.*
Tout beau, Lubin.

CLITANDRE
Est-ce toi, Claudine.

CLAUDINE
Oui.

LUBIN
Est-ce vous, madame ?

ANGÉLIQUE
Oui.

CLAUDINE, *à Clitandre.*
Vous avez pris l'une pour l'autre.
LUBIN, *à Angélique.*
Ma foi ! la nuit, on n'y voit goutte.

ANGÉLIQUE
Est-ce pas vous, Clitandre ?

CLITANDRE
Oui, madame.

ANGÉLIQUE
Mon mari ronfle comme il faut ; et j'ai pris ce
temps pour nous entretenir ici.

CLITANDRE
Cherchons quelque lieu pour nous asseoir.

CLAUDINE
C'est fort bien avisé.
Angélique, Clitandre et Claudine vont s'asseoir
dans le fond du théâtre.
LUBIN, *cherchant Claudine.*
Claudine ! où est-ce que tu es ?

Scène III : Angélique, Clitandre, Claudine,
assise au fond du théâtre, George Dandin,
à moitié déshabillé, Lubin.

GEORGE DANDIN, *à part.*
J'ai entendu descendre ma femme, et je me suis
vite habillé pour descendre après elle. Où peut-
elle être allée ? Serait-elle sortie ?
LUBIN, *cherchant Claudine et prenant*
George Dandin pour Claudine.
Où es-tu donc, Claudine ? Ah ! te voilà. Par ma
foi ! ton maître est plaisamment attrapé ; et je
trouve ceci aussi drôle que les coups de bâton de
tantôt, dont on m'a fait récit. Ta maîtresse dit
qu'il ronfle, à cette heure, comme tous les diantres ; et il ne sait pas que monsieur le vicomte et
elle sont ensemble, pendant qu'il dort. Je voudrais
bien savoir quel songe il fait maintenant. Cela est
tout à fait risible. De quoi s'avise-t-il aussi, d'être
jaloux de sa femme, et de vouloir qu'elle soit à
lui tout seul ? C'est un impertinent, et monsieur
le vicomte lui fait trop d'honneur. Tu ne dis mot,

Claudine ? Allons, suivons-les ; et me donne ta
petite menotte, que je la baise. Ah ! que cela est
doux ! Il me semble que je mange des confitures.
(*A George Dandin, qu'il prend toujours pour*
Claudine, et qui le repousse rudement.) Tudieu !
comme vous y allez ! voilà une petite menotte
qui est un peu bien rude.

GEORGE DANDIN
Qui va là ?

LUBIN
Personne.

GEORGE DANDIN
Il fuit, et me laisse informé de la nouvelle perfidie de ma coquine. Allons, il faut que, sans
tarder, j'envoie appeler son père et sa mère, et
que cette aventure me serve à me faire séparer
d'elle. Holà ! Colin ! Colin !

Scène IV : Angélique, Clitandre, Claudine,
Lubin, assis au fond du théâtre,
George Dandin, Colin.

COLIN, *à la fenêtre.*
Monsieur !

GEORGE DANDIN
Allons, vite, ici-bas.
COLIN, *sautant par la fenêtre.*
M'y voilà, on ne peut pas plus vite.

GEORGE DANDIN
Tu es là ?

COLIN
Oui, monsieur. (*Pendant que George Dandin va*
chercher Colin du côté où il a entendu sa voix,
Colin passe de l'autre, et s'endort.)
GEORGE DANDIN, *se tournant du côté*
où il croit qu'est Colin.
Doucement. Parle bas. Ecoute. Va-t'en chez mon
beau-père et ma belle-mère, et dis que je les prie
très instamment de venir tout à l'heure ici.
Entends-tu ? Hé ! Colin ! Colin !
COLIN, *de l'autre côté, se réveillant.*
Monsieur !

GEORGE DANDIN
Où diable es-tu ?

COLIN
Ici.

GEORGE DANDIN
Peste soit du maroufle, qui s'éloigne de moi !
(*Pendant que George Dandin retourne du côté où*
il croit que Colin est resté, Colin, à moitié en-
dormi, passe de l'autre côté, et se rendort.) Je te
dis que tu ailles de ce pas trouver mon beau-
père et ma belle-mère, et leur dire que je les
conjure de se rendre ici tout à l'heure. M'entends-
tu bien ? Réponds. Colin ! Colin !
COLIN, *de l'autre côté, se réveillant.*
Monsieur !

GEORGE DANDIN
Voilà un pendard qui me fera enrager ! Viens-
t'en à moi. (*Ils se rencontrent, et tombent tous*
deux.) Ah ! le traître ! il m'a estropié. Où est-ce

que tu es ? Approche, que je te donne mille coups.
Je pense qu'il me fuit.

COLIN

Assurément.

GEORGE DANDIN

Veux-tu venir ?

COLIN

Nenni, ma foi.

GEORGE DANDIN

Viens, te dis-je.

COLIN

Point. Vous me voulez battre.

GEORGE DANDIN

Hé bien ! non, je ne te ferai rien.

COLIN

Assurément ?

GEORGE DANDIN

Oui. Approche. (*A Colin, qu'il tient par le bras.*)
Bon ! Tu es bien heureux de ce que j'ai besoin
de toi. Va-t'en vite, de ma part, prier mon beau-
père et ma belle-mère de se rendre ici le plus
tôt qu'ils pourront, et leur dis que c'est pour une
affaire de la dernière conséquence ; et, s'ils faisaient quelque difficulté à cause de l'heure, ne
manque pas de les presser, et de leur faire entendre qu'il est très important qu'ils viennent, en
quelque état qu'ils soient. Tu m'entends bien maintenant ?

COLIN

Oui, monsieur.

GEORGE DANDIN

Va vite, et reviens de même. (*Se croyant seul.*)
Et moi, je vais rentrer dans ma maison, attendant que... Mais j'entends quelqu'un. Ne serait-ce
point ma femme ? Il faut que j'écoute, et me serve
de l'obscurité qu'il fait. (*George Dandin se range
près de la porte de sa maison.*)

*Scène V : Angélique, Clitandre, Claudine,
Lubin, George Dandin.*

ANGÉLIQUE, *à Clitandre.*

Adieu. Il est temps de se retirer.

CLITANDRE

Quoi ! si tôt ?

ANGÉLIQUE

Nous nous sommes assez entretenus.

CLITANDRE

Ah ! madame, puis-je assez vous entretenir, et
trouver, en si peu de temps, toutes les paroles
dont j'ai besoin ? Il me faudrait des journées
entières pour me bien expliquer à vous de tout
ce que je sens ; et je ne vous ai pas dit encore
la moindre partie de ce que j'ai à vous dire.

ANGÉLIQUE

Nous en écouterons une autre fois davantage.

CLITANDRE

Hélas ! de quel coup me percez-vous l'âme, lorsque vous parlez de vous retirer ; et avec combien de chagrins m'allez-vous laisser maintenant !

ANGÉLIQUE

Nous trouverons moyen de nous revoir.

CLITANDRE

Oui. Mais je songe qu'en me quittant, vous allez
trouver un mari. Cette pensée m'assassine ; et les
privilèges qu'ont les maris sont des choses cruelles
pour un amant qui aime bien.

ANGÉLIQUE

Serez-vous assez faible pour avoir cette inquiétude, et pensez-vous qu'on soit capable d'aimer
de certains maris qu'il y a ? On les prend parce
qu'on ne s'en peut défendre, et que l'on dépend de
parents qui n'ont des yeux que pour le bien ;
mais on sait leur rendre justice, et l'on se moque
fort de les considérer au-delà de ce qu'ils méritent.

GEORGE DANDIN, *à part.*

Voilà nos carognes de femmes !

CLITANDRE

Ah ! qu'il faut avouer que celui qu'on vous a
donné était peu digne de l'honneur qu'il a reçu,
et que c'est une étrange chose que l'assemblage
qu'on a fait d'une personne comme vous avec
un homme comme lui !

GEORGE DANDIN, *à part.*

Pauvres maris ! voilà comme on vous traite.

CLITANDRE

Vous méritez, sans doute, une toute autre destinée ; et le ciel ne vous a point faite pour être la
femme d'un paysan.

GEORGE DANDIN

Plût au ciel fût-elle la tienne ! tu changerais
bien de langage ! Rentrons ; c'en est assez. (*George
Dandin, étant rentré, ferme la porte en dedans.*)

CLAUDINE

Madame, si vous avez du mal à dire de votre
mari, dépêchez vite, car il est tard.

CLITANDRE

Ah ! Claudine, que tu es cruelle !

ANGÉLIQUE, *à Clitandre.*

Elle a raison. Séparons-nous.

CLITANDRE

Il faut donc s'y résoudre, puisque vous le voulez.
Mais, au moins, je vous conjure de me plaindre
un peu des méchants moments que je vais passer.

ANGÉLIQUE

Adieu.

LUBIN

Où es-tu, Claudine, que je te donne le bonsoir ?

CLAUDINE

Va, va, je le reçois de loin, et je t'en renvoie
autant.

*Scène VI : Angélique, Claudine,
George Dandin.*

ANGÉLIQUE

Rentrons sans faire de bruit.

CLAUDINE

La porte s'est fermée.

ANGÉLIQUE

J'ai le passe-partout.

CLAUDINE

Ouvrez donc doucement.

ANGÉLIQUE

On a fermé en dedans, et je ne sais comment nous ferons.

CLAUDINE

Appelez le garçon qui couche là.

ANGÉLIQUE

Colin ! Colin ! Colin !

GEORGE DANDIN, *à la fenêtre.*

Colin ! Colin ! Ah ! je vous y prends donc, madame ma femme ; et vous faites des *escampativos* pendant que je dors ! Je suis bien aise de cela, et de vous voir dehors à l'heure qu'il est ?

ANGÉLIQUE

Hé bien ! quel grand mal est-ce qu'il y a à prendre le frais de la nuit ?

GEORGE DANDIN

Oui, oui. L'heure est bonne à prendre le frais ! C'est bien plutôt le chaud, madame la coquine ; et nous savons toute l'intrigue du rendez-vous et du damoiseau. Nous avons entendu votre galant entretien, et les beaux vers à ma louange que vous avez dits l'un et l'autre. Mais ma consolation, c'est que je vais être vengé, et que votre père et votre mère seront convaincus maintenant de la justice de mes plaintes, et du dérèglement de votre conduite. Je les ai envoyé quérir, et ils vont être ici dans un moment.

ANGÉLIQUE, *à part.*

Ah ciel !

CLAUDINE

Madame !

GEORGE DANDIN

Voilà un coup, sans doute, où vous ne vous attendiez pas. C'est maintenant que je triomphe, et j'ai de quoi mettre à bas votre orgueil, et détruire vos artifices. Jusques ici vous avez joué mes accusations, ébloui vos parents, et plâtré vos malversations. J'ai eu beau voir et beau dire ; et votre adresse toujours l'a emporté sur mon bon droit, et toujours vous avez trouvé moyen d'avoir raison ; mais, à cette fois, Dieu merci, les choses vont être éclaircies et votre effronterie sera pleinement confondue.

ANGÉLIQUE

Hé ! je vous prie, faites-moi ouvrir la porte.

GEORGE DANDIN

Non, non : il faut attendre la venue de ceux que j'ai mandés, et je veux qu'ils vous trouvent dehors à la belle heure qu'il est. En attendant qu'ils viennent, songez, si vous voulez, à chercher dans votre tête quelque nouveau détour pour vous tirer de cette affaire ; à inventer quelque moyen de rhabiller votre escapade ; à trouver quelque ruse pour éluder ici les gens et paraître innocente ; quelque prétexte spécieux de pèlerinage nocturne, ou d'amie en travail d'enfant, que vous veniez de secourir.

ANGÉLIQUE

Non. Mon intention n'est pas de vous rien dégui-

ser. Je ne prétends point me défendre, ni vous nier les choses, puisque vous les savez.

GEORGE DANDIN

C'est que vous voyez bien que tous les moyens vous en sont fermés, et que, dans cette affaire, vous ne sauriez inventer d'excuse qu'il ne me soit facile de convaincre de fausseté.

ANGÉLIQUE

Oui, je confesse que j'ai tort, et que vous avez sujet de vous plaindre. Mais je vous demande, par grâce, de ne m'exposer point maintenant à la mauvaise humeur de mes parents, et de me faire promptement ouvrir.

GEORGE DANDIN

Je vous baise les mains.

ANGÉLIQUE

Hé ! mon pauvre petit mari, je vous en conjure !

GEORGE DANDIN

Hé ! mon pauvre petit mari ! Je suis votre petit mari maintenant, parce que vous vous sentez prise... Je suis bien aise de cela ; et vous ne vous étiez jamais avisée de me dire de ces douceurs.

ANGÉLIQUE

Tenez, je vous promets de ne vous plus donner aucun sujet de déplaisir, et de me...

GEORGE DANDIN

Tout cela n'est rien. Je ne veux point perdre cette aventure ; et il m'importe qu'on soit une fois éclairci à fond de vos déportements.

ANGÉLIQUE

De grâce, laissez-moi vous dire. Je vous demande un moment d'audience.

GEORGE DANDIN

Hé bien ! quoi ?

ANGÉLIQUE

Il est vrai que j'ai failli, je vous l'avoue encore une fois, et que votre ressentiment est juste ; que j'ai pris le temps de sortir pendant que vous dormiez ; et que cette sortie est un rendez-vous que j'avais donné à la personne que vous dites. Mais enfin ce sont des actions que vous devez pardonner à mon âge, des emportements de jeune personne qui n'a encore rien vu, et ne fait que d'entrer au monde ; des libertés où l'on s'abandonne sans y penser de mal, et qui sans doute, dans le fond, n'ont rien de...

GEORGE DANDIN

Oui : vous le dites, et ce sont de ces choses qui ont besoin qu'on les croie pieusement.

ANGÉLIQUE

Je ne veux point m'excuser, par là, d'être coupable envers vous ; et je vous prie seulement d'oublier une offense dont je vous demande pardon de tout mon cœur, et de m'épargner, en cette rencontre, le déplaisir que me pourraient causer les reproches fâcheux de mon père et de ma mère. Si vous m'accordez généreusement la grâce que je vous demande, ce procédé obligeant, cette bonté que vous me ferez voir, me gagnera entièrement ; elle touchera tout à fait mon cœur, et y fera naître pour vous tout ce que le pouvoir de mes parents et les liens du mariage n'avaient pu y jeter. En un mot, elle sera cause que je renoncerai à toutes les galanteries, et n'aurai de l'attachement que pour vous. Oui, je vous donne ma parole que vous m'allez voir désormais la meilleure femme du monde, et que je vous témoignerai tant d'amitié, tant d'amitié que vous en serez satisfait.

GEORGE DANDIN

Ah ! crocodile, qui flatte les gens pour les étrangler !

ANGÉLIQUE

Accordez-moi cette faveur.

GEORGE DANDIN

Point d'affaires. Je suis inexorable.

ANGÉLIQUE

Montrez-vous généreux.

GEORGE DANDIN

Non.

ANGÉLIQUE

De grâce !

GEORGE DANDIN

Point.

ANGÉLIQUE

Je vous en conjure de tout mon cœur.

GEORGE DANDIN

Non, non, non. Je veux qu'on soit détrompé de vous, et que votre confusion éclate.

ANGÉLIQUE

Hé bien ! si vous me réduisez au désespoir, je vous avertis qu'une femme, en cet état, est capable de tout, et que je ferai quelque chose ici dont vous vous repentirez.

GEORGE DANDIN

Hé ! que ferez-vous, s'il vous plaît ?

ANGÉLIQUE

Mon cœur se portera jusqu'aux extrêmes résolutions ; et, de ce couteau que voici, je me tuerai sur la place.

GEORGE DANDIN

Ah ! ah ! A la bonne heure.

ANGÉLIQUE

Pas tant à la bonne heure pour vous que vous vous imaginez. On sait de tous côtés nos différends, et les chagrins perpétuels que vous concevez contre moi. Lorsqu'on me trouvera morte, il n'y aura personne qui mette en doute que ce ne soit vous qui m'aurez tuée ; et mes parents ne sont pas gens, assurément, à laisser cette mort impunie, et ils en feront, sur votre personne, toute la punition que leur pourront offrir et les poursuites de la justice, et la chaleur de leur ressentiment. C'est par là que je trouverai moyen de me venger de vous ; et je ne suis pas la première qui ait su recourir à de pareilles vengeances, qui n'ait pas fait difficulté de se donner la mort, pour perdre ceux qui ont la cruauté de nous pousser à la dernière extrémité.

GEORGE DANDIN

Je suis votre valet. On ne s'avise plus de se tuer soi-même, et la mode en est passée il y a longtemps.

ANGÉLIQUE

C'est une chose dont vous pouvez vous tenir sûr ; et, si vous persistez dans votre refus, si vous ne me faites ouvrir, je vous jure que, tout à l'heure, je vais vous faire voir jusques où peut aller la résolution d'une personne qu'on met au désespoir.

GEORGE DANDIN

Bagatelles, bagatelles. C'est pour me faire peur.

ANGÉLIQUE

Hé bien ! puisqu'il le faut, voici qui nous contentera tous deux, et montrera si je me moque. (*Après avoir fait semblant de se tuer.*) Ah ! c'en est fait. Fasse le ciel que ma mort soit vengée comme je le souhaite, et que celui qui en est cause reçoive un juste châtiment de la dureté qu'il a eue pour moi !

GEORGE DANDIN

Ouais ! serait-elle bien si malicieuse que de s'être tuée pour me faire pendre ? Prenons un bout de chandelle pour aller voir.

ANGÉLIQUE, *à Claudine.*

St. Paix ! Rangeons-nous chacune immédiatement contre un des côtés de la porte.

Angélique et Claudine entrent dans la maison au moment que George Dandin en sort, et ferment la porte en dedans.

GEORGE DANDIN,

une chandelle à la main.

La méchanceté d'une femme irait-elle bien jusque-là ? (*Seul, après avoir regardé partout.*) Il n'y a personne. Hé ! je m'en étais bien douté ; et la pendarde s'est retirée, voyant qu'elle ne gagnait rien après moi, ni par prières ni par menaces. Tant mieux ! cela rendra ses affaires encore plus mauvaises ; et le père et la mère, qui vont venir, en verront mieux son crime. (*Après avoir été à la porte de sa maison pour rentrer.*) Ah ! ah ! la porte s'est fermée. Holà ! ho ! quelqu'un ! qu'on m'ouvre promptement !

ANGÉLIQUE, *à la fenêtre.*

Comment ! c'est toi ? D'où viens-tu, bon pendard ? Est-il l'heure de revenir chez soi, quand le jour est près de paraître ? et cette manière de vivre est-elle celle que doit suivre un honnête mari ?

CLAUDINE

Cela est-il beau d'aller ivrogner toute la nuit, et de laisser ainsi toute seule une pauvre jeune femme dans la maison ?

GEORGE DANDIN

Comment ! vous avez...

ANGÉLIQUE

Va, va, traître, je suis lasse de tes déportements, et je m'en veux plaindre, sans plus tarder, à mon père et à ma mère.

GEORGE DANDIN

Quoi ! c'est ainsi que vous osez...

Scène VII : *Monsieur et Madame de Sotenville,*
en déshabillé de nuit,
Colin, portant une lanterne,
Angélique et Claudine, George Dandin.

ANGÉLIQUE, *à monsieur*
et à madame de Sotenville.

Approchez, de grâce, et venez me faire raison
de l'insolence la plus grande du monde, d'un mari
à qui le vin et la jalousie ont troublé de telle sorte
la cervelle, qu'il ne sait plus ce qu'il dit, ni ce qu'il
fait ; et vous a lui-même envoyé quérir pour vous
faire témoins de l'extravagance la plus étrange
dont on ait jamais ouï parler. Le voilà qui revient,
comme vous voyez, après s'être fait attendre toute
la nuit ; et, si vous voulez l'écouter, il vous dira
qu'il a les plus grandes plaintes du monde à vous
faire de moi ; que, durant qu'il dormait, je me
suis dérobée d'auprès de lui pour m'en aller courir, et cent autres contes de même nature qu'il est
allé rêver.

GEORGE DANDIN, *à part.*
Voilà une méchante carogne !

CLAUDINE
Oui, il nous a voulu faire accroire qu'il était dans
la maison, et que nous en étions dehors ; et c'est
une folie qu'il n'y a pas moyen de lui ôter de
la tête.

MONSIEUR DE SOTENVILLE
Comment ! Qu'est-ce à dire cela ?

MADAME DE SOTENVILLE
Voilà une furieuse impudence, que de nous envoyer quérir !

GEORGE DANDIN
Jamais...

ANGÉLIQUE
Non, mon père, je ne puis plus souffrir un mari
de la sorte : ma patience est poussée à bout ; et
il vient de me dire cent paroles injurieuses.

MONSIEUR DE SOTENVILLE,
à George Dandin.
Corbleu ! vous êtes un malhonnête homme.

CLAUDINE
C'est une conscience de voir une pauvre jeune
femme traitée de la façon ; et cela crie vengeance
au ciel.

GEORGE DANDIN
Peut-on ?...

MONSIEUR DE SOTENVILLE
Allez, vous devriez mourir de honte.

GEORGE DANDIN
Laissez-moi vous dire deux mots.

ANGÉLIQUE
Vous n'avez qu'à les écouter : il va vous en conter
de belles !

GEORGE DANDIN, *à part.*
Je désespère.

CLAUDINE
Il a tant bu, que je ne pense pas qu'on puisse
durer contre lui ; et l'odeur du vin qu'il souffle
est montée jusqu'à nous.

GEORGE DANDIN
Monsieur mon beau-père, je vous conjure...

MONSIEUR DE SOTENVILLE
Retirez-vous : vous puez le vin à pleine bouche.

GEORGE DANDIN
Madame, je vous prie...

MADAME DE SOTENVILLE
Fi ! ne m'approchez pas : votre haleine est em-
pestée.

GEORGE DANDIN, *à monsieur de Sotenville.*
Souffrez que je vous...

MONSIEUR DE SOTENVILLE
Retirez-vous, vous dis-je : on ne peut vous souffrir.

GEORGE DANDIN, *à madame de Sotenville.*
Permettez, de grâce, que...

MADAME DE SOTENVILLE
Pouas ! vous m'engloutissez le cœur. Parlez de
loin, si vous voulez.

GEORGE DANDIN
Hé bien ! oui, je parle de loin. Je vous jure que
je n'ai pas bougé de chez moi, et que c'est elle qui
est sortie.

ANGÉLIQUE
Ne voilà pas ce que je vous ai dit ?

CLAUDINE
Vous voyez quelle apparence il y a.

MONSIEUR DE SOTENVILLE,
à George Dandin.
Allez ; vous vous moquez des gens. Descendez,
ma fille, et venez ici.

GEORGE DANDIN
J'atteste le ciel que j'étais dans la maison, et que...

MONSIEUR DE SOTENVILLE
Taisez-vous : c'est une extravagance qui n'est pas
supportable.

GEORGE DANDIN
Que la foudre m'écrase tout à l'heure, si...

MONSIEUR DE SOTENVILLE
Ne nous rompez pas davantage la tête, et songez
à demander pardon à votre femme.

GEORGE DANDIN
Moi ! demander pardon ?

MONSIEUR DE SOTENVILLE
Oui, pardon, sur-le-champ.

GEORGE DANDIN
Quoi ! je...

MONSIEUR DE SOTENVILLE
Corbleu ! si vous me répliquez, je vous apprendrai ce que c'est que de vous jouer à nous.

GEORGE DANDIN
Ah ! George Dandin !

MONSIEUR DE SOTENVILLE
Allons, venez, ma fille, que votre mari vous demande pardon.

ANGÉLIQUE
Moi ! lui pardonner tout ce qu'il m'a dit ? Non,
non, mon père, il m'est impossible de m'y résoudre ; et je vous prie de me séparer d'un mari
avec lequel je ne saurais plus vivre.

CLAUDINE

Le moyen d'y résister !

MONSIEUR DE SOTENVILLE

Ma fille, de semblables séparations ne se font point sans grand scandale ; et vous devez vous montrer plus sage que lui, et patienter encore cette fois.

ANGÉLIQUE

Comment patienter, après de telles indignités ? Non, mon père ; c'est une chose où je ne puis consentir.

MONSIEUR DE SOTENVILLE

Il le faut, ma fille ; et c'est moi qui vous le commande.

ANGÉLIQUE

Ce mot me ferme la bouche ; et vous avez sur moi une puissance absolue.

CLAUDINE

Quelle douceur !

ANGÉLIQUE

Il est fâcheux d'être contrainte d'oublier de telles injures ; mais, quelque violence que je me fasse, c'est à moi de vous obéir.

CLAUDINE

Pauvre mouton !

MONSIEUR DE SOTENVILLE, *à Angélique.*

Approchez.

ANGÉLIQUE

Tout ce que vous me faites faire ne servira de rien ; et vous verrez que ce sera dès demain à recommencer.

MONSIEUR DE SOTENVILLE

Nous y donnerons ordre. (*A George Dandin.*) Allons, mettez-vous à genoux.

GEORGE DANDIN

A genoux ?

MONSIEUR DE SOTENVILLE

Oui, à genoux, et sans tarder.

GEORGE DANDIN, *à genoux, une chandelle à la main.*

(*A part.*) O ciel ! (*A monsieur de Sotenville.*) Que faut-il dire ?

MONSIEUR DE SOTENVILLE

Madame, je vous prie de me pardonner...

GEORGE DANDIN

Madame, je vous prie de me pardonner...

MONSIEUR DE SOTENVILLE

L'extravagance que j'ai faite...

GEORGE DANDIN

L'extravagance que j'ai faite... (*A part.*) de vous épouser.

MONSIEUR DE SOTENVILLE

Et je vous promets de mieux vivre à l'avenir.

GEORGE DANDIN

Et je vous promets de mieux vivre à l'avenir.

MONSIEUR DE SOTENVILLE, *à George Dandin.*

Prenez-y garde, et sachez que c'est ici la dernière de vos impertinences que nous souffrirons.

MADAME DE SOTENVILLE

Jour de Dieu ! si vous y retournez, on vous apprendra le respect que vous devez à votre femme et à ceux de qui elle sort.

MONSIEUR DE SOTENVILLE

Voilà le jour qui va paraître. Adieu. (*A George Dandin.*) Rentrez chez vous, et songez bien à être sage. (*A madame de Sotenville.*) Et nous, mamour, allons nous mettre au lit.

Scène VIII : George Dandin.

Ah ! je le quitte maintenant, et je n'y vois plus de remède. Lorsqu'on a, comme moi, épousé une méchante femme, le meilleur parti qu'on puisse prendre, c'est de s'aller jeter dans l'eau, la tête la première.

L'AVARE

COMÉDIE

« *Représentée pour la première fois à Paris sur le théâtre du Palais-Royal le 9ᵉ du mois de septembre 1668 par la Troupe du Roi.* »

C'est dans Plaute, croit-on, en même temps qu'il y prenait le sujet d'Amphitryon, que Molière trouva l'idée de l'Avare. Parmi les modèles de petits traits vrais, on cite (Tallemant des Réaux et Boileau) le lieutenant criminel Tardieu et sa femme, assassinés trois ans auparavant par des voleurs.

Le service commandé de George Dandin, la lutte pour le Tartuffe, toujours, et la maladie encore — « vous avez grâce à tousser », dit Frosine à Harpagon qui invoque sa « fluxion » — auront contrarié le projet. Sa réalisation en simple prose heurta le goût de l'époque. Boileau, paraît-il, fut le seul à rire dans l'assistance. On ne dépassa pas une vingtaine de représentations.

Mais, après la mort de Molière, le succès fut assuré durablement. Plus de 1950 représentations à la Comédie-Française.

Comme pour George Dandin, il y a eu procès de « moralité » et sollicitation du comique d'Harpagon vers le « tragique au plus haut degré » (Gœthe dixit). A quoi Jouvet répliquait : « L'Avare, un merveilleux vaudeville. » Harpagons notables, de nos jours : Charles Dullin, Denis d'Inès, Jean Vilar, Georges Chamarat.

PERSONNAGES

HARPAGON, *père de Cléante et d'Elise, et amoureux de Mariane* (Molière).

CLÉANTE, *fils d'Harpagon, amant de Mariane* (Hubert).

ELISE, *fille d'Harpagon, amante de Valère* (M᠋ˡˡᵉ de Brie).

VALÈRE, *fils d'Anselme et amant d'Elise* (La Grange).

MARIANE, *amante de Cléante, et aimée d'Harpagon* (Mˡˡᵉ Molière).

ANSELME, *père de Valère et de Mariane.*

FROSINE, *femme d'intrigue* (Mad. Béjart).

MAITRE SIMON, *courtier.*

MAITRE JACQUES, *cuisinier et cocher d'Harpagon* (Du Croisy).

LA FLÈCHE, *valet de Cléante* (Béjart cadet).

DAME CLAUDE, *servante d'Harpagon.*

BRINDAVOINE, LA MERLUCHE, *laquais d'Harpagon.*

UN COMMISSAIRE, ET SON CLERC.

LA SCÈNE EST A PARIS, DANS LA MAISON D'HARPAGON.

ACTE PREMIER

Scène I : Valère, Elise.

VALÈRE

Hé quoi ! charmante Elise, vous devenez mélancolique, après les obligeantes assurances que vous avez eu la bonté de me donner de votre foi ! Je vous vois soupirer, hélas ! au milieu de ma joie ! Est-ce du regret, dites-moi, de m'avoir fait heureux ? et vous repentez-vous de cet engagement où mes feux ont pu vous contraindre ?

ÉLISE

Non, Valère, je ne puis pas me repentir de tout ce que je fais pour vous. Je m'y sens entraîner par une trop douce puissance, et je n'ai pas même la force de souhaiter que les choses ne fussent pas. Mais, à vous dire vrai, le succès me donne de l'inquiétude ; et je crains fort de vous aimer un peu plus que je ne devrais.

VALÈRE

Hé ! que pouvez-vous craindre, Elise, dans les bontés que vous avez pour moi ?

ÉLISE

Hélas ! cent choses à la fois : l'emportement d'un père, les reproches d'une famille, les censures du monde ; mais plus que tout, Valère, le changement de votre cœur, et cette froideur criminelle dont ceux de votre sexe paient le plus souvent les témoignages trop ardents d'une innocente amour.

VALÈRE

Ah ! ne me faites pas ce tort, de juger de moi par les autres ! Soupçonnez-moi de tout, Elise, plutôt que de manquer à ce que je vous dois. Je vous aime trop pour cela ; et mon amour pour vous durera autant que ma vie.

ÉLISE

Ah ! Valère, chacun tient les mêmes discours ! Tous les hommes sont semblables par les paroles ; et ce n'est que les actions qui les découvrent différents.

VALÈRE

Puisque les seules actions font connaître ce que nous sommes, attendez donc, au moins, à juger de mon cœur par elles, et ne me cherchez point des crimes dans les injustes craintes d'une fâcheuse prévoyance. Ne m'assassinez point, je vous prie, par les sensibles coups d'un soupçon outrageux ; et donnez-moi le temps de vous convaincre, par mille et mille preuves, de l'honnêteté de mes feux.

ÉLISE

Hélas ! qu'avec facilité on se laisse persuader par les personnes que l'on aime ! Oui, Valère, je tiens votre cœur incapable de m'abuser. Je crois que vous m'aimez d'un véritable amour, et que vous me serez fidèle : je n'en veux point du tout douter, et je retranche mon chagrin aux appréhensions du blâme qu'on pourra me donner.

VALÈRE

Mais pourquoi cette inquiétude ?

ÉLISE

Je n'aurais rien à craindre, si tout le monde vous voyait des yeux dont je vous vois ; et je trouve en votre personne de quoi avoir raison aux choses que je fais pour vous. Mon cœur, pour sa défense, a tout votre mérite, appuyé du secours d'une reconnaissance où le ciel m'engage envers vous. Je me représente, à toute heure, ce péril étonnant qui commença de nous offrir aux regards l'un de l'autre ; cette générosité surprenante qui vous fit risquer votre vie, pour dérober la mienne à la fureur des ondes ; ces soins pleins de tendresse que vous me fîtes éclater après m'avoir tirée de l'eau, et les hommages assidus de cet ardent amour que ni le temps ni les difficultés n'ont rebuté, et qui, vous faisant négliger et parents et patrie, arrête vos pas en ces lieux, y tient en ma faveur votre fortune déguisée, et vous a réduit, pour me voir, à vous revêtir de l'emploi de domestique de mon père. Tout cela fait chez moi, sans doute, un merveilleux effet ; et c'en est assez, à mes yeux, pour me justifier l'engagement où j'ai pu consentir ; mais ce n'est pas assez peut-être pour le justifier aux autres, et je ne suis pas sûre qu'on entre dans mes sentiments .

VALÈRE

De tout ce que vous avez dit, ce n'est que par mon seul amour que je prétends auprès de vous mériter quelque chose ; et, quant aux scrupules

que vous avez, votre père lui-même ne prend que trop de soin de vous justifier à tout le monde ; et l'excès de son avarice, et la manière austère dont il vit avec ses enfants, pourraient autoriser des choses plus étranges. Pardonnez-moi, charmante Elise, si j'en parle ainsi devant vous. Vous savez que, sur ce chapitre, on n'en peut pas dire de bien. Mais enfin, si je puis, comme je l'espère, retrouver mes parents, nous n'aurons pas beaucoup de peine à nous le rendre favorable. J'en attends des nouvelles avec impatience ; et j'en irai chercher moi-même, si elles tardent à venir.

ÉLISE

Ah ! Valère, ne bougez d'ici, je vous prie, et songez seulement à vous bien mettre dans l'esprit de mon père.

VALÈRE

Vous voyez comme je m'y prends, et les adroites complaisances qu'il m'a fallu mettre en usage pour m'introduire à son service ; sous quel masque de sympathie et de rapports de sentiments je me déguise pour lui plaire, et quel personnage je joue tous les jours avec lui, afin d'acquérir sa tendresse. J'y fais des progrès admirables ; et j'éprouve que, pour gagner les hommes, il n'est point de meilleure voie que de se parer à leurs yeux de leurs inclinations, que de donner dans leurs maximes, encenser leurs défauts, et applaudir à ce qu'ils font. On n'a que faire d'avoir peur de trop charger la complaisance, et la manière dont on les joue a beau être visible, les plus fins toujours sont de grandes dupes du côté de la flatterie ; et il n'y a rien de si impertinent et de si ridicule qu'on ne fasse avaler, lorsqu'on l'assaisonne en louange. La sincérité souffre un peu au métier que je fais ; mais, quand on a besoin des hommes, il faut bien s'ajuster à eux ; et, puisqu'on ne saurait les gagner que par là, ce n'est pas la faute de ceux qui flattent, mais de ceux qui veulent être flattés.

ÉLISE

Mais que ne tâchez-vous aussi à gagner l'appui de mon frère, en cas que la servante s'avisât de révéler notre secret ?

VALÈRE

On ne peut pas ménager l'un et l'autre ; et l'esprit du père et celui du fils sont des choses si opposées qu'il est difficile d'accommoder ces deux confidences ensemble. Mais vous, de votre part, agissez auprès de votre frère, et servez-vous de l'amitié qui est entre vous deux pour le jeter dans nos intérêts. Il vient. Je me retire. Prenez ce temps pour lui parler, et ne lui découvrez de notre affaire que ce que vous jugerez à propos.

ÉLISE

Je ne sais si j'aurai la force de lui faire cette confidence.

Scène II : Cléante, Elise.

CLÉANTE

Je suis bien aise de vous trouver seule, ma sœur ;
et je brûlais de vous parler, pour m'ouvrir à vous
d'un secret.

ÉLISE

Me voilà prête à vous ouïr, mon frère. Qu'avez-
vous à me dire ?

CLÉANTE

Bien des choses, ma sœur, enveloppées dans un
mot. J'aime.

ÉLISE

Vous aimez ?

CLÉANTE

Oui, j'aime. Mais avant que d'aller plus loin, je
sais que je dépends d'un père, et que le nom de
fils me soumet à ses volontés ; que nous ne devons
point engager notre foi sans le consentement de
ceux dont nous tenons le jour ; que le ciel les a
faits les maîtres de nos vœux, et qu'il nous est
enjoint de n'en disposer que par leur conduite ;
que, n'étant prévenus d'aucune folle ardeur, ils
sont en état de se tromper bien moins que nous,
et de voir beaucoup mieux ce qui nous est propre ;
qu'il en faut plutôt croire les lumières de leur
prudence que l'aveuglement de notre passion ; et
que l'emportement de la jeunesse nous entraîne
le plus souvent dans des précipices fâcheux. Je
vous dis cela, ma sœur, afin que vous ne vous
donniez pas la peine de me le dire ; car enfin mon
amour ne veut rien écouter, et je vous prie de ne
me point faire de remontrances.

ÉLISE

Vous êtes-vous engagé, mon frère, avec celle que
vous aimez ?

CLÉANTE

Non : mais j'y suis résolu, et je vous conjure,
encore une fois, de ne me point apporter de
raisons pour m'en dissuader.

ÉLISE

Suis-je, mon frère, une si étrange personne ?

CLÉANTE

Non, ma sœur ; mais vous n'aimez pas ; vous
ignorez la douce violence qu'un tendre amour
fait sur nos cœurs ; et j'appréhende votre sagesse.

ÉLISE

Hélas ! mon frère, ne parlons point de ma sagesse ;
il n'est personne qui n'en manque, du moins
une fois en sa vie ; et, si je vous ouvre mon
cœur, peut-être serai-je à vos yeux bien moins
sage que vous.

CLÉANTE

Ah ! plût au ciel que votre âme, comme la
mienne...

ÉLISE

Finissons auparavant votre affaire, et me dites
qui est celle que vous aimez.

CLÉANTE

Une jeune personne qui loge depuis peu en ces
quartiers, et qui semble être faite pour donner de
l'amour à tous ceux qui la voient. La nature, ma
sœur, n'a rien formé de plus aimable ; et je me
sentis transporté dès le moment que je la vis.
Elle se nomme Mariane, et vit sous la conduite
d'une bonne femme de mère qui est presque toujours malade, et pour qui cette aimable fille a des
sentiments d'amitié qui ne sont pas imaginables.
Elle la sert, la plaint et la console, avec une tendresse qui vous toucherait l'âme. Elle se prend
d'un air le plus charmant du monde aux choses
qu'elle fait ; et l'on voit briller mille grâces en
toutes ses actions, une douceur pleine d'attraits,
une bonté toute engageante, une honnêteté adorable, une... Ah ! ma sœur, je voudrais que vous
l'eussiez vue !

ÉLISE

J'en vois beaucoup, mon frère, dans les choses
que vous me dites ; et, pour comprendre ce qu'elle
est, il me suffit que vous l'aimez.

CLÉANTE

J'ai découvert sous main qu'elles ne sont pas fort
accommodées, et que leur discrète conduite a de
la peine à étendre à tous leurs besoins le bien
qu'elles peuvent avoir. Figurez-vous, ma sœur,
quelle joie ce peut être que de relever la fortune
d'une personne que l'on aime ; que de donner
adroitement quelques petits secours aux modestes
nécessités d'une vertueuse famille ; et concevez
quel déplaisir ce m'est de voir que, par l'avarice
d'un père, je sois dans l'impuissance de goûter
cette joie, et de faire éclater à cette belle aucun
témoignage de mon amour.

ÉLISE

Oui, je conçois assez, mon frère, quel doit être
votre chagrin.

CLÉANTE

Ah ! ma sœur, il est plus grand qu'on ne peut
croire. Car, enfin, peut-on rien voir de plus cruel
que cette rigoureuse épargne qu'on exerce sur
nous, que cette sécheresse étrange où l'on nous
fait languir ? Hé ! que nous servira d'avoir du
bien, s'il ne nous vient que dans le temps que
nous ne serons plus dans le bel âge d'en jouir ;
et si, pour m'entretenir même, il faut que maintenant je m'engage de tous côtés ; si je suis
réduit avec vous à chercher tous les jours les
secours des marchands, pour avoir moyen de porter des habits raisonnables ? Enfin, j'ai voulu vous
parler pour m'aider à sonder sur les
sentiments où je suis ; et, si je l'y trouve contraire,
j'ai résolu d'aller en d'autres lieux, avec cette aimable personne, jouir de la fortune que le ciel
voudra nous offrir. Je fais chercher partout, pour
ce dessein, de l'argent à emprunter ; et si vos
affaires, ma sœur, sont semblables aux miennes,
et qu'il faille que notre père s'oppose à nos désirs,
nous le quitterons là tous deux, et nous affran-
chirons de cette tyrannie où nous tient depuis si
longtemps son avarice insupportable.

ÉLISE

Il est bien vrai que tous les jours il nous donne

de plus en plus sujet de regretter là mort de notre
mère, et que...

CLÉANTE

J'entends sa voix ; éloignons-nous un peu pour
nous achever notre confidence ; et nous joindrons
après nos forces pour venir attaquer la dureté de
son humeur.

Scène III : Harpagon, La Flèche.

HARPAGON

Hors d'ici tout à l'heure, et qu'on ne réplique pas.
Allons, que l'on détale de chez moi, maître juré
filou, vrai gibier de potence !

LA FLÈCHE, *à part.*

Je n'ai jamais rien vu de si méchant que ce maudit
vieillard, et je pense, sauf correction, qu'il a le
diable au corps.

HARPAGON

Tu murmures entre tes dents !

LA FLÈCHE

Pourquoi me chassez-vous ?

HARPAGON

C'est bien à toi, pendard, à me demander des
raisons ! Sors vite, que je ne t'assomme.

LA FLÈCHE

Qu'est-ce que je vous ai fait ?

HARPAGON

Tu m'as fait que je veux que tu sortes.

LA FLÈCHE

Mon maître, votre fils, m'a donné ordre de l'attendre.

HARPAGON

Va-t-en l'attendre dans la rue, et ne sois point
dans ma maison, planté tout droit comme un
piquet, à observer ce qui se passe, et faire ton
profit de tout. Je ne veux point avoir sans cesse
devant moi un espion de mes affaires, un traître
dont les yeux maudits assiègent toutes mes
actions, dévorent ce que je possède, et furettent
de tous côtés pour voir s'il n'y a rien à voler.

LA FLÈCHE

Comment diantre voulez-vous qu'on fasse pour
vous voler ? Etes-vous un homme volable, quand
vous renfermez toutes choses, et faites sentinelle
jour et nuit ?

HARPAGON

Je veux renfermer ce que bon me semble, et faire
sentinelle comme il me plaît. Ne voilà pas de mes
mouchards, qui prennent garde à ce qu'on fait ?
(*Bas, à part.*) Je tremble qu'il n'ait soupçonné
quelque chose de mon argent. (*Haut.*) Ne serais-tu
point homme à faire courir le bruit que j'ai chez
moi de l'argent caché ?

LA FLÈCHE

Vous avez de l'argent caché ?

HARPAGON

Non, coquin, je ne dis pas cela. (*Bas.*) J'enrage.
(*Haut.*) Je demande si, malicieusement, tu n'irais
point faire courir le bruit que j'en ai.

LA FLÈCHE

Hé ! que nous importe que vous en ayez, ou que
vous n'en ayez pas, si c'est pour nous la même
chose ?

HARPAGON, *levant la main pour donner
un soufflet à La Flèche.*

Tu fais le raisonneur ! je te baillerai de ce raisonnement-ci par les oreilles. Sors d'ici, encore une
fois.

LA FLÈCHE

Hé bien ! je sors.

HARPAGON

Attends : ne m'emportes-tu rien ?

LA FLÈCHE

Que vous emporterais-je ?

HARPAGON

Tiens, viens çà, que je voie. Montre-moi tes mains.

LA FLÈCHE

Les voilà.

HARPAGON

Les autres.

LA FLÈCHE

Les autres ?

HARPAGON

Oui.

LA FLÈCHE

Les voilà.

HARPAGON, *montrant
les hauts-de-chausses de La Flèche.*

N'as-tu rien mis ici dedans ?

LA FLÈCHE

Voyez vous-même.

HARPAGON, *tâtant le bas
des hauts-de-chausses de La Flèche.*

Ces grands hauts-de-chausses sont propres à devenir les recéleurs des choses qu'on dérobe ; et je
voudrais qu'on en eût fait pendre quelqu'un.

LA FLÈCHE, *à part.*

Ah ! qu'un homme comme cela mériterait bien ce
qu'il craint ! et que j'aurais de joie à le voler !

HARPAGON

Euh ?

LA FLÈCHE

Quoi ?

HARPAGON

Qu'est-ce que tu parles de voler ?

LA FLÈCHE

Je dis que vous fouillez bien partout pour voir
si je vous ai volé.

HARPAGON

C'est ce que je veux faire. (*Harpagon fouille dans
les poches de La Flèche.*)

LA FLÈCHE, *à part.*

La peste soit de l'avarice et des avaricieux !

HARPAGON

Comment ! que dis-tu ?

LA FLÈCHE

Ce que je dis ?

HARPAGON

Oui ; qu'est-ce que tu dis d'avarice et d'avari
cieux ?

LA FLÈCHE

Je dis que la peste soit de l'avarice et des avaricieux.

HARPAGON

De qui veux-tu parler ?

LA FLÈCHE

Des avaricieux.

HARPAGON

Et qui sont-ils, ces avaricieux ?

LA FLÈCHE

Des vilains et des ladres.

HARPAGON

Mais qui est-ce que tu entends par là ?

LA FLÈCHE

De quoi vous mettez-vous en peine ?

HARPAGON

Je me mets en peine de ce qu'il faut.

LA FLÈCHE

Est-ce que vous croyez que je veux parler de vous ?

HARPAGON

Je crois ce que je crois ; mais je veux que tu me dises à qui tu parles quand tu dis cela.

LA FLÈCHE

Je parle... je parle à mon bonnet.

HARPAGON

Et moi, je pourrais bien parler à ta barrette.

LA FLÈCHE

M'empêcherez-vous de maudire les avaricieux ?

HARPAGON

Non : mais je t'empêcherai de jaser et d'être insolent. Tais-toi !

LA FLÈCHE

Je ne nomme personne.

HARPAGON

Je te rosserai si tu parles.

LA FLÈCHE

Qui se sent morveux, qu'il se mouche.

HARPAGON

Te tairas-tu ?

LA FLÈCHE

Oui, malgré moi.

HARPAGON

Ah ! ah !

LA FLÈCHE, *montrant à Harpagon une poche de son justaucorps.*

Tenez, voilà encore une poche : êtes-vous satisfait ?

HARPAGON

Allons, rends-le moi sans te fouiller.

LA FLÈCHE

Quoi ?

HARPAGON

Ce que tu m'as pris.

LA FLÈCHE

Je ne vous ai rien pris du tout.

HARPAGON

Assurément ?

LA FLÈCHE

Assurément.

HARPAGON

Adieu. Va-t'en à tous les diables !

LA FLÈCHE, *à part.*

Me voilà fort bien congédié.

HARPAGON

Je te le mets sur la conscience, au moins. Voilà un pendard de valet qui m'incommode fort ; et je ne me plais point à voir ce chien de boiteux-là.

Scène IV : Harpagon, Elise, Cléante.

HARPAGON

Certes, ce n'est pas une petite peine que de garder chez soi une grande somme d'argent ; et bien heureux qui a tout son fait bien placé, et ne conserve seulement que ce qu'il faut pour sa dépense ! On n'est pas peu embarrassé à inventer, dans toute une maison, une cache fidèle ; car pour moi, les coffres-forts me sont suspects, et je ne veux jamais m'y fier. Je les tiens justement une franche amorce à voleurs ; et c'est toujours la première chose que l'on va attaquer. Cependant, je ne sais si j'aurai bien fait d'avoir enterré, dans mon jardin, dix mille écus qu'on me rendit hier. Dix mille écus en or chez soi, est une somme assez... (*A part, apercevant Elise et Cléante.*) O ciel ! je me serai trahi moi-même ! la chaleur m'aura emporté, et je crois que j'ai parlé haut, en raisonnant tout seul. (*A Cléante et à Elise.*) Qu'est-ce ?

CLÉANTE

Rien, mon père.

HARPAGON

Y a-t-il longtemps que vous êtes là ?

ÉLISE

Nous ne venons que d'arriver.

HARPAGON

Vous avez entendu...

CLÉANTE

Quoi, mon père ?

HARPAGON

Là...

ÉLISE

Quoi ?

HARPAGON

Ce que je viens de dire.

CLÉANTE

Non.

HARPAGON

Si fait, si fait.

ÉLISE

Pardonnez-moi.

HARPAGON

Je vois bien que vous en avez ouï quelques mots. C'est que je m'entretenais en moi-même de la peine qu'il y a aujourd'hui à trouver de l'argent, et je disais qu'il est bienheureux qui peut avoir dix mille écus chez soi.

CLÉANTE

Nous feignions à vous aborder, de peur de vous interrompre.

HARPAGON

Je suis bien aise de vous dire cela, afin que vous n'alliez pas prendre les choses de travers, et vous imaginer que je dise que c'est moi qui ai dix mille écus.

CLÉANTE

Nous n'entrons point dans vos affaires.

HARPAGON

Plût à Dieu que je les eusse, dix mille écus !

CLÉANTE

Je ne crois pas...

HARPAGON

Ce serait une bonne affaire pour moi.

ÉLISE

Ce sont des choses...

HARPAGON

J'en aurais bon besoin.

CLÉANTE

Je pense que...

HARPAGON

Cela m'accommoderait fort.

ÉLISE

Vous êtes...

HARPAGON

Et je ne me plaindrais pas, comme je fais, que le temps est misérable.

CLÉANTE

Mon Dieu ! mon père, vous n'avez pas lieu de vous plaindre, et l'on sait que vous avez assez de bien.

HARPAGON

Comment, j'ai assez de bien ! Ceux qui le disent en ont menti. Il n'y a rien de plus faux ; et ce sont des coquins qui font courir tous ces bruits-là.

ÉLISE

Ne vous mettez point en colère.

HARPAGON

Cela est étrange, que mes propres enfants me trahissent, et deviennent mes ennemis.

CLÉANTE

Est-ce être votre ennemi que de dire que vous avez du bien ?

HARPAGON

Oui. De pareils discours, et les dépenses que vous faites, seront cause qu'un de ces jours on me viendra chez moi couper la gorge, dans la pensée que je suis tout cousu de pistoles.

CLÉANTE

Quelle grande dépense est-ce que je fais ?

HARPAGON

Quelle ? Est-il rien de plus scandaleux que ce somptueux équipage que vous promenez par la ville ? Je querellais hier votre sœur ; mais c'est encore pis. Voilà qui crie vengeance au ciel ; et, à vous prendre depuis les pieds jusqu'à la tête, il y aurait là de quoi faire une bonne constitution. Je vous l'ai dit vingt fois, mon fils, toutes vos manières me déplaisent fort ; vous donnez furieu-

sement dans le marquis ; et pour aller ainsi vêtu, il faut bien que vous me dérobiez.

CLÉANTE

Hé ! comment vous dérober ?

HARPAGON

Que sais-je ? Où pouvez-vous donc prendre de quoi entretenir l'état que vous portez ?

CLÉANTE

Moi, mon père ? c'est que je joue ; et, comme je suis fort heureux, je mets sur moi tout l'argent que je gagne.

HARPAGON

C'est fort mal fait. Si vous êtes heureux au jeu, vous en devriez profiter, et mettre à honnête intérêt l'argent que vous gagnez, afin de le trouver un jour. Je voudrais bien savoir, sans parler du reste, à quoi servent tous ces rubans dont vous voilà lardé depuis les pieds jusqu'à la tête, et si une demi-douzaine d'aiguillettes ne suffit pas pour attacher un haut-de-chausses. Il est bien nécessaire d'employer de l'argent à des perruques, lorsque l'on peut porter des cheveux de son cru, qui ne coûtent rien ! Je vais gager qu'en perruques et rubans il y a du moins vingt pistoles ; et vingt pistoles rapportent par année dix-huit livres six sous huit deniers, à ne les placer qu'au denier douze.

CLÉANTE

Vous avez raison.

HARPAGON

Laissons cela, et parlons d'autre affaire. (*Apercevant Cléante et Elise qui se font des signes.*) Hé ! (*Bas, à part.*) Je crois qu'ils se font signe l'un à l'autre de me voler ma bourse. (*Haut.*) Que veulent dire ces gestes-là ?

ÉLISE

Nous marchandons, mon frère et moi, à qui parlera le premier, et nous avons tous deux quelque chose à vous dire.

HARPAGON

Et moi j'ai quelque chose aussi à vous dire à tous deux.

CLÉANTE

C'est de mariage, mon père, que nous désirons vous parler.

HARPAGON

Et c'est de mariage aussi que je veux vous entretenir.

ÉLISE

Ah ! mon père !

HARPAGON

Pourquoi ce cri ? Est-ce le mot, ma fille, ou la chose qui vous fait peur ?

CLÉANTE

Le mariage peut nous faire peur à tous deux de la façon que vous pouvez l'entendre, et nous craignons que nos sentiments ne soient pas d'accord avec votre choix.

HARPAGON

Un peu de patience ; ne vous alarmez point. Je sais ce qu'il faut à tous deux, et vous n'aurez, ni l'un ni l'autre, aucun lieu de vous plaindre de tout ce que je prétends faire ; et, pour commencer par un bout (*A Cléante.*), avez-vous vu, dites-moi, une jeune personne appelée Mariane, qui ne loge pas loin d'ici ?

CLÉANTE

Oui, mon père.

HARPAGON

Et vous ?

ÉLISE

J'en ai ouï parler.

HARPAGON

Comment, mon fils, trouvez-vous cette fille ?

CLÉANTE

Une fort charmante personne.

HARPAGON

Sa physionomie ?

CLÉANTE

Tout honnête et pleine d'esprit.

HARPAGON

Son air et sa manière ?

CLÉANTE

Admirables, sans doute.

HARPAGON

Ne croyez-vous pas qu'une fille comme cela mériterait assez que l'on songeât à elle ?

CLÉANTE

Oui, mon père.

HARPAGON

Que ce serait un parti souhaitable ?

CLÉANTE

Très souhaitable.

HARPAGON

Qu'elle a toute la mine de faire un bon ménage ?

CLÉANTE

Sans doute.

HARPAGON

Et qu'un mari aurait satisfaction avec elle ?

CLÉANTE

Assurément.

HARPAGON

Il y a une petite difficulté : c'est que j'ai peur qu'il n'y ait pas, avec elle, tout le bien qu'on pourrait prétendre.

CLÉANTE

Ah ! mon père, le bien n'est pas considérable lorsqu'il est question d'épouser une honnête personne.

HARPAGON

Pardonnez-moi, pardonnez-moi. Mais ce qu'il y a à dire, c'est que, si l'on n'y trouve pas tout le bien qu'on souhaite, on peut tâcher de regagner cela sur autre chose.

CLÉANTE

Cela s'entend.

HARPAGON

Enfin, je suis bien aise de vous voir dans mes sentiments ; car son maintien honnête et sa douceur m'ont gagné l'âme, et je suis résolu de l'épouser, pourvu que j'y trouve quelque bien.

CLÉANTE

Euh ?

HARPAGON

Comment ?

CLÉANTE

Vous êtes résolu, dites-vous...

HARPAGON

D'épouser Mariane.

CLÉANTE

Qui ? vous, vous ?

HARPAGON

Oui, moi, moi, moi. Que veut dire cela ?

CLÉANTE

Il m'a pris tout à coup un éblouissement, et je me retire d'ici.

HARPAGON

Cela ne sera rien. Allez vite boire dans la cuisine un grand verre d'eau claire. Voilà de mes damoiseaux flouets, qui n'ont non plus de vigueur que des poules. C'est là, ma fille, ce que j'ai résolu pour moi. Quant à ton frère, je lui destine une certaine veuve dont, ce matin, on m'est venu parler ; et, pour toi, je te donne au seigneur Anselme.

ÉLISE

Au seigneur Anselme ?

HARPAGON

Oui, un homme mûr, prudent et sage, qui n'a pas plus de cinquante ans, et dont on vante les grands biens.

ÉLISE, *faisant la révérence.*

Je ne veux point me marier, mon père, s'il vous plaît.

HARPAGON, *contrefaisant Elise.*

Et moi, ma petite fille, ma mie, je veux que vous vous mariiez, s'il vous plaît.

ÉLISE, *faisant encore la révérence.*

Je vous demande pardon, mon père.

HARPAGON, *contrefaisant Elise.*

Je vous demande pardon, ma fille.

ÉLISE

Je suis très humble servante au seigneur Anselme ; mais (*Faisant encore la révérence.*), avec votre permission, je ne l'épouserai point.

HARPAGON

Je suis votre très humble valet ; mais (*Contrefaisant Elise.*), avec votre permission, vous l'épouserez dès ce soir.

ÉLISE

Dès ce soir ?

HARPAGON

Dès ce soir.

ÉLISE, *faisant encore la révérence.*

Cela ne sera pas, mon père.

HARPAGON, *contrefaisant encore Elise.*

Cela sera, ma fille.

ÉLISE

Non.

HARPAGON

Si.

ÉLISE

Non, vous dis-je.

HARPAGON

Si, vous dis-je.

ÉLISE

C'est une chose où vous ne me réduirez point.

HARPAGON

C'est une chose où je te réduirai.

ÉLISE

Je me tuerai plutôt que d'épouser un tel mari.

HARPAGON

Tu ne te tueras point, et tu l'épouseras. Mais voyez quelle audace ! A-t-on jamais vu une fille parler de la sorte à son père ?

ÉLISE

Mais a-t-on jamais vu un père marier sa fille de la sorte ?

HARPAGON

C'est un parti où il n'y a rien à redire ; et je gage que tout le monde approuvera mon choix.

ÉLISE

Et moi, je gage qu'il ne saurait être approuvé d'aucune personne raisonnable.

HARPAGON, *apercevant Valère de loin.*

Voilà Valère. Veux-tu qu'entre nous deux nous le fassions juge de cette affaire ?

ÉLISE

J'y consens.

HARPAGON

Te rendras-tu à son jugement ?

ÉLISE

Oui ; j'en passerai par ce qu'il dira.

HARPAGON

Voilà qui est fait.

Scène V : *Valère, Harpagon, Elise.*

HARPAGON

Ici, Valère. Nous t'avons élu pour nous dire qui a raison de ma fille ou de moi.

VALÈRE

C'est vous, monsieur, sans contredit.

HARPAGON

Sais-tu bien de quoi nous parlons ?

VALÈRE

Non. Mais vous ne sauriez avoir tort, et vous êtes toute raison.

HARPAGON

Je veux, ce soir, lui donner pour époux un homme aussi riche que sage ; et la coquine me dit au nez qu'elle se moque de le prendre. Que dis-tu de cela ?

VALÈRE

Ce que j'en dis ?

HARPAGON

Oui.

VALÈRE

Hé ! hé !

HARPAGON

Quoi ?

VALÈRE

Je dis que, dans le fond, je suis de votre senti-

ment ; et vous ne pouvez pas que vous n'ayez raison. Mais aussi n'a-t-elle pas tort tout à fait, et...

HARPAGON

Comment ? Le seigneur Anselme est un parti considérable ; c'est un gentilhomme qui est noble, doux, posé, sage et fort accommodé, et auquel il ne reste aucun enfant de son premier mariage. Saurait-elle mieux rencontrer ?

VALÈRE

Cela est vrai. Mais elle pourrait vous dire que c'est un peu précipiter les choses, et qu'il faudrait au moins quelque temps pour voir si son inclination pourra s'accommoder avec...

HARPAGON

C'est une occasion qu'il faut prendre vite aux cheveux. Je trouve ici un avantage qu'ailleurs je ne trouverais pas ; et il s'engage à la prendre sans dot.

VALÈRE

Sans dot ?

HARPAGON

Oui.

VALÈRE

Ah ! je ne dis plus rien. Voyez-vous ? voilà une raison tout à fait convaincante ; il se faut rendre à cela.

HARPAGON

C'est pour moi une épargne considérable.

VALÈRE

Assurément ; cela ne reçoit point de contradiction. Il est vrai que votre fille peut vous représenter que le mariage est une plus grande affaire qu'on ne peut croire ; qu'il y va d'être heureux ou malheureux toute sa vie ; et qu'un engagement qui doit durer jusqu'à la mort ne se doit jamais faire qu'avec de grandes précautions.

HARPAGON

Sans dot !

VALÈRE

Vous avez raison ; voilà qui décide tout, cela s'entend. Il y a des gens qui pourraient vous dire qu'en de telles occasions l'inclination d'une fille est une chose, sans doute, où l'on doit avoir de l'égard ; et que cette grande inégalité d'âge, d'humeur et de sentiments, rend un mariage sujet à des accidents très fâcheux.

HARPAGON

Sans dot.

VALÈRE

Ah ! il n'y a pas de réplique à cela ; on le sait bien. Qui diantre peut aller là contre ? Ce n'est pas qu'il n'y ait quantité de pères qui aimeraient mieux ménager la satisfaction de leurs filles que l'argent qu'ils pourraient donner ; qui ne les voudraient point sacrifier à l'intérêt, et chercheraient, plus que toute autre chose, à mettre dans un mariage cette douce conformité qui sans cesse y maintient l'honneur, la tranquillité et la joie ; et que...

HARPAGON

Sans dot !

VALÈRE

Il est vrai ; cela ferme la bouche à tout. Sans dot ! Le moyen de résister à une raison comme celle-là ?

HARPAGON, à part, regardant du côté du jardin.

Ouais ! il me semble que j'entends un chien qui aboie. N'est-ce point qu'on en voudrait à mon argent ? (A Valère.) Ne bougez ; je reviens tout à l'heure.

ÉLISE

Vous moquez-vous, Valère, de lui parler comme vous faites ?

VALÈRE

C'est pour ne point l'aigrir, et pour en venir mieux à bout. Heurter de front ses sentiments est le moyen de tout gâter ; et il y a de certains esprits qu'il ne faut prendre qu'en biaisant ; des tempéraments ennemis de toute résistance ; des naturels rétifs, que la vérité fait cabrer, qui toujours se raidissent contre le droit chemin de la raison, et qu'on ne mène qu'en tournant où l'on veut les conduire. Faites semblant de consentir à ce qu'il veut, vous en viendrez mieux à vos fins ; et...

ÉLISE

Mais ce mariage, Valère !

VALÈRE

On cherchera des biais pour le rompre.

ÉLISE

Mais quelle invention trouver, s'il doit se conclure ce soir ?

VALÈRE

Il faut demander un délai, et feindre quelque maladie.

ÉLISE

Mais on découvrira la feinte, si l'on appelle des médecins.

VALÈRE

Vous moquez-vous ? Y connaissent-ils quelque chose ? Allez, allez, vous pourrez avec eux avoir quel mal il vous plaira ; ils vous trouveront des raisons pour vous dire d'où cela vient.

HARPAGON, à part, dans le fond du théâtre.

Ce n'est rien, Dieu merci.

VALÈRE, sans voir Harpagon.

Enfin, notre dernier recours, c'est que la fuite nous peut mettre à couvert de tout ; et si votre amour, belle Elise, est capable d'une fermeté... (Apercevant Harpagon.) Oui, il faut qu'une fille obéisse à son père. Il ne faut point qu'elle regarde comme un mari est fait ; et lorsque la grande raison de sans dot s'y rencontre, elle doit être prête à prendre tout ce qu'on lui donne.

HARPAGON

Bon ; voilà bien parlé, cela !

VALÈRE

Monsieur, je vous demande pardon si je m'emporte un peu, et prends la hardiesse de lui parler comme je fais.

HARPAGON

Comment ! j'en suis ravi, et je veux que tu prennes sur elle un pouvoir absolu. (A Elise.) Oui, tu as beau fuir, je lui donne l'autorité que le ciel me donne sur toi, et j'entends que tu fasses tout ce qu'il te dira.

VALÈRE, à Elise.

Après cela, résistez à mes remontrances. Monsieur, je vais la suivre, pour lui continuer les leçons que je lui faisais.

HARPAGON

Oui, tu m'obligeras. Certes...

VALÈRE

Il est bon de lui tenir un peu la bride haute.

HARPAGON

Cela est vrai. Il faut...

VALÈRE

Ne vous mettez pas en peine. Je crois que j'en viendrai à bout.

HARPAGON

Fais, fais. Je m'en vais faire un petit tour en ville, et je reviens tout à l'heure.

VALÈRE, adressant la parole à Elise, en s'en allant du côté par où elle est sortie.

Oui, l'argent est plus précieux que toutes les choses du monde, et vous devez rendre grâces au ciel de l'honnête homme de père qu'il vous a donné. Il sait ce que c'est que de vivre. Lorsqu'on s'offre de prendre une fille sans dot, on ne doit point regarder plus avant. Tout est renfermé làdedans ; et sans dot tient lieu de beauté, de jeunesse, de naissance, d'honneur, de sagesse et de probité.

HARPAGON

Ah ! le brave garçon ! Voilà parlé comme un oracle. Heureux qui peut avoir un domestique de la sorte.

ACTE SECOND

Scène 1 : Cléante, La Flèche.

CLÉANTE

Ah ! traître que tu es ! où t'es-tu donc allé fourrer ? Ne t'avais-je pas donné ordre... ?

LA FLÈCHE

Oui, monsieur, et je m'étais rendu ici pour vous attendre de pied ferme : mais monsieur votre père le plus malgracieux des hommes, m'a chassé dehors malgré moi, et j'ai couru risque d'être battu.

CLÉANTE

Comment va notre affaire ? Les choses pressent plus que jamais ; et, depuis que je ne t'ai vu, j'ai découvert que mon père est mon rival.

LA FLÈCHE

Votre père amoureux ?

CLÉANTE

Oui ; et j'ai eu toutes les peines du monde à lui cacher le trouble où cette nouvelle m'a mis.

LA FLÈCHE

Lui se mêler d'aimer ! De quoi diable s'avise-t-il ? Se moque-t-il du monde ? Et l'amour a-t-il été fait pour des gens bâtis comme lui ?

CLÉANTE

Il a fallu, pour mes péchés, que cette passion lui soit venue en tête.

LA FLÈCHE

Mais par quelle raison lui faire un mystère de votre amour ?

CLÉANTE

Pour lui donner moins de soupçon, et me conserver, au besoin, des ouvertures plus aisées pour détourner ce mariage. Quelle réponse t'a-t-on faite ?

LA FLÈCHE

Ma foi, monsieur, ceux qui empruntent sont bien malheureux ; et il faut essuyer d'étranges choses, lorsqu'on en est réduit à passer, comme vous, par les mains des fesse-mathieux.

CLÉANTE

L'affaire ne se fera point ?

LA FLÈCHE

Pardonnez-moi. Notre maître Simon, le courtier qu'on nous a donné, homme agissant et plein de zèle, dit qu'il a fait rage pour vous, et il assure que votre seule physionomie lui a gagné le cœur.

CLÉANTE

J'aurais les quinze mille francs que je demande ?

LA FLÈCHE

Oui, mais à quelques petites conditions qu'il faudra que vous acceptiez, si vous avez dessein que les choses se fassent.

CLÉANTE

T'a-t-il fait parler à celui qui doit prêter l'argent ?

LA FLÈCHE

Ah ! vraiment, cela ne va pas de la sorte. Il apporte encore plus de soin à se cacher que vous ; et ce sont des mystères bien plus grands que vous ne pensez. On ne veut point du tout dire son nom ; et l'on doit aujourd'hui l'aboucher avec vous dans une maison empruntée, pour être instruit par votre bouche de votre bien et de votre famille ; et je ne doute point que le seul nom de votre père ne rende les choses faciles.

CLÉANTE

Et principalement notre mère étant morte, dont on ne peut m'ôter le bien.

LA FLÈCHE

Voici quelques articles qu'il a dictés lui-même à notre entremetteur, pour vous être montrés avant que de rien faire :

Supposé que le prêteur voie toutes ses sûretés et que l'emprunteur soit majeur, et d'une famille où le bien soit ample, solide, assuré, clair, et net de tout embarras, on fera une bonne et exacte obligation par-devant un notaire, le plus honnête homme qu'il se pourra, et qui, pour cet effet, sera choisi par le prêteur, auquel il importe le plus que l'acte soit dûment dressé.

CLÉANTE

Il n'y a rien à dire à cela.

LA FLÈCHE

Le prêteur, pour ne charger sa conscience d'aucun scrupule, prétend ne donner son argent qu'au denier dix-huit.

CLÉANTE

Au denier dix-huit ? Parbleu ! voilà qui est honnête. Il n'y a pas lieu de se plaindre.

LA FLÈCHE

Cela est vrai.

Mais, comme ledit prêteur n'a pas chez lui la somme dont il est question, et que, pour faire plaisir à l'emprunteur, il est contraint lui-même de l'emprunter d'un autre sur le pied du denier cinq, il conviendra que ledit premier emprunteur paie cet intérêt, sans préjudice du reste, attendu que ce n'est que pour l'obliger que ledit prêteur s'engage à cet emprunt.

CLÉANTE

Comment diable ! quel Juif, quel Arabe est-ce là ? C'est plus qu'au denier quatre.

LA FLÈCHE

Il est vrai ; c'est ce que j'ai dit. Vous avez à voir là-dessus.

CLÉANTE

Que veux-tu que je voie ? J'ai besoin d'argent, et il faut bien que je consente à tout.

LA FLÈCHE

C'est la réponse que j'ai faite.

CLÉANTE

Il y a encore quelque chose ?

LA FLÈCHE

Ce n'est plus qu'un petit article.

Des quinze mille francs qu'on demande, le prêteur ne pourra compter en argent que douze mille livres ; et, pour les mille écus restants, il faudra que l'emprunteur prenne les hardes, nippes, bijoux, dont s'ensuit le mémoire, et que ledit prêteur a mis, de bonne foi, au plus modique prix qu'il lui a été possible.

CLÉANTE

Que veut dire cela ?

LA FLÈCHE

Ecoutez le mémoire :

Premièrement, un lit de quatre pieds à bandes de points de Hongrie, appliquées fort proprement sur un drap de couleur d'olive, avec six chaises et la courte-pointe de même : le tout bien conditionné, et doublé d'un petit taffetas changeant rouge et bleu.

Plus, un pavillon à queue, d'une bonne serge d'Aumale rose-sèche, avec le mollet et les franges de soie.

CLÉANTE

Que veut-il que je fasse de cela ?

LA FLÈCHE

Attendez.

Plus, une tenture de tapisserie des amours de Gombaut et de Macée.

Plus, une grande table de bois de noyer, à douze colonnes ou piliers tournés, qui se tire par les deux bouts, et garnie par le dessous de ses six escabelles.

CLÉANTE

Qu'ai-je affaire, morbleu... ?

LA FLÈCHE

Donnez-vous patience.

Plus, trois gros mousquets tout garnis de nacre de perle, avec les trois fourchettes assortissantes.

Plus, un fourneau de brique, avec deux cornues, et trois récipients, fort utiles à ceux qui sont curieux de distiller.

CLÉANTE

J'enrage.

LA FLÈCHE

Doucement.

Plus, un luth de Bologne, garni de toutes ses cordes, ou peu s'en faut.

Plus, un trou-madame et un damier, avec un jeu de l'oie, renouvelé des Grecs, fort propres à passer le temps lorsque l'on n'a que faire.

Plus, une peau d'un lézard de trois pieds et demi, remplie de foin : curiosité agréable pour pendre au plancher d'une chambre.

Le tout ci-dessus mentionné valant loyalement plus de quatre mille cinq cents livres, et rabaissé à la valeur de mille écus, par la discrétion du prêteur.

CLÉANTE

Que la peste l'étouffe avec sa discrétion, le traître, le bourreau qu'il est ! A-t-on jamais parlé d'une usure semblable ? et n'est-il pas content du furieux intérêt qu'il exige, sans vouloir encore m'obliger à prendre pour trois mille livres les vieux rogatons qu'il ramasse ? Je n'aurai pas deux cents écus de tout cela ; et cependant il faut bien me résoudre à consentir à ce qu'il veut ; car il est en état de me faire tout accepter, et il me tient, le scélérat, le poignard sur la gorge.

LA FLÈCHE

Je vous vois, monsieur, ne vous en déplaise, dans le grand chemin justement que tenait Panurge pour se ruiner, prenant argent d'avance, achetant cher, vendant à bon marché, et mangeant son blé en herbe.

CLÉANTE

Que veux-tu que j'y fasse ? Voilà où les jeunes gens sont réduits par la maudite avarice des pères ; et on s'étonne, après cela, que les fils souhaitent qu'ils meurent !

LA FLÈCHE

Il faut avouer que le vôtre animerait contre sa vilenie le plus posé homme du monde. Je n'ai pas, Dieu merci, les inclinations fort patibulaires ; et, parmi mes confrères que je vois se mêler de beaucoup de petits commerces, je sais tirer adroitement mon épingle du jeu, et me démêler prudemment de toutes les galanteries qui sentent tant soit peu l'échelle : mais, à vous dire vrai, il me donnerait, par ses procédés, des tentations de le voler ; et je croirais, en le volant, faire une action méritoire.

CLÉANTE

Donne-moi un peu ce mémoire, que je le voie encore.

Scène II : Harpagon, Maître Simon, Cléante et La Flèche, dans le fond du théâtre.

MAITRE SIMON

Oui, monsieur, c'est un jeune homme qui a besoin d'argent ; ses affaires le pressent d'en trouver, et il en passera par tout ce que vous en prescrirez.

HARPAGON

Mais croyez-vous, maître Simon, qu'il n'y ait rien à péricliter ? et savez-vous le nom, les biens et la famille de celui pour qui vous parlez ?

MAITRE SIMON

Non. Je ne puis pas bien vous en instruire à fond ; et ce n'est que par aventure que l'on m'a adressé à lui ; mais vous en serez de toutes choses éclairci par lui-même, et son homme m'a assuré que vous serez content quand vous le connaîtrez. Tout ce que je saurais vous dire, c'est que sa famille est fort riche, qu'il n'a plus de mère déjà, et qu'il s'obligera, si vous voulez, que son père mourra avant qu'il soit huit mois.

HARPAGON

C'est quelque chose que cela. La charité, maître Simon, nous oblige à faire plaisir aux personnes, lorsque nous le pouvons.

MAITRE SIMON

Cela s'entend.

LA FLÈCHE, *bas, à Cléante, reconnaissant maître Simon.*

Que veut dire ceci ? Notre maître Simon qui parle à votre père !

CLÉANTE, *bas, à La Flèche.*

Lui aurait-on appris qui je suis ? et serais-tu pour nous trahir ?

MAITRE SIMON, *à La Flèche.*

Ah ! ah ! vous êtes bien pressés ! Qui vous a dit que c'était céans ? (*A Harpagon.*) Ce n'est pas moi, monsieur, au moins, qui leur ai découvert votre nom et votre logis ; mais, à mon avis, il n'y a pas grand mal à cela ; ce sont des personnes discrètes, et vous pouvez ici vous expliquer ensemble.

HARPAGON

Comment ?

MAITRE SIMON, *montrant Cléante.*

Monsieur est la personne qui veut vous emprunter les quinze mille livres dont je vous ai parlé.

HARPAGON

Comment, pendard, c'est toi qui t'abandonnes à ces coupables extrémités !

CLÉANTE

Comment, mon père, c'est vous qui vous portez à ces honteuses actions ! (*Maître Simon s'enfuit, et La Flèche va se cacher.*)

HARPAGON

C'est toi qui te veux ruiner par des emprunts si condamnables !

CLÉANTE

C'est vous qui cherchez à vous enrichir par des usures si criminelles !

HARPAGON

Oses-tu bien, après cela, paraître devant moi ?

CLÉANTE

Osez-vous bien, après cela, vous présenter aux yeux du monde ?

HARPAGON

N'as-tu point de honte, dis-moi, d'en venir à ces débauches-là, de te précipiter dans des dépenses effroyables, et de faire une honteuse dissipation du bien que tes parents t'ont amassé avec tant de sueurs ?

CLÉANTE

Ne rougissez-vous point de déshonorer votre condition par les commerces que vous faites ; de sacrifier gloire et réputation au désir insatiable d'entasser écu sur écu, et de renchérir, en fait d'intérêt, sur les plus infâmes subtilités qu'aient jamais inventées les plus célèbres usuriers ?

HARPAGON

Ote-toi de mes yeux, coquin ; ôte-toi de mes yeux !

CLÉANTE

Qui est plus criminel, à votre avis, ou celui qui achète un argent dont il a besoin, ou bien celui qui vole un argent dont il n'a que faire ?

HARPAGON

Retire-toi, te dis-je, et ne m'échauffe pas les oreilles. (*Seul.*) Je ne suis pas fâché de cette aventure ; et ce m'est un avis de tenir l'œil plus que jamais sur toutes ses actions.

Scène III : Frosine, Harpagon.

FROSINE

Monsieur...

HARPAGON

Attendez un moment : je vais revenir vous parler. (*A part.*) Il est à propos que je fasse un petit tour à mon argent.

Scène IV : La Flèche, Frosine.

LA FLÈCHE, *sans voir Frosine.*

L'aventure est tout à fait drôle ! Il faut bien qu'il ait quelque part un ample magasin de hardes ; car nous n'avons rien reconnu au mémoire que nous avons.

FROSINE

Hé ! c'est toi, mon pauvre La Flèche ! D'où vient cette rencontre ?

LA FLÈCHE

Ah ! ah ! c'est toi, Frosine ! Que viens-tu faire ici ?

FROSINE

Ce que je fais partout ailleurs : m'entremettre d'affaires, me rendre serviable aux gens, et profiter, du mieux qu'il m'est possible, des petits talents que je puis avoir. Tu sais que, dans ce monde, il faut vivre d'adresse, et qu'aux personnes comme moi le ciel n'a donné d'autres rentes que l'intrigue et que l'industrie.

LA FLÈCHE

As-tu quelque négoce avec le patron du logis ?

FROSINE

Oui. Je traite pour lui quelque petite affaire, dont j'espère une récompense.

LA FLÈCHE

De lui ? Ah ! ma foi, tu seras bien fine, si tu en tires quelque chose ; et je te donne avis que l'argent céans est fort cher.

FROSINE

Il y a de certains services qui touchent merveilleusement.

LA FLÈCHE

Je suis votre valet ; et tu ne connais pas encore le seigneur Harpagon. Le seigneur Harpagon est de tous les humains l'humain le moins humain, le mortel de tous les mortels le plus dur et le plus serré. Il n'est point de service qui pousse sa reconnaissance jusqu'à lui faire ouvrir les mains. De la louange, de l'estime, de la bienveillance en paroles, et de l'amitié, tant qu'il vous plaira ; mais de l'argent, point d'affaires. Il n'est rien de plus sec et de plus aride que ses bonnes grâces et ses caresses ; et *donner* est un mot pour qui il a tant d'aversion, qu'il ne dit jamais : *je vous donne,* mais *je vous prête le bonjour.*

FROSINE

Mon Dieu ! je sais l'art de traire les hommes ; j'ai le secret de m'ouvrir leur tendresse, de chatouiller leurs cœurs, de trouver les endroits par où ils sont sensibles.

LA FLÈCHE

Bagatelles ici. Je te défie d'attendrir du côté de l'argent l'homme dont il est question. Il est Turc là-dessus, mais d'une turquerie à désespérer tout le monde ; et l'on pourrait crever, qu'il n'en branlerait pas. En un mot, il aime l'argent plus que réputation, qu'honneur, et que vertu ; et la vue d'un demandeur lui donne des convulsions ; c'est le frapper par son endroit mortel, c'est lui percer le cœur, c'est lui arracher les entrailles ; et si... Mais il revient : je me retire.

Scène V : Harpagon, Frosine.

HARPAGON, *bas.*

Tout va comme il faut. (*Haut.*) Hé bien ! qu'est-ce, Frosine ?

FROSINE

Ah ! mon Dieu, que vous vous portez bien, et que vous avez là un vrai visage de santé !

HARPAGON

Qui, moi ?

FROSINE

Jamais je ne vous vis un teint si frais et si gaillard.

HARPAGON

Tout de bon ?

FROSINE

Comment ! vous n'avez de votre vie été si jeune que vous êtes ; et je vois des gens de vingt-cinq ans qui sont plus vieux que vous.

HARPAGON

Cependant, Frosine, j'en ai soixante bien comptés.

FROSINE

Hé bien ! qu'est-ce que cela, soixante ans ? voilà bien de quoi ! C'est la fleur de l'âge, cela ; et vous entrez maintenant dans la belle saison de l'homme.

HARPAGON

Il est vrai ; mais vingt années de moins, pourtant, ne me feraient point de mal, que je crois.

FROSINE

Vous moquez-vous ? Vous n'avez pas besoin de cela, et vous êtes d'une pâte à vivre jusques à cent ans.

HARPAGON

Tu le crois ?

FROSINE

Assurément. Vous en avez toutes les marques. Tenez-vous un peu. Oh ! que voilà bien, entre vos deux yeux, un signe de longue vie !

HARPAGON

Tu te connais à cela ?

FROSINE

Sans doute. Montrez-moi votre main. Ah ! mon Dieu, quelle ligne de vie !

HARPAGON

Comment ?

FROSINE

Ne voyez-vous pas jusqu'où va cette ligne-là ?

HARPAGON

Hé bien ! qu'est-ce que cela veut dire ?

FROSINE

Par ma foi, je disais cent ans ; mais vous passerez les six-vingts.

HARPAGON

Est-il possible ?

FROSINE

Il faudra vous assommer, vous dis-je ; et vous mettrez en terre et vos enfants, et les enfants de vos enfants.

HARPAGON

Tant mieux ! Comment va notre affaire ?

FROSINE

Faut-il le demander ? et me voit-on mêler de rien dont je ne vienne à bout ? J'ai, surtout pour les mariages, un talent merveilleux. Il n'est point de partis au monde que je ne trouve en peu de temps

le moyen d'accoupler ; et je crois, si je me l'étais mis en tête, que je marierais le Grand-Turc avec la république de Venise. Il n'y avait pas, sans doute, de si grandes difficultés à cette affaire-ci. Comme j'ai commerce chez elles, je les ai à fond l'une et l'autre entretenues de vous ; et j'ai dit à la mère le dessein que vous aviez conçu pour Mariane, à la voir passer dans la rue et prendre l'air à sa fenêtre.

HARPAGON

Qui a fait réponse... ?

FROSINE

Elle a reçu la proposition avec joie ; et, quand je lui ai témoigné que vous souhaitiez fort que sa fille assistât ce soir au contrat de mariage qui se doit faire de la vôtre, elle y a consenti sans peine, et me l'a confiée pour cela.

HARPAGON

C'est que je suis obligé, Frosine, de donner à souper au seigneur Anselme ; et je serai bien aise qu'elle soit du régal.

FROSINE

Vous avez raison. Elle doit, après dîner, rendre visite à votre fille, d'où elle fait son compte d'aller faire un tour à la foire, pour venir ensuite au souper.

HARPAGON

Hé bien ! elles iront ensemble dans mon carrosse, que je leur prêterai.

FROSINE

Voilà justement son affaire.

HARPAGON

Mais, Frosine, as-tu entretenu la mère touchant le bien qu'elle peut donner à sa fille ? Lui as-tu dit qu'il fallait qu'elle s'aidât un peu, qu'elle fît quelque effort, qu'elle se saignât pour une occasion comme celle-ci ? Car encore n'épouse-t-on point une fille sans qu'elle apporte quelque chose.

FROSINE

Comment ! c'est une fille qui vous apporte douze mille livres de rente.

HARPAGON

Douze mille livres de rente !

FROSINE

Oui. Premièrement, elle est nourrie et élevée dans une grande épargne de bouche. C'est une fille accoutumée à vivre de salade, de lait, de fromage et de pommes, et à laquelle, par conséquent, il ne faudra ni table bien servie, ni consommés exquis, ni orges mondés perpétuels, ni les autres délicatesses qu'il faudrait pour une autre femme ; et cela ne va pas à si peu de chose, qu'il ne monte bien, tous les ans, à trois mille francs pour le moins. Outre cela, elle n'est curieuse que d'une propreté fort simple, et n'aime point les superbes habits, ni les riches bijoux, ni les meubles somptueux, où donnent ses pareilles avec tant de chaleur ; et cet article-là vaut plus de quatre mille livres par an. De plus, elle a une aversion horrible pour le jeu, ce qui n'est pas commun aux femmes d'aujourd'hui ; et j'en sais une de nos quartiers qui a perdu, à trente-et-quarante, vingt mille francs cette année. Mais n'en prenons rien que le quart. Cinq mille francs au jeu par an, et quatre mille francs en habits et bijoux, cela fait neuf mille livres ; et mille écus que nous mettons pour la nourriture, ne voilà-t-il pas par année vos douze mille francs bien comptés ?

HARPAGON

Oui : cela n'est pas mal ; mais ce compte-là n'est rien de réel.

FROSINE

Pardonnez-moi. N'est-ce pas quelque chose de réel que de vous apporter en mariage une grande sobriété, l'héritage d'un grand amour de simplicité de parure, et l'acquisition d'un grand fonds de haine pour le jeu ?

HARPAGON

C'est une raillerie que de vouloir me constituer son dot de toutes les dépenses qu'elle ne fera point. Je n'irai point donner quittance de ce que je ne reçois pas ; et il faut bien que je touche quelque chose.

FROSINE

Mon Dieu ! vous toucherez assez ; et elles m'ont parlé d'un certain pays où elles ont du bien, dont vous serez le maître.

HARPAGON

Il faut voir cela. Mais, Frosine, il y a encore une chose qui m'inquiète. La fille est jeune, comme tu vois ; et les jeunes gens, d'ordinaire, n'aiment que leurs semblables, ne cherchent que leur compagnie ; j'ai peur qu'un homme de mon âge ne soit pas de son goût, et que cela ne vienne à produire chez moi certains petits désordres qui ne m'accommoderaient pas.

FROSINE

Ah ! que vous la connaissez mal ! C'est encore une particularité que j'avais à vous dire. Elle a une aversion épouvantable pour les jeunes gens, et n'a de l'amour que pour les vieillards.

HARPAGON

Elle ?

FROSINE

Oui, elle. Je voudrais que vous l'eussiez entendue parler là-dessus. Elle ne peut souffrir du tout la vue d'un jeune homme ; mais elle n'est point plus ravie, dit-elle, que lorsqu'elle peut voir un beau vieillard avec une barbe majestueuse. Les plus vieux sont pour elle les plus charmants ; et je vous avertis de n'aller pas vous faire plus jeune que vous êtes. Elle veut tout au moins qu'on soit sexagénaire ; et il n'y a pas quatre mois encore qu'étant prête d'être mariée, elle rompit tout net le mariage, sur ce que son amant fit voir qu'il n'avait que cinquante-six ans, et qu'il ne prit point de lunettes pour signer le contrat.

HARPAGON

Sur cela seulement ?

FROSINE

Oui. Elle dit que ce n'est pas contentement pour elle que cinquante-six ans ; et surtout elle est pour les nez qui portent des lunettes.

HARPAGON

Certes, tu me dis là une chose toute nouvelle.

FROSINE

Cela va plus loin qu'on ne vous peut dire. On lui voit dans sa chambre quelques tableaux et quelques estampes ; mais que pensez-vous que ce soit ? Des Adonis, des Céphales, des Pâris, et des Apollons ? Non : de beaux portraits de Saturne, du roi Priam, du vieux Nestor, et du bon père Anchise sur les épaules de son fils.

HARPAGON

Cela est admirable. Voilà ce que je n'aurais jamais pensé ; et je suis bien aise d'apprendre qu'elle est de cette humeur. En effet, si j'avais été femme, je n'aurais point aimé les jeunes hommes.

FROSINE

Je le crois bien. Voilà de belles drogues que des jeunes gens, pour les aimer ! ce sont de beaux morveux, de beaux godelureaux, pour donner envie de leur peau ! et je voudrais bien savoir quel ragoût il y a à eux ?

HARPAGON

Pour moi, je n'y en comprends point, et je ne sais pas comment il y a des femmes qui les aiment tant.

FROSINE

Il faut être folle fieffée. Trouver la jeunesse aimable, est-ce avoir le sens commun ? Sont-ce des hommes que de jeunes blondins, et peut-on s'attacher à ces animaux-là ?

HARPAGON

C'est ce que je dis tous les jours : avec leur ton de poule laitée, et leurs trois petits brins de barbe relevés en barbe de chat, leurs perruques d'étoupes, leurs hauts-de-chausses tout tombants, et leurs estomacs débraillés !...

FROSINE

Hé ! cela est bien bâti, auprès d'une personne comme vous ! Voilà un homme, cela ; il y a là de quoi satisfaire à la vue ; et c'est ainsi qu'il faut être fait et vêtu, pour donner de l'amour.

HARPAGON

Tu me trouves bien ?

FROSINE

Comment ! vous êtes à ravir, et votre figure est à peindre. Tournez-vous un peu, s'il vous plaît. Il ne se peut pas mieux. Que je vous voie marcher. Voilà un corps taillé, libre et dégagé comme il faut, et qui ne marque aucune incommodité.

HARPAGON

Je n'en ai pas de grandes, Dieu merci. Il n'y a que ma fluxion qui me prend de temps en temps.

FROSINE

Cela n'est rien. Votre fluxion ne vous sied point mal, et vous avez grâce à tousser.

HARPAGON

Dis-moi un peu : Mariane ne m'a-t-elle point encore vu ? N'a-t-elle point pris garde à moi en passant ?

FROSINE

Non ; mais nous nous sommes fort entretenues de vous. Je lui ai fait un portrait de votre personne, et je n'ai pas manqué de lui vanter votre mérite, et l'avantage que ce lui serait d'avoir un mari comme vous.

HARPAGON

Tu as bien fait, et je t'en remercie.

FROSINE

J'aurais, monsieur, une petite prière à vous faire. J'ai un procès que je suis sur le point de perdre, faute d'un peu d'argent (*Harpagon prend un air sérieux.*) ; et vous pourriez facilement me procurer le gain de ce procès, si vous aviez quelque bonté pour moi. Vous ne sauriez croire le plaisir qu'elle aura de vous voir. (*Harpagon reprend un air gai.*) Ah ! que vous lui plairez, et que votre fraise à l'antique fera sur son esprit un effet admirable ! Mais surtout elle sera charmée de votre haut-de-chausses attaché au pourpoint avec des aiguillettes. C'est pour la rendre folle de vous ; et un amant aiguilleté sera pour elle un ragoût merveilleux.

HARPAGON

Certes, tu me ravis de me dire cela.

FROSINE

En vérité, monsieur, ce procès m'est d'une conséquence tout à fait grande. (*Harpagon reprend son air sérieux.*) Je suis ruinée, si je le perds ; et quelque petite assistance me rétablirait mes affaires... Je voudrais que vous eussiez vu le ravissement où elle était à m'entendre parler de vous. (*Harpagon reprend un air gai.*) La joie éclatait dans ses yeux au récit de vos qualités ; et je l'ai mise enfin dans une impatience extrême de voir ce mariage entièrement conclu.

HARPAGON

Tu m'as fait grand plaisir, Frosine ; et je t'en ai, je te l'avoue, toutes les obligations du monde.

FROSINE

Je vous prie, monsieur, de me donner le petit secours que je vous demande. (*Harpagon prend encore un air sérieux.*) Cela me remettra sur pied, et je vous en serai éternellement obligée.

HARPAGON

Adieu ! Je vais achever mes dépêches.

FROSINE

Je vous assure, monsieur, que vous ne sauriez jamais me soulager dans un plus grand besoin.

HARPAGON

Je mettrai ordre que mon carrosse soit tout prêt pour vous mener à la foire.

FROSINE

Je ne vous importunerais pas si je ne m'y voyais forcée par la nécessité.

HARPAGON

Et j'aurai soin qu'on soupe de bonne heure, pour ne vous point faire malades.

FROSINE

Ne me refusez pas la grâce dont je vous sollicite.

Vous ne sauriez croire, monsieur, le plaisir que...

HARPAGON

Je m'en vais. Voilà qu'on m'appelle. Jusqu'à tantôt.

FROSINE, *seule.*

Que la fièvre te serre, chien de vilain à tous les diables ! Le ladre a été fermé à toutes mes attaques. Mais il ne me faut pas pourtant quitter la négociation ; et j'ai l'autre côté, en tout cas, d'où je suis assurée de tirer bonne récompense.

ACTE TROISIEME

Scène 1 : Harpagon, Cléante, Elise, Valère, Dame Claude, tenant un balai, Maître Jacques, La Merluche, Brindavoine.

HARPAGON

Allons, venez çà tous, que je vous distribue mes ordres pour tantôt, et règle à chacun son emploi. Approchez, dame Claude ; commençons par vous. Bon, vous voilà les armes à la main. Je vous commets au soin de nettoyer partout ; et surtout prenez garde de ne point frotter les meubles trop fort, de peur de les user. Outre cela, je vous constitue, pendant le souper, au gouvernement des bouteilles ; et, s'il s'en écarte quelqu'une, et qu'il se casse quelque chose, je m'en prendrai à vous, et le rabattrai sur vos gages.

MAITRE JACQUES, *à part.*

Châtiment politique.

HARPAGON

Allez. Vous, Brindavoine, et vous, La Merluche, je vous établis dans la charge de rincer les verres et de donner à boire, mais seulement lorsqu'on aura soif, et non pas selon la coutume de certains impertinents de laquais qui viennent provoquer les gens, et les faire aviser de boire lorsqu'on n'y songe pas. Attendez qu'on vous en demande plus d'une fois, et vous ressouvenez de porter toujours beaucoup d'eau.

MAITRE JACQUES, *à part.*

Oui. Le vin pur monte à la tête.

LA MERLUCHE

Quitterons-nous nos siquenilles, monsieur ?

HARPAGON

Oui, quand vous verrez venir les personnes ; et gardez bien de gâter vos habits.

BRINDAVOINE

Vous savez bien, monsieur, qu'un des devants de mon pourpoint est couvert d'une grande tache de l'huile de la lampe.

LA MERLUCHE

Et moi, monsieur, que j'ai mon haut-de-chausses tout troué par derrière, et qu'on me voit, révérence parler...

HARPAGON, *à La Merluche.*

Paix : rangez cela adroitement du côté de la muraille, et présentez toujours le devant au monde.

(*A Brindavoine, en lui montrant comment il doit mettre son chapeau au devant de son pourpoint, pour cacher la tache d'huile.*) Et vous, tenez toujours votre chapeau ainsi, lorsque vous servirez. Pour vous, ma fille, vous aurez l'œil sur ce que l'on desservira, et prendrez garde qu'il ne s'en fasse aucun dégât. Cela sied bien aux filles. Mais cependant préparez-vous à bien recevoir ma maîtresse, qui vous doit venir visiter, et vous mener avec elle à la foire. Entendez-vous ce que je vous dis ?

ÉLISE

Oui, mon père.

HARPAGON

Et vous, mon fils le damoiseau, à qui j'ai la bonté de pardonner l'histoire de tantôt, ne vous allez pas aviser non plus de lui faire mauvais visage.

CLÉANTE

Moi, mon père, mauvais visage ? Et par quelle raison ?

HARPAGON

Mon Dieu ! nous savons le train des enfants dont les pères se remarient, et de quel œil ils ont coutume de regarder ce qu'on appelle belle-mère. Mais si vous souhaitez que je perde le souvenir de votre dernière fredaine, je vous recommande surtout de régaler d'un bon visage cette personne-là, et de lui faire enfin le meilleur accueil qu'il vous sera possible.

CLÉANTE

A vous dire le vrai, mon père, je ne puis pas vous promettre d'être bien aise qu'elle devienne ma belle-mère. Je mentirais, si je vous le disais ; mais, pour ce qui est de la bien recevoir et de lui faire bon visage, je vous promets de vous obéir ponctuellement sur ce chapitre.

HARPAGON

Prenez-y garde au moins.

CLÉANTE

Vous verrez que vous n'aurez pas sujet de vous en plaindre.

HARPAGON

Vous ferez sagement. Valère, aide-moi à ceci. Ho çà, maître Jacques, approchez-vous, je vous ai gardé pour le dernier.

MAITRE JACQUES

Est-ce à votre cocher, monsieur, ou bien à votre cuisinier, que vous voulez parler ? car je suis l'un et l'autre.

HARPAGON

C'est à tous les deux.

MAITRE JACQUES

Mais à qui des deux le premier ?

HARPAGON

Au cuisinier.

MAITRE JACQUES

Attendez donc, s'il vous plaît. (*Maître Jacques ôte sa casaque de cocher, et paraît vêtu en cuisinier.*)

HARPAGON

Quelle diantre de cérémonie est-ce là ?

MAITRE JACQUES

Vous n'avez qu'à parler.

HARPAGON

Je me suis engagé, maître Jacques, à donner ce soir à souper.

MAITRE JACQUES, *à part.*

Grande merveille !

HARPAGON

Dis-moi un peu : nous feras-tu bonne chère ?

MAITRE JACQUES

Oui, si vous me donnez bien de l'argent.

HARPAGON

Que diable, toujours de l'argent ! Il semble qu'ils n'aient autre chose à dire : de l'argent, de l'argent, de l'argent ! Ah ! ils n'ont que ce mot à la bouche, de l'argent ! toujours parler d'argent ! Voilà leur épée de chevet, de l'argent !

VALÈRE

Je n'ai jamais vu de réponse plus impertinente que celle-là. Voilà une belle merveille de faire bonne chère avec bien de l'argent ! C'est une chose la plus aisée du monde, et il n'y a si pauvre esprit qui n'en fît bien autant ; mais, pour agir en habile homme, il faut parler de faire bonne chère avec peu d'argent.

MAITRE JACQUES

Bonne chère avec peu d'argent !

VALÈRE

Oui.

MAITRE JACQUES, *à Valère.*

Par ma foi, monsieur l'intendant, vous nous obligerez de nous faire voir ce secret, et de prendre mon office de cuisinier ; aussi bien vous mêlez-vous céans d'être le factoton.

HARPAGON

Taisez-vous. Qu'est-ce qu'il nous faudra ?

MAITRE JACQUES

Voilà monsieur votre intendant, qui vous fera bonne chère pour peu d'argent.

HARPAGON

Haye ! je veux que tu me répondes.

MAITRE JACQUES

Combien serez-vous de gens à table ?

HARPAGON

Nous serons huit ou dix ; mais il ne faut prendre que huit. Quand il y a à manger pour huit, il y en a bien pour dix.

VALÈRE

Cela s'entend.

MAITRE JACQUES

Hé bien ! il faudra quatre grands potages et cinq assiettes... Potages... Entrées...

HARPAGON

Que diable ! voilà pour traiter toute une ville entière.

MAITRE JACQUES

Rôt...

HARPAGON, *mettant la main sur la bouche de maître Jacques.*

Ah ! traître, tu manges tout mon bien.

MAITRE JACQUES

Entremets...

HARPAGON, *mettant encore la main sur
la bouche de maître Jacques.*

Encore !

VALÈRE, *à maître Jacques.*

Est-ce que vous avez envie de faire crever tout
le monde ? et monsieur a-t-il invité des gens
pour les assassiner à force de mangeaille ? Allez-
vous-en lire un peu les préceptes de la santé,
et demander aux médecins s'il y a rien de
plus préjudiciable à l'homme que de manger avec
excès.

HARPAGON

Il a raison.

VALÈRE

Apprenez, maître Jacques, vous et vos pareils,
que c'est un coupe-gorge qu'une table remplie
de trop de viandes ; que, pour se bien montrer
ami de ceux que l'on invite, il faut que la frugalité règne dans les repas qu'on donne ; et que
suivant le dire d'un ancien, *il faut manger pour
vivre, et non pas vivre pour manger.*

HARPAGON

Ah ! que cela est bien dit ! Approche, que je
t'embrasse pour ce mot. Voilà la plus belle sentence que j'aie entendue de ma vie : *Il faut vivre
pour manger, et non pas manger pour vi...* Non,
ce n'est pas cela. Comment est-ce que tu dis ?

VALÈRE

Qu'*il faut manger pour vivre, et non pas vivre
pour manger.*

HARPAGON, *à maître Jacques.*

Oui. Entends-tu ? (*A Valère.*) Qui est le grand
homme qui a dit cela ?

VALÈRE

Je ne me souviens pas maintenant de son nom.

HARPAGON

Souviens-toi de m'écrire ces mots : je les veux
faire graver en lettres d'or sur la cheminée de
ma salle.

VALÈRE

Je n'y manquerai pas. Et pour votre souper, vous
n'avez qu'à me laisser faire ; je réglerai tout cela
comme il faut.

HARPAGON

Fais donc.

MAITRE JACQUES

Tant mieux ! j'en aurai moins de peine.

HARPAGON, *à Valère.*

Il faudra de ces choses dont on ne mange guère,
et qui rassasient d'abord ; quelque bon haricot
bien gras, avec quelque pâté en pot bien garni
de marrons.

VALÈRE

Reposez-vous sur moi.

HARPAGON

Maintenant, maître Jacques, il faut nettoyer mon
carrosse.

MAITRE JACQUES

Attendez ; ceci s'adresse au cocher. (*Maître Jacques remet sa casaque.*) Vous dites...

HARPAGON

Qu'il faut nettoyer mon carrosse, et tenir mes
chevaux tout prêts pour conduire à la foire...

MAITRE JACQUES

Vos chevaux, monsieur ? Ma foi, ils ne sont point
du tout en état de marcher. Je ne vous dirai
point qu'ils sont sur la litière : les pauvres bêtes
n'en ont point, et ce serait fort mal parler ; mais
vous leur faites observer des jeûnes si austères,
que ce ne sont plus rien que des idées ou des
fantômes, des façons de chevaux.

HARPAGON

Les voilà bien malades ! ils ne font rien.

MAITRE JACQUES

Et pour ne faire rien, monsieur, est-ce qu'il ne
faut rien manger ? Il leur vaudrait bien mieux, les
pauvres animaux, de travailler beaucoup, de manger de même. Cela me fend le cœur de les voir
ainsi exténués ; car, enfin, j'ai une tendresse pour
mes chevaux, qu'il me semble que c'est moi-même,
quand je les vois pâtir. Je m'ôte tous les jours
pour eux les choses de la bouche ; et c'est être,
monsieur, d'un naturel trop dur, que de n'avoir
nulle pitié de son prochain.

HARPAGON

Le travail ne sera pas grand d'aller jusqu'à la
foire.

MAITRE JACQUES

Non, monsieur, je n'ai pas le courage de les
mener, et je ferais conscience de leur donner des
coups de fouet, dans l'état où ils sont. Comment
voudriez-vous qu'ils traînassent un carrosse, qu'ils
ne peuvent pas se traîner eux-mêmes ?

VALÈRE

Monsieur, j'obligerai le voisin Picard à se charger
de les conduire ; aussi bien nous fera-t-il ici besoin
pour apprêter le souper.

MAITRE JACQUES

Soit. J'aime mieux encore qu'ils meurent sous la
main d'un autre que sous la mienne.

VALÈRE

Maître Jacques fait bien le raisonnable !

MAITRE JACQUES

Monsieur l'intendant fait bien le nécessaire !

HARPAGON

Paix.

MAITRE JACQUES

Monsieur, je ne saurais souffrir les flatteurs ; et
je vois que ce qu'il en fait, que ses contrôles
perpétuels sur le pain et le vin, le bois, le sel et
la chandelle, ne sont rien que pour vous gratter et
vous faire sa cour. J'enrage de cela, et je suis
fâché tous les jours d'entendre ce qu'on dit de
vous : car, enfin, je me sens pour vous de la tendresse, en dépit que j'en aie ; et, après mes chevaux, vous êtes la personne que j'aime le plus.

HARPAGON

Pourrais-je savoir de vous, maître Jacques, ce que l'on dit de moi ?

MAITRE JACQUES

Oui, monsieur, si j'étais assuré que cela ne vous fâchât point.

HARPAGON

Non, en aucune façon.

MAITRE JACQUES

Pardonnez-moi ; je sais fort bien que je vous mettrais en colère.

HARPAGON

Point du tout. Au contraire, c'est me faire plaisir, et je suis bien aise d'apprendre comme on parle de moi.

MAITRE JACQUES

Monsieur, puisque vous le voulez, je vous dirai franchement qu'on se moque partout de vous, qu'on nous jette de tous côtés cent brocards à votre sujet, et que l'on n'est point plus ravi que de vous tenir au cul et aux chausses, et de faire sans cesse des contes de votre lésine. L'un dit que vous faites imprimer des almanachs particuliers, où vous faites doubler les quatre-temps et les vigiles, afin de profiter des jeûnes où vous obligez votre monde ; l'autre, que vous avez toujours une querelle toute prête à faire à vos valets dans le temps des étrennes ou de leur sortie d'avec vous, pour vous trouver une raison de ne leur donner rien. Celui-là conte qu'une fois vous fîtes assigner le chat d'un de vos voisins, pour vous avoir mangé un reste d'un gigot de mouton ; celui-ci, que l'on vous surprit, une nuit, en venant dérober vous-même l'avoine de vos chevaux ; et que votre cocher, qui était celui d'avant moi, vous donna, dans l'obscurité, je ne sais combien de coups de bâton, dont vous ne voulûtes rien dire. Enfin, voulez-vous que je vous dise ? On ne saurait aller nulle part, où l'on ne vous entende accommoder de toutes pièces. Vous êtes la fable et la risée de tout le monde, et jamais on ne parle de vous que sous les noms d'avare, de ladre, de vilain et de fesse-mathieu.

HARPAGON, *en battant maître Jacques.*

Vous êtes un sot, un maraud, un coquin, et un impudent.

MAITRE JACQUES

Hé bien ! ne l'avais-je pas deviné ? Vous ne m'avez pas voulu croire. Je vous avais bien dit que je vous fâcherais de vous dire la vérité.

HARPAGON

Apprenez à parler.

Scène II : *Valère, Maître Jacques.*

VALÈRE, *riant.*

A ce que je puis voir, maître Jacques, on paie mal votre franchise.

MAITRE JACQUES

Morbleu ! monsieur le nouveau venu, qui faites l'homme d'importance, ce n'est pas votre affaire.

Riez de vos coups de bâton quand on vous en donnera, et ne venez point rire des miens.

VALÈRE

Ah ! monsieur maître Jacques, ne vous fâchez pas, je vous prie.

MAITRE JACQUES, *à part.*

Il file doux. Je veux faire le brave, et, s'il est assez sot pour me craindre, le frotter quelque peu. (*Haut.*) Savez-vous bien, monsieur le rieur, que je ne ris pas, moi, et que si vous m'échauffez la tête, je vous ferai rire d'une autre sorte ? (*Maître Jacques pousse Valère jusqu'au fond du théâtre en le menaçant.*)

VALÈRE

Hé ! doucement.

MAITRE JACQUES

Comment, doucement ? il ne me plaît pas, moi.

VALÈRE

De grâce !

MAITRE JACQUES

Vous êtes un impertinent.

VALÈRE

Monsieur maître Jacques !

MAITRE JACQUES

Il n'y a point de monsieur maître Jacques, pour un double. Si je prends un bâton, je vous rosserai d'importance.

VALÈRE

Comment, un bâton ? (*Valère fait reculer maître Jacques à son tour.*)

MAITRE JACQUES

Hé ! je ne parle pas de cela.

VALÈRE

Savez-vous bien, monsieur le fat, que je suis homme à vous rosser vous-même ?

MAITRE JACQUES

Je n'en doute pas.

VALÈRE

Que vous n'êtes, pour tout potage, qu'un faquin de cuisinier ?

MAITRE JACQUES

Je le sais bien.

VALÈRE

Et que vous ne me connaissez pas encore ?

MAITRE JACQUES

Pardonnez-moi.

VALÈRE

Vous me rosserez, dites-vous ?

MAITRE JACQUES

Je le disais en raillant.

VALÈRE

Et moi, je ne prends point de goût à votre raillerie. (*Donnant des coups de bâton à maître Jacques.*) Apprenez que vous êtes un mauvais railleur.

MAITRE JACQUES, *seul.*

Peste soit la sincérité ! c'est un mauvais métier : désormais j'y renonce, et je ne veux plus dire vrai. Passe encore pour mon maître, il a quelque droit de me battre ; mais, pour ce monsieur l'intendant, je m'en vengerai si je puis.

*Scène III : Mariane, Frosine,
Maître Jacques.*

FROSINE

Savez-vous, maître Jacques, si votre maître est
au logis ?

MAITRE JACQUES

Oui, vraiment, il y est ; je ne le sais que trop.

FROSINE

Dites-lui, je vous prie, que nous sommes ici.

Scène IV : Mariane, Frosine.

MARIANE

Ah ! que je suis, Frosine, dans un étrange état !
et, s'il faut dire ce que je sens, que j'appréhende
cette vue !

FROSINE

Mais pourquoi, et quelle est votre inquiétude ?

MARIANE

Hélas ! me le demandez-vous ? et ne vous figurez-
vous point les alarmes d'une personne toute prête
à voir le supplice où l'on veut l'attacher ?

FROSINE

Je vois bien que, pour mourir agréablement, Harpagon n'est pas le supplice que vous voudriez
embrasser ; et je connais, à votre mine, que le
jeune blondin dont vous m'avez parlé vous revient
un peu dans l'esprit.

MARIANE

Oui, c'est une chose, Frosine, dont je ne veux pas
me défendre ; et les visites respectueuses qu'il a
rendues chez nous ont fait, je vous l'avoue, quelque effet dans mon âme.

FROSINE

Mais avez-vous su quel il est ?

MARIANE

Non ; je ne sais point quel il est. Mais je sais qu'il
est fait d'un air à se faire aimer ; que si l'on pouvait mettre les choses à mon choix, je le prendrais
plutôt qu'un autre, et qu'il ne contribue pas peu
à me faire trouver un tourment effroyable dans
l'époux qu'on veut me donner.

FROSINE

Mon Dieu ! tous ces blondins sont agréables, et
débitent fort bien leur fait ; mais la plupart sont
gueux comme des rats : il vaut mieux, pour vous,
de prendre un vieux mari qui vous donne beaucoup de bien. Je vous avoue que les sens ne trouvent pas si bien leur compte du côté que je dis,
et qu'il y a quelques petits dégoûts à essuyer avec
un tel époux ; mais cela n'est pas pour durer ; et
sa mort, croyez-moi, vous mettra bientôt en état
d'en prendre un plus aimable, qui réparera toutes
choses.

MARIANE

Mon Dieu ! Frosine, c'est une étrange affaire,
lorsque, pour être heureuse, il faut souhaiter ou
attendre le trépas de quelqu'un ; et la mort ne suit
pas tous les projets que nous faisons.

FROSINE

Vous moquez-vous ? Vous ne l'épousez qu'aux
conditions de vous laisser veuve bientôt ; et ce
doit être là un des articles du contrat. Il serait
bien impertinent de ne pas mourir dans trois
mois ! Le voici en propre personne.

MARIANE

Ah ! Frosine, quelle figure !

Scène V : Harpagon, Mariane, Frosine.

HARPAGON, *à Mariane.*

Ne vous offensez pas, ma belle, si je viens à vous
avec des lunettes. Je sais que vos appas frappent
assez les yeux, sont assez visibles d'eux-mêmes, et
qu'il n'est pas besoin de lunettes pour les apercevoir ; mais enfin, c'est avec des lunettes qu'on
observe les astres ; et je maintiens et garantis que
vous êtes un astre, mais un astre le plus bel astre
qui soit dans le pays des astres. Frosine, elle ne
répond mot, et ne témoigne, ce me semble, aucune
joie de me voir.

FROSINE

C'est qu'elle est encore toute surprise ; et puis,
les filles ont toujours honte à témoigner d'abord
ce qu'elles ont dans l'âme.

HARPAGON, *à Frosine.*

Tu as raison. (*A Mariane.*) Voilà, belle mignonne,
ma fille qui vient vous saluer.

*Scène VI : Harpagon, Elise,
Mariane, Frosine.*

MARIANE

Je m'acquitte bien tard, madame, d'une telle
visite.

ÉLISE

Vous avez fait, madame, ce que je devais faire,
et c'était à moi de vous prévenir.

HARPAGON

Vous voyez qu'elle est grande ; mais mauvaise
herbe croît toujours.

MARIANE, *bas, à Frosine.*

Oh ! l'homme déplaisant !

HARPAGON, *bas, à Frosine.*

Que dit la belle ?

FROSINE

Qu'elle vous trouve admirable.

HARPAGON

C'est trop d'honneur que vous me faites, adorable
mignonne.

MARIANE, *à part*

Quel animal !

HARPAGON

Je vous suis trop obligé de ces sentiments.

MARIANE, *à part.*

Je n'y puis plus tenir.

HARPAGON

Voici mon fils aussi, qui vous vient faire la révérence.

MARIANE, *bas, à Frosine.*

Ah ! Frosine, quelle rencontre ! C'est justement celui dont je t'ai parlé.

FROSINE, *à Mariane.*

L'aventure est merveilleuse.

HARPAGON

Je vois que vous vous étonnez de me voir de si grands enfants ; mais je serai bientôt défait et de l'un et de l'autre.

Scène VII : *Harpagon, Mariane, Elise, Cléante, Valère, Frosine, Brindavoine.*

CLÉANTE, *à Mariane.*

Madame, à vous dire le vrai, c'est ici une aventure où, sans doute, je ne m'attendais pas ; et mon père ne m'a pas peu surpris, lorsqu'il m'a dit tantôt le dessein qu'il avait formé.

MARIANE

Je puis dire la même chose. C'est une rencontre imprévue, qui m'a surprise autant que vous ; et je n'étais point préparée à une pareille aventure.

CLÉANTE

Il est vrai que mon père, madame, ne peut pas faire un plus beau choix, et que ce m'est une sensible joie que l'honneur de vous voir ; mais, avec tout cela, je ne vous assurerai pas que je me réjouis du dessein où vous pourriez être de devenir ma belle-mère. Le compliment, je vous l'avoue, est trop difficile pour moi ; et c'est un titre, s'il vous plaît, que je ne vous souhaite point. Ce discours paraîtra brutal aux yeux de quelques-uns ; mais je suis assuré que vous serez personne à le prendre comme il faudra ; que c'est un mariage, madame, où vous vous imaginez bien que je dois avoir de la répugnance ; que vous n'ignorez pas, sachant ce que je suis, comme il choque mes intérêts ; et que vous voulez bien enfin que je vous dise, avec la permission de mon père, que, si les choses dépendaient de moi, cet hymen ne se ferait point.

HARPAGON

Voilà un compliment bien impertinent ! Quelle belle confession à lui faire !

MARIANE

Et moi, pour vous répondre, j'ai à vous dire que les choses sont fort égales ; et que, si vous auriez de la répugnance à me voir votre belle-mère, je n'en aurais pas moins, sans doute, à vous voir mon beau-fils. Ne croyez pas, je vous prie, que ce soit moi qui cherche à vous donner cette inquiétude. Je serais fort fâchée de vous causer du déplaisir ; et, si je ne m'y vois forcée par une puissance absolue, je vous donne ma parole que je ne consentirai point au mariage qui vous chagrine.

HARPAGON

Elle a raison. A sot compliment, il faut une réponse de même. Je vous demande pardon, ma belle, de l'impertinence de mon fils ; c'est un jeune sot qui ne sait pas encore la conséquence des paroles qu'il dit.

MARIANE

Je vous promets que ce qu'il m'a dit ne m'a point du tout offensée ; au contraire, il m'a fait plaisir de m'expliquer ainsi ses véritables sentiments. J'aime de lui un aveu de la sorte ; et, s'il avait parlé d'autre façon, je l'en estimerais bien moins.

HARPAGON

C'est beaucoup de bonté à vous, de vouloir ainsi excuser ses fautes. Le temps le rendra plus sage, et vous verrez qu'il changera de sentiments.

CLÉANTE

Non, mon père, je ne suis point capable d'en changer, et je prie instamment madame de le croire.

HARPAGON

Mais voyez quelle extravagance ! il continue encore plus fort.

CLÉANTE

Voulez-vous que je trahisse mon cœur ?

HARPAGON

Encore ! avez-vous envie de changer de discours ?

CLÉANTE

Hé bien ! puisque vous voulez que je parle d'autre façon, souffrez, madame, que je me mette ici à la place de mon père, et que je vous avoue que je n'ai rien vu dans le monde de si charmant que vous ; que je ne conçois rien d'égal au bonheur de vous plaire, et que le titre de votre époux est une gloire, une félicité que je préférerais aux destinées des plus grands princes de la terre. Oui, madame, le bonheur de vous posséder est, à mes regards, la plus belle de toutes les fortunes ; c'est où j'attache toute mon ambition. Il n'y a rien que je ne sois capable de faire pour une conquête si précieuse ; et les obstacles les plus puissants...

HARPAGON

Doucement, mon fils, s'il vous plaît.

CLÉANTE

C'est un compliment que je fais pour vous à madame.

HARPAGON

Mon Dieu ! j'ai une langue pour m'expliquer moi-même, et je n'ai pas besoin d'un procureur comme vous. Allons, donnez des sièges.

FROSINE

Non ; il vaut mieux que, de ce pas, nous allions à la foire, afin d'en revenir plus tôt, et d'avoir tout le temps ensuite de vous entretenir.

HARPAGON, *à Brindavoine.*

Qu'on mette donc les chevaux au carrosse. (*A Mariane.*) Je vous prie de m'excuser, ma belle, si je n'ai pas songé à vous donner un peu de collation avant que de partir.

CLÉANTE

J'y ai pourvu, mon père, et j'ai apporter ici quelques bassins d'oranges de la Chine, de citrons doux, et de confitures, que j'ai envoyé quérir de votre part.

HARPAGON, *bas, à Valère.*

Valère !

VALÈRE, *à Harpagon.*

Il a perdu le sens.

CLÉANTE

Est-ce que vous trouvez, mon père, que ce ne soit pas assez ? Madame aura la bonté d'excuser cela, s'il lui plaît.

MARIANE

C'est une chose qui n'était pas nécessaire.

CLÉANTE

Avez-vous jamais vu, madame, un diamant plus vif que celui que vous voyez que mon père a au doigt ?

MARIANE

Il est vrai qu'il brille beaucoup.

CLÉANTE, *ôtant du doigt de son père le diamant, et le donnant à Mariane.*

Il faut que vous le voyiez de près.

MARIANE

Il est fort beau sans doute, et jette quantité de feux.

CLÉANTE, *se mettant au-devant de Mariane qui veut rendre le diamant.*

Nenni, madame, il est en de trop belles mains. C'est un présent que mon père vous a fait.

HARPAGON

Moi ?

CLÉANTE

N'est-il pas vrai, mon père, que vous voulez que madame le garde pour l'amour de vous ?

HARPAGON, *bas, à son fils.*

Comment ?

CLÉANTE, *à Mariane.*

Belle demande ! il me fait signe de vous le faire accepter.

MARIANE

Je ne veux point...

CLÉANTE, *à Mariane.*

Vous moquez-vous ? Il n'a garde de le reprendre.

HARPAGON, *à part.*

J'enrage !

MARIANE

Ce serait...

CLÉANTE, *empêchant toujours Mariane de rendre le diamant.*

Non, vous dis-je, c'est l'offenser.

MARIANE

De grâce...

CLÉANTE

Point du tout.

HARPAGON, *à part.*

Peste soit...

CLÉANTE

Le voilà qui se scandalise de votre refus.

HARPAGON, *bas, à son fils.*

Ah ! traître !

CLÉANTE, *à Mariane.*

Vous voyez qu'il se désespère.

HARPAGON, *bas, à son fils, en le menaçant.*

Bourreau que tu es !

CLÉANTE

Mon père, ce n'est pas ma faute. Je fais ce que je puis pour l'obliger à la garder ; mais elle est obstinée.

HARPAGON, *bas à son fils, en le menaçant.*

Pendard !

CLÉANTE

Vous êtes cause, madame, que mon père me querelle.

HARPAGON, *bas à son fils, avec les mêmes gestes.*

Le coquin !

CLÉANTE, *à Mariane.*

Vous le ferez tomber malade. De grâce, madame, ne résistez point davantage.

FROSINE, *à Mariane.*

Mon Dieu ! que de façons ! Gardez la bague, puisque monsieur le veut.

MARIANE, *à Harpagon.*

Pour ne vous point mettre en colère, je la garde maintenant, et je prendrai un autre temps pour vous la rendre.

Scène VIII : Harpagon, Mariane, Elise, Cléante, Valère, Frosine, Brindavoine.

BRINDAVOINE

Monsieur, il y a là un homme qui veut vous parler.

HARPAGON

Dis-lui que je suis empêché, et qu'il revienne une autre fois.

BRINDAVOINE

Il dit qu'il vous apporte de l'argent.

HARPAGON, *à Mariane.*

Je vous demande pardon ; je reviens tout à l'heure

Scène IX : Harpagon, Mariane, Elise, Cléante, Valère, Frosine, La Merluche.

LA MERLUCHE, *courant et faisant tomber Harpagon.*

Monsieur...

HARPAGON

Ah ! je suis mort.

CLÉANTE

Qu'est-ce, mon père ? vous êtes-vous fait mal ?

HARPAGON

Le traître assurément a reçu de l'argent de mes débiteurs, pour me faire rompre le cou.

VALÈRE, *à Harpagon.*

Cela ne sera rien.

LA MERLUCHE, *à Harpagon.*

Monsieur, je vous demande pardon, je croyais bien faire d'accourir vite.

HARPAGON

Que viens-tu faire ici, bourreau ?

LA MERLUCHE

Vous dire que vos deux chevaux sont déferrés.

HARPAGON

Qu'on les mène promptement chez le maréchal.

CLÉANTE

En attendant qu'ils soient ferrés, je vais faire pour vous, mon père, les honneurs de votre logis, et conduire madame dans le jardin, où je ferai porter la collation.

HARPAGON

Valère, aie un peu l'œil à tout cela, et prends soin, je te prie, de m'en sauver le plus que tu pourras, pour le renvoyer au marchand.

VALÈRE

C'est assez.

HARPAGON, *seul.*

O fils impertinent ! as-tu envie de me ruiner ?

ACTE QUATRIEME

Scène I : Cléante, Mariane, Elise, Frosine.

CLÉANTE

Rentrons ici ; nous serons beaucoup mieux. Il n'y a plus autour de nous personne de suspect, et nous pouvons parler librement.

ÉLISE

Oui, madame, mon frère m'a fait confidence de la passion qu'il a pour vous. Je sais les chagrins et les déplaisirs que sont capables de causer de pareilles traverses ; et c'est, je vous assure, avec une tendresse extrême que je m'intéresse à votre aventure.

MARIANE

C'est une douce consolation que de voir dans ses intérêts une personne comme vous ; et je vous conjure, madame, de me garder toujours cette généreuse amitié, si capable de m'adoucir les cruautés de la fortune.

FROSINE

Vous êtes, par ma foi, de malheureuses gens l'un et l'autre, de ne m'avoir point, avant tout ceci, avertie de votre affaire. Je vous aurais, sans doute, détourné cette inquiétude, et n'aurais point amené les choses où l'on voit qu'elles sont.

CLÉANTE

Que veux-tu ? C'est ma mauvaise destinée qui l'a voulu ainsi. Mais, belle Mariane, quelles résolutions sont les vôtres ?

MARIANE

Hélas ! suis-je en pouvoir de faire des résolutions ? Et, dans la dépendance où je me vois, puis-je former que des souhaits ?

CLÉANTE

Point d'autre appui pour moi dans votre cœur que de simples souhaits ? Point de pitié officieuse ? Point de secourable bonté ? Point d'affection agissante ?

MARIANE

Que saurais-je vous dire ? Mettez-vous en ma place, et voyez ce que je puis faire. Avisez, ordonnez vous-même : je m'en remets à vous ; et je vous crois trop raisonnable pour vouloir exiger de moi que ce qui peut m'être permis par l'honneur et la bienséance.

CLÉANTE

Hélas ! où me réduisez-vous, que de me renvoyer à ce que voudront me permettre les fâcheux sentiments d'un rigoureux honneur et d'une scrupuleuse bienséance ?

MARIANE

Mais que voulez-vous que je fasse ? Quand je pourrais passer sur quantité d'égards où notre sexe est obligé, j'ai de la considération pour ma mère. Elle m'a toujours élevée avec une tendresse extrême, et je ne saurais me résoudre à lui donner du déplaisir. Faites, agissez auprès d'elle ; employez tous vos soins à gagner son esprit. Vous pouvez faire et dire tout ce que vous voudrez ; je vous en donne la licence ; et, s'il ne tient qu'à me déclarer en votre faveur, je veux bien consentir à lui faire un aveu, moi-même, de tout ce que je sens pour vous.

CLÉANTE

Frosine, ma pauvre Frosine, voudrais-tu nous servir ?

FROSINE

Par ma foi, faut-il le demander ? je le voudrais de tout mon cœur. Vous savez que, de mon naturel, je suis assez humaine. Le ciel ne m'a point fait l'âme de bronze, et je n'ai que trop de tendresse à rendre de petits services, quand je vois des gens qui s'entr'aiment en tout bien et en tout honneur. Que pourrions-nous faire à ceci ?

CLÉANTE

Songe un peu, je te prie.

MARIANE

Ouvre-nous des lumières.

ÉLISE

Trouve quelque invention pour rompre ce que tu as fait.

FROSINE

Ceci est assez difficile. (*A Mariane.*) Pour votre mère, elle n'est pas tout à fait déraisonnable, et peut-être pourrait-on la gagner et la résoudre à transporter au fils le don qu'elle veut faire au père. (*A Cléante.*) Mais le mal que j'y trouve, c'est que votre père est votre père.

CLÉANTE

Cela s'entend.

FROSINE

Je veux dire qu'il conservera du dépit si l'on montre qu'on le refuse, et qu'il ne sera point d'humeur ensuite à donner son consentement à votre mariage. Il faudrait, pour bien faire, que le refus vînt de lui-même, et tâcher, par quelque moyen, de le dégoûter de votre personne.

CLÉANTE

Tu as raison.

FROSINE

Oui, j'ai raison ; je le sais bien. C'est là ce qu'il faudrait ; mais le diantre est d'en pouvoir trouver les moyens. Attendez : si nous avions quelque femme un peu sur l'âge qui fût de mon talent, et jouât assez bien pour contrefaire une dame de qualité, par le moyen d'un train fait à la hâte, et d'un bizarre nom de marquise ou de vicomtesse, que nous supposerions de la Basse-Bretagne, j'aurais assez d'adresse pour faire accroire à votre père que ce serait une personne riche, outre ses maisons, de cent mille écus en argent comptant ; qu'elle serait éperdument amoureuse de lui, et souhaiterait de se voir sa femme, jusqu'à lui donner tout son bien par contrat de mariage ; et je ne doute point qu'il ne prêtât l'oreille à la proposition. Car enfin, il vous aime fort, je le sais, mais il aime un peu plus l'argent ; et quand, ébloui de ce leurre, il aurait une fois consenti à ce qui vous touche, il importerait peu ensuite qu'il se désabusât, en venant à vouloir voir clair aux effets de notre marquise.

CLÉANTE

Tout cela est fort bien pensé.

FROSINE

Laissez-moi faire. Je viens de me ressouvenir d'une de mes amies qui sera notre fait.

CLÉANTE

Sois assurée, Frosine, de ma reconnaissance, si tu viens à bout de la chose. Mais, charmante Mariane, commençons, je vous prie, par gagner votre mère ; c'est toujours beaucoup faire que de rompre ce mariage. Faites-y de votre part, je vous en conjure, tous les efforts qu'il vous sera possible. Servez-vous de tout le pouvoir que vous donne sur elle cette amitié qu'elle a pour vous. Déployez sans réserve les grâces éloquentes, les charmes tout puissants que le ciel a placés dans vos yeux et dans votre bouche ; et n'oubliez rien, s'il vous plaît, de ces tendres paroles, de ces douces prières, et de ces caresses touchantes, à qui je suis persuadé qu'on ne saurait rien refuser.

MARIANE

J'y ferai tout ce que je puis, et n'oublierai aucune chose.

Scène II : Harpagon, Cléante, Mariane, Elise, Frosine.

HARPAGON, *à part, sans être aperçu.*

Ouais ! mon fils baise la main de sa prétendue belle-mère ; et sa prétendue belle-mère ne s'en défend pas fort ! Y aurait-il quelque mystère là-dessous ?

ÉLISE

Voilà mon père.

HARPAGON

Le carrosse est tout prêt ; vous pouvez partir quand il vous plaira.

CLÉANTE

Puisque vous n'y allez pas, mon père, je m'en vais les conduire.

HARPAGON

Non : demeurez. Elles iront bien toutes seules, et j'ai besoin de vous.

Scène III : Harpagon, Cléante.

HARPAGON

O ça, intérêt de belle-mère à part, que te semble, à toi, de cette personne ?

CLÉANTE

Ce qui m'en semble ?

HARPAGON

Oui, de son air, de sa taille, de sa beauté, de son esprit ?

CLÉANTE

La, la.

HARPAGON

Mais encore ?

CLÉANTE

A vous en parler franchement, je ne l'ai pas trouvée ici ce que je l'avais crue. Son air est de franche coquette, sa taille est assez gauche, sa beauté très médiocre, et son esprit des plus communs. Ne croyez pas que ce soit, mon père, pour vous en dégoûter ; car, belle-mère pour belle-mère, j'aime autant celle-là qu'une autre.

HARPAGON

Tu lui disais tantôt pourtant...

CLÉANTE

Je lui ai dit quelques douceurs en votre nom, mais c'était pour vous plaire.

HARPAGON

Si bien donc que tu n'aurais pas d'inclination pour elle ?

CLÉANTE

Moi ? point du tout.

HARPAGON

J'en suis fâché, car cela rompt une pensée qui m'était venue dans l'esprit. J'ai fait, en la voyant ici, réflexion sur mon âge ; et j'ai songé qu'on pourra trouver à redire de me voir marier à une si jeune personne. Cette considération m'en faisait quitter le dessein, et, comme je l'ai fait demander, et que je suis pour elle engagé de parole, je te l'aurais donnée, sans l'aversion que tu témoignes.

CLÉANTE

A moi ?

HARPAGON

A toi.

CLÉANTE

En mariage ?

HARPAGON

En mariage.

CLÉANTE

Ecoutez. Il est vrai qu'elle n'est pas fort à mon goût ; mais, pour vous faire plaisir, mon père, je me résoudrai à l'épouser, si vous voulez.

HARPAGON

Moi, je suis plus raisonnable que tu ne penses. Je ne veux point forcer ton inclination.

CLÉANTE

Pardonnez-moi ; je me ferai cet effort pour l'amour de vous.

HARPAGON

Non, non. Un mariage ne saurait être heureux où l'inclination n'est pas.

CLÉANTE

C'est une chose, mon père, qui peut-être viendra ensuite ; et l'on dit que l'amour est souvent un fruit du mariage.

HARPAGON

Non. Du côté de l'homme, on ne doit point risquer l'affaire ; et ce sont des suites fâcheuses, où je n'ai garde de me commettre. Si tu avais senti quelque inclination pour elle, à la bonne heure ; je te l'aurais fait épouser au lieu de moi ; mais, cela n'étant pas, je suivrai mon premier dessein, et je l'épouserai moi-même.

CLÉANTE

Hé bien ! mon père, puisque les choses sont ainsi, il faut vous découvrir mon cœur ; il faut vous révéler notre secret. La vérité est que je l'aime depuis un jour que je la vis dans une promenade ; que mon dessein était tantôt de vous la demander pour femme, et que rien ne m'a retenu que la déclaration de vos sentiments, et la crainte de vous déplaire.

HARPAGON

Lui avez-vous rendu visite ?

CLÉANTE

Oui, mon père.

HARPAGON

Beaucoup de fois ?

CLÉANTE

Assez, pour le temps qu'il y a.

HARPAGON

Vous a-t-on bien reçu ?

CLÉANTE

Fort bien, mais sans savoir qui j'étais ; et c'est ce qui a fait tantôt la surprise de Mariane.

HARPAGON

Lui avez-vous déclaré votre passion, et le dessein où vous étiez de l'épouser ?

CLÉANTE

Sans doute ; et même j'en avais fait à sa mère quelque peu d'ouverture.

HARPAGON

A-t-elle écouté, pour sa fille, votre proposition ?

CLÉANTE

Oui, fort civilement.

HARPAGON

Et la fille correspond-elle fort à votre amour ?

CLÉANTE

Si j'en dois croire les apparences, je me persuade, mon père, qu'elle a quelque bonté pour moi.

HARPAGON, *bas, à part.*

Je suis bien aise d'avoir appris un tel secret ; et voilà justement ce que je demandais. (*Haut.*) Oh sus, mon fils, savez-vous ce qu'il y a ? C'est qu'il faut songer, s'il vous plaît, à vous défaire de votre amour ; à cesser toutes vos poursuites auprès d'une personne que je prétends pour moi, et à vous marier dans peu avec celle qu'on vous destine.

CLÉANTE

Oui, mon père ; c'est ainsi que vous me jouez ! Hé bien ! puisque les choses en sont venues là, je vous déclare, moi, que je ne quitterai point la passion que j'ai prise pour Mariane ; qu'il n'y a point d'extrémité où je ne m'abandonne pour vous disputer sa conquête ; et que, si vous avez pour vous le consentement d'une mère, j'aurai d'autres secours, peut-être, qui combattront pour moi.

HARPAGON

Comment, pendard, tu as l'audace d'aller sur mes brisées !

CLÉANTE

C'est vous qui allez sur les miennes, et je suis le premier en date.

HARPAGON

Ne suis-je pas ton père, et ne me dois-tu pas respect ?

CLÉANTE

Ce ne sont point ici des choses où les enfants soient obligés de déférer aux pères, et l'amour ne connaît personne.

HARPAGON

Je te ferai bien me connaître avec de bons coups de bâton.

CLÉANTE

Toutes vos menaces ne feront rien.

HARPAGON

Tu renonceras à Mariane.

CLÉANTE

Point du tout.

HARPAGON

Donnez-moi un bâton tout à l'heure.

Scène IV : Harpagon, Cléante, Maître Jacques.

MAITRE JACQUES

Hé, hé, hé, messieurs, qu'est-ce ci ? à quoi songez-vous ?

CLÉANTE

Je me moque de cela.

MAITRE JACQUES, *à Cléante.*

Ah ! monsieur, doucement.

HARPAGON

Me parler avec cette impudence !

MAITRE JACQUES, *à Harpagon.*

Ah ! monsieur, de grâce.

CLÉANTE

Je n'en démordrai point.

MAITRE JACQUES, *à Cléante.*

Hé quoi ! à votre père ?

HARPAGON

Laisse-moi faire.

MAITRE JACQUES, *à Harpagon.*

Hé quoi ! à votre fils ? Encore passe pour moi.

HARPAGON

Je te veux faire toi-même, maître Jacques, juge de cette affaire, pour montrer comme j'ai raison.

MAITRE JACQUES

J'y consens. (*A Cléante.*) Eloignez-vous un peu.

HARPAGON

J'aime une fille que je veux épouser ; et le pendard a l'insolence de l'aimer avec moi, et d'y prétendre malgré mes ordres.

MAITRE JACQUES

Ah ! il a tort.

HARPAGON

N'est-ce pas une chose épouvantable, qu'un fils qui veut entrer en concurrence avec son père ? et ne doit-il pas, par respect, s'abstenir de toucher à mes inclinations ?

MAITRE JACQUES

Vous avez raison. Laissez-moi lui parler, et demeurez là.

CLÉANTE, à maître Jacques, qui
s'approche de lui.

Hé bien ! oui, puisqu'il veut te choisir pour juge, je n'y recule point ; il ne m'importe qui ce soit ; et je veux bien aussi me rapporter à toi, maître Jacques, de notre différend.

MAITRE JACQUES

C'est beaucoup d'honneur que vous me faites.

CLÉANTE

Je suis épris d'une jeune personne qui répond à mes vœux, et reçoit tendrement les offres de ma foi ; et mon père s'avise de venir troubler notre amour, par la demande qu'il en fait faire.

MAITRE JACQUES

Il a tort, assurément.

CLÉANTE

N'a-t-il point de honte, à son âge, de songer à se marier ? Lui sied-il bien d'être encore amoureux ? et ne devrait-il pas laisser cette occupation aux jeunes gens ?

MAITRE JACQUES

Vous avez raison. Il se moque. Laissez-moi lui dire deux mots. (A Harpagon.) Hé bien ! votre fils n'est pas si étrange que vous le dites, et il se met à la raison. Il dit qu'il sait le respect qu'il vous doit, qu'il ne s'est emporté que dans la première chaleur ; et qu'il ne fera point refus de se soumettre à ce qu'il vous plaira, pourvu que vous vouliez le traiter mieux que vous ne faites, et lui donner quelque personne en mariage, dont il ait lieu d'être content.

HARPAGON

Ah ! dis-lui, maître Jacques, que, moyennant cela, il pourra espérer toutes choses de moi, et que, hors Mariane, je lui laisse la liberté de choisir celle qu'il voudra.

MAITRE JACQUES

Laissez-moi faire. (A Cléante.) Hé bien ! votre père n'est pas si déraisonnable que vous le faites ; et il m'a témoigné que ce sont vos emportements qui l'ont mis en colère ; qu'il n'en veut seulement qu'à votre manière d'agir : et qu'il sera fort disposé à vous accorder ce que vous souhaitez, pourvu que vous vouliez vous y prendre par la douceur, et lui rendre les déférences, les respects et les soumissions qu'un fils doit à son père.

CLÉANTE

Ah ! maître Jacques, tu lui peux assurer que, s'il m'accorde Mariane, il me verra toujours le plus soumis de tous les hommes, et que jamais je ne ferai aucune chose que par ses volontés.

MAITRE JACQUES, à Harpagon.

Cela est fait ; il consent à ce que vous dites.

HARPAGON

Voilà qui va le mieux du monde.

MAITRE JACQUES, à Cléante.

Tout est conclu ; il est content de vos promesses.

CLÉANTE

Le ciel en soit loué !

MAITRE JACQUES

Messieurs, vous n'avez qu'à parler ensemble : vous voilà d'accord maintenant ; et vous alliez vous quereller, faute de vous entendre.

CLÉANTE

Mon pauvre maître Jacques, je te serai obligé toute ma vie.

MAITRE JACQUES

Il n'y a pas de quoi, monsieur.

HARPAGON

Tu m'as fait plaisir, maître Jacques ; et cela mérite une récompense. (Harpagon fouille dans sa poche ; maître Jacques tend la main ; mais Harpagon ne tire que son mouchoir, en disant :) Va, je m'en souviendrai, je t'assure.

MAITRE JACQUES

Je vous baise les mains.

Scène V : Harpagon, Cléante.

CLÉANTE

Je vous demande pardon, mon père, de l'emportement que j'ai fait paraître.

HARPAGON

Cela n'est rien.

CLÉANTE

Je vous assure que j'en ai tous les regrets du monde.

HARPAGON

Et moi, j'ai toutes les joies du monde de te voir raisonnable.

CLÉANTE

Quelle bonté à vous d'oublier si vite ma faute !

HARPAGON

On oublie aisément les fautes des enfants lorsqu'ils rentrent dans leur devoir.

CLÉANTE

Quoi ! ne garder aucun ressentiment de toutes mes extravagances ?

HARPAGON

C'est une chose où tu m'obliges, par la soumission et le respect où tu te ranges.

CLÉANTE

Je vous promets, mon père, que, jusques au tombeau, je conserverai dans mon cœur le souvenir de vos bontés.

HARPAGON

Et moi, je te promets qu'il n'y aura aucune chose que de moi tu n'obtiennes.

CLÉANTE

Ah ! mon père, je ne vous demande plus rien ; et c'est m'avoir assez donné que de me donner Mariane.

HARPAGON

Comment ?

CLÉANTE

Je dis, mon père, que je suis trop content de vous, et que je trouve toutes choses dans la bonté que vous avez de m'accorder Mariane.

HARPAGON

Qui est-ce qui parle de t'accorder Mariane ?

CLÉANTE

Vous, mon père.

HARPAGON

Moi ?

CLÉANTE

Sans doute.

HARPAGON

Comment ! c'est toi qui as promis d'y renoncer.

CLÉANTE

Moi, y renoncer ?

HARPAGON

Oui.

CLÉANTE

Point du tout.

HARPAGON

Tu ne t'es pas départi d'y prétendre ?

CLÉANTE

Au contraire, j'y suis porté plus que jamais.

HARPAGON

Quoi ! pendard, derechef ?

CLÉANTE

Rien ne me peut changer.

HARPAGON

Laisse-moi faire, traître.

CLÉANTE

Faites tout ce qu'il vous plaira.

HARPAGON

Je te défends de me jamais voir.

CLÉANTE

A la bonne heure.

HARPAGON

Je t'abandonne.

CLÉANTE

Abandonnez.

HARPAGON

Je te renonce pour mon fils.

CLÉANTE

Soit.

HARPAGON

Je te déshérite.

CLÉANTE

Tout ce que vous voudrez.

HARPAGON

Et je te donne ma malédiction.

CLÉANTE

Je n'ai que faire de vos dons.

Scène VI : Cléante, La Flèche.

LA FLÈCHE, *sortant du jardin,*
avec une cassette.

Ah ! monsieur, que je vous trouve à propos ! Suivez-moi vite.

CLÉANTE

Qu'y a-t-il ?

LA FLÈCHE

Suivez-moi, vous dis-je : nous sommes bien.

CLÉANTE

Comment ?

LA FLÈCHE

Voici votre affaire.

CLÉANTE

Quoi ?

LA FLÈCHE

J'ai guigné ceci tout le jour.

CLÉANTE

Qu'est-ce que c'est ?

LA FLÈCHE

Le trésor de votre père que j'ai attrapé.

CLÉANTE

Comment as-tu fait ?

LA FLÈCHE

Vous saurez tout. Sauvons-nous ; je l'entends crier.

Scène VII : Harpagon, *criant au voleur dès le jardin.*

Au voleur ! au voleur ! à l'assassin ! au meurtrier ! Justice, juste ciel ! je suis perdu, je suis assassiné ; on m'a coupé la gorge : on m'a dérobé mon argent. Qui peut-ce être ? Qu'est-il devenu ? Où est-il ? Où se cache-t-il ? Que ferai-je pour le trouver ? Où courir ? Où ne pas courir ? N'est-il point là ? N'est-il point ici ? Qui est-ce ? Arrête. (*A lui-même, se prenant le bras.*) Rends-moi mon argent, coquin... Ah ! c'est moi ! Mon esprit est troublé, et j'ignore où je suis, qui je suis, et ce que je fais. Hélas ! mon pauvre argent ! mon pauvre argent ! mon cher ami ! on m'a privé de toi ; et, puisque tu m'es enlevé, j'ai perdu mon support, ma consolation, ma joie : tout est fini pour moi, et je n'ai plus que faire au monde. Sans toi, il m'est impossible de vivre. C'en est fait ; je n'en puis plus ; je me meurs ; je suis mort ; je suis enterré. N'y a-t-il personne qui veuille me ressusciter, en me rendant mon cher argent, ou en m'apprenant qui l'a pris ? Euh ! que dites-vous ? Ce n'est personne. Il faut, qui que ce soit qui ait fait le coup, qu'avec beaucoup de soin on ait épié l'heure ; et l'on a choisi justement le temps que je parlais à mon traître de fils. Sortons. Je veux aller quérir la justice, et faire donner la question à toute ma maison ; à servantes, à valets, à fils, à fille, et à moi aussi. Que de gens assemblés ! Je ne jette mes regards sur personne qui ne me donne des soupçons, et tout me semble mon voleur. Hé ! de quoi est-ce qu'on parle là ? de celui qui m'a dérobé ? Quel bruit fait-on là-haut ? Est-ce mon voleur qui y est ? De grâce, si l'on sait des nouvelles de mon voleur, je supplie que l'on m'en dise. N'est-il point caché là parmi vous ? Ils me regardent tous, et se mettent à rire. Vous verrez qu'ils ont part, sans doute, au vol que l'on m'a fait. Allons vite, des commissaires, des archers, des prévôts, des juges, des gênes, des potences et des bourreaux. Je veux faire pendre tout le monde ; et, si je ne retrouve mon argent, je me pendrai moi-même après.

ACTE CINQUIEME

Scène I : Harpagon, le Commissaire, son Clerc.

LE COMMISSAIRE

Laissez-moi faire ; je sais mon métier, Dieu merci. Ce n'est pas d'aujourd'hui que je me mêle de découvrir des vols ; et je voudrais avoir autant de sacs de mille francs que j'ai fait pendre de personnes.

HARPAGON

Tous les magistrats sont intéressés à prendre cette affaire en main ; et, si l'on ne me fait retrouver mon argent, je demanderai justice de la justice.

LE COMMISSAIRE

Il faut faire toutes les poursuites requises. Vous dites qu'il y avait dans cette cassette...

HARPAGON

Dix mille écus bien comptés.

LE COMMISSAIRE

Dix mille écus !

HARPAGON

Dix mille écus.

LE COMMISSAIRE

Le vol est considérable !

HARPAGON

Il n'y a point de supplice assez grand pour l'énormité de ce crime ; et, s'il demeure impuni, les choses les plus sacrées ne sont plus en sûreté.

LE COMMISSAIRE

En quelles espèces était cette somme ?

HARPAGON

En bons louis d'or et pistoles bien trébuchantes.

LE COMMISSAIRE

Qui soupçonnez-vous de ce vol ?

HARPAGON

Tout le monde ; et je veux que vous arrêtiez prisonniers la ville et les faubourgs.

LE COMMISSAIRE

Il faut, si vous m'en croyez, n'effaroucher personne, et tâcher doucement d'attraper quelques preuves, afin de procéder après, par la rigueur, au recouvrement des deniers qui vous ont été pris.

Scène II : Maître Jacques, Harpagon, le Commissaire, son Clerc.

MAITRE JACQUES, *dans le fond du théâtre, en se retournant du côté par lequel il est entré.*

Je m'en vais revenir. Qu'on me l'égorge tout à l'heure ; qu'on me lui fasse griller les pieds ; qu'on me le mette dans l'eau bouillante, et qu'on me le pende au plancher.

HARPAGON, *à maître Jacques.*

Qui ? celui qui m'a dérobé ?

MAITRE JACQUES

Je parle d'un cochon de lait que votre intendant me vient d'envoyer, et je veux vous l'accommoder à ma fantaisie.

HARPAGON

Il n'est pas question de cela ; et voilà monsieur à qui il faut parler d'autre chose.

LE COMMISSAIRE, *à maître Jacques.*

Ne vous épouvantez point. Je suis un homme à ne vous point scandaliser, et les choses iront dans la douceur.

MAITRE JACQUES

Monsieur est de votre souper ?

LE COMMISSAIRE

Il faut ici, mon cher ami, ne rien cacher à votre maître.

MAITRE JACQUES

Ma foi, monsieur, je montrerai tout ce que je sais faire, et je vous traiterai du mieux qu'il me sera possible.

HARPAGON

Ce n'est pas là l'affaire.

MAITRE JACQUES

Si je ne vous fais pas aussi bonne chère que je voudrais, c'est la faute de monsieur notre intendant, qui m'a rogné les ailes avec les ciseaux de son économie.

HARPAGON

Traître ! il s'agit d'autre chose que de souper ; et je veux que tu me dises des nouvelles de l'argent qu'on m'a pris.

MAITRE JACQUES

On vous a pris de l'argent ?

HARPAGON

Oui, coquin ; et je m'en vais te pendre, si tu ne me le rends.

LE COMMISSAIRE, *à Harpagon.*

Mon Dieu ! ne le maltraitez point. Je vois à sa mine qu'il est honnête homme ; et que, sans se faire mettre en prison, il vous découvrira ce que vous voulez savoir. Oui, mon ami, si vous nous confessez la chose, il ne vous sera fait aucun mal, et vous serez récompensé comme il faut par votre maître. On lui a pris aujourd'hui son argent ; et il n'est pas que vous ne sachiez quelques nouvelles de cette affaire.

MAITRE JACQUES, *bas, à part.*

Voici justement ce qu'il me faut pour me venger de notre intendant. Depuis qu'il est entré céans, il est le favori ; on n'écoute que ses conseils ; et j'ai aussi sur le cœur les coups de bâton de tantôt.

HARPAGON

Qu'as-tu à ruminer ?

LE COMMISSAIRE, *à Harpagon*.

Laissez-le faire. Il se prépare à vous contenter ; et je vous ai bien dit qu'il était honnête homme.

MAITRE JACQUES

Monsieur. si vous voulez que je vous dise les choses, je crois que c'est monsieur votre cher intendant qui a fait le coup.

HARPAGON

Valère !

MAITRE JACQUES

Oui.

HARPAGON

Lui ! qui me paraît si fidèle ?

MAITRE JACQUES

Lui-même. Je crois que c'est lui qui vous a dérobé.

HARPAGON

Et sur quoi le crois-tu ?

MAITRE JACQUES

Sur quoi ?

HARPAGON

Oui.

MAITRE JACQUES

Je le crois... sur ce que je le crois.

LE COMMISSAIRE

Mais il est nécessaire de dire les indices que vous avez.

HARPAGON

L'as-tu vu rôder autour du lieu où j'avais mis mon argent ?

MAITRE JACQUES

Oui vraiment. Où était-il votre argent ?

HARPAGON

Dans le jardin.

MAITRE JACQUES

Justement ; je l'ai vu rôder dans le jardin. Et dans quoi est-ce que cet argent était ?

HARPAGON

Dans une cassette.

MAITRE JACQUES

Voilà l'affaire. Je lui ai vu une cassette.

HARPAGON

Et cette cassette, comment est-elle faite ? Je verrai bien si c'est la mienne.

MAITRE JACQUES

Comment elle est faite ?

HARPAGON

Oui.

MAITRE JACQUES

Elle est faite... elle est faite comme une cassette.

LE COMMISSAIRE

Cela s'entend. Mais dépeignez-la un peu, pour voir.

MAITRE JACQUES

C'est une grande cassette.

HARPAGON

Celle qu'on m'a volée est petite.

MAITRE JACQUES

Hé ! oui, elle est petite, si on le veut prendre par là, mais je l'appelle grande pour ce qu'elle contient.

LE COMMISSAIRE

Et de quelle couleur est-elle ?

MAITRE JACQUES

De quelle couleur ?

LE COMMISSAIRE

Oui.

MAITRE JACQUES

Elle est de couleur... là, d'une certaine couleur... Ne sauriez-vous m'aider à dire ?

HARPAGON

Euh ?

MAITRE JACQUES

N'est-elle pas rouge ?

HARPAGON

Non, grise.

MAITRE JACQUES

Hé ! oui, gris-rouge ; c'est ce que je voulais dire.

HARPAGON

Il n'y a point de doute ; c'est elle assurément. Ecrivez, monsieur, écrivez sa déposition. Ciel ! à qui désormais se fier ! Il ne faut plus jurer de rien ; et je crois après cela, que je suis homme à me voler moi-même.

MAITRE JACQUES, *à Harpagon*.

Monsieur, le voici qui revient. Ne lui allez pas dire, au moins, que c'est moi qui vous ai découvert cela.

Scène III : Harpagon, le Commissaire, Valère, Maître Jacques.

HARPAGON

Approche, viens confesser l'action la plus noire, l'attentat le plus horrible qui jamais ait été commis.

VALÈRE

Que voulez-vous, monsieur ?

HARPAGON

Comment, traître ! tu ne rougis pas de ton crime ?

VALÈRE

De quel crime voulez-vous donc parler ?

HARPAGON

De quel crime je veux parler, infâme ! comme si tu ne savais pas ce que je veux dire ! C'est en vain que tu prétendrais de le déguiser ; l'affaire est découverte, et l'on vient de m'apprendre tout. Comment abuser ainsi de ma bonté, et s'introduire exprès chez moi pour me trahir, pour me jouer un tour de cette nature ?

VALÈRE

Monsieur, puisqu'on vous a découvert tout, je ne veux point chercher de détours, et vous nier la chose.

MAITRE JACQUES, *à part.*

Oh ! oh ! aurais-je deviné sans y penser ?

VALÈRE

C'était mon dessein de vous en parler, et je voulais attendre, pour cela, des conjonctures favorables ; mais, puisqu'il est ainsi, je vous conjure de ne vous point fâcher, et de vouloir entendre mes raisons.

HARPAGON

Et quelles belles raisons peux-tu me donner, voleur infâme ?

VALÈRE

Ah ! monsieur, je n'ai pas mérité ces noms. Il est vrai que j'ai commis une offense envers vous ; mais, après tout, ma faute est pardonnable.

HARPAGON

Comment ! pardonnable ? un guet-apens, un assassinat de la sorte ?

VALÈRE

De grâce, ne vous mettez point en colère. Quand vous m'aurez ouï, vous verrez que le mal n'est pas si grand que vous le faites.

HARPAGON

Le mal n'est pas si grand que je le fais ! Quoi ! mon sang, mes entrailles, pendard !

VALÈRE

Votre sang, monsieur, n'est pas tombé dans de mauvaises mains. Je suis d'une condition à ne lui point faire de tort ; et il n'y a rien, en tout ceci, que je ne puisse bien réparer.

HARPAGON

C'est bien mon intention, et que tu me restitues ce que tu m'as ravi.

VALÈRE

Votre honneur, monsieur, sera pleinement satisfait.

HARPAGON

Il n'est pas question d'honneur là-dedans. Mais, dis-moi, qui t'a porté à cette action ?

VALÈRE

Hélas ! me le demandez-vous ?

HARPAGON

Oui vraiment, je te le demande.

VALÈRE

Un dieu qui porte les excuses de tout ce qu'il fait faire, l'Amour.

HARPAGON

L'Amour ?

VALÈRE

Oui.

HARPAGON

Bel amour, bel amour, ma foi ! l'amour de mes louis d'or.

VALÈRE

Non, monsieur, ce ne sont point vos richesses qui m'ont tenté, ce n'est pas cela qui m'a ébloui ; et je proteste de ne prétendre rien à tous vos biens, pourvu que vous me laissiez celui que j'ai.

HARPAGON

Non ferai, de par tous les diables ; je ne te le laisserai pas. Mais voyez quelle insolence, de vouloir retenir le vol qu'il m'a fait !

VALÈRE

Appelez-vous cela un vol ?

HARPAGON

Si je l'appelle un vol ? un trésor comme celui-là !

VALÈRE

C'est un trésor, il est vrai, et le plus précieux que vous ayez, sans doute ; mais ce ne sera pas le perdre que de me le laisser. Je vous le demande à genoux, ce trésor plein de charmes ; et, pour bien faire, il faut que vous me l'accordiez.

HARPAGON

Je n'en ferai rien. Qu'est-ce à dire cela ?

VALÈRE

Nous nous sommes promis une foi mutuelle, et avons fait serment de ne nous point abandonner.

HARPAGON

Le serment est admirable, et la promesse plaisante.

VALÈRE

Oui, nous nous sommes engagés d'être l'un à l'autre à jamais.

HARPAGON

Je vous en empêcherai bien, je vous assure.

VALÈRE

Rien que la mort ne nous peut séparer.

HARPAGON

C'est être bien endiablé après mon argent !

VALÈRE

Je vous ai déjà dit, monsieur, que ce n'était point l'intérêt qui m'avait poussé à faire ce que j'ai fait. Mon cœur n'a point agi par les ressorts que vous pensez, et un motif plus noble m'a inspiré cette résolution.

HARPAGON

Vous verrez que c'est par charité chrétienne qu'il veut avoir mon bien ! Mais j'y donnerai bon ordre ; et la justice, pendard effronté, me va faire raison de tout.

VALÈRE

Vous en userez comme vous voudrez, et me voilà prêt à souffrir toutes les violences qu'il vous plaira ; mais je vous prie de croire, au moins, que, s'il y a du mal, ce n'est que moi qu'il en faut accuser, et que votre fille, en tout ceci, n'est aucunement coupable.

HARPAGON

Je le crois bien, vraiment ! il serait fort étrange que ma fille eût trempé dans ce crime. Mais je veux ravoir mon affaire, et que tu me confesses en quel endroit tu me l'as enlevée.

VALÈRE

Moi ? je ne l'ai point enlevée ; et elle est encore chez vous.

HARPAGON, *à part.*

O ma chère cassette ! (*Haut.*) Elle n'est point sortie de ma maison ?

VALÈRE

Non, monsieur.

HARPAGON

Hé ! dis-moi donc un peu ; tu n'y as point touché ?

VALÈRE

Moi y toucher ? Ah ! vous lui faites tort, aussi

bien qu'à moi ; et c'est d'une ardeur toute pure et respectueuse que j'ai brûlé pour elle.

HARPAGON, *à part.*

Brûlé pour ma cassette !

VALÈRE

J'aimerais mieux mourir que de lui avoir fait paraître aucune pensée offensante : elle est trop sage et trop honnête pour cela.

HARPAGON, *à part.*

Ma cassette trop honnête !

VALÈRE

Tous mes désirs se sont bornés à jouir de sa vue ; et rien de criminel n'a profané la passion que ses beaux yeux m'ont inspirée.

HARPAGON, *à part.*

Les beaux yeux de ma cassette ! Il parle d'elle comme un amant d'une maîtresse.

VALÈRE

Dame Claude, monsieur, sait la vérité de cette aventure ; et elle vous peut rendre témoignage...

HARPAGON

Quoi ! ma servante est complice de l'affaire ?

VALÈRE

Oui, monsieur : elle a été témoin de notre engagement ; et c'est après avoir connu l'honnêteté de ma flamme, qu'elle m'a aidé à persuader votre fille de me donner sa foi, et recevoir la mienne.

HARPAGON, *à part.*

Eh ! est-ce que la peur de la justice le fait extravaguer ? (*A Valère.*) Que nous brouilles-tu ici de ma fille ?

VALÈRE

Je dis, monsieur, que j'ai eu toutes les peines du monde à faire consentir sa pudeur à ce que voulait mon amour.

HARPAGON

La pudeur de qui ?

VALÈRE

De votre fille ; et c'est seulement depuis hier qu'elle a pu se résoudre à nous signer mutuellement une promesse de mariage.

HARPAGON

Ma fille t'a signé une promesse de mariage ?

VALÈRE

Oui, monsieur ; comme, de ma part, je lui en ai signé une.

HARPAGON

O ciel ! autre disgrâce !

MAITRE JACQUES, *au Commissaire.*

Ecrivez, monsieur, écrivez.

HARPAGON

Rengrègement de mal ! surcroît de désespoir ! (*Au Commissaire.*) Allons, monsieur, faites le dû de votre charge ; et dressez-lui-moi son procès comme larron et comme suborneur.

MAITRE JACQUES

Comme larron et comme suborneur.

VALÈRE

Ce sont des noms qui ne me sont point dus ; et quand on saura qui je suis...

*Scène IV : Harpagon, Elise, Mariane,
Valère, Frosine, Maître Jacques,
le Commissaire, son Clerc.*

HARPAGON

Ah ! fille scélérate ! fille indigne d'un père comme moi ! c'est ainsi que tu pratiques les leçons que je t'ai données ! Tu te laisses prendre d'amour pour un voleur infâme, et tu lui engages ta foi sans mon consentement ! Mais vous serez trompés l'un et l'autre. (*A Elise.*) Quatre bonnes murailles me répondront de ta conduite ; (*A Valère.*) et une bonne potence me fera raison de ton audace.

VALÈRE

Ce ne sera point votre passion qui jugera l'affaire, et l'on m'écoutera, au moins, avant que de me condamner.

HARPAGON

Je me suis abusé de dire une potence ; et tu seras roué tout vif.

ÉLISE, *aux genoux d'Harpagon.*

Ah ! mon père, prenez des sentiments un peu plus humains, je vous prie, et n'allez point pousser les choses dans les dernières violences du pouvoir paternel. Ne vous laissez point entraîner aux premiers mouvements de votre passion, et donnez-vous le temps de considérer ce que vous voulez faire. Prenez la peine de mieux voir celui dont vous vous offensez. Il est tout autre que vos yeux ne le jugent ; et vous trouverez moins étrange que je me sois donnée à lui, lorsque vous saurez que, sans lui, vous ne m'auriez plus il y a longtemps. Oui, mon père, c'est celui qui me sauva de ce grand péril que vous savez que je courus dans l'eau, et à qui vous devez la vie de cette même fille dont...

HARPAGON

Tout cela n'est rien ; et il valait bien mieux pour moi qu'il te laissât noyer que de faire ce qu'il a fait.

ÉLISE

Mon père, je vous conjure, par l'amour paternel, de me...

HARPAGON

Non, non ; je ne veux rien entendre, et il faut que la justice fasse son devoir.

MAITRE JACQUES, *à part.*

Tu me paieras mes coups de bâton !

FROSINE, *à part.*

Voici un étrange embarras !

*Scène V : Anselme, Harpagon, Elise,
Mariane, Frosine, Valère,
Maître Jacques, le Commissaire, son Clerc.*

ANSELME

Qu'est-ce, seigneur Harpagon ? Je vous vois tout ému.

HARPAGON

Ah ! seigneur Anselme, vous me voyez le plus

infortuné de tous les hommes ; et voici bien du trouble et du désordre au contrat que vous venez faire ! On m'assassine dans le bien, on m'assassine dans l'honneur ; et voilà un traître, un scélérat, qui a violé tous les droits les plus saints, qui s'est coulé chez moi sous le titre de domestique, pour me dérober mon argent, et pour me suborner ma fille.

VALÈRE

Qui songe à votre argent, dont vous me faites un galimatias ?

HARPAGON

Oui, ils se sont donné l'un et l'autre une promesse de mariage. Cet affront vous regarde, seigneur Anselme ; et c'est vous qui devez vous rendre partie contre lui, et faire toutes les poursuites de la justice, pour vous venger de son insolence.

ANSELME

Ce n'est pas mon dessein de me faire épouser par force, et de rien prétendre à un cœur qui se serait donné ; mais, pour vos intérêts, je suis prêt à les embrasser, ainsi que les miens propres.

HARPAGON

Voilà monsieur qui est un honnête commissaire, qui n'oubliera rien, à ce qu'il m'a dit, de la fonction de son office. (Au Commissaire, montrant Valère.) Chargez-le comme il faut, monsieur, et rendez les choses bien criminelles.

VALÈRE

Je ne vois pas quel crime on me peut faire de la passion que j'ai pour votre fille, et le supplice où vous croyez que je puisse être condamné pour notre engagement, lorsqu'on saura ce que je suis...

HARPAGON

Je me moque de tous ces contes ; et le monde aujourd'hui n'est plein que de ces larrons de noblesse, que de ces imposteurs qui tirent avantage de leur obscurité, et s'habillent insolemment du premier nom illustre qu'ils s'avisent de prendre.

VALÈRE

Sachez que j'ai le cœur trop bon pour me parer de quelque chose qui ne soit point à moi ; et que tout Naples peut rendre témoignage de ma naissance.

ANSELME

Tout beau ! prenez garde à ce que vous allez dire. Vous risquez ici plus que vous ne pensez ; et vous parlez devant un homme à qui tout Naples est connu, et qui peut aisément voir clair dans l'histoire que vous ferez.

VALÈRE, en mettant fièrement son chapeau.

Je ne suis point homme à rien craindre ; et, si Naples vous est connu, vous savez qui était dom Thomas d'Alburcy.

ANSELME

Sans doute, je le sais ; et peu de gens l'ont connu mieux que moi.

HARPAGON

Je ne me soucie ni de dom Thomas ni de dom Martin. (Harpagon voyant deux chandelles allumées, en souffle une.)

ANSELME

De grâce, laissez-le parler ; nous verrons ce qu'il en veut dire.

VALÈRE

Je veux dire que c'est lui qui m'a donné le jour.

ANSELME

Lui ?

VALÈRE

Oui.

ANSELME

Allez ; vous vous moquez. Cherchez quelque autre histoire qui vous puisse mieux réussir, et ne prétendez pas vous sauver sous cette imposture.

VALÈRE

Songez à mieux parler. Ce n'est point une imposture, et je n'avance rien qu'il ne me soit aisé de justifier.

ANSELME

Quoi ! vous osez vous dire fils de dom Thomas d'Alburcy ?

VALÈRE

Oui, je l'ose ; et je suis prêt de soutenir cette vérité contre qui que ce soit.

ANSELME

L'audace est merveilleuse ! Apprenez, pour vous confondre, qu'il y a seize ans, pour le moins, que l'homme dont vous nous parlez périt sur mer avec ses enfants et sa femme, en voulant dérober leur vie aux cruelles persécutions qui ont accompagné les désordres de Naples, et qui en firent exiler plusieurs nobles familles.

VALÈRE

Oui ; mais apprenez, pour vous confondre, vous, que son fils, âgé de sept ans, avec un domestique, fut sauvé de ce naufrage par un vaisseau espagnol ; et que ce fils sauvé est celui qui vous parle. Apprenez que le capitaine de ce vaisseau, touché de ma fortune, prit amitié pour moi ; qu'il me fit élever comme son propre fils, et que les armes furent mon emploi, dès que je m'en trouvai capable ; que j'ai su, depuis peu, que mon père n'était point mort, comme je l'avais toujours cru ; que, passant ici pour l'aller chercher, une aventure, par le ciel concertée, me fit voir la charmante Élise ; que cette vue me rendit esclave de ses beautés, et que la violence de mon amour et les sévérités de son père me firent prendre la résolution de m'introduire dans son logis, et d'envoyer un autre à la quête de mes parents.

ANSELME

Mais quels témoignages encore, autres que vos paroles, nous peuvent assurer que ce ne soit point une fable que vous ayez bâtie sur une vérité ?

VALÈRE

Le capitaine espagnol ; un cachet de rubis qui était à mon père ; un bracelet d'agate que ma mère m'avait mis au bras ; le vieux Pedro, ce domestique qui se sauva avec moi du naufrage.

MARIANE

Hélas ! à vos paroles je puis ici répondre, moi, que vous n'imposez point ; et tout ce que vous dites me fait connaître clairement que vous êtes mon frère.

VALÈRE

Vous, ma sœur !

MARIANE

Oui. Mon cœur s'est ému dès le moment que vous avez ouvert la bouche ; et notre mère, que vous allez ravir, m'a mille fois entretenue des disgrâces de notre famille. Le ciel ne nous fit point aussi périr dans ce triste naufrage ; mais il ne nous sauva la vie que par la perte de notre liberté ; et ce furent des corsaires qui nous recueillirent, ma mère et moi, sur un débris de notre vaisseau. Après dix ans d'esclavage, une heureuse fortune nous rendit notre liberté, et nous retournâmes dans Naples, où nous trouvâmes tout notre bien vendu, sans y pouvoir trouver des nouvelles de notre père. Nous passâmes à Gênes, où ma mère alla ramasser quelques malheureux restes d'une succession qu'on avait déchirée ; et de là, fuyant la barbare injustice de ses parents, elle vint en ces lieux, où elle n'a presque vécu que d'une vie languissante.

ANSELME

O ciel ! quels sont les traits de ta puissance ! et que tu fais bien voir qu'il n'appartient qu'à toi de faire des miracles ! Embrassez-moi, mes enfants, et mêlez tous deux vos transports à ceux de votre père.

VALÈRE

Vous êtes notre père ?

MARIANNE

C'est vous que ma mère a tant pleuré ?

ANSELME

Oui, ma fille ; oui, mon fils ; je suis dom Thomas d'Alburcy, que le ciel garantit des ondes avec tout l'argent qu'il portait ; et qui, vous ayant tous crus morts durant plus de seize ans, se préparait, après de longs voyages, à chercher, dans l'hymen d'une douce et sage personne, la consolation de quelque nouvelle famille. Le peu de sûreté que j'ai vu pour ma vie à retourner à Naples m'a fait y renoncer pour toujours ; et, ayant su trouver moyen d'y faire vendre ce que j'avais, je me suis habitué ici, où, sous le nom d'Anselme, j'ai voulu m'éloigner les chagrins de cet autre nom, qui m'a causé tant de traverses.

HARPAGON, *à Anselme.*

C'est là votre fils ?

ANSELME

Oui.

HARPAGON

Je vous prends à partie, pour me payer dix mille écus qu'il m'a volés.

ANSELME

Lui ! vous avoir volé ?

HARPAGON

Lui-même.

VALÈRE

Qui vous dit cela ?

HARPAGON

Maître Jacques.

VALÈRE, *à maître Jacques.*

C'est toi qui le dis ?

MAITRE JACQUES

Vous voyez que je ne dis rien.

HARPAGON

Oui. Voilà monsieur le commissaire qui a reçu sa déposition.

VALÈRE

Pouvez-vous me croire capable d'une action si lâche ?

HARPAGON

Capable ou non capable, je veux ravoir mon argent.

Scène VI : Harpagon, Anselme, Elise, Mariane, Cléante, Valère, Frosine, Maître Jacques, La Flèche, le Commissaire, son Clerc.

CLÉANTE

Ne vous tourmentez point, mon père, et n'accusez personne. J'ai découvert des nouvelles de votre affaire ; et je viens ici pour vous dire que, si vous voulez vous résoudre à me laisser épouser Mariane, votre argent vous sera rendu.

HARPAGON

Où est-il ?

CLÉANTE

Ne vous en mettez point en peine. Il est en lieu dont je réponds ; et tout ne dépend que de moi. C'est à vous de me dire à quoi vous vous déterminez ; et vous pouvez choisir, ou de me donner Mariane, ou de perdre votre cassette.

HARPAGON

N'en a-t-on rien ôté ?

CLÉANTE

Rien du tout. Voyez si c'est votre dessein de souscrire à ce mariage, et de joindre votre consentement à celui de sa mère, qui lui laisse la liberté de faire un choix entre nous deux.

MARIANE, *à Cléante.*

Mais vous ne savez pas que ce n'est pas assez que ce consentement ; et que le ciel, (*Montrant Valère.*) avec un frère que vous voyez, vient de me rendre un père, (*Montrant Anselme.*) dont vous avez à m'obtenir.

ANSELME

Le ciel, mes enfants, ne me redonne point à vous pour être contraire à vos vœux. Seigneur Harpagon, vous jugez bien que le choix d'une jeune personne tombera sur le fils plutôt que sur le père : allons, ne vous faites point dire ce qu'il n'est pas nécessaire d'entendre ; et consentez, ainsi que moi, à ce double hyménée.

HARPAGON

Il faut, pour me donner conseil, que je voie ma cassette.

CLÉANTE

Vous la verrez saine et entière.

HARPAGON

Je n'ai point d'argent à donner en mariage à mes enfants.

ANSELME

Hé bien ! j'en ai pour deux ; que cela ne vous inquiète point.

HARPAGON

Vous obligerez-vous à faire tous les frais de ces deux mariages ?

ANSELME

Oui, je m'y oblige. Etes-vous satisfait ?

HARPAGON

Oui, pourvu que, pour les noces, vous me fassiez faire un habit.

ANSELME

D'accord. Allons jouir de l'allégresse que cet heureux jour nous présente.

LE COMMISSAIRE

Holà ! messieurs, holà ! Tout doucement, s'il vous plaît. Qui me paiera mes écritures ?

HARPAGON

Nous n'avons que faire de vos écritures.

LE COMMISSAIRE

Oui ! mais je ne prétends pas, moi, les avoir faites pour rien.

HARPAGON, *montrant maître Jacques.*

Pour votre paiement, voilà un homme que je vous donne à pendre.

MAITRE JACQUES

Hélas ! comment faut-il donc faire ? On me donne des coups de bâton pour dire vrai ; et on me veut pendre pour mentir !

ANSELME

Seigneur Harpagon, il faut lui pardonner cette imposture.

HARPAGON

Vous paierez donc le commissaire ?

ANSELME

Soit. Allons vite faire part de notre joie à votre mère.

HARPAGON

Et moi, voir ma chère cassette.

MONSIEUR DE POURCEAUGNAC

COMÉDIE-BALLET

« *Faite à Chambord, pour le divertissement du Roi, au mois de septembre 1669 et représentée en public à Paris pour la première fois sur le théâtre du Palais-Royal le 15ᵉ de novembre de la même année 1669, par la Troupe du Roi.* »
Depuis la mi-septembre, ce sont chasses royales à Chambord. Après les exercices violents, Sa Majesté aime le délassement spirituel. Molière et Lulli sont là pour le lui procurer. Molière n'a rien prévu de nouveau. Il compte sur le répertoire. Mais le Roi, lui, attend de l'inédit. C'est donc sur place qu'on improvise, en toute hâte, comme ça peut, cette

« comédie-ballet » dont le pétulant Lulli — sa faveur va croissant — orchestre la danse des clystères, tenant lui-même le rôle d'un médecin.
La cour s'amusa et non moins la ville. Aujourd'hui, l'amusement a gagné les provinces, en dépit du froncement des nez délicats devant les trivialités purgatives qui étaient joyeusetés d'époque.
La Comédie-Française (765 représentations) joue traditionnellement Monsieur de Pourceaugnac le mardi gras.
Ont brillé dans le rôle de Pourceaugnac : Coquelin cadet, Léon Bernard et récemment Jacques Charon.

PERSONNAGES

MONSIEUR DE POURCEAUGNAC (Molière).

ORONTE.

JULIE, *fille d'Oronte* (Mˡˡᵉ de Brie).

ERASTE, *amant de Julie* (La Grange).

NÉRINE, *femme d'intrigue, feinte Picarde* (Mad. Béjart).

LUCETTE, *feinte Gasconne* (Mˡˡᵉ Molière).

SBRIGANI, *Napolitain, homme d'intrigue* (Du Croisy).

PREMIER MÉDECIN, SECOND MÉDECIN.

UN APOTHICAIRE.

UN PAYSAN, UNE PAYSANNE.

PREMIER SUISSE, SECOND SUISSE.

UN EXEMPT, DEUX ARCHERS.

DEUX MUSICIENS, DEUX AVOCATS.

JOUEURS D'INSTRUMENTS
ET DANSEURS.

LA SCÈNE EST A PARIS.

OUVERTURE

Cette sérénade est composée de chant, d'instruments et de danse. Les paroles qui s'y chantent ont rapport à la situation où Eraste se trouve avec Julie, et expriment les sentiments de deux amants qui sont traversés dans leurs amours par le caprice de leurs parents.

UNE MUSICIENNE
Répands, charmante nuit, répands sur tous les yeux
   De tes pavots la douce violence ;
Et ne laisse veiller, en ces aimables lieux,
Que les cœurs que l'amour soumet à sa puissance.
   Tes ombres et ton silence,
   Plus beaux que le plus beau jour,
Offrent de doux moments à soupirer d'amour.

PREMIER MUSICIEN
   Que soupirer d'amour
   Est une douce chose,
   Quand rien à nos vœux ne s'oppose !
A d'aimables penchants notre cœur nous dispose,
Mais on a des tyrans à qui l'on doit le jour
   Que soupirer d'amour
   Est une douce chose,
   Quand rien à nos vœux ne s'oppose !

SECOND MUSICIEN
Tout ce qu'à nos vœux on oppose
Contre un parfait amour ne gagne jamais rien ;
   Et, pour vaincre toute chose,
   Il ne faut que s'aimer bien.

TOUS TROIS ENSEMBLE

Aimons-nous donc d'une ardeur éternelle :
Les rigueurs des parents, la contrainte cruelle,
L'absence, les travaux, la fortune rebelle,
Ne font que redoubler une amitié fidèle.
    Aimons-nous donc d'une ardeur éternelle :
      Quand deux cœurs s'aiment bien,
      Tout le reste n'est rien.

PREMIÈRE ENTRÉE DE BALLET

Danse de deux maîtres à danser.

SECONDE ENTRÉE DE BALLET

Danse de deux pages.

TROISIÈME ENTRÉE DE BALLET

Quatre curieux de spectacles, qui ont pris querelle pendant la danse des deux pages, dansent en se battant l'épée à la main.

QUATRIÈME ENTRÉE DE BALLET

Deux Suisses séparent les quatre combattants, et, après les avoir mis d'accord, dansent avec eux.

ACTE PREMIER

Scène I : Julie, Eraste, Nérine.

JULIE

Mon Dieu ! Eraste, gardons d'être surpris. Je tremble qu'on ne nous voie ensemble ; et tout serait perdu, après la défense que l'on m'a faite.

ÉRASTE

Je regarde de tous côtés, et je n'aperçois rien.

JULIE, *à Nérine.*

Aie aussi l'œil au guet, Nérine ; et prends bien garde qu'il ne vienne personne.

NÉRINE, *se retirant dans le fond du théâtre.*

Reposez-vous sur moi, et dites hardiment ce que vous avez à vous dire.

JULIE

Avez-vous imaginé pour notre affaire quelque chose de favorable ? et croyez-vous, Eraste, pouvoir venir à bout de détourner ce fâcheux mariage que mon père s'est mis en tête ?

ÉRASTE

Au moins y travaillons-nous fortement ; et déjà nous avons préparé un bon nombre de batteries pour renverser ce dessein ridicule.

NÉRINE, *accourant, à Julie.*

Par ma foi, voilà votre père.

JULIE

Ah ! séparons-nous vite.

NÉRINE

Non, non, non, ne bougez ; je m'étais trompée.

JULIE

Mon Dieu ! Nérine, que tu es sotte de nous donner de ces frayeurs !

ÉRASTE

Oui, belle Julie, nous avons dressé pour cela quantité de machines ; et nous ne feignons point de mettre tout en usage, sur la permission que vous m'avez donnée. Ne nous demandez point tous les ressorts que nous ferons jouer ; vous en aurez le divertissement ; et, comme aux comédies, il est bon de vous laisser le plaisir de la surprise, et de ne vous avertir point de tout ce qu'on vous fera voir : c'est assez de vous dire que nous avons en main divers stratagèmes tout prêts à produire dans l'occasion, et que l'ingénieuse Nérine et l'adroit Sbrigani entreprennent l'affaire.

NÉRINE

Assurément. Votre père se moque-t-il, de vouloir vous anger de son avocat de Limoges, monsieur de Pourceaugnac, qu'il n'a vu de sa vie, et qui vient par le coche vous enlever à notre barbe ? Faut-il que trois ou quatre mille écus de plus, sur la parole de votre oncle, lui fassent rejeter un amant qui vous agrée ? et une personne comme vous est-elle faite pour un Limosin ? S'il a envie de se marier, que ne prend-il une Limosine, et ne laisse-t-il en repos les chrétiens ? Le seul nom de monsieur de Pourceaugnac m'a mis dans une colère effroyable. J'enrage de monsieur de Pourceaugnac. Quand il n'y aurait que ce nom-là, monsieur de Pourceaugnac, j'y brûlerai mes livres, ou je romprai ce mariage ; et vous ne serez point madame de Pourceaugnac. Pourceaugnac ! cela se peut-il souffrir ? Non, Pourceaugnac est une chose que je ne saurais supporter ; et nous lui jouerons tant de pièces, nous lui ferons tant de niches sur niches, que nous renvoyerons à Limoges monsieur de Pourceaugnac.

ÉRASTE

Voici notre subtil Napolitain, qui nous dira des nouvelles.

Scène II : Julie, Eraste, Sbrigani, Nérine.

SBRIGANI

Monsieur, votre homme arrive ; je l'ai vu à trois lieues d'ici, où a couché le coche ; et, dans la cuisine où il est descendu pour déjeuner, je l'ai étudié une bonne grosse demi-heure, et je le sais déjà par cœur. Pour sa figure, je ne veux point vous en parler ; vous verrez de quel air la nature l'a dessiné, et si l'ajustement qui l'accompagne y répond comme il faut. Mais, pour son esprit, je vous avertis, par avance, qu'il est des plus épais qui se fassent ; que nous trouvons en lui une matière tout à fait disposée pour ce que nous voulons, et qu'il est homme enfin à donner dans tous les panneaux qu'on lui présentera.

ÉRASTE

Nous dis-tu vrai ?

SBRIGANI

Oui, si je me connais en gens.

NÉRINE

Madame, voilà un illustre. Votre affaire ne pouvait être mise en de meilleures mains, et c'est le héros de notre siècle pour les exploits dont il s'agit ; un homme qui, vingt fois en sa vie, pour servir ses amis, a généreusement affronté les galères ; qui, au péril de ses bras et de ses épaules, sait mettre noblement à fin les aventures les plus difficiles, et qui, tel que vous le voyez, est exilé de son pays pour je ne sais combien d'actions honorables qu'il a généreusement entreprises.

SBRIGANI

Je suis confus des louanges dont vous m'honorez ; et je pourrais vous en donner avec plus de justice sur les merveilles de votre vie, et principalement sur la gloire que vous acquîtes lorsque, avec tant d'honnêteté, vous pipâtes au jeu, pour douze mille écus, ce jeune seigneur étranger que l'on mena chez vous ; lorsque vous fîtes galamment ce faux contrat qui ruina toute une famille ; lorsque, avec tant de grandeur d'âme, vous sûtes nier le dépôt qu'on vous avait confié ; et que si généreusement on vous vit prêter votre témoignage à faire pendre ces deux personnes qui ne l'avaient pas mérité.

NÉRINE

Ce sont petites bagatelles qui ne valent pas qu'on en parle ; et vos éloges me font rougir.

SBRIGANI

Je veux bien épargner votre modestie ; laissons cela : et, pour commencer notre affaire, allons vite joindre notre provincial, tandis que de votre côté vous nous tiendrez prêts au besoin les autres acteurs de la comédie.

ÉRASTE

Au moins, madame, souvenez-vous de votre rôle ; et, pour mieux couvrir notre jeu, feignez, comme on vous a dit, d'être la plus contente du monde des résolutions de votre père.

JULIE

S'il ne tient qu'à cela, les choses iront à merveille.

ÉRASTE

Mais, belle Julie, si toutes nos machines venaient à ne pas réussir ?

JULIE

Je déclarerai à mon père mes véritables sentiments.

ÉRASTE

Et si, contre vos sentiments, il s'obstinait à son dessein ?

JULIE

Je le menacerais de me jeter dans un couvent.

ÉRASTE

Mais si, malgré tout cela, il voulait vous forcer à ce mariage ?

JULIE

Que voulez-vous que je vous dise ?

ÉRASTE

Ce que je veux que vous me disiez !

JULIE

Oui.

ÉRASTE

Ce qu'on dit quand on aime bien.

JULIE

Mais quoi ?

ÉRASTE

Que rien ne pourra vous contraindre ; et que, malgré tous les efforts d'un père, vous me promettez d'être à moi.

JULIE

Mon Dieu ! Eraste, contentez-vous de ce que je fais maintenant ; et n'allez point tenter sur l'avenir les résolutions de mon cœur ; ne fatiguez point mon devoir par les propositions d'une fâcheuse extrémité dont peut-être n'aurons-nous pas besoin ; et, s'il y faut venir, souffrez au moins que j'y sois entraînée par la suite des choses.

ÉRASTE

Hé bien !...

SBRIGANI

Ma foi ! voici notre homme ; songeons à nous.

NÉRINE

Ah ! comme il est bâti !

*Scène III : Monsieur de Pourceaugnac,
Sbrigani.*

MONSIEUR DE POURCEAUGNAC, *se tournant
du côté d'où il est venu, et parlant
à des gens qui le suivent.*

Hé bien ! quoi ? qu'est-ce ? qu'y a-t-il ? Au diantre soit la sotte ville et les sottes gens qui y sont ! Ne pouvoir faire un pas sans trouver des nigauds qui vous regardent et se mettent à rire ! Hé ! messieurs les badauds, faites vos affaires, et laissez passer les personnes sans leur rire au nez. Je me donne au diable, si je ne baille un coup de poing au premier que je verrai rire.

SBRIGANI, *parlant aux mêmes
personnes.*

Qu'est-ce que c'est, messieurs ? que veut dire cela ? à qui en avez-vous ? faut-il se moquer ainsi des honnêtes étrangers qui arrivent ici ?

MONSIEUR DE POURCEAUGNAC

Voilà un homme raisonnable, celui-là.

SBRIGANI

Quel procédé est le vôtre ! et qu'avez-vous à rire ?

MONSIEUR DE POURCEAUGNAC

Fort bien.

SBRIGANI

Monsieur a-t-il quelque chose de ridicule en soi ?

MONSIEUR DE POURCEAUGNAC

Oui.

SBRIGANI

Est-il autrement que les autres ?

MONSIEUR DE POURCEAUGNAC

Suis-je tordu ou bossu ?

SBRIGANI

Apprenez à connaître les gens.

MONSIEUR DE POURCEAUGNAC

C'est bien dit.

SBRIGANI

Monsieur est d'une mine à respecter.

MONSIEUR DE POURCEAUGNAC

Cela est vrai.

SBRIGANI

Personne de condition.

MONSIEUR DE POURCEAUGNAC

Oui. Gentilhomme limosin.

SBRIGANI

Homme d'esprit.

MONSIEUR DE POURCEAUGNAC

Qui a étudié en droit.

SBRIGANI

Il vous fait trop d'honneur de venir dans votre ville.

MONSIEUR DE POURCEAUGNAC

Sans doute.

SBRIGANI

Monsieur n'est point une personne à faire rire.

MONSIEUR DE POURCEAUGNAC

Assurément.

SBRIGANI

Et quiconque rira de lui aura affaire à moi.

MONSIEUR DE POURCEAUGNAC, à Sbrigani.

Monsieur, je vous suis infiniment obligé.

SBRIGANI

Je suis fâché, monsieur, de voir recevoir de la sorte une personne comme vous ; et je vous demande pardon pour la ville.

MONSIEUR DE POURCEAUGNAC

Je suis votre serviteur.

SBRIGANI

Je vous ai vu ce matin, monsieur, avec le coche, lorsque vous avez déjeuné ; et la grâce avec laquelle vous mangiez votre pain m'a fait naître d'abord de l'amitié pour vous ; et, comme je sais que vous n'êtes jamais venu en ce pays, et que vous y êtes tout neuf, je suis bien aise de vous avoir trouvé, pour vous offrir mon service à cette arrivée, et vous aider à vous conduire parmi ce peuple, qui n'a pas parfois, pour les honnêtes gens, toute la considération qu'il faudrait.

MONSIEUR DE POURCEAUGNAC

C'est trop de grâce que vous me faites.

SBRIGANI

Je vous l'ai déjà dit : du moment que je vous ai vu, je me suis senti pour vous de l'inclination.

MONSIEUR DE POURCEAUGNAC

Je vous suis obligé.

SBRIGANI

Votre physionomie m'a plu.

MONSIEUR DE POURCEAUGNAC

Ce m'est beaucoup d'honneur.

SBRIGANI

J'y ai vu quelque chose d'honnête.

MONSIEUR DE POURCEAUGNAC

Je suis votre serviteur.

SBRIGANI

Quelque chose d'aimable.

MONSIEUR DE POURCEAUGNAC

Ah ! ah !

SBRIGANI

De gracieux.

MONSIEUR DE POURCEAUGNAC

Ah ! ah !

SBRIGANI

De doux.

MONSIEUR DE POURCEAUGNAC

Ah ! ah !

SBRIGANI

De majestueux.

MONSIEUR DE POURCEAUGNAC

Ah ! ah !

SBRIGANI

De franc.

MONSIEUR DE POURCEAUGNAC

Ah ! ah !

SBRIGANI

Et de cordial.

MONSIEUR DE POURCEAUGNAC

Ah ! ah !

SBRIGANI

Je vous assure que je suis tout à vous.

MONSIEUR DE POURCEAUGNAC

Je vous ai beaucoup d'obligation.

SBRIGANI

C'est du fond du cœur que je parle.

MONSIEUR DE POURCEAUGNAC

Je le crois.

SBRIGANI

Si j'avais l'honneur d'être connu de vous, vous sauriez que je suis un homme tout à fait sincère.

MONSIEUR DE POURCEAUGNAC

Je n'en doute point.

SBRIGANI

Ennemi de la fourberie.

MONSIEUR DE POURCEAUGNAC

J'en suis persuadé.

SBRIGANI

Et qui n'est pas capable de déguiser ses sentiments.

MONSIEUR DE POURCEAUGNAC

C'est ma pensée.

SBRIGANI

Vous regardez mon habit, qui n'est pas fait comme les autres ; mais je suis originaire de Naples, à votre service, et j'ai voulu conserver un peu et la manière de s'habiller, et la sincérité de mon pays.

MONSIEUR DE POURCEAUGNAC

C'est fort bien fait. Pour moi, j'ai voulu me mettre à la mode de la cour pour la campagne.

SBRIGANI

Ma foi, cela vous va mieux qu'à tous nos courtisans.

MONSIEUR DE POURCEAUGNAC

C'est ce que m'a dit mon tailleur. L'habit est propre et riche, et il fera du bruit ici.

SBRIGANI

Sans doute. N'irez-vous pas au Louvre ?

MONSIEUR DE POURCEAUGNAC

Il faudra bien aller faire ma cour.

SBRIGANI

Le roi sera ravi de vous voir.

MONSIEUR DE POURCEAUGNAC

Je le crois.

SBRIGANI

Avez-vous arrêté un logis ?

MONSIEUR DE POURCEAUGNAC

Non ; j'allais en chercher un.

SBRIGANI

Je serai bien aise d'être avec vous pour cela ; et je connais tout ce pays-ci.

Scène IV : Eraste,
Monsieur de Pourceaugnac, Sbrigani.

ÉRASTE

Ah ! qu'est-ce ci ? Que vois-je ? Quelle heureuse rencontre ! Monsieur de Pourceaugnac ! Que je suis ravi de vous voir ! Comment ! il semble que vous ayez peine à me reconnaître !

MONSIEUR DE POURCEAUGNAC

Monsieur, je suis votre serviteur.

ÉRASTE

Est-il possible que cinq ou six années m'aient ôté de votre mémoire, et que vous ne reconnaissiez pas le meilleur ami de toute la famille des Pourceaugnacs ?

MONSIEUR DE POURCEAUGNAC

Pardonnez-moi. (*Bas, à Sbrigani.*) Ma foi, je ne sais qui il est.

ÉRASTE

Il n'y a pas un Pourceaugnac à Limoges que je ne connaisse, depuis le plus grand jusques au plus petit ; je ne fréquentais qu'eux dans le temps que j'y étais, et j'avais l'honneur de vous voir presque tous les jours.

MONSIEUR DE POURCEAUGNAC

C'est moi qui l'ai reçu, monsieur.

ÉRASTE

Vous ne vous remettez point mon visage ?

MONSIEUR DE POURCEAUGNAC

Si fait. (*A Sbrigani.*) Je ne le connais point.

ÉRASTE

Vous ne vous ressouvenez pas que j'ai eu le bonheur de boire avec vous je ne sais combien de fois ?

MONSIEUR DE POURCEAUGNAC

Excusez-moi. (*A Sbrigani.*) Je ne sais ce que c'est.

ÉRASTE

Comment appelez-vous ce traiteur de Limoges qui fait si bonne chère ?

MONSIEUR DE POURCEAUGNAC

Petit-Jean ?

ÉRASTE

Le voilà. Nous allions le plus souvent ensemble chez lui nous réjouir. Comment est-ce que vous nommez à Limoges ce lieu où l'on se promène ?

MONSIEUR DE POURCEAUGNAC

Le Cimetière des Arènes ?

ÉRASTE

Justement. C'est là où je passais de si douces heures à jouir de votre agréable conversation. Vous ne vous remettez pas tout cela ?

MONSIEUR DE POURCEAUGNAC

Excusez-moi ; je me le remets. (*A Sbrigani.*) Diable emporte si je m'en souviens.

SBRIGANI, *bas, à M. de Pourceaugnac.*

Il y a cent choses comme cela qui passent de la tête.

ÉRASTE

Embrassez-moi donc, je vous prie, et resserrons les nœuds de notre ancienne amitié.

SBRIGANI, *à M. de Pourceaugnac.*

Voilà un homme qui vous aime fort.

ÉRASTE

Dites-moi un peu des nouvelles de toute la parenté. Comment se porte monsieur votre... là... qui est si honnête homme ?

MONSIEUR DE POURCEAUGNAC

Mon frère le consul ?

ÉRASTE

Oui.

MONSIEUR DE POURCEAUGNAC

Il se porte le mieux du monde.

ÉRASTE

Certes, j'en suis ravi. Et celui qui est de si bonne humeur ? Là... monsieur votre...

MONSIEUR DE POURCEAUGNAC

Mon cousin l'assesseur ?

ÉRASTE

Justement.

MONSIEUR DE POURCEAUGNAC

Toujours gai et gaillard.

ÉRASTE

Ma foi, j'en ai beaucoup de joie. Et monsieur votre oncle ? Le...

MONSIEUR DE POURCEAUGNAC

Je n'ai point d'oncle.

ÉRASTE

Vous aviez pourtant en ce temps-là...

MONSIEUR DE POURCEAUGNAC

Non : rien qu'une tante.

ÉRASTE

C'est ce que je voulais dire, madame votre tante. Comment se porte-t-elle ?

MONSIEUR DE POURCEAUGNAC

Elle est morte depuis six mois.

ÉRASTE

Hélas ! la pauvre femme ! Elle était si bonne personne !

MONSIEUR DE POURCEAUGNAC

Nous avons aussi mon neveu le chanoine qui a pensé mourir de la petite vérole.

ÉRASTE

Quel dommage ç'aurait été !

MONSIEUR DE POURCEAUGNAC

Le connaissez-vous aussi ?

ÉRASTE

Vraiment ! si je le connais ! Un grand garçon bien fait.

MONSIEUR DE POURCEAUGNAC

Pas des plus grands.

ÉRASTE

Non ; mais de taille bien prise.

MONSIEUR DE POURCEAUGNAC

Hé ! oui.

ÉRASTE

Qui est votre neveu...

MONSIEUR DE POURCEAUGNAC

Oui.

ÉRASTE

Fils de votre frère ou de votre sœur ?

MONSIEUR DE POURCEAUGNAC

Justement.

ÉRASTE

Chanoine de l'église de... Comment l'appelez-vous ?

MONSIEUR DE POURCEAUGNAC

De Saint-Etienne.

ÉRASTE

Le voilà, je ne connais autre.

MONSIEUR DE POURCEAUGNAC, *à Sbrigani.*

Il dit toute la parenté.

SBRIGANI

Il vous connaît plus que vous ne croyez.

MONSIEUR DE POURCEAUGNAC

A ce que je vois, vous avez demeuré longtemps dans notre ville ?

ÉRASTE

Deux ans entiers.

MONSIEUR DE POURCEAUGNAC

Vous étiez donc là quand mon cousin l'élu fit tenir son enfant à monsieur notre gouverneur ?

ÉRASTE

Vraiment oui ; j'y fus convié des premiers.

MONSIEUR DE POURCEAUGNAC

Cela fut galant.

ÉRASTE

Très galant.

MONSIEUR DE POURCEAUGNAC

C'était un repas bien troussé.

ÉRASTE

Sans doute.

MONSIEUR DE POURCEAUGNAC

Vous vîtes donc aussi la querelle que j'eus avec ce gentilhomme périgordin ?

ÉRASTE

Oui.

MONSIEUR DE POURCEAUGNAC

Parbleu ! il trouva à qui parler.

ÉRASTE

Ah ! ah !

MONSIEUR DE POURCEAUGNAC

Il me donna un soufflet ; mais je lui dis bien son fait.

ÉRASTE

Assurément. Au reste, je ne prétends pas que vous preniez d'autre logis que le mien.

MONSIEUR DE POURCEAUGNAC

Je n'ai garde de...

ÉRASTE

Vous moquez-vous ? je ne souffrirai point du tout que mon meilleur ami soit autre part que dans ma maison.

MONSIEUR DE POURCEAUGNAC

Ce serait vous...

ÉRASTE

Non. Le diable m'emporte ! vous logerez chez moi.

SBRIGANI, *à M. de Pourceaugnac.*

Puisqu'il le veut obstinément, je vous conseille d'accepter l'offre.

ÉRASTE

Où sont vos hardes ?

MONSIEUR DE POURCEAUGNAC

Je les ai laissées, avec mon valet, où je suis descendu.

ÉRASTE

Envoyons-les quérir par quelqu'un.

MONSIEUR DE POURCEAUGNAC

Non. Je lui ai défendu de bouger, à moins que j'y fusse moi-même, de peur de quelque fourberie.

SBRIGANI

C'est prudemment avisé.

MONSIEUR DE POURCEAUGNAC

Ce pays-ci est un peu sujet à caution.

ÉRASTE

On voit les gens d'esprit en tout.

SBRIGANI

Je vais accompagner monsieur, et le ramènerai où vous voudrez.

ÉRASTE

Oui. Je serai bien aise de donner quelques ordres, et vous n'avez qu'à revenir à cette maison-là.

SBRIGANI

Nous sommes à vous tout à l'heure.

ÉRASTE, *à M. de Pourceaugnac.*

Je vous attends avec impatience.

MONSIEUR DE POURCEAUGNAC, *à Sbrigani.*

Voilà une connaissance où je ne m'attendais point.

SBRIGANI

Il a la mine d'être honnête homme.

ÉRASTE, *seul.*

Ma foi, monsieur de Pourceaugnac, nous vous donnerons de toutes les façons : les choses sont préparées, et je n'ai qu'à frapper. Holà !

Scène V : Eraste, un Apothicaire.

ÉRASTE

Je crois, monsieur, que vous êtes le médecin à qui l'on est venu parler de ma part ?

L'APOTHICAIRE

Non, monsieur ; ce n'est pas moi qui suis le médecin ; à moi n'appartient pas cet honneur, et je ne suis qu'apothicaire, apothicaire indigne, pour vous servir.

ÉRASTE

Et monsieur le médecin est-il à la maison ?

L'APOTHICAIRE

Oui. Il est là embarrassé à expédier quelques malades ; et je vais lui dire que vous êtes ici.

ÉRASTE

Non : ne bougez ; j'attendrai qu'il ait fait. C'est pour lui mettre entre les mains certain parent que nous avons, dont on lui a parlé, et qui se trouve attaqué de quelque folie, que nous serions bien aises qu'il pût guérir avant que de le marier.

L'APOTHICAIRE

Je sais ce que c'est, je sais ce que c'est ; et j'étais avec lui quand on lui a parlé de cette affaire. Ma foi, ma foi ! vous ne pouviez pas vous adresser à un médecin plus habile. C'est un homme qui sait la médecine à fond, comme je sais ma croix de par Dieu, et qui, quand on devrait crever, ne démordrait pas d'un *iota* des règles des anciens. Oui, il suit toujours le grand chemin, le grand chemin, et ne va point chercher midi à quatorze heures ; et, pour tout l'or du monde, il ne voudrait pas avoir guéri une personne avec d'autres remèdes que ceux que la faculté permet.

ÉRASTE

Il fait fort bien. Un malade ne doit point vouloir guérir que la faculté n'y consente.

L'APOTHICAIRE

Ce n'est pas parce que nous sommes grands amis que j'en parle ; mais il y a plaisir, il y a plaisir d'être son malade ; et j'aimerais mieux mourir de ses remèdes que de guérir de ceux d'un autre. Car, quoi qui puisse arriver, on est assuré que les choses sont toujours dans l'ordre, et quand on meurt sous sa conduite, vos héritiers n'ont rien à vous reprocher.

ÉRASTE

C'est une grande consolation pour un défunt !

L'APOTHICAIRE

Assurément. On est bien aise au moins d'être mort méthodiquement. Au reste, il n'est pas de ces médecins qui marchandent les maladies ; c'est un homme expéditif, expéditif, qui aime à dépêcher ses malades ; et quand on a à mourir, cela se fait avec lui le plus vite du monde.

ÉRASTE

En effet, il n'est rien tel que de sortir promptement d'affaire.

L'APOTHICAIRE

Cela est vrai. A quoi bon tant barguigner et tant tourner autour du pot ? Il faut savoir vitement le court ou le long d'une maladie.

ÉRASTE

Vous avez raison.

L'APOTHICAIRE

Voilà déjà trois de mes enfants dont il m'a fait l'honneur de conduire la maladie, qui sont morts en moins de quatre jours, et qui, entre les mains d'un autre, auraient langui plus de trois mois.

ÉRASTE

Il est bon d'avoir des amis comme cela.

L'APOTHICAIRE

Sans doute. Il ne me reste plus que deux enfants, dont il prend soin comme des siens ; il les traite et gouverne à sa fantaisie, sans que je me mêle de rien ; et, le plus souvent, quand je reviens de la ville, je suis tout étonné que je les trouve saignés ou purgés par son ordre.

ÉRASTE

Voilà des soins fort obligeants.

L'APOTHICAIRE

Le voici, le voici, le voici qui vient.

Scène VI : Eraste, Premier Médecin, un Apothicaire, un Paysan, une Paysanne.

LE PAYSAN, *au médecin.*

Monsieur, il n'en peut plus ; et il dit qu'il sent dans la tête les plus grandes douleurs du monde.

PREMIER MÉDECIN

Le malade est un sot ; d'autant plus que, dans la maladie dont il est attaqué, ce n'est pas la tête, selon Galien, mais la rate qui lui doit faire mal.

LE PAYSAN

Quoi que c'en soit, monsieur, il a toujours, avec cela, son cours de ventre depuis six mois.

PREMIER MÉDECIN

Bon ! c'est signe que le dedans se dégage. Je l'irai visiter dans deux ou trois jours ; mais, s'il mourait avant ce temps-là, ne manquez pas de m'en donner avis ; car il n'est pas de la civilité qu'un médecin visite un mort.

LA PAYSANNE, *au médecin.*

Mon père, monsieur, est toujours malade de plus en plus.

PREMIER MÉDECIN

Ce n'est pas ma faute. Je lui donne des remèdes : que ne guérit-il ? Combien a-t-il été saigné de fois ?

LA PAYSANNE

Quinze, monsieur, depuis vingt jours.

PREMIER MÉDECIN

Quinze fois saigné ?

LA PAYSANNE

Oui.

PREMIER MÉDECIN

Et il ne guérit point ?

LA PAYSANNE

Non, monsieur.

PREMIER MÉDECIN

C'est signe que la maladie n'est pas dans le sang. Nous le ferons purger autant de fois, pour voir si elle n'est pas dans les humeurs ; et, si rien ne nous réussit, nous l'enverrons aux bains.

L'APOTHICAIRE

Voilà le fin, cela ; voilà le fin de la médecine.

ÉRASTE, *au médecin.*

C'est moi, monsieur, qui vous ai envoyé parler, ces jours passés, pour un parent un peu troublé d'esprit que je veux vous donner chez vous, afin de le guérir avec plus de commodité, et qu'il soit vu de moins de monde.

PREMIER MÉDECIN

Oui, monsieur ; j'ai déjà disposé tout, et promets d'en avoir tous les soins imaginables.

ÉRASTE

Le voici.

PREMIER MÉDECIN

La conjoncture est tout à fait heureuse, et j'ai ici un ancien de mes amis, avec lequel je serai bien aise de consulter sa maladie.

Scène VII : Monsieur de Pourceaugnac, Eraste, Premier Médecin, un Apothicaire.

ÉRASTE, *à M. de Pourceaugnac.*

Une petite affaire m'est survenue, qui m'oblige à vous quitter (*Montrant le médecin.*) ; mais voilà une personne entre les mains de qui je vous laisse, qui aura soin pour moi de vous traiter du mieux qu'il lui sera possible.

PREMIER MÉDECIN

Le devoir de ma profession m'y oblige ; et c'est assez que vous me chargiez de ce soin.

MONSIEUR DE POURCEAUGNAC, *à part.*

C'est son maître d'hôtel, et il faut que ce soit un homme de qualité.

PREMIER MÉDECIN, *à Eraste.*

Oui, je vous assure que je traiterai monsieur méthodiquement, et dans toutes les régularités de notre art.

MONSIEUR DE POURCEAUGNAC

Mon Dieu ! il ne me faut point tant de cérémonies ; et je ne viens pas ici pour incommoder.

PREMIER MÉDECIN

Un tel emploi ne me donne que de la joie.

ÉRASTE, *au médecin.*

Voilà toujours six pistoles d'avance, en attendant ce que j'ai promis.

MONSIEUR DE POURCEAUGNAC

Non, s'il vous plaît ; je n'entends pas que vous fassiez de dépense, et que vous envoyiez rien acheter pour moi.

ÉRASTE

Mon Dieu ! laissez faire. Ce n'est pas pour ce que vous pensez.

MONSIEUR DE POURCEAUGNAC

Je vous demande de ne me traiter qu'en ami.

ÉRASTE

C'est ce que je veux faire. (*Bas, au médecin.*) Je vous recommande surtout de ne le point laisser sortir de vos mains ; car, parfois, il veut s'échapper.

PREMIER MÉDECIN

Ne vous mettez pas en peine.

ÉRASTE, *à M. de Pourceaugnac.*

Je vous prie de m'excuser de l'incivilité que je commets.

MONSIEUR DE POURCEAUGNAC

Vous vous moquez ; et c'est trop de grâce que vous me faites.

Scène VIII : Monsieur de Pourceaugnac, Premier Médecin, Second Médecin, un Apothicaire.

PREMIER MÉDECIN

Ce m'est beaucoup d'honneur, monsieur, d'être choisi pour vous rendre service.

MONSIEUR DE POURCEAUGNAC

Je suis votre serviteur.

PREMIER MÉDECIN

Voici un habile homme, mon confrère, avec lequel je vais consulter la manière dont nous vous traiterons.

MONSIEUR DE POURCEAUGNAC

Il ne faut point tant de façons, vous dis-je ; et je suis homme à me contenter de l'ordinaire.

PREMIER MÉDECIN

Allons, des sièges. (*Des laquais entrent. et donnent des sièges.*)

MONSIEUR DE POURCEAUGNAC, *à part.*

Voilà, pour un jeune homme, des domestiques bien lugubres.

PREMIER MÉDECIN

Allons, monsieur ; prenez votre place, monsieur. (*Les deux médecins font asseoir monsieur de Pourceaugnac entre eux deux*).

MONSIEUR DE POURCEAUGNAC, *s'asseyant.*

Votre très humble valet. (*Les deux médecins lui prenant chacun une main pour lui tâter le pouls.*) Que veut dire cela ?

PREMIER MÉDECIN

Mangez-vous bien, monsieur ?

MONSIEUR DE POURCEAUGNAC

Oui ; et bois encore mieux.

PREMIER MÉDECIN

Tant pis ; cette grande appétition du froid et de l'humide est une indication de la chaleur et sécheresse qui est au dedans. Dormez-vous fort ?

MONSIEUR DE POURCEAUGNAC

Oui, quand j'ai bien soupé.

PREMIER MÉDECIN

Faites-vous des songes ?

MONSIEUR DE POURCEAUGNAC

Quelquefois.

PREMIER MÉDECIN

De quelle nature sont-ils ?

MONSIEUR DE POURCEAUGNAC

De la nature des songes. Quelle diable de conversation est-ce là ?

PREMIER MÉDECIN

Vos déjections, comment sont-elles ?

MONSIEUR DE POURCEAUGNAC

Ma foi, je ne comprends rien à toutes ces questions ; et je veux plutôt boire un coup.

PREMIER MÉDECIN

Un peu de patience, nous allons raisonner sur votre affaire devant vous ; et nous le ferons en français, pour être plus intelligibles.

MONSIEUR DE POURCEAUGNAC

Quel grand raisonnement faut-il pour manger un morceau ?

PREMIER MÉDECIN

Comme ainsi soit qu'on ne puisse guérir une maladie qu'on ne la connaisse parfaitement, et qu'on ne la puisse parfaitement connaître sans en bien établir l'idée particulière, et la véritable espèce, par ses signes diagnostiques et prognostiques ; vous me permettrez, monsieur notre ancien, d'entrer en considération de la maladie dont il s'agit, avant que de toucher à la thérapeutique, et aux remèdes qu'il nous conviendra faire pour la parfaite curation d'icelle. Je dis donc, monsieur, avec votre permission, que notre malade ici présent est malheureusement attaqué, affecté, possédé, travaillé de cette sorte de folie que nous nommons fort bien mélancolie hypocondriaque ; espèce de folie très fâcheuse, et qui ne demande pas moins qu'un Esculape comme vous, consommé dans notre art, vous, dis-je, qui avez blanchi, comme on dit, sous le harnais, et auquel il en a tant passé par les mains, de toutes les façons. Je l'appelle mélancolie hypocondriaque, pour la distinguer des deux autres ; car le célèbre Galien établit doctement, à son ordinaire, trois espèces de cette maladie, que nous nommons mélancolie, ainsi appelée, non seulement par les Latins, mais encore par les Grecs : ce qui est bien à remarquer pour notre affaire. La première, qui vient du propre vice du cerveau : la seconde, qui vient de tout le sang, fait et rendu atrabilaire : la troisième, appelée hypocondriaque, qui est la nôtre, laquelle procède du vice de quelque partie du bas-ventre, et de la région inférieure, mais particulièrement de la rate, dont la chaleur et l'inflammation porte au cerveau de notre malade beaucoup de fuligines épaisses et crasses, dont la vapeur noire et maligne cause dépravation aux fonctions de la faculté princesse, et fait la maladie dont, par notre raisonnement, il est manifestement atteint et convaincu. Qu'ainsi ne soit, pour diagnostic incontestable de ce que je dis, vous n'avez qu'à considérer ce grand sérieux que vous voyez, cette tristesse accompagnée de crainte et de défiance, signes pathognomoniques et individuels de cette maladie, si bien marquée chez le divin vieillard Hippocrate ; cette physionomie, ces yeux rouges et hagards, cette grande barbe, cette habitude du corps, menue, grêle, noire et velue, lesquels signes le dénotent très affecté de cette maladie, procédante du vice des hypocondres ; laquelle maladie, par laps de temps, naturalisée, envieillie, habituée, et ayant pris droit de bourgeoisie chez lui, pourrait bien dégénérer ou en manie, ou en phthisie, ou en apoplexie, ou même en fine frénésie et fureur. Tout ceci supposé, puisqu'une maladie bien connue est à demi guérie, car *ignoti nulla est curatio morbi* [1], il ne vous sera pas difficile de convenir des remèdes que nous devons faire à monsieur. Premièrement, pour remédier à cette pléthore obturante, et à cette cacochymie luxuriante par tout le corps, je suis d'avis qu'il soit phlébotomisé libéralement ; c'est-à-dire que les saignées soient fréquentes et plantureuses : en premier lieu, de la basilique, puis de la céphalique ; et même, si le mal est opiniâtre, de lui ouvrir la veine du front, et que l'ouverture soit large, afin que le gros sang puisse sortir ; et, en même temps, de le purger, désopiler, et évacuer par purgatifs propres et convenables, c'est-à-dire par cholagogues, mélanogogues, *et cœtera* ; et comme la véritable source de tout le mal est ou une humeur crasse et féculente, ou une vapeur noire et grossière, qui obscurcit, infecte et salit les esprits animaux, il est à propos ensuite qu'il prenne un bain d'eau pure et nette, avec force petit-lait clair, pour purifier par l'eau la féculence de l'humeur crasse, et éclaircir, par le lait clair, la noirceur de cette vapeur. Mais, avant toute chose, je trouve qu'il est bon de le réjouir par agréables conversations, chants et instruments de musique ; à quoi il n'y a pas d'inconvénient de joindre des danseurs, afin que leurs mouvements, disposition et agilité, puissent exciter et réveiller la paresse de ses esprits engourdis, qui occasionne l'épaisseur de son sang, d'où procède la maladie. Voilà les remèdes que j'imagine, auxquels pourront être ajoutés beaucoup d'autres meilleurs par monsieur notre maître et ancien, suivant l'expérience, jugement, lumière et suffisance, qu'il s'est acquise dans notre art. *Dixi.*

SECOND MÉDECIN

A Dieu ne plaise, monsieur, qu'il me tombe en pensée d'ajouter rien à ce que vous venez de dire ! Vous avez si bien discouru sur tous les signes, les symptômes et les causes de la maladie de monsieur ; le raisonnement que vous en avez fait est si docte et si beau, qu'il est impossible qu'il ne soit pas fou et mélancolique hypocondriaque ; et, quand il ne le serait pas, il faudrait qu'il le devînt, pour la beauté des choses que vous avez dites, et la justesse du raisonnement que vous avez fait. Oui, monsieur, vous avez dépeint fort graphiquement, *graphice depinxisti,* tout ce qui appartient à cette maladie. Il ne se peut rien de plus doctement, sagement, ingénieusement conçu, pensé, imaginé, que ce que vous avez prononcé au sujet de ce mal, soit pour la diagnose, ou la prognose, ou la thérapie ; et il ne me reste rien ici, que de féliciter monsieur d'être tombé entre vos mains ; et de lui dire qu'il est trop heureux d'être fou, pour éprouver l'efficace et la douceur des remèdes que vous avez si judicieusement proposés. Je les approuve tous, *manibus et pedibus descendo in tuam sententiam* [2]. Tout ce que j'y voudrais, c'est de faire les saignées et les purgations en nombre impair, *numero Deus impare gaudet* [3] ; de prendre le lait clair avant le bain ;

---

1. *Il n'y a pas moyen de guérir une maladie qu'on ne connaît pas.*

2. Allusion à une pratique du Sénat romain : *je me rallie à ton opinion.*
3. *Le nombre impair réjouit les dieux.* Demi-vers de Virgile.

de lui composer un fronteau où il entre du sel, le sel est symbole de la sagesse ; de faire blanchir les murailles de sa chambre, pour dissiper les ténèbres de ses esprits, *album est disgregativum visus*[4] ; et de lui donner tout à l'heure un petit lavement, pour servir de prélude et d'introduction à ces judicieux remèdes, dont, s'il a à guérir, il doit recevoir du soulagement. Fasse le ciel que ces remèdes, monsieur, qui sont les vôtres, réussissent au malade, selon notre intention !

MONSIEUR DE POURCEAUGNAC

Messieurs, il y a une heure que je vous écoute. Est-ce que nous jouons ici une comédie ?

PREMIER MÉDECIN

Non, monsieur, nous ne jouons point.

MONSIEUR DE POURCEAUGNAC

Qu'est-ce que tout ceci ? et que voulez-vous dire, avec votre galimatias et vos sottises ?

PREMIER MÉDECIN

Bon ! dire des injures ! Voilà un diagnostique qui nous manquait pour la confirmation de son mal ; et ceci pourrait bien tourner en manie.

MONSIEUR DE POURCEAUGNAC, *à part.*

Avec qui m'a-t-on mis ici ? (*Il crache deux ou trois fois.*)

PREMIER MÉDECIN

Autre diagnostique : la sputation fréquente.

MONSIEUR DE POURCEAUGNAC

Laissons cela, et sortons d'ici.

PREMIER MÉDECIN

Autre encore : l'inquiétude de changer de place.

MONSIEUR DE POURCEAUGNAC

Qu'est-ce donc que toute cette affaire ? et que me voulez-vous ?

PREMIER MÉDECIN

Vous guérir, selon l'ordre qui nous a été donné.

MONSIEUR DE POURCEAUGNAC

Me guérir ?

PREMIER MÉDECIN

Oui.

MONSIEUR DE POURCEAUGNAC

Parbleu ! je ne suis pas malade.

PREMIER MÉDECIN

Mauvais signe, lorsqu'un malade ne sent pas son mal.

MONSIEUR DE POURCEAUGNAC

Je vous dis que je me porte bien.

PREMIER MÉDECIN

Nous savons mieux que vous comment vous vous portez ; et nous sommes médecins, qui voyons clair dans votre constitution.

MONSIEUR DE POURCEAUGNAC

Si vous êtes médecins, je n'ai que faire de vous ; et je me moque de la médecine.

PREMIER MÉDECIN

Hon ! hon ! voici un homme plus fou que nous ne pensons.

MONSIEUR DE POURCEAUGNAC

Mon père et ma mère n'ont jamais voulu de

4. *Le blanc rend la vue plus nette.*

remèdes, et ils sont morts tous deux sans l'assistance des médecins.

PREMIER MÉDECIN

Je ne m'étonne pas s'ils ont engendré un fils qui est insensé. (*Au second médecin.*) Allons, procédons à la curation ; et, par la douceur exhilarante de l'harmonie, adoucissons, lénifions et accoisons l'aigreur de ses esprits, que je vois prêts à s'enflammer.

Scène IX : Monsieur de Pourceaugnac.

Que diable est-ce là ? Les gens de ce pays-ci sont-ils insensés ? Je n'ai jamais rien vu de tel, et je n'y comprends rien du tout.

*Scène X : Monsieur de Pourceaugnac,
deux Médecins grotesques,
suivis de huit Matassins.*

Ils s'asseyent d'abord tous trois ; les médecins se lèvent à différentes reprises pour saluer M. de Pourceaugnac, qui se lève autant de fois pour les saluer.

LES DEUX MÉDECINS

Bon dì, bon dì, bon dì,
Non vi lasciate uccidere
Dal dolor malinconico,
Noi vi faremo ridere
Col nostro canto harmonico ;
Sol per guarirvi
Siamo venuti qui.
Bon dì, bon dì, bon dì.

PREMIER MÉDECIN

Altro non è la pazzia
Che malinconia.
Il malato
Non è disperato,
Se vol pigliar un poco d'allegria,
Altro non è la pazzia
Che malinconia.

SECOND MÉDECIN

Sù, cantate, ballate, ridete ;
E, se far meglio volete,
Quando sentite il deliro vicino,
Pigliate del vino,
E qualche volta un poco di tabac.
Alegramente, monsu Pourceaugnac[5].

5. *Bonjour, bonjour, bonjour. Ne vous laissez pas tuer par les souffrances de la mélancolie. Nous vous ferons rire avec nos chants harmonieux. Nous ne sommes venus ici que pour vous guérir. Bonjour, bonjour, bonjour.*
— La folie n'est pas autre chose que la mélancolie. Le malade n'est pas désespéré, s'il veut prendre un peu de divertissement. La folie n'est pas autre chose que la mélancolie.
— Allons, courage. Chantez, dansez, riez ; et, si vous voulez encore mieux faire, quand vous sentirez approcher votre accès de folie, prenez un verre de vin, et quelquefois une prise de tabac. Allons, gai, monsieur de Pourceaugnac.

Scène XI : Monsieur de Pourceaugnac,
un Apothicaire, tenant une seringue,
deux Médecins.

L'APOTHICAIRE

Monsieur, voici un petit remède, un petit remède,
qu'il vous faut prendre, s'il vous plaît, s'il vous
plaît.

MONSIEUR DE POURCEAUGNAC

Comment ? je n'ai que faire de cela !

L'APOTHICAIRE

Il a été ordonné, monsieur, il a été ordonné.

MONSIEUR DE POURCEAUGNAC

Ah ! que de bruit !

L'APOTHICAIRE

Prenez-le, monsieur, prenez-le ; il ne vous fera
point de mal, il ne vous fera point de mal.

MONSIEUR DE POURCEAUGNAC

Ah !

L'APOTHICAIRE

C'est un petit clystère, un petit clystère, bénin,
bénin ; il est bénin, bénin ; là, prenez, prenez, prenez, monsieur ; c'est pour déterger, pour déterger,
déterger.

LES DEUX MÉDECINS

Piglia-lo sù,
Signor monsu,
Piglia-lo, piglia-lo, piglia-lo sù,
Che non ti farà male [6].
Piglia-lo sù questo servitiale ;
Piglia-lo sù,
Signor monsu,
Piglia-lo, piglia-lo, piglia-lo sù.

MONSIEUR DE POURCEAUGNAC

Allez-vous-en au diable.

M. de Pourceaugnac, se servant de son chapeau
pour se garantir des seringues, est suivi par les
deux médecins et par les matassins ; il passe par
derrière le théâtre, et revient se mettre sur sa
chaise, auprès de laquelle il trouve l'apothicaire
qui l'attendait ; les deux médecins et les matassins
rentrent aussi.

LES DEUX MÉDECINS

Piglia-lo sù,
Signor monsu ;
Piglia-lo, piglia-lo, piglia-lo sù ;
Che non ti farà male.
Piglia-lo sù questo servitiale,
Piglia-lo sù,
Signor monsu ;
Piglia-lo, piglia-lo, piglia-lo sù ;

M. de Pourceaugnac s'enfuit avec la chaise ; l'apo-
thicaire appuie sa seringue contre, et les médecins
et les matassins le suivent.

6. *Prenez-le, monsieur, prenez-le ; il ne vous fera point*
de mal.

ACTE SECOND

Scène I : Premier Médecin, Sbrigani.

PREMIER MÉDECIN

Il a forcé tous les obstacles que j'avais mis, et
s'est dérobé aux remèdes que je commençais de
lui faire.

SBRIGANI

C'est être bien ennemi de soi-même, que de fuir
des remèdes aussi salutaires que les vôtres.

PREMIER MÉDECIN

Marque d'un cerveau démonté, et d'une raison
dépravée, que de ne vouloir pas guérir.

SBRIGANI

Vous l'auriez guéri haut la main.

PREMIER MÉDECIN

Sans doute, quand il y aurait eu complication de
douze maladies.

SBRIGANI

Cependant voilà cinquante pistoles bien acquises
qu'il vous fait perdre.

PREMIER MÉDECIN

Moi, je n'entends point les perdre, et prétends le
guérir en dépit qu'il en ait. Il est lié et engagé à
mes remèdes, et je veux le faire saisir où je le
trouverai, comme déserteur de la médecine et
infracteur de mes ordonnances.

SBRIGANI

Vous avez raison. Vos remèdes étaient un coup
sûr, et c'est de l'argent qu'il vous vole.

PREMIER MÉDECIN

Où puis-je en avoir des nouvelles ?

SBRIGANI

Chez le bon homme Oronte, assurément, dont il
vient épouser la fille, et qui, ne sachant rien de
l'infirmité de son gendre futur, voudra peut-être
se hâter de conclure le mariage.

PREMIER MÉDECIN

Je vais lui parler tout à l'heure.

SBRIGANI

Vous ne ferez point mal.

PREMIER MÉDECIN

Il est hypothéqué à mes consultations, et un malade ne se moquera pas d'un médecin.

SBRIGANI

C'est fort bien dit à vous ; et, si vous m'en croyez,
vous ne souffrirez point qu'il se marie, que vous
ne l'ayez pansé tout votre soûl.

PREMIER MÉDECIN

Laissez-moi faire.

SBRIGANI, *à part, en s'en allant.*

Je vais, de mon côté, dresser une autre batterie ;
et le beau-père est aussi dupe que le gendre.

Scène II : Oronte, Premier Médecin.

PREMIER MÉDECIN

Vous avez, monsieur, un certain monsieur de
Pourceaugnac qui doit épouser votre fille ?

ORONTE

Oui ; je l'attends de Limoges, et il devrait être arrivé.

PREMIER MÉDECIN

Aussi l'est-il, et il s'en est fui de chez moi, après y avoir été mis ; mais je vous défends, de la part de la médecine, de procéder au mariage que vous avez conclu, que je ne l'aie dûment préparé pour cela, et mis en état de procréer des enfants bien conditionnés de corps et d'esprit.

ORONTE

Comment donc ?

PREMIER MÉDECIN

Votre prétendu gendre a été constitué mon malade ; sa maladie, qu'on m'a donné à guérir, est un meuble qui m'appartient, et que je compte entre mes effets ; et je vous déclare que je ne prétends point qu'il se marie, qu'au préalable il n'ait satisfait à la médecine, et subi les remèdes que je lui ai ordonnés.

ORONTE

Il a quelque mal ?

PREMIER MÉDECIN

Oui.

ORONTE

Et quel mal, s'il vous plaît ?

PREMIER MÉDECIN

Ne vous en mettez pas en peine.

ORONTE

Est-ce quelque mal... ?

PREMIER MÉDECIN

Les médecins sont obligés au secret. Il suffit que je vous ordonne, à vous et à votre fille, de ne point célébrer, sans mon consentement, vos noces avec lui, sur peine d'encourir la disgrâce de la faculté, et d'être accablés de toutes les maladies qu'il nous plaira.

ORONTE

Je n'ai garde, si cela est, de faire le mariage.

PREMIER MÉDECIN

On me l'a mis entre les mains ; et il est obligé d'être mon malade.

ORONTE

A la bonne heure.

PREMIER MÉDECIN

Il a beau fuir ; je le ferai condamner, par arrêt, à se faire guérir par moi.

ORONTE

J'y consens.

PREMIER MÉDECIN

Oui, il faut qu'il crève, ou que je le guérisse.

ORONTE

Je le veux bien.

PREMIER MÉDECIN

Et, si je ne le trouve, je m'en prendrai à vous ; et je vous guérirai au lieu de lui.

ORONTE

Je me porte bien.

PREMIER MÉDECIN

Il n'importe. Il me faut un malade ; et je prendrai qui je pourrai.

ORONTE

Prenez qui vous voudrez ; mais ce ne sera pas moi. (*Seul.*) Voyez un peu la belle raison !

Scène III : Oronte, Sbrigani,
en marchand flamand.

SBRIGANI

Montsir, avec le votre permissione, je suisse un trancher marchand flamane, qui voudrait bienne vous temandair un petit nouvel.

ORONTE

Quoi, monsieur ?

SBRIGANI

Mettez le votre chapeau sur le tête, montsir, si ve plaît.

ORONTE

Dites-moi, monsieur, ce que vous voulez.

SBRIGANI

Moi le dire rien, montsir, si vous le mettre pas le chapeau sur le tête.

ORONTE

Soit. Qu'y a-t-il, monsieur ?

SBRIGANI

Fous connaître point en sti file un certe montsir Oronte ?

ORONTE

Oui, je le connais.

SBRIGANI

Et quel homme est-ile, montsir, si ve plaît ?

ORONTE

C'est un homme comme les autres.

SBRIGANI

Je vous temande, montsir, s'il est un homme riche qui a du bienne ?

ORONTE

Oui.

SBRIGANI

Mais riche beaucoup grandement, montsir ?

ORONTE

Oui.

SBRIGANI

J'en suis aise beaucoup, montsir.

ORONTE

Mais pourquoi cela ?

SBRIGANI

L'est, montsir, pour un petit raisonne de conséquence pour nous.

ORONTE

Mais encore, pourquoi ?

SBRIGANI

L'est, montsir, que sti montsir Oronte donne son fille en mariage à un certe montsir de Pourcegnac.

ORONTE

Hé bien ?

SBRIGANI

Et sti montsir de Pourcegnac, montsir, l'est un homme que doivre beaucoup grandement à dix ou douze marchanne flamane qui être venu ici.

ORONTE

Ce monsieur de Pourceaugnac doit beaucoup à dix ou douze marchands ?

SBRIGANI

Oui, montsir ; et, depuis huite mois, nous avoir obtenir un petit sentence contre lui, et lui à remettre à payer tou ce créanciers de sti mariage que sti montsir Oronte donne pour son fille.

ORONTE

Hon ! hon ! il a remis là à payer ses créanciers ?

SBRIGANI

Oui, montsir, et avec un grand dévotion nous tous attendre sti mariage.

ORONTE, *à part.*

L'avis n'est pas mauvais. (*Haut.*) Je vous donne le bonjour.

SBRIGANI

Je remercie, montsir, de la faveur grande.

ORONTE

Votre très humble valet.

SBRIGANI

Je le suis, montsir, obliger plus que beaucoup du bon nouvel que montsir m'avoir donné. (*Seul, après avoir ôté sa barbe et dépouillé l'habit de Flamand qu'il a par-dessus le sien.*) Cela ne va pas mal. Quittons notre ajustement de Flamand, pour songer à d'autres machines ; et tâchons de semer tant de soupçons et de division entre le beau-père et le gendre, que cela rompe le mariage prétendu. Tous deux également sont propres à gober les hameçons qu'on leur veut tendre ; et, entre nous autres fourbes de la première classe, nous ne faisons que nous jouer, lorsque nous trouvons un gibier aussi facile que celui-là.

Scène IV : Monsieur de Pourceaugnac, Sbrigani.

MONSIEUR DE POURCEAUGNAC,
se croyant seul.

Piglia-lo sù, piglia-lo sù, signor monsu. Que diable est-ce là ? (*Apercevant Sbrigani.*) Ah !

SBRIGANI

Qu'est-ce, monsieur. Qu'avez-vous ?

MONSIEUR DE POURCEAUGNAC

Tout ce que je vois me semble lavement.

SBRIGANI

Comment ?

MONSIEUR DE POURCEAUGNAC

Vous ne savez pas ce qui m'est arrivé dans ce logis à la porte duquel vous m'avez conduit ?

SBRIGANI

Non, vraiment. Qu'est-ce que c'est ?

MONSIEUR DE POURCEAUGNAC

Je pensais y être régalé comme il faut ?

SBRIGANI

Hé bien ?

MONSIEUR DE POURCEAUGNAC

Je vous laisse entre les mains de monsieur. Des médecins habillés de noir. Dans une chaise. Tâter le pouls. Comme ainsi soit. Il est fou. Deux gros

joufflus. Grands chapeaux. *Bon dì, bon dì.* Six Pantalons. Ta, ra, ta, ta ; ta, ra, ta, ta. *Alegramente, monsu Pourceaugnac.* Apothicaire. Lavement. Prenez, monsieur ; prenez, prenez. Il est bénin, bénin, bénin. C'est pour déterger, déterger, déterger. *Piglia-lo sù, signor monsu ; piglia-lo, piglia-lo, piglia-lo sù.* Jamais je n'ai été si soûl de sottises.

SBRIGANI

Qu'est-ce que tout cela veut dire ?

MONSIEUR DE POURCEAUGNAC

Cela veut dire que cet homme-là, avec ses grandes embrassades, est un fourbe qui m'a mis dans une maison pour se moquer de moi, et me faire une pièce.

SBRIGANI

Cela est-il possible ?

MONSIEUR DE POURCEAUGNAC

Sans doute. Ils étaient une douzaine de possédés après mes chausses ; et j'ai eu toutes les peines du monde à m'échapper de leurs pattes.

SBRIGANI

Voyez un peu ; les mines sont bien trompeuses : je l'aurais cru le plus affectionné de vos amis. Voilà un de mes étonnements, comme il est possible qu'il y ait des fourbes comme cela dans le monde.

MONSIEUR DE POURCEAUGNAC

Ne sens-je point le lavement ? Voyez, je vous prie.

SBRIGANI

Hé ! il y a quelque petite chose qui approche de cela.

MONSIEUR DE POURCEAUGNAC

J'ai l'odorat et l'imagination tout remplis de cela ; et il me semble toujours que je vois une douzaine de lavements qui me couchent en joue.

SBRIGANI

Voilà une méchanceté bien grande ; et les hommes sont bien traîtres et scélérats !

MONSIEUR DE POURCEAUGNAC

Enseignez-moi, de grâce, le logis de monsieur Oronte ; je suis bien aise d'y aller tout à l'heure.

SBRIGANI

Ah ! ah ! vous êtes donc de complexion amoureuse ? et vous avez ouï parler que ce monsieur Oronte a une fille... ?

MONSIEUR DE POURCEAUGNAC

Oui. Je viens l'épouser.

SBRIGANI

L'é... l'épouser ?

MONSIEUR DE POURCEAUGNAC

Oui.

SBRIGANI

En mariage ?

MONSIEUR DE POURCEAUGNAC

De quelle façon, donc ?

SBRIGANI

Ah ! c'est une autre chose ; et je vous demande pardon.

MONSIEUR DE POURCEAUGNAC

Qu'est-ce que cela veut dire ?

Rien.

SBRIGANI
MONSIEUR DE POURCEAUGNAC
Mais encore ?

SBRIGANI
Rien, vous dis-je. J'ai un peu parlé trop vite.

MONSIEUR DE POURCEAUGNAC
Je vous prie de me dire ce qu'il y a là-dessous.

SBRIGANI
Non : cela n'est pas nécessaire.

MONSIEUR DE POURCEAUGNAC
De grâce.

SBRIGANI
Point. Je vous prie de m'en dispenser.

MONSIEUR DE POURCEAUGNAC
Est-ce que vous n'êtes pas de mes amis ?

SBRIGANI
Si fait. On ne peut pas l'être davantage.

MONSIEUR DE POURCEAUGNAC
Vous devez donc ne me rien cacher.

SBRIGANI
C'est une chose où il y va de l'intérêt du prochain.

MONSIEUR DE POURCEAUGNAC
Afin de vous obliger à m'ouvrir votre cœur, voilà une petite bague que je vous prie de garder pour l'amour de moi.

SBRIGANI
Laissez-moi consulter un peu si je le puis faire en conscience. (*Après s'être un peu éloigné de monsieur de Pourceaugnac.*) C'est un homme qui cherche son bien, qui tâche de pourvoir sa fille le plus avantageusement qu'il est possible ; et il ne faut nuire à personne. Ce sont des choses qui sont connues, à la vérité ; mais j'irai les découvrir à un homme qui les ignore ; et il est défendu de scandaliser son prochain. Cela est vrai ; mais, d'autre part, voilà un étranger qu'on veut surprendre, et qui, de bonne foi, vient se marier avec une fille qu'il ne connaît pas et qu'il n'a jamais vue ; un gentilhomme plein de franchise, pour qui je me sens de l'inclination, qui me fait l'honneur de me tenir pour son ami, prend confiance en moi, et me donne une bague à garder pour l'amour de lui. (*A monsieur de Pourceaugnac.*) Oui ; je trouve que je puis vous dire les choses sans blesser ma conscience : mais tâchons de vous les dire le plus doucement qu'il nous sera possible, et d'épargner les gens le plus que nous pourrons. De vous dire que cette fille-là mène une vie déshonnête, cela serait un peu trop fort. Cherchons, pour nous expliquer, quelques termes plus doux. Le mot de galante aussi n'est pas assez ; celui de coquette achevée me semble propre à ce que nous voulons, et je m'en puis servir pour vous dire honnêtement ce qu'elle est.

MONSIEUR DE POURCEAUGNAC
L'on me veut donc prendre pour dupe ?

SBRIGANI
Peut-être, dans le fond, n'y a-t-il pas tant de mal que tout le monde croit ; et puis il y a des gens,

après tout, qui se mettent au-dessus de ces sortes de choses, et qui ne croient pas que leur honneur dépende...

MONSIEUR DE POURCEAUGNAC
Je suis votre serviteur ; je ne me veux point mettre sur la tête un chapeau comme celui-là ; et l'on aime à aller le front levé dans la famille des Pourceaugnacs.

SBRIGANI
Voilà le père.

MONSIEUR DE POURCEAUGNAC
Ce vieillard-là ?

SBRIGANI
Oui. Je me retire.

Scène V : Oronte, Monsieur de Pourceaugnac.

MONSIEUR DE POURCEAUGNAC
Bonjour, monsieur, bonjour.

ORONTE
Serviteur, monsieur, serviteur.

MONSIEUR DE POURCEAUGNAC
Vous êtes monsieur Oronte, n'est-ce pas ?

ORONTE
Oui.

MONSIEUR DE POURCEAUGNAC
Et moi, monsieur de Pourceaugnac.

ORONTE
A la bonne heure.

MONSIEUR DE POURCEAUGNAC
Croyez-vous, monsieur Oronte, que les Limosins soient des sots ?

ORONTE
Croyez-vous, monsieur de Pourceaugnac, que les Parisiens soient des bêtes ?

MONSIEUR DE POURCEAUGNAC
Vous imaginez-vous, monsieur Oronte, qu'un homme comme moi soit si affamé de femme ?

ORONTE
Vous imaginez-vous, monsieur de Pourceaugnac, qu'une fille comme la mienne soit si affamée de mari ?

Scène VI : Monsieur de Pourceaugnac, Julie, Oronte.

JULIE
On vient de me dire, mon père, que monsieur de Pourceaugnac est arrivé. Ah ! le voilà sans doute, et mon cœur me le dit. Qu'il est bien fait ! qu'il a bon air ! et que je suis contente d'avoir un tel époux ! Souffrez que je l'embrasse, et que je lui témoigne...

ORONTE
Doucement, ma fille, doucement.

MONSIEUR DE POURCEAUGNAC, *à part.*
Tudieu ! quelle galante ! Comme elle prend feu d'abord !

ORONTE

Je voudrais bien savoir, monsieur de Pourceaugnac, par quelle raison vous venez...

JULIE *s'approche de M. de Pourceaugnac,*
le regarde d'un air languissant, et
lui veut prendre la main.

Que je suis aise de vous voir ! et que je brûle
d'impatience... !

ORONTE

Ah ! ma fille ! Otez-vous de là, vous dis-je.

MONSIEUR DE POURCEAUGNAC, *à part.*

Oh ! oh ! quelle égrillarde !

ORONTE

Je voudrais bien, dis-je, savoir par quelle raison,
s'il vous plaît, vous avez la hardiesse de... (*Julie*
continue le même jeu.)

MONSIEUR DE POURCEAUGNAC, *à part.*

Vertu de ma vie !

ORONTE, *à Julie.*

Encore ! Qu'est-ce à dire, cela ?

JULIE

Ne voulez-vous pas que je caresse l'époux que vous
m'avez choisi ?

ORONTE

Non. Rentrez là-dedans.

JULIE

Laissez-moi le regarder.

ORONTE

Rentrez, vous dis-je.

JULIE

Je veux demeurer là, s'il vous plaît.

ORONTE

Je ne veux pas, moi ; et, si tu ne rentres tout à
l'heure, je...

JULIE

Hé bien ! je rentre.

ORONTE

Ma fille est une sotte qui ne sait pas les choses.

MONSIEUR DE POURCEAUGNAC, *à part.*

Comme nous lui plaisons !

ORONTE, *à Julie, qui est restée après avoir*
fait quelques pas pour s'en aller.

Tu ne veux pas te retirer ?

JULIE

Quand est-ce donc que vous me marierez avec
monsieur ?

ORONTE

Jamais ; et tu n'es pas pour lui.

JULIE

Je le veux avoir, moi, puisque vous me l'avez
promis.

ORONTE

Si je te l'ai promis, je te le dépromets.

MONSIEUR DE POURCEAUGNAC, *à part.*

Elle voudrait bien me tenir.

JULIE

Vous avez beau faire ; nous serons mariés ensemble, en dépit de tout le monde.

ORONTE

Je vous en empêcherai bien tous deux, je vous
assure. Voyez un peu quel *vertigo* lui prend.

MONSIEUR DE POURCEAUGNAC

Mon Dieu ! notre beau-père prétendu, ne vous
fatiguez point tant ; on n'a pas envie de vous
enlever votre fille, et vos grimaces n'attraperont
rien.

ORONTE

Toutes les vôtres n'auront pas grand effet.

MONSIEUR DE POURCEAUGNAC

Vous êtes-vous mis dans la tête que Léonard de
Pourceaugnac soit un homme à acheter chat en
poche, et qu'il n'ait pas là-dedans quelque morceau
de judiciaire pour se conduire, pour se faire informer de l'histoire du monde, et voir, en se mariant,
si son honneur a bien toutes ses sûretés ?

ORONTE

Je ne sais pas ce que cela veut dire ; mais vous
êtes-vous mis dans la tête qu'un homme de
soixante et trois ans ait si peu de cervelle, et
considère si peu sa fille, que de la marier avec
un homme qui a ce que vous savez, et qui a été
mis chez un médecin pour être pansé ?

MONSIEUR DE POURCEAUGNAC

C'est une pièce que l'on m'a faite ; et je n'ai aucun
mal.

ORONTE

Le médecin me l'a dit lui-même.

MONSIEUR DE POURCEAUGNAC

Le médecin en a menti. Je suis gentilhomme, et
je le veux voir l'épée à la main.

ORONTE

Je sais ce que j'en dois croire ; et vous ne m'abu-
serez pas là-dessus, non plus que sur les dettes que
vous avez assignées sur le mariage de ma fille.

MONSIEUR DE POURCEAUGNAC

Quelles dettes ?

ORONTE

La feinte ici est inutile ; et j'ai vu le marchand
flamand qui, avec les autres créanciers, a obtenu
depuis huit mois sentence contre vous.

MONSIEUR DE POURCEAUGNAC

Quel marchand flamand ? Quels créanciers ? Quelle
sentence obtenue contre moi ?

ORONTE

Vous savez bien ce que je veux dire.

Scène VII : Monsieur de Pourceaugnac,
Oronte, Lucette.

LUCETTE, *contrefaisant une Languedocienne.*

Ah ! tu es assy, et à la fy yeu te trobi après abé
fait tant de passés. Podes-tu, scélérat, podes-tu
sousteni ma bisto ⁷ ?

MONSIEUR DE POURCEAUGNAC

Qu'est-ce que veut cette femme-là ?

LUCETTE

Que te boli, infame ! Tu fas semblan de nou me
pas counouysse, et nou rougisses pas, impudent
que tu sios, tu ne rougisses pas de me beyre. (*A*

7. *Ah ! tu es ici, et à la fin je te trouve, après avoir fait*
tant d'allées et de venues. Peux-tu, scélérat, peux-tu sou-
tenir ma vue ?

Oronte.) Nou sabi pas, moussur, saquos bous dont m'an dit que bouillo espousa la fillo ; may yeu bous déclari que yeu soun sa fenno, et que y a set ans, moussur qu'en passan à Pézénas, el auguet l'adresse, dambé sas mignardisos, commo sap tapla fayre, de me gaigna lou cor, et m'obligel pra quel mouyen à ly douna la ma per l'espousa [8].

ORONTE

Oh ! oh !

MONSIEUR DE POURCEAUGNAC

Que diable est-ce ci ?

LUCETTE

Lou trayté me quitel trés ans aprés, sul préteste de qualques affayrés que l'apelabon dins soun pays, et despey noun l'y resçau put quaso de noubelo ; may dins lou tens qui soungeabi lou mens, m'an dounat abist, que begnio dins aquesto bilo per se remarida danbé un autro jouena fillo, que sous parens ly an proucurado, sensse saupré res de sou prumié mariatge. Yeu ai tout quitat en diligensso, et me souy rendudo dins aqueste loc lou pu leu qu'ay pouscut, per m'oupousa en aquel criminel mariatge, et confondre as elys de tout le mounde lou plus méchant des hommes [9].

MONSIEUR DE POURCEAUGNAC

Voilà une étrange effrontée !

LUCETTE

Impudent ! n'as pas honte de m'injuria, alloc d'être confus day reproches secrets que ta conssiensso te deu fayre [10] ?

MONSIEUR DE POURCEAUGNAC

Moi, je suis votre mari ?

LUCETTE

Infame ! gausos-tu dire lou contrari ? He tu sabes bé, per ma penno, que n'as que trop bertat ; et plaguesso al cel qu'aco nou fougesso pas, et que m'auquessos layssado dins l'état d'innoussenço et dins la tranquilitat oun moun amo bibio daban que tous charmes et tas trounpariés nou m'en benguesson malhurousomen fayre sourty ; yeu nou serio pas reduito à fayré lou tristé personnatgé que yeu fave présentomen ; à beyre un marit cruel

8. *Ce que je te veux, infâme ! tu fais semblant de ne me pas connaître, et tu ne rougis pas, impudent que tu es, tu ne rougis pas de me voir ? (A Oronte.) J'ignore, monsieur, si c'est vous dont on m'a dit qu'il voulait épouser la fille ; mais je vous déclare que je suis sa femme, et qu'il y a sept ans qu'en passant à Pézénas, il eut l'adresse, par ses mignardises qu'il sait si bien faire, de me gagner le cœur, et m'obligea, par ce moyen, à lui donner la main pour l'épouser.*

9. *Le traître me quitta trois ans après, sous le prétexte de quelque affaire qui l'appelait dans son pays ; et depuis je n'en ai point eu de nouvelles ; mais dans le temps que j'y songeais le moins, on m'a donné avis qu'il venait dans cette ville pour se remarier avec une autre jeune fille que ses parents lui ont promise, sans savoir rien de son premier mariage. J'ai tout quitté aussitôt, et je me suis rendue dans ce lieu le plus promptement que j'ai pu, pour m'opposer à ce criminel mariage, et pour confondre, aux yeux de tout ce monde, le plus méchant des hommes.*

10. *Impudent ! n'as-tu pas de honte de m'injurier, au lieu d'être confus des reproches secrets que ta conscience doit te faire ?*

mespresa touto l'ardou que yeu ay per el, et me laissa sensse cap de piétat abandounado à las mourtéles doulous que yeu ressenti de sas parfidos acciûs [11].

ORONTE

Je ne saurais m'empêcher de pleurer. (*A M. de Pourceaugnac*.) Allez, vous êtes un méchant homme.

MONSIEUR DE POURCEAUGNAC

Je ne connais rien à tout ceci.

Scène VIII : *Monsieur de Pourceaugnac, Nérine, Lucette, Oronte*.

NÉRINE, *contrefaisant une Picarde*.

Ah ! je n'en pis plus ; je sis tout essoflée ! Ah ! finfaron, tu m'as bien fait courir : tu ne m'écaperas mie ! Justice ! justice ! je boute empêchement au mariage. (*A Oronte*.) Chés mon méri, monsieur, et je veux faire pindre che bon pindard-là [12].

MONSIEUR DE POURCEAUGNAC

Encore !

ORONTE, *à part*.

Quel diable d'homme est-ce ci ?

LUCETTE

Et que boulés-bous dire, ambe bostre empachomen, et bostro pendarié ? Quaquel homo es bostre marit ?

NÉRINE

Oui, medeme, et je sis sa femme.

LUCETTE

Aquo es faus, aquos yeu que soun sa fenno ; et, se deû estre pendut, aquo sera yeu que lou farai penda.

NÉRINE

Je n'entains mie che baragoin là.

LUCETTE

Yeu bous disy que yeu soun sa fenno.

NÉRINE

Sa femme ?

LUCETTE

Oy.

NÉRINE

Je vous dis que chest mi, encore in coup, qui le sis.

LUCETTE

Et yeu bous sousteni yeu, qu'aquos yeu.

11. *Infâme ! oses-tu dire le contraire ? Ah ! tu sais bien, pour mon malheur, que tout ce que je te dis n'est que trop vrai ; et plût au ciel que cela ne fût pas, et que tu m'eusses laissée dans l'état d'innocence et dans la tranquillité où mon âme vivait avant que tes charmes et tes tromperies m'en vinssent malheureusement faire sortir ! je ne serais point réduite à faire le triste personnage que je fais présentement, à voir un mari cruel mépriser toute l'ardeur que j'ai eue pour lui, et me laisser sans aucune pitié à la douleur mortelle que j'ai ressentie de ses perfides actions.*

12. *Ah ! je n'en puis plus ; je suis tout essoufflée. Ah ! fanfaron, tu m'as bien fait courir, tu ne m'échapperas pas. Justice ! justice ! je mets empêchement au mariage. (A Oronte.) C'est mon mari, monsieur, et je veux faire pendre ce bon pendard-là.*

NÉRINE

Il y a quetre ans qu'il m'a éposée.

LUCETTE

Et yeu set ans y a que m'a preso per fenno.

NÉRINE

J'ai des gairants de tout cho que je dy.

LUCETTE

Tout mon païs lo sap.

NÉRINE

No ville en est témoin.

LUCETTE

Tout Pézénas a bist nostre mariatge.

NÉRINE

Tout Chin-Quentin a assisté à no noche.

LUCETTE

Nou y a res de tant beritable.

NÉRINE

Il gn'y a rien de plus chertain.

LUCETTE, à M. de Pourceaugnac.

Gausos-tu dire lou contrari, valisquos ?

NÉRINE, à M. de Pourceaugnac.

Est-che que tu me démaintiras, méchiant homme [13] ?

MONSIEUR DE POURCEAUGNAC

Il est aussi vrai l'un que l'autre.

LUCETTE

Quaign impudensso ! Et coussy, misérable, nou te soubenes plus de la pauro Françon, et del pauré Jeanet, que soun lous fruits de nostre mariatge ?

NÉRINE

Bayez un peu l'insolence ! Quoi ! tu ne te souviens mie de chette pauvre ainfain, no petite Madelaine, que tu m'as laichée pour gaige de ta foi [14] ?

MONSIEUR DE POURCEAUGNAC

Voilà deux impudentes carognes !

LUCETTE

Beny, Françon, beny, Jeanet, beny toustou, beny

toustoune, beny fayre beyre à un payre dénaturat, la duretat qu'el a per nautres.

NÉRINE

Venez, Madelaine, me n'ainfain, venez-ves-en ichy faire honte à vo père de l'impudainche qu'il a. [15]

LES ENFANTS

Ah ! mon papa ! mon papa ! mon papa !

MONSIEUR DE POURCEAUGNAC

Diantre soit des petits fils de putains !

LUCETTE

Coussy, trayte, tu nou sios pas dins la darnière confusiu de ressaupre à tal tous enfants, et de ferma l'aureillo à la tendresso partenello ? Tu nou m'escaperas pas, infame ! yeu te boly seguy pertout, et te reproucha ton crime jusquos à tant que me sio beniado, et que t'ayo fayt penja ; couquy, te boly fayré penja.

NÉRINE

Ne rougis-tu mie de dire ches mots-là, et d'être insainsible aux cairesses de chette pauvre ainfaint ? Tu ne te sauveras mie de mes pattes ; et, en dépit de tes dains, je ferai bien voir que je sis ta femme, et je te ferai pindre. [16]

LES ENFANTS

Mon papa ! mon papa ! mon papa !

MONSIEUR DE POURCEAUGNAC

Au secours ! au secours ! Où fuirai-je ? Je n'en puis plus.

ORONTE

Allez, vous ferez bien de le faire punir ; et il mérite d'être pendu.

Scène IX : Sbrigani.

SBRIGANI

Je conduis de l'œil toutes choses, et tout ceci ne va pas mal. Nous fatiguerons tant notre provincial, qu'il faudra, ma foi, qu'il déguerpisse.

Scène X : Monsieur de Pourceaugnac,
Sbrigani.

MONSIEUR DE POURCEAUGNAC

Ah ! je suis assommé ! Quelle peine ! Quelle maudite ville ! Assassiné de tous côtés !

SBRIGANI

Qu'est-ce, monsieur ? Est-il encore arrivé quelque chose ?

13. LUCETTE : *Et que voulez-vous dire, avec votre empêchement et votre pendaison ? Cet homme est votre mari ?*
NÉRINE : *Oui, madame, et c'est moi qui suis sa femme.*
LUCETTE : *Cela est faux, et c'est moi qui suis sa femme ; et, s'il doit être pendu, ce sera moi qui le ferai pendre.*
NÉRINE : *Je n'entends point ce langage-là.*
LUCETTE : *Je vous dis que je suis sa femme.*
NÉRINE : *Sa femme.*
LUCETTE : *Oui.*
NÉRINE : *Je vous dis, encore un coup, que c'est moi qui le suis.*
LUCETTE : *Et je vous soutiens, moi, que c'est moi.*
NÉRINE : *Il y a quatre ans qu'il m'a épousée.*
LUCETTE : *Et moi, il y a sept ans qu'il m'a prise pour femme.*
NÉRINE : *J'ai des garants de tout ce que je dis.*
LUCETTE : *Tout mon pays le sait.*
NÉRINE : *Notre ville en est témoin.*
LUCETTE : *Tout Pézénas a vu notre mariage.*
NÉRINE : *Tout Saint-Quentin a assisté à notre noce.*
LUCETTE : *Il n'y a rien de plus véritable.*
NÉRINE : *Il n'y a rien de plus certain.*
LUCETTE, à Pourceaugnac : *Oses-tu dire le contraire, vilain ?*
NÉRINE, à Pourceaugnac : *Est-ce que tu me démentiras, méchant homme ?*
14. LUCETTE : *Quel impudent ! Comment, misérable, tu ne te souviens plus du pauvre François et de la pauvre Jeannette, qui sont les fruits de notre mariage ?*
NÉRINE : *Voyez un peu l'insolence ? Quoi ! tu ne te souviens plus de cette pauvre enfant, notre petite Madelaine, que tu m'as laissée pour gage de ta foi !*

15. LUCETTE : *Venez, François, venez, Jeannette, venez tous, venez tous, venez faire voir à un père dénaturé l'insensibilité qu'il a pour nous tous.*
NÉRINE : *Venez, Madeleine, mon enfant, venez vite ici, faire honte à votre père de l'impudence qu'il a.*
16. LUCETTE : *Comment, traître, tu n'es pas dans la dernière confusion de recevoir ainsi tes enfants, et de fermer l'oreille à la tendresse paternelle ? Tu ne m'échapperas pas, infâme ! je te veux suivre partout, et te reprocher ton crime jusqu'à tant que je me sois vengée, et que je t'aie fait pendre ; coquin, je te veux faire pendre.*
NÉRINE : *Ne rougis-tu pas de dire ces mots-là, et d'être insensible aux caresses de cette pauvre enfant ? Tu ne te sauveras pas de mes pattes ; en dépit de tes dents, je ferai bien voir que je suis ta femme, et je te ferai pendre.*
(Traduit par L. Bret.)

MONSIEUR DE POURCEAUGNAC

Oui. Il pleut en ce pays des femmes et des lavements.

SBRIGANI

Comment donc ?

MONSIEUR DE POURCEAUGNAC

Deux carognes de baragouineuses me sont venues accuser de les avoir épousées toutes deux, et me menacent de la justice.

SBRIGANI

Voilà une méchante affaire ; et la justice, en ce pays-ci, est rigoureuse en diable contre cette sorte de crime.

MONSIEUR DE POURCEAUGNAC

Oui ; mais quand il y aurait information, ajournement, décret, et jugement obtenu par surprise, défaut et contumace, j'ai la voie de conflit de juridiction pour temporiser, et venir aux moyens de nullité qui seront dans les procédures.

SBRIGANI

Voilà en parler dans tous les termes ; et l'on voit bien, monsieur, que vous êtes du métier.

MONSIEUR DE POURCEAUGNAC

Moi ! point du tout. Je suis gentilhomme.

SBRIGANI

Il faut bien, pour parler ainsi, que vous ayez étudié la pratique.

MONSIEUR DE POURCEAUGNAC

Point. Ce n'est que le sens commun qui me fait juger que je serai toujours reçu à mes faits justificatifs, et qu'on ne me saurait condamner sur une simple accusation, sans un récolement et confrontation avec mes parties.

SBRIGANI

En voilà du plus fin encore.

MONSIEUR DE POURCEAUGNAC

Ces mots-là me viennent sans que je les sache.

SBRIGANI

Il me semble que le sens commun d'un gentilhomme peut bien aller à concevoir ce qui est du droit et de l'ordre de la justice, mais non pas à savoir les vrais termes de la chicane.

MONSIEUR DE POURCEAUGNAC

Ce sont quelques mots que j'ai retenus en lisant les romans.

SBRIGANI

Ah ! fort bien !

MONSIEUR DE POURCEAUGNAC

Pour vous montrer que je n'entends rien du tout à la chicane, je vous prie de me mener chez quelque avocat, pour consulter mon affaire.

SBRIGANI

Je le veux, et vais vous conduire chez deux hommes fort habiles ; mais j'ai auparavant à vous avertir de n'être point surpris de leur manière de parler : ils ont contracté du barreau certaine habitude de déclamation qui fait que l'on dirait qu'ils chantent, et vous prendrez pour musique tout ce qu'ils vous diront.

MONSIEUR DE POURCEAUGNAC

Qu'importe comme ils parlent, pourvu qu'ils me disent ce que je veux savoir !

*Scène XI : Monsieur de Pourceaugnac,
Sbrigani, deux Avocats,
deux Procureurs, deux Sergents.*

PREMIER AVOCAT,
traînant ses paroles en chantant.

La polygamie est un cas,
  Est un cas pendable.

SECOND AVOCAT,
chantant fort vite et en bredouillant.

  Votre fait
  Est clair et net ;
  Et tout le droit,
  Sur cet endroit,
  Conclut tout droit.
Si vous consultez nos auteurs,
Législateurs et glossateurs,
Justinian, Papinian,
Ulpian, et Tribonian,
Fernand, Rebuffe, Jean Imole,
Paul, Castre, Julian, Barthole,
  Jason, Alciat et Cujas,
Ce grand homme si capable ;
La polygamie est un cas,
  Est un cas pendable.

ENTRÉE DE BALLET

*Danse de deux procureurs et de deux sergents,
pendant que le second avocat chante les paroles
qui suivent :*

Tous les peuples policés
  Et bien sensés,
Les Français, Anglais, Hollandais,
Danois, Suédois, Polonais,
Portugais, Espagnols, Flamands,
  Italiens, Allemands,
Sur ce fait tiennent loi semblable ;
Et l'affaire est sans embarras.
La polygamie est un cas,
  Est un cas pendable.

LE PREMIER AVOCAT *chante celles-ci :*

La polygamie est un cas,
  Est un cas pendable.

Monsieur de Pourceaugnac, impatienté, les chasse.

ACTE TROISIEME

Scène I : Eraste, Sbrigani.

SBRIGANI

Oui, les choses s'acheminent où nous voulons ; et, comme ses lumières sont fort petites, et son sens le plus borné du monde, je lui ai fait prendre une frayeur si grande de la sévérité de la justice de ce pays, et des apprêts qu'on faisait déjà pour sa mort, qu'il veut prendre la fuite ; et, pour se dérober avec plus de facilité aux gens que je lui ai dit qu'on avait mis pour l'arrêter aux portes de la ville, il s'est résolu à se déguiser ; et le déguisement qu'il a pris est l'habit d'une femme.

ÉRASTE

Je voudrais bien le voir en cet équipage.

SBRIGANI

Songez, de votre part, à achever la comédie ; et tandis que je jouerai mes scènes avec lui, allez-vous-en... (Il lui parle bas à l'oreille.) Vous entendez bien ?

ÉRASTE

Oui.

SBRIGANI

Et lorsque je l'aurai mis où je veux... (Il lui parle à l'oreille.)

ÉRASTE

Fort bien.

SBRIGANI

Et quand le père aura été averti par moi... (Il lui parle encore à l'oreille.)

ÉRASTE

Cela va le mieux du monde.

SBRIGANI

Voici notre demoiselle. Allez vite, qu'il ne nous voie ensemble.

Scène II : Monsieur de Pourceaugnac,
en femme, Sbrigani.

SBRIGANI

Pour moi, je ne crois pas qu'en cet état on puisse jamais vous connaître ; et vous avez la mine, comme cela, d'une femme de condition.

MONSIEUR DE POURCEAUGNAC

Voilà qui m'étonne, qu'en ce pays-ci les formes de la justice ne soient point observées.

SBRIGANI

Oui, je vous l'ai déjà dit, ils commencent ici par faire pendre un homme, et puis ils lui font son procès.

MONSIEUR DE POURCEAUGNAC

Voilà une justice bien injuste.

SBRIGANI

Elle est sévère comme tous les diables, particulièrement sur ces sortes de crimes.

MONSIEUR DE POURCEAUGNAC

Mais quand on est innocent ?

SBRIGANI

N'importe ; ils ne s'enquêtent point de cela ; et puis, ils ont en cette ville une haine effroyable pour les gens de votre pays ; et ils ne sont point plus ravis que de voir pendre un Limosin.

MONSIEUR DE POURCEAUGNAC

Qu'est-ce que les Limosins leur ont fait ?

SBRIGANI

Ce sont des brutaux, ennemis de la gentillesse et du mérite des autres villes. Pour moi, je vous avoue que je suis pour vous dans une peur épouvantable ; et je ne me consolerais de ma vie, si vous veniez à être pendu.

MONSIEUR DE POURCEAUGNAC

Ce n'est pas tant la peur de la mort qui me fait fuir, que de ce qu'il est fâcheux à un gentilhomme d'être pendu, et qu'une preuve comme celle-là ferait tort à nos titres de noblesse.

SBRIGANI

Vous avez raison ; on vous contesterait après cela le titre d'écuyer. Au reste, étudiez-vous, quand je vous mènerai par la main, à bien marcher comme une femme, et prendre le langage et toutes les manières d'une personne de qualité.

MONSIEUR DE POURCEAUGNAC

Laissez-moi faire. J'ai vu les personnes du bel air. Tout ce qu'il y a, c'est que j'ai un peu de barbe.

SBRIGANI

Votre barbe n'est rien, et il y a des femmes qui en ont autant que vous. Çà, voyons un peu comme vous ferez. (Après que monsieur de Pourceaugnac a contrefait la femme de condition.) Bon.

MONSIEUR DE POURCEAUGNAC

Allons donc, mon carrosse. Où est-ce qu'est mon carrosse ? Mon Dieu ! qu'on est misérable d'avoir des gens comme cela ! Est-ce qu'on me fera attendre toute la journée sur le pavé, et qu'on ne me fera point venir mon carrosse ?

SBRIGANI

Fort bien.

MONSIEUR DE POURCEAUGNAC

Holà ! ho ! cocher, petit laquais ! Ah ! petit fripon, que de coups de fouet je vous ferai donner tantôt ! Petit laquais ! petit laquais ! Où est-ce donc qu'est ce petit laquais ? Ce petit laquais ne se trouvera-t-il point ? Ne me fera-t-on point venir ce petit laquais ? Est-ce que je n'ai point un petit laquais dans le monde ?

SBRIGANI

Voilà qui va à merveille ; mais je remarque une chose : cette coiffe est un peu trop déliée : j'en vais quérir une un peu plus épaisse, pour vous mieux cacher le visage, en cas de quelque rencontre.

MONSIEUR DE POURCEAUGNAC

Que deviendrais-je cependant ?

SBRIGANI

Attendez-moi là. Je suis à vous dans un moment ; vous n'avez qu'à vous promener. (Monsieur de Pourceaugnac fait plusieurs tours sur le théâtre, en continuant à contrefaire la femme de qualité.)

Scène III : Monsieur de Pourceaugnac,
deux Suisses.

PREMIER SUISSE,
sans voir M. de Pourceaugnac.

Allons, dépeschons, camerade ; li faut allair tous deux nous à la Crève, pour regarter un peu chousticier sti monsieu de Porcegnac, qui l'a été contané par ortonnance à l'être pendu par son cou.

SECOND SUISSE,
sans voir M. de Pourceaugnac.
Li faut nous loër un fenêtre pour foir sti choustice.

PREMIER SUISSE
Li disent que l'on fait téjà planter un grand potence tout neuve, pour l'y accrocher sti Porcegnac.

SECOND SUISSE
Li sira, mon foi, un grand plaisir, di regarter pendre sti Limosin.

PREMIER SUISSE
Oui, te li foir gambiller les pieds en haut tevant tout le monde.

SECOND SUISSE
Li est un plaiçant trôle, oui ; li disent que s'être marié troy foie.

PREMIER SUISSE
Sti tiable li fouloir trois femmes à li tout seul ! li est bien assez t'une.

SECOND SUISSE,
en apercevant M. de Pourceaugnac.
Ah ! ponchour, mameselle.

PREMIER SUISSE
Que faire fous là tout seul ?

MONSIEUR DE POURCEAUGNAC
J'attends mes gens, messieurs.

SECOND SUISSE
Li est belle, par mon foi !

MONSIEUR DE POURCEAUGNAC
Doucement, messieurs.

PREMIER SUISSE
Fous, mameselle, fouloir fenir rechouir fous à la Crève ? Nous faire foir à fous un petit pendement pien choli.

MONSIEUR DE POURCEAUGNAC
Je vous rends grâce.

SECOND SUISSE
L'est un gentilhomme limosin, qui sera pendu chantiment à un grand potence.

MONSIEUR DE POURCEAUGNAC
Je n'ai pas de curiosité.

PREMIER SUISSE
Li est là un petit téton qui l'est drôle.

MONSIEUR DE POURCEAUGNAC
Tout beau !

PREMIER SUISSE
Mon foi, moi couchair pien avec fous.

MONSIEUR DE POURCEAUGNAC
Ah ! c'en est trop ! et ces sortes d'ordures-là ne se disent point à une femme de ma condition.

SECOND SUISSE
Laisse, toi ; l'est moi qui le veut couchair avec elle.

PREMIER SUISSE
Moi, ne fouloir pas laisser.

SECOND SUISSE
Moi, ly fouloir, moi. (*Les deux Suisses tirent monsieur de Pourceaugnac avec violence.*)

PREMIER SUISSE
Moi, ne faire rien.

SECOND SUISSE
Toi, l'afoir menti.

PREMIER SUISSE
Toi, l'afoir menti toi-même.

MONSIEUR DE POURCEAUGNAC
Au secours ! A la force !

Scène IV : Monsieur de Pourceaugnac,
un Exempt, deux Archers,
deux Suisses.

L'EXEMPT
Qu'est-ce ? Quelle violence est-ce là ? et que voulez-vous faire à madame ? Allons, que l'on sorte de là, si vous ne voulez que je vous mette en prison.

PREMIER SUISSE
Parti, pon, toi ne l'avoir point.

SECOND SUISSE
Parti, pon aussi ; toi ne l'avoir point encore.

MONSIEUR DE POURCEAUGNAC
Je vous suis bien obligée, monsieur, de m'avoir délivrée de ces insolents.

L'EXEMPT
Ouais ! voilà un visage qui ressemble bien à celui que l'on m'a dépeint.

MONSIEUR DE POURCEAUGNAC
Ce n'est pas moi, je vous assure.

L'EXEMPT
Ah ! ah ! qu'est-ce que je veux dire ?

MONSIEUR DE POURCEAUGNAC
Je ne sais pas.

L'EXEMPT
Pourquoi donc dites-vous cela ?

MONSIEUR DE POURCEAUGNAC
Pour rien.

L'EXEMPT
Voilà un discours qui marque quelque chose ; et je vous arrête prisonnier.

MONSIEUR DE POURCEAUGNAC
Hé ! monsieur, de grâce !

L'EXEMPT
Non, non : à votre mine et à vos discours, il faut que vous soyez ce monsieur de Pourceaugnac que nous cherchons, qui se soit déguisé de la sorte ; et vous viendrez en prison tout à l'heure.

MONSIEUR DE POURCEAUGNAC
Hélas !

Scène V : Monsieur de Pourceaugnac,
Sbrigani, un Exempt, deux Archers.

SBRIGANI, *à M. de Pourceaugnac.*
Ah ciel ! que veut dire cela ?

MONSIEUR DE POURCEAUGNAC
Ils m'ont reconnu.

L'EXEMPT
Oui, oui : c'est de quoi je suis ravi.

SBRIGANI, *à l'Exempt.*
Hé ! monsieur, pour l'amour de moi ! Vous savez

que nous sommes amis, il y a longtemps ; je vous conjure de ne le point mener en prison.

L'EXEMPT
Non : il m'est impossible.

SBRIGANI
Vous êtes homme d'accommodement. N'y a-t-il pas moyen d'ajuster cela avec quelques pistoles ?

L'EXEMPT, *à ses archers.*
Retirez-vous un peu.

SBRIGANI, *à M. de Pourceaugnac.*
Il faut lui donner de l'argent pour vous laisser aller. Faites vite.

MONSIEUR DE POURCEAUGNAC,
donnant de l'argent à Sbrigani.
Ah ! maudite ville !

SBRIGANI
Tenez, monsieur.

L'EXEMPT
Combien y a-t-il ?

SBRIGANI
Un, deux, trois, quatre, cinq, six, sept, huit, neuf, dix.

L'EXEMPT
Non ; mon ordre est trop exprès.

SBRIGANI, *à l'Exempt qui veut s'en aller.*
Mon Dieu ! attendez. (*A M. de Pourceaugnac.*) Dépêchez ; donnez-lui-en encore autant.

MONSIEUR DE POURCEAUGNAC
Mais...

SBRIGANI
Dépêchez-vous, vous dis-je, et ne perdez point de temps. Vous auriez un grand plaisir quand vous seriez pendu.

MONSIEUR DE POURCEAUGNAC
Ah ! (*Il donne encore de l'argent à Sbrigani.*)

SBRIGANI, *à l'Exempt.*
Tenez, monsieur.

L'EXEMPT, *à Sbrigani.*
Il faut donc que je m'enfuie avec lui ; car il n'y aurait point ici de sûreté pour moi. Laissez-le-moi conduire, et ne bougez d'ici.

SBRIGANI
Je vous prie donc d'en avoir un grand soin.

L'EXEMPT
Je vous promets de ne le point quitter que je ne l'aie mis en lieu de sûreté.

MONSIEUR DE POURCEAUGNAC, *à Sbrigani.*
Adieu. Voilà le seul honnête homme que j'ai trouvé en cette ville.

SBRIGANI
Ne perdez point de temps. Je vous aime tant, que je voudrais que vous fussiez déjà bien loin. (*Seul.*) Que le ciel te conduise ! Par ma foi, voilà une grande dupe ! Mais voici...

Scène VI : Oronte, Sbrigani.

SBRIGANI, *feignant de ne point voir Oronte.*
Ah ! quelle étrange aventure ! Quelle fâcheuse nouvelle pour un père ! Pauvre Oronte, que je te

plains ! Que diras-tu ? et de quelle façon pourras-tu supporter cette douleur mortelle ?

ORONTE
Qu'est-ce ? Quel malheur me présages-tu ?

SBRIGANI
Ah ! monsieur ! ce perfide de Limosin, ce traître de monsieur de Pourceaugnac vous enlève votre fille !

ORONTE
Il m'enlève ma fille !

SBRIGANI
Oui. Elle en est devenue si folle, qu'elle vous quitte pour le suivre ; et l'on dit qu'il a un caractère pour se faire aimer de toutes les femmes.

ORONTE
Allons, vite à la justice ! Des archers après eux !

Scène VII : Oronte, Eraste,
Julie, Sbrigani.

ÉRASTE, *à Julie.*
Allons, vous viendrez malgré vous, et je veux vous remettre entre les mains de votre père. Tenez, monsieur, voilà votre fille que j'ai tirée de force d'entre les mains de l'homme avec qui elle s'enfuyait ; non pas pour l'amour d'elle, mais pour votre seule considération. Car, après l'action qu'elle a faite, je dois la mépriser, et me guérir absolument de l'amour que j'avais pour elle.

ORONTE
Ah ! infâme que tu es !

ÉRASTE, *à Julie.*
Comment ! me traiter de la sorte après toutes les marques d'amitié que je vous ai données ! Je ne vous blâme point de vous être soumise aux volontés de monsieur votre père ; il est sage et judicieux dans les choses qu'il fait ; et je ne me plains point de lui, de m'avoir rejeté pour un autre. S'il a manqué à la parole qu'il m'avait donnée, il a ses raisons pour cela. On lui a fait croire que cet autre est plus riche que moi de quatre ou cinq mille écus ; et quatre ou cinq mille écus est un denier considérable, et qui vaut bien la peine qu'un homme manque à sa parole ; mais oublier en un moment toute l'ardeur que je vous ai montrée ! vous laisser d'abord enflammer d'amour pour un nouveau venu, et le suivre honteusement sans le consentement de monsieur votre père, après les crimes qu'on lui impute ! c'est une chose condamnée de tout le monde, et dont mon cœur ne peut vous faire d'assez sanglants reproches.

JULIE
Hé bien ! oui. J'ai conçu de l'amour pour lui, et je l'ai voulu suivre, puisque mon père me l'avait choisi pour époux. Quoi que vous me disiez, c'est un fort honnête homme ; et tous les crimes dont on l'accuse sont faussetés épouvantables.

ORONTE
Taisez-vous ; vous êtes une impertinente, et je sais mieux que vous ce qui en est.

JULIE

Ce sont, sans doute, des pièces qu'on lui fait, et (*Montrant Eraste.*) c'est peut-être lui qui a trouvé cet artifice pour vous en dégoûter.

ÉRASTE

Moi ! je serais capable de cela !

JULIE

Oui, vous.

ORONTE

Taisez-vous, vous dis-je. Vous êtes une sotte.

ÉRASTE

Non, non ; ne vous imaginez pas que j'aie aucune envie de détourner ce mariage, et que ce soit ma passion qui m'ait forcé à courir après vous. Je vous l'ai déjà dit, ce n'est que la seule considération que j'ai pour monsieur votre père ; et je n'ai pu souffrir qu'un honnête homme comme lui fût exposé à la honte de tous les bruits qui pourraient suivre une action comme la vôtre.

ORONTE

Je vous suis, seigneur Eraste, infiniment obligé.

ÉRASTE

Adieu, monsieur. J'avais toutes les ardeurs du monde d'entrer dans votre alliance ; j'ai fait tout ce que j'ai pu pour obtenir un tel honneur : mais j'ai été malheureux, et vous ne m'avez pas jugé digne de cette grâce. Cela n'empêchera pas que je ne conserve pour vous les sentiments d'estime et de vénération où votre personne m'oblige ; et si je n'ai pu être votre gendre, au moins serai-je éternellement votre serviteur.

ORONTE

Arrêtez, seigneur Eraste. Votre procédé me touche l'âme, et je vous donne ma fille en mariage.

JULIE

Je ne veux point d'autre mari que monsieur de Pourceaugnac.

ORONTE

Et je veux, moi, tout à l'heure, que tu prennes le seigneur Eraste. Çà, la main.

JULIE

Non, je n'en ferai rien.

ORONTE

Je te donnerai sur les oreilles.

ÉRASTE

Non, non, monsieur ; ne lui faites point de violence, je vous en prie.

ORONTE

C'est à elle à m'obéir, et je sais me montrer le maître.

ÉRASTE

Ne voyez-vous pas l'amour qu'elle a pour cet homme-là ? et voulez-vous que je possède un corps dont un autre possédera le cœur ?

ORONTE

C'est un sortilège qu'il lui a donné ; et vous verrez qu'elle changera de sentiment avant qu'il soit peu. Donnez-moi votre main. Allons.

JULIE

Je ne...

ORONTE

Ah ! que de bruit ! Ça, votre main, vous dis-je. Ah ! ah ! ah !

ÉRASTE, *à Julie.*

Ne croyez pas que ce soit pour l'amour de vous que je vous donne la main : ce n'est que monsieur votre père dont je suis amoureux, et c'est lui que j'épouse.

ORONTE

Je vous suis beaucoup obligé : et j'augmente de dix mille écus le mariage de ma fille. Allons, qu'on fasse venir le notaire pour dresser le contrat.

ÉRASTE

En attendant qu'il vienne, nous pouvons jouir du divertissement de la saison, et faire entrer les masques que le bruit des noces de monsieur de Pourceaugnac a attirés ici de tous les endroits de la ville.

Scène VIII : Troupe de masques, dansants et chantants.

UN MASQUE, *en Egyptienne.*

Sortez, sortez de ces lieux,
Soucis, Chagrins et Tristesse ;
Venez, venez, Ris et Jeux,
Plaisir, Amour et Tendresse ;
Ne songeons qu'à nous réjouir :
La grande affaire est le plaisir.

CHŒUR DE MASQUES CHANTANTS

Ne songeons qu'à nous réjouir :
La grande affaire est le plaisir.

L'ÉGYPTIENNE

A me suivre tous ici
Votre ardeur est non commune,
Et vous êtes en souci
De votre bonne fortune :
Soyez toujours amoureux,
C'est le moyen d'être heureux.

UN MASQUE, *en Egyptien.*

Aimons jusques au trépas,
La raison nous y convie.
Hélas ! si l'on n'aimait pas,
Que serait-ce de la vie ?
Ah ! perdons plutôt le jour,
Que de perdre notre amour.

L'ÉGYPTIEN

Les biens,

L'ÉGYPTIENNE

La gloire,

L'ÉGYPTIEN

Les grandeurs,

L'ÉGYPTIENNE

Les sceptres qui font tant d'envie,

L'ÉGYPTIEN

Tout n'est rien si l'amour n'y mêle ses ardeurs.

L'ÉGYPTIENNE

Il n'est point, sans l'amour, de plaisirs dans la vie.

TOUS DEUX ENSEMBLE

Soyons toujours amoureux,
C'est le moyen d'être heureux.

CHŒUR

Sus, sus, chantons tous ensemble ;
Dansons, sautons, jouons-nous.

UN MASQUE, *en pantalon.*

Lorsque pour rire on s'assemble,
Les plus sages, ce me semble,
Sont ceux qui sont les plus fous.

TOUS ENSEMBLE

Ne songeons qu'à nous réjouir :
La grande affaire est le plaisir.

PREMIÈRE ENTRÉE DE BALLET

Danse de Sauvages.

DEUXIÈME ENTRÉE DE BALLET

Danse de Biscayens.

LES AMANTS MAGNIFIQUES
COMÉDIE

« *Mêlée de musique et d'entrées de ballet, représentée pour le Roi à Saint-Germain-en-Laye le 4e de février 1670 sous le titre du* Divertissement royal. » *L'avant-propos nous en prévient, qui sonne comme une excuse d'auteur : la commande royale, cette fois — pour les réjouissances du carnaval, au Vieux-Château — s'est faite précise jusqu'à donner le sujet de la pièce avec ordre de l'accommoder à tous les divertissements « que le théâtre peut fournir ».*
Seule compensation à tant de servitudes : Molière obtint d'assumer l'entière paternité de l'œuvre, ballets et chansons compris, supplantant ainsi Benserade, spécialiste en style galant.
Le spectacle, scrupuleusement conforme aux indications royales, plut. Il fut rejoué quatre fois, dont une devant le roi de Pologne, à Saint-Germain. Mais Molière ne le reprit pas au Palais-Royal. La pièce ne fut publiée qu'après sa mort. Elle eut encore neuf représentations en 1688 avant de tomber dans. l'oubli. Jean Meyer devait l'en tirer en 1954, à la Comédie-Française, pour le simple plaisir des yeux.
On note que si, à la première représentation, Louis XIV figura dans les deux rôles de Neptune et d'Apollon, il renoncerait, désormais, « A venir prodiguer sa voix sur un théâtre - A réciter des chants qu'il veut qu'on idolâtre ». Ces vers de Racine (Narcisse dans Britannicus) autant que les remontrances du parti dévot auraient provoqué sa décision.
A signaler encore, du côté de la petite histoire, les rapprochements (imprévus par Molière) que fit la cour entre l'attitude de la princesse Eriphile devant Sostrate (acte II, scène III) et l'épisode passionnel de la Grande Mademoiselle avec le duc de Lauzun — lequel duc fut moins chanceux que le « général d'armée ».

PERSONNAGES

ARISTIONE, *princesse, mère d'Eriphile.*

ERIPHILE, *fille de la princesse* (Mlle *Molière*).

IPHICRATE, *prince, amant d'Eriphile.*

TIMOCLÈS, *prince, amant d'Eriphile.*

SOSTRATE, *général d'armée, amant d'Eriphile* (La Grange).

CLÉONICE, *confidente d'Eriphile.*

ANAXARQUE, *astrologue.*

CLÉON, *fils d'Anaxarque.*

CHORÈBE, *de la suite d'Aristione.*

CLITIDAS, *plaisant de cour, de la suite d'Eriphile* (Molière).

UNE FAUSSE VÉNUS *d'intelligence avec Anaxarque.*

LA SCÈNE EST EN THESSALIE, DANS LA DÉLICIEUSE VALLÉE DE TEMPÉ.

AVANT-PROPOS

Le Roi, qui ne veut que des choses extraordinaires dans tout ce qu'il entreprend, s'est proposé de donner à sa cour un divertissement qui fût composé de tous ceux que le théâtre peut fournir ; et pour embrasser cette vaste idée, et enchaîner ensemble tant de choses diverses, Sa Majesté a choisi pour sujet deux princes rivaux, qui, dans le champêtre séjour de la vallée de Tempé, où l'on doit célébrer la fête des jeux Pythiens, régalent à l'envi une jeune princesse et sa mère de toutes les galanteries dont ils se peuvent aviser.

PREMIER INTERMEDE

Le théâtre s'ouvre à l'agréable bruit de quantité d'instruments ; et d'abord il offre aux yeux une vaste mer bordée de chaque côté de quatre grands rochers, dont le sommet porte chacun un Fleuve accoudé sur les marques de ces sortes de déités. Au pied de ces rochers sont douze Tritons de

chaque côté ; et dans le milieu de la mer, qua-
tre Amours montés sur des dauphins, et derrière
eux le Dieu Eole, élevé au-dessus des ondes sur
un petit nuage. Eole commande aux vents de se
retirer ; et tandis que quatre Amours, douze Tri-
tons et huit Fleuves lui répondent, la mer se
calme, et, du milieu des ondes, on voit s'élever
une île. Huit Pêcheurs sortent du fond de la mer,
avec des nacres de perles et des branches de
corail, et, après une danse agréable, vont se placer
chacun sur un rocher au-dessous d'un Fleuve. Le
chœur de la musique annonce la venue de Nep-
tune ; et tandis que ce dieu danse avec sa suite,
les Pêcheurs, les Tritons, et les Fleuves, accom-
pagnent ses pas de gestes différents et de bruit de
conques de perles. Tout ce spectacle est une ma-
gnifique galanterie, dont l'un des princes régale
sur la mer la promenade des princesses.

PREMIÈRE ENTRÉE DE BALLET
Neptune, et six dieux marins.

DEUXIÈME ENTRÉE DE BALLET
Huit pêcheurs de corail.

Vers chantés

RÉCIT D'ÉOLE
Vents, qui troublez les plus beaux jours,
Rentrez dans vos grottes profondes ;
Et laissez régner sur les ondes
Les Zéphyrs et les Amours.
    UN TRITON [mides ?
Quels beaux yeux ont percé nos demeures hu-
Venez, venez, Tritons ; cachez-vous, Néréides.
    TOUS LES TRITONS
Allons tous au-devant de ces divinités ;
Et rendons par nos chants hommage à leurs
   UN AMOUR   [beautés.
Ah ! que ces princesses sont belles !
   UN AUTRE AMOUR
Quels sont les cœurs qui ne s'y rendraient pas ?
   UN AUTRE AMOUR
La plus belle des immortelles,
Notre mère, a bien moins d'appas.
    CHŒUR
Allons tous au-devant de ces divinités ;
Et rendons par nos chants hommage à leurs
   UN TRITON   [beautés.
Quel noble spectacle s'avance ?
Neptune, le grand dieu, Neptune, avec sa cour,
  Vient honorer ce beau séjour
  De son auguste présence.
    CHŒUR
Redoublons nos concerts,
Et faisons retentir dans le vague des airs
  Notre réjouissance.
Vers pour LE ROI, représentant Neptune.
Le ciel, entre les dieux les plus considérés,
Me donne pour partage un rang considérable,

Et, me faisant régner sur les flots azurés,
Rend à tout l'univers mon pouvoir redoutable.

Il n'est aucune terre, à me bien regarder,
Qui ne doive trembler que je n'y répande ;
Point d'états qu'à l'instant je ne puisse inonder
Des flots impétueux que mon pouvoir commande.

Rien n'en peut arrêter le fier débordement :
Et d'une triple digue à leur force opposée
On les verrait forcer le ferme empêchement,
Et se faire en tous lieux une ouverture aisée.

Mais je sais retenir la fureur de ces flots
Par la sage équité du pouvoir que j'exerce,
Et laisser en tous lieux, au gré des matelots,
La douce liberté d'un paisible commerce.

On trouve des écueils parfois dans mes états ;
On voit quelques vaisseaux y périr par l'orage ;
Mais contre ma puissance on n'en murmure pas,
Et chez moi la vertu ne fait jamais naufrage.

  Pour M. LE GRAND,
  représentant un dieu marin.
L'empire où nous vivons est fertile en trésors,
Tous les mortels en foule accourent sur ses bords ;
Et, pour faire bientôt une haute fortune,
Il ne faut rien qu'avoir la faveur de NEPTUNE.
  Pour le marquis DE VILLEROI,
  représentant un dieu marin.
Sur la foi de ce dieu de l'empire flottant,
On peut bien s'embarquer avec toute assurance :
  Les flots ont de l'inconstance,
  Mais le NEPTUNE est constant.
  Pour le marquis DE RASSENT,
  représentant un dieu marin.
Voguez sur cette mer d'un zèle inébranlable :
C'est le moyen d'avoir NEPTUNE favorable.

ACTE PREMIER

Scène I : Sostrate, Clitidas.

   CLITIDAS, *à part.*
Il est attaché à ses pensées.
   SOSTRATE, *se croyant seul.*
Non, Sostrate, je ne vois rien où tu puisses avoir
recours ; et tes maux sont d'une nature à ne te
laisser nulle espérance d'en sortir.
   CLITIDAS, *à part.*
Il raisonne tout seul.
   SOSTRATE, *se croyant seul.*
Hélas !
   CLITIDAS, *à part.*
Voilà des soupirs qui veulent dire quelque chose,
et ma conjecture se trouvera véritable.
   SOSTRATE, *se croyant seul.*
Sur quelles chimères, dis-moi, pourrais-tu bâtir
quelque espoir ? et que peux-tu envisager, que

---

1. On appelait, par abréviation, le grand écuyer, M. le
Grand ; et le premier écuyer, M. le *Premier.*

l'affreuse longueur d'une vie malheureuse, et des ennuis à ne finir que par la mort ?

CLITIDAS, *à part.*

Cette tête-là est plus embarrassée que la mienne.

SOSTRATE, *se croyant seul.*

Ah ! mon cœur ! ah ! mon cœur ! où m'avez-vous jeté ?

CLITIDAS

Serviteur, seigneur Sostrate.

SOSTRATE

Où vas-tu, Clitidas ?

CLITIDAS

Mais vous, plutôt, que faites-vous ici ? et quelle secrète mélancolie, quelle humeur sombre, s'il vous plaît, vous peut retenir dans ces bois, tandis que tout le monde a couru en foule à la magnificence de la fête dont l'amour du prince Iphicrate vient de régaler sur la mer la promenade des princesses ; tandis qu'elles y ont reçu des cadeaux merveilleux de musique et de danse, et qu'on a vu les rochers et les ondes se parer de divinités pour faire honneur à leurs attraits ?

SOSTRATE

Je me figure assez, sans la voir, cette magnificence ; et tant de gens, d'ordinaire, s'empressent à porter de la confusion dans ces sortes de fêtes, que j'ai cru à propos de ne pas augmenter le nombre des importuns.

CLITIDAS

Vous savez que votre présence ne gâte jamais rien, et que vous n'êtes point de trop en quelque lieu que vous soyez. Votre visage est bien venu partout, et il n'a garde d'être de ces visages disgraciés qui ne sont jamais bien reçus des regards souverains. Vous êtes également bien auprès des deux princesses ; et la mère et la fille vous font assez connaître l'estime qu'elles font de vous, pour n'appréhender pas de fatiguer leurs yeux ; et ce n'est pas cette crainte, enfin, qui vous a retenu.

SOSTRATE

J'avoue que je n'ai pas naturellement grande curiosité pour ces sortes de choses.

CLITIDAS

Mon Dieu ! quand on n'aurait nulle curiosité pour les choses, on en a toujours pour aller où l'on trouve tout le monde ; et, quoi que vous puissiez dire, on ne demeure point tout seul, pendant une fête, à rêver parmi les arbres, comme vous faites, à moins d'avoir en tête quelque chose qui embarrasse.

SOSTRATE

Que voudrais-tu que j'y pusse avoir ?

CLITIDAS

Ouais ! je ne sais d'où cela vient ; mais il sent ici l'amour. Ce n'est pas moi. Ah ! par ma foi, c'est vous.

SOSTRATE

Que tu es fou, Clitidas !

CLITIDAS

Je ne suis point fou. Vous êtes amoureux ; j'ai le nez délicat, et j'ai senti cela d'abord.

SOSTRATE

Sur quoi prends-tu cette pensée ?

CLITIDAS

Sur quoi ? Vous seriez bien étonné si je vous disais encore de qui vous êtes amoureux.

SOSTRATE

Moi ?

CLITIDAS

Oui. Je gage que je vais deviner tout à l'heure celle que vous aimez. J'ai mes secrets aussi bien que notre astrologue dont la princesse Aristione est entêtée ; et, s'il a la science de lire dans les astres la fortune des hommes, j'ai celle de lire dans les yeux le nom des personnes qu'on aime. Tenez-vous un peu, et ouvrez les yeux. E, par soi, é ; r, i, éri ; p, h, i, phi, ériphi ; l, e, le : Eriphile. Vous êtes amoureux de la princesse Eriphile.

SOSTRATE

Ah ! Clitidas, j'avoue que je ne puis cacher mon trouble, et tu me frappes d'un coup de foudre.

CLITIDAS

Vous voyez si je suis savant !

SOSTRATE

Hélas ! si, par quelque aventure, tu as pu découvrir le secret de mon cœur, je te conjure au moins de ne le révéler à qui que ce soit, et surtout de le tenir caché à la belle princesse dont tu viens de dire le nom.

CLITIDAS

Et, sérieusement parlant, si dans vos actions j'ai bien pu connaître depuis un temps la passion que vous voulez tenir secrète, pensez-vous que la princesse Eriphile puisse avoir manqué de lumière pour s'en apercevoir ? Les belles, croyez-moi, sont toujours les plus clairvoyantes à découvrir les ardeurs qu'elles causent : et le langage des yeux et des soupirs se fait entendre, mieux qu'à tout autre, à celle à qui il s'adresse.

SOSTRATE

Laissons-la, Clitidas, laissons-la voir, si elle peut, dans mes soupirs et mes regards, l'amour que ses charmes m'inspirent ; mais gardons bien que par nulle autre voix elle en apprenne jamais rien.

CLITIDAS

Et qu'appréhendez-vous ? Est-il possible que ce même Sostrate, qui n'a pas craint ni Brennus ni tous les Gaulois, et dont le bras a si glorieusement contribué à nous défaire de ce déluge de barbares qui ravageaient la Grèce, est-il possible, dis-je, qu'un homme si assuré à la guerre soit si timide en amour, et que je le voie trembler à dire seulement qu'il aime ?

SOSTRATE

Ah ! Clitidas, je tremble avec raison ; et tous les Gaulois du monde ensemble sont bien moins redoutables que deux beaux yeux pleins de charmes.

CLITIDAS

Je ne suis pas de cet avis ; et je sais bien, pour moi, qu'un seul Gaulois, l'épée à la main, me ferait beaucoup plus trembler que cinquante beaux yeux ensemble les plus charmants du monde. Mais, dites-moi un peu, qu'espérez-vous faire ?

SOSTRATE

Mourir sans déclarer ma passion.

CLITIDAS

L'espérance est belle ! Allez, allez, vous vous moquez ; un peu de hardiesse réussit toujours aux amants : il n'y a en amour que les honteux qui perdent ; et je dirais ma passion à une déesse, moi, si j'en devenais amoureux.

SOSTRATE

Trop de choses, hélas ! condamnent mes feux à un éternel silence.

CLITIDAS

Hé quoi ?

SOSTRATE

La bassesse de ma fortune, dont il plaît au ciel de rabattre l'ambition de mon amour ; le rang de la princesse, qui met entre elle et mes désirs une distance si fâcheuse ; la concurrence de deux princes appuyés de tous les grands titres qui peuvent soutenir les prétentions de leurs flammes, de deux princes qui, par mille et mille magnificences, se disputent à tous moments la gloire de sa conquête, et sur l'amour de qui on attend tous les jours de voir son choix se déclarer ; mais plus que tout, Clitidas, le respect inviolable où ses beaux yeux assujettissent toute la violence de mon ardeur.

CLITIDAS

Le respect bien souvent n'oblige pas tant que l'amour ; et je me trompe fort, ou la jeune princesse a connu votre flamme, et n'y est pas insensible.

SOSTRATE

Ah ! ne t'avise point de vouloir flatter par pitié le cœur d'un misérable.

CLITIDAS

Ma conjecture est fondée. Je lui vois reculer beaucoup le choix de son époux, et je veux éclaircir un peu cette affaire-là. Vous savez que je suis auprès d'elle en quelque espèce de faveur, que j'y ai les accès ouverts, et qu'à force de me tourmenter je me suis acquis le privilège de me mêler à la conversation, et parler à tort et à travers de toutes choses. Quelquefois cela ne me réussit pas, mais quelquefois aussi cela me réussit. Laissez-moi faire, je suis de vos amis ; les gens de mérite me touchent, et je veux prendre mon temps pour entretenir la princesse de...

SOSTRATE

Ah ! de grâce, quelque bonté que mon malheur t'inspire, garde-toi bien de lui rien dire de ma flamme. J'aimerais mieux mourir que de pouvoir être accusé par elle de la moindre témérité ; et ce profond respect où ses charmes divins...

CLITIDAS

Taisons-nous, voici tout le monde.

Scène II : *Aristione, Iphicrate, Timoclès, Sostrate, Anaxarque, Cléon, Clitidas.*

ARISTIONE, *à Iphicrate.*

Prince, je ne puis me lasser de le dire, il n'est point de spectacle au monde qui puisse le disputer en magnificence à celui que vous venez de nous donner. Cette fête a eu des ornements qui l'emportent sans doute sur tout ce que l'on saurait voir ; et elle vient de produire à nos yeux quelque chose de si noble, de si grand et de si majestueux, que le ciel même ne saurait aller au-delà ; et je puis dire assurément qu'il n'y a rien dans l'univers qui s'y puisse égaler.

TIMOCLÈS

Ce sont des ornements dont on ne peut pas espérer que toutes les fêtes soient embellies ; et je dois fort trembler, madame, pour la simplicité du petit divertissement que je m'apprête à vous donner dans le bois de Diane.

ARISTIONE

Je crois que nous n'y verrons rien que de fort agréable ; et, certes, il faut avouer que la campagne a lieu de nous paraître belle, et que nous n'avons pas le temps de nous ennuyer dans cet agréable séjour qu'ont célébré tous les poètes sous le nom de Tempé. Car enfin, sans parler des plaisirs de la chasse que nous y prenons à toute heure, et de la solennité des jeux Pythiens que l'on y célèbre tantôt, vous prenez soin l'un et l'autre de nous y combler de tous les divertissements qui peuvent charmer les chagrins des plus mélancoliques. D'où vient, Sostrate, qu'on ne vous a point vu dans notre promenade ?

SOSTRATE

Une petite indisposition, madame, m'a empêché de m'y trouver.

IPHICRATE

Sostrate est de ces gens, madame, qui croient qu'il ne sied pas bien d'être curieux comme les autres ; et il est beau d'affecter de ne pas courir où tout le monde court.

SOSTRATE

Seigneur, l'affectation n'a guère de part à tout ce que je fais ; et, sans vous faire compliment, il y avait des choses à voir dans cette fête qui pouvaient m'attirer, si quelque autre motif ne m'avait retenu.

ARISTIONE

Et Clitidas a-t-il vu cela ?

CLITIDAS

Oui, madame, mais du rivage.

ARISTIONE

Et pourquoi du rivage ?

CLITIDAS

Ma foi, madame, j'ai craint quelqu'un des accidents qui arrivent d'ordinaire dans ces confusions. Cette nuit, j'ai songé de poisson mort et d'œufs cassés ; et j'ai appris du seigneur Anaxarque que les œufs cassés et le poisson mort signifient malencontre.

ANAXARQUE

Je remarque une chose : que Clitidas n'aurait rien à dire, s'il ne parlait de moi.

CLITIDAS

C'est qu'il y a tant de choses à dire de vous qu'on n'en saurait parler assez.

ANAXARQUE

Vous pourriez prendre d'autres matières, puisque je vous en ai prié.

CLITIDAS

Le moyen ? ne dites-vous pas que l'ascendant est plus fort que tout ? et s'il est écrit dans les astres que je sois enclin à parler de vous, comment voulez-vous que je résiste à ma destinée ?

ANAXARQUE

Avec tout le respect, madame, que je vous dois, il y a une chose qui est fâcheuse dans votre cour, que tout le monde y prenne liberté de parler, et que le plus honnête homme y soit exposé aux railleries du premier méchant plaisant.

CLITIDAS

Je vous rends grâce de l'honneur.

ARISTIONE, à Anaxarque.

Que vous êtes fou de vous chagriner de ce qu'il dit !

CLITIDAS

Avec tout le respect que je dois à madame, il y a une chose qui m'étonne dans l'astrologie, comment des gens qui savent tous les secrets des dieux, et qui possèdent des connaissances à se mettre au-dessus de tous les hommes, aient besoin de faire leur cour, et de demander quelque chose.

ANAXARQUE

Vous devriez gagner un peu mieux votre argent, et donner à madame de meilleures plaisanteries.

CLITIDAS

Ma foi, on les donne telles qu'on peut. Vous en parlez fort à votre aise ; et le métier de plaisant n'est pas comme celui d'astrologue : bien mentir et bien plaisanter sont deux choses fort différentes ; et il est bien plus facile de tromper les gens que de les faire rire.

ARISTIONE

Hé ! qu'est-ce donc que cela veut dire ?

CLITIDAS, se parlant à lui-même.

Paix, impertinent que vous êtes ! ne savez-vous pas bien que l'astrologie est une affaire d'état, et qu'il ne faut point toucher à cette corde-là ? Je vous l'ai dit plusieurs fois, vous vous émancipez trop, et vous prenez de certaines libertés qui vous joueront un mauvais tour, je vous en avertis. Vous verrez qu'un de ces jours on vous donnera du pied au cul, et qu'on vous chassera comme un faquin. Taisez-vous, si vous êtes sage.

ARISTIONE

Où est ma fille ?

TIMOCLÈS

Madame, elle s'est écartée ; et je lui ai présenté une main qu'elle a refusé d'accepter.

ARISTIONE

Princes, puisque l'amour que vous avez pour Eriphile a bien voulu se soumettre aux lois que j'ai voulu vous imposer, puisque j'ai su obtenir de vous que vous fussiez rivaux sans devenir ennemis, et qu'avec pleine soumission aux sentiments de ma fille vous attendez un choix dont je l'ai faite seule maîtresse, ouvrez-moi tous deux le fond de votre âme, et me dites sincèrement quel progrès vous croyez l'un et l'autre avoir fait sur son cœur.

TIMOCLÈS

Madame, je ne suis point pour me flatter ; j'ai fait ce que j'ai pu pour toucher le cœur de la princesse Eriphile, et je m'y suis pris, que je crois, de toutes les tendres manières dont un amant se peut servir : je lui ai fait des hommages soumis de tous mes vœux ; j'ai montré des assiduités ; j'ai rendu des soins chaque jour ; j'ai fait chanter ma passion aux voix les plus touchantes, et l'ai fait exprimer en vers aux plumes les plus délicates ; je me suis plaint de mon martyre en des termes passionnés ; j'ai fait à mes yeux, aussi bien qu'à ma bouche, le désespoir de mon amour ; j'ai poussé à ses pieds des soupirs languissants ; j'ai même répandu des larmes ; mais tout cela inutilement, et je n'ai point connu qu'elle ait dans l'âme aucun ressentiment de mon ardeur.

ARISTIONE

Et vous, prince ?

IPHICRATE

Pour moi, madame, connaissant son indifférence, et le peu de cas qu'elle fait des devoirs qu'on lui rend, je n'ai voulu perdre auprès d'elle ni plaintes, ni soupirs, ni larmes. Je sais qu'elle est toute soumise à vos volontés, et que ce n'est que de votre main seule qu'elle voudra prendre un époux ; aussi n'est-ce qu'à vous que je m'adresse pour l'obtenir, à vous plutôt qu'à elle que je rends tous mes soins et tous mes hommages. Et plût au ciel, madame, que vous eussiez pu vous résoudre à tenir sa place ; que vous eussiez voulu jouir des conquêtes que vous lui faites, et recevoir pour vous les vœux que vous lui renvoyez !

ARISTIONE

Prince, le compliment est d'un amant adroit, et vous avez entendu dire qu'il fallait cajoler les mères pour obtenir les filles ; mais ici, par malheur, tout cela devient inutile, et je me suis engagée à laisser le choix tout entier à l'inclination de ma fille.

IPHICRATE

Quelque pouvoir que vous lui donniez pour ce choix, ce n'est point compliment, madame, que ce que je vous dis. Je ne recherche la princesse Eriphile que parce qu'elle est votre sang ; je la trouve charmante par tout ce qu'elle tient de vous, et c'est vous que j'adore en elle.

ARISTIONE

Voilà qui est fort bien.

IPHICRATE

Oui, madame, toute la terre voit en vous des attraits et des charmes que je...

ARISTIONE

De grâce, prince, ôtons ces charmes et ces attraits : vous savez que ce sont des mots que je retranche des compliments qu'on me veut faire. Je souffre qu'on me loue de ma sincérité ; qu'on dise que je suis une bonne princesse, que j'ai de la parole pour tout le monde, de la chaleur pour mes amis, et de l'estime pour le mérite et la vertu, je puis tâter de tout cela ; mais pour les douceurs de charmes et d'attraits, je suis bien aise qu'on ne m'en serve point ; et, quelque vérité qui s'y pût rencontrer, on doit faire quelque scrupule d'en goûter la louange, quand on est mère d'une fille comme la mienne.

IPHICRATE

Ah ! madame, c'est vous qui voulez être mère malgré tout le monde ; il n'est point d'yeux qui ne s'y opposent ; et si vous le vouliez, la princesse Eriphile ne serait que votre sœur.

ARISTIONE

Mon Dieu ! prince, je ne donne point dans tous ces galimatias où donnent la plupart des femmes : je veux être mère parce que je la suis, et ce serait en vain que je ne la voudrais pas être. Ce titre n'a rien qui me choque, puisque, de mon consentement, je me suis exposée à le recevoir. C'est un faible de notre sexe, dont, grâce au ciel, je suis exempte ; et je ne m'embarrasse point de ces grandes disputes d'âge sur quoi nous voyons tant de folles. Revenons à notre discours. Est-il possible que jusqu'ici vous n'ayez pu connaître où penche l'inclination d'Eriphile ?

IPHICRATE

Ce sont obscurités pour moi.

TIMOCLÈS

C'est pour moi un mystère impénétrable.

ARISTIONE

La pudeur peut-être l'empêche de s'expliquer à vous et à moi. Servons-nous de quelque autre pour découvrir le secret de son cœur. Sostrate, prenez de ma part cette commission, et rendez cet office à ces princes, de savoir adroitement de ma fille vers qui des deux ses sentiments peuvent tourner.

SOSTRATE

Madame, vous avez cent personnes dans votre cour sur qui vous pourriez mieux verser l'honneur d'un tel emploi ; et je me sens mal propre à bien exécuter ce que vous souhaitez de moi.

ARISTIONE

Votre mérite, Sostrate, n'est point borné aux seuls emplois de la guerre : vous avez de l'esprit, de la conduite, de l'adresse ; et ma fille fait cas de vous.

SOSTRATE

Quelque autre mieux que moi, madame...

ARISTIONE

Non, non ; en vain vous vous en défendez.

SOSTRATE

Puisque vous le voulez, madame, il vous faut obéir ; mais je vous jure que, dans toute votre cour, vous ne pouviez choisir personne qui ne fût en état de s'acquitter beaucoup mieux que moi d'une telle commission.

ARISTIONE

C'est trop de modestie ; et vous vous acquitterez toujours bien de toutes les choses dont on vous chargera. Découvrez doucement les sentiments d'Eriphile, et faites-la ressouvenir qu'il faut se rendre de bonne heure dans le bois de Diane.

Scène III : Iphicrate, Timoclès,

Sostrate, Clitidas.

IPHICRATE, *à Sostrate.*

Vous pouvez croire que je prends part à l'estime que la princesse vous témoigne.

TIMOCLÈS, *à Sostrate.*

Vous pouvez croire que je suis ravi du choix que l'on a fait de vous.

IPHICRATE

Vous voilà en état de servir vos amis.

TIMOCLÈS

Vous avez de quoi rendre de bons offices aux gens qu'il vous plaira.

IPHICRATE

Je ne vous recommande point mes intérêts.

TIMOCLÈS

Je ne vous dis point de parler pour moi.

SOSTRATE

Seigneurs, il serait inutile. J'aurais tort de passer les ordres de ma commission ; et vous trouverez bon que je ne parle ni pour l'un ni pour l'autre.

IPHICRATE

Je vous laisse agir comme il vous plaira.

TIMOCLÈS

Vous en userez comme vous voudrez.

Scène IV : Iphicrate, Timoclès, Clitidas.

IPHICRATE, *bas, à Clitidas.*

Clitidas se ressouvient bien qu'il est de mes amis ; je lui recommande toujours de prendre mes intérêts auprès de sa maîtresse contre ceux de mon rival.

CLITIDAS, *bas, à Iphicrate.*

Laissez-moi faire. Il y a bien de la comparaison de lui à vous, et c'est un prince bien bâti pour vous le disputer !

IPHICRATE, *bas, à Clitidas.*

Je reconnaîtrai ce service.

TIMOCLÈS

Mon rival fait sa cour à Clitidas ; mais Clitidas sait bien qu'il m'a promis d'appuyer contre lui les prétentions de mon amour.

CLITIDAS

Assurément ; et il se moque de croire l'emporter sur vous. Voilà, auprès de vous, un beau petit morveux de prince !

TIMOCLÈS

Il n'y a rien que je ne fasse pour Clitidas.

CLITIDAS, *seul.*

Belles paroles de tous côtés ! Voici la princesse ; prenons mon temps pour l'aborder.

Scène V : Eriphile, Cléonice.

CLÉONICE

On trouvera étrange, madame, que vous vous soyez ainsi écartée de tout le monde.

ÉRIPHILE

Ah ! qu'aux personnes comme nous, qui sommes toujours accablées de tant de gens, un peu de solitude est parfois agréable ! et qu'après mille impertinents entretiens, il est doux de s'entretenir avec ses pensées ! Qu'on me laisse ici promener toute seule.

CLÉONICE

Ne voudriez-vous pas, madame, voir un petit essai de la disposition de ces gens admirables qui veulent se donner à vous ? Ce sont des personnes qui par leurs pas, leurs gestes et leurs mouvements, expriment aux yeux toutes choses ; et on appelle cela pantomimes. J'ai tremblé à vous dire ce mot, et il y a des gens dans votre cour qui ne me le pardonneraient pas.

ÉRIPHILE

Vous avez bien la mine, Cléonice, de me venir ici régaler d'un mauvais divertissement ; car, grâce au ciel, vous ne manquez pas de vouloir produire indifféremment tout ce qui se présente à vous ; et vous avez une affabilité qui ne rejette rien : aussi est-ce à vous seule qu'on voit avoir recours toutes les muses nécessitantes ; vous êtes la grande protectrice du mérite incommodé ; et tout ce qu'il y a de vertueux indigents au monde va débarquer chez vous.

CLÉONICE

Si vous n'avez pas envie de les voir, madame, il ne faut que les laisser là.

ÉRIPHILE

Non, non ; voyons-les : faites-les venir.

CLÉONICE

Mais peut-être, madame, que leur danse sera méchante.

ÉRIPHILE

Méchante ou non, il la faut voir. Ce ne serait, avec vous, que reculer la chose ; et il vaut mieux en être quitte.

CLÉONICE

Ce ne sera ici, madame, qu'une danse ordinaire ; une autre fois...

ÉRIPHILE

Point de préambule, Cléonice ; qu'ils dansent.

SECOND INTERMEDE

La confidente de la jeune princesse lui produit trois danseurs, sous le nom de Pantomimes, c'est-à-dire qui expriment par leurs gestes toutes sortes de choses. La princesse les voit danser, et les reçoit à son service.

ENTRÉE DE BALLET *de trois Pantomimes.*

ACTE SECOND

Scène I : Eriphile, Cléonice, Clitidas.

ÉRIPHILE

Voilà qui est admirable. Je ne crois pas qu'on puisse mieux danser qu'ils dansent, et je suis bien aise de les avoir à moi.

CLÉONICE

Et moi, madame, je suis bien aise que vous ayez vu que je n'ai pas si méchant goût que vous avez pensé.

ÉRIPHILE

Ne triomphez point tant ; vous ne tarderez guère à me faire avoir ma revanche. Qu'on me laisse ici.

CLÉONICE, *allant au-devant de Clitidas.*

Je vous avertis, Clitidas, que la princesse veut être seule.

CLITIDAS

Laissez-moi faire : je suis homme qui sais ma cour.

Scène II : Eriphile, Clitidas.

CLITIDAS, *en chantant.*

La, la, la, la. (*Faisant l'étonné en voyant Eriphile.*) Ah !

ÉRIPHILE, *à Clitidas, qui feint de vouloir s'éloigner.*

Clitidas.

CLITIDAS

Je ne vous avais pas vue là, madame.

ÉRIPHILE

Approche. D'où viens-tu ?

CLITIDAS

De laisser la princesse votre mère, qui s'en allait vers le temple d'Apollon, accompagnée de beaucoup de gens.

ÉRIPHILE

Ne trouves-tu pas ces lieux les plus charmants du monde ?

CLITIDAS

Assurément. Les princes vos amants y étaient.

ÉRIPHILE

Le fleuve Pénée fait ici d'agréables détours.

CLITIDAS

Fort agréables. Sostrate y était aussi.

ÉRIPHILE

D'où vient qu'il n'est pas venu à la promenade.

CLITIDAS

Il a quelque chose dans la tête qui l'empêche de prendre plaisir à tous ces beaux régales. Il m'a voulu entretenir ; mais vous m'avez défendu si expressément de me charger d'aucune affaire auprès de vous, que je n'ai point voulu lui prêter l'oreille, et je lui ai dit nettement que je n'avais pas le loisir de l'entendre.

ÉRIPHILE

Tu as eu tort de lui dire cela, et tu devais l'écouter.

CLITIDAS

Je lui ai dit d'abord que je n'avais pas le loisir de l'entendre, mais après je lui ai donné audience.

ÉRIPHILE

Tu as bien fait.

CLITIDAS

En vérité, c'est un homme qui me revient, un homme fait comme je veux que les hommes soient faits, ne prenant point des manières bruyantes et des tons de voix assommants ; sage et posé en toutes choses, ne parlant jamais que bien à propos, point prompt à décider, point du tout exagérateur incommode ; et, quelques beaux vers que nos poètes lui aient récités, je ne lui ai jamais ouï dire : Voilà qui est plus beau que tout ce qu'a jamais fait Homère. Enfin c'est un homme pour qui je me sens de l'inclination ; et, si j'étais princesse, il ne serait pas malheureux.

ÉRIPHILE

C'est un homme d'un grand mérite, assurément. Mais de quoi t'a-t-il parlé ?

CLITIDAS

Il m'a demandé si vous aviez témoigné grande joie au magnifique régale que l'on vous a donné, m'a parlé de votre personne avec des transports les plus grands du monde, vous a mise au-dessus du ciel, et vous a donné toutes les louanges qu'on peut donner à la princesse la plus accomplie de la terre, entremêlant tout cela de plusieurs soupirs qui disaient plus qu'il ne voulait. Enfin, à force de le tourner de tous côtés, et de le presser sur la cause de cette profonde mélancolie dont toute la cour s'aperçoit, il a été contraint de m'avouer qu'il était amoureux.

ÉRIPHILE

Comment, amoureux ! quelle témérité est la sienne ! c'est un extravagant que je ne verrai de ma vie.

CLITIDAS

De quoi vous plaignez-vous, madame ?

ÉRIPHILE

Avoir l'audace de m'aimer ! et, de plus, avoir l'audace de le dire !

CLITIDAS

Ce n'est pas vous, madame, dont il est amoureux.

ÉRIPHILE

Ce n'est pas moi ?

CLITIDAS

Non, madame ; il vous respecte trop pour cela, et est trop sage pour y penser.

ÉRIPHILE

Et de qui donc, Clitidas ?

CLITIDAS

D'une de vos filles, la jeune Arsinoé.

ÉRIPHILE

A-t-elle tant d'appas, qu'il n'ait trouvé qu'elle digne de son amour ?

CLITIDAS

Il l'aime éperdument, et vous conjure d'honorer sa flamme de votre protection.

ÉRIPHILE

Moi ?

CLITIDAS

Non, non, madame. Je vois que la chose ne vous plaît pas. Votre colère m'a obligé à prendre ce détour ; et, pour vous dire la vérité, c'est vous qu'il aime éperdument.

ÉRIPHILE

Vous êtes un insolent de venir ainsi surprendre mes sentiments. Allons, sortez d'ici ; vous vous mêlez de vouloir lire dans les âmes, de vouloir pénétrer dans les secrets du cœur d'une princesse ! Otez-vous de mes yeux, et que je ne vous voie jamais, Clitidas.

CLITIDAS

Madame...

ÉRIPHILE

Venez ici. Je vous pardonne cette affaire-là.

CLITIDAS

Trop de bonté, madame !

ÉRIPHILE

Mais à condition (prenez bien garde à ce que je vous dis) que vous n'en ouvrirez la bouche à personne du monde, sur peine de la vie.

CLITIDAS

Il suffit.

ÉRIPHILE

Sostrate t'a donc dit qu'il m'aimait ?

CLITIDAS

Non, madame. Il faut vous dire la vérité. J'ai tiré de son cœur, par surprise, un secret qu'il veut cacher à tout le monde, et avec lequel il est, dit-il, résolu de mourir. Il a été au désespoir du vol subtil que je lui ai fait ; et, bien loin de me charger de vous le découvrir, il m'a conjuré, avec toutes les instantes prières qu'on saurait faire, de ne vous en rien révéler, et c'est trahison contre lui que ce que je viens de vous dire.

ÉRIPHILE

Tant mieux ! c'est par son seul respect qu'il peut me plaire ; et, s'il était si hardi que de me déclarer son amour, il perdrait pour jamais et ma présence et mon estime.

CLITIDAS

Ne craignez point, madame...

ÉRIPHILE

Le voici. Souvenez-vous au moins, si vous êtes sage, de la défense que je vous ai faite.

CLITIDAS

Cela est fait, madame. Il ne faut pas être courtisan indiscret.

Scène III : Eriphile, Sostrate.

SOSTRATE

J'ai une excuse, madame, pour oser interrompre votre solitude ; et j'ai reçu de la princesse votre mère une commission qui autorise la hardiesse que je prends maintenant.

ÉRIPHILE

Quelle commission, Sostrate ?

SOSTRATE

Celle, madame, de tâcher d'apprendre de vous vers lequel des deux princes peut incliner votre cœur.

ÉRIPHILE

La princesse ma mère montre un esprit judicieux dans le choix qu'elle a fait de vous pour un pareil emploi. Cette commission, Sostrate, vous a été agréable sans doute, et vous l'avez acceptée avec beaucoup de joie ?

SOSTRATE

Je l'ai acceptée, madame, par la nécessité que mon devoir m'impose d'obéir ; et si la princesse avait voulu recevoir mes excuses, elle aurait honoré quelque autre de cet emploi.

ÉRIPHILE

Quelle cause, Sostrate, vous obligeait à le refuser ?

SOSTRATE

La crainte, madame, de m'en acquitter mal.

ÉRIPHILE

Croyez-vous que je ne vous estime pas assez pour vous ouvrir mon cœur, et vous donner toutes les lumières que vous pourrez désirer de moi sur le sujet de ces deux princes ?

SOSTRATE

Je ne désire rien pour moi là-dessus, madame ; et je ne vous demande que ce que vous croirez devoir donner aux ordres qui m'amènent.

ÉRIPHILE

Jusques ici je me suis défendue de m'expliquer, et la princesse ma mère a eu la bonté de souffrir que j'aie reculé toujours ce choix qui me doit engager ; mais je serai bien aise de témoigner à tout le monde que je veux faire quelque chose pour l'amour de vous ; et, si vous m'en pressez, je rendrai cet arrêt qu'on attend depuis si longtemps.

SOSTRATE

C'est une chose, madame, dont vous ne serez point importunée par moi ; et je ne saurais me résoudre à presser une princesse qui sait trop ce qu'elle a à faire.

ÉRIPHILE

Mais c'est ce que la princesse ma mère attend de vous.

SOSTRATE

Ne lui ai-je pas dit aussi que je m'acquitterais mal de cette commission ?

ÉRIPHILE

O çà, Sostrate, les gens comme vous ont toujours les yeux pénétrants ; et je pense qu'il ne doit y avoir guère de choses qui échappent aux vôtres. N'ont-ils pu découvrir, vos yeux, ce dont tout le monde est en peine ? et ne vous ont-ils point donné quelques petites lumières du penchant de mon cœur ? Vous voyez les soins qu'on me rend, l'empressement qu'on me témoigne. Quel est celui de ces deux princes que vous croyez que je regarde d'un œil plus doux ?

SOSTRATE

Les doutes que l'on forme sur ces sortes de choses ne sont réglés d'ordinaire que par les intérêts qu'on prend.

ÉRIPHILE

Pour qui, Sostrate, pencheriez-vous des deux ? Quel est celui, dites-moi, que vous souhaiteriez que j'épousasse ?

SOSTRATE

Ah ! madame, ce ne seront pas mes souhaits, mais votre inclination qui décidera de la chose.

ÉRIPHILE

Mais si je me conseillais à vous pour ce choix ?

SOSTRATE

Si vous vous conseilliez à moi, je serais fort embarrassé.

ÉRIPHILE

Vous ne pourriez pas dire qui des deux vous semble plus digne de cette préférence ?

SOSTRATE

Si l'on s'en rapporte à mes yeux, il n'y aura personne qui soit digne de cet honneur. Tous les princes du monde seront trop peu de chose pour aspirer à vous ; les dieux seuls y pourront prétendre ; et vous ne souffrirez des hommes que l'encens et les sacrifices.

ÉRIPHILE

Cela est obligeant, et vous êtes de mes amis. Mais je veux que vous me disiez pour qui des deux vous sentez plus d'inclination, quel est celui que vous mettez le plus au rang de vos amis.

Scène IV : Eriphile, Sostrate, Chorèbe.

CHORÈBE

Madame, voilà la princesse qui vient vous prendre ici pour aller au bois de Diane.

SOSTRATE, *à part.*

Hélas ! petit garçon, que tu es venu à propos !

Scène V : Aristione, Eriphile, Iphicrate, Timoclès, Sostrate, Anaxarque, Clitidas.

ARISTIONE

On vous a demandée, ma fille, et il y a des gens que votre absence chagrine fort.

ÉRIPHILE

Je pense, madame, qu'on m'a demandée par compliment ; et on ne s'inquiète pas tant qu'on vous dit.

ARISTIONE

On enchaîne pour nous ici tant de divertissements les uns aux autres, que toutes nos heures sont retenues ; et nous n'avons aucun moment à perdre, si nous voulons les goûter tous. Entrons vite dans le bois, et voyons ce qui nous y attend. Ce lieu est le plus beau du monde ; prenons vite nos places.

TROISIEME INTERMEDE

Le théâtre est une forêt où la princesse est invitée d'aller. Une Nymphe lui en fait les honneurs, en chantant ; et, pour la divertir, on lui joue une petite comédie en musique, dont voici le sujet : Un berger se plaint à deux bergers, ses amis, des froideurs de celle qu'il aime ; les deux amis le consolent ; et, comme la bergère aimée arrive, tous trois se retirent pour l'observer. Après quelque plainte amoureuse, elle se repose sur un gazon, et s'abandonne aux douceurs du sommeil. L'amant fait approcher ses amis, pour contempler les grâces de sa bergère, et invite toutes choses à contribuer à son repos. La bergère, en s'éveillant, voit son berger à ses pieds, se plaint de sa poursuite ; mais, considérant sa constance, elle lui accorde sa demande, et consent d'en être aimée, en présence des deux bergers amis. Deux Satyres arrivant se plaignent de son changement, et, étant touchés de cette disgrâce, cherchent leur consolation dans le vin.

LES PERSONNAGES DE LA PASTORALE
LA NYMPHE de la vallée de Tempé,
TIRCIS, LYCASTE, MÉNANDRE,
CALISTE, DEUX SATYRES.

Prologue : La Nymphe de Tempé.

Venez, grande princesse, avec tous vos appas,
Venez prêter vos yeux aux innocents ébats
   Que notre désert vous présente :
N'y cherchez point l'éclat des fêtes de la cour ;
   On ne sent ici que l'amour,
   Ce n'est que d'amour qu'on y chante.

Scène 1 : Tircis.

   Vous chantez sous ces feuillages,
   Doux rossignols pleins d'amour ;
   Et de vos tendres ramages
   Vous réveillez tour à tour
   Les échos de ces bocages :
   Hélas ! petits oiseaux, hélas !
Si vous aviez mes maux, vous ne chanteriez pas.

Scène II : Lycaste, Ménandre, Tircis.

LYCASTE
Hé quoi ! toujours languissant, sombre et triste ?
MÉNANDRE
Hé quoi ! toujours aux pleurs abandonné ?
TIRCIS
   Toujours adorant Caliste,
   Et toujours infortuné.
LYCASTE
Dompte, dompte, berger, l'ennui qui te possède.
TIRCIS
Hé ! le moyen, hélas !
MÉNANDRE
     Fais, fais-toi quelque effort.
TIRCIS
Hé ! le moyen, hélas ! quand le mal est trop fort ?
LYCASTE
   Ce mal trouvera son remède.
TIRCIS
Je ne guérirai qu'à ma mort.
LYCASTE ET MÉNANDRE
Ah ! Tircis !
TIRCIS
   Ah ! bergers !
LYCASTE ET MÉNANDRE
     Prends sur toi plus d'empire.
TIRCIS
Rien ne me peut secourir.
LYCASTE ET MÉNANDRE
C'est trop, c'est trop céder.
TIRCIS
    C'est trop, c'est trop souffrir.
LYCASTE ET MÉNANDRE
Quelle faiblesse !
TIRCIS
    Quel martyre !
LYCASTE ET MÉNANDRE
Il faut prendre courage.
TIRCIS
    Il faut plutôt mourir.
LYCASTE
   Il n'est point de bergère,
   Si froide et si sévère,
   Dont la pressante ardeur
   D'un cœur qui persévère
   Ne vainque la froideur.
MÉNANDRE
   Il est, dans les affaires
   Des amoureux mystères,
   Certains petits moments
   Qui changent les plus fières,
   Et font d'heureux amants.
TIRCIS
   Je la vois, la cruelle,
   Qui porte ici ses pas :
   Gardons d'être vu d'elle ;
    L'ingrate, hélas !
    N'y viendrait pas.

Scène III : Caliste.

Ah ! que sur notre cœur
La sévère loi de l'honneur
Prend un cruel empire !
Je ne fais voir que rigueurs pour Tircis ;
Et cependant, sensible à ses cuisants soucis,
De sa langueur en secret je soupire,
Et voudrais bien soulager son martyre.
C'est à vous seuls que je le dis,
Arbres ; n'allez pas le redire.
Puisque le ciel a voulu nous former
Avec un cœur qu'Amour peut enflammer,
Quelle rigueur impitoyable
Contre des traits si doux nous force à nous armer !
Et pourquoi, sans être blâmable,
Ne peut-on pas aimer
Ce que l'on trouve aimable ?
Hélas ! que vous êtes heureux,
Innocents animaux, de vivre sans contrainte,
Et de pouvoir suivre sans crainte,
Les doux emportements de vos cœurs amoureux !
Hélas ! petits oiseaux, que vous êtes heureux
De ne sentir nulle contrainte,
Et de pouvoir suivre sans crainte
Les doux emportements de vos cœurs amoureux !
Mais le sommeil sur ma paupière
Verse de ses pavots l'agréable fraîcheur ;
Donnons-nous à lui tout entière ;
Nous n'avons pas de loi sévère
Qui défende à nos sens d'en goûter la douceur.

Scène IV : Caliste, endormie,
Tircis, Lycaste, Ménandre.

TIRCIS

Vers ma belle ennemie
Portons sans bruit nos pas,
Et ne réveillons pas
Sa rigueur endormie.

TOUS TROIS   [queurs ;

Dormez, dormez, beaux yeux, adorables vain-
Et goûtez le repos que vous ôtez aux cœurs.
Dormez, dormez, beaux yeux.

TIRCIS

Silence, petits oiseaux ;
Vent, n'agitez nulle chose ;
Coulez doucement, ruisseaux :
C'est Caliste qui repose.

TOUS TROIS   [queurs ;

Dormez, dormez, beaux yeux, adorables vain-
Et goûtez le repos que vous ôtez aux cœurs.
Dormez, dormez, beaux yeux.

CALISTE, *en se réveillant, à Tircis.*

Ah ! quelle peine extrême !
Suivre partout mes pas !

TIRCIS

Que voulez-vous qu'on suive, hélas !
Que ce qu'on aime ?

CALISTE

Berger, que voulez-vous ?

TIRCIS

Mourir, belle bergère,
Mourir à vos genoux,
Et finir ma misère.
Puisque en vain à vos pieds on me voit soupirer,
Il y faut expirer.

CALISTE

Ah ! Tircis, ôtez-vous : j'ai peur que dans ce jour
La pitié dans mon cœur n'introduise l'amour.

LYCASTE ET MÉNANDRE, *l'un après l'autre.*

Soit amour, soit pitié,
Il sied bien d'être tendre.
C'est par trop vous défendre ;
Bergère, il faut se rendre
A sa longue amitié.
Soit amour, soit pitié,
Il sied bien d'être tendre.

CALISTE, *à Tircis.*

C'est trop, c'est trop de rigueur.
J'ai maltraité votre ardeur,
Chérissant votre personne ;
Vengez-vous de mon cœur,
Tircis, je vous le donne.

TIRCIS

O ciel ! bergers ! Caliste ! Ah ! je suis hors de moi !
Si l'on meurt de plaisir, je dois perdre la vie.

LYCASTE

Digne prix de ta foi !

MÉNANDRE

O sort digne d'envie !

Scène V : Deux Satyres, Caliste, Tircis,
Lycaste, Ménandre.

PREMIER SATYRE, *à Caliste.*

Quoi ! tu me fuis, ingrate ; et je te vois ici
De ce berger à moi faire une préférence !

SECOND SATYRE   [rence ?

Quoi ! mes soins n'ont rien pu sur ton indiffé-
Et pour ce langoureux ton cœur s'est adouci !

CALISTE

Le destin le veut ainsi :
Prenez tous deux patience.

PREMIER SATYRE

Aux amants qu'on pousse à bout
L'amour fait verser des larmes ;
Mais ce n'est pas notre goût,
Et la bouteille a des charmes
Qui nous consolent de tout.

SECOND SATYRE

Notre amour n'a pas toujours
Tout le bonheur qu'il désire ;
Mais nous avons un secours,
Et le bon vin nous fait rire
Quand on rit de nos amours.

TOUS

Champêtres divinités,
Faunes, Dryades, sortez
De vos paisibles retraites ;
Mêlez vos pas à nos sons,

Et tracez sur les herbettes
L'image de nos chansons.

PREMIÈRE ENTRÉE DE BALLET

*En même temps, six Dryades et six Faunes sortent
de leurs demeures, et font ensemble une danse
agréable, qui, s'ouvrant tout d'un coup, laisse voir
un berger et une bergère qui font en musique une
petite scène d'un dépit amoureux.*

Dépit amoureux : Climène, Philinte.

PHILINTE
Quand je plaisais à tes yeux,
J'étais content de ma vie,
Et ne voyais roi ni dieux
Dont le sort me fît envie.
CLIMÈNE
Lorsqu'à toute autre personne
Me préférait ton ardeur,
J'aurais quitté la couronne
Pour régner dessus ton cœur.
PHILINTE
Une autre a guéri mon âme
Des feux que j'avais pour toi.
CLIMÈNE
Un autre a vengé ma flamme
Des faiblesses de ta foi.
PHILINTE
Cloris, qu'on vante si fort,
M'aime d'une ardeur fidèle ;
Si ses yeux voulaient ma mort,
Je mourrais content pour elle.
CLIMÈNE
Myrtil, si digne d'envie,
Me chérit plus que le jour ;
Et moi, je perdrais la vie
Pour lui montrer mon amour.
PHILINTE
Mais si d'une douce ardeur
Quelque renaissante trace
Chassait Cloris de mon cœur,
Pour te remettre en sa place ?
CLIMÈNE
Bien qu'avec pleine tendresse
Myrtil me puisse chérir,
Avec toi, je le confesse,
Je voudrais vivre et mourir.
TOUS DEUX ENSEMBLE
Ah ! plus que jamais aimons-nous ;
Et vivons et mourons en des liens si doux.
TOUS LES ACTEURS DE LA PASTORALE
Amants, que vos querelles
Sont aimables et belles !
Qu'on y voit succéder
De plaisir, de tendresse !
Querellez-vous sans cesse
Pour vous raccommoder.
Amants, que vos querelles
Sont aimables et belles ! etc.

DEUXIÈME ENTRÉE DE BALLET

*Les Faunes et les Dryades recommencent leur
danse, que les bergères et bergers musiciens entre-
mêlent de leurs chansons, tandis que trois petites
Dryades et trois petits Faunes font paraître dans
l'enfoncement du théâtre tout ce qui se passe sur
le devant.*

LES BERGERS ET LES BERGÈRES
Jouissons, jouissons des plaisirs innocents
Dont les feux de l'amour savent charmer nos sens.

Des grandeurs qui voudra se soucie ;
Tous ces honneurs dont on a tant d'envie
Ont des chagrins qui sont trop cuisants.
Jouissons, jouissons des plaisirs innocents
Dont les feux de l'amour savent charmer nos sens.

En aimant, tout nous plaît dans la vie ;
Deux cœurs unis de leur sort sont contents :
Cette ardeur, de plaisirs suivie,
De tous nos jours fait d'éternels printemps.
Jouissons, jouissons des plaisirs innocents
Dont les feux de l'amour savent charmer nos sens.

ACTE TROISIEME

*Scène 1 : Aristione, Iphicrate, Timoclès,
Eriphile, Anaxarque, Sostrate, Clitidas.*

ARISTIONE
Les mêmes paroles toujours se présentent à dire ;
il faut toujours s'écrier : Voilà qui est admirable !
il ne se peut rien de plus beau ! cela passe tout
ce qu'on a jamais vu !
TIMOCLÈS
C'est donner de trop grandes paroles, madame,
à de petites bagatelles.
ARISTIONE
Des bagatelles comme celles-là peuvent occuper
agréablement les plus sérieuses personnes. En
vérité, ma fille, vous êtes bien obligée à ces princes, et vous ne sauriez assez reconnaître tous les
soins qu'ils prennent pour vous.
ÉRIPHILE
J'en ai, madame, tout le ressentiment qu'il est
possible.
ARISTIONE
Cependant vous les faites longtemps languir sur
ce qu'ils attendent de vous. J'ai promis de ne
vous point contraindre ; mais leur amour vous
presse de vous déclarer, et de ne plus traîner en
longueur la récompense de leurs services. J'ai
chargé Sostrate d'apprendre doucement de vous
les sentiments de votre cœur ; et je ne sais pas
s'il a commencé à s'acquitter de cette commission.
ÉRIPHILE
Oui, madame ; mais il me semble que je ne puis
assez reculer ce choix dont on me presse, et que
je ne saurais le faire sans mériter quelque blâme.

Je me sens également obligée à l'amour, aux empressements, aux services de ces deux princes ; et je trouve une espèce d'injustice bien grande à me montrer ingrate ou vers l'un, ou vers l'autre, par le refus qu'il m'en faudra faire dans la préférence de son rival.

IPHICRATE

Cela s'appelle, madame, un fort honnête compliment pour nous refuser tous deux.

ARISTIONE

Ce scrupule, ma fille, ne doit point vous inquiéter ; et ces princes tous deux se sont soumis, il y a longtemps, à la préférence que pourra faire votre inclination.

ÉRIPHILE

L'inclination, madame, est fort sujette à se tromper ; et des yeux désintéressés sont beaucoup plus capables de faire un juste choix.

ARISTIONE

Vous savez que je suis engagée de parole à ne rien prononcer là-dessus ; et, parmi ces deux princes, votre inclination ne peut point se tromper, et faire un choix qui soit mauvais.

ÉRIPHILE

Pour ne point violenter votre parole ni mon scrupule, agréez, madame, un moyen que j'ose proposer.

ARISTIONE

Quoi, ma fille ?

ÉRIPHILE

Que Sostrate décide de cette préférence. Vous l'avez pris pour découvrir le secret de mon cœur : souffrez que je le prenne pour me tirer de l'embarras où je me trouve.

ARISTIONE

J'estime tant Sostrate, que, soit que vous vouliez vous servir de lui pour expliquer vos sentiments, ou soit que vous vous en remettiez absolument à sa conduite, je fais, dis-je, tant d'estime de sa vertu et de son jugement, que je consens de tout mon cœur à la proposition que vous me faites.

IPHICRATE

C'est à dire, madame, qu'il nous faut faire notre cour à Sostrate ?

SOSTRATE

Non, seigneur, vous n'aurez point de cour à me faire ; et, avec tout le respect que je dois aux princesses, je renonce à la gloire où elles veulent m'élever.

ARISTIONE

D'où vient cela, Sostrate ?

SOSTRATE

J'ai des raisons, madame, qui ne permettent pas que je reçoive l'honneur que vous me présentez.

IPHICRATE

Craignez-vous, Sostrate, de vous faire un ennemi ?

SOSTRATE

Je craindrais peu, seigneur, les ennemis que je pourrais me faire en obéissant à mes souveraines.

TIMOCLÈS

Par quelle raison donc refusez-vous d'accepter le pouvoir qu'on vous donne, et de vous acquérir l'amitié d'un prince qui vous devrait tout son bonheur ?

SOSTRATE

Par la raison que je ne suis pas en état d'accorder à ce prince ce qu'il souhaiterait de moi.

IPHICRATE

Quelle pourrait être cette raison ?

SOSTRATE

Pourquoi me tant presser là-dessus ? Peut-être ai-je, seigneur, quelque intérêt secret qui s'oppose aux prétentions de votre amour. Peut-être ai-je un ami qui brûle, sans oser le dire, d'une flamme respectueuse pour les charmes divins dont vous êtes épris. Peut-être cet ami me fait-il tous les jours confidence de son martyre, qu'il se plaint à moi tous les jours des rigueurs de sa destinée, et regarde l'hymen de la princesse ainsi que l'arrêt redoutable qui le doit pousser au tombeau ; et si cela était, seigneur, serait-il raisonnable que ce fût de ma main qu'il reçût le coup de sa mort ?

IPHICRATE

Vous auriez bien la mine, Sostrate, d'être vous-même cet ami dont vous prenez les intérêts.

SOSTRATE

Ne cherchez point, de grâce, à me rendre odieux aux personnes qui vous écoutent. Je sais me connaître, seigneur ; et les malheureux comme moi n'ignorent pas jusques où leur fortune leur permet d'aspirer.

ARISTIONE

Laissons cela ; nous trouverons moyen de terminer l'irrésolution de ma fille.

ANAXARQUE

En est-il un meilleur, madame, pour terminer les choses au contentement de tout le monde, que les lumières que le ciel peut donner sur ce mariage ? J'ai commencé, comme je vous ai dit, à jeter pour cela les figures mystérieuses que notre art nous enseigne ; et j'espère vous faire voir tantôt ce que l'avenir garde à cette union souhaitée. Après cela, pourra-t-on balancer encore ? La gloire et les prospérités que le ciel promettra ou à l'un ou à l'autre choix ne seront-elles pas suffisantes pour le déterminer ; et celui qui sera exclu pourra-t-il s'offenser, quand ce sera le ciel qui décidera cette préférence ?

IPHICRATE

Pour moi, je m'y soumets entièrement ; et je déclare que cette voie me semble la plus raisonnable.

TIMOCLÈS

Je suis de même avis ; et le ciel ne saurait rien faire où je ne souscrive sans répugnance.

ÉRIPHILE

Mais, seigneur Anaxarque, voyez-vous si clair dans les destinées, que vous ne vous trompiez jamais ? et ces prospérités et cette gloire que vous dites que le ciel nous promet, qui en sera caution, je vous prie ?

ARISTIONE

Ma fille, vous avez une petite incrédulité qui ne vous quitte point.

ANAXARQUE

Les épreuves, madame, que tout le monde a vues de l'infaillibilité de mes prédictions sont les cautions suffisantes des promesses que je puis faire. Mais enfin, quand je vous aurai fait voir ce que le ciel vous marque, vous vous réglerez là-dessus à votre fantaisie ; et ce sera à vous à prendre la fortune de l'un ou de l'autre choix.

ÉRIPHILE

Le ciel, Anaxarque, me marquera les deux fortunes qui m'attendent ?

ANAXARQUE

Oui, madame : les félicités qui vous suivront, si vous épousez l'un ; et les disgrâces qui vous accompagneront, si vous épousez l'autre.

ÉRIPHILE

Mais, comme il est impossible que je les épouse tous deux, il faut donc qu'on trouve écrit dans le ciel non seulement ce qui doit arriver, mais aussi ce qui ne doit pas arriver.

CLITIDAS, *à part.*

Voilà mon astrologue embarrassé.

ANAXARQUE

Il faudrait vous faire, madame, une longue discussion des principes de l'astrologie, pour vous faire comprendre cela.

CLITIDAS

Bien répondu. Madame, je ne dis point de mal de l'astrologie : l'astrologie est une belle chose, et le seigneur Anaxarque est un grand homme.

IPHICRATE

La vérité de l'astrologie est une chose incontestable ; et il n'y a personne qui puisse disputer contre la certitude de ses prédictions.

CLITIDAS

Assurément.

TIMOCLÈS

Je suis assez incrédule pour quantité de choses ; mais, pour ce qui est de l'astrologie, il n'y a rien de plus sûr et de plus constant que le succès des horoscopes qu'elle tire.

CLITIDAS

Ce sont des choses les plus claires du monde.

IPHICRATE

Cent aventures prédites arrivent tous les jours, qui convainquent les plus opiniâtres.

CLITIDAS

Il est vrai.

TIMOCLÈS

Peut-on contester, sur cette matière, les incidents célèbres dont les histoires nous font foi ?

CLITIDAS

Il faut n'avoir pas le sens commun. Le moyen de contester ce qui est moulé ?

ARISTIONE

Sostrate n'en dit mot. Quel est son sentiment là-dessus ?

SOSTRATE

Madame, tous les esprits ne sont pas nés avec les qualités qu'il faut pour la délicatesse de ces belles sciences, qu'on nomme curieuses ; et il y en a de si matériels, qu'ils ne peuvent aucunement comprendre ce que d'autres conçoivent le plus facilement du monde. Il n'est rien de plus agréable, madame, que toutes les grandes promesses de ces connaissances sublimes. Transformer tout en or ; faire vivre éternellement ; guérir par des paroles ; se faire aimer de qui l'on veut ; savoir tous les secrets de l'avenir ; faire descendre comme on veut du ciel, sur les métaux, des impressions de bonheur ; commander aux démons ; se faire des armées invisibles, et des soldats invulnérables : tout cela est charmant, sans doute ; et il y a des gens qui n'ont aucune peine à en comprendre la possibilité, cela leur est le plus aisé du monde à concevoir. Mais, pour moi, je vous avoue que mon esprit grossier a quelque peine à le comprendre et à le croire ; et j'ai toujours trouvé cela trop beau pour être véritable. Toutes ces belles raisons de sympathie, de force magnétique, et de vertu occulte, sont si subtiles et si délicates, qu'elles échappent à mon sens matériel ; et, sans parler du reste, jamais il n'a été en ma puissance de concevoir comme on trouve écrit dans le ciel jusqu'aux plus petites particularités de la fortune du moindre homme. Quel rapport, quel commerce, quelle correspondance peut-il y avoir entre nous et des globes éloignés de notre terre d'une distance si effroyable ? et d'où cette belle science, enfin, peut-elle être venue aux hommes ? Quel dieu l'a révélée ? ou quelle expérience l'a pu former de l'observation de ce grand nombre d'astres qu'on n'a pu voir encore deux fois dans la même disposition ?

ANAXARQUE

Il ne sera pas difficile de vous le faire concevoir.

SOSTRATE

Vous serez plus habile que tous les autres.

CLITIDAS, *à Sostrate.*

Il vous fera une discussion de tout cela, quand vous voudrez.

IPHICRATE, *à Sostrate.*

Si vous ne comprenez pas les choses, au moins les pouvez-vous croire sur ce que l'on voit tous les jours.

SOSTRATE

Comme mon sens est si grossier qu'il n'a pu rien comprendre, mes yeux aussi sont si malheureux qu'ils n'ont jamais rien vu.

IPHICRATE

Pour moi, j'ai vu, et des choses tout à fait convaincantes.

TIMOCLÈS

Et moi aussi.

SOSTRATE

Comme vous avez vu, vous faites bien de croire ; et il faut que vos yeux soient faits autrement que les miens.

IPHICRATE

Mais enfin la princesse croit à l'astrologie ; et il me semble qu'on y peut bien croire après elle. Est-ce que madame, Sostrate, n'a pas de l'esprit et du sens ?

SOSTRATE

Seigneur, la question est un peu violente. L'esprit de la princesse n'est pas une règle pour le mien ; et son intelligence peut l'élever à des lumières où mon sens ne peut pas atteindre.

ARISTIONE

Non, Sostrate, je ne vous dirai rien sur quantité de choses auxquelles je ne donne guère plus de créance que vous ; mais, pour l'astrologie, on m'a dit et fait voir des choses si positives, que je ne la puis mettre en doute.

SOSTRATE

Madame, je n'ai rien à répondre à cela.

ARISTIONE

Quittons ce discours, et qu'on nous laisse un moment. Dressons notre promenade, ma fille, vers cette belle grotte où j'ai promis d'aller. Des galanteries à chaque pas !

QUATRIEME INTERMEDE

Le théâtre représente une grotte, où les princesses vont se promener ; et, dans le temps qu'elles y entrent, huit Statues, portant chacune deux flambeaux à leurs mains, sortent de leurs niches, et font une danse variée de plusieurs figures et de plusieurs belles attitudes, où elles demeurent par intervalles.

ENTRÉE DE BALLET DE HUIT STATUES

ACTE QUATRIEME

Scène I : Aristione, Eriphile.

ARISTIONE

De qui que cela soit, on ne peut rien de plus galant et de mieux entendu. Ma fille, j'ai voulu me séparer de tout le monde pour vous entretenir ; et je veux que vous ne me cachiez rien de la vérité. N'auriez-vous point dans l'âme quelque inclination secrète que vous ne voulez pas nous dire ?

ÉRIPHILE

Moi, madame ?

ARISTIONE

Parlez à cœur ouvert, ma fille. Ce que j'ai fait pour vous mérite bien que vous usiez avec moi de franchise. Tourner vers vous toutes mes pensées, vous préférer à toutes choses, et fermer l'oreille, en l'état où je suis, à toutes les propositions que cent princesses, en ma place, écouteraient avec bienséance, tout cela vous doit assez persuader que je suis une bonne mère, et que je ne suis pas pour recevoir avec sévérité les ouvertures que vous pourriez me faire de votre cœur.

ÉRIPHILE

Si j'avais si mal suivi votre exemple, que de m'être laissée aller à quelques sentiments d'inclination que j'eusse raison de cacher, j'aurais, madame, assez de pouvoir sur moi-même pour imposer silence à cette passion, et me mettre en état de ne rien faire voir qui fût indigne de votre sang.

ARISTIONE

Non, non, ma fille ; vous pouvez, sans scrupule m'ouvrir vos sentiments. Je n'ai point renfermé votre inclination dans le choix de deux princes : vous pouvez l'étendre où vous voudrez ; et le mérite, auprès de moi, tient un rang si considérable, que je l'égale à tout ; et si vous m'avouez franchement les choses, vous me verrez souscrire sans répugnance au choix qu'aura fait votre cœur.

ÉRIPHILE

Vous avez des bontés pour moi, madame, dont je ne puis assez me louer ; mais je ne les mettrai point à l'épreuve sur le sujet dont vous me parlez ; et tout ce que je leur demande, c'est de ne point presser un mariage où je ne me sens pas encore bien résolue.

ARISTIONE

Jusqu'ici je vous ai laissée assez maîtresse de tout ; et l'impatience des princes vos amants... Mais quel bruit est-ce que j'entends ? ah ! ma fille, quel spectacle s'offre à nos yeux ! Quelque divinité descend ici, et c'est la déesse Vénus qui semble nous vouloir parler.

Scène II : Vénus, accompagnée de quatre petits Amours dans une machine, Aristione, Eriphile.

VÉNUS, *à Aristione.*

Princesse, dans tes soins brille un zèle exemplaire
Qui par les Immortels doit être couronné ;
Et, pour te voir un gendre illustre et fortuné,
Leur main te veut marquer le choix que tu dois
    Ils t'annoncent tous par ma voix   [faire.
La gloire et les grandeurs que, par ce digne choix,
Ils feront pour jamais entrer dans ta famille.
De tes difficultés, termine donc le cours ;
    Et pense à donner ta fille
    A qui sauvera tes jours.

ARISTIONE

Ma fille, les dieux imposent silence à tous nos raisonnements. Après cela, nous n'avons plus rien à faire qu'à recevoir ce qu'ils s'apprêtent à nous donner ; et vous venez d'entendre distinctement leur volonté. Allons dans le premier temple les assurer de notre obéissance, et leur rendre grâce de leurs bontés.

Scène III : Anaxarque, Cléon.

CLÉON

Voilà la princesse qui s'en va ; ne voulez-vous pas lui parler ?

ANAXARQUE

Attendons que sa fille soit séparée d'elle. C'est un esprit que je redoute, et qui n'est pas de trempe à se laisser mener ainsi que celui de sa mère. Enfin, mon fils, comme nous venons de voir par cette ouverture, le stratagème a réussi. Notre Vénus a fait des merveilles ; et l'admirable ingénieur qui s'est employé à cet artifice a si bien disposé tout, a coupé avec tant d'adresse le plancher de cette grotte, si bien caché ses fils de fer et tous ses ressorts, si bien ajusté ses lumières et habillé ses personnages, qu'il y a peu de gens qui n'y eussent été trompés ; et, comme la princesse Aristione est fort superstitieuse, il ne faut point douter qu'elle ne donne à pleine tête dans cette tromperie. Il y a longtemps, mon fils, que je prépare cette machine, et me voilà tantôt au but de mes prétentions.

CLÉON

Mais pour lequel des deux princes, au moins, dressez-vous tout cet artifice ?

ANAXARQUE

Tous deux ont recherché mon assistance, et je leur promets à tous deux la faveur de mon art. Mais les présents du prince Iphicrate et les promesses qu'il m'a faites l'emportent de beaucoup sur tout ce qu'a pu faire l'autre. Ainsi ce sera lui qui recevra les effets favorables de tous les ressorts que je fais jouer ; et comme son ambition me devra toute chose, voilà, mon fils, notre fortune faite. Je vais prendre mon temps pour affermir dans son erreur l'esprit de la princesse, pour la mieux prévenir encore par le rapport que je lui ferai adroitement des paroles de Vénus avec les prédictions des figures célestes que je lui dis que j'ai jetées. Va-t'en tenir la main au reste de l'ouvrage, préparer nos six hommes à se bien cacher dans leur barque derrière le rocher, à posément attendre le temps que la princesse Aristione vient tous les soirs se promener seule sur le rivage, à se jeter bien à propos sur elle ainsi que des corsaires, et donner lieu au prince Iphicrate de lui apporter ce secours qui, sur les paroles du ciel, doit mettre entre ses mains la princesse Eriphile. Ce prince est averti par moi ; et, sur la foi de ma prédiction, il doit se tenir dans ce petit bois qui borde le rivage. Mais sortons de cette grotte ; je te dirai, en marchant, toutes les choses qu'il faut bien observer. Voilà la princesse Eriphile : évitons sa rencontre.

Scène IV : Eriphile, Cléonice, Sostrate.

ÉRIPHILE

Hélas ! quelle est ma destinée ! et qu'ai-je fait aux dieux pour mériter les soins qu'ils veulent prendre de moi ?

CLÉONICE

Le voici, madame, que j'ai trouvé ; et, à vos premiers ordres, il n'a pas manqué de me suivre.

ÉRIPHILE

Qu'il approche, Cléonice ; et qu'on nous laisse seuls un moment. Sostrate, vous m'aimez ?

SOSTRATE

Moi, madame ?

ÉRIPHILE

Laissons cela, Sostrate ; je le sais, je l'approuve, et vous permets de me le dire. Votre passion a paru à mes yeux accompagnée de tout le mérite qui me la pouvait rendre agréable. Si ce n'était le rang où le ciel m'a fait naître, je puis vous dire que cette passion n'aurait pas été malheureuse, et que cent fois je lui ai souhaité l'appui d'une fortune qui pût mettre pour elle en pleine liberté les secrets sentiments de mon âme. Ce n'est pas, Sostrate, que le mérite seul n'ait à mes yeux tout le prix qu'il doit avoir, et que, dans mon cœur, je ne préfère les vertus qui sont en vous à tous les titres magnifiques dont les autres sont revêtus. Ce n'est même pas que la princesse ma mère ne m'ait assez laissé la disposition de mes vœux ; et je ne doute point, je vous l'avoue, que mes prières n'eussent pu tourner son consentement du côté que j'aurais voulu. Mais il est des états, Sostrate, où il n'est pas honnête de vouloir tout ce qu'on peut faire. Il y a des chagrins à se mettre au-dessus de toutes choses ; et les bruits fâcheux de la renommée vous font trop acheter le plaisir que l'on trouve à contenter son inclination. C'est à quoi, Sostrate, je ne me serais jamais résolue, et j'aurais cru faire assez de fuir l'engagement dont j'étais sollicitée. Mais enfin les dieux veulent prendre le soin eux-mêmes de me donner un époux ; et tous ces longs délais avec lesquels j'ai reculé mon mariage, et que les bontés de la princesse ma mère ont accordés à mes désirs, ces délais, dis-je, ne me sont plus permis, et il me faut résoudre à subir cet arrêt du ciel. Soyez sûr, Sostrate, que c'est avec toutes les répugnances du monde que je m'abandonne à cet hyménée ; et que si j'avais pu être maîtresse de moi, ou j'aurais été à vous, ou je n'aurais été à personne. Voilà, Sostrate, ce que j'avais à vous dire ; voilà ce que j'ai cru devoir à votre mérite, et la consolation que toute ma tendresse peut donner à votre flamme.

SOSTRATE

Ah ! madame, c'en est trop pour un malheureux ! Je ne m'étais pas préparé à mourir avec tant de gloire ; et je cesse, dans ce moment, de me plaindre des destinées. Si elles m'ont fait naître dans un rang beaucoup moins élevé que mes désirs, elles m'ont fait naître assez heureux pour attirer quelque pitié du cœur d'une grande princesse ; et cette pitié glorieuse vaut des sceptres et des couronnes, vaut la fortune des plus grands princes de la terre. Oui, madame, dès que j'ai osé vous aimer (c'est vous, madame, qui voulez bien que je me serve de ce mot téméraire), dès que j'ai, dis-je ; osé vous aimer, j'ai condamné d'abord l'orgueil de mes désirs ; je me suis fait moi-même la destinée que je devais attendre. Le coup de mon trépas, madame, n'aura rien qui me surprenne, puisque je m'y étais préparé ; mais vos bontés le comblent d'un honneur que mon amour jamais n'eût osé espérer ; et je m'en vais mourir, après cela, le plus content et le plus glorieux de tous les hommes. Si je puis encore souhaiter quelque chose, ce sont deux grâces, madame, que je prends la hardiesse de vous demander à genoux : de vouloir souffrir ma présence jusqu'à cet heureux hyménée qui doit mettre fin à ma vie ; et, parmi cette grande gloire et ces longues prospérités que le ciel promet à votre union, de vous souvenir quelquefois de l'amoureux Sostrate. Puis-je, divine princesse, me promettre de vous cette précieuse faveur ?

ÉRIPHILE

Allez, Sostrate, sortez d'ici. Ce n'est pas aimer mon repos que de me demander que je me souvienne de vous.

SOSTRATE

Ah ! madame, si votre repos...

ÉRIPHILE

Otez-vous, vous dis-je, Sostrate ; épargnez ma faiblesse, et ne m'exposez point à plus que je n'ai résolu.

Scène V : Eriphile, Cléonice.

CLÉONICE

Madame, je vous vois l'esprit tout chagrin : vous plaît-il que vos danseurs, qui expriment si bien toutes les passions, vous donnent maintenant quelque épreuve de leur adresse ?

ÉRIPHILE

Oui, Cléonice : qu'ils fassent tout ce qu'ils voudront, pourvu qu'ils me laissent à mes pensées.

CINQUIEME INTERMEDE

Quatre Pantomimes, pour épreuve de leur adresse, ajustent leurs gestes et leurs pas aux inquiétudes de la jeune princesse.

ENTRÉE DE BALLET DE QUATRE PANTOMIMES

ACTE CINQUIEME

Scène I : Eriphile, Clitidas.

CLITIDAS

De quel côté porter mes pas ? où m'aviserai-je d'aller ? en quel lieu puis-je croire que je trouverai maintenant la princesse Eriphile ? Ce n'est pas un petit avantage que d'être le premier à porter une nouvelle. Ah ! la voilà ! Madame, je vous annonce que le ciel vient de vous donner l'époux qu'il vous destinait.

ÉRIPHILE

Eh ! laisse-moi, Clitidas, dans ma sombre mélancolie.

CLITIDAS

Madame, je vous demande pardon. Je pensais faire bien de vous venir dire que le ciel vient de vous donner Sostrate pour époux ; mais, puisque cela vous incommode, je rengaine ma nouvelle, et m'en retourne droit comme je suis venu.

ÉRIPHILE

Clitidas ! holà, Clitidas !

CLITIDAS

Je vous laisse, madame, dans votre sombre mélancolie.

ÉRIPHILE

Arrête, te dis-je ; approche. Que viens-tu me dire ?

CLITIDAS

Rien, madame. On a parfois des empressements de venir dire aux grands de certaines choses dont ils ne se soucient pas, et je vous prie de m'excuser.

ÉRIPHILE

Que tu es cruel !

CLITIDAS

Une autre fois j'aurai la discrétion de ne vous pas venir interrompre.

ÉRIPHILE

Ne me tiens point dans l'inquiétude. Qu'est-ce que tu viens m'annoncer ?

CLITIDAS

C'est une bagatelle de Sostrate, madame, que je vous dirai une autre fois, quand vous ne serez point embarrassée.

ÉRIPHILE

Ne me fais point languir davantage, te dis-je, et m'apprends cette nouvelle.

CLITIDAS

Vous la voulez savoir, madame ?

ÉRIPHILE

Oui ; dépêche. Qu'as-tu à me dire de Sostrate ?

CLITIDAS

Une aventure merveilleuse, où personne ne s'attendait.

ÉRIPHILE

Dis-moi vite ce que c'est.

CLITIDAS

Cela ne troublera-t-il point, madame, votre sombre mélancolie ?

ÉRIPHILE

Ah ! parle promptement.

CLITIDAS

J'ai donc à vous dire, madame, que la princesse votre mère passait presque seule dans la forêt, par ces petites routes qui sont si agréables, lorsqu'un sanglier hideux (ces vilains sangliers-là font toujours du désordre, et l'on devrait les bannir des forêts bien policées), lors, dis-je, qu'un sanglier hideux, poussé, je crois, par des chasseurs, est venu traverser la route où nous étions. Je devrais vous faire peut-être, pour orner mon récit, une description étendue du sanglier dont je parle ; mais vous vous en passerez, s'il vous plaît, et je me contenterai de vous dire que c'était un fort vilain animal. Il passait son chemin, et il était bon de ne lui rien dire, de ne point chercher de noise avec lui ; mais la princesse a voulu égayer sa dextérité, et de son dard, qu'elle lui a lancé un peu mal à propos, ne lui en déplaise, lui a fait au-dessus de l'oreille une assez petite blessure. Le sanglier, mal morigéné, s'est impertinemment détourné contre nous : nous étions là deux ou trois misérables qui avons pâli de frayeur ; chacun gagnait son arbre, et la princesse, sans défense, demeurait exposée à la furie de la bête, lorsque Sostrate a paru, comme si les dieux l'eussent envoyé.

ÉRIPHILE

Hé bien ! Clitidas ?

CLITIDAS

Si mon récit vous ennuie, madame, je remettrai le reste à une autre fois.

ÉRIPHILE

Achève promptement.

CLITIDAS

Ma foi, c'est promptement de vrai que j'achèverai ; car un peu de poltronnerie m'a empêché de voir tout le détail de ce combat ; et tout ce que je puis vous dire, c'est que, retournant sur la place, nous avons vu le sanglier mort, tout vautré dans son sang ; et la princesse pleine de joie, nommant Sostrate son libérateur, et l'époux digne et fortuné que les dieux lui marquaient pour vous. A ces paroles, j'ai cru que j'en avais assez entendu ; et je me suis hâté de vous en venir, avant tous, apporter la nouvelle.

ÉRIPHILE

Ah ! Clitidas, pouvais-tu m'en donner une qui me pût être plus agréable ?

CLITIDAS

Voilà qu'on vient vous trouver.

*Scène II : Aristione, Sostrate,
Eriphile, Clitidas.*

ARISTIONE

Je vois, ma fille, que vous savez déjà tout ce que nous pourrions vous dire. Vous voyez que les dieux se sont expliqués bien plus tôt que nous n'eussions pensé : mon péril n'a guère tardé à nous marquer leurs volontés ; et l'on connaît assez que ce sont eux qui se sont mêlés de ce choix, puisque le mérite tout seul brille dans cette préférence. Aurez-vous quelque répugnance à recompenser de votre cœur celui à qui je dois la vie ? et refuserez-vous Sostrate pour époux ?

ÉRIPHILE

Et de la main des dieux et de la vôtre, madame, je ne puis rien recevoir qui ne me soit fort agréable.

SOSTRATE

Ciel ! n'est-ce point ici quelque songe tout plein de gloire dont les dieux me veuillent flatter ? et quelque réveil malheureux ne me replongera-t-il point dans la bassesse de ma fortune ?

*Scène III : Aristione, Eriphile,
Sostrate, Cléonice, Clitidas.*

CLÉONICE

Madame, je viens vous dire qu'Anaxarque a jusqu'ici abusé l'un et l'autre prince, par l'espérance de ce choix qu'ils poursuivent depuis longtemps ; et qu'au bruit qui s'est répandu de votre aventure, ils ont fait éclater tous deux leur ressentiment contre lui, jusque-là que, de paroles en paroles, les choses se sont échauffées, et il en a reçu quelques blessures dont on ne sait pas bien ce qui arrivera. Mais les voici.

*Scène IV : Aristione, Eriphile,
Iphicrate, Timoclès, Sostrate,
Cléonice, Clitidas.*

ARISTIONE

Princes, vous agissez tous deux avec une violence bien grande ! et si Anaxarque a pu vous offenser, j'étais pour vous en faire justice moi-même.

IPHICRATE

Et quelle justice, madame, auriez-vous pu nous faire de lui, si vous la faites si peu à notre rang dans le choix que vous embrassez ?

ARISTIONE

Ne vous êtes-vous pas soumis l'un et l'autre à ce que pourraient décider, ou les ordres du ciel, ou l'inclination de ma fille ?

TIMOCLÈS

Oui, madame, nous nous sommes soumis à ce qu'ils pourraient décider entre le prince Iphicrate et moi, mais non pas à nous voir rebutés tous deux.

ARISTIONE

Et si chacun de vous a bien pu se résoudre à souffrir une préférence, que vous arrive-t-il à tous deux où vous ne soyez préparés ? et que peuvent importer à l'un et à l'autre les intérêts de son rival ?

IPHICRATE

Oui, madame, il importe. C'est quelque consolation de se voir préférer un homme qui vous est égal ; et votre aveuglement est une chose épouvantable.

ARISTIONE

Prince, je ne veux pas me brouiller avec une personne qui m'a fait tant de grâce que de me dire des douceurs ; et je vous prie, avec toute l'honnêteté qu'il m'est possible, de donner à votre chagrin un fondement plus raisonnable ; de vous souvenir, s'il vous plaît, que Sostrate est revêtu d'un mérite qui s'est fait connaître à toute la Grèce, et que le rang où le ciel l'élève aujourd'hui va remplir toute la distance qui était entre lui et vous.

IPHICRATE

Oui, oui, madame, nous nous en souviendrons. Mais peut-être aussi vous souviendrez-vous que deux princes outragés ne sont pas deux ennemis peu redoutables.

TIMOCLÈS

Peut-être, madame, qu'on ne goûtera pas long-temps la joie du mépris que l'on fait de nous.

ARISTIONE

Je pardonne toutes ces menaces aux chagrins d'un amour qui se croit offensé ; et nous n'en verrons pas avec moins de tranquillité la fête des jeux Pythiens. Allons-y de ce pas, et couronnons, par ce pompeux spectacle, cette merveilleuse journée.

SIXIEME INTERMEDE

QUI EST LA SOLENNITÉ DES JEUX PYTHIENS

Le théâtre est une grande salle, en manière d'amphithéâtre ouvert d'une grande arcade dans le fond, au-dessus de laquelle est une tribune fermée d'un rideau, et dans l'éloignement paraît un autel pour le sacrifice. Six hommes, habillés comme s'ils étaient presque nus, portant chacun une hache sur l'épaule, comme ministres du sacrifice, entrent par le portique, au son des violons, et sont suivis de deux sacrificateurs musiciens, d'une prêtresse musicienne, et leur suite.

LA PRÊTRESSE

Chantez, peuples, chantez, en mille et mille lieux,
Du dieu que nous servons les brillantes merveilles ;
  Parcourez la terre et les cieux :
Vous ne sauriez chanter rien de plus précieux,
  Rien de plus doux pour les oreilles.

UNE GRECQUE

A ce dieu plein de force, à ce dieu plein d'appas,
  Il n'est rien qui résiste.

AUTRE GRECQUE

  Il n'est rien ici-bas
Qui par ses bienfaits ne subsiste.

AUTRE GRECQUE

  Toute la terre est triste
Quand on ne le voit pas.

LE CHŒUR

Poussons à sa mémoire
Des concerts si touchants,
Que, du haut de sa gloire,
Il écoute nos chants.

PREMIÈRE ENTRÉE DE BALLET

Les six hommes portant les haches font entre eux une danse ornée de toutes les attitudes que peuvent exprimer des gens qui étudient leurs forces ;

puis ils se retirent aux deux côtés du théâtre, pour faire place à six voltigeurs.

DEUXIÈME ENTRÉE DE BALLET

Six voltigeurs font paraître, en cadence, leur adresse sur des chevaux de bois, qui sont apportés par des esclaves.

TROISIÈME ENTRÉE DE BALLET

Quatre conducteurs d'esclaves amènent, en cadence, douze esclaves qui dansent en marquant la joie qu'ils ont d'avoir recouvré leur liberté.

QUATRIÈME ENTRÉE DE BALLET

Quatre hommes et quatre femmes, armés à la grecque, font ensemble une manière de jeu pour les armes.
La tribune s'ouvre. Un héraut, six trompettes, et un timbalier, se mêlant à tous les instruments, annoncent, avec un grand bruit, la venue d'Apollon.

LE CHŒUR

Ouvrons tous nos yeux
A l'éclat suprême
Qui brille en ces lieux.

Quelle grâce extrême !
Quel port glorieux !
Où voit-on des dieux
Qui soient faits de même ?

Apollon, au bruit des trompettes et des violons, entre par le portique, précédé de six jeunes gens qui portent des lauriers entrelacés autour d'un bâton, et un soleil d'or au-dessus, avec la devise royale, en manière de trophée. Les six jeunes gens, pour danser avec Apollon, donnent leur trophée à tenir aux six hommes qui portent les haches, et commencent, avec Apollon, une danse héroïque, à laquelle se joignent, en diverses manières, les six hommes portant les trophées, les quatre femmes armées avec leurs timbres, et les quatre hommes armés avec leurs tambours, tandis que les six trompettes, le timbalier, les sacrificateurs, la prêtresse et le chœur de musique accompagnent tout cela, en se mêlant à diverses reprises ; ce qui finit la fête des jeux Pythiens, et tout le divertissement.

CINQUIÈME ENTRÉE DE BALLET

Apollon, et six jeunes gens de sa suite. Chœur de musique.

Pour LE ROI, représentant le Soleil.

Je suis la source des clartés ;
Et les astres les plus vantés,
Dont le beau cercle m'environne,
Ne sont brillants et respectés
Que par l'éclat que je leur donne.

Du char où je me puis asseoir,
Je vois le désir de me voir
Posséder la nature entière ;
Et le monde n'a son espoir
Qu'aux seuls bienfaits de ma lumière.
Bienheureuses de toutes parts,
Et pleines d'exquises richesses,
Les terres où de mes regards
J'arrête les douces caresses !

Pour M. LE GRAND, *suivant d'Apollon.*

Bien qu'auprès du soleil tout autre éclat s'efface,
S'en éloigner pourtant n'est pas ce que l'on veut ;
Et vous voyez bien, quoi qu'il fasse,

Que l'on s'en tient toujours le plus près que l'on
[peut.

Pour le marquis DE VILLEROI,
suivant d'Apollon.

De notre maître incomparable
Vous me voyez inséparable ;
Et le zèle puissant qui m'attache à ses vœux
Le suit parmi les eaux, le suit parmi les feux.

Pour le marquis DE RASSENT,
suivant d'Apollon.

Je ne serai pas vain, quand je ne croirai pas
Qu'un autre mieux que moi suive partout ses pas.

LE BOURGEOIS GENTILHOMME

COMÉDIE-BALLET

« *Faite à Chambord, pour le divertissement du Roi, au mois d'octobre 1670, et représentée en public à Paris, pour la première fois, au théâtre du Palais-Royal, le 23ᵉ novembre de la même année 1670, par la Troupe du Roi.* »

De nouveau les chasses royales, que sa Majesté solaire veut d'autant plus fastueuses et joyeuses qu'il y a quatre mois la cour pleurait Madame. On commanda une « turquerie » aux amuseurs attitrés, Molière, Lulli, Beauchamp (pour la danse) et... un Italien un peu aventurier, Arviou, dit le chevalier d'Arvieux, qui avait séjourné douze ans au Levant, parlait turc et faisait rire aux éclats le Dauphin et Madame de Montespan avec ses récits des mœurs et coutumes exotiques. Ce sera lui le « conseiller technique » d'une mascarade qui en moquait une autre, réelle celle-là — où il avait d'ailleurs tenu le rôle d'interprète — et vengeait l'amour-propre royal et national : la réception, à Paris, puis à Saint-Germain, en décembre 1669, du premier « ambassadeur » de Turquie, Suleiman Aga, lequel n'était jamais qu'un jardinier du sérail, néanmoins plein de morgue.

Molière écrivit la comédie du Bourgeois gentil-homme dans sa maison d'Auteuil et l'agença suivant les besoins du ballet. On sait assez que, laissée à elle-même, la pièce — la plus populaire du répertoire classique — dépasse ces besoins. La mise en scène coûta près de 50.000 livres, somme considérable.

Grimarest prétend que le Roi, et donc les courtisans, commencèrent par bouder le spectacle et ne l'applaudirent qu'après trois jours de réflexion. C'est une légende. Dès le lendemain de la création une nouvelle représentation fut demandée. Le succès se prolongea au Palais-Royal.

De nos jours l'œuvre a conquis les publics russe et américain grâce à la Comédie-Française où, du 11 octobre 1951 au 1ᵉʳ octobre 1958, elle a été plus jouée qu'elle ne l'avait été de 1825 à 1900. A Chambord, Lulli « aussi excellent grimacier qu'excellent musicien », dans le rôle du Mufti, remporta plus de succès que Molière en Monsieur Jourdain. Au théâtre ce dernier emploi a été illustré au XVIIIᵉ siècle par Poisson et Préville, au siècle dernier par Thiron et de nos jours par Raimu et Louis Seigner — deux « rondeurs » alors que Molière était maigre.

PERSONNAGES

M. JOURDAIN, *bourgeois* (Molière).

Mᵐᵉ JOURDAIN, *sa femme* (Hubert).

LUCILE, *fille de M. Jourdain* (Mˡˡᵉ Molière).

CLÉONTE, *amoureux de Lucile* (La Grange).

DORIMÈNE, *marquise* (Mˡˡᵉ de Brie).

DORANTE, *comte, amant de Dorimène* (La Thorillière).

NICOLE, *servante de M. Jourdain* (Mˡˡᵉ Beauval).

COVIELLE, *valet de Cléonte.*

UN MAITRE DE MUSIQUE.

UN ELÈVE DU MAITRE DE MUSIQUE.

UN MAITRE A DANSER.

UN MAITRE D'ARMES (de Brie).

UN MAITRE DE PHILOSOPHIE (Du Croisy).

UN MAITRE TAILLEUR, UN GARÇON TAILLEUR.

DEUX LAQUAIS.

MUSICIENS, MUSICIENNES, DANSEURS.

GARÇONS TAILLEURS, CUISINIERS.

TURCS, DERVIS, etc.

LA SCÈNE EST A PARIS, DANS LA MAISON DE M. JOURDAIN.

ACTE PREMIER

L'ouverture se fait par un grand assemblage d'instruments ; et dans le milieu du théâtre on voit un élève du Maître de musique qui compose, sur une table, un air que le Bourgeois a demandé pour une sérénade.

*Scène I : Un Maître de musique,
un Maître à danser, trois Musiciens,
deux Violons, quatre Danseurs.*

LE MAITRE DE MUSIQUE, *aux Musiciens.*
Venez, entrez dans cette salle, et vous reposez là en attendant qu'il vienne.

LE MAITRE A DANSER, *aux Danseurs.*
Et vous aussi, de ce côté.

LE MAITRE DE MUSIQUE, *à l'Elève.*
Est-ce fait ?

L'ÉLÈVE
Oui.

LE MAITRE DE MUSIQUE
Voyons... Voilà qui est bien.

LE MAITRE A DANSER
Est-ce quelque chose de nouveau ?

LE MAITRE DE MUSIQUE
Oui, c'est un air pour une sérénade, que je lui ai fait composer ici, en attendant que notre homme fût éveillé.

LE MAITRE DE MUSIQUE
Peut-on voir ce que c'est ?

LE MAITRE DE MUSIQUE
Vous l'allez entendre avec le dialogue, quand il viendra ; il ne tardera guère.

LE MAITRE A DANSER
Nos occupations, à vous et à moi, ne sont pas petites maintenant.

LE MAITRE DE MUSIQUE
Il est vrai : nous avons trouvé ici un homme comme il nous le faut à tous deux. Ce nous est une douce rente que ce monsieur Jourdain, avec les visions de noblesse et de galanterie qu'il est allé se mettre en tête ; et votre danse et ma musique auraient à souhaiter que tout le monde lui ressemblât.

LE MAITRE A DANSER
Non pas entièrement ; et je voudrais, pour lui, qu'il se connût mieux qu'il ne fait aux choses que nous lui donnons.

LE MAITRE DE MUSIQUE
Il est vrai qu'il les connaît mal, mais il les paie bien ; et c'est de quoi maintenant nos arts ont plus besoin que de toute autre chose.

LE MAITRE A DANSER
Pour moi, je vous l'avoue, je me repais un peu de gloire. Les applaudissements me touchent, et je tiens que, dans tous les beaux-arts, c'est un supplice assez fâcheux que de se produire à des sots, que d'essuyer, sur des compositions, la barbarie d'un stupide. Il y a plaisir, ne m'en parlez point, à travailler pour des personnes qui soient capables de sentir les délicatesses d'un art, qui sachent faire un doux accueil aux beautés d'un ouvrage, et, par de chatouillantes approbations, vous régaler de votre travail. Oui, la récompense la plus agréable qu'on puisse recevoir des choses que l'on fait, c'est de les voir connues, de les voir caressées d'un applaudissement qui vous honore. Il n'y a rien, à mon avis, qui nous paie mieux que cela de toutes nos fatigues ; et ce sont des douceurs exquises que des louanges éclairées.

LE MAITRE DE MUSIQUE
J'en demeure d'accord, et je les goûte comme vous. Il n'y a rien assurément qui chatouille davantage que les applaudissements que vous dites ; mais cet encens ne fait pas vivre. Des louanges toutes pures ne mettent point un homme à son aise : il y faut mêler du solide ; et la meilleure façon de louer, c'est de louer avec les mains. C'est un homme, à la vérité, dont les lumières sont petites, qui parle à tort et à travers de toutes choses, et n'applaudit qu'à contre-sens ; mais son argent redresse les jugements de son esprit ; il a du discernement dans sa bourse, ses louanges sont monnayées : et ce bourgeois ignorant nous vaut mieux, comme vous voyez, que le grand seigneur éclairé qui nous a introduits ici.

LE MAITRE A DANSER
Il y a quelque chose de vrai dans ce que vous dites ; mais je trouve que vous appuyez un peu trop sur l'argent ; et l'intérêt est quelque chose de si bas, qu'il ne faut jamais qu'un honnête homme montre pour lui de l'attachement.

LE MAITRE DE MUSIQUE
Vous recevez fort bien pourtant l'argent que notre homme nous donne.

LE MAITRE A DANSER
Assurément ; mais je n'en fais pas tout mon bonheur ; et je voudrais qu'avec son bien il eût encore quelque bon goût des choses.

LE MAITRE DE MUSIQUE
Je le voudrais aussi ; et c'est à quoi nous travaillons tous deux autant que nous pouvons. Mais, en tout cas, il nous donne moyen de nous faire connaître dans le monde ; et il paiera pour les autres ce que les autres loueront pour lui.

LE MAITRE A DANSER
Le voilà qui vient.

*Scène II : M. Jourdain, en robe de chambre
et en bonnet de nuit, le Maître de musique,
le Maître à danser, l'Elève du Maître de musique,
une Musicienne, deux Musiciens,
Danseurs, deux Laquais.*

M. JOURDAIN
Hé bien, messieurs ! Qu'est-ce ? Me ferez-vous voir votre petite drôlerie ?

LE MAITRE A DANSER
Comment ! quelle petite drôlerie ?

M. JOURDAIN

Hé ! la... Comment appelez-vous cela ? Votre prologue ou dialogue de chansons et de danse.

LE MAITRE A DANSER

Ah ! ah !

LE MAITRE DE MUSIQUE

Vous nous y voyez préparés.

M. JOURDAIN

Je vous ai fait un peu attendre ; mais c'est que je me fais habiller aujourd'hui comme les gens de qualité ; et mon tailleur m'a envoyé des bas de soie que j'ai pensé ne mettre jamais.

LE MAITRE DE MUSIQUE

Nous ne sommes ici que pour attendre votre loisir.

M. JOURDAIN

Je vous prie tous deux de ne vous point en aller qu'on ne m'ait apporté mon habit, afin que vous me puissiez voir.

LE MAITRE A DANSER

Tout ce qu'il vous plaira.

M. JOURDAIN

Vous me verrez équipé comme il faut, depuis les pieds jusqu'à la tête.

LE MAITRE DE MUSIQUE

Nous n'en doutons point.

M. JOURDAIN

Je me suis fait faire cette indienne-ci.

LE MAITRE A DANSER

Elle est fort belle.

M. JOURDAIN

Mon tailleur m'a dit que les gens de qualité étaient comme cela le matin.

LE MAITRE DE MUSIQUE

Cela vous sied à merveille.

M. JOURDAIN

Laquais ! holà, mes deux laquais !

PREMIER LAQUAIS

Que voulez-vous, monsieur ?

M. JOURDAIN

Rien. C'est pour voir si vous m'entendez bien. (*Au Maître de musique et au Maître à danser.*) Que dites-vous de mes livrées ?

LE MAITRE A DANSER

Elles sont magnifiques.

M. JOURDAIN, *entr'ouvrant sa robe, et faisant voir son haut-de-chausses étroit, de velours rouge, et sa camisole de velours vert.*

Voici encore un petit déshabillé pour faire le matin mes exercices.

LE MAITRE DE MUSIQUE

Il est galant.

M. JOURDAIN

Laquais !

PREMIER LAQUAIS

Monsieur ?

M. JOURDAIN

L'autre laquais !

SECOND LAQUAIS

Monsieur ?

M. JOURDAIN, *ôtant sa robe de chambre.*

Tenez ma robe. (*Au Maître de musique et au Maître à danser.*) Me trouvez-vous bien comme cela ?

LE MAITRE A DANSER

Fort bien ; on ne peut pas mieux.

M. JOURDAIN

Voyons un peu votre affaire.

LE MAITRE DE MUSIQUE

Je voudrais bien auparavant vous faire entendre un air (*Montrant son élève.*) qu'il vient de composer pour la sérénade que vous m'avez demandée. C'est un de mes écoliers, qui a pour ces sortes de choses un talent admirable.

M. JOURDAIN

Oui, mais il ne fallait pas faire faire cela par un écolier ; et vous n'étiez pas trop bon vous-même pour cette besogne-là.

LE MAITRE DE MUSIQUE

Il ne faut pas, monsieur, que le nom d'écolier vous abuse. Ces sortes d'écoliers en savent autant que les plus grands maîtres ; et l'air est aussi beau qu'il s'en puisse faire. Ecoutez seulement.

M. JOURDAIN, *à ses laquais.*

Donnez-moi ma robe pour mieux entendre... Attendez, je crois que je serai mieux sans robe. Non, redonnez-la-moi ; cela ira mieux.

MUSICIEN, *chantant.*

Je languis nuit et jour, et mon mal est extrême
Depuis qu'à vos rigueurs vos beaux yeux m'ont
[*soumis.*
Si vous traitez ainsi, belle Iris, qui vous aime,
Hélas ! que pourriez-vous faire à vos ennemis ?

M. JOURDAIN

Cette chanson me semble un peu lugubre ; elle endort, et je voudrais que vous la pussiez un peu ragaillardir par-ci par-là.

LE MAITRE DE MUSIQUE

Il faut, monsieur, que l'air soit accommodé aux paroles.

M. JOURDAIN

On m'en apprit un tout à fait joli, il y a quelque temps. Attendez... là... Comment est-ce qu'il dit ?

LE MAITRE A DANSER

Par ma foi, je ne sais.

M. JOURDAIN

Il y a du mouton dedans.

LE MAITRE A DANSER

Du mouton ?

M. JOURDAIN

Oui. Ah ! (*Il chante.*)
    Je croyais Janneton
    Aussi douce que belle ;
    Je croyais Janneton
    Plus douce qu'un mouton.
        Hélas ! hélas !
Elle est cent fois, mille fois plus cruelle
    Que n'est le tigre au bois.
N'est-il pas joli ?

LE MAITRE DE MUSIQUE
Le plus joli du monde.

LE MAITRE A DANSER
Et vous le chantez bien.

M. JOURDAIN
C'est sans avoir appris la musique.

LE MAITRE DE MUSIQUE
Vous devriez l'apprendre, monsieur, comme vous faites la danse. Ce sont deux arts qui ont une étroite liaison ensemble.

LE MAITRE A DANSER
Et qui ouvrent l'esprit d'un homme aux belles choses.

M. JOURDAIN
Est-ce que les gens de qualité apprennent aussi la musique ?

LE MAITRE DE MUSIQUE
Oui, monsieur.

M. JOURDAIN
Je l'apprendrai donc. Mais je ne sais quel temps je pourrai prendre ; car, outre le maître d'armes qui me montre, j'ai arrêté encore un maître de philosophie qui doit commencer ce matin.

LE MAITRE DE MUSIQUE
La philosophie est quelque chose ; mais la musique, monsieur, la musique...

LE MAITRE A DANSER
La musique et la danse... La musique et la danse, c'est là tout ce qu'il faut.

LE MAITRE DE MUSIQUE
Il n'y a rien qui soit si utile dans un état que la musique.

LE MAITRE A DANSER
Il n'y a rien qui soit si nécessaire aux hommes que la danse.

LE MAITRE DE MUSIQUE
Sans la musique, un état ne peut subsister.

LE MAITRE A DANSER
Sans la danse, un homme ne saurait rien faire.

LE MAITRE DE MUSIQUE
Tous les désordres, toutes les guerres qu'on voit dans le monde, n'arrivent que pour n'apprendre pas la musique.

LE MAITRE A DANSER
Tous les malheurs des hommes, tous les revers funestes dont les histoires sont remplies, les bévues des politiques, et les manquements des grands capitaines, tout cela n'est venu que faute de savoir danser.

M. JOURDAIN
Comment cela ?

LE MAITRE DE MUSIQUE
La guerre ne vient-elle pas d'un manque d'union entre les hommes ?

M. JOURDAIN
Cela est vrai.

LE MAITRE DE MUSIQUE
Et si tous les hommes apprenaient la musique, ne serait-ce pas le moyen de s'accorder ensemble, et de voir dans le monde la paix universelle ?

M. JOURDAIN
Vous avez raison.

LE MAITRE A DANSER
Lorsqu'un homme a commis un manquement dans sa conduite, soit aux affaires de sa famille, ou au gouvernement d'un état, ou au commandement d'une armée, ne dit-on pas toujours : Un tel a fait un mauvais pas dans une telle affaire ?

M. JOURDAIN
Oui, on dit cela.

LE MAITRE A DANSER
Et faire un mauvais pas peut-il procéder d'autre chose que de ne savoir pas danser ?

M. JOURDAIN
Cela est vrai, vous avez raison tous deux.

LE MAITRE A DANSER
C'est pour vous faire voir l'excellence et l'utilité de la danse et de la musique.

M. JOURDAIN
Je comprends cela à cette heure.

LE MAITRE DE MUSIQUE
Voulez-vous voir nos deux affaires ?

M. JOURDAIN
Oui.

LE MAITRE DE MUSIQUE
Je vous l'ai déjà dit, c'est un petit essai que j'ai fait autrefois des diverses passions que peut exprimer la musique.

M. JOURDAIN
Fort bien.

LE MAITRE DE MUSIQUE, *aux Musiciens.*
Allons, avancez. (*A M. Jourdain.*) Il faut vous figurer qu'ils sont habillés en bergers.

M. JOURDAIN
Pourquoi toujours des bergers ? on ne voit que cela partout.

LE MAITRE A DANSER
Lorsqu'on a des personnes à faire parler en musique, il faut bien que, pour la vraisemblance, on donne dans la bergerie. Le chant a été de tout temps affecté aux bergers ; et il n'est guère naturel, en dialogue, que des princes ou des bourgeois chantent leurs passions.

M. JOURDAIN
Passe, passe. Voyons.

Dialogue en musique :
une Musicienne et deux Musiciens.

LA MUSICIENNE
Un cœur, dans l'amoureux empire,
De mille soins est toujours agité.
On dit qu'avec plaisir on languit, on soupire ;
Mais, quoi qu'on puisse dire,
Il n'est rien de si doux que notre liberté.

PREMIER MUSICIEN
Il n'est rien de si doux que les tendres ardeurs
Qui font vivre deux cœurs
Dans une même envie ;
On ne peut être heureux sans amoureux désirs :

Otez l'amour de la vie,
Vous en ôtez les plaisirs.
SECOND MUSICIEN
Il serait doux d'entrer sous l'amoureuse loi,
   Si l'on trouvait en amour de la foi ;
      Mais, hélas ! ô rigueur cruelle !
   On ne voit point de bergère fidèle,
Et ce sexe inconstant, trop indigne du jour,
Doit faire pour jamais renoncer à l'amour.
PREMIER MUSICIEN
   Aimable ardeur !
LA MUSICIENNE
   Franchise heureuse !
SECOND MUSICIEN
   Sexe trompeur !
PREMIER MUSICIEN
   Que tu m'es précieuse !
LA MUSICIENNE
   Que tu plais à mon cœur !
SECOND MUSICIEN
   Que tu me fais horreur !
PREMIER MUSICIEN
Ah ! quitte, pour aimer, cette haine mortelle !
LA MUSICIENNE
   On peut, on peut te montrer
   Une bergère fidèle.
SECOND MUSICIEN
   Hélas ! où la rencontrer ?
LA MUSICIENNE
   Pour défendre notre gloire,
   Je te veux offrir mon cœur.
SECOND MUSICIEN
   Mais, bergère, puis-je croire
   Qu'il ne sera point trompeur ?
LA MUSICIENNE
   Voyons, par expérience,
   Qui des deux aimera mieux.
SECOND MUSICIEN
   Qui manquera de constance,
   Le puissent perdre les dieux !
TOUS TROIS ENSEMBLE
   A des ardeurs si belles
   Laissons-nous enflammer :
   Ah ! qu'il est doux d'aimer,
   Quand deux cœurs sont fidèles !
M. JOURDAIN
Est-ce tout ?
LE MAITRE DE MUSIQUE
Oui.

M. JOURDAIN
Je trouve cela bien troussé, et il y a là-dedans de petits dictons assez jolis.
LE MAITRE A DANSER
Voici, pour mon affaire, un petit essai des plus beaux mouvements et des plus belles attitudes dont une danse puisse être variée.
M. JOURDAIN
Sont-ce encore des bergers ?
LE MAITRE A DANSER
C'est ce qu'il vous plaira. (*Aux Danseurs.*) Allons.

ENTRÉE DE BALLET

Quatre danseurs exécutent tous les mouvements différents et toutes les sortes de pas que le Maître à danser leur commande.

ACTE SECOND

*Scène I : M. Jourdain,
le Maître de musique,
le Maître à danser, un Laquais.*

M. JOURDAIN
Voilà qui n'est point sot ; et ces gens-là se trémoussent bien.
LE MAITRE DE MUSIQUE
Lorsque la danse sera mêlée avec la musique, cela fera plus d'effet encore ; et vous verrez quelque chose de galant dans le petit ballet que nous avons ajusté pour vous.
M. JOURDAIN
C'est pour tantôt, au moins ; et la personne pour qui j'ai fait faire tout cela me doit faire l'honneur de venir dîner céans.
LE MAITRE A DANSER
Tout est prêt.
LE MAITRE DE MUSIQUE
Au reste, monsieur, ce n'est pas assez : il faut qu'une personne comme vous, qui êtes magnifique, et qui avez de l'inclination pour les belles choses, ait un concert de musique chez soi tous les mercredis ou tous les jeudis.
M. JOURDAIN
Est-ce que les gens de qualité en ont ?
LE MAITRE DE MUSIQUE
Oui, monsieur.
M. JOURDAIN
J'en aurai donc. Cela sera-t-il beau ?
LE MAITRE DE MUSIQUE
Sans doute. Il vous faudra trois voix, un dessus, une haute-contre, et une basse, qui seront accompagnées d'une basse de viole, d'un téorbe, et d'un clavecin pour les basses continues, avec deux dessus de violon pour jouer les ritournelles.
M. JOURDAIN
Il y faudra mettre aussi une trompette marine. La trompette marine est un instrument qui me plaît, et qui est harmonieux.
LE MAITRE DE MUSIQUE
Laissez-nous gouverner les choses.
M. JOURDAIN
Au moins, n'oubliez pas tantôt de m'envoyer des musiciens pour chanter à table.
LE MAITRE DE MUSIQUE
Vous aurez tout ce qu'il vous faut.
M. JOURDAIN
Mais, surtout, que le ballet soit beau.
LE MAITRE DE MUSIQUE
Vous en serez content ; et, entre autres choses, de certains menuets que vous y verrez.

M. JOURDAIN

Ah ! les menuets sont ma danse, et je veux que vous me les voyiez danser. Allons, mon maître.

LE MAITRE A DANSER

Un chapeau, monsieur, s'il vous plaît. (*M. Jourdain va prendre le chapeau de son laquais, et le met par-dessus son bonnet de nuit. Son maître lui prend les mains, et le fait danser sur un air de menuet qu'il chante.*)
La, la, la ; La, la, la, la, la, la ; La, la, la, *bis* ; La, la, la ; La, la. En cadence, s'il vous plaît. La, la, la, la. La jambe droite. La, la, la. Ne remuez point tant les épaules. La, la, la, la, la ; La, la, la, la. Vos deux bras sont estropiés. La, la, la, la, la. Haussez la tête. Tournez la pointe du pied en dehors. La, la, la. Dressez votre corps.

M. JOURDAIN

Euh ?

LE MAITRE DE MUSIQUE

Voilà qui est le mieux du monde.

M. JOURDAIN

A propos ! apprenez-moi comme il faut faire une révérence pour saluer une marquise ; j'en aurai besoin tantôt.

LE MAITRE A DANSER

Une révérence pour saluer une marquise ?

M. JOURDAIN

Oui. Une marquise qui s'appelle Dorimène.

LE MAITRE A DANSER

Donnez-moi la main.

M. JOURDAIN

Non. Vous n'avez qu'à faire ; je le retiendrai bien.

LE MAITRE A DANSER

Si vous voulez la saluer avec beaucoup de respect, il faut faire d'abord une révérence en arrière, puis marcher vers elle avec trois révérences en avant, et à la dernière vous baisser jusqu'à ses genoux.

M. JOURDAIN

Faites un peu. (*Après que le Maître à danser a fait trois révérences.*) Bon.

LE LAQUAIS

Monsieur, voilà votre maître d'armes qui est là.

M. JOURDAIN

Dis-lui qu'il entre ici pour me donner leçon. (*Au Maître de musique et au Maître à danser.*) Je veux que vous me voyiez faire.

*Scène II : M. Jourdain, un Maître d'armes,
le Maître de musique,
le Maître à danser, un Laquais,
tenant deux fleurets.*

LE MAITRE D'ARMES, *après avoir pris les deux fleurets de la main du laquais, et en avoir présenté un à M. Jourdain.*

Allons, monsieur, la révérence. Votre corps droit. Un peu penché sur la cuisse gauche. Les jambes point tant écartées. Vos pieds sur une même ligne. Votre poignet à l'opposite de votre hanche. La pointe de votre épée vis-à-vis de votre épaule. Le bras pas tout à fait si étendu. La main gauche à la hauteur de l'œil. L'épaule gauche plus quartée. La tête droite. Le regard assuré. Avancez. Le corps ferme. Touchez-moi l'épée de quarte, et achevez de même. Une, deux. Remettez-vous. Redoublez de pied ferme. Un saut en arrière. Quand vous portez la botte, monsieur, il faut que l'épée parte la première, et que le corps soit bien effacé. Une, deux. Allons, touchez-moi l'épée de tierce, et achevez de même. Avancez. Le corps ferme. Avancez. Partez de là. Une, deux. Remettez-vous. Redoublez. Un saut en arrière. En garde, monsieur, en garde. (*Le Maître d'armes lui pousse deux ou trois bottes, en lui disant : En garde.*)

M. JOURDAIN

Euh ?

LE MAITRE DE MUSIQUE

Vous faites des merveilles.

LE MAITRE D'ARMES

Je vous l'ai déjà dit, tout le secret des armes ne consiste qu'en deux choses, à donner et à ne point recevoir ; et, comme je vous fis voir l'autre jour par raison démonstrative, il est impossible que vous receviez si vous savez détourner l'épée de votre ennemi de la ligne de votre corps ; ce qui ne dépend seulement que d'un petit mouvement du poignet, ou en dedans, ou en dehors.

M. JOURDAIN

De cette façon donc, un homme, sans avoir du cœur, est sûr de tuer son homme, et de n'être point tué ?

LE MAITRE D'ARMES

Sans doute ; n'en vîtes-vous pas la démonstration ?

M. JOURDAIN

Oui.

LE MAITRE D'ARMES

Et c'est en quoi l'on voit de quelle considération, nous autres, nous devons être dans un état ; et combien la science des armes l'emporte hautement sur toutes les autres sciences inutiles, comme la danse, la musique, la...

LE MAITRE A DANSER

Tout beau, monsieur le tireur d'armes ; ne parlez de la danse qu'avec respect.

LE MAITRE DE MUSIQUE

Apprenez, je vous prie, à mieux traiter l'excellence de la musique.

LE MAITRE D'ARMES

Vous êtes de plaisantes gens, de vouloir comparer vos sciences à la mienne !

LE MAITRE DE MUSIQUE

Voyez un peu l'homme d'importance !

LE MAITRE A DANSER

Voilà un plaisant animal, avec son plastron !

LE MAITRE D'ARMES

Mon petit maître à danser, je vous ferais danser comme il faut. Et vous, mon petit musicien, je vous ferais chanter de la belle manière.

LE MAITRE A DANSER
Monsieur le batteur de fer, je vous apprendrai votre métier.

M. JOURDAIN, *au Maître à danser.*
Etes-vous fou de l'aller quereller, lui qui entend la tierce et la quarte, et qui sait tuer un homme par raison démonstrative ?

LE MAITRE A DANSER
Je me moque de sa raison démonstrative, et de sa tierce, et de sa quarte.

M. JOURDAIN, *au Maître à danser.*
Tout doux, vous dis-je !

LE MAITRE D'ARMES, *au Maître à danser.*
Comment, petit impertinent !

M. JOURDAIN
Hé ! mon maître d'armes !

LE MAITRE A DANSER, *au Maître d'armes.*
Comment ! grand cheval de carrosse !

M. JOURDAIN
Hé ! mon maître à danser !

LE MAITRE D'ARMES
Si je me jette sur vous...

M. JOURDAIN, *au Maître d'armes.*
Doucement !

LE MAITRE A DANSER
Si je mets sur vous la main...

M. JOURDAIN, *au Maître à danser.*
Tout beau !

LE MAITRE D'ARMES
Je vous étrillerai d'un air...

M. JOURDAIN, *au Maître d'armes.*
De grâce !

LE MAITRE A DANSER
Je vous rosserai d'une manière...

M. JOURDAIN, *au Maître à danser.*
Je vous prie !

LE MAITRE DE MUSIQUE
Laissez-nous un peu lui apprendre à parler.

M. JOURDAIN, *au Maître de musique.*
Mon Dieu, arrêtez-vous !

Scène III : Un Maître de philosophie,
M. Jourdain, le Maître de musique,
le Maître à danser,
le Maître d'armes, un Laquais.

M. JOURDAIN
Holà ! monsieur le philosophe, vous arrivez tout à propos avec votre philosophie. Venez un peu mettre la paix entre ces personnes-ci.

LE MAITRE DE PHILOSOPHIE
Qu'est-ce donc ? qu'y a-t-il messieurs ?

M. JOURDAIN
Ils se sont mis en colère pour la préférence de leurs professions, jusqu'à se dire des injures, et vouloir en venir aux mains.

LE MAITRE DE PHILOSOPHIE
Hé quoi ! messieurs, faut-il s'emporter de la sorte ? et n'avez-vous point lu le docte traité que Sénèque a composé de la colère ? Y a-t-il rien de plus bas et de plus honteux que cette passion, qui fait d'un homme une bête féroce ? et la raison ne doit-elle pas être maîtresse de tous nos mouvements ?

LE MAITRE A DANSER
Comment, monsieur ! il vient nous dire des injures à tous deux, en méprisant la danse que j'exerce et la musique dont il fait profession !

LE MAITRE DE PHILOSOPHIE
Un homme sage est au-dessus de toutes les injures qu'on lui peut dire ; et la grande réponse qu'on doit faire aux outrages, c'est la modération et la patience.

LE MAITRE D'ARMES
Ils ont tous deux l'audace de vouloir comparer leurs professions à la mienne !

LE MAITRE DE PHILOSOPHIE
Faut-il que cela vous émeuve ? Ce n'est pas de vaine gloire et de condition que les hommes doivent disputer entre eux ; et ce qui nous distingue parfaitement les uns des autres, c'est la sagesse et la vertu.

LE MAITRE A DANSER
Je lui soutiens que la danse est une science à laquelle on ne peut faire assez d'honneur.

LE MAITRE DE MUSIQUE
Et moi, que la musique en est une que tous les siècles ont révérée.

LE MAITRE D'ARMES
Et moi, je leur soutiens à tous deux que la science de tirer des armes est la plus belle et la plus nécessaire de toutes les sciences.

LE MAITRE DE PHILOSOPHIE
Et que sera donc la philosophie ? Je vous trouve tous trois bien impertinents de parler devant moi avec cette arrogance, et de donner impudemment le nom de science à des choses que l'on ne doit pas même honorer du nom d'art, et qui ne peuvent être comprises que sous le nom de métier misérable de gladiateur, de chanteur et de baladin !

LE MAITRE D'ARMES
Allez, philosophe de chien.

LE MAITRE DE MUSIQUE
Allez, bélître de pédant.

LE MAITRE A DANSER
Allez, cuistre fieffé.

LE MAITRE DE PHILOSOPHIE
Comment ! marauds que vous êtes...
(Le Philosophe se jette sur eux, et tous trois le chargent de coups.)

M. JOURDAIN
Monsieur le philosophe !

LE MAITRE DE PHILOSOPHIE
Infâmes, coquins, insolents !

M. JOURDAIN
Monsieur le philosophe !

LE MAITRE D'ARMES
La peste l'animal !

M. JOURDAIN
Messieurs !

LE MAITRE DE PHILOSOPHIE
Impudents !

M. JOURDAIN
Monsieur le philosophe !

LE MAITRE A DANSER
Diantre soit de l'âne bâté !

M. JOURDAIN
Messieurs !

LE MAITRE DE PHILOSOPHIE
Scélérats !

M. JOURDAIN
Monsieur le philosophe !

LE MAITRE DE MUSIQUE
Au diable l'impertinent !

M. JOURDAIN
Messieurs !

LE MAITRE DE PHILOSOPHIE
Fripons, gueux, traîtres, imposteurs !

M. JOURDAIN
Monsieur le philosophe ! Messieurs ! Monsieur le philosophe ! Messieurs ! Monsieur le philosophe ! (*Ils sortent en se battant.*) Oh ! battez-vous tant qu'il vous plaira : je n'y saurais que faire, et je n'irai pas gâter ma robe pour vous séparer. Je serais bien fou de m'aller fourrer parmi eux, pour recevoir quelque coup qui me ferait mal.

*Scène IV : Le Maître de philosophie,
M. Jourdain, un Laquais.*

LE MAITRE DE PHILOSOPHIE,
raccommodant son collet.
Venons à notre leçon.

M. JOURDAIN
Ah ! monsieur, je suis fâché des coups qu'ils vous ont donnés.

LE MAITRE DE PHILOSOPHIE
Cela n'est rien. Un philosophe sait recevoir comme il faut les choses ; et je vais composer contre eux une satire du style de Juvénal, qui les déchirera de la belle façon. Laissons cela. Que voulez-vous apprendre ?

M. JOURDAIN
Tout ce que je pourrai ; car j'ai toutes les envies du monde d'être savant ; et j'enrage que mon père et ma mère ne m'aient pas fait bien étudier dans toutes les sciences quand j'étais jeune.

LE MAITRE DE PHILOSOPHIE
Ce sentiment est raisonnable ; *nam, sine doctrina, vita est quasi mortis imago.* Vous entendez cela, et vous savez le latin, sans doute.

M. JOURDAIN
Oui ; mais faites comme si je ne le savais pas. Expliquez-moi ce que cela veut dire.

LE MAITRE DE PHILOSOPHIE
Cela veut dire que, *sans la science, la vie est presque une image de la mort.*

M. JOURDAIN
Ce latin-là a raison.

LE MAITRE DE PHILOSOPHIE
N'avez-vous point quelques principes, quelques commencements de sciences ?

M. JOURDAIN
Oh ! oui, je sais lire et écrire.

LE MAITRE DE PHILOSOPHIE
Par où vous plaît-il que nous commencions ? Voulez-vous que je vous apprenne la logique ?

M. JOURDAIN
Qu'est-ce que c'est que cette logique ?

LE MAITRE DE PHILOSOPHIE
C'est elle qui enseigne les trois opérations de l'esprit.

M. JOURDAIN
Qui sont-elles, ces trois opérations de l'esprit ?

LE MAITRE DE PHILOSOPHIE
La première, la seconde et la troisième. La première est de bien concevoir, par le moyen des universaux ; la seconde, de bien juger, par le moyen des catégories ; et la troisième, de bien tirer une conséquence, par le moyen des figures : *Barbara, Celarent, Darii, Ferio, Baralipton* [1], etc.

M. JOURDAIN
Voilà des mots qui sont trop rébarbatifs. Cette logique-là ne me revient point. Apprenons autre chose qui soit plus joli.

LE MAITRE DE PHILOSOPHIE
Voulez-vous apprendre la morale ?

M. JOURDAIN
La morale ?

LE MAITRE DE PHILOSOPHIE
Oui.

M. JOURDAIN
Qu'est-ce qu'elle dit, cette morale ?

LE MAITRE DE PHILOSOPHIE
Elle traite de la félicité, enseigne aux hommes à modérer leurs passions, et...

M. JOURDAIN
Non ; laissons cela. Je suis bilieux comme tous les diables, et il n'y a morale qui tienne : je me veux mettre en colère tout mon soûl, quand il m'en prend envie.

LE MAITRE DE PHILOSOPHIE
Est-ce la physique que vous voulez apprendre ?

M. JOURDAIN
Qu'est-ce qu'elle chante, cette physique ?

LE MAITRE DE PHILOSOPHIE
La physique est celle qui explique les principes des choses naturelles et les propriétés du corps ; qui discourt de la nature des éléments, des métaux, des minéraux, des pierres, des plantes et des animaux, et nous enseigne les causes de tous les météores, l'arc-en-ciel, les feux volants, les comètes, les éclairs, le tonnerre, la foudre, la pluie, la neige, la grêle, les vents et les tourbillons.

M. JOURDAIN
Il y a trop de tintamarre là-dedans, trop de brouillamini.

1. Ces mots, dépourvus de sens, désignaient les différents modes de syllogismes réguliers.

LE MAITRE DE PHILOSOPHIE
Que voulez-vous donc que je vous apprenne ?

M. JOURDAIN
Apprenez-moi l'orthographe.

LE MAITRE DE PHILOSOPHIE
Très volontiers.

M. JOURDAIN
Après, vous m'apprendrez l'almanach, pour savoir quand il y a de la lune, et quand il n'y en a point.

LE MAITRE DE PHILOSOPHIE
Soit. Pour bien suivre votre pensée, et traiter cette matière en philosophe, il faut commencer, selon l'ordre des choses, par une exacte connaissance de la nature des lettres, et de la différente manière de les prononcer toutes. Et là-dessus j'ai à vous dire que les lettres sont divisées en voyelles, parce qu'elles expriment les voix ; et en consonnes, ainsi appelées consonnes, parce qu'elles sonnent avec les voyelles, et ne font que marquer les diverses articulations des voix. Il y a cinq voyelles ou voix : A, E, I, O, U.

M. JOURDAIN
J'entends tout cela.

LE MAITRE DE PHILOSOPHIE
La voix A se forme en ouvrant fort la bouche : A.

M. JOURDAIN
A, A. Oui.

LE MAITRE DE PHILOSOPHIE
La voix E se forme en rapprochant la mâchoire d'en bas de celle d'en haut : A, E.

M. JOURDAIN
A, E, A, E. Ma foi, oui ! Ah ! que cela est beau !

LE MAITRE DE PHILOSOPHIE
Et la voix I, en rapprochant encore davantage les mâchoires l'une de l'autre, et écartant les deux coins de la bouche vers les oreilles : A, E, I.

M. JOURDAIN
A, E, I, I, I, I. Cela est vrai. Vive la science !

LE MAITRE DE PHILOSOPHIE
La voix O se forme en rouvrant les mâchoires, et rapprochant les lèvres par les deux coins : le haut et le bas : O.

M. JOURDAIN
O, O. Il n'y a rien de plus juste : A, E, I, O, I, O. Cela est admirable ! I, O, I, O.

LE MAITRE DE PHILOSOPHIE
L'ouverture de la bouche fait justement comme un petit rond qui représente un O.

M. JOURDAIN
O, O, O. Vous avez raison. O. Ah ! la belle chose que de savoir quelque chose !

LE MAITRE DE PHILOSOPHIE
La voix U se forme en rapprochant les dents sans les joindre entièrement, et allongeant les deux lèvres en dehors, les approchant aussi l'une de l'autre, sans les joindre tout à fait : U.

M. JOURDAIN
U, U. Il n'y a rien de plus véritable : U.

LE MAITRE DE PHILOSOPHIE
Vos deux lèvres s'allongent comme si vous faisiez la moue : d'où vient que si vous la voulez faire à quelqu'un, et vous moquer de lui, vous ne sauriez lui dire que U.

M. JOURDAIN
U, U. Cela est vrai. Ah ! que n'ai-je étudié plus tôt, pour savoir tout cela !

LE MAITRE DE PHILOSOPHIE
Demain, nous verrons les autres lettres, qui sont les consonnes.

M. JOURDAIN
Est-ce qu'il y a des choses aussi curieuses qu'à celles-ci ?

LE MAITRE DE PHILOSOPHIE
Sans doute. La consonne D, par exemple, se prononce en donnant du bout de la langue au-dessus des dents d'en haut : DA.

M. JOURDAIN
DA, DA. Oui ! Ah ! les belles choses ! les belles choses !

LE MAITRE DE PHILOSOPHIE
L'F, en appuyant les dents d'en haut sur la lèvre de dessous : FA.

M. JOURDAIN
FA, FA. C'est la vérité. Ah ! mon père et ma mère, que je vous veux de mal !

LE MAITRE DE PHILOSOPHIE
Et l'R, en portant le bout de la langue jusqu'au haut du palais ; de sorte qu'étant frôlée par l'air qui sort avec force, elle lui cède, et revient toujours au même endroit, faisant une manière de tremblement : R, RA.

M. JOURDAIN
R, R, RA ; R, R, R, R, RA. Cela est vrai. Ah ! l'habile homme que vous êtes, et que j'ai perdu de temps ! R, R, R, RA.

LE MAITRE DE PHILOSOPHIE
Je vous expliquerai à fond toutes ces curiosités.

M. JOURDAIN
Je vous en prie. Au reste, il faut que je vous fasse une confidence. Je suis amoureux d'une personne de grande qualité, et je souhaiterais que vous m'aidassiez à lui écrire quelque chose dans un petit billet que je veux laisser tomber à ses pieds.

LE MAITRE DE PHILOSOPHIE
Fort bien !

M. JOURDAIN
Cela sera galant, oui.

LE MAITRE DE PHILOSOPHIE
Sans doute. Sont-ce des vers que vous lui voulez écrire ?

M. JOURDAIN
Non, non ; point de vers.

LE MAITRE DE PHILOSOPHIE
Vous ne voulez que de la prose ?

M. JOURDAIN
Non, je ne veux ni prose ni vers.

LE MAITRE DE PHILOSOPHIE
Il faut bien que ce soit l'un ou l'autre.

M. JOURDAIN

Pourquoi ?

LE MAITRE DE PHILOSOPHIE

Par la raison, monsieur, qu'il n'y a, pour s'exprimer, que la prose ou les vers.

M. JOURDAIN

Il n'y a que la prose ou les vers ?

LE MAITRE DE PHILOSOPHIE

Non, monsieur. Tout ce qui n'est point prose est vers, et tout ce qui n'est point vers est prose.

M. JOURDAIN

Et comme l'on parle, qu'est-ce que c'est donc que cela ?

LE MAITRE DE PHILOSOPHIE

De la prose.

M. JOURDAIN

Quoi ! quand je dis : « Nicole, apportez-moi mes pantoufles, et me donnez mon bonnet de nuit », c'est de la prose ?

LE MAITRE DE PHILOSOPHIE

Oui, monsieur.

M. JOURDAIN

Par ma foi, il y a plus de quarante ans que je dis de la prose, sans que j'en susse rien, et je vous suis le plus obligé du monde de m'avoir appris cela. Je voudrais donc lui mettre dans un billet : *Belle marquise, vos beaux yeux me font mourir d'amour ;* mais je voudrais que cela fût mis d'une manière galante, que cela fût tourné gentiment.

LE MAITRE DE PHILOSOPHIE

Mettre que les feux de ses yeux réduisent votre cœur en cendres ; que vous souffrez nuit et jour pour elle les violences d'un...

M. JOURDAIN

Non, non, non ; je ne veux point tout cela. Je ne veux que ce que je vous ai dit : *Belle marquise, vos beaux yeux me font mourir d'amour.*

LE MAITRE DE PHILOSOPHIE

Il faut bien étendre un peu la chose.

M. JOURDAIN

Non, vous dis-je. Je ne veux que ces seules paroles-là dans le billet, mais tournées à la mode, bien arrangées comme il faut. Je vous prie de me dire un peu, pour voir, les diverses manières dont on les peut mettre.

LE MAITRE DE PHILOSOPHIE

On les peut mettre premièrement comme vous avez dit : *Belle marquise, vos beaux yeux me font mourir d'amour.* Ou bien : *D'amour mourir me font, belle marquise, vos beaux yeux.* Ou bien : *Vos beaux yeux d'amour me font, belle marquise, mourir.* Ou bien : *Mourir vos beaux yeux, belle marquise, d'amour me font.* Ou bien : *Me font vos yeux beaux mourir, belle marquise, d'amour.*

M. JOURDAIN

Mais de toutes ces façons-là, laquelle est la meilleure ?

LE MAITRE DE PHILOSOPHIE

Celle que vous avez dite : *Belle marquise, vos beaux yeux me font mourir d'amour.*

M. JOURDAIN

Cependant je n'ai point étudié, et j'ai fait cela tout du premier coup. Je vous remercie de tout mon cœur, et je vous prie de venir demain de bonne heure.

LE MAITRE DE PHILOSOPHIE

Je n'y manquerai pas.

M. JOURDAIN, *à son laquais.*

Comment ! mon habit n'est point encore arrivé ?

LE LAQUAIS

Non, monsieur.

M. JOURDAIN

Ce maudit tailleur me fait bien attendre pour un jour où j'ai tant d'affaires. J'enrage. Que la fièvre quartaine puisse serrer bien fort le bourreau de tailleur ! au diable le tailleur ! la peste étouffe le tailleur ! Si je le tenais maintenant, ce tailleur détestable, ce chien de tailleur-là, ce traître de tailleur, je...

*Scène V : M. Jourdain, un Maître tailleur,
un Garçon tailleur portant
l'habit de M. Jourdain, un Laquais.*

M. JOURDAIN

Ah ! vous voilà ! je m'allais mettre en colère contre vous.

LE MAITRE TAILLEUR

Je n'ai pas pu venir plus tôt, et j'ai mis vingt garçons après votre habit.

M. JOURDAIN

Vous m'avez envoyé des bas de soie si étroits que j'ai eu toutes les peines du monde à les mettre, et il y a déjà deux mailles de rompues.

LE MAITRE TAILLEUR

Ils ne s'élargiront que trop.

M. JOURDAIN

Oui, si je romps toujours des mailles. Vous m'avez aussi fait faire des souliers qui me blessent furieusement.

LE MAITRE TAILLEUR

Point du tout, monsieur.

M. JOURDAIN

Comment ! point du tout ?

LE MAITRE TAILLEUR

Non, ils ne vous blessent point.

M. JOURDAIN

Je vous dis qu'ils me blessent, moi.

LE MAITRE TAILLEUR

Vous vous imaginez cela.

M. JOURDAIN

Je me l'imagine parce que je le sens. Voyez la belle raison !

LE MAITRE TAILLEUR

Tenez, voilà le plus bel habit de la cour, et le mieux assorti. C'est un chef-d'œuvre que d'avoir inventé un habit sérieux qui ne fût pas noir ; et je le donne en six coups aux tailleurs les plus éclairés.

M. JOURDAIN

Qu'est-ce que c'est que ceci ? vous avez mis les fleurs en enbas.

LE MAITRE TAILLEUR

Vous ne m'aviez pas dit que vous les vouliez en enhaut.

M. JOURDAIN

Est-ce qu'il faut dire cela ?

LE MAITRE TAILLEUR

Oui, vraiment. Toutes les personnes de qualité les portent de la sorte.

M. JOURDAIN

Les personnes de qualité portent les fleurs en enbas ?

LE MAITRE TAILLEUR

Oui, monsieur.

M. JOURDAIN

Oh ! voïla qui est donc bien.

LE MAITRE TAILLEUR

Si vous voulez, je les mettrai en enhaut.

M. JOURDAIN

Non, non.

LE MAITRE TAILLEUR

Vous n'avez qu'à dire.

M. JOURDAIN

Non, vous dis-je ; vous avez bien fait. Croyez-vous que l'habit m'aille bien ?

LE MAITRE TAILLEUR

Belle demande ! Je défie un peintre, avec son pinceau, de vous faire rien de plus juste. J'ai chez moi un garçon, qui pour monter une rhingrave, est le plus grand génie du monde ; et un autre qui, pour assembler un pourpoint, est le héros de notre temps.

M. JOURDAIN

La perruque et les plumes sont-elles comme il faut ?

LE MAITRE TAILLEUR

Tout est bien.

M. JOURDAIN,
en regardant l'habit du tailleur.

Ah ! ah ! monsieur le tailleur, voilà de mon étoffe du dernier habit que vous m'avez fait. Je la reconnais bien.

LE MAITRE TAILLEUR

C'est que l'étoffe me sembla si belle, que j'en ai voulu lever un habit pour moi.

M. JOURDAIN

Oui ; mais il ne fallait pas le lever avec le mien.

LE MAITRE TAILLEUR

Voulez-vous mettre votre habit ?

M. JOURDAIN

Oui : donnez-moi.

LE MAITRE TAILLEUR

Attendez. Cela ne va pas comme cela. J'ai amené des gens pour vous habiller en cadence, et ces sortes d'habits se mettent avec cérémonie. Holà ! entrez vous autres. Mettez cet habit à monsieur, de la manière que vous faites aux personnes de qualité.

PREMIÈRE ENTRÉE DE BALLET

Les quatre garçons tailleurs dansants s'approchent de M. Jourdain. Deux lui arrachent le haut-de-chausses de ses exercices ; les deux autres lui ôtent la camisole ; après quoi, toujours en cadence, ils lui mettent son habit neuf. M. Jourdain se promène au milieu d'eux, et leur montre son habit pour voir s'il est bien.

GARÇON TAILLEUR

Mon gentilhomme, donnez, s'il vous plaît, aux garçons quelque chose pour boire.

M. JOURDAIN

Comment m'appelez-vous ?

GARÇON TAILLEUR

Mon gentilhomme.

M. JOURDAIN

Mon gentilhomme ! Voilà ce que c'est de se mettre en personne de qualité ! Allez-vous-en demeurer toujours habillé en bourgeois, on ne vous dira point : Mon gentilhomme. (*Donnant de l'argent.*) Tenez, voilà pour Mon gentilhomme.

GARÇON TAILLEUR

Monseigneur, nous vous sommes bien obligés.

M. JOURDAIN

Monseigneur ! Oh ! oh ! oh ! Monseigneur ! Attendez, mon ami ; Monseigneur mérite quelque chose, et ce n'est pas une petite parole que Monseigneur ! Tenez, voilà ce que Monseigneur vous donne.

GARÇON TAILLEUR

Monseigneur, nous allons boire tous à la santé de Votre Grandeur.

M. JOURDAIN

Votre Grandeur ! Oh ! oh ! oh ! Attendez ; ne vous en allez pas. A moi, Votre Grandeur ! (*Bas à part.*) Ma foi, s'il va jusqu'à l'altesse, il aura toute la bourse. (*Haut.*) Tenez, voilà pour Ma Grandeur.

GARÇON TAILLEUR

Monseigneur, nous la remercions très humblement de ses libéralités.

M. JOURDAIN

Il a bien fait, je lui allais tout donner.

DEUXIÈME ENTRÉE DE BALLET

Les quatre garçons tailleurs se réjouissent, en dansant, de la libéralité de M. Jourdain.

ACTE TROISIEME

Scène I : M. Jourdain, deux Laquais.

M. JOURDAIN

Suivez-moi, que j'aille un peu montrer mon habit par la ville ; et surtout ayez soin tous deux de marcher immédiatement sur mes pas, afin qu'on voie bien que vous êtes à moi.

LAQUAIS

Oui, monsieur.

M. JOURDAIN

Appelez-moi Nicole, que je lui donne quelques ordres. Ne bougez : la voilà.

Scène II : M. Jourdain, Nicole, deux Laquais.

M. JOURDAIN

Nicole !

NICOLE

Plaît-il ?

M. JOURDAIN

Ecoutez.

NICOLE, *riant.*

Hi, hi, hi, hi, hi.

M. JOURDAIN

Qu'as-tu à rire ?

NICOLE

Hi, hi, hi, hi, hi, hi.

M. JOURDAIN

Que veut dire cette coquine-là ?

NICOLE

Hi, hi, hi. Comme vous voilà bâti ! Hi, hi, hi.

M. JOURDAIN

Comment donc ?

NICOLE

Ah ! ah ! mon Dieu ! Hi, hi, hi, hi, hi.

M. JOURDAIN

Quelle friponne est-ce là ! Te moques-tu de moi ?

NICOLE

Nenni, monsieur ; j'en serais bien fâchée. Hi, hi, hi, hi, hi, hi.

M. JOURDAIN

Je te baillerai sur le nez, si tu ris davantage.

NICOLE

Monsieur, je ne puis pas m'en empêcher. Hi, hi, hi, hi, hi, hi.

M. JOURDAIN

Tu ne t'arrêteras pas ?

NICOLE

Monsieur, je vous demande pardon, mais vous êtes si plaisant, que je ne saurais me tenir de rire. Hi, hi, hi.

M. JOURDAIN

Mais voyez quelle insolence !

NICOLE

Vous êtes tout à fait drôle comme cela. Hi, hi.

M. JOURDAIN

Je te...

NICOLE

Je vous prie de m'excuser. Hi, hi, hi, hi.

M. JOURDAIN

Tiens, si tu ris encore le moins du monde, je te jure que je t'appliquerai sur la joue le plus grand soufflet qui se soit jamais donné.

NICOLE

Hé bien, monsieur, voilà qui est fait : je ne rirai plus.

M. JOURDAIN

Prends-y bien garde. Il faut que, pour tantôt, tu nettoies...

NICOLE

Hi, hi.

M. JOURDAIN

Que tu nettoies comme il faut...

NICOLE

Hi, hi.

M. JOURDAIN

Il faut, dis-je, que tu nettoies la salle, et...

NICOLE

Hi, hi.

M. JOURDAIN

Encore ?

NICOLE, *tombant à force de rire.*

Tenez, monsieur, battez-moi plutôt, et me laissez rire tout mon soûl ; cela me fera plus de bien. Hi, hi, hi, hi, hi.

M. JOURDAIN

J'enrage.

NICOLE

De grâce, monsieur, je vous prie de me laisser rire. Hi, hi, hi.

M. JOURDAIN

Si je te prends...

NICOLE

Monsieur, eur, je crèverai, ai, si je ne ris. Hi, hi, hi.

M. JOURDAIN

Mais a-t-on jamais vu une pendarde comme celle-là, qui me vient rire insolemment au nez, au lieu de recevoir mes ordres.

NICOLE

Que voulez-vous que je fasse, monsieur ?

M. JOURDAIN

Que tu songes, coquine, à préparer ma maison pour la compagnie qui doit venir tantôt.

NICOLE, *se relevant.*

Ah ! par ma foi, je n'ai plus envie de rire ; et toutes vos compagnies font tant de désordre céans, que ce mot est assez pour me mettre en mauvaise humeur.

M. JOURDAIN

Ne dois-je point pour toi fermer ma porte à tout le monde ?

NICOLE

Vous devriez au moins la fermer à certaines gens.

Scène III : Madame Jourdain, M. Jourdain, Nicole, deux Laquais.

MADAME JOURDAIN

Ah ah ! voici une nouvelle histoire ! qu'est-ce que c'est donc, mon mari, que cet équipage-là ? Vous moquez-vous du monde, de vous être fait enharnacher de la sorte ? et avez-vous envie qu'on se raille partout de vous ?

M. JOURDAIN

Il n'y a que des sots et des sottes, ma femme, qui se railleront de moi.

MADAME JOURDAIN

Vraiment, on n'a pas attendu jusqu'à cette heure ;

et il y a longtemps que vos façons de faire donnent
à rire à tout le monde.

M. JOURDAIN

Qui est donc tout ce monde-là, s'il vous plaît ?

MADAME JOURDAIN

Tout ce monde-là est un monde qui a raison, et
qui est plus sage que vous. Pour moi, je suis
scandalisée de la vie que vous menez. Je ne sais
plus ce que c'est que notre maison. On dirait qu'il
est céans carême-prenant tous les jours ; et dès le
matin, de peur d'y manquer, on y entend des
vacarmes de violons et de chanteurs dont tout le
voisinage se trouve incommodé.

NICOLE

Madame parle bien. Je ne saurais plus voir mon
ménage propre avec cet attirail de gens que vous
faites venir chez vous. Ils ont des pieds qui vont
chercher de la boue dans tous les quartiers de la
ville pour l'apporter ici ; et la pauvre Françoise
est presque sur les dents, à frotter les planchers
que vos biaux maîtres viennent crotter régulièrement tous les jours.

M. JOURDAIN

Ouais ! notre servante Nicole, vous avez le caquet
bien affilé, pour une paysanne !

MADAME JOURDAIN

Nicole a raison ; et son sens est meilleur que le
vôtre. Je voudrais bien savoir ce que vous pensez
faire d'un maître à danser, à l'âge que vous avez.

NICOLE

Et d'un grand maître tireur d'armes, qui vient,
avec ses battements de pied, ébranler toute la maison, et nous déraciner tous les carriaux de notre
salle.

M. JOURDAIN

Taisez-vous, ma servante et ma femme.

MADAME JOURDAIN

Est-ce que vous voulez apprendre à danser pour
quand vous n'aurez plus de jambes ?

NICOLE

Est-ce que vous avez envie de tuer quelqu'un ?

M. JOURDAIN

Taisez-vous, vous dis-je : vous êtes des ignorantes
l'une et l'autre ; et vous ne savez pas les prérogatives de tout cela.

MADAME JOURDAIN

Vous devriez bien plutôt songer à marier votre
fille, qui est en âge d'être pourvue.

M. JOURDAIN

Je songerai à marier ma fille quand il se présentera un parti pour elle ; mais je veux songer aussi
à apprendre les belles choses.

NICOLE

J'ai encore ouï dire, madame, qu'il a pris aujourd-
'hui, pour renfort de potage, un maître de philosophie.

M. JOURDAIN

Fort bien. Je veux avoir de l'esprit, et savoir raisonner des choses parmi les honnêtes gens.

MADAME JOURDAIN

N'irez-vous point, l'un de ces jours, au collège
vous faire donner le fouet, à votre âge ?

M. JOURDAIN

Pourquoi non ? Plût à Dieu l'avoir tout à l'heure,
le fouet, devant tout le monde, et savoir ce qu'on
apprend au collège !

NICOLE

Oui, ma foi ! cela vous rendrait la jambe bien
mieux faite.

M. JOURDAIN

Sans doute.

MADAME JOURDAIN

Tout cela est fort nécessaire pour conduire votre
maison !

M. JOURDAIN

Assurément. Vous parlez toutes deux comme des
bêtes, et j'ai honte de votre ignorance. (A madame
Jourdain.) Par exemple, savez-vous, vous, ce que
c'est que vous dites à cette heure ?

MADAME JOURDAIN

Oui. Je sais que ce que je dis est fort bien dit, et
que vous devriez songer à vivre d'autre sorte.

M. JOURDAIN

Je ne parle pas de cela. Je vous demande ce que
c'est que les paroles que vous dites ici.

MADAME JOURDAIN

Ce sont des paroles bien sensées, et votre conduite
ne l'est guère.

M. JOURDAIN

Je ne parle pas de cela, vous dis-je. Je vous
demande : ce que je parle avec vous, ce que je
vous dis à cette heure, qu'est-ce que c'est ?

MADAME JOURDAIN

Des chansons.

M. JOURDAIN

Hé ! non, ce n'est pas cela. Ce que nous disons
tous deux, le langage que nous parlons à cette
heure.

MADAME JOURDAIN

Hé bien ?

M. JOURDAIN

Comment est-ce que cela s'appelle ?

MADAME JOURDAIN

Cela s'appelle comme on veut l'appeler.

M. JOURDAIN

C'est de la prose, ignorante.

MADAME JOURDAIN

De la prose ?

M. JOURDAIN

Oui, de la prose. Tout ce qui est prose n'est point
vers, et tout ce qui n'est point vers n'est point
prose. Heu, voilà ce que c'est d'étudier. (A Nicole.) Et toi, sais-tu bien comme il faut faire pour
dire un U ?

NICOLE

Comment ?

M. JOURDAIN

Oui. Qu'est-ce que tu fais quand tu dis U ?

NICOLE

Quoi ?

M. JOURDAIN

Dis un peu U, pour voir.

NICOLE

Hé bien ! U.

M. JOURDAIN

Qu'est-ce que tu fais ?

NICOLE

Je dis U.

M. JOURDAIN

Oui : mais quand tu dis U, qu'est-ce que tu fais ?

NICOLE

Je fais ce que vous me dites.

M. JOURDAIN

Oh ! l'étrange chose que d'avoir affaire à des bêtes ! Tu allonges les lèvres en dehors, et approches la mâchoire d'en haut de celle d'en bas. U, vois-tu ? U. Je fais la moue : U.

NICOLE

Oui, cela est biau.

MADAME JOURDAIN

Voilà qui est admirable !

M. JOURDAIN

C'est bien autre chose, si vous aviez vu O, et DA, DA, et FA, FA !

MADAME JOURDAIN

Qu'est-ce que c'est donc que tout ce galimatias-là ?

NICOLE

De quoi est-ce que tout cela guérit ?

M. JOURDAIN

J'enrage quand je vois des femmes ignorantes.

MADAME JOURDAIN

Allez, vous devriez envoyer promener tous ces gens-là, avec leurs fariboles.

NICOLE

Et surtout ce grand escogriffe de maître d'armes, qui remplit de poudre tout mon ménage.

M. JOURDAIN

Ouais ! ce maître d'armes vous tient fort au cœur ! Je te veux faire voir ton impertinence tout à l'heure. (*Après avoir fait apporter des fleurets, et en avoir donné un à Nicole.*) Tiens ; raison démonstrative ; la ligne du corps. Quand on pousse en quarte, on n'a qu'à faire cela ; et, quand on pousse en tierce, on n'a qu'à faire cela. Voilà le moyen de n'être jamais tué ; et cela n'est-il pas beau, d'être assuré de son fait quand on se bat contre quelqu'un ? Là, pousse-moi un peu, pour voir.

NICOLE

Hé bien ! quoi ! (*Nicole pousse plusieurs bottes à M. Jourdain.*)

M. JOURDAIN

Tout beau ! Holà ! ho ! Doucement. Diantre soit la coquine !

NICOLE

Vous me dites de pousser.

M. JOURDAIN

Oui ; mais tu me pousses en tierce avant que de pousser en quarte, et tu n'as pas la patience que je pare.

MADAME JOURDAIN

Vous êtes fou, mon mari, avec toutes vos fantaisies ; et cela vous est venu depuis que vous vous mêlez de hanter la noblesse.

M. JOURDAIN

Lorsque je hante la noblesse, je fais paraître mon jugement ; et cela est plus beau que de hanter votre bourgeoisie.

MADAME JOURDAIN

Çamon [2] vraiment ! il y a fort à gagner à fréquenter vos nobles, et vous avez bien opéré avec ce beau monsieur le comte, dont vous vous êtes embéguiné !

M. JOURDAIN

Paix ; songez à ce que vous dites. Savez-vous bien, ma femme, que vous ne savez pas de qui vous parlez, quand vous parlez de lui ? C'est une personne d'importance plus que vous ne pensez, un seigneur que l'on considère à la cour, et qui parle au roi tout comme je vous parle. N'est-ce pas une chose qui m'est tout à fait honorable, que l'on voie venir chez moi si souvent une personne de cette qualité, qui m'appelle son cher ami, et me traite comme si j'étais son égal ? Il a pour moi des bontés qu'on ne devinerait jamais ; et, devant tout le monde, il me fait des caresses dont je suis moi-même confus.

MADAME JOURDAIN

Oui, il a des bontés pour vous, et vous fait des caresses ; mais il vous emprunte votre argent.

M. JOURDAIN

Hé bien ! ne m'est-ce pas de l'honneur de prêter de l'argent à un homme de cette condition-là ? et puis-je faire moins pour un seigneur qui m'appelle son cher ami ?

MADAME JOURDAIN

Et ce seigneur, que fait-il pour vous ?

M. JOURDAIN

Des choses dont on serait étonné, si on les savait.

MADAME JOURDAIN

Et quoi ?

M. JOURDAIN

Baste ! je ne puis pas m'expliquer. Il suffit que si je lui ai prêté de l'argent, il me le rendra bien, et avant qu'il soit peu.

MADAME JOURDAIN

Oui. Attendez-vous à cela.

M. JOURDAIN

Assurément. Ne me l'a-t-il pas dit ?

MADAME JOURDAIN

Oui, oui, il ne manquera pas d'y faillir.

M. JOURDAIN

Il m'a juré sa foi de gentilhomme.

MADAME JOURDAIN

Chansons !

M. JOURDAIN

Ouais ! Vous êtes bien obstinée, ma femme ! Je vous dis qu'il me tiendra sa parole ; j'en suis sûr.

2. Corruption de *c'est mon* (*avis*), forte affirmation : *C'est tout à fait certain.*

MADAME JOURDAIN

Et moi, je suis sûre que non, et que toutes les caresses qu'il vous fait ne sont que pour vous enjôler.

M. JOURDAIN

Taisez-vous. Le voici.

MADAME JOURDAIN

Il ne nous faut plus que cela. Il vient peut-être encore vous faire quelque emprunt ; et il me semble que j'ai dîné quand je le vois.

M. JOURDAIN

Taisez-vous, vous dis-je.

Scène IV : Dorante, M. Jourdain, madame Jourdain, Nicole.

DORANTE

Mon cher ami monsieur Jourdain, comment vous portez-vous ?

M. JOURDAIN

Fort bien, monsieur, pour vous rendre mes petits services.

DORANTE

Et madame Jourdain que voilà, comment se porte-t-elle ?

MADAME JOURDAIN

Madame Jourdain se porte comme elle peut.

DORANTE

Comment ! monsieur Jourdain, vous voilà le plus propre du monde !

M. JOURDAIN

Vous voyez.

DORANTE

Vous avez tout à fait bon air avec cet habit ; et nous n'avons point de jeunes gens à la cour qui soient mieux faits que vous.

M. JOURDAIN

Hai, hai.

MADAME JOURDAIN, à part.

Il le gratte par où il se démange.

DORANTE

Tournez-vous. Cela est tout à fait galant.

MADAME JOURDAIN, à part.

Oui, aussi sot par derrière que par devant.

DORANTE

Ma foi, monsieur Jourdain, j'avais une impatience étrange de vous voir. Vous êtes l'homme du monde que j'estime le plus ; et je parlais de vous encore ce matin dans la chambre du roi.

M. JOURDAIN

Vous me faites beaucoup d'honneur, monsieur. (A madame Jourdain.) Dans la chambre du roi !

DORANTE

Allons, mettez.

M. JOURDAIN

Monsieur, je sais le respect que je vous dois.

DORANTE

Mon Dieu ! mettez. Point de cérémonie entre nous, je vous prie.

M. JOURDAIN

Monsieur...

DORANTE

Mettez, vous dis-je, monsieur Jourdain : vous êtes mon ami.

M. JOURDAIN

Monsieur, je suis votre serviteur.

DORANTE

Je ne me couvrirai point, si vous ne vous couvrez.

M. JOURDAIN, se couvrant.

J'aime mieux être incivil qu'importun.

DORANTE

Je suis votre débiteur, comme vous le savez.

MADAME JOURDAIN, à part.

Oui : nous ne le savons que trop.

DORANTE

Vous m'avez généreusement prêté de l'argent en plusieurs occasions, et vous m'avez obligé de la meilleure grâce du monde assurément.

M. JOURDAIN

Monsieur, vous vous moquez.

DORANTE

Mais je sais rendre ce qu'on me prête, et reconnaître les plaisirs qu'on me fait.

M. JOURDAIN

Je n'en doute point, monsieur.

DORANTE

Je veux sortir d'affaire avec vous ; et je viens ici pour faire nos comptes ensemble.

M. JOURDAIN, bas, à madame Jourdain.

Hé bien ! vous voyez votre impertinence, ma femme.

DORANTE

Je suis homme qui aime à m'acquitter le plus tôt que je puis.

M. JOURDAIN, bas, à madame Jourdain.

Je vous le disais bien.

DORANTE

Voyons un peu ce que je vous dois.

M. JOURDAIN, bas, à madame Jourdain.

Vous voilà, avec vos soupçons ridicules.

DORANTE

Vous souvenez-vous bien de tout l'argent que vous m'avez prêté.

M. JOURDAIN

Je crois que oui. J'en ai fait un petit mémoire. Le voici. Donné à vous une fois deux cents louis.

DORANTE

Cela est vrai.

M. JOURDAIN

Une autre fois six-vingts.

DORANTE

Oui.

M. JOURDAIN

Et une autre fois cent quarante.

DORANTE

Vous avez raison.

M. JOURDAIN

Ces trois articles font quatre cent soixante louis, qui valent cinq mille soixante livres.

DORANTE

Le compte est fort bon. Cinq mille soixante livres.

M. JOURDAIN

Mille huit cent trente-deux livres à votre plumassier.

DORANTE

Justement.

M. JOURDAIN

Deux mille sept cent quatre-vingts livres à votre tailleur.

DORANTE

Il est vrai.

M. JOURDAIN

Quatre mille trois cent septante-neuf livres douze sols huit deniers à votre marchand.

DORANTE

Fort bien. Douze sols huit deniers ; le compte est juste.

M. JOURDAIN

Et mille sept cent quarante-huit livres sept sols quatre deniers à votre sellier.

DORANTE

Tout cela est véritable. Qu'est-ce que cela fait ?

M. JOURDAIN

Somme totale, quinze mille huit cents livres.

DORANTE

Somme totale est juste. Quinze mille huit cents livres. Mettez encore deux cents pistoles que vous m'aller donner : cela fera justement dix-huit mille francs, que je vous paierai au premier jour.

MADAME JOURDAIN, *bas, à M. Jourdain.*

Hé bien ! ne l'avais-je pas bien deviné ?

M. JOURDAIN, *bas, à madame Jourdain.*

Paix.

DORANTE

Cela vous incommodera-t-il, de me donner ce que je vous dis ?

M. JOURDAIN

Hé ! non.

MADAME JOURDAIN, *bas, à M. Jourdain.*

Cet homme-là fait de vous une vache à lait.

M. JOURDAIN, *bas, à madame Jourdain.*

Taisez-vous.

DORANTE

Si cela vous incommode, j'en irai chercher ailleurs.

M. JOURDAIN

Non, monsieur.

MADAME JOURDAIN, *bas, à M. Jourdain.*

Il ne sera pas content qu'il ne vous ait ruiné.

M. JOURDAIN, *bas, à madame Jourdain.*

Taisez-vous, vous dis-je.

DORANTE

Vous n'avez qu'à me dire si cela vous embarrasse.

M. JOURDAIN

Point, monsieur.

MADAME JOURDAIN, *bas, à M. Jourdain.*

C'est un vrai enjôleux.

M. JOURDAIN, *bas, à madame Jourdain.*

Taisez-vous donc.

MADAME JOURDAIN, *bas, à M. Jourdain.*

Il vous sucera jusqu'au dernier sol.

M. JOURDAIN, *bas, à madame Jourdain.*

Vous tairez-vous ?

DORANTE

J'ai force gens qui m'en prêteraient avec joie ; mais comme vous êtes mon meilleur ami, j'ai cru que je vous ferais tort, si j'en demandais à quelque autre.

M. JOURDAIN

C'est trop d'honneur, monsieur, que vous me faites. Je vais quérir votre affaire.

MADAME JOURDAIN, *bas, à M. Jourdain.*

Quoi ! vous allez encore lui donner cela ?

M. JOURDAIN, *bas, à madame Jourdain.*

Que faire ? voulez-vous que je refuse un homme de cette condition-là, qui a parlé de moi ce matin dans la chambre du roi ?

MADAME JOURDAIN, *bas, à M. Jourdain.*

Allez, vous êtes une vraie dupe.

Scène V : Dorante, madame Jourdain, Nicole.

DORANTE

Vous me semblez toute mélancolique. Qu'avez-vous, madame Jourdain ?

MADAME JOURDAIN

J'ai la tête plus grosse que le poing, et si, elle n'est pas enflée.

DORANTE

Mademoiselle votre fille, où est-elle, que je ne la vois point ?

MADAME JOURDAIN

Mademoiselle ma fille est bien où elle est.

DORANTE

Comment se porte-t-elle ?

MADAME JOURDAIN

Elle se porte sur ses deux jambes.

DORANTE

Ne voulez-vous point, un de ces jours, venir voir avec elle le ballet et la comédie que l'on fait chez le roi ?

MADAME JOURDAIN

Oui, vraiment ! nous avons fort envie de rire, fort envie de rire nous avons.

DORANTE

Je pense, madame Jourdain, que vous avez eu bien des amants dans votre jeune âge, belle et d'agréable humeur comme vous étiez.

MADAME JOURDAIN

Tredame ! monsieur, est-ce que madame Jourdain est décrépite, et la tête lui grouille-t-elle déjà ?

DORANTE

Ah ! ma foi, madame Jourdain, je vous demande pardon ! je ne songeais pas que vous êtes jeune ; et je rêve le plus souvent. Je vous prie d'excuser mon impertinence.

Scène VI : M. Jourdain, madame Jourdain, Dorante, Nicole.

M. JOURDAIN, *à Dorante.*

Voilà deux cents louis bien comptés.

DORANTE

Je vous assure, monsieur Jourdain, que je suis tout à vous, et que je brûle de vous rendre un service à la cour.

M. JOURDAIN

Je vous suis trop obligé.

DORANTE

Si madame Jourdain veut voir le divertissement royal, je lui ferai donner les meilleures places de la salle.

MADAME JOURDAIN

Madame Jourdain vous baise les mains.

DORANTE, *bas, à M. Jourdain.*

Notre belle marquise, comme je vous ai mandé par mon billet, viendra tantôt ici pour le ballet et le repas ; et je l'ai fait consentir enfin au cadeau que vous lui voulez donner.

M. JOURDAIN

Tirons-nous un peu plus loin, pour cause.

DORANTE

Il y a huit jours que je ne vous ai vu, et je ne vous ai point mandé de nouvelles du diamant que vous me mîtes entre les mains pour lui en faire présent de votre part ; mais c'est que j'ai eu toutes les peines du monde à vaincre son scrupule ; et ce n'est que d'aujourd'hui qu'elle s'est résolue à l'accepter.

M. JOURDAIN

Comment l'a-t-elle trouvé ?

DORANTE

Merveilleux ; et je me trompe fort, ou la beauté de ce diamant fera pour vous sur son esprit un effet admirable.

M. JOURDAIN

Plût au ciel !

MADAME JOURDAIN, *à Nicole.*

Quand il est une fois avec lui, il ne peut le quitter.

DORANTE

Je lui ai fait valoir comme il faut la richesse de ce présent, et la grandeur de votre amour.

M. JOURDAIN

Ce sont, monsieur, des bontés qui m'accablent ; et je suis dans une confusion la plus grande du monde, de voir une personne de votre qualité s'abaisser pour moi à ce que vous faites.

DORANTE

Vous moquez-vous ? est-ce qu'entre amis on s'arrête à ces sortes de scrupules ? et ne feriez-vous pas pour moi la même chose, si l'occasion s'en offrait ?

M. JOURDAIN

Oh ! assurément, et de très grand cœur !

MADAME JOURDAIN, *à Nicole.*

Que sa présence me pèse sur les épaules !

DORANTE

Pour moi, je ne regarde rien quand il faut servir un ami ; et lorsque vous me fîtes confidence de l'ardeur que vous aviez prise pour cette marquise agréable chez qui j'avais commerce, vous vîtes que d'abord je m'offris de moi-même à servir votre amour.

M. JOURDAIN

Il est vrai. Ce sont des bontés qui me confondent.

MADAME JOURDAIN, *à Nicole.*

Est-ce qu'il ne s'en ira point ?

NICOLE

Ils se trouvent bien ensemble.

DORANTE

Vous avez pris le bon biais pour toucher son cœur. Les femmes aiment surtout les dépenses qu'on fait pour elles ; et vos fréquentes sérénades, et vos bouquets continuels, ce superbe feu d'artifice qu'elle trouva sur l'eau, le diamant qu'elle a reçu de votre part, et le cadeau que vous lui préparez, tout cela lui parle bien mieux en faveur de votre amour que toutes les paroles que vous auriez pu lui dire vous-même.

M. JOURDAIN

Il n'y a point de dépenses que je ne fisse, si par là je pouvais trouver le chemin de son cœur. Une femme de qualité a pour moi des charmes ravissants ; et c'est un honneur que j'achèterais au prix de toute chose.

MADAME JOURDAIN, *bas, à Nicole.*

Que peuvent-ils tant dire ensemble ? va-t'en un peu tout doucement prêter l'oreille.

DORANTE

Ce sera tantôt que vous jouirez à votre aise du plaisir de sa vue ; et vos yeux auront tout le temps de se satisfaire.

M. JOURDAIN

Pour être en pleine liberté, j'ai fait en sorte que ma femme ira dîner chez ma sœur, où elle passera toute l'après-dînée.

DORANTE

Vous avez fait prudemment, et votre femme aurait pu nous embarrasser. J'ai donné pour vous l'ordre qu'il faut au cuisinier, et à toutes les choses qui sont nécessaires pour le ballet. Il est de mon invention ; et pourvu que l'exécution puisse répondre à l'idée, je suis sûr qu'il sera trouvé...

M. JOURDAIN, *s'apercevant que Nicole écoute, et lui donnant un soufflet.*

Ouais ! vous êtes bien impertinente ! (*A Dorante.*) Sortons, s'il vous plaît.

Scène VII : Madame Jourdain, Nicole.

NICOLE

Ma foi, madame, la curiosité m'a coûté quelque chose, mais je crois qu'il y a quelque anguille sous roche, et ils parlent de quelque affaire où ils ne veulent pas que vous soyez.

MADAME JOURDAIN

Ce n'est pas d'aujourd'hui, Nicole, que j'ai conçu des soupçons de mon mari. Je suis la plus trompée du monde, ou il y a quelque amour en campagne ; et je travaille à découvrir ce que ce peut être. Mais songeons à ma fille. Tu sais l'amour que Cléonte a pour elle : c'est un homme qui me revient ; et je veux aider sa recherche, et lui donner Lucile, si je puis.

NICOLE

En vérité, madame, je suis la plus ravie du monde de vous voir dans ces sentiments ; car, si le maître vous revient, le valet ne me revient pas moins ; et je souhaiterais que notre mariage se pût faire à l'ombre du leur.

MADAME JOURDAIN

Va-t'en lui parler de ma part, et lui dire que tout à l'heure il me vienne trouver, pour faire ensemble à mon mari la demande de ma fille.

NICOLE

J'y cours, madame, avec joie, et je ne pouvais recevoir une commission plus agréable. (*Seule.*) Je vais, je pense, bien réjouir les gens.

Scène VIII : Cléonte, Covielle, Nicole.

NICOLE, *à Cléonte.*

Ah ! vous voilà tout à propos ! Je suis une ambassadrice de joie, et je viens...

CLÉONTE

Retire-toi, perfide, et ne me viens point amuser avec tes traîtresses paroles.

NICOLE

Est-ce ainsi que vous recevez... ?

CLÉONTE

Retire-toi, te dis-je, et va-t'en dire, de ce pas, à ton infidèle maîtresse qu'elle n'abusera de sa vie le trop simple Cléonte.

NICOLE

Quel vertigo est-ce donc là ? Mon pauvre Covielle, dis-moi un peu ce que cela veut dire.

COVIELLE

Ton pauvre Covielle, petite scélérate ! Allons, vite, ôte-toi de mes yeux, vilaine, et me laisse en repos.

NICOLE

Quoi ! tu me viens aussi...

COVIELLE

Ote-toi de mes yeux, te dis-je ; et ne me parle de ta vie.

NICOLE, *à part.*

Ouais ! Quelle mouche les a piqués tous deux ? Allons de cette belle histoire informer ma maîtresse.

Scène IX : Cléonte, Covielle.

CLÉONTE

Quoi ! traiter un amant de la sorte, et un amant le plus fidèle et le plus passionné de tous les amants !

COVIELLE

C'est une chose épouvantable que ce qu'on nous fait à tous deux.

CLÉONTE

Je fais voir pour une personne toute l'ardeur et toute la tendresse qu'on peut imaginer ; je n'aime rien au monde qu'elle, et je n'ai qu'elle dans l'esprit ; elle fait tous mes soins, tous mes désirs, toute ma joie ; je ne parle que d'elle, je ne pense qu'à elle, je ne fais des songes que d'elle, je ne respire que par elle, mon cœur vit tout en elle ; et voilà de tant d'amitié la digne récompense ! Je suis deux jours sans la voir, qui sont pour moi deux siècles effroyables : je la rencontre par hasard ; mon cœur, à cette vue, se sent tout transporté, ma joie éclate sur mon visage, je vole avec ravissement vers elle, et l'infidèle détourne de moi ses regards, et passe brusquement, comme si de sa vie elle ne m'avait vu.

COVIELLE

Je dis les mêmes choses que vous.

CLÉONTE

Peut-on rien voir d'égal, Covielle, à cette perfidie de l'ingrate Lucile ?

COVIELLE

Et à celle, monsieur, de la pendarde de Nicole ?

CLÉONTE

Après tant de sacrifices ardents, de soupirs et de vœux que j'ai faits à ses charmes !

COVIELLE

Après tant d'assidus hommages, de soins et de services que je lui ai rendus dans sa cuisine !

CLÉONTE

Tant de larmes que j'ai versées à ses genoux !

COVIELLE

Tant de seaux d'eau que j'ai tirés au puits pour elle !

CLÉONTE

Tant d'ardeur que j'ai fait paraître à la chérir plus que moi-même !

COVIELLE

Tant de chaleur que j'ai soufferte à tourner la broche à sa place !

CLÉONTE

Elle me fuit avec mépris !

COVIELLE

Elle me tourne le dos avec effronterie.

CLÉONTE

C'est une perfidie digne des plus grands châtiments.

COVIELLE

C'est une trahison à mériter mille soufflets.

CLÉONTE

Ne t'avise point, je te prie, de me parler jamais pour elle.

COVIELLE

Moi, monsieur ? Dieu m'en garde !

CLÉONTE

Ne viens point m'excuser l'action de cette infidèle.

COVIELLE

N'ayez pas peur.

CLÉONTE

Non, vois-tu, tous tes discours pour la défendre ne serviront de rien.

COVIELLE

Qui songe à cela ?

CLÉONTE

Je veux contre elle conserver mon ressentiment, et rompre ensemble tout commerce.

COVIELLE

J'y consens.

CLÉONTE

Ce monsieur le comte qui va chez elle lui donne peut-être dans la vue, et son esprit, je le vois bien, se laisse éblouir à la qualité. Mais il me faut, pour mon honneur, prévenir l'éclat de son inconstance. Je veux faire autant de pas qu'elle au changement où je la vois courir, et ne lui laisser pas toute la gloire de me quitter.

COVIELLE

C'est fort bien dit, et j'entre, pour mon compte, dans tous vos sentiments.

CLÉONTE

Donne la main à mon dépit, et soutiens ma résolution contre tous les restes d'amour qui me pourraient parler pour elle. Dis-m'en, je t'en conjure, tout le mal que tu pourras. Fais-moi de sa personne une peinture qui me la rende méprisable, et marque-moi bien, pour m'en dégoûter, tous les défauts que tu peux voir en elle.

COVIELLE

Elle, monsieur ? voilà une belle mijaurée, une pimpesouée bien bâtie, pour vous donner tant d'amour ! Je ne lui vois rien que de très médiocre ; et vous trouverez cent personnes qui seront plus dignes de vous. Premièrement elle a les yeux petits.

CLÉONTE

Cela est vrai, elle a les yeux petits ; mais elle les a pleins de feu, les plus brillants, les plus perçants du monde, les plus touchants qu'on puisse voir.

COVIELLE

Elle a la bouche grande.

CLÉONTE

Oui ; mais on y voit des grâces qu'on ne voit point aux autres bouches ; et cette bouche, en la voyant, inspire des désirs, est la plus attrayante, la plus amoureuse du monde.

COVIELLE

Pour sa taille, elle n'est pas grande.

CLÉONTE

Non ; mais elle est aisée et bien prise.

COVIELLE

Elle affecte une nonchalance dans son parler et dans ses actions.

CLÉONTE

Il est vrai ; mais elle a grâce à tout cela ; et ses manières sont engageantes, ont je ne sais quel charme à s'insinuer dans les cœurs.

COVIELLE

Pour de l'esprit...

CLÉONTE

Ah ! elle en a, Covielle, du plus fin, du plus délicat.

COVIELLE

Sa conversation...

CLÉONTE

Sa conversation est charmante.

COVIELLE

Elle est toujours sérieuse.

CLÉONTE

Veux-tu de ces enjouements épanouis, de ces joies toujours ouvertes ? et vois-tu rien de plus impertinent que des femmes qui rient à tout propos ?

COVIELLE

Mais enfin elle est capricieuse autant que personne du monde.

CLÉONTE

Oui, elle est capricieuse, j'en demeure d'accord ; mais tout sied bien aux belles ; on souffre tout des belles.

COVIELLE

Puisque cela va comme cela, je vois bien que vous avez envie de l'aimer toujours.

CLÉONTE

Moi ? j'aimerais mieux mourir ; et je vais la haïr autant que je l'ai aimée.

COVIELLE

Le moyen, si vous la trouvez si parfaite ?

CLÉONTE

C'est en quoi ma vengeance sera plus éclatante, en quoi je veux faire mieux voir la force de mon cœur à la haïr, à la quitter, toute belle, toute pleine d'attraits, tout aimable que je la trouve. La voici.

Scène X : Lucile, Cléonte, Covielle, Nicole.

NICOLE, *à Lucile.*

Pour moi, j'en ai été toute scandalisée.

LUCILE

Ce ne peut être, Nicole, que ce que je te dis. Mais le voilà.

CLÉONTE, *à Covielle.*

Je ne veux pas seulement lui parler.

COVIELLE

Je veux vous imiter.

LUCILE

Qu'est-ce donc, Cléonte ? qu'avez-vous ?

NICOLE

Qu'as-tu donc, Covielle ?

LUCILE

Quel chagrin vous possède ?

NICOLE

Quelle mauvaise humeur te tient ?

LUCILE

Etes-vous muet, Cléonte ?

NICOLE

As-tu perdu la parole, Covielle ?

CLÉONTE

Que voilà qui est scélérat !

COVIELLE

Que cela est Judas !

LUCILE

Je vois bien que la rencontre de tantôt a troublé votre esprit.

CLÉONTE, *à Covielle.*
Ah ! ah ! On voit ce qu'on a fait.

NICOLE
Notre accueil de ce matin t'a fait prendre la chèvre.

COVIELLE, *à Cléonte.*
On a deviné l'enclouure.

LUCILE
N'est-il pas vrai, Cléonte, que c'est là le sujet de votre dépit ?

CLÉONTE
Oui, perfide, ce l'est ; puisqu'il faut parler ; et j'ai à vous dire que vous ne triompherez pas, comme vous pensez, de votre infidélité ; que je veux être le premier à rompre avec vous, et que vous n'aurez pas l'avantage de me chasser. J'aurai de la peine, sans doute, à vaincre l'amour que j'ai pour vous ; cela me causera des chagrins, je souffrirai un temps ; mais j'en viendrai à bout, et je me percerai plutôt le cœur, que d'avoir la faiblesse de retourner à vous.

COVIELLE, *à Nicole.*
Queussi, queumi [3].

LUCILE
Voilà bien du bruit pour un rien ! Je veux vous dire, Cléonte, le sujet qui m'a fait ce matin éviter votre abord.

CLÉONTE, *voulant s'en aller*
pour éviter Lucile.
Non, je ne veux rien écouter.

NICOLE, *à Covielle.*
Je te veux apprendre la cause qui nous a fait passer si vite.

COVIELLE, *voulant aussi s'en aller*
pour éviter Nicole.
Je ne veux rien entendre.

LUCILE, *suivant Cléonte.*
Sachez que ce matin...

CLÉONTE, *marchant toujours*
sans regarder Lucile.
Non, vous dis-je.

NICOLE, *suivant Covielle.*
Apprends que...

COVIELLE, *marchant aussi*
sans regarder Nicole.
Non, traîtresse !

LUCILE
Ecoutez.

CLÉONTE
Point d'affaire.

NICOLE
Laisse-moi dire.

COVIELLE
Je suis sourd.

LUCILE
Cléonte !

CLÉONTE
Non.

NICOLE
Covielle !

3. *Je dis de même.*

COVIELLE
Point.

LUCILE
Arrêtez.

CLÉONTE
Chansons !

NICOLE
Entends-moi.

COVIELLE
Bagatelles !

LUCILE
Un moment.

CLÉONTE
Point du tout.

NICOLE
Un peu de patience.

COVIELLE
Tarare.

LUCILE
Deux paroles.

CLÉONTE
Non : c'en est fait.

NICOLE
Un mot.

COVIELLE
Plus de commerce.

LUCILE, *s'arrêtant.*
Hé bien ! puisque vous ne voulez pas m'écouter, demeurez dans votre pensée, et faites ce qu'il vous plaira.

NICOLE, *s'arrêtant aussi.*
Puisque tu fais comme cela, prends-le tout comme tu voudras.

CLÉONTE, *se tournant vers Lucile.*
Sachons donc le sujet d'un si bel accueil.

LUCILE, *s'en allant à son tour*
pour éviter Cléonte.
Il ne me plaît plus de le dire.

COVIELLE, *se tournant vers Nicole.*
Apprends-nous un peu cette histoire.

NICOLE, *s'en allant aussi*
pour éviter Covielle.
Je ne veux plus, moi, te l'apprendre.

CLÉONTE, *suivant Lucile.*
Dites-moi...

LUCILE, *marchant toujours*
sans regarder Cléonte.
Non, je ne veux rien dire.

COVIELLE, *suivant Nicole.*
Conte-moi...

NICOLE, *marchant aussi*
sans regarder Covielle.
Non, je ne conte rien.

CLÉONTE
De grâce.

LUCILE
Non, vous dis-je.

COVIELLE
Par charité.

NICOLE
Point d'affaire.

CLÉONTE

Je vous en prie.

LUCILE

Laissez-moi.

COVIELLE

Je t'en conjure.

NICOLE

Ote-toi de là.

CLÉONTE

Lucile !

LUCILE

Non.

COVIELLE

Nicole !

NICOLE

Point.

CLÉONTE

Au nom des dieux.

LUCILE

Je ne veux pas.

COVIELLE

Parle-moi.

NICOLE

Point du tout.

CLÉONTE

Eclaircissez mes doutes.

LUCILE

Non : je n'en ferai rien.

COVIELLE

Guéris-moi l'esprit.

NICOLE

Non : il ne me plaît pas.

CLÉONTE

Hé bien ! puisque vous vous souciez si peu de me tirer de peine, et de vous justifier du traitement indigne que vous avez fait à ma flamme, vous me voyez, ingrate, pour la dernière fois : et je vais, loin de vous, mourir de douleur et d'amour.

COVIELLE, à Nicole.

Et moi, je vais suivre ses pas.

LUCILE, à Cléonte qui veut sortir.

Cléonte !

NICOLE, à Covielle qui suit son maître.

Covielle !

CLÉONTE, s'arrêtant.

Hé ?

COVIELLE, s'arrêtant aussi.

Plaît-il ?

LUCILE

Où allez-vous ?

CLÉONTE

Où je vous ai dit.

COVIELLE

Nous allons mourir.

LUCILE

Vous allez mourir, Cléonte ?

CLÉONTE

Oui, cruelle, puisque vous le voulez.

LUCILE

Moi ! je veux que vous mouriez ?

CLÉONTE

Oui, vous le voulez.

LUCILE

Qui vous le dit ?

CLÉONTE, s'approchant de Lucile.

N'est-ce pas le vouloir, que de ne vouloir pas éclaircir mes soupçons ?

LUCILE

Est-ce ma faute ? et, si vous aviez voulu m'écouter, ne vous aurais-je pas dit que l'aventure dont vous vous plaignez a été causée ce matin par la présence d'une vieille tante, qui veut à toute force que la seule approche d'un homme déshonore une fille, qui perpétuellement nous sermonne sur ce chapitre, et nous figure tous les hommes comme des diables qu'il faut fuir ?

NICOLE, à Covielle.

Voilà le secret de l'affaire.

CLÉONTE

Ne me trompez-vous point, Lucile ?

COVIELLE, à Nicole.

Ne m'en donnes-tu point à garder ?

LUCILE, à Cléonte.

Il n'est rien de plus vrai.

NICOLE, à Covielle.

C'est la chose comme elle est.

COVIELLE, à Cléonte.

Nous rendrons-nous à cela ?

CLÉONTE

Ah ! Lucile, qu'avec un mot de votre bouche vous savez apaiser de choses dans mon cœur, et que facilement on se laisse persuader aux personnes qu'on aime !

COVIELLE

Qu'on est aisément amadoué par ces diantres d'animaux-là !

Scène XI : Madame Jourdain, Cléonte, Lucile, Covielle, Nicole.

MADAME JOURDAIN

Je suis bien aise de vous voir, Cléonte, et vous voilà tout à propos. Mon mari vient ; prenez vite votre temps pour lui demander Lucile en mariage.

CLÉONTE

Ah ! madame, que cette parole m'est douce, et qu'elle flatte mes désirs ! Pouvais-je recevoir un ordre plus charmant, une faveur plus précieuse ?

Scène XII : Cléonte, M. Jourdain, Madame Jourdain, Lucile, Covielle, Nicole.

CLÉONTE

Monsieur, je n'ai voulu prendre personne pour vous faire une demande que je médite il y a longtemps. Elle me touche assez pour m'en charger moi-même, et, sans autre détour, je vous dirai que l'honneur d'être votre gendre est une faveur glorieuse que je vous prie de m'accorder.

M. JOURDAIN

Avant que de vous rendre réponse, monsieur, je

vous prie de me dire si vous êtes gentilhomme.

CLÉONTE

Monsieur, la plupart des gens, sur cette question, n'hésitent pas beaucoup ; on tranche le mot aisément. Ce nom ne fait aucun scrupule à prendre, et l'usage aujourd'hui semble en autoriser le vol. Pour moi, je vous l'avoue, j'ai les sentiments, sur cette matière, un peu plus délicats. Je trouve que toute imposture est indigne d'un honnête homme, et qu'il y a de la lâcheté à déguiser ce que le ciel nous a fait naître, à se parer aux yeux du monde d'un titre dérobé, à se vouloir donner pour ce qu'on n'est pas. Je suis né de parents, sans doute, qui ont tenu des charges honorables ; je me suis acquis, dans les armes, l'honneur de six ans de services, et je me trouve assez de bien pour tenir dans le monde un rang assez passable ; mais, avec tout cela, je ne veux point me donner un nom où d'autres, en ma place, croiraient pouvoir prétendre ; et je vous dirai franchement que je ne suis point gentilhomme.

M. JOURDAIN

Touchez là, monsieur : ma fille n'est pas pour vous.

CLÉONTE

Comment ?

M. JOURDAIN

Vous n'êtes point gentilhomme : vous n'aurez pas ma fille.

MADAME JOURDAIN

Que voulez-vous donc dire avec votre gentilhomme ? est-ce que nous sommes, nous autres, de la côte de saint Louis ?

M. JOURDAIN

Taisez-vous, ma femme ; je vous voir venir.

MADAME JOURDAIN

Descendons-nous tous deux que de bonne bourgeoisie ?

M. JOURDAIN

Voilà pas le coup de langue ?

MADAME JOURDAIN

Et votre père n'était-il pas marchand aussi bien que le mien ?

M. JOURDAIN

Peste soit de la femme, elle n'y a jamais manqué. Si votre père a été marchand, tant pis pour lui ; mais pour le mien, ce sont des malavisés qui disent cela. Tout ce que j'ai à vous dire, moi, c'est que je veux avoir un gendre gentilhomme.

MADAME JOURDAIN

Il faut à votre fille un mari qui lui soit propre ; et il vaut mieux, pour elle, un honnête homme riche et bien fait, qu'un gentilhomme gueux et mal bâti.

NICOLE

Cela est vrai : nous avons le fils du gentilhomme de notre village, qui est le plus grand malitorne et le plus sot dadais que j'aie jamais vu.

M. JOURDAIN, à Nicole.

Taisez-vous, impertinente ; vous vous fourrez toujours dans la conversation. J'ai du bien assez pour ma fille ; je n'ai besoin que d'honneur, et je la veux faire marquise.

MADAME JOURDAIN

Marquise ?

M. JOURDAIN

Oui, marquise.

MADAME JOURDAIN

Hélas ! Dieu m'en garde !

M. JOURDAIN

C'est une chose que j'ai résolue.

MADAME JOURDAIN

C'est une chose, moi, où je ne consentirai point. Les alliances avec plus grand que soi sont sujettes toujours à de fâcheux inconvénients. Je ne veux point qu'un gendre puisse à ma fille reprocher ses parents, et qu'elle ait des enfants qui aient honte de m'appeler leur grand'maman. S'il fallait qu'elle me vînt visiter en équipage de grande dame, et qu'elle manquât, par mégarde, à saluer quelqu'un du quartier, on ne manquerait pas aussitôt de dire cent sottises. « Voyez-vous, dirait-on, cette madame la marquise qui fait tant la glorieuse ? c'est la fille de monsieur Jourdain, qui était trop heureuse, étant petite, de jouer à la madame avec nous. Elle n'a pas toujours été si relevée que la voilà, et ses deux grands-pères vendaient du drap auprès de la porte Saint-Innocent. Ils ont amassé du bien à leurs enfants, qu'ils paient maintenant peut-être bien cher en l'autre monde ; et l'on ne devient guère si riche à être honnêtes gens. » Je ne veux point tous ces caquets, et je veux un homme, en un mot, qui m'ait obligation de ma fille, et à qui je puisse dire : « Mettez-vous là, mon gendre, et dînez avec moi. »

M. JOURDAIN

Voilà bien les sentiments d'un petit esprit, de vouloir demeurer toujours dans la bassesse. Ne me répliquez pas davantage : ma fille sera marquise, en dépit de tout le monde ; et si vous me mettez en colère, je la ferai duchesse.

MADAME JOURDAIN

Cléonte, ne perdez point courage encore. (A Lucile.) Suivez-moi, ma fille, et venez dire résolument à votre père que si vous ne l'avez, vous ne voulez épouser personne.

Scène XIII : Cléonte, Covielle.

COVIELLE

Vous avez fait de belles affaires, avec vos beaux sentiments !

CLÉONTE

Que veux-tu ? j'ai un scrupule là-dessus que l'exemple ne saurait vaincre.

COVIELLE

Vous moquez-vous de le prendre sérieusement avec un homme comme cela ? Ne voyez-vous pas qu'il est fou ? et vous coûtait-il quelque chose de vous accommoder à ses chimères ?

CLÉONTE

Tu as raison ; mais je ne croyais pas qu'il fallût

faire ses preuves de noblesse pour être gendre de monsieur Jourdain.

CONVIELLE, *riant.*

Ah ! ah ! ah !

CLÉONTE

De quoi ris-tu ?

COVIELLE

D'une pensée qui me vient pour jouer notre homme, et vous faire obtenir ce que vous souhaitez.

CLÉONTE

Comment ?

COVIELLE

L'idée est tout à fait plaisante.

CLÉONTE

Quoi donc ?

COVIELLE

Il s'est fait depuis peu une certaine mascarade qui vient le mieux du monde ici, et que je prétends faire entrer dans une bourle que je veux faire à notre ridicule. Tout cela sent un peu sa comédie ; mais, avec lui, on peut hasarder toute chose ; il n'y faut point chercher tant de façons, et il est homme à y jouer son rôle à merveille, à donner aisément dans toutes les fariboles qu'on s'avisera de lui dire. J'ai les acteurs, j'ai les habits tout prêts ; laissez-moi faire seulement.

CLÉONTE

Mais apprends-moi...

COVIELLE

Je vais vous instruire de tout. Retirons-nous ; le voilà qui revient.

Scène XIV : M. Jourdain, un Laquais.

Que diable est-ce là ? Ils n'ont rien que les grands seigneurs à me reprocher, et moi je ne vois rien de si beau que de hanter les grands seigneurs ; il n'y a qu'honneur et que civilité avec eux, et je voudrais qu'il m'eût coûté deux doigts de la main, et être né comte ou marquis.

LE LAQUAIS

Monsieur, voici monsieur le comte, et une dame qu'il mène par la main.

M. JOURDAIN

Hé ! mon Dieu ! j'ai quelques ordres à donner. Dis-leur que je vais venir ici tout à l'heure.

Scène XV : Dorimène, Dorante, un Laquais.

LE LAQUAIS

Monsieur dit comme cela qu'il va venir ici tout à l'heure.

DORANTE

Voilà qui est bien.

DORIMÈNE

Je ne sais pas, Dorante ; je fais encore ici une étrange démarche, de me laisser amener par vous dans une maison où je ne connais personne.

DORANTE

Quel lieu voulez-vous donc, madame, que mon amour choisisse pour vous régaler, puisque, pour fuir l'éclat, vous ne voulez ni votre maison ni la mienne ?

DORIMÈNE

Mais vous ne dites pas que je m'engage insensiblement chaque jour à recevoir de trop grands témoignages de votre passion. J'ai beau me défendre des choses, vous fatiguez ma résistance, et vous avez une civile opiniâtreté, qui me fait venir doucement à tout ce qu'il vous plaît. Les visites fréquentes ont commencé, les déclarations sont venues ensuite, qui, après elles, ont traîné les sérénades et les cadeaux, que les présents ont suivis. Je me suis opposée à tout cela ; mais vous ne vous rebutez point, et pied à pied vous gagnez mes résolutions. Pour moi, je ne puis plus répondre de rien, et je crois qu'à la fin vous me ferez venir au mariage, dont je me suis tant éloignée.

DORANTE

Ma foi, madame, vous y devriez déjà être : vous êtes veuve, et ne dépendez que de vous ; je suis maître de moi, et vous aime plus que ma vie : à quoi tient-il que dès aujourd'hui vous ne fassiez tout mon bonheur ?

DORIMÈNE

Mon Dieu ! Dorante, il faut des deux parts bien des qualités pour vivre heureusement ensemble, et les deux plus raisonnables personnes du monde ont souvent peine à composer une union dont ils soient satisfaits.

DORANTE

Vous vous moquez, madame, de vous y figurer tant de difficultés ; et l'expérience que vous avez faite ne conclut rien pour tous les autres.

DORIMÈNE

Enfin, j'en reviens toujours là ; les dépenses que je vous vois faire pour moi m'inquiètent par deux raisons : l'une, qu'elles m'engagent plus que je ne voudrais ; et l'autre, que je suis sûre, sans vous déplaire, que vous ne les faites point que vous ne vous incommodiez ; et je ne veux point cela.

DORANTE

Ah ! madame, ce sont des bagatelles, et ce n'est pas par là...

DORIMÈNE

Je sais ce que je dis, et, entre autres, le diamant que vous m'avez forcée à prendre est d'un prix...

DORANTE

Hé ! madame, de grâce, ne faites point tant valoir une chose que mon amour trouve indigne de vous, et souffrez... Voici le maître du logis.

Scène XVI : M. Jourdain, Dorimène, Dorante, un Laquais.

M. JOURDAIN, *après avoir fait deux révérences, se trouvant trop près de Dorimène.*

Un peu plus loin, madame.

DORIMÈNE

Comment ?

M. JOURDAIN

Un pas, s'il vous plaît.

DORIMÈNE

Quoi donc ?

M. JOURDAIN

Reculez un peu pour la troisième.

DORANTE

Madame, monsieur Jourdain sait son monde.

M. JOURDAIN

Madame, ce m'est une gloire bien grande, de me
voir assez fortuné, pour être si heureux, que
d'avoir le bonheur, que vous ayez eu la bonté de
m'accorder la grâce, de me faire l'honneur de
m'honorer de la faveur de votre présence ; et, si
j'avais aussi le mérite pour mériter un mérite
comme le vôtre, et que le ciel... envieux de mon
bien... m'eût accordé... l'avantage de me voir digne... des...

DORANTE

Monsieur Jourdain, en voilà assez. Madame n'aime pas les grands compliments, et elle sait que
vous êtes homme d'esprit. (Bas, à Dorimène.) C'est
un bon bourgeois assez ridicule, comme vous
voyez, dans toutes ses manières.

DORIMÈNE, bas, à Dorante.

Il n'est pas malaisé de s'en apercevoir.

DORANTE

Madame, voilà le meilleur de mes amis.

M. JOURDAIN

C'est trop d'honneur que vous me faites.

DORANTE

Galant homme tout à fait.

DORIMÈNE

J'ai beaucoup d'estime pour lui.

M. JOURDAIN

Je n'ai rien fait encore, madame, pour mériter
cette grâce.

DORANTE, bas, à M. Jourdain.

Prenez bien garde, au moins, à ne lui point parler
du diamant que vous lui avez donné.

M. JOURDAIN, bas, à Dorante.

Ne pourrais-je pas seulement lui demander comment elle le trouve ?

DORANTE, bas, à M. Jourdain.

Comment ? gardez-vous-en bien ! cela serait vilain
à vous ; et, pour agir en galant homme, il faut que
vous fassiez comme si ce n'était pas vous qui lui
eussiez fait ce présent. (Haut.) Monsieur Jourdain,
madame, dit qu'il est ravi de vous voir chez lui.

DORIMÈNE

Il m'honore beaucoup.

M. JOURDAIN, bas, à Dorante.

Que je vous suis obligé, monsieur, de lui parler
ainsi pour moi !

DORANTE, bas, à M. Jourdain.

J'ai eu une peine effroyable à la faire venir ici.

M. JOURDAIN, bas, à Dorante.

Je ne sais quelles grâces vous en rendre.

DORANTE

Il dit, madame, qu'il vous trouve la plus belle
personne du monde.

DORIMÈNE

C'est bien de la grâce qu'il me fait.

M. JOURDAIN

Madame, c'est vous qui faites les grâces, et...

DORANTE

Songeons à manger.

LE LAQUAIS, à M. Jourdain.

Tout est prêt, monsieur.

DORANTE

Allons donc nous mettre à table, et qu'on fasse
venir les musiciens.

ENTRÉE DE BALLET

*Six cuisiniers, qui ont préparé le festin, dansent
ensemble, et font le troisième intermède ; après
quoi ils apportent une table couverte de plusieurs
mets.*

ACTE QUATRIEME

*Scène I : Dorimène, M. Jourdain,
Dorante, trois Musiciens, un Laquais.*

DORIMÈNE

Comment ! Dorante, voilà un repas tout à fait
magnifique !

M. JOURDAIN

Vous vous moquez, madame, et je voudrais qu'il
fût plus digne de vous être offert. (*Dorimène,
M. Jourdain, Dorante et les trois musiciens se
mettent à table.*)

DORANTE

Monsieur Jourdain a raison, madame, de parler
de la sorte ; et il m'oblige de vous faire si bien les
honneurs de chez lui. Je demeure d'accord avec
lui que le repas n'est pas digne de vous. Comme
c'est moi qui l'ai ordonné, et que je n'ai pas sur
cette matière les lumières de nos amis, vous n'avez
pas ici un repas fort savant, et vous y trouverez
des incongruités de bonne chère, et des barbaris-
mes de bon goût. Si Damis s'en était mêlé, tout
serait dans les règles ; il y aurait partout de l'élégance et de l'érudition, et il ne manquerait pas
de vous exagérer lui-même toutes les pièces du
repas qu'il vous donnerait, et de vous faire tomber
d'accord de sa haute capacité dans la science des
bons morceaux ; de vous parler d'un pain de rive
à biseau doré, relevé de croûte partout, croquant
tendrement sous la dent ; d'un vin à sève veloutée,
armé d'un vert qui n'est point trop commandant ;
d'un carré de mouton gourmandé de persil ; d'une
longe de veau de rivière, longue comme cela,
blanche, délicate, et qui, sous les dents, est une
vraie pâte d'amande ; de perdrix relevées d'un
fumet surprenant ; et pour son opéra, d'une soupe
à bouillon perlé, soutenue d'un jeune gros dindon
cantonné de pigeonneaux, et couronnée d'oignons
blancs mariés avec la chicorée. Mais, pour moi,
je vous avoue mon ignorance ; et, comme monsieur Jourdain a fort bien dit, je voudrais que le
repas fût plus digne de vous être offert.

DORIMÈNE

Je ne réponds à ce compliment qu'en mangeant comme je fais.

M. JOURDAIN

Ah ! que voilà de belles mains !

DORIMÈNE

Les mains sont médiocres, monsieur Jourdain ; mais vous voulez parler du diamant, qui est fort beau.

M. JOURDAIN

Moi, madame, Dieu me garde d'en vouloir parler ! ce ne serait pas agir en galant homme ; et le diamant est fort peu de chose.

DORIMÈNE

Vous êtes bien dégoûté.

M. JOURDAIN

Vous avez trop de bonté...

DORANTE, *après avoir fait signe à M. Jourdain.*

Allons, qu'on donne du vin à monsieur Jourdain et à ces messieurs, qui nous feront la grâce de nous chanter un air à boire.

DORIMÈNE

C'est merveilleusement assaisonner la bonne chère, que d'y mêler la musique ; et je me vois ici admirablement régalée.

M. JOURDAIN

Madame, ce n'est pas...

Monsieur Jourdain, prêtons silence à ces messieurs ; ce qu'ils nous diront vaudra mieux que tout ce que nous pourrions dire.

PREMIER ET SECOND MUSICIENS ENSEMBLE, *un verre à la main.*

Un petit doigt, Philis, pour commencer le tour.
Ah ! qu'un verre en vos mains a d'agréables char-
Vous et le vin vous vous prêtez des armes, [mes !
Et je sens pour tous deux redoubler mon amour.
Entre lui, vous et moi, jurons, jurons, ma belle,
    Une ardeur éternelle.   [traits !
Qu'en mouillant votre bouche il en reçoit d'at-
Et que l'on voit par lui votre bouche embellie !
   Ah ! l'un de l'autre ils me donnent envie,
Et de vous et de lui je m'enivre à longs traits.
Entre lui, vous et moi, jurons, jurons ma belle,
    Une ardeur éternelle.

SECOND ET TROISIÈME MUSICIENS ENSEMBLE

   Buvons, chers amis, buvons,
Le temps qui fuit nous y convie :
    Profitons de la vie
    Autant que nous pouvons.
  Quand on a passé l'onde noire,
  Adieu le bon vin, nos amours.
    Dépêchons-nous de boire,
    On ne boit pas toujours.

  Laissons raisonner les sots
Sur le vrai bonheur de la vie :
    Notre philosophie
    Le met parmi les pots.
  Les biens, le savoir et la gloire,
  N'ôtent point les soucis fâcheux ;

Et ce n'est qu'à bien boire
Que l'on peut être heureux.

TOUS TROIS ENSEMBLE

Sus, sus ; du vin partout : versez, garçon, versez,
Versez, versez toujours, tant qu'on vous dise assez.

DORIMÈNE

Je ne crois pas qu'on puisse mieux chanter ; et cela est tout à fait beau.

M. JOURDAIN

Je vois encore ici, madame, quelque chose de plus beau.

DORIMÈNE

Ouais ! Monsieur Jourdain est galant plus que je ne pensais.

DORANTE

Comment, madame ! pour qui prenez-vous monsieur Jourdain ?

M. JOURDAIN

Je voudrais bien qu'elle me prît pour ce que je dirais.

DORIMÈNE

Encore ?

DORANTE, *à Dorimène.*

Vous ne le connaissez pas.

M. JOURDAIN

Elle me connaîtra quand il lui plaira.

DORIMÈNE

Oh ! je le quitte.

DORANTE

Il est homme qui a toujours la riposte en main. Mais vous ne voyez pas que monsieur Jourdain, madame, mange tous les morceaux que vous touchez.

DORIMÈNE

Monsieur Jourdain est un homme qui me ravit.

M. JOURDAIN

Si je pouvais ravir votre cœur, je serais...

Scène II : Madame Jourdain, M. Jourdain, Dorimène, Dorante, Musiciens, Laquais.

MADAME JOURDAIN

Ah ! ah ! je trouve ici bonne compagnie, et je vois bien qu'on ne m'y attendait pas. C'est donc pour cette belle affaire-ci, monsieur mon mari, que vous avez eu tant d'empressement à m'envoyer dîner chez ma sœur ? Je viens de voir un théâtre là-bas, et je vois ici un banquet à faire noces. Voilà comme vous dépensez votre bien ; et c'est ainsi que vous festinez les dames en mon absence, et que vous leur donnez la musique et la comédie, tandis que vous m'envoyez promener.

DORANTE

Que voulez-vous dire, madame Jourdain ? et quelles fantaisies sont les vôtres, de vous aller mettre en tête que votre mari dépense son bien, et que c'est lui qui donne ce régale à madame ? Apprenez que c'est moi, je vous prie ; qu'il ne fait seulement que me prêter sa maison, et que vous devriez un peu mieux regarder aux choses que vous dites.

M. JOURDAIN

Oui, impertinente ; c'est monsieur le comte qui donne tout ceci à madame, qui est une personne de qualité. Il me fait l'honneur de prendre ma maison, et de vouloir que je sois avec lui.

MADAME JOURDAIN

Ce sont des chansons que cela ; je sais ce que je sais.

DORANTE

Prenez, madame Jourdain, prenez de meilleures lunettes.

MADAME JOURDAIN

Je n'ai que faire de lunettes, monsieur, et je vois assez clair. Il y a longtemps que je sens les choses, et je ne suis pas une bête. Cela est fort vilain à vous, pour un grand seigneur, de prêter la main comme vous faites aux sottises de mon mari. Et vous, madame, pour une grand'dame, cela n'est ni beau, ni honnête à vous, de mettre de la dissension dans un ménage, et de souffrir que mon mari soit amoureux de vous.

DORIMÈNE

Que veut donc dire tout ceci ? Allez, Dorante, vous vous moquez, de m'exposer aux sottes visions de cette extravagante.

DORANTE, *suivant Dorimène qui sort.*

Madame, holà ! madame, où courez-vous ?

M. JOURDAIN

Madame... Monsieur le comte, faites-lui excuses, et tâchez de la ramener ! Ah ! impertinente que vous êtes, voilà de vos beaux faits ! Vous me venez faire des affronts devant tout le monde ; et vous chassez de chez moi des personnes de qualité !

MADAME JOURDAIN

Je me moque de leur qualité.

M. JOURDAIN

Je ne sais qui me tient, maudite, que je ne vous fende la tête avec les pièces du repas que vous êtes venue troubler. (*Les laquais emportent la table.*)

MADAME JOURDAIN, *sortant.*

Je me moque de cela. Ce sont mes droits que je défends, et j'aurai pour moi toutes les femmes.

M. JOURDAIN

Vous faites bien d'éviter ma colère. Elle est arrivée là bien malheureusement. J'étais en humeur de dire de jolies choses ; et jamais je ne m'étais senti tant d'esprit. Qu'est-ce que c'est que cela ?

Scène III : M. Jourdain, Covielle, déguisé.

COVIELLE

Monsieur, je ne sais pas si j'ai l'honneur d'être connu de vous.

M. JOURDAIN

Non, monsieur.

COVIELLE, *étendant la main*
à un pied de terre

Je vous ai vu que vous n'étiez pas plus grand que cela.

M. JOURDAIN

Moi ?

COVIELLE

Oui. Vous étiez le plus bel enfant du monde, et toutes les dames vous prenaient dans leurs bras pour vous baiser.

M. JOURDAIN

Pour me baiser ?

COVIELLE

Oui. J'étais grand ami de feu monsieur votre père.

M. JOURDAIN

De feu monsieur mon père ?

COVIELLE

Oui. C'était un fort honnête gentilhomme.

M. JOURDAIN

Comment dites-vous ?

COVIELLE

Je dis que c'était un fort honnête gentilhomme.

M. JOURDAIN

Mon père ?

COVIELLE

Oui.

M. JOURDAIN

Vous l'avez fort connu ?

COVIELLE

Assurément.

M. JOURDAIN

Et vous l'avez connu pour gentilhomme ?

COVIELLE

Sans doute.

M. JOURDAIN

Je ne sais donc pas comment le monde est fait !

COVIELLE

Comment ?

M. JOURDAIN

Il y a de sottes gens qui me veulent dire qu'il a été marchand.

COVIELLE

Lui, marchand ? C'est pure médisance, il ne l'a jamais été. Tout ce qu'il faisait, c'est qu'il était fort obligeant, fort officieux ; et, comme il se connaissait fort bien en étoffes, il en allait choisir de tous les côtés, les faisait apporter chez lui, et en donnait à ses amis pour de l'argent.

M. JOURDAIN

Je suis ravi de vous connaître, afin que vous rendiez ce témoignage-là, que mon père était gentilhomme.

COVIELLE

Je le soutiendrai devant tout le monde.

M. JOURDAIN

Vous m'obligerez. Quel sujet vous amène ?

COVIELLE

Depuis avoir connu feu monsieur votre père, honnête gentilhomme comme je vous ai dit, j'ai voyagé par tout le monde.

M. JOURDAIN

Par tout le monde ?

COVIELLE

Oui.

M. JOURDAIN

Je pense qu'il y a bien loin en ce pays-là.

COVIELLE

Assurément. Je ne suis revenu de tous mes longs voyages que depuis quatre jours ; et, par l'intérêt que je prends à tout ce qui vous touche, je viens vous annoncer la meilleure nouvelle du monde.

M. JOURDAIN

Quelle ?

COVIELLE

Vous savez que le fils du Grand Turc est ici ?

M. JOURDAIN

Moi ? non.

COVIELLE

Comment ! Il a un train tout à fait magnifique ; tout le monde le va voir, et il a été reçu en ce pays comme un seigneur d'importance.

M. JOURDAIN

Par ma foi, je ne savais pas cela.

COVIELLE

Ce qu'il y a d'avantageux pour vous, c'est qu'il est amoureux de votre fille.

M. JOURDAIN

Le fils du Grand Turc ?

COVIELLE

Oui ; et il veut être votre gendre.

M. JOURDAIN

Mon gendre, le fils du Grand Turc ?

COVIELLE

Le fils du Grand Turc votre gendre. Comme je le fus voir, et que j'entends parfaitement sa langue, il s'entretint avec moi ; et, après quelques autres discours, il me dit : *Acciam croc soler ouch alla moustaph gidelum amanahem varahini oussere carbulath*, c'est-à-dire : « N'as-tu point vu une jeune belle personne, qui est la fille de monsieur Jourdain, gentilhomme parisien ? »

M. JOURDAIN

Le fils du Grand Turc dit cela de moi ?

COVIELLE

Oui. Comme je lui eus répondu que je vous connaissais particulièrement, et que j'avais vu votre fille : « Ah ! me dit-il, *Marababa sahem* », c'est-à-dire : « Ah ! que je suis amoureux d'elle ! »

M. JOURDAIN

Marababa sahem veut dire : Ah ! que je suis amoureux d'elle ?

COVIELLE

Oui.

M. JOURDAIN

Par ma foi, vous faites bien de me le dire ; car, pour moi, je n'aurais jamais cru que *marababa sahem* eût voulu dire : Ah ! que je suis amoureux d'elle ! Voilà une langue admirable que ce turc !

COVIELLE

Plus admirable qu'on ne peut croire. Savez-vous bien ce que veut dire *cacaracamouchen* ?

M. JOURDAIN

Cacaracamouchen ? Non.

COVIELLE

C'est-à-dire, Ma chère âme.

M. JOURDAIN

Cacaracamouchen veut dire : Ma chère âme !

COVIELLE

Oui.

M. JOURDAIN

Voilà qui est merveilleux. *Cacaracamouchen*, Ma chère âme. Dirait-on jamais cela ? Voilà qui me confond.

COVIELLE

Enfin, pour achever mon ambassade, il vient vous demander votre fille en mariage ; et, pour avoir un beau-père qui soit digne de lui, il veut vous faire *Mamamouchi*, qui est une certaine grande dignité de son pays.

M. JOURDAIN

Mamamouchi ?

COVIELLE

Oui, *Mamamouchi* ; c'est-à-dire, en notre langue, paladin. Paladin, ce sont de ces anciens... Paladin, enfin. Il n'y a rien de plus noble que cela dans le monde, et vous irez de pair avec les plus grands seigneurs de la terre.

M. JOURDAIN

Le fils du Grand Turc m'honore beaucoup, et je vous prie de me mener chez lui pour lui en faire mes remerciements.

COVIELLE

Comment ! le voilà qui va venir ici.

M. JOURDAIN

Il va venir ici ?

COVIELLE

Oui ; et il amène toutes choses pour la cérémonie de votre dignité.

M. JOURDAIN

Voilà qui est bien prompt.

COVIELLE

Son amour ne peut souffrir aucun retardement.

M. JOURDAIN

Tout ce qui m'embarrasse ici, c'est que ma fille est une opiniâtre qui s'est allée mettre dans la tête un certain Cléonte, et elle jure de n'épouser personne que celui-là.

COVIELLE

Elle changera de sentiment quand elle verra le fils du Grand Turc ; et puis il se rencontre ici une aventure merveilleuse, c'est que le fils du Grand Turc ressemble à ce Cléonte, à peu de chose près. Je viens de le voir, on me l'a montré ; et l'amour qu'elle a pour l'un pourra passer aisément à l'autre, et... Je l'entends venir ; le voilà.

Scène IV : Cléonte, en Turc,
trois Pages, portant la veste de Cléonte,
M. Jourdain, Covielle.

CLÉONTE

Ambousahim oqui boraf, Jordina, salamalequi.

COVIELLE, *à M. Jourdain.*

C'est-à-dire : « Monsieur Jourdain, votre cœur soit toute l'année comme un rosier fleuri. » Ce sont façons de parler obligeantes de ces pays-là.

M. JOURDAIN

Je suis très humble serviteur de son altesse turque.

COVIELLE

Carigar camboto oustin moraf.

CLÉONTE

Oustin yoc catamalequi basum base alla moran.

COVIELLE

Il dit : « Que le ciel vous donne la force des lions et la prudence des serpents. »

M. JOURDAIN

Son altesse turque m'honore trop, et je lui souhaite toutes sortes de prospérités.

COVIELLE

Ossa binamen sadoc baballi oracaf ouram.

CLÉONTE

Bel-men.

COVIELLE

Il dit que vous alliez vite avec lui vous préparer pour la cérémonie, afin de voir ensuite votre fille, et de conclure le mariage.

M. JOURDAIN

Tant de choses en deux mots ?

COVIELLE

Oui. La langue turque est comme cela, elle dit beaucoup en peu de paroles. Allez vite où il souhaite.

Scène V : Covielle, Dorante.

COVIELLE

Ah ! ah ! ah ! Ma foi, cela est tout à fait drôle. Quelle dupe ! quand il aurait appris son rôle par cœur, il ne pourrait pas le mieux jouer. Ah ! ah ! Je vous prie, monsieur, de nous vouloir aider céans dans une affaire qui s'y passe.

DORANTE

Ah ! ah ! Covielle, qui t'aurait reconnu ? Comme te voilà ajusté !

COVIELLE

Vous voyez. Ah ! ah !

DORANTE

De quoi ris-tu ?

COVIELLE

D'une chose, monsieur, qui le mérite bien.

DORANTE

Comment ?

COVIELLE

Je vous le donnerais en bien des fois, monsieur, à deviner le stratagème dont nous nous servons auprès de monsieur Jourdain, pour porter son esprit à donner sa fille à mon maître.

DORANTE

Je ne devine point le stratagème ; mais je devine qu'il ne manquera pas de faire son effet, puisque tu l'entreprends.

COVIELLE

Je sais, monsieur, que la bête vous est connue.

DORANTE

Apprends-moi ce que c'est.

COVIELLE

Prenez la peine de vous tirer un peu plus loin, pour faire place à ce que j'aperçois venir. Vous pourrez voir une partie de l'histoire, tandis que je vous conterai le reste.

La cérémonie turque pour ennoblir le Bourgeois se fait en danse et en musique et compose le quatrième intermède.

PREMIÈRE ENTRÉE DE BALLET

Six Turcs entrent gravement deux à deux, au son des instruments. Ils portent trois tapis qu'ils lèvent fort haut, après en avoir fait, en dansant, plusieurs figures. Les Turcs chantants passent par-dessous ces tapis pour s'aller ranger aux deux côtés du théâtre. Le mufti, accompagné des dervis, ferme cette marche.
Alors les Turcs étendent les tapis par terre, et se mettent dessus à genoux. Le mufti et les dervis restent debout au milieu d'eux ; et, pendant que le mufti invoque Mahomet, en faisant beaucoup de contorsions et de grimaces, sans proférer une seule parole, les Turcs assistants se prosternent jusqu'à terre, chantant Alli, lèvent les bras au ciel, en chantant Alla ; ce qu'ils continuent jusqu'à la fin de l'invocation, après laquelle ils se lèvent tous, chantant Alla ekber [4] *; et deux dervis vont chercher M. Jourdain.*

LE MUFTI, *à M. Jourdain, vêtu à la turque, la tête rasée, sans turban et sans sabre.*

Se ti sabir,
Ti respondir ;
Se non sabir,
Tazir, tazir.
Mi star mufti,
Ti qui star si ?
Non intendir :
Tazir, tazir.

Deux dervis font retirer M. Jourdain.

LE MUFTI

Dice, Turque, qui star quista ? Anabatista ? anabatista ?

LES TURCS

Ioc.

LE MUFTI

Zuinglista ?

LES TURCS

Ioc.

LE MUFTI

Coffita [5] ?

4. *Alla ekber* signifie : Dieu est grand.
5. *Si tu sais, réponds : si tu ne sais pas, tais-toi. Je suis le mufti. Toi, qui es-tu ? Tu ne comprends pas ; tais-toi. Dis, Turc, qui est celui-ci ? Est-il anabaptiste ? — Ioc,* ou plutôt *yoc, mot turc qui signifie non. — Zuinglista, zwinglien, ou de la secte de Zwingle. — Coffita, cophtite ou copte, chrétien d'Egypte, de la secte des jacobites.*

LES TURCS

Ioc.

LE MUFTI

Hussita ? Morista ? Fronista ?

LES TURCS

Ioc, ioc, ioc.

LE MUFTI

Ioc, ioc, ioc. Star pagana ?

LES TURCS

Ioc.

LE MUFTI

Luterana ?

LES TURCS

Ioc.

LE MUFTI

Puritana ?

LES TURCS

Ioc.

LE MUFTI

Bramina ? Moffina ? Zurina ?

LES TURCS

Ioc, ioc, ioc.

LE MUFTI

Ioc, ioc, ioc. Mahametana ? Mahametana ?

LES TURCS

Hey valla. Hey valla.

LE MUFTI

Como chamara ? Como chamara " ?

LES TURCS

Giourdina, Giourdina.

LE MUFTI, *sautant.*

Giourdina, Giourdina.

LES TURCS

Giourdina, Giourdina.

LE MUFTI

Mahametta, per Giourdina,
Mi pregar, sera é matina.
Voler far un paladina
Dé Giourdina, dé Giourdina ;
Dar turbanta, é dar scarcina,
Con galera, é brigantina,
Per deffender Palestina.
Mahametta, per Giourdina,
Mi pregar sera é matina.
(Aux Turcs.)
Star bon Turca Giourdina ⁷ ?

LES TURCS

Hey valla. Hey valla.

LE MUFTI, *chantant et dansant.*

Hu la ba ba la chou ba la ba ba la da.

LES TURCS

Hu la ba ba la chou ba la ba ba la da.

DEUXIÈME ENTRÉE DE BALLET

*Le mufti revient coiffé avec son turban de céré-
monie, qui est d'une grosseur démesurée, et garni
de bougies allumées à quatre ou cinq rangs : il
est accompagné de deux dervis qui portent l'Alcoran, et qui ont des bonnets pointus, garnis aussi
de bougies allumées.*
*Les deux autres dervis amènent M. Jourdain, et
le font mettre à genoux, les mains par terre, de
façon que son dos, sur lequel est mis l'Alcoran,
sert de pupître au mufti, qui fait une seconde
invocation burlesque, fronçant le sourcil, frappant
de temps en temps sur l'Alcoran, et tournant les
feuillets avec précipitation ; après quoi, en levant
les bras au ciel, le mufti crie à haute voix, Hou.
Pendant cette seconde invocation, les Turcs assistants, s'inclinant et se relevant alternativement,
chantent aussi, Hou, hou, hou ⁸.*

M. JOURDAIN, *après qu'on lui
a ôté l'Alcoran de dessus le dos.*

Ouf.

LE MUFTI, *à M. Jourdain.*

Ti non star furba ?

LES TURCS

No, no, no.

LE MUFTI

No star furfanta ?

LES TURCS

No, no, no,

LE MUFTI, *aux Turcs.*

Donar turbanta.

LES TURCS

Ti non star furba ?
No, no, no.
Non star furfanta ?
No, no, no.
Donar turbanta ⁹.

TROISIÈME ENTRÉE DE BALLET

*Les Turcs dansants mettent le turban sur la tête
de M. Jourdain au son des instruments.*

LE MUFTI, *donnant le sabre à M. Jourdain.*

Ti star nobile, non star fabbola.
Pigliar schiabbola ¹⁰.

LES TURCS, *mettant le sabre à la main.*

Ti star nobile, non star fabbola.
Pigliar schiabbola.

6. *Hussita*, hussite, ou de la secte de Jean Hus.
Morista, more. *Fronista*, peut-être phrontiste ou contem-
platif. « Est-il païen ? » *Luterana*, luthérien. — *Puritana*, puritain. — *Bramina*, bramine. Quant à *Moffina* et à *Zurina*, ce sont probablement des noms d'invention. — *Hey valla*, mots arabes qui devraient être
écrits, *Ei Vallah*, et qui signifient : Oui, par Dieu. —
Como chamara ? Comment se nomme-t-il ?
7. *Je prierai soir et matin Mahomet pour Jourdain.
Je veux faire de Jourdain un paladin. Je lui donnerai
turban et sabre, avec galère et brigantin, pour défendre
la Palestine. Je prierai soir et matin Mahomet pour
Jourdain. (Aux Turcs.) Jourdain est-il bon Turc ?*

8. *Hou*, mot arabe qui signifie *lui*, est un des noms que
les musulmans donnent à Dieu : ils ne le prononcent
qu'avec une crainte respectueuse.
9. *Tu n'es point fourbe ?* — *Tu n'es point imposteur ?* — *Donnez le turban.*
10. *Tu es noble, ce n'est point une fable. Prends ce
sabre.*

QUATRIÈME ENTRÉE DE BALLET

Les Turcs dansants donnent en cadence plusieurs
coups de sabre à M. Jourdain.

LE MUFTI
Dara, dara
Bastonnara [11].
LES TURCS
Dara, dara
Bastonnara.

CINQUIÈME ENTRÉE DE BALLET

Les Turcs dansants donnent à M. Jourdain des
coups de bâton en cadence.

LE MUFTI
Non tener honta,
Questa star l'ultima affronta [12].
LES TURCS
Non tener honta,
Questa star l'ultima affronta.

Le mufti commence une troisième invocation. Les
dervis le soutiennent par-dessous les bras avec
respect ; après quoi les Turcs, chantants et dan-
sants sautant autour du mufti, se retirent avec
lui, et emmènent M. Jourdain.

ACTE CINQUIEME

Scène I : Madame Jourdain, M. Jourdain.

MADAME JOURDAIN
Ah ! mon Dieu, miséricorde ! Qu'est-ce que c'est
donc que cela ? Quelle figure ! Est-ce un momon
que vous allez porter, et est-il temps d'aller en
masque ? Parlez donc, qu'est-ce que c'est que ceci ?
Qui vous a fagoté comme cela ?
M. JOURDAIN
Voyez l'impertinente, de parler de la sorte à un
mamamouchi.
MADAME JOURDAIN
Comment donc ?
M. JOURDAIN
Oui, il me faut porter du respect maintenant, et
l'on vient de me faire *mamamouchi.*
MADAME JOURDAIN
Que voulez-vous dire avec votre *mamamouchi ?*
M. JOURDAIN
Mamamouchi, vous dis-je. Je suis *mamamouchi.*
MADAME JOURDAIN
Quelle bête est-ce là ?
M. JOURDAIN
Mamamouchi, c'est-à-dire, en notre langue, pa-
ladin.

11. *Donnez, donnez la bastonnade. Bastonata serait sûre-*
ment plus exact que *bastonnara ;* mais il fallait rimer avec
dara.
12. *Naie point honte, c'est le dernier affront. (Tra-*
duction par Auger.)

MADAME JOURDAIN
Baladin ? Etes-vous en âge de danser des ballets ?
M. JOURDAIN
Quelle ignorante ! Je dis paladin : c'est une dignité
dont on vient de me faire la cérémonie.
MADAME JOURDAIN
Quelle cérémonie donc ?
M. JOURDAIN
Mahameta per Jordina.
MADAME JOURDAIN
Qu'est-ce que cela veut dire ?
M. JOURDAIN
Jordina, c'est-à-dire Jourdain.
MADAME JOURDAIN
Hé bien ! quoi, Jourdain ?
M. JOURDAIN
Voler far un paladina de Jordina.
MADAME JOURDAIN
Comment ?
M. JOURDAIN
Dar turbanta con galera.
MADAME JOURDAIN
Qu'est-ce à dire, cela ?
M. JOURDAIN
Per deffender Palestina.
MADAME JOURDAIN
Que voulez-vous donc dire ?
M. JOURDAIN
Dara, dara bastonnara.
MADAME JOURDAIN
Qu'est-ce donc que ce jargon-là ?
M. JOURDAIN
No tener honta, questa star l'ultima affronta.
MADAME JOURDAIN
Qu'est-ce que c'est donc que tout cela ?
M. JOURDAIN, *chantant et dansant.*
Hou la ba ba la chou ba la ba ba la da. (Il tombe
par terre.)
MADAME JOURDAIN
Hélas ! mon Dieu, mon mari est devenu fou !
M. JOURDAIN, *se relevant et s'en allant.*
Paix, insolente ! Portez respect à monsieur le *ma-*
mamouchi.
MADAME JOURDAIN, *seule.*
Où est-ce donc qu'il a perdu l'esprit ? Courons
l'empêcher de sortir. (*Apercevant Dorimène et*
Dorante.) Ah ! ah ! voici justement le reste de
notre écu ! Je ne vois que chagrin de tous les
côtés.

Scène II : Dorante, Dorimène.

DORANTE
Oui, madame, vous verrez la plus plaisante chose
qu'on puisse voir ; et je ne crois pas que dans tout
le monde il soit possible de trouver encore un
homme aussi fou que celui-là. Et puis, madame,
il faut tâcher de servir l'amour de Cléonte, et
d'appuyer toute sa mascarade. C'est un fort galant
homme, et qui mérite que l'on s'intéresse pour
lui.

DORIMÈNE

J'en fais beaucoup de cas, et il est digne d'une bonne fortune.

DORANTE

Outre cela, nous avons ici, madame, un ballet qui nous revient, que nous ne devons pas laisser perdre ; et il faut bien voir si mon idée pourra réussir.

DORIMÈNE

J'ai vu là des apprêts magnifiques, et ce sont des choses, Dorante, que je ne puis plus souffrir. Oui, je veux enfin vous empêcher vos profusions : et pour rompre le cours à toutes les dépenses que je vous vois faire pour moi, j'ai résolu de me marier promptement avec vous. C'en est le vrai secret ; et toutes ces choses finissent avec le mariage.

DORANTE

Ah ! madame, est-il possible que vous ayez pu prendre pour moi une aussi douce résolution ?

DORIMÈNE

Ce n'est que pour vous empêcher de vous ruiner ; et sans cela, je vois bien qu'avant qu'il fût peu vous n'auriez pas un sou.

DORANTE

Que j'ai d'obligation, madame, aux soins que vous avez de conserver mon bien ! Il est entièrement à vous, aussi bien que mon cœur ; et vous en userez de la façon qu'il vous plaira.

DORIMÈNE

J'userai bien de tous les deux. Mais voici votre homme : la figure en est admirable.

Scène III : M. Jourdain, Dorimène,
Dorante.

DORANTE

Monsieur, nous venons rendre hommage, madame et moi, à votre nouvelle dignité, et nous réjouir avec vous du mariage que vous faites de votre fille, avec le fils du Grand Turc.

M. JOURDAIN, *après avoir fait les*
révérences à la turque.

Monsieur, je vous souhaite la force des serpents et la prudence des lions.

DORIMÈNE

J'ai été bien aise d'être des premières, monsieur, à venir vous féliciter du haut degré de gloire où vous êtes monté.

M. JOURDAIN

Madame, je vous souhaite toute l'année votre rosier fleuri. Je vous suis infiniment obligé de prendre part aux honneurs qui m'arrivent ; et j'ai beaucoup de joie de vous voir revenue ici pour vous faire les très humbles excuses de l'extravagance de ma femme.

DORIMÈNE

Cela n'est rien ; j'excuse en elle un pareil mouvement : votre cœur lui doit être précieux ; et il n'est pas étrange que la possession d'un homme comme vous puisse inspirer quelques alarmes.

M. JOURDAIN

La possession de mon cœur est une chose qui vous est toute acquise.

DORANTE

Vous voyez, madame, que monsieur Jourdain n'est pas de ces gens que les prospérités aveuglent, et qu'il sait, dans sa grandeur, connaître encore ses amis.

DORIMÈNE

C'est la marque d'une âme tout à fait généreuse.

DORANTE

Où est donc son altesse turque ? nous voudrions bien, comme vos amis, lui rendre nos devoirs.

M. JOURDAIN

Le voilà qui vient ; et j'ai envoyé quérir ma fille pour lui donner la main.

Scène IV : M. Jourdain, Dorimène, Dorante,
Cléonte, habillé en Turc, Covielle.

DORANTE, *à Cléonte.*

Monsieur, nous venons faire la révérence à votre altesse, comme amis de monsieur votre beau-père, et l'assurer avec respect de nos très humbles services.

M. JOURDAIN

Où est le truchement, pour lui dire qui vous êtes, et lui faire entendre ce que vous dites ? Vous verrez qu'il vous répondra ; et il parle turc à merveille. (*A Cléonte.*) Holà ! où diantre est-il allé ? *Strouf, strif, strof, straf.* Monsieur est un *grande segnore, grande segnore, grande segnore ;* et madame, une *granda dama, granda dama.* (*Voyant qu'il ne se fait point entendre.*) Ahi, (*A Cléonte, montrant Dorante.*) lui, monsieur, lui *mamamouchi* français, et madame *mamamouchie* française. Je ne puis pas parler plus clairement. Bon ! voici l'interprète. Où allez-vous donc ? nous ne saurions rien dire sans vous. (*Montrant Cléonte.*) Dites-lui un peu que monsieur et madame sont des personnes de grande qualité, qui lui viennent faire la révérence, comme mes amis, et l'assurer de leurs services. (*A Dorimène et à Dorante.*) Vous allez voir comme il va répondre.

COVIELLE

Alabala crociam acci boram alabamen.

CLÉONTE

Catalequi tubal ourin soter amalouchan.

M. JOURDAIN, *à Dorimène et à Dorante.*

Voyez-vous ?

COVIELLE

Il dit que la pluie des prospérités arrose en tout temps le jardin de votre famille.

M. JOURDAIN

Je vous l'avais bien dit, qu'il parle turc.

DORIMÈNE

Cela est admirable !

Scène V : Lucile, Cléonte, M. Jourdain,
Dorimène, Dorante, Covielle.

M. JOURDAIN

Venez, ma fille, approchez-vous, et venez donner
votre main à monsieur, qui vous fait l'honneur de
vous demander en mariage.

LUCILE

Comment ! mon père, comme vous voilà fait ?
Est-ce une comédie que vous jouez ?

M. JOURDAIN

Non, non, ce n'est pas une comédie ; c'est une
affaire fort sérieuse, et la plus pleine d'honneur
pour vous qui se peut souhaiter. (*Montrant Cléonte.*) Voilà le mari que je vous donne.

LUCILE

A moi, mon père !

M. JOURDAIN

Oui, à vous. Allons, touchez-lui dans la main, et
rendez grâces au ciel de votre bonheur.

LUCILE

Je ne veux point me marier.

M. JOURDAIN

Je le veux, moi, qui suis votre père.

LUCILE

Je n'en ferai rien.

M. JOURDAIN

Ah ! que de bruit ! allons, vous dis-je. Çà, votre
main.

LUCILE

Non, mon père ; je vous l'ai dit, il n'est point
de pouvoir qui me puisse obliger à prendre un
autre mari que Cléonte ; et je me résoudrai plutôt à toutes les extrémités que de... (*Reconnaissant
Cléonte.*) Il est vrai que vous êtes mon père ; je
vous dois entière obéissance ; et c'est à vous à
disposer de moi selon vos volontés.

M. JOURDAIN

Ah ! je suis ravi de vous voir si promptement
revenue dans votre devoir ; et voilà qui me plaît
d'avoir une fille obéissante.

Scène VI : Madame Jourdain, Cléonte,
M. Jourdain, Lucile, Dorante,
Dorimène, Covielle.

MADAME JOURDAIN

Comment donc ! qu'est-ce que c'est que ceci ? on
dit que vous voulez donner votre fille en mariage
à un carême-prenant !

M. JOURDAIN

Voulez-vous vous taire, impertinente ? Vous venez
toujours mêler vos extravagances à toutes choses ;
et il n'y a pas moyen de vous apprendre à être
raisonnable.

MADAME JOURDAIN

C'est vous qu'il n'y a pas moyen de rendre sage ;
et vous allez de folie en folie. Quel est votre
dessein, et que voulez-vous faire avec cet assemblage ?

M. JOURDAIN

Je veux marier notre fille avec le fils du Grand
Turc.

MADAME JOURDAIN

Avec le fils du Grand Turc ?

M. JOURDAIN, *montrant Covielle.*

Oui. Faites-lui faire vos compliments par le truchement que voilà

MADAME JOURDAIN

Je n'ai que faire du truchement ; et je lui dirai
bien moi-même, à son nez, qu'il n'aura point ma
fille.

M. JOURDAIN

Voulez-vous vous taire, encore une fois ?

DORANTE

Comment, madame Jourdain, vous vous opposez
à un bonheur comme celui-là ? vous refusez son
altesse turque pour gendre ?

MADAME JOURDAIN

Mon Dieu ! monsieur, mêlez-vous de vos affaires.

DORIMÈNE

C'est une grande gloire qui n'est pas à rejeter.

MADAME JOURDAIN

Madame, je vous prie aussi de ne vous point
embarrasser de ce qui ne vous touche pas.

DORANTE

C'est l'amitié que nous avons pour vous qui nous
fait intéresser dans vos avantages.

MADAME JOURDAIN

Je me passerai bien de votre amitié.

DORANTE

Voilà votre fille qui consent aux volontés de son
père.

MADAME JOURDAIN

Ma fille consent à épouser un Turc ?

DORANTE

Sans doute.

MADAME JOURDAIN

Elle peut oublier Cléonte ?

DORANTE

Que ne fait-on pas pour être grand'dame ?

MADAME JOURDAIN

Je l'étranglerais de mes mains, si elle avait fait un
coup comme celui-là.

M. JOURDAIN

Voilà bien du caquet ! Je vous dis que ce mariage-
là se fera.

MADAME JOURDAIN

Je vous dis, moi, qu'il ne se fera point.

M. JOURDAIN

Ah ! que de bruit !

LUCILE

Ma mère !

MADAME JOURDAIN

Allez. Vous êtes une coquine !

M. JOURDAIN, *à madame Jourdain.*

Quoi ! vous la querellez de ce qu'elle m'obéit ?

MADAME JOURDAIN

Oui ; elle est à moi aussi bien qu'à vous.

COVIELLE, *à madame Jourdain.*

Madame !

MADAME JOURDAIN

Que voulez-vous me conter, vous ?

COVIELLE

Un mot.

MADAME JOURDAIN

Je n'ai que faire de votre mot.

COVIELLE, à M. Jourdain.

Monsieur, si elle veut écouter une parole en particulier, je vous promets de la faire consentir à
ce que vous voulez.

MADAME JOURDAIN

Je n'y consentirai point.

COVIELLE

Ecoutez-moi seulement.

MADAME JOURDAIN

Non.

M. JOURDAIN, à madame Jourdain.

Ecoutez-le.

MADAME JOURDAIN

Non : je ne veux pas écouter.

M. JOURDAIN

Il vous dira...

MADAME JOURDAIN

Je ne veux point qu'il me dise rien.

M. JOURDAIN

Voilà une grande obstination de femme ! Cela
vous fera-t-il mal de l'entendre ?

COVIELLE

Ne faites que m'écouter ; vous ferez après ce qu'il
vous plaira.

MADAME JOURDAIN

Hé bien ! quoi ?

COVIELLE, bas, à madame Jourdain.

Il y a une heure, madame, que nous vous faisons
signe : ne voyez-vous pas bien que tout ceci n'est
fait que pour nous ajuster aux visions de votre
mari ; que nous l'abusons sous ce déguisement, et
que c'est Cléonte lui-même qui est le fils du
Grand Turc ?

MADAME JOURDAIN, bas, à Covielle.

Ah ! ah !

COVIELLE, bas, à madame Jourdain.

Et moi, Covielle, qui suis le truchement.

MADAME JOURDAIN, bas, à Covielle.

Ah ! comme cela, je me rends.

COVIELLE, bas, à madame Jourdain.

Ne faites pas semblant de rien.

MADAME JOURDAIN, haut.

Oui, voilà qui est fait ; je consens au mariage.

M. JOURDAIN

Ah ! voilà tout le monde raisonnable. (A madame
Jourdain.) Vous ne vouliez pas l'écouter. Je savais
bien qu'il vous expliquerait ce que c'est que le fils
du Grand Turc.

MADAME JOURDAIN

Il me l'a expliqué comme il faut, et j'en suis
satisfaite. Envoyons quérir un notaire.

DORANTE

C'est fort bien dit. Et afin, madame Jourdain,
que vous puissiez avoir l'esprit tout à fait content,
et que vous perdiez aujourd'hui toute la jalousie

que vous pourriez avoir conçue de monsieur votre
mari, c'est que nous nous servirons du même
notaire pour nous marier, madame et moi.

MADAME JOURDAIN

Je consens aussi à cela.

M. JOURDAIN, bas, à Dorante.

C'est pour lui faire accroire.

DORANTE, bas, à M. Jourdain.

Il faut bien l'amuser avec cette feinte.

M. JOURDAIN, bas.

Bon, bon ! (Haut.) Qu'on aille quérir le notaire.

DORANTE

Tandis qu'il viendra et qu'il dressera les contrats,
voyons notre ballet, et donnons-en le divertissement à son altesse turque.

M. JOURDAIN

C'est fort bien avisé. Allons prendre nos places.

MADAME JOURDAIN

Et Nicole ?

M. JOURDAIN

Je la donne au truchement ; et ma femme, à qui
la voudra.

COVIELLE

Monsieur, je vous remercie. (A part.) Si l'on en
peut voir un plus fou, je l'irai dire à Rome.

La comédie finit par un petit ballet qui avait été
préparé.

PREMIÈRE ENTRÉE

Un homme vient donner les livres du ballet, qui
d'abord est fatigué par une multitude de gens
de provinces différentes, qui crient en musique
pour en avoir, et par trois importuns qu'il trouve
toujours sur ses pas.

Dialogue des gens
qui en musique demandent des livres.

TOUS

A moi, monsieur, à moi, de grâce, à moi, mon-
Un livre, s'il vous plaît, à votre serviteur.   [sieur :

HOMME DU BEL AIR

Monsieur, distinguez-nous parmi les gens qui crient.
Quelques livres ici ; les dames vous en prient.

AUTRE HOMME DU BEL AIR

Holà, monsieur ! monsieur, ayez la charité
D'en jeter de notre côté.

FEMME DU BEL AIR

Mon Dieu ! qu'aux personnes bien faites
On sait peu rendre honneur céans !

AUTRE FEMME DU BEL AIR

Ils n'ont des livres et des bancs
Que pour mesdames les grisettes.

GASCON

Ah ! l'homme aux libres, qu'on m'en vaille.
J'ai déjà lé poumon usé.
Bous boyez qué chacun mé raille.
Et jé suis escandalisé
Dé boir ès mains de la canaille
Ce qui m'est par bous refusé.

AUTRE GASCON

Hé ! cadédis, monseu, boyez qui l'on pût être.
Un libret, jé bous prie, au varon d'Asbarat.
Jé pensé, mordi, qué lé fat
N'a pas l'honnur dé mé connaître.

LE SUISSE

Montsir le donner de papieir,
Que vuel dire sti façon de fifre ?
Moi l'écorchair tout mon gosieir
                A crieir,
Sans que je pouvre afoir ein liffre.
Pardi, ma foi, montsir, je pense fous l'être ifre.

VIEUX BOURGEOIS BABILLARD

De tout ceci, franc et net,
        Je suis mal satisfait.
    Et cela sans doute est laid,
            Que notre fille
    Si bien faite et si gentille,
    De tant d'amoureux l'objet,
        N'ait pas à son souhait
            Un livre de ballet,
            Pour lire le sujet
    Du divertissement qu'on fait,
    Et que toute notre famille
            Si proprement s'habille
    Pour être placée au sommet
        De la salle où l'on met
        Les gens de Lantriguet :
    De tout ceci, franc et net,
        Je suis mal satisfait ;
        Et cela sans doute est laid.

VIEILLE BOURGEOISE BABILLARDE

Il est vrai que c'est une honte ;
Le sang au visage me monte ;
Et ce jeteur de vers, qui manque au capital,
            L'entend fort mal :
                C'est un brutal,
                Un vrai cheval,
                Franc animal,
    De faire si peu de compte
D'une fille qui fait l'ornement principal
    Du quartier du Palais-Royal,
    Et que, ces jours passés, un comte
    Fut prendre la première au bal.
            Il l'entend mal ;
                C'est un brutal,
                Un vrai cheval,
                Franc animal.

HOMMES ET FEMMES DU BEL AIR

Ah ! quel bruit !
            Quel fracas !
                    Quel chaos !
                        Quel mélange !
Quelle confusion !
                Quelle cohue étrange !
Quel désordre !
            Quel embarras !
On y sèche.
            L'on n'y tient pas.

GASCON

Bentré ! jé suis à vout.

AUTRE GASCON

            J'enragé, Diou mé damne.

LE SUISSE

Ah ! que l'y faire saif dans sti sal de cians !

GASCON

Jé murs !

AUTRE GASCON

            Jé perds la tramontane !

LE SUISSE

Mon foi, moi, le foudrais être hors de dedans.

VIEUX BOURGEOIS BABILLARD

            Allons, ma mie,
            Suivez mes pas,
            Je vous en prie,
        Et ne me quittez pas.
On fait de nous trop peu de cas,
            Et je suis las
                De ce tracas,
                Tout ce fracas,
                Cet embarras,
Me pèse par trop sur les bras.
        S'il me prend jamais envie
        De retourner de ma vie
        A ballet ni comédie,
        Je veux bien qu'on m'estropie.
            Allons, ma mie,
            Suivez mes pas,
            Je vous en prie,
        Et ne me quittez pas.
On fait de nous trop peu de cas.

VIEILLE BOURGEOISE BABILLARDE

Allons, mon mignon, mon fils,
Regagnons notre logis ;
Et sortons de ce taudis,
Où l'on ne peut être assis.
Ils seront bien ébaubis,
Quand ils nous verront partis.
Trop de confusion règne dans cette salle,
Et j'aimerais mieux être au milieu de la Halle.
Si jamais je reviens à semblable régale,
Je veux bien recevoir des soufflets plus de six.
        Allons, mon mignon, mon fils,
        Regagnons notre logis ;
        Et sortons de ce taudis,
        Où l'on ne peut être assis.

TOUS

A moi, monsieur, à moi, de grâce, à moi, mon-
Un livre, s'il vous plaît, à votre serviteur. [sieur :

SECONDE ENTRÉE

Les trois Importuns dansent.

TROISIÈME ENTRÉE

Trois Espagnols chantent.

        Sé que me muero de amor
        Y solicito el dolor.

        Aun muriendo de querer,
        De tan buen ayre adolezco
        Que es mas de lo que padezco,

Lo que quiero padecer ;
Y no pudiendo exceder
A mi deseo el rigor,

Sé que me muero de amor
Y solicito el dolor.

Lisonxeame la suerte
Con piedad tan advertida,
Que me asegura la vida
En el riesgo de la muerte.
Vivir de su golpe fuerte
Es de mi salud primor.

Sé que me muero de amor
Y solicito el dolor.

Six Espagnols dansent.

TROIS MUSICIENS ESPAGNOLS

Ay ! que locura, con tanto rigor
Quexarse de amor,
Del niño bonito
Que todo es dulzura.
Ay ! que locura !
Ay ! que locura !

ESPAGNOL, *chantant.*

El dolor solicita,
El que al dolor se da :
Y nadie de amor muere,
Sino quien no save amar.

DEUX ESPAGNOLS

Dulce muerte es el amor
Con correspondencia igual ;
Y si esta gozamos hoy,
Porque la quieres turbar ?

UN ESPAGNOL

Alegrese enamorado
Y tome mi parecer,
Que en esto de querer,
Todo es hallar el vado.

TOUS TROIS ENSEMBLE

Vaya, vaya de fiestas !
Vaya de vayle !
Alegria, alegria, alegria !
Que esto de dolor es fantasia [13].

13. *Je sais que je me meurs d'amour, et je recherche la douleur.*
Quoique mourant de désir, je dépéris de si bon air, que ce que je désire souffrir est plus que ce que je souffre ; et la rigueur de mon mal ne peut excéder mon désir. Je sais, etc.
Le sort me flatte avec une pitié si attentive, qu'il m'assure la vie dans le danger de la mort. Vivre d'un coup si fort est le prodige de mon salut. Je sais, etc.
Ah ! quelle folie de se plaindre de l'Amour avec tant de rigueur ! de l'enfant gentil qui est la douceur même ! Ah ! quelle folie ! ah ! quelle folie !
La douleur tourmente celui qui s'abandonne à la douleur : et personne ne meurt d'amour, si ce n'est celui qui ne sait pas aimer.
L'amour est une douce mort, quand on est payé de retour : et si nous en jouissons aujourd'hui, pourquoi veux-tu troubler ?
Que l'amant se réjouisse, et adopte mon avis ; car, lorsqu'on désire, tout est de trouver le moyen.
Allons, allons, des fêtes ; allons, de la danse. Gai, gai, gai ! la douleur n'est qu'une fantaisie.

QUATRIÈME ENTRÉE

Italiens. Une musicienne italienne fait le premier récit, dont voici les paroles

Di rigori armata il seno,
Contro amor mi ribellai ;
Ma fui vinta in un baleno,
In mirar duo vaghi rai.
Ahi ! che resiste puoco
Cor di gelo a stral di fuoco !

Ma sì caro è'l mio tormento,
Dolce è sì la piaga mia,
Ch'il penare è'l mio contento,
E'l sanarmi è tirannia.
Ahi ! che più giova e piace,
Quanto amor è più vivace !

Après l'air que la musicienne a chanté, deux Scaramouches, deux Trivelins et un Arlequin représentent une nuit à la manière des comédiens italiens, en cadence. Un musicien italien se joint à la musicienne italienne, et chante avec elle les paroles qui suivent.

LE MUSICIEN ITALIEN

Bel tempo che vola
Rapisce il contento :
D'Amor ne la scola
Si coglie il momento.

LA MUSICIENNE

Insin che florida
Ride l' età,
Che pur tropp' orrida,
Da noi sen và :

TOUS DEUX

Sù cantiamo,
Sù godiamo
Ne' bei dì di gioventù ;
Perduto ben non si racquista più.

MUSICIEN

Pupilla ch' è vaga
Mill' alme incatena,
Fà dolce la piaga,
Felice la pena.

MUSICIENNE

Ma poiche frigida
Langue l' età,
Più l'alma rigida
Fiamme non ha.

TOUS DEUX

Sù cantiamo,
Sù godiamo
Ne' bei dì di gioventù ;
Perduto ben non si racquista più [14].

14. *Ayant armé mon sein de rigueurs, je me révoltai contre l'Amour ; mais je fus vaincue, avec la promptitude de l'éclair, en regardant deux beaux yeux. Ah ! qu'un cœur de glace résiste peu à une flèche de feu !*
Cependant mon tourment m'est si cher, et ma plaie m'est si douce, que ma peine fait mon bonheur, et que me guérir serait une tyrannie. Ah ! plus l'amour est vif, plus il a de charmes et cause de plaisir.
Le beau temps, qui s'envole, emporte le plaisir : à l'école d'amour on apprend à profiter du moment.

Après les dialogues italiens, les Scaramouches et Trivelins dansent une réjouissance.

CINQUIÈME ENTRÉE

Français. Deux musiciens poitevins dansent, et chantent les paroles qui suivent :

PREMIER MENUET

PREMIER MUSICIEN

Ah ! qu'il fait beau dans ces bocages !
Ah ! que le ciel donne un beau jour !

AUTRE MUSICIEN

Le rossignol, sous ces tendres feuillages,
Chante aux échos son doux retour !
Ce beau séjour,
Ces doux ramages,
Ce beau séjour
Nous invite à l'amour.

Tant que rit l'âge fleuri, qui trop promptement, hélas ! s'éloigne de nous,
Chantons, jouissons dans les beaux jours de la jeunesse ; un bien perdu ne se recouvre plus.
Un bel œil enchaîne mille cœurs ; ses blessures sont douces ; le mal qu'il cause est un bonheur.
Mais quand languit l'âge glacé, l'âme engourdie n'a plus de feux.
Chantons, jouissons dans les beaux jours de la jeunesse ; un bien perdu ne se recouvre plus. (Traduction par Auger.)

DEUXIÈME MENUET

TOUS DEUX ENSEMBLE

Vois, ma Climène,
Vois, sous ce chêne
S'entre-baiser ces oiseaux amoureux :
Ils n'ont rien dans leurs vœux
Qui les gêne ;
De leurs doux feux
Leur âme est pleine.
Qu'ils sont heureux !
Nous pouvons tous deux,
Si tu le veux,
Etre comme eux.

Six autres Français viennent après, vêtus galamment à la poitevine, trois en hommes et trois en femmes, accompagnés de huit flûtes et de hautbois, et dansent les menuets.

SIXIÈME ENTRÉE

Tout cela finit par le mélange des trois nations, et les applaudissements en danse et en musique de toute l'assistance, qui chante les deux vers qui suivent :

Quels spectacles charmants ! quels plaisirs goûtons-[nous !
Les dieux mêmes, les dieux n'en ont point de plus [doux.

PSYCHÉ

TRAGÉDIE-BALLET

« *Représentée pour le Roi dans la grande salle des machines du palais des Tuileries en janvier et durant tout le carnaval de l'année 1671, par la Troupe du Roi, et donnée au public sur le théâtre de la salle du Palais-Royal, le 24e juillet 1671.* » Cette pièce, publiée en 1674 dans les œuvres complètes de Molière, trouve place aussi bien dans celles de Corneille. L'avertissement du « libraire au lecteur » dit pourquoi. Sa part faite à Quinault — et à Lulli : outre la musique, une vingtaine de vers — il peut être passionnant de déceler, dans une assez étonnante osmose de deux styles, l'un pastichant l'autre et celui-ci veillant à ne pas trop décoller de celui-là, le relais d'une plume par l'autre.
Molière conçut le plan de l'œuvre et son mouvement dramatique. Il en écrivit le Prologue, l'acte I et les scènes premières des actes II et III. A Corneille revient tout le reste — onze cents vers — exécuté suivant les prescriptions du maître d'œuvre. La discipline consentie n'empêche pas le jaillissement d'un vieux cœur (soixante-cinq ans) élégiaque.
Le thème de Psyché, mis à la mode par Benserade, quinze ans auparavant, jour pour jour, dans un Ballet royal où Louis XIV dansa, puis par les Amours de Psyché et de Cupidon (1669) roman de La Fontaine, l'emporta sur le projet racinien — qu'on peut regretter — d'un Orphée et sur la proposition, par Quinault, d'un Enlèvement de Proserpine.

Il s'agissait de redonner vie au théâtre personnel du Roi, cette « salle des machines » équipée pour des spectacles genre Châtelet, et qui, inaugurée le 7 février 1662 après les noces de Louis XIV, n'avait plus été utilisée sauf en 1668 pour l'Amphitryon de Molière.
Psyché — cinq heures de représentation — fut prétexte à un vaste déploiement de mise en scène dont les frais grevèrent la reprise au Palais-Royal ; le succès les compensa heureusement. Succès sans postérité : deux cent quatre-vingts représentations en trois siècles, à la Comédie-Française.
On remarquera que Molière se contenta du petit rôle de Zéphire. Lors des représentations au Palais-Royal, Armande (Mlle Molière) qui interprétait « divinement » (Robinet dixit) Psyché, malade, fut remplacée un temps par Mlle Beauval, qui elle-même fut remplacée dans le rôle de Cidippe par la jeune Angélique Du Croisy laquelle y obtint un triomphe.
Le jeune Baron (dix-huit ans) qu'un ordre du Roi accompagné d'une lettre d' « une extrême bonté » de Molière avait fait réintégrer la troupe, « enlevait les cœurs » dans le rôle de l'Amour. Il paraît qu'à cette occasion il enleva — provisoirement — celui d'Armande, sa « gifleuse » de Mélicerte, cinq ans auparavant ; Armande pour qui, selon Robinet, le vieux Corneille avait une « estime extrême »...

PERSONNAGES

JUPITER (Du Croisy).

VÉNUS (Mlle de Brie).

L'AMOUR (Baron).

ZÉPHIRE (Molière).

ÆGIALE, *Grâce* (Mlle La Thorillière).

PHAÈNE, *Grâce* (Mlle Du Croisy).

LE ROI, *père de Psyché* (La Thorillière).

PSYCHÉ (Mlle Molière).

AGLAURE, *sœur de Psyché* (Mlle Marotte).

CIDIPPE, *sœur de Psyché* (Mlle Beauval).

CLÉOMÈNE, *prince, amant de Psyché* (Hubert).

AGÉNOR, *prince, amant de Psyché* (La Grange).

LYCAS, *capitaine des gardes* (Châteauneuf).

LE DIEU D'UN FLEUVE (De Brie).

DEUX PETITS AMOURS (La Thorillière fils, Barillonnet).

LE LIBRAIRE AU LECTEUR

Cet ouvrage n'est pas tout d'une main. M. Quinault a fait les paroles qui s'y chantent en musique, à la réserve de la plainte italienne. M. de Molière a dressé le plan de la pièce, et réglé la disposition, où il s'est attaché aux beautés et à la pompe du spectacle qu'à l'exacte régularité. Quant à la versification, il n'a pas eu le loisir de la faire entière. Le carnaval approchait ; et les ordres pressants du Roi, qui se voulait donner ce magnifique divertissement plusieurs fois avant le carême, l'ont mis dans la nécessité de souffrir un peu de secours. Ainsi il n'y a que le Prologue, le premier acte, la première scène du second, et la première du troisième, dont les vers soient de lui. M. Corneille a employé une quinzaine au reste ; et, par ce moyen, Sa Majesté s'est trouvée servie dans le temps qu'elle l'avait ordonné.

PROLOGUE

La scène représente, sur le devant, un lieu champêtre, et, dans l'enfoncement, un rocher percé à jour, à travers duquel on voit la mer en éloignement. Flore paraît au milieu du théâtre, accompagnée de Vertumne, dieu des arbres et des fruits, et de Palémon, dieu des eaux. Chacun de ces dieux conduit une troupe de divinités : l'un mène à sa suite des dryades et des sylvains ; et l'autre, les dieux des fleuves et des naïades. Flore chante ce récit pour inviter Vénus à descendre en terre :

Ce n'est plus le temps de la guerre :
   Le plus puissant des rois
   Interrompt ses exploits,
Pour donner la paix à la terre.
5 Descendez, mère des Amours,
Venez nous donner de beaux jours.

Vertumne et Palémon, avec les divinités qui les accompagnent, joignent leurs voix à celle de Flore, et chantent ces paroles :

CHŒUR DES DIVINITÉS *de la terre et des eaux, composé de Flore, nymphes, Palémon, Vertumne, sylvains, faunes, dryades et naïades.*

Nous goûtons une paix profonde,
Les plus doux jeux sont ici-bas.
On doit ce repos plein d'appas
0   Au plus grand roi du monde.
Descendez, mère des Amours,
Venez nous donner de beaux jours.

Il se fait ensuite une entrée de ballet, composée de deux dryades, quatre sylvains, deux fleuves et deux naïades : après laquelle Vertumne et Palémon chantent ce dialogue :

VERTUMNE
Rendez-vous, beautés cruelles,
Soupirez à votre tour.
PALÉMON
5 Voici la reine des belles,

Qui vient inspirer l'amour.
VERTUMNE
Un bel objet, toujours sévère,
Ne se fait jamais bien aimer.
PALÉMON
C'est la beauté qui commence de plaire,
Mais la douceur achève de charmer. 20
TOUS DEUX ENSEMBLE
C'est la beauté qui commence de plaire,
Mais la douceur achève de charmer.
VERTUMNE
Souffrons tous qu'Amour nous blesse ;
Languissons, puisqu'il le faut.
PALÉMON
Que sert un cœur sans tendresse ? 25
Est-il un plus grand défaut ?
VERTUMNE
Un bel objet, toujours sévère,
Ne se fait jamais bien aimer.
PALÉMON
C'est la beauté qui commence de plaire,
Mais la douceur achève de charmer. 30

FLORE *répond au dialogue de Vertumne*
   et de Palémon par ce menuet ;
et les autres divinités y mêlent leurs danses.

   Est-on sage,
   Dans le bel âge,
   Est-on sage
   De n'aimer pas ?
   Que, sans cesse, 35
   L'on se presse
De goûter les plaisirs ici-bas.
   La sagesse
   De la jeunesse,
C'est de savoir jouir de ses appas. 40

   L'Amour charme
   Ceux qu'il désarme ;
   L'Amour charme,
   Cédons-lui tous.
   Notre peine 45
   Serait vaine
De vouloir résister à ses coups ;
   Quelque chaîne
   Qu'un amant prenne,
La liberté n'a rien qui soit si doux. 50

Vénus descend du ciel dans une grande machine, avec l'Amour son fils, et deux petites Grâces nommées Ægiale et Phaène ; et les divinités de la terre et des eaux recommencent de joindre toutes leurs voix, et continuent par leurs danses de lui témoigner la joie qu'elles ressentent à son abord.

CHŒUR *de toutes les divinités*
   de la terre et des eaux.
Nous goûtons une paix profonde,
Les plus doux jeux sont ici-bas ;
On doit ce repos plein d'appas
   Au plus grand roi du monde.
Descendez, mère des Amours, 55
Venez nous donner de beaux jours.

VÉNUS, *dans sa machine.*

Cessez, cessez pour moi tous vos chants d'allégresse ;
De si rares honneurs ne m'appartiennent pas ;
Et l'hommage qu'ici votre bonté m'adresse
60 Doit être réservé pour de plus doux appas.
    C'est une trop vieille méthode
    De me venir faire sa cour ;
    Toutes les choses ont leur tour,
    Et Vénus n'est plus à la mode.
65   Il est d'autres attraits naissants
    Où l'on va porter ses encens.
Psyché, Psyché la belle, aujourd'hui tient ma place;
Déjà tout l'univers s'empresse à l'adorer ;
Et c'est trop que, dans ma disgrâce,
70 Je trouve encor quelqu'un qui me daigne honorer.
On ne balance point entre nos deux mérites ;
A quitter mon parti tout s'est licencié,
Et du nombreux amas de Grâces favorites
Dont je traînais partout les soins et l'amitié,
75 Il ne m'en est resté que deux des plus petites,
    Qui m'accompagnent par pitié.
    Souffrez que ces demeures sombres
Prêtent leur solitude au trouble de mon cœur,
    Et me laissez, parmi leurs ombres,
80   Cacher ma honte et ma douleur.
Flore et les autres déités se retirent, et Vénus, avec
sa suite, sort de sa machine.

ÆGIALE

    Nous ne savons, déesse, comment faire,
    Dans ce chagrin qu'on voit vous accabler.
    Notre respect veut se taire,
    Notre zèle veut parler.

VÉNUS

85 Parlez ; mais si vos soins aspirent à me plaire,
Laissez tous vos conseils pour une autre saison,
    Et ne parlez de ma colère
    Que pour dire que j'ai raison.
C'était là, c'était là la plus sensible offense
90 Que ma divinité pût jamais recevoir :
    Mais j'en aurai la vengeance,
    Si les dieux ont du pouvoir.

PHAÈNE

Vous avez plus que nous de clarté, de sagesse,
    Pour juger ce qui peut être digne de vous :
95 Mais, pour moi, j'aurais cru qu'une grande déesse
    Devrait moins se mettre en courroux.

VÉNUS

Et c'est là la raison de ce courroux extrême.
Plus mon rang a d'éclat, plus l'affront est sanglant ;
Et si je n'étais pas dans ce degré suprême,
100 Le dépit de mon cœur serait moins violent.
Moi, la fille du dieu qui lance le tonnerre,
    Mère du dieu qui fait aimer,
Moi, les plus doux souhaits du ciel et de la terre,
Et qui ne suis venue au jour que pour charmer,
105   Moi qui, par tout ce qui respire,
Ai vu de tant de vœux encenser mes autels,
Et qui de la beauté, par des droits immortels,
Ai tenu de tout temps le souverain empire,
Moi, dont les yeux ont mis deux grandes déités

Au point de me céder le prix de la plus belle,
Je me vois ma victoire et mes droits disputés
    Par une chétive mortelle !
Le ridicule excès d'un fol entêtement
Va jusqu'à m'opposer une petite fille !
Sur ses traits et les miens j'essuierai constamment
    Un téméraire jugement ;
    Et, du haut des cieux où je brille,
J'entendrai prononcer aux mortels prévenus :
    Elle est plus belle que Vénus !

ÆGIALE

Voilà comme l'on fait : c'est le style des hommes,
Ils sont impertinents dans leurs comparaisons.

PHAÈNE

Ils ne sauraient louer, dans le siècle où nous sommes,
    Qu'ils n'outragent les plus grands noms.

VÉNUS

Ah ! que de ces trois mots la rigueur insolente
    Venge bien Junon et Pallas,
Et console leurs cœurs de la gloire éclatante
Que la fameuse pomme acquit à mes appas !
Je les vois s'applaudir de mon inquiétude,
Affecter à toute heure un ris malicieux,
Et, d'un fixe regard, chercher avec étude
    Ma confusion dans mes yeux.
Leur triomphante joie, au fort d'un tel outrage,
Semble me venir dire, insultant mon courroux :
Vante, vante, Vénus, les traits de ton visage !
Au jugement d'un seul tu l'emportas sur nous ;
    Mais, par le jugement de tous,
Une simple mortelle a sur toi l'avantage.
Ah ! ce coup-là m'achève, il me perce le cœur ;
Je n'en puis plus souffrir les rigueurs sans égales ;
Et c'est trop de surcroît à ma vive douleur,
    Que le plaisir de mes rivales.
Mon fils, si j'eus jamais sur toi quelque crédit,
    Et si jamais je te fus chère,
Si tu portes un cœur à sentir le dépit
    Qui trouble le cœur d'une mère
    Qui si tendrement te chérit,
Emploie, emploie ici l'effort de ta puissance
    A soutenir mes intérêts ;
    Et fais à Psyché, par tes traits,
    Sentir les traits de ma vengeance.
    Pour rendre son cœur malheureux,
Prends celui de tes traits le plus propre à me plaire,
    Le plus empoisonné de ceux
    Que tu lances dans ta colère.
Du plus bas, du plus vil, du plus affreux mortel,
Fais que jusqu'à la rage elle soit enflammée,
Et qu'elle ait à souffrir le supplice cruel
    D'aimer et n'être point aimée.

L'AMOUR

Dans le monde on n'entend que plaintes de l'Amour;
On m'impute partout mille fautes commises,
Et vous ne croiriez point le mal et les sottises
    Que l'on dit de moi chaque jour.
    Si pour servir votre colère...

VÉNUS

Va, ne résiste point aux souhaits de ta mère ;

65 N'applique tes raisonnements
Qu'à chercher les plus prompts moments
De faire un sacrifice à ma gloire outragée.
Pars, pour toute réponse à mes empressements ;
Et ne me revois point que je ne sois vengée.

L'Amour s'envole, et Vénus se retire avec les Grâces.

*La scène est changée en une grande ville, où l'on dé-
couvre des deux côtés des palais et des maisons de
différents ordres d'architecture.*

ACTE PREMIER

Scène I : Aglaure, Cidippe.

AGLAURE

70 Il est des maux, ma sœur, que le silence aigrit :
Laissons, laissons parler mon chagrin et le vôtre,
Et de nos cœurs l'un à l'autre
Exhalons le cuisant dépit.
Nous nous voyons sœurs d'infortune ;
75 Et la vôtre et la mienne ont un si grand rapport,
Que nous pouvons mêler toutes les deux en une,
Et, dans notre juste transport,
Murmurer, à plainte commune,
Des cruautés de notre sort.
80 Quelle fatalité secrète,
Ma sœur, soumet tout l'univers
Aux attraits de notre cadette,
Et de tant de princes divers
Qu'en ces lieux la fortune jette,
85 N'en présente aucun à nos fers ?
Quoi ! voir de toutes parts, pour lui rendre les armes,
Les cœurs se précipiter,
Et passer devant nos charmes
Sans s'y vouloir arrêter !
90 Quel sort ont nos yeux en partage,
Et qu'est-ce qu'ils ont fait aux dieux,
De ne jouir d'aucun hommage
Parmi tous ces tributs de soupirs glorieux,
Dont le superbe avantage
95 Fait triompher d'autres yeux ?
Est-il pour nous, ma sœur, de plus rudes disgrâces,
Que de voir tous les cœurs mépriser nos appas,
Et l'heureuse Psyché jouir avec audace
D'une foule d'amants attachés à ses pas ?

CIDIPPE

00 Ah ! ma sœur, c'est une aventure
A faire perdre la raison ;
Et tous les maux de la nature
Ne sont rien en comparaison.

AGLAURE

Pour moi, j'en suis souvent jusqu'à verser des larmes.
05 Tout plaisir, tout repos, par là m'est arraché ;
Contre un pareil malheur, ma constance est sans ar-
Toujours à ce chagrin mon esprit attaché   [mes.
Me tient devant les yeux la honte de nos charmes,
Et le triomphe de Psyché.
10 La nuit, il m'en repasse une idée éternelle,

Qui sur toute chose prévaut.
Rien ne me peut chasser cette image cruelle ;
Et, dès qu'un doux sommeil me vient délivrer d'elle,
Dans mon esprit aussitôt
Quelque songe la rappelle,   215
Qui me réveille en sursaut.

CIDIPPE

Ma sœur, voilà mon martyre :
Dans vos discours je me vois ;
Et vous venez là de dire
Tout ce qui se passe en moi.   220

AGLAURE

Mais encor, raisonnons un peu sur cette affaire.
Quels charmes si puissants en elle sont épars ?
Et par où, dites-moi, du grand secret de plaire
L'honneur est-il acquis à ses moindres regards ?
Que voit-on dans sa personne   225
Pour inspirer tant d'ardeur ?
Quel droit de beauté lui donne
L'empire de tous les cœurs ?
Elle a quelques attraits, quelque éclat de jeunesse ;
On en tombe d'accord ; je n'en disconviens pas ;   230
Mais lui cède-t-on fort pour quelque peu d'aînesse,
Et se voit-on sans appas ?
Est-on d'une figure à faire qu'on se raille ?
N'a-t-on point quelques traits et quelques agréments,
Quelque teint, quelques yeux, quelque air et quelque   235
A pouvoir dans nos fers jeter quelques amants ? [taille
Ma sœur, faites-moi la grâce
De me parler franchement :
Suis-je faite d'un air, à votre jugement,
Que mon mérite au sien doive céder la place ?   240
Et, dans quelque ajustement,
Trouvez-vous qu'elle m'efface ?

CIDIPPE

Qui ? vous, ma sœur ? Nullement.
Hier, à la chasse, près d'elle,
Je vous regardai longtemps ;   245
Et, sans vous donner d'encens,
Vous me parûtes plus belle.
Mais, moi, dites, ma sœur, sans me vouloir flatter,
Sont-ce des visions que je me mets en tête,
Quand je me crois taillée à pouvoir mériter   250
La gloire de quelque conquête ?

AGLAURE

Vous, ma sœur, vous avez, sans nul déguisement,
Tout ce qui peut causer une amoureuse flamme.
Vos moindres actions brillent d'un agrément
Dont je me sens toucher l'âme ;   255
Et je serais votre amant,
Si j'étais autre que femme.

CIDIPPE

D'où vient donc qu'on la voit l'emporter sur nous deux ;
Qu'à ses premiers regards les cœurs rendent les armes,
Et que d'aucun tribut de soupirs et de vœux   260
On ne fait honneur à nos charmes ?

AGLAURE

Toutes les dames, d'une voix,
Trouvent ses attraits peu de chose ;
Et du nombre d'amants qu'elle tient sous ses lois,

265   Ma sœur, j'ai découvert la cause.

CIDIPPE

Pour moi, je la devine ; et l'on doit présumer
Qu'il faut que là-dessous soit caché du mystère.
    Ce secret de tout enflammer
N'est point de la nature un effet ordinaire ;
270 L'art de la Thessalie entre dans cette affaire ;
Et quelque main a su, sans doute, lui former
    Un charme pour se faire aimer.

AGLAURE

Sur un plus fort appui ma croyance se fonde ;
Et le charme qu'elle a pour attirer les cœurs,
275 C'est un air en tout temps désarmé de rigueurs,
Des regards caressants que la bouche seconde,
    Un souris chargé de douceurs,
    Qui tend les bras à tout le monde,
    Et ne vous promet que faveurs.
280 Notre gloire n'est plus aujourd'hui conservée ;
Et l'on n'est plus au temps de ces nobles fiertés
Qui, par un digne essai d'illustres cruautés,
Voulaient voir d'un amant la constance éprouvée.
De tout ce noble orgueil, qui nous seyait si bien,
285 On est bien descendu, dans le siècle où nous sommes ;
Et l'on en est réduite à n'espérer plus rien,
A moins que l'on se jette à la tête des hommes.

CIDIPPE

Oui, voilà le secret de l'affaire ; et je vois
    Que vous le prenez mieux que moi.
290 C'est pour nous attacher à trop de bienséance
Qu'aucun amant, ma sœur, à nous ne veut venir ;
    Et nous voulons trop soutenir
L'honneur de notre sexe et de notre naissance.
Les hommes maintenant aiment ce qui leur rit ;
295 L'espoir, plus que l'amour, est ce qui les attire ;
    Et c'est par là que Psyché nous ravit
    Tous les amants qu'on voit sous son empire.
Suivons, suivons l'exemple, ajustons-nous au temps ;
Abaissons-nous, ma sœur, à faire des avances,
300 Et ne ménageons plus de tristes bienséances
Qui nous ôtent les fruits du plus beau de nos ans.

AGLAURE

J'approuve la pensée, et nous avons matière
    D'en faire l'épreuve première
Aux deux princes qui sont les derniers arrivés.
305 Ils sont charmants, ma sœur, et leur personne entière
    Me... Les avez-vous observés ?

CIDIPPE

Ah ! ma sœur, ils sont faits tous deux d'une manière
Que mon âme... Ce sont deux princes achevés.

AGLAURE

Je trouve qu'on pourrait rechercher leur tendresse
310   Sans se faire déshonneur.

CIDIPPE

Je trouve que, sans honte, une belle princesse
Leur pourrait donner son cœur.

Scène II : Cléomène, Agénor, Aglaure, Cidippe.

AGLAURE

Les voici tous deux, et j'admire

Leur air et leur ajustement.

CIDIPPE

Ils ne démentent nullement   3
Tout ce que nous venons de dire.

AGLAURE

D'où vient, princes, d'où vient que vous fuyez ainsi ?
Prenez-vous l'épouvante en nous voyant paraître ?

CLÉOMÈNE

On nous faisait croire qu'ici
La princesse Psyché, madame, pourrait être.   3

AGLAURE

Tous ces lieux n'ont-ils rien d'agréable pour vous,
Si vous ne les voyez ornés de sa présence ?

AGÉNOR

Ces lieux peuvent avoir des charmes assez doux ;
Mais nous cherchons Psyché dans notre impatience.

CIDIPPE

Quelque chose de bien pressant   3
Vous doit à la chercher pousser tous deux, sans doute ?

CLÉOMÈNE

Le motif est assez puissant,
Puisque notre fortune enfin en dépend toute.

AGLAURE

Ce serait trop à nous que de nous informer
Du secret que ces mots nous peuvent enfermer.   3

CLÉOMÈNE

Nous ne prétendons point en faire de mystère :
Aussi bien, malgré nous, paraîtrait-il au jour ;
    Et le secret ne dure guère,
    Madame, quand c'est de l'amour.

CIDIPPE

Sans aller plus avant, princes, cela veut dire   3
    Que vous aimez Psyché tous deux.

AGÉNOR

    Tous deux soumis à son empire,
Nous allons, de concert, lui découvrir nos feux.

AGLAURE

C'est une nouveauté, sans doute, assez bizarre,
    Que deux rivaux si bien unis.   3

CLÉOMÈNE

    Il est vrai que la chose est rare,
Mais non pas impossible à deux parfaits amis.

CIDIPPE

Est-ce que dans ces lieux il n'est qu'elle de belle,
Et n'y trouvez-vous point à séparer vos vœux ?

AGLAURE

Parmi l'éclat du sang, vos yeux n'ont-ils vu qu'elle   3
    A pouvoir mériter vos feux ?

CLÉOMÈNE

Est-ce que l'on consulte au moment qu'on s'enflamme ?
    Choisit-on qui l'on veut aimer ?
    Et, pour donner toute son âme,
Regarde-t-on quel droit on a de nous charmer ?

AGÉNOR

    Sans qu'on ait le pouvoir d'élire,
    On suit, dans une telle ardeur,
    Quelque chose qui nous attire ;
    Et, lorsque l'amour touche un cœur,
    On n'a point de raisons à dire.   3

AGLAURE

En vérité, je plains les fâcheux embarras
Où je vois que vos cœurs se mettent.
Vous aimez un objet dont les riants appas
Mêleront des chagrins à l'espoir qu'ils vous jettent ;
60   Et son cœur ne vous tiendra pas
     Tout ce que ses yeux vous promettent.

CIDIPPE

L'espoir qui vous appelle au rang de ses amants
Trouvera du mécompte aux douceurs qu'elle étale ;
Et c'est pour essuyer de très fâcheux moments,
65 Que les soudains retours de son âme inégale.

AGLAURE

Un clair discernement de ce que vous valez
Nous fait plaindre le sort où cet amour vous guide ;
Et vous pouvez trouver tous deux, si vous voulez,
Avec autant d'attraits, une âme plus solide.

CIDIPPE

70   Par un choix plus doux de moitié,
Vous pouvez de l'amour sauver votre amitié ;
Et l'on voit en vous deux un mérite si rare,
Qu'un tendre avis veut bien prévenir, par pitié,
     Ce que votre cœur se prépare.

CLÉOMÈNE

75 Cet avis généreux fait pour nous éclater
     Des bontés qui nous touchent l'âme ;
Mais le ciel nous réduit à ce malheur, madame,
     De ne pouvoir en profiter.

AGÉNOR

Votre illustre pitié veut en vain nous distraire
80 D'un amour dont tous deux nous redoutons l'effet :
Ce que notre amitié, madame, n'a pas fait,
     Il n'est rien qui le puisse faire.

CIDIPPE

Il faut que le pouvoir de Psyché... La voici.

Scène III : Psyché, Cidippe, Aglaure,
Cléomène, Agénor.

CIDIPPE

Venez jouir, ma sœur, de ce qu'on vous apprête.

AGLAURE

85 Préparez vos attraits à recevoir ici
Le triomphe nouveau d'une illustre conquête.

CIDIPPE

Ces princes ont tous deux si bien senti vos coups,
Qu'à vous le découvrir leur bouche se dispose.

PSYCHÉ

Du sujet qui les tient si rêveurs parmi nous
90 'Je ne me croyais pas la cause ;
     Et j'aurais cru toute autre chose,
     En les voyant parler à vous.

AGLAURE

     N'ayant ni beauté ni naissance
A pouvoir mériter leur amour et leurs soins,
95   Ils nous favorisent au moins
     De l'honneur de la confidence.

CLÉOMÈNE, *à Psyché.*

L'aveu qu'il nous faut faire à vos divins appas
Est sans doute, madame, un aveu téméraire ;

Mais tant de cœurs, près du trépas,
Sont, par de tels aveux, forcés à vous déplaire,   400
Que vous n'êtes réduite à ne les punir pas
     Des foudres de votre colère.
     Vous voyez en nous deux amis
Qu'un doux rapport d'humeurs sut joindre dès l'en-
Et ces tendres liens se sont vus affermis   [fance ; 405
Par cent combats d'estime et de reconnaissance.
Du destin ennemi les assauts rigoureux,
Les mépris de la mort et l'aspect des supplices,
Par d'illustres éclats de mutuels offices,
Ont de notre amitié signalé les beaux nœuds ;   410
Mais, à quelques essais qu'elle se soit trouvée,
     Son grand triomphe est en ce jour ;
Et rien ne fait tant voir sa constance éprouvée,
Que de se conserver au milieu de l'amour.
Oui, malgré tant d'appas, son illustre constance   415
Aux lois qu'elle nous fait a soumis tous nos vœux ;
Elle vient, d'une douce et pleine déférence,
Remettre à votre choix le succès de nos feux ;
Et, pour donner un poids à notre concurrence,
Qui des raisons d'état entraîne la balance   420
     Sur le choix de l'un de nous deux,
Cette même amitié s'offre, sans répugnance,
D'unir nos deux états au sort du plus heureux.

AGÉNOR

     Oui, de ces deux états, madame,
Que sous votre heureux choix nous nous offrons d'unir, 425
     Nous voulons faire à notre flamme
     Un secours pour vous obtenir.
Ce que pour ce bonheur, près du roi votre père,
     Nous nous sacrifions tous deux,
N'a rien de difficile à nos cœurs amoureux ;   430
Et c'est au plus heureux faire un don nécessaire
     D'un pouvoir dont le malheureux,
     Madame, n'aura plus affaire.

PSYCHÉ

Le choix que vous m'offrez, princes, montre à mes yeux
De quoi remplir les vœux de l'âme la plus fière ; 435
Et vous me le parez tous deux d'une manière
Qu'on ne peut rien offrir qui soit plus précieux.
Vos feux, votre amitié, votre vertu suprême,
Tout me relève en vous l'offre de votre foi ;
Et j'y vois un mérite à s'opposer lui-même   440
     A ce que vous voulez de moi.
Ce n'est pas à mon cœur qu'il faut que je défère,
     Pour entrer sous de tels liens ;
Ma main, pour se donner, attend l'ordre d'un père,
Et mes sœurs ont des droits qui vont devant les miens. 445
Mais, si l'on me rendait sur mes vœux absolue,
Vous y pourriez avoir trop de part à la fois ;
Et toute mon estime, entre vous suspendue,
Ne pourrait sur aucun laisser tomber mon choix.
A l'ardeur de votre poursuite,   450
Je répondrais assez de mes vœux les plus doux ;
     Mais c'est, parmi tant de mérite.   [pour vous.
Trop que deux cœurs pour moi, trop peu qu'un cœur
De mes plus doux souhaits j'aurais l'âme gênée
     A l'effort de votre amitié ;   455
Et j'y vois l'un de vous prendre une destinée

A me faire trop de pitié.
Oui, princes, à tous ceux dont l'amour suit le vôtre,
Je vous préférerais tous deux avec ardeur ;
460   Mais je n'aurais jamais le cœur
De pouvoir préférer l'un de vous deux à l'autre.
    A celui que je choisirais
Ma tendresse ferait un trop grand sacrifice ;
Et je m'imputerais à barbare injustice
465   Le tort qu'à l'autre je ferais.
Oui, tous deux vous brillez de trop de grandeur d'âme
    Pour en faire aucun malheureux ;
Et vous devez chercher dans l'amoureuse flamme
    Le moyen d'être heureux tous deux.
470   Si votre cœur me considère
Assez pour me souffrir de disposer de vous,
    J'ai deux sœurs capables de plaire,
Qui peuvent bien vous faire un destin assez doux ;
Et l'amitié me rend leur personne assez chère
475   Pour vous souhaiter leurs époux.

CLÉOMÈNE

    Un cœur dont l'amour est extrême
    Peut-il bien consentir, hélas !
    D'être donné par ce qu'il aime ?
Sur nos deux cœurs, madame, à vos divins appas
480   Nous donnons un pouvoir suprême ;
    Disposez-en pour le trépas :
    Mais pour une autre que vous-même,
Ayez cette bonté de n'en disposer pas.

AGÉNOR

Aux princesses, madame, on ferait trop d'outrage;
485 Et c'est pour leurs attraits un indigne partage,
    Que les restes d'une autre ardeur.
Il faut d'un premier feu la pureté fidèle,
    Pour aspirer à cet honneur
    Où votre bonté nous appelle ;
490   Et chacune mérite un cœur
    Qui n'ait soupiré que pour elle.

AGLAURE

    Il me semble, sans nul courroux,
    Qu'avant que de vous en défendre,
    Princes, vous deviez bien attendre
495   Qu'on se fût expliqué sur vous.
Nous croyez-vous un cœur si facile et si tendre ?
Et, lorsqu'on parle ici de vous donner à nous,
    Savez-vous si l'on veut vous prendre ?

CIDIPPE

Je pense que l'on a d'assez hauts sentiments
500 Pour refuser un cœur qu'il faut qu'on sollicite,
Et qu'on ne veut devoir qu'à son propre mérite
    La conquête de ses amants.

PSYCHÉ

J'ai cru pour vous, mes sœurs, une gloire assez grande,
Si la possession d'un mérite si haut...

*Scène IV : Psyché, Aglaure, Cidippe,
Cléomène, Agénor, Lycas.*

LYCAS, *à Psyché.*

Ah ! madame !

PSYCHÉ

Qu'as-tu ?

LYCAS

    Le roi...

PSYCHÉ

    Quoi ?

LYCAS

    Vous demande. 5

PSYCHÉ

De ce trouble si grand que faut-il que j'attende ?

LYCAS

Vous ne le saurez que trop tôt.

PSYCHÉ

Hélas ! que pour le roi tu me donnes à craindre !

LYCAS

Ne craignez que pour vous ; c'est vous que l'on doit

PSYCHÉ   [plaindre.

C'est pour louer le ciel, et me voir hors d'effroi, 5
De savoir que je n'aie à craindre que pour moi.
Mais apprends-moi, Lycas, le sujet qui te touche.

LYCAS

Souffrez que j'obéisse à qui m'envoie ici,
Madame, et qu'on vous laisse apprendre de sa bouche,
    Ce qui peut m'affliger ainsi. 5

PSYCHÉ

Allons savoir sur quoi l'on craint tant ma faiblesse.

Scène V : Aglaure, Cidippe, Lycas.

AGLAURE

Si ton ordre n'est pas jusqu'à nous étendu,
Dis-nous quel grand malheur nous couvre ta tristesse.

LYCAS

Hélas ! ce grand malheur, dans la cour répandu,
    Voyez-le vous-même, princesse, 5
Dans l'oracle qu'au roi les destins ont rendu.
Voici ses propres mots que la douleur, madame,
    A gravés au fond de mon âme :
    « Que l'on ne pense nullement
A vouloir de Psyché conclure l'hyménée; 5
Mais qu'au sommet d'un mont elle soit promptement
    En pompe funèbre menée,
    Et que, de tous abandonnée,
Pour époux elle attende en ces lieux constamment
Un monstre dont on a la vue empoisonnée,
Un serpent qui répand son venin en tous lieux,
Et trouble dans sa rage et la terre et les cieux. »
    Après un arrêt si sévère,
Je vous quitte, et vous laisse à juger entre vous
Si, par de plus cruels et plus sensibles coups, 5
Tous les dieux nous pouvaient expliquer leur colère.

Scène VI : Aglaure, Cidippe.

CIDIPPE

Ma sœur, que sentez-vous à ce soudain malheur
Où nous voyons Psyché par les destins plongée ?

AGLAURE

Mais vous, que sentez-vous, ma sœur ?

CIDIPPE

40 A ne vous point mentir, je sens que, dans mon cœur,
Je n'en suis pas trop affligée.

AGLAURE

Moi, je sens quelque chose au mien
Qui ressemble assez à la joie.
Allons, le Destin nous envoie
45 Un mal que nous pouvons regarder comme un bien.

PREMIER INTERMEDE

*La scène est changée en des rochers affreux, et fait
voir en éloignement une grotte effroyable.
C'est dans ce désert que Psyché doit être exposée
pour obéir à l'oracle. Une troupe de personnes affligées y viennent déplorer sa disgrâce. Une partie de
cette troupe désolée témoigne sa pitié par des plaintes touchantes et par des concerts lugubres ; et l'autre exprime sa désolation par une danse pleine de
toutes les marques du plus violent désespoir.*

*Plaintes en italien, chantées par une femme
désolée et deux hommes affligés.*

FEMME DÉSOLÉE

Deh ! piangete al pianto mio,
Sassi duri, antiche selve ;
Lagrimate, fonti, e belve,
D'un bel volto il fato rio.

PREMIER HOMME AFFLIGÉ

550   Ahi dolore !

SECOND HOMME AFFLIGÉ

Ahi martire !

PREMIER HOMME AFFLIGÉ

Cruda morte !

SECOND HOMME AFFLIGÉ

Empia sorte !

TOUS TROIS

Che condanni a morir tanta beltà !
555   Cieli, stelle, ahi crudeltà !

SECOND HOMME AFFLIGÉ

Com' esser può fra voi, o numi eterni,
Chi voglia estinta una beltà innocente ?
Ahi ! che tanto rigor, cielo inclemente,
Vince di crudeltà gli stessi inferni.

PREMIER HOMME AFFLIGÉ

560   Nume fiero !

SECOND HOMME AFFLIGÉ

Dio severo !

ENSEMBLE

Perchè tanto rigor
Contro innocente cor ?
Ahi ! sentenza inudita !
565 Dar morte a la beltà, ch' altrui dà vita !

FEMME DÉSOLÉE

Ahi ! ch' indarno si tarda !
Non resiste a li dei mortale affetto,
Alto impero ne sforza,
Ove comanda il ciel, l' uom cede a forza.

PREMIER HOMME AFFLIGÉ

Ahi dolore !   570

SECOND HOMME AFFLIGÉ

Ahi martire !

PREMIER HOMME AFFLIGÉ

Cruda morte !

FEMME DÉSOLÉE, ET SECOND HOMME AFFLIGÉ

Empia sorte !

TOUS TROIS

Che condanni a morir tanta beltà !
Cieli ! stelle ! Ahi crudeltà [1] !

*Ces plaintes sont entrecoupées et finies par une en-
trée de ballet de huit personnes affligées.*

ACTE SECOND

*Scène I : Le Roi, Psyché, Aglaure,
Cidippe, Lycas, suite.*

PSYCHÉ

De vos larmes, seigneur, la source m'est bien chère ;
Mais c'est trop aux bontés que vous avez pour moi

1. Tous les intermèdes sont de Quinault, à l'exception
de celui-ci, dont les paroles sont de Lulli.
FEMME DÉSOLÉE
*Mêlez vos pleurs avec nos larmes,
Durs rochers, froides eaux, et vous, tigres affreux ;
Pleurez le destin rigoureux
D'un objet dont le crime est d'avoir trop de charmes.*
PREMIER HOMME AFFLIGÉ
O dieux ! quelle douleur !
SECOND HOMME AFFLIGÉ
Ah ! quel malheur !
PREMIER HOMME AFFLIGÉ
Rigueur mortelle !
SECOND HOMME AFFLIGÉ
Fatalité cruelle !
TOUS TROIS
*Faut-il, hélas !
Qu'un sort barbare
Puisse condamner au trépas
Une beauté si rare !
Cieux, astres pleins de dureté,
Ah ! quelle cruauté !*
SECOND HOMME AFFLIGÉ
*Quel de vous, ô grands dieux ! avec tant de furie
Veut détruire tant de beauté ?
Impitoyable ciel, par cette barbarie
Voulez-vous surmonter l'enfer en cruauté ?*
PREMIER HOMME AFFLIGÉ
Dieu plein de haine !
SECOND HOMME AFFLIGÉ
Divinité trop inhumaine !
LES DEUX HOMMES
*Pourquoi ce courroux si puissant
Contre un cœur innocent ?
O rigueur inouïe !
Trancher de si beaux jours,
Lorsqu'ils donnent la vie
A tant d'amours !*
FEMME DÉSOLÉE
*Que c'est un vain secours contre un mal sans remède,
Que d'inutiles pleurs et de cris superflus !
Quand le ciel a donné des ordres absolus,
Il faut que l'effort humain cède.
O dieux ! quelle douleur, etc.*
Cette imitation des paroles de Lulli est de Fontenelle,
dans son opéra de *Psyché.*

Que de laisser régner les tendresses de père
    Jusque dans les yeux d'un grand roi.
575 Ce qu'on vous voit ici donner à la nature
Au rang que vous tenez, seigneur, fait trop d'injure ;
Et j'en dois refuser les touchantes faveurs.
    Laissez moins sur votre sagesse
    Prendre d'empire à vos douleurs,
580 Et cessez d'honorer mon destin par des pleurs
Qui dans le cœur d'un roi montrent de la faiblesse.

LE ROI

Ah ! ma fille ! à ces pleurs laisse mes yeux ouverts.
Mon deuil est raisonnable, encor qu'il soit extrême ;
Et lorsque pour toujours on perd ce que je perds,
585 La sagesse, crois-moi, peut pleurer elle-même.
    En vain l'orgueil du diadème
Veut qu'on soit insensible à ces cruels revers ;
En vain de la raison les secours sont offerts
Pour vouloir d'un œil sec voir mourir ce qu'on aime;
590 L'effort en est barbare aux yeux de l'univers,
Et c'est brutalité plus que vertu suprême.
    Je ne veux point, dans cette adversité,
    Parer mon cœur d'insensibilité,
        Et cacher l'ennui qui me touche,
595   Je renonce à la vanité
        De cette dureté farouche
        Que l'on appelle fermeté ;
    Et de quelque façon qu'on nomme
Cette vive douleur dont je ressens les coups,
600 Je veux bien l'étaler, ma fille, aux yeux de tous,
Et dans le cœur d'un roi montrer le cœur d'un hom-
                         PSYCHÉ   [me.

Je ne mérite pas cette grande douleur :
    Opposez, opposez un peu de résistance
        Aux droits qu'elle prend sur un cœur
605 Dont mille événements ont marqué la puissance.
Quoi! faut-il que pour moi vous renonciez, seigneur,
        A cette royale constance
Dont vous avez fait voir, dans les coups du malheur,
        Une fameuse expérience ?

LE ROI

610 La constance est facile en mille occasions.
    Toutes les révolutions
Où nous peut exposer la fortune inhumaine,
La perte des grandeurs, les persécutions,
Le poison de l'envie et les traits de la haine,
615   N'ont rien que ne puissent, sans peine,
        Braver les résolutions
D'une âme où la raison est un peu souveraine.
    Mais ce qui porte des rigueurs
        A faire succomber les cœurs
620   Sous le poids des douleurs amères,
        Ce sont, ce sont les rudes traits
        De ces fatalités sévères
    Qui nous enlèvent pour jamais
    Les personnes qui nous sont chères.
625   La raison, contre de tels coups,
        N'offre point d'armes secourables ;
        Et voilà, des dieux en courroux,
        Les foudres les plus redoutables
    Qui se puissent lancer sur nous.

PSYCHÉ

Seigneur, une douceur ici vous est offerte :   6
Votre hymen a reçu plus d'un présent des dieux ;
    Et, par une faveur ouverte,
Ils ne vous ôtent rien, en m'ôtant à vos yeux,
Dont ils n'aient pris le soin de réparer la perte.
Il vous reste de quoi consoler vos douleurs ;   6
Et cette loi du ciel, que vous nommez cruelle,
    Dans les deux princesses mes sœurs
    Laisse à l'amitié paternelle
    Où placer toutes ses douceurs.

LE ROI

Ah ! de mes maux soulagement frivole !   6
Rien, rien ne s'offre à moi qui de toi me console.
C'est sur mes déplaisirs que j'ai les yeux ouverts ;
    Et, dans un destin si funeste,
    Je regarde ce que je perds,
    Et ne vois point ce qui me reste.   6

PSYCHÉ

Vous savez mieux que moi qu'aux volontés des dieux,
    Seigneur, il faut régler les nôtres ;
Et je ne puis vous dire en ces tristes adieux
Que ce que beaucoup mieux vous pouvez dire aux
    Ces dieux sont maîtres souverains   [autres. 6
    Des présents qu'ils daignent nous faire ;
    Ils ne les laissent dans nos mains
    Qu'autant de temps qu'il peut leur plaire.
    Lorsqu'ils viennent les retirer,
    On n'a nul droit de murmurer   65
Des grâces que leur main ne veut plus nous étendre.
Seigneur, je suis un don qu'ils ont fait à vos vœux ;
Et quand par cet arrêt ils veulent me reprendre,
Ils ne vous ôtent rien que vous ne teniez d'eux,
Et c'est sans murmurer que vous devez me rendre.   66

LE ROI

Ah ! cherche un meilleur fondement
Aux consolations que ton cœur me présente ;
Et, de la fausseté de ce raisonnement,
    Ne fais point un accablement
    A cette douleur si cuisante,   66
    Dont je souffre ici le tourment.
Crois-tu là me donner une raison puissante
Pour ne me plaindre point de cet arrêt des cieux ?
    Et dans le procédé des dieux
    Dont tu veux que je me contente,   67
    Une rigueur assassinante
    Ne paraît-elle pas aux yeux ?
Vois l'état où ces dieux me forcent à te rendre,
Et l'autre où te reçut mon cœur infortuné ;
Tu connaîtras par là qu'ils me viennent reprendre 67
    Bien plus que ce qu'ils m'ont donné.
    Je reçus d'eux en toi, ma fille,
Un présent que mon cœur ne leur demandait pas ;
J'y trouvais alors peu d'appas,
Et leur en vis, sans joie, accroître ma famille.   68
    Mais mon cœur, ainsi que mes yeux,
S'est fait de ce présent une douce habitude :
J'ai mis quinze ans de soins, de veilles et d'étude
    A me le rendre précieux ;
Je l'ai paré de l'aimable richesse   68

De mille brillantes vertus ;
En lui j'ai renfermé, par des soins assidus,
Tous les plus beaux trésors que fournit la sagesse ;
A lui j'ai de mon âme attaché la tendresse ;
690 J'en ai fait de ce cœur le charme et l'allégresse,
La consolation de mes sens abattus,
     Le doux espoir de ma vieillesse.
Ils m'ôtent tout cela, ces dieux !
Et tu veux que je n'aie aucun sujet de plainte
695 Sur cet affreux arrêt dont je souffre l'atteinte !
Ah ! leur pouvoir se joue avec trop de rigueur
     Des tendresses de notre cœur.
Pour m'ôter leur présent, leur fallait-il attendre
     Que j'en eusse fait tout mon bien ?
700 Ou plutôt, s'ils avaient dessein de le reprendre,
     N'eût-il pas été mieux de ne me donner rien ?

PSYCHÉ

     Seigneur, redoutez la colère
De ces dieux contre qui vous osez éclater.

LE ROI

     Après ce coup, que peuvent-ils me faire ?
705 Ils m'ont mis en état de ne rien redouter.

PSYCHÉ

     Ah ! seigneur, je tremble des crimes
Que je vous fais commettre ; et je dois me haïr...

LE ROI

Ah ! qu'ils souffrent du moins mes plaintes légiti-
Ce m'est assez d'effort que de leur obéir ; [mes ;
710 Ce doit leur être assez que mon cœur t'abandonne
Au barbare respect qu'il faut qu'on ait pour eux,
Sans prétendre gêner la douleur que me donne
L'épouvantable arrêt d'un sort si rigoureux.
Mon juste désespoir ne saurait se contraindre ;
715 Je veux, je veux garder ma douleur à jamais ;
Je veux sentir toujours la perte que je fais ;
De la rigueur du ciel je veux toujours me plaindre ;
Je veux, jusqu'au trépas, incessamment pleurer
Ce que tout l'univers ne peut me réparer.

PSYCHÉ

720 Ah ! de grâce, seigneur, épargnez ma faiblesse ;
J'ai besoin de constance en l'état où je suis.
Ne fortifiez point l'excès de mes ennuis
     Des larmes de votre tendresse.
Seuls ils sont assez forts, et c'est trop pour mon cœur
725   De mon destin et de votre douleur.

LE ROI

Oui, je dois t'épargner mon deuil inconsolable.
Voici l'instant fatal de m'arracher de toi ;
Mais comment prononcer ce mot épouvantable ?
Il le faut toutefois ; le ciel m'en fait la loi ;
730   Une rigueur inévitable
M'oblige à te laisser en ce funeste lieu.
     Adieu ; je vais... Adieu [2].

Scène II : Psyché, Aglaure, Cidippe.

PSYCHÉ

Suivez le roi, mes sœurs, vous essuierez ses larmes,
     Vous adoucirez ses douleurs ;
     Et vous l'accableriez d'alarmes,   735
Si vous vous exposiez encore à mes malheurs.
     Conservez-lui ce qui lui reste ;
Le serpent que j'attends peut vous être funeste,
     Vous envelopper dans mon sort,
Et me porter en vous une seconde mort.   740
     Le ciel m'a seule condamnée
     A son haleine empoisonnée ;
     Rien ne saurait me secourir,
Et je n'ai pas besoin d'exemple pour mourir.

AGLAURE

Ne nous enviez pas ce cruel avantage   745
De confondre nos pleurs avec vos déplaisirs,
De mêler nos soupirs à vos derniers soupirs :
D'une tendre amitié souffrez ce dernier gage.

PSYCHÉ

     C'est vous perdre inutilement.

CIDIPPE

C'est en votre faveur espérer un miracle,   750
Ou vous accompagner jusques au monument.

PSYCHÉ

Que peut-on se promettre après un tel oracle ?

AGLAURE

Un oracle jamais n'est sans obscurité,   [tendre.
On l'entend d'autant moins que mieux on croit l'en-
Et peut-être, après tout, n'en devez-vous attendre   755
     Que gloire et que félicité.
Laissez-nous voir, ma sœur, par une digne issue,
Cette frayeur mortelle heureusement déçue,
Ou mourir du moins avec vous,
Si le ciel à nos vœux ne se montre plus doux.   760

PSYCHÉ

Ma sœur, écoutez mieux la voix de la nature,
     Qui vous appelle auprès du roi.
Vous m'aimez trop ; le devoir en murmure ;
     Vous en savez l'indispensable loi.
Un père vous doit être encor plus cher que moi.   765
Rendez-vous toutes deux l'appui de sa vieillesse ;
Vous lui devez chacune un gendre et des neveux ;
Mille rois, à l'envi, vous gardent leur tendresse ;
Mille rois, à l'envi, vous offriront leurs vœux.
L'oracle me veut seule, et seule aussi je veux   770
     Mourir, si je puis, sans faiblesse,
Ou ne vous avoir pas pour témoins toutes deux
De ce que, malgré moi, la nature m'en laisse.

AGLAURE

Partager vos malheurs, c'est vous importuner ?

CIDIPPE

J'ose dire un peu plus, ma sœur, c'est vous déplaire ?   775

PSYCHÉ

     Non ; mais enfin c'est me gêner,
Et peut-être du ciel redoubler la colère.

AGLAURE

Vous le voulez, et nous partons.
Daigne ce même ciel, plus juste et moins sévère,

2. Ce qui suit jusqu'à la fin de la pièce est de Corneille,
sauf la première scène du troisième acte, qui est de
Molière.

780 Vous envoyer le sort que nous vous souhaitons,
   Et que notre amitié sincère,
   En dépit de l'oracle et malgré vous, espère.
        PSYCHÉ
   Adieu. C'est un espoir, ma sœur, et des souhaits
   Qu'aucun des dieux ne remplira jamais.

        Scène III : Psyché.

785   Enfin, seule et toute à moi-même,
   Je puis envisager cet affreux changement
   Qui, du haut d'une gloire extrême,
   Me précipite au monument.
   Cette gloire était sans seconde ;   [de ;
790 L'éclat s'en répandait jusqu'aux deux bouts du mon-
   Tout ce qu'il a de rois semblaient faits pour m'aimer;
   Tous leurs sujets, me prenant pour déesse,
   Commençaient à m'accoutumer
   Aux encens qu'ils m'offraient sans cesse ;
795 Leurs soupirs me suivaient sans qu'il m'en coutât rien;
   Mon âme restait libre en captivant tant d'âmes ;
   Et j'étais, parmi tant de flammes,
   Reine de tous les cœurs et maîtresse du mien.
   O ciel ! m'auriez-vous fait un crime
800   De cette insensibilité ?
   Déployez-vous sur moi tant de sévérité,
   Pour n'avoir à leurs vœux rendu que de l'estime ?
   Si vous m'imposiez cette loi,
   Qu'il fallût faire un choix pour ne pas vous déplaire,
805   Puisque je ne pouvais le faire,
   Que ne le faisiez-vous pour moi ?   [tres
   Que ne m'inspiriez-vous ce qu'inspire à tant d'au-
   Le mérite, l'amour, et... Mais que vois-je ici ?

        Scène IV : Cléomène, Agénor, Psyché.

        CLÉOMÈNE
   Deux amis, deux rivaux, dont l'unique souci
810 Est d'exposer leurs jours pour conserver les vôtres.
        PSYCHÉ
   Puis-je vous écouter, quand j'ai chassé deux sœurs ?
   Princes, contre le ciel pensez-vous me défendre ?
   Vous livrer au serpent qu'ici je dois attendre,
   Ce n'est qu'un désespoir qui sied mal aux grands
815   Et mourir alors que je meurs,   [cœurs ;
   C'est accabler une âme tendre
   Qui n'a que trop de ses douleurs.
        AGÉNOR
   Un serpent n'est pas invincible ;
   Cadmus, qui n'aimait rien, défit celui de Mars ;
820 Nous aimons, et l'Amour sait rendre tout possible
   Au cœur qui suit ses étendards,
   A la main dont lui-même il conduit tous les dards.
        PSYCHÉ
   Voulez-vous qu'il vous serve en faveur d'une ingrate
   Que tous ses traits n'ont pu toucher,
825 Qu'il compte sa vengeance au moment qu'elle éclate,
   Et vous aide à m'en arracher ?
   Quand même vous m'auriez servie,
   Quand vous m'auriez rendu la vie,

   Quel fruit espérez-vous de qui ne peut aimer ?
        CLÉOMÈNE
   Ce n'est point par l'espoir d'un si charmant salaire 8
   Que nous nous sentons animer ;
   Nous ne cherchons qu'à satisfaire
   Aux devoirs d'un amour qui n'ose présumer
   Que jamais, quoi qu'il puisse faire,
   Il soit capable de vous plaire,   8
   Et digne de vous enflammer.
   Vivez, belle princesse, et vivez pour un autre :
   Nous le verrons d'un œil jaloux,
   Nous en mourrons, mais d'un trépas plus doux
   Que s'il nous fallait voir le vôtre ;   8
   Et, si nous ne mourons en vous sauvant le jour, [tre,
   Quelque amour qu'à nos yeux vous préfériez au nô-
   Nous voulons bien mourir de douleur et d'amour.
        PSYCHÉ
   Vivez, princes, vivez, et de ma destinée
   Ne songez plus à rompre ou partager la loi :   8
   Je crois vous l'avoir dit, le ciel ne veut que moi ;
   Le ciel m'a seule condamnée.
   Je pense ouïr déjà les mortels sifflements
   De son ministre qui s'approche :
   Ma frayeur me le peint, me l'offre à tous moments ; 85
   Et, maîtresse qu'elle est de tous mes sentiments,
   Elle me le figure au haut de cette roche.
   J'en tombe de faiblesse, et mon cœur abattu
   Ne soutient plus qu'à peine un reste de vertu.
   Adieu, princes, fuyez, qu'il ne vous empoisonne.   85
        AGÉNOR
   Rien ne s'offre à nos yeux encor qui les étonne ;
   Et, quand vous vous peignez un si proche trépas,
   Si la force vous abandonne,
   Nous avons des cœurs et des bras
   Que l'espoir n'abandonne pas.   86
   Peut-être qu'un rival a dicté cet oracle,
   Que l'or a fait parler celui qui l'a rendu.
   Ce ne serait pas un miracle
   Que, pour un dieu muet, un homme eût répondu ;
   Et, dans tous les climats, on n'a que trop d'exemples 86
   Qu'il est, ainsi qu'ailleurs, des méchants dans les
        CLÉOMÈNE   [temples.
   Laissez-nous opposer au lâche ravisseur
   A qui le sacrilège indignement vous livre,
   Un amour qu'a le ciel choisi pour défenseur
   De la seule beauté pour qui nous voulons vivre.   87
   Si nous n'osons prétendre à sa possession,
   Du moins, en son péril, permettez-nous de suivre
   L'ardeur et les devoirs de notre passion.
        PSYCHÉ
   Portez-les à d'autres moi-mêmes,
   Princes, portez-les à mes sœurs,   87
   Ces devoirs, ces ardeurs extrêmes
   Dont pour moi sont remplis vos cœurs ;
   Vivez pour elles, quand je meurs ;
   Plaignez de mon destin les funestes rigueurs,
   Sans leur donner en vous de nouvelles matières.   88
   Ce sont mes volontés dernières ;
   Et l'on a reçu, de tout temps,
   Pour souveraine loi, les ordres des mourants.

CLÉOMÈNE

Princesse...

PSYCHÉ

Encore un coup, princes, vivez pour elles.
85 Tant que vous m'aimerez, vous devez m'obéir :
Ne me réduisez pas à vouloir vous haïr,
Et vous regarder en rebelles,
A force de m'être fidèles.
Allez, laissez-moi seule expirer en ce lieu,
90 Où je n'ai plus de voix que pour vous dire adieu.
Mais je sens qu'on m'enlève, et l'air m'ouvre une rou-
D'où vous n'entendrez plus cette mourante voix. [te
Adieu, princes ; adieu, pour la dernière fois :
Voyez si de mon sort vous pouvez être en doute.
Psyché est enlevée en l'air par deux Zéphires.

AGÉNOR

95 Nous la perdons de vue. Allons tous deux chercher
Sur le faîte de ce rocher,
Prince, les moyens de la suivre.

CLÉOMÈNE

Allons-y chercher ceux de ne lui point survivre.

Scène V : L'Amour, en l'air.

Allez mourir, rivaux d'un dieu jaloux,
00 Dont vous méritez le courroux,
Pour avoir eu le cœur sensible aux mêmes charmes.
Et toi, forge, Vulcain, mille brillants attraits
Pour orner un palais
Où l'Amour de Psyché veut essuyer les larmes,
05 Et lui rendre les armes.

SECOND INTERMEDE

*La scène se change en une cour magnifique, ornée
de colonnes de lapis, enrichies de figures d'or, qui
forment un palais pompeux et brillant que l'Amour
destine pour Psyché. Six Cyclopes, avec quatre Fées,
y font une entrée de ballet, où ils achèvent en cadence quatre gros vases d'argent que les Fées leur
ont apportés. Cette entrée est entrecoupée par ce
récit de Vulcain, qu'il fait à deux reprises :*

Dépêchez, préparez ces lieux
Pour le plus aimable des dieux ;
Que chacun pour lui s'intéresse ;
N'oubliez rien des soins qu'il faut.
910 Quand l'Amour presse,
On n'a jamais fait assez tôt.

L'Amour ne veut point qu'on diffère ;
Travaillez, hâtez-vous ;
Frappez, redoublez vos coups :
915 Que l'ardeur de lui plaire
Fasse vos soins les plus doux.

Servez bien un dieu si charmant ;
Il se plaît dans l'empressement.
Que chacun pour lui s'intéresse ;

N'oubliez rien des soins qu'il faut.   920
Quand l'Amour presse,
On n'a jamais fait assez tôt.

L'Amour ne veut point qu'on diffère ;
Travaillez, etc.

ACTE TROISIEME

Scène I : L'Amour, Zéphire.

ZÉPHIRE

Oui, je me suis galamment acquitté   925
De la commission que vous m'avez donnée ;
Et, du haut du rocher, je l'ai, cette beauté,
Par le milieu des airs doucement amenée
Dans ce beau palais enchanté,
Où vous pouvez en liberté   930
Disposer de sa destinée.
Mais vous me surprenez par ce grand changement
Qu'en votre personne vous faites :
Cette taille, ces traits, et cet ajustement,
Cachent tout à fait qui vous êtes ;   935
Et je donne aux plus fins à pouvoir en ce jour
Vous reconnaître pour l'Amour.

L'AMOUR

Aussi ne veux-je pas qu'on puisse me connaître ;
Je ne veux à Psyché découvrir que mon cœur,
Rien que les beaux transports de cette vive ardeur   940
Que ses doux charmes y font naître ;
Et, pour en exprimer l'amoureuse langueur,
Et cacher ce que je puis être
Aux yeux qui m'imposent des lois,
J'ai pris la forme que tu vois.   945

ZÉPHIRE

En tout vous êtes un grand maître ;
C'est ici que je le connais.
Sous des déguisements de diverse nature,
On a vu les dieux amoureux
Chercher à soulager cette douce blessure   950
Que reçoivent les cœurs de vos traits pleins de feux ;
Mais en bon sens vous l'emportez sur eux ;
Et voilà la bonne figure
Pour avoir un succès heureux
Près de l'aimable sexe où l'on porte ses vœux.   955
Oui, de ces formes-là l'assistance est bien forte ;
Et, sans parler ni de rang ni d'esprit,
Qui peut trouver moyen d'être fait de la sorte
Ne soupire guère à crédit.

L'AMOUR

J'ai résolu, mon cher Zéphire,   960
De demeurer ainsi toujours ;
Et l'on ne peut le trouver à redire
A l'aîné de tous les Amours.
Il est temps de sortir de cette longue enfance
Qui fatigue ma patience ;   965
Il est temps désormais que je devienne grand.

ZÉPHIRE

Fort bien, vous ne pouvez mieux faire,

Et vous entrez dans un mystère
Qui ne demande rien d'enfant.
L'AMOUR
970 Ce changement sans doute irritera ma mère.
ZÉPHIRE
Je prévois là-dessus quelque peu de colère.
Bien que les disputes des ans
Ne doivent point régner parmi des immortelles,
Votre mère Vénus est de l'humeur des belles,
975 Qui n'aiment point de grands enfants.
Mais où je la trouve outragée,
C'est dans le procédé que l'on vous voit tenir ;
Et c'est l'avoir étrangement vengée,
Que d'aimer la beauté qu'elle voulait punir !
980 Cette haine, où ses vœux prétendent que réponde
La puissance d'un fils que redoutent les dieux...
L'AMOUR
Laissons cela, Zéphire, et me dis si tes yeux
Ne trouvent pas Psyché la plus belle du monde.
Est-il rien sur la terre, est-il rien dans les cieux
985 Qui puisse lui ravir le titre glorieux
De beauté sans seconde ?
Mais je la vois, mon cher Zéphire,
Qui demeure surprise à l'éclat de ces lieux.
ZÉPHIRE
Vous pouvez vous montrer pour finir son martyre,
990 Lui découvrir son destin glorieux,
Et vous dire, entre vous, tout ce que peuvent dire
Les soupirs, la bouche et les yeux.
En confident discret, je sais ce qu'il faut faire
Pour ne pas interrompre un amoureux mystère.

Scène II : Psyché.

995 Où suis-je ? et, dans un lieu que je croyais barbare,
Quelle savante main a bâti ce palais,
Que l'art, que la nature pare
De l'assemblage le plus rare
Que l'œil puisse admirer jamais ?
1000 Tout rit, tout brille, tout éclate
Dans ces jardins, dans ces appartements,
Dont les pompeux ameublements
N'ont rien qui n'enchante et ne flatte ;
Et, de quelque côté que tournent mes frayeurs,
1005 Je ne vois sous mes pas que de l'or ou des fleurs.

Le ciel aurait-il fait cet amas de merveilles
Pour la demeure d'un serpent ?
Et lorsque, par leur vue, il amuse et suspend
De mon destin jaloux les rigueurs sans pareilles,
1010 Veut-il montrer qu'il s'en repent ?
Non, non ; c'est de sa haine, en cruautés féconde
Le plus noir, le plus rude trait.
Qui, par une rigueur nouvelle et sans seconde,
N'étale ce choix qu'elle a fait
1015 De ce qu'a de plus beau le monde,
Qu'afin que je le quitte avec plus de regret.

Que mon espoir est ridicule,
S'il croit par là soulager mes douleurs !
Tout autant de moments que ma mort se recule

Sont autant de nouveaux malheurs :   1
Plus elle tarde, et plus de fois je meurs.

Ne me fais plus languir, viens prendre ta victime,
Monstre qui dois me déchirer.
Veux-tu que je te cherche, et faut-il que j'anime
Tes fureurs à me dévorer ?   10
Si le ciel veut ma mort, si ma vie est un crime,
De ce peu qui m'en reste ose enfin t'emparer ;
Je suis lasse de murmurer
Contre un châtiment légitime ;
Je suis lasse de soupirer :   10
Viens, que j'achève d'expirer.

Scène III : L'Amour, Psyché, Zéphire.

L'AMOUR
Le voilà, ce serpent, ce monstre impitoyable,
Qu'un oracle étonnant pour vous a préparé,
Et qui n'est pas, peut-être, à tel point effroyable
Que vous vous l'êtes figuré.   10
PSYCHÉ
Vous, seigneur, vous seriez ce monstre dont l'oracle
A menacé mes tristes jours,
Vous qui semblez plutôt un dieu qui, par miracle,
Daigne venir lui-même à mon secours !
L'AMOUR
Quel besoin de secours au milieu d'un empire   10
Où tout ce qui respire
N'attend que vos regards pour en prendre la loi,
Où vous n'avez à craindre autre monstre que moi ?
PSYCHÉ
Qu'un monstre tel que vous inspire peu de crainte !
Et que, s'il a quelque poison,   10
Une âme aurait peu de raison
De hasarder la moindre plainte
Contre une favorable atteinte
Dont tout le cœur craindrait la guérison !
A peine je vous vois, que mes frayeurs cessées   10
Laissent évanouir l'image du trépas,
Et que je sens couler dans mes veines glacées
Un je ne sais quel feu que je ne connais pas.
J'ai senti de l'estime et de la complaisance,
De l'amitié, de la reconnaissance ;   10
De la compassion les chagrins innocents
M'en ont fait sentir la puissance :
Mais je n'ai point encor senti ce que je sens.
Je ne sais ce que c'est; mais je sais qu'il me charme,
Que je n'en conçois point d'alarme.   106
Plus j'ai les yeux sur vous, plus je m'en sens charmer.
Tout ce que j'ai senti n'agissait point de même ;
Et je dirais que je vous aime,
Seigneur, si je savais ce que c'est que d'aimer. [nent, 106
Ne les détournez point, ces yeux qui m'empoison-
Ces yeux tendres, ces yeux perçants, mais amoureux,
Qui semblent partager le trouble qu'ils me donnent.
Hélas ! plus ils sont dangereux,
Plus je me plais à m'attacher sur eux.
Par quel ordre du ciel, que je ne puis comprendre, 107
Vous dis-je plus que je ne dois,

Moi de qui la pudeur devrait du moins attendre
Que vous m'expliquassiez le trouble où je vous vois ?
Vous soupirez, Seigneur, ainsi que je soupire ;
75 Vos sens, comme les miens, paraissent interdits ;
C'est à moi de m'en taire, à vous de me le dire ;
    Et cependant c'est moi qui vous le dis.

L'AMOUR

Vous avez eu, Psyché, l'âme toujours si dure,
    Qu'il ne faut pas vous étonner
80   Si, pour en réparer l'injure,
L'Amour en ce moment se paie avec usure
De ceux qu'elle a dû lui donner.
Ce moment est venu qu'il faut que votre bouche
Exhale des soupirs si longtemps retenus,
85 Et qu'en vous arrachant à cette humeur farouche,
Un amas de transports aussi doux qu'inconnus
Aussi sensiblement tout à la fois vous touche,
Qu'ils ont dû vous toucher durant tant de beaux
De tant cette âme insensible a profané le cours. [jours

PSYCHÉ

90 N'aimer point, c'est donc un grand crime !

L'AMOUR

    En souffrez-vous un rude châtiment ?

PSYCHÉ

    C'est punir assez doucement.

L'AMOUR

    C'est lui choisir sa peine légitime,
    Et se faire justice, en ce glorieux jour,
95 D'un manquement d'amour par un excès d'amour.

PSYCHÉ

    Que n'ai-je été plus tôt punie !
    J'y mets le bonheur de ma vie.
Je devrais en rougir, ou le dire plus bas ;
    Mais le supplice a trop d'appas.
100 Permettez que tout haut je le die et redie :
Je le dirais cent fois, et n'en rougirais pas.
Ce n'est point moi qui parle ; et de votre présence
L'empire surprenant, l'aimable violence,
Dès que je veux parler s'empare de ma voix.
105 C'est en vain qu'en secret ma pudeur s'en offense,
    Que le sexe et la bienséance
    Osent me faire d'autres lois ;
Vos yeux de ma réponse eux-mêmes font le choix,
Et ma bouche asservie à leur toute-puissance
110 Ne me consulte plus sur ce que je me dois.
Croyez, belle Psyché, croyez ce qu'ils vous disent,
    Ces yeux qui ne sont point jaloux :
    Qu'à l'envi les vôtres m'instruisent
    De tout ce qui se passe en vous.
115   Croyez-en ce cœur qui soupire,
Et qui, tant que le vôtre y voudra repartir,
    Vous dira bien plus d'un soupir,
    Que cent regards ne peuvent dire.
    C'est le langage le plus doux ;
120 C'est le plus fort, c'est le plus sûr de tous.

PSYCHÉ

L'intelligence en était due
A nos cœurs, pour les rendre également contents.
    J'ai soupiré, vous m'avez entendue ;

Vous soupirez, je vous entends.
    Mais ne me laissez plus en doute,   1125
Seigneur, et dites-moi si, par la même route,
    Après moi le Zéphire ici vous a rendu
    Pour me dire ce que j'écoute.
Quand j'y suis arrivée, étiez-vous attendu ?
Et quand vous lui parlez, êtes-vous entendu ?   1130

L'AMOUR

J'ai dans ce doux climat un souverain empire,
    Comme vous l'avez sur mon cœur ;
L'Amour m'est favorable, et c'est en sa faveur
Qu'à mes ordres Eole a soumis le Zéphire.
C'est l'Amour qui, pour voir mes feux récompensés, 1135
    Lui-même a dicté cet oracle
    Par qui vos beaux jours menacés
D'une foule d'amants se sont débarrassés,
Et qui m'a délivré de l'éternel obstacle
    De tant de soupirs empressés,   1140
Qui ne méritaient pas de vous être adressés.
Ne me demandez point quelle est cette province,
    Ni le nom de son prince :
    Vous le saurez quand il en sera temps.
Je veux vous acquérir ; mais c'est par mes services, 1145
Par des soins assidus et par des vœux constants,
    Par les amoureux sacrifices
        De tout ce que je suis,
        De tout ce que je puis,
Sans que l'éclat du rang pour moi vous sollicite,   1150
Sans que de mon pouvoir je me fasse un mérite ;
Et, bien que souverain dans cet heureux séjour,
Je ne vous veux, Psyché, devoir qu'à mon amour.
Venez en admirer avec moi les merveilles,
Princesse, et préparez vos yeux et vos oreilles   1155
    A ce qu'il a d'enchantements.
Vous y verrez des bois et des prairies
    Contester sur leurs agréments
    Avec l'or et les pierreries ;
Vous n'entendrez que des concerts charmants ;   1160
    De cent beautés vous y serez servie,
Qui vous adoreront sans vous porter envie,
    Et brigueront à tous moments,
    D'une âme soumise et ravie,
L'honneur de vos commandements.   1165

PSYCHÉ

    Mes volontés suivent les vôtres ;
    Je n'en saurais plus avoir d'autres :
Mais votre oracle enfin vient de me séparer
    De deux sœurs et du roi mon père,
    Que mon trépas imaginaire   1170
    Réduit tous trois à me pleurer.
Pour dissiper l'erreur dont leur âme accablée
De mortels déplaisirs se voit pour moi comblée,
    Souffrez que mes sœurs soient témoins
    Et de ma gloire et de vos soins.   1175
Prêtez-leur, comme à moi, les ailes du Zéphire,
    Qui leur puissent de votre empire,
    Ainsi qu'à moi, faciliter l'accès ;
    Faites-leur voir en quel lieu je respire ;
Faites-leur de ma perte admirer le succès.   1180

L'AMOUR

Vous ne me donnez pas, Psyché, toute votre âme ;
Ce tendre souvenir d'un père et de deux sœurs
    Me vole une part des douceurs
    Que je veux toutes pour ma flamme.   [vous,
1185 N'ayez d'yeux que pour moi, qui n'en ai que pour
Ne songez qu'à m'aimer, ne songez qu'à me plaire ;
Et, quand de tels soucis osent vous en distraire...

PSYCHÉ

Des tendresses du sang peut-on être jaloux ?

L'AMOUR

Je le suis, ma Psyché, de toute la nature :
1190 Les rayons du soleil vous baisent trop souvent ;
Vos cheveux souffrent trop les caresses du vent ;
    Dès qu'il les flatte, j'en murmure :
    L'air même que vous respirez
Avec trop de plaisir passe par votre bouche :
1195   Votre habit de trop près vous touche ;
    Et, sitôt que vous soupirez,
    Je ne sais quoi qui m'effarouche
Craint, parmi vos soupirs, des soupirs égarés.
Mais vous voulez vos sœurs; allez, partez, Zéphire ;
1200 Psyché le veut, je ne l'en puis dédire.
Zéphire s'envole.
Quand vous leur ferez voir ce bienheureux séjour,
  De ces trésors faites-leur cent largesses,
  Prodiguez-leur caresses sur caresses ;
Et du sang, s'il se peut, épuisez les tendresses,
1205   Pour vous rendre toute à l'Amour.
Je n'y mêlerai point d'importune présence.
Mais ne leur faites pas de si longs entretiens :
Vous ne sauriez pour eux avoir de complaisance,
    Que vous ne dérobiez aux miens.

PSYCHÉ

1210   Votre amour me fait une grâce
    Dont je n'abuserai jamais.

L'AMOUR

Allons voir cependant ces jardins, ce palais,
Où vous ne verrez rien que votre éclat n'efface.
Et vous, petits Amours, et vous, jeunes Zéphyrs,
1215 Qui pour armes n'avez que de tendres soupirs,
Montrez tous à l'envi ce qu'à voir ma princesse
    Vous avez senti d'allégresse.

TROISIEME INTERMEDE

*Il se fait une entrée de ballet de quatre Amours et
quatre Zéphyrs, interrompue deux fois par un dialogue chanté par un Amour et un Zéphyr.*

LE ZÉPHYR

    Aimable jeunesse,
    Suivez la tendresse ;
1220   Joignez aux beaux jours
    La douceur des Amours.
    C'est pour vous surprendre
    Qu'on vous fait entendre
Qu'il faut éviter leurs soupirs,

    Et craindre leurs désirs :   12
    Laissez-vous apprendre
    Quels sont leurs plaisirs.

ILS CHANTENT ENSEMBLE

Chacun est obligé d'aimer
    A son tour ;
Et plus on a de quoi charmer,   12
Plus on doit à l'Amour.

LE ZÉPHYR SEUL   12
    Un cœur jeune et tendre
    Est fait pour se rendre ;
    Il n'a point à prendre
    De fâcheux détour.   12

LES DEUX ENSEMBLE

Chacun est obligé d'aimer
    A son tour ;
Et plus on a de quoi charmer,
Plus on doit à l'Amour.

L'AMOUR SEUL   12
    Pourquoi se défendre ?
    Que sert-il d'attendre ?
    Quand on perd un jour,
    On le perd sans retour.

LES DEUX ENSEMBLE

Chacun est obligé d'aimer
    A son tour ;   12
Et plus on a de quoi charmer,
Plus on doit à l'Amour.

Second couplet

LE ZÉPHYR

    L'Amour a des charmes,
    Rendons-lui les armes ;
    Ses soins et ses pleurs   125
Ne sont pas sans douceurs.
    Un cœur, pour le suivre,
    A cent maux se livre ;
Il faut, pour goûter ses appas,
    Languir jusqu'au trépas :   125
    Mais ce n'est pas vivre
    Que de n'aimer pas.

ILS CHANTENT ENSEMBLE

S'il faut des soins et des travaux
    En aimant,
On est payé de mille maux   126
Par un heureux moment.

LE ZÉPHYR SEUL

    On craint, on espère ;
    Il faut du mystère ;
    Mais on n'obtient guère
    De bien sans tourment.   126

LES DEUX ENSEMBLE

S'il faut des soins et des travaux
    En aimant,
On est payé de mille maux
Par un heureux moment.

L'AMOUR SEUL

    Que peut-on mieux faire,   127
    Qu'aimer et que plaire ?
    C'est un soin charmant,
    Que l'emploi d'un amant.

LES DEUX ENSEMBLE

275
S'il faut des soins et des travaux
En aimant,
On est payé de mille maux
Par un heureux moment.

ACTE QUATRIEME

*Le théâtre devient un autre palais magnifique, coupé
dans le fond par un vestibule, au travers duquel on
voit un jardin superbe et charmant, décoré de plusieurs vases d'orangers, et d'arbres chargés de toutes
sortes de fruits.*

Scène I : Aglaure, Cidippe.

AGLAURE

Je n'en puis plus, ma sœur, j'ai vu trop de merveilles :
L'avenir aura peine à les bien concevoir ;
280 Le soleil qui voit tout, et qui nous fait tout voir,
N'en a vu jamais de pareilles.
Elles me chagrinent l'esprit :
Et ce brillant palais, ce pompeux équipage,
Font un odieux étalage
285 Qui m'accable de honte autant que de dépit.
Que la Fortune indignement nous traite,
Et que sa largesse indiscrète
Prodigue aveuglément, épuise, unit d'efforts,
Pour faire de tant de trésors
290 Le partage d'une cadette !

CIDIPPE

J'entre dans tous vos sentiments ;
J'ai les mêmes chagrins ; et, dans ces lieux charmants,
Tout ce qui vous déplaît me blesse ;
Tout ce que vous prenez pour un mortel affront,
295 Comme vous, m'accable et me laisse
L'amertume dans l'âme et la rougeur au front.

AGLAURE

Non, ma sœur, il n'est point de reines
Qui, dans leur propre état, parlent en souveraines
Comme Psyché parle en ces lieux.
300 On l'y voit obéie avec exactitude ;
Et de ses volontés une amoureuse étude
Les cherche jusque dans ses yeux.
Mille beautés s'empressent autour d'elle,
Et semblent dire à nos regards jaloux :
305 Quels que soient nos attraits, elle est encor plus belle ;
Et nous, qui la servons, le sommes plus que vous.
Elle prononce, on exécute ;
Aucun ne s'en défend, aucun ne s'en rebute.
Flore, qui s'attache à ses pas,
310 Répand à pleines mains, autour de sa personne,
Ce qu'elle a de plus doux appas ;
Zéphire vole aux ordres qu'elle donne ;
Et son amante et lui, s'en laissant trop charmer,
Quittent, pour la servir, les soins de s'entr'aimer.

CIDIPPE

5
Elle a des dieux à son service,

Elle aura bientôt des autels ;
Et nous ne commandons qu'à de chétifs mortels
De qui l'audace et le caprice,
Contre nous, à toute heure, en secret révoltés,
Opposent à nos volontés 1320
Ou le murmure ou l'artifice.

AGLAURE

C'était peu que, dans notre cour,
Tant de cœurs, à l'envi, nous l'eussent préférée ;
Ce n'était pas assez que, de nuit et de jour,
D'une foule d'amants elle y fût adorée. 1325
Quand nous nous consolions de la voir au tombeau
Par l'ordre imprévu d'un oracle,
Elle a voulu, de son destin nouveau,
Faire en notre présence éclater le miracle,
Et choisi nos yeux pour témoins 1330
De ce qu'au fond du cœur nous souhaitions le moins.

CIDIPPE

Ce qui le plus me désespère,
C'est cet amant parfait et si digne de plaire
Qui se captive sous ses lois.
Quand nous pourrions choisir entre tous les monar- 1335
En est-il un, de tant de rois, [ques,
Qui porte de si nobles marques ?
Se voir du bien par-delà ses souhaits
N'est souvent qu'un bonheur qui fait des misérables ;
Il n'est ni train pompeux ni superbe palais 1340
Qui n'ouvre quelque porte à des maux incurables :
Mais avoir un amant d'un mérite achevé,
Et s'en voir chèrement aimée,
C'est un bonheur si haut, si relevé,
Que sa grandeur ne peut être exprimée. 1345

AGLAURE

N'en parlons plus, ma sœur, nous en mourrions d'ennui,
Songeons plutôt à la vengeance,
Et trouvons le moyen de rompre entre elle et lui
Cette adorable intelligence.
La voici. J'ai des coups tout prêts à lui porter, 1350
Qu'elle aura peine d'éviter.

Scène II : Psyché, Aglaure, Cidippe.

PSYCHÉ

Je viens vous dire adieu ; mon amant vous renvoie,
Et ne saurait plus endurer
Que vous lui retranchiez un moment de la joie
Qu'il prend de se voir seul à me considérer. 1355
Dans un simple regard, dans la moindre parole,
Son amour trouve des douceurs
Qu'en faveur du sang je lui vole,
Quand je les partage à des sœurs.

AGLAURE

La jalousie est assez fine ; 1360
Et ces délicats sentiments
Méritent bien qu'on s'imagine
Que celui qui pour vous a ces empressements
Passe le commun des amants.
Je vous en parle ainsi, faute de le connaître. 1365
Vous ignorez son nom, et ceux dont il tient l'être :
Nos esprits en sont alarmés.

Je le tiens un grand prince, et d'un pouvoir suprême,
Bien au-delà du diadème ;
1370 Ses trésors, sous vos pas confusément semés,
Ont de quoi faire honte à l'abondance même ;
Vous l'aimez autant qu'il vous aime ;
Il vous charme, et vous le charmez :
Votre félicité, ma sœur, serait extrême,
1375 Si vous saviez qui vous aimez.

PSYCHÉ

Que m'importe ? j'en suis aimée.
Plus il me voit, plus je lui plais.
Il n'est point de plaisirs dont l'âme soit charmée
Qui ne préviennent mes souhaits ;
1380 Et je vois mal de quoi la vôtre est alarmée,
Quand tout me sert dans ce palais.

AGLAURE

Qu'importe qu'ici tout vous serve,
Si toujours cet amant vous cache ce qu'il est ?
Nous ne nous alarmons que pour votre intérêt.
1385 En vain tout vous y rit, en vain tout vous y plaît,
Le véritable amour ne fait point de réserve ;
Et qui s'obstine à se cacher
Sent quelque chose en soi qu'on lui peut reprocher.
Si cet amant devient volage,
1390 Car souvent, en amour, le change est assez doux ;
Et, j'ose le dire entre nous,
Pour grand que soit l'éclat dont brille ce visage,
Il en peut être ailleurs d'aussi belles que vous ;
Si, dis-je, un autre objet sous d'autres lois l'engage ;
1395 Si, dans l'état où je vous vois,
Seule en ses mains, et sans défense,
Il va jusqu'à la violence,
Sur qui vous vengera le roi,
Ou de ce changement, ou de cette insolence ?

PSYCHÉ

1400 Ma sœur, vous me faites trembler.
Juste ciel ! pourrai-je être assez infortunée...

CIDIPPE

Que sait-on si déjà les nœuds de l'hyménée...

PSYCHÉ

N'achevez pas ; ce serait m'accabler.

AGLAURE

Je n'ai plus qu'un mot à vous dire :
1405 Ce prince qui vous aime, et qui commande aux vents,
Qui nous donne pour char les ailes du Zéphire,
Et de nouveaux plaisirs vous comble à tous moments,
Quand il rompt à vos yeux l'ordre de la nature,
Peut-être à tant d'amour mêle un peu d'imposture ;
1410 Peut-être ce palais n'est qu'un enchantement ;
Et ces lambris dorés, ces amas de richesses,
Dont il achète vos tendresses,
Dès qu'il sera lassé de souffrir vos caresses,
Disparaîtront en un moment.
1415 Vous savez, comme nous, ce que peuvent les charmes,

PSYCHÉ

Que je sens à mon tour de cruelles alarmes !

AGLAURE

Notre amitié ne veut que votre bien.

PSYCHÉ

Adieu, mes sœurs ; finissons l'entretien.

J'aime, et je crains qu'on ne s'impatiente.
Partez ; et demain, si je puis,
Vous me verrez ou plus contente,
Ou dans l'accablement des plus mortels ennuis.

AGLAURE

Nous allons dire au roi quelle nouvelle gloire,
Quel excès de bonheur le ciel répand sur vous.

CIDIPPE

Nous allons lui conter d'un changement si doux,
La surprenante et merveilleuse histoire.

PSYCHÉ

Ne l'inquiétez point, ma sœur, de vos soupçons ;
Et, quand vous lui peindrez un si charmant empire...

AGLAURE

Nous savons toutes deux ce qu'il faut taire ou dire,
Et n'avons pas besoin, sur ce point, de leçons.

*Zéphire enlève les deux sœurs de Psyché dans un
nuage qui descend jusqu'à terre, et dans lequel il les
emporte avec rapidité.*

Scène III : L'Amour, Psyché.

L'AMOUR

Enfin vous êtes seule, et je puis vous redire,
Sans avoir pour témoins vos importunes sœurs,
Ce que des yeux si beaux ont pris sur moi d'empire,
Et quel excès ont les douceurs
Qu'une sincère ardeur inspire
Sitôt qu'elle assemble deux cœurs.
Je puis vous expliquer de mon âme ravie
Les amoureux empressements,
Et vous jurer qu'à vous seule asservie,
Elle n'a pour objet de ses ravissements
Que de voir cette ardeur, de même ardeur suivie,
Ne concevoir plus d'autre envie
Que de régler mes vœux sur vos désirs,
Et de ce qui vous plaît faire tous mes plaisirs.
Mais d'où vient qu'un triste nuage
Semble offusquer l'éclat de ces beaux yeux ?
Vous manque-t-il quelque chose en ces lieux ?
Des vœux qu'on vous y rend dédaignez-vous l'hom-
[mage?

PSYCHÉ

Non, seigneur.

L'AMOUR

Qu'est-ce donc? et d'où vient mon malheur?
J'entends moins de soupirs d'amour que de douleur ;
Je vois de votre teint les roses amorties
Marquer un déplaisir secret ;
Vos sœurs à peine sont parties,
Que vous soupirez de regret.
Ah ! Psyché, de deux cœurs quand l'ardeur est la
[même,
Ont-ils des soupirs différents ?
Et quand on aime bien, et qu'on voit ce qu'on aime,
Peut-on songer à des parents ?

PSYCHÉ

Ce n'est point là ce qui m'afflige.

L'AMOUR

Est-ce l'absence d'un rival,
Et d'un rival aimé, qui fait qu'on me néglige ?

PSYCHÉ

Dans un cœur tout à vous que vous pénétrez mal !
Je vous aime, seigneur, et mon amour s'irrite
De l'indigne soupçon que vous avez formé.
1465 Vous ne connaissez pas quel est votre mérite,
    Si vous craignez de n'être pas aimé.
Je vous aime ; et depuis que j'ai vu la lumière,
    Je me suis montrée assez fière
    Pour dédaigner les vœux de plus d'un roi ;
1470 Et, s'il vous faut ouvrir mon âme tout entière,
Je n'ai trouvé que vous qui fût digne de moi.
    Cependant j'ai quelque tristesse
    Qu'en vain je voudrais vous cacher ;
Un noir chagrin se mêle à toute ma tendresse,
1475   Dont je ne la puis détacher.
    Ne m'en demandez point la cause :
Peut-être, la sachant, voudrez-vous m'en punir ;
Et, si j'ose aspirer encore à quelque chose,
Je suis sûre du moins de ne point l'obtenir.

L'AMOUR

1480 Et ne craignez-vous point qu'à mon tour je m'irrite
Que vous connaissiez mal quel est votre mérite,
    Ou feigniez de ne pas savoir
    Quel est sur moi votre absolu pouvoir ?
Ah ! si vous en doutez, soyez désabusée.
Parlez.

PSYCHÉ

1485   J'aurai l'affront de me voir refusée.

L'AMOUR

Prenez en ma faveur de meilleurs sentiments ;
    L'expérience en est aisée.
Parlez, tout se tient prêt à vos commandements.
    Si, pour m'en croire, il vous faut des serments,
1490 J'en jure vos beaux yeux, ces maîtres de mon âme,
    Ces divins auteurs de ma flamme,
Et, si ce n'est assez d'en jurer vos beaux yeux,
J'en jure par le Styx, comme jurent les dieux.

PSYCHÉ

J'ose craindre un peu moins, après cette assurance.
1495 Seigneur, je vois ici la pompe et l'abondance ;
    Je vous adore, et vous m'aimez ;
Mon cœur en est ravi, mes sens en sont charmés ;
    Mais, parmi ce bonheur suprême,
    J'ai le malheur de ne savoir qui j'aime :
1500   Dissipez cet aveuglement,
Et faites-moi connaître un si parfait amant.

L'AMOUR

Psyché ! que venez-vous de dire ?

PSYCHÉ

Que c'est le bonheur où j'aspire ;
Et si vous ne me l'accordez...

L'AMOUR

1505 Je l'ai juré, je n'en suis plus le maître ;
Mais vous ne savez pas ce que vous demandez.
Laissez-moi mon secret. Si je me fais connaître,
    Je vous perds, et vous me perdez.
    Le seul remède est de vous en dédire.

PSYCHÉ

1510 C'est là sur vous mon souverain empire ?

L'AMOUR

Vous pouvez tout, et je suis tout à vous.
    Mais, si nos feux vous semblent doux,
Ne mettez point d'obstacle à leur charmante suite ;
    Ne me forcez point à la fuite :
C'est le moindre malheur qui nous puisse arriver   1515
    D'un souhait qui vous a séduite.

PSYCHÉ

    Seigneur, vous voulez m'éprouver ;
    Mais je sais ce que j'en dois croire.
De grâce, apprenez-moi tout l'excès de ma gloire,
Et ne me cachez plus pour quel illustre choix   1520
    J'ai rejeté les vœux de tant de rois.

L'AMOUR

Le voulez-vous ?

PSYCHÉ

    Souffrez que je vous en conjure.

L'AMOUR

Si vous saviez, Psyché, la cruelle aventure
    Que par là vous vous attirez...

PSYCHÉ

    Seigneur, vous me désespérez.   1525

L'AMOUR

    Pensez-y bien ; je puis encor me taire.

PSYCHÉ

Faites-vous des serments pour n'y point satisfaire ?

L'AMOUR

Hé bien ! je suis le dieu le plus puissant des dieux,
Absolu sur la terre, absolu dans les cieux ;
Dans les eaux, dans les airs, mon pouvoir est suprême: 1530
    En un mot, je suis l'Amour même,
Qui de mes propres traits m'étais blessé pour vous ;
Et, sans la violence, hélas ! que vous me faites,
Et qui vient de changer mon amour en courroux,
    Vous m'alliez avoir pour époux.   1535
    Vos volontés sont satisfaites,
    Vous avez su qui vous aimiez ;
Vous connaissez l'amant que vous charmiez,
    Psyché, voyez où vous en êtes :
Vous me forcez vous-même à vous quitter ;   1540
Vous me forcez vous-même à vous ôter
    Tout l'effet de votre victoire.
Peut-être vos beaux yeux ne me reverront plus.
Ce palais, ces jardins, avec moi disparus,
Vont faire évanouir votre naissante gloire.   1545
    Vous n'avez pas voulu m'en croire ;
    Et, pour tout fruit de ce doute éclairci,
    Le Destin, sous qui le ciel tremble,
Plus fort que mon amour, que tous les dieux ensemble,
Vous va montrer sa haine, et me chasse d'ici.   1550

*L'Amour disparaît ; et, dans l'instant qu'il s'envole,
le superbe jardin s'évanouit. Psyché demeure seule
au milieu d'une vaste campagne, et sur le bord sauvage d'un grand fleuve où elle se veut précipiter. Le
dieu du fleuve paraît assis sur un amas de joncs et
de roseaux, et appuyé sur une grande urne, d'où sort
une grosse source d'eau.*

Scène IV : Psyché, le Dieu du Fleuve.

PSYCHÉ

Cruel destin, funeste inquiétude !
    Fatale curiosité !
Qu'avez-vous fait, affreuse solitude,
    De toute ma félicité ?
1555 J'aimais un dieu, j'en étais adorée ;
Mon bonheur redoublait de moment en moment ;
    Et je me vois seule, éplorée,
    Au milieu d'un désert, où, pour accablement,
        Et confuse et désespérée,
1560 Je sens croître l'amour quand j'ai perdu l'amant.
    Le souvenir m'en charme et m'empoisonne ;
        Sa douceur tyrannise un cœur infortuné
    Qu'aux plus cuisants chagrins ma flamme a condam-
        O ciel ! quand l'Amour m'abandonne,   [né.
1565 Pourquoi me laisse-t-il l'amour qu'il m'a donné ?
    Source de tous les biens, inépuisable et pure,
        Maître des hommes et des dieux,
        Cher auteur des maux que j'endure,
    Etes-vous pour jamais disparu de mes yeux ?
1570   Je vous en ai banni moi-même :
Dans un excès d'amour, dans un bonheur extrême,
    D'un indigne soupçon mon cœur s'est alarmé ;
    Cœur ingrat ! tu n'avais qu'un feu mal allumé ;
Et l'on ne peut vouloir, du moment que l'on aime,
1575   Que ce que veut l'objet aimé.
    Mourons, c'est le parti qui seul me reste à suivre,
        Après la perte que je fais.
    Pour qui, grands dieux ! voudrais-je vivre ?
        Et pour qui former des souhaits ?
1580 Fleuve, de qui les eaux baignent ces tristes sables,
    Ensevelis mon crime dans tes flots,
    Et, pour finir des maux si déplorables,
Laisse-moi dans ton lit assurer mon repos.

LE DIEU DU FLEUVE

    Ton trépas souillerait mes ondes,
1585   Psyché, le ciel te le défend,
Et peut-être qu'après des douleurs si profondes,
    Un autre sort t'attend.
Fuis plutôt de Vénus l'implacable colère :
Je la vois qui te cherche et qui te veut punir ;
1590 L'amour du fils a fait la haine de la mère ;
    Fuis, je saurai la retenir.

PSYCHÉ

    J'attends ses fureurs vengeresses ;
Qu'auront-elles pour moi qui ne me soit trop doux ?
Qui cherche le trépas ne craint dieux ni déesses,
1595   Et peut braver tout leur courroux.

Scène V : Vénus, Psyché, le Dieu du Fleuve.

VÉNUS

Orgueilleuse Psyché, vous m'osez donc attendre,
Après m'avoir, sur terre, enlevé mes honneurs ;
    Après que vos traits suborneurs
Ont reçu les encens qu'aux miens seuls on doit ren-
1600 J'ai vu mes temples désertés,   [dre ?
J'ai vu tous les mortels, séduits par vos beautés,

Idolâtrer en vous la beauté souveraine,
Vous offrir des respects jusqu'alors inconnus,
    Et ne se mettre pas en peine
    S'il était une autre Vénus ;   16
    Et je vous vois encor l'audace
De n'en pas redouter les justes châtiments,
    Et de me regarder en face,
Comme si c'était peu que mes ressentiments.

PSYCHÉ

Si de quelques mortels on m'a vue adorée,   16
Est-ce un crime pour moi d'avoir eu des appas
    Dont leur âme inconsidérée
Laissait charmer des yeux qui ne vous voyaient pas.
    Je suis ce que le ciel m'a faite ;
Je n'ai que les beautés qu'il m'a voulu prêter.   16
Si les vœux qu'on m'offrait vous ont mal satisfaite,
Pour forcer tous les cœurs à vous les reporter,
    Vous n'aviez qu'à vous présenter,
    Qu'à ne leur cacher plus cette beauté parfaite,
Oui, pour les rendre à leur devoir,   16
Pour se faire adorer, n'a qu'à se faire voir.

VÉNUS

    Il fallait vous en mieux défendre.
Ces respects, ces encens se devaient refuser ;
    Et pour les mieux désabuser,
Il fallait, à leurs yeux, vous-même me les rendre.   16
    Vous avez aimé cette erreur
Pour qui vous ne deviez avoir que de l'horreur :
Vous avez bien fait plus : votre humeur arrogante,
    Sur le mépris de mille rois,
Jusques aux cieux a porté de son choix   16
    L'ambition extravagante.

PSYCHÉ

J'aurais porté mon choix, déesse, jusqu'aux cieux ?

VÉNUS

    Votre insolence est sans seconde.
    Dédaigner tous les rois du monde,
    N'est-ce pas aspirer aux dieux ?   16

PSYCHÉ

Si l'Amour pour eux tous m'avait endurci l'âme,
    Et me réservait toute à lui,
En puis-je être coupable ? et faut-il qu'aujourd'hui,
    Pour prix d'une si belle flamme,
Vous vouliez m'accabler d'un éternel ennui !   16

VÉNUS

    Psyché, vous deviez mieux connaître
    Qui vous étiez, et quel était ce dieu.

PSYCHÉ

Eh ! m'en a-t-il donné ni le temps ni le lieu,
Lui qui de tout mon cœur d'abord s'est rendu maî-
    VÉNUS   [tre ?
Tout votre cœur s'en est laissé charmer,   16
Et vous l'avez aimé dès qu'il vous a dit : J'aime.

PSYCHÉ

Pouvais-je n'aimer pas le dieu qui fait aimer,
    Et qui me parlait pour lui-même ?
    C'est votre fils : vous avez son pouvoir,
    Vous en connaissez le mérite.   16

VÉNUS

Oui, c'est mon fils, mais un fils qui m'irrite,

Un fils qui me rend mal ce qu'il sait me devoir ;
Un fils qui fait qu'on m'abandonne,
Et qui, pour mieux flatter ses indignes amours,
5 Depuis que vous l'aimez ne blesse plus personne
Qui vienne à mes autels implorer mon secours.
     Vous m'en avez fait un rebelle :
On m'en verra vengée, et hautement, sur vous ;
Et je vous apprendrai s'il faut qu'une mortelle
0   Souffre qu'un Dieu soupire à ses genoux.
Suivez-moi ; vous verrez, par votre expérience,
     A quelle folle confiance
     Vous portait cette ambition.
Venez, et préparez autant de patience
5   Qu'on vous voit de présomption.

QUATRIEME INTERMEDE

*La scène représente les Enfers. On y voit une mer
toute de feu, dont les flots sont dans une perpétuelle
agitation. Cette mer effroyable est bornée par des
ruines enflammées ; et, au milieu de ses flots agités,
au travers d'une gueule affreuse, paraît le palais in-
fernal de Pluton. Huit furies en sortent, et forment
une entrée de ballet, où elles se réjouissent de la rage
qu'elles ont allumée dans l'âme de la plus douce des
divinités. Un lutin mêle quantité de sauts périlleux
à leurs danses, cependant que Psyché, qui a passé
aux enfers par le commandement de Vénus, repasse
dans la barque de Charon, avec la boîte qu'elle a
reçue de Proserpine pour cette déesse.*

ACTE CINQUIEME

Scène 1 : Psyché.

Effroyables replis des ondes infernales,
Noirs palais où Mégère et ses sœurs font leur cour,
Eternels ennemis du jour,
Parmi vos Ixions et parmi vos Tantales,
0 Parmi tant de tourments qui n'ont point d'intervalles,
     Est-il, dans votre affreux séjour,
     Quelques peines qui soient égales
Aux travaux où Vénus condamne mon amour ?
     Elle n'en peut être assouvie ;
5 Et, depuis qu'à ses lois je me trouve asservie,
Depuis qu'elle me livre à ses ressentiments,
     Il m'a fallu, dans ces cruels moments,
     Plus d'une âme et plus d'une vie
     Pour remplir ses commandements.
0   Je souffrirais tout avec joie,
Si, parmi les rigueurs que sa haine déploie,
Mes yeux pouvaient revoir, ne fût-ce qu'un moment,
     Ce cher, cet adorable amant.
Je n'ose le nommer, ma bouche criminelle
5   D'avoir trop exigé de lui,
S'en est rendue indigne, et, dans ce dur ennui,

          La souffrance la plus mortelle
Dont m'accable à toute heure un renaissant trépas
     Est celle de ne le voir pas.
     Si son courroux durait encore,   1690
Jamais aucun malheur n'approcherait du mien ;
Mais s'il avait pitié d'une âme qui l'adore,
Quoi qu'il fallût souffrir, je ne souffrirais rien.
Oui, Destins, s'il calmait cette juste colère,
     Tous mes malheurs seraient finis :   1695
Pour me rendre insensible aux fureurs de la mère,
     Il ne faut qu'un regard du fils.
Je n'en veux plus douter, il partage ma peine,
Il voit ce que je souffre, et souffre comme moi.
     Tout ce que j'endure le gêne,   1700
Lui-même il s'en impose une amoureuse loi,
En dépit de Vénus, en dépit de mon crime,
C'est lui qui me soutient, c'est lui qui me ranime
Au milieu des périls où l'on me fait courir ;
Il garde la tendresse où son feu le convie,   1705
Et prend soin de me rendre une nouvelle vie
     Chaque fois qu'il me faut mourir.
     Mais que me veulent ces deux ombres
Qu'à travers le faux jour de ces demeures sombres
     J'entrevois s'avancer vers moi ?   1710

Scène II : Psyché, Cléomène, Agénor.

PSYCHÉ

Cléomène, Agénor, est-ce vous que je vois ?
     Qui vous a ravi la lumière ?

CLÉOMÈNE

La plus juste douleur qui d'un beau désespoir
     Nous eût pu fournir la matière ;
Cette pompe funèbre, où du sort le plus noir   1715
     Vous attendiez la rigueur la plus fière,
     L'injustice la plus entière.

AGÉNOR

Sur ce même rocher où le ciel en courroux
     Vous promettait, au lieu d'époux,
Un serpent dont soudain vous seriez dévorée,   1720
     Nous tenions la main préparée
A repousser sa rage, ou mourir avec vous.
Vous le savez, princesse ; et, lorsqu'à notre vue
Par le milieu des airs vous êtes disparue,
Du haut de ce rocher, pour suivre vos beautés,   1725
Ou plutôt pour goûter cette amoureuse joie
D'offrir pour vous au monstre une première proie,
     D'amour et de douleur l'un et l'autre emportés,
     Nous nous sommes précipités.

CLÉOMÈNE

Heureusement déçus au sens de votre oracle,   1730
Nous en avons ici reconnu le miracle,
Et su que le serpent prêt à vous dévorer
     Etait le dieu qui fait qu'on aime,
Et qui, tout dieu qu'il est, vous adorant lui-même,
     Ne pouvait endurer   1735
Qu'un mortel comme nous osât vous adorer.

AGÉNOR

     Pour prix de vous avoir suivie,
Nous jouissons ici d'un trépas assez doux.

Qu'avions-nous affaire de vie,
1740   Si nous ne pouvions être à vous ?
Nous revoyons ici vos charmes,
Qu'aucun des deux là-haut n'aurait revus jamais.
Heureux si nous voyons la moindre de vos larmes
Honorer des malheurs que vous nous avez faits !

PSYCHÉ

1745   Puis-je avoir des larmes de reste,
Après qu'on a porté les miens au dernier point ?
Unissons nos soupirs dans un sort si funeste ;
    Les soupirs ne s'épuisent point :
Mais vous soupireriez, princes, pour une ingrate.
1750   Vous n'avez point voulu survivre à mes malheurs ;
    Et, quelque douleur qui m'abatte,
    Ce n'est point pour vous que je meurs.

CLÉOMÈNE

L'avons-nous mérité, nous dont toute la flamme
N'a fait que vous lasser du récit de nos maux ?

PSYCHÉ

1755   Vous pouviez mériter, princes, toute mon âme,
    Si vous n'eussiez été rivaux.
    Ces qualités incomparables,
Qui de l'un et de l'autre accompagnaient les vœux,
    Vous rendaient tous deux trop aimables
1760   Pour mépriser aucun des deux.

AGÉNOR

Vous avez pu sans être injuste ni cruelle
Nous refuser un cœur réservé pour un dieu.
Mais revoyez Vénus. Le Destin nous rappelle,
Et nous force à vous dire adieu.

PSYCHÉ

1765   Ne vous donne-t-il point le loisir de me dire
    Quel est ici votre séjour ?

CLÉOMÈNE

Dans des bois toujours verts, où d'amour on respire,
Aussitôt qu'on est mort d'amour.
D'amour on y revit, d'amour on y soupire,
1770 Sous les plus douces lois de son heureux empire ;
Et l'éternelle nuit n'ose en chasser le jour
    Que lui-même il attire
    Sur nos fantômes qu'il inspire,
Et dont aux enfers même il se fait une cour.

AGÉNOR

1775 Vos envieuses sœurs, après nous descendues,
    Pour vous perdre se sont perdues ;
    Et l'une et l'autre, tour à tour,
Pour le prix d'un conseil qui leur coûte la vie,
A côté d'Ixion, à côté de Titye,
1780 Souffrent tantôt la roue, et tantôt le vautour.
L'Amour, par les Zéphyrs, s'est fait prompte justice
De leur envenimée et jalouse malice ;
Ces ministres ailés de son juste courroux,
Sous couleur de les rendre encore auprès de vous,
1785 Ont plongé l'une et l'autre au fond d'un précipice,
    Où le spectacle affreux de leurs corps déchirés
N'étale que le moindre et le premier supplice
    De ces conseils, dont l'artifice
    Fait les maux dont vous soupirez.

PSYCHÉ

Que je les plains !

CLÉOMÈNE

    Vous êtes seule à plaindre.   17
Mais nous demeurons trop à vous entretenir ;
Adieu. Puissions-nous vivre en votre souvenir !
Puissiez-vous, et bientôt, n'avoir plus rien à craindre!
Puisse, et bientôt, l'Amour vous enlever aux cieux,
    Vous y mettre à côté des dieux,   17
Et, rallumant un feu qui ne se puisse éteindre,
Affranchir à jamais l'éclat de vos beaux yeux
    D'augmenter le jour en ces lieux !

Scène III : Psyché.

Pauvres amants ! Leur amour dure encore !
    Tout morts qu'ils sont, l'un et l'autre m'adore, 18
Moi, dont la dureté reçut si mal leurs vœux !
Tu n'en fais pas ainsi, toi qui seul m'as ravie,
Amant que j'aime encor cent fois plus que ma vie,
    Et qui brises de si beaux nœuds !
Ne me fuis plus, et souffre que j'espère   18
Que tu pourras un jour rabaisser l'œil sur moi,
Qu'à force de souffrir j'aurai de quoi te plaire,
    De quoi me rengager ta foi.
Mais ce que j'ai souffert m'a trop défigurée,   18
    Pour rappeler un tel espoir.
    L'œil abattu, triste, désespérée,
    Languissante et décolorée,
    De quoi puis-je me prévaloir,
Si par quelque miracle, impossible à prévoir,
Ma beauté, qui t'a plu, ne se voit réparée ?   18
Je porte ici de quoi la réparer :
    Ce trésor de beauté divine,
Qu'en mes mains pour Vénus a remis Proserpine,
Enferme des appas dont je puis m'emparer ;
    Et l'éclat en doit être extrême,   18
    Puisque Vénus, la beauté même,
    Les demande pour se parer.
En dérober un peu, serait-ce un si grand crime ?
Pour plaire aux yeux d'un dieu qui s'est fait mon
Pour regagner son cœur et finir mon tourment, [amant, 18
    Tout n'est-il pas trop légitime ?
Ouvrons. Quelles vapeurs m'offusquent le cerveau ?
Et que vois-je sortir de cette boîte ouverte ?
Amour, si ta pitié ne s'oppose à ma perte,
Pour ne revivre plus, je descends au tombeau.   18
*Elle s'évanouit, et l'Amour descend auprès d'elle en
volant.*

Scène IV : L'Amour, Psyché, évanouie.

L'AMOUR

Votre péril, Psyché, dissipe ma colère,
Ou plutôt de mes feux l'ardeur n'a point cessé ;
Et, bien qu'au dernier point vous m'ayez su déplaire,
    Je ne me suis intéressé
    Que contre celle de ma mère.   18
J'ai vu tous vos travaux, j'ai suivi vos malheurs ;
Mes soupirs ont partout accompagné vos pleurs.
Tournez les yeux vers moi ; je suis encor le même.
Quoi ! je dis et redis tout haut que je vous aime,

40 Et vous ne dites point, Psyché, que vous m'aimez !
Est-ce que pour jamais vos beaux yeux sont fermés,
Qu'à jamais la clarté leur vient d'être ravie ?
O Mort ! devais-tu prendre un dard si criminel,
Et, sans aucun respect pour mon être éternel,
45 Attenter à ma propre vie !
 Combien de fois, ingrate déité,
  Ai-je grossi ton noir empire
Par les mépris et par la cruauté
D'une orgueilleuse ou farouche beauté !
50 Combien même, s'il le faut dire,
 T'ai-je immolé de fidèles amants,
  A force de ravissements !
Va, je ne blesserai plus d'âmes,
Je ne percerai plus de cœurs
55 Qu'avec des dards trempés aux divines liqueurs
Qui nourrissent du ciel les immortelles flammes,
 Et n'en lancerai plus que pour faire à tes yeux
  Autant d'amants, autant de dieux.
 Et vous, impitoyable mère,
60 Qui la forcez à m'arracher
  Tout ce que j'avais de plus cher,
Craignez, à votre tour, l'effet de ma colère.
  Vous me voulez faire la loi,
Vous, qu'on voit si souvent la recevoir de moi !
65 Vous, qui portez un cœur sensible comme un autre,
Vous enviez au mien les délices du vôtre !
Mais dans ce même cœur j'enfoncerai des coups
Qui ne seront suivis que de chagrins jaloux ;
Je vous accablerai de honteuses surprises,
70 Et choisirai partout, à vos vœux les plus doux,
  Des Adonis et des Anchises
  Qui n'auront que haine pour vous.

Scène V : Vénus, l'Amour, Psyché, évanouie.

VÉNUS
 La menace est respectueuse ;
 Et d'un enfant qui fait le révolté
75 La colère présomptueuse...
   L'AMOUR
Je ne suis plus enfant, et je l'ai trop été ;
Et ma colère est juste autant qu'impétueuse.
   VÉNUS
L'impétuosité s'en devrait retenir ;
  Et vous pourriez vous souvenir
80 Que vous me devez la naissance.
   L'AMOUR
 Et vous pourriez n'oublier pas
Que vous avez un cœur et des appas
  Qui relèvent de ma puissance ;
Que mon arc de la vôtre est l'unique soutien ;
85 Que, sans mes traits, elle n'est rien ;
 Et que, si les cœurs les plus braves
En triomphe par vous se sont laissé traîner,
  Vous n'avez jamais fait d'esclaves
  Que ceux qu'il m'a plu d'enchaîner.
90 Ne me vantez donc plus ces droits de la naissance
  Qui tyrannisent mes désirs ;
Et, si vous ne voulez perdre mille soupirs,

Songez, en me voyant, à la reconnaissance,
  Vous qui tenez de ma puissance
  Et votre gloire et vos plaisirs. 1895
   VÉNUS
 Comment l'avez-vous défendue,
 Cette gloire dont vous parlez ?
 Comment me l'avez-vous rendue ?
Et, quand vous avez vu mes autels désolés,
  Mes temples violés, 1900
  Mes honneurs ravalés,
Si vous avez pris part à tant d'ignominie,
  Comment en a-t-on vu punie
  Psyché qui me les a volés ?
Je vous ai commandé de la rendre charmée 1905
  Du plus vil des mortels,
Qui ne daignât répondre à son âme enflammée
  Que par des rebuts éternels,
  Par les mépris les plus cruels ;
 Et vous-même l'avez aimée ! 1910
Vous avez contre moi séduit des immortels ;
C'est pour vous qu'à mes yeux les Zéphyrs l'ont ca-
  Qu'Apollon même, suborné,   [chée,
  Par un oracle adroitement tourné
  Me l'avait si bien arrachée, 1915
  Que si sa curiosité,
  Par une aveugle défiance,
  Ne l'eût rendue à ma vengeance,
  Elle échappait à mon cœur irrité !
Voyez l'état où votre amour l'a mise, 1920
  Votre Psyché ; son âme va partir ;
Voyez ; et, si la vôtre en est encore éprise,
  Recevez son dernier soupir.
Menacez, bravez-moi, cependant qu'elle expire :
  Tant d'insolence vous sied bien ; 1925
Et je dois endurer quoi qu'il vous plaise dire,
  Moi qui sans vos traits ne puis rien.
   L'AMOUR
Vous ne pouvez que trop, déesse impitoyable ;
Le Destin l'abandonne à tout votre courroux :
  Mais soyez moins inexorable 1930
Aux prières, aux pleurs d'un fils à vos genoux.
 Ce doit vous être un spectacle assez doux
 De voir d'un œil Psyché mourante,
Et de l'autre ce fils, d'une voix suppliante,
Ne vouloir plus tenir son bonheur que de vous. 1935
Rendez-moi ma Psyché, rendez-lui tous ses charmes ;
  Rendez-la, déesse, à mes larmes ;
Rendez à mon amour, rendez à ma douleur,
 Le charme de mes yeux et le choix de mon cœur.
   VÉNUS
 Quelque amour que Psyché vous donne, 1940
De ses malheurs par moi n'attendez pas la fin.
  Si le Destin me l'abandonne,
  Je l'abandonne à son destin.
Ne m'importunez plus ; et, dans cette infortune,
Laissez-la, sans Vénus, triompher ou périr. 1945
   L'AMOUR
  Hélas ! si je vous importune,
Je ne le ferais pas si je pouvais mourir.

VÉNUS
Cette douleur n'est pas commune,
Qui force un immortel à souhaiter la mort.
L'AMOUR
1950 Voyez, par son excès, si mon amour est fort.
Ne lui ferez-vous grâce aucune ?
VÉNUS
Je vous l'avoue, il me touche le cœur,
Votre amour ; il désarme, il fléchit ma rigueur.
Votre Psyché reverra la lumière.
L'AMOUR
1955 Que je vous vais partout faire donner d'encens !
VÉNUS
Oui, vous la reverrez dans sa beauté première ;
Mais de vos vœux reconnaissants
Je veux la déférence entière ;
Je veux qu'un vrai respect laisse à mon amitié.
1960 Vous choisir une autre moitié.
L'AMOUR
Et moi, je ne veux plus de grâce :
Je reprends toute mon audace ;
Je veux Psyché, je veux sa foi ;
Je veux qu'elle revive, et revive pour moi,
1965 Et tiens indifférent que votre haine lasse
En faveur d'une autre se passe.
Jupiter, qui paraît, va juger entre nous
De mes emportements et de votre courroux.
Après quelques éclairs et des roulements de ton-
nerre, Jupiter paraît en l'air sur son aigle.

Scène VI : *Jupiter, Vénus, l'Amour,*
Psyché, évanouie.

L'AMOUR
Vous, à qui seul tout est possible,
1970 Père des dieux, souverain des mortels,
Fléchissez la rigueur d'une mère inflexible,
Qui sans moi n'aurait point d'autels.
J'ai pleuré, j'ai prié, je soupire, menace,
Et perds menaces et soupirs.
1975 Elle ne veut pas voir que de mes déplaisirs
Dépend du monde entier l'heureuse ou triste face ;
Et que si Psyché perd le jour,
Si Psyché n'est à moi, je ne suis plus l'Amour.
Oui, je romprai mon arc, je briserai mes flèches,
1980 J'éteindrai jusqu'à mon flambeau,
Je laisserai languir la nature au tombeau ;
Ou, si je daigne aux cœurs faire encor quelques brè-
Avec ces pointes d'or qui me font obéir   [ches,
Je vous blesserai tous là-haut pour des mortelles,
1985 Et ne décocherai sur elles
Que des traits émoussés qui forcent à haïr,
Et qui ne font que des rebelles,
Des ingrates et des cruelles.
Par quelle tyrannique loi
1990 Tiendrai-je à vous servir mes armes toujours prêtes,
Et vous ferai-je à tous conquêtes sur conquêtes,
Si vous me défendez d'en faire une pour moi ?
JUPITER, *à Vénus.*
Ma fille, sois-lui moins sévère.

Tu tiens de sa Psyché le destin en tes mains ;
La Parque, au moindre mot, va suivre ta colère.   19
Parle, et laisse-toi vaincre aux tendresses de mère,
Ou redoute un courroux que moi-même je crains.
Veux-tu donner le monde en proie
A la haine, au désordre, à la confusion ;
Et d'un dieu d'union,   20
D'un dieu de douceurs et de joie,
Faire un dieu d'amertume et de division ?
Considère ce que nous sommes,
Et si les passions doivent nous dominer.
Plus la vengeance a de quoi plaire aux hommes,   20
Plus il sied bien aux dieux de pardonner.
VÉNUS
Je pardonne à ce fils rebelle ;
Mais voulez-vous qu'il me soit reproché
Qu'une misérable mortelle,
L'objet de mon courroux, l'orgueilleuse Psyché,   20
Sous ombre qu'elle est un peu belle,
Par un hymen dont je rougis,
Souille mon alliance et le lit de mon fils ?
JUPITER
Hé bien ! je la fais immortelle,
Afin d'y rendre tout égal.   20
VÉNUS
Je n'ai plus de mépris ni de haine pour elle,
Et l'admets à l'honneur de ce nœud conjugal.
Psyché, reprenez la lumière,
Pour ne la reperdre jamais.
Jupiter a fait votre paix ;   20
Et je quitte cette humeur fière
Qui s'opposait à vos souhaits.
PSYCHÉ, *sortant de son évanouissement.*
C'est donc vous, ô grande déesse,
Qui redonnez la vie à ce cœur innocent !
VÉNUS
Jupiter vous fait grâce, et ma colère cesse.   20
Vivez, Vénus l'ordonne ; aimez, elle y consent.
PSYCHÉ, *à l'Amour.*
Je vous revois enfin, cher objet de ma flamme !
L'AMOUR, *à Psyché.*
Je vous possède enfin, délices de mon âme !
JUPITER
Venez, amants, venez aux cieux
Achever un si grand et si digne hyménée.   20
Viens-y, belle Psyché, changer de destinée ;
Viens prendre place au rang des dieux.

Deux grandes machines descendent aux deux côtés
de Jupiter, cependant qu'il dit ces derniers vers. Vé-
nus avec sa suite monte dans l'une, l'Amour avec
Psyché dans l'autre, et tous ensemble remontent au
ciel.
Les divinités qui avaient été partagées entre Vénus
et son fils se réunissent en les voyant d'accord ; et
toutes ensemble, par des concerts, des chants et des
danses, célèbrent la fête des noces de l'Amour.
Apollon paraît le premier, et, comme dieu de l'har-
monie, commence à chanter, pour inviter les autres
dieux à se réjouir.

RÉCIT D'APOLLON

Unissons-nous, troupe immortelle ;
Le dieu d'Amour devient heureux amant,
35 Et Vénus a repris sa douceur naturelle
En faveur d'un fils si charmant ;
Il va goûter en paix, après un long tourment,
Une félicité qui doit être éternelle.

TOUTES LES DIVINITÉS *chantent ensemble
ce couplet à la gloire de l'Amour.*

Célébrons ce grand jour,
40 Célébrons tous une fête si belle ;
Que nos chants en tous lieux en portent la nouvelle,
Qu'ils fassent retentir le céleste séjour.
Chantons, répétons tour à tour
Qu'il n'est point d'âme si cruelle
45 Qui tôt ou tard ne se rende à l'Amour.

APOLLON *continue.*

Le dieu qui nous engage
A lui faire la cour
Défend qu'on soit trop sage.
Les plaisirs ont leur tour :
50 C'est leur plus doux usage
Que de finir les soins du jour.
La nuit est le partage
Des jeux et de l'amour.

Ce serait grand dommage
55 Qu'en ce charmant séjour.
On eût un cœur sauvage.
Les plaisirs ont leur tour :
C'est leur plus doux usage
Que de finir les soins du jour.
60 La nuit est le partage
Des jeux et de l'amour.

*Deux Muses, qui ont toujours évité de s'engager
sous les lois de l'Amour, conseillent aux belles qui
n'ont point encore aimé de s'en défendre avec soin,
à leur exemple.*

CHANSON DES MUSES

Gardez-vous, beautés sévères,
Les amours font trop d'affaires ;
Craignez toujours de vous laisser charmer.
65 Quand il faut que l'on soupire,
Tout le mal n'est pas de s'enflammer ;
Le martyre
De le dire
Coûte plus cent fois que d'aimer.

SECOND COUPLET DES MUSES

70 On ne peut aimer sans peines,
Il est peu de douces chaînes ;
A tout moment on se sent alarmer.
Quand il faut que l'on soupire,
Tout le mal n'est pas de s'enflammer ;
75 Le martyre
De le dire
Coûte plus cent fois que d'aimer.

*Bacchus fait entendre qu'il n'est pas si dangereux
que l'Amour.*

RÉCIT DE BACCHUS

Si quelquefois,

Suivant nos douces lois,
La raison se perd et s'oublie, 2080
Ce que le vin nous cause de folie
Commence et finit en un jour ;
Mais quand un cœur est enivré d'amour,
Souvent c'est pour toute la vie.

*Mome déclare qu'il n'a point de plus doux emploi
que de médire, et que ce n'est qu'à l'Amour seul
qu'il n'ose se jouer.*

RÉCIT DE MOME

Je cherche à médire 2085
Sur la terre et dans les cieux ;
Je soumets à ma satire
Les plus grands des dieux.
Il n'est dans l'univers que l'Amour qui m'étonne,
Il est le seul que j'épargne aujourd'hui ; 2090
Il n'appartient qu'à lui
De n'épargner personne.

ENTRÉE DE BALLET

*Composée de deux Ménades et de deux Egipans qui
suivent Bacchus.*

ENTRÉE DE BALLET

*Composée de quatre polichinelles et de deux matas-
sins qui suivent Mome, et viennent joindre leur plaisanterie et leur badinage aux divertissements de
cette grande fête.
Bacchus et Mome, qui les conduisent, chantent au
milieu d'eux chacun une chanson, Bacchus à la
louange du vin, et Mome une chanson enjouée sur
le sujet et les avantages de la raillerie.*

RÉCIT DE BACCHUS

Admirons le jus de la treille :
Qu'il est puissant, qu'il a d'attraits .
Il sert aux douceurs de la paix, 2095
Et dans la guerre il fait merveille :
Mais surtout pour les amours
Le vin est d'un grand secours.

RÉCIT DE MOME

Folâtrons, divertissons-nous,
Raillons, nous ne saurions mieux faire ; 2100
La raillerie est nécessaire
Dans les jeux les plus doux.
Sans la douceur que l'on goûte à médire,
On trouve peu de plaisirs sans ennui :
Rien n'est si plaisant que de rire, 2105
Quand on rit aux dépens d'autrui.

Plaisantons, ne pardonnons rien,
Rions, rien n'est plus à la mode ;
On court péril d'être incommode
En disant trop de bien. 2110
Sans la douceur que l'on goûte à médire,
On trouve peu de plaisirs sans ennui ;
Rien n'est si plaisant que de rire,
Quand on rit aux dépens d'autrui.

Mars arrive au milieu du théâtre, suivi de sa troupe guerrière, qu'il excite à profiter de leur loisir, en prenant part aux divertissements.

RÉCIT DE MARS

2115   Laissons en paix toute la terre ;
Cherchons de doux amusements.
Parmi les jeux les plus charmants,
Mêlons l'image de la guerre.

ENTRÉE DE BALLET

Suivants de Mars, qui font, en dansant avec des enseignes, une manière d'exercice.

DERNIÈRE ENTRÉE DE BALLET

Les troupes différentes de la suite d'Apollon, de Bacchus, de Mome et de Mars, après avoir achevé leurs entrées particulières, s'unissent ensemble, et forment la dernière entrée, qui renferme toutes les autres.

Un chœur de toutes les voix et de tous les instruments, qui sont au nombre de quarante, se joint à la danse générale, et termine la fête des noces de l'Amour et de Psyché.

DERNIER CHŒUR

Chantons les plaisirs charmants
     Des heureux amants.   21
     Que tout le ciel s'empresse
     A leur faire sa cour.
     Célébrons ce beau jour
Par mille doux chants d'allégresse.
     Célébrons ce beau jour   21
Par mille doux chants pleins d'amour.

Dans le grand salon du palais des Tuileries, où Psyché a été représentée devant Leurs Majestés, il y avait des timbales, des trompettes et des tambours mêlés dans ces derniers concerts ; et ce dernier couplet se chantait ainsi :

     Chantons les plaisirs charmants
         Des heureux amants.
         Répondez-nous, trompettes,
         Timbales et tambours ;   21
         Accordez-vous toujours
Avec le doux son des musettes :
         Accordez-vous toujours
Avec le doux chant des amours.

LES FOURBERIES DE SCAPIN

COMÉDIE

« *Représentée pour la première fois à Paris sur le théâtre de la salle du Palais-Royal, le 24ᵉ mai 1671, par la Troupe du Roi.* »
Molière aurait écrit les Fourberies *en attendant que fonctionnent, deux mois plus tard, les « machines galantes » de* Psyché ; *et pour se prémunir contre un éventuel échec de cette pièce. Or ce fut la farce qui subit l'échec. Le jugement fameux de Boileau, dans l'Art poétique : « Dans ce sac ridicule où Scapin s'enveloppe - Je ne reconnais pas l'auteur du Misanthrope » fait écho, en somme, à celui du public peut-être déconcerté par un exercice de pure virtuosité.*
Le sujet s'inspire — très librement — du Phormion *de Térence, le nom de Scapin vient de Scappino (scappare, s'échapper), personnage de la comédie italienne, valet d'intrigue dans l'*Inavvertito *de Beltrame ; la scène « Qu'allait-il faire dans cette galère ? » est empruntée au* Pédant joué *de Cyrano de Bergerac.*
Scapin étant « plus un rôle qu'un personnage » (P.-A. Touchard), on peut imaginer que Molière, malade et bientôt quinquagénaire, s'y soit montré essoufflé. Et l'on conçoit que les servitudes d'un tel rôle aient affligé l'amitié admirative de Boileau, lequel, depuis un certain temps déjà, essayait de convaincre Molière d'abandonner les planches et de se contenter d'être auteur, « cela vous fera plus d'honneur dans le public qui regardera vos acteurs comme vos gagistes ».
Retirées de l'affiche au début de l'été, les Fourberies *ne furent plus jouées à la cour du vivant de Molière. Mais la postérité leur a fait un sort : plus de douze cents représentations à la Comédie-Française.*
A noter, dans la distribution, le rôle de Zerbinette, fait sur mesure pour Mlle Beauval, dents éblouissantes et grande bouche, dont le fou-rire communicatif avait fait merveille, déjà, chez la Nicole du Bourgeois gentilhomme.
Scapin a été interprété par les plus grands « valets » du répertoire : Préville, Samson, Reynie, les deux Coquelin. De nos jours Jean-Louis Barrault a tenu l'emploi lors de la reprise par Louis Jouvet (Géronte) de la fameuse mise en scène de Jacques Copeau au Vieux-Colombier. Le rôle fut la révélation de Daniel Sorano, dans la troupe du Grenier de Toulouse. Enfin, à la Comédie-Française, Robert Hirsch lui a prêté une classe exceptionnelle.

PERSONNAGES

ARGANTE, *père d'Octave et de Zerbinette* (La Grange).

GÉRONTE, *père de Léandre et d'Hyacinte* (Du Croisy).

OCTAVE, *fils d'Argante et amant d'Hyacinte* (Baron).

LÉANDRE, *fils de Géronte et amant de Zerbinette*.

ZERBINETTE, *crue Egyptienne, et reconnue fille d'Argante et amante de Léandre* (Mˡˡᵉ Beauval).

HYACINTE, *fille de Géronte et amante d'Octave* (Mˡˡᵉ de Brie).

SCAPIN, *valet de Léandre, et fourbe* (Molière).

SYLVESTRE, *valet d'Octave* (La Thorillière).

NÉRINE, *nourrice d'Hyacinte*.

CARLE, *fourbe*.

DEUX PORTEURS.

LA SCÈNE EST A NAPLES.

ACTE PREMIER

Scène I : Octave, Sylvestre.

OCTAVE

Ah ! fâcheuses nouvelles pour un cœur amoureux ! dures extrémités où je me vois réduit ! Tu viens, Sylvestre, d'apprendre au port que mon père revient ?

SYLVESTRE

Oui.

OCTAVE

Qu'il arrive ce matin même ?

SYLVESTRE

Ce matin même.

OCTAVE

Et qu'il revient dans la résolution de me marier ?

SYLVESTRE

Oui.

OCTAVE

Avec une fille du seigneur Géronte ?

SYLVESTRE

Du seigneur Géronte.

OCTAVE

Et que cette fille est mandée de Tarente ici pour cela ?

SYLVESTRE

Oui.

OCTAVE

Et tu tiens ces nouvelles de mon oncle ?

SYLVESTRE

De votre oncle.

OCTAVE

A qui mon père les a mandées par une lettre ?

SYLVESTRE

Par une lettre.

OCTAVE

Et cet oncle, dis-tu, sait toutes nos affaires ?

SYLVESTRE

Toutes nos affaires.

OCTAVE

Ah ! parle, si tu veux, et ne te fais point, de la sorte, arracher les mots de la bouche.

SYLVESTRE

Qu'ai-je à parler davantage ? vous n'oubliez aucune circonstance, et vous dites les choses tout justement comme elles sont.

OCTAVE

Conseille-moi, du moins, et me dis ce que je dois faire dans ces cruelles conjonctures.

SYLVESTRE

Ma foi, je m'y trouve autant embarrassé que vous ; et j'aurais bon besoin que l'on me conseillât moi-même.

OCTAVE

Je suis assassiné par ce maudit retour.

SYLVESTRE

Je ne le suis pas moins.

OCTAVE

Lorsque mon père apprendra les choses, je vais voir fondre sur moi un orage soudain d'impétueuses réprimandes.

SYLVESTRE

Les réprimandes ne sont rien ; et plût au ciel que j'en fusse quitte à ce prix ! mais j'ai bien la mine, pour moi, de payer plus cher vos folies, et je vois se former, de loin, un nuage de coups de bâton qui crèvera sur mes épaules.

OCTAVE

O ciel ! par où sortir de l'embarras où je me trouve ?

SYLVESTRE

C'est à quoi vous deviez songer avant que de vous y jeter.

OCTAVE

Ah ! tu me fais mourir par tes leçons hors de saison.

SYLVESTRE

Vous me faites bien plus mourir par vos actions étourdies.

OCTAVE

Que dois-je faire ? Quelle résolution prendre ? A quel remède recourir ?

Scène II : Octave, Scapin, Sylvestre.

SCAPIN

Qu'est-ce, seigneur Octave ? Qu'avez-vous ? Qu'y a-t-il ? Quel désordre est-ce là ? Je vous vois tout troublé.

OCTAVE

Ah ! mon pauvre Scapin, je suis perdu ; je suis désespéré ; je suis le plus infortuné de tous les hommes.

SCAPIN

Comment ?

OCTAVE

N'as-tu rien appris de ce qui me regarde ?

SCAPIN

Non.

OCTAVE

Mon père arrive avec le seigneur Géronte, et ils me veulent marier.

SCAPIN

Hé bien ! qu'y a-t-il là de si funeste ?

OCTAVE

Hélas ! tu ne sais pas la cause de mon inquiétude.

SCAPIN

Non ; mais il ne tiendra qu'à vous que je ne la sache bientôt, et je suis homme consolatif, homme à m'intéresser aux affaires des jeunes gens.

OCTAVE

Ah ! Scapin, si tu pouvais trouver quelque invention, forger quelque machine, pour me tirer de la peine où je suis, je croirais t'être redevable de plus que de la vie.

SCAPIN

A vous dire la vérité, il y a peu de choses qui me soient impossibles, quand je m'en veux mêler. J'ai sans doute reçu du ciel un génie assez beau pour toutes les fabriques de ces gentillesses d'esprit, de ces galanteries ingénieuses, à qui le vulgaire ignorant donne le nom de fourberies ; et je puis dire, sans vanité, qu'on n'a guère vu d'homme qui fût plus habile ouvrier de ressorts et d'intrigues, qui ait acquis plus de gloire que moi dans ce noble métier. Mais, ma foi, le mérite est trop maltraité aujourd'hui ; et j'ai renoncé à toutes choses depuis certain chagrin d'une affaire qui m'arriva.

OCTAVE

Comment ? quelle affaire, Scapin ?

SCAPIN

Une aventure où je me brouillai avec la justice.

OCTAVE

La justice ?

SCAPIN

Oui, nous eûmes un petit démêlé ensemble.

SYLVESTRE

Toi et la justice ?

SCAPIN

Oui. Elle en usa fort mal avec moi ; et je me dépitai de telle sorte contre l'ingratitude du siècle que je résolus de ne plus rien faire. Baste ! Ne laissez pas de me conter votre aventure.

OCTAVE

Tu sais, Scapin, qu'il y a deux mois que le seigneur Géronte et mon père s'embarquèrent ensemble pour un voyage qui regarde certain commerce où leurs intérêts sont mêlés.

SCAPIN

Je sais cela.

OCTAVE

Et que Léandre et moi nous fûmes laissés par nos pères, moi sous la conduite de Sylvestre, et Léandre sous ta direction.

SCAPIN

Oui. Je me suis fort bien acquitté de ma charge.

OCTAVE

Quelque temps après, Léandre fit rencontre d'une jeune Égyptienne, dont il devint amoureux.

SCAPIN

Je sais cela encore.

OCTAVE

Comme nous sommes grands amis, il me fit aussitôt confidence de son amour, et me mena voir cette fille, que je trouvai belle, à la vérité, mais non pas tant qu'il voulait que je la trouvasse. Il ne m'entretenait que d'elle chaque jour, m'exagérait à tous moments sa beauté et sa grâce, me louait son esprit, et me parlait avec transport des charmes de son entretien, dont il me rapportait jusqu'aux moindres paroles, qu'il s'efforçait toujours de me faire trouver les plus spirituelles du monde. Il me querellait quelquefois de n'être pas assez sensible aux choses qu'il me venait dire, et me blâmait sans cesse de l'indifférence où j'étais pour les feux de l'amour.

SCAPIN

Je ne vois pas encore où ceci veut aller.

OCTAVE

Un jour que je l'accompagnais pour aller chez les gens qui gardent l'objet de ses vœux, nous

entendîmes, dans une petite maison d'une rue écartée, quelques plaintes mêlées de beaucoup de sanglots. Nous demandons ce que c'est ; une femme nous dit, en soupirant, que nous pouvions voir là quelque chose de pitoyable en des personnes étrangères, et qu'à moins que d'être insensibles, nous en serions touchés.

SCAPIN

Où est-ce que cela nous mène ?

OCTAVE

La curiosité me fit presser Léandre de voir ce que c'était. Nous entrons dans une salle, où nous voyons une vieille femme mourante, assistée d'une servante qui faisait des regrets, et d'une jeune fille toute fondante en larmes, la plus belle et la plus touchante qu'on puisse jamais voir.

SCAPIN

Ah ! ah !

OCTAVE

Une autre aurait paru effroyable en l'état où elle était ; car elle n'avait pour habillement qu'une méchante petite jupe, avec des brassières de nuit, qui étaient de simple futaine ; et sa coiffure était une cornette jaune, retroussée au haut de sa tête, qui laissait tomber en désordre ses cheveux sur ses épaules ; et cependant, faite comme cela, elle brillait de mille attraits, et ce n'était qu'agréments et que charmes que toute sa personne.

SCAPIN

Je sens venir la chose.

OCTAVE

Si tu l'avais vue, Scapin, en l'état que je te dis, tu l'aurais trouvée admirable.

SCAPIN

Oh ! je n'en doute point ; et, sans l'avoir vue, je vois bien qu'elle était tout à fait charmante.

OCTAVE

Ses larmes n'étaient point de ces larmes désagréables qui défigurent un visage ; elle avait, à pleurer, une grâce touchante, et sa douleur était la plus belle du monde.

SCAPIN

Je vois tout cela.

OCTAVE

Elle faisait fondre chacun en larmes, en se jetant amoureusement sur le corps de cette mourante, qu'elle appelait sa chère mère ; et il n'y avait personne qui n'eût l'âme percée de voir un si bon naturel.

SCAPIN

En effet, cela est touchant ; et je vois bien que ce bon naturel-là vous la fit aimer.

OCTAVE

Ah ! Scapin, un barbare l'aurait aimée.

SCAPIN

Assurément. Le moyen de s'en empêcher !

OCTAVE

Après quelques paroles, dont je tâchai d'adoucir la douleur de cette charmante affligée, nous sortîmes de là ; et demandant à Léandre ce qu'il lui semblait de cette personne, il me répondit froide ment qu'il la trouvait assez jolie. Je fus piqué de la froideur avec laquelle il m'en parlait, et je ne voulus point lui découvrir l'effet que ses beautés avaient fait sur mon âme.

SYLVESTRE, à Octave.

Si vous n'abrégez ce récit, nous en voilà pour jusqu'à demain. Laissez-le-moi finir en deux mots. (A Scapin.) Son cœur prend feu dès ce moment ; il ne saurait plus vivre qu'il n'aille consoler son aimable affligée. Ses fréquentes visites sont rejetées de la servante, devenue la gouvernante par le trépas de la mère. Voilà mon homme au désespoir ; il presse, supplie, conjure : point d'affaire. On lui dit que la fille, quoique sans bien et sans appui, est de famille honnête, et qu'à moins que de l'épouser on ne peut souffrir ses poursuites. Voilà son amour augmenté par les difficultés. Il consulte dans sa tête, agite, raisonne, balance, prend sa résolution : le voilà marié avec elle depuis trois jours.

SCAPIN

J'entends.

SYLVESTRE

Maintenant, mets avec cela le retour imprévu du père, qu'on n'attendait que dans deux mois ; la découverte que l'oncle a faite du secret de notre mariage, et l'autre mariage qu'on veut faire de lui avec la fille que le seigneur Géronte a eue d'une seconde femme qu'on dit qu'il a épousée à Tarente.

OCTAVE

Et, par-dessus tout cela, mets encore l'indigence où se trouve cette aimable personne, et l'impuissance où je me vois d'avoir de quoi la secourir.

SCAPIN

Est-ce là tout ? Vous voilà bien embarrassés tous deux pour une bagatelle ! c'est bien là de quoi se tant alarmer ! N'as-tu point de honte, toi, de demeurer court à si peu de chose ? Que diable ! te voilà grand et gros comme père et mère, et tu ne saurais trouver dans ta tête, forger dans ton esprit quelque ruse galante, quelque honnête petit stratagème, pour ajuster vos affaires ! Fi ! peste soit du butor ! Je voudrais bien que l'on m'eût donné autrefois nos vieillards à duper ; je les aurais joués tous deux par-dessous la jambe : et je n'étais pas plus grand que cela, que je me signalais déjà par cent tours d'adresse jolis.

SYLVESTRE

J'avoue que le ciel ne m'a pas donné tes talents, et que je n'ai pas l'esprit, comme toi, de me brouiller avec la justice.

OCTAVE

Voici mon aimable Hyacinte.

Scène III : Hyacinte, Octave, Scapin,
Sylvestre

HYACINTE

Ah ! Octave, est-il vrai ce que Sylvestre vient de dire à Nérine que votre père est de retour, et qu'il veut vous marier ?

OCTAVE

Oui, belle Hyacinte ; et ces nouvelles m'ont donné une atteinte cruelle. Mais que vois-je ? vous pleurez ! Pourquoi ces larmes ? Me soupçonnez-vous, dites-moi, de quelque infidélité ? et n'êtes-vous pas assurée de l'amour que j'ai pour vous ?

HYACINTE

Oui, Octave, je suis sûre que vous m'aimez ; mais je ne le suis pas que vous m'aimiez toujours.

OCTAVE

Hé ! peut-on vous aimer qu'on ne vous aime toute sa vie ?

HYACINTE

J'ai ouï dire, Octave, que votre sexe aime moins longtemps que le nôtre, et que les ardeurs que les hommes font voir sont des feux qui s'éteignent aussi facilement qu'ils naissent.

OCTAVE

Ah ! ma chère Hyacinte, mon cœur n'est donc pas fait comme celui des autres hommes ; et je sens bien, pour moi, que je vous aimerai jusqu'au tombeau.

HYACINTE

Je veux croire que vous sentez ce que vous dites, et je ne doute point que vos paroles ne soient sincères ; mais je crains un pouvoir qui combattra dans votre cœur les tendres sentiments que vous pouvez avoir pour moi. Vous dépendez d'un père qui veut vous marier à une autre personne ; et je suis sûre que je mourrai si ce malheur m'arrive.

OCTAVE

Non, belle Hyacinte, il n'y a point de père qui puisse me contraindre à vous manquer de foi ; et je me résoudrai à quitter mon pays, et le jour même, s'il est besoin, plutôt qu'à vous quitter. J'ai déjà pris, sans l'avoir vue, une aversion effroyable pour celle que l'on me destine ; et, sans être cruel, je souhaiterais que la mer l'écartât d'ici pour jamais. Ne pleurez donc point, je vous prie, mon aimable Hyacinte, car vos larmes me tuent, et je ne puis les voir sans me sentir percer le cœur.

HYACINTE

Puisque vous le voulez, je veux bien essuyer mes pleurs, et j'attendrai, d'un œil constant, ce qu'il plaira au ciel de résoudre de moi.

OCTAVE

Le ciel nous sera favorable.

HYACINTE

Il ne saurait m'être contraire, si vous m'êtes fidèle.

OCTAVE

Je le serai, assurément.

HYACINTE

Je serai donc heureuse.

SCAPIN, à part.

Elle n'est pas tant sotte, ma foi ; et je la trouve assez passable.

OCTAVE, *montrant Scapin.*
Voici un homme qui pourrait bien, s'il le voulait, nous être, dans tous nos besoins, d'un secours merveilleux.

SCAPIN
J'ai fait de grands serments de ne me mêler plus du monde ; mais, si vous m'en priez bien fort tous deux, peut-être...

OCTAVE
Ah ! s'il ne tient qu'à te prier bien fort pour obtenir ton aide, je te conjure de tout mon cœur de prendre la conduite de notre barque.

SCAPIN, *à Hyacinte.*
Et vous, ne me dites-vous rien ?

HYACINTE
Je vous conjure, à son exemple, par tout ce qui vous est le plus cher au monde, de vouloir servir notre amour.

SCAPIN
Il faut se laisser vaincre, et avoir de l'humanité. Allez, je veux m'employer pour vous.

OCTAVE
Crois que...

SCAPIN
Chut ! (*A Hyacinte.*) Allez-vous-en, vous, et soyez en repos. (*A Octave.*) Et vous, préparez-vous à soutenir avec fermeté l'abord de votre père.

OCTAVE
Je t'avoue que cet abord me fait trembler par avance ; et j'ai une timidité naturelle que je ne saurais vaincre.

SCAPIN
Il faut pourtant paraître ferme au premier choc, de peur que, sur votre faiblesse, il ne prenne le pied de vous mener comme un enfant. Là, tâchez de vous composer par étude un peu de hardiesse ; et songez à répondre résolument sur tout ce qu'il pourra vous dire.

OCTAVE
Je ferai du mieux que je pourrai.

SCAPIN
Çà ; essayons un peu, pour vous accoutumer. Répétons un peu votre rôle, et voyons si vous ferez bien. Allons ; la mine résolue, la tête haute, les regards assurés.

OCTAVE
Comme cela ?

SCAPIN
Encore un peu davantage.

OCTAVE
Ainsi ?

SCAPIN
Bon. Imaginez-vous que je suis votre père qui arrive, et répondez-moi fermement, comme si c'était à lui-même. « Comment ! pendard, vaurien, infâme, fils indigne d'un père comme moi, oses-tu bien paraître devant mes yeux, après tes bons déportements, après le lâche tour que tu m'as joué pendant mon absence ? Est-ce là le fruit de mes soins, maraud ? est-ce là le fruit de mes soins, le respect qui m'est dû, le respect que tu me conser-

ves ? » Allons donc. « Tu as l'insolence, fripon, de t'engager sans le consentement de ton père, de contracter un mariage clandestin ! Réponds-moi, coquin, réponds-moi. Voyons un peu tes belles raisons. » Oh ! que diable, vous demeurez interdit !

OCTAVE
C'est que je m'imagine que c'est mon père que j'entends.

SCAPIN
Hé ! oui ; c'est par cette raison qu'il ne faut pas être comme un innocent.

OCTAVE
Je m'en vais prendre plus de résolution, et je répondrai fermement.

SCAPIN
Assurément ?

OCTAVE
Assurément.

SYLVESTRE
Voilà votre père qui vient.

OCTAVE
O ciel ! je suis perdu !

SCAPIN
Holà, Octave ! demeurez, Octave. Le voilà enfui ! Quelle pauvre espèce d'homme ! Ne laissons pas d'attendre le vieillard.

SYLVESTRE
Que lui dirai-je ?

SCAPIN
Laisse-moi dire, moi, et ne fais que me suivre.

*Scène IV : Argante, Scapin,
et Sylvestre dans le fond du théâtre.*

ARGANTE, *se croyant seul.*
A-t-on jamais ouï parler d'une action pareille à celle-là ?

SCAPIN, *à Sylvestre.*
Il a déjà appris l'affaire ; et elle lui tient si fort en tête, que, tout seul, il en parle haut.

ARGANTE, *se croyant seul.*
Voilà une témérité bien grande.

SCAPIN, *à Sylvestre.*
Ecoutons-le un peu.

ARGANTE, *se croyant seul.*
Je voudrais bien savoir ce qu'ils me pourront dire sur ce beau mariage.

SCAPIN, *à part.*
Nous y avons songé.

ARGANTE, *se croyant seul.*
Tâcheront-ils de me nier la chose ?

SCAPIN, *à part.*
Non, nous n'y pensons pas.

ARGANTE, *se croyant seul.*
Ou s'ils entreprendront de l'excuser ?

SCAPIN, *à part.*
Celui-là se pourra faire.

ARGANTE, *se croyant seul.*
Prétendront-ils m'amuser par des contes en l'air ?

SCAPIN, *à part.*

Peut-être.

ARGANTE, *se croyant seul.*

Tous leurs discours seront inutiles.

SCAPIN, *à part.*

Nous allons voir.

ARGANTE, *se croyant seul.*

Ils ne m'en donneront point à garder.

SCAPIN, *à part.*

Ne jurons de rien.

ARGANTE, *se croyant seul.*

Je saurai mettre mon pendard de fils en lieu de sûreté.

SCAPIN, *à part.*

Nous y pourvoirons.

ARGANTE, *se croyant seul.*

Et pour le coquin de Sylvestre, je le rouerai de coups.

SYLVESTRE, *à Scapin.*

J'étais bien étonné s'il m'oubliait.

ARGANTE, *apercevant Sylvestre.*

Ah ! ah ! vous voilà donc, sage gouverneur de famille, beau directeur de jeunes gens !

SCAPIN

Monsieur, je suis ravi de vous voir de retour.

ARGANTE

Bonjour, Scapin. (*A Sylvestre.*) Vous avez suivi mes ordres vraiment d'une belle manière ! et mon fils s'est comporté fort sagement pendant mon absence !

Vous vous portez bien, à ce que je vois.

ARGANTE

Assez bien. (*A Sylvestre.*) Tu ne dis mot, coquin, tu ne dis mot !

SCAPIN

Votre voyage a-t-il été bon ?

ARGANTE

Mon Dieu, fort bon ! Laisse-moi un peu quereller en repos.

SCAPIN

Vous voulez quereller ?

ARGANTE

Oui, je veux quereller.

SCAPIN

Hé, qui, monsieur ?

ARGANTE, *montrant Sylvestre.*

Ce maraud-là.

SCAPIN

Pourquoi ?

ARGANTE

Tu n'as pas ouï parler de ce qui s'est passé dans mon absence ?

SCAPIN

J'ai bien ouï parler de quelque petite chose.

ARGANTE

Comment ! quelque petite chose ! Une action de cette nature !

SCAPIN

Vous avez quelque raison.

ARGANTE

Une hardiesse pareille à celle-là !

SCAPIN

Cela est vrai.

ARGANTE

Un fils qui se marie sans le consentement de son père !

SCAPIN

Oui, il y a quelque chose à dire à cela. Mais je serais d'avis que vous ne fissiez point de bruit.

ARGANTE

Je ne suis pas de cet avis, moi ; et je veux faire du bruit tout mon soûl. Quoi ! tu ne trouves pas que j'aie tous les sujets du monde d'être en colère ?

SCAPIN

Si fait. J'y ai d'abord été, moi, lorsque j'ai su la chose ; et je me suis intéressé pour vous, jusqu'à quereller votre fils. Demandez-lui un peu quelles belles réprimandes je lui ai faites, et comme je l'ai chapitré sur le peu de respect qu'il gardait à un père dont il devait baiser les pas. On ne peut pas lui mieux parler, quand ce serait vous-même. Mais quoi ! je me suis rendu à la raison, et j'ai considéré que, dans le fond, il n'a pas tant de tort qu'on pourrait croire.

ARGANTE

Que me viens-tu conter ? Il n'a pas tant de tort de s'aller marier de but en blanc avec une inconnue ?

SCAPIN

Que voulez-vous ? Il a été poussé par sa destinée.

ARGANTE

Ah ! ah ! Voici une raison la plus belle du monde. On n'a plus qu'à commettre tous les crimes imaginables, tromper, voler, assassiner, et dire, pour excuse, qu'on y a été poussé par sa destinée.

SCAPIN

Mon Dieu, vous prenez mes paroles trop en philosophe. Je veux dire qu'il s'est trouvé fatalement engagé dans cette affaire.

ARGANTE

Et pourquoi s'y engageait-il ?

SCAPIN

Voulez-vous qu'il soit aussi sage que vous ? Les jeunes gens sont jeunes, et n'ont pas toute la prudence qu'il leur faudrait pour ne rien faire que de raisonnable : témoin notre Léandre, qui, malgré toutes mes leçons, malgré toutes mes remontrances, est allé faire, de son côté, pis encore que votre fils. Je voudrais bien savoir si vous-même n'avez pas été jeune, et n'avez pas, dans votre temps, fait des fredaines comme les autres. J'ai ouï dire, moi, que vous avez été autrefois un compagnon parmi les femmes, que vous faisiez de votre drôle avec les plus galantes de ce temps-là, et que vous n'en approchiez point que vous ne poussassiez à bout.

ARGANTE

Cela est vrai, j'en demeure d'accord ; mais je m'en suis toujours tenu à la galanterie, et je n'ai point été jusqu'à faire ce qu'il a fait.

SCAPIN

Que vouliez-vous qu'il fît ? il voit une jeune personne qui lui veut du bien (car il tient cela de vous, d'être aimé de toutes les femmes) ; il la trouve charmante, il lui rend des visites, lui conte des douceurs, soupire galamment, fait le passionné. Elle se rend à sa poursuite ; il pousse sa fortune. Le voilà surpris avec elle par ses parents, qui, la force à la main, le contraignent de l'épouser.

SYLVESTRE, *à part.*

L'habile fourbe que voilà !

SCAPIN

Eussiez-vous voulu qu'il se fût laissé tuer ? Il vaut mieux encore être marié qu'être mort.

ARGANTE

On ne m'a pas dit que l'affaire se soit ainsi passée.

SCAPIN, *montrant Sylvestre.*

Demandez-lui plutôt ! il ne vous dira pas le contraire.

ARGANTE, *à Sylvestre.*

C'est par force qu'il a été marié ?

SYLVESTRE

Oui, monsieur.

SCAPIN

Voudrais-je vous mentir ?

ARGANTE

Il devait donc aller tout aussitôt protester de violence chez un notaire.

SCAPIN

C'est ce qu'il n'a pas voulu faire.

ARGANTE

Cela m'aurait donné plus de facilité à rompre ce mariage.

SCAPIN

Rompre ce mariage ?

ARGANTE

Oui.

SCAPIN

Vous ne le romprez point.

ARGANTE

Je ne le romprai point ?

SCAPIN

Non.

ARGANTE

Quoi ! je n'aurai pas pour moi les droits de père, et la raison de la violence qu'on a faite à mon fils ?

SCAPIN

C'est une chose dont il ne demeurera pas d'accord.

ARGANTE

Il n'en demeurera pas d'accord ?

SCAPIN

Non.

ARGANTE

Mon fils ?

SCAPIN

Votre fils. Voulez-vous qu'il confesse qu'il ait été capable de crainte, et que ce soit par force qu'on lui ait fait faire les choses ? il n'a garde d'aller

avouer cela ; ce serait se faire tort, et se montrer indigne d'un père comme vous.

ARGANTE

Je me moque de cela.

SCAPIN

Il faut, pour son honneur et pour le vôtre, qu'il dise dans le monde que c'est de bon gré qu'il l'a épousée.

ARGANTE

Et je veux, moi, pour mon honneur et pour le sien, qu'il dise le contraire.

SCAPIN

Non, je suis sûr qu'il ne le fera pas.

ARGANTE

Je l'y forcerai bien.

SCAPIN

Il ne le fera pas, vous dis-je.

ARGANTE

Il le fera, ou je le déshériterai.

SCAPIN

Vous ?

ARGANTE

Moi.

SCAPIN

Bon !

ARGANTE

Comment, bon ?

SCAPIN

Vous ne le déshériterez point.

ARGANTE

Je ne le déshériterai point ?

SCAPIN

Non.

ARGANTE

Non ?

SCAPIN

Non.

ARGANTE

Hoy ! Voici qui est plaisant ! Je ne déshériterai pas mon fils ?

SCAPIN

Non, vous dis-je.

ARGANTE

Qui m'en empêchera ?

SCAPIN

Vous-même.

ARGANTE

Moi ?

SCAPIN

Oui. Vous n'aurez pas ce cœur-là.

ARGANTE

Je l'aurai.

SCAPIN

Vous vous moquez.

ARGANTE

Je ne me moque point.

SCAPIN

La tendresse paternelle fera son office.

ARGANTE

Elle ne fera rien.

SCAPIN

Oui, oui.

ARGANTE

Je vous dis que cela sera.

SCAPIN

Bagatelles.

ARGANTE

Il ne faut point dire : Bagatelles.

SCAPIN

Mon Dieu ! je vous connais ; vous êtes bon naturellement.

ARGANTE

Je ne suis point bon, et je suis méchant quand je veux. Finissons ce discours, qui m'échauffe la bile. (A Sylvestre.) Va-t'en, pendard, va-t'en me chercher mon fripon, tandis que j'irai rejoindre le seigneur Géronte, pour lui conter ma disgrâce.

SCAPIN

Monsieur, si je vous puis être utile en quelque chose, vous n'avez qu'à me commander.

ARGANTE

Je vous remercie. (A part.) Ah ! pourquoi faut-il qu'il soit fils unique ! et que n'ai-je à cette heure la fille que le ciel m'a ôtée, pour la faire mon héritière !

Scène V : Scapin, Sylvestre.

SYLVESTRE

J'avoue que tu es un grand homme, et voilà l'affaire en bon train ; mais l'argent, d'autre part, nous presse pour notre subsistance, et nous avons de tous côtés des gens qui aboient après nous.

SCAPIN

Laisse-moi faire, la machine est trouvée. Je cherche seulement dans ma tête un homme qui nous soit affidé, pour jouer un personnage dont j'ai besoin. Attends. Tiens-toi un peu. Enfonce ton bonnet en méchant garçon. Campe-toi sur un pied. Mets la main au côté. Fais les yeux furibonds. Marche un peu en roi de théâtre. Voilà qui est bien. Suis-moi. J'ai des secrets pour déguiser ton visage et ta voix.

SYLVESTRE

Je te conjure, au moins, de ne m'aller point brouiller avec la justice.

SCAPIN

Va, va, nous partagerons les périls en frères ; et trois ans de galères de plus ou de moins ne sont pas pour arrêter un noble cœur.

ACTE SECOND

Scène 1 : Géronte, Argante.

GÉRONTE

Oui, sans doute, par le temps qu'il fait, nous aurons ici nos gens aujourd'hui ; et un matelot qui vient de Tarente m'a assuré qu'il avait vu mon homme qui était près de s'embarquer. Mais l'arrivée de ma fille trouvera les choses mal disposées à ce que nous nous proposions ; et ce que vous venez de m'apprendre de votre fils rompt étrangement les mesures que nous avions prises ensemble.

ARGANTE

Ne vous mettez pas en peine ; je vous réponds de renverser tout cet obstacle, et j'y vais travailler de ce pas.

GÉRONTE

Ma foi, seigneur Argante, voulez-vous que je vous dise ? l'éducation des enfants est une chose à quoi il faut s'attacher fortement.

ARGANTE

Sans doute. A quel propos cela ?

GÉRONTE

A propos de ce que les mauvais déportements des jeunes gens viennent le plus souvent de la mauvaise éducation que leurs pères leur donnent.

ARGANTE

Cela arrive parfois. Mais que voulez-vous dire par là ?

GÉRONTE

Ce que je veux dire par là ?

ARGANTE

Oui.

GÉRONTE

Que si vous aviez, en brave père, bien morigéné votre fils, il ne vous aurait pas joué le tour qu'il vous a fait.

ARGANTE

Fort bien. De sorte donc que vous avez bien mieux morigéné le vôtre ?

GÉRONTE

Sans doute ; et je serais bien fâché qu'il m'eût rien fait approchant de cela.

ARGANTE

Et si ce fils, que vous avez, en brave père, si bien morigéné, avait fait pis encore que le mien ? Hé ?

GÉRONTE

Comment ?

ARGANTE

Comment !

GÉRONTE

Qu'est-ce que cela veut dire ?

ARGANTE

Cela veut dire, seigneur Géronte, qu'il ne faut pas être si prompt à condamner la conduite des autres ; et que ceux qui veulent gloser doivent bien regarder chez eux s'il n'y a rien qui cloche.

GÉRONTE

Je n'entends point cette énigme.

ARGANTE

On vous l'expliquera.

GÉRONTE

Est-ce que vous auriez ouï dire quelque chose de mon fils ?

ARGANTE

Cela se peut faire.

GÉRONTE

Et quoi, encore ?

ARGANTE

Votre Scapin, dans mon dépit, ne m'a dit la chose qu'en gros, et vous pourrez de lui, ou de quelque autre, être instruit du détail. Pour moi, je vais vite consulter un avocat, et aviser des biais que j'ai à prendre. Jusqu'au revoir.

Scène II : Léandre, Géronte.

GÉRONTE

Que pourrait-ce être que cette affaire-ci ? Pis encore que le sien ? Pour moi, je ne vois pas ce que l'on peut faire de pis ; et je trouve que se marier sans le consentement de son père est une action qui passe tout ce qu'on peut s'imaginer. Ah ! vous voilà.

LÉANDRE, *courant à Géronte pour l'embrasser.*

Ah ! mon père, que j'ai de joie de vous voir de retour !

GÉRONTE, *refusant d'embrasser Léandre.*

Doucement. Parlons un peu d'affaire.

LÉANDRE

Souffrez que je vous embrasse, et que...

GÉRONTE, *le repoussant encore.*

Doucement, vous dis-je.

LÉANDRE

Quoi, vous me refusez, mon père, de vous exprimer mon transport par mes embrassements ?

GÉRONTE

Oui, nous avons quelque chose à démêler ensemble.

LÉANDRE

Et quoi ?

GÉRONTE

Tenez-vous, que je vous voie en face.

LÉANDRE

Comment ?

GÉRONTE

Regardez-moi entre deux yeux.

LÉANDRE

Hé bien !

GÉRONTE

Qu'est-ce donc qu'il s'est passé ici ?

LÉANDRE

Ce qui s'est passé ?

GÉRONTE

Oui. Qu'avez-vous fait dans mon absence ?

LÉANDRE

Que voulez-vous, mon père, que j'aie fait ?

GÉRONTE

Ce n'est pas moi qui veux que vous ayez fait, mais qui demande ce que c'est que vous avez fait ?

LÉANDRE

Moi ? Je n'ai fait aucune chose dont vous ayez lieu de vous plaindre.

GÉRONTE

Aucune chose ?

LÉANDRE

Non.

GÉRONTE

Vous êtes bien résolu.

LÉANDRE

C'est que je suis sûr de mon innocence.

GÉRONTE

Scapin pourtant m'a dit de vos nouvelles.

LÉANDRE

Scapin ?

GÉRONTE

Ah ! ah ! ce mot vous fait rougir.

LÉANDRE

Il vous a dit quelque chose de moi ?

GÉRONTE

Ce lieu n'est pas tout à fait propre à vider cette affaire, et nous allons l'examiner ailleurs. Qu'on se rende au logis ! j'y vais revenir tout à l'heure. Ah ! traître, s'il faut que tu me déshonores, je te renonce pour mon fils, et tu peux bien, pour jamais, te résoudre à fuir de ma présence.

Scène III : Octave, Scapin, Léandre.

LÉANDRE

Me trahir de cette manière ! Un coquin qui doit, par cent raisons, être le premier à cacher les choses que je lui confie, est le premier à les aller découvrir à mon père. Ah ! je jure le ciel que cette trahison ne demeurera pas impunie.

OCTAVE

Mon cher Scapin, que ne dois-je point à tes soins ! Que tu es un homme admirable ! et que le ciel m'est favorable de t'envoyer à mon secours !

LÉANDRE

Ah ! ah ! vous voilà ! Je suis ravi de vous trouver, monsieur le coquin.

SCAPIN

Monsieur, votre serviteur. C'est trop d'honneur que vous me faites.

LÉANDRE, *mettant l'épée à la main.*

Vous faites le méchant plaisant ! Ah ! je vous apprendrai...

SCAPIN, *se mettant à genoux.*

Monsieur !

OCTAVE, *se mettant entre-deux pour empêcher Léandre de frapper Scapin.*

Ah ! Léandre !

LÉANDRE

Non, Octave, ne me retenez point, je vous prie.

SCAPIN, *à Léandre.*

Hé ! monsieur !

OCTAVE, *retenant Léandre.*

De grâce !

LÉANDRE, *voulant frapper Scapin.*

Laissez-moi contenter mon ressentiment.

OCTAVE

Au nom de l'amitié, Léandre, ne le maltraitez point.

SCAPIN

Monsieur, que vous ai-je fait ?

LÉANDRE, *voulant frapper Scapin.*

Ce que tu m'as fait, traître !

OCTAVE, *retenant encore Léandre.*

Hé ! doucement.

LÉANDRE

Non, Octave, je veux qu'il me confesse lui-même, tout à l'heure, la perfidie qu'il m'a faite. Oui, coquin, je sais le trait que tu m'as joué ; on vient de me l'apprendre, et tu ne croyais pas peut-être que l'on me dût révéler ce secret ; mais je veux en avoir la confession de ta propre bouche, ou je vais te passer cette épée au travers du corps.

SCAPIN

Ah ! monsieur, auriez-vous bien ce cœur-là ?

LÉANDRE

Parle donc.

SCAPIN

Je vous ai fait quelque chose, monsieur ?

LÉANDRE

Oui, coquin, et ta conscience ne te dit que trop ce que c'est.

SCAPIN

Je vous assure que je l'ignore.

LÉANDRE, *s'avançant pour frapper Scapin.*

Tu l'ignores !

OCTAVE, *retenant Léandre.*

Léandre !

SCAPIN

Hé bien ! monsieur, puisque vous le voulez, je vous confesse que j'ai bu avec mes amis ce petit quartaut de vin d'Espagne dont on vous fit présent il y a quelques jours ; et que c'est moi qui fis une fente au tonneau, et répandis de l'eau autour, pour faire croire que le vin s'était échappé.

LÉANDRE

C'est toi, pendard, qui m'as bu mon vin d'Espagne, et qui as été cause que j'ai tant querellé la servante, croyant que c'était elle qui m'avait fait le tour ?

SCAPIN

Oui, monsieur. Je vous en demande pardon.

LÉANDRE

Je suis bien aise d'apprendre cela. Mais ce n'est pas l'affaire dont il est question maintenant.

SCAPIN

Ce n'est pas cela, monsieur ?

LÉANDRE

Non : c'est une autre affaire qui me touche bien plus, et je veux que tu me la dises.

SCAPIN

Monsieur, je ne me souviens pas d'avoir fait autre chose.

LÉANDRE, *voulant frapper Scapin.*

Tu ne veux pas parler ?

SCAPIN

Hé !

OCTAVE, *retenant Léandre.*

Tout doux !

SCAPIN

Oui, monsieur, il est vrai qu'il y a trois semaines que vous m'envoyâtes porter, le soir, une petite montre à la jeune Égyptienne que vous aimez. Je revins au logis, mes habits tout couverts de boue, et le visage plein de sang, et vous dis que j'avais trouvé des voleurs qui m'avaient bien battu, et m'avaient dérobé la montre. C'était moi, monsieur, qui l'avais retenue.

LÉANDRE

C'est toi qui as retenu ma montre ?

SCAPIN

Oui, monsieur, afin de voir quelle heure il est.

LÉANDRE

Ah ! ah ! j'apprends ici de jolies choses, et j'ai un serviteur fort fidèle, vraiment ! Mais ce n'est pas encore cela que je demande.

SCAPIN

Ce n'est pas cela ?

LÉANDRE

Non, infâme ; c'est autre chose encore que je veux que tu me confesses.

SCAPIN, *à part.*

Peste !

LÉANDRE

Parle vite, j'ai hâte.

SCAPIN

Monsieur, voilà tout ce que j'ai fait.

LÉANDRE, *voulant frapper Scapin.*

Voilà tout ?

OCTAVE, *se mettant au-devant de Léandre.*

Hé !

SCAPIN

Hé bien ! oui, monsieur. Vous vous souvenez de ce loup-garou, il y a six mois, qui vous donna tant de coups de bâton la nuit, et vous pensa faire rompre le cou dans une cave où vous tombâtes en fuyant.

LÉANDRE

Hé bien ?

SCAPIN

C'était moi, monsieur, qui faisais le loup-garou

LÉANDRE

C'était toi, traître, qui faisais le loup-garou ?

SCAPIN

Oui, monsieur, seulement pour vous faire peur, et vous ôter l'envie de nous faire courir toutes les nuits comme vous aviez de coutume.

LÉANDRE

Je saurai me souvenir, en temps et lieu, de tout ce que je viens d'apprendre. Mais je veux venir au fait, et que tu me confesses ce que tu as dit à mon père.

SCAPIN

A votre père ?

LÉANDRE

Oui, fripon, à mon père.

SCAPIN

Je ne l'ai pas seulement vu depuis son retour.

LÉANDRE

Tu ne l'as pas vu ?

SCAPIN

Non, monsieur.

LÉANDRE

Assurément ?

SCAPIN

Assurément. C'est une chose que je vais vous faire dire par lui-même.

LÉANDRE

C'est de sa bouche que je le tiens pourtant.

SCAPIN

Avec votre permission, il n'a pas dit la vérité.

Scène IV : Léandre, Octave, Carle, Scapin.

CARLE

Monsieur, je vous apporte une nouvelle qui est fâcheuse pour votre amour.

LÉANDRE

Comment ?

CARLE

Vos Egyptiens sont sur le point de vous enlever Zerbinette ; et elle-même, les larmes aux yeux, m'a chargé de venir promptement vous dire que si dans deux heures vous ne songez à leur porter l'argent qu'ils vous ont demandé pour elle, vous l'allez perdre pour jamais.

LÉANDRE

Dans deux heures ?

CARLE

Dans deux heures.

LÉANDRE

Ah ! mon pauvre Scapin, j'implore ton secours.

SCAPIN, *se levant et passant fièrement devant Léandre.*

Ah ! mon pauvre Scapin ! Je suis mon pauvre Scapin, à cette heure qu'on a besoin de moi.

LÉANDRE

Va, je te pardonne tout ce que tu viens de me dire, et pis encore, si tu me l'as fait.

SCAPIN

Non, non ; ne me pardonnez rien ; passez-moi votre épée au travers du corps, je serai ravi que vous me tuiez.

LÉANDRE

Non, je te conjure plutôt de me donner la vie, en servant mon amour.

SCAPIN

Point, point ; vous ferez mieux de me tuer.

LÉANDRE

Tu m'es trop précieux ; et je te prie de vouloir employer pour moi ce génie admirable qui vient à bout de toutes choses.

SCAPIN

Non. Tuez-moi, vous dis-je.

LÉANDRE

Ah ! de grâce, ne songe plus à tout cela, et pense à me donner le secours que je te demande.

OCTAVE

Scapin, il faut faire quelque chose pour lui.

SCAPIN

Le moyen, après une avanie de la sorte ?

LÉANDRE

Je te conjure d'oublier mon emportement, et de me prêter ton adresse.

OCTAVE

Je joins mes prières aux siennes.

SCAPIN

J'ai cette insulte-là sur le cœur.

OCTAVE

Il faut quitter ton ressentiment.

LÉANDRE

Voudrais-tu m'abandonner, Scapin, dans la cruelle extrémité où se voit mon amour ?

SCAPIN

Me venir faire, à l'improviste, un affront comme celui-là !

LÉANDRE

J'ai tort, je le confesse.

SCAPIN

Me traiter de coquin, de fripon, de pendard, d'infâme !

LÉANDRE

J'en ai tous les regrets du monde.

SCAPIN

Me vouloir passer son épée au travers du corps !

LÉANDRE

Je t'en demande pardon de tout mon cœur ; et, s'il ne tient qu'à me jeter à tes genoux, tu m'y vois, Scapin, pour te conjurer encore une fois de ne me point abandonner.

OCTAVE

Ah ! ma foi, Scapin, il se faut rendre à cela.

SCAPIN

Levez-vous. Une autre fois ne soyez point si prompt.

LÉANDRE

Me promets-tu de travailler pour moi ?

SCAPIN

On y songera.

LÉANDRE

Mais tu sais que le temps presse.

SCAPIN

Ne vous mettez pas en peine. Combien est-ce qu'il vous faut ?

LÉANDRE

Cinq cents écus.

SCAPIN

Et à vous ?

OCTAVE

Deux cents pistoles.

SCAPIN

Je veux tirer cet argent de vos pères. (*A Octave.*) Pour ce qui est du vôtre, la machine est déjà toute trouvée. (*A Léandre.*) Et, quant au vôtre, bien qu'avare au dernier degré, il y faudra moins de façons encore ; car vous savez que, pour l'esprit, il n'en a pas, grâces à Dieu, grande provision ; et je le livre pour une espèce d'homme à qui l'on fera toujours croire tout ce que l'on voudra. Cela ne vous offense point ; il ne tombe entre lui et vous aucun soupçon de ressemblance ; et vous savez assez l'opinion de tout le monde, qui veut qu'il ne soit votre père que pour la forme.

LÉANDRE

Tout beau, Scapin !

SCAPIN

Bon, bon, on fait bien scrupule de cela. Vous moquez-vous ? Mais j'aperçois venir le père d'Octave. Commençons par lui, puisqu'il se présente. Allez-vous-en tous deux. (*A Octave.*) Et vous, avertissez votre Sylvestre de venir vite jouer son rôle.

Scène V : Argante, Scapin.

SCAPIN, *à part.*

Le voilà qui rumine.

ARGANTE, *se croyant seul.*

Avoir si peu de conduite et de considération ! S'aller jeter dans un engagement comme celui-là ! Ah ! ah ! jeunesse impertinente !

SCAPIN

Monsieur, votre serviteur.

ARGANTE

Bonjour, Scapin.

SCAPIN

Vous rêvez à l'affaire de votre fils.

ARGANTE

Je t'avoue que cela me donne un furieux chagrin.

SCAPIN

Monsieur, la vie est mêlée de traverses ; il est bon de s'y tenir sans cesse préparé ; et j'ai ouï dire, il y a longtemps, une parole d'un ancien que j'ai toujours retenue.

ARGANTE

Quoi ?

SCAPIN

Que, pour peu qu'un père de famille ait été absent de chez lui, il doit promener son esprit sur tous les fâcheux accidents que son retour peut rencontrer, se figurer sa maison brûlée, son argent dérobé, sa femme morte, son fils estropié, sa fille subornée ; et ce qu'il trouve qu'il ne lui est point arrivé, l'imputer à bonne fortune. Pour moi, j'ai pratiqué toujours cette leçon dans ma petite philosophie ; et je ne suis jamais revenu au logis que je ne me sois tenu prêt à la colère des maîtres, aux réprimandes, aux injures, aux coups de pied au cul, aux bastonnades, aux étrivières ; et ce qui a manqué à m'arriver, j'en ai rendu grâce à mon bon destin.

ARGANTE

Voilà qui est bien ; mais ce mariage impertinent, qui trouble celui que nous voulons faire, est une chose que je ne puis souffrir, et je viens de consulter des avocats pour le faire casser.

SCAPIN

Ma foi, monsieur, si vous m'en croyez, vous tâcherez, par quelque autre voie, d'accommoder l'affaire. Vous savez ce que c'est que les procès en ce pays-ci, et vous allez vous enfoncer dans d'étranges épines.

ARGANTE

Tu as raison, je le vois bien. Mais quelle autre voie ?

SCAPIN

Je pense que j'en ai trouvé une. La compassion que m'a donnée tantôt votre chagrin m'a obligé à chercher dans ma tête quelque moyen pour vous tirer d'inquiétude ; car je ne saurais voir d'honnêtes pères chagrinés par leurs enfants que cela ne m'émeuve ; et, de tout temps, je me suis senti pour votre personne une inclination particulière.

ARGANTE

Je te suis obligé.

SCAPIN

J'ai donc été trouver le frère de cette fille qui a été épousée. C'est un de ces braves de profession, de ces gens qui sont tous coups d'épée, qui ne parlent que d'échiner, et ne font non plus de conscience de tuer un homme que d'avaler un verre de vin. Je l'ai mis sur ce mariage, lui ai fait voir quelle facilité offrait la raison de la violence pour le faire casser, vos prérogatives du nom de père, et l'appui que vous donneraient auprès de la justice votre droit, et votre argent, et vos amis. Enfin je l'ai tant tourné de tous les côtés, qu'il a prêté l'oreille aux propositions que je lui ai faites d'ajuster l'affaire pour quelque somme ; et il donnera son consentement à rompre le mariage, pourvu que vous lui donniez de l'argent.

ARGANTE

Et qu'a-t-il demandé ?

SCAPIN

Oh ! d'abord des choses par-dessus les maisons.

ARGANTE

Et quoi ?

SCAPIN

Des choses extravagantes.

ARGANTE

Mais encore ?

SCAPIN

Il ne parlait pas moins que de cinq ou six cents pistoles.

ARGANTE

Cinq ou six cents fièvres quartaines qui le puissent serrer ! Se moque-t-il des gens ?

SCAPIN

C'est ce que je lui ai dit. J'ai rejeté bien loin de pareilles propositions, et je lui ai bien fait entendre que vous n'étiez point une dupe, pour vous demander des cinq ou six cents pistoles. Enfin, après plusieurs discours, voici où s'est réduit le résultat de notre conférence. « Nous voilà au temps, m'a-t-il dit, que je dois partir pour l'armée ; je suis après à m'équiper, et le besoin que j'ai de quelque argent me fait consentir, malgré moi, à ce qu'on me propose. Il me faut un cheval de service, et je n'en saurais avoir un qui soit tant soit peu raisonnable, à moins de soixante pistoles. »

ARGANTE

Hé bien ! pour soixante pistoles, je les donne.

SCAPIN

« Il faudra le harnais et les pistolets ; et cela ira bien à vingt pistoles encore. »

ARGANTE

Vingt pistoles et soixante, ce serait quatre-vingts.

SCAPIN

Justement.

ARGANTE

C'est beaucoup : mais, soit ; je consens à cela.

SCAPIN

« Il me faut aussi un cheval pour monter mon valet, qui coûtera bien trente pistoles. »

ARGANTE

Comment, diantre ! Qu'il se promène, il n'aura rien du tout.

SCAPIN

Monsieur !

ARGANTE

Non : c'est un impertinent.

SCAPIN

Voulez-vous que son valet aille à pied ?

ARGANTE

Qu'il aille comme il lui plaira, et le maître aussi.

SCAPIN

Mon Dieu, monsieur ! ne vous arrêtez point à peu de chose. N'allez point plaider, je vous prie ; et donnez tout, pour vous sauver des mains de la justice.

ARGANTE

Hé bien ! soit ; je me résous à donner encore ces trente pistoles.

SCAPIN

« Il me faut encore, a-t-il dit, un mulet pour porter... »

ARGANTE

Oh ! qu'il aille au diable avec son mulet ! C'en est trop ; et nous irons devant les juges.

SCAPIN

De grâce ! monsieur...

ARGANTE

Non, je n'en ferai rien.

SCAPIN

Monsieur, un petit mulet.

ARGANTE

Je ne lui donnerais pas seulement un âne.

SCAPIN

Considérez...

ARGANTE

Non : j'aime mieux plaider.

SCAPIN

Eh ! monsieur, de quoi parlez-vous là, et à quoi vous résolvez-vous ? Jetez les yeux sur les détours de la justice. Voyez combien d'appels et de degrés de juridiction ; combien de procédures embarrassantes ; combien d'animaux ravissants par les griffes desquels il vous faudra passer : sergents, procureurs, avocats, greffiers, substituts, rapporteurs, juges, et leurs clercs. Il n'y a pas un de tous ces gens-là qui, pour la moindre chose, ne soit capable de donner un soufflet au meilleur droit du monde. Un sergent baillera de faux exploits, sur quoi vous serez condamné sans que vous le sachiez. Votre procureur s'entendra avec votre partie, et vous vendra à beaux deniers

comptants. Votre avocat, gagné de même, ne se trouvera point lorsqu'on plaidera votre cause, ou dira des raisons qui ne feront que battre la campagne, et n'iront point au fait. Le greffier délivrera par contumace des sentences et arrêts contre vous. Le clerc du rapporteur soustraira des pièces, ou le rapporteur même ne dira pas ce qu'il a vu ; et quand, par les plus grandes précautions du monde, vous aurez paré tout cela, vous serez ébahi que vos juges auront été sollicités contre vous, ou par des gens dévots, ou par des femmes qu'ils aimeront. Eh ! monsieur, si vous le pouvez, sauvez-vous de cet enfer-là. C'est être damné dès ce monde que d'avoir à plaider ; et la seule pensée d'un procès serait capable de me faire fuir jusqu'aux Indes.

ARGANTE

A combien est-ce qu'il fait monter le mulet ?

SCAPIN

Monsieur, pour le mulet, pour son cheval et celui de son homme, pour le harnais et les pistolets, et pour payer quelque petite chose qu'il doit à son hôtesse, il demande en tout deux cents pistoles.

ARGANTE

Deux cents pistoles !

SCAPIN

Oui.

ARGANTE, *se promenant en colère.*

Allons, allons ; nous plaiderons.

SCAPIN

Faites réflexion.

ARGANTE

Je plaiderai.

SCAPIN

Ne vous allez point jeter...

ARGANTE

Je veux plaider.

SCAPIN

Mais pour plaider il vous faudra de l'argent. Il vous en faudra pour l'exploit ; il vous en faudra pour le contrôle ; il vous en faudra pour la procuration, pour la présentation, conseils, productions, et journées du procureur. Il vous en faudra pour les consultations et plaidoiries des avocats, pour le droit de retirer le sac, et pour les grosses d'écritures. Il vous en faudra pour le rapport des substituts, pour les épices de conclusion, pour l'enregistrement du greffier, façon d'appointement, sentences et arrêts, contrôles, signatures et expéditions de leurs clercs, sans parler de tous les présents qu'il vous faudra faire. Donnez cet argent-là à cet homme-ci : vous voilà hors d'affaire.

ARGANTE

Comment ! deux cents pistoles !

SCAPIN

Oui. Vous y gagnerez. J'ai fait un petit calcul, en moi-même, de tous les frais de justice, et j'ai trouvé qu'en donnant deux cents pistoles à votre homme vous en aurez de reste, pour le moins, cent cinquante, sans compter les soins, les pas et les chagrins que vous vous épargnerez. Quand il n'y aurait à essuyer que les sottises que disent devant tout le monde de méchants plaisants d'avocats, j'aimerais mieux donner trois cents pistoles que de plaider.

ARGANTE

Je me moque de cela, et je défie les avocats de rien dire de moi.

SCAPIN

Vous ferez ce qu'il vous plaira ; mais, si j'étais que de vous, je fuirais les procès.

ARGANTE

Je ne donnerai point deux cents pistoles.

SCAPIN

Voilà l'homme dont il s'agit.

*Scène VI : Argante, Scapin,
Sylvestre, déguisé en spadassin.*

SYLVESTRE

Scapin, fais-moi connaître un peu cet Argante, qui est père d'Octave.

SCAPIN

Pourquoi, monsieur ?

SYLVESTRE

Je viens d'apprendre qu'il veut me mettre en procès, et faire rompre par justice le mariage de ma sœur.

SCAPIN

Je ne sais pas s'il a cette pensée ; mais il ne veut point consentir aux deux cents pistoles que vous voulez, et il dit que c'est trop.

SYLVESTRE

Par la mort ! par la tête ! par le ventre ! si je le trouve, je le veux échiner, dussé-je être roué tout vif.

Argante, pour n'être point vu, se tient en tremblant derrière Scapin.

SCAPIN

Monsieur, ce père d'Octave a du cœur, et peut-être ne vous craindra-t-il point.

SYLVESTRE

Lui, lui ? Par le sang, par la tête ! s'il était là, je lui donnerais tout à l'heure de l'épée dans le ventre. (*Apercevant Argante.*) Qui est cet homme-là ?

SCAPIN

Ce n'est pas lui, monsieur ; ce n'est pas lui.

SYLVESTRE

N'est-ce point quelqu'un de ses amis ?

SCAPIN

Non, monsieur ; au contraire, c'est son ennemi capital.

SYLVESTRE

Son ennemi capital ?

SCAPIN

Oui.

SYLVESTRE

Ah ! parbleu, j'en suis ravi. (*A Argante.*) Vous êtes ennemi, monsieur, de ce faquin d'Argante ? Hé ?

SCAPIN

Oui, oui ; je vous en réponds.

SYLVESTRE, *secouant rudement
la main d'Argante.*

Touchez là, touchez. Je vous donne ma parole et vous jure sur mon honneur, par l'épée que je porte, par tous les serments que je saurais faire, qu'avant la fin du jour je vous déferai de ce maraud fieffé, de ce faquin d'Argante. Reposez-vous sur moi.

SCAPIN

Monsieur, les violences en ce pays-ci ne sont guère souffertes.

SYLVESTRE

Je me moque de tout, et je n'ai rien à perdre.

SCAPIN

Il se tiendra sur ses gardes, assurément ; et il a des parents, des amis et des domestiques, dont il se fera un secours contre votre ressentiment.

SYLVESTRE

C'est ce que je demande, morbleu ! c'est ce que je demande. (*Mettant l'épée à la main.*) Ah, tête, ah, ventre ! Que ne le trouvé-je à cette heure avec tout son secours ! Que ne paraît-il à mes yeux au milieu de trente personnes ! Que ne les vois-je fondre sur moi les armes à la main ! (*Se mettant en garde.*) Comment ! marauds, vous avez la hardiesse de vous attaquer à moi ! Allons, morbleu, tue. (*Poussant de tous les côtés, comme s'il avait plusieurs personnes à combattre.*) Point de quartier. Donnons. Ferme. Poussons. Bon pied, bon œil. Soutenez, marauds, soutenez. Allons. A cette botte. A cette autre. (*Se tournant du côté d'Argante et de Scapin.*) A celle-ci. A celle-là. Comment, vous reculez ! Pied ferme, morbleu ; pied ferme !

SCAPIN

Hé, hé, hé ! monsieur, nous n'en sommes pas.

SYLVESTRE

Voilà qui vous apprendra à vous oser jouer à moi.

SCAPIN

Hé bien ! vous voyez combien de personnes tuées pour deux cents pistoles. Oh sus ! je vous souhaite une bonne fortune.

ARGANTE, *tout tremblant.*

Scapin.

SCAPIN

Plaît-il ?

ARGANTE

Je me résous à donner les deux cents pistoles.

SCAPIN

J'en suis ravi pour l'amour de vous.

ARGANTE

Allons le trouver ; je les ai sur moi.

SCAPIN

Vous n'avez qu'à me les donner. Il ne faut pas, pour votre honneur, que vous paraissiez là, après avoir passé ici pour autre que ce que vous êtes ; et, de plus, je craindrais qu'en vous faisant connaître, il n'allât s'aviser de vous demander davantage.

ARGANTE

Oui ; mais j'aurais été bien aise de voir comme je donne mon argent.

SCAPIN

Est-ce que vous vous défiez de moi ?

ARGANTE

Non pas ; mais...

SCAPIN

Parbleu ! monsieur, je suis un fourbe, ou je suis honnête homme ; c'est l'un des deux. Est-ce que je voudrais vous tromper, et que, dans tout ceci, j'ai d'autre intérêt que le vôtre et celui de mon maître, à qui vous voulez vous allier ? Si je vous suis suspect, je ne me mêle plus de rien, et vous n'avez qu'à chercher, dès cette heure, qui accommodera vos affaires.

ARGANTE

Tiens donc.

SCAPIN

Non, monsieur, ne me confiez point votre argent. Je serai bien aise que vous vous serviez de quelque autre.

ARGANTE

Mon Dieu ! tiens.

SCAPIN

Non, vous dis-je, ne vous fiez point à moi. Que sait-on si je ne veux point vous attraper votre argent ?

ARGANTE

Tiens, te dis-je ; ne me fais point contester davantage. Mais songe à bien prendre tes sûretés avec lui.

SCAPIN

Laissez-moi faire ; il n'a pas affaire à un sot.

ARGANTE

Je vais t'attendre chez moi.

SCAPIN

Je ne manquerai pas d'y aller. (*Seul.*) Et un. Je n'ai qu'à chercher l'autre. Ah ! ma foi, le voici. Il semble que le ciel, l'un après l'autre, les amène dans mes filets.

Scène VII : Géronte, Scapin.

SCAPIN, *faisant semblant de ne pas voir Géronte.*

O ciel ! ô disgrâce imprévue ! ô misérable père ! Pauvre Géronte, que feras-tu ?

GÉRONTE, *à part.*

Que dit-il là de moi, avec ce visage affligé ?

SCAPIN

N'y a-t-il personne qui puisse me dire où est le seigneur Géronte ?

GÉRONTE

Qu'y a-t-il, Scapin ?

SCAPIN, *courant sur le théâtre, sans vouloir entendre ni voir Géronte.*

Où pourrai-je le rencontrer pour lui dire cette infortune ?

GÉRONTE, *courant après Scapin.*

Qu'est-ce que c'est donc ?

SCAPIN

En vain je cours de tous côtés pour le pouvoir trouver.

GÉRONTE

Me voici.

SCAPIN

Il faut qu'il soit caché en quelque endroit qu'on ne puisse point deviner.

GÉRONTE, *arrêtant Scapin.*

Holà ! es-tu aveugle, que tu ne me vois pas ?

SCAPIN

Ah ! monsieur, il n'y a pas moyen de vous rencontrer.

GÉRONTE

Il y a une heure que je suis devant toi. Qu'est-ce que c'est donc qu'il y a ?

SCAPIN

Monsieur...

GÉRONTE

Quoi ?

SCAPIN

Monsieur votre fils...

GÉRONTE

Hé bien ! mon fils...

SCAPIN

Est tombé dans une disgrâce la plus étrange du monde.

GÉRONTE

Et quelle ?

SCAPIN

Je l'ai trouvé tantôt tout triste de je ne sais quoi que vous lui avez dit, où vous m'avez mêlé assez mal à propos ; et cherchant à divertir cette tristesse, nous nous sommes allés promener sur le port. Là, entre autres plusieurs choses, nous avons arrêté nos yeux sur une galère turque assez bien équipée. Un jeune Turc de bonne mine nous a invités d'y entrer, et nous a présenté la main. Nous y avons passé. Il nous a fait mille civilités, nous a donné la collation, où nous avons mangé des fruits les plus excellents qui se puissent voir, et bu du vin que nous avons trouvé le meilleur du monde.

GÉRONTE

Qu'y a-t-il de si affligeant à tout cela ?

SCAPIN

Attendez, monsieur, nous y voici. Pendant que nous mangions, il a fait mettre la galère en mer, et, se voyant éloigné du port, il m'a fait mettre dans un esquif, et m'envoie vous dire que si vous ne lui envoyez par moi, tout à l'heure, cinq cents écus, il va vous emmener votre fils en Alger.

GÉRONTE

Comment, diantre ! cinq cents écus !

SCAPIN

Oui, monsieur ; et, de plus, il ne m'a donné pour cela que deux heures.

GÉRONTE

Ah ! le pendard de Turc ! m'assassiner de la façon !

SCAPIN

C'est à vous, monsieur, d'aviser promptement aux moyens de sauver des fers un fils que vous aimez avec tant de tendresse.

GÉRONTE

Que diable allait-il faire dans cette galère ?

SCAPIN

Il ne songeait pas à ce qui est arrivé.

GÉRONTE

Va-t'en, Scapin, va-t'en vite dire à ce Turc que je vais envoyer la justice après lui.

SCAPIN

La justice en pleine mer ! Vous moquez-vous des gens ?

GÉRONTE

Que diable allait-il faire dans cette galère ?

SCAPIN

Une méchante destinée conduit quelquefois les personnes.

GÉRONTE

Il faut, Scapin, il faut que tu fasses ici l'action d'un serviteur fidèle.

SCAPIN

Quoi, monsieur ?

GÉRONTE

Que tu ailles dire à ce Turc qu'il me renvoie mon fils, et que tu te mets à sa place jusqu'à ce que j'aie amassé la somme qu'il demande.

SCAPIN

Hé ! monsieur, songez-vous à ce que vous dites ? et vous figurez-vous que ce Turc ait si peu de sens que d'aller recevoir un misérable comme moi à la place de votre fils ?

GÉRONTE

Que diable allait-il faire dans cette galère ?

SCAPIN

Il ne devinait pas ce malheur. Songez, monsieur, qu'il ne m'a donné que deux heures.

GÉRONTE

Tu dis qu'il demande...

SCAPIN

Cinq cents écus.

GÉRONTE

Cinq cents écus ! N'a-t-il point de conscience ?

SCAPIN

Vraiment oui, de la conscience à un Turc !

GÉRONTE

Sait-il bien ce que c'est que cinq cents écus ?

SCAPIN

Oui, monsieur ; il sait que c'est mille cinq cents livres.

GÉRONTE

Croit-il, le traître, que mille cinq cents livres se trouvent dans le pas d'un cheval ?

SCAPIN

Ce sont des gens qui n'entendent point de raison.

GÉRONTE

Mais que diable allait-il faire à cette galère ?

SCAPIN

Il est vrai. Mais quoi ! on ne prévoyait pas les choses. De grâce, monsieur, dépêchez.

GÉRONTE

Tiens, voilà la clef de mon armoire.

SCAPIN

Bon.

GÉRONTE

Tu l'ouvriras.

SCAPIN

Fort bien.

GÉRONTE

Tu trouveras une grosse clef du côté gauche, qui est celle de mon grenier.

SCAPIN

Oui.

GÉRONTE

Tu iras prendre toutes les hardes qui sont dans cette grande manne, et tu les vendras aux fripiers pour aller racheter mon fils.

SCAPIN, *en lui rendant la clef.*

Eh ! monsieur, rêvez-vous ? Je n'aurais pas cent francs de tout ce que vous dites ; et, de plus, vous savez le peu de temps qu'on m'a donné.

GÉRONTE

Mais que diable allait-il faire à cette galère ?

SCAPIN

Oh ! que de paroles perdues ! Laissez là cette galère, et songez que le temps presse, et que vous courez le risque de perdre votre fils. Hélas, mon pauvre maître ! peut-être que je ne te verrai de ma vie, et qu'à l'heure que je parle, on t'emmène esclave en Alger. Mais le ciel me sera témoin que j'ai fait pour toi tout ce que j'ai pu, et que, si tu manques à être racheté, il n'en faut accuser que le peu d'amitié d'un père.

GÉRONTE

Attends, Scapin, je m'en vais quérir cette somme.

SCAPIN

Dépêchez donc vite, monsieur ; je tremble que l'heure ne sonne.

GÉRONTE

N'est-ce pas quatre cents écus que tu dis ?

SCAPIN

Non. Cinq cents écus.

GÉRONTE

Cinq cents écus !

SCAPIN

Oui.

GÉRONTE

Que diable allait-il faire à cette galère ?

SCAPIN

Vous avez raison : mais hâtez-vous.

GÉRONTE

N'y avait-il point d'autre promenade ?

SCAPIN

Cela est vrai : mais faites promptement.

GÉRONTE

Ah ! maudite galère !

SCAPIN, *à part.*

Cette galère lui tient au cœur.

GÉRONTE

Tiens, Scapin, je ne me souvenais pas que je viens justement de recevoir cette somme en or, et je ne croyais pas qu'elle dût m'être si tôt ravie. (*Tirant sa bourse de sa poche, et la présentant à Scapin.*) Tiens, va-t'en racheter mon fils.

SCAPIN, *tendant la main.*

Oui, monsieur.

GÉRONTE, *retenant sa bourse qu'il fait semblant de vouloir donner à Scapin.*

Mais dis à ce Turc que c'est un scélérat.

SCAPIN, *tendant encore la main.*

Oui.

GÉRONTE, *recommençant la même action.*

Un infâme.

SCAPIN, *tendant toujours la main.*

Oui.

GÉRONTE, *de même.*

Un homme sans foi, un voleur.

SCAPIN

Laissez-moi faire.

GÉRONTE, *de même.*

Qu'il me tire cinq cents écus contre toute sorte de droit.

SCAPIN

Oui.

GÉRONTE, *de même.*

Que je ne les lui donne ni à la mort ni à la vie.

SCAPIN

Fort bien.

GÉRONTE, *de même.*

Et que, si jamais je l'attrape, je saurai me venger de lui.

SCAPIN

Oui.

GÉRONTE, *remettant sa bourse dans sa poche, et s'en allant.*

Va, va vite requérir mon fils.

SCAPIN, *courant après Géronte.*

Holà, monsieur.

GÉRONTE

Quoi ?

SCAPIN

Où est donc cet argent ?

GÉRONTE

Ne te l'ai-je pas donné ?

SCAPIN

Non, vraiment, vous l'avez remis dans votre poche.

GÉRONTE

Ah ! c'est la douleur qui me trouble l'esprit.

SCAPIN

Je le vois bien.

GÉRONTE

Que diable allait-il faire dans cette galère ? Ah ! maudite galère ! traître de Turc à tous les diables !

SCAPIN, *seul.*

Il ne peut digérer les cinq cents écus que je lui arrache ; mais il n'est pas quitte envers moi ; et je veux qu'il me paie en une autre monnaie l'imposture qu'il m'a faite auprès de son fils.

Scène VIII : Octave, Léandre, Scapin.

OCTAVE

Hé bien ! Scapin, as-tu réussi pour moi dans ton entreprise ?

LÉANDRE

As-tu fait quelque chose pour tirer mon amour de la peine où il est ?

SCAPIN, *à Octave.*

Voilà deux cents pistoles que j'ai tirées de votre père.

OCTAVE

Ah ! que tu me donnes de joie !

SCAPIN, *à Léandre.*

Pour vous, je n'ai pu faire rien.

LÉANDRE, *voulant s'en aller.*

Il faut donc que j'aille mourir ; et je n'ai que faire de vivre, si Zerbinette m'est ôtée.

SCAPIN

Holà ! holà ! tout doucement. Comme diantre vous allez vite !

LÉANDRE, *se retournant.*

Que veux-tu que je devienne ?

SCAPIN

Allez, j'ai votre affaire ici.

LÉANDRE

Ah ! tu me redonnes la vie.

SCAPIN

Mais à condition que vous me permettrez, à moi, une petite vengeance contre votre père, pour le tour qu'il m'a fait.

LÉANDRE

Tout ce que tu voudras.

SCAPIN

Vous me le promettez devant témoin.

LÉANDRE

Oui.

SCAPIN

Tenez, voilà cinq cents écus.

LÉANDRE

Allons-en promptement acheter celle que j'adore.

ACTE TROISIEME

Scène I : Zerbinette, Hyacinte, Scapin, Sylvestre.

SYLVESTRE

Oui, vos amants ont arrêté entre eux que vous fussiez ensemble ; et nous nous acquittons de l'ordre qu'ils nous ont donné.

HYACINTE, *à Zerbinette.*

Un tel ordre n'a rien qui ne me soit fort agréable. Je reçois avec joie une compagne de la sorte ; et il ne tiendra pas à moi que l'amitié qui est entre les personnes que nous aimons ne se répande entre nous deux.

ZERBINETTE

J'accepte la proposition, et ne suis point personne à reculer lorsqu'on m'attaque d'amitié.

SCAPIN

Et lorsque c'est d'amour qu'on vous attaque ?

ZERBINETTE

Pour l'amour, c'est une autre chose ; on y court un peu plus de risque, et je n'y suis pas si hardie.

SCAPIN

Vous l'êtes, que je crois, contre mon maître maintenant ; et ce qu'il vient de faire pour vous doit vous donner du cœur pour répondre comme il faut à sa passion.

ZERBINETTE

Je ne m'y fie encore que de la bonne sorte ; et ce n'est pas assez pour m'assurer entièrement, que ce qu'il vient de faire. J'ai l'humeur enjouée, et sans cesse je ris : mais, tout en riant, je suis sérieuse sur de certains chapitres ; et ton maître s'abusera, s'il croit qu'il lui suffise de m'avoir achetée pour me voir toute à lui. Il doit lui en coûter autre chose que de l'argent ; et, pour répondre à son amour de la manière qu'il souhaite, il me faut un don de sa foi, qui soit assaisonné de certaines cérémonies qu'on trouve nécessaires.

SCAPIN

C'est là aussi comme il l'entend. Il ne prétend à vous qu'en tout bien et en tout honneur ; et je n'aurais pas été homme à me mêler de cette affaire, s'il avait une autre pensée.

ZERBINETTE

C'est ce que je veux croire, puisque vous me le dites ; mais, du côté du père, j'y prévois des empêchements.

SCAPIN

Nous trouverons moyen d'accommoder les choses.

HYACINTE, à Zerbinette.

La ressemblance de nos destins doit contribuer encore à faire naître notre amitié ; et nous nous voyons toutes deux dans les mêmes alarmes, toutes deux exposées à la même infortune.

ZERBINETTE

Vous avez cet avantage, au moins, que vous savez de qui vous êtes née, et que l'appui de vos parents, que vous pouvez faire connaître, est capable d'ajuster tout, peut assurer votre bonheur, et faire donner un consentement au mariage qu'on trouve fait. Mais, pour moi, je ne rencontre aucun secours dans ce que je puis être ; et l'on me voit dans un état qui n'adoucira pas les volontés d'un père qui ne regarde que le bien.

HYACINTE

Mais aussi avez-vous cet avantage, que l'on ne tente point, par un autre parti, celui que vous aimez.

ZERBINETTE

Le changement du cœur d'un amant n'est pas ce qu'on peut le plus craindre. On se peut naturellement croire assez de mérite pour garder sa conquête ; et ce que je vois de plus redoutable dans ces sortes d'affaires, c'est la puissance paternelle, auprès de qui tout le mérite ne sert de rien.

HYACINTE

Hélas ! pourquoi faut-il que de justes inclinations se trouvent traversées ! La douce chose que d'aimer, lorsque l'on ne voit point d'obstacle à ces aimables chaînes dont deux cœurs se lient ensemble !

SCAPIN

Vous vous moquez : la tranquillité en amour est un calme désagréable. Un bonheur tout uni nous devient ennuyeux ; il faut du haut et du bas dans la vie ; et les difficultés qui se mêlent aux choses réveillent les ardeurs, augmentent les plaisirs.

ZERBINETTE

Mon Dieu, Scapin, fais-nous un peu ce récit, qu'on m'a dit qui est si plaisant, du stratagème dont tu t'es avisé pour tirer de l'argent de ton vieillard avare. Tu sais qu'on ne perd point sa peine lorsqu'on me fait un conte, et que je le paie assez bien par la joie qu'on m'y voit prendre.

SCAPIN

Voilà Sylvestre qui s'en acquittera aussi bien que moi. J'ai dans la tête certaine petite vengeance dont je vais goûter le plaisir.

SYLVESTRE

Pourquoi, de gaieté de cœur, veux-tu chercher à t'attirer de méchantes affaires ?

SCAPIN

Je me plais à tenter des entreprises hasardeuses.

SYLVESTRE

Je te l'ai déjà dit, tu quitterais le dessein que tu as, si tu m'en voulais croire.

SCAPIN

Oui : mais c'est moi que j'en croirai.

SYLVESTRE

A quoi diable te vas-tu amuser ?

SCAPIN

De quoi diable te mets-tu en peine ?

SYLVESTRE

C'est que je vois que, sans nécessité, tu vas courir risque de t'attirer une venue de coups de bâton.

SCAPIN

Hé bien ! c'est aux dépens de mon dos, et non pas du tien.

SYLVESTRE

Il est vrai que tu es maître de tes épaules, et tu en disposeras comme il te plaira.

SCAPIN

Ces sortes de périls ne m'ont jamais arrêté ; et je hais ces cœurs pusillanimes qui, pour trop prévoir les suites des choses, n'osent rien entreprendre.

ZERBINETTE, à Scapin.

Nous aurons besoin de tes soins.

SCAPIN

Allez. Je vous irai bientôt rejoindre. Il ne sera pas dit qu'impunément on m'ait mis en état de me trahir moi-même, et de découvrir des secrets qu'il était bon qu'on ne sût pas.

Scène II : Géronte, Scapin.

GÉRONTE

Hé bien ! Scapin, comment va l'affaire de mon fils ?

SCAPIN

Votre fils, monsieur, est en lieu de sûreté ; mais vous courez maintenant, vous, le péril le plus grand du monde, et je voudrais, pour beaucoup, que vous fussiez dans votre logis.

GÉRONTE

Comment donc ?

SCAPIN

A l'heure que je parle, on vous cherche de toutes parts pour vous tuer.

GÉRONTE

Moi ?

SCAPIN

Oui.

GÉRONTE

Et qui ?

SCAPIN

Le frère de cette personne qu'Octave a épousée. Il croit que le dessein que vous avez de mettre votre fille à la place que tient sa sœur est ce qui pousse le plus fort à faire rompre leur mariage ; et, dans cette pensée, il a résolu hautement de décharger son désespoir sur vous, et vous ôter la vie pour venger son honneur. Tous ses amis, gens d'épée comme lui, vous cherchent de tous les côtés, et demandent de vos nouvelles. J'ai vu même, deçà et delà, des soldats de sa compagnie qui interrogent ceux qu'ils trouvent, et occupent par pelotons toutes les avenues de votre maison : de sorte que vous ne sauriez aller chez vous, vous ne sauriez faire un pas, ni à droit ni à gauche, que vous ne tombiez dans leurs mains.

GÉRONTE

Que ferai-je, mon pauvre Scapin ?

SCAPIN

Je ne sais pas, monsieur ; et voici une étrange affaire. Je tremble pour vous depuis les pieds jusqu'à la tête, et... Attendez. (*Scapin fait semblant d'aller voir au fond du théâtre s'il n'y a personne.*)

GÉRONTE, *en tremblant*

Hé ?

SCAPIN, *revenant.*

Non, non, non, ce n'est rien.

GÉRONTE

Ne saurais-tu trouver quelque moyen pour me tirer de peine ?

SCAPIN

J'en imagine bien un ; mais je courrais risque, moi, de me faire assommer.

GÉRONTE

Hé ! Scapin, montre-toi serviteur zélé. Ne m'abandonne pas, je te prie.

SCAPIN

Je le veux bien. J'ai une tendresse pour vous qui ne saurait souffrir que je vous laisse sans secours.

GÉRONTE

Tu en seras récompensé, je t'assure ; et je te promets cet habit-ci quand je l'aurai un peu usé.

SCAPIN

Attendez. Voici une affaire que je me suis trouvée fort à propos pour vous sauver. Il faut que vous vous mettiez dans ce sac, et que...

GÉRONTE, *croyant voir quelqu'un.*

Ah !

SCAPIN

Non, non, non, non, ce n'est personne. Il faut, dis-je, que vous vous mettiez là-dedans, et que vous gardiez de remuer en aucune façon. Je vous chargerai sur mon dos comme un paquet de quelque chose, et vous porterai ainsi au travers de vos ennemis, jusque dans votre maison, où, quand nous serons une fois, nous pourrons nous barricader, et envoyer quérir main-forte contre la violence.

GÉRONTE

L'invention est bonne.

SCAPIN

La meilleure du monde. Vous allez voir. (*A part.*) Tu me paieras l'imposture.

GÉRONTE

Hé ?

SCAPIN

Je dis que vos ennemis seront bien attrapés. Mettez-vous bien jusqu'au fond ; et surtout prenez garde de ne vous point montrer, et de ne branler pas, quelque chose qui puisse arriver.

GÉRONTE

Laisse-moi faire ; je saurai me tenir...

SCAPIN

Cachez-vous ; voici un spadassin qui vous cherche. (*En contrefaisant sa voix.*) « Quoi ! jé n'aurai pas l'abantage dé tuer cé Géronte, et quelqu'un, par charité, né m'enseignera pas où il est ! » (*A Géronte, avec sa voix ordinaire.*) Ne branlez pas. « Cadédis, jé lé trouberai, sé cachât-il au centre dé la terre. » (*A Géronte, avec son ton naturel.*) Ne vous montrez pas. (*Tout le langage gascon est supposé de celui qu'il contrefait, et le reste de lui.*) « Oh ! l'homme au sac. » Monsieur. « Jé té vaille un louis, et m'enseigne où put être Géronte. » Vous cherchez le seigneur Géronte ? « Oui mordi, jé lé cherche. » Et pour quelle affaire, monsieur ? « Pour quelle affaire ? » Oui. « Jé beux, cadédis, lé faire mourir sous les coups dé vaton. » Oh ! monsieur, les coups de bâton ne se donnent point à des gens comme lui ; et ce n'est pas un homme à être traité de la sorte. « Qui ? cé fat dé Géronte, cé maraud, cé vélître ? » Le seigneur Géronte, monsieur, n'est ni fat, ni maraud, ni bélître ; et vous devriez, s'il vous plaît, parler d'autre façon. « Comment, tu mé traites, à moi, avec cette hautur ? » Je défends, comme je dois, un homme d'honneur qu'on offense. « Est-ce que tu es des amis dé cé Géronte ? » Oui, monsieur, j'en suis.

« Ah ! cadédis, tu es de ses amis : à la vonne hure. » (*Donnant plusieurs coups de bâton sur le sac.*) « Tiens, boilà cé qué jé vaille pour lui. » (*Criant comme s'il recevait des coups de bâton.*) Ah, ah, ah, ah, monsieur. Ah, ah, monsieur, tout beau. Ah, doucement. Ah, ah, ah. « Va, porte-lui cela dé ma part. Adiusias. » Ah ! diable soit le Gascon ! Ah !

GÉRONTE, *mettant la tête hors du sac.*

Ah ! Scapin, je n'en puis plus.

SCAPIN

Ah ! monsieur, je suis tout moulu, et les épaules me font un mal épouvantable.

GÉRONTE

Comment ! c'est sur les miennes qu'il a frappé.

SCAPIN

Nenni, monsieur, c'était sur mon dos qu'il frappait.

GÉRONTE

Que veux-tu dire ? J'ai bien senti les coups, et les sens bien encore.

SCAPIN

Non, vous dis-je ; ce n'est que le bout du bâton qui a été jusque sur vos épaules.

GÉRONTE

Tu devais donc te retirer un peu plus loin pour m'épargner...

SCAPIN, *lui remettant la tête dans le sac.*

Prenez garde ; en voici un autre qui a la mine d'un étranger. (*Cet endroit est de même celui du Gascon, pour le changement de langage et le jeu de théâtre.*) « Parti, moi courir comme une Basque, et moi ne pouvre point troufair de tout le jour sti diable de Gironte. » Cachez-vous bien. « Dites-moi un peu, fous, monsir l'homme, s'il ve plaît, fous safoir point où l'est sti Gironte que moi cherchair ? » Non, monsieur, je ne sais point où est Géronte. « Dites-moi-le, fous, frenchemente ; moi li fouloir pas grande chose à lui. L'est seulemente pour lui donner un petite régale sur le dos d'une douzaine de coups de bâtonne, et de trois ou quatre petites coups d'épée au trafers de son poitrine. » Je vous assure, monsieur, que je ne sais pas où il est. « Il me semble que ji foi remuair quelque chose dans sti sac. » Pardonnez-moi, monsieur. « Li est assurémente quelque histoire là-tetans. » Point du tout, monsieur. « Moi l'avoir enfie de tonner ain coup d'épée dans sti sac. » Ah ! monsieur, gardez-vous-en bien. « Montre-le-moi un peu, fous, ce que c'être là. » Tout beau, monsieur. « Quement, tout beau ! » Vous n'avez que faire de vouloir voir ce que je porte. « Et moi, je le fouloir foir, moi. » Vous ne le verrez point. « Ahi que de badinerie ! » Ce sont hardes qui m'appartiennent. « Montre-moi, fous, te dis-je. » Je n'en ferai rien. « Toi ne faire rien ? » Non. « Moi pailler de ste batônne dessus les épaules de toi. » Je me moque de cela. « Ah ! toi faire le trôle. » (*Donnant des coups de bâton sur le sac, et criant comme s'il les recevait.*) Ahi, ahi, ahi. Ah, monsieur, ah, ah, ah. « Jusqu'au

refoir : l'être là un petit leçon pour li apprendre à toi à parlair insolentemente. » Ah ! Peste soit du baragouineux ! Ah !

GÉRONTE, *sortant la tête du sac.*

Ah ! je suis roué.

SCAPIN

Ah ! je suis mort.

GÉRONTE

Pourquoi diantre faut-il qu'ils frappent sur mon dos ?

SCAPIN, *lui remettant la tête dans le sac.*

Prenez garde ; voici une demi-douzaine de soldats tout ensemble. (*Contrefaisant la voix de plusieurs personnes.*) « Allons, tâchons à trouver ce Géronte, cherchons partout. N'épargnons point nos pas. Courons toute la ville. N'oublions aucun lieu. Visitons tout. Furetons de tous les côtés. Par où irons-nous ? Tournons par là. Non, par ici. A gauche. A droit. Nenni. Si fait. » (*A Géronte, avec sa voix ordinaire.*) Cachez-vous bien. « Ah ! camarades, voici son valet. Allons, coquin, il faut que tu nous enseignes où est ton maître. » Hé ! messieurs, ne me maltraitez point. « Allons, dis-nous où il est. Parle. Hâte-toi. Expédions. Dépêche vite. Tôt. » Hé ! messieurs, doucement. (*Géronte met doucement la tête hors du sac, et aperçoit la fourberie de Scapin.*) « Si tu ne nous fais trouver ton maître tout à l'heure, nous allons faire pleuvoir sur toi une ondée de coups de bâton. » J'aime mieux souffrir toute chose que de découvrir mon maître. « Nous allons t'assommer. » Faites tout ce qu'il vous plaira. « Tu as envie d'être battu ? » Je ne trahirai point mon maître. « Ah ! tu en veux tâter ? Voilà... » Oh ! (*Comme il est près de frapper, Géronte sort du sac, et Scapin s'enfuit.*)

GÉRONTE, *seul.*

Ah ! infâme ! ah ! traître ! ah ! scélérat ! C'est ainsi que tu m'assassines ?

Scène III : Zerbinette, Géronte.

ZERBINETTE, *riant, sans voir Géronte.*

Ah, ah. Je veux prendre un peu l'air.

GÉRONTE, *à part, sans voir Zerbinette.*

Tu me le paieras, je te jure.

ZERBINETTE, *sans voir Géronte.*

Ah, ah, ah, ah. La plaisante histoire ! et la bonne dupe que ce vieillard !

GÉRONTE

Il n'y a rien de plaisant à cela ; et vous n'avez que faire d'en rire.

ZERBINETTE

Quoi ? Que voulez-vous dire, monsieur ?

GÉRONTE

Je veux dire que vous ne devez pas vous moquer de moi.

ZERBINETTE

De vous ?

GÉRONTE

Oui.

ZERBINETTE

Comment ! qui songe à se moquer de vous ?

GÉRONTE

Pourquoi venez-vous ici me rire au nez ?

ZERBINETTE

Cela ne vous regarde point, et je ris toute seule d'un conte qu'on vient de me faire, le plus plaisant qu'on puisse entendre. Je ne sais pas si c'est parce que je suis intéressée dans la chose ; mais je n'ai jamais trouvé rien de si drôle qu'un tour qui vient d'être joué par un fils à son père, pour en attraper de l'argent.

GÉRONTE

Par un fils à son père, pour en attraper de l'argent ?

ZERBINETTE

Oui. Pour peu que vous me pressiez, vous me trouverez assez disposée à vous dire l'affaire ; et j'ai une démangeaison naturelle à faire part des contes que je sais.

GÉRONTE

Je vous prie de me dire cette histoire.

ZERBINETTE

Je le veux bien. Je ne risquerai pas grand'chose à vous la dire, et c'est une aventure qui n'est pas pour être longtemps secrète. La destinée a voulu que je me trouvasse parmi une bande de ces personnes qu'on appelle Egyptiens, et qui, rôdant de province en province, se mêlent de dire la bonne fortune, et quelquefois de beaucoup d'autres choses. En arrivant dans cette ville, un jeune homme me vit, et conçut pour moi de l'amour. Dès ce moment, il s'attacha à mes pas ; et le voilà d'abord comme tous les jeunes gens, qui croient qu'il n'y a qu'à parler, et qu'au moindre mot qu'ils nous disent, leurs affaires sont faites ; mais il trouva une fierté qui lui fit un peu corriger ses premières pensées. Il fit connaître sa passion aux gens qui me tenaient, et il les trouva disposés à me laisser à lui, moyennant quelque somme. Mais le mal de l'affaire était que mon amant se trouvait dans l'état où l'on voit très souvent la plupart des fils de famille, c'est-à-dire qu'il était un peu dénué d'argent ; et il a un père qui, quoique riche, est un avaricieux fieffé, le plus vilain homme du monde. Attendez. Ne me saurais-je souvenir de son nom ? Haie. Aidez-moi un peu. Ne pouvez-vous me nommer quelqu'un de cette ville qui soit connu pour être avare au dernier point ?

GÉRONTE

Non.

ZERBINETTE

Il y a à son nom du ron... ronte... Or... Oronte. Non. Gé... Géronte. Oui, Géronte, justement ; voilà mon vilain ; je l'ai trouvé ; c'est ce ladre-là que je dis. Pour venir à notre conte, nos gens ont voulu aujourd'hui partir de cette ville ; et mon amant m'allait perdre, faute d'argent, si, pour en tirer de son père, il n'avait trouvé du secours dans l'industrie d'un serviteur qu'il a. Pour le nom du serviteur, je le sais à merveille. Il s'appelle

Scapin ; c'est un homme incomparable, et il mérite toutes les louanges qu'on peut donner.

GÉRONTE, à part.

Ah ! coquin que tu es !

ZERBINETTE

Voici le stratagème dont il s'est servi pour attraper sa dupe. Ah, ah, ah, ah. Je ne saurais m'en souvenir, que je ne rie de tout mon cœur. Ah, ah, ah. Il est allé trouver ce chien d'avare, ah, ah, ah ; et lui a dit qu'en se promenant sur le port avec son fils, hi, hi, ils avaient vu une galère turque, où on les avait invités d'entrer ; qu'un jeune Turc leur y avait donné la collation, ah ; que, tandis qu'ils mangeaient, on avait mis la galère en mer, et que le Turc l'avait renvoyé lui seul à terre dans un esquif, avec ordre de dire au père de son maître qu'il emmenait son fils en Alger, s'il ne lui envoyait tout à l'heure cinq cents écus. Ah, ah, ah. Voilà mon ladre, mon vilain dans de furieuses angoisses ; et la tendresse qu'il a pour son fils fait un combat étrange avec son avarice. Cinq cents écus qu'on lui demande sont justement cinq cents coups de poignard qu'on lui donne. Ah, ah, ah. Il ne peut se résoudre à tirer cette somme de ses entrailles ; et la peine qu'il souffre lui fait trouver cent moyens ridicules pour ravoir son fils. Ah, ah, ah. Il veut envoyer la justice en mer après la galère du Turc. Ah, ah, ah. Il sollicite son valet de s'aller offrir à tenir la place de son fils, jusqu'à ce qu'il ait amassé l'argent qu'il n'a pas envie de donner. Ah, ah, ah. Il abandonne, pour faire les cinq cents écus, quatre ou cinq vieux habits qui n'en valent pas trente. Ah, ah, ah. Le valet lui fait comprendre à tous coups l'impertinence de ses propositions, et chaque réflexion est douloureusement accompagnée de : Mais que diable allait-il faire à cette galère ? Ah ! maudite galère ! traître de Turc ! Enfin, après plusieurs détours, après avoir longtemps gémi et soupiré... Mais il me semble que vous ne riez point de mon conte : qu'en dites-vous ?

GÉRONTE

Je dis que le jeune homme est un pendard, un insolent, qui sera puni par son père du tour qu'il lui a fait ; que l'Egyptienne est une malavisée, une impertinente, de dire des injures à un homme d'honneur qui saura lui apprendre à venir ici débaucher les enfants de famille ; et que le valet est un scélérat qui sera, par Géronte, envoyé au gibet avant qu'il soit demain.

Scène IV : Zerbinette, Sylvestre.

SYLVESTRE

Où est-ce donc que vous vous échappez ? Savez-vous bien que vous venez de parler là au père de votre amant ?

ZERBINETTE

Je viens de m'en douter, et je me suis adressée à lui-même, sans y penser, pour lui conter son histoire.

SYLVESTRE

Comment, son histoire ?

ZERBINETTE

Oui. J'étais toute remplie du conte, et je brûlais de le redire. Mais qu'importe ? Tant pis pour lui. Je ne vois pas que les choses, pour nous, en puissent être ni pis ni mieux.

SYLVESTRE

Vous aviez grande envie de babiller ; et c'est avoir bien de la langue que de ne pouvoir se taire de ses propres affaires.

ZERBINETTE

N'aurait-il pas appris cela de quelque autre ?

Scène V : Argante, Zerbinette, Sylvestre.

ARGANTE, derrière le théâtre.

Holà, Sylvestre.

SYLVESTRE, à Zerbinette.

Rentrez dans la maison. Voilà mon maître qui m'appelle.

ARGANTE

Vous vous êtes donc accordés, coquins, vous vous êtes accordés, Scapin, vous et mon fils, pour me fourber ; et vous croyez que je l'endure ?

SYLVESTRE

Ma foi ! monsieur, si Scapin vous fourbe, je m'en lave les mains, et vous assure que je n'y trempe en aucune façon.

ARGANTE

Nous verrons cette affaire, pendard, nous verrons cette affaire, et je ne prétends pas qu'on me fasse passer la plume par le bec.

Scène VI : Géronte, Argante, Sylvestre.

GÉRONTE

Ah ! seigneur Argante, vous me voyez accablé de disgrâce.

ARGANTE

Vous me voyez aussi dans un accablement horrible.

GÉRONTE

Le pendard de Scapin, par une fourberie, m'a attrapé cinq cents écus.

ARGANTE

Le même pendard de Scapin, par une fourberie aussi, m'a attrapé deux cents pistoles.

GÉRONTE

Il ne s'est pas contenté de m'attraper cinq cents écus, il m'a traité d'une manière que j'ai honte de dire. Mais il me la paiera.

ARGANTE

Je veux qu'il me fasse raison de la pièce qu'il m'a jouée.

GÉRONTE

Et je prétends faire de lui une vengeance exemplaire.

SYLVESTRE, à part.

Plaise au ciel que, dans tout ceci, je n'aie point ma part !

GÉRONTE

Mais ce n'est pas encore tout, seigneur Argante, et un malheur nous est toujours l'avant-coureur d'un autre. Je me réjouissais aujourd'hui de l'espérance d'avoir ma fille, dont je faisais toute ma consolation ; et je viens d'apprendre de mon homme qu'elle est partie il y a longtemps de Tarente, et qu'on y croit qu'elle a péri dans le vaisseau où elle s'embarqua.

ARGANTE

Mais pourquoi, s'il vous plaît, la tenir à Tarente, et ne vous être pas donné la joie de l'avoir avec vous ?

GÉRONTE

J'ai eu mes raisons pour cela ; et des intérêts de famille m'ont obligé, jusques ici, à tenir fort secret ce second mariage. Mais que vois-je ?

Scène VII : Argante, Géronte,
Nérine, Sylvestre.

GÉRONTE

Ah ! te voilà, Nérine ?

NÉRINE, se jetant aux genoux de Géronte.

Ah ! seigneur Pandolphe...

GÉRONTE

Appelle-moi Géronte, et ne te sers plus de ce nom. Les raisons ont cessé qui m'avaient obligé à le prendre parmi vous à Tarente.

NÉRINE

Las ! que ce changement de nom nous a causé de troubles et d'inquiétudes dans les soins que nous avons pris de vous venir chercher ici !

GÉRONTE

Où est ma fille et sa mère ?

NÉRINE

Votre fille, monsieur, n'est pas loin d'ici ; mais, avant que de vous la faire voir, il faut que je vous demande pardon de l'avoir mariée, dans l'abandonnement où, faute de vous rencontrer, je me suis trouvée avec elle.

GÉRONTE

Ma fille mariée ?

NÉRINE

Oui, monsieur.

GÉRONTE

Et avec qui ?

NÉRINE

Avec un jeune homme nommé Octave, fils d'un certain seigneur Argante.

GÉRONTE

O ciel !

ARGANTE

Quelle rencontre !

GÉRONTE

Mène-nous, mène-nous promptement où elle est.

NÉRINE

Vous n'avez qu'à entrer dans ce logis.

GÉRONTE

Passe devant. Suivez-moi, suivez-moi, seigneur Argante.

SYLVESTRE, *seul.*

Voilà une aventure qui est tout à fait surprenante.

Scène VIII : Scapin, Sylvestre.

SCAPIN

Hé bien ! Sylvestre, que font nos gens ?

SYLVESTRE

J'ai deux avis à te donner. L'un, que l'affaire d'Octave est accommodée. Notre Hyacinte s'est trouvée la fille du seigneur Géronte ; et le hasard a fait ce que la prudence des pères avait délibéré. L'autre avis, c'est que les deux vieillards font contre toi des menaces épouvantables, et surtout le seigneur Géronte.

SCAPIN

Cela n'est rien. Les menaces ne m'ont jamais fait mal ; et ce sont des nuées qui passent bien loin sur nos têtes.

SYLVESTRE

Prends garde à toi. Les fils se pourraient bien raccommoder avec les pères, et toi demeurer dans la nasse.

SCAPIN

Laisse-moi faire, je trouverai moyen d'apaiser leur courroux, et...

SYLVESTRE

Retire-toi, les voilà qui sortent.

Scène IX : Géronte, Argante, Hyacinte, Nérine, Sylvestre.

GÉRONTE

Allons, ma fille, venez chez moi. Ma joie aurait été parfaite, si j'y avais pu voir votre mère avec vous.

ARGANTE

Voici Octave tout à propos.

Scène X : Argante, Géronte, Octave, Hyacinte, Zerbinette, Nérine, Sylvestre.

ARGANTE

Venez, mon fils, venez vous réjouir avec nous de l'heureuse aventure de votre mariage. Le ciel...

OCTAVE

Non, mon père, toutes vos propositions de mariage ne serviront de rien. Je dois lever le masque avec vous, et l'on vous a dit mon engagement.

ARGANTE

Oui. Mais tu ne sais pas...

OCTAVE

Je sais tout ce qu'il faut savoir.

ARGANTE

Je te veux dire que la fille du seigneur Géronte...

OCTAVE

La fille du seigneur Géronte ne me sera jamais de rien.

GÉRONTE

C'est elle.

OCTAVE, *à Géronte.*

Non, monsieur ; je vous demande pardon ; mes résolutions sont prises.

SYLVESTRE, *à Octave.*

Ecoutez...

OCTAVE

Non. Tais-toi. Je n'écoute rien.

ARGANTE, *à Octave.*

Ta femme...

OCTAVE

Non, vous dis-je, mon père ; je mourrai plutôt que de quitter mon aimable Hyacinte. (*Traversant le théâtre pour se mettre à côté de Hyacinte.*) Oui, vous avez beau faire ; la voilà celle à qui ma foi est engagée. Je l'aimerai toute ma vie, et je ne veux point d'autre femme.

ARGANTE

Hé bien ! c'est elle qu'on te donne. Quel diable d'étourdi qui suit toujours sa pointe !

HYACINTE, *montrant Géronte.*

Oui, Octave, voilà mon père que j'ai trouvé ; et nous, nous voyons hors de peine.

GÉRONTE

Allons chez moi ; nous serons mieux qu'ici pour nous entretenir.

HYACINTE, *montrant Zerbinette.*

Ah ! mon père, je vous demande, par grâce, que je ne sois point séparée de l'aimable personne que vous voyez. Elle a un mérite qui vous fera concevoir de l'estime pour elle, quand il sera connu de vous.

GÉRONTE

Tu veux que je tienne chez moi une personne qui est aimée de ton frère, et qui m'a dit tantôt au nez mille sottises de moi-même ?

ZERBINETTE

Monsieur, je vous prie de m'excuser. Je n'aurais pas parlé de la sorte, si j'avais su que c'était vous ; et je ne vous connaissais que de réputation.

GÉRONTE

Comment ! que de réputation ?

HYACINTE

Mon père, la passion que mon frère a pour elle n'a rien de criminel, et je réponds de sa vertu.

GÉRONTE

Voilà qui est fort bien. Ne voudrait-on point que je mariasse mon fils avec elle ? Une fille inconnue, qui fait le métier de coureuse !

Scène XI : Argante, Géronte, Léandre, Octave, Hyacinte, Zerbinette, Nérine, Sylvestre.

LÉANDRE

Mon père, ne vous plaignez point que j'aime une inconnue, sans naissance et sans bien. Ceux de qui je l'ai rachetée viennent de me découvrir qu'elle est de cette ville, et d'honnête famille ; que ce

sont eux qui l'ont dérobée à l'âge de quatre ans :
et voici un bracelet qu'ils m'ont donné, qui pourra
nous aider à trouver ses parents.

ARGANTE

Hélas ! à voir ce bracelet, c'est ma fille que je
perdis à l'âge que vous dites.

GÉRONTE

Votre fille ?

ARGANTE

Oui, ce l'est ; et j'y vois tous les traits qui m'en
peuvent rendre assuré.

HYACINTE

O ciel ! que d'aventures extraordinaires.

*Scène XII : Argante, Géronte, Léandre,
Octave, Hyacinte, Zerbinette, Nérine,
Sylvestre, Carle.*

CARLE

Ah ! messieurs, il vient d'arriver un accident
étrange.

GÉRONTE

Quoi ?

CARLE

Le pauvre Scapin...

GÉRONTE

C'est un coquin que je veux faire pendre.

CARLE

Hélas ! monsieur, vous ne serez pas en peine de
cela. En passant contre un bâtiment, il lui est
tombé sur la tête un marteau de tailleur de
pierre, qui lui a brisé l'os et découvert toute la
cervelle. Il se meurt, et il a prié qu'on l'apportât
ici pour vous pouvoir parler avant que de mourir.

ARGANTE

Où est-il ?

CARLE

Le voilà.

*Scène XIII : Argante, Géronte, Léandre,
Octave, Hyacinte, Zerbinette, Nérine,
Scapin, Sylvestre, Carle.*

SCAPIN, *apporté par deux hommes,
et la tête entourée de linges, comme
s'il avait été blessé.*

Ahi, ahi. Messieurs, vous me voyez... ahi, vous
me voyez dans un étrange état. Ahi. Je n'ai pas
voulu mourir sans venir demander pardon à toutes
les personnes que je puis avoir offensées. Ahi. Oui,
messieurs, avant que de rendre le dernier soupir,
je vous conjure de tout mon cœur de vouloir me
pardonner tous ce que je puis vous avoir fait,

et principalement le seigneur Argante et le seigneur Géronte. Ahi.

ARGANTE

Pour moi, je te pardonne ; va, meurs en repos.

SCAPIN, *à Géronte.*

C'est vous, monsieur, que j'ai le plus offensé par
les coups de bâton que...

GÉRONTE

Ne parle point davantage, je te pardonne aussi.

SCAPIN

Ç'a été une témérité bien grande à moi, que les
coups de bâton que je...

GÉRONTE

Laissons cela.

SCAPIN

J'ai, en mourant, une douleur inconcevable des
coups de bâton que...

GÉRONTE

Mon Dieu ! tais-toi.

SCAPIN

Les malheureux coups de bâton que je vous...

GÉRONTE

Tais-toi, te dis-je ; j'oublie tout.

SCAPIN

Hélas ! quelle bonté ! Mais est-ce de bon cœur,
monsieur, que vous me pardonnez ces coups de
bâton que...

GÉRONTE

Hé ! oui. Ne parlons plus de rien : je te pardonne
tout : voilà qui est fait.

SCAPIN

Ah ! monsieur, je me sens tout soulagé depuis
cette parole.

GÉRONTE

Oui ; mais je te pardonne à la charge que tu
mourras.

SCAPIN

Comment ! monsieur ?

GÉRONTE

Je me dédis de ma parole, si tu réchappes.

SCAPIN

Ahi, ahi. Voilà mes faiblesses qui me reprennent.

ARGANTE

Seigneur Géronte, en faveur de notre joie, il
faut lui pardonner sans condition.

GÉRONTE

Soit.

ARGANTE

Allons souper ensemble, pour mieux goûter notre
plaisir.

SCAPIN

Et moi, qu'on me porte au bout de la table, en
attendant que je meure.

LA COMTESSE D'ESCARBAGNAS

COMÉDIE

« *Représentée pour le Roi à Saint-Germain-en-Laye le 2e décembre 1671 et donnée au public sur le théâtre de la salle du Palais-Royal, pour la première fois, le 8e juillet 1672, par la Troupe du Roi.* »

Dernière commande royale. L'occasion en fut le remariage de Monsieur avec la princesse Palatine qui avait su plaire à son auguste beau-frère. Elle aimait le théâtre. On voulut la mettre au fait, dirait-on, des divertissements de la cour en lui offrant une sorte de rétrospective : Ballet des ballets, les intermèdes des spectacles précédents, reliés entre eux par une intrigue nouvelle. S'y ajoutait une Pastorale inédite, qui l'est restée pour nous.

PERSONNAGES

LA COMTESSE D'ESCARBAGNAS (Mlle Marotte).

LE COMTE, *fils de la comtesse d'Escarbagnas* (Gaudon).

LE VICOMTE, *amant de Julie* (La Grange).

JULIE, *amante du vicomte* (Mlle Beauval).

M. TIBAUDIER, *conseiller, amant de la comtesse* (Hubert).

M. HARPIN, *receveur des tailles, autre amant de la comtesse* (Du Croisy).

M. BOBINET, *précepteur de M. le comte* (Beauval).

ANDRÉE, *suivante de la comtesse* (Mlle Bonneau).

JEANNOT, *laquais de M. Tibaudier* (Boulonnois).

CRIQUET, *laquais de la comtesse* (Finet).

LA SCÈNE EST A ANGOULÊME

Molière, brouillé avec Lulli, confia la composition musicale à Charpentier.

Molière travaillait alors aux Femmes savantes. C'est comme en marge de cette comédie qu'il ébaucha ces « peintures d'un salon de province ». Il n'y tint aucun rôle.

La Comtesse d'Escarbagnas fut jouée cinq fois à la cour, du 2 au 7 décembre. Le spectacle y fut redemandé pour sept autres représentations, du 9 au 18 février 1672 ; le 17, Molière dut quitter en hâte Saint-Germain et ses comédiens pour aller recueillir le dernier soupir de Madeleine Béjart.

Au Palais-Royal, la pièce, sans les divertissements, était donnée en lever de rideau.

Scène 1 : Julie, le Vicomte.

LE VICOMTE

Hé quoi ! madame, vous êtes déjà ici ?

JULIE

Oui. Vous en devriez rougir, Cléante ; et il n'est guère honnête à un amant de venir le dernier au rendez-vous.

LE VICOMTE

Je serais ici il y a une heure s'il n'y avait point de fâcheux au monde ; et j'ai été arrêté en chemin par un vieux importun de qualité, qui m'a demandé tout exprès des nouvelles de la cour, pour trouver moyen de m'en dire des plus extravagantes qu'on puisse débiter ; et c'est là, comme vous savez, le fléau des petites villes, que ces grands nouvellistes qui cherchent partout où répandre les contes qu'ils ramassent. Celui-ci m'a montré d'abord deux feuilles de papier, pleines jusques aux bords d'un grand fatras de balivernes, qui viennent, m'a-t-il dit, de l'endroit le plus sûr du monde. Ensuite, comme d'une chose fort curieuse, il m'a fait avec grand mystère une fatigante lecture de toutes les méchantes plaisanteries de la Gazette de Hollande, dont il épouse les intérêts. Il tient que la France est battue en ruine par la plume de cet écrivain, et qu'il ne faut que ce bel esprit pour défaire toutes nos troupes ; et de là s'est jeté à corps perdu dans le raisonnement du Ministère, dont il remarque tous les défauts, et d'où j'ai cru qu'il ne sortirait point. A l'entendre parler, il sait les secrets du Cabinet mieux que ceux qui les font. La politique de l'état lui laisse voir tous ses desseins ; et elle ne fait pas un pas dont il ne pénètre les intentions. Il nous apprend les ressorts cachés de tout ce qui se fait, nous découvre les vues de la prudence de nos voisins, et remue, à sa fantaisie, toutes les affaires de l'Europe. Ses intelligences même s'étendent jusques en Afrique et en Asie ; et il est informé de tout ce qui s'agite dans le conseil d'en haut du Prête-Jean et du grand Mogol.

JULIE

Vous parez votre excuse du mieux que vous pouvez, afin de la rendre agréable, et faire qu'elle soit plus aisément reçue.

LE VICOMTE

C'est là, belle Julie, la véritable cause de mon retardement ; et, si je voulais y donner une excuse galante, je n'aurais qu'à vous dire que le rendez-vous que vous voulez prendre peut autoriser la paresse dont vous me querellez ; que m'engager à faire l'amant de la maîtresse du logis, c'est me mettre en état de craindre de me trouver ici le premier ; que cette feinte où je me force n'étant que pour vous plaire, j'ai lieu de ne vouloir en souffrir la contrainte que devant les yeux qui s'en divertissent ; que j'évite le tête-à-tête avec cette comtesse ridicule dont vous m'embarrassez ; et, en un mot, que, ne venant ici que pour vous, j'ai toutes les raisons du monde d'attendre que vous y soyez.

JULIE

Nous savons bien que vous ne manquerez jamais d'esprit pour donner de belles couleurs aux fautes que vous pourrez faire. Cependant, si vous étiez venu une demi-heure plus tôt, nous aurions profité de tous ces moments ; car j'ai trouvé en arrivant que la comtesse était sortie, et je ne doute point qu'elle ne soit allée par la ville se faire honneur de la comédie que vous me donnez sous son nom.

LE VICOMTE

Mais tout de bon, madame, quand voulez-vous mettre fin à cette contrainte, et me faire moins acheter le bonheur de vous voir.

JULIE

Quand nos parents pourront être d'accord ; ce que je n'ose espérer. Vous savez, comme moi, que les démêlés de nos deux familles ne nous permettent point de nous voir autre part ; et que mes frères, non plus que votre père, ne sont pas assez raisonnables pour souffrir notre attachement.

LE VICOMTE

Mais pourquoi ne pas mieux jouir du rendez-vous que leur inimitié nous laisse, et me contraindre à perdre en une sotte feinte les moments que j'ai près de vous ?

JULIE

Pour mieux cacher notre amour ; et puis, à vous dire la vérité, cette feinte dont vous parlez m'est une comédie fort agréable ; et je ne sais si celle que vous nous donnez aujourd'hui me divertira davantage. Notre comtesse d'Escarbagnas, avec son perpétuel entêtement de qualité, est un aussi bon personnage qu'on en puisse mettre sur le théâtre. Le petit voyage qu'elle a fait à Paris l'a ramenée dans Angoulême plus achevée qu'elle n'était. L'approche de l'air de la cour a donné à son ridicule de nouveaux agréments, et sa sottise tous les jours ne fait que croître et embellir.

LE VICOMTE

Oui ; mais vous ne considérez pas que le jeu qui vous divertit tient mon cœur au supplice, et qu'on n'est point capable de se jouer longtemps, lorsqu'on a dans l'esprit une passion aussi sérieuse que celle que je sens pour vous. Il est cruel, belle Julie, que cet amusement dérobe à mon amour un temps qu'il voudrait employer à vous expliquer son ardeur ; et, cette nuit, j'ai fait là-dessus quelques vers, que je ne puis m'empêcher de vous réciter sans que vous me le demandiez, tant la démangeaison de dire ses ouvrages est un vice attaché à la qualité de poète !

C'est trop longtemps, Iris, me mettre à la torture,

Iris, comme vous le voyez, est mis là pour Julie.

C'est trop longtemps, Iris, me mettre à la torture,
Et, si je suis vos lois, je les blâme tout bas
De me forcer à taire un tourment que j'endure,
Pour déclarer un mal que je ne ressens pas.

Faut-il que vos beaux yeux, à qui je rends les
Veuillent se divertir de mes tristes soupirs? [armes,
Et n'est-ce pas assez de souffrir pour vos charmes,
Sans me faire souffrir encor pour vos plaisirs ?

C'en est trop à la fois que ce double martyre ;
Et ce qu'il me faut taire, et ce qu'il me faut dire,
Exerce sur mon cœur pareille cruauté.

L'amour le met en feu, la contrainte le tue ;
Et, si par la pitié vous n'êtes combattue,
Je meurs et de la feinte et de la vérité.

JULIE

Je vois que vous vous faites là bien plus maltraité que vous n'êtes ; mais c'est une licence que prennent messieurs les poètes, de mentir de gaieté de cœur, et de donner à leurs maîtresses des cruautés qu'elles n'ont pas, pour s'accommoder aux pensées qui leur peuvent venir. Cependant je serai bien aise que vous me donniez ces vers par écrit.

LE VICOMTE

C'est assez de vous les avoir dits, et je dois en demeurer là. Il est permis d'être parfois assez fou pour faire des vers, mais non pour vouloir qu'ils soient vus.

JULIE

C'est en vain que vous vous retranchez sur une fausse modestie ; on sait dans le monde que vous avez de l'esprit ; et je ne vois pas la raison qui vous oblige à cacher les vôtres.

LE VICOMTE

Mon Dieu ! madame, marchons là-dessus, s'il vous plaît, avec beaucoup de retenue ; il est dangereux dans le monde de se mêler d'avoir de l'esprit. Il y a là-dedans un certain ridicule qu'il est facile d'attraper, et nous avons de nos amis qui me font craindre leur exemple.

JULIE

Mon Dieu ! Cléante, vous avez beau dire ; je vois avec tout cela que vous mourez d'envie de me les donner ; et je vous embarrasserais, si je faisais semblant de ne m'en pas soucier.

LE VICOMTE

Moi ! madame ; vous vous moquez ; et je ne suis pas si poète que vous pourriez bien croire, pour... Mais voici votre madame la comtesse d'Escarbagnas. Je sors par l'autre porte pour ne la point trouver, et vais disposer tout mon monde au divertissement que je vous ai promis.

Scène II : La Comtesse, Julie, Andrée, et Criquet, dans le fond du théâtre.

LA COMTESSE

Ah ! mon Dieu ! madame, vous voilà toute seule ? Quelle pitié est-ce là ! Toute seule ! Il me semble que mes gens m'avaient dit que le vicomte était ici.

JULIE

Il est vrai qu'il y est venu ; mais c'est assez pour lui de savoir que vous n'y étiez pas, pour l'obliger à sortir.

LA COMTESSE

Comment ! il vous a vue ?

JULIE

Oui.

LA COMTESSE

Et il ne vous a rien dit ?

JULIE

Non, madame ; et il a voulu témoigner par là qu'il est tout entier à vos charmes.

LA COMTESSE

Vraiment, je le veux quereller de cette action. Quelque amour que l'on ait pour moi, j'aime que ceux qui m'aiment rendent ce qu'ils doivent au sexe ; et je ne suis point de l'humeur de ces femmes injustes, qui s'applaudissent des incivilités que leurs amants font aux autres belles.

JULIE

Il ne faut point, madame, que vous soyez surprise de son procédé. L'amour que vous lui donnez éclate dans toutes ses actions, et l'empêche d'avoir des yeux que pour vous.

LA COMTESSE

Je crois être en état de pouvoir faire naître une passion assez forte, et je me trouve pour cela assez de beauté, de jeunesse et de qualité, Dieu merci ; mais cela n'empêche pas qu'avec ce que j'inspire, on ne puisse garder de l'honnêteté et de la complaisance pour les autres. (*Apercevant Criquet.*) Que faîtes-vous donc là, laquais ? Est-ce

qu'il n'y a pas une antichambre où se tenir, pour venir quand on vous appelle ? Cela est étrange, qu'on ne puisse avoir en province un laquais qui sache son monde ! A qui est-ce donc que je parle ? Voulez-vous vous en aller là-dehors, petit fripon ? (*A Andrée.*) Filles, approchez.

ANDRÉE

Que vous plaît-il, madame ?

LA COMTESSE

Otez-moi mes coiffes. Doucement donc, maladroite : comme vous me saboulez la tête avec vos mains pesantes !

ANDRÉE

Je fais, madame, le plus doucement que je puis.

LA COMTESSE

Oui ; mais le plus doucement que vous pouvez est fort rudement pour ma tête, et vous me l'avez déboîtée. Tenez encore ce manchon ; ne laissez point traîner tout cela, et portez-le dans ma garderobe. Eh bien ! où va-t-elle, où va-t-elle ? Que veut-elle faire, cet oison bridé ?

ANDRÉE

Je veux, madame, comme vous m'avez dit, porter cela aux garde-robes.

LA COMTESSE

Ah ! mon Dieu ! l'impertinente ! (*A Julie.*) Je vous demande pardon, madame. (*A Andrée.*) Je vous ai dit ma garde-robe, grosse bête, c'est-à-dire où sont mes habits.

ANDRÉE

Est-ce, madame, qu'à la cour une armoire s'appelle une garde-robe ?

LA COMTESSE

Oui, butorde ; on appelle ainsi le lieu où l'on met les habits.

ANDRÉE

Je m'en ressouviendrai, madame, aussi bien que de votre grenier, qu'il faut appeler garde-meuble.

LA COMTESSE

Quelle peine il faut prendre pour instruire ces animaux-là !

JULIE

Je les trouve bien heureux, madame, d'être sous votre discipline.

LA COMTESSE

C'est une fille de ma mère nourrice que j'ai mise à la chambre, et elle est toute neuve encore.

JULIE

Cela est d'une belle âme, madame ; et il est glorieux de faire ainsi des créatures.

LA COMTESSE

Allons, des sièges. Holà ! laquais, laquais, laquais ! En vérité, voilà qui est violent, de ne pouvoir pas avoir un laquais pour donner des sièges ! Filles, laquais, laquais, filles ; quelqu'un ! Je pense que tous mes gens sont morts, et que nous serons contraintes de nous donner des sièges nous-mêmes.

ANDRÉE

Que voulez-vous, madame ?

LA COMTESSE

Il se faut bien égosiller avec vous autres !

ANDRÉE

J'enfermais votre manchon et vos coiffes dans votre armoi... dis-je, dans votre garde-robe.

LA COMTESSE

Appelez-moi ce petit fripon de laquais.

ANDRÉE

Holà ! Criquet !

LA COMTESSE

Laissez là votre Criquet, bouvière ; et appelez, laquais !

ANDRÉE

Laquais donc, et non pas Criquet, venez parler à madame. Je pense qu'il est sourd. Criq... Laquais, laquais !

CRIQUET

Plaît-il ?

LA COMTESSE

Où étiez-vous donc, petit coquin ?

CRIQUET

Dans la rue, madame.

LA COMTESSE

Et pourquoi dans la rue ?

CRIQUET

Vous m'avez dit d'aller là-dehors.

LA COMTESSE

Vous êtes un petit impertinent, mon ami ; et vous devez savoir que là-dehors, en termes de personnes de qualité, veut dire l'antichambre. Andrée, ayez soin tantôt de faire donner le fouet à ce petit fripon-là par mon écuyer ; c'est un petit incorrigible.

ANDRÉE

Qu'est-ce que c'est, madame, que votre écuyer ? Est-ce maître Charles que vous appelez comme cela ?

LA COMTESSE

Taisez-vous, sotte que vous êtes : vous ne sauriez ouvrir la bouche, que vous ne disiez une impertinence. (A Criquet.) Des sièges. (A Andrée.) Et vous, allumez deux bougies dans mes flambeaux d'argent : il se fait déjà tard. Qu'est-ce que c'est donc, que vous me regardez tout effarée ?

ANDRÉE

Madame...

LA COMTESSE

Eh bien ! madame. Qu'y a-t-il ?

ANDRÉE

C'est que...

LA COMTESSE

Quoi ?

ANDRÉE

C'est que je n'ai point de bougie.

LA COMTESSE

Comment ? Vous n'en avez point ?

ANDRÉE

Non, madame, si ce n'est des bougies de suif.

LA COMTESSE

La bouvière ! Et où est donc la cire que je fis acheter ces jours passés ?

ANDRÉE

Je n'en ai point vu depuis que je suis céans !

LA COMTESSE

Otez-vous de là, insolente. Je vous renverrai chez vos parents. Apportez-moi un verre d'eau. Madame ! (Faisant des cérémonies pour s'asseoir.)

JULIE

Madame !

LA COMTESSE

Ah ! madame !

JULIE

Ah ! madame !

LA COMTESSE

Mon Dieu ! madame !

JULIE

Mon Dieu ! madame !

LA COMTESSE

Oh ! madame !

JULIE

Oh ! madame !

LA COMTESSE

Hé ! madame !

JULIE

Hé ! madame !

LA COMTESSE

Hé ! allons donc, madame !

JULIE

Hé ! allons donc, madame !

LA COMTESSE

Je suis chez moi, madame. Nous sommes demeurées d'accord de cela. Me prenez-vous pour une provinciale, madame ?

JULIE

Dieu m'en garde, madame !

LA COMTESSE, à Andrée.

Allez, impertinente : je bois avec une soucoupe. Je vous dis que vous m'alliez quérir une soucoupe pour boire.

ANDRÉE

Criquet, qu'est-ce que c'est qu'une soucoupe ?

CRIQUET

Une soucoupe ?

ANDRÉE

Oui.

CRIQUET

Je ne sais.

LA COMTESSE, à Andrée.

Vous ne vous grouillez pas ?

ANDRÉE

Nous ne savons tous deux, madame, ce que c'est qu'une soucoupe.

LA COMTESSE

Apprenez que c'est une assiette sur laquelle on met le verre. Vive Paris pour être bien servie ! On vous entend là au moindre coup d'œil. (A Andrée.) Hé bien ! vous ai-je dit comme cela, tête de bœuf ? C'est dessous qu'il faut mettre l'assiette.

ANDRÉE

Cela est bien aisé. (Andrée casse le verre en le posant sur l'assiette.)

LA COMTESSE

Hé bien ! ne voilà pas l'étourdie ? En vérité, vous me paierez mon verre.

ANDRÉE

Hé bien ! oui, madame, je le paierai.

LA COMTESSE

Mais voyez cette maladroite, cette bouvière, cette butorde, cette...

ANDRÉE, *s'en allant.*

Dame, madame, si je le paie, je ne veux point être querellée.

LA COMTESSE

Otez-vous de devant mes yeux. En vérité, madame, c'est une chose étrange que les petites villes ! On n'y sait point du tout son monde ; et je viens de faire deux ou trois visites, où ils ont pensé me désespérer par le peu de respect qu'ils rendent à ma qualité.

JULIE

Où auraient-ils appris à vivre ? Ils n'ont point fait de voyage à Paris.

LA COMTESSE

Ils ne laisseraient pas de l'apprendre, s'ils voulaient écouter les personnes ; mais le mal que j'y trouve, c'est qu'ils veulent en savoir autant que moi, qui ai été deux mois à Paris, et vu toute la cour.

JULIE

Les sottes gens que voilà !

LA COMTESSE

Ils sont insupportables, avec les impertinentes égalités dont ils traitent les gens. Car enfin, il faut qu'il y ait de la subordination dans les choses ; et ce qui me met hors de moi, c'est qu'un gentilhomme de ville de deux jours, ou de deux cents ans, aura l'effronterie de dire qu'il est aussi bien gentilhomme que feu monsieur mon mari, qui demeurait à la campagne, qui avait meute de chiens courants, et qui prenait la qualité de comte dans tous les contrats qu'il passait.

JULIE

On sait bien mieux vivre à Paris, dans ces hôtels dont la mémoire doit être si chère. Cet hôtel de Mouhy, madame, cet hôtel de Lyon, cet hôtel de Hollande, les agréables demeures que voilà !

LA COMTESSE

Il est vrai qu'il y a bien de la différence de ces lieux-là à tout ceci. On y voit venir du beau monde, qui ne marchande point à vous rendre tous les respects qu'on saurait souhaiter. On ne s'en lève pas, si l'on veut, de dessus son siège ; et, lorsque l'on veut voir la revue, ou le grand ballet de *Psyché,* on est servie à point nommé.

JULIE

Je pense, madame, que, durant votre séjour à Paris, vous avez fait bien des conquêtes de qualité.

LA COMTESSE

Vous pouvez bien croire, madame, que tout ce qui s'appelle les galants de la cour n'a pas manqué de venir à ma porte, et de m'en conter ; et je

garde dans ma cassette de leurs billets, qui peuvent faire voir quelles propositions j'ai refusées ; il n'est pas nécessaire de vous dire leurs noms ; on sait ce qu'on veut dire par les galants de la cour.

JULIE

Je m'étonne, madame, que, de tous ces grands noms que je devine, vous ayez pu redescendre à un monsieur Tibaudier, le conseiller, et à un monsieur Harpin, le receveur des tailles. La chute est grande, je vous l'avoue ; car, pour monsieur votre vicomte, quoique vicomte de province, c'est toujours un vicomte, et il peut faire un voyage à Paris, s'il n'en a point fait : mais un conseiller et un receveur sont des amants un peu bien minces pour une grande comtesse comme vous.

LA COMTESSE

Ce sont gens qu'on ménage dans les provinces pour le besoin qu'on en peut avoir ; ils servent au moins à remplir les vides de la galanterie, à faire nombre de soupirants ; et il est bon, madame, de ne pas laisser un amant seul maître du terrain, de peur que, faute de rivaux, son amour ne s'endorme sur trop de confiance.

JULIE

Je vous avoue, madame, qu'il y a merveilleusement à profiter de tout ce que vous dites ; c'est une école que votre conversation, et j'y viens tous les jours attraper quelque chose.

Scène III : La Comtesse, Julie, Andrée, Criquet, Jeannot.

CRIQUET, *à la comtesse.*

Voilà Jeannot de monsieur le conseiller, qui vous demande, madame.

LA COMTESSE

Hé bien ! petit coquin, voilà encore de vos âneries. Un laquais qui saurait vivre aurait été parler tout bas à la demoiselle suivante, qui serait venue dire doucement à l'oreille de sa maîtresse : « Madame, voilà le laquais de monsieur un tel, qui demande à vous dire un mot » ; à quoi la maîtresse aurait répondu : « Faites-le entrer. »

CRIQUET

Entrez, Jeannot.

LA COMTESSE

Autre lourderie. (*A Jeannot.*) Qu'y a-t-il, laquais ? Que portes-tu là ?

JEANNOT

C'est monsieur le conseiller, madame, qui vous souhaite le bon jour, et, auparavant que de venir, vous envoie des poires de son jardin, avec ce petit mot d'écrit.

LA COMTESSE

C'est du bon-chrétien, qui est fort beau. Andrée, faites porter cela à l'office. (*A Jeannot.*) Tiens, mon enfant, voilà pour boire.

JEANNOT

Oh ! non, madame !

LA COMTESSE

Tiens, te dis-je.

JEANNOT

Mon maître m'a défendu, madame, de rien prendre de vous.

LA COMTESSE

Cela ne fait rien.

JEANNOT

Pardonnez-moi, madame.

CRIQUET

Hé ! prenez, Jeannot. Si vous n'en voulez pas, vous me le baillerez.

LA COMTESSE

Dis à ton maître que je le remercie.

CRIQUET, *à Jeannot qui s'en va.*

Donne-moi donc cela.

JEANNOT

Oui ? Quelque sot !

CRIQUET

C'est moi qui te l'ai fait prendre.

JEANNOT

Je l'aurais bien pris sans toi.

LA COMTESSE

Ce qui me plaît de ce monsieur Tibaudier, c'est qu'il sait vivre avec les personnes de ma qualité, et qu'il est fort respectueux.

Scène IV : Le Vicomte, la Comtesse, Julie, Andrée, Criquet.

LE VICOMTE

Madame, je viens vous avertir que la comédie sera bientôt prête, et que, dans un quart d'heure, nous pouvons passer dans la salle.

LA COMTESSE

Je ne veux point de cohue, au moins. (*A Criquet.*) Que l'on dise à mon suisse qu'il ne laisse entrer personne.

LE VICOMTE

En ce cas, madame, je vous déclare que je renonce à la comédie ; et je n'y saurais prendre de plaisir, lorsque la compagnie n'est pas nombreuse. Croyez-moi, si vous voulez vous bien divertir, qu'on dise à vos gens de laisser entrer toute la ville.

LA COMTESSE

Laquais, un siège. (*Au Vicomte, après qu'il s'est assis.*) Vous voilà venu à propos pour recevoir un petit sacrifice que je veux bien vous faire. Tenez, c'est un billet de M. Tibaudier, qui m'envoie des poires. Je vous donne la liberté de le lire tout haut ; je ne l'ai point encore vu.

LE VICOMTE, *après avoir lu tout bas le billet.*

Voici un billet du beau style, madame, et qui mérite d'être bien écouté. « Madame, je n'aurais pas pu vous faire le présent que je vous envoie, si je ne recueillais pas plus de fruit de mon jardin que j'en recueille de mon amour. »

LA COMTESSE

Cela vous marque clairement qu'il ne se passe rien entre nous.

LE VICOMTE

« Les poires ne sont pas encore bien mûres ; mais elles en cadrent mieux avec la dureté de votre âme, qui, par ses continuels dédains, ne me promet pas poires molles. Trouvez bon, madame, que, sans m'engager dans une énumération de vos perfections et charmes, qui me jetterait dans un progrès à l'infini, je conclue ce mot, en vous faisant considérer que je suis d'un aussi franc chrétien que les poires que je vous envoie, puisque je rends le bien pour le mal ; c'est-à-dire, madame, pour m'expliquer plus intelligiblement, puisque je vous présente des poires de bon-chrétien pour des poires d'angoisse, que vos cruautés me font avaler tous les jours. »

« Tibaudier, votre esclave indigne. »

Voilà, madame, un billet à garder.

LA COMTESSE

Il y a peut-être quelque mot qui n'est pas de l'Académie ; mais j'y remarque un certain respect qui me plaît beaucoup.

JULIE

Vous avez raison, madame ; et, monsieur le vicomte dût-il s'en offenser, j'aimerais un homme qui m'écrirait comme cela.

Scène V : Monsieur Tibaudier, le Vicomte, la Comtesse, Julie, Andrée, Criquet.

LA COMTESSE

Approchez, monsieur Tibaudier ; ne craignez point d'entrer. Votre billet a été bien reçu, aussi bien que vos poires ; et voilà madame qui parle pour vous contre votre rival.

MONSIEUR TIBAUDIER

Je lui suis bien obligé, madame ; et, si elle a jamais quelque procès en notre siège, elle verra que je n'oublierai pas l'honneur qu'elle me fait de se rendre auprès de vos beautés l'avocat de ma flamme.

JULIE

Vous n'avez pas besoin d'avocat, monsieur, et votre cause est juste.

MONSIEUR TIBAUDIER

Ce néanmoins, madame, bon droit a besoin d'aide : et j'ai sujet d'appréhender de me voir supplanté par un tel rival, et que madame ne soit circonvenue par la qualité de vicomte.

LE VICOMTE

J'espérais quelque chose, monsieur Tibaudier, avant votre billet ; mais il me fait craindre pour mon amour.

MONSIEUR TIBAUDIER

Voici encore, madame, deux petits versets ou couplets que j'ai composés à votre honneur et gloire.

LE VICOMTE

Ah ! je ne pensais pas que monsieur Tibaudier fût poète ; et voilà pour m'achever, que ces deux petits versets-là !

LA COMTESSE

Il veut dire deux strophes. (*A Criquet.*) Laquais, donnez un siège à monsieur Tibaudier. (*Bas, à*

Criquet, *qui apporte une chaise.*) Un pliant, petit animal. Monsieur Tibaudier, mettez-vous là, et nous lisez vos strophes.

MONSIEUR TIBAUDIER

Une personne de qualité
Ravit mon âme :
Elle a de la beauté,
J'ai de la flamme ;
Mais je la blâme
D'avoir de la fierté.

LE VICOMTE

Je suis perdu après cela.

LA COMTESSE

Le premier vers est beau. Une personne de qualité.

JULIE

Je crois qu'il est un peu trop long ; mais on peut prendre une licence pour dire une belle pensée.

LA COMTESSE, *à monsieur Tibaudier.*

Voyons l'autre strophe.

MONSIEUR TIBAUDIER   [amour ;

Je ne sais pas si vous doutez de mon parfait
Mais je sais bien que mon cœur, à toute heure,
Veut quitter sa chagrine demeure,
Pour aller, par respect, faire au vôtre sa cour.
Après cela pourtant, sûre de ma tendresse,
Et de ma foi, dont unique est l'espèce,
Vous devriez à votre tour,
Vous contentant d'être comtesse, [gresse,
Vous dépouiller en ma faveur d'une peau de ti-
Qui couvre vos appas la nuit comme le jour.

LE VICOMTE

Me voilà supplanté, moi, par monsieur Tibaudier.

LA COMTESSE

Ne pensez pas vous moquer ; pour des vers faits dans la province, ces vers-là sont fort beaux.

LE VICOMTE

Comment ! madame, me moquer ? Quoique son rival, je trouve ces vers admirables, et ne les appelle pas seulement deux strophes, comme vous, mais deux épigrammes, aussi bonnes que toutes celles de Martial.

LA COMTESSE

Quoi ! Martial fait-il des vers ? Je pensais qu'il ne fît que des gants[1].

MONSIEUR TIBAUDIER

Ce n'est pas ce Martial-là, madame ; c'est un auteur qui vivait il y a trente ou quarante ans.

LE VICOMTE

Monsieur Tibaudier a lu les auteurs, comme vous le voyez. Mais allons voir, si ma musique et ma comédie, avec mes entrées de ballet, pourront combattre dans votre esprit les progrès des deux strophes et du billet que nous venons de voir.

LA COMTESSE

Il faut que mon fils le comte soit de la partie ; car il est arrivé ce matin de mon château, avec son précepteur que je vois là-dedans.

1. Ce *Martial,* que la comtesse confond avec l'auteur latin, était un marchand parfumeur, valet de Monsieur.

Scène VI : La Comtesse, Julie, le Vicomte,
Monsieur Tibaudier, Monsieur Bobinet,
Andrée, Criquet.

LA COMTESSE

Holà ! monsieur Bobinet ! Monsieur Bobinet, approchez-vous du monde.

MONSIEUR BOBINET

Je donne le bon vêpres à toute l'honorable compagnie. Que désire madame la comtesse d'Escarbagnas de son très humble serviteur Bobinet ?

LA COMTESSE

A quelle heure, monsieur Bobinet, êtes-vous parti d'Escarbagnas avec mon fils le comte ?

MONSIEUR BOBINET

A huit heures trois quarts, madame, comme votre commandement me l'avait ordonné.

LA COMTESSE

Comment se portent mes deux autres fils, le marquis et le commandeur ?

MONSIEUR BOBINET

Ils sont, Dieu grâce, madame, en parfaite santé.

LA COMTESSE

Où est le comte ?

MONSIEUR BOBINET

Dans votre belle chambre à alcôve, madame.

LA COMTESSE

Que fait-il, monsieur Bobinet ?

MONSIEUR BOBINET

Il compose un thème, madame, que je viens de lui dicter sur une épître de Cicéron.

LA COMTESSE

Faites-le venir, monsieur Bobinet.

MONSIEUR BOBINET

Soit fait, madame, ainsi que vous le commandez.

LE VICOMTE, *à la Comtesse.*

Ce monsieur Bobinet, madame, a la mine fort sage ; et je crois qu'il a de l'esprit.

Scène VII : La Comtesse, Julie, le Vicomte,
le Comte, Monsieur Bobinet,
Monsieur Tibaudier, Andrée, Criquet.

MONSIEUR BOBINET

Allons, monsieur le comte, faites voir que vous profitez des bons documents qu'on vous donne. La révérence à toute l'honnête assemblée.

LA COMTESSE, *montrant Julie.*

Comte, saluez madame ; faites la révérence à monsieur le vicomte ; saluez monsieur le conseiller.

MONSIEUR TIBAUDIER

Je suis ravi, madame, que vous me concédiez la grâce d'embrasser monsieur le comte votre fils. On ne peut pas aimer le tronc, qu'on n'aime aussi les branches.

LA COMTESSE

Mon Dieu ! monsieur Tibaudier, de quelle comparaison vous servez-vous là ?

JULIE

En vérité, madame, monsieur le comte a tout à fait bon air.

LE VICOMTE

Voilà un jeune gentilhomme qui vient bien dans le monde.

JULIE

Qui dirait que madame eût un si grand enfant ?

LA COMTESSE

Hélas ! quand je le fis, j'étais si jeune, que je me jouais encore avec une poupée !

JULIE

C'est monsieur votre frère, et non pas monsieur votre fils.

LA COMTESSE

Monsieur Bobinet, ayez bien soin au moins de son éducation.

MONSIEUR BOBINET

Madame, je n'oublierai aucune chose pour cultiver cette jeune plante, dont vos bontés m'ont fait l'honneur de me confier la conduite ; et je tâcherai de lui inculquer les semences de la vertu.

LA COMTESSE

Monsieur Bobinet, faites-lui un peu dire quelque petite galanterie de ce que vous lui apprenez.

MONSIEUR BOBINET

Allons, monsieur le comte, récitez votre leçon d'hier au matin.

LE COMTE

Omne viro soli quod convenit esto virile, Omne viri... [2]

LA COMTESSE

Fi ! monsieur Bobinet, quelles sottises est-ce que vous lui apprenez là ?

MONSIEUR BOBINET

C'est du latin, madame, et la première règle de Jean Despautère.

LA COMTESSE

Mon Dieu ! Ce Jean Despautère-là est un insolent ; et je vous prie de lui enseigner du latin plus honnête que celui-là.

MONSIEUR BOBINET

Si vous voulez, madame, qu'il achève, la glose expliquera ce que cela veut dire.

LA COMTESSE

Non, non : cela s'explique assez.

CRIQUET

Les comédiens envoient dire qu'ils sont tout prêts.

LA COMTESSE

Allons nous placer. (*Montrant Julie.*) Monsieur Tibaudier, prenez madame. (*Criquet range tous les sièges sur un des côtés du théâtre ; la comtesse, Julie et le vicomte s'asseyent ; monsieur Tibaudier s'assied aux pieds de la comtesse.*)

LE VICOMTE

Il est nécessaire de dire que cette comédie n'a été faite que pour lier ensemble les différents morceaux de musique et de danse dont on a voulu composer ce divertissement, et que...

LA COMTESSE

Mon Dieu ! voyons l'affaire. On a assez d'esprit pour comprendre les choses.

2. *Tout ce qui convient à l'homme seul est du genre masculin.*

LE VICOMTE

Qu'on commence le plus tôt qu'on pourra, et qu'on empêche, s'il se peut, qu'aucun fâcheux ne vienne troubler notre divertissement. (*Les violons commencent une ouverture.*)

Scène VIII : La Comtesse, Julie, le Vicomte, le Comte, Monsieur Harpin, Monsieur Tibaudier, Monsieur Bobinet, Andrée, Criquet.

MONSIEUR HARPIN

Parbleu ! la chose est belle, et je me réjouis de voir ce que je vois !

LA COMTESSE

Holà ! monsieur le receveur, que voulez-vous donc dire avec l'action que vous faites ? Vient-on interrompre, comme cela, une comédie ?

MONSIEUR HARPIN

Morbleu ! madame, je suis ravi de cette aventure ; et ceci me fait voir ce que je dois croire de vous, et l'assurance qu'il y a au don de votre cœur, et aux serments que vous m'avez faits de sa fidélité.

LA COMTESSE

Mais, vraiment, on ne vient point ainsi se jeter au travers d'une comédie, et troubler un acteur qui parle.

MONSIEUR HARPIN

Hé ! têtebleu ! la véritable comédie qui se fait ici, c'est celle que vous jouez ; et, si je vous trouble, c'est de quoi je me soucie peu.

LA COMTESSE

En vérité, vous ne savez ce que vous dites.

MONSIEUR HARPIN

Si fait, morbleu ! je le sais bien ; je le sais bien, morbleu !... et... (*Monsieur Bobinet, épouvanté, emporte le comte, et s'enfuit, il est suivi par Criquet.*)

LA COMTESSE

Hé ! fi, monsieur ! que cela est vilain, de jurer de la sorte !

MONSIEUR HARPIN

Hé ! ventrebleu ! s'il y a ici quelque chose de vilain, ce ne sont point mes jurements ; ce sont vos actions ; et il vaudrait bien mieux que vous jurassiez, vous, la tête, la mort, et le sang, que de faire ce que vous faites avec monsieur le vicomte.

LE VICOMTE

Je ne sais pas, monsieur le receveur, de quoi vous vous plaignez, et si...

MONSIEUR HARPIN, *au Vicomte.*

Pour vous, monsieur, je n'ai rien à vous dire : vous faites bien de pousser votre pointe, cela est naturel ; je ne le trouve point étrange, et je vous demande pardon si j'interromps votre comédie ; mais vous ne devez point trouver étrange aussi que je me plaigne de son procédé ; et nous avons raison tous deux de faire ce que nous faisons.

LE VICOMTE

Je n'ai rien à dire à cela, et ne sais point les sujets de plaintes que vous pouvez avoir contre madame la comtesse d'Escarbagnas.

LA COMTESSE

Quand on a des chagrins jaloux, on n'en use point de la sorte ; et l'on vient doucement se plaindre à la personne que l'on aime.

MONSIEUR HARPIN

Moi, me plaindre doucement !

LA COMTESSE

Oui. L'on ne vient point crier de dessus un théâtre ce qui se doit dire en particulier.

MONSIEUR HARPIN

J'y viens, moi, morbleu ! tout exprès ; c'est le lieu qu'il me faut ; et je souhaiterais que ce fût un théâtre public, pour vous dire avec plus d'éclat toutes vos vérités.

LA COMTESSE

Faut-il faire un si grand vacarme pour une comédie que monsieur le vicomte me donne ? Vous voyez que monsieur Tibaudier, qui m'aime, en use plus respectueusement que vous.

MONSIEUR HARPIN

Monsieur Tibaudier en use comme il lui plaît : je ne sais pas de quelle façon monsieur Tibaudier a été avec vous ; mais monsieur Tibaudier n'est point un exemple pour moi, et je ne suis point d'humeur à payer les violons pour faire danser les autres.

LA COMTESSE

Mais, vraiment, monsieur le receveur, vous ne songez pas à ce que vous dites. On ne traite point de la sorte les femmes de qualité ; et ceux qui vous entendent croiraient qu'il y a quelque chose d'étrange entre vous et moi.

MONSIEUR HARPIN

Hé ! ventrebleu ! madame, quittons la faribole.

LA COMTESSE

Que voulez-vous donc dire avec votre « quittons la faribole » ?

MONSIEUR HARPIN

Je veux dire que je ne trouve point étrange que vous vous rendiez au mérite de monsieur le vicomte ; vous n'êtes pas la première femme qui joue dans le monde de ces sortes de caractères, et qui ait auprès d'elle un monsieur le receveur, dont on lui voit trahir et la passion et la bourse pour le premier venu qui lui donnera dans la vue. Mais ne trouvez point étrange aussi que je ne sois point la dupe d'une infidélité aussi ordinaire aux coquettes du temps, et que je vienne vous assurer devant bonne compagnie que je romps commerce avec vous, et que monsieur le receveur ne sera plus pour vous monsieur le donneur.

LA COMTESSE

Cela est merveilleux comme les amants emportés deviennent à la mode ! On ne voit autre chose de tous côtés. La, la, monsieur le receveur, quittez votre colère, et venez prendre place pour voir la comédie.

MONSIEUR HARPIN

Moi, morbleu ! prendre place ! (*Montrant Monsieur Tibaudier.*) Cherchez vos benêts à vos pieds. Je vous laisse, madame la comtesse, à monsieur le vicomte ; et ce sera à lui que j'enverrai tantôt vos lettres. Voilà ma scène faite, voilà mon rôle joué. Serviteur à la compagnie.

MONSIEUR TIBAUDIER

Monsieur le receveur, nous nous verrons autre part qu'ici ; et je vous ferai voir que je suis au poil et à la plume.

MONSIEUR HARPIN, *en sortant.*

Tu as raison, monsieur Tibaudier.

LA COMTESSE

Pour moi, je suis confuse de cette insolence.

LE VICOMTE

Les jaloux, madame, sont comme ceux qui perdent leur procès ; ils ont permission de tout dire. Prêtons silence à la comédie.

Scène IX : La Comtesse, le Vicomte, Julie, Monsieur Tibaudier, Andrée, Jeannot.

JEANNOT, *au Vicomte.*

Voilà un billet, monsieur, qu'on nous a dit de vous donner vite.

LE VICOMTE, *lisant.*

« En cas que vous ayez quelque mesure à prendre, je vous envoie promptement un avis. La querelle de vos parents et de ceux de Julie vient d'être accommodée ; et les conditions de cet accord, c'est le mariage de vous et d'elle. Bonsoir. » (*A Julie.*) Ma foi, madame, voilà notre comédie achevée aussi. (*Le Vicomte, la Comtesse, Julie et monsieur Tibaudier se lèvent.*)

JULIE

Ah ! Cléante, quel bonheur ! Notre amour eût-il osé espérer un si heureux succès ?

LA COMTESSE

Comment donc ? Qu'est-ce que cela veut dire ?

LE VICOMTE

Cela veut dire, madame, que j'épouse Julie ; et si vous m'en croyez, pour rendre la comédie complète de tout point, vous épouserez monsieur Tibaudier, et donnerez mademoiselle Andrée à son laquais, dont il fera son valet de chambre.

LA COMTESSE

Quoi ! jouer de la sorte une personne de ma qualité ?

LE VICOMTE

C'est sans vous offenser, madame ; et les comédies veulent de ces sortes de choses.

LA COMTESSE

Oui, monsieur Tibaudier, je vous épouse, pour faire enrager tout le monde.

MONSIEUR TIBAUDIER

Ce m'est bien de l'honneur, madame.

LE VICOMTE, *à la Comtesse.*

Souffrez, madame, qu'en enrageant nous puissions voir ici le reste du spectacle.

LES FEMMES SAVANTES

COMÉDIE

« *Représentée pour la première fois à Paris, sur le théâtre de la salle du Palais-Royal, le 11e mars 1672, par la Troupe du Roi.* »

C'est l'œuvre la plus élaborée de Molière. Il y aurait travaillé quatre ans, s'il faut en croire Donneau de Visé, écrivant, le lendemain de la première, dans le Mercure galant, *que « le fameux Molière ne nous a point trompés dans l'espérance qu'il nous avait donnée il y a tantôt quatre ans de faire représenter au Palais-Royal une pièce comique de sa façon qui fût tout à fait achevée ».*

L'achèvement même de l'œuvre, sa perfection classique, semble en avoir freiné le succès, encore que le chiffre des recettes, dans le registre de La Grange, démente la froideur de l'accueil rapportée par certains. D'ailleurs Donneau de Visé parle de « cette comédie qui attire tout Paris ».

Deux jours avant la création, Molière, dans une harangue au public, avait recommandé qu'on ne cherchât pas de ressemblances entre les personnages de sa pièce et des personnalités réelles. Précaution inutile. Tout le monde reconnut en Trissotin, l'abbé Cotin, et en Vadius, Ménage. C'est surtout avec le premier que Molière avait des comptes à régler : l'abbé Cotin, académicien, sachant l'hébreu, le syriaque et le grec, prédicateur et auteur mondain — le Sonnet à Uranie et le Carrosse amarante *sont extraits de ses* Œuvres galantes — *avait publié en 1666 un méchant pamphlet contre lui et Boileau. L'abbé Cotin ne se releva pas du coup que lui asséna Molière. A sa mort, à soixante-dix-huit ans, un anonyme composa cette oraison funèbre :*

> Savez-vous en quoi Cotin
> Diffère de Trissotin ?
> Cotin a fini ses jours,
> Trissotin vivra toujours.

Contre Ménage, « sachant le grec autant qu'homme en France », candidat perpétuel à l'Académie, connu pour ses larcins littéraires, la méchanceté était plus gratuite. Il disputait à Cotin la suprématie dans les ruelles et on n'avait à lui reprocher que son ridicule. Il sut, du moins, en détourner un : il ne se reconnut pas en Vadius.

Les Femmes savantes *ont été jouées plus de seize cents fois à la Comédie-Française.*

PERSONNAGES

CHRYSALE, *bon bourgeois* (Molière).

PHILAMINTE, *femme de Chrysale* (Hubert).

ARMANDE (Mlle de Brie),
HENRIETTE (Mlle Molière),
filles de Chrysale et de Philaminte.

ARISTE, *frère de Chrysale* (Baron).

BÉLISE, *sœur de Chrysale.*

CLITANDRE, *amant d'Henriette* (La Grange).

TRISSOTIN, *bel esprit* (La Thorillière).

VADIUS, *savant* (Du Croisy).

MARTINE, *servante de cuisine.*

L'EPINE, *laquais.*

JULIEN, *valet de Vadius.* UN NOTAIRE.

*LA SCÈNE EST A PARIS,
DANS LA MAISON DE CHRYSALE.*

ACTE PREMIER

Scène I : Armande, Henriette.

ARMANDE

Quoi ! le beau nom de fille est un titre, ma sœur,
Dont vous voulez quitter la charmante douceur ?
Et de vous marier vous osez faire fête ?
Ce vulgaire dessein vous peut monter en tête ?

HENRIETTE

Oui, ma sœur.

ARMANDE

   Ah ! ce oui se peut-il supporter ?
Et sans un mal de cœur saurait-on l'écouter ?

HENRIETTE

Qu'a donc le mariage en soi qui vous oblige,
Ma sœur... ?

ARMANDE

   Ah ! mon Dieu ! fi !

HENRIETTE
Comment ?

ARMANDE
                    Ah ! fi ! vous dis-je.
Ne concevez-vous point ce que, dès qu'on l'entend,
10 Un tel mot à l'esprit offre de dégoûtant,
De quelle étrange image on est par lui blessée,
Sur quelle sale vue il traîne la pensée ?
N'en frissonnez-vous point ? et pouvez-vous, ma
Aux suites de ce mot résoudre votre cœur ?   [sœur,

HENRIETTE
15 Les suites de ce mot, quand je les envisage,
Me font voir un mari, des enfants, un ménage ;
Et je ne vois rien là, si j'en puis raisonner,
Qui blesse la pensée, et fasse frissonner.

ARMANDE
De tels attachements, ô ciel ! sont pour vous plaire ?

HENRIETTE
20 Et qu'est-ce qu'à mon âge on a de mieux à faire
Que d'attacher à soi, par le titre d'époux,
Un homme qui vous aime, et soit aimé de vous ;
Et, de cette union de tendresse suivie,
Se faire les douceurs d'une innocente vie ?
25 Ce nœud bien assorti n'a-t-il pas des appas ?

ARMANDE
Mon Dieu ! que votre esprit est d'un étage bas !
Que vous jouez au monde un petit personnage,
De vous claquemurer aux choses du ménage,
Et de n'entrevoir point de plaisirs plus touchants
30 Qu'un idole d'époux et des marmots d'enfants !
Laissez aux gens grossiers, aux personnes vulgaires,
Les bas amusements de ces sortes d'affaires.
A de plus hauts objets élevez vos désirs,
Songez à prendre un goût des plus nobles plaisirs,
35 Et, traitant de mépris les sens et la matière,
A l'esprit, comme nous, donnez-vous toute entière.
Vous avez notre mère en exemple à vos yeux,
Que du nom de savante on honore en tous lieux ;
Tâchez ainsi que moi de vous montrer sa fille,
40 Aspirez aux clartés qui sont dans la famille,
Et vous rendez sensible aux charmantes douceurs
Que l'amour de l'étude épanche dans les cœurs.
Loin d'être aux lois d'un homme en esclave asservie,
Mariez-vous, ma sœur, à la philosophie,
45 Qui nous monte au-dessus de tout le genre humain,
Et donne à la raison l'empire souverain,
Soumettant à ses lois la partie animale,
Dont l'appétit grossier aux bêtes nous ravale.
Ce sont là les beaux feux, les doux attachements
50 Qui doivent de la vie occuper les moments ;
Et les soins où je vois tant de femmes sensibles
Me paraissent aux yeux des pauvretés horribles.

HENRIETTE   [sant,
Le ciel, dont nous voyons que l'ordre est tout-puis-
Pour différents emplois nous fabrique en naissant ;
55 Et tout esprit n'est pas composé d'une étoffe
Qui se trouve taillée à faire un philosophe.
Si le vôtre est né propre aux élévations
Où montent des savants les spéculations,
Le mien, ma sœur, est né pour aller terre à terre,

Et dans les petits soins son faible se resserre.   60
Ne troublons point du ciel les justes règlements ;
Et de nos deux instincts suivons les mouvements.
Habitez, par l'essor d'un grand et beau génie,
Les hautes régions de la philosophie,
Tandis que mon esprit, se tenant ici-bas,   65
Goûtera de l'hymen les terrestres appas.
Ainsi, dans nos desseins l'une à l'autre contraire,
Nous saurons toutes deux imiter notre mère :
Vous, du côté de l'âme et des nobles désirs,
Moi, du côté des sens et des grossiers plaisirs ;   70
Vous, aux productions d'esprit et de lumière,
Moi, dans celles, ma sœur, qui sont de la matière.

ARMANDE
Quand sur une personne on prétend se régler,
C'est par les beaux côtés qu'il lui faut ressembler ;
Et ce n'est point du tout la prendre pour modèle,   75
Ma sœur, que de tousser et de cracher comme elle.

HENRIETTE
Mais vous ne seriez pas ce dont vous vous vantez,
Si ma mère n'eût eu que de ces beaux côtés ;
Et bien vous prend, ma sœur, que son noble génie
N'ait pas vaqué toujours à la philosophie.   80
De grâce, souffrez-moi, par un peu de bonté,
Des bassesses à qui vous devez la clarté ;
Et ne supprimez point, voulant qu'on vous seconde,
Quelque petit savant qui veut venir au monde.

ARMANDE
Je vois que votre esprit ne peut être guéri   85
Du fol entêtement de vous faire un mari :   [dre :
Mais sachons, s'il vous plaît, qui vous songez à pren-
Votre visée au moins n'est pas mise à Clitandre.

HENRIETTE
Et par quelle raison n'y serait-elle pas ?
Manque-t-il de mérite ? Est-ce un choix qui soit bas ? 90

ARMANDE
Non ; mais c'est un dessein qui serait malhonnête
Que de vouloir d'une autre enlever la conquête ;
Et ce n'est pas un fait dans le monde ignoré
Que Clitandre ait pour moi hautement soupiré.

HENRIETTE   [nes,
Oui; mais tous ces soupirs chez vous sont choses vai- 95
Et vous ne tombez point aux bassesses humaines ;
Votre esprit à l'hymen renonce pour toujours,
Et la philosophie a toutes vos amours.
Ainsi, n'ayant au cœur nul dessein pour Clitandre,
Que vous importe-t-il qu'on y puisse prétendre ?   100

ARMANDE
Cet empire que tient la raison sur les sens
Ne fait pas renoncer aux douceurs des encens ;
Et l'on peut pour époux refuser un mérite
Que pour adorateur on veut bien à sa suite.

HENRIETTE
Je n'ai pas empêché qu'à vos perfections   105
Il n'ait continué ses adorations ;
Et je n'ai fait que prendre, au refus de votre âme,
Ce qu'est venu m'offrir l'hommage de sa flamme.

ARMANDE
Mais à l'offre des vœux d'un amant dépité
Trouvez-vous, je vous prie, entière sûreté ?   110

Croyez-vous pour vos yeux sa passion bien forte,
Et qu'en son cœur pour moi toute flamme soit mor-

HENRIETTE   [te ?
Il me le dit, ma sœur ; et, pour moi, je le crois.

ARMANDE
Ne soyez pas, ma sœur, d'une si bonne foi ;
115 Et croyez, quand il dit qu'il me quitte et vous aime,
Qu'il n'y songe pas bien, et se trompe lui-même.

HENRIETTE
Je ne sais ; mais enfin, si c'est votre plaisir,
Il nous est bien aisé de nous en éclaircir :
Je l'aperçois qui vient ; et, sur cette matière,
120 Il pourra nous donner une pleine lumière.

Scène II : Clitandre, Armande, Henriette.

HENRIETTE
Pour me tirer d'un doute où me jette ma sœur,
Entre elle et moi, Clitandre, expliquez votre cœur ;
Découvrez-en le fond, et nous daignez apprendre
Qui de nous à vos vœux est en droit de prétendre.

ARMANDE
125 Non, non, je ne veux point à votre passion
Imposer la rigueur d'une explication :
Je ménage les gens, et sais comme embarrasse
Le contraignant effort de ces aveux en face.

CLITANDRE
Non, madame, mon cœur, qui dissimule peu,
130 Ne sent nulle contrainte à faire un libre aveu.
Dans aucun embarras un tel pas ne me jette ;
Et j'avouerai tout haut, d'une âme franche et nette,
Que les tendres liens où je suis arrêté,
Montrant Henriette
Mon amour et mes vœux, sont tout de ce côté.
135 Qu'à nulle émotion cet aveu ne vous porte ;
Vous avez bien voulu les choses de la sorte.
Vos attraits m'avaient pris, et mes tendres soupirs
Vous ont assez prouvé l'ardeur de mes désirs ;
Mon cœur vous consacrait une flamme immortelle :
140 Mais vos yeux n'ont pas cru leur conquête assez belle.
J'ai souffert sous leur joug cent mépris différents ;
Ils régnaient sur mon âme en superbes tyrans ;
Et je me suis cherché, lassé de tant de peines,
Des vainqueurs plus humains, et de moins rudes
Montrant Henriette.   [chaînes.
145 Je les ai rencontrés, madame, dans ces yeux,
Et leurs traits à jamais me seront précieux ;
D'un regard pitoyable ils ont séché mes larmes,
Et n'ont pas dédaigné le rebut de vos charmes.
De si rares bontés m'ont si bien su toucher,
150 Qu'il n'est rien qui me puisse à mes fers arracher ;
Et j'ose maintenant vous conjurer, madame,
De ne vouloir tenter nul effort sur ma flamme,
De ne point essayer à rappeler un cœur
Résolu de mourir dans cette douce ardeur.

ARMANDE
155 Hé ! qui vous dit, monsieur, que l'on ait cette envie,
Et que de vous enfin si fort on se soucie ?
Je vous trouve plaisant de vous le figurer,
Et bien impertinent de me le déclarer.

HENRIETTE
Hé ! doucement, ma sœur. Où donc est la morale
Qui sait si bien régir la partie animale,   1
Et retenir la bride aux efforts du courroux ?

ARMANDE
Mais vous qui m'en parlez, où la pratiquez-vous,
De répondre à l'amour que l'on vous fait paraître
Sans le congé de ceux qui vous ont donné l'être ?
Sachez que le devoir vous soumet à leurs lois,   1
Qu'il ne vous est permis d'aimer que par leur choix ;
Qu'ils ont sur votre cœur l'autorité suprême,
Et qu'il est criminel d'en disposer vous-même.

HENRIETTE
Je rends grâce aux bontés que vous me faites voir
De m'enseigner si bien les choses du devoir.   1
Mon cœur sur vos leçons veut régler sa conduite ;
Et pour vous faire voir, ma sœur, que j'en profite,
Clitandre, prenez soin d'appuyer votre amour
De l'agrément de ceux dont j'ai reçu le jour.
Faites-vous sur mes vœux un pouvoir légitime,   1
Et me donnez moyen de vous aimer sans crime.

CLITANDRE
J'y vais de tous mes soins travailler hautement ;
Et j'attendais de vous ce doux consentement.

ARMANDE
Vous triomphez, ma sœur, et faites une mine
A vous imaginer que cela me chagrine.   18

HENRIETTE
Moi, ma sœur ! point du tout. Je sais que sur vos sens
Les droits de la raison sont toujours tout-puissants,
Et que, par les leçons qu'on prend dans la sagesse,
Vous êtes au-dessus d'une telle faiblesse.
Loin de vous soupçonner d'aucun chagrin, je crois   18
Qu'ici vous daignerez vous employer pour moi,
Appuyer sa demande, et, de votre suffrage,
Presser l'heureux moment de notre mariage.
Je vous en sollicite ; et, pour y travailler...

ARMANDE
Votre petit esprit se mêle de railler ;   19
Et d'un cœur qu'on vous jette on vous voit toute

HENRIETTE   [fière.
Tout jeté qu'est ce cœur, il ne vous déplaît guère ;
Et, si vos yeux sur moi le pouvaient ramasser,
Ils prendraient aisément le soin de se baisser.

ARMANDE
A répondre à cela je ne daigne descendre ;   19
Et ce sont sots discours qu'il ne faut pas entendre.

HENRIETTE
C'est fort bien fait à vous, et vous nous faites voir
Des modérations qu'on ne peut concevoir.

Scène III : Clitandre, Henriette.

HENRIETTE
Votre sincère aveu ne l'a pas peu surprise.

CLITANDRE
Elle mérite assez une telle franchise ;   20
Et toutes les hauteurs de sa folle fierté
Sont dignes, tout au moins, de ma sincérité.
Mais, puisqu'il m'est permis, je vais à votre père,

Madame...

HENRIETTE

Le plus sûr est de gagner ma mère.
05 Mon père est d'une humeur à consentir à tout ;
Mais il met peu de poids aux choses qu'il résout ;
Il a reçu du ciel certaine bonté d'âme
Qui le soumet d'abord à ce que veut sa femme.
C'est elle qui gouverne ; et, d'un ton absolu,
10 Elle dicte pour loi ce qu'elle a résolu.
Je voudrais bien vous voir pour elle et pour ma tante
Une âme, je l'avoue, un peu plus complaisante,
Un esprit qui, flattant les visions du leur,
Vous pût de leur estime attirer la chaleur.

CLITANDRE

15 Mon cœur n'a jamais pu, tant il est né sincère,
Même dans votre sœur flatter leur caractère ;
Et les femmes docteurs ne sont point de mon goût.
Je consens qu'une femme ait des clartés de tout :
Mais je ne lui veux point la passion choquante
20 De se rendre savante afin d'être savante ;
Et j'aime que souvent, aux questions qu'on fait,
Elle sache ignorer les choses qu'elle sait :
De son étude enfin je veux qu'elle se cache,
Et qu'elle ait du savoir sans vouloir qu'on le sache,
25 Sans citer les auteurs, sans dire de grands mots,
Et clouer de l'esprit à ses moindres propos.
Je respecte beaucoup madame votre mère ;
Mais je ne puis du tout approuver sa chimère,
Et me rendre l'écho des choses qu'elle dit,
30 Aux encens qu'elle donne à son héros d'esprit.
Son monsieur Trissotin me chagrine, m'assomme ;
Et j'enrage de voir qu'elle estime un tel homme,
Qu'elle nous mette au rang des grands et beaux es-
Un benêt dont partout on siffle les écrits,   [prits,
35 Un pédant dont on voit la plume libérale
D'officieux papiers fournir toute la halle.

HENRIETTE

Ses écrits, ses discours, tout m'en semble ennuyeux,
Et je me trouve assez votre goût et vos yeux ;
Mais, comme sur ma mère il a grande puissance,
40 Vous devez vous forcer à quelque complaisance.
Un amant fait sa cour où s'attache son cœur ;
Il veut de tout le monde y gagner la faveur ;
Et, pour n'avoir personne à sa flamme contraire,
Jusqu'au chien du logis il s'efforce de plaire.

CLITANDRE

45 Oui, vous avez raison ; mais monsieur Trissotin
M'inspire au fond de l'âme un dominant chagrin.
Je ne puis consentir, pour gagner ses suffrages,
A me déshonorer en prisant ses ouvrages :
C'est par eux qu'à mes yeux il a d'abord paru,
50 Et je le connaissais avant que l'avoir vu.
Je vis, dans le fatras des écrits qu'il nous donne,
Ce qu'étale en tous lieux sa pédante personne,
La constante hauteur de sa présomption,
Cette intrépidité de bonne opinion,
55 Cet indolent état de confiance extrême,
Qui le rend en tout temps si content de soi-même,
Qui fait qu'à son mérite incessamment il rit,
Qu'il se sait si bon gré de tout ce qu'il écrit,

Et qu'il ne voudrait pas changer sa renommée
Contre tous les honneurs d'un général d'armée.   260

HENRIETTE

C'est avoir de bons yeux que de voir tout cela.

CLITANDRE

Jusques à sa figure encor la chose alla ;
Et je vis, par les vers qu'à la tête il nous jette,
De quel air il fallait que fût fait le poète ;
Et j'en avais si bien deviné tous les traits,   265
Que, rencontrant un homme un jour dans le Palais,
Je gageai que c'était Trissotin en personne,
Et je vis qu'en effet la gageure était bonne.

HENRIETTE

Quel conte !

CLITANDRE

         Non ; je dis la chose comme elle est.
Mais je vois votre tante. Agréez, s'il vous plaît,   270
Que mon cœur lui déclare ici notre mystère,
Et gagne sa faveur auprès de votre mère.

Scène IV : Bélise, Clitandre.

CLITANDRE

Souffrez, pour vous parler, madame, qu'un amant
Prenne l'occasion de cet heureux moment,
Et se découvre à vous de la sincère flamme...   275

BÉLISE

Ah ! tout beau : gardez-vous de m'ouvrir trop votre
Si je vous ai su mettre au rang de mes amants, [âme.
Contentez-vous des yeux pour vos seuls truchements,
Et ne m'expliquez point, par un autre langage,
Des désirs qui, chez moi, passent pour un outrage.   280
Aimez-moi, soupirez, brûlez pour mes appas ;
Mais qu'il me soit permis de ne le savoir pas.
Je puis fermer les yeux sur vos flammes secrètes,
Tant que vous vous tiendrez aux muets interprètes ;
Mais, si la bouche vient à s'en vouloir mêler,   285
Pour jamais de ma vue il vous faut exiler.

CLITANDRE

Des projets de mon cœur ne prenez point d'alarme.
Henriette, madame, est l'objet qui me charme ;
Et je viens ardemment conjurer vos bontés
De seconder l'amour que j'ai pour ses beautés.   290

BÉLISE

Ah ! certes, le détour est d'esprit, je l'avoue :
Ce subtil faux-fuyant mérite qu'on le loue ;
Et, dans tous les romans où j'ai jeté les yeux,
Je n'ai rien rencontré de plus ingénieux.

CLITANDRE

Ceci n'est point du tout un trait d'esprit, madame,   295
Et c'est un pur aveu de ce que j'ai dans l'âme.
Les cieux, par les liens d'une immuable ardeur,
Aux beautés d'Henriette ont attaché mon cœur ;
Henriette me tient sous son aimable empire,
Et l'hymen d'Henriette est le bien où j'aspire.   300
Vous y pouvez beaucoup ; et tout ce que je veux,
C'est que vous y daigniez favoriser mes vœux.

BÉLISE

Je vois où doucement veut aller la demande,
Et je sais sous ce nom ce qu'il faut que j'entende.

305 La figure est adroite ; et, pour n'en point sortir,
Aux choses que mon cœur m'offre à vous repartir,
Je dirai qu'Henriette à l'hymen est rebelle,
Et que, sans rien prétendre, il faut brûler pour elle.

CLITANDRE

Eh ! madame, à quoi bon un pareil embarras ?
310 Et pourquoi voulez-vous penser ce qui n'est pas ?

BÉLISE

Mon Dieu! point de façons. Cessez de vous défendre
De ce que vos regards m'ont souvent fait entendre.
Il suffit que l'on est contente du détour
Dont s'est adroitement avisé votre amour,
315 Et que, sous la figure où le respect l'engage,
On veut bien se résoudre à souffrir son hommage,
Pourvu que ses transports, par l'honneur éclairés,
N'offrent à mes autels que des vœux épurés.

CLITANDRE

Mais...

BÉLISE

Adieu. Pour ce coup, ceci doit vous suffire,
320 Et je vous ai plus dit que je ne voulais dire.

CLITANDRE

Mais votre erreur...

BÉLISE

Laissez, je rougis maintenant,
Et ma pudeur s'est fait un effort surprenant.

CLITANDRE

Je veux être pendu si je vous aime ; et sage...

BÉLISE

Non, non, je ne veux rien entendre davantage.

CLITANDRE

325 Diantre soit de la folle avec ses visions !
A-t-on rien vu d'égal à ces préventions ?
Allons commettre un autre au soin que l'on me donne,
Et prenons le secours d'une sage personne.

ACTE SECOND

Scène I : Ariste,
quittant Clitandre et lui parlant encore.

Oui, je vous porterai la réponse au plus tôt ;
330 J'appuierai, presserai, ferai tout ce qu'il faut.
Qu'un amant, pour un mot, a de choses à dire !
Et qu'impatiemment il veut ce qu'il désire !
Jamais...

Scène II : Chrysale, Ariste.

ARISTE

Ah ! Dieu vous gard', mon frère !

CHRYSALE

Et vous aussi,
Mon frère.

ARISTE

Savez-vous ce qui m'amène ici ?

CHRYSALE

335 Non; mais, si vous voulez, je suis prêt à l'apprendre.

ARISTE

Depuis assez longtemps vous connaissez Clitandre.

CHRYSALE

Sans doute, et je le vois qui fréquente chez nous.

ARISTE

En quelle estime est-il, mon frère, auprès de vous ?

CHRYSALE

D'homme d'honneur, d'esprit, de cœur et de conduite;
Et je vois peu de gens qui soient de son mérite.

ARISTE

Certain désir qu'il a conduit ici mes pas,
Et je me réjouis que vous en fassiez cas.

CHRYSALE

Je connus feu son père en mon voyage à Rome.

ARISTE

Fort bien.

CHRYSALE

C'était, mon frère, un fort bon gentilhomme.

ARISTE

On le dit.

CHRYSALE

Nous n'avions alors que vingt-huit ans,
Et nous étions, ma foi, tous deux de verts galants.

ARISTE

Je le crois.

CHRYSALE

Nous donnions chez les dames romaines,
Et tout le monde, là, parlait de nos fredaines :
Nous faisions des jaloux.

ARISTE

Voilà qui va des mieux.
Mais venons au sujet qui m'amène en ces lieux.

Scène III : Bélise, entrant doucement,
et écoutant ; Chrysale, Ariste.

ARISTE

Clitandre auprès de vous me fait son interprète,
Et son cœur est épris des grâces d'Henriette.

CHRYSALE

Quoi ! de ma fille ?

ARISTE

Oui ; Clitandre en est charmé,
Et je ne vis jamais amant plus enflammé.

BÉLISE, *à Ariste.*

Non, non ; je vous entends. Vous ignorez l'histoire ;
Et l'affaire n'est pas ce que vous pouvez croire.

ARISTE

Comment, ma sœur ?

BÉLISE

Clitandre abuse vos esprits ;
Et c'est d'un autre objet que son cœur est épris.

ARISTE

Vous raillez. Ce n'est pas Henriette qu'il aime ?

BÉLISE

Non ; j'en suis assurée.

ARISTE

Il me l'a dit lui-même.

BÉLISE

Hé ! oui.

ARISTE

Vous me voyez, ma sœur, chargé par lui
D'en faire la demande à son père aujourd'hui.

BÉLISE

Fort bien.

ARISTE

Et son amour même m'a fait instance
De presser les moments d'une telle alliance.

165 Encor mieux. On ne peut tromper plus galamment.
Henriette, entre nous, est un amusement,
Un voile ingénieux, un prétexte, mon frère,
A couvrir d'autres feux dont je sais le mystère ;
Et je veux bien tous deux vous mettre hors d'erreur.

ARISTE

170 Mais, puisque vous savez tant de choses, ma sœur,
Dites-nous, s'il vous plaît, cet autre objet qu'il aime.

BÉLISE

Vous le voulez savoir ?

ARISTE

Oui. Quoi ?

BÉLISE

Moi.

ARISTE

Vous ?

BÉLISE

Moi-même.

ARISTE

Hai, ma sœur !

BÉLISE

Qu'est-ce donc que veut dire ce hai ?
Et qu'a de surprenant le discours que je fais ?

175 On est faite d'un air, je pense, à pouvoir dire
Qu'on n'a pas pour un cœur soumis à son empire ;
Et Dorante, Damis, Cléonte, et Lycidas,
Peuvent bien faire voir qu'on a quelques appas.

ARISTE

Ces gens vous aiment ?

BÉLISE

Oui, de toute leur puissance.

ARISTE

Ils vous l'ont dit ?

BÉLISE

180 Aucun n'a pris cette licence ;
Ils m'ont su révérer si fort jusqu'à ce jour,
Qu'ils ne m'ont jamais dit un mot de leur amour.
Mais, pour m'offrir leur cœur et vouer leur service,
Les muets truchements ont tous fait leur office.

ARISTE

185 On ne voit presque point céans venir Damis.

BÉLISE

C'est pour me faire voir un respect plus soumis.

ARISTE

De mots piquants, partout, Dorante vous outrage.

BÉLISE

Ce sont emportements d'une jalouse rage.

ARISTE

Cléonte et Lycidas ont pris femme tous deux.

BÉLISE

190 C'est par un désespoir, où j'ai réduit leurs feux.

ARISTE

Ma foi, ma chère sœur, vision toute claire.

CHRYSALE, à Bélise.

De ces chimères-là vous devez vous défaire.

BÉLISE

Ah ! chimères ! Ce sont des chimères, dit-on.
Chimères, moi ! Vraiment, chimères est fort bon !
Je me réjouis fort de chimères, mes frères ;   395
Et je ne savais pas que j'eusse des chimères.

Scène IV : Chrysale, Ariste.

CHRYSALE

Notre sœur est folle, oui.

ARISTE

Cela croît tous les jours.
Mais, encore une fois, reprenons le discours.
Clitandre vous demande Henriette pour femme :
Voyez quelle réponse on doit faire à sa flamme.   400

CHRYSALE

Faut-il le demander ? J'y consens de bon cœur,
Et tiens son alliance à singulier honneur.

ARISTE

Vous savez que de bien il n'a pas l'abondance,
Que...

CHRYSALE

C'est un intérêt qui n'est pas d'importance ;
Il est riche en vertu, cela vaut des trésors :   405
Et puis son père et moi n'étions qu'un en deux corps.

ARISTE

Parlons à votre femme, et voyons à la rendre
Favorable...

CHRYSALE

Il suffit ; je l'accepte pour gendre.

ARISTE

Oui ; mais, pour appuyer votre consentement,
Mon frère, il n'est pas mal d'avoir son agrément.   410
Allons...

CHRYSALE

Vous moquez-vous ? Il n'est pas nécessaire.
Je réponds de ma femme, et prends sur moi l'affaire.

ARISTE

Mais...

CHRYSALE

Laissez faire, dis-je, et n'appréhendez pas.
Je la vais disposer aux choses de ce pas.

ARISTE

Soit. Je vais là-dessus sonder votre Henriette,   415
Et reviendrai savoir...

CHRYSALE

C'est une affaire faite ;
Et je vais à ma femme en parler sans délai.

Scène V : Chrysale, Martine.

MARTINE

Me voilà bien chanceuse ! Hélas ! l'an dit bien vrai,
Qui veut noyer son chien l'accuse de la rage ;
Et service d'autrui n'est pas un héritage.   420

CHRYSALE

Qu'est-ce donc ? Qu'avez-vous, Martine ?

MARTINE

Ce que j'ai ?

CHRYSALE

Oui.

MARTINE

J'ai que l'an me donne aujourd'hui mon congé,
Monsieur.

CHRYSALE

Votre congé ?

MARTINE

Oui. Madame me chasse.

CHRYSALE

Je n'entends pas cela. Comment ?

MARTINE

On me menace,
425 Si je ne sors d'ici, de me bailler cent coups.

CHRYSALE

Non, vous demeurerez ; je suis content de vous.
Ma femme bien souvent a la tête un peu chaude ;
Et je ne veux pas, moi...

Scène VI : Philaminte, Bélise,
Chrysale, Martine.

PHILAMINTE, apercevant Martine.

Quoi ! je vous vois, maraude :
Vite, sortez, friponne ; allons, quittez ces lieux ;
430 Et ne vous présentez jamais devant mes yeux.

CHRYSALE

Tout doux.

PHILAMINTE

Non, c'en est fait.

CHRYSALE

Hé !

PHILAMINTE

Je veux qu'elle sorte.

CHRYSALE

Mais qu'a-t-elle commis, pour vouloir de la sorte...

PHILAMINTE

Quoi ! vous la soutenez !

CHRYSALE

En aucune façon.

PHILAMINTE

Prenez-vous son parti contre moi ?

CHRYSALE

Mon Dieu ! non ;
435 Je ne fais seulement que demander son crime.

PHILAMINTE

Suis-je pour la chasser sans cause légitime ?

CHRYSALE

Je ne dis pas cela ; mais il faut de nos gens...

PHILAMINTE

Non ; elle sortira, vous dis-je, de céans.

CHRYSALE

Hé bien ! oui. Vous dit-on quelque chose là-contre ?

PHILAMINTE

440 Je ne veux point d'obstacle aux désirs que je montre.

CHRYSALE

D'accord.

PHILAMINTE

Et vous devez, en raisonnable époux,
Etre pour moi contre elle, et prendre mon courroux.

CHRYSALE

Aussi fais-je. Oui, ma femme avec raison vous chasse,
Coquine, et votre crime est indigne de grâce.

MARTINE

Qu'est-ce donc que j'ai fait ?

CHRYSALE, bas.

Ma foi, je ne sais pas.

PHILAMINTE

Elle est d'humeur encore à n'en faire aucun cas.

CHRYSALE

A-t-elle, pour donner matière à votre haine,
Cassé quelque miroir ou quelque porcelaine ?

PHILAMINTE

Voudrais-je la chasser ? et vous figurez-vous
Que pour si peu de chose, on se mette en courroux ?

CHRYSALE

Qu'est-ce à dire ? L'affaire est donc considérable ?

PHILAMINTE

Sans doute. Me voit-on femme déraisonnable ?

CHRYSALE

Est-ce qu'elle a laissé, d'un esprit négligent,
Dérober quelque aiguière ou quelque plat d'argent ?

PHILAMINTE

Cela ne serait rien.

CHRYSALE, à Martine.

Oh ! oh ! peste, la belle !

A Philaminte.

Quoi ! l'avez-vous surprise à n'être pas fidèle ?

PHILAMINTE

C'est pis que tout cela.

CHRYSALE

Pis que tout cela ?

PHILAMINTE

Pis.

CHRYSALE

Comment! diantre, friponne! Euh? a-t-elle commis...

PHILAMINTE

Elle a, d'une insolence à nulle autre pareille,
Après trente leçons, insulté mon oreille
Par l'impropriété d'un mot sauvage et bas,
Qu'en termes décisifs condamne Vaugelas.

CHRYSALE

Est-ce là... ?

PHILAMINTE

Quoi ! toujours, malgré nos remontrances,
Heurter le fondement de toutes les sciences,
La grammaire, qui sait régenter jusqu'aux rois,
Et les fait, la main haute, obéir à ses lois !

CHRYSALE

Du plus grand des forfaits je la croyais coupable.

PHILAMINTE

Quoi! vous ne trouvez pas ce crime impardonnable?

CHRYSALE

Si fait.

PHILAMINTE
Je voudrais bien que vous l'excusassiez ?
CHRYSALE
Je n'ai garde.
BÉLISE
70   Il est vrai que ce sont des pitiés.
Toute construction est par elle détruite ;
Et des lois du langage on l'a cent fois instruite.
MARTINE
Tout ce que vous prêchez est, je crois, bel et bon ;
Mais je ne saurais, moi, parler votre jargon.
PHILAMINTE
75 L'impudente ! appeler un jargon le langage
Fondé sur la raison et sur le bel usage !
MARTINE
Quand on se fait entendre, on parle toujours bien ;
Et tous vos biaux dictons ne servent pas de rien.
PHILAMINTE
Hé bien ! ne voilà pas encore de son style ?
Ne servent pas de rien !
BÉLISE
80   O cervelle indocile !
Faut-il qu'avec les soins qu'on prend incessamment,
On ne te puisse apprendre à parler congrûment ?
De *pas* mis avec *rien* tu fais la récidive ;
Et c'est, comme on t'a dit, trop d'une négative.
MARTINE
85 Mon Dieu ! je n'avons pas étugué comme vous,
Et je parlons tout droit comme on parle cheux nous.
PHILAMINTE
Ah ! peut-on y tenir !
BÉLISE
             Quel solécisme horrible !
PHILAMINTE
En voilà pour tuer une oreille sensible.
BÉLISE
Ton esprit, je l'avoue, est bien matériel !
90 *Je* n'est qu'un singulier, *avons* est pluriel.
Veux-tu toute ta vie offenser la grammaire ?
MARTINE
Qui parle d'offenser grand-mère ni grand-père ?
PHILAMINTE
O ciel !
BÉLISE
        Grammaire est prise à contresens par toi,
Et je t'ai dit déjà d'où vient ce mot.
MARTINE
                      Ma foi,
95 Qu'il vienne de Chaillot, d'Auteuil ou de Pontoise,
Cela ne me fait rien.
BÉLISE
             Quelle âme villageoise !
La grammaire, du verbe et du nominatif,
Comme de l'adjectif avec le substantif,
Nous enseigne les lois.
MARTINE
             J'ai, madame, à vous dire
00 Que je ne connais point ces gens-là.
PHILAMINTE
                      Quel martyre !

BÉLISE
Ce sont les noms des mots ; et l'on doit regarder
En quoi c'est qu'il les faut faire ensemble accorder.
MARTINE
Qu'ils s'accordent entre eux ou se gourment, qu'im-
PHILAMINTE, *à Bélise.*   [porte ?
Hé ! mon Dieu ! finissez un discours de la sorte.
A Chrysale.
Vous ne voulez pas, vous, me la faire sortir ?   505
CHRYSALE
Si fait. A son caprice il me faut consentir.
Va, ne l'irrite point ; retire-toi, Martine.
PHILAMINTE
Comment ! vous avez peur d'offenser la coquine ?
Vous lui parlez d'un ton tout à fait obligeant.
CHRYSALE   [enfant.
Moi ? point. Allons, sortez. (*Bas.*) Va-t'en, ma pauvre 510

Scène VII : Philaminte, Chrysale, Bélise.

CHRYSALE
Vous êtes satisfaite, et la voilà partie ;
Mais je n'approuve point une telle sortie :
C'est une fille propre aux choses qu'elle fait,
Et vous me la chassez pour un maigre sujet.
PHILAMINTE
Vous voulez toujours que je l'aie à mon service,   515
Pour mettre incessamment mon oreille au supplice,
Pour rompre toute loi d'usage et de raison
Par un barbare amas de vices d'oraison,
De mots estropiés, cousus, par intervalles,
De proverbes traînés dans les ruisseaux des halles ? 520
BÉLISE
Il est vrai que l'on sue à souffrir ses discours ;
Elle y met Vaugelas en pièces tous les jours ;
Et les moindres défauts de ce grossier génie
Sont ou le pléonasme, ou la cacophonie.
CHRYSALE
Qu'importe qu'elle manque aux lois de Vaugelas,   525
Pourvu qu'à la cuisine elle ne manque pas ? [herbes
J'aime bien mieux, pour moi, qu'en épluchant ses
Elle accommode mal les noms avec les verbes,
Et redise cent fois un bas ou méchant mot,
Que de brûler ma viande ou saler trop mon pot.   530
Je vis de bonne soupe, et non de beau langage.
Vaugelas n'apprend point à bien faire un potage ;
Et Malherbe et Balzac, si savants en beaux mots,
En cuisine peut-être auraient été des sots.
PHILAMINTE
Que ce discours grossier terriblement assomme !   535
Et quelle indignité, pour ce qui s'appelle homme,
D'être baissé sans cesse aux soins matériels,
Au lieu de se hausser vers les spirituels !
Le corps, cette guenille, est-il d'une importance,
D'un prix à mériter seulement qu'on y pense ?   540
Et ne devons-nous pas laisser cela bien loin ?
CHRYSALE   [soin.
Oui, mon corps est moi-même, et j'en veux prendre
Guenille, si l'on veut ; ma guenille m'est chère.

BÉLISE

Le corps avec l'esprit fait figure, mon frère ;
545 Mais, si vous en croyez tout le monde savant,
L'esprit doit sur le corps prendre le pas devant ;
Et notre plus grand soin, notre première instance,
Doit être à le nourrir du suc de la science.

CHRYSALE

Ma foi, si vous songez à nourrir votre esprit,
550 C'est de viande bien creuse, à ce que chacun dit ;
Et vous n'avez nul soin, nulle sollicitude,
Pour...

PHILAMINTE

Ah ! *sollicitude* à mon oreille est rude ;
Il put étrangement son ancienneté.

BÉLISE

Il est vrai que le mot est bien collet monté.

CHRYSALE

555 Voulez-vous que je dise ? il faut qu'enfin j'éclate,
Que je lève le masque, et décharge ma rate.
De folles on vous traite, et j'ai fort sur le cœur...

PHILAMINTE

Comment donc ?

CHRYSALE, à Bélise.

C'est à vous que je parle, ma sœur.
Le moindre solécisme en parlant vous irrite ;
560 Mais vous en faites, vous, d'étranges en conduite.
Vos livres éternels ne me contentent pas ;
Et, hors un gros Plutarque à mettre mes rabats,
Vous devriez brûler tout ce meuble inutile,
Et laisser la science aux docteurs de la ville ;
565 M'ôter, pour faire bien, du grenier de céans,
Cette longue lunette à faire peur aux gens,
Et cent brimborions dont l'aspect importune ;
Ne point aller chercher ce qu'on fait dans la lune,
Et vous mêler un peu de ce qu'on fait chez vous,
570 Où nous voyons aller tout sens dessus dessous.
Il n'est pas bien honnête, et pour beaucoup de causes,
Qu'une femme étudie et sache tant de choses.
Former aux bonnes mœurs l'esprit de ses enfants,
Faire aller son ménage, avoir l'œil sur ses gens,
575 Et régler la dépense avec économie,
Doit être son étude et sa philosophie.
Nos pères, sur ce point, étaient gens bien sensés,
Qui disaient qu'une femme en sait toujours assez,
Quand la capacité de son esprit se hausse
580 A connaître un pourpoint d'avec un haut-de-chausse.
Les leurs ne lisaient point, mais elles vivaient bien ;
Leurs ménages étaient tout leur docte entretien ;
Et leurs livres un dé, du fil et des aiguilles,
Dont elles travaillaient au trousseau de leurs filles.
585 Les femmes d'à présent sont bien loin de ces mœurs ;
Elles veulent écrire et devenir auteurs.
Nulle science n'est pour elles trop profonde,
Et céans beaucoup plus qu'en aucun lieu du monde ;
Les secrets les plus hauts s'y laissent concevoir ;
590 Et l'on sait tout chez moi, hors ce qu'il faut savoir.
On y sait comme vont lune, étoile polaire,
Vénus, Saturne et Mars, dont je n'ai point affaire ;
Et dans ce vain savoir, qu'on va chercher si loin,
On ne sait comme va mon pot, dont j'ai besoin.

Mes gens à la science aspirent pour vous plaire,   5
Et tous ne font rien moins que ce qu'ils ont à faire.
Raisonner est l'emploi de toute ma maison,
Et le raisonnement en bannit la raison.
L'un me brûle mon rôt, en lisant quelque histoire ;
L'autre rêve à des vers, quand je demande à boire : 6
Enfin je vois par eux votre exemple suivi,
Et j'ai des serviteurs, et ne suis point servi.
Une pauvre servante au moins m'était restée,
Qui de ce mauvais air n'était point infectée,
Et voilà qu'on la chasse avec un grand fracas,   6
A cause qu'elle manque à parler Vaugelas.
Je vous le dis, ma sœur, tout ce train-là me blesse,
Car c'est, comme j'ai dit, à vous que je m'adresse ;
Je n'aime point céans tous vos gens à latin,
Et principalement ce monsieur Trissotin ;   6
C'est lui qui, dans des vers, vous a tympanisées :
Tous les propos qu'il tient sont des billevesées.
On cherche ce qu'il dit après qu'il a parlé ;
Et je lui crois, pour moi, le timbre un peu fêlé.

PHILAMINTE

Quelle bassesse, ô ciel ! et d'âme et de langage !   61

BÉLISE

Est-il de petits corps un plus lourd assemblage,
Un esprit composé d'atomes plus bourgeois ?
Et de ce même sang se peut-il que je sois ?
Je me veux mal de mort d'être de votre race,
Et, de confusion, j'abandonne la place.   62

Scène VIII : Philaminte, Chrysale.

PHILAMINTE

Avez-vous à lâcher encore quelque trait ?

CHRYSALE

Moi ? Non. Ne parlons plus de querelle ; c'est fait.
Discourons d'autre affaire. A votre fille aînée
On voit quelque dégoût pour les nœuds d'hyménée,
C'est une philosophe enfin ; je n'en dis rien,   62
Elle est bien gouvernée, et vous faites fort bien :
Mais de tout autre humeur se trouve sa cadette,
Et je crois qu'il est bon de pourvoir Henriette,
De choisir un mari...

PHILAMINTE

C'est à quoi j'ai songé,
Et je veux vous ouvrir l'intention que j'ai.   63
Ce monsieur Trissotin, dont on nous fait un crime,
Et qui n'a pas l'honneur d'être dans votre estime,
Est celui que je prends pour l'époux qu'il lui faut ;
Et je sais mieux que vous juger de ce qu'il vaut.
La contestation est ici superflue,   63
Et de tout point chez moi l'affaire est résolue.
Au moins ne dites mot du choix de cet époux ;
Je veux à votre fille en parler avant vous.
J'ai des raisons à faire approuver ma conduite,
Et je connaîtrai bien si vous l'aurez instruite.   64

Scène IX : Ariste, Chrysale.

ARISTE

Hé bien ! la femme sort, mon frère, et je vois bien

Que vous venez d'avoir ensemble un entretien.
CHRYSALE
Oui.
ARISTE
    Quel est le succès ? Aurons-nous Henriette ?
A-t-elle consenti ? l'affaire est-elle faite ?
CHRYSALE
45 Pas tout à fait encor.
ARISTE
      Refuse-t-elle ?
CHRYSALE
           Non.
ARISTE
Est-ce qu'elle balance ?
CHRYSALE
      En aucune façon.
ARISTE
Quoi donc ?
CHRYSALE
    C'est que pour gendre elle m'offre un autre
ARISTE   [homme.
Un autre homme pour gendre !
CHRYSALE
      Un autre.
ARISTE
        Qui se nomme... ?
CHRYSALE
Monsieur Trissotin.
ARISTE
    Quoi ! ce monsieur Trissotin...
CHRYSALE
50 Oui, qui parle toujours de vers et de latin.
ARISTE
Vous l'avez accepté ?
CHRYSALE
    Moi, point : à Dieu ne plaise !
ARISTE
Qu'avez-vous répondu ?
CHRYSALE
      Rien ; et je suis bien aise
De n'avoir point parlé, pour ne m'engager pas.
ARISTE
La raison est fort belle, et c'est faire un grand pas.
55 Avez-vous su du moins lui proposer Clitandre ?
CHRYSALE
Non; car, comme j'ai vu qu'on parlait d'autre gendre,
J'ai cru qu'il était mieux de ne m'avancer point.
ARISTE
Certes, votre prudence est rare au dernier point.
N'avez-vous point de honte, avec votre mollesse ?
60 Et se peut-il qu'un homme ait assez de faiblesse
Pour laisser à sa femme un pouvoir absolu,
Et n'oser attaquer ce qu'elle a résolu ?
CHRYSALE
Mon Dieu ! vous en parlez, mon frère, bien à l'aise,
Et vous ne savez pas comme le bruit me pèse.
65 J'aime fort le repos, la paix et la douceur,
Et ma femme est terrible avecque son humeur.
Du nom de philosophe elle fait grand mystère,
Mais elle n'en est pas pour cela moins colère ;

Et sa morale, faite à mépriser le bien,
Sur l'aigreur de sa bile opère comme rien.   670
Pour peu que l'on s'oppose à ce que veut sa tête,
On en a pour huit jours d'effroyable tempête.
Elle me fait trembler dès qu'elle prend son ton ;
Je ne sais où me mettre, et c'est un vrai dragon ;
Et cependant, avec toute sa diablerie,   675
Il faut que je l'appelle et « mon cœur » et « ma mie ».
ARISTE
Allez, c'est se moquer. Votre femme, entre nous,
Est, par vos lâchetés, souveraine sur vous.
Son pouvoir n'est fondé que sur votre faiblesse ;
C'est de vous qu'elle prend le titre de maîtresse ;   680
Vous-même à ses hauteurs vous vous abandonnez,
Et vous faites mener en bête par le nez.   [me,
Quoi! vous ne pouvez pas, voyant comme on vous nom-
Vous résoudre une fois à vouloir être un homme,
A faire condescendre une femme à vos vœux,   685
Et prendre assez de cœur pour dire un : « Je le veux! »
Vous laisserez, sans honte, immoler votre fille
Aux folles visions qui tiennent la famille,
Et de tout votre bien revêtir un nigaud,
Pour six mots de latin qu'il leur fait sonner haut ;   690
Un pédant qu'à tous coups votre femme apostrophe
Du nom de bel esprit et de grand philosophe,
D'homme qu'en vers galants jamais on n'égala,
Et qui n'est, comme on sait, rien moins que tout cela!
Allez, encore un coup, c'est une moquerie,   695
Et votre lâcheté mérite qu'on en rie.
CHRYSALE
Oui, vous avez raison, et je vois que j'ai tort.
Allons, il faut enfin montrer un cœur plus fort,
Mon frère.
ARISTE
    C'est bien dit.
CHRYSALE
        C'est une chose infâme
Que d'être si soumis au pouvoir d'une femme.   700
ARISTE
Fort bien.
CHRYSALE
    De ma douceur elle a trop profité.
ARISTE
Il est vrai.
CHRYSALE
    Trop joui de ma facilité.
ARISTE
Sans doute.
CHRYSALE
    Et je lui veux faire aujourd'hui connaître
Que ma fille est ma fille, et que j'en suis le maître,
Pour lui prendre un mari qui soit selon mes vœux.   705
ARISTE
Vous voilà raisonnable, et comme je vous veux.
CHRYSALE
Vous êtes pour Clitandre, et savez sa demeure ;
Faites-le-moi venir, mon frère, tout à l'heure.
ARISTE
J'y cours tout de ce pas.

CHRYSALE

C'est souffrir trop longtemps,
710 Et je m'en vais être homme à la barbe des gens.

ACTE TROISIEME

Scène 1 : Philaminte, Armande,
Bélise, Trissotin, L'Epine.

PHILAMINTE

Ah ! mettons-nous ici pour écouter à l'aise
Ces vers que mot à mot il est besoin qu'on pèse.

ARMANDE

Je brûle de les voir.

BÉLISE

Et l'on s'en meurt chez nous.

PHILAMINTE, *à Trissotin.*

Ce sont charmes pour moi que ce qui part de vous.

ARMANDE

715 Ce m'est une douceur à nulle autre pareille.

BÉLISE

Ce sont repas friands qu'on donne à mon oreille.

PHILAMINTE

Ne faites point languir de si pressants désirs.

ARMANDE

Dépêchez.

BÉLISE

Faites tôt, et hâtez nos plaisirs.

PHILAMINTE

A notre impatience offrez votre épigramme.

TRISSOTIN, *à Philaminte.*

720 Hélas ! c'est un enfant tout nouveau-né, madame :
Son sort assurément a lieu de vous toucher,
Et c'est dans votre cour que j'en viens d'accoucher.

PHILAMINTE

Pour me le rendre cher, il suffit de son père.

TRISSOTIN

Votre approbation lui peut servir de mère.

BÉLISE

725 Qu'il a d'esprit !

Scène II : Henriette, Philaminte, Bélise,
Armande, Trissotin, L'Epine.

PHILAMINTE, *à Henriette qui veut se retirer.*

Holà ! pourquoi donc fuyez-vous ?

HENRIETTE

C'est de peur de troubler un entretien si doux.

PHILAMINTE

Approchez, et venez, de toutes vos oreilles,
Prendre part au plaisir d'entendre des merveilles.

HENRIETTE

Je sais peu les beautés de tout ce qu'on écrit,
730 Et ce n'est pas mon fait que les choses d'esprit.

PHILAMINTE

Il n'importe : aussi bien ai-je à vous dire ensuite
Un secret dont il faut que vous soyez instruite.

TRISSOTIN, *à Henriette.*

Les sciences n'ont rien qui vous puisse enflammer,

Et vous ne vous piquez que de savoir charmer.

HENRIETTE

Aussi peu l'un que l'autre ; et je n'ai nulle envie... 73

BÉLISE

Ah ! songeons à l'enfant nouveau-né, je vous prie.

PHILAMINTE, *à L'Epine.*

Allons, petit garçon, vite de quoi s'asseoir.
L'Epine se laisse tomber.
Voyez l'impertinent ! Est-ce que l'on doit choir,
Après avoir appris l'équilibre des choses ?

BÉLISE

De ta chute, ignorant, ne vois-tu pas les causes, 74
Et qu'elle vient d'avoir, du point fixe, écarté
Ce que nous appelons centre de gravité ?

L'ÉPINE

Je m'en suis aperçu, madame, étant par terre.

PHILAMINTE, *à L'Epine, qui sort.*

Le lourdaud !

TRISSOTIN

Bien lui prend de n'être pas de verre.

ARMANDE

Ah ! de l'esprit partout !

BÉLISE

Cela ne tarit pas. 74

Ils s'asseyent.

PHILAMINTE

Servez-nous promptement votre aimable repas.

TRISSOTIN

Pour cette grande faim qu'à mes yeux on expose,
Un plat seul de huit vers me semble peu de chose ;
Et je pense qu'ici je ne ferai pas mal
De joindre à l'épigramme, ou bien au madrigal, 75
Le ragoût d'un sonnet qui, chez une princesse,
A passé pour avoir quelque délicatesse.
Il est de sel attique assaisonné partout,
Et vous le trouverez, je crois, d'assez bon goût.

ARMANDE

Ah ! je n'en doute point.

PHILAMINTE

Donnons vite audience. 75

BÉLISE, *interrompant Trissotin*
chaque fois qu'il se dispose à lire.

Je sens d'aise mon cœur tressaillir par avance.
J'aime la poésie avec entêtement,
Et surtout quand les vers sont tournés galamment.

PHILAMINTE

Si nous parlons toujours, il ne pourra rien dire.

TRISSOTIN

So...

BÉLISE, *à Henriette.*

Silence, ma nièce. 76

TRISSOTIN

Sonnet à la princesse Uranie, sur sa fièvre.
Votre prudence est endormie,
De traiter magnifiquement
Et de loger superbement
Votre plus cruelle ennemie.

BÉLISE

Ah ! le joli début !

ARMANDE

65   Qu'il a le tour galant !

PHILAMINTE

Lui seul des vers aisés possède le talent.

ARMANDE

A prudence endormie il faut rendre les armes.

BÉLISE

Loger son ennemie est pour moi plein de charmes.

PHILAMINTE

J'aime *superbement* et *magnifiquement* :
770 Ces deux adverbes joints font admirablement !

BÉLISE

Prêtons l'oreille au reste.

TRISSOTIN

Votre prudence est endormie,
De traiter magnifiquement,
Et de loger superbement
Votre plus cruelle ennemie.

ARMANDE

Prudence endormie !

BÉLISE

Loger son ennemie !

PHILAMINTE

Superbement et *magnifiquement !*

TRISSOTIN

Faites-la sortir, quoi qu'on die,
De votre riche appartement,
Où cette ingrate insolemment
775 *Attaque votre belle vie.*

BÉLISE

Ah ! tout doux ! laissez-moi, de grâce, respirer.

ARMANDE

Donnez-nous, s'il vous plaît, le loisir d'admirer.

PHILAMINTE

On se sent, à ces vers, jusques au fond de l'âme
Couler je ne sais quoi qui fait que l'on se pâme.

ARMANDE

Faites-la sortir, quoi qu'on die,
De votre riche appartement.
780 Que *riche appartement* est là joliment dit !
Et que la métaphore est mise avec esprit !

PHILAMINTE

Faites-la sortir, quoi qu'on die.
Ah ! que ce *quoi qu'on die* est d'un goût admirable !
C'est, à mon sentiment, un endroit impayable.

ARMANDE

De *quoi qu'on die* aussi mon cœur est amoureux.

BÉLISE

785 Je suis de votre avis, *quoi qu'on die* est heureux.

ARMANDE

Je voudrais l'avoir fait.

BÉLISE

Il vaut toute une pièce.

PHILAMINTE

Mais en comprend-on bien, comme moi, la finesse ?

ARMANDE ET BÉLISE

Oh ! oh !

PHILAMINTE

Faites-la sortir, quoi qu'on die.

Que de la fièvre on prenne ici les intérêts,
N'ayez aucun égard, moquez-vous des caquets ;
Faites-la sortir, quoi qu'on die,
Quoi qu'on die, quoi qu'on die.
Ce *quoi qu'on die* en dit beaucoup plus qu'il ne semble.   790
Je ne sais pas, pour moi, si chacun me ressemble ;
Mais j'entends là-dessous un million de mots.

BÉLISE

Il est vrai qu'il dit plus de choses qu'il n'est gros.

PHILAMINTE, *à Trissotin.*

Mais quand vous avez fait ce charmant *quoi qu'on die,*
Avez-vous compris, vous, toute son énergie ?   795
Songiez-vous bien vous-même à tout ce qu'il nous dit?
Et pensiez-vous alors y mettre tant d'esprit ?

TRISSOTIN

Hai ! hai !

ARMANDE

J'ai fort aussi l'*ingrate* dans la tête,
Cette ingrate de fièvre, injuste, malhonnête,
Qui traite mal les gens qui la logent chez eux.   800

PHILAMINTE

Enfin les quatrains sont admirables tous deux.
Venons-en promptement aux tiercets, je vous prie !

ARMANDE

Ah ! s'il vous plaît, encore une fois *quoi qu'on die.*

TRISSOTIN

Faites-la sortir, quoi qu'on die,

PHILAMINTE, ARMANDE ET BÉLISE

Quoi qu'on die !

TRISSOTIN

De votre riche appartement

PHILAMINTE, ARMANDE ET BÉLISE

Riche appartement !

TRISSOTIN

Où cette ingrate insolemment

PHILAMINTE, ARMANDE ET BÉLISE

Cette *ingrate* de fièvre !

TRISSOTIN

Attaque votre belle vie.

PHILAMINTE

Votre belle vie !

ARMANDE ET BÉLISE

Ah !

TRISSOTIN

Quoi ! sans respecter votre rang,
Elle se prend à votre sang,   805

PHILAMINTE, ARMANDE ET BÉLISE

Ah !

TRISSOTIN

Et nuit et jour vous fait outrage !

Si vous la conduisez aux bains,
Sans la marchander davantage,
Noyez-la de vos propres mains.

PHILAMINTE

On n'en peut plus.

BÉLISE

On pâme.

ARMANDE

On se meurt de plaisir. 810

PHILAMINTE
De mille doux frissons vous vous sentez saisir.
ARMANDE
Si vous la conduisez aux bains,
BÉLISE
Sans la marchander davantage,
PHILAMINTE
Noyez-la de vos propres mains.
De vos propres mains, là, noyez-la dans les bains.
ARMANDE
Chaque pas dans vos vers rencontre un trait charmant.
BÉLISE
Partout on s'y promène avec ravissement.
PHILAMINTE
815 On n'y saurait marcher que sur de belles choses.
ARMANDE
Ce sont petits chemins tout parsemés de roses.
TRISSOTIN
Le sonnet donc vous semble...
PHILAMINTE
            Admirable, nouveau ;
Et personne jamais n'a rien fait de si beau.
BÉLISE, *à Henriette.*
Quoi ! sans émotion pendant cette lecture !
820 Vous faites là, ma nièce, une étrange figure !
HENRIETTE
Chacun fait ici-bas la figure qu'il peut,
Ma tante ; et bel esprit, il ne l'est pas qui veut.
TRISSOTIN
Peut-être que mes vers importunent madame.
HENRIETTE
Point. Je n'écoute pas.
PHILAMINTE
            Ah ! voyons l'épigramme.
TRISSOTIN
*Sur un carrosse de couleur amarante donné à une
dame de ses amies.*
PHILAMINTE
825 Ses titres ont toujours quelque chose de rare.
ARMANDE
A cent beaux traits d'esprit leur nouveauté prépare.
TRISSOTIN
L'Amour si chèrement m'a vendu son lien,
PHILAMINTE, ARMANDE ET BÉLISE
Ah !
TRISSOTIN
Qu'il m'en coûte déjà la moitié de mon bien ;
Et quand tu vois ce beau carrosse,
830 *Où tant d'or se relève en bosse*
Qu'il étonne tout le pays,
Et fait pompeusement triompher ma Laïs...
PHILAMINTE
Ah ! ma Laïs ! voilà de l'érudition.
BÉLISE
L'enveloppe est jolie, et vaut un million.
TRISSOTIN
Et quand tu vois ce beau carrosse,
Où tant d'or se relève en bosse
Qu'il étonne tout le pays,

Et fait pompeusement triompher ma Laïs
Ne dis plus qu'il est amarante,
Dis plutôt qu'il est de ma rente.
ARMANDE
Oh ! oh ! oh ! celui-là ne s'attend point du tout.
PHILAMINTE
On n'a que lui qui puisse écrire de ce goût.
BÉLISE
Ne dis plus qu'il est amarante,
Dis plutôt qu'il est de ma rente.
Voilà qui se décline, *ma rente, de ma rente, à ma rente.*
PHILAMINTE
Je ne sais, du moment que je vous ai connu,
Si, sur votre sujet, j'ai l'esprit prévenu ;
Mais j'admire partout vos vers et votre prose.
TRISSOTIN, *à Philaminte.*
Si vous vouliez de vous nous montrer quelque chose,
A notre tour aussi nous pourrions admirer.
PHILAMINTE
Je n'ai rien fait en vers ; mais j'ai lieu d'espérer
Que je pourrai bientôt vous montrer, en amie,
Huit chapitres du plan de notre académie.
Platon s'est au projet simplement arrêté,
Quand de sa République il a fait le traité ;
Mais à l'effet entier je veux pousser l'idée
Que j'ai sur le papier en prose accommodée.
Car enfin, je me sens un étrange dépit
Du tort que l'on nous fait du côté de l'esprit ;
Et je veux nous venger, toutes tant que nous sommes,
De cette indigne classe où nous rangent les hommes,
De borner nos talents à des futilités,
Et nous fermer la porte aux sublimes clartés.
ARMANDE
C'est faire à notre sexe une trop grande offense,
De n'étendre l'effort de notre intelligence
Qu'à juger d'une jupe, et de l'air d'un manteau,
Ou des beautés d'un point, ou d'un brocart nouveau.
BÉLISE
Il faut se relever de ce honteux partage,
Et mettre hautement notre esprit hors de page !
TRISSOTIN
Pour les dames on sait mon respect en tous lieux ;
Et, si je rends hommage aux brillants de leurs yeux,
De leur esprit aussi j'honore les lumières.
PHILAMINTE
Le sexe aussi vous rend justice en ces matières ;
Mais nous voulons montrer à de certains esprits,
Dont l'orgueilleux savoir nous traite avec mépris,
Que de science aussi les femmes sont meublées ;
Qu'on peut faire, comme eux, de doctes assemblées,
Conduites en cela par des ordres meilleurs ;
Qu'on y veut réunir ce qu'on sépare ailleurs,
Mêler le beau langage et les hautes sciences,
Découvrir la nature en mille expériences,
Et, sur les questions qu'on pourra proposer,
Faire entrer chaque secte, et n'en point épouser.
TRISSOTIN
Je m'attache pour l'ordre au péripatétisme.
PHILAMINTE
Pour les abstractions, j'aime le platonisme.

ARMANDE
Epicure me plaît, et ses dogmes sont forts.

BÉLISE
880 Je m'accommode assez, pour moi, des petits corps ;
Mais le vide à souffrir me semble difficile,
Et je goûte bien mieux la matière subtile.

TRISSOTIN
Descartes, pour l'aimant, donne fort dans mon sens.

ARMANDE
J'aime ses tourbillons.

PHILAMINTE
Moi, ses mondes tombants.

ARMANDE
885 Il me tarde de voir notre assemblée ouverte,
Et de nous signaler par quelque découverte.

TRISSOTIN
On en attend beaucoup de vos vives clartés ;
Et pour vous la nature a peu d'obscurités.

PHILAMINTE
Pour moi, sans me flatter, j'en ai déjà fait une ;
890 Et j'ai vu clairement des hommes dans la lune.

BÉLISE
Je n'ai point encor vu d'hommes, comme je crois,
Mais j'ai vu des clochers tout comme je vous vois.

ARMANDE
Nous approfondirons, ainsi que la physique,
Grammaire, histoire, vers, morale et politique.

PHILAMINTE
895 La morale a des traits dont mon cœur est épris,
Et c'était autrefois l'amour des grands esprits ;
Mais aux stoïciens je donne l'avantage,
Et je ne trouve rien de si beau que leur sage.

ARMANDE
Pour la langue, on verra dans peu nos règlements,
900 Et nous y prétendons faire des remuements.
Par une antipathie, ou juste, ou naturelle,
Nous avons pris chacune une haine mortelle
Pour un nombre de mots, soit ou verbes, ou noms,
Que mutuellement nous nous abandonnons :
905 Contre eux nous préparons de mortelles sentences,
Et nous devons ouvrir nos doctes conférences
Par les proscriptions de tous ces mots divers
Dont nous voulons purger et la prose et les vers.

PHILAMINTE
Mais le plus beau projet de notre académie,
910 Une entreprise noble, et dont je suis ravie,
Un dessein plein de gloire, et qui sera vanté
Chez tous les beaux esprits de la postérité,
C'est le retranchement de ces syllabes sales
Qui dans les plus beaux mots produisent des scan-
915 Ces jouets éternels des sots de tous les temps, [dales,
Ces fades lieux communs de nos méchants plaisants,
Ces sources d'un amas d'équivoques infâmes
Dont on vient faire insulte à la pudeur des femmes.

TRISSOTIN
Voilà certainement d'admirables projets.

BÉLISE
920 Vous verrez nos statuts quand ils seront tous faits.

TRISSOTIN
Ils ne sauraient manquer d'être tous beaux et sages.

ARMANDE
Nous serons, par nos lois, les juges des ouvrages ;
Par nos lois, prose et vers, tout nous sera soumis :
Nul n'aura de l'esprit, hors nous et nos amis.
Nous chercherons partout à trouver à redire, 925
Et ne verrons que nous qui sache bien écrire.

Scène III : Philaminte, Bélise, Armande,
Henriette, Trissotin, Vadius, L'Epine.

L'ÉPINE, *à Trissotin.*
Monsieur, un homme est là, qui veut parler à vous ;
Il est vêtu de noir, et parle d'un ton doux.
Ils se lèvent.

TRISSOTIN
C'est cet ami savant qui m'a fait tant d'instance
De lui donner l'honneur de votre connaissance. 930

PHILAMINTE
Pour le faire venir vous avez tout crédit.
Trissotin va au-devant de Vadius.
A Armande et à Bélise.
Faisons bien les honneurs au moins de notre esprit.
A Henriette, qui veut sortir.
Holà ! Je vous ai dit, en paroles bien claires,
Que j'ai besoin de vous.

HENRIETTE
Mais pour quelles affaires ?

PHILAMINTE
Venez ; on va dans peu vous les faire savoir. 935

TRISSOTIN, *présentant Vadius.*
Voici l'homme qui meurt du désir de vous voir ;
En vous le produisant, je ne crains point le blâme
D'avoir admis chez vous un profane, madame.
Il peut tenir son coin parmi de beaux esprits.

PHILAMINTE
La main qui le présente en dit assez le prix. 940

TRISSOTIN
Il a des vieux auteurs la pleine intelligence,
Et sait du grec, madame, autant qu'homme de France !

PHILAMINTE, *à Bélise.*
Du grec ! ô ciel ! du grec ! Il sait du grec, ma sœur !

BÉLISE, *à Armande.*
Ah ! ma nièce, du grec !

ARMANDE
Du grec ! quelle douceur !

PHILAMINTE
Quoi ! monsieur sait du grec ? Ah ! permettez, de grâce, 945
Que, pour l'amour du grec, monsieur, on vous embrasse.
Vadius embrasse aussi Bélise et Armande.

HENRIETTE, *à Vadius qui veut aussi l'embrasser.*
Excusez-moi, monsieur, je n'entends pas le grec.
Ils s'asseyent.

PHILAMINTE
J'ai pour les livres grecs un merveilleux respect.

VADIUS
Je crains d'être fâcheux, par l'ardeur qui m'engage
A vous rendre aujourd'hui, madame, mon hommage ; 950
Et j'aurais pu troubler quelque docte entretien.

PHILAMINTE
Monsieur, avec du grec on ne peut gâter rien.

TRISSOTIN

Au reste, il fait merveille en vers ainsi qu'en prose,
Et pourrait, s'il voulait, vous montrer quelque chose.

VADIUS

955 Le défaut des auteurs, dans leurs productions,
C'est d'en tyranniser les conversations,
D'être au Palais, au Cours, aux ruelles, aux tables,
De leurs vers fatigants lecteurs infatigables.
Pour moi, je ne vois rien de plus sot, à mon sens,
960 Qu'un auteur qui partout va gueuser des encens,
Qui, des premiers venus saisissant les oreilles,
En fait le plus souvent les martyrs de ses veilles.
On ne m'a jamais vu ce fol entêtement ;
Et d'un Grec là-dessus je suis le sentiment,
965 Qui, par un dogme exprès, défend à tous ses sages
L'indigne empressement de lire leurs ouvrages.
Voici de petits vers pour de jeunes amants,
Sur quoi je voudrais bien avoir vos sentiments.

TRISSOTIN

Vos vers ont des beautés que n'ont point tous les au-
[tres,

VADIUS

970 Les Grâces et Vénus règnent dans tous les vôtres.

TRISSOTIN

Vous avez le tour libre, et le beau choix des mots.

VADIUS

On voit partout chez vous l'*ithos* et le *pathos*

TRISSOTIN

Nous avons vu de vous des églogues d'un style
Qui passe en doux attraits Théocrite et Virgile.

VADIUS

975 Vos odes ont un air noble, galant et doux,
Qui laisse de bien loin votre Horace après vous.

TRISSOTIN

Est-il rien d'amoureux comme vos chansonnettes ?

VADIUS

Peut-on voir rien d'égal aux sonnets que vous faites?

TRISSOTIN

Rien qui soit plus charmant que vos petits rondeaux?

VADIUS

980 Rien de si plein d'esprit que tous vos madrigaux ?

TRISSOTIN

Aux ballades surtout vous êtes admirable.

VADIUS

Et dans les bouts-rimés je vous trouve adorable.

TRISSOTIN

Si la France pouvait connaître votre prix,

VADIUS

Si le siècle rendait justice aux beaux esprits,

TRISSOTIN

985 En carrosse doré vous iriez par les rues.

VADIUS

On verrait le public vous dresser des statues.
A Trissotin.
Hom ! c'est une ballade, et je veux que tout net
Vous m'en...

TRISSOTIN, *à Vadius.*
Avez-vous vu certain petit sonnet
Sur la fièvre qui tient la princesse Uranie ?

VADIUS

990 Oui ; hier il me fut lu dans une compagnie.

TRISSOTIN

Vous en savez l'auteur ?

VADIUS

Non ; mais je sais fort bien
Qu'à ne le point flatter, son sonnet ne vaut rien.

TRISSOTIN

Beaucoup de gens pourtant le trouvent admirable.

VADIUS

Cela n'empêche pas qu'il ne soit misérable ;
Et, si vous l'avez vu, vous serez de mon goût.   995

TRISSOTIN

Je sais que là-dessus je n'en suis point du tout,
Et que d'un tel sonnet peu de gens sont capables.

VADIUS

Me préserve le ciel d'en faire de semblables !

TRISSOTIN

Je soutiens qu'on ne peut en faire de meilleur :
Et ma grande raison, c'est que j'en suis l'auteur.   1000

VADIUS

Vous ?

TRISSOTIN

Moi.

VADIUS

Je ne sais donc comment se fit l'affaire.

TRISSOTIN

C'est qu'on fut malheureux de ne pouvoir vous plaire.

VADIUS

Il faut qu'en écoutant j'aie eu l'esprit distrait,
Ou bien que le lecteur m'ait gâté le sonnet.
Mais laissons ce discours, et voyons ma ballade.   1005

TRISSOTIN

La ballade, à mon goût, est une chose fade :
Ce n'en est plus la mode; elle sent son vieux temps.

VADIUS

La ballade pourtant charme beaucoup de gens

TRISSOTIN

Cela n'empêche pas qu'elle ne me déplaise.

VADIUS

Elle n'en reste pas pour cela plus mauvaise.   1010

TRISSOTIN

Elle a pour les pédants de merveilleux appas.

VADIUS

Cependant nous voyons qu'elle ne vous plaît pas.

TRISSOTIN

Vous donnez sottement vos qualités aux autres.
Ils se lèvent tous.

VADIUS

Fort impertinemment vous me jetez les vôtres.

TRISSOTIN

Allez, petit grimaud, barbouilleur de papier.   1015

VADIUS

Allez, rimeur de balle, opprobre du métier.

TRISSOTIN

Allez, fripier d'écrits, impudent plagiaire.

VADIUS

Allez, cuistre...

PHILAMINTE

Eh! messieurs, que prétendez-vous faire?

TRISSOTIN, *à Vadius.*
Va, va restituer tous les honteux larcins

020 Que réclament sur toi les Grecs et les Latins.

VADIUS

Va, va-t'en faire amende honorable au Parnasse
D'avoir fait à tes vers estropier Horace.

TRISSOTIN

Souviens-toi de ton livre, et de son peu de bruit.

VADIUS

Et toi, de ton libraire à l'hôpital réduit.

TRISSOTIN

025 Ma gloire est établie ; en vain tu la déchires.

VADIUS

Oui, oui, je te renvoie à l'auteur des Satires.

TRISSOTIN

Je t'y renvoie aussi.

VADIUS

J'ai le contentement
Qu'on voit qu'il m'a traité plus honorablement.
Il me donne en passant une atteinte légère
030 Parmi plusieurs auteurs qu'au Palais on révère ;
Mais jamais dans ses vers il ne te laisse en paix,
Et l'on t'y voit partout être en butte à ses traits.

TRISSOTIN

C'est par là que j'y tiens un rang plus honorable.
Il te met dans la foule ainsi qu'un misérable ;
035 Il croit que c'est assez d'un coup pour t'accabler,
Et ne t'a jamais fait l'honneur de redoubler.
Mais il m'attaque à part comme un noble adversaire
Sur qui tout son effort lui semble nécessaire ;
Et ses coups, contre moi redoublés en tous lieux,
040 Montrent qu'il ne se croit jamais victorieux.

VADIUS

Ma plume t'apprendra quel homme je puis être.

TRISSOTIN

Et la mienne saura te faire voir ton maître.

VADIUS

Je te défie en vers, prose, grec et latin.

TRISSOTIN

Eh bien ! nous nous verrons seul à seul chez Barbin.

Scène IV : Trissotin, Philaminte,
Armande, Bélise, Henriette.

TRISSOTIN

1045 A mon emportement ne donnez aucun blâme ;
C'est votre jugement que je défends, madame,
Dans le sonnet qu'il a l'audace d'attaquer.

PHILAMINTE

A vous remettre bien je me veux appliquer ;
Mais parlons d'autre affaire. Approchez, Henriette.
1050 Depuis assez longtemps mon âme s'inquiète
De ce qu'aucun esprit en vous ne se fait voir ;
Mais je trouve un moyen de vous en faire avoir.

HENRIETTE

C'est prendre un soin pour moi qui n'est pas nécessaire;
Les doctes entretiens ne sont point mon affaire :
1055 J'aime à vivre aisément ; et, dans tout ce qu'on dit,
Il faut se trop peiner pour avoir de l'esprit.
C'est une ambition que je n'ai point en tête ;
Je me trouve fort bien, ma mère, d'être bête ;
Et j'aime mieux n'avoir que de communs propos,

Que de me tourmenter pour dire de beaux mots.   1060

PHILAMINTE

Oui ; mais j'y suis blessée, et ce n'est pas mon compte
De souffrir dans mon sang une pareille honte.
La beauté du visage est un frêle ornement,
Une fleur passagère, un éclat d'un moment,
Et qui n'est attaché qu'à la simple épiderme ;   1065
Mais celle de l'esprit est inhérente et ferme.
J'ai donc cherché longtemps un biais de vous donner
La beauté que les ans ne peuvent moissonner,
De faire entrer chez vous le désir des sciences,
De vous insinuer les belles connaissances ;   1070
Et la pensée enfin où mes vœux ont souscrit,
C'est d'attacher à vous un homme plein d'esprit :
Montrant Trissotin.
Et cet homme est monsieur, que je vous détermine
A voir comme l'époux que mon choix vous destine.

HENRIETTE

Moi ! ma mère ?

PHILAMINTE

Oui, vous. Faites la sotte un peu.   1075

BÉLISE, *à Trissotin.*

Je vous entends ; vos yeux demandent mon aveu
Pour engager ailleurs un cœur que je possède.
Allez, je le veux bien. A ce nœud je vous cède ;
C'est un hymen qui fait votre établissement.

TRISSOTIN, *à Henriette.*

Je ne sais que vous dire en mon ravissement,   1080
Madame ; et cet hymen dont je vois qu'on m'honore
Me met...

HENRIETTE

Tout beau ! monsieur ; il n'est pas fait encore :
Ne vous pressez pas tant.

PHILAMINTE

Comme vous répondez !
Savez-vous bien que si... ? Suffit, vous m'entendez.
A Trissotin.
Elle se rendra sage. Allons, laissons-la faire.   1085

Scène V : Henriette, Armande.

ARMANDE

On voit briller pour vous les soins de notre mère,
Et son choix ne pouvait d'un plus illustre époux...

HENRIETTE

Si le choix est si beau, que ne le prenez-vous ?

ARMANDE

C'est à vous, non à moi, que sa main est donnée.

HENRIETTE

Je vous le cède tout, comme à ma sœur aînée.   1090

ARMANDE

Si l'hymen, comme à vous, me paraissait charmant,
J'accepterais votre offre avec ravissement.

HENRIETTE

Si j'avais, comme vous, les pédants dans la tête,
Je pourrais le trouver un parti fort honnête.

ARMANDE

Cependant, bien qu'ici nos goûts soient différents,   1095
Nous devons obéir, ma sœur, à nos parents.
Une mère a sur nous une entière puissance ;

Et vous croyez en vain, par votre résistance...

Scène VI : Chrysale, Ariste, Clitandre, Henriette, Armande

CHRYSALE, à Henriette, lui présentant Clitandre.
Allons, ma fille, il faut approuver mon dessein.
1100 Otez ce gant. Touchez à monsieur dans la main,
Et le considérez désormais dans votre âme
En homme dont je veux que vous soyez la femme.

ARMANDE
De ce côté, ma sœur, vos penchants sont fort grands.

HENRIETTE
Il nous faut obéir, ma sœur, à nos parents ;
1105 Un père a sur nos vœux une entière puissance.

ARMANDE
Une mère a sa part à notre obéissance.

CHRYSALE
Qu'est-ce à dire ?

ARMANDE
Je dis que j'appréhende fort
Qu'ici ma mère et vous ne soyez pas d'accord ;
Et c'est un autre époux...

CHRYSALE
Taisez-vous, péronnelle ;
1110 Allez philosopher tout le soûl avec elle,
Et de mes actions ne vous mêlez en rien.
Dites-lui ma pensée, et l'avertissez bien
Qu'elle ne vienne pas m'échauffer les oreilles ;
Allons vite.

ARISTE
Fort bien. Vous faites des merveilles.

CLITANDRE
1115 Quel transport ! quelle joie ! Ah ! que mon sort est doux !

CHRYSALE, à Clitandre.
Allons, prenez sa main, et passez devant nous ;
Menez-la dans sa chambre. Ah ! les douces caresses !
A Ariste.
Tenez, mon cœur s'émeut à toutes ces tendresses,
Cela ragaillardit tout à fait mes vieux jours !
1120 Et je me ressouviens de mes jeunes amours.

ACTE QUATRIEME

Scène I : Philaminte, Armande.

ARMANDE
Oui, rien n'a retenu son esprit en balance ;
Elle a fait vanité de son obéissance ;
Son cœur, pour se livrer, à peine devant moi
S'est-il donné le temps d'en recevoir la loi,
1125 Et semblait suivre moins les volontés d'un père
Qu'affecter de braver les ordres d'une mère.

PHILAMINTE
Je lui montrerai bien aux lois de qui des deux
Les droits de la raison soumettent tous ses vœux,
Et qui doit gouverner, ou sa mère ou son père,
1130 Ou l'esprit ou le corps, la forme ou la matière.

ARMANDE
On vous en devait bien, au moins, un compliment ;
Et ce petit monsieur en use étrangement
De vouloir, malgré vous, devenir votre gendre.

PHILAMINTE
Il n'en est pas encore où son cœur peut prétendre.
Je le trouvais bien fait, et j'aimais vos amours ;   11
Mais, dans ses procédés, il m'a déplu toujours ;
Il sait que, Dieu merci, je me mêle d'écrire ;
Et jamais il ne m'a priée de lui rien lire.

Scène II : Clitandre, entrant doucement, et écoutant sans se montrer, Armande, Philaminte.

ARMANDE
Je ne souffrirais point, si j'étais que de vous,
Que jamais d'Henriette il pût être l'époux.   114
On me ferait grand tort d'avoir quelque pensée
Que là-dessus je parle en fille intéressée,
Et que le lâche tour que l'on voit qu'il me fait
Jette au fond de mon cœur quelque dépit secret.
Contre de pareils coups l'âme se fortifie   114
Du solide secours de la philosophie,
Et par elle on se peut mettre au-dessus de tout ;
Mais vous traiter ainsi, c'est vous pousser à bout.
Il est de votre honneur d'être à ses vœux contraire ;
Et c'est un homme enfin qui ne doit point vous plaire. 115
Jamais je n'ai connu, discourant entre nous,
Qu'il eût au fond du cœur de l'estime pour vous.

PHILAMINTE
Petit sot !

ARMANDE
Quelque bruit que votre gloire fasse,
Toujours à vous louer il a paru de glace.

PHILAMINTE
Le brutal !

ARMANDE
Et vingt fois, comme ouvrages nouveaux, 115
J'ai lu des vers de vous qu'il n'a point trouvés beaux.

PHILAMINTE
L'impertinent !

ARMANDE
Souvent nous en étions aux prises ;
Et vous ne croiriez point de combien de sottises...

CLITANDRE, à Armande.
Hé ! doucement, de grâce. Un peu de charité,
Madame, ou, tout au moins, un peu d'honnêteté.   116
Quel mal vous ai-je fait ? et quelle est mon offense
Pour armer contre moi toute votre éloquence,
Pour vouloir me détruire, et prendre tant de soin
De me rendre odieux aux gens dont j'ai besoin ?
Parlez, dites, d'où vient ce courroux effroyable ?   116
Je veux bien que madame en soit juge équitable.

ARMANDE
Si j'avais le courroux dont on veut m'accuser,
Je trouverais assez de quoi l'autoriser.
Vous en seriez trop digne ; et les premières flammes
S'établissent des droits si sacrés sur les âmes   117
Qu'il faut perdre fortune, et renoncer au jour,
Plutôt que de brûler des feux d'un autre amour.

Au changement de vœux nulle horreur ne s'égale ;
Et tout cœur infidèle est un monstre en morale.

CLITANDRE

175 Appelez-vous, madame, une infidélité
Ce que m'a de votre âme ordonné la fierté ?
Je ne fais qu'obéir aux lois qu'elle m'impose ;
Et, si je vous offense, elle seule en est cause.
Vos charmes ont d'abord possédé tout mon cœur ;
180 Il a brûlé deux ans d'une constante ardeur ;
Il n'est soins empressés, devoirs, respects, services,
Dont il ne vous ait fait d'amoureux sacrifices. [vous ;
Tous mes feux, tous mes soins ne peuvent rien sur
Je vous trouve contraire à mes vœux les plus doux ;
185 Ce que vous refusez, je l'offre au choix d'une autre.
Voyez. Est-ce madame, ou ma faute, ou la vôtre ?
Mon cœur court-il au change, ou si vous l'y poussez ?
Est-ce moi qui vous quitte, ou vous qui me chassez ?

ARMANDE

Appelez-vous, monsieur, être à vos vœux contraire
190 Que de leur arracher ce qu'ils ont de vulgaire,
Et vouloir les réduire à cette pureté
Où du parfait amour consiste la beauté ?
Vous ne sauriez pour moi tenir votre pensée
Du commerce des sens nette et débarrassée ;
195 Et vous ne goûtez point, dans ses plus doux appas,
Cette union des cœurs, où les corps n'entrent pas.
Vous ne pouvez aimer que d'une amour grossière,
Qu'avec tout l'attirail des nœuds de la matière ;
Et, pour nourrir les feux que chez vous on produit,
200 Il faut un mariage, et tout ce qui s'ensuit.
Ah ! quel étrange amour, et que les belles âmes
Sont bien loin de brûler de ces terrestres flammes !
Les sens n'ont point de part à toutes leurs ardeurs ;
Et ce beau feu ne veut marier que les cœurs.
205 Comme une chose indigne, il laisse là le reste ;
C'est un feu pur et net comme le feu céleste :
On ne pousse avec lui que d'honnêtes soupirs,
Et l'on ne penche point vers les sales désirs.
Rien d'impur ne se mêle au but qu'on se propose ;
210 On aime pour aimer, et non pour autre chose; [ports,
Ce n'est qu'à l'esprit seul que vont tous les trans-
Et l'on ne s'aperçoit jamais qu'on ait un corps.

CLITANDRE

Pour moi, par un malheur, je m'aperçois, madame,
Que j'ai, ne vous déplaise, un corps tout comme une
215 Je sens qu'il y tient trop pour le laisser à part. [âme ;
De ces détachements je ne connais point l'art ;
Le ciel m'a dénié cette philosophie,
Et mon âme et mon corps marchent de compagnie.
Il n'est rien de plus beau, comme vous avez dit,
220 Que ces vœux épurés qui ne vont qu'à l'esprit,
Ces unions de cœurs, et ces tendres pensées,
Du commerce des sens si bien débarrassées,
Mais ces amours pour moi sont trop subtilisés :
Je suis un peu grossier comme vous m'accusez ;
225 J'aime avec tout moi-même ; et l'amour qu'on me
En veut, je le confesse, à toute la personne. [donne
Ce n'est pas là matière à de grands châtiments ;
Et, sans faire de tort à vos beaux sentiments,
Je vois que, dans le monde, on suit fort ma méthode,

Et que le mariage est assez à la mode,   1230
Passe pour un lien assez honnête et doux,
Pour avoir désiré de me voir votre époux,
Sans que la liberté d'une telle pensée
Ait dû vous donner lieu d'en paraître offensée.

ARMANDE

Hé bien ! monsieur, hé bien ! puisque, sans m'écouter, 1235
Vos sentiments brutaux veulent se contenter ;
Puisque, pour vous réduire à des ardeurs fidèles,
Il faut des nœuds de chair, des chaînes corporelles,
Si ma mère le veut, je résous mon esprit
A consentir pour vous à ce dont il s'agit.   1240

CLITANDRE

Il n'est plus temps, madame, une autre a pris la place ;
Et, par un tel retour, j'aurais mauvaise grâce
De maltraiter l'asile et blesser les bontés,
Où je me suis sauvé de toutes vos fiertés,

PHILAMINTE

Mais enfin comptez-vous, monsieur, sur mon suffrage, 1245
Quand vous vous promettez cet autre mariage ?
Et, dans vos visions, savez-vous, s'il vous plaît,
Que j'ai pour Henriette un autre époux tout prêt ?

CLITANDRE

Hé ! madame, voyez votre choix, je vous prie ;
Exposez-moi, de grâce, à moins d'ignominie,   1250
Et ne me rangez pas à l'indigne destin
De me voir le rival de monsieur Trissotin.   [traire,
L'amour des beaux esprits, qui chez vous m'est con-
Ne pouvait m'opposer un moins noble adversaire.
Il en est, et plusieurs, que, pour le bel esprit,   1255
Le mauvais goût du siècle a su mettre en crédit ;
Mais monsieur Trissotin n'a pu duper personne,
Et chacun rend justice aux écrits qu'il nous donne.
Hors céans, on le prise en tous lieux ce qu'il vaut ;
Et ce qui m'a vingt fois fait tomber de mon haut,   1260
C'est de vous voir au ciel élever des sornettes
Que vous désavoueriez, si vous les aviez faites.

PHILAMINTE

Si vous jugez de lui tout autrement que nous,
C'est que nous le voyons par d'autres yeux que vous.

Scène III : Trissotin, Philaminte,
Armande, Clitandre.

TRISSOTIN, *à Philaminte.*

Je viens vous annoncer une grande nouvelle.   1265
Nous l'avons en dormant, madame, échappé belle.
Un monde près de nous a passé tout du long,
Est chu tout au travers de notre tourbillon,
Et, s'il eût en chemin rencontré notre terre,
Elle eût été brisée en morceaux comme verre.   1270

PHILAMINTE

Remettons ce discours pour une autre saison.
Monsieur n'y trouverait ni rime ni raison ;
Il fait profession de chérir l'ignorance,
Et de haïr surtout l'esprit et la science.

CLITANDRE

Cette vérité veut quelque adoucissement.   1275
Je m'explique, madame ; et je hais seulement
La science et l'esprit qui gâtent les personnes.

Ce sont choses, de soi, qui sont belles et bonnes ;
Mais j'aimerais mieux être au rang des ignorants,
1280 Que de me voir savant comme certaines gens.

TRISSOTIN

Pour moi, je ne tiens pas, quelque effet qu'on suppose,
Que la science soit pour gâter quelque chose,

CLITANDRE

Et c'est mon sentiment qu'en faits comme en propos
La science est sujette à faire de grands sots.

TRISSOTIN

Le paradoxe est fort.

CLITANDRE

1285   Sans être fort habile,
La preuve m'en serait, je pense, assez facile.
Si les raisons manquaient, je suis sûr qu'en tout cas
Les exemples fameux ne me manqueraient pas.

TRISSOTIN

Vous en pourriez citer qui ne concluraient guère.

CLITANDRE

1290 Je n'irais pas bien loin pour trouver mon affaire.

TRISSOTIN

Pour moi, je ne vois pas ces exemples fameux.

CLITANDRE

Moi, je les vois si bien qu'ils me crèvent les yeux.

TRISSOTIN

J'ai cru jusques ici que c'était l'ignorance
Qui faisait les grands sots, mais non pas la science.

CLITANDRE

1295 Vous avez cru fort mal, et je vous suis garant
Qu'un sot savant est sot plus qu'un sot ignorant.

TRISSOTIN

Le sentiment commun est contre vos maximes,
Puisque ignorant et sot sont termes synonymes.

CLITANDRE

Si vous le voulez prendre aux usages du mot.
1300 L'alliance est plus grande entre pédant et sot.

TRISSOTIN

La sottise, dans l'un, se fait voir toute pure.

CLITANDRE

Et l'étude, dans l'autre, ajoute à la nature.

TRISSOTIN

Le savoir garde en soi son mérite éminent.

CLITANDRE

Le savoir, dans un fat, devient impertinent.

TRISSOTIN   [mes,

1305 Il faut que l'ignorance ait pour vous de grands char-
Puisque pour elle ainsi vous prenez tant les armes.

CLITANDRE

Si pour moi l'ignorance a des charmes bien grands,
C'est depuis qu'à mes yeux s'offrent certains savants.

TRISSOTIN

Ces certains savants-là peuvent, à les connaître,
1310 Valoir certaines gens que nous voyons paraître.

CLITANDRE

Oui, si l'on s'en rapporte à ces certains savants ;
Mais on n'en convient pas chez ces certaines gens.

PHILAMINTE, à Clitandre.

Il me semble, monsieur...

CLITANDRE

                    Hé ! madame, de grâce ;

Monsieur est assez fort, sans qu'à son aide on passe :
Je n'ai déjà que trop d'un si rude assaillant ;   131
Et, si je me défends, ce n'est qu'en reculant.

ARMANDE

Mais l'offensante aigreur de chaque repartie
Dont vous...

CLITANDRE

        Autre second ? Je quitte la partie.

PHILAMINTE

On souffre aux entretiens ces sortes de combats,
Pourvu qu'à la personne on ne s'attaque pas.   132

CLITANDRE

Hé ! mon Dieu, tout cela n'a rien dont il s'offense ;
Il entend raillerie autant qu'homme de France ;
Et de bien d'autres traits il s'est senti piquer,
Sans que jamais sa gloire ait fait que s'en moquer.

TRISSOTIN

Je ne m'étonne pas, au combat que j'essuie,   132
De voir prendre à monsieur la thèse qu'il appuie ;
Il est fort enfoncé dans la cour, c'est tout dit.
La cour, comme l'on sait, ne tient pas pour l'esprit.
Elle a quelque intérêt d'appuyer l'ignorance ;
Et c'est en courtisan qu'il en prend la défense.   133

CLITANDRE

Vous en voulez beaucoup à cette pauvre cour ;
Et son malheur est grand de voir que chaque jour
Vous autres beaux esprits vous déclamiez contre elle ;
Que de tous vos chagrins vous lui fassiez querelle,
Et, sur son méchant goût lui faisant son procès,   133
N'accusiez que lui seul de vos méchants succès.
Permettez-moi, monsieur Trissotin, de vous dire,
Avec tout le respect que votre nom m'inspire,
Que vous feriez fort bien, vos confrères et vous,
De parler de la cour d'un ton un peu plus doux ;   134
Qu'à la bien prendre, au fond, elle n'est pas si bête
Que vous autres messieurs vous vous mettez en tête ;
Qu'elle a du sens commun pour se connaître à tout ;
Que chez elle on se peut former quelque bon goût,
Et que l'esprit du monde y vaut, sans flatterie,   134
Tout le savoir obscur de la pédanterie.

TRISSOTIN

De son bon goût, monsieur, nous voyons des effets.

CLITANDRE

Où voyez-vous, monsieur, qu'elle l'ait si mauvais ?

TRISSOTIN

Ce que je vois, monsieur, c'est que pour la science
Rasius et Baldus font honneur à la France ;   135
Et que tout leur mérite, exposé fort au jour,
N'attire point les yeux et les dons de la cour.

CLITANDRE

Je vois votre chagrin, et que, par modestie,
Vous ne vous mettez point, monsieur, de la partie ;
Et, pour ne vous point mettre aussi dans le propos, 135
Que font-ils pour l'état, vos habiles héros ?
Qu'est-ce que leurs écrits lui rendent de service,
Pour accuser la cour d'une horrible injustice,
Et se plaindre en tous lieux que sur leurs doctes noms
Elle manque à verser la faveur de ses dons ?   136
Leur savoir à la France est beaucoup nécessaire !
Et des livres qu'ils font la cour a bien affaire !

Il semble à trois gredins, dans leur petit cerveau,
Que, pour être imprimés et reliés en veau,
365 Les voilà dans l'état d'importantes personnes ;
Qu'avec leur plume ils font les destins des couronnes ;
Qu'au moindre petit bruit de leurs productions,
Ils doivent voir chez eux voler les pensions ;
Que sur eux l'univers a la vue attachée ;
370 Que partout de leur nom la gloire est épanchée ;
Et qu'en science ils sont des prodiges fameux,
Pour savoir ce qu'ont dit les autres avant eux,
Pour avoir eu trente ans des yeux et des oreilles,
Pour avoir employé neuf ou dix mille veilles
375 A se bien barbouiller de grec et de latin,
Et se charger l'esprit d'un ténébreux butin
De tous les vieux fatras qui traînent dans les livres :
Gens qui de leur savoir paraissent toujours ivres ;
Riches, pour tout mérite, en babil importun ;
380 Inhabiles à tout, vides de sens commun,
Et pleins d'un ridicule et d'une impertinence
A décrier partout l'esprit et la science.

PHILAMINTE

Votre chaleur est grande ; et cet emportement
De la nature en vous marque le mouvement.
385 C'est le nom de rival qui dans votre âme excite...

Scène IV : Trissotin, Philaminte,
Clitandre, Armande, Julien.

JULIEN

Le savant qui tantôt vous a rendu visite,
Et de qui j'ai l'honneur de me voir le valet,
Madame, vous exhorte à lire ce billet.

PHILAMINTE

Quelque important que soit ce qu'on veut que je lise,
390 Apprenez, mon ami, que c'est une sottise
De se venir jeter au travers d'un discours ;
Et qu'aux gens d'un logis il faut avoir recours,
Afin de s'introduire en valet qui sait vivre.

JULIEN

Je noterai cela, madame, dans mon livre.

PHILAMINTE

Trissotin s'est vanté, madame, qu'il épouserait votre
fille. Je vous donne avis que sa philosophie n'en
veut qu'à vos richesses, et que vous ferez bien de ne
point conclure ce mariage que vous n'ayez vu le
poème que je compose contre lui. En attendant
cette peinture, où je prétends vous le dépeindre de
toutes ses couleurs, je vous envoie Horace, Virgile,
Térence et Catulle, où vous verrez notés en marge
tous les endroits qu'il a pillés.

395 Voilà sur cet hymen que je me suis promis,
Un mérite attaqué de beaucoup d'ennemis ;
Et ce déchaînement aujourd'hui me convie
A faire une action qui confonde l'envie,
Qui lui fasse sentir que l'effort qu'elle fait
400 De ce qu'elle veut rompre aura pressé l'effet.
A Julien.
Reportez tout cela sur l'heure à votre maître,
Et lui dites qu'afin de lui faire connaître
Quel grand état je fais de ses nobles avis,

Et comme je les crois dignes d'être suivis,
Montrant Trissotin.
Dès ce soir, à monsieur je marierai ma fille.   1405
Vous, monsieur, comme ami de toute la famille,
A signer leur contrat vous pourrez assister ;
Et je vous y veux bien, de ma part, inviter.
Armande, prenez soin d'envoyer au notaire,
Et d'aller avertir votre sœur de l'affaire.   1410

ARMANDE

Pour avertir ma sœur, il n'en est pas besoin ;
Et monsieur que voilà saura prendre le soin
De courir lui porter bientôt cette nouvelle,
Et disposer son cœur à vous être rebelle.

PHILAMINTE

Nous verrons qui sur elle aura plus de pouvoir,   1415
Et si je la saurai réduire à son devoir.

ARMANDE

J'ai grand regret, monsieur, de voir qu'à vos visées
Les choses ne soient pas tout à fait disposées.

CLITANDRE

Je m'en vais travailler, madame, avec ardeur,
A ne vous point laisser ce grand regret au cœur.   1420

ARMANDE

J'ai peur que votre effort n'ait pas trop bonne issue.

CLITANDRE

Peut-être verrez-vous votre crainte déçue.

ARMANDE

Je le souhaite ainsi.

CLITANDRE

                    J'en suis persuadé,
Et que de votre appui je serai secondé.

ARMANDE

Oui, je vais vous servir de toute ma puissance.   1425

CLITANDRE

Et ce service est sûr de ma reconnaissance.

Scène V : Chrysale, Ariste, Henriette,
Clitandre.

CLITANDRE

Sans votre appui, monsieur, je serai malheureux ;
Madame votre femme a rejeté mes vœux,
Et son cœur prévenu veut Trissotin pour gendre.

CHRYSALE

Mais quelle fantaisie a-t-elle donc pu prendre ?   1430
Pourquoi diantre vouloir ce monsieur Trissotin ?

ARISTE

C'est par l'honneur qu'il a de rimer à latin,
Qu'il a sur son rival emporté l'avantage.

CLITANDRE

Elle veut dès ce soir faire ce mariage.

CHRYSALE

Dès ce soir ?

CLITANDRE

            Dès ce soir.

CHRYSALE

                        Et dès ce soir je veux,   1435
Pour la contrecarrer, vous marier vous deux.

CLITANDRE

Pour dresser le contrat, elle envoie au notaire.

CHRYSALE

Et je vais le quérir pour celui qu'il doit faire.

CLITANDRE, *montrant Henriette.*

Et madame doit être instruite, par sa sœur,
1440 De l'hymen où l'on veut qu'elle apprête son cœur.

CHRYSALE

Et moi, je lui commande, avec pleine puissance,
De préparer sa main à cette autre alliance.
Ah ! je leur ferai voir si, pour donner la loi,
Il est dans ma maison d'autre maître que moi.
A Henriette.
1445 Nous allons revenir : songez à nous attendre.
Allons, suivez mes pas, mon frère, et vous, mon gen-

HENRIETTE, *à Ariste.* [dre.

Hélas ! dans cette humeur conservez-le toujours.

ARISTE

J'emploierai toute chose à servir vos amours.

CLITANDRE [me,

Quelque secours puissant qu'on promette à ma flam-
1450 Mon plus solide espoir, c'est votre cœur, madame.

HENRIETTE

Pour mon cœur, vous pouvez vous assurer de lui.

CLITANDRE

Je ne puis qu'être heureux quand j'aurai son appui.

HENRIETTE

Vous voyez à quels nœuds on prétend le contraindre.

CLITANDRE

Tant qu'il sera pour moi, je ne vois rien à craindre.

HENRIETTE

1455 Je vais tout essayer pour nos vœux les plus doux ;
Et si tous mes efforts ne me donnent à vous,
Il est une retraite où notre âme se donne,
Qui m'empêchera d'être à toute autre personne.

CLITANDRE

Veuille le juste ciel me garder en ce jour
1460 De recevoir de vous cette preuve d'amour !

ACTE CINQUIEME

Scène 1 : Henriette, Trissotin.

HENRIETTE

C'est sur le mariage où ma mère s'apprête
Que j'ai voulu, monsieur, vous parler tête à tête ;
Et j'ai cru, dans le trouble où je vois la maison,
Que je pourrais vous faire écouter la raison.
1465 Je sais qu'avec mes vœux vous me jugez capable
De vous porter en dot un bien considérable :
Mais l'argent, dont on voit tant de gens faire cas,
Pour un vrai philosophe a d'indignes appas ;
Et le mépris du bien et des grandeurs frivoles
1470 Ne doit point éclater dans vos seules paroles.

TRISSOTIN

Aussi n'est-ce point là ce qui me charme en vous ;
Et vos brillants attraits, vos yeux perçants et doux,
Votre grâce et votre air, sont les biens, les richesses,
Qui vous ont attiré mes vœux et mes tendresses :
1475 C'est de ces seuls trésors que je suis amoureux.

HENRIETTE

Je suis fort redevable à vos feux généreux.
Cet obligeant amour a de quoi me confondre,
Et j'ai regret, monsieur, de n'y pouvoir répondre.
Je vous estime autant qu'on saurait estimer ;
Mais je trouve un obstacle à vous pouvoir aimer. 148
Un cœur, vous le savez, à deux ne saurait être,
Et je sens que du mien Clitandre s'est fait maître.
Je sais qu'il a bien moins de mérite que vous,
Que j'ai de méchants yeux pour le choix d'un époux ;
Que par cent beaux talents vous devriez me plaire : 148
Je vois bien que j'ai tort, mais je n'y puis que faire ;
Et tout ce que sur moi peut le raisonnement,
C'est de me vouloir mal d'un tel aveuglement.

TRISSOTIN

Le don de votre main, où l'on me fait prétendre,
Me livrera ce cœur que possède Clitandre ; 149
Et par mille doux soins j'ai lieu de présumer
Que je pourrai trouver l'art de me faire aimer.

HENRIETTE

Non : à ses premiers vœux mon âme est attachée,
Et ne peut de vos soins, monsieur, être touchée.
Avec vous librement j'ose ici m'expliquer, 149
Et mon aveu n'a rien qui vous doive choquer.
Cette amoureuse ardeur, qui dans les cœurs s'excite,
N'est point, comme l'on sait, un effet du mérite :
Le caprice y prend part ; et, quand quelqu'un nous plaît,
Souvent nous avons peine à dire pourquoi c'est. 150
Si l'on aimait, monsieur, par choix et par sagesse,
Vous auriez tout mon cœur et toute ma tendresse ;
Mais on voit que l'amour se gouverne autrement.
Laissez-moi, je vous prie, à mon aveuglement,
Et ne vous servez point de cette violence 1505
Que pour vous on veut faire à mon obéissance.
Quand on est honnête homme, on ne veut rien devoir
A ce que des parents ont sur nous de pouvoir.
On répugne à se faire immoler ce qu'on aime,
Et l'on veut n'obtenir un cœur que de lui-même. 1510
Ne poussez point ma mère à vouloir, par son choix,
Exercer sur mes vœux la rigueur de ses droits.
Otez-moi votre amour, et portez à quelque autre
Les hommages d'un cœur aussi cher que le vôtre.

TRISSOTIN

Le moyen que ce cœur puisse vous contenter ? 1515
Imposez-lui des lois qu'il puisse exécuter.
De ne vous point aimer peut-il être capable,
A moins que vous cessiez, madame, d'être aimable,
Et d'étaler aux yeux les célestes appas...

HENRIETTE

Hé ! monsieur, laissons là ce galimatias. 1520
Vous avez tant d'Iris, de Philis, d'Amarantes,
Que partout dans vos vers vous peignez si charmantes,
Et pour qui vous jurez tant d'amoureuse ardeur...

TRISSOTIN

C'est mon esprit qui parle, et ce n'est pas mon cœur.
D'elles on ne me voit amoureux qu'en poète ; 1525
Mais j'aime tout de bon l'adorable Henriette.

HENRIETTE

Hé ! de grâce, monsieur...

TRISSOTIN

Si c'est vous offenser,
Mon offense envers vous n'est pas prête à cesser.
Cette ardeur, jusqu'ici de vos yeux ignorée,
30 Vous consacre des vœux d'éternelle durée.
Rien n'en peut arrêter les aimables transports ;
Et, bien que vos beautés condamnent mes efforts,
Je ne puis refuser le secours d'une mère
Qui prétend couronner une flamme si chère ;
35 Et, pourvu que j'obtienne un bonheur si charmant,
Pourvu que je vous aie, il n'importe comment.

HENRIETTE

Mais savez-vous qu'on risque un peu plus qu'on ne
A vouloir sur un cœur user de violence ;   [pense,
Qu'il ne fait pas bien sûr, à vous le trancher net,
40 D'épouser une fille en dépit qu'elle en ait ;
Et qu'elle peut aller, en se voyant contrainte,
A des ressentiments que le mari doit craindre ?

TRISSOTIN

Un tel discours n'a rien dont je sois altéré ;
A tous événements le sage est préparé.
45 Guéri, par la raison, des faiblesses vulgaires,
Il se met au-dessus de ces sortes d'affaires,
Et n'a garde de prendre aucune ombre d'ennui
De tout ce qui n'est pas pour dépendre de lui.

HENRIETTE

En vérité, monsieur, je suis de vous ravie ;
50 Et je ne pensais pas que la philosophie
Fût si belle qu'elle est, d'instruire ainsi les gens
A porter constamment de pareils accidents.
Cette fermeté d'âme, à vous si singulière,
Mérite qu'on lui donne une illustre matière,
55 Est digne de trouver qui prenne avec amour
Les soins continuels de la mettre en son jour ;
Et, comme à dire vrai, je n'oserais me croire
Bien propre à lui donner tout l'éclat de sa gloire,
Je le laisse à quelque autre, et vous jure entre nous,
60 Que je renonce au bien de vous voir mon époux.

TRISSOTIN, *en sortant.*

Nous allons voir bientôt comment ira l'affaire ;
Et l'on a là-dedans fait venir le notaire.

*Scène II : Chrysale, Clitandre,
Henriette, Martine.*

CHRYSALE

Ah ! ma fille, je suis bien aise de vous voir ;
65 Allons, venez-vous-en faire votre devoir
Et soumettre vos vœux aux volontés d'un père.
Je veux, je veux apprendre à vivre à votre mère,
Et, pour la mieux braver, voilà, malgré ses dents,
Martine que j'amène et rétablis céans.

HENRIETTE

Vos résolutions sont dignes de louange.
70 Gardez que cette humeur, mon père, ne vous change :
Soyez ferme à vouloir ce que vous souhaitez ;
Et ne vous laissez point séduire à vos bontés.
Ne vous relâchez pas, et faites bien en sorte
D'empêcher que sur vous ma mère ne l'emporte.

CHRYSALE

Comment ! me prenez-vous ici pour un benêt !   1575

HENRIETTE

M'en préserve le ciel !

CHRYSALE

Suis-je un fat, s'il vous plaît ?

HENRIETTE

Je ne dis pas cela.

CHRYSALE

Me croit-on incapable
Des fermes sentiments d'un homme raisonnable ?

HENRIETTE

Non, mon père.

CHRYSALE

Est-ce donc qu'à l'âge où je me vois
Je n'aurais pas l'esprit d'être maître chez moi ?   1580

HENRIETTE

Si fait.

CHRYSALE

Et que j'aurais cette faiblesse d'âme
De me laisser mener par le nez à ma femme ?

HENRIETTE

Eh ! non, mon père.

CHRYSALE

Ouais ! Qu'est-ce donc que ceci ?
Je vous trouve plaisante à me parler ainsi !

HENRIETTE

Si je vous ai choqué, ce n'est pas mon envie.   1585

CHRYSALE

Ma volonté céans doit être en tout suivie.

HENRIETTE

Fort bien, mon père.

CHRYSALE

Aucun, hors moi, dans la maison
N'a droit de commander.

HENRIETTE

Oui ; vous avez raison.

CHRYSALE

C'est moi qui tiens le rang de chef de la famille.

HENRIETTE

D'accord.

CHRYSALE

C'est moi qui dois disposer de ma fille.   1590

HENRIETTE

Eh ! oui.

CHRYSALE

Le ciel me donne un plein pouvoir sur vous.

HENRIETTE

Qui vous dit le contraire ?

CHRYSALE

Et, pour prendre un époux,
Je vous ferai bien voir que c'est à votre père
Qu'il vous faut obéir, non pas à votre mère.

HENRIETTE

Hélas ! vous flattez là les plus doux de mes vœux ;   1595
Veuillez être obéi, c'est tout ce que je veux.

CHRYSALE

Nous verrons si ma femme à mes désirs rebelle...

CLITANDRE

La voici qui conduit le notaire avec elle.

CHRYSALE
Secondez-moi bien tous.

MARTINE
Laissez-moi. J'aurai soin
1600 De vous encourager, s'il en est de besoin.

Scène III : Philaminte, Bélise, Armande,
Trissotin, un Notaire, Chrysale,
Clitandre, Henriette, Martine.

PHILAMINTE, au Notaire.
Vous ne sauriez changer votre style sauvage,
Et nous faire un contrat qui soit en beau langage ?

LE NOTAIRE
Notre style est très bon, et je serais un sot,
Madame, de vouloir y changer un seul mot.

BÉLISE
1605 Ah ! quelle barbarie au milieu de la France !
Mais au moins en faveur, monsieur, de la science,
Veuillez, au lieu d'écus, de livres, et de francs,
Nous exprimer la dot en mines et talents,
Et dater par les mots d'ides et de calendes.

LE NOTAIRE
1610 Moi ? Si j'allais, madame, accorder vos demandes,
Je me ferais siffler de tous mes compagnons.

PHILAMINTE
De cette barbarie en vain nous nous plaignons.
Allons, monsieur, prenez la table pour écrire.
Apercevant Martine.
Ah ! ah ! cette impudente ose encor se produire ?
1615 Pourquoi donc, s'il vous plaît, la ramener chez moi ?

CHRYSALE
Tantôt avec loisir on vous dira pourquoi.
Nous avons maintenant autre chose à conclure.

LE NOTAIRE
Procédons au contrat. Où donc est la future ?

PHILAMINTE
Celle que je marie est la cadette.

LE NOTAIRE
Bon.

CHRYSALE, montrant Henriette.
1620 Oui, la voilà, monsieur ; Henriette est son nom.

LE NOTAIRE
Fort bien. Et le futur ?

PHILAMINTE, montrant Trissotin.
L'époux que je lui donne
Est monsieur.

CHRYSALE, montrant Clitandre.
Et celui, moi, qu'en propre personne
Je prétends qu'elle épouse, est monsieur.

LE NOTAIRE
Deux époux !
C'est trop pour la coutume.

PHILAMINTE, au Notaire.
Où vous arrêtez-vous ?
1625 Mettez, mettez, monsieur, Trissotin pour mon gen-

CHRYSALE [dre
Pour mon gendre, mettez, mettez, monsieur, Clitan-

LE NOTAIRE [dre.
Mettez-vous donc d'accord, et d'un jugement mûr,

Voyez à convenir entre vous du futur.

PHILAMINTE
Suivez, suivez, monsieur, le choix où je m'arrête.

CHRYSALE
Faites, faites, monsieur, les choses à ma tête.   16

LE NOTAIRE
Dites-moi donc à qui j'obéirai des deux.

PHILAMINTE, à Chrysale.
Quoi donc ? Vous combattez les choses que je veux !

CHRYSALE
Je ne saurais souffrir qu'on ne cherche ma fille
Que pour l'amour du bien qu'on voit dans ma famille.

PHILAMINTE
Vraiment, à votre bien on songe bien ici !   16
Et c'est là, pour un sage, un fort digne souci !

CHRYSALE
Enfin, pour son époux, j'ai fait choix de Clitandre.

PHILAMINTE, montrant Trissotin.
Et moi, pour son époux voici qui je veux prendre.
Mon choix sera suivi ; c'est un point résolu.

CHRYSALE
Ouais ! Vous le prenez là d'un ton bien absolu.   16

MARTINE
Ce n'est point à la femme à prescrire, et je sommes
Pour céder le dessus en toute chose aux hommes.

CHRYSALE
C'est bien dit.

MARTINE
Mon congé cent fois me fût-il hoc,
La poule ne doit point chanter devant le coq.

CHRYSALE
Sans doute.

MARTINE
Et nous voyons que d'un homme on se gausse,   16
Quand sa femme chez lui porte le haut-de-chausse.

CHRYSALE
Il est vrai.

MARTINE
Si j'avais un mari, je le dis,
Je voudrais qu'il se fît le maître du logis :
Je ne l'aimerais point s'il faisait le jocrisse ;
Et si je contestais contre lui par caprice,   16:
Si je parlais trop haut, je trouverais fort bon
Qu'avec quelques soufflets il rabaissât mon ton.

CHRYSALE
C'est parler comme il faut.

MARTINE
Monsieur est raisonnable
De vouloir pour sa fille un mari convenable.

CHRYSALE
Oui.

MARTINE
Par quelle raison, jeune et bien fait qu'il est,   16:
Lui refuser Clitandre ? Et pourquoi, s'il vous plaît,
Lui bailler un savant qui sans cesse épilogue ?
Il lui faut un mari, non pas un pédagogue ;
Et, ne voulant savoir le grais ni le latin,
Elle n'a pas besoin de monsieur Trissotin.   16

CHRYSALE
Fort bien.

PHILAMINTE

Il faut souffrir qu'elle jase à son aise.

MARTINE

Les savants ne sont bons que pour prêcher en chaise ;
Et pour mon mari, moi, mille fois je l'ai dit,
Je ne voudrais jamais prendre un homme d'esprit.
65 L'esprit n'est point du tout ce qu'il faut en ménage.
Les livres cadrent mal avec le mariage ;
Et je veux, si jamais on engage ma foi,
Un mari qui n'ait point d'autre livre que moi,
Qui ne sache A ne B, n'en déplaise à madame,
70 Et ne soit, en un mot, docteur que pour sa femme.

PHILAMINTE, à Chrysale.

Est-ce fait ? et, sans trouble, ai-je assez écouté
Votre digne interprète ?

CHRYSALE

Elle a dit vérité.

PHILAMINTE

Et moi, pour trancher court toute cette dispute,
Il faut qu'absolument mon désir s'exécute.

Montrant Trissotin.

75 Henriette et monsieur seront joints de ce pas :
Je l'ai dit, je le veux ; ne me répliquez pas.
Et, si votre parole à Clitandre est donnée,
Offrez-lui le parti d'épouser son aînée.

CHRYSALE

Voilà dans cette affaire un accommodement.

A Henriette et à Clitandre.

80 Voyez : y donnez-vous votre consentement ?

HENRIETTE

Hé ! mon père...

CLITANDRE, à Chrysale.

Hé ! monsieur...

BÉLISE

On pourrait bien lui faire
Des propositions qui pourraient mieux lui plaire :
Mais nous établissons une espèce d'amour
Qui doit être épuré comme l'astre du jour :
85 La substance qui pense y peut être reçue ;
Mais nous en bannissons la substance étendue.

Scène IV : Ariste, Chrysale, Philaminte,
Bélise, Henriette, Armande, Trissotin,
un Notaire, Clitandre, Martine.

ARISTE

J'ai regret de troubler un mystère joyeux,
Par le chagrin qu'il faut que j'apporte en ces lieux.
Ces deux lettres me font porteur de deux nouvelles
90 Dont j'ai senti pour vous les atteintes cruelles.

A Philaminte.

L'une, pour vous, me vient de votre procureur ;

A Chrysale.

L'autre, pour vous, me vient de Lyon.

PHILAMINTE

Quel malheur
Digne de nous troubler pourrait-on nous écrire ?

ARISTE

Cette lettre en contient un que vous pouvez lire.

PHILAMINTE

Madame, j'ai prié monsieur votre frère de vous
rendre cette lettre, qui vous dira ce que je n'ai osé
vous aller dire. La grande négligence que vous avez
pour vos affaires a été cause que le clerc de votre
rapporteur ne m'a point averti, et vous avez perdu
absolument votre procès, que vous deviez gagner.

CHRYSALE, à Philaminte.

Votre procès perdu !

PHILAMINTE, à Chrysale.

Vous vous troublez beaucoup ! 1695
Mon cœur n'est point du tout ébranlé de ce coup.
Faites, faites paraître une âme moins commune
A braver, comme moi, les traits de la fortune.

Le peu de soin que vous avez vous coûte qua-
rante mille écus ; et c'est à payer cette somme, avec
les dépens, que vous êtes condamnée par arrêt de
la cour.

Condamnée ? Ah ! ce mot est choquant, et n'est fait
Que pour les criminels.

ARISTE

Il a tort, en effet ; 1700
Et vous vous êtes là justement récriée.
Il devait avoir mis que vous êtes priée,
Par arrêt de la cour, de payer au plus tôt
Quarante mille écus, et les dépens qu'il faut.

PHILAMINTE

Voyons l'autre.

CHRYSALE

Monsieur, l'amitié qui me lie à monsieur votre
frère me fait prendre intérêt à tout ce qui vous
touche. Je sais que vous avez mis votre bien entre
les mains d'Argante et de Damon ; et je vous donne
avis qu'en même jour ils ont fait tous deux ban-
queroute.

O ciel ! tout à la fois perdre ainsi tout mon bien ! 1705

PHILAMINTE, à Chrysale.

Ah ! quel honteux transport ! Fi ! tout cela n'est rien :
Il n'est pour le vrai sage aucun revers funeste ;
Et, perdant toute chose, à soi-même il se reste.
Achevons notre affaire, et quittez votre ennui.

Montrant Trissotin.

Son bien nous peut suffire et pour nous et pour lui. 1710

TRISSOTIN

Non, madame : cessez de presser cette affaire.
Je vois qu'à cet hymen tout le monde est contraire ;
Et mon dessein n'est point de contraindre les gens.

PHILAMINTE

Cette réflexion vous vient en peu de temps ;
Elle suit de bien près, monsieur, notre disgrâce. 1715

TRISSOTIN

De tant de résistance à la fin je me lasse.
J'aime mieux renoncer à tout cet embarras,
Et ne veux point d'un cœur qui ne se donne pas.

PHILAMINTE

Je vois, je vois de vous, non pas pour votre gloire,
Ce que jusques ici j'ai refusé de croire. 1720

TRISSOTIN

Vous pouvez voir de moi tout ce que vous voudrez,
Et je regarde peu comment vous le prendrez :

Mais je ne suis point homme à souffrir l'infamie
Des refus offensants qu'il faut qu'ici j'essuie.
1725 Je vaux bien que de moi l'on fasse plus de cas ;
Et je baise les mains à qui ne me veut pas.

PHILAMINTE

Qu'il a bien découvert son âme mercenaire !
Et que peu philosophe est ce qu'il vient de faire !

CLITANDRE

Je ne me vante point de l'être ; mais enfin
1730 Je m'attache, madame, à tout votre destin ;
Et j'ose vous offrir, avecque ma personne,
Ce qu'on sait que de bien la fortune me donne.

PHILAMINTE

Vous me charmez, monsieur, par ce trait généreux,
Et je veux couronner vos désirs amoureux.
1735 Oui, j'accorde Henriette à l'ardeur empressée...

HENRIETTE

Non, ma mère : je change à présent de pensée.
Souffrez que je résiste à votre volonté.

CLITANDRE

Quoi ! vous vous opposez à ma félicité !
Et, lorsqu'à mon amour je vois chacun se rendre...

HENRIETTE

1740 Je sais le peu de bien que vous avez, Clitandre ;
Et je vous ai toujours souhaité pour époux,
Lorsqu'en satisfaisant à mes vœux les plus doux
J'ai vu que mon hymen ajustait vos affaires ;
Mais lorsque nous avons les destins si contraires,
1745 Je vous chéris assez, dans cette extrémité,
Pour ne vous charger point de notre adversité.

CLITANDRE

Tout destin avec vous me peut être agréable ;
Tout destin me serait sans vous insupportable.

HENRIETTE

L'amour, dans son transport, parle toujours ainsi.
1750 Des retours importuns évitons le souci.
Rien n'use tant l'ardeur de ce nœud qui nous lie,
Que les fâcheux besoins des choses de la vie ;

Et l'on en vient souvent à s'accuser tous deux
De tous les noirs chagrins qui suivent de tels feux.

ARISTE, à Henriette.

N'est-ce que le motif que nous venons d'entendre 17
Qui vous fait résister à l'hymen de Clitandre ?

HENRIETTE

Sans cela, vous verriez tout mon cœur y courir :
Et je ne fuis sa main que pour le trop chérir.

ARISTE

Laissez-vous donc lier par des chaînes si belles.
Je ne vous ai porté que de fausses nouvelles ;   17
Et c'est un stratagème, un surprenant secours,
Que j'ai voulu tenter pour servir vos amours,
Pour détromper ma sœur, et lui faire connaître
Ce que son philosophe à l'essai pouvait être.

CHRYSALE

Le ciel en soit loué !

PHILAMINTE

                    J'en ai la joie au cœur,   17
Par le chagrin qu'aura ce lâche déserteur.
Voilà le châtiment de sa basse avarice,
De voir qu'avec éclat cet hymen s'accomplisse.

CHRYSALE, à Clitandre.

Je le savais bien, moi, que vous l'épouseriez.

ARMANDE, à Philaminte.

Ainsi donc à leurs vœux vous me sacrifiez ?   17

PHILAMINTE

Ce ne sera point vous que je leur sacrifie ;
Et vous avez l'appui de la philosophie,
Pour voir d'un œil content couronner leur ardeur.

BÉLISE

Qu'il prenne garde au moins que je suis dans son cœur :
Par un prompt désespoir souvent on se marie,   17
Qu'on s'en repent après tout le temps de sa vie.

CHRYSALE, au Notaire.

Allons, monsieur, suivez l'ordre que j'ai prescrit,
Et faites le contrat ainsi que je l'ai dit.

LE MALADE IMAGINAIRE

COMÉDIE

« Mêlée de musique et de danses, représentée pour la première fois sur le théâtre de la salle du Palais-Royal le 10e février 1673, par la Troupe du Roi. » Le prologue témoigne que cette « Pièce nouvelle et dernière de M. de Molière », comme porte le registre de La Grange, au-dessus du losange noir qui endeuille la date de la quatrième représentation, le 17 février, avait été conçue pour être jouée, d'abord, devant le Roi « pour le délasser de ses nobles travaux ». Mais, avant Noël 1672, Molière sut que c'était là vain projet. Le Roi lui retirait sa faveur au profit de l'intrigant Lulli, à qui un privilège exorbitant accordait non seulement le monopole des spectacles « mêlés de musique et de danses » à venir, mais encore, en fait, le droit de spolier Molière de toute une part de son œuvre antérieure. Louis XIV ne vit le Malade imaginaire que le 19 juillet 1674, à Versailles. Hélas ! ce n'était plus Molière qui jouait Argan.

Le 17 février 1673 — anniversaire, jour pour jour, de la mort de Madeleine Béjart — il s'était contraint à assurer la représentation, malgré les objurgations d'Armande et de Baron, bouleversés par la fatigue qu'il accusait. « Je vois bien qu'il me faut quitter la partie » ; cette partie, avait-il répondu aux affectueuses prévenances de Boileau, que c'était pour lui « un honneur à ne pas quitter ». Et puis, dit-il à Armande et Baron, « il y a cinquante pauvres ouvriers qui n'ont que leur journée pour vivre... Je me reprocherais d'avoir négligé de leur donner du pain un seul jour, le pouvant faire absolument. »

Il exigea simplement de ses comédiens qu'ils fussent prêts pour le lever de rideau à quatre heures précises. Il peina. Dans la scène du juro, en prononçant ce mot, il fut pris d'une convulsion dont la moitié des spectateurs s'aperçut et qu'il feignit aussitôt de transformer en rire. On sait la suite et la fin : « Ce même jour, après la comédie, sur les dix heures du soir, M. de Molière mourut dans sa maison, rue de Richelieu... »

Les circonstances de cette mort allaient déchaîner un flot d'épigrammes haineuses dont le ton est donné par celle-ci :

> Ci-gît un illustre bouffon
> Qui n'a pu si bien contrefaire
> Le malade imaginaire
> Qu'il a fait le mort tout de bon.

Chapelle, Robinet, Donneau de Visé : « Il était tout comédien depuis les pieds jusqu'à la tête » ;
La Fontaine :

> Sous ce tombeau gisent Plaute et Térence
> Et cependant le seul Molière y gît.

Boileau, dans son Épître à Racine (1677) et même le comédien Brécourt, de qui l'Hôtel de Bourgogne eut l'élégance de jouer un acte, l'Ombre de Molière, réparèrent ces outrages. Deux hommes d'Eglise, le Père Bouhours, puis le Père Rapin, s'honoreront en s'associant à l'hommage rendu à celui pour qui le prêtre n'avait pas daigné se déranger.

Le Malade imaginaire — que Gide tenait pour le chef-d'œuvre de Molière — compte environ quinze cents représentations à la Comédie-Française.

PERSONNAGES

ARGAN, malade imaginaire (Molière).

BÉLINE, seconde femme d'Argan.

ANGÉLIQUE, fille d'Argan et amante de Cléante (Mlle Molière).

LOUISON, petite fille d'Argan et sœur d'Angélique (la petite Beauval).

BÉRALDE, frère d'Argan.

CLÉANTE, amant d'Angélique (La Grange).

MONSIEUR DIAFOIRUS, médecin.

THOMAS DIAFOIRUS, son fils, et amant d'Angélique (Beauval).

MONSIEUR PURGON, médecin d'Argan.

MONSIEUR FLEURANT, apothicaire.

MONSIEUR BONNEFOY, notaire.

TOINETTE, servante (Mlle Beauval).

LA SCÈNE EST A PARIS.

PROLOGUE

Après les glorieuses fatigues et les exploits victorieux de notre auguste monarque, il est bien juste que tous ceux qui se mêlent d'écrire travaillent ou à ses louanges, ou à son divertissement. C'est ce qu'ici l'on a voulu faire ; et ce prologue est un essai des louanges de ce grand prince, qui donne entrée à la comédie du *Malade imaginaire*, dont le projet a été fait pour le délasser de ses nobles travaux.

LE THÉÂTRE REPRÉSENTE UN LIEU CHAMPÊTRE,
ET NÉANMOINS FORT AGRÉABLE.

EGLOGUE
EN MUSIQUE ET EN DANSE.

Flore, Pan, Climène, Daphné,
Tircis, Dorilas, Deux Zéphyrs,
Troupe de bergères et de bergers.

FLORE
Quittez, quittez vos troupeaux ;
Venez, bergers, venez, bergères ;
Accourez, accourez sous ces tendres ormeaux :
Je viens vous annoncer des nouvelles bien chères,
Et réjouir tous ces hameaux.
Quittez, quittez vos troupeaux ;
Venez, bergers, venez, bergères ;
Accourez, accourez sous ces tendres ormeaux.
CLIMÈNE, *à Tircis*, ET DAPHNÉ, *à Dorilas.*
Berger, laissons là tes feux :
Voilà Flore qui nous appelle.
TIRCIS, *à Climène*, ET DORILAS, *à Daphné.*
Mais au moins, dis-moi, cruelle,
TIRCIS
Si d'un peu d'amitié tu payeras mes vœux ?
DORILAS
Si tu seras sensible à mon ardeur fidèle ?
CLIMÈNE ET DAPHNÉ
Voilà Flore qui nous appelle.
TIRCIS ET DORILAS
Ce n'est qu'un mot, un mot, un seul mot que je
TIRCIS　　　　　　　　　　　[veux.
Languirai-je toujours dans ma peine mortelle ?
DORILAS
Puis-je espérer qu'un jour tu me rendras heureux ?
CLIMÈNE ET DAPHNÉ
Voilà Flore qui nous appelle.

PREMIÈRE ENTRÉE DE BALLET

Toute la troupe des bergers et des bergères va se placer en cadence autour de Flore.

CLIMÈNE
Quelle nouvelle parmi nous,
Déesse, doit jeter tant de réjouissance ?

DAPHNÉ
Nous brûlons d'apprendre de vous
Cette nouvelle d'importance.
DORILAS
D'ardeur nous en soupirons tous.
CLIMÈNE, DAPHNÉ, TIRCIS, DORILAS
Nous en mourons d'impatience.
FLORE
La voici ; silence, silence !
Vos vœux sont exaucés, LOUIS est de retour ;
Il ramène en ces lieux les plaisirs et l'amour,
Et vous voyez finir vos mortelles alarmes.
Par ses vastes exploits son bras voit tout soumis :
Il quitte les armes,
Faute d'ennemis.

CHŒUR
Ah ! quelle douce nouvelle !
Qu'elle est grande ! qu'elle est belle !
Que de plaisirs ! que de ris ! que de jeux !
Que de succès heureux !
Et que le ciel a bien rempli nos vœux !
Ah ! quelle douce nouvelle !
Qu'elle est grande ! qu'elle est belle !

DEUXIÈME ENTRÉE DE BALLET

Tous les bergers et bergères expriment par des danses, les transports de leur joie.

FLORE
De vos flûtes bocagères
Réveillez les plus beaux sons ;
LOUIS offre à vos chansons
La plus belle des matières.
Après cent combats
Où cueille son bras
Une ample victoire,
Formez, entre vous,
Cent combats plus doux,
Pour chanter sa gloire.
CHŒUR
Formons, entre nous,
Cent combats plus doux,
Pour chanter sa gloire.
FLORE
Mon jeune amant, dans ce bois,
Des présents de mon empire,
Prépare un prix à la voix
Qui saura le mieux nous dire
Les vertus et les exploits
Du plus auguste des rois.
CLIMÈNE
Si Tircis a l'avantage,
DAPHNÉ
Si Dorilas est vainqueur,
CLIMÈNE
A le chérir je m'engage.
DAPHNÉ
Je me donne à son ardeur.
TIRCIS
O trop chère espérance !

DORILAS

O mot plein de douceur !

TIRCIS ET DORILAS

Plus beau sujet, plus belle récompense
Peuvent-ils animer un cœur ?

*Les violons jouent un air pour animer les deux
bergers au combat, tandis que Flore, comme juge,
va se placer au pied d'un bel arbre qui est au
milieu du théâtre, avec deux zéphyrs, et que le
reste, comme spectateurs, va occuper les deux
côtés de la scène.*

TIRCIS

Quand la neige fondue enfle un torrent fameux,
Contre l'effort soudain de ses flots écumeux
        Il n'est rien d'assez solide ;
    Digues, châteaux, villes et bois,
    Hommes et troupeaux à la fois,
    Tout cède au courant qui le guide :
        Tel, et plus fier et plus rapide,
        Marche LOUIS dans ses exploits.

TROISIÈME ENTRÉE DE BALLET

*Les bergers et bergères du côté de Tircis dansent
autour de lui, sur une ritournelle, pour exprimer
leurs applaudissements.*

DORILAS

Le foudre menaçant qui perce avec fureur
L'affreuse obscurité de la nue enflammée
        Fait, d'épouvante et d'horreur,
        Trembler le plus ferme cœur ;
    Mais, à la tête d'une armée,
    LOUIS jette plus de terreur.

QUATRIÈME ENTRÉE DE BALLET

*Les bergers et bergères du côté de Dorilas font de
même que les autres.*

TIRCIS

Des fabuleux exploits que la Grèce a chantés,
Par un brillant amas de belles vérités,
        Nous voyons la gloire effacée ;
        Et tous ces fameux demi-dieux
        Que vante l'histoire passée
        Ne sont point à notre pensée
        Ce que LOUIS est à nos yeux.

CINQUIÈME ENTRÉE DE BALLET

*Les bergers et bergères du côté de Tircis font
encore la même chose.*

DORILAS

LOUIS fait à nos temps, par ses faits inouïs,
Croire à tous les beaux faits que nous chante
        Des siècles évanouis ;   [l'histoire
    Mais nos neveux, dans leur gloire,
    N'auront rien qui fasse croire
    Tous les beaux faits de LOUIS.

SIXIÈME ENTRÉE DE BALLET

*Les bergers et bergères du côté de Dorilas font
encore de même.*

SEPTIÈME ENTRÉE DE BALLET

*Les bergers et bergères du côté de Tircis et de
celui de Dorilas se mêlent et dansent ensemble.*

PAN

Laissez, laissez, bergers, ce dessein téméraire ;
        Hé ! que voulez-vous faire ?
        Chanter sur vos chalumeaux
        Ce qu'Apollon sur sa lyre,
        Avec ses chants les plus beaux,
        N'entreprendrait pas de dire ?
C'est donner trop d'essor au feu qui vous inspire,
C'est monter vers les cieux sur des ailes de cire,
        Pour tomber dans le fond des eaux.

Pour chanter de LOUIS l'intrépide courage,
    Il n'est point d'assez docte voix,
Point de mots assez grands pour en tracer l'image :
        Le silence est le langage
        Qui doit louer ses exploits.
Consacrez d'autres soins à sa pleine victoire ;
Vos louanges n'ont rien qui flatte ses désirs :
        Laissez, laissez là sa gloire ;
        Ne songez qu'à ses plaisirs.

CHŒUR

    Laissons, laissons là sa gloire ;
    Ne songeons qu'à ses plaisirs.

FLORE, *à Tircis et à Dorilas.*

Bien que pour étaler ses vertus immortelles
        La force manque à vos esprits,
Ne laissez pas tous deux de recevoir le prix :
        Dans les choses grandes et belles,
        Il suffit d'avoir entrepris.

HUITIÈME ENTRÉE DE BALLET

*Les deux zéphyrs dansent avec deux couronnes de
fleurs à la main, qu'ils viennent donner ensuite
aux deux bergers.*

CLIMÈNE ET DAPHNÉ, *donnant la main
à leurs amants.*

        Dans les choses grandes et belles,
        Il suffit d'avoir entrepris.

TIRCIS ET DORILAS

Ah ! que d'un doux succès notre audace est suivie !

FLORE ET PAN

Ce qu'on fait pour LOUIS, on ne le perd jamais.

CLIMÈNE, DAPHNÉ, TIRCIS, DORILAS

Au soin de ses plaisirs donnons-nous désormais.

FLORE ET PAN

Heureux, heureux qui peut lui consacrer sa vie !

CHŒUR

        Joignons tous dans ces bois
        Nos flûtes et nos voix :
        Ce jour nous y convie,
Et faisons aux échos redire mille fois :

LOUIS est le plus grand des rois ;
Heureux, heureux qui peut lui consacrer sa vie !

NEUVIÈME ENTRÉE DE BALLET

Faunes, bergers et bergères, tous se mêlent, et il se fait entre eux des jeux de danse, après quoi ils se vont préparer pour la comédie.

AUTRE PROLOGUE

LE THÉÂTRE REPRÉSENTE UNE FORÊT.

UNE BERGÈRE, *chantant.*

Votre plus haut savoir n'est que pure chimère,
Vains et peu sages médecins ;
Vous ne pouvez guérir, par vos grands mots latins,
La douleur qui me désespère.
Votre plus haut savoir n'est que pure chimère.

Hélas ! hélas ! je n'ose découvrir
Mon amoureux martyre
Au berger pour qui je soupire,
Et qui seul peut me secourir.
Ne prétendez pas le finir,
Ignorants médecins, vous ne sauriez le faire :
Votre plus haut savoir n'est que pure chimère.

Ces remèdes peu sûrs, dont le simple vulgaire
Croit que vous connaissez l'admirable vertu,
Pour les maux que je sens n'ont rien de salutaire ;
Et tout votre caquet ne peut être reçu

Que d'un MALADE IMAGINAIRE.

Votre plus haut savoir n'est que pure chimère,
Vains et peu sages médecins, etc.

LE THÉÂTRE CHANGE, ET REPRÉSENTE UNE CHAMBRE

ACTE PREMIER

Scène I : Argan, assis, une table devant lui, comptant avec des jetons, les parties de son apothicaire.

Trois et deux font cinq, et cinq font dix, et dix font vingt ; trois et deux font cinq. « Plus, du vingt-quatrième, un petit clystère insinuatif, préparatif et rémollient, pour amollir, humecter et rafraîchir les entrailles de monsieur. » Ce qui me plaît de monsieur Fleurant, mon apothicaire, c'est que ses parties sont toujours fort civiles. « Les entrailles de monsieur, trente sols. » Oui ; mais monsieur Fleurant, ce n'est pas tout que d'être civil ; il faut être aussi raisonnable, et ne pas écorcher les malades. Trente sols, un lavement ! Je suis votre serviteur, je vous l'ai déjà dit ; vous ne me les avez mis dans les autres parties qu'à vingt sols ; et vingt sols en langage d'apothicaire, c'est-à-dire dix sols ; les voilà, dix sols. « Plus,

dudit jour, un bon clystère détersif, composé avec catholicon double, rhubarbe, miel rosat, et autres, suivant l'ordonnance, pour balayer, laver et nettoyer le bas-ventre de monsieur, trente sols. » Avec votre permission, dix sols. « Plus, dudit jour, le soir, un julep hépatique, soporatif et somnifère, composé pour faire dormir monsieur, trente-cinq sols. » Je ne me plains pas de celui-là ; car il me fit bien dormir. Dix, quinze, seize et dix-sept sols six deniers. « Plus, du vingt-cinquième, une bonne médecine purgative et corroborative composée de casse récente avec séné levantin, et autres, suivant l'ordonnance de monsieur Purgon, pour expulser et évacuer la bile de monsieur, quatre livres. » Ah ! monsieur Fleurant, c'est se moquer : il faut vivre avec les malades. Monsieur Purgon ne vous a pas ordonné de mettre quatre francs. Mettez, mettez trois livres, s'il vous plaît. Vingt et trente sols. « Plus, dudit jour, une potion anodine et astringente, pour faire reposer monsieur, trente sols. » Bon, dix et quinze sols. « Plus, du vingt-sixième, un clystère carminatif, pour chasser les vents de monsieur, trente sols. » Dix sols, monsieur Fleurant. « Plus, le clystère de monsieur, réitéré le soir, comme dessus, trente sols. » Monsieur Fleurant, dix sols. « Plus, du vingt-septième, une bonne médecine, composée pour hâter d'aller, et chasser dehors les mauvaises humeurs de monsieur, trois livres. » Bon, vingt et trente sols ; je suis bien aise que vous soyez raisonnable. « Plus, du vingt-huitième, une prise de petit lait clarifié et dulcoré, pour adoucir, lénifier, tempérer, et rafraîchir le sang de monsieur, vingt sols. » Bon, dix sols. « Plus, une potion cordiale et préservative, composée avec douze grains de bézoard, sirops de limon et grenade, et autres, suivant l'ordonnance, cinq livres. » Ah ! monsieur Fleurant, tout doux, s'il vous plaît ; si vous en usez comme cela, on ne voudra plus être malade : contentez-vous de quatre francs ; vingt et quarante sols. Trois et deux font cinq, et cinq font dix, et dix font vingt. Soixante et trois livres quatre sols six deniers. Si bien donc que, de ce mois, j'ai pris une, deux, trois, quatre, cinq, six, sept et huit médecines ; et un, deux, trois, quatre, cinq, six, sept, huit, neuf, dix, onze et douze lavements ; et l'autre mois, il y avait douze médecines, et vingt lavements. Je ne m'étonne pas si je ne me porte pas si bien ce mois-ci que l'autre. Je le dirai à monsieur Purgon, afin qu'il mette ordre à cela. Allons, qu'on m'ôte tout ceci. (*Voyant que personne ne vient, et qu'il n'y a aucun de ses gens dans sa chambre.*) Il n'y a personne. J'ai beau dire : on me laisse toujours seul ; il n'y a pas moyen de les arrêter ici. (*Après avoir sonné une sonnette qui est sur la table.*) Ils n'entendent point, et ma sonnette ne fait pas assez de bruit. Drelin, drelin, drelin. Point d'affaire. Drelin, drelin, drelin. Ils sont sourds... Toinette ! Drelin, drelin, drelin. Tout comme si je ne sonnais point. Chienne ! coquine ! Drelin, drelin, drelin. J'enrage ! (*Il ne*

sonne plus, mais il crie.) Drelin, drelin, drelin.
Carogne, à tous les diables ! Est-il possible qu'on
laisse comme cela un pauvre malade tout seul ?
Drelin, drelin, drelin. Voilà qui est pitoyable !
Drelin, drelin, drelin. Ah ! mon Dieu, ils me
laisseront ici mourir ! Drelin, drelin, drelin.

Scène II : Argan, Toinette.

TOINETTE, *en entrant.*

On y va.

ARGAN

Ah ! chienne ! ah ! carogne !...

TOINETTE, *faisant semblant
de s'être cogné la tête.*

Diantre soit fait de votre impatience ! Vous pressez si fort les personnes, que je me suis donné un
grand coup de la tête contre la carne d'un volet.

ARGAN, *en colère.*

Ah ! traîtresse... !

TOINETTE, *interrompant Argan.*

Ah !

ARGAN

Il y a...

TOINETTE

Ah !

ARGAN

Il y a une heure...

TOINETTE

Ah !

ARGAN

Tu m'as laissé...

TOINETTE

Ah !

ARGAN

Tais-toi donc, coquine, que je te querelle.

TOINETTE

Çamon, ma foi, j'en suis d'avis, après ce que je
me suis fait.

ARGAN

Tu m'as fait égosiller, carogne.

TOINETTE

Et vous m'avez fait, vous, casser la tête : l'un vaut
bien l'autre. Quitte à quitte, si vous voulez.

ARGAN

Quoi ! coquine...

TOINETTE

Si vous querellez, je pleurerai.

ARGAN

Me laisser, traîtresse...

TOINETTE, *interrompant encore Argan.*

Ah !

ARGAN

Chienne, tu veux...

TOINETTE

Ah !

ARGAN

Quoi ! il faudra encore que je n'aie pas le plaisir
de la quereller !

TOINETTE

Querellez tout votre soûl : je le veux bien.

ARGAN

Tu m'en empêches, chienne, en m'interrompant
à tous coups.

TOINETTE

Si vous avez le plaisir de quereller, il faut bien
que, de mon côté, j'aie le plaisir de pleurer :
chacun le sien, ce n'est pas trop. Ah !

ARGAN

Allons, il faut en passer par là. Ote-moi ceci,
coquine, ôte-moi ceci. *(Après s'être levé.)* Mon
lavement d'aujourd'hui a-t-il bien opéré ?

TOINETTE

Votre lavement ?

ARGAN

Oui. Ai-je bien fait de la bile ?

TOINETTE

Ma foi ! je ne me mêle point de ces affaires-là ;
c'est à monsieur Fleurant à y mettre le nez, puisqu'il en a le profit.

ARGAN

Qu'on ait soin de me tenir un bouillon prêt, pour
l'autre que je dois tantôt prendre.

TOINETTE

Ce monsieur Fleurant-là et ce monsieur Purgon
s'égaient bien sur votre corps ; ils ont en vous une
bonne vache à lait, et je voudrais bien leur demander quel mal vous avez, pour vous faire tant de
remèdes.

ARGAN

Taisez-vous, ignorante ; ce n'est pas à vous à contrôler les ordonnances de la médecine. Qu'on me
fasse venir ma fille Angélique : j'ai à lui dire
quelque chose.

TOINETTE

La voici qui vient d'elle-même ; elle a deviné
votre pensée.

Scène III : Argan, Angélique, Toinette.

ARGAN

Approchez, Angélique : vous venez à propos ; je
voulais vous parler.

ANGÉLIQUE

Me voilà prête à vous ouïr.

ARGAN

Attendez. *(A Toinette.)* Donnez-moi mon bâton.
Je vais revenir tout à l'heure.

TOINETTE

Allez vite, monsieur, allez. Monsieur Fleurant
nous donne des affaires.

Scène IV : Angélique, Toinette.

ANGÉLIQUE

Toinette !

TOINETTE

Quoi ?

ANGÉLIQUE

Regarde-moi un peu.

TOINETTE

Hé bien ! je vous regarde.

ANGÉLIQUE

Toinette !

TOINETTE

Hé bien ! quoi, « Toinette » ?

ANGÉLIQUE

Ne devines-tu point de quoi je veux parler ?

TOINETTE

Je m'en doute assez : de notre jeune amant ; car c'est sur lui depuis six jours que roulent tous nos entretiens ; et vous n'êtes point bien, si vous n'en parlez à toute heure.

ANGÉLIQUE

Puisque tu connais cela, que n'es-tu donc la première à m'en entretenir ? Et que ne m'épargnes-tu la peine de te jeter sur ce discours ?

TOINETTE

Vous ne m'en donnez pas le temps ; et vous avez des soins là-dessus qu'il est difficile de prévenir.

ANGÉLIQUE

Je t'avoue que je ne saurais me lasser de te parler de lui, et que mon cœur profite avec chaleur de tous les moments de s'ouvrir à toi. Mais, dis-moi, condamnes-tu, Toinette, les sentiments que j'ai pour lui ?

TOINETTE

Je n'ai garde.

ANGÉLIQUE

Ai-je tort de m'abandonner à ces douces impressions ?

TOINETTE

Je ne dis pas cela.

ANGÉLIQUE

Et voudrais-tu que je fusse insensible aux tendres protestations de cette passion ardente qu'il témoigne pour moi ?

TOINETTE

A Dieu ne plaise !

ANGÉLIQUE

Dis-moi un peu ; ne trouves-tu pas, comme moi, quelque chose du ciel, quelque effet du destin, dans l'aventure inopinée de notre connaissance ?

TOINETTE

Oui.

ANGÉLIQUE

Ne trouves-tu pas que cette action d'embrasser ma défense, sans me connaître, est tout à fait d'un honnête homme ?

TOINETTE

Oui.

ANGÉLIQUE

Que l'on ne peut pas en user plus généreusement ?

TOINETTE

D'accord.

ANGÉLIQUE

Et qu'il fit tout cela de la meilleure grâce du monde ?

TOINETTE

Oh ! oui.

ANGÉLIQUE

Ne trouves-tu pas, Toinette, qu'il est bien fait de sa personne ?

TOINETTE

Assurément.

ANGÉLIQUE

Qu'il a l'air le meilleur du monde ?

TOINETTE

Sans doute.

ANGÉLIQUE

Que ses discours, comme ses actions, ont quelque chose de noble ?

TOINETTE

Cela est sûr.

ANGÉLIQUE

Qu'on ne peut rien entendre de plus passionné que tout ce qu'il me dit ?

TOINETTE

Il est vrai.

ANGÉLIQUE

Et qu'il n'est rien de plus fâcheux que la contrainte où l'on me tient, qui bouche tout commerce aux doux empressements de cette mutuelle ardeur que le ciel nous inspire ?

TOINETTE

Vous avez raison.

ANGÉLIQUE

Mais, ma pauvre Toinette, crois-tu qu'il m'aime autant qu'il me le dit ?

TOINETTE

Hé ! hé ! ces choses-là parfois sont un peu sujettes à caution. Les grimaces d'amour ressemblent fort à la vérité ; et j'ai vu de grands comédiens là-dessus.

ANGÉLIQUE

Ah ! Toinette, que dis-tu là ? Hélas ! de la façon qu'il parle, serait-il bien possible qu'il ne me dît pas vrai ?

TOINETTE

En tout cas, vous en serez bientôt éclaircie ; et la résolution où il vous écrivit hier qu'il était de vous faire demander en mariage est une prompte voie à vous faire connaître s'il vous dit vrai ou non. C'en sera là la bonne preuve.

ANGÉLIQUE

Ah ! Toinette, si celui-là me trompe, je ne croirai de ma vie aucun homme.

TOINETTE

Voilà votre père qui revient.

Scène V : Argan, Angélique, Toinette.

ARGAN

Oh çà, ma fille, je vais vous dire une nouvelle où peut-être ne vous attendez-vous pas. On vous demande en mariage. Qu'est-ce que cela ? Vous riez ? Cela est plaisant, oui, ce mot de mariage ! Il n'y a rien de plus drôle pour les jeunes filles. Ah ! nature, nature ! A ce que je puis voir, ma fille, je n'ai que faire de vous demander si vous voulez bien vous marier.

ANGÉLIQUE

Je dois faire, mon père, tout ce qu'il vous plaira de m'ordonner.

ARGAN

Je suis bien aise d'avoir une fille si obéissante : la chose est donc conclue, et je vous ai promise.

ANGÉLIQUE

C'est à moi, mon père, de suivre aveuglément toutes vos volontés.

ARGAN

Ma femme, votre belle-mère, avait envie que je vous fisse religieuse, et votre petite sœur Louison aussi ; et de tout temps elle a été aheurtée à cela.

TOINETTE, *à part.*

La bonne bête a ses raisons.

ARGAN

Elle ne voulait point consentir à ce mariage ; mais je l'ai emporté, et ma parole est donnée.

ANGÉLIQUE

Ah ! mon père, que je vous suis obligée de toutes vos bontés !

TOINETTE, *à Argan.*

En vérité, je vous sais bon gré de cela ; et voilà l'action la plus sage que vous ayez faite de votre vie.

ARGAN

Je n'ai point encore vu la personne ; mais on m'a dit que j'en serais content, et toi aussi.

ANGÉLIQUE

Assurément, mon père.

ARGAN

Comment ? L'as-tu vu ?

ANGÉLIQUE

Puisque votre consentement m'autorise à vous pouvoir ouvrir mon cœur, je ne feindrai point de vous dire que le hasard nous a fait connaître il y a six jours, et que la demande qu'on vous a faite est un effet de l'inclination que, dès cette première vue, nous avons prise l'un pour l'autre.

ARGAN

Ils ne m'ont pas dit cela : mais j'en suis bien aise, et c'est tant mieux que les choses soient de la sorte. Ils disent que c'est un grand jeune garçon bien fait.

ANGÉLIQUE

Oui, mon père.

ARGAN

De belle taille.

ANGÉLIQUE

Sans doute.

ARGAN

Agréable de sa personne.

ANGÉLIQUE

Assurément.

ARGAN

De bonne physionomie.

ANGÉLIQUE

Très bonne.

ARGAN

Sage et bien né.

ANGÉLIQUE

Tout à fait.

ARGAN

Fort honnête.

ANGÉLIQUE

Le plus honnête du monde.

ARGAN

Qui parle bien latin et grec.

ANGÉLIQUE

C'est ce que je ne sais pas.

ARGAN

Et qui sera reçu médecin dans trois jours.

ANGÉLIQUE

Lui, mon père ?

ARGAN

Oui. Est-ce qu'il ne te l'a pas dit ?

ANGÉLIQUE

Non, vraiment. Qui vous l'a dit, à vous ?

ARGAN

Monsieur Purgon.

ANGÉLIQUE

Est-ce que monsieur Purgon le connaît ?

ARGAN

La belle demande ! Il faut bien qu'il le connaisse, puisque c'est son neveu.

ANGÉLIQUE

Cléante, neveu de monsieur Purgon ?

ARGAN

Quel Cléante ? Nous parlons de celui pour qui l'on t'a demandée en mariage.

ANGÉLIQUE

Hé ! oui.

ARGAN

Hé bien ! c'est le neveu de monsieur Purgon, qui est le fils de son beau-frère le médecin, monsieur Diafoirus ; et ce fils s'appelle Thomas Diafoirus, et non pas Cléante ; et nous avons conclu ce mariage-là ce matin, monsieur Purgon, monsieur Fleurant et moi ; et demain, ce gendre prétendu doit m'être amené par son père. Qu'est-ce ? Vous voilà tout ébaubie !

ANGÉLIQUE

C'est, mon père, que je connais que vous avez parlé d'une personne, et que j'ai entendu une autre.

TOINETTE

Quoi ! monsieur, vous auriez fait ce dessein burlesque ? Et, avec tout le bien que vous avez, vous voudriez marier votre fille avec un médecin ?

ARGAN

Oui. De quoi te mêles-tu, coquine, impudente que tu es ?

TOINETTE

Mon Dieu ! tout doux. Vous allez d'abord aux invectives. Est-ce que nous ne pouvons pas raisonner ensemble sans nous emporter ? Là, parlons de sang-froid. Quelle est votre raison, s'il vous plaît, pour un tel mariage ?

ARGAN

Ma raison est que, me voyant infirme et malade comme je suis, je veux me faire un gendre et des alliés médecins, afin de m'appuyer de bons secours contre ma maladie, d'avoir dans ma famille les sources des remèdes qui me sont nécessaires, et d'être à même des consultations et des ordonnances.

TOINETTE

Hé bien ! voilà dire une raison, et il y a plaisir à se répondre doucement les uns aux autres. Mais, monsieur, mettez la main à la conscience : est-ce que vous êtes malade ?

ARGAN

Comment, coquine ! si je suis malade ! Si je suis malade, impudente !

TOINETTE

Hé bien ! oui, monsieur, vous êtes malade; n'ayons point de querelle là-dessus. Oui, vous êtes fort malade, j'en demeure d'accord, et plus malade que vous ne pensez : voilà qui est fait. Mais votre fille doit épouser un mari pour elle ; et, n'étant point malade, il n'est pas nécessaire de lui donner un médecin.

ARGAN

C'est pour moi que je lui donne ce médecin ; et une fille de bon naturel doit être ravie d'épouser ce qui est utile à la santé de son père.

TOINETTE

Ma foi, monsieur, voulez-vous qu'en amie je vous donne un conseil ?

ARGAN

Quel est-il, ce conseil ?

TOINETTE

De ne point songer à ce mariage-là.

ARGAN

Hé, la raison ?

TOINETTE

La raison, c'est que votre fille n'y consentira point.

ARGAN

Elle n'y consentira point ?

TOINETTE

Non.

ARGAN

Ma fille ?

TOINETTE

Votre fille. Elle vous dira qu'elle n'a que faire de monsieur Diafoirus, ni de son fils Thomas Diafoirus, ni de tous les Diafoirus du monde.

ARGAN

J'en ai affaire, moi, outre que le parti est plus avantageux qu'on ne pense. Monsieur Diafoirus n'a que ce fils-là pour tout héritier ; et, de plus, monsieur Purgon, qui n'a ni femme, ni enfant, lui donne tout son bien en faveur de ce mariage ; et monsieur Purgon est un homme qui a huit mille bonnes livres de rente.

TOINETTE

Il faut qu'il ait tué bien des gens, pour s'être fait si riche !

ARGAN

Huit mille livres de rente sont quelque chose, sans compter le bien du père.

TOINETTE

Monsieur, tout cela est bel et bon ; mais j'en reviens toujours là : je vous conseille, entre nous, de lui choisir un autre mari ; et elle n'est point faite pour être madame Diafoirus.

ARGAN

Et je veux, moi, que cela soit.

TOINETTE

Hé, fi ! ne dites pas cela.

ARGAN

Comment ! que je ne dise pas cela ?

TOINETTE

Hé, non.

ARGAN

Et pourquoi ne le dirai-je pas ?

TOINETTE

On dira que vous ne songez pas à ce que vous dites.

ARGAN

On dira ce qu'on voudra ; mais je vous dis que je veux qu'elle exécute la parole que j'ai donnée.

TOINETTE

Non ; je suis sûre qu'elle ne le fera pas.

ARGAN

Je l'y forcerai bien.

TOINETTE

Elle ne le fera pas, vous dis-je.

ARGAN

Elle le fera, ou je la mettrai dans un couvent.

TOINETTE

Vous ?

ARGAN

Moi.

TOINETTE

Bon !

ARGAN

Comment ! « Bon » ?

TOINETTE

Vous ne la mettrez point dans un couvent.

ARGAN

Je ne la mettrai point dans un couvent ?

TOINETTE

Non.

ARGAN

Non ?

TOINETTE

Non.

ARGAN

Ouais ! Voici qui est plaisant ! Je ne mettrai pas ma fille dans un couvent, si je veux ?

TOINETTE

Non, vous dis-je.

ARGAN

Qui m'en empêchera ?

TOINETTE

Vous-même.

ARGAN

Moi !

TOINETTE

Oui. Vous n'aurez pas ce cœur-là.

ARGAN

Je l'aurai.

TOINETTE

Vous vous moquez.

ARGAN

Je ne me moque point.

TOINETTE

La tendresse paternelle vous prendra.

ARGAN

Elle ne me prendra point.

TOINETTE

Une petite larme ou deux, des bras jetés au cou, un « mon petit papa mignon », prononcé tendrement, sera assez pour vous toucher.

ARGAN

Tout cela ne fera rien.

TOINETTE

Oui, oui.

ARGAN

Je vous dis que je n'en démordrai point.

TOINETTE

Bagatelles.

ARGAN

Il ne faut point dire « bagatelles ».

TOINETTE

Mon Dieu ! je vous connais, vous êtes bon naturellement.

ARGAN, *avec emportement.*

Je ne suis point bon, et je suis méchant quand je veux.

TOINETTE

Doucement, monsieur. Vous ne songez pas que vous êtes malade.

ARGAN

Je lui commande absolument de se préparer à prendre le mari que je dis.

TOINETTE

Et moi, je lui défends absolument d'en faire rien.

ARGAN

Où est-ce donc que nous sommes ? Et quelle audace est-ce là, à une coquine de servante, de parler de la sorte devant son maître ?

TOINETTE

Quand un maître ne songe pas à ce qu'il fait, une servante bien sensée est en droit de le redresser.

ARGAN, *courant après Toinette.*

Ah ! insolente, il faut que je t'assomme.

TOINETTE, *évitant Argan,*
et mettant la chaise entre elle et lui.

Il est de mon devoir de m'opposer aux choses qui vous peuvent déshonorer.

ARGAN, *courant après Toinette*
autour de la chaise avec son bâton.

Viens, viens, que je t'apprenne à parler !

TOINETTE, *se sauvant du côté*
où n'est point Argan.

Je m'intéresse, comme je dois, à ne vous point laisser faire de folie.

ARGAN

Chienne !

TOINETTE

Non, je ne consentirai jamais à ce mariage.

ARGAN

Pendarde !

TOINETTE

Je ne veux point qu'elle épouse votre Thomas Diafoirus.

ARGAN

Carogne !

TOINETTE

Et elle m'obéira plutôt qu'à vous.

ARGAN

Angélique, tu ne veux pas m'arrêter cette coquine-là ?

ANGÉLIQUE

Hé ! mon père, ne vous faites point malade.

ARGAN, *à Angélique.*

Si tu ne me l'arrêtes, je te donnerai ma malédiction.

TOINETTE, *en s'en allant.*

Et moi, je la déshériterai, si elle vous obéit.

ARGAN, *se jetant dans sa chaise.*

Ah ! ah ! je n'en puis plus. Voilà pour me faire mourir.

Scène VI : Béline, Angélique,
Argan, Toinette.

ARGAN

Ah ! ma femme, approchez.

BÉLINE

Qu'avez-vous, mon pauvre mari ?

ARGAN

Venez-vous-en ici à mon secours.

BÉLINE

Qu'est-ce que c'est donc qu'il y a, mon petit fils ?

ARGAN

Mamie !

BÉLINE

Mon ami !

ARGAN

On vient de me mettre en colère.

BÉLINE

Hélas ! pauvre petit mari ! Comment donc, mon ami ?

ARGAN

Votre coquine de Toinette est devenue plus insolente que jamais.

BÉLINE

Ne vous passionnez donc point.

ARGAN

Elle m'a fait enrager, mamie.

BÉLINE

Doucement, mon fils.

ARGAN

Elle a contrecarré, une heure durant, les choses que je veux faire.

BÉLINE

La, la, tout doux.

ARGAN

Elle a eu l'effronterie de me dire que je ne suis point malade.

BÉLINE

C'est une impertinente.

ARGAN

Vous savez, mon cœur, ce qui en est.

BÉLINE

Oui, mon cœur ; elle a tort.

ARGAN

Mamour, cette coquine-là me fera mourir.

BÉLINE

Hé là, hé là.

ARGAN

Elle est cause de toute la bile que je fais.

BÉLINE

Ne vous fâchez point tant.

ARGAN

Et il y a je ne sais combien que je vous dis de me la chasser.

BÉLINE

Mon Dieu ! mon fils, il n'y a point de serviteurs et de servantes qui n'aient leurs défauts. On est contraint parfois de souffrir leurs mauvaises qualités, à cause des bonnes. Celle-ci est adroite, soigneuse, diligente, et surtout fidèle ; et vous savez qu'il faut maintenant de grandes précautions pour les gens que l'on prend. Holà ! Toinette !

TOINETTE

Madame.

BÉLINE

Pourquoi donc est-ce que vous mettez mon mari en colère ?

TOINETTE, *d'un ton doucereux.*

Moi, madame ? Hélas ! je ne sais pas ce que vous me voulez dire, et je ne songe qu'à complaire à monsieur en toutes choses.

ARGAN

Ah ! la traîtresse !

TOINETTE

Il nous a dit qu'il voulait donner sa fille en mariage au fils de monsieur Diafoirus : je lui ai répondu que je trouvais le parti avantageux pour elle ; mais que je croyais qu'il ferait mieux de la mettre dans un couvent.

BÉLINE

Il n'y a pas grand mal à cela, et je trouve qu'elle a raison.

ARGAN

Ah ! mamour, vous la croyez. C'est une scélérate ; elle m'a dit cent insolences.

BÉLINE

Hé bien ! je vous crois, mon ami. Là, remettez-vous. Ecoutez, Toinette : si vous fâchez jamais mon mari, je vous mettrai dehors. Çà, donnez-moi son manteau fourré et des oreillers, que je l'accommode dans sa chaise. Vous voilà je ne sais comment. Enfoncez bien votre bonnet jusque sur vos oreilles : il n'y a rien qui enrhume tant que de prendre l'air par les oreilles.

ARGAN

Ah ! mamie, que je vous suis obligé de tous les soins que vous prenez de moi !

BÉLINE, *accommodant les oreillers qu'elle met autour d'Argan.*

Levez-vous, que je mette ceci sous vous. Mettons celui-ci pour vous appuyer, et celui-là de l'autre côté. Mettons celui-ci derrière votre dos, et cet autre-là pour soutenir votre tête.

TOINETTE, *lui mettant rudement un oreiller sur la tête.*

Et celui-ci pour vous garder du serein.

ARGAN, *se levant en colère et jetant ses oreillers à Toinette, qui s'enfuit.*

Ah, coquine ! tu veux m'étouffer.

BÉLINE

Hé là, hé là ! Qu'est-ce que c'est donc ?

ARGAN, *se jetant dans sa chaise.*

Ah, ah, ah ! je n'en puis plus.

BÉLINE

Pourquoi vous emporter ainsi ? Elle a cru faire bien.

ARGAN

Vous ne connaissez pas, mamour, la malice de la pendarde. Ah ! elle m'a mis tout hors de moi ; et il faudra plus de huit médecines et de douze lavements pour réparer tout ceci.

BÉLINE

La, la, mon petit ami, apaisez-vous un peu.

ARGAN

Mamie, vous êtes toute ma consolation.

BÉLINE

Pauvre petit fils !

ARGAN

Pour tâcher de reconnaître l'amour que vous me portez, je veux, mon cœur, comme je vous ai dit, faire mon testament.

BÉLINE

Ah ! mon ami, ne parlons point de cela, je vous prie : je ne saurais souffrir cette pensée ; et le seul mot de testament me fait tressaillir de douleur.

ARGAN

Je vous avais dit de parler pour cela à votre notaire.

BÉLINE

Le voilà là-dedans, que j'ai amené avec moi.

ARGAN

Faites-le donc entrer, mamour.

BÉLINE

Hélas ! mon ami, quand on aime un mari, on n'est guère en état de songer à tout cela.

Scène VII : Le Notaire, Béline, Argan.

ARGAN

Approchez, monsieur de Bonnefoy, approchez. Prenez un siège, s'il vous plaît. Ma femme m'a dit, monsieur, que vous étiez fort honnête homme, et tout à fait de ses amis ; et je l'ai chargée de vous parler pour un testament que je veux faire.

BÉLINE

Hélas ! je ne suis point capable de parler de ces choses-là.

LE NOTAIRE

Elle m'a, monsieur, expliqué vos intentions, et le dessein où vous êtes pour elle ; et j'ai à vous dire là-dessus que vous ne sauriez rien donner à votre femme par votre testament.

ARGAN

Mais pourquoi ?

LE NOTAIRE

La coutume y résiste. Si vous étiez en pays de droit écrit, cela se pourrait faire ; mais à Paris, et dans les pays coutumiers, au moins dans la plupart, c'est ce qui ne se peut ; et la disposition serait nulle. Tout l'avantage qu'homme et femme conjoints par mariage se peuvent faire l'un à l'autre, c'est un don mutuel entre-vifs : encore faut-il qu'il n'y ait enfants, soit des deux conjoints, ou de l'un d'eux, lors du décès du premier mourant.

ARGAN

Voilà une coutume bien impertinente, qu'un mari ne puisse rien laisser à une femme dont il est aimé tendrement, et qui prend de lui tant de soin ! J'aurais envie de consulter mon avocat, pour voir comment je pourrais faire.

LE NOTAIRE

Ce n'est point à des avocats qu'il faut aller ; car ils sont d'ordinaire sévères là-dessus, et s'imaginent que c'est un grand crime que de disposer en fraude de la loi : ce sont gens de difficultés, et qui sont ignorants des détours de la conscience. Il y a d'autres personnes à consulter, qui sont bien plus accommodantes, qui ont des expédients pour passer doucement par-dessus la loi, et rendre juste ce qui n'est pas permis ; qui savent aplanir les difficultés d'une affaire, et trouver des moyens d'éluder la coutume par quelque avantage indirect. Sans cela, où en serions-nous tous les jours ? Il faut de la facilité dans les choses ; autrement nous ne ferions rien, et je ne donnerais pas un sou de notre métier.

ARGAN

Ma femme m'avait bien dit, monsieur, que vous étiez fort habile et fort honnête homme. Comment puis-je faire, s'il vous plaît, pour lui donner mon bien et en frustrer mes enfants ?

LE NOTAIRE

Comment vous pouvez faire ? Vous pouvez choisir doucement un ami intime de votre femme, auquel vous donnerez en bonne forme, par votre testament, tout ce que vous pouvez ; et cet ami ensuite lui rendra tout. Vous pouvez encore contracter un grand nombre d'obligations non suspectes au profit de divers créanciers qui prêteront leur nom à votre femme, et entre les mains de laquelle ils mettront leur déclaration que ce qu'ils en ont fait n'a été que pour lui faire plaisir. Vous pouvez aussi, pendant que vous êtes en vie, mettre entre ses mains de l'argent comptant, ou des billets que vous pourrez avoir, payables au porteur.

BÉLINE

Mon Dieu ! il ne faut point vous tourmenter de tout cela. S'il vient faute de vous, mon fils, je ne veux plus rester au monde.

ARGAN

Mamie !

BÉLINE

Oui, mon ami, si je suis assez malheureuse pour vous perdre...

ARGAN

Ma chère femme !

BÉLINE

La vie ne me sera plus de rien.

ARGAN

Mamour !

BÉLINE

Et je suivrai vos pas, pour vous faire connaître la tendresse que j'ai pour vous.

ARGAN

Mamie, vous me fendez le cœur ! Consolez-vous, je vous en prie.

LE NOTAIRE, *à Béline.*

Ces larmes sont hors de saison ; et les choses n'en sont point encore là.

BÉLINE

Ah ! monsieur, vous ne savez pas ce que c'est qu'un mari qu'on aime tendrement.

ARGAN

Tout le regret que j'aurai, si je meurs, mamie, c'est de n'avoir point un enfant de vous. Monsieur Purgon m'avait dit qu'il m'en ferait faire un.

LE NOTAIRE

Cela pourra venir encore.

ARGAN

Il faut faire mon testament, mamour, de la façon que monsieur dit ; mais par précaution, je veux vous mettre entre les mains vingt mille francs en or, que j'ai dans le lambris de mon alcôve, et deux billets payables au porteur, qui me sont dus, l'un par monsieur Damon, et l'autre par monsieur Gérante.

BÉLINE

Non, non, je ne veux point de tout cela. Ah !... combien dites-vous qu'il y a dans votre alcôve ?

ARGAN

Vingt mille francs, mamour.

BÉLINE

Ne me parlez point de bien, je vous prie. Ah !... De combien sont les deux billets ?

ARGAN

Il sont, mamie, l'un de quatre mille francs, et l'autre de six.

BÉLINE

Tous les biens du monde, mon ami, ne me sont rien au prix de vous.

LE NOTAIRE, *à Argan.*

Voulez-vous que nous procédions au testament ?

ARGAN

Oui, monsieur ; mais nous serons mieux dans mon petit cabinet. Mamour, conduisez-moi, je vous prie.

BÉLINE

Allons, mon pauvre petit fils.

Scène VIII : Angélique, Toinette.

TOINETTE

Les voilà avec un notaire, et j'ai ouï parler de testament. Votre belle-mère ne s'endort point ; et c'est sans doute quelque conspiration contre vos intérêts, où elle pousse votre père.

ANGÉLIQUE

Qu'il dispose de son bien à sa fantaisie, pourvu qu'il ne dispose point de mon cœur. Tu vois, Toinette, les desseins violents que l'on fait sur lui. Ne m'abandonne point, je te prie, dans l'extrémité où je suis.

TOINETTE

Moi, vous abandonner ! J'aimerais mieux mourir. Votre belle-mère a beau me faire sa confidente, et me vouloir jeter dans ses intérêts, je n'ai jamais pu avoir d'inclination pour elle ; et j'ai toujours été de votre parti. Laissez-moi faire ; j'emploierai toute chose pour vous servir ; mais, pour vous servir avec plus d'effet, je veux changer de batterie, couvrir le zèle que j'ai pour vous, et feindre d'entrer dans les sentiments de votre père et de votre belle-mère.

ANGÉLIQUE

Tâche, je t'en conjure, de faire donner avis à Cléante du mariage qu'on a conclu.

TOINETTE

Je n'ai personne à employer à cet office, que le vieux usurier Polichinelle, mon amant ; et il m'en coûtera pour cela quelques paroles de douceur, que je veux bien dépenser pour vous. Pour aujourd'hui, il est trop tard ; mais demain, du grand matin, je l'enverrai quérir, et il sera ravi de...

BÉLINE, *dans la maison.*

Toinette !

TOINETTE, *à Angélique.*

Voilà qu'on m'appelle. Bonsoir, Reposez-vous sur moi.

PREMIER INTERMÈDE

LE THÉÂTRE CHANGE, ET REPRÉSENTE UNE VILLE

Polichinelle, dans la nuit, vient pour donner une sérénade à sa maîtresse. Il est interrompu d'abord par des violons contre lesquels il se met en colère, et ensuite par le guet, composé de musiciens et de danseurs.

POLICHINELLE

O amour, amour, amour, amour ! Pauvre Polichinelle, quelle diable de fantaisie t'es-tu allé mettre dans la cervelle ? A quoi t'amuses-tu, misérable insensé que tu es ? Tu quittes le soin de ton négoce, et tu laisses aller tes affaires à l'abandon ; tu ne manges plus, tu ne bois presque plus, tu perds le repos de la nuit ; et tout cela, pour qui ? Pour une dragonne, franche dragonne, une diablesse qui te rembarre, et se moque de tout ce que

tu peux lui dire. Mais il n'y a point à raisonner là-dessus. Tu le veux, amour ; il faut être fou comme beaucoup d'autres. Cela n'est pas le mieux du monde à un homme de mon âge ; mais qu'y faire ? On n'est pas sage quand on veut ; et les vieilles cervelles se démontent comme les jeunes. Je viens voir si je ne pourrai point adoucir ma tigresse par une sérénade. Il n'y a rien parfois qui soit si touchant qu'un amant qui vient chanter ses doléances aux gonds et aux verrous de la porte de sa maîtresse. (*Après avoir pris son luth.*) Voici de quoi accompagner ma voix. O nuit ! ô chère nuit ! porte mes plaintes amoureuses jusque dans le lit de mon inflexible.

Notte e dì v'amo e v'adoro.
Cerco un sì per mio ristoro ;
Ma se voi dite di nò,
Bell' ingrata, io morirò.

   Fra la speranza
   S'afflige il cuore,
   In lontananza
   Consuma l'hore ;
   Si dolce inganno
   Che mi figura
   Breve l'affanno,
   Ahi ! troppo dura !
Così per trop' amar languisco e muoro.

Notte e dì v'amo e v'adoro.
Cerco un sì per mio ristoro ;
Ma se voi dite di nò,
Bell' ingrata, io morirò.

   Se non dormite,
   Almen pensate
   Alle ferite
   Ch'al cuor mi fate,
   Deh ! almen fingete,
   Per mio conforto,
   Se m'uccidete,
   D'haver il torto [1] ;

1. *Nuit et jour je vous aime et vous adore.*
  Je cherche un oui qui me restaure ;
  Mais si vous me répondez non,
  Belle ingrate, je mourrai.
    Dans l'espérance
    Le cœur s'afflige,
    Dans l'éloignement
    Il consume ses heures.
    L'erreur si douce
    Qui me persuade
    Que ma peine va finir,
    Hélas ! dure trop.
Ainsi, pour trop aimer, je languis et je meurs.
  Nuit et jour je vous aime et vous adore.
  Je cherche un oui qui me restaure ;
   Mais si vous me refusez,
   Belle ingrate, je mourrai.
    Si vous ne dormez pas,
    Au moins pensez
    Aux blessures
    Que vous faites à mon cœur.
    Ah ! feignez au moins,
    Pour ma consolation,
    Si vous me tuez,
    D'avoir tort ;

Vostra pietà mi scemarà il martoro.

    Notte e dì v'amo e v'adoro.
    Cerco un sì per mio ristoro ;
    Ma se voi dite di nò,
    Bell' ingrata, io morirò [1]

Une vieille se présente à la fenêtre, et répond à Polichinelle en se moquant de lui.

Zerbinetti, ch' ogn' hor con finti sguardi,
    Mentiti desiri,
    Fallaci sospiri,
    Accenti buggiardi,
  Di fede vi preggiate,
  Ah ! che non m'ingannate,
    Che già so per prova,
    Ch'in voi non si trova
    Constanza ne fede.
Oh ! quanto è pazza colei che vi crede !

    Quei sguardi languidi
    Non m'innamorano,
    Quei sospir fervidi
    Più non m'infiammano,
     Vel' giuro a fe.
    Zerbino misero,
    Del vostro piangere
    Il mio cuor libero
    Vuol sempre ridere ;
     Credet' a me
    Che già so per prova,
    Ch' in voi non si trova
    Constanza ne fede.
Oh ! quanto è pazza colei che vi crede [2] !

    LES VIOLONS *commencent un air.*

Quelle impertinente harmonie vient interrompre ici ma voix ?

    LES VIOLONS *continuant à jouer.*

1. *Votre pitié adoucira mon martyre.*
Nuit et jour je vous aime et vous adore.
Je cherche un oui qui me restaure ;
  Mais si vous me refusez,
  Belle ingrate, je mourrai.
2. *Galants qui, à chaque moment, par des regards trompeurs,*
    Des désirs menteurs,
    De faux soupirs,
    Des accents perfides,
  Vous vantez d'être fidèles,
  Ah ! vous ne me trompez pas !
  Je sais par expérience
Qu'on ne trouve point en vous
De constance ni de fidélité.
Oh ! combien est folle celle qui vous croit !
    Ces regards languissants
    Ne m'inspirent point d'amour,
    Ces soupirs ardents
    Ne m'enflamment point,
    Je vous le jure sur ma foi.
    Malheureux galant !
    Mon cœur, insensible
    A votre plainte,
    Veut toujours rire :
    Croyez-m'en ;
    Je sais par expérience
    Qu'on ne trouve en vous
Ni constance ni fidélité.
Oh ! combien est folle celle qui vous croit !
             (Trad. de L. Bret.)

POLICHINELLE

Paix là ! ! taisez-vous, violons. Laissez-moi me plaindre à mon aise des cruautés de mon inexorable.

    LES VIOLONS, *de même.*

POLICHINELLE

Taisez-vous, vous dis-je. C'est moi qui veux chanter.

    LES VIOLONS

POLICHINELLE

Paix donc !

    LES VIOLONS

POLICHINELLE

Ouais !

    LES VIOLONS

POLICHINELLE

Ahi !

    LES VIOLONS

POLICHINELLE

Est-ce pour rire ?

    LES VIOLONS

POLICHINELLE

Ah, que de bruit !

    LES VIOLONS

POLICHINELLE

Le diable vous emporte !

    LES VIOLONS

POLICHINELLE

J'enrage !

    LES VIOLONS

POLICHINELLE

Vous ne vous tairez pas ? Ah ! Dieu soit loué !

    LES VIOLONS

POLICHINELLE

Encore ?

    LES VIOLONS

POLICHINELLE

Peste des violons !

    LES VIOLONS

POLICHINELLE

La sotte musique que voilà !

    LES VIOLONS

    POLICHINELLE, *chantant*
    pour se moquer des violons.

La, la, la, la, la, la.

    LES VIOLONS

    POLICHINELLE, *de même.*

La, la, la, la, la, la.

    LES VIOLONS

    POLICHINELLE, *de même.*

La, la, la, la, la, la.

    LES VIOLONS

    POLICHINELLE, *de même.*

La, la, la, la, la, la.

    LES VIOLONS

    POLICHINELLE, *de même.*

La, la, la, la, la, la.

    LES VIOLONS

POLICHINELLE

Par ma foi, cela me divertit. Poursuivez, messieurs les violons ; vous me ferez plaisir. (*N'enten-*

dant plus rien.) Allons donc, continuez, je vous en prie. Voilà le moyen de les faire taire. La musique est accoutumée à ne point faire ce qu'on veut. Ho sus, à nous. Avant que de chanter, il faut que je prélude un peu, et joue quelque pièce, afin de mieux prendre mon ton. (*Il prend son luth, dont il fait semblant de jouer, en imitant avec les lèvres et la langue le son de cet instrument.*) Plan, plan, plan, plin, plin, plin. Voilà un temps fâcheux pour mettre un luth d'accord. Plin, plin, plin. Plin, tan, plan. Plin, plin. Les cordes ne tiennent point par ce temps-là. Plin, plan. J'entends du bruit. Mettons mon luth contre la porte.

> ARCHERS, *passant dans la rue,*
> *accourent au bruit qu'ils entendent.*

UN ARCHER, *chantant.*

Qui va là ? qui va là ?

POLICHINELLE, *bas.*

Qui diable est-ce là ? Est-ce que c'est la mode de parler en musique ?

L'ARCHER

Qui va là ? qui va là ? qui va là ?

POLICHINELLE, *épouvanté.*

Moi, moi, moi.

L'ARCHER

Qui va là ? qui va là ? vous dis-je.

POLICHINELLE

Moi, moi, vous dis-je.

L'ARCHER

Et qui toi ? et qui toi ?

POLICHINELLE

Moi, moi, moi, moi, moi, moi.

L'ARCHER

Dis ton nom, dis ton nom, sans davantage attendre.

POLICHINELLE, *feignant d'être bien hardi.*

Mon nom est Va te faire pendre.

L'ARCHER

Ici, camarades, ici.
Saisissons l'insolent qui nous répond ainsi.

PREMIÈRE ENTRÉE DE BALLET

Tout le guet vient, qui cherche Polichinelle dans la nuit.

VIOLONS ET DANSEURS
POLICHINELLE

Qui va là ?

VIOLONS ET DANSEURS
POLICHINELLE

Qui sont les coquins que j'entends ?

VIOLONS ET DANSEURS
POLICHINELLE

Euh ?

VIOLONS ET DANSEURS
POLICHINELLE

Holà ! mes laquais, mes gens !

VIOLONS ET DANSEURS

POLICHINELLE

Par la mort !

VIOLONS ET DANSEURS
POLICHINELLE

Par le sang !

VIOLONS ET DANSEURS
POLICHINELLE

J'en jetterai par terre.

VIOLONS ET DANSEURS
POLICHINELLE

Champagne, Poitevin, Picard, Basque, Breton !

VIOLONS ET DANSEURS
POLICHINELLE

Donnez-moi mon mousqueton...

POLICHINELLE, *faisant semblant de tirer*
un coup de pistolet.

Poue.

Ils tombent tous, et s'enfuient.

POLICHINELLE

Ah, ah, ah, ah ! comme je leur ai donné l'épouvante ! Voilà de sottes gens d'avoir peur de moi, qui ai peur des autres. Ma foi, il n'est que de jouer d'adresse en ce monde. Si je n'avais tranché du grand seigneur, et n'avais fait le brave, ils n'auraient pas manqué de me happer. Ah, ah, ah ! *Les archers se rapprochent, et, ayant entendu ce qu'il disait, ils le saisissent au collet.*

LES ARCHERS, *saisissant Polichinelle.*

Nous le tenons. A nous, camarades, à nous. Dépêchez ; de la lumière.

Tout le guet vient avec des lanternes.

ARCHERS

Ah, traître ! ah, fripon ! c'est donc vous ?
Faquin, maraud, pendard, impudent, téméraire,
Insolent, effronté, coquin, filou, voleur,
Vous osez nous faire peur ?

POLICHINELLE

Messieurs, c'est que j'étais ivre.

ARCHERS

Non, non, non ; point de raison :
Il faut vous apprendre à vivre.
En prison, vite, en prison.

POLICHINELLE

Messieurs, je ne suis point voleur.

ARCHERS

En prison.

POLICHINELLE

Je suis un bourgeois de la ville.

ARCHERS

En prison.

POLICHINELLE

Qu'ai-je fait ?

ARCHERS

En prison, vite, en prison.

POLICHINELLE

Messieurs, laissez-moi aller.

ARCHERS

Non.

POLICHINELLE

Je vous prie !

ARCHERS

Non.

POLICHINELLE

Hé !

ARCHERS

Non.

POLICHINELLE

De grâce !

ARCHERS

Non, non.

POLICHINELLE

Messieurs !

ARCHERS

Non, non, non.

POLICHINELLE

S'il vous plaît !

ARCHERS

Non, non.

POLICHINELLE

Par charité !

ARCHERS

Non, non.

POLICHINELLE

Au nom du ciel !

ARCHERS

Non, non.

POLICHINELLE

Miséricorde !

ARCHERS

Non, non, non ; point de raison :
Il faut vous apprendre à vivre.
En prison, vite, en prison.

POLICHINELLE

Hé ! n'est-il rien, messieurs, qui soit capable
d'attendrir vos âmes ?

ARCHERS

Il est aisé de nous toucher ;   [croire.
Et nous sommes humains plus qu'on ne saurait
Donnez-nous doucement six pistoles pour boire,
Nous allons vous lâcher.

POLICHINELLE

Hélas ! messieurs, je vous assure que je n'ai pas
un sou sur moi.

ARCHERS

Au défaut de six pistoles,
Choisissez donc, sans façon,
D'avoir trente croquignoles,
Ou douze coups de bâton.

POLICHINELLE

Si c'est une nécessité, et qu'il faille en passer par
là, je choisis les croquignoles.

ARCHERS

Allons, préparez-vous,
Et comptez bien les coups.

DEUXIÈME ENTRÉE DE BALLET

*Les archers danseurs lui donnent des croquignoles
en cadence.*

POLICHINELLE, *pendant qu'on lui donne
des croquignoles.*

Un et deux, trois et quatre, cinq et six, sept et
huit, neuf et dix, onze et douze, et treize et quatorze, et quinze.

ARCHERS

Ah ! ah ! vous en voulez passer !
Allons, c'est à recommencer.

POLICHINELLE

Ah ! messieurs, ma pauvre tête n'en peut plus ; et
vous venez de me la rendre comme une pomme
cuite. J'aime mieux encore les coups de bâton que
de recommencer.

ARCHERS

Soit. Puisque le bâton est pour vous plus charmant,
Vous aurez contentement.

TROISIÈME ENTRÉE DE BALLET

*Les archers danseurs lui donnent des coups de
bâton en cadence.*

POLICHINELLE, *comptant les coups de bâton.*

Un, deux, trois, quatre, cinq, six. Ah, ah, ah ! je
n'y saurais plus résister. Tenez, messieurs, voilà
six pistoles que je vous donne.

ARCHERS

Ah ! l'honnête homme ! ah ! l'âme noble et belle !
Adieu, seigneur ; adieu, seigneur Polichinelle.

POLICHINELLE

Messieurs, je vous donne le bonsoir.

ARCHERS

Adieu, seigneur ; adieu, seigneur Polichinelle.

POLICHINELLE

Votre serviteur.

ARCHERS

Adieu, seigneur ; adieu, seigneur Polichinelle.

POLICHINELLE

Très humble valet.

ARCHERS

Adieu, seigneur ; adieu, seigneur Polichinelle.

POLICHINELLE

Jusqu'au revoir.

QUATRIÈME ENTRÉE DE BALLET

*Ils dansent tous, en réjouissance de l'argent qu'ils
ont reçu.*

ACTE SECOND

LE THÉÂTRE REPRÉSENTE LA CHAMBRE D'ARGAN

Scène 1 : *Cléante, Toinette.*

TOINETTE, *ne reconnaissant pas Cléante.*
Que demandez-vous, monsieur ?

CLÉANTE

Ce que je demande ?

TOINETTE

Ah ! ah ! c'est vous ! Quelle surprise ! Que venez-vous faire céans ?

CLÉANTE

Savoir ma destinée, parler à l'aimable Angélique, consulter les sentiments de son cœur, et lui demander ses résolutions sur ce mariage fatal dont on m'a averti.

TOINETTE

Oui ; mais on ne parle pas comme cela de but en blanc à Angélique : il y faut des mystères, et l'on vous a dit l'étroite garde où elle est retenue ; qu'on ne la laisse ni sortir, ni parler à personne ; et que ce ne fut que la curiosité d'une vieille tante, qui nous fit accorder la liberté d'aller à cette comédie, qui donna lieu à la naissance de votre passion : et nous nous sommes bien gardées de parler de cette aventure.

CLÉANTE

Aussi ne viens-je pas ici comme Cléante, et sous l'apparence de son amant, mais comme ami de son maître de musique, dont j'ai obtenu le pouvoir de dire qu'il m'envoie à sa place.

TOINETTE

Voici son père. Retirez-vous un peu, et me laissez lui dire que vous êtes là.

Scène II : Argan, Toinette, Cléante.

ARGAN, *se croyant seul, et sans voir Toinette.*

Monsieur Purgon m'a dit de me promener le matin, dans ma chambre, douze allées et douze venues ; mais j'ai oublié à lui demander si c'est en long ou en large.

TOINETTE

Monsieur, voilà un...

ARGAN

Parle bas, pendarde ! Tu viens m'ébranler tout le cerveau, et tu ne songes pas qu'il ne faut point parler si haut à des malades.

TOINETTE

Je voulais vous dire, monsieur...

ARGAN

Parle bas, te dis-je.

TOINETTE

Monsieur... (*Elle fait semblant de parler.*)

ARGAN

Hé ?

TOINETTE

Je vous dis que... (*Elle fait encore semblant de parler.*)

ARGAN

Qu'est-ce que tu dis ?

TOINETTE, *haut.*

Je dis que voilà un homme qui veut parler à vous.

ARGAN

Qu'il vienne ! (*Toinette fait signe à Cléante d'avancer.*)

CLÉANTE

Monsieur...

TOINETTE, *à Cléante.*

Ne parlez pas si haut, de peur d'ébranler le cerveau de monsieur.

CLÉANTE

Monsieur, je suis ravi de vous trouver debout, et de voir que vous vous portez mieux.

TOINETTE, *feignant d'être en colère.*

Comment ! qu'il se porte mieux ! Cela est faux. Monsieur se porte toujours mal.

CLÉANTE

J'ai ouï dire que monsieur était mieux ; et je lui trouve bon visage.

TOINETTE

Que voulez-vous dire avec votre bon visage ? Monsieur l'a fort mauvais ; et ce sont des impertinents qui vous ont dit qu'il était mieux. Il ne s'est jamais si mal porté.

ARGAN

Elle a raison.

TOINETTE

Il marche, dort, mange et boit tout comme les autres ; mais cela n'empêche pas qu'il ne soit fort malade.

ARGAN

Cela est vrai.

CLÉANTE

Monsieur, j'en suis au désespoir. Je viens de la part du maître à chanter de mademoiselle votre fille ; il s'est vu obligé d'aller à la campagne pour quelques jours ; et, comme son ami intime, il m'envoie à sa place pour lui continuer ses leçons, de peur qu'en les interrompant elle ne vînt à oublier ce qu'elle sait déjà.

ARGAN

Fort bien. (*A Toinette.*) Appelez Angélique.

TOINETTE

Je crois, monsieur, qu'il sera mieux de mener monsieur à sa chambre.

ARGAN

Non. Faites-la venir.

TOINETTE

Il ne pourra lui donner leçon comme il faut, s'ils ne sont en particulier.

ARGAN

Si fait, si fait.

TOINETTE

Monsieur, cela ne fera que vous étourdir ; et il ne faut rien pour vous émouvoir en l'état où vous êtes, et vous ébranler le cerveau.

ARGAN

Point, point : j'aime la musique ; et je serai bien aise de... Ah ! la voici. (*A Toinette.*) Allez-vous-en voir, vous, si ma femme est habillée.

Scène III : Argan, Angélique, Cléante.

ARGAN

Venez, ma fille. Votre maître de musique est allé aux champs ; et voilà une personne qu'il envoie à sa place pour vous montrer.

ANGÉLIQUE, *reconnaissant Cléante.*
Ah ciel !
ARGAN
Qu'est-ce ? D'où vient cette surprise ?
ANGÉLIQUE
C'est...
ARGAN
Quoi ? qui vous émeut de la sorte ?
ANGÉLIQUE
C'est, mon père, une aventure surprenante qui se rencontre ici.
ARGAN
Comment ?
ANGÉLIQUE
J'ai songé cette nuit que j'étais dans le plus grand embarras du monde, et qu'une personne, faite tout comme monsieur, s'est présentée à moi, à qui j'ai demandé secours, et qui m'est venue tirer de la peine où j'étais ; et ma surprise a été grande de voir inopinément, en arrivant ici, ce que j'ai eu dans l'idée toute la nuit.
CLÉANTE
Ce n'est pas être malheureux que d'occuper votre pensée, soit en dormant, soit en veillant ; et mon bonheur serait grand, sans doute, si vous étiez dans quelque peine dont vous me jugeassiez digne de vous tirer ; et il n'y a rien que je ne fisse pour...

Scène IV : Argan, Angélique, Cléante, Toinette.

TOINETTE, *à Argan.*
Ma foi, monsieur, je suis pour vous maintenant ; et je me dédis de tout ce que je disais hier. Voici monsieur Diafoirus le père et monsieur Diafoirus le fils, qui viennent vous rendre visite. Que vous serez bien engendré ! Vous allez voir le garçon le mieux fait du monde, et le plus spirituel. Il n'a dit que deux mots qui m'ont ravie ; et votre fille va être charmée de lui.
ARGAN, *à Cléante qui feint de vouloir s'en aller.*
Ne vous en allez point, monsieur. C'est que je marie ma fille ; et voilà qu'on lui amène son prétendu mari, qu'elle n'a point encore vu.
CLÉANTE
C'est m'honorer beaucoup, monsieur, de vouloir que je sois témoin d'une entrevue si agréable.
ARGAN
C'est le fils d'un habile médecin ; et le mariage se fera dans quatre jours.
CLÉANTE
Fort bien.
ARGAN
Mandez-le un peu à son maître de musique, afin qu'il se trouve à la noce.
CLÉANTE
Je n'y manquerai pas.
ARGAN
Je vous y prie aussi.

CLÉANTE
Vous me faites beaucoup d'honneur.
TOINETTE
Allons, qu'on se range ; les voici.

Scène V : Monsieur Diafoirus, Thomas Diafoirus, Argan, Angélique, Cléante, Toinette, Laquais.

ARGAN, *mettant la main à son bonnet, sans l'ôter.*
Monsieur Purgon, monsieur, m'a défendu de découvrir ma tête. Vous êtes du métier : vous savez les conséquences.
MONSIEUR DIAFOIRUS
Nous sommes dans toutes nos visites pour porter secours aux malades, et non pour leur porter de l'incommodité. (*Argan et M. Diafoirus parlent en même temps.*)
ARGAN
Je reçois, monsieur,
MONSIEUR DIAFOIRUS
Nous venons ici, monsieur,
ARGAN
Avec beaucoup de joie,
MONSIEUR DIAFOIRUS
Mon fils Thomas et moi,
ARGAN
L'honneur que vous me faites,
MONSIEUR DIAFOIRUS
Vous témoigner, monsieur,
ARGAN
Et j'aurais souhaité...
MONSIEUR DIAFOIRUS
Le ravissement où nous sommes...
ARGAN
De pouvoir aller chez vous...
MONSIEUR DIAFOIRUS
De la grâce que vous nous faites...
ARGAN
Pour vous en assurer ;
MONSIEUR DIAFOIRUS
De vouloir bien nous recevoir...
ARGAN
Mais vous savez, monsieur,
MONSIEUR DIAFOIRUS
Dans l'honneur, monsieur,
ARGAN
Ce que c'est qu'un pauvre malade,
MONSIEUR DIAFOIRUS
De votre alliance ;
ARGAN
Qui ne peut faire autre chose...
MONSIEUR DIAFOIRUS
Et vous assurer...
ARGAN
Que de vous dire ici...
MONSIEUR DIAFOIRUS
Que dans les choses qui dépendront de notre métier...

ARGAN

Qu'il cherchera toutes les occasions...

MONSIEUR DIAFOIRUS

De même qu'en toute autre,

ARGAN

De vous faire connaître, monsieur,

MONSIEUR DIAFOIRUS

Nous serons toujours prêts, monsieur,

ARGAN

Qu'il est tout à votre service.

MONSIEUR DIAFOIRUS

A vous témoigner notre zèle. (*A son fils.*) Allons, Thomas, avancez. Faites vos compliments.

THOMAS DIAFOIRUS, *à M. Diafoirus.*

N'est-ce pas par le père qu'il convient commencer ?

MONSIEUR DIAFOIRUS

Oui.

THOMAS DIAFOIRUS, *à Argan.*

Monsieur, je viens saluer, reconnaître, chérir, et révérer en vous un second père, mais un second père auquel j'ose dire que je me trouve plus redevable qu'au premier. Le premier m'a engendré, mais vous m'avez choisi ; il m'a reçu par nécessité, mais vous m'avez accepté par grâce. Ce que je tiens de lui est un ouvrage de son corps ; mais ce que je tiens de vous est un ouvrage de votre volonté : et d'autant plus que les facultés spirituelles sont au-dessus des corporelles, d'autant plus je vous dois, et d'autant plus je tiens précieuse cette future filiation dont je viens aujourd'hui vous rendre, par avance, les très humbles et très respectueux hommages.

TOINETTE

Vive les collèges d'où l'on sort si habile homme !

THOMAS DIAFOIRUS, *à M. Diafoirus.*

Cela a-t-il bien été, mon père ?

MONSIEUR DIAFOIRUS

Optime.

ARGAN, *à Angélique.*

Allons, saluez monsieur.

THOMAS DIAFOIRUS, *à M. Diafoirus.*

Baiserai-je ?

MONSIEUR DIAFOIRUS

Oui, oui.

THOMAS DIAFOIRUS, *à Angélique.*

Madame, c'est avec justice que le ciel vous a concédé le nom de belle-mère, puisque l'on...

ARGAN, *à Thomas Diafoirus.*

Ce n'est pas ma femme, c'est ma fille à qui vous parlez.

THOMAS DIAFOIRUS

Où donc est-elle ?

ARGAN

Elle va venir.

THOMAS DIAFOIRUS

Attendrai-je, mon père, qu'elle soit venue ?

MONSIEUR DIAFOIRUS

Faites toujours le compliment de mademoiselle.

THOMAS DIAFOIRUS

Mademoiselle, ne plus ne moins que la statue de Memnon rendait un son harmonieux lorsqu'elle venait à être éclairée des rayons du soleil, tout de même me sens-je animé d'un doux transport à l'apparition du soleil de vos beautés ; et, comme les naturalistes remarquent que la fleur nommée héliotrope tourne sans cesse vers cet astre du jour, aussi mon cœur dores-en-avant tournera-t-il toujours vers les astres resplendissants de vos yeux adorables, ainsi que vers son pôle unique. Souffrez donc, mademoiselle, que j'appende aujourd'hui à l'autel de vos charmes l'offrande de ce cœur qui ne respire et n'ambitionne autre gloire que d'être toute sa vie, mademoiselle, votre très humble, très obéissant et très fidèle serviteur et mari.

TOINETTE

Voilà ce que c'est que d'étudier ! on apprend à dire de belles choses.

ARGAN, *à Cléante.*

Hé ! que dites-vous de cela ?

CLÉANTE

Que monsieur fait merveilles, et que, s'il est aussi bon médecin qu'il est bon orateur, il y aura plaisir à être de ses malades.

TOINETTE

Assurément. Ce sera quelque chose d'admirable, s'il fait d'aussi belles cures qu'il fait de beaux discours.

ARGAN

Allons, vite, ma chaise, et des sièges à tout le monde. (*Des laquais donnent des sièges.*) Mettez-vous là, ma fille. (*A M. Diafoirus.*) Vous voyez, monsieur, que tout le monde admire monsieur votre fils ; et je vous trouve bien heureux de vous voir un garçon comme cela.

MONSIEUR DIAFOIRUS

Monsieur, ce n'est pas parce que je suis son père ; mais je puis dire que j'ai sujet d'être content de lui, et que tous ceux qui le voient en parlent comme d'un garçon qui n'a point de méchanceté. Il n'a jamais eu l'imagination bien vive, ni ce feu d'esprit qu'on remarque dans quelques-uns ; mais c'est par là que j'ai toujours bien augré de sa judiciaire, qualité requise pour l'exercice de notre art. Lorsqu'il était petit, il n'a jamais été ce qu'on appelle mièvre et éveillé ; on le voyait toujours doux, paisible et taciturne, ne disant jamais mot, et ne jouant jamais à tous ces petits jeux que l'on nomme enfantins. On eut toutes les peines du monde à lui apprendre à lire ; et il avait neuf ans, qu'il ne connaissait pas encore ses lettres. Bon, disais-je en moi-même, les arbres tardifs sont ceux qui portent les meilleurs fruits. On grave sur le marbre bien plus malaisément que sur le sable ; mais les choses y sont conservées bien plus longtemps ; et cette lenteur à comprendre, cette pesanteur d'imagination est la marque d'un bon jugement à venir. Lorsque je l'envoyai au collège, il trouva de la peine, mais il se raidissait contre les difficultés ; et ses régents se louaient toujours à moi de son assiduité et de son travail. Enfin, à force de battre le fer, il en est venu glorieusement à avoir ses licences ; et je puis dire, sans vanité, que, depuis deux ans qu'il est sur les bancs, il n'y a point de candidat qui ait fait plus de bruit que lui dans toutes les disputes de notre école. Il s'y est rendu redoutable ; et il ne s'y passe point d'acte où il n'aille argumenter à outrance pour la proposition contraire. Il est ferme dans la dispute, fort comme un Turc sur ses principes, ne démord jamais de son opinion, et poursuit un raisonnement jusque dans les derniers recoins de la logique. Mais, sur toute chose, ce qui me plaît en lui, et en quoi il suit mon exemple, c'est qu'il s'attache aveuglément aux opinions de nos anciens, et que jamais il n'a voulu comprendre ni écouter les raisons et les expériences des prétendues découvertes de notre siècle touchant la circulation du sang, et autres opinions de même farine.

THOMAS DIAFOIRUS, *tirant de sa poche une grande thèse roulée, qu'il présente à Angélique.*

J'ai, contre les circulateurs, soutenu une thèse, qu'avec la permission (*Saluant Argan.*) de monsieur, j'ose présenter à mademoiselle, comme un hommage que je lui dois des prémices de mon esprit.

ANGÉLIQUE

Monsieur, c'est pour moi un meuble inutile, et je ne me connais pas à ces choses-là.

TOINETTE, *prenant la thèse.*

Donnez, donnez ; elle est toujours bonne à prendre pour l'image : cela servira à parer notre chambre.

THOMAS DIAFOIRUS, *saluant encore Argan.*

Avec la permission aussi de monsieur, je vous invite à venir voir, l'un de ces jours, pour vous divertir, la dissection d'une femme, sur quoi je dois raisonner.

TOINETTE

Le divertissement sera agréable. Il y en a qui donnent la comédie à leurs maîtresses ; mais donner une dissection est quelque chose de plus galant.

MONSIEUR DIAFOIRUS

Au reste, pour ce qui est des qualités requises pour le mariage et la propagation, je vous assure que, selon les règles de nos docteurs, il est tel qu'on le peut souhaiter ; qu'il possède en un degré louable la vertu prolifique, et qu'il est du tempérament qu'il faut pour engendrer et procréer des enfants bien conditionnés.

ARGAN

N'est-ce pas votre intention, monsieur, de le pousser à la cour, et d'y ménager pour lui une charge de médecin ?

MONSIEUR DIAFOIRUS

A vous en parler franchement, notre métier auprès des grands ne m'a jamais paru agréable ; et j'ai toujours trouvé qu'il valait mieux pour nous autres demeurer au public. Le public est commode : vous n'avez à répondre de vos actions à personne ; et, pourvu que l'on suive le courant des règles de l'art, on ne se met point en peine de tout ce qui peut arriver ; mais ce qu'il y a de fâcheux auprès des grands, c'est que, quand ils viennent à être malades, ils veulent absolument que leurs médecins les guérissent.

TOINETTE

Cela est plaisant ! et ils sont bien impertinents de vouloir que vous autres messieurs vous les guérissiez ! Vous n'êtes point auprès d'eux pour cela ; vous n'y êtes que pour recevoir vos pensions et leur ordonner des remèdes ; c'est à eux à guérir, s'ils peuvent.

MONSIEUR DIAFOIRUS

Cela est vrai ; on n'est obligé qu'à traiter les gens dans les formes.

ARGAN, *à Cléante.*

Monsieur, faites un peu chanter ma fille devant la compagnie.

CLÉANTE

J'attendais vos ordres, monsieur ; et il m'est venu en pensée, pour divertir la compagnie, de chanter avec mademoiselle une scène d'un petit opéra qu'on a fait depuis peu. (*A Angélique, lui donnant un papier.*) Tenez, voilà votre partie.

ANGÉLIQUE

Moi ?

CLÉANTE, *bas, à Angélique.*

Ne vous défendez point, s'il vous plaît, et me laissez vous faire comprendre ce que c'est que la scène que nous devons chanter. (*Haut.*) Je n'ai pas une voix à chanter ; mais ici il suffit que je me fasse entendre ; et l'on aura la bonté de m'excuser, par la nécessité où je me trouve de faire chanter mademoiselle.

ARGAN

Les vers en sont-ils beaux ?

CLÉANTE

C'est proprement ici un petit opéra impromptu ; et vous n'allez entendre chanter que de la prose cadencée, ou des manières de vers libres, tels que la passion et la nécessité peuvent faire trouver à deux personnes qui disent les choses d'eux-mêmes, et parlent sur-le-champ.

ARGAN

Fort bien. Ecoutons.

CLÉANTE

Voici le sujet de la scène. Un berger était attentif aux beautés d'un spectacle qui ne faisait que de commencer, lorsqu'il fut tiré de son attention par un bruit qu'il entendit à ses côtés ; il se retourne, et voit un brutal qui de paroles insolentes maltraitait une bergère. D'abord il prend les intérêts d'un sexe à qui tous les hommes doivent hommage ; et, après avoir donné au brutal le châtiment de son insolence, il vient à la bergère, et voit une jeune personne qui, des deux plus beaux yeux qu'il eût jamais vus, versait des larmes qu'il trouva les plus belles du monde. Hélas ! dit-il en lui-même, est-on capable d'outrager une personne si aimable; et quel inhumain, quel barbare ne serait touché par de telles larmes ? Il prend soin de les arrêter, ces larmes qu'il trouve si belles ; et l'aimable bergère prend soin en même temps de le remercier de son léger service, mais d'une manière si charmante, si tendre et si passionnée, que le berger n'y peut résister, et chaque mot, chaque regard, est un trait plein de flamme, dont son cœur se sent pénétré. Est-il, disait-il, quelque chose qui puisse mériter les aimables paroles d'un tel remerciement ? Et que ne voudrait-on pas faire, à quels services, à quels dangers ne serait-on pas ravi de courir, pour s'attirer un seul moment des touchantes douceurs d'une âme si reconnaissante ! Tout le spectacle passe sans qu'il y donne aucune attention ; mais il se plaint qu'il est trop court, parce qu'en finissant il le sépare de son adorable bergère ; et, de cette première vue, de ce premier moment, il emporte chez lui tout ce qu'un amour de plusieurs années peut avoir de plus violent. Le voilà aussitôt à sentir tous les maux de l'absence ; et il est tourmenté de ne plus voir ce qu'il a si peu vu. Il fait tout ce qu'il peut pour se redonner cette vue, dont il conserve nuit et jour une si chère idée ; mais la grande contrainte où l'on tient sa bergère lui en ôte tous les moyens. La violence de sa passion le fait résoudre à demander en mariage l'adorable beauté sans laquelle il ne peut plus vivre ; et il en obtient d'elle la permission, par un billet qu'il a l'adresse de lui faire tenir. Mais, dans le même temps, on l'avertit que le père de cette belle a conclu son mariage avec un autre, et que tout se dispose pour en célébrer la cérémonie. Jugez quelle atteinte cruelle au cœur de ce triste berger ! Le voilà accablé d'une mortelle douleur ; il ne peut souffrir l'effroyable idée de voir tout ce qu'il aime entre les bras d'un autre ; et son amour au désespoir lui fait trouver moyen de s'introduire dans la maison de sa bergère pour apprendre ses sentiments, et savoir d'elle la destinée à laquelle il doit se résoudre. Il y rencontre les apprêts de tout ce qu'il craint ; il y voit venir l'indigne rival que le caprice d'un père oppose aux tendresses de son amour ; il le voit triomphant, ce rival ridicule, auprès de l'aimable bergère, ainsi qu'auprès d'une conquête qui lui est assurée ; et cette vue le remplit d'une colère dont il a peine à se rendre le maître ; il jette de douloureux regards sur celle qu'il adore ; et son respect et la présence de son père l'empêchent de lui rien dire que des yeux ; mais enfin il force toute contrainte, et le transport de son amour l'oblige à lui parler ainsi : (Il chante.)

Belle Philis, c'est trop, c'est trop souffrir ;
Rompons ce dur silence, et m'ouvrez vos pensées.
 Apprenez-moi ma destinée :
 Faut-il vivre ? faut-il mourir ?

ANGÉLIQUE, *en chantant.*

Vous me voyez, Tircis, triste et mélancolique,
Aux apprêts de l'hymen dont vous vous alarmez.
Je lève au ciel les yeux, je vous regarde, je soupire ;
 C'est vous en dire assez.

ARGAN

Ouais ! je ne croyais pas que ma fille fût si habile, que de chanter ainsi à livre ouvert, sans hésiter.

CLÉANTE

 Hélas ! belle Philis,
Se pourrait-il que l'amoureux Tircis
 Eût assez de bonheur
Pour avoir quelque place dans votre cœur ?

ANGÉLIQUE

Je ne m'en défends point, dans cette peine extrême ;
 Oui, Tircis, je vous aime.

CLÉANTE

 O parole pleine d'appas !
 Ai-je bien entendu ? Hélas !
Redites-la, Philis, que je n'en doute pas.

ANGÉLIQUE

 Oui, Tircis, je vous aime.

CLÉANTE

 De grâce, encor, Philis.

ANGÉLIQUE

 Je vous aime.

CLÉANTE

Recommencez cent fois ; ne vous en lassez pas.

ANGÉLIQUE

 Je vous aime, je vous aime,
 Oui, Tircis, je vous aime.

CLÉANTE   [monde,

Dieux, rois, qui sous vos pieds regardez tout le
Pouvez-vous comparer votre bonheur au mien ?
 Mais, Philis, une pensée
 Vient troubler ce doux transport.
 Un rival, un rival...

ANGÉLIQUE

 Ah ! je le hais plus que la mort ;
 Et sa présence, ainsi qu'à vous,
 M'est un cruel supplice.

CLÉANTE

Mais un père à ses vœux vous veut assujettir.

ANGÉLIQUE

 Plutôt, plutôt mourir,
 Que de jamais y consentir ;
Plutôt, plutôt mourir, plutôt mourir.

ARGAN

Et que dit le père à tout cela ?

CLÉANTE

Il ne dit rien.

ARGAN

Voilà un sot père que ce père-là, de souffrir toutes ces sottises-là sans rien dire !

CLÉANTE, *voulant continuer à chanter.*
 Ah ! mon amour...

ARGAN

Non, non ; en voilà assez. Cette comédie-là est de fort mauvais exemple. Le berger Tircis est un impertinent, et la bergère Philis une impudente de parler de la sorte devant son père. (*A Angélique.*) Montrez-moi ce papier. Ah ! ah ! où sont donc les paroles que vous avez dites ? Il n'y a là que de la musique écrite.

CLÉANTE

Est-ce que vous ne savez pas, monsieur, qu'on a

trouvé, depuis peu, l'invention d'écrire les paroles avec les notes mêmes ?

ARGAN

Fort bien. Je suis votre serviteur, monsieur ; jusqu'au revoir. Nous nous serions bien passés de votre impertinent d'opéra.

CLÉANTE

J'ai cru vous divertir.

ARGAN

Les sottises ne divertissent point. Ah ! voici ma femme.

Scène VI : Béline, Argan, Angélique, Monsieur Diafoirus, Thomas Diafoirus, Toinette.

ARGAN

Mamour, voilà le fils de monsieur Diafoirus.

THOMAS DIAFOIRUS

Madame, c'est avec justice que le ciel vous a concédé le nom de belle-mère, puisque l'on voit sur votre visage...

BÉLINE

Monsieur, je suis ravie d'être venue ici à propos, pour avoir l'honneur de vous voir.

THOMAS DIAFOIRUS

Puisque l'on voit sur votre visage... puisque l'on voit sur votre visage... Madame, vous m'avez interrompu dans le milieu de la période, et cela m'a troublé la mémoire.

MONSIEUR DIAFOIRUS

Thomas, réservez cela pour une autre fois.

ARGAN

Je voudrais, mamie, que vous eussiez été ici tantôt.

TOINETTE

Ah ! madame, vous avez bien perdu de n'avoir point été au second père, à la statue de Memnon, et à la fleur nommée héliotrope.

ARGAN

Allons, ma fille, touchez dans la main de monsieur, et lui donnez votre foi, comme à votre mari.

ANGÉLIQUE

Mon père !...

ARGAN

Hé bien ! « Mon père » ? Qu'est-ce que cela veut dire ?

ANGÉLIQUE

De grâce, ne précipitez pas les choses. Donnez-nous au moins le temps de nous connaître, et de voir naître en nous, l'un pour l'autre, cette inclination si nécessaire à composer une union parfaite.

THOMAS DIAFOIRUS

Quant à moi, mademoiselle, elle est déjà toute née en moi ; et je n'ai pas besoin d'attendre davantage.

ANGÉLIQUE

Si vous êtes si prompt, monsieur, il n'en est pas de même de moi ; et je vous avoue que votre mérite n'a pas encore fait assez d'impression dans mon âme.

ARGAN

Ho, bien, bien ! Cela aura tout le loisir de se faire quand vous serez mariés ensemble.

ANGÉLIQUE

Hé ! mon père, donnez-moi du temps, je vous prie. Le mariage est une chaîne où l'on ne doit jamais soumettre un cœur par force ; et si monsieur est honnête homme, il ne doit point vouloir accepter une personne qui serait à lui par contrainte.

THOMAS DIAFOIRUS

Nego consequentiam, mademoiselle ; et je puis être honnête homme, et vouloir bien vous accepter des mains de monsieur votre père.

ANGÉLIQUE

C'est un méchant moyen de se faire aimer de quelqu'un que de lui faire violence.

THOMAS DIAFOIRUS

Nous lisons des anciens, mademoiselle, que leur coutume était d'enlever par force de la maison des pères les filles qu'on menait marier, afin qu'il ne semblât pas que ce fût de leur consentement qu'elles convolaient dans les bras d'un homme.

ANGÉLIQUE

Les anciens, monsieur, sont les anciens, et nous sommes les gens de maintenant. Les grimaces ne sont point nécessaires dans notre siècle ; et, quand un mariage nous plaît, nous savons fort bien y aller, sans qu'on nous y traîne. Donnez-vous patience ; si vous m'aimez, monsieur, vous devez vouloir tout ce que je veux.

THOMAS DIAFOIRUS

Oui, mademoiselle, jusqu'aux intérêts de mon amour exclusivement.

ANGÉLIQUE

Mais la grande marque d'amour, c'est d'être soumis aux volontés de celle qu'on aime.

THOMAS DIAFOIRUS

Distinguo, mademoiselle. Dans ce qui ne regarde point sa possession, *concedo* ; mais dans ce qui la regarde, *nego.*

TOINETTE, *à Angélique.*

Vous avez beau raisonner, Monsieur est frais émoulu du collège, et il vous donnera toujours votre reste. Pourquoi tant résister, et refuser la gloire d'être attachée au corps de la faculté ?

BÉLINE

Elle a peut-être quelque inclination en tête.

ANGÉLIQUE

Si j'en avais, madame, elle serait telle que la raison et l'honnêteté pourraient me la permettre.

ARGAN

Ouais ! je joue ici un plaisant personnage.

BÉLINE

Si j'étais que de vous, mon fils, je ne la forcerais point à se marier ; et je sais bien ce que je ferais.

ANGÉLIQUE

Je sais, madame, ce que vous voulez dire, et les bontés que vous avez pour moi ; mais peut-être que vos conseils ne seront pas assez heureux pour être exécutés.

BÉLINE

C'est que les filles bien sages et bien honnêtes, comme vous, se moquent d'être obéissantes et soumises aux volontés de leurs pères. Cela était bon autrefois.

ANGÉLIQUE

Le devoir d'une fille a des bornes, madame ; et la raison et les lois ne l'étendent point à toutes sortes de choses.

BÉLINE

C'est-à-dire que vos pensées ne sont que pour le mariage ; mais vous voulez choisir un époux à votre fantaisie.

ANGÉLIQUE

Si mon père ne veut pas me donner un mari qui me plaise, je le conjurerai, au moins, de ne me point forcer à en épouser un que je ne puisse pas aimer.

ARGAN

Messieurs, je vous demande pardon de tout ceci.

ANGÉLIQUE

Chacun a son but en se mariant. Pour moi, qui ne veux un mari que pour l'aimer véritablement, et qui prétends en faire tout l'attachement de ma vie, je vous avoue que j'y cherche quelque précaution. Il y en a d'aucunes qui prennent des maris seulement pour se tirer de la contrainte de leurs parents, et se mettre en état de faire tout ce qu'elles voudront. Il y en a d'autres, madame, qui font du mariage un commerce de pur intérêt, qui ne se marient que pour gagner des douaires, que pour s'enrichir par la mort de ceux qu'elles épousent, et courent sans scrupule de mari en mari, pour s'approprier leurs dépouilles. Ces personnes-là, à la vérité, n'y cherchent pas tant de façons, et regardent peu la personne.

BÉLINE

Je vous trouve aujourd'hui bien raisonnante, et je voudrais bien savoir ce que vous voulez dire par là.

ANGÉLIQUE

Moi, madame ? Que voudrais-je dire que ce que je dis ?

BÉLINE

Vous êtes si sotte, mamie, qu'on ne saurait plus vous souffrir.

ANGÉLIQUE

Vous voudriez bien, madame, m'obliger à vous répondre quelque impertinence ; mais je vous avertis que vous n'aurez pas cet avantage.

BÉLINE

Il n'est rien d'égal à votre insolence.

ANGÉLIQUE

Non, madame, vous avez beau dire.

BÉLINE

Et vous avez un ridicule orgueil, une impertinente présomption, qui fait hausser les épaules à tout le monde.

ANGÉLIQUE

Tout cela, madame, ne servira de rien. Je serai sage en dépit de vous ; et, pour vous ôter l'espé-rance de pouvoir réussir dans ce que vous voulez, je vais m'ôter de votre vue.

ARGAN, à Angélique qui sort.

Ecoute. Il n'y a point de milieu à cela : choisis d'épouser dans quatre jours ou monsieur, ou un couvent. (A Béline.) Ne vous mettez pas en peine : je la rangerai bien.

BÉLINE

Je suis fâchée de vous quitter, mon fils ; mais j'ai une affaire en ville, dont je ne puis me dispenser. Je reviendrai bientôt.

ARGAN

Allez, mamour ; et passez chez votre notaire, afin qu'il expédie ce que vous savez.

BÉLINE

Adieu, mon petit ami.

ARGAN

Adieu, mamie. Voilà une femme qui m'aime... cela n'est pas croyable.

MONSIEUR DIAFOIRUS

Nous allons, monsieur, prendre congé de vous.

ARGAN

Je vous prie, monsieur, de me dire un peu comment je suis.

MONSIEUR DIAFOIRUS, tâtant le pouls d'Argan.

Allons, Thomas, prenez l'autre bras de monsieur, pour voir si vous saurez porter un bon jugement de son pouls. *Quid dicis ?*

THOMAS DIAFOIRUS

Dico que le pouls de monsieur est le pouls d'un homme qui ne se porte point bien.

MONSIEUR DIAFOIRUS

Bon.

THOMAS DIAFOIRUS

Qu'il est duriuscule, pour ne pas dire dur.

MONSIEUR DIAFOIRUS

Fort bien.

THOMAS DIAFOIRUS

Repoussant.

MONSIEUR DIAFOIRUS

Bene.

THOMAS DIAFOIRUS

Et même un peu caprisant.

MONSIEUR DIAFOIRUS

Optime.

THOMAS DIAFOIRUS

Ce qui marque une intempérie dans le *parenchyme splénique*, c'est-à-dire la rate.

MONSIEUR DIAFOIRUS

Fort bien.

ARGAN

Non ; monsieur Purgon dit que c'est mon foie qui est malade.

MONSIEUR DIAFOIRUS

Eh ! oui : qui dit *parenchyme* dit l'un et l'autre, à cause de l'étroite sympathie qu'ils ont ensemble par le moyen du *vas breve du pylore*, et souvent des *méats cholidoques*. Il vous ordonne sans doute de manger force rôti ?

ARGAN

Non ; rien que du bouilli.

MONSIEUR DIAFOIRUS

Eh! oui : rôti, bouilli, même chose. Il vous ordonne fort prudemment, et vous ne pouvez être en de meilleures mains.

ARGAN

Monsieur, combien est-ce qu'il faut mettre de grains de sel dans un œuf ?

MONSIEUR DIAFOIRUS

Six, huit, dix, par les nombre pairs, comme dans les médicaments par les nombres impairs.

ARGAN

Jusqu'au revoir, monsieur.

Scène VII : Béline, Argan.

BÉLINE

Je viens, mon fils, avant que de sortir, vous donner avis d'une chose à laquelle il faut que vous preniez garde. En passant par-devant la chambre d'Angélique, j'ai vu un jeune homme avec elle, qui s'est sauvé d'abord qu'il m'a vue.

ARGAN

Un jeune homme avec ma fille !

BÉLINE

Oui. Votre petite fille Louison était avec eux, qui pourra vous en dire des nouvelles.

ARGAN

Envoyez-la ici, mamour, envoyez-la ici. Ah ! l'effrontée ! (*Seul.*) Je ne m'étonne plus de sa résistance.

Scène VIII : Argan, Louison.

LOUISON

Qu'est-ce que vous voulez, mon papa ? Ma belle-maman m'a dit que vous me demandez.

ARGAN

Oui. Venez çà. Avancez là. Tournez-vous. Levez les yeux. Regardez-moi. Hé ?

LOUISON

Quoi, mon papa ?

ARGAN

Là ?

LOUISON

Quoi ?

ARGAN

N'avez-vous rien à me dire ?

LOUISON

Je vous dirai, si vous voulez, pour vous désennuyer, le conte de Peau-d'Ane, ou bien la fable du Corbeau et du Renard, qu'on m'a apprise depuis peu.

ARGAN

Ce n'est pas là ce que je demande.

LOUISON

Quoi donc ?

ARGAN

Ah ! rusée, vous savez bien ce que je veux dire !

LOUISON

Pardonnez-moi, mon papa.

ARGAN

Est-ce là comme vous m'obéissez ?

LOUISON

Quoi ?

ARGAN

Ne vous ai-je pas recommandé de me venir dire d'abord tout ce que vous voyez ?

LOUISON

Oui, mon papa.

ARGAN

L'avez-vous fait ?

LOUISON

Oui, mon papa. Je vous suis venue dire tout ce que j'ai vu.

ARGAN

Et n'avez-vous rien vu aujourd'hui ?

LOUISON

Non, mon papa.

ARGAN

Non ?

LOUISON

Non, mon papa.

ARGAN

Assurément ?

LOUISON

Assurément.

ARGAN

Oh çà, je m'en vais vous faire voir quelque chose, moi.

LOUISON, *voyant une poignée de verges qu'Argan a été prendre.*

Ah ! mon papa !

ARGAN

Ah ! ah ! petite masque, vous ne me dites pas que vous avez vu un homme dans la chambre de votre sœur !

LOUISON, *pleurant.*

Mon papa !

ARGAN, *prenant Louison par le bras.*

Voici qui vous apprendra à mentir.

LOUISON, *se jetant à genoux.*

Ah ! mon papa, je vous demande pardon. C'est que ma sœur m'avait dit de ne pas vous le dire ; mais je m'en vais vous dire tout.

ARGAN

Il faut premièrement que vous ayez le fouet pour avoir menti. Puis après nous verrons au reste.

LOUISON.

Pardon, mon papa.

ARGAN

Non, non.

LOUISON

Mon pauvre papa, ne me donnez pas le fouet !

ARGAN

Vous l'aurez.

LOUISON

Au nom de Dieu, mon papa, que je ne l'aie pas !

ARGAN, *voulant la fouetter.*

Allons, allons.

LOUISON

Ah ! mon papa, vous m'avez blessée. Attendez : je suis morte. (*Elle contrefait la morte.*)

ARGAN

Holà ! qu'est-ce là ? Louison, Louison. Ah, mon Dieu ! Louison. Ah ! ma fille ! Ah ! malheureux ! ma pauvre fille est morte ! Qu'ai-je fait, misérable ? Ah, chiennes de verges ! La peste soit des verges ! Ah ! ma pauvre fille, ma pauvre petite Louison.

LOUISON

La, la, mon papa, ne pleurez point tant : je ne suis pas morte tout à fait.

ARGAN

Voyez-vous la petite rusée ! Oh çà, çà, je vous pardonne pour cette fois-ci, pourvu que vous me disiez bien tout.

LOUISON

Oh ! oui, mon papa.

ARGAN

Prenez-y bien garde, au moins ; car voilà un petit doigt qui sait tout, qui me dira si vous mentez.

LOUISON

Mais, mon papa, ne dites pas à ma sœur que je vous l'ai dit.

ARGAN

Non, non.

LOUISON, *après avoir écouté si personne n'écoute.*

C'est, mon papa, qu'il est venu un homme dans la chambre de ma sœur comme j'y étais.

ARGAN

Hé bien ?

LOUISON

Je lui ai demandé ce qu'il demandait, et il m'a dit qu'il était son maître à chanter.

ARGAN, *à part.*

Hom ! hom ! voilà l'affaire. (*A Louison.*) Hé bien ?

LOUISON

Ma sœur est venue après.

ARGAN

Hé bien ?

LOUISON

Elle lui a dit : « Sortez, sortez, sortez. Mon Dieu, sortez ; vous me mettez au désespoir. »

ARGAN

Hé bien ?

LOUISON

Et lui il ne voulait pas sortir.

ARGAN

Qu'est-ce qu'il lui disait ?

LOUISON

Il lui disait je ne sais combien de choses.

ARGAN

Et quoi encore ?

LOUISON

Il lui disait tout ci, tout ça, qu'il l'aimait bien, et qu'elle était la plus belle du monde.

ARGAN

Et puis après ?

LOUISON

Et puis après, il se mettait à genoux devant elle.

ARGAN

Et puis après ?

LOUISON

Et puis après, il lui baisait les mains.

ARGAN

Et puis après ?

LOUISON

Et puis après, ma belle-maman est venue à la porte, et il s'est enfui.

ARGAN

Il n'y a point autre chose ?

LOUISON

Non, mon papa.

ARGAN

Voilà mon petit doigt pourtant qui gronde quelque chose. (*Mettant son doigt à son oreille.*) Attendez. Hé ! Ah, ah ! Oui ? Oh, oh ! Voilà mon petit doigt qui me dit quelque chose que vous avez vu, et que vous ne m'avez pas dit.

LOUISON

Ah ! mon papa, votre petit doigt est un menteur.

ARGAN

Prenez garde.

LOUISON

Non, mon papa, ne le croyez pas : il ment, je vous assure.

ARGAN

Oh bien, bien, nous verrons cela. Allez-vous-en, et prenez bien garde à tout : allez. (*Seul.*) Ah ! il n'y a plus d'enfants ! Ah ! que d'affaires ! Je n'ai pas seulement le loisir de songer à ma maladie. En vérité, je n'en puis plus. (*Il se laisse tomber sur une chaise.*)

Scène IX : Béralde, Argan.

BÉRALDE

Hé bien, mon frère ! qu'est-ce ? Comment vous portez-vous ?

ARGAN

Ah ! mon frère, fort mal.

BÉRALDE

Comment ! fort mal ?

ARGAN

Oui. Je suis dans une faiblesse si grande, que cela n'est pas croyable.

BÉRALDE

Voilà qui est fâcheux.

ARGAN

Je n'ai pas seulement la force de pouvoir parler.

BÉRALDE

J'étais venu ici, mon frère, vous proposer un parti pour ma nièce Angélique.

ARGAN, *parlant avec emportement, et se levant de sa chaise.*

Mon frère, ne me parlez point de cette coquine-là. C'est une friponne, une impertinente, une effrontée, que je mettrai dans un couvent avant qu'il soit deux jours.

BÉRALDE

Ah ! voilà qui est bien ! Je suis bien aise que la force vous revienne un peu, et que ma visite vous fasse du bien. Oh çà, nous parlerons d'affaires tantôt. Je vous amène ici un divertissement que j'ai rencontré, qui dissipera votre chagrin, et vous rendra l'âme mieux disposée aux choses que nous avons à dire. Ce sont des Egyptiens vêtus en Mores, qui font des danses mêlées de chansons, où je suis sûr que vous prendrez plaisir ; et cela vaudra bien une ordonnance de monsieur Purgon. Allons.

SECOND INTERMEDE

Le frère du malade imaginaire lui amène, pour le divertir, plusieurs Egyptiens et Egyptiennes, vêtus en Mores, qui font des danses entremêlées de chansons.

PREMIÈRE FEMME MORE
Profitez du printemps
De vos beaux ans,
Aimable jeunesse ;
Profitez du printemps
De vos beaux ans ;
Donnez-vous à la tendresse.

Les plaisirs les plus charmants,
Sans l'amoureuse flamme,
Pour contenter une âme
N'ont point d'attraits assez puissants.

Profitez du printemps
De vos beaux ans,
Aimable jeunesse ;
Profitez du printemps
De vos beaux ans ;
Donnez-vous à la tendresse.

Ne perdez point ces précieux moments.
La beauté passe,
Le temps l'efface ;
L'âge de glace
Vient à la place,
Qui nous ôte le goût de ces doux passe-temps.

Profitez du printemps
De vos beaux ans,
Aimable jeunesse ;
Profitez du printemps
De vos beaux ans ;
Donnez-vous à la tendresse.

PREMIÈRE ENTRÉE DE BALLET

Danse des Egyptiens et des Egyptiennes

SECONDE FEMME MORE
Quand d'aimer on nous presse,
A quoi songez-vous ?
Nos cœurs, dans la jeunesse,
N'ont vers la tendresse
Qu'un penchant trop doux.
L'amour a, pour nous prendre,
De si doux attraits,

Que, de soi, sans attendre,
On voudrait se rendre
A ses premiers traits ;
Mais tout ce qu'on écoute
Des vives douleurs
Et des pleurs qu'il nous coûte,
Fait qu'on en redoute
Toutes les douceurs.

TROISIÈME FEMME MORE
Il est doux, à notre âge,
D'aimer tendrement
Un amant
Qui s'engage :
Mais, s'il est volage,
Hélas ! quel tourment !

QUATRIÈME FEMME MORE
L'amant qui se dégage
N'est pas le malheur ;
La douleur
Et la rage,
C'est que le volage
Garde notre cœur.

SECONDE FEMME MORE
Quel parti faut-il prendre
Pour nos jeunes cœurs ?

QUATRIÈME FEMME MORE
Devons-nous nous y rendre,
Malgré ses rigueurs ?

ENSEMBLE
Oui, suivons ses ardeurs,
Ses transports, ses caprices,
Ses douces langueurs :
S'il a quelques supplices,
Il a cent délices
Qui charment les cœurs.

DEUXIÈME ENTRÉE DE BALLET

Tous les Mores dansent ensemble, et font sauter des singes qu'ils ont amenés avec eux.

ACTE TROISIEME

Scène I : Béralde, Argan, Toinette.

BÉRALDE
Hé bien ! mon frère, qu'en dites-vous ? Cela ne vaut-il pas bien une prise de casse ?

TOINETTE
Hon ! de bonne casse est bonne.

BÉRALDE
Oh çà ! voulez-vous que nous parlions un peu ensemble ?

ARGAN
Un peu de patience, mon frère : je vais revenir.

TOINETTE
Tenez, monsieur, vous ne songez pas que vous ne sauriez marcher sans bâton.

ARGAN
Tu as raison.

Scène II : Béralde, Toinette.

TOINETTE

N'abandonnez pas, s'il vous plaît, les intérêts de votre nièce.

BÉRALDE

J'emploierai toutes choses pour lui obtenir ce qu'elle souhaite.

TOINETTE

Il faut absolument empêcher ce mariage extravagant qu'il s'est mis dans la fantaisie ; et j'avais songé en moi-même que ç'aurait été une bonne affaire de pouvoir introduire ici un médecin à notre poste, pour le dégoûter de son monsieur Purgon, et lui décrier sa conduite. Mais, comme nous n'avons personne en main pour cela, j'ai résolu de jouer un tour de ma tête.

BÉRALDE

Comment ?

TOINETTE

C'est une imagination burlesque. Cela sera peut-être plus heureux que sage. Laissez-moi faire. Agissez de votre côté. Voici notre homme.

Scène III : Argan, Béralde.

BÉRALDE

Vous voulez bien, mon frère, que je vous demande, avant toutes choses, de ne vous point échauffer l'esprit dans notre conversation.

ARGAN

Voilà qui est fait.

BÉRALDE

De répondre, sans nulle aigreur, aux choses que je pourrai vous dire.

ARGAN

Oui.

BÉRALDE

Et de raisonner ensemble sur les affaires dont nous avons à parler, avec un esprit détaché de toute passion.

ARGAN

Mon Dieu ! oui. Voilà bien du préambule.

BÉRALDE

D'où vient, mon frère, qu'ayant le bien que vous avez, et n'ayant d'enfants qu'une fille, car je ne compte pas la petite ; d'où vient, dis-je, que vous parlez de la mettre dans un couvent ?

ARGAN

D'où vient, mon frère, que je suis maître dans ma famille, pour faire ce que bon me semble ?

BÉRALDE

Votre femme ne manque pas de vous conseiller de vous défaire ainsi de vos deux filles ; et je ne doute point que, par un esprit de charité, elle ne fût ravie de les voir toutes deux bonnes religieuses.

ARGAN

Oh çà ! nous y voici. Voilà d'abord la pauvre femme en jeu. C'est elle qui fait tout le mal, et tout le monde lui en veut.

BÉRALDE

Non, mon frère ; laissons-la là : c'est une femme qui a les meilleures intentions du monde pour votre famille, et qui est détachée de toute sorte d'intérêt ; qui a pour vous une tendresse merveilleuse, et qui montre pour vos enfants une affection et une bonté qui n'est pas concevable : cela est certain. N'en parlons point, et revenons à votre fille. Sur quelle pensée, mon frère, la voulez-vous donner en mariage au fils d'un médecin ?

ARGAN

Sur la pensée, mon frère, de me donner un gendre tel qu'il me faut.

BÉRALDE

Ce n'est point là, mon frère, le fait de votre fille, et il se présente un parti plus sortable pour elle.

ARGAN

Oui ; mais celui-ci, mon frère, est plus sortable pour moi.

BÉRALDE

Mais le mari qu'elle doit prendre doit-il être, mon frère, ou pour elle, ou pour vous ?

ARGAN

Il doit être, mon frère, et pour elle et pour moi ; et je veux mettre dans ma famille les gens dont j'ai besoin.

BÉRALDE

Par cette raison-là, si votre petite était grande, vous lui donneriez en mariage un apothicaire.

ARGAN

Pourquoi non ?

BÉRALDE

Est-il possible que vous serez toujours embéguiné de vos apothicaires et de vos médecins, et que vous vouliez être malade en dépit des gens et de la nature !

ARGAN

Comment l'entendez-vous, mon frère ?

BÉRALDE

J'entends, mon frère, que je ne vois point d'homme qui soit moins malade que vous, et que je ne demanderais point une meilleure constitution que la vôtre. Une grande marque que vous vous portez bien, et que vous avez un corps parfaitement bien composé, c'est qu'avec tous les soins que vous avez pris, vous n'avez pu parvenir encore à gâter la bonté de votre tempérament, et que vous n'êtes point crevé de toutes les médecines qu'on vous a fait prendre.

ARGAN

Mais savez-vous, mon frère, que c'est cela qui me conserve ; et que monsieur Purgon dit que je succomberais, s'il était seulement trois jours sans prendre soin de moi ?

BÉRALDE

Si vous n'y prenez garde, il prendra tant de soin de vous, qu'il vous enverra en l'autre monde.

ARGAN

Mais raisonnons un peu, mon frère. Vous ne croyez donc point à la médecine ?

BÉRALDE

Non, mon frère, et je ne vois pas que, pour son salut, il soit nécessaire d'y croire.

ARGAN

Quoi ! vous ne tenez pas véritable une chose établie par tout le monde, et que tous les siècles ont révérée ?

BÉRALDE

Bien loin de la tenir véritable, je la trouve, entre nous, une des plus grandes folies qui soit parmi les hommes ; et, à regarder les choses en philosophe, je ne vois point de plus plaisante momerie, je ne vois rien de plus ridicule, qu'un homme qui se veut mêler d'en guérir un autre.

ARGAN

Pourquoi ne voulez-vous pas, mon frère, qu'un homme en puisse guérir un autre ?

BÉRALDE

Par la raison, mon frère, que les ressorts de notre machine sont des mystères, jusques ici, où les hommes ne voient goutte ; et que la nature nous a mis au-devant des yeux des voiles trop épais pour y connaître quelque chose.

ARGAN

Les médecins ne savent donc rien, à votre compte ?

BÉRALDE

Si fait, mon frère. Ils savent la plupart de fort belles humanités, savent parler en beau latin, savent nommer en grec toutes les maladies, les définir et les diviser ; mais pour ce qui est de les guérir, c'est ce qu'ils ne savent point du tout.

ARGAN

Mais toujours faut-il demeurer d'accord que, sur cette matière, les médecins en savent plus que les autres.

BÉRALDE

Ils savent, mon frère, ce que je vous ai dit, qui ne guérit pas de grand'chose : et toute l'excellence de leur art consiste en un pompeux galimatias, en un spécieux babil, qui vous donne des mots pour des raisons, et des promesses pour des effets.

ARGAN

Mais enfin, mon frère, il y a des gens aussi sages et aussi habiles que vous ; et nous voyons que, dans la maladie, tout le monde a recours aux médecins.

BÉRALDE

C'est une marque de la faiblesse humaine, et non pas de la vérité de leur art.

ARGAN

Mais il faut bien que les médecins croient leur art véritable, puisqu'ils s'en servent pour eux-mêmes.

BÉRALDE

C'est qu'il y en a parmi eux qui sont eux-mêmes dans l'erreur populaire, dont ils profitent ; et d'autres qui en profitent sans y être. Votre monsieur Purgon, par exemple, n'y sait point de finesse ; c'est un homme tout médecin, depuis la tête jusqu'aux pieds ; un homme qui croit à ses règles plus qu'à toutes les démonstrations des mathématiques, et qui croirait du crime à les vouloir examiner ; qui ne voit rien d'obscur dans la médecine, rien de douteux, rien de difficile ; et qui, avec une impétuosité de prévention, une raideur de confiance, une brutalité de sens commun et de raison, donne au travers des purgations et des saignées, et ne balance aucune chose. Il ne lui faut point vouloir mal de tout ce qu'il pourra vous faire : c'est de la meilleure foi du monde qu'il vous expédiera ; et il ne fera, en vous tuant, que ce qu'il a fait à sa femme et à ses enfants, et ce qu'en un besoin il ferait à lui-même.

ARGAN

C'est que vous avez, mon frère, une dent de lait contre lui. Mais, enfin, venons au fait. Que faire donc quand on est malade ?

BÉRALDE

Rien, mon frère.

ARGAN

Rien ?

BÉRALDE

Rien. Il ne faut que demeurer en repos. La nature d'elle-même, quand nous la laissons faire, se tire doucement du désordre où elle est tombée. C'est notre inquiétude, c'est notre impatience qui gâte tout ; et presque tous les hommes meurent de leurs remèdes, et non pas de leurs maladies.

ARGAN

Mais il faut demeurer d'accord, mon frère, qu'on peut aider cette nature par de certaines choses.

BÉRALDE

Mon Dieu ! mon frère, ce sont pures idées dont nous aimons à nous repaître ; et, de tout temps, il s'est glissé parmi les hommes de belles imaginations que nous venons à croire parce qu'elles nous flattent, et qu'il serait à souhaiter qu'elles fussent véritables. Lorsqu'un médecin vous parle d'aider, de secourir, de soulager la nature, de lui ôter ce qui lui nuit et lui donner ce qui lui manque, de la rétablir, et de la remettre dans une pleine facilité de ses fonctions ; lorsqu'il vous parle de rectifier le sang, de tempérer les entrailles et le cerveau, de dégonfler la rate, de raccommoder la poitrine, de réparer le foie, de fortifier le cœur, de rétablir et conserver la chaleur naturelle, et d'avoir des secrets pour étendre la vie à de longues années, il vous dit justement le roman de la médecine. Mais, quand vous en venez à la vérité et à l'expérience, vous ne trouvez rien de tout cela ; et il en est comme de ces beaux songes, qui ne vous laissent au réveil que le déplaisir de les avoir crus.

ARGAN

C'est-à-dire que toute la science du monde est renfermée dans votre tête ; et vous voulez en savoir plus que tous les grands médecins de notre siècle.

BÉRALDE

Dans les discours et dans les choses, ce sont deux sortes de personnes que vos grands médecins. Entendez-les parler, les plus habiles gens du monde ;

voyez-les faire, les plus ignorants de tous les hommes.

ARGAN

Hoy ! Vous êtes un grand docteur, à ce que je vois ; et je voudrais bien qu'il y eût ici quelqu'un de ces messieurs, pour rembarrer vos raisonnements, et rabaisser votre caquet.

BÉRALDE

Moi, mon frère, je ne prends point à tâche de combattre la médecine ; et chacun, à ses périls et fortune, peut croire tout ce qu'il lui plaît. Ce que j'en dis n'est qu'entre nous ; et j'aurais souhaité de pouvoir un peu vous tirer de l'erreur où vous êtes, et, pour vous divertir, vous mener voir, sur ce chapitre, quelqu'une des comédies de Molière.

ARGAN

C'est un bon impertinent que votre Molière, avec ses comédies ! et je le trouve bien plaisant, d'aller jouer d'honnêtes gens comme les médecins !

BÉRALDE

Ce ne sont point les médecins qu'il joue, mais le ridicule de la médecine.

ARGAN

C'est bien à lui à faire de se mêler de contrôler la médecine ! Voilà un bon nigaud, un bon impertinent, de se moquer des consultations et des ordonnances, de s'attaquer au corps des médecins, et d'aller mettre sur son théâtre des personnes vénérables comme ces messieurs-là !

BÉRALDE

Que voulez-vous qu'il y mette, que les diverses professions des hommes ? On y met bien tous les jours les princes et les rois, qui sont d'aussi bonne maison que les médecins.

ARGAN

Par la mort non de diable ! si j'étais que des médecins, je me vengerais de son impertinence ; et, quand il sera malade, je le laisserais mourir sans secours. Il aurait beau faire et beau dire, je ne lui ordonnerais pas la moindre petite saignée, le moindre petit lavement ; et je lui dirais : « Crève, crève, cela t'apprendra une autre fois à te jouer à la Faculté. »

BÉRALDE

Vous voilà bien en colère contre lui.

ARGAN

Oui. C'est un malavisé ; et si les médecins sont sages, ils feront ce que je dis.

BÉRALDE

Il sera encore plus sage que vos médecins, car il ne leur demandera point de secours.

ARGAN

Tant pis pour lui, s'il n'a point recours aux remèdes.

BÉRALDE

Il a ses raisons pour n'en point vouloir, et il soutient que cela n'est permis qu'aux gens vigoureux et robustes, et qui ont des forces de reste pour porter les remèdes avec la maladie ; mais que, pour lui, il n'a justement de la force que pour porter son mal.

ARGAN

Les sottes raisons que voilà ! Tenez, mon frère, ne parlons point de cet homme-là davantage ; car cela m'échauffe la bile, et vous me donneriez mon mal.

BÉRALDE

Je le veux bien, mon frère ; et, pour changer de discours, je vous dirai que, sur une petite répugnance que vous témoigne votre fille, vous ne devez point prendre les résolutions violentes de la mettre dans un couvent ; que, pour le choix d'un gendre, il ne vous faut pas suivre aveuglément la passion qui vous emporte ; et qu'on doit, sur cette matière, s'accommoder un peu à l'inclination d'une fille, puisque c'est pour toute la vie, et que de là dépend tout le bonheur d'un mariage.

Scène IV : Monsieur Fleurant,
une seringue à la main, Argan, Béralde.

ARGAN

Ah ! mon frère, avec votre permission.

BÉRALDE

Comment ? Que voulez-vous faire ?

ARGAN

Prendre ce petit lavement-là : ce sera bientôt fait.

BÉRALDE

Vous vous moquez. Est-ce que vous ne sauriez être un moment sans lavement ou sans médecine ? Remettez cela à une autre fois, et demeurez un peu en repos.

ARGAN

Monsieur Fleurant, à ce soir, ou à demain au matin.

MONSIEUR FLEURANT, à Béralde.

De quoi vous mêlez-vous, de vous opposer aux ordonnances de la médecine, et d'empêcher monsieur de prendre mon clystère ? Vous êtes bien plaisant d'avoir cette hardiesse-là !

BÉRALDE

Allez, monsieur ; on voit bien que vous n'avez pas accoutumé de parler à des visages.

MONSIEUR FLEURANT

On ne doit point ainsi se jouer des remèdes, et me faire perdre mon temps. Je ne suis venu ici que sur une bonne ordonnance ; et je vais dire à monsieur Purgon comme on m'a empêché d'exécuter ses ordres, et de faire ma fonction. Vous verrez, vous verrez...

ARGAN

Mon frère, vous serez cause ici de quelque malheur.

BÉRALDE

Le grand malheur de ne pas prendre un lavement que monsieur Purgon a ordonné ! Encore un coup, mon frère, est-il possible qu'il n'y ait pas moyen de vous guérir de la maladie des médecins, et que vous vouliez être toute votre vie enseveli dans leurs remèdes ?

ARGAN

Mon Dieu ! mon frère, vous en parlez comme un

homme qui se porte bien ; mais, si vous étiez à ma place, vous changeriez bien de langage. Il est aisé de parler contre la médecine, quand on est en pleine santé.

BÉRALDE

Mais quel mal avez-vous ?

ARGAN

Vous me feriez enrager. Je voudrais que vous l'eussiez, mon mal, pour voir si vous jaseriez tant. Ah ! voici monsieur Purgon.

Scène V : Monsieur Purgon, Argan, Béralde, Toinette.

MONSIEUR PURGON

Je viens d'apprendre là-bas, à la porte, de jolies nouvelles ; qu'on se moque ici de mes ordonnances, et qu'on a fait refus de prendre le remède que j'avais prescrit.

ARGAN

Monsieur, ce n'est pas...

MONSIEUR PURGON

Voilà une hardiesse bien grande, une étrange rébellion d'un malade contre son médecin !

TOINETTE

Cela est épouvantable.

MONSIEUR PURGON

Un clystère que j'avais pris plaisir à composer moi-même.

ARGAN

Ce n'est pas moi...

MONSIEUR PURGON

Inventé et formé dans toutes les règles de l'art.

TOINETTE

Il a tort.

MONSIEUR PURGON

Et qui devait faire dans des entrailles un effet merveilleux.

ARGAN

Mon frère ?

MONSIEUR PURGON

Le renvoyer avec mépris !

ARGAN, montrant Béralde.

C'est lui...

MONSIEUR PURGON

C'est une action exorbitante.

TOINETTE

Cela est vrai.

MONSIEUR PURGON

Un attentat énorme contre la médecine.

ARGAN, montrant Béralde.

Il est cause...

MONSIEUR PURGON

Un crime de lèse-Faculté, qui ne se peut assez punir.

TOINETTE

Vous avez raison.

MONSIEUR PURGON

Je vous déclare que je romps commerce avec vous.

ARGAN

C'est mon frère...

MONSIEUR PURGON

Que je ne veux plus d'alliance avec vous.

TOINETTE

Vous ferez bien.

MONSIEUR PURGON

Et que, pour finir toute liaison avec vous, voilà la donation que je faisais à mon neveu, en faveur du mariage. (Il déchire la donation, et en jette les morceaux avec fureur.)

ARGAN

C'est mon frère qui a fait tout le mal.

MONSIEUR PURGON

Mépriser mon clystère !

ARGAN

Faites-le venir ; je m'en vais le prendre.

MONSIEUR PURGON

Je vous aurais tiré d'affaire avant qu'il fût peu.

TOINETTE

Il ne le mérite pas.

MONSIEUR PURGON

J'allais nettoyer votre corps, et en évacuer entièrement les mauvaises humeurs.

ARGAN

Ah, mon frère !

MONSIEUR PURGON

Et je ne voulais plus qu'une douzaine de médecines pour vider le fond du sac.

TOINETTE

Il est indigne de vos soins.

MONSIEUR PURGON

Mais, puisque vous n'avez pas voulu guérir par mes mains...

ARGAN

Ce n'est pas ma faute.

MONSIEUR PURGON

Puisque vous vous êtes soustrait de l'obéissance que l'on doit à son médecin...

TOINETTE

Cela crie vengeance.

MONSIEUR PURGON

Puisque vous vous êtes déclaré rebelle aux remèdes que je vous ordonnais...

ARGAN

Hé ! point du tout.

MONSIEUR PURGON

J'ai à vous dire que je vous abandonne à votre mauvaise constitution, à l'intempérie de vos entrailles, à la corruption de votre sang, à l'âcreté de votre bile et à la féculence de vos humeurs.

TOINETTE

C'est fort bien fait.

ARGAN

Mon Dieu !

MONSIEUR PURGON

Et je veux qu'avant qu'il soit quatre jours vous deveniez dans un état incurable.

ARGAN

Ah, miséricorde !

MONSIEUR PURGON

Que vous tombiez dans la bradypepsie...

ARGAN

Monsieur Purgon !

MONSIEUR PURGON

De la bradypepsie dans la dyspepsie...

ARGAN

Monsieur Purgon !

MONSIEUR PURGON

De la dyspepsie dans l'apepsie...

ARGAN

Monsieur Purgon !

MONSIEUR PURGON

De l'apepsie dans la lienterie...

ARGAN

Monsieur Purgon !

MONSIEUR PURGON

De la lienterie dans la dysenterie...

ARGAN

Monsieur Purgon !

MONSIEUR PURGON

De la dysenterie dans l'hydropisie...

ARGAN

Monsieur Purgon !

MONSIEUR PURGON

Et de l'hydropisie dans la privation de la vie, où vous aura conduit votre folie.

Scène VI : Argan, Béralde.

ARGAN

Ah, mon Dieu ! je suis mort. Mon frère, vous m'avez perdu.

BÉRALDE

Quoi ! qu'y a-t-il ?

ARGAN

Je n'en puis plus. Je sens déjà que la médecine se venge.

BÉRALDE

Ma foi, mon frère, vous êtes fou ; et je ne voudrais pas, pour beaucoup de choses, qu'on vous vît faire ce que vous faites. Tâtez-vous un peu, je vous prie ; revenez à vous-même, et ne donnez point tant à votre imagination.

ARGAN

Vous voyez, mon frère, les étranges maladies dont il m'a menacé.

BÉRALDE

Le simple homme que vous êtes !

ARGAN

Il dit que je deviendrai incurable avant qu'il soit quatre jours.

BÉRALDE

Et ce qu'il dit, que fait-il à la chose ? Est-ce un oracle qui a parlé ? Il semble, à vous entendre, que monsieur Purgon tienne dans ses mains le filet de vos jours, et que, d'autorité suprême, il vous l'allonge et vous le raccourcisse comme il lui plaît. Songez que les principes de votre vie sont en vous-même, et que le courroux de monsieur Purgon est aussi peu capable de vous faire mourir, que ses remèdes de vous faire vivre. Voici une aventure, si vous voulez, à vous défaire des méde-

cins ; ou, si vous êtes né à ne pouvoir vous en passer, il est aisé d'en avoir un autre, avec lequel, mon frère, vous puissiez courir un peu moins de risque.

ARGAN

Ah ! mon frère, il sait tout mon tempérament, et la manière dont il faut me gouverner.

BÉRALDE

Il faut vous avouer que vous êtes un homme d'une grande prévention, et que vous voyez les choses avec d'étranges yeux.

Scène VII : Argan, Béralde, Toinette.

TOINETTE, *à Argan.*

Monsieur, voilà un médecin qui demande à vous voir.

ARGAN

Et quel médecin ?

TOINETTE

Un médecin de la médecine.

ARGAN

Je te demande qui il est.

TOINETTE

Je ne le connais pas, mais il me ressemble comme deux gouttes d'eau ; et, si je n'étais sûre que ma mère était honnête femme, je dirais que ce serait quelque petit frère qu'elle m'aurait donné depuis le trépas de mon père.

ARGAN

Fais-le venir.

BÉRALDE

Vous êtes servi à souhait. Un médecin vous quitte ; un autre se présente.

ARGAN

J'ai bien peur que vous ne soyez cause de quelque malheur.

BÉRALDE

Encore ! vous en revenez toujours là.

ARGAN

Voyez-vous, j'ai sur le cœur toutes ces maladies-là que je ne connais point, ces...

*Scène VIII : Argan, Béralde,
Toinette, en médecin.*

TOINETTE

Monsieur, agréez que je vienne vous rendre visite, et vous offrir mes petits services pour toutes les saignées et les purgations dont vous aurez besoin.

ARGAN

Monsieur, je vous suis fort obligé. (*A Béralde.*) Par ma foi, voilà Toinette elle-même.

TOINETTE

Monsieur, je vous prie de m'excuser : j'ai oublié de donner une commission à mon valet ; je reviens tout à l'heure.

ARGAN

Hé ! ne diriez-vous pas que c'est effectivement Toinette ?

BÉRALDE

Il est vrai que la ressemblance est tout à fait grande : mais ce n'est pas la première fois qu'on a vu de ces sortes de choses ; et les histoires ne sont pleines que de ces jeux de la nature.

ARGAN

Pour moi, j'en suis surpris ; et...

Scène IX : Argan, Béralde, Toinette.

TOINETTE

Que voulez-vous, monsieur ?

ARGAN

Comment ?

TOINETTE

Ne m'avez-vous pas appelée ?

ARGAN

Moi ? non.

TOINETTE

Il faut donc que les oreilles m'aient corné.

ARGAN

Demeure un peu ici, pour voir comme ce médecin te ressemble.

TOINETTE

Oui, vraiment ! J'ai affaire là-bas ; et je l'ai assez vu.

ARGAN

Si je ne les voyais tous deux, je croirais que ce n'est qu'un.

BÉRALDE

J'ai lu des choses surprenantes de ces sortes de ressemblances ; et nous en avons vu, de notre temps, où tout le monde s'est trompé.

ARGAN

Pour moi, j'aurais été trompé à celle-là ; et j'aurais juré que c'est la même personne.

Scène X : Argan, Béralde, Toinette, en médecin.

TOINETTE

Monsieur, je vous demande pardon de tout mon cœur.

ARGAN, *bas, à Béralde.*

Cela est admirable.

TOINETTE

Vous ne trouverez pas mauvais, s'il vous plaît, la curiosité que j'ai eue de voir un illustre malade comme vous êtes ; et votre réputation, qui s'étend partout, peut excuser la liberté que j'ai prise.

ARGAN

Monsieur, je suis votre serviteur.

TOINETTE

Je vois, monsieur, que vous me regardez fixement. Quel âge croyez-vous bien que j'aie ?

ARGAN

Je crois que tout au plus vous pouvez avoir vingt-six ou vingt-sept ans.

TOINETTE

Ah, ah, ah, ah, ah ! J'en ai quatre-vingt-dix.

ARGAN

Quatre-vingt-dix !

TOINETTE

Oui. Vous voyez un effet des secrets de mon art, de me conserver ainsi frais et vigoureux.

ARGAN

Par ma foi, voilà un beau jeune vieillard pour quatre-vingt-dix ans !

TOINETTE

Je suis médecin passager, qui vais de ville en ville, de province en province, de royaume en royaume, pour chercher d'illustres matières à ma capacité, pour trouver des malades dignes de m'occuper, capables d'exercer les grands et beaux secrets que j'ai trouvés dans la médecine. Je dédaigne de m'amuser à ce menu fatras de maladies ordinaires, à ces bagatelles de rhumatisme et défluxions, à ces fiévrottes, à ces vapeurs et à ces migraines. Je veux des maladies d'importance, de bonnes fièvres continues, avec des transports au cerveau, de bonnes fièvres pourprées, de bonnes pestes, de bonnes hydropisies formées, de bonnes pleurésies avec des inflammations de poitrine ; c'est là que je me plais, c'est là que je triomphe ; et je voudrais, monsieur, que vous eussiez toutes les maladies que je viens de dire, que vous fussiez abandonné de tous les médecins, désespéré, à l'agonie, pour vous montrer l'excellence de mes remèdes, et l'envie que j'aurais de vous rendre service.

ARGAN

Je vous suis obligé, monsieur, des bontés que vous avez pour moi.

TOINETTE

Donnez-moi votre pouls. Allons donc, que l'on batte comme il faut. Ahy, je vous ferai bien aller comme vous devez ! Hoy, ce pouls-là fait l'impertinent ; je vois bien que vous ne me connaissez pas encore. Qui est votre médecin ?

ARGAN

Monsieur Purgon.

TOINETTE

Cet homme-là n'est point écrit sur mes tablettes entre les grands médecins. De quoi dit-il que vous êtes malade ?

ARGAN

Il dit que c'est du foie, et d'autres disent que c'est de la rate.

TOINETTE

Ce sont tous des ignorants. C'est du poumon que vous êtes malade.

ARGAN

Du poumon ?

TOINETTE

Oui. Que sentez-vous ?

ARGAN

Je sens de temps en temps des douleurs de tête.

TOINETTE

Justement, le poumon.

ARGAN

Il me semble parfois que j'ai un voile devant les yeux.

TOINETTE

Le poumon.

ARGAN

J'ai quelquefois des maux de cœur.

TOINETTE

Le poumon.

ARGAN

Je sens parfois des lassitudes par tous les membres.

TOINETTE

Le poumon.

ARGAN

Et quelquefois il me prend des douleurs dans le ventre, comme si c'était des coliques.

TOINETTE

Le poumon. Vous avez appétit à ce que vous mangez ?

ARGAN

Oui, monsieur.

TOINETTE

Le poumon. Vous aimez à boire un peu de vin ?

ARGAN

Oui, monsieur.

TOINETTE

Le poumon. Il vous prend un petit sommeil après le repas, et vous êtes bien aise de dormir ?

ARGAN

Oui, monsieur.

TOINETTE

Le poumon, le poumon, vous dis-je. Que vous ordonne votre médecin pour votre nourriture ?

ARGAN

Il m'ordonne du potage,

TOINETTE

Ignorant !

ARGAN

De la volaille,

TOINETTE

Ignorant !

ARGAN

Du veau,

TOINETTE

Ignorant !

ARGAN

Des bouillons,

TOINETTE

Ignorant !

ARGAN

Des œufs frais,

TOINETTE

Ignorant !

ARGAN

Et le soir, de petits pruneaux pour lâcher le ventre.

TOINETTE

Ignorant !

ARGAN

Et surtout, de boire mon vin fort trempé.

TOINETTE

Ignorantus, ignoranta, ignorantum. Il faut boire votre vin pur ; et, pour épaissir votre sang qui

est trop subtil, il faut manger de bon gros bœuf, de bon gros porc, de bon fromage de Hollande ; du gruau et du riz, et des marrons et des oublies, pour coller et conglutiner. Votre médecin est une bête. Je veux vous en envoyer un de ma main ; et je viendrai vous voir de temps en temps, tandis que je serai en cette ville.

ARGAN

Vous m'obligez beaucoup.

TOINETTE

Que diantre faites-vous de ce bras-là ?

ARGAN

Comment ?

TOINETTE

Voilà un bras que je me ferais couper tout à l'heure, si j'étais de vous.

ARGAN

Et pourquoi ?

TOINETTE

Ne voyez-vous pas qu'il tire à soi toute la nourriture, et qu'il empêche ce côté-là de profiter ?

ARGAN

Oui ; mais j'ai besoin de mon bras.

TOINETTE

Vous avez là aussi un œil droit que je me ferais crever, si j'étais en votre place.

ARGAN

Crever un œil ?

TOINETTE

Ne voyez-vous pas qu'il incommode l'autre, et lui dérobe sa nourriture ? Croyez-moi, faites-vous-le crever au plus tôt : vous en verrez plus clair de l'œil gauche.

ARGAN

Cela n'est pas pressé.

TOINETTE

Adieu. Je suis fâché de vous quitter si tôt ; mais il faut que je me trouve à une grande consultation qui se doit faire pour un homme qui mourut hier.

ARGAN

Pour un homme qui mourut hier ?

TOINETTE

Oui : pour aviser et voir ce qu'il aurait fallu lui faire pour le guérir. Jusqu'au revoir.

ARGAN

Vous savez que les malades ne reconduisent point.

BÉRALDE

Voilà un médecin, vraiment, qui paraît fort habile !

ARGAN

Oui ; mais il va un peu bien vite.

BÉRALDE

Tous les grands médecins sont comme cela.

ARGAN

Me couper un bras, et me crever un œil, afin que l'autre se porte mieux ! J'aime bien mieux qu'il ne se porte pas si bien. La belle opération, de me rendre borgne et manchot !

Scène XI : Argan, Béralde, Toinette.

TOINETTE, *feignant de parler à quelqu'un.*
Allons, allons, je suis votre servante. Je n'ai pas envie de rire.

ARGAN
Qu'est-ce que c'est ?

TOINETTE
Votre médecin, ma foi, qui me voulait tâter le pouls.

ARGAN
Voyez un peu, à l'âge de quatre-vingt-dix ans !

BÉRALDE
Oh çà ! mon frère, puisque voilà votre monsieur Purgon brouillé avec vous, ne voulez-vous pas bien que je vous parle du parti qui s'offre pour ma nièce ?

ARGAN
Non, mon frère : je veux la mettre dans un couvent, puisqu'elle s'est opposée à mes volontés. Je vois bien qu'il y a quelque amourette là-dessous, et j'ai découvert certaine entrevue secrète, qu'on ne sait pas que j'ai découverte.

BÉRALDE
Hé bien ! mon frère, quand il y aurait quelque petite inclination, cela serait-il si criminel ? Et rien peut-il vous offenser, quand tout ne va qu'à des choses honnêtes, comme le mariage ?

ARGAN
Quoi qu'il en soit, mon frère, elle sera religieuse : c'est une chose résolue.

BÉRALDE
Vous voulez faire plaisir à quelqu'un.

ARGAN
Je vous entends. Vous en revenez toujours là, et ma femme vous tient au cœur.

BÉRALDE
Hé bien ! oui, mon frère : puisqu'il faut parler à cœur ouvert, c'est votre femme que je veux dire ; et, non plus que l'entêtement de la médecine, je ne puis vous souffrir l'entêtement où vous êtes pour elle, et voir que vous donniez, tête baissée, dans tous les pièges qu'elle vous tend.

TOINETTE
Ah ! monsieur, ne parlez point de madame ; c'est une femme sur laquelle il n'y a rien à dire, une femme sans artifice, et qui aime monsieur, qui l'aime... On ne peut pas dire cela.

ARGAN
Demandez-lui un peu les caresses qu'elle me fait.

TOINETTE
Cela est vrai.

ARGAN
L'inquiétude que lui donne ma maladie.

TOINETTE
Assurément.

ARGAN
Et les soins et les peines qu'elle prend autour de moi.

TOINETTE
Il est certain. (*A Béralde.*) Voulez-vous que je vous convainque, et vous fasse voir tout à l'heure comme madame aime monsieur ? (*A Argan.*) Monsieur, souffrez que je lui montre son bec jaune, et le tire d'erreur.

ARGAN
Comment ?

TOINETTE
Madame s'en va revenir. Mettez-vous tout étendu dans cette chaise, et contrefaites le mort. Vous verrez la douleur où elle sera, quand je lui dirai la nouvelle.

ARGAN
Je le veux bien.

TOINETTE
Oui ; mais ne la laissez pas longtemps dans le désespoir ; car elle en pourrait bien mourir.

ARGAN
Laisse-moi faire.

TOINETTE, *à Béralde.*
Cachez-vous, vous, dans ce coin-là.

ARGAN
N'y a-t-il point quelque danger à contrefaire le mort ?

TOINETTE
Non, non. Quel danger y aurait-il ? Etendez-vous là seulement. (*Bas.*) Il y aura plaisir à confondre votre frère. Voici madame. Tenez-vous bien.

Scène XII : Béline, Argan, étendu dans sa chaise, Toinette, Béralde.

TOINETTE, *feignant de ne pas voir Béline.*
Ah ! mon Dieu ! Ah ! malheur ! Quel étrange accident !

BÉLINE
Qu'est-ce, Toinette ?

TOINETTE
Ah ! madame !

BÉLINE
Qu'y a-t-il ?

TOINETTE
Votre mari est mort.

BÉLINE
Mon mari est mort ?

TOINETTE
Hélas ! oui ! Le pauvre défunt est trépassé.

BÉLINE
Assurément ?

TOINETTE
Assurément. Personne ne sait encore cet accident-là ; et je me suis trouvée ici toute seule. Il vient de passer entre mes bras. Tenez, le voilà tout de son long dans cette chaise.

BÉLINE
Le ciel en soit loué ! Me voilà délivrée d'un grand fardeau. Que tu es sotte, Toinette, de t'affliger de cette mort !

TOINETTE
Je pensais, madame, qu'il fallût pleurer.

BÉLINE

Va, va, cela n'en vaut pas la peine. Quelle perte est-ce que la sienne ? et de quoi servait-il sur la terre ? Un homme incommode à tout le monde, malpropre, dégoûtant, sans cesse un lavement ou une médecine dans le ventre, mouchant, toussant, crachant toujours ; sans esprit, ennuyeux, de mauvaise humeur, fatiguant sans cesse les gens, et grondant jour et nuit servantes et valets.

TOINETTE

Voilà une belle oraison funèbre !

BÉLINE

Il faut, Toinette, que tu m'aides à exécuter mon dessein ; et tu peux croire qu'en me servant, ta récompense est sûre. Puisque, par un bonheur, personne n'est encore averti de la chose, portons-le dans son lit, et tenons cette mort cachée, jusqu'à ce que j'aie fait mon affaire. Il y a des papiers, il y a de l'argent, dont je me veux saisir ; et il n'est pas juste que j'aie passé sans fruit auprès de lui mes plus belles années. Viens, Toinette ; prenons auparavant toutes ses clefs.

ARGAN, *se levant brusquement.*

Doucement !

BÉLINE

Ahy !

ARGAN

Oui, madame ma femme, c'est ainsi que vous m'aimez !

TOINETTE

Ah ! ah ! le défunt n'est pas mort !

ARGAN, *à Béline, qui sort.*

Je suis bien aise de voir votre amitié, et d'avoir entendu le beau panégyrique que vous avez fait de moi. Voilà un avis au lecteur qui me rendra sage à l'avenir, et qui m'empêchera de faire bien des choses.

BÉRALDE, *sortant de l'endroit où il était caché.*

Hé bien ! mon frère, vous le voyez.

TOINETTE

Par ma foi, je n'aurais jamais cru cela. Mais j'entends votre fille. Remettez-vous comme vous étiez, et voyons de quelle manière elle recevra votre mort. C'est une chose qu'il n'est pas mauvais d'éprouver ; et, puisque vous êtes en train, vous connaîtrez par là les sentiments que votre famille a pour vous. (*Béralde va se cacher.*)

*Scène XIII : Argan, Angélique,
Toinette, Béralde.*

TOINETTE, *feignant de ne pas
voir Angélique.*

O ciel ! ah ! fâcheuse aventure ! Malheureuse journée !

ANGÉLIQUE

Qu'as-tu, Toinette ? et de quoi pleures-tu ?

TOINETTE

Hélas ! j'ai de tristes nouvelles à vous donner.

ANGÉLIQUE

Hé ! quoi ?

TOINETTE

Votre père est mort.

ANGÉLIQUE

Mon père est mort, Toinette ?

TOINETTE

Oui. Vous le voyez là, il vient de mourir tout à l'heure d'une faiblesse qui lui a pris.

ANGÉLIQUE

O ciel ! quelle infortune ! quelle atteinte cruelle ! Hélas ! faut-il que je perde mon père, la seule chose qui me restait au monde ; et qu'encore, pour un surcroît de désespoir, je le perde dans un moment où il était irrité contre moi ! Que deviendrai-je, malheureuse ? et quelle consolation trouver après une si grande perte ?

*Scène XIV : Argan, Angélique, Cléante,
Toinette, Béralde.*

CLÉANTE

Qu'avez-vous donc, belle Angélique ? et quel malheur pleurez-vous ?

ANGÉLIQUE

Hélas ! je pleure tout ce que dans la vie je pouvais perdre de plus cher et de plus précieux ; je pleure la mort de mon père.

CLÉANTE

O ciel ! quel accident ! quel coup inopiné ! Hélas ! après la demande que j'avais conjuré votre oncle de lui faire pour moi, je venais me présenter à lui, et tâcher, par mes respects et par mes prières, de disposer son cœur à vous accorder à mes vœux.

ANGÉLIQUE

Ah ! Cléante, ne parlons plus de rien ; laissons là toutes les pensées du mariage. Après la perte de mon père, je ne veux plus être du monde, et j'y renonce pour jamais. Oui, mon père, si j'ai résisté tantôt à vos volontés, je veux suivre du moins une de vos intentions, et réparer par là le chagrin que je m'accuse de vous avoir donné. (*Se jetant à genoux.*) Souffrez, mon père, que je vous en donne ici ma parole, et que je vous embrasse pour vous témoigner mon ressentiment.

ARGAN, *embrassant Angélique.*

Ah ! ma fille !

ANGÉLIQUE

Ahy !

ARGAN

Viens. N'aie point de peur ; je ne suis pas mort. Va, tu es mon vrai sang, ma véritable fille ; et je suis ravi d'avoir vu ton bon naturel.

ANGÉLIQUE

Ah ! quelle surprise agréable, mon père ! Puisque, par un bonheur extrême, le ciel vous redonne à mes vœux, souffrez qu'ici je me jette à vos pieds pour vous supplier d'une chose. Si vous n'êtes pas favorable au penchant de mon cœur ; si vous me refusez Cléante pour époux, je vous conjure au moins de ne me point forcer d'en épouser un autre. C'est toute la grâce que je vous demande.

CLÉANTE, *se jetant aux genoux d'Argan.*
Hé ! monsieur, laissez-vous toucher à ses prières et aux miennes ; et ne vous montrez point
contraire aux mutuels empressements d'une si belle
inclination.

BÉRALDE
Mon frère, pouvez-vous tenir là contre ?

TOINETTE
Monsieur, serez-vous insensible à tant d'amour ?

ARGAN
Qu'il se fasse médecin, je consens au mariage. (*A
Cléante.*) Oui, faites-vous médecin, je vous donne
ma fille.

CLÉANTE
Très volontiers, monsieur. S'il ne tient qu'à cela
pour être votre gendre, je me ferai médecin, apothicaire même, si vous voulez. Ce n'est pas une
affaire que cela, et je ferais bien d'autres choses
pour obtenir la belle Angélique.

BÉRALDE
Mais, mon frère, il me vient une pensée. Faites-
vous médecin vous-même. La commodité sera
encore plus grande, d'avoir en vous tout ce qu'il
vous faut.

TOINETTE
Cela est vrai. Voilà le vrai moyen de vous guérir
bientôt ; et il n'y a point de maladie si osée que
de se jouer à la personne d'un médecin.

ARGAN
Je pense, mon frère, que vous vous moquez de
moi. Est-ce que je suis en âge d'étudier ?

BÉRALDE
Bon, étudier ! Vous êtes assez savant ; et il y en a
beaucoup parmi eux qui ne sont pas plus habiles
que vous.

ARGAN
Mais il faut savoir bien parler latin, connaître les
maladies, et les remèdes qu'il y faut faire.

BÉRALDE
En recevant la robe et le bonnet de médecin, vous
apprendrez tout cela ; et vous serez après plus
habile que vous ne voudrez.

ARGAN
Quoi ! l'on sait discourir sur les maladies quand
on a cet habit-là ?

BÉRALDE
Oui. L'on n'a qu'à parler avec une robe et un
bonnet, tout galimatias devient savant, et toute
sottise devient raison.

TOINETTE
Tenez, monsieur, quand il n'y aurait que votre
barbe, c'est déjà beaucoup ; et la barbe fait plus
de la moitié d'un médecin.

CLÉANTE
En tout cas, je suis prêt à tout.

BÉRALDE, *à Argan.*
Voulez-vous que l'affaire se fasse tout à l'heure ?

ARGAN
Comment, tout à l'heure ?

BÉRALDE
Oui, et dans votre maison.

ARGAN
Dans ma maison ?

BÉRALDE
Oui. Je connais une faculté de mes amies, qui
viendra tout à l'heure en faire la cérémonie dans
votre salle. Cela ne vous coûtera rien.

ARGAN
Mais moi, que dire ? que répondre ?

BÉRALDE
On vous instruira en deux mots, et l'on vous
donnera par écrit ce que vous devez dire. Allez-
vous-en vous mettre en habit décent. Je vais les
envoyer quérir.

ARGAN
Allons, voyons cela.

CLÉANTE
Que voulez-vous dire ? et qu'entendez-vous avec
cette faculté de vos amies ?

TOINETTE
Quel est donc votre dessein ?

BÉRALDE
De nous divertir un peu ce soir. Les comédiens
ont fait un petit intermède de la réception d'un
médecin, avec des danses et de la musique ; je
veux que nous en prenions ensemble le divertissement, et que mon frère y fasse le premier personnage.

ANGÉLIQUE
Mais, mon oncle, il me semble que vous vous
jouez un peu beaucoup de mon père.

BÉRALDE
Mais, ma nièce, ce n'est pas tant le jouer, que
s'accommoder à ses fantaisies. Tout ceci n'est
qu'entre nous. Nous y pouvons aussi prendre chacun un personnage, et nous donner ainsi la comédie les uns aux autres. Le carnaval autorise cela.
Allons vite préparer toutes choses.

CLÉANTE, *à Angélique.*
Y consentez-vous ?

ANGÉLIQUE
Oui, puisque mon oncle nous conduit.

TROISIEME INTERMEDE

*C'est une cérémonie burlesque d'un homme qu'on
fait médecin en récit, chant, et danse. Plusieurs
tapissiers viennent préparer la salle et placer les
bancs en cadence. Ensuite de quoi toute l'assemblée, composée de huit porte-seringues, six apothicaires, vingt-deux docteurs, et celui qui se fait
recevoir médecin, huit chirurgiens dansants, et
deux chantants, entre et prend ses places, selon
les rangs.*

PREMIÈRE ENTRÉE DE BALLET

PRÆSES
Savantissimi doctores,
Medicinæ professores,
Qui hìc assemblati estis ;

Et vos, altri messiores,
Sententiarum facultatis
Fideles executores,
Chirurgiani et apothicari,
Atque tota compania aussi,
Salus, honor et argentum,
Atque bonum appetitum.

Non possum, docti confreri,
En moi satis admirari
Qualis bona inventio
Est medici professio ;
Quàm bella chosa est et bene trovata ;
Medicina illa benedicta,
Quæ, suo nomine solo,
Surprenanti miraculo,
Depuis si longo tempore,
Facit a gogo vivere
Tant de gens omni genere.

Per totam terram videmus
Grandam vogam ubi sumus ;
Et quod grandes et petiti
Sunt de nobis infatuti.
Totus mundus, currens ad nostros remedios,
Nos regardat sicut deos ;
Et nostris ordonnanciis
Principes et reges soumissos videtis.

Donque il est nostræ sapientiæ,
Boni sensus atque prudentiæ
De fortement travaillare
A nos bene conservare
In tali credito, voga et honore ;
Et prandere gardam à non recevere,
In nostro docto corpore,
Quam personas capabiles,
Et totas dignas remplire
Has plaças honorabiles.

C'est pour cela que nunc convocatis estis ;
Et credo quod trovabitis
Dignam matieram medici
In savanti homine que voici ;
Lequel, in chosis omnibus,
Dono ad interrogandum,
Et à fond examinandum
Vostris capacitatibus.

PRIMUS DOCTOR
Si mihi licentiam dat dominus præses,
Et tanti docti doctores,
Et assistantes illustres,
Très savanti bacheliero,
Quem estimo et honoro,
Domandabo causam et rationem quare
Opium facit dormire.

BACHELIERUS
Mihi a docto doctore
Domandatur causam et rationem quare
Opium facit dormire.
A quoi respondeo,
Quia est in eo
Virtus dormitiva,

Cujus est natura
Sensus assoupire.

CHORUS
Bene, bene, bene, bene respondere.
Dignus, dignus est entrare
In nostro docto corpore.

SECUNDUS DOCTOR
Cum permissione domini præsidis,
Doctissimæ facultatis,
Et totius his nostris actis
Companiæ assistantis,
Domandabo tibi, docte bacheliere,
Quæ sunt remedia
Quæ, in maladia
Ditte hydropisia,
Convenit facere.

BACHELIERUS
Clysterium donare,
Postea seignare,
Ensuitta purgare.

CHORUS
Bene, bene, bene, bene respondere.
Dignus, dignus est entrare
In nostro docto corpore.

TERTIUS DOCTOR
Si bonum semblatur domino præsidi,
Doctissimæ facultati,
Et companiæ præsenti,
Domandabo tibi, docte bacheliere,
Quæ remedia eticis,
Pulmonicis atque asmaticis
Trovas à propos facere ?

BACHELIERUS
Clysterium donare,
Postea seignare,
Ensuitta purgare.

CHORUS
Bene, bene, bene, bene respondere.
Dignus, dignus est entrare
In nostro docto corpore.

QUARTUS DOCTOR
Super illas maladias,
Doctus bachelierus dixit maravillas ;
Mais, si non ennuyo dominum præsidem,
Doctissimam facultatem,
Et totam honorabilem
Companiam ecoutantem ;
Faciam illi unam questionem.
De hiero maladus unus
Tombavit in meas manus ;
Habet grandam fievram cum redoublamentis,
Grandam dolorem capitis,
Et grandum malum au costé,
Cum granda difficultate
Et pena respirare.
Veillas mihi dire,
Docte bacheliere,
Quid illi facere.

BACHELIERUS
Clysterium donare,

Postea seignare,
Ensuitta purgare.

QUINTUS DOCTOR

Mais, si maladia
Opiniatria
Non vult se garire,
Quid illi facere ?

BACHELIERUS

Clysterium donare,
Postea seignare,
Ensuitta purgare.
Reseignare, repurgare et reclysterisare.

CHORUS

Bene, bene, bene, bene respondere.
Dignus, dignus est entrare
In nostro docto corpore.

PRÆSES

Juras gardare statuta
Per facultatem præscripta,
Cum sensu et jugeamento ?

BACHELIERUS

Juro.

PRÆSES

Essere in omnibus
Consultationibus
Ancieni aviso,
Aut bono,
Aut mauvaiso ?

BACHELIERUS

Juro.

PRÆSES

De non jamais te servire
De remediis aucunis,
Quam de ceux seulement doctæ facultatis,
Maladus dût-il crevare
Et mori de suo malo ?

BACHELIERUS

Juro.

PRÆSES

Ego, cum itso boneto
Venerabili et docto,
Dono tibi et concedo
Virtutem et puissanciam
Medicandi,
Purgandi,
Seignandi,
Perçandi,
Taillandi,
Coupandi,
Et occidendi,
Impune per totam terram.

DEUXIÈME ENTRÉE DE BALLET

Tous les chirurgiens et apothicaires viennent lui faire la révérence en cadence.

BACHELIERUS

Grandes doctores doctrinæ,
De la rhubarbe et du séné,
Ce serait sans douta à moi chosa folla,
Inepta et ridicula,

Si j'alloibam m'engageare
Vobis louangeas donare,
Et entreprenoibam adjoutare
Des lumieras au soleillo,
Et des etoilas au cielo,
Des ondas à l'oceano,
Et des rosas au printanno.
Agreate qu'avec uno moto
Pro toto remercimento
Rendam gratiam corpori tam docto.
Vobis, vobis debeo
Bien plus qu'à naturæ et qu'à patri meo.
Natura et pater meus
Hominem me habent factum ;
Mais vos me, ce qui est bien plus,
Avetis factum medicum :
Honor, favor et gratia,
Qui, in hoc corde que voilà,
Imprimant ressentimenta
Qui dureront in secula.

CHORUS

Vivat, vivat, vivat, vivat, cent fois vivat
Novus doctor, qui tam bene parlat !
Mille, mille annis, et manget et bibat,
Et seignet et tuat !

TROISIÈME ENTRÉE DE BALLET

Tous les chirurgiens et les apothicaires dansent au son des instruments et des voix, et des battements de mains, et des mortiers d'apothicaires.

CHIRURGUS

Puisse-t-il voir doctas
Suas ordonnancias,
Omnium chirurgorum,
Et apothicarum
Remplire boutiquas !

CHORUS

Vivat, vivat, vivat, vivat, cent fois vivat
Novus doctor, qui tam bene parlat !
Mille, mille annis, et manget et bibat,
Et seignet et tuat !

CHIRURGUS

Puissent toti anni
Lui essere boni
Et favorabiles,
Et n'habere jamais
Quam pestas, verolas,
Fievras, pleuresias,
Fluxus de sang et dysenterias !

CHORUS

Vivat, vivat, vivat, vivat, cent fois vivat
Novus doctor, qui tam bene parlat !
Mille, mille annis, et manget et bibat,
Et seignet et tuat !

QUATRIÈME ENTRÉE DE BALLET

Les médecins, les chirurgiens et les apothicaires sortent tous, selon leur rang, en cérémonie, comme ils sont entrés.

POÉSIES DIVERSES

COUPLET
D'UNE CHANSON DE D'ASSOUCY

« Vous M. Molière qui fîtes à Béziers (en 1656) le premier couplet de cette chanson, oseriez-vous bien dire comment elle fut exécutée et l'honneur que votre Muse et la mienne reçurent en cette rencontre ? » (Aventures d'Italie, de M. d'Assoucy, Paris, 1677.)
La chanson fut composée en l'honneur de Christine de France, duchesse de Savoie, et fut chantée, on ne peut plus mal, par Pierrotin, page de d'Assoucy, devant la cour de la princesse au palais de la Vigne, près de Turin.

> Loin de moi, loin de moi tristesse,
> Sanglots larmes soupirs,
> Je revois la Princesse,
> Qui fait tous mes désirs,
> O célestes plaisirs,
> Doux transports d'allégresse !
> Viens mort quand tu voudras,
> Me donner le trépas,
> J'ai revu ma Princesse.

REMERCIEMENT AU ROI

Le 3 avril 1663, Louis XIV a fait porter Molière, au titre « d'excellent poète comique », sur la liste officielle des pensions, pour une somme de 1 000 livres. Ce remerciement paraît quelques jours plus tard.

> Votre paresse enfin me scandalise,
> Ma Muse ; obéissez-moi :
> Il faut ce matin, sans remise,
> Aller au lever du Roi.
> 5   Vous savez bien pourquoi :
> Et ce vous est une honte
> De n'avoir pas été plus prompte
> A le remercier de ses fameux bienfaits ;
> Mais il vaut mieux tard que jamais.
> 10   Faites donc votre compte
> D'aller au Louvre accomplir mes souhaits.

> Gardez-vous bien d'être en Muse bâtie :
> Un air de Muse est choquant dans ces lieux ;
> On y veut des objets à réjouir les yeux ;
>   Vous en devez être avertie ;   15
> Et vous ferez votre cour beaucoup mieux,
> Lorsqu'en marquis vous serez travestie.
> Vous savez ce qu'il faut pour paraître marquis ;
>   N'oubliez rien de l'air ni des habits ;
> Arborez un chapeau chargé de trente plumes   20
>   Sur une perruque de prix ;
> Que le rabat soit des plus grands volumes,
>   Et le pourpoint des plus petits ;
>   Mais surtout je vous recommande
> Le manteau, d'un ruban sur le dos retroussé :   25
>   La galanterie en est grande ;
> Et parmi les marquis de la plus haute bande
>   C'est pour être placé.
>   Avec vos brillantes hardes
>   Et votre ajustement,   30
> Faites tout le trajet de la salle des gardes ;
>   Et vous peignant galamment,
> Portez de tous côtés vos regards brusquement ;
>   Et, ceux que vous pourrez connaître,
>   Ne manquez pas, d'un haut ton,   35
> De les saluer par leur nom,
>   De quelque rang qu'ils puissent être.
>   Cette familiarité
> Donne à quiconque en use un air de qualité.
>   Grattez du peigne à la porte   40
>   De la chambre du Roi.
>   Ou, si comme je prévois,
>   La presse s'y trouve forte,
> Montrez de loin votre chapeau,
>   Ou montez sur quelque chose   45
>   Pour faire voir votre museau,
>   Et criez sans aucune pause,
>   D'un ton rien moins que naturel :
> « Monsieur l'huissier, pour le marquis un tel. »
> Jetez-vous dans la foule, et tranchez du notable ;   50
> Coudoyez un chacun, point du tout de quartier,
>   Pressez, poussez, faites le diable
>   Pour vous mettre le premier ;
>   Et quand même l'huissier,
>   A vos désirs inexorable,   55
> Vous trouverait en face un marquis repoussable,
>   Ne démordez point pour cela,

Tenez toujours ferme là :
A déboucher la porte il irait trop du vôtre ;
60   Faites qu'aucun n'y puisse pénétrer,
Et qu'on soit obligé de vous laisser entrer,
    Pour faire entrer quelque autre.

Quand vous serez entré, ne vous relâchez pas :
Pour assiéger la chaise, il faut d'autres combats ;
65   Tâchez d'en être des plus proches,
    En y gagnant le terrain pas à pas ;
Et si des assiégeants le prévenant amas
    En bouche toutes les approches,
    Prenez le parti doucement
70   D'attendre le Prince au passage :
    Il connaîtra votre visage
    Malgré votre déguisement ;
    Et lors, sans tarder davantage,
    Faites-lui votre compliment.

75   Vous pourriez aisément l'étendre,
Et parler des transports qu'en vous font éclater
Les surprenants bienfaits que, sans les mériter,
Sa libérale main sur vous daigne répandre,
Et des nouveaux efforts où s'en va vous porter
80 L'excès de cet honneur où vous n'osiez prétendre,
    Lui dire comme vos désirs
Sont, après ses bontés qui n'ont point de pareilles,
D'employer à sa gloire, ainsi qu'à ses plaisirs,
    Tout votre art et toutes vos veilles,
85   Et là-dessus lui promettre merveilles :
    Sur ce chapitre on n'est jamais à sec ;
    Les Muses sont de grandes prometteuses !
    Et comme vos sœurs les causeuses,
Vous ne manquerez pas, sans doute, par le bec.
90   Mais les grands princes n'aiment guères
    Que les compliments qui sont courts ;
Et le nôtre surtout a bien d'autres affaires
    Que d'écouter tous vos discours.
La louange et l'encens n'est pas ce qui le touche ;
95   Dès que vous ouvrirez la bouche
Pour lui parler de grâce et de bienfait,
Il comprendra d'abord ce que vous voudrez dire,
Et se mettant doucement à sourire
D'un air qui sur les cœurs fait un charmant effet,
100   Il passera comme un trait,
    Et cela vous doit suffire :
    Voilà votre compliment fait.

SONNET
A M. LA MOTHE LE VAYER
SUR LA MORT DE SON FILS
(1664)

*Brossette nous apprend que le philosophe et acadé-
micien Là Mothe Le Vayer (1583-1672) avait un
attachement singulier pour Molière, dont il était le
partisan et l'admirateur. Son fils unique, l'abbé Le
Vayer, se comptait aussi parmi les amis de Molière.*

Aux larmes, Le Vayer, laisse tes yeux ouverts :
Ton deuil est raisonnable, encor qu'il soit extrême ;
Et, lorsque pour toujours on perd ce que tu perds,
La Sagesse, crois-moi, peut pleurer elle-même.

On se propose à tort cent préceptes divers
Pour vouloir, d'un œil sec, voir mourir ce qu'on aime;
L'effort en est barbare aux yeux de l'univers,
Et c'est brutalité plus que vertu suprême.

On sait bien que les pleurs ne ramèneront pas
Ce cher fils que t'enlève un imprévu trépas ;
Mais la perte, par là, n'en est pas moins cruelle.

Ses vertus de chacun le faisaient révérer ;
Il avait le cœur grand, l'esprit beau, l'âme belle ;
Et ce sont des sujets à toujours le pleurer.

LETTRE D'ENVOI DU SONNET PRÉCÉDENT

Vous voyez bien, monsieur, que je m'écarte fort du
chemin qu'on suit d'ordinaire en pareille rencontre,
et que le sonnet que je vous envoie n'est rien moins
qu'une consolation. Mais j'ai cru qu'il fallait en user
de la sorte avec vous, et que c'est consoler un philosophe que de lui justifier ses larmes, et de mettre sa
douleur en liberté. Si je n'ai pas trouvé d'assez fortes
raisons pour affranchir votre tendresse des sévères
leçons de la philosophie, et pour vous obliger à pleurer sans contrainte, il en faut accuser le peu d'éloquence d'un homme qui ne saurait persuader ce
qu'il sait si bien faire.

MOLIÈRE.

QUATRAINS

*Inscrits en 1665 — en pleine cabale des dévots
contre le premier Tartuffe ! — au bas d'une estampe,
exécutée par François Chauveau (qui devait orner
de deux frontispices l'édition du théâtre de Molière,
l'année suivante), et gravée par Le Doyen pour le
compte de la Confrérie de l'Esclavage de Notre-
Dame de la Charité. Cette estampe représente la
Vierge et l'Enfant-Jésus qui lient par les chaînes
de la Charité des personnages tels que saint Pierre,
saint Louis, Louis XIV, la Reine, tandis que les
damnés, dans les flammes de l'enfer, sont liés par
les chaînes du péché. Les quatrains explicatifs de
Molière figurent au-dessous d'une épigraphe tirée
du prophète Osée : « In funiculis Adam traham
eos, in vinculis Charitatis. » (Je les prendrai dans
les liens d'Adam, dans les chaînes de la Charité.)*

Brisez les tristes fers du honteux esclavage
Où vous tient du péché le commerce odieux,
Et venez recevoir le glorieux servage
Que vous tendent les mains de la Reine des Cieux.

L'un sur vous à vos sens donne pleine victoire
L'autre sur vos désirs vous fait régner en rois
L'un vous tire aux Enfers et l'autre dans la gloire.
Hélas ! peut-on, Mortels, balancer sur ce Choix ?

AIR DE BALLET
DE MONSIEUR DE BEAUCHAMP

Cette pièce figure dans la Seconde et nouvelle partie *du* Recueil des plus beaux vers qui ont été mis en chant, *publié par Ballart et Bienfait en 1668. Elle est signée Molière. Le musicien était Lulli. La destinataire serait Marquise du Parc. Celle-ci ayant quitté la troupe de Molière pour l'Hôtel de Bourgogne à Pâques 1667, les vers ne peuvent être postérieurs à cette date.*

> D'une brillante grâce
> Vos traits sont embellis,
> Et votre teint efface
> Les roses et les lys
> De nos jeunes Philis :
> L'esprit, l'air agréable,
> Et la taille admirable,
> En vous se trouvent joints :
> Après cela, Marquise,
> Ne soyez point surprise
> Si je vous rends des soins,
> L'on en rendrait à moins.

AU ROI
SUR LA CONQUETE DE LA
FRANCHE-COMTE

*Compliment récité lors d'une représentation devant la cour, entre le 25 et le 29 avril 1668, d'*Amphitryon, *pièce qui, lors de sa publication, sera dédiée au Grand Condé, véritable héros de ladite conquête.*

Ce sont faits inouïs, GRAND ROI, que tes victoires !
L'avenir aura peine à les bien concevoir ;
Et de nos vieux héros les pompeuses histoires
Ne nous ont point chanté ce que tu nous fais voir.

Quoi ! presque au même instant qu'on te l'a vu ré-
Voir toute une province unie à tes Etats ! [soudre,
Les rapides torrents et les vents et la foudre
Vont-ils, dans leurs effets, plus vite que ton bras ?

N'attends pas, au retour d'un si fameux ouvrage,
Des soins de notre muse un éclatant hommage.
Cet exploit en demande, il le faut avouer ;
[prêtes ;
Mais nos chansons, GRAND ROI, ne sont pas si tôt
Et tu mets moins de temps à faire tes conquêtes
Qu'il n'en faut pour les bien louer.

LA GLOIRE DU VAL-DE-GRACE

Le mot gloire *doit s'entendre ici au sens pictural : représentation du ciel avec les Personnes divines, les anges et les saints. C'est le sujet qu'a traité Pierre*

Mignard (1612-1695), ami et portraitiste de Molière. Le poème, qui célèbre sa décoration du dôme du Val-de-Grâce, fut publié le 23 mars 1669. L'église avait été construite en accomplissement du vœu de la Reine-mère exaucée par la naissance de Louis XIV après vingt-deux ans de stérilité.

Digne fruit de vingt ans de travaux somptueux,
Auguste bâtiment, temple majestueux,
Dont le dôme superbe, élevé dans la nue,
Pare du grand Paris la magnifique vue,
Et, parmi tant d'objets semés de toutes parts,   5
Du voyageur surpris prend les premiers regards,
Fais briller à jamais, dans ta noble richesse,
La splendeur du saint vœu d'une grande princesse,
Et porte un témoignage à la postérité
De sa magnificence et de sa piété ;   10
Conserve à nos neveux une montre fidèle
Des exquises beautés que tu tiens de son zèle :
Mais défends bien surtout de l'injure des ans
Le chef-d'œuvre fameux de ses riches présents,
Cet éclatant morceau de savante peinture,   15
Dont elle a couronné ta noble architecture :
C'est le plus bel effet des grands soins qu'elle a pris,
Et ton marbre et ton or ne sont point de ce prix.

Toi qui dans cette coupe, à ton vaste génie
Comme un ample théâtre heureusement fournie,   20
Es venu déployer les précieux trésors
Que le Tibre t'a vu ramasser sur ses bords ;
Dis-nous, fameux Mignard, par qui te sont versées
Les charmantes beautés des nobles pensées,
Et dans quel fonds tu prends cette variété   25
Dont l'esprit est surpris, et l'œil est enchanté.
Dis-nous quel feu divin, dans tes fécondes veilles,
De tes expressions enfante les merveilles ;
Quels charmes ton pinceau répand dans tous ses traits,
Quelle force il y mêle à ses plus doux attraits,   30
Et quel est ce pouvoir, qu'au bout des doigts tu portes,
Qui sait faire à nos yeux vivre des choses mortes,
Et d'un peu de mélange et de bruns et de clairs,
Rendre esprit la couleur, et les pierres des chairs.

Tu te tais, et prétends que ce sont des matières   35
Dont tu dois nous cacher les savantes lumières,
Et que ces beaux secrets, à tes travaux vendus,
Te coûtent un peu trop pour être répandus.
Mais ton pinceau s'explique, et trahit ton silence ;
Malgré toi, de ton art il nous fait confidence ;   40
Et, dans ses beaux efforts à nos yeux étalés,
Les mystères profonds nous en sont révélés.
Une pleine lumière ici nous est offerte ;
Et ce dôme pompeux est une école ouverte,
Où l'ouvrage, faisant l'office de la voix,   45
Dicte de ton grand art les souveraines lois.
Il nous dit fortement les trois nobles parties [1]
Qui rendent d'un tableau les beautés assorties,
Et dont, en s'unissant, les talents relevés
Donnent à l'univers les peintres achevés.   50

1. L'invention, le dessin, le coloris. (*Note de Molière*.)

Mais des trois, comme reine, il nous expose celle [2]
Que ne peut nous donner le travail, ni le zèle ;
Et qui, comme un présent de la faveur des cieux,
Est du nom de divine appelée en tous lieux ;
55 Elle, dont l'essor monte au-dessus du tonnerre,
Et sans qui l'on demeure à ramper contre terre,
Qui meut tout, règle tout, en ordonne à son choix,
Et des deux autres mène et régit les emplois.

Il nous enseigne à prendre une digne matière,
60 Qui donne au feu du peintre une vaste carrière,
Et puisse recevoir tous les grands ornements
Qu'enfante un beau génie en ses accouchements,
Et dont la poésie et sa sœur la peinture,
Parent l'instruction de leur docte imposture,
65 Composent avec art ses attraits, ses douceurs,
Qui font à leurs leçons un passage en nos cœurs ;
Et par qui de tout temps ces deux sœurs si pareilles
Charment, l'une les yeux, et l'autre les oreilles.

Mais il nous dit de fuir un discord apparent
70 Du lieu que l'on nous donne et du sujet qu'on prend ;
Et de ne point placer dans un tombeau des fêtes,
Le ciel contre nos pieds, et l'enfer sur nos têtes.

Il nous apprend à faire, avec détachement,
De groupes contrastés un noble agencement,
75 Qui du champ du tableau fasse un juste partage
En conservant les bords un peu légers d'ouvrage,
N'ayant nul embarras, nul fracas vicieux
Qui rompe ce repos, si fort ami des yeux,
Mais où, sans se presser, le groupe se rassemble,
80 Et forme un doux concert, fasse un beau tout-ensem-
Où rien ne soit à l'œil mendié, ni redit,   [ble,
Tout s'y voyant tiré d'un vaste fonds d'esprit,
Assaisonné du sel de nos grâces antiques,
Et non du fade goût des ornements gothiques,
85 Ces monstres odieux des siècles ignorants,
Que de la barbarie ont produit les torrents,
Quand leur cours, inondant presque toute la terre,
Fit à la politesse une mortelle guerre,
Et, de la grande Rome abattant les remparts,
90 Vint, avec son empire, étouffer les beaux-arts.

Il nous montre à poser avec noblesse et grâce
La première figure à la plus belle place,
Riche d'un agrément, d'un brillant de grandeur
Qui s'empare d'abord des yeux du spectateur ;
95 Prenant un soin exact que, dans tout un ouvrage,
Elle joue aux regards le plus beau personnage ;
Et que, par aucun rôle au spectacle placé,
Le héros du tableau ne se voie effacé.

Il nous enseigne à fuir les ornements débiles
100 Des épisodes froids et qui sont inutiles,
A donner au sujet toute sa vérité,
A lui garder partout pleine fidélité,
Et ne se point porter à prendre de licence,
A moins qu'à des beautés elle donne naissance.

105 Il nous dicte amplement les leçons du dessin [3]

2. L'invention, première partie de la peinture. (*Note de Molière*.)
3. Le dessin, seconde partie de la peinture. (*Idem*.)

Dans la manière grecque, et dans le goût romain ;
Le grand choix du beau vrai, de la belle nature,
Sur les restes exquis de l'antique sculpture,
Qui, prenant d'un sujet la brillante beauté,
En savait séparer la faible vérité,   110
Et, formant de plusieurs une beauté parfaite,
Nous corrige par l'art la nature qu'on traite.

Il nous explique à fond, dans ses instructions,
L'union de la grâce et des proportions ;
Les figures partout doctement dégradées,   115
Et leurs extrémités soigneusement gardées ;
Les contrastes savants des membres agroupés,
Grands, nobles, étendus et bien développés,
Balancés sur leur centre en beauté d'attitude,
Tous formés l'un pour l'autre avec exactitude,   120
Et n'offrant point aux yeux ces galimatias ·
Où la tête n'est point de la jambe, ou du bras ;
Leur juste attachement aux lieux qui les font naître,
Et les muscles touchés autant qu'ils doivent l'être ;
La beauté des contours observés avec soin,   125
Point durement traités, amples, tirés de loin,
Inégaux, ondoyants, et tenant de la flamme,
Afin de conserver plus d'action et d'âme ;
Les nobles airs de tête amplement variés,
Et tous au caractère avec choix mariés ;   130
Et c'est là qu'un grand peintre, avec pleine largesse,
D'une féconde idée étale la richesse,
Faisant briller partout de la diversité,
Et ne tombant jamais dans un air répété :
Mais un peintre commun trouve une peine extrême   135
A sortir dans ses airs de l'amour de soi-même :
De redites sans nombre il fatigue les yeux,
Et, plein de son image, il se peint en tous lieux.

Il nous enseigne aussi les belles draperies,
De grands plis bien jetés suffisamment nourries,   140
Dont l'ornement aux yeux doit conserver le nu,
Mais qui, pour le marquer, soit un peu retenu,
Qui ne s'y colle point, mais en suive la grâce,
Et, sans la serrer trop, la caresse et l'embrasse.

Il nous montre à quel air, dans quelles actions,   145
Se distinguent à l'œil toutes les passions,
Les mouvements du cœur, peints d'une adresse extrê-
Par des gestes puisés dans la passion même,   [me,
Bien marqués pour parler, appuyés, forts et nets,
Imitant en vigueur les gestes des muets,   150
Qui veulent réparer la voix que la nature
Leur a voulu nier, ainsi qu'à la peinture.

Il nous étale enfin les mystères exquis
De la belle partie où triompha Zeuxis [4],
Et qui, le revêtant d'une gloire immortelle,   155
Le fit aller du pair avec le grand Apelle :
L'union, les concerts, et les tons des couleurs,
Contrastes, amitiés, ruptures et valeurs,
Qui font les grands effets, les fortes impostures,
L'achèvement de l'art, et l'âme des figures.   160

Il nous dit clairement dans quel choix le plus beau
On peut prendre le jour et le champ du tableau.

4. Le coloris, troisième partie de la peinture. (*Idem*.)

Les distributions et d'ombre et de lumière
Sur chacun des objets et sur la masse entière ;
165 Leur dégradation dans l'espace de l'air,
Par les tons différents de l'obscur et du clair ;
Et quelle force il faut aux objets mis en place
Que l'approche distingue et le lointain efface ;
Les gracieux repos que, par des soins communs,
170 Les bruns donnent aux clairs, comme les clairs aux
Avec quel agrément d'insensible passage   [bruns,
Doivent ces opposés entrer en assemblage,
Par quelle douce chute ils doivent y tomber,
Et dans un milieu tendre aux yeux se dérober ;
175 Ces fonds officieux qu'avec art on se donne
Qui reçoivent si bien ce qu'on leur abandonne ;
Par quels coups de pinceau, formant de la rondeur,
Le peintre donne au plat le relief du sculpteur ;
Quel adoucissement des teintes de lumière
180 Fait perdre ce qui tourne et le chasse derrière,
Et comme avec un champ fuyant, vague et léger,
La fierté de l'obscur, sur la douceur du clair
Triomphant de la toile, en tire avec puissance
Les figures que veut garder sa résistance,
185 Et, malgré tout l'effort qu'elle oppose à ses coups,
Les détache du fond, et les amène à nous.

Il nous dit tout cela, ton admirable ouvrage :
Mais, illustre Mignard, n'en prends aucun ombrage ;
Ne crains pas que ton art, par ta main découvert,
190 A marcher sur tes pas tienne un chemin ouvert,
Et que de sçavans leçons les grands et beaux oracles
Elèvent d'autres mains à tes doctes miracles :
Il y faut les talents que ton mérite joint,
Et ce sont des secrets qui ne s'apprennent point.
195 On n'acquiert point, Mignard, par les soins qu'on se
                                                    [donne,
Trois choses dont les dons brillent dans ta personne,
Les passions, la grâce, et les tons de couleur
Qui des riches tableaux font l'exquise valeur ;
Ce sont présents du ciel, qu'on voit peu qu'il assem-
200 Et les siècles ont peine à les trouver ensemble. [ble,
C'est par là qu'à nos yeux nos travaux enfantés
De ton noble travail n'atteindront les beautés :
Malgré tous les pinceaux que ta gloire réveille,
Il sera de nos jours la fameuse merveille,
205 Et des bouts de la terre en ces superbes lieux
Attirera les pas des savants curieux.

O vous, dignes objets de la noble tendresse
Qu'a fait briller pour vous cette auguste princesse,
Dont au grand Dieu naissant, au véritable Dieu,
210 Le zèle magnifique a consacré ce lieu[5],
Purs esprits, où du ciel sont les grâces infuses,
Beaux temples des vertus, admirables recluses,
Qui dans votre retraite, avec tant de ferveur,
Mêlez parfaitement la retraite du cœur,
215 Et, par un choix pieux hors du monde placées,
Ne détachez vers lui nulle de vos pensées,
Qu'il vous est cher d'avoir sans cesse devant vous
Ce tableau de l'objet de vos vœux les plus doux,

5. L'église du Val-de-Grâce était consacrée à Jésus *naissant*
et à la Vierge, sa mère.

D'y nourrir par vos yeux les précieuses flammes,
Dont si fidèlement brûlent vos belles âmes,   220
D'y sentir redoubler l'ardeur de vos désirs,
D'y donner à toute heure un encens de soupirs,
Et d'embrasser du cœur une image si belle
Des célestes beautés de la gloire éternelle,
Beautés qui dans leurs fers tiennent vos libertés,   225
Et vous font mépriser toutes autres beautés !

Et toi, qui fus jadis la maîtresse du monde,
Docte et fameuse école en raretés féconde,
Où les arts déterrés ont, par un digne effort,
Réparé les dégâts des barbares du Nord ;   230
Source des beaux débris des siècles mémorables,
O Rome, qu'à tes soins nous sommes redevables
De nous avoir rendu, façonné de ta main,
Ce grand homme, chez toi devenu tout Romain,
Dont le pinceau célèbre, avec magnificence,   235
De ses riches travaux vient parer notre France,
Et dans un noble lustre y produire à nos yeux
Cette belle peinture inconnue en ces lieux,
La fresque, dont la grâce, à l'autre préférée,
Se conserve un éclat d'éternelle durée,   240
Mais dont la promptitude et les brusques fiertés
Veulent un grand génie à toucher ses beautés !

De l'autre qu'on connaît la traitable méthode
Aux faiblesses d'un peintre aisément s'accommode :
La paresse de l'huile, allant avec lenteur,   245
Du plus tardif génie attend la pesanteur ;
Elle sait secourir, par le temps qu'elle donne,
Les faux pas que peut faire un pinceau qui tâtonne ;
Et sur cette peinture on peut, pour faire mieux,
Revenir, quand on veut, avec de nouveaux yeux.   250
Cette commodité de retoucher l'ouvrage
Aux peintres chancelants est un grand avantage ;
Et ce qu'on ne fait pas en vingt fois qu'on reprend,
On le peut faire en trente, on le peut faire en cent.

Mais la fresque est pressante et veut, sans compli- 255
Qu'un peintre s'accommode à son impatience, [sance,
La traite à sa manière et, d'un travail soudain,
Saisisse le moment qu'elle donne à sa main.
La sévère rigueur de ce moment qui passe
Aux erreurs d'un pinceau ne fait aucune grâce ;   260
Avec elle il n'est point de retour à tenter,
Et tout au premier coup se doit exécuter.
Elle veut un esprit où se rencontre unie
La pleine connaissance avec le grand génie,
Secouru d'une main propre à le seconder,   265
Et maîtresse de l'art jusqu'à le gourmander,
Une main prompte à suivre un beau feu qui la guide,
Et dont, comme un éclair, la justesse rapide
Répande dans ses fonds, à grands traits non tâtés,
De ses expressions les touchantes beautés.   270

C'est par là que la fresque, éclatante de gloire,
Sur les honneurs de l'autre emporte la victoire,
Et que tous les savants, en juges délicats,
Donnent la préférence à ses mâles appas.
Cent doctes mains chez elle ont cherché la louange ; 275
Et Jules, Annibal, Raphaël, Michel-Ange,

Les Mignards de leur siècle, en illustres rivaux,
Ont voulu par la fresque anoblir leurs travaux.

Nous la voyons ici doctement revêtue
280 De tous les grands attraits qui surprennent la vue.
Jamais rien de pareil n'a paru dans ces lieux ;
Et la belle inconnue a frappé tous les yeux.
Elle a non seulement, par ses grâces fertiles,
Charmé du grand Paris les connaisseurs habiles,
285 Et touché de la cour le beau monde savant ;
Ses miracles encore ont passé plus avant,
Et de nos courtisans les plus légers d'étude
Elle a pour quelque temps fixé l'inquiétude,
Arrêté leur esprit, attaché leurs regards,
290 Et fait descendre en eux quelque goût des beaux-arts.

Mais ce qui, plus que tout, élève son mérite,
C'est de l'auguste Roi l'éclatante visite :
Ce monarque, dont l'âme aux grandes qualités
Joint un goût délicat des savantes beautés,
295 Qui, séparant le bon d'avec son apparence,
Décide sans erreur, et loue avec prudence ;
LOUIS, le grand LOUIS, dont l'esprit souverain
Ne dit rien au hasard, et voit tout d'un œil sain,
A versé de sa bouche, à ses grâces brillantes,
300 De deux précieux mots les douceurs chatouillantes ;
Et l'on sait qu'en deux mots ce roi judicieux
Fait des plus beaux travaux l'éloge glorieux.

Colbert dont le bon goût suit celui de son maître,
A senti même charme, et nous le fait paraître.
305 Ce vigoureux génie au travail si constant,
Dont la vaste prudence à tous emplois s'étend,
Qui, du choix souverain, tient, par son haut mérite,
Du commerce et des arts la suprême conduite,
A d'une noble idée enfanté le dessein
310 Qu'il confie aux talents de cette docte main,
Et dont il veut par elle attacher la richesse
Aux sacrés murs du temple où son cœur s'intéresse [6].
La voilà, cette main qui se met en chaleur ;
Elle prend les pinceaux, trace, étend la couleur,
315 Empâte, adoucit, touche, et ne fait nulle pause :
Voilà qu'elle a fini ; l'ouvrage aux yeux s'expose ;
Et nous y découvrons, aux yeux des grands experts,
Trois miracles de l'art en trois tableaux divers.
Mais, parmi cent objets d'une beauté touchante,
320 Le Dieu porte au respect, et n'a rien qui n'enchante ;
Rien en grâce, en douceur, en vive majesté,
Qui ne présente à l'œil une divinité ;
Elle est toute en ses traits si brillants de noblesse ;
La grandeur y paraît, l'équité, la sagesse,
325 La bonté, la puissance ; enfin ces traits font voir
Ce que l'esprit de l'homme à peine à concevoir.

Poursuis, ô grand Colbert, à vouloir dans la France
Des arts que tu régis établir l'excellence,
Et donne à ce projet, et si grand et si beau,
330 Tous les riches moments d'un si docte pinceau.
Attache à des travaux, dont l'éclat te renomme,
Le reste précieux des jours de ce grand homme.

6. Saint-Eustache. (*Note de Molière.*) Colbert était de la paroisse Saint-Eustache, et il fut inhumé dans l'église.

Tels hommes rarement se peuvent présenter,
Et, quand le ciel les donne, il en faut profiter.
De ces mains, dont les temps ne sont guère prodi- 335
Tu dois à l'univers les savantes fatigues ;   [gues,
C'est à ton ministère à les aller saisir,
Pour les mettre aux emplois que tu peux leur choisir;
Et, pour ta propre gloire, il ne faut point attendre
Qu'elles viennent t'offrir ce que ton choix doit prendre. 340
Les grands hommes, Colbert, sont mauvais courtisans,
Peu faits à s'acquitter des devoirs complaisants ;
A leurs réflexions tout entiers ils se donnent ;
Et ce n'est que par là qu'ils se perfectionnent.
L'étude et la visite ont leurs talents à part. 345
Qui se donne à la cour se dérobe à son art.
Un esprit partagé rarement s'y consomme,
Et les emplois de feu demandent tout un homme.
Ils ne sauraient quitter les soins de leur métier
Pour aller chaque jour fatiguer ton portier ; 350
Ni partout, près de toi, par d'assidus hommages
Mendier des prôneurs les éclatants suffrages.
Cet amour de travail qui toujours règne en eux,
Rend à tous autres soins leur esprit paresseux ;
Et tu dois consentir à cette négligence 355
Qui de leurs beaux talents te nourrit l'excellence.
Souffre que, dans leur art s'avançant chaque jour,
Par leurs ouvrages seuls ils te fassent leur cour.
Leur mérite à tes yeux y peut assez paraître ;
Consultes-en ton goût, il s'y connaît en maître, 360
Et te dira toujours, pour l'honneur de ton choix,
Sur qui tu dois verser l'éclat des grands emplois.

C'est ainsi que des arts la renaissante gloire
De tes illustres soins ornera la mémoire ;
Et que ton nom, porté dans cent travaux pompeux, 365
Passera triomphant à nos derniers neveux.

BOUTS-RIMES COMMANDES
SUR LE BEL AIR

Ce sonnet aurait été composé par Molière à la demande du prince de Condé qui fournit les rimes. Il fut publié pour la première fois à la suite de la Comtesse d'Escarbagnas *dans l'édition de 1682.*

Que vous m'embarrassez avec votre .. grenouille,
Qui traîne à ses talons le doux mot d' .. Hypocras !
Je hais des bouts-rimés le puéril .... fatras,
Et tiens qu'il vaudrait mieux filer une . quenouille.

La gloire du bel air n'a rien qui me ... chatouille ;
Vous m'assommez l'esprit avec un gros .. plâtras !
Et je tiens heureux ceux qui sont morts à .. Coutras,
Voyant tout le papier qu'en sonnets on .. barbouille.

M'accable derechef la haine du .... cagot,
Plus méchant mille fois que n'est un vieux . magot,
Plutôt qu'un bout-rimé me fasse entrer en . danse !

Je vous le chante clair, comme un . chardonneret ;
Au bout de l'univers je fuis dans une .... manse.
Adieu, grand prince, adieu ; tenez-vous .. guilleret.

CITATIONS CÉLÈBRES

L'ETOURDI

Mettez, pour me jouer, vos flûtes mieux d'accord.
(Trufaldin, acte I, scène IV, page 50, vers 186.)

Quand nous serons à dix, nous ferons une croix.
(Mascarille, acte I, scène IX, page 53, vers 442.)

Les plus courtes erreurs sont toujours les meilleures.
(Anselme, acte IV, scène III, page 67, vers 1472.)

DEPIT AMOUREUX

On ne meurt qu'une fois, et c'est pour si longtemps !...
(Mascarille, acte V, scène III, page 97, vers 1571.)

LES PRECIEUSES RIDICULES

Vite, voiturez-nous ici les commodités de la conversation.
(Madelon, scène IX, page 105.)

Ne soyez pas inexorable à ce fauteuil qui vous tend les bras il y a un quart d'heure.
(Cathos, scène IX, page 105.)

Hors de Paris, il n'y a point de salut pour les honnêtes gens.
(Mascarille, scène IX, page 105.)

Votre œil en tapinois me dérobe mon cœur ;
Au voleur ! au voleur ! au voleur ! au voleur !
(Mascarille, scène IX, page 106.)

Les gens de qualité savent tout sans avoir jamais rien appris.
(Mascarille, scène IX, page 107.)

SGANARELLE

Oui, son mari, vous dis-je, et mari très marri.
(Sganarelle, scène IX, page 116, vers 292.)

L'ECOLE DES MARIS

Et l'école du monde, en l'air dont il faut vivre,
Instruit mieux, à mon gré, que ne fait aucun livre.
(Ariste, acte I, scène II, page 146, vers 191-192.)

... les verrous et les grilles
Ne font pas la vertu des femmes ni des filles.
(Ariste, acte I, scène II, page 145, vers 167-168.)
(Sganarelle, acte III, scène V, page 156, vers 951-952.)

L'ECOLE DES FEMMES

Je sais un paysan qu'on appelait Gros-Pierre,
Qui, n'ayant pour tout bien qu'un seul quartier de [terre,
Y fit tout à l'entour faire un fossé bourbeux,
Et de monsieur de l'Isle en prit le nom pompeux.
(Chrysalde, acte I, scène I, page 177, vers 179-182.)

Le petit chat est mort.
(Agnès, acte II, scène V, page 182, vers 461.)

Nous sommes tous mortels, et chacun est pour soi.
(Arnolphe, acte II, scène V, page 182, vers 462.)

Du côté de la barbe est la toute-puissance.
(Arnolphe, acte III, scène II, page 185, vers 700.)

Il le faut avouer, l'Amour est un grand maître :
Ce qu'on ne fut jamais, il nous enseigne à l'être.
(Horace, acte III, scène IV, page 187, vers 900-901.)

LA CRITIQUE DE L'ECOLE DES FEMMES

Ah ! ma foi, oui, *tarte à la crème !* voilà ce que j'avais remarqué tantôt ; *tarte à la crème !... Tarte à la crème,* morbleu ! *tarte à la crème !*
(Le Marquis, scène VI, page 207.)

C'est une étrange entreprise que celle de faire rire les honnêtes gens.
(Dorante, scène VI, page 208.)

Je voudrais bien savoir si la grande règle de toutes les règles n'est pas de plaire, et si une pièce de théâtre qui a attrapé son but n'a pas suivi un bon chemin.
(Dorante, scène VI, page 209.

LE MARIAGE FORCE

Je veux imiter mon père, et tous ceux de ma race, qui ne se sont jamais voulu marier.
(Sganarelle, scène VIII, page 234.)

LA PRINCESSE D'ELIDE

Oui, j'aime mieux, n'en déplaise à la gloire,
Vivre au monde deux jours, que mille ans dans l'his-
[toire.
(Moron, acte I, scène II, page 242, vers 229-230.)

LE TARTUFFE

On n'y respecte rien, chacun y parle haut,
Et c'est tout justement la cour du roi Pétaut
(Mme Pernelle, acte I, scène I, page 260, vers 11-12.)

Vous êtes un sot, en trois lettres, mon fils.
(Mme Pernelle, acte I, scène I, page 260, vers 16.)

Il est de faux dévots ainsi que de faux braves.
(Cléante, acte I, scène V, page 263, vers 326.)

Ah ! vous êtes dévot, et vous vous emportez !
(Dorine, acte II, scène II, page 266, vers 552.)

Couvrez ce sein que je ne saurais voir.
(Tartuffe, acte III, scène II, page 271, vers 860.)

Ah ! pour être dévot, je n'en suis pas moins homme !
(Tartuffe, acte III, scène III, page 272, vers 966.)

Le ciel défend, de vrai, certains contentements,
Mais on trouve avec lui des accommodements.
(Tartuffe, acte IV, scène V, page 278, vers 1487-1488.)

Le scandale du monde est ce qui fait l'offense,
Et ce n'est pas pécher que pécher en silence.
(Tartuffe, acte IV, scène V, page 279, vers 1505-1506.)

C'est à vous d'en sortir, vous qui parlez en maître :
La maison m'appartient, je le ferai connaître.
(Tartuffe, acte IV, scène VII, page 279, vers 1557-1558.)

La vertu dans le monde est toujours poursuivie,
Les envieux mourront, mais non jamais l'envie.
(Mme Pernelle, acte V, scène III, page 281, vers 1665-1666.)

Je l'ai vu, dis-je, vu, de mes propres yeux vu,
Ce qu'on appelle vu.
(Orgon, acte V, scène III, page 281, vers 1676-1677.)

Juste retour, monsieur, des choses d'ici-bas :
Vous ne vouliez point croire, et l'on ne vous croit pas.
(Dorine, acte V, scène III, page 281, vers 1695-1696.)

Nous vivons sous un prince ennemi de la fraude.
(L'Exempt, acte V, scène VII, page 284, vers 1906.)

DOM JUAN

Quoi que puisse dire Aristote, et toute la philosophie, il n'est rien d'égal au tabac : c'est la passion
des honnêtes gens, et qui vit sans tabac n'est pas
digne de vivre.
(Sganarelle, acte I, scène I, page 286.)

... Un grand seigneur méchant homme est une terrible chose.
(Sganarelle, acte I, scène I, page 286.)

Les inclinations naissantes, après tout, ont des charmes inexplicables, et tout le plaisir de l'amour est
dans le changement.
(Dom Juan, acte I, scène II, page 287.)

Je te veux donner un louis d'or... et je te le donne
pour l'amour de l'humanité.
(Dom Juan, acte III, scène II, page 299.)

La naissance n'est rien où la vertu n'est pas.
(Dom Louis, acte IV, scène IV, page 304.)

L'AMOUR MEDECIN

Vous êtes orfèvre, monsieur Josse, et votre conseil
sent son homme qui a envie de se défaire de sa marchandise.
(Sganarelle, acte I, scène I, page 312.)

LE MISANTHROPE

Moi, votre ami ? Rayez cela de vos papiers.
(Alceste, acte I, scène I, page 324, vers 8.)

Sur quelque préférence une estime se fonde,
Et c'est n'estimer rien qu'estimer tout le monde.
(Alceste, acte I, scène I, page 324, vers 57-58.)

L'ami du genre humain n'est point du tout mon fait.
(Alceste, acte I, scène I, page 324, vers 64.)

... Ces haines vigoureuses
Que doit donner le vice aux âmes vertueuses.
(Alceste, acte I, scène I, page 325, vers 121-122.)

La parfaite raison fuit toute extrémité,
Et veut que l'on soit sage avec sobriété.
(Philinte, acte I, scène I, page 325, vers 151-152.)

Mais la raison n'est pas ce qui règle l'amour.
(Alceste, acte I, scène I, page 326, vers 248.)

... Le temps ne fait rien à l'affaire.
(Alceste, acte I, scène II, page 327, vers 314.)

Ah ! qu'en termes galants ces choses-là sont mises !
(Philinte, acte I, scène II, page 327, vers 325.)

Belle Philis, on désespère,
Alors qu'on espère toujours.
(Oronte, acte I, scène II, page 327, vers 331-332.)

Allons, ferme, poussez, mes bons amis de cour.
(Alceste, acte II, scène IV, page 332, vers 651.)

Jamais leur passion n'y voit rien de blâmable,
Et dans l'objet aimé tout leur devient aimable.
(Eliante, acte II, scène IV, page 332, vers 713-714.)

C'est ainsi qu'un amant, dont l'ardeur est extrême,
Aime jusqu'aux défauts des personnes qu'il aime.
(Eliante, acte II, scène IV, page 332, vers 729-730.)

On peut être honnête homme, et faire mal des vers.
(Philinte, acte IV, scène I, page 337, vers 1144.)

Et chercher sur la terre un endroit écarté
Où d'être homme d'honneur on ait la liberté.
(Alceste, acte V, scène IV, page 345, vers 1805-1806.)

LE MEDECIN MALGRE LUI

Je veux qu'il me batte, moi !... Il me plaît d'être battue.
(*Martine, acte I, scène II, pages 347 et 348.*)

Il y a fagots et fagots.
(*Sganarelle, acte I, scène V, page 351.*)

Géronte. — Hippocrate dit cela ?
Sganarelle. — Oui.
Géronte. — Dans quel chapitre, s'il vous plaît ?
Sganarelle. — Dans son chapitre... des chapeaux.
(*Acte II, scène II, page 354.*)

Voilà justement ce qui fait que votre fille est muette.
(*Sganarelle, acte II, scène IV, page 357.*)

Géronte. — Il me semble que vous les placez autrement qu'ils ne sont ; que le cœur est du côté gauche et le foie du côté droit.
Sganarelle. — Oui, cela était autrefois ainsi, mais nous avons changé tout cela.
(*Acte II, scène IV, page 357.*)

LE SICILIEN

Le ciel s'est habillé ce soir en Scaramouche.
(*Hali, scène I, page 376.*)

AMPHITRYON

Messieurs, ami de tout le monde.
(*Sosie, acte I, scène I, page 388, vers 156.*)

Quinze ans de mariage épuisent les paroles ;
Et depuis un long temps, nous nous sommes tout dit.
(*Mercure, acte I, scène IV, page 394, vers 642.*)

J'aime mieux un vice commode
Qu'une fatigante vertu.
(*Mercure, acte I, scène IV, page 394, vers 681-682.*)

Tous les discours sont des sottises,
Partant d'un homme sans éclat :
Ce serait paroles exquises
Si c'était un grand qui parlât.
(*Sosie, acte II, scène I, page 396, vers 839-842.*)

Et l'absence de ce qu'on aime,
Quelque peu qu'elle dure, a toujours trop duré.
(*Amphitryon, acte II, scène II, page 397, vers 866-867.*)

Qui ne saurait haïr peut-il vouloir qu'on meure ?
(*Alcmène, acte II, scène VI, page 403, vers 1407.*)

Lorsque l'on pend quelqu'un, on lui dit pourquoi
(*Sosie, acte III, scène IV, page 406,-vers 1580.*) [c'est.

Le véritable Amphitryon
Est l'Amphitryon où l'on dîne.
(*Sosie, acte III, scène V, page 407, vers 1703-1704.*)

Un partage avec Jupiter
N'a rien du tout qui déshonore.
(*Jupiter, acte III, scène X, page 410, vers 1898-1899.*)

Le seigneur Jupiter sait dorer la pilule.
(*Sosie, acte III, scène X, page 410, vers 1913.*)

L'AVARE

Sans dot ! Le moyen de résister à une raison comme celle-là ?
(*Valère, acte I, scène V, page 438.*)

Donner est un mot pour qui il a tant d'aversion, qu'il ne dit jamais : *Je vous donne* mais *je vous prête le bonjour.*
(*La Flèche, acte II, scène IV, page 441.*)

Quand il y a à manger pour huit, il y en a bien pour dix.
(*Harpagon, acte III, scène I, page 445.*)

Il faut manger pour vivre, et non pas vivre pour manger.
(*Valère, acte III, scène I, page 446.*)

MONSIEUR DE POURCEAUGNAC

Ils commencent ici par faire pendre un homme, et puis ils lui font son procès.
(*Sbrigani, acte III, scène H, page 481.*)

LE BOURGEOIS GENTILHOMME

Tout le secret des armes ne consiste qu'en deux choses, à donner et à ne point recevoir.
(*Le maître d'armes, acte II, scène II, page 511.*)

Il y a plus de quarante ans que je dis de la prose sans que j'en susse rien.
(*M. Jourdain, acte II, scène IV, page 515.*)

Belle Marquise, vos beaux yeux me font mourir d'amour.
(*M. Jourdain, acte II, scène IV, page 515.*)

PSYCHE

Et je dirai que je vous aime,
Seigneur, si je savais ce que c'est que d'aimer.
(*Psyché, acte III, scène III, page 554, vers 1063-1064.*)

LES FOURBERIES DE SCAPIN

Que diable allait-il faire dans cette galère ?
(*Géronte, acte II, scène VII, page 582.*)

Il ne prétend à vous qu'en tout bien et en tout honneur.
(*Scapin, acte III, scène I, page 584.*)

CITATIONS CÉLÈBRES

LES FEMMES SAVANTES

Quand sur une personne on prétend se régler,
C'est par les beaux côtés qu'il lui faut ressembler.
(Armande, acte I, scène I, page 601, vers 73-74.)

Je consens qu'une femme ait des clartés de tout.
(Clitandre, acte I, scène III, page 603, vers 218.)

Et, pour n'avoir personne à sa flamme contraire,
Jusqu'au chien du logis, il s'efforce de plaire.
(Henriette, acte I, scène III, page 603, vers 243-244.)

Qui veut noyer son chien l'accuse de la rage.
(Martine, acte II, scène V, page 605, vers 419.)

Je vis de bonne soupe, et non de beau langage.
(Chrysale, acte II, scène VII, page 607, vers 531-532.)

Guenille, si l'on veut : ma guenille m'est chère.
(Chrysale, acte II, scène VII, page 607, vers 543-544.)

... une femme en sait toujours assez
Quand la capacité de son esprit se hausse
A connaître un pourpoint d'avec un haut-de-chausse.
(Chrysale, acte II, scène VII, page 608, vers 578-580.)

Raisonner est l'emploi de toute ma maison,
Et le raisonnement en bannit la raison.
(Chrysale, acte II, scène VII, page 608, vers 597-598.)

Nul n'aura de l'esprit, hors nous et nos amis.
(Armande, acte III, scène II, page 613, vers 924.)

Ah ! permettez, de grâce,
Que, pour l'amour du grec, monsieur, on vous em-
[brasse.
(Philaminte, acte III, scène III, page 613, vers 945-946.)

Excusez-moi, monsieur, je n'entends pas le grec.
(Henriette, acte III, scène III, page 613, vers 947.)

Nous l'avons en dormant, madame, échappé belle.
(Trissotin, acte IV, scène III, page 617, vers 1266.)

Qu'un sot savant est sot plus qu'un sot ignorant.
(Clitandre, acte IV, scène III, page 618, vers 1296.)

LE MALADE IMAGINAIRE

Il faut qu'il ait tué bien des gens, pour s'être fait si
riche !
(Toinette, acte I, scène V, page 632.)

Les anciens, monsieur, sont les anciens, et nous
sommes les gens de maintenant.
(Angélique, acte II, scène VI, page 645.)

Presque tous les hommes meurent de leurs remèdes,
et non pas de leurs maladies.
(Béralde, acte III, scène III, page 651.)

Dignus, dignus est entrare
In nostre docto corpore.
(Chorus, acte III, 3e intermède, page 660.)

INDEX DES PERSONNAGES

Acante, amant de Daphné (*Mélicerte*).

Acaste, marquis (*le Misanthrope*).

Adraste, gentilhomme français, amant d'Isidore (*le Sicilien*).

Aegiale, grâce (*Psyché*).

Agénor, prince, amant de Psyché (*Psyché*).

Aglante, cousine de la princesse (*la Princesse d'Elide*).

Aglaure, sœur de Psyché (*Psyché*).

Agnès, jeune fille innocente, élevée par Arnolphe (*l'Ecole des femmes*).

Alain, paysan, valet d'Arnolphe (*l'Ecole des femmes*).

Albert, père de Lucile et d'Ascagne (*Dépit amoureux*).

Alcandre (*les Fâcheux*).

Alcantor, père de Dorimène (*le Mariage forcé*).

Alceste, amant de Célimène (*le Misanthrope*).

Alcidas, frère de Dorimène (*le Mariage forcé*).

Alcidor (*les Fâcheux*).

Alcippe (*les Fâcheux*).

Alcmène, femme d'Amphitryon (*Amphitryon*).

Almanzor, laquais des précieuses ridicules (*les Précieuses ridicules*).

Aminte, voisine de Sganarelle (*l'Amour médecin*).

L'Amour (*Psyché*).

Amphitryon, général des Thébains (*Amphitryon*).

Anaxarque, astrologue (*les Amants magnifiques*).

Andrée, suivante de la comtesse (*la Comtesse d'Escarbagnas*).

Andrès, cru égyptien (*l'Etourdi*).

Angélique, fille de Gorgibus (*la Jalousie du Barbouillé*) ; femme de Dandin (*George Dandin*) ; fille d'Argan (*le Malade imaginaire*).

Anselme, père d'Hippolyte (*l'Etourdi*) ; père de Valère et de Marianne (*l'Avare*).

Arbate, gouverneur du prince d'Ithaque (*la Princesse d'Elide*).

Argan, malade imaginaire (*le Malade imaginaire*).

Argante, père d'Octave et de Zerbinette (*les Fourberies de Scapin*).

Argatiphontidas, capitaine thébain (*Amphitryon*).

Ariste, frère de Sganarelle (*l'Ecole des Maris*) ; frère de Chrysale (*les Femmes savantes*).

Aristione, princesse, mère d'Eriphile (*les Amants magnifiques*).

Aristomène, prince de Messène (*la Princesse d'Elide*).

Armande, fille de Chrysale et de Philaminte (*les Femmes savantes*).

Arnolphe, autrement M. de la Souche (*l'Ecole des femmes*).

Arsinoé, amie de Célimène (*le Misanthrope*).

Ascagne, fille d'Albert, déguisée en homme (*Dépit amoureux*).

Bahys, médecin (*l'Amour médecin*).

Le Barbouillé, mari d'Angélique (*la Jalousie du Barbouillé*).

Basque, valet de Célimène (*le Misanthrope*).

Béjart, homme qui fait le nécessaire (*l'Impromptu de Versailles*).

Béjart (Mlle), prude (*l'Impromptu de Versailles*).

Béline, seconde femme d'Argan (*le Malade imaginaire*).

Bélise, sœur de Chrysale (*les Femmes savantes*).

Béralde, frère d'Argan (*le Malade imaginaire*).

Bobinet, précepteur de M. Le Comte (*la Comtesse d'Escarbagnas*).

Bonnefoy, notaire (*le Malade imaginaire*).

Brécourt, homme de qualité (*l'Impromptu de Versailles*).

Brindavoine, laquais d'Harpagon (*l'Avare*).

Caritidès (*les Fâcheux*).

Carle, fourbe (*les Fourberies de Scapin*).

Cathau, suivante d'Angélique (*la Jalousie du Barbouillé*).

Cathos, nièce de Gorgibus, précieuse ridicule (*les Précieuses ridicules*).

Célie, esclave de Trufaldin (*l'Etourdi*) ; fille de Gorgibus (*Sganarelle*).

Célimène, amante d'Alceste (*le Misanthrope*).

M. Champagne, valet de Sganarelle (*l'Amour médecin*).

Charlotte, paysanne (*Dom Juan*).

Chorèbe, de la suite d'Aristione (*les Amants magnifiques*).

Chrysalde, ami d'Arnolphe (*l'Ecole des femmes*).

Chrysale, bon bourgeois (*les Femmes savantes*).

Cidippe, sœur de Psyché (*Psyché*).

Claude (Dame), servante d'Harpagon (*l'Avare*).

Claudine, suivante d'Angélique (*George Dandin*).

Cléante, beau-frère d'Orgon (*Tartuffe*) ; fils d'Harpagon et amant de Marianne (*l'Avare*) ; amant d'Angélique (*le Malade imaginaire*).

Cléanthis, suivante d'Alcmène et femme de Sosie (*Amphitryon*).

Cléomène, prince, amant de Psyché (*Psyché*).

Cléon, fils d'Anaxarque (*les Amants magnifiques*).

Cléonice, confidente d'Eriphile (*les Amants magnifiques*).

Cléonte, amoureux de Lucile (*le Bourgeois gentilhomme*).

Climène, fâcheux (*les Fâcheux*) ; amie d'Elise et d'Uranie (*la Critique de l'Ecole des femmes*) ; sœur d'Adraste (*le Sicilien*).

Clitandre, amant de Lucinde (*l'Amour médecin*) ; marquis (*le Misanthrope*) ; amant d'Angélique (*George Dandin*) ; amant d'Henriette (*les Femmes savantes*).

Clitidas, plaisant de cour de la suite d'Eriphile (*les Amants magnifiques*).

Colin, valet de Dandin (*George Dandin*).

Coridon, jeune berger, confident de Lycas, amant d'Iris (*la Pastorale comique*).

Corinne, confident de Mélicerte (*Mélicerte*).

Covielle, valet de Cléonte (*le Bourgeois gentilhomme*).

Criquet, laquais de la comtesse (*la Comtesse d'Escarbagnas*).

Cynthie, cousine de la princesse (*la Princesse d'Elide*).

Damis, tuteur d'Orphise (*les Fâcheux*) ; fils d'Orgon (*Tartuffe*).

Dandin, riche paysan, mari d'Angélique (*George Dandin*).

Daphné, bergère (*Mélicerte*).

De Brie (Mlle), sage coquette (*l'Impromptu de Versailles*).

Des Fonandrès, médecin (*l'Amour médecin*).

Diafoirus (père et fils) (*le Malade imaginaire*).

M. Dimanche, marchand (*Dom Juan*).

Dom Alphonse, prince de Léon, ou prince de Castille, sous le nom de Dom Sylve (*Dom Garcie de Navarre*).

Dom Alonse, frère d'Elvire (*Dom Juan*).

Dom Alvar, confident de Dom Garcie, amant d'Elise (*Dom Garcie de Navarre*).

Dom Carlos, frère d'Elvire (*Dom Juan*).

Dom Garcie, prince de Navarre, amant de Done Elvire (*Dom Garcie de Navarre*).

Dom Juan, fils de Dom Louis (*Dom Juan*).

Dom Lope, confident de Dom Garcie, amant d'Elise (*Dom Garcie de Navarre*).

Dom Louis, père de Dom Juan (*Dom Juan*).

Dom Pedre, écuyer d'Ignès (*Dom Garcie de Navarre*) ; gentilhomme sicilien (*le Sicilien*).

Dorante, fâcheux (*les Fâcheux*) ; chevalier (*la Critique de l'Ecole des femmes*) ; comte, amant de Dorimène (*le Bourgeois gentilhomme*).

Dorimène, marquise aimée de M. Jourdain (*le Bourgeois gentilhomme*).

Dorine, suivante de Marianne (*Tartuffe*) ; jeune coquette promise à Sganarelle (*le Mariage forcé*).

Du Bois, valet d'Alceste (*le Misanthrope*).

Du Croisy, amant rebuté (*les Précieuses ridicules*) ; poète (*l'Impromptu de Versailles*).

Du Croisy (Mlle), peste doucereuse (*l'Impromptu de Versailles*).

Du Parc (Mlle), marquise façonnière (*l'Impromptu de Versailles*).

Eliante, cousine de Célimène (*le Misanthrope*).

Elise, confidente d'Elvire (*Dom Garcie de Navarre*) ; cousine d'Uranie (*la Critique de l'Ecole des femmes*) ; fille d'Harpagon, amante de Valère (*l'Avare*).

Elmire, femme d'Orgon (*Tartuffe*).

Elvire, princesse de Léon (*Dom Garcie de Navarre*) ; femme de Dom Juan (*Dom Juan*).

Enrique, beau-frère de Chrysalde (*l'Ecole des femmes*).

Eraste, amant de Lucile (*Dépit amoureux*) ; amoureux d'Orphise (*les Fâcheux*) ; amant de Julie (*M. de Pourceaugnac*).

Ergaste, ami de Mascarille (*l'Etourdi*) ; valet de Valère (*l'Ecole des maris*).

Eriphile, fille de la princesse (*les Amants magnifiques*).

Eroxène, bergère (*Mélicerte*).

Escarbagnas, comte et comtesse (*la Comtesse d'Escarbagnas*).

L'Epine, valet de Damis (*les Fâcheux*) ; laquais de Chrysale (*les Femmes savantes*).

Euryale, prince d'Ithaque (*la Princesse d'Elide*).

Un Exempt (*Tartuffe*).

Filène, riche pasteur, amant d'Iris (*la Pastorale comique*).

Filerin, médecin (*l'Amour médecin*).

Filinte (*les Fâcheux*).

Fleurant, apothicaire (*le Malade imaginaire*).

Flipote, servante de Mme Pernelle (*Tartuffe*).

Francisque, pauvre (*Dom Juan*).

Frosine, confidente d'Ascagne (*Dépit amoureux*) ; femme d'intrigue (*l'Avare*).

Galopin (*la Critique de l'Ecole des Femmes*).

Georgette, paysanne, servante d'Arnolphe (*l'Ecole des femmes*).

Géronimo (*le Mariage forcé*).

Géronte, père de Lucinde (*le Médecin malgré lui*) ; père de Léandre et d'Hyacinthe (*les Fourberies de Scapin*).

Gorgibus, père d'Angélique (*la Jalousie du Barbouillé*) ; père de Lucile (*le Médecin volant*) ; bourgeois, père de Madelon et oncle de Cathos (*les Précieuses ridicules*) ; bourgeois de Paris (*Sganarelle*).

Gros-René, valet de Gorgibus (*le Médecin volant*) ;

valet d'Eraste (*Dépit amoureux*) ; valet de Lélie (*Sganarelle*).

M. Guillaume, marchand de tapisserie (*l'Amour médecin*).

Gusman, écuyer d'Elvire (*Dom Juan*).

Hali, Turc, esclave d'Adraste (*le Sicilien*).

Harpagon, père de Cléonte et d'Elise, et amoureux de Marianne (*l'Avare*).

M. Harpin, receveur des tailles, amant de la comtesse (*la Comtesse d'Escarbagnas*).

Henriette, fille de Chrysale et de Philaminte (*les Femmes savantes*).

Hervé (Mlle), servante précieuse (*l'Impromptu de Versailles*).

Hippolyte, fille d'Anselme (*l'Etourdi*).

Horace, amant d'Agnès (*l'Ecole des femmes*).

Hyacinthe, fille de Géronte et amante d'Octave (*les Fourberies de Scapin*).

Ignès, comtesse, amante de Dom Sylve, aimée par Mauregat, usurpateur de l'Etat de Léon (*Dom Garcie de Navarre*).

Iphicrate, prince, amant d'Eriphile (*les Amants magnifiques*).

Iphitas, père de la princesse (*la Princesse d'Elide*).

Iris, jeune bergère (*la Pastorale comique*).

Isabelle, sœur de Léonor (*l'Ecole des maris*).

Isidore, Grec, esclave de Dom Pèdre (*le Sicilien*).

Jacqueline, nourrice chez Géronte et femme de Lucas (*le Médecin malgré lui*).

Jeannot, laquais de M. Tibaudier (*la Comtesse d'Escarbagnas*).

Jodelet, valet de Du Croisy (*les Précieuses ridicules*).

M. Josse, orfèvre (*l'Amour médecin*).

M. Jourdain, bourgeois (*le Bourgeois gentilhomme*).

Julie, amante du vicomte (*la Comtesse d'Escarbagnas*) ; fille d'Oronte (*M. de Pourceaugnac*).

Julien, valet de Vadius (*les Femmes savantes*).

Jupiter, sous la forme d'Amphitryon (*Psyché, Amphitryon*).

La Flèche, valet de Cléante (*l'Avare*).

La Grange, amant rebuté (*les Précieuses ridicules*) ; marquis ridicule (*l'Impromptu de Versailles*).

La Merluche, laquais d'Harpagon (*l'Avare*).

La Montagne (*les Fâcheux*).

La Ramée, spadassin (*Dom Juan*).

La Rapière, bretteur (*Dépit amoureux*).

La Rivière (*les Fâcheux*).

La Thorillière, marquis fâcheux (*l'Impromptu de Versailles*).

La Violette, laquais de Dom Juan (*Dom Juan*).

Léandre, fils de famille (*l'Etourdi*) ; fils de Géronte et amant de Zerbinette (*les Fourberies de Scapin*) ; amant de Lucinde (*le Médecin malgré lui*).

Lélie, fils de Pandolfe, amant de Célie (*l'Etourdi*) ; amant de Célie (*Sganarelle*).

Léonor, sœur d'Isabelle (*l'Ecole des maris*).

Lépine, laquais (*les Femmes savantes*).

Lisette, suivante de Léonor (*l'Ecole des maris*) ; suivante de Lucinde (*l'Amour médecin*).

Louison, petite fille d'Argan et sœur d'Angélique (*le Malade imaginaire*).

M. Loyal, sergent (*Tartuffe*).

Lubin, paysan, servant Clitandre (*George Dandin*).

Lucas, mari de Jacqueline (*le Médecin malgré lui*).

Lucette, feinte gasconne (*M. de Pourceaugnac*).

Lucile, fille de Gorgibus (*le Médecin volant*) ; fille d'Albert (*Dépit amoureux*) ; fille de M. Jourdain (*le Bourgeois gentilhomme*).

Lucinde, fille de Sganarelle (*l'Amour médecin*) ; fille de Géronte (*le Médecin malgré lui*).

Lucrèce, nièce de Sganarelle (*l'Amour médecin*).

Lycarsis, pâtre, cru père de Myrtil (*Mélicerte*).

Lycas, riche pasteur (*la Pastorale comique*) ; capitaine des gardes (*Psyché*) ; suivant d'Iphitas (*la Princesse d'Elide*).

Lycaste, amant de Dorimène (*le Mariage forcé*).

Lysandre (*les Fâcheux*).

Lysidas, poète (*la Critique de l'Ecole des femmes*

Macreton, médecin (*l'Amour médecin*).

Madelon, fille de Gorgibus, précieuse ridicule (*les Précieuses ridicules*).

Maître Jacques, cuisinier et cocher d'Harpagon (*l'Avare*).

Maître Simon, courtier (*l'Avare*).

Maître de musique, à danser, de philosophie (*le Bourgeois gentilhomme*).

Marianne, fille d'Orgon et amante de Valère (*Tartuffe*) ; amante de Cléante, aimée d'Harpagon (*l'Avare*).

Marinette, suivante de Lucile (*Dépit amoureux*).

Marotte, servante des Précieuses ridicules (*les Précieuses ridicules*).

Marphurius, docteur pyrrhonien (*le Mariage forcé*).

Martine, femme de Sganarelle (*le Médecin malgré lui*) ; servante de cuisine (*les Femmes savantes*).

Mascarille, valet de Lélie (*l'Etourdi*) ; valet de Valère (*Dépit amoureux*) ; valet de La Grange (*les Précieuses ridicules*).

Mathurine, paysanne (*Dom Juan*).

Mélicerte, bergère (*Mélicerte*).

Mercure, sous la forme de Sosie (*Amphitryon*).

Métaphraste (*Dépit amoureux*).

Molière, marquis ridicule (*l'Impromptu de Versailles*).

Molière (Mlle), satirique spirituelle (*l'Impromptu de Versailles*).

Mopse, berger, cru oncle de Mélicerte (*Mélicerte*).

Moron, plaisant de la princesse (*la Princesse d'Elide*).

Myrtil, amant de Mélicerte (*Mélicerte*).

Naucratès, capitaine thébain (*Amphitryon*).

Nérine, femme d'intrigue, feinte picarde (*M. de

Pourceaugnac) ; nourrice d'Hyacinthe (*les Fourberies de Scapin*).

Nicandre, berger (*Mélicerte*).

Nicole, servante de M. Jourdain (*le Bourgeois gentilhomme*).

La Nuit (*Amphitryon*).

Octave, fils d'Argante et amant d'Hyacinthe (*les Fourberies de Scapin*).

Orante (*les Fâcheux*).

Orgon, mari d'Elmire (*Tartuffe*).

Ormin (*les Fâcheux*).

Oronte, père d'Horace et grand ami d'Arnolphe (*l'Ecole des femmes*) ; amant de Célimène (*le Misanthrope*) ; père de Julie (*M. de Pourceaugnac*).

Orphise (*les Fâcheux*).

Pancrace, docteur aristotélicien (*le Mariage forcé*).

Pandolfe, père de Lélie (*l'Etourdi*).

Pernelle (Mme), mère d'Orgon (*Tartuffe*).

Perrin, paysan (*le Médecin malgré lui*).

Phaène, grâce (*Psyché*).

Philaminte, femme de Chrysale (*les Femmes savantes*).

Philinte, ami d'Alceste (*le Misanthrope*).

Philis, suivante de la princesse (*la Princesse d'Elide*).

Pierrot, paysan (*Dom Juan*).

Polidas, capitaine thébain (*Amphitryon*).

Polidore, père de Valère (*Dépit amoureux*).

Posiclès, capitaine thébain (*Amphitryon*).

Pourceaugnac (*M. de Pourceaugnac*).

Princesse d'Elide (*la Princesse d'Elide*).

Purgon, médecin d'Argan (*le Malade imaginaire*).

Ragotin, valet de Dom Juan (*Dom Juan*).

M. Robert, voisin de Sganarelle (*le Médecin malgré lui*).

Sabine, cousine de Lucile (*le Médecin volant*).

Sbrigani, napolitain, homme d'intrigue (*M. de Pourceaugnac*).

Scapin, valet de Léandre et fourbe (*les Fourberies de Scapin*).

Scaramouche (*l'Amour médecin*).

Sganarelle, valet de Valère (*le Médecin volant*) ; bourgeois de Paris (*Sganarelle*) ; bougeois, tuteur

d'Isabelle (*l'Ecole des maris*) ; amant de Dorimène (*le Mariage forcé*) ; valet de Dom Juan (*Dom Juan*) ; bourgeois, père de Lucinde (*l'Amour médecin*) ; fagotier, mari de Martine (*le Médecin malgré lui*).

La femme de Sganarelle (*Sganarelle*).

Silvestre, valet d'Octave (*les Fourberies de Scapin*).

Sosie, valet d'Amphitryon (*Amphitryon*).

Sostrate, général d'armée, amant d'Eriphile (*les Amants magnifiques*).

Sotenville (M. et Mme de), père et mère d'Angélique (*George Dandin*).

La Statue du Commandeur (*Dom Juan*).

Tartuffe, faux dévot (*Tartuffe*).

Théocle, prince de Pyle (*la Princesse d'Elide*).

Thibaut, père de Perrin (*le Médecin malgré lui*).

M. Tibaudier, conseiller, amant de la comtesse (*la Comtesse d'Escarbagnas*).

Timoclès, prince, amant d'Eriphile (*les Amants magnifiques*).

Toinette, servante (*le Malade imaginaire*).

Tomès, médecin (*l'Amour médecin*).

Trivelin (*l'Amour médecin*).

Trissotin, bel esprit (*les Femmes savantes*).

Trufaldin, vieillard (*l'Etourdi*).

Tyrène, amant d'Eroxène (*Mélicerte*).

Uranie (*la Critique de l'Ecole des femmes*).

Vadius, savant (*les Femmes savantes*).

Valère, amant d'Angélique (*la Jalousie du Barbouillé*) ; amant de Lucile (*le Médecin volant*) ; amant de Lucile (*Dépit amoureux*) ; amant d'Isabelle (*l'Ecole des maris*) ; amant de Marianne (*Tartuffe*) ; domestique de Géronte (*le Médecin malgré lui*) ; fils d'Anselme, amant d'Elise (*l'Avare*).

Vénus, (*Psyché, les Amants magnifiques*).

Vicomte (*la Comtesse d'Escarbagnas*).

Villebrequin (*la Jalousie du Barbouillé*) ; père de Valère (*Sganarelle*).

Zaide, jeune esclave (*le Sicilien*).

Zéphire (*Psyché*).

Zerbinette, crue égyptienne, fille d'Argante et amante de Léandre (*les Fourberies de Scapin*).

TABLE

Molière, *par Pierre-Aimé Touchard* 3

Chronologie 7

Vie de Molière, *par Grimarest* 13

THÉATRE

La Jalousie du Barbouillé 33

Le Médecin volant 40

L'Etourdi ou les contretemps 47

Dépit amoureux 75

Les Précieuses ridicules 100

Sganarelle, ou le Cocu imaginaire 112

Dom Garcie de Navarre, ou le Prince jaloux. 122

L'Ecole des maris 143

Les Fâcheux 160

L'Ecole des femmes 174

La Critique de l'Ecole des femmes 199

L'Impromptu de Versailles 213

Le Mariage forcé 224

La Princesse d'Elide 238

Le Tartuffe ou l'imposteur 255

Dom Juan, ou le festin de pierre 285

L'Amour médecin 311

Le Misanthrope 323

Le Médecin malgré lui 346

Mélicerte 364

Pastorale comique 373

Le Sicilien, ou l'Amour peintre 376

Amphitryon 386

George Dandin, ou le Mari confondu 411

L'Avare 430

Monsieur de Pourceaugnac 463

Les Amants magnifiques 486

Le Bourgeois gentilhomme 506

Psyché 542

Les Fourberies de Scapin 567

La Comtesse d'Escarbagnas 591

Les Femmes savantes 600

Le Malade imaginaire 625

POÉSIES

Couplet d'une chanson de d'Assoucy 663

Remerciement au roi 663

Sonnet à M. La Mothe Le Vayer, sur la mort
de son fils 664

Quatrains 664

Air de ballet de Monsieur de Beauchamp . . 665

Au roi sur la conquête de la Franche-Comté . 665

La gloire du Val-de-Grâce 665

Bouts rimés commandés sur le bel Air . . . 668

Citations célèbres 669

Index des personnages 673

Achevé d'imprimer en 1981 par l'Imprimerie-Reliure Maison Mame à Tours.
Dépôt légal : 3e tr. 1962. No 1349.10

Printed in France.

MICROCOSME, ÉCRIVAINS DE TOUJOURS

Ce n'est pas seulement le profil d'une œuvre éclairée par l'homme et son époque que cherche à esquisser cette collection, mais un dialogue toujours vivant entre les écrivains de toujours et les hommes d'aujourd'hui. Chacun des volumes, bien que d'un prix modique, est abondamment illustré.

PASCAL PIA
Apollinaire

V.-H. DEBIDOUR
Aristophane

J.-C. MARGOLIN
Bachelard

GAÉTAN PICON
Balzac

J.-M. DOMENACH
Barrès

ROLAND BARTHES
Roland Barthes

A. ARNAUD, G. EXCOFFON-LAFARGE **Bataille**

PASCAL PIA
Baudelaire

PH. VAN TIEGHEM
Beaumarchais

LUDOVIC JANVIER
Beckett

ALBERT BÉGUIN
Bernanos

E. R. MONEGAL
Borges

SARANE ALEXANDRIAN
Breton

MORVAN LEBESQUE
Camus

PIERRE GUENOUN
Cervantès

VICTOR-L. TAPIÉ
Chateaubriand

A. MICHEL, C. NICOLET
Cicéron

P.-A. LESORT
Claudel

ANDRÉ FRAIGNEAU
Cocteau

G. BEAUMONT, A. PARINAUD
Colette

GEORGES POULET
Benjamin Constant

LOUIS HERLAND
Corneille

SAMUEL S. DE SACY
Descartes

JEAN GATTÉGNO
Dickens

CHARLY GUYOT
Diderot

DOMINIQUE ARBAN
Dostoïevski

RAYMOND JEAN
Paul Éluard

J.-C. MARGOLIN
Érasme

MONIQUE NATHAN
Faulkner

VICTOR BROMBERT
Flaubert

PASCAL BRUCKNER
Fourier

JACQUES SUFFEL
Anatole France

O. MANNONI
Freud

CLAUDE MARTIN
Gide

CLAUDINE CHONEZ
Giono

CHRIS MARKER
Giraudoux

J.-A. HUSTACHE
Gœthe

NINA GOURFINKEL
Gorki

R. DE SAINT-JEAN
Julien Green

J.-P. COTTEN
Heidegger

FRANÇOIS CHATELET
Hegel

G.-A. ASTRE
Hemingway

GABRIEL GERMAIN
Homère

PIERRE GRIMAL
Horace

HENRI GUILLEMIN
Hugo

JEAN PARIS
Joyce

K. WAGENBACH
Kafka

M. GRIMAULT
Kierkegaard

ROGER VAILLANT
Laclos

BERNARD PINGAUD
La Fayette (Mme de)

PIERRE CLARAC
La Fontaine

MARCELIN PLEYNET
Lautréamont

EDMOND BARINCOU
Machiavel

CLAUDE FRIOUX
Maïakovski

HENRI GOUHIER
Maine de Biran

CHARLES MAURON
Mallarmé

GAÉTAN PICON
Malraux

PAUL GAZAGNE
Marivaux

A.-M. SCHMIDT
Maupassant

P.-H. SIMON
Mauriac

J.-J. MAYOUX
Melville

ROLAND BARTHES
Michelet

ALFRED SIMON
Molière

FRANCIS JEANSON
Montaigne

JEAN STAROBINSKI
Montesquieu

PIERRE SIPRIOT
Montherlant

J.-M. DOMENACH
Mounier

RAYMOND JEAN
Nerval

JEAN RICARDOU
Le Nouveau Roman

ALBERT BÉGUIN
Pascal

MICHEL AUCOUTURIER
Pasternak

SIMONE FRAISSE
Péguy

JACQUES CABAU
Edgar Poe

J.-L. BACKÈS
Pouchkine

CLAUDE MAURIAC
Proust

MANUEL DE DIÉGUEZ
Rabelais

J.-L. BACKÈS
Racine

PH. JACOTTET
Rilke

YVES BONNEFOY
Rimbaud

J.-B. BARRÈRE
Romain Rolland

DANIEL WILHELM
Romantiques allemands

CLAUDE BONNEFOY
Ronceraille

GILBERT GADOFFRE
Ronsard

GEORGE MAY
Rousseau

LUC ESTANG
Saint-Exupéry

F.-R. BASTIDE
Saint-Simon

FRANCIS JEANSON
Sartre

DIDIER RAYMOND
Schopenhauer

JEAN CORDELIER
Sévigné (Mme de)

JEAN PARIS
Shakespeare

GEORGES NIVAT
Soljénitsyne

GABRIEL GERMAIN
Sophocle

P.-F. MOREAU
Spinoza

CLAUDE ROY
Stendhal

PHILIPPE AUDOUIN
Les Surréalistes

J.-L. LAUGIER
Tacite

SOPHIE LAFFITE
Tchekhov

CLAUDE CUÉNOT
Teilhard de Chardin

J.-H. BORNECQUE
Verlaine

PAUL VIALLANEIX
Vigny

JACQUES PERRET
Virgile

RENÉ POMEAU
Voltaire

MONIQUE NATHAN
Virginia Woolf

MARC BERNARD
Zola